Prontuario del ABOGADO

LA LEY
grupo Wolters Kluwer

Edición 2009

Director General de LA LEY: Alberto Larrondo Ilundain
Director de Publicaciones: José Ignacio San Román Hernández
Coordinación editorial: Gloria Hernández Catalán
César Abella Fernández
Miriam Barca Soler
Diseño de cubierta: Raquel Fernández Cestero

1.ª edición: Marzo 2009

Edita: LA LEY
Edificio La Ley
C/ Collado Mediano, 9
28230 - Las Rozas (Madrid)
Tel.: 902 42 00 10 - Fax: 902 42 00 12
http://www.laley.es

ISBN: 978-84-9725-973-6
Depósito Legal: BI-1088-09
Printed in Spain.
Impreso en España por RGM
Pol. Industrial Igeltzera Pabellón 1 bis Zona A
48610 Urduliz (Bizkaia)

Coordinadores

Silvia Hinojal López
Abogado

Valentín J. Sebastián Chena
Abogado

Autores por materias

Silvia Hinojal López
Civil (Familia)

Valentín J. Sebastián Chena
Constitucional

Marta Soledad Sebastián Chena
Sucesiones

Ángeles Iturralde Sánchez
Honorarios Profesionales

Flora Calvo Babío
Internacional

Mónica Montero Casillas
Agenda y datos de interés

Roberto García Bermejo
Violencia de género

César Pinto Cañón
Procedimiento Administrativo, extranjería y contencioso-administrativo

Gema Martín Riaza
Procedimiento Administrativo

David García Raya
Arrendamientos Urbanos y Propiedad Horizontal

Javier Castillo Pravos
Seguros

Dionisio Escuredo Hogan
Deontología Profesional

Ignacio Millán Latasa de Aranibar
Mercantil

Miguel Arias Fuentes
Fiscal

Fernando Bejerano Guerra
Penal

Román Gil Alburquerque
Laboral

Juan Carlos Fernández Fernández-Avilés
Laboral

LA LEY
grupo Wolters Kluwer

SUMARIO

PRÓLOGO

¿Quién no ha necesitado en una reunión fuera del despacho consultar unos aspectos concretos sobre una materia para precisar algunos puntos de un acuerdo? ¿Quién no ha echado en falta, mientras va camino del Juzgado o espera en la puerta del mismo para que se celebre la vista, un esquema del procedimiento que se va a desarrollar? ¿Quién, en una Junta de una comunidad de propietarios o en una Junta General de una sociedad mercantil, no ha precisado algunos datos jurídicos para completar un acta o un acuerdo?

Nosotros sí hemos tenido esa necesidad. Y de la necesidad surgió esta obra, en la que hemos pretendido recoger los aspectos esenciales de aquellas materias, que por la forma en que se desenvuelve su práctica profesional, puede resultar útil contar con un prontuario. No es, desde luego, un trabajo en que se recoja todo lo que debe saberse sobre una materia, pues para ello debería hacerse una obra de dimensiones tales que no la haría manejable, sino un documento que contenga las ideas imprescindibles sobre cada una de las materias que trata. No sustituye a los Códigos procesales y sustantivos, porque para ello sería necesario recogerlos íntegramente, lo que no supondría ninguna novedad, sino que recoge aquellas precisas cuestiones que más consultamos en las normas. Tampoco pretende ser un libro de formularios, sino poner a disposición de los usuarios del mismo unos modelos que pueden precisar como ayuda en aquellos momentos en que no podemos desplazarnos al despacho para consultarlos.

Para realizar este trabajo nos hemos dirigido a abogados que, en su actividad profesional, se dedican a la materia concreta que desarrollan en este libro y les hemos planteado las siguientes preguntas: ¿Qué información, en el ámbito de tu especialidad, es indispensable conocer?, ¿qué esquemas, modelos, etc., precisarías llevar contigo si no estuvieses en tu despacho para consultar los libros y códigos con los que trabajas habitualmente? Y la respuesta está en este libro.

Pretendemos que esta obra resulte útil no sólo fuera del despacho profesional (Juntas, reuniones, juicios), sino también en el mismo, de manera que sirva para encontrar rápidamente aquella información jurídica de mayor importancia en cada una de las materias tratadas.

Hemos dejado a los autores cierta libertad de criterio en cuanto a la forma de recoger la información, pues las diferentes materias exigían diversas formas a la hora de enfocar el trabajo que les habíamos solicitado. Así, en unos casos nos encontraremos con esquemas, en otros con preguntas y respuestas y también con modelos, jurisprudencia imprescindible e ideas prácticas sobre cómo enfocar los asuntos.

La selección de las materias que debían incorporarse a esta obra ha sido un decisión difícil, pues pretendíamos hacer un libro fácil de manejar y de transportar y finalmente nos hemos decantado por aquellas con las que suele enfrentarse un Abogado generalista en su práctica diaria.

Así se relacionan direcciones de Tribunales y otros organismos de interés en el apartado **Agenda**. Seguidamente referimos el apartado **Ejercicio Profesional,** que recoge contenidos tan necesarios para la práctica diaria como son deontología profesional y honorarios profesionales. A continuación, el apartado **Civil** sobrevuela materias de destacado interés en el ejercicio de la profesión, tales como arrendamientos urbanos con cuadros de tipos de contratos y normativa aplicable y un breve análisis de las acciones y procedimientos judiciales; propiedad horizontal, recogiendo los procedimientos judiciales y el tema tan controvertido de la adopción de acuerdos; herencias, con un análisis exhaustivo de toda la tramitación de una sucesión con referencia a la obtención de documentos, la práctica y los plazos en Derecho sucesorio: seguros, con especial consideración al contrato de seguro y las obligaciones de cada una de las partes obligadas y una breve referencia al seguro de responsabilidad civil del automóvil; familia, en que se contienen los diferentes procedimientos en materia matrimonial, así como una brevísima referencia al procedimiento de liquidación del régimen económico matrimonial y unos cuadros de leyes de parejas de hecho y de leyes de mediación familiar.

Otros bloques destacados se refieren a materias tales como mercantil, con esquemas y cuadros comparativos respecto de sociedades y contratos y una breve reseña sobre arbitraje y concursal. En el ámbito penal se recogen cuadros de penas y su aplicación, esquemas procesales y la normativa y su aplicación de violencia de género. Por lo que se refiere al ámbito administrativo señalar los términos y plazos en el procedimiento administrativo, el silencio administrativo y los recursos. También se hace un análisis exhaustivo de los procedimientos administrativos en materia de extranjería y asilo así como del procedimiento contencioso-administrativo.

Un bloque de especial relevancia en esta obra es el dedicado al ámbito laboral teniendo en cuenta la recentísima reforma y que ha sido recogida en el trabajo realizado por sus autores. En cuanto a la materia fiscal se recogen temas tan importantes como el IRPF, Impuesto sobre Sociedades, Patrimonio, IAE, actos jurídicos documentados, sucesiones y donaciones, así como los recursos en vía económico administrativa.

Por lo que se refiere a la materia sobre Derecho constitucional resulta de gran utilidad todo lo referente al recurso de amparo, cuestión de inconstitucionalidad y jurisprudencia facilitada.

Finalmente, se ha introducido la materia de Derecho internacional privado acercándonos a materias tan desconocidas para algunos de nosotros como procedimientos de familia con elemento extranjero y procedimiento en materia patrimonial, destacando la referencia expresa a la justicia gratuita en los procedimientos transfronterizos.

LOS COORDINADORES

PRÓLOGO 2009

En esta edición 2009 del Prontuario, además de actualizar los diferentes trabajos y rehacer aquellos que han sufrido variaciones más importantes, como los dedicados al Derecho tributario y al procedimiento constitucional, nos hemos hecho eco de las peticiones realizadas por muchos compañeros y hemos introducido una amplia sección dedicada a la defensa jurídica ante la violencia de género y dos secciones en el ámbito del Derecho administrativo: una dedicada al procedimiento en materia de extranjería y asilo y una segunda al procedimiento contencioso-administrativo.

Esperamos que esta nueva edición resulte a todos sus lectores de utilidad para el desarrollo de su trabajo.

LOS COORDINADORES

AGENDA

AUTORA

Mónica Montero Casillas
Abogada

AGENDA

Mónica Montero Casillas
Abogada

I. TRIBUNALES INTERNACIONALES

TRIBUNAL EUROPEO DE DERECHOS HUMANOS	
Dirección	European Court of Human Rights Council of Europe 67075 Strasbourg-Cedex France
Teléfono	+33 (0)3 88 41 20 18
Fax	+33 (0)3 88 41 27 30
Página web	www.echr.coe.int/echr

TRIBUNAL DE JUSTICIA DE LAS COMUNIDADES EUROPEAS	
Dirección	Bd. Konrad Adenauer L-2925 Luxemburgo
Teléfono	(352) 4303.1
Fax	(352) 4303.2600 (352) 433766
Página web	www.curia.europa.eu/es/transitpage.htm
e-mail	ecj.registry@curia.europa.eu

TRIBUNAL DE PRIMERA INSTANCIA DE LAS COMUNIDADES EUROPEAS	
Dirección	Rue du Fort Niedergrünewald L-2925 Luxemburgo
Teléfono	(352) 4303.1
Fax	(352) 4303.2100
Página web	curia.eu.int/es/transitpage.htm
e-mail	CFI.Registry@curia.europa.eu

TRIBUNAL DE LA EFTA (AELC)	
Dirección	1, rue du Fort Thuengen L-1499 Luxembourg
Teléfono	(00 352) 42 1081
Fax	(00 352) 43 4389
Página web	www.eftacourt.lu
e-mail	eftacourt@eftacourt.lu

CORTE INTERNACIONAL DE JUSTICIA	
Dirección	Cour Internationale de Justice Palacio de la Paz Carnegieplein 2 NL-2517 KJ La Haya
Teléfono	(31) (0)70 302 23 23 y (00 31) 70 302 2337 (Información)
Fax	(31) (0)70 364 99 28
Página web	www.icj-cij.org/
e-mail	information@icj-cij.org

CORTE PENAL INTERNACIONAL	
Dirección	Maanweg, 174 2516 AB, The Hague (The Netherlands)
Teléfono	+31 (0)70 515 8515
Fax	+31 (0)70 515 8555
Página web	http://www.icc-cpi.int/
e-mail	pio@icc-cpi.int

TRIBUNAL PENAL INTERNACIONAL PARA LA EX YUGOSLAVIA	
Dirección	Churchillpein 1,2517 JW, La Haya, Países Bajos
Teléfono	(31 70) 416 5233. (31 70) 512 5000
Fax	(31 70) 512 5535
Página web	www.un.org/icty/

TRIBUNAL PENAL INTERNACIONAL PARA RWANDA	
Dirección	P.O. Box 6016, Arusha, Tanzania
Teléfono	(212) 963 2580 o (255) 27 50 43 69/72
Fax	(212) 963 2848 o (255) 27 50 40 00 o 50 43 73
Página web	www.ictr.org

CORTE INTERAMERICANA DE DERECHOS HUMANOS	
Dirección	Avenida 10, calles 45 y 47. Los Yoses. San Pedro Apartado Postal 6906-1000, San José, Costa Rica
Teléfono	(506) 2234 0581
Fax	(506) 2234 0584
Página web	www.corteidh.org.cr/

TRIBUNAL INTERNACIONAL DEL DERECHO DEL MAR	
Dirección	Am Internationalen Seegerichtshof 1 - 22609 Hamburg - Germany
Teléfono	(49)(40) 35607-0
Fax	49)(40) 35607-245
Página web	www.itlos.org/
e-mail	itlos@itlos.org

II. TRIBUNALES DE ÁMBITO NACIONAL Y TRIBUNALES SUPERIORES DE JUSTICIA

1. ***Tribunal Constitucional*** (fuente: www.tribunalconstitucional.es)

TRIBUNAL CONSTITUCIONAL	
Dirección	C/ Domenico Scarlatti, 6. 28003 Madrid
Teléfono	915 508 000
Fax	915 449 268
Página web	www.tribunalconstitucional.es
e-mail	Gabinete del Presidente: tcgapre@tsai.es
Registro	De lunes a viernes, de 9:30 a 15 horas, todos los días hábiles (incluso en agosto)

2. ***Tribunal Supremo*** (fuente: www.poderjudicial.es)

TRIBUNAL SUPREMO	
Dirección	Plaza Villa París, s/n. 28071 Madrid
Teléfono	Presidencia 913 971 123 Sala de lo Civil (Primera) 913 971 109 / 913 971 050 Sala de lo Penal (Segunda) 913 971 069 Sala de lo Contencioso-Administrativo (Tercera) 913 971 200 Sala de lo Social (Cuarta) 913 971 029 Sala de lo Militar (Quinta) 913 971 286 Gabinete Técnico 913 971 009
Fax	913 358 364
Página web	www.poderjudicial.es

3. ***Audiencia Nacional*** (fuente: www.poderjudicial.es)

AUDIENCIA NACIONAL	
Dirección	Presidencia y Sala de lo Penal: C/ García Gutiérrez, 1. Madrid Salas de lo Contencioso-Administrativo y de lo Social: C/ Prim, 12. Madrid
Teléfono	Presidencia: 913 973 381 Secretaría de Gobierno: 913 973 380 Sala de lo Penal. Secc. 1.ª: 913 973 254 Sala de lo Penal. Secc. 2.ª: 913 973 266 Sala de lo Penal. Secc. 3.ª: 913 973 271 Sala de lo Penal. Secc. 4.ª: 913 973 276 Sala de lo Cont. Administrativo. Secc. 1.ª: 913 970 284 Sala de lo Cont. Administrativo. Secc. 2.ª: 913 970 279 Sala de lo Cont. Administrativo. Secc. 3.ª: 913 970 271 Sala de lo Cont. Administrativo. Secc. 4.ª: 913 970 277 Sala de lo Cont. Administrativo. Secc. 5.ª: 913 970 301 Sala de lo Cont. Administrativo. Secc. 6.ª: 913 970 297 Sala de lo Cont. Administrativo. Secc. 7.ª: 913 970 294 Sala de lo Cont. Administrativo. Secc. 8.ª: 913 970 291 Sala de lo Social. Única: 913 970 270
Fax	Presidencia: 913 973 306

JUZGADOS CENTRALES	
Dirección	Cont. Administr. y de Menores (y Vigilancia): C/ Gran Vía, 52. Madrid. Instrucción y Penal: C/ García Gutiérrez, 1. Madrid.
Teléfono	De Menores (y funciones de Vigilancia): 913 352 753 De lo Penal: 913 193 258 De Instrucción 1: 913 973 323 De Instrucción 2: 913 973 325 De Instrucción 3: 913 973 033 De Instrucción 4: 913 973 320 De Instrucción 5: 913 973 316 De Instrucción 6: 913 973 365 De lo Cont. Administrativo 1: 913 352 700 De lo Cont. Administrativo 2: 913 352 709 De lo Cont. Administrativo 3: 913 352 716 De lo Cont. Administrativo 4: 913 352 724 De lo Cont. Administrativo 5: 913 352 730 De lo Cont. Administrativo 6: 913 352 737 De lo Cont. Administrativo 7: 913 352 743 De lo Cont. Administrativo 8: 913 352 760 De lo Cont. Administrativo 9: 913 352 782 De lo Cont. Administrativo 10: 913 352 776

4. Tribunales Superiores de Justicia (fuente: www.poderjudicial.es)

TSJ	Sede	Dirección	Localidad	Teléfono
Andalucía	Presidencia	Pza. Nueva (18014)	Granada	958 002 602
	Sala Civil y Penal	Pza. Nueva (18014)	Granada	958 002 625
	Sala Contencioso-Administrativo	Pza. Nueva (18014)	Granada	958 002 637
		C/ Tomás Heredia, 26	Málaga	951 045 516
		Avda. Carlos V (45071)	Sevilla	955 005 152
	Sala Social	Pza. Nueva 18014	Granada	958 002 656
		C/ Tomás Heredia, 26	Málaga	951 045 502
		Avda. Carlos V (45071)	Sevilla	955 005 173

TSJ	Sede	Dirección	Localidad	Teléfono
Aragón	Presidencia	C/ Coso, 1 (50071)	Zaragoza	976 208 400
	Sala Civil y Penal	C/ Coso, 1 (50071)	Zaragoza	976 208 356
	Sala Contencioso-Administrativo	C/ Coso, 1 (50071)	Zaragoza	976 208 353
	Sala Social	C/ Coso, 1 (50071)	Zaragoza	976 208 361

TSJ	Sede	Dirección	Localidad	Teléfono
Asturias	Presidencia	Plaza Porlier, s/n (33071)	Oviedo	985 222 013
	Sala Civil y Penal	Plaza Porlier, s/n (33071)	Oviedo	985 211 996
	Sala Contencioso-Administrativo	Plaza Porlier, s/n (33071)	Oviedo	985 228 215
	Sala Social	Plaza Porlier, s/n (33071)	Oviedo	985 211 996

TSJ	Sede	Dirección	Localidad	Teléfono
Baleares	Presidencia	Plaça des Mercat, 12 (07071)	Palma de Mallorca	971 721 239
	Sala Civil y Penal	Plaça des Mercat, 12 (07071)	Palma de Mallorca	971 721 062
	Sala Contencioso-Administrativo	Plaça des Mercat, 12 (07071)	Palma de Mallorca	971 712 632
	Sala Social	Plaça des Mercat, 12 (07071)	Palma de Mallorca	971 723 689

TSJ	Sede	Dirección	Localidad	Teléfono
Canarias	Presidencia	Pza. San Agustín, 6 Vegueta (35071)	Las Palmas de Gran Canaria	928 32 50 07
	Sala Civil y Penal	Pza. San Agustin, 6 Vegueta (35071)	Las Palmas de Gran Canaria	928 311 208
	Sala Contencioso-Administrativo	Pza. San Agustín, 6 Vegueta (35071)	Las Palmas de Gran Canaria	928 325 008
	Sala Social	Pza. San Agustín, 6 Vegueta (35071)	Las Palmas de Gran Canaria	928 325 006

TSJ	Sede	Dirección	Localidad	Teléfono
Cantabria	Presidencia	Avda. Pedro San Martín, s/n (39071)	Santander	942 357 119
	Sala Civil y Penal	Avda. Pedro San Martín, s/n (39071)	Santander	942 357 122
	Sala Contencioso-Administrativo	Avda. Pedro San Martín, s/n (39071)	Santander	942 357 124
	Sala Social	Avda. Pedro San Martín, s/n (39071)	Santander	942 357 126

TSJ	Sede	Dirección	Localidad	Teléfono
Castilla y León	Presidencia	C/ San Juan, 2 (09071)	Burgos	947 259 649
	Sala Civil y Penal	C/ San Juan, 2 (09071)	Burgos	947 259 673
	Sala Contencioso-Administrativo	C/ San Juan, 2 (09071)	Burgos	947 259 610
		C/ Angustias, 21 (47071)	Valladolid	983 413 210
	Sala Social	C/ San Juan, 2 (09071)	Burgos	947 259 684
		C/ Angustias, 21 (47071)	Valladolid	983 413 208

TSJ	Sede	Dirección	Localidad	Teléfono
Castilla-La Mancha	Presidencia	C/ San Agustín, 1 (02071)	Albacete	967 596 500
	Sala Civil y Penal	C/ San Agustín, 1 (02071)	Albacete	967 596 511
	Sala Contencioso-Administrativo	C/ San Agustín, 1 (02071)	Albacete	967 596 584
	Sala Social	C/ San Agustín, 1 (02071)	Albacete	967 596 562

TSJ	Sede	Dirección	Localidad	Teléfono
Cataluña	Presidencia	Ps. Lluís Companys, 14-16 (08071)	Barcelona	934 866 183
	Sala Civil y Penal	Ps. Lluís Companys, 14-16 (08071)	Barcelona	934 866 232
	Sala Contencioso-Administrativo	C/ Via Laietana 56, 4.ª Plta. (08071)	Barcelona	933 440 005
	Sala Social	Ps. Lluís Companys, 14-16 (08071)	Barcelona	934 866 159

TSJ	Sede	Dirección	Localidad	Teléfono
Comunidad Valenciana	Presidencia	C/ Palacio de Justicia, s/n (46071)	Valencia	963 876 901
	Sala Civil y Penal	C/ Palacio de Justicia, s/n (46071)	Valencia	963 876 811
	Sala Contencioso-Administrativo	C/ Palacio de Justicia, s/n (46071)	Valencia	963 876 822
	Sala Social	C/ Palacio de Justicia, s/n (46071)	Valencia	963 876 924

TSJ	Sede	Dirección	Localidad	Teléfono
Extremadura	Presidencia	Plaza de la Audiencia s/n (10003)	Cáceres	927 620 201
	Sala Civil y Penal	Plaza de la Audiencia s/n (10003)	Cáceres	927 620 201
	Sala Contencioso-Administrativo	Plaza de la Audiencia s/n (10003)	Cáceres	927 620 228
	Sala Social	Plaza de la Audiencia s/n (10003)	Cáceres	927 620 244

TSJ	Sede	Dirección	Localidad	Teléfono
Galicia	Presidencia	Pza. Galicia, s/n (15071)	A Coruña	981 182 054
	Sala Civil y Penal	Pza. Galicia, s/n (15071)	A Coruña	981 184 876
	Sala Contencioso-Administrativo	Pza. Galicia, s/n (15071)	A Coruña	981 185 773
	Sala Social	Pza. Galicia, s/n (15071)	A Coruña.	981 184 972

TSJ	Sede	Dirección	Localidad	Teléfono
La Rioja	Presidencia	C/ Víctor Pradera, 2 (26071)	Logroño	941 296 400
	Sala Civil y Penal	C/ Víctor Pradera, 2 (26071)	Logroño	941 296 400
	Sala Contencioso-Administrativo	C/ Lardero, 11 (26071)	Logroño	941 503 002
	Sala Social	C/ Víctor Pradera, 2 (26071)	Logroño	941 296 421

TSJ	Sede	Dirección	Localidad	Teléfono
Madrid	Presidencia	C/ General Castaños, 1 (28071)	Madrid	91 493 47 71
	Sala Civil y Penal	C/ Gral. Castaños, 1 (28071)	Madrid	91 393 48 48
	Sala Contencioso-Administrativo	C/ Gral. Castaños, 1 (28071)	Madrid	91 393 47 51
	Sala Social	C/ General Martínez Campos, 27 (28010)	Madrid	91 493 19 00

TSJ	Sede	Dirección	Localidad	Teléfono
Murcia	Presidencia	Ronda de Garay, 5 (30071)	Murcia	968 229 105
	Sala Civil y Penal	Ronda de Garay, 5 (30071)	Murcia	968 229 129
	Sala Contencioso-Administrativo	Avda. Primero de Mayo, 1 (30071)	Murcia	968 224 073
	Sala Social	Ronda de Garay, 5 (30071)	Murcia	968 229 218

TSJ	Sede	Dirección	Localidad	Teléfono
Navarra	Presidencia	C/ San Roque, 4 (31071)	Pamplona	848 424 056
	Sala Civil y Penal	C/ San Roque, 4 (31071)	Pamplona	848 424 071
	Sala Contencioso-Administrativo	C/ San Roque, 4 (31071)	Pamplona	848 424 073
	Sala Social	C/ San Roque, 4 (31071)	Pamplona	848 424 076

TSJ	Sede	Dirección	Localidad	Teléfono
País Vasco	Presidencia	Barroeta Aldamar Kalea 10 (48071)	Bilbao	944 016 654
	Sala Civil y Penal	Barroeta Aldamar Kalea 10 (48071)	Bilbao	944 016 654
	Sala Contencioso-Administrativo	Barroeta Aldamar Kalea 10 (48071)	Bilbao	944 016 655
	Sala Social	Barroeta Aldamar Kalea 10 (48071)	Bilbao	944 016 656

III. TRIBUNALES NO JURISDICCIONALES

1. Tribunal Económico-Administrativo Central

TDC	Sede	Dirección	Localidad	Teléfono
	Tribunal Central	C/ Génova, 29 (28004) C/ Claudio Coello, 31, Plantas 3.ª a 6.ª (28001)	Madrid	917 003 200 917 284 300

2. Tribunales Económico-Administrativos Regionales

TDC	Sede	Dirección	Localidad	Teléfono
Andalucía	Tribunal Regional	Avda. San Francisco Javier, 22, 5.º (41071)	Sevilla	954 934 800
	Salas Descon-centradas	Marqués de la Ensenada, 1 (18071)	Granada	958 536 022
		Paseo Reding, 47, 1.º (29071)	Málaga	952 606 052
	Secretarías Delegadas	Paseo de Almería, 62 (04071)	Almería	950 281 758
		Plaza de la Constitución, 1 (11008)	Cádiz	956 292 503
		Paseo de Santa Fe, 22 (21003)	Huelva	959 541 585
		Avda. Gran Capitán, 8 (14008)	Córdoba	957 496 484
		Plaza de la Constitución, 2 (23001)	Jaén	953 242 686
		Plaza Las Marinas, 1 (11407)	Jerez de la Frontera	956 318 112
Aragón	Tribunal Regional	C/ Albareda, 16 (50004)	Zaragoza	976 769 949
	Secretarías Delegadas	Plaza Navarra, 11 (22002)	Huesca	974 238 905
		Avda. de Sagunto, 24 (44002)	Teruel	978 619 528
Asturias	Tribunal Regional	Avda. de Santander, 3, planta 2.ª (edificio Uría Center) (33001)	Oviedo	985 207 682
	Secretarías Delegadas	C/ Anselmo Cifuentes, 13 (33271)	Gijón	985 176 338

TDC	Sede	Dirección	Localidad	Teléfono
Baleares	Tribunal Regional	Calle Gaspar Sabater, 3, módulo B planta 3.ª (07010)	Palma de Mallorca	971 214 466
	Unidad de Ibiza y Formentera	Calle Madrid, 64, planta baja (07800)	Ibiza	971194170
	Unidad de Menorca	Avenida de Menorca, 92-94 (07703)	Mahón	971 356 848
Canarias	Tribunal Regional	Avda. 1 de mayo, 19, 3.º (35002)	Las Palmas	928 432 970
	Secretarías Delegadas	C/ Villalba Hervás, 2, 7.º (38003)	Santa Cruz de Tenerife	922 534 700
Cantabria	Tribunal Regional	C/ Juan Herrera, 19, 2.ª (39002)	Santander	942 367 612
Castilla-La Mancha	Tribunal Regional	Avda. General Villalba, 3 (45003)	Toledo	925 285 701
	Secretarías Delegadas	C/ Francisco Fontecha, 2 (02001)	Albacete	967 191 860
		C/ Ruiz Morote, 4 (13001)	Ciudad Real	926 271 734
		Parque San Julián, 12 (16001)	Cuenca	969 241 274
		C/ Mayor, 17 (19001)	Guadalajara	949 247 690
Castilla y León	Tribunal Regional	C/ Juan de Austria, 5, 1.º (47006)	Valladolid	983 228 170
	Salas Descon-centradas	C/ Vitoria, 39 (09006)	Burgos	947 256 841
	Secretarías Delegadas	C/ Madre Soledad, 1 (05001)	Ávila	920 352 664
		Gran Vía San Marcos, 18 (24002)	León	987 876 236
	Secretarías	Plazuela de la Sal, 1 (34001)	Palencia	979 706 638
		C/ Rector Lucena, 1, 1.º C (37001)	Salamanca	923 219 127
		C/ Colón, 4 (40001)	Segovia	921 466 142
		C/ Caballeros, 19 (42002)	Soria	975 233 856
		Plaza Castilla y León, s/n (49001)	Zamora	980 509 335

TDC	Sede	Dirección	Localidad	Teléfono
Cataluña	Tribunal Regional	Puerta del Ángel, 31-39 (08002)	Barcelona	933 436 200
	Secretarías Delegadas	Avda. Jaime I, 47, 2.º (17071)	Girona	972 426 262
		Plaza Cervantes, 17 (25001)	Lleida	973 289 785
		Rambla Nova, 93-95 (43003)	Tarragona	977 253 133
Extremadura	Tribunal Regional	C/ Zurbarán, 20 (06002)	Badajoz	924 229 180
	Secretarías Delegadas	C/ Sánchez Herrero, 4 (10004)	Cáceres	927 625 185
Galicia	Tribunal Regional	C/ Comandante Fontanes, 10 (15003)	A Coruña	981 161 471
		C/ Reina, 2 (27001)	Lugo	982 284 673
	Secretarías	C/ Santo Domingo, 25 (32003)	Orense	988 392 271
	Delegadas	Andrés Muruais, 4, 4.º (36001)	Pontevedra	986 868 461
		C/ Lalín, 2 (36009)	Vigo	986 213 944
La Rioja	Tribunal Regional	C/ Miguel Villanueva, 2, 2.º (26001)	Logroño	941 270 837
Madrid	Tribunal Regional	C/ Claudio Coello, 31 (28001)	Madrid	917 284 400
Murcia	Tribunal Regional	C/ San Nicolás, 19 (30005)	Murcia	968 225 662
	Secretarías Delegadas	Calle Campos, 2 (30201)	Cartagena	968 321 650
Navarra	Tribunal Regional	C/ Yanguas y Miranda, 31, 5.ª (31003)	Pamplona	948 206 963
País Vasco	Tribunal Regional	Plaza Federico Moyúa, 3 (48009)	Bilbao	94 4161 359
	Secretarías Delegadas	C/ Olaguibel, 7 (01001)	Álava	945 121 859
		C/ Oquendo, 20 (20004)	San Sebastián	943 434 098
Valencia	Tribunal Regional	Avda. de Aragón, 30, 7.º (46021)	Valencia	963 937 044
	Secretarías	Plaza Montañeta, 8, 1.º (03001)	Alicante	965 146 737
	Delegadas	Plaza Huerto Sogueros, 4 (12004)	Castellón	964 341 785

TDC	Sede	Dirección	Localidad	Teléfono
Ceuta	Tribunal Local	C/ Teniente Olmo, 2 (11001) Edificio V Centenario,	Ceuta	956 524 836
Melilla	Tribunal Local	Torre Sur, 4.ª Planta	Melilla	952 695 888

IV. ORGANISMOS INTERNACIONALES

1. Unión Europea

COMISIÓN EUROPEA REPRESENTACIÓN EN ESPAÑA - MADRID	
Dirección	Paseo de la Castellana, 46. 28046 Madrid
Teléfono	914 238 000
Fax	915 760 387 y 915 772 923 (Prensa)

COMISIÓN EUROPEA REPRESENTACIÓN EN ESPAÑA - BARCELONA	
Dirección:	Pg. de Gràcia, 90. 08008 Barcelona
Teléfono:	934 677 380
Fax:	934 677 381

PARLAMENTO EUROPEO. OFICINA EN ESPAÑA Delegación en Madrid	
Dirección:	P.º de la Castellana, 46, 5.ª y 6.ª plantas. 28046 Madrid
Teléfono:	914 364 747
Fax:	915 771 365 (Dirección 6.ª planta) y 915 783 171 (Documentación 5.ª planta)
Página web	europarl.es
e-mail	epmadrid@europarl.eu.int

PARLAMENTO EUROPEO. OFICINA EN ESPAÑA Delegación en Barcelona	
Dirección:	Pg. de Gràcia, 90, 1.º 08008 Barcelona
Teléfono:	932 722 044
Fax:	932 722 045

BANCO EUROPEO DE INVERSIONES	
Dirección	Edificio Beatriz, C/ José Ortega y Gasset, 29, 5.º E. 28006 Madrid
Teléfono	914 311 340
Fax	914 311 383
Página web	www.eib.org
e-mail	a.tinagli@bei.org

OFICINA DE ARMONIZACIÓN DEL MERCADO INTERIOR	
Dirección	Avda. de Europa 4 - 03008 Alicante
Teléfono	965 139 100
Fax	965 131 344
Página web	www.oami.eu.int/

2. ***Delegaciones en España de organismos internacionales***

NACIONES UNIDAS [DELEGACIÓN DEL ALTO COMISIONADO PARA LOS REFUGIADOS (ACNUR)]	
Dirección	Avenida del General Perón, 32-2.º 28020 Madrid
Teléfono	915 563 503 y 915 563 649
Fax	914 175 345
Página web	www.acnur.org
e-mail	spana@unhcr.org

ORGANIZACIÓN INTERNACIONAL DEL TRABAJO (OFICINA DE CORRESPONDENCIA DE LA ORGANIZACIÓN INTERNACIONAL DEL TRABAJO)	
Dirección	C/ Alberto Aguilera, 15, Apdo. 1. 28015 Madrid
Teléfono	917 580 558 y 915 488 910
Fax	915 474 422
Página web	www.ilo.org
e-mail	madrid@ilo.org

SECRETARÍA DE COOPERACIÓN IBEROAMERICANA	
Dirección	C/ Serrano 187-189. 28002 Madrid
Teléfono	915 901 980
Fax	915 901 983
Página web	secib.org
e-mail	nfo@secib.org

CENTRO DE COOPERACIÓN DEL MEDITERRÁNEO DE LA UNIÓN MUNDIAL PARA LA NATURALEZA (UICN-MED)	
Dirección	Parque Tecnológico de Andalucía. Marie Curie, 35 - 29590 Campanillas (Málaga)
Teléfono	952 028 430
Fax	952 028 145
Página web	www.uicnmed.org
e-mail	uicnmed@iucn.org

COMISIÓN NACIONAL ESPAÑOLA DE COOPERACIÓN CON LA UNESCO	
Dirección	P.º Juan XXIII, 5. 28040 Madrid
Teléfono	915 339 639
Fax	915 351 433
Página web	www.aeci.es/unesco
e-mail	hispaunesco@aeci.es

ORGANIZACIÓN DE LAS NACIONES UNIDAS PARA LA AGRICULTURA Y LA ALIMENTACIÓN (FAO)	
Dirección	Corazón de María, 8, 3.ª planta. 28002 Madrid
Teléfono	913 471 717
Página web	www.fao.org

ORGANIZACIÓN MUNDIAL DEL TURISMO (OMT)	
Dirección	Capitán Haya, 42. 28020 Madrid
Teléfono	915 678 100
Fax	915 713 733
Página web	www.unwto.org
e-mail	omt@unwto.org

CENTRO REGIONAL DE INFORMACIÓN DE LA ONU PARA EUROPA OCCIDENTAL	
Dirección	Residence Palace - Bloc C (7th floor). Rue de la Loi 155 B - 1040 Bruselas (Bélgica)
Teléfono	(00)322-788 84 84
Fax	(00)322-788 84 85
Página web	www.unric.org
e-mail	info@unric.org

UNRWA AGENCIA DE LAS NACIONES UNIDAS PARA LOS REFUGIADOS DE PALESTINA	
Dirección	Belén, 7, 1.º dcha. 28004 Madrid
Teléfono	917 027 059
Fax	913 086 456
Página web	www.unrwace.org
e-mail	info@unrwace.org

3. Representaciones permanentes de España en organismos internacionales

MISIÓN PERMANENTE DE ESPAÑA ANTE LAS NACIONES UNIDAS	
Dirección	One Dag Hammarskjöld Plaza, 245 East, 47th Street, 36th Floor. 10017 New York (Estados Unidos de América)
Teléfono	(00)1212-661 10 50
Fax	(00)1212-949 72
Página web	www.spainun.org
e-mail	comunicacion@spainun.org

REPRESENTACIÓN PERMANENTE DE ESPAÑA ANTE LA UNIÓN EUROPEA	
Dirección	Bd. du Régent, 52. 1000 Bruxelles (Bélgica)
Teléfono	(00)322-509 86 11
Fax	(00)322-511 19 40, (00)322-511 26 30, (00)322-511 10 23, (00)322-511 07 39 y (00)322-511 51 08

REPRESENTACIÓN PERMANENTE DE ESPAÑA EN EL CONSEJO DE EUROPA	
Dirección	24, Allée de la Robertsau - B.P. nr. 124. 67000 Strasbourg Cedex (Francia)
Teléfono	(00)33-388 36 36 20
Fax	(00)33-388 36 70 63
e-mail	spain.coe@wanadoo.fr

REPRESENTACIÓN PERMANENTE DE ESPAÑA EN EL CONSEJO DE LA ORGANIZACIÓN DEL TRATADO DEL ATLÁNTICO NORTE (OTAN)	
Dirección	Avenue du Bourget, s/n. 1110 Bruxelles (Bélgica)
Teléfono	(00)322-707 65 11 y (00)322-707 65 48
Fax	(00)322-726 47 16 y (00)322-726 50 89
e-mail	spdel@hq.nato.int

DELEGACIÓN PERMANENTE DE ESPAÑA ANTE LA ORGANIZACIÓN DE COOPERACIÓN Y DESARROLLO ECONÓMICOS (OCDE)	
Dirección	22 Av. Marceau. 75008 Paris (Francia)
Teléfono	(00)331-44 43 30 00
Fax	(00)331-47 20 45 41 y (00)331-44 43 30 13
Página web	www.maec.es/Representaciones/OCDE/es/Home/
e-mail	delespagneocde@mail.mae.es

MISIÓN OBSERVADORA PERMANENTE DE ESPAÑA ANTE LA ORGANIZACIÓN DE LOS ESTADOS AMERICANOS Y ORGANISMOS INTERAMERICANOS DE COOPOERACIÓN (OEA), ORGANIZACIÓN PANAMERICANA DE LA SALUD (OPS) Y JUNTA INTERAMERICANA DE DEFENSA (JID)	
Dirección	2558 Massachusetts Ave., NW. 20008 Washington D.C. (Estados Unidos de América)
Teléfono	00)1202-265 83 65, (00)1202-265 83 66, (00)1202-332 03 15
Fax	(00)1202-332 68 89
Página web	www.mae.es/Representaciones/OEA/es/Home/
e-mail	espana@oas.org

REPRESENTACIÓN PERMANENTE DE ESPAÑA ANTE LA FAO Y EL PMA	
Dirección	Largo dei Lombardi, 21. 00186 Roma (Italia)
Teléfono	(00)3906-687 87 62 y (00)3906-686 95 39
Fax	(00)3906-687 30 76
e-mail	repfao@maparoma.191.it

REPRESENTACIÓN PERMANENTE DE ESPAÑA EN EL CONSEJO DE LA UNIÓN EUROPEA OCCIDENTAL (UEO)	
Dirección	Blv. du Regent, 50. 1000 Bruxelles (Bélgica)
Teléfono	(d00)322-509 88 71 y (00)322-509 88 72
Fax	(00)322-512 71 86 (claro) y (00)322-245 70 34 (cifrado)
e-mail	cops.espana@reper.mae.es

DELEGACIÓN PERMANENTE DE ESPAÑA EN LA UNESCO	
Dirección	1, rue Miollis. 75732 Paris Cedex 15 (Francia)
Teléfono	(00)331-45 68 33 85, (00)331-45 68 33 86 y (00) 331-45 68 33 87
Fax	(00)331-47 83 49 98 y (00)331-43 06 01 71
e-mail	dl.hispania@unesco.org

REPRESENTACIÓN PERMANENTE DE ESPAÑA ANTE LA OFICINA DE LAS NACIONES UNIDAS Y LOS ORGANISMOS INTERNACIONALES CON SEDE EN GINEBRA (OIT, OMS, UIT, OMC, CICR, ACNUR, CERN, UNCTAD, CEPE, OMM, OMPI, OTROS)	
Dirección	53, Avenue Blanc (5ème étage). 1202 Ginebra (Suiza)
Teléfono	(00)4122-909 28 30 y (00)4122-909 28 37 (Secretaria Embajador)
Fax	(00)4122-731 53 70
e-mail	mission.spain@ties.itu.int

V. ORGANISMOS DE ÁMBITO NACIONAL

1. Fiscalía General del Estado

FISCALÍA GENERAL DEL ESTADO	
Dirección	C/ Fortuny, 4. 28071 Madrid
Teléfono	913 102 340
Fax	913 190 712
Página web	www.fiscal.es

FISCALÍA DEL TRIBUNAL CONSTITUCIONAL	
Dirección	C/ Fuencarral, 123. 28071 Madrid
Teléfono	915 931 803
Fax	915 945 364

FISCALÍA TRIBUNAL SUPREMO	
Dirección	Plaza Villa París, s/n. 28071 Madrid
Teléfono	913 970 094
Fax	913 193 643

FISCALÍA DE LA AUDIENCIA NACIONAL	
Dirección	C/ García Gutiérrez, 1. 28071 Madrid
Teléfono	913 973 379
Fax	913 973 286

FISCALÍA ANTICORRUPCIÓN	
Dirección	Paseo de la Castellana, 147. 28071 Madrid
Teléfono	915 712 523
Fax	915 793 846

FISCALÍA ESPECIAL CONTRA LA DROGA	
Dirección	C/ García Gutiérrez, 1. 28071 Madrid
Teléfono	913 973 384
Fax	913 973 240

FISCALÍA TRIBUNAL DE CUENTAS	
Dirección	C/ Fuencarral, 81. 28071 Madrid
Teléfono	914 478 816
Fax	914 462 046

2. Ministerios

A. Presidencia del Gobierno y Ministerio de la Presidencia

Presidencia del Gobierno	
Dirección:	Complejo de la Moncloa. 28071 Madrid
Teléfono:	913 353 535
Web	http://www.la-moncloa.es

Alto Comisionado de Apoyo a las Víctimas de Terrorismo	
Dirección:	Avda. Pío XII, 17-19. 28071 Madrid
Teléfono:	913 533 511
Fax:	913 533 518

Ministerio de la Presidencia	
Dirección:	Complejo de la Moncloa. 28071 Madrid
Teléfono:	913 353 535, 915 810 895 y 913 900 365
Web	www.mpr.es

B. Ministerio de Justicia

Ministerio de Justicia	
Dirección:	San Bernardo, 45. 28071 Madrid
Teléfono:	913 902 000
Web	www.mjusticia.es

Secretaría de Estado de Justicia	
Dirección:	San Bernardo, 45. 28071 Madrid
Teléfono:	913 902 000
Fax:	913 904 297

Subsecretaría de Justicia	
Dirección:	San Bernardo, 45. 28071 Madrid
Teléfono:	913 902 000
Fax:	913 902 252

Agencia de Protección de Datos	
Dirección:	Jorge Juan 6 28071 Madrid
Teléfono:	913 996 200

C. Ministerio del Interior

Ministerio del Interior	
Dirección:	P.º de la Castellana, 5. 28071 Madrid
Teléfono:	915 371 000
Web	www.mir.es

Dirección General de la Policía y la Guardia Civil	
Dirección:	Guzmán el Bueno, 110. 28071 Madrid
Teléfono:	915 146 000
Fax:	915 146 001
e-mail	prensa@gcivil.mir.es servicio.prensa@policia.es
Web	www.guardiacivil.org www.policia.es

Dirección General de Tráfico	
Dirección:	Josefa Valcárcel, 28. 28071 Madrid
Teléfono:	913 018 100
Fax:	917 425 380
e-mail	prensa@dgt.mir.es
Web	www.dgt.es

Dirección General de Instituciones Penitenciarias	
Dirección:	Alcalá, 38-40. 28071 Madrid
Teléfono:	913 354 700
Fax:	913 354 058
e-mail	dgip@dgip.mir.es
Web	www.mir.es/INSTPEN/

D. Ministerio de Economía y Hacienda

Ministerio de Economía y Hacienda	
Dirección:	Alcalá, 9. 28071 Madrid
Teléfono:	915 958 000
Fax:	915 958 465
Web	www.mineco.es

Instituto Nacional de Estadística	
Dirección:	P.º de la Castellana, 183. 28071 Madrid
Teléfono:	915 839 363
Fax:	915 839 087
Web	www.ine.es

Instituto de Contabilidad y Auditoría de Cuentas	
Dirección:	Huertas, 26. 28014 Madrid
Teléfono:	913 895 600
Fax:	914 299 486
Web	www.icac.meh.es

E. Otros Ministerios

Ministerio de Trabajo e Inmigración	
Dirección:	Nuevos Ministerios. Agustín de Betancourt, 4. 28071 Madrid
Teléfono:	913 630 000
Fax:	913 630 591
Web	www.mtas.es

Instituto Nacional de la Seguridad Social (INSS)	
Dirección:	Padre Damián, 4-6. 28036 Madrid
Teléfono:	915 688 300
Fax:	915 647 822
Web	www.seg-social.es

Tesorería General de la Seguridad Social	
Dirección:	Pza. de los Astros, 5 y 7. 28071 Madrid
Teléfono:	915 038 000
Fax:	915 038 411
Web	www.seg-social.es

Delegación del Gobierno contra la Violencia para la Mujer	
Dirección:	Nuevos Ministerios. P.º de la Castellana, 67. 28071 Madrid
Teléfono:	913 635 252 y 913 635 253
Fax:	913 635 123

Ministerio de Industria, Turismo y Comercio	
Dirección:	P.º de la Castellana, 160. 28071 Madrid
Teléfono:	913494000
Fax:	914578066
Web	www.mcyt.es

Ministerio de Igualdad	
Dirección	Alcalá, 37. 28071 Madrid

Ministerio de Industria, Turismo y Comercio	
Dirección:	P.º de la Castellana, 160. 28071 Madrid
Teléfono:	913 494 000
Fax:	914 578 066
Web	www.mityc.es

Ministerio de Industria, Turismo y Comercio Oficina Española de Patentes y Marcas (OEPM)	
Dirección:	P.º de la Castellana, 75. 28046 Madrid
Teléfono:	917 925 804
Fax:	913 495 597
Web	www.oepm.es

Ministerio de Medio Ambiente, y Medio Rural y Marino	
Dirección	P.º Infanta Isabel, 1. 28071 Madrid
Teléfono	913 475 598, 913 475 599 (Centralita mañanas) y 913 475 279 (Centralita tardes)
Fax	913 475 707
Web	www.mapa.es

Ministerio de Asuntos Exteriores y de Cooperación	
Dirección:	Serrano Galvache, 26. 28071 Madrid
Teléfono:	913 798 300 (Centralita)
Fax:	913 948 610
Web	www.maec.es

Ministerio de Administraciones Públicas	
Dirección:	P.º de la Castellana, 3. 28071 Madrid
Teléfono:	912 731 000
Fax:	912 731 012 (Gabinete Prensa)
Web	www.map.es

Ministerio de Cultura	
Dirección:	Pza. del Rey, 1. 28071 Madrid
Teléfono:	917 017 000
Fax:	917 017 005
Web	www.mcu.es

Ministerio de Sanidad y Consumo	
Dirección:	P.º del Prado, 18-20. 28071 Madrid
Teléfono:	915 961 000
Fax:	915 961 547 y 915 961 548
Web	www.msc.es

Ministerio de Vivienda	
Dirección:	P.º de la Castellana, 112. 28071 Madrid
Teléfono:	917 284 004
Web	www.vivienda.es

Ministerio de Fomento	
Dirección:	Nuevos Ministerios. P.º de la Castellana, 67. 28071 Madrid
Teléfono:	915 977 000
Web	www.fomento.es

Ministerio de Defensa	
Dirección:	P.º de la Castellana, 109. 28071 Madrid
Teléfono:	913 955 000
Web	www.mde.es

Ministerio de Educación, Política Social y Deporte	
Dirección:	Alcalá, 34. 28071 Madrid
Teléfono:	917 018 000
Web	www.mec.es

Ministerio de Ciencia e Innovación	
Dirección	Albacete, 5. 28071 Madrid
Teléfono	916 037 000
Fax	916 037 083
Web	www.micinn.es

VI. OTROS ORGANISMOS

1. Delegaciones del Gobierno

Delegación del Gobierno de Andalucía	
Dirección:	Pza. de España. Torre Sur. 41013 Sevilla
Teléfono:	955 569 000, 955 569 536/537
Fax:	954 232 077

Delegación del Gobierno de Aragón	
Dirección:	Pza. Ntra. Sra. del Pilar, s/n. 50071 Zaragoza
Teléfono:	976 999 000, 976 980 020 y 976 999 007 (prensa)
Fax:	976 999 026

Delegación del Gobierno de Asturias	
Dirección:	Pza. de España, 6. 33007 Oviedo. Asturias
Teléfono:	984 769 000 (Centralita)
Fax:	985 256 564

Delegación del Gobierno de Canarias	
Dirección:	Pza. de la Feria, 24. 35071 Las Palmas de Gran Canaria. Las Palmas
Teléfono:	928 999 000
Fax:	928 363 994

Delegación del Gobierno de Cantabria	
Dirección:	Avda. Calvo Sotelo, 25. 39002 Santander. Cantabria
Teléfono:	942 999 000
Fax:	942 999 094

Delegación del Gobierno de Castilla-La Mancha	
Dirección:	Pza. Zocodover, 6. 45071 Toledo
Teléfono:	925 989 000
Fax:	925 989 199

Delegación del Gobierno de Castilla y León	
Dirección:	Jesús Rivero Meneses, 1 (Huerta del Rey). 47071 Valladolid
Teléfono:	983 99 90 00
Fax:	983 999 132/131

Delegación del Gobierno de Cataluña	
Dirección:	Marqués de L'Argentera, 2. 08002 Barcelona
Teléfono:	935 209 000
Fax:	935 209 413

Delegación del Gobierno de Ceuta	
Dirección:	Beatriz de Silva, 4. 51001 Ceuta
Teléfono:	956 984 518 y 956 984 502
Fax:	956 513 671

Delegación del Gobierno de Extremadura	
Dirección:	Avda. Huelva, 4. 06071 Badajoz
Teléfono:	924 979 000, 924 979 110 y 924 979 464
Fax:	924 979 145

Delegación del Gobierno de Galicia	
Dirección:	Pza. de Ourense, 11. 15004 A Coruña
Teléfono:	981 989 000
Fax:	981 122 596

Delegación del Gobierno de Illes Balears	
Dirección:	Constitución, 4. 07001 Palma de Mallorca. Illes Balears
Teléfono:	971 989 000
Fax:	971 989 161 y 971 989 154

Delegación del Gobierno de La Rioja	
Dirección:	Muro Francisco de la Mata, 3. 26071 Logroño. La Rioja
Teléfono:	941 759 000
Fax:	941 245 845

Delegación del Gobierno de Madrid	
Dirección:	Miguel Ángel, 25. 28010 Madrid
Teléfono:	912 729 000 y 912 729 002
Fax:	912 729 190

Delegación del Gobierno de Melilla	
Dirección:	Avda. de la Marina Española, 3. 52001 Melilla
Teléfono:	952 991 000
Fax:	952 672 657

Delegación del Gobierno de Murcia	
Dirección:	Avda. Teniente Flomesta, s/n. 30071 Murcia
Teléfono:	968 989 000
Fax:	968 210 872

Delegación del Gobierno de Navarra	
Dirección:	Pza. de las Merindades, s/n. 31071 Pamplona. Navarra
Teléfono:	948 979 000
Fax:	948 979 140

Delegación del Gobierno del País Vasco	
Dirección:	P.º de Fray Francisco de Vitoria, 17. 01071 Vitoria-Gasteiz. Álava
Teléfono:	945 759 000
Fax:	945 759 170

Delegación del Gobierno de la Comunidad Valenciana	
Dirección:	Pza. del Temple, 1. 46071 Valencia
Teléfono:	963 079 000
Fax:	963 920 066

2. ***Consejerías y Direcciones Generales de Justicia de las Comunidades Autónomas***

Andalucía Consejería de Justicia y Administración Pública	
Dirección:	Plaza de la Gavidia, 10. 41002 Sevilla
Teléfono:	955 031 800
Fax:	955 031 835

Aragón Dirección General de Servicios Jurídicos	
Dirección:	Edificio Pignatelli P.º María Agustín, 36. 50071 Zaragoza
Teléfono:	976 714 476 / 976 714 000

Cantabria Dirección General de Justicia	
Dirección:	Peña Herbosa, 29. 39003 - Santander
Teléfono:	942 207 271

Castilla-La Mancha Dirección General de Justicia	
Dirección:	Avda. Portugal, s/n. 45071 Toledo
Teléfono:	925 266 048
Fax:	925 267 940

Castilla y León Gerencia Regional de Justicia	
Dirección:	C/ Julio Sáez de la Hoya, 8. 09005 Burgos
Teléfono:	947 215 565
Fax:	947 210 713

Cataluña Conselleria de Justicia	
Dirección:	Casp, 26/Pau Claris, 81. 08010 Barcelona
Teléfono:	933 164 100
Fax:	933 164 351

Extremadura Gabinete Jurídico	
Dirección:	Paseo de Roma, s/n. 06800 Mérida
Teléfono:	924 005 087
Fax:	924 005 092
Web:	http://www.juntaex.es/presidencia/vicepresidencia-primera-portavoz/gabinete-juridico/funciones-ides-idweb.html

Galicia Dirección Xeral de Xustiza	
Dirección:	Praza Europa, 5.ª-4º. Fontiñas 15707 Santiago de Compostela
Teléfono:	981 546 217
Fax:	981 546 201

Canarias Consejería de Presidencia y Justicia	
Dirección:	Avda. José Manuel Guimerá, n.º 10. Edif. Usos Múltiples II, Planta 2.ª. 38071 Santa Cruz de Tenerife
Teléfono:	922 476 500
Fax:	922 476 793

Canarias Consejería de Presidencia y Justicia	
Dirección:	C/ Prof. Agustín Millares Carló, n.º 22. Edif. Usos Múltiples I, Planta 2.ª. 35071 Las Palmas de Gran Canaria
Teléfono:	928 306 000/001
Fax:	928 306 698

Baleares Dirección General de justicia	
Dirección:	Av. D'Antoni Maura, 24. 07012 Palma
Teléfono:	971 724 884 / 9398
Fax:	971 715 424

Madrid Secretaría General Técnica de Justicia y Administraciones Públicas	
Dirección:	C/ Gran Vía, 18. 28013 Madrid
Teléfono:	917 209 078 / 77
Fax:	917 209 005

País Vasco Viceconsejería de Justicia	
Dirección:	Donostia-San Sebastián, 1. 01010 Vitoria-Gasteiz (Álava)
Teléfono:	945 019 116
Fax:	945 019 153

La Rioja Dirección General de Justicia e Interior	
Dirección:	C/ Vara de Rey, 1-3.º 26071 Logroño
Teléfono:	941 291 491
Fax:	941 291 251
E-mail	dg.justiciaeinterior@larioja.org

Valencia Consellería de Justicia	
Dirección:	C/ Miguelete, 5. 46001 Valencia
Teléfono:	963 184 430 / 012
Fax:	963 866 309

Navarra Consejería de Justicia	
Dirección:	Monasterio de Iratxe, 22. 31001 Pamplona
Teléfono:	848 424 000

Murcia Dirección de los Servicios Jurídicos	
Dirección:	Avda. de la Libertad, n.º 6, complejo Princesa, Bl. 3, Entlo. B. 30071 Murcia
Teléfono:	968 362 134 / 968 204 360
Fax:	968 362 133

Asturias Consejería Presidencia, Justicia E Igualdad	
Dirección:	Calle Eduardo Herrera (Herrerita) s/n. 33006 Oviedo
Teléfono:	985 668 500

3. Centros penitenciarios

A. Andalucía

	Centro Penitenciario	Dirección	Tel. Información	Tel. Comunicaciones
ALMERÍA	El Acebuche	Ctra. Cuevas de los Úbeda, Km 2,5. 04071 Almería	950 207 011	950 209 025
CÁDIZ	Algeciras	Ctra. del Cobre, Km 4,5. 11207 Algeciras (Cádiz)	956 582 600	956 582 620
	Puerto I	Ctra. Jerez-Rota, Km 6,4. 11500 Puerto de Santa María (Cádiz)	956 549 211	956 549 028
	Puerto II	Ctra. Jerez-Rota, Km 5,4. 11500 Puerto de Santa María (Cádiz)	956 549 200	956 549 311
	CIS Jerez de la Frontera	Ctra. N-IV, Km. 633,5. Polígono El Porvenir. 11401 Jerez de la Frontera	956 318 222	
CÓRDOBA	Córdoba	Autovía Madrid-Cádiz, Km 391. 14015 Córdoba	957 225 040	957 225 071
	CIS Carlos García Valdés	C/ Imprenta de la Alborada, Polígono Industrial Las Quemadas 14014 Córdoba	957 322 750	
GRANADA	Albolote	Ctra. Comarcal 220, Km 6. 18220 Albolote (Granada)	958 537 200	958 537 226
HUELVA	Huelva	Ctra. de la Ribera, s/n. 21610 Huelva	959 211 600	959 211 646
JAÉN	Jaén	Ctra. Bailén-Motril, Km 28. 23009 Jaén	953 214 500	953 214 501
MÁLAGA	Málaga	Finca la Moraga. 29170 Alhaurín de la Torre (Málaga)	952 249 800	952 249 806
SEVILLA	Alcalá de Guadaira	Ctra. de las Canteras, s/n. 41500 Alcalá de Guadaira	954 100 500	954 100 500
	Hospital Psiquiátrico Penitenciario	Ctra. de Torreblanca-Mairena del Alcor, Km 3,5. 41020 Sevilla	955 616 666	955 615 506
	Sevilla	Ctra. de Torreblanca-Mairena del Alcor, Km 3. 41020 Sevilla	955 611 111	955 620 407

B. Aragón

	Centro Penitenciario	Dirección	Tel. Información	Tel. Comunicaciones
ZARAGOZA	Daroca	Ctra. Nombrevilla, s/n. 50360 Daroca (Zaragoza)	976 801 036	976 800 361
	Zuera	Ctra. Nacional 330, Km 539. 50298 Zuera (Zaragoza)	976 698 400	976 698 433
	CIS Las Trece Rosas (Zaragoza)	C/ Fray Julián Garcés, 67. 50007 Zaragoza	976 271 585	

	Centro Penitenciario	Dirección	Tel. Información	Tel. Comunicaciones
HUESCA	CIS Rafael Salillas (Huesca)	Carretera de Apiés, 9 22006 Huesca	974 340 316	
TERUEL	Teruel	Avda. de Zaragoza, 26. 44001Teruel	978 606 664	978 606 664

C. Asturias

	Centro Penitenciario	Dirección	Tel. Información	Tel. Comunicaciones
ASTURIAS	Villabona	Finca Tabladiello. 33480 Villabona Llanera	985 105 200	985 105 213
	CIS El Urriellu (Villabona)	Finca Tabladiello. 33480 Villabona Llanera	985 105 209	

D. Cantabria

	Centro Penitenciario	Dirección	Tel. Información	Tel. Comunicaciones
SANTANDER	Santander	Alta, 95. 39008 Santander	942 374 067	942 374 067
	El Dueso (Santoña)	Avenida de Berria, s/n. 39740 Santoña	942 660 200	942 671 422

E. Castilla-La Mancha

	Centro Penitenciario	Dirección	Tel. Información	Tel. Comunicaciones
ALBACETE	Albacete	Ctra. de Ayora, Km 72. 02006 Albacete	967 214 497	967 522 545
CIUDAD REAL	Alcázar de San Juan	Avda. de Quero, 51. 13600 Alcázar de San Juan	926 550 000	926 550 000
	Herrera de la Mancha	Ctra. de Argamasilla, s/n. 13200 Manzanares	926 638 030	926 638 057
	CIS Concepción Arenal (Ciudad Real)	C/ Colada de Alaros s/n 13004 Ciudad Real		
CUENCA	Cuenca	Ctra. de Tarancón, Km 78. 16003 Cuenca	969 224 751	969 224 879
TOLEDO	Ocaña I	Mártires de Ocaña, 4. 45300 Ocaña	925 130 000	925 120 725
	Ocaña II	Mártires de Ocaña, 6. 45300 Ocaña	925 130 750	925 130 751

F. Castilla y León

	Centro Penitenciario	Dirección	Tel. Información	Tel. Comunicaciones
ÁVILA	Ávila	Ctra. de Vicolozano. 05194 Brieva	920 259 022	920 259 022
BURGOS	Burgos	Avda. de Costa Rica s/n. 09071Burgos	947 460 480	947 460 538
LEÓN	Mansilla de las Mulas	Paraje Villahierro - Mansilla de las Mulas. 24210 León	987 877 400	987 877 444
PALENCIA	La Moraleja	Ctra. Local P-120 «La Moraleja». 34120 Dueñas	979 716 300	979 716 317
SALAMANCA	Topas	Ctra. N-630, Km 314; 37799 Topas Salamanca	923 127 100	923 127 116
	CIS Pedro Dorado Montero (Salamanca)	Pozo de los Humos, s/n. Polígono El Montalvo II. 37008 Salamanca	923 194 264	
SEGOVIA	Segovia	Ctra. Nacional 110, Km 196. Camino de Perogordo 40154 Torredondo (Segovia)	921 414 900	921 414 900
SORIA	Soria	Pza. Marqués del Saltillo, 1. 42071 Soria	975 220 500	975 220 500
VALLADOLID	Valladolid	Ctra. Adanero-Gijón, Km 94. 47011 Valladolid	983 560 287	983 560 012
ZAMORA	CIS	Carretera Alamaraz de Duero, Km 2. 49026 Zamora	980 557 776	980 557 877

G. Cataluña

	Centro Penitenciario	Dirección	Tel. Información	Tel. Comunicaciones
BARCELONA	Hombres de Barcelona	Entença, 155. 08029 Barcelona	934 300 216	
	Mujeres de Barcelona	Doctor Trueta, 76-98. 08005 Barcelona	932 250 884	
	Abierto de Barcelona	Entença, 155. 08029 Barcelona (Barcelonès)	934 192 670	
	Jóvenes de Barcelona	Pare Manjón, 2. 08033 Barcelona	932 742 568	
	Pabellón Hospitalario Penitenciario de Terrassa	Ctra. de Torrebonica, s/n. 08227 Terrassa (Vallès Occidental)	937 317 861	Nota: Está ubicado en el Complejo del Hospital de Terrasa
	Quatre Camins	Ctra. del Masnou a Granollers, Km 13, 425. 08430 La Roca del Vallès (Vallès Oriental)	938 422 461	
	Brians	Ctra. de Martorell a Capellades, Km 23. 08781 Sant Esteve Sesrovires (Baix Llobregat)	937 758 000	

	Centro Penitenciario	Dirección	Tel. Información	Tel. Comunicaciones
LLEIDA	Abierto de Lleida	Victoria Kent, s/n. 25198 Segriá (Lleida)	973 230 264	
	Ponent	Victoria Kent, s/n. 25198 Segriá (Lleida)	973 220 333	
TARRAGONA	Tarragona	Av. República Argentina, 2. 43005 Tarragona	977 240 142	
GIRONA	Figueres	Sant Pau, 158. 17600 Figueres (Alt Empordà)	972 501 229	
	Girona	Menorca, 16. 17007 Girona	972 487 007	

H. Ciudades Autónomas de Ceuta y Melilla

	Centro Penitenciario	Dirección	Tel. Información	Tel. Comunicaciones
CEUTA	Ceuta	Los Rosales, s/n. 51002 Ceuta	956 500 799	956 501 381
MELILLA	Melilla	Prolongación Río Bidasoa, s/n. 52002 Melilla	952 699 500	952 699 511

I. Extremadura

	Centro Penitenciario	Dirección	Tel. Información	Tel. Comunicaciones
BADAJOZ	Badajoz	Carretera de Olivenza, Km 7,3. 06071 Badajoz	924 289 100	924 289 116
CÁCERES	Cáceres	Carretera de Trujillo, s/n. 10004 Cáceres	927 181 145	927 181 156

J. Galicia

	Centro Penitenciario	Dirección	Tel. Información	Tel. Comunicaciones
LUGO	Lugo-Bonxe	Bonxe-Otero de Rey. 27153 Otero de Rey	982 393 218	982 393 584
	Lugo Monterroso	Ctra. Vegadeo-Pontevedra, s/n. 27568 Monterroso	982 377 140	982 377 158
A CORUÑA	Teixeiro	Ctra. de Paradela, s/n. 15310 Teixeiro-Curtis	981 779 500	981 779 513
ORENSE	Pereiro de Aguilar	Cartería de la Derrasa, s/n. 32071 Pereiro de Aguiar	988 405 590	988 405 526
PONTEVEDRA	A Lama	Monte Racelo, s/n. 36830 A Lama	986 758 000	986 758 019

K. Illes Balears

	Centro Penitenciario	Dirección	Tel. Información	Tel. Comunicaciones
IBIZA (Eivissa)	Ibiza	Barrio Can Fita, s/n. 07800 Ibiza	971 300 864	971 301 011
MALLORCA	Mallorca	Carretera de Soller, s/n. 07120 Palma de Mallorca	971 224 200	971 224 209

L. Islas Canarias

	Centro	Penitenciario	Dirección	Tel.
TENERIFE	Santa Cruz de la Palma	Ctra. El Galeón, 32. 38700 Santa Cruz de la Palma	922 411 460	922 411 460
	Tenerife	Camino Escaño, s/n. 38290 El Rosario La Esperanza	922 869 500	922 620 571
LAS PALMAS	Arrecife de Lanzarote	Rafael Alberti, 182 Ctra. de Tahiche. 35509 Tahiche-Teguise (Las Palmas de Gran Canaria)	928 810 305	928 810 305
	Las Palmas	Salto del Negro, s/n. Tafira Alta. 35017 Las Palmas de Gran Canaria	928 353 300	928 353 304

M. La Rioja

	Centro Penitenciario	Dirección	Tel. Información	Tel. Comunicaciones
LA RIOJA	Logroño	Calleja Vieja, 200. 26006 Logroño	941 212 144	941 208 150

N. Madrid

	Centro Penitenciario	Dirección	Tel. Información	Tel. Comunicaciones
MADRID	Madrid I	Ctra. Alcalá-Meco, Km 4,5. 28870 Alcalá de Henares	918 804 011	918 804 071
	Madrid II	Ctra. Alcalá-Meco, Km 4,5. 28870 Alcalá de Henares	918 887 061	918 899 345
	Madrid III	Ctra. Pinto-San Martín de la Vega, Km 5. 28340 Valdemoro	918948000	918 948 113
	Madrid IV	Ctra. N-V, Km 27,7. 28600 Navalcarne-ro	918 116 000	918 116 042
	Madrid V	Ctra. Comarcal 611, Km 37,6. 28770 Soto del Real	918 447 700	918 447 757
	Madrid VI	Crtra. Nacional 400, Km 28. 28300 Aranjuez	918 099 000	918 099 029
	Madrid VII	Paraje del Chorillo, M-241 Km 5,750. 28595 Estremera	918 7500 00	
	Victoria Kent Cis t	Juan de Vera, 8-10. 28045 Madrid	915 396 838	

Ñ. Murcia

	Centro Penitenciario	Dirección	Tel. Información	Tel. Comunicaciones
MURCIA	Murcia	Ctra. El Palmar Mazarrón, Km 3. 30120 El Palmar	968 889 820	968 889 820

O. Navarra

	Centro Penitenciario	Dirección	Tel. Información	Tel. Comunicaciones
NAVARRA	Pamplona	C/ San Roque, s/n. 31071 Navarra	948 250 249	948 250 249

P. País Vasco

	Centro Penitenciario	Dirección	Tel. Información	Tel. Comunicaciones
VIZCAYA	Bilbao	C/ Lehendakari Aguirre, 92. 48970 Basauri	944 490 650	944 490 654
ÁLAVA	Nanclares de la Oca	Camino Garabo, s/n. 01230 Nanclares de la Oca	945 361 561	945 361 499
GUIPÚZCOA	San Sebastián	Paseo Martutene, 1. 20014 San Sebastián	943 450 107	943 450 107

Q. C. A. Valenciana

	Centro Penitenciario	Dirección	Tel. Información	Tel. Comunicaciones
ALICANTE	Alicante II	Ctra. N-330, Km 66. 03400 Villena	965823400	965823606
	Alicante Cumplimiento	Polígono de la Vallonga, s/n. 03113 Alicante	965287355	965116899
	Hospital Psiquiátrico Alicante	Carretera Madrid Alicante, s/n. 03113 Alicante	965102222	965102222
CASTELLÓN	Castellón	Ctra. de Alcora, Km 10. 12006 Castellón de la Plana	964242000	964244919
VALENCIA	Valencia	Ctra. N-340, Km 225. 46220 Picassent	961 975 000	961 975 174
	Valencia CIS	Ctra. N-340, Km 225. 46220 Picassent	961 975 115	

VII. COLEGIOS DE ABOGADOS DE ESPAÑA

Fuente: Consejo General de la Abogacía.

CONSEJO GENERAL DE LA ABOGACÍA ESPAÑOLA				
	Dirección	**Teléfono**	**Fax**	**Página web/e-mail**
Madrid	C/ Paseo de Recoletos, 13. 28004 Madrid	915 232 593	915 232 593	www.cgae.es informacion@cgae.es
Bruselas	Av. de La Joyeuse Entrée, 1. 1040 Bruselas	+32 2 2800526	+32 2 2801895	bruselas@cgae.es

COLEGIOS DE ABOGADOS EN LA COMUNIDAD AUTÓNOMA DE ANDALUCÍA				
Colegio de Abogados	**Dirección**	**Teléfono**	**Fax**	**Página web/e-mail**
Almería	C/ Álvarez de Castro, 25, Bajo. Almería 04002	950 237 104	950 262 802	www.icaalmeria.com icaal@aranzadi.es
Cádiz	C/ Tamarindos, 17-19. Cádiz 11007	956 287 611	956 287 022	www.icáadiz.net cabocádiz@cabocadiz.org
Jerez de la Frontera	C/ Sevilla, 37. Jerez de la Frontera 11402 (Cádiz)	956 328 793	956 328 841	www.icabjerez.es colegio@icabjerez.es
Córdoba	C/ Moreira, 5. Córdoba 14008	957 498 103	957 496 384	www.icacordoba.es oficialmayor@icacordoba.es
Lucena	C/ San Pedro, 40-1.º-C. Lucena 14900 (Córdoba)	957 501 955	957 501 955	www.icalucena.com icalucena@icalucena.com
Granada	Plaza Santa Ana, 5. Granada 18010	958 21 54 51	958 223 502	www.icagr.es icagr@icagr.es
Huelva	Pza. de los Abogados, s/n. Huelva 21003	959 252 833	959 281 111	www.icahuelva.es info@icahuelva.es
Jaén	Carmelo Torres, 13. Jaén 23007	953 257 300	953 255 009	www.icajaen.es info@icajaen.es
Antequera	Infante Don Fernando, 45-2.º-D. Antequera 29200 (Málaga)	952 703 467	952 700 420	www.icantequera.es secretaria@icantequera.es
Málaga	Paseo de la Farola, 13. Málaga 29016	951 017 900	951 017 928	www.icamálaga.es secretaria@icamalaga.es
Sevilla	C/ Chapineros, 6. Sevilla 41004	954 502 757	954 503 970	www.icas.es colegio@icas.es

COLEGIOS DE ABOGADOS EN LA COMUNIDAD AUTÓNOMA DE ARAGÓN				
Colegio de Abogados	**Dirección**	**Teléfono**	**Fax**	**Página web/e-mail**
Huesca	Cavia, 3-1.º. Huesca 22005	974 210 404	974 211 611	www.icahuesca.es webcolegio@icahues-ca.es
Teruel	Plaza Tremedal, 2. Teruel 44001	978 605 352	978 601 891	info@icat.es
Zaragoza	Don Jaime I, 18. Zaragoza 50001	976 204 220	976 396 155	www.reicaz.es cabogados@reicaz.es

COLEGIOS DE ABOGADOS EN ASTURIAS				
Colegio de Abogados	**Dirección**	**Teléfono**	**Fax**	**Página web/e-mail**
Gijón	Decano Prendes Pando, 1, Entlo. I. Gijón 33207	985 346 304	985 358 627	www.icagijon.es icagi@icagijon.es
Oviedo	Schultz, 5. Oviedo 33003	985 212 370	985 228 582	www.icaoviedo.es info@icaoviedo.es

COLEGIO DE ABOGADOS EN ISLAS BALEARES				
Colegio de Abogados	**Dirección**	**Teléfono**	**Fax**	**Página web/e-mail**
Baleares	Ramblas dels Duch, 10. Palma de Mallorca 07003	971 714 225	971 719 206	www.icalan.es icalanzarote@redabo-gacia.org

COLEGIOS DE ABOGADOS EN LAS ISLAS CANARIAS				
Colegio de Abogados	**Dirección**	**Teléfono**	**Fax**	**Página web/e-mail**
Lanzarote	Vía Medular, s/n. Arrecife de Lanzarote 35500	928 814 491	928 807 624	www.icalan.com info@icalan.com
Las Palmas	Plaza de San Agustín, 3. Las Palmas 35001	928 310 200	928 311 598	www.icalpa.com secretaria@icalpa.co m
St.ª Cruz de La Palma	Av. Pérez de Brito, 33, 2.º. St.ª Cruz de la Palma 38700	922 413 142	922 415 166	icalapalma@telefoni-ca.net
St.ª Cruz de Tenerife	Leoncio Rodríguez, 7-1.º. Edificio El Cabo St.ª Cruz de Tenerife 38003	922 205 075	922 222 961	www.icatf.es info@icatf.es

COLEGIO DE ABOGADOS EN CANTABRIA				
Colegio de Abogados	**Dirección**	**Teléfono**	**Fax**	**Página web/e-mail**
Cantabria	Pza. Atarazanas, 2,1.º. Santander 39002	942 364 700	942 364 802	www.icacantabria.es info@icacantabria.es

COLEGIOS DE ABOGADOS EN CASTILLA Y LEÓN				
Colegio de Abogados	**Dirección**	**Teléfono**	**Fax**	**Página web/e-mail**
Ávila	C/ Del Rastro, 2-3.º. Ávila 05001	920 211 281	920 214 255	www.icaavila.com icaavila@icaavila.com
Burgos	Benito Gutiérrez, 1-1.º. Burgos 09003	947 201 624	947 200 512	www.icaburgos.com icaburgos@jurisoft.es
León	Conde Saldaña, 41. León 24009	987 262 046	987 261 199	cpal@ical.es www.ical.es
Palencia	Felipe Prieto 18, Bajo. Palencia 34001	979 742 818	979 700 133	www.icapalencia.com info@icapalencia.com
Salamanca	C/ Consuelo, 21. Salamanca 37001	923 268 566	923 211 040	www.icasal.com ica-salamanca@icasal.com
Segovia	San Agustín, 19, Bajo. Segovia 40001	921 463 318	921 463 319	www.icasegovia.com icasg@icasegovia.com
Soria	Aguirre, 3, 5.º. Soria 42002	975 211 726	975 211 726	www.icasoria.com correo@icasoria.com
Valladolid	Torrecilla, 1. Valladolid 47003	983 010 900	983 010 910	www.icava.org secretaria@icava.org
Zamora	C/ San Torcuato, 7. 49004 Zamora	980 532 645	980 536 746	www.icazamora.es info@icazamora.es

COLEGIOS DE ABOGADOS EN CASTILLA-LA MANCHA

Colegio de Abogados	Dirección	Teléfono	Fax	Página web/e-mail
Albacete	San Agustín, 1, Bajo. Albacete 02001	967 214 181	967 242 225	www.icalba.com icalba@icalba.com
Ciudad Real	Pasaje de la Merced, 1. Ciudad Real 13001	926 220 721	926 220 733	www.icacr.es icacr@icacr.es
Cuenca	Parque del Huecar, 2, Bajo. Cuenca 16001	969 225 116	969 225 407	www.icacuenca.org icacuenca@icacuenca.org
Guadalajara	Capitán Boixareu Rivero, 24, Bajo. Guadalajara 19001	949 228 713	949 228 886	colegioabogados@linepro.es
Talavera de la Reina	Adalid Meneses, 11. Talavera de la Reina 45600	925 812 597	925 825 178	www.icolabotal.com icolabotal@icolabotal.com
Toledo	C/ Covarrubias, 1 bis. 45003 Toledo	925 223 267	925 250 481	www.icatoledo.es secretaria@icatoledo.com

COLEGIOS DE ABOGADOS EN CATALUÑA

Colegio de Abogados	Dirección	Teléfono	Fax	Página web/e-mail
Barcelona	Mallorca, 283. Barcelona 08037	934 961 880	934 871 589	www.icab.es icab@icab.es
Granollers	Josep Tarradellas, 5-1.º 3. Granollers 08400	938 792 603	938 791 438	www.icavor.com icavor@icavor.com
Manresa	San Juan Bautista De La Salle, 4-6, 3.º. Manresa 08240	938 721 563	938 727 314	www.icam.net col.legi@icam.net
Mataró	Méndez Núñez, s/n. Mataró 08302	937 415 444	937 415 539	www.icamat.org secretaria@icamat.org
Sabadell	Lacy, 15. Sabadell 08202	937 265 355	937 258 784	www.icasbd.org icasbd@icasbd.org
Sant Feliú de Llobregat	Creus, 8 1.º - 2.º. Sant Feliú de Llobregat 08980	936 661 507	936 854 265	www.icasf.net icasf@icasf.net
Terrasa	Gabriel Querol, 21-23. Terrasa 08221	937 801366	937 330 667	www.icater.org secretaria@icater.org
Vic	Pza. Don Miguel de Clariana, 2-1.º. Vic 08500	938 893 343	938 861 966	www.icavic.es icavic@icavic.es

COLEGIOS DE ABOGADOS EN CATALUÑA				
Colegio de Abogados	**Dirección**	**Teléfono**	**Fax**	**Página web/e-mail**
Figueres	Llers, 13, 1r. Figueres 17600	972 513 468	972 670 045	www.icafi.org icafi@icafi.com
Girona	Plaza Jaume Vicens Vives, 4. Girona 17001	972 210 208	972 200 423	www.icag.cat secretaria@icag.cat
Lleida	Plaça Sant Joan, 6-8, 1r. Lleida 25007	973 238 007	973 230 376	www.advocatslleida.org col.legi@ advocatslleida.org
Reus	Avda. María Fortuny, 83-1.ª. Reus 43204	977 340 850	977 340 625	www.advocatsreus.org col.legi@ advocats-reus.org
Tarragona	Enric D'ossó, 1-2.ª. Tarragona 43003	977 212 360	977 212 360	www.advocatstarragona.com coladv@tinet.fut.es
Tortosa	Plaça Estudis, s/n. Tortosa 43500	977 441 029	977 446 311	www.advocatstortosa.org icator@advocatstortosa.org

COLEGIOS DE ABOGADOS EN EXTREMADURA				
Colegio de Abogados	**Dirección**	**Teléfono**	**Fax**	**Página web/e-mail**
Badajoz	Martín Calzado, 1. Badajoz 06002	924 230 333	924 248 984	www.icaba.es secretaria@icaba.com
Cáceres	Avda. Virgen de La Montaña, 6-1.º-B. Cáceres 10002	927 245184	927 214 604	www.icac.es admon@icac.es

COLEGIOS DE ABOGADOS EN GALICIA				
Colegio de Abogados	**Dirección**	**Teléfono**	**Fax**	**Página web/e-mail**
A Coruña	Federico Tapia, 11, Bajo. A Coruña 15004	981 126 090	981 120 480	www.icacor.es secretaria@icacor.es
Ferrol	Coruña, s/n. Ferrol 15401	981 354 705	981 355 224	www.icaferrol.es icaferrol@avogacia.org
Santiago de Compostela	Eduardo Pondal, 4, Bajo. Santiago de Compostela 15702	981 581 713	981 581 132	www.icasantiago.org st.gerente@icasantiago.org
Lugo	Pascual Veiga, 2. Lugo 27002	982 241 007	982 241 121	www.icalugo.org icalugo@avogacia.org

COLEGIOS DE ABOGADOS EN GALICIA				
Colegio de Abogados	**Dirección**	**Teléfono**	**Fax**	**Página web/e-mail**
Ourense	Concejo, 22. Ourense 32003	988 210 076	988 370 962	www.icaourense.org icaourense@avoga-cia.org
Pontevedra	Reina Victoria, 9. Pontevedra 36001	986 896 866	986 859 202	www.icapontevedra.es cabogados@icapon-tevedra.es
Vigo	Pza. América - Portal Oficinas, 2-1.º. Vigo 36211	986 208 200	986 200 003	www.icavigo.org colexio@icavigo.org

COLEGIOS DE ABOGADOS EN MADRID				
Colegio de Abogados	**Dirección**	**Teléfono**	**Fax**	**Página web/e-mail**
Alcalá de Henares	Colegios, 1. Alcalá de Henares 28801	918 829 268	918 829 232	www.icaah.com icabalcala@icaah.com
Madrid	Serrano, 9. Madrid 28001	914 357 810	915 760 417	www.icam.es icam@icam.es

COLEGIOS DE ABOGADOS EN MURCIA				
Colegio de Abogados	**Dirección**	**Teléfono**	**Fax**	**Página web/e-mail**
Cartagena	Reina Victoria 38, 1.º-2.º. Cartagena 30203	968 528 026	968 521 831	www.icacartagena.com correo@icacartagena.com
Lorca	Corregidor, 6. Lorca 30800	968 460 404	968 407 191	ica.lorca@terra.es
Murcia	La Gloria, 25-Bis. Murcia 30003	968 900100	968 216 580	www.icamur.org icamur@icamur.org

COLEGIO DE ABOGADOS EN LA RIOJA				
Colegio de Abogados	**Dirección**	**Teléfono**	**Fax**	**Página web/e-mail**
La Rioja	Bretón de los Herreros, 26. Logroño 26001	941 228 104	941 227 229	www.icar.es icar@icar.es

COLEGIOS DE ABOGADOS EN NAVARRA				
Colegio de Abogados	**Dirección**	**Teléfono**	**Fax**	**Página web/e-mail**
Estella	Plaza de los Fueros, 4-2.º. Estella 31200	948 556 490	948 556 490	ic.abog.estella@terra.es
Pamplona	Avda. del Ejército, 2. Pamplona 31002	948 221 475	948 206 287	www.micap.es/ colegioabogadospamplona@micap.es
Tafalla	Avda. Severino Fernández, 52. Tafalla 31300	948 704 719	948 704 719	catafalla@telefonica. net
Tudela	Pablo Sarasate, 4. Palacio de Justicia Tudela 31500	948 825 671	948 824 741	colegioabogados@icatudela.com

COLEGIOS DE ABOGADOS EN COMUNIDAD VALENCIANA				
Colegio de Abogados	**Dirección**	**Teléfono**	**Fax**	**Página web/e-mail**
Alcoy	Avda. Juan Gil Albert, 37. Alcoy 03800	965 337 431	965 525 992	www.ica-alcoy.com icaalcoy@telefonica.net
Alicante	Gravina, 4-2.º. Alicante 03002	965 145 180	965 200 788	www.icali.es colegio@icali.es
Elche	Mestre Alfred Javaloyes, 8. Elche 03202	965 455 916	965 456 637	www.icae.es colegio@icae.es
Orihuela	Tagores, 4. Orihuela 03300	966 744 831	966 744 753	www.icaorihuela.com secretaria@icaorihuela.com
Castellón de la Plana	Temprado, 15. 12002 Castellón de La Plana	964 224 798	964 239 451	www.icacs.com icacs@icacs.com
Alcira	Plaza Sugragio, 9, 2.º. Alcira 46600	962 401 181	962 401 181	www.icaalzira.com colegioabogados@telefonica.net
Sueca	Plaça del Convent, 1. Sueca 46410	961 704 583	961 704 583	www.icasueca.com
Valencia	Pza. Tetuán, 16. Valencia 46003	963 941 880	963 103 180	www.icav.es icav@icav.es

COLEGIOS DE ABOGADOS EN COMUNIDAD DEL PAÍS VASCO				
Colegio de Abogados	**Dirección**	**Teléfono**	**Fax**	**Página web/e-mail**
Álava	Paseo Fray Francisco, 4. Vitoria 01007	945 231 050	945 132 331	www.icaalava.com colegio@icaalava.org
Guipúzcoa	Fuenterrabía, 1, 2.º Dcha. San Sebastián 20005	943 440 118	943 420 620	www.icagi.net secretaria@icagi.net
Vizcaya	Rampas de Uribitarte, 3-1.ª. Bilbao 48001	944 356 200	944 356 201	administracion@icas-vbilbao.com

COLEGIO DE ABOGADOS EN CEUTA				
Colegio de Abogados	**Dirección**	**Teléfono**	**Fax**	**Página web/e-mail**
Ceuta	C/ Velarde, 1. 51001 Ceuta	956 511 099	956 516 061	www.icace.org icace@telefonica.net

COLEGIO DE ABOGADOS EN MELILLA				
Colegio de Abogados	**Dirección**	**Teléfono**	**Fax**	**Página web/e-mail**
Melilla	C/ Cándido Lobera, 25, 2.º B. 52001 Melilla	952 683 819	952 682 764	www.icamelilla.com icamelilla@icamelilla.com

VIII. OTRAS DIRECCIONES DE INTERÉS

1. Registro Civil Central

	DIRECCIÓN	TELÉFONO
Registro Civil Central	C/ Montera, 18. 28012 Madrid Plaza Jacinto Benavente Madrid	913 895 500

2. Registro Mercantil Central

	DIRECCIÓN	TELÉFONO
Registro Mercantil Central	Paseo de la Castellana, 40. Madrid	902 884 442

3. Rota de la Nunciatura

	DIRECCIÓN	TELÉFONO
Rota de la Nunciatura Apostólica	C/ Nuncio, 13. Madrid	913 906 620

DATOS DE INTERÉS

AUTORA

Mónica Montero Casillas
Abogada

DATOS DE INTERÉS

Mónica Montero Casillas
Abogada

I. SALARIO MÍNIMO INTERPROFESIONAL (para el año 2009)

SALARIO MÍNIMO INTERPROFESIONAL (SMI)	
DIARIO	20,80 euros/día
MENSUAL	624,00 euros/mes
EFECTOS	1 de enero de 2009
DISPOSICIÓN NORMATIVA	Real Decreto 2128/08, de 26 de diciembre (BOE de 30 de diciembre de 2008)

- El salario mínimo interprofesional tiene efectos estrictamente laborales desde el 1 de julio de 2004, si bien, desde esa fecha también se aplica para determinar las bases de cotización en los regímenes de la Seguridad Social, los requisitos de acceso y, en su caso, mantenimiento de las pensiones de viudedad, orfandad, prestaciones en favor de familiares, prestaciones familiares y por nacimiento o adopción del tercer o sucesivos hijos, así como el importe de la prestación económica por parto o adopción múltiples, y para la determinación de los requisitos para el acceso y mantenimiento de las prestaciones que integran el sistema de protección por desempleo.
- En el salario mínimo se computan tanto la retribución en dinero como en especie.
- Este salario se entiende referido a la jornada legal de trabajo en cada actividad, sin incluir en el caso del salario diario la parte proporcional de los domingos y festivos.
- Si se realizase jornada inferior, se percibirá a prorrata.
- Para la aplicación en cómputo anual del salario mínimo se adicionarán según lo establecido en los convenios colectivos y contratos de trabajo, los complementos salariales a que se refiere el apartado 3 del art. 26 del Estatuto de los Trabajadores, así como el importe correspondiente al incremento garantizado sobre el salario a tiempo en la remuneración a prima o con incentivo a la producción.
- En cuanto a compensación y absorción en cómputo anual por los salarios profesionales del incremento del salario mínimo interprofesional, no podrá ser inferior a 8.736,00 euros.
- Los trabajadores eventuales y temporeros cuyos servicios a una misma empresa no excedan de ciento veinte días percibirán, juntamente con el salario mínimo, la parte proporcional de la retribución de los domingos y festivos, así como de las dos gratificaciones extraordinarias a que, como mínimo, tiene derecho todo trabajador, correspondientes al salario de treinta días en cada una de ellas, sin que en ningún caso la cuantía del salario profesional pueda resultar inferior a 29,56 euros por jornada legal en la actividad.
- El salario mínimo de los empleados de hogar que trabajen por horas será de 4,89 euros por hora efectivamente trabajada.

II. INDICADOR PÚBLICO DE RENTA DE EFECTOS MÚLTIPLES (IPREM)

El Indicador Público de Renta de Efectos Múltiples (IPREM) se crea en el Real Decreto Ley 3/2004, de 25 de julio (*BOE,* n.º 154, de 26 de junio), para que pueda utilizarse como indicador o referencia del nivel de renta que sirva para determinar la cuantía de determinadas prestaciones o para acceder a determinadas prestaciones, beneficios o servicios públicos, y pueda sustituir en esta función al salario mínimo interprofesional.

INDICADOR PÚBLICO DE RENTA DE EFECTOS MÚLTIPLES año 2009	
DIARIO	17,57 euros/día
MENSUAL	527,24 euros/mes
ANUAL	6.326,86 euros/año
DISPOSICIÓN NORMATIVA	Disposición adicional 28.ª de la Ley 2/2008, de 23 de diciembre, de Presupuestos Generales para el Estado para el año 2009 (BOE 24/12/2008).

INDICADOR PÚBLICO DE RENTA DE EFECTOS MÚLTIPLES año 2009 Para los casos en que la referencia al SMI fue sustituida por la referencia al IPREM	
ANUAL	7.381,33 euros/año (cómputo anual) 6.326,86 euros/año (sin pagas extras)
DISPOSICIÓN NORMATIVA	Disposición adicional 28.ª de la Ley 2/2008, de 23 de diciembre, de Presupuestos Generales para el Estado para el año 2009 (BOE 24/12/2008).

III. TIPO DE INTERÉS LEGAL DEL DINERO

1. Interés legal del dinero

El art. 1108 del Código Civil: «Si la obligación consistiere en el pago de una cantidad de dinero, y el deudor incurriere en mora, la indemnización de daños y perjuicios, no habiendo pacto en contrario, consistirá en el pago de los intereses convenidos, y a falta de convenio, en el interés legal».

Según se establece en la Ley 24/1984, de 29 de junio, de modificación del tipo de interés legal, «el interés legal se determinará en la Ley de Presupuestos Generales del Estado», pudiendo revisarse el tipo fijado de acuerdo con la disposición adicional sexta de la Ley 65/1997, en consonancia con la evolución de los tipos de interés de la deuda pública.

2. *Interés de la mora procesal*

El art. 576 de la Ley 1/2000, de Enjuiciamiento Civil, de 7 de enero, señala en su apartado primero: «Desde que fuere dictada en primera instancia, toda sentencia o resolución que condene al pago de una cantidad de dinero líquida determinará, a favor del acreedor, el devengo de un interés anual igual al del interés legal del dinero incrementado en dos puntos o el que corresponda por pacto de las partes o por disposición especial de la ley».

3. *Tipo legal de interés de demora*

El tipo legal de interés de demora en operaciones comerciales será el que resulte en el contrato o, en su defecto, de conformidad con lo previsto en el artículo 7 de la Ley 3/2004, de 29 de diciembre, por la que se establecen medidas de lucha contra la morosidad en las operaciones comerciales, el tipo de interés del Banco Central Europeo incrementado en 7 puntos porcentuales. Este tipo de interés de demora se publica semestralmente en el *BOE.*

4. *Interés de demora a efectos tributarios*

El 26.6 de la Ley General Tributaria establece que «el interés de demora será el interés legal del dinero vigente a lo largo del período en el que aquél resulte exigible incrementado en un 25%, salvo que la Ley de Presupuestos Generales del Estado establezca otro diferente». Cada año la Ley de Presupuestos Generales del Estado fija el interés aplicable.

AÑO	INTERÉS LEGAL	INTERÉS DE MORA PROCESAL	INTERÉS DE DEMORA EN OPERACIONES COMERCIALES	INTERÉS DE DEMORA A EFECTOS TRIBUTARIOS
	Porcentaje	Porcentaje	Porcentaje	Porcentaje
2000	4,25	6,25		5,5
2001	5,5	7,5		6,5
2002	4,25	6,25		5,5
2003	4,25	6,25		5,5
2004	3,75	5,75		4,75
2005	4	6	1.er semestre 9,09% 2.º semestre 9,05%	5
2006	4	6	1.er semestre 9,25% 2.º semestre 9,83%	5
2007	5	7	1.er semestre 10,58% 2º semestre 11,07%	6,25
2008	5,5	7,5	1.er semestre 11,20% 2.º semestre 11, 07 %	7
2009	5,5	7,5	1.er semestre 9,50	7

IV. TASAS JUDICIALES

DISPOSICIONES NORMATIVAS	1. Art. 35 Ley 53/2002, 30 de diciembre, de Medidas Fiscales, Administrativas y del Orden Social. 2. Orden HAC/661/2003, de 24 de marzo, por la que se aprueba el modelo de autoliquidación de la tasa por el ejercicio de la potestad jurisdiccional en los órdenes civil y contencioso-administrativo y se determina el lugar, la forma y los plazos para su presentación. 3. Real Decreto Legislativo 4/2004, de 5 de marzo, por el que se aprueba el texto refundido de la Ley del Impuesto sobre Sociedades: artículo 108. 4. Resolución 8 de noviembre de 2003 Secretaria de Estado de Justicia por el que se dictan instrucciones a los Secretarios Judiciales sobre el procedimiento a seguir en la tramitación de la tasa por el ejercicio de la potestad jurisdiccional en los órdenes civil y contencioso-administrativo.

Hecho imponible	Sujeto pasivo	Órdenes jurisdiccionales de aplicación		Ámbito de aplicación
		Civil	**Administrativo**	
El ejercicio de la potestad jurisdiccional, a instancia de parte	Quienes promuevan el ejercicio de la potestad jurisdiccional y realicen el hecho imponible de la misma	• La interposición de la demanda en toda clase de procesos declarativos y de ejecución (de títulos extrajudiciales. ver Orden HAC/661/2003) • Formulación de reconvención • La interposición de los recursos de apelación. • La interposición del recurso extraordinario por infracción procesal • La interposición del recurso de casación	• La interposición de recurso contencioso-administrativo. • La interposición de recursos de apelación • La Interposición del recurso de casación	La tasa tiene carácter estatal y será exigible por igual en todo el territorio nacional, sin perjuicio de las tasas y demás tributos que puedan exigir las Comunidades Autónomas en ejercicio de sus respectivas competencias financieras

Exenciones	
Objetivas	Subjetivas
• La interposición de demanda y la presentación de posteriores recursos en materia de sucesiones, familia y estado civil de las personas • La interposición de recursos contencioso-administrativos y la presentación de ulteriores recursos en materia de personal, protección de los derechos fundamentales de la persona y actuación de la Administración electoral, así como la impugnación de disposiciones de carácter general	• • Las entidades sin fines lucrativos que hayan optado por el régimen fiscal especial de la Ley 49/2002, de 23 de diciembre, de régimen fiscal especial de las entidades sin fines lucrativos y de los incentivos fiscales de mecenazgo • Las entidades total o parcialmente exentas en el Impuesto sobre Sociedades • Las personas físicas • Los sujetos pasivos que tengan la consideración de entidades de reducida dimensión de acuerdo con lo previsto en la normativa reguladora del Impuesto sobre Sociedades (Notas. Ver Orden HAC/661/2003, art. 1: 1. Cuando se trate de entidades constituidas en el mismo ejercicio en el que se devengue la tasa, el sujeto pasivo deberá determinar si concurren las circunstancias que dan lugar a la exención, atendiendo al volumen previsible de cifra de negocios. 2. Las entidades no residentes pueden acogerse a la exención si cumplen los requisitos establecidos para las entidades sujetas al IS en España)

Devengo de la tasa	
Civil	Administrativo
• Interposición del escrito de demanda • Formulación del escrito de reconvención	• La interposición del recurso contencioso-administrativo, acompañada o no de la formulación de demanda • La interposición del recurso de apelación

Devengo de la tasa	
Civil	**Administrativo**
• Interposición del recurso de apelación • Interposición del recurso extraordinario por infracción procesal • Interposición del recurso de casación NOTA. PROCESO MONITORIO. El devengo tendrá lugar en el momento de presentación de la demanda de juicio ordinario una vez que el demandado hubiere formulado oposición al requerimiento de pago (Orden HAC/661/2003)	• La interposición del recurso de casación NOTA. Se produce en el momento de la interposición del recurso, acompañado o no de demanda. Si no puede. Si no puede fijarse en el momento de interposición se acompañará el modelo de autoliquidación a la presentación de la demanda (Orden HAC/661/2003)

Base imponible	
General	La cuantía del procedimiento judicial, determinada con arreglo a las normas procesales
Cuantía indeterminada o imposible de determinar de acuerdo con las normas de la Ley de Enjuiciamiento Civil	Se valorarán en dieciocho mil euros (18.000 euros)
Acumulación de acciones o en los casos en que se reclamen distintas pretensiones en una misma demanda, reconvención o interposición de recurso	Estará integrada por la suma de las cuantías correspondientes a las pretensiones ejercitadas o a las distintas acciones acumuladas Si alguna de las pretensiones o acciones acumuladas no fuera susceptible de valoración económica, se aplicará la regla de cuantía indeterminada

Determinación de la cuota tributaria						
a. Cuantía fija						
En el orden Jurisdiccional Civil						
Juicio Verbal	Ordinario	Monitorio/Cambiario	Ejecución de títulos extrajudiciales	Concursal	Apelación	Casación y de infracc. procesal
90 €	150 €	90 €	150 €	150 €	300 €	600 €
En el orden Jurisdiccional Administrativo						
Abreviado	Ordinario	Apelación	Casación			
120 €	210 €	300 €	600 €			
b. Cuantía variable						
De	A	Tipo	Máximo			
0	1.000.000 €	0,5%				
	Resto	0,25%	6.000 €			

Modificación de la cuantía
Si en el transcurso de la tramitación del procedimiento el órgano judicial fija una cuantía superior al procedimiento deberá presentarse una declaración-liquidación complementaria en el plazo de un mes, a contar desde el día siguiente al de comunicación a las partes de la resolución judicial que determine la cuantía. Lo mismo ocurrirá en el caso de que inicialmente no se hubiera determinado la cuantía. Orden HAC/661/2003.

Lugar y plazo de presentación e ingreso de las declaraciones-liquidaciones
AUTOLIQUIDACIÓN.—Debe autoliquidarse en modelo oficial de liquidación 696 de la Agencia Tributaria (puede descargarse de www.aeat.es o directamente http://descargas.aeat.es/formularios/captura/696e/mod696e.pdf) con carácter previo a la presentación del acto procesal. A INGRESAR.—Si resulta cantidad a ingresar debe efectuarse el mismo en cualquier Entidad Colaboradora (Bancos, Cajas de Ahorro o Cooperativas de crédito) sita en territorio español o en la Entidad de depósito que presta servicio de caja en cualquier Delegación o Administración de la Agencia Estatal de la Administración Tributaria. EXENTO.—Cuando no resulte a pagar, por estar exento, se presentarán directamente los ejemplares para la Administración Tributaria y para la Administración de Justicia ante el órgano judicial con el correspondiente escrito.

Justificación
El modelo oficial habrá de acompañarse al correspondiente documento procesal. No existe obligación de presentar el modelo 696 por el que se autoliquida la tasa en el caso de exenciones objetivas y en el caso de tratarse de personas físicas, en todos los demás casos aún estando exentos deben presentarlo (Orden HAC/661/2003).

Subsanación
En caso de que no se presente el impreso 696 junto con el escrito procesal, el Secretario Judicial deberá requerirle para la subsanación de omisión en el plazo de 10 días, si no se subsana se comunicará a la Delegación de la Agencia Estatal de la Administración Tributaria en el plazo de 5 días, para practicar liquidación de oficio.

CONSULTAS DIRECCIÓN GENERAL DE TRIBUTOS SOBRE LA TASA POR EL EJERCICIO DE LA POTESTAD JURISDICCIONAL

1. *Ejecución de títulos judiciales: no sujeto ni obligación de presentar modelo 696.*

A. ***Ejecución de títulos judiciales***. «El apartado Seis del art. 35 de la Ley 53/2002, de 30 de diciembre, de Medidas Fiscales, por el que se regula la Tasa por el ejercicio de la potestad jurisdiccional en los órdenes civil y contencioso-administrativo, solo prevé cuota tributaria por razón de ejecuciones extrajudiciales y no por la ejecución de títulos judiciales, concepto este último que, en consecuencia, no está sujeto a gravamen por la tasa, por lo que tampoco procede la presentación del modelo de autoliquidación 696 previsto en la Orden HAC/661/2003, de 24 de marzo» (Consulta 0795-03).

B. ***Ejecución de títulos judiciales extranjeros***. «Cuestión: Procedencia de la aplicación de la tasa en el caso de sentencias extranjeras. El apartado Seis del art. 35 de la Ley 53/2002 (...) solo prevé cuota tributaria por razón de ejecuciones extrajudiciales y no por la ejecución de títulos judiciales, concepto este último que, en consecuencia, no está sujeto a gravamen por la tasa, ni, en consecuencia, procede tampoco la presentación del modelo de autoliquidación 696 previsto en la Orden HAC/661/2003, de 24 de marzo» (Consulta 611/2004).

2. *Exenciones*

A. ***Comunidad de propietarios*: Exenta y no obligada a presentar el modelo 696.** «(...) En consecuencia, las comunidades de propietarios están exentas del pago de la Tasa mencionada y, asimismo, por aplicación de lo prevenido en el artículo Primero. Dos de la orden HAC/661/2003, de 24 de marzo, por la que se aprueba el modelo de autoliquidación de la tasa por el ejercicio de la potestad jurisdiccional en los órdenes civil y contencioso-administrativo y se determinan el lugar, la forma y los plazos para su presentación, tampoco estarán obligadas a presentar el modelo 696, de autoliquidación del tributo» (Consulta 0707-03 y en el mismo sentido V0631-06). NOTA. A pesar de ello, algunos órganos judiciales siguen exigiendo la presentación del modelo.

B. ***Entidad aseguradora privada, con el carácter de Mutua a Prima Fija***. «De lo expuesto se desprende que la consultante, al carecer de la condición de entidad parcialmente exenta en el Impuesto sobre Sociedades, no estará exenta de la tasa por el ejercicio de la potestad jurisdiccional en los órdenes civil y contencioso-administrativo, de conformidad con lo previsto en la letra b) del apartado Tres.2 del art. 35 de la Ley 53/2002» (Consulta 1229/2004).

C. ***Sociedades civiles***. «... estarán exentas (...) aquellas sociedades civiles que realicen actividades económicas y tengan la consideración de entidades de reducida dimensión, tomando en consideración exclusiva para fijar el importe de la cifra de negocios las actividades económicas que realicen» (Consulta 1906/2004).

3. *Régimen de tributación de las personas jurídicas no residentes en España respecto de las denominadas «tasas judiciales»*

«El art. 35 de la Ley 53/2002, de 30 de diciembre, de Medidas Fiscales, Administrativas y del Orden Social crea la Tasa por el ejercicio de la potestad jurisdiccional en los órdenes civil y contencioso-administrativo, siendo sujetos pasivos de la misma, conforme a su apartado Dos, «quienes promuevan el ejercicio de la potestad jurisdiccional y realicen el hecho imponible de la misma». Por lo tanto, no existe norma alguna que excepcione a las empresas extranjeras de su obligación de pagar la tasa cuando se produzca alguno de los actos procesales que constituyen su hecho imponible.

Tal obligación presupone la previa obtención del Número de Identificación Fiscal, como expresamente se impone para la declaración-liquidación de la tasa que nos ocupa en el apartado Tercero de la Orden HAC/661/2003/, de 24 de marzo» (Consulta V0483-05).

4. Proceso monitorio: momento del devengo

A. «La interposición de la demanda en el procedimiento monitorio es uno de los supuestos gravados por la Tasa por el ejercicio de la potestad jurisdiccional en los órdenes civil y contencioso-administrativo establecida por el art. 35 de la Ley 53/2002, de 30 de diciembre, de Medidas Fiscales, Administrativas y de Orden Social, cuyo apartado Seis establece la cuota tributaria exigible para dicho procedimiento. Tal y como recoge su escrito, el artículo Primero. Octavo de la Orden HAC/661/2003, de 24 de marzo, ha especificado que el devengo de la tasa se producirá, en este caso, con la presentación, por parte del sujeto pasivo, de la demanda de juicio ordinario, una vez formulada oposición por el demandado al requerimiento de pago, por lo que, como es obvio, no existirá devengo con anterioridad a ese momento procesal» (Consulta 0780-03).

B. «Si no llega a devengarse la tasa en el procedimiento monitorio por su inadmisión a trámite, un eventual recurso de apelación contra la resolución judicial que así lo declare no dará lugar a la exigencia por el concepto previsto en el artículo 35.1.b) de la Ley 53/2002, dado que, con lo que también se da respuesta a la segunda cuestión planteada, ha de entenderse referido este último artículo, apartado y letra a recursos de apelación contra Sentencias y no contra actos de trámite» (Consulta V0129-04).

5. ¿Qué sucede cuando el Secretario considere inadecuada la liquidación?

«Los epígrafes Tres y Cuatro del apartado Sexto de la Orden HAC/661/2003, de 24 de marzo, por la que se aprueba el modelo de autoliquidación de la tasa por el ejercicio de la potestad jurisdiccional en los órdenes civil y contencioso-administrativo y se determinan el lugar, la forma y los plazos para su presentación, establecen, en primer lugar, para los casos en que el sujeto pasivo no adjunte el modelo de la autoliquidación a la demanda o escrito procesal, que el Secretario Judicial habrá de extender la oportuna diligencia, requiriendo por diez días al interesado para subsanar la omisión y, en segundo lugar, que de no producirse tal subsanación, comunique tal circunstancia en el plazo de cinco días a la Delegación de la Agencia Estatal de Administración Tributaria en cuya demarcación radique la sede del órgano judicial. Parece lógico seguir igual procedimiento para aquellos supuestos en que el órgano considere inadecuada la cuantía autoliquidada de la tasa» (Consulta 1872/2003).

6. Recurso de apelación

A. Limitado al pronunciamiento de costas. «En lo que se refiere a la base imponible en un recurso de apelación que se contrae exclusivamente a la condena en costas a la parte recurrente, habrá que estar a la cuantía que proceda del procedimiento judicial conforme a las leyes procesales, tal y como prevé el apartado Cinco del art. 35 de la Ley 53/2002, de 30 de diciembre, de Medidas Fiscales, Administrativas y de Orden Social, que establece la tasa» (Consulta 1872/2003).

B. Recursos contra resoluciones que no pongan fin a la instancia. «Por último, esta Dirección General viene entendiendo que el devengo de la tasa en los supuestos de interposición de recursos de apelación solo se produce cuando se dirijan contra Sentencias que pongan fin a la instancia en la jurisdicción contencioso-administrativa, por lo que no procedería su exigencia en caso contrario» (Consulta 1872/2003).

C. Recursos de apelación civiles. «... en concreto para el recurso de apelación, para los casos en que proceda este recurso conforme a los arts. 455 y siguientes de la Ley» (Consulta 1468/2004).

D. Impugnación de la sentencia (art. 461 LEC). Esta Dirección General, en atención a consideraciones de legalidad tributaria derivadas del texto literal del art. 35 de la Ley 53/2002, de 30 de diciembre, de Medidas Fiscales, Administrativas y del Orden Social, que creó la Tasa por el ejercicio de la potestad jurisdiccional en los órdenes civil y contencioso-administrativo, viene entendiendo que su devengo en los supuestos de interposición de recursos de apelación solo se produce cuando tales recursos tengan tal carácter, lo que en la mayoría de los casos sucederá,de acuerdo con el art. 455 de la Ley 1/2000, cuando se dirijan contra Sentencias que pongan fin a la instancia en la jurisdicción contencioso-administrativa. Consiguientemente, no se devengará la tasa en los supuestos de impugnación contemplados en el art. 461 de la repetida Ley 1/2000 a que se refiere el escrito de consulta» (Consulta 2090/2003).

7. *Cambio de Competencia, procedimiento concursal, competencia del Juzgado de lo Mercantil*

«La Ley 22/2003, de 9 de julio, Concursal, establece un nuevo y único procedimiento concursal, quedando atribuida la competencia para su conocimiento a una nueva categoría de Juzgados especializados, que reciben el nombre de Juzgados de lo Mercantil y cuya creación y delimitación de competencias se lleva a cabo mediante la Ley Orgánica 8/2003, de 9 de julio, para la reforma concursal, por la que se modifica la Ley Orgánica 6/1985, de 1 de julio, del Poder Judicial. Debe tenerse presente que dichos Juzgados se crean dentro del orden jurisdiccional civil, por lo que no se rompe la unidad jurisdiccional en materia de derecho privado. De hecho, el Derecho Mercantil no deja de ser una prolongación del Derecho Civil, por lo que participan de una misma naturaleza. A este respecto, cabe traer a colación el artículo 86.ter.2 de la Ley Orgánica 6/1985, donde se aclara que "los Juzgados de lo Mercantil conocerán de cuantas cuestiones sean de la competencia del orden jurisdiccional civil" y, entre ellas, "respecto de las demandas en las que se ejerciten acciones relativas a competencia desleal, propiedad industrial, propiedad intelectual y así como todas aquellas cuestiones que dentro de ese ordenamiento jurisdiccional se promuevan al amparo de la normativa reguladora de sociedades mercantiles y cooperativas".

A la vista de lo anterior y del hecho imponible de la tasa creada por el artículo 35 de la Ley 53/2002, de 30 de diciembre, de Medidas Fiscales, Administrativas y del Orden Social, entiende este Centro Directivo, en relación al supuesto planteado en el escrito de consulta, que satisfecha en su momento la tasa exigible con la interposición de la demanda, ni procede devolución de su importe ni tampoco pago alguno adicional por el hecho de haber sido remitida para su tramitación a un Juzgado de lo Mercantil» (Consulta V2126-05).

DEONTOLOGÍA PROFESIONAL

AUTOR

Dionisio Escuredo Hogan
Abogado

DEONTOLOGÍA PROFESIONAL
CONTROL DE LA ACTIVIDAD FORENSE DEL ABOGADO

Dionisio Escuredo Hogan
Abogado

I. **CONSIDERACIONES PREVIAS**

II. **NORMATIVA BÁSICA**

III. **POTESTAD DISCIPLINARIA JUDICIAL**

1. **Quebranto de la buena fe procesal**
2. **La corrección disciplinaria judicial propiamente dicha**
3. **Las conductas delictivas**

IV. **POTESTAD DISCIPLINARIA COLEGIAL**

1. **Estudio de las principales obligaciones deontológicas**

   1.1. Relaciones con el cliente.

   1.1.1. Los honorarios profesionales (artículos 44 EGA y 15 y ss. CD).

   1.1.2. La documentación del cliente (artículo 13.12 CD).

   1.1.3. Conflicto de intereses (artículos 13.4 y ss. CD).

   1.1.4. La diligencia.

   1.1.5. Independencia profesional (artículos 542 LOPJ, 33 EGA y 2 CD).

   1.2. Relaciones con los compañeros.

   1.2.1. Reglas de cortesía.

   1.2.2. Competencia desleal.

   1.2.3. Venia (artículos 26 EGA y 9 CD).

   1.2.4. Mediación decenal (artículos 79 EGA y 12.3 CD).

   1.3. Relaciones con la parte contraria (artículos 43 EGA y 14 CD).

   1.3.1. Contacto directo.

   1.3.2. Lesión injusta a la parte contraria. Presupuestos.

   1.4. El Secreto profesional (artículos 32 EGA y 5 CD).

   1.5. Deberes colegiales.

2. **La deontología y el turno de oficio**
3. **Procedimiento sancionador. Garantías**
4. **Procedimiento Sancionador. Funcionamiento**
5. **Tipo infractor**

   5.1. Faltas muy graves.

   5.2. Faltas graves.

   5.3. Faltas leves.

I. CONSIDERACIONES PREVIAS

El conocimiento de los parámetros deontológicos por los que debe encauzarse el ejercicio diario de la profesión y, con ello, adquirir conciencia de que dicha actividad puede verse sometida a control disciplinario, tanto colegial como jurisdiccional, con incidencia práctica y grave perjuicio para el Abogado en numerosas ocasiones, constituye hoy en día una información necesaria, imprescindible y extremadamente útil.

No debe entenderse la ética profesional como un tratado de normas de buena conducta sin más, sino como un cuerpo normativo técnico que exige del Abogado su estudio con detenimiento, así como situarse en un contexto de permanente estado de alerta.

La deontología deviene una exigencia del Estado de Derecho. El estatuto privilegiado de independencia que mantiene la Abogacía dimana del sistema de autocontrol de nuestra conducta que la legislación nos reconoce, y que no es sino la expresión y la garantía institucional de un pacto entre los profesionales y el estado (1), según el cual éstos ofrecen y aceptan someterse a la observancia de unas normas éticas de comportamiento —alejados de cualquier corporativismo— y el segundo ofrece y acepta otorgar un estatuto singular para que pueda ejercer sus funciones con una libertad e independencia especialmente reforzadas.

En la actualidad, es incontestable que la revisión disciplinaria de la actividad del Abogado ha adquirido una notoriedad antes olvidada. La proliferación de supuestos de intrusismo, el aumento ingente del número de Abogados, la especialización que exige la fluctuación de normas jurídicas, la propia modernización en las tradicionales formas de ejercer el Derecho (exigida por una sociedad cada día más competitiva), son claros exponentes de que la depuración de actuaciones contrarias a la norma debe entenderse como una función que consolida la Abogacía y la confianza del ciudadano en la Administración de Justicia. Tal es la trascendencia de esta función, que no sólo la propia Abogacía se ha visto compelida de forma inevitable a reforzar la institución disciplinaria (2), sino que la propia Administración (3) ha tomado conciencia de que un sistema deontológico eficaz afianza el procedimiento judicial y el equilibrio e igualdad de armas entre las partes en el proceso, al ser el Abogado una pieza fundamental del engranaje de la Justicia.

La preocupación por la pérdida de los referentes éticos tradicionales, así como su acomodación a los nuevos tiempos ha sido también objeto de extrema preocupación por los organismos supranacionales representativos de la Abogacía (4). Por último, los propios despachos de Abogados (generalmente los colectivos, en los términos previstos en el artículo 28 del Estatuto General de la Abogacía) y diver-

---

(1) Rafael del Rosal, Abogado.

(2) Congresos Nacionales de la Abogacía, foros de debate, Congresos de Abogados Jóvenes, normas sectoriales, etc.

(3) Pacto de Estado sobre la Justicia. Carta de Derechos del Ciudadano ante la Justicia de 16 de abril de 2002 (artículos 33 a 35): Derecho del ciudadano a la prestación de un servicio profesional de calidad, a conocer anticipadamente el coste aproximado de los servicios de un Abogado, a obtener del profesional información precisa y detallada sobre el estado del procedimiento y de las resoluciones que se dicten y a una justicia gratuita de calidad. Derecho a denunciar ante los Colegios de Abogados y Procuradores las conductas contrarias a la deontología profesional y a conocer el resultado de la denuncia a través de una resolución motivada. Derecho a conocer a través del colegio correspondiente si un Abogado ha sido objeto de una sanción disciplinaria.

(4) Carta de Turín sobre el ejercicio de la Abogacía en el siglo XXI, adoptada por la Asamblea General de la Unión Internacional de la Abogacía celebrada en Sydney, el 27 de octubre de 2002.

sas asociaciones de la Abogacía (5), se vienen involucrando de forma sistemática en concienciar a los profesionales en Derecho sobre la observancia de los deberes deontológicos, incluso con elaboración de códigos de conducta propios e internos, de carácter ejecutivo.

Sirva como ejemplo contrastar diariamente los medios de comunicación para cotejar como, un día y otro también, nos enfrentamos a noticias poco halagüeñas sobre Abogados (estafas a inmigrantes en asesoramiento jurídico en materia de extranjería, vulneración del secreto profesional en declaraciones en los medios de comunicación, etc.) que han provocado en los Colegios de Abogados y en el Consejo General de la Abogacía Española, una clara reacción en defensa de la profesión tanto en el ámbito general (publicidad institucional) como particular (*v. g.,* control en la emisión de volantes para visitas en centros penitenciarios, reforzamiento de las comisiones deontológicas, etc.).

En todo caso, no cabe duda que se ha producido un gran avance en el ejercicio de la potestad revisora que los Colegios tienen atribuido *ex lege,* depurando las infracciones cometidas por los Abogados a través de un procedimiento sancionador sujeto a todo tipo de garantías, e implantando servicios de consulta que puedan servir al Abogado para evitar incurrir en vulneración de sus obligaciones.

Dicho lo cual, merece la pena, *ab initio,* recomendar al Abogado (sobre todo a aquellos que comienzan su andadura profesional), que en el ámbito de sus relaciones con el cliente tenga al menos presente las siguientes cuestiones básicas:

a) Hoja de encargo profesional: Configurada como recomendación (6), y a la espera de que sea establecida como obligatoria, la denominada hoja de encargo o contrato de arrendamiento de servicios Abogado-cliente constituye un elemento esencial de delimitación de la responsabilidad profesional (además de garantía para el consumidor).

   De todos es sabida la ancestral dejación que el Abogado ha mostrado a la hora de regular sus relaciones con el cliente tanto en su vertiente económica como propiamente jurídica, amparando con ello un estado de indefinición contractual que debe ser corregido. La hoja de encargo no sólo servirá al Abogado para acreditar que determinados servicios le han sido encomendados y que sus honorarios quedan fijados en la cuantía que se establezca —lo que evitará ulteriores disconformidades—, sino que, a través de su clausulado, podrá estipular las condiciones en que dicho trabajo se realizará, si se extiende a una o más instancias, si el cliente le permite detraer fondos de terceros, si la falta de provisión de fondos le exonera de su cumplimiento, etc., cuestiones todas ellas que, de no constar debidamente articuladas, pueden generar más de un problema al Abogado en caso de que su cliente se muestre disconforme con su actuación.

   Por ello se convierte en un elemento imprescindible para el Abogado de cara a regular de forma efectiva la eficacia y alcance de la encomienda.

b) Indefensión: El motivo más frecuente de infracción de la normativa deontológica no es sino la dejación en la función de la defensa. Debe evitarse todo comportamiento que pueda suponer pérdida de derechos al cliente, en especial, todo aquello que ataña a resoluciones contrarias a los intereses confiados. El Letrado debe conocer que en caso de carecer de instrucciones concretas y fehacientes del cliente, debe optar, con carácter general, por asegurar la posición jurídica del segundo, interponiendo los correspondientes recursos que la ley permita.

(5) Asociación para la Ética y la Calidad en la Abogacía. Abril de 2005. «Anteproyecto de Código Deontológico para la Relación entre Jueces y Abogados».

(6) Artículo 13.1 Código Deontológico.

Sirva la presente recomendación para instar al Abogado a considerar la agenda profesional como una herramienta imprescindible en su labor diaria, y que no debe confiarse el régimen de plazos procesales en exclusiva a terceros, incluido el propio Procurador, aunque sea el garante de su recordatorio.

c) Normas deontológicas: Conocer el funcionamiento de las obligaciones profesionales supondrá para el Abogado una garantía de que su trabajo no pueda verse cuestionado. El uso de la normativa como libro de cabecera del despacho dará serenidad al Abogado ante situaciones comprometidas y límites.

d) Seguro de responsabilidad civil: La suscripción o ampliación de la cobertura de un seguro de responsabilidad profesional *(artículo 21 del vigente Código Deontológico)*, para paliar eventuales errores, es sinónimo de tranquilidad, en tanto estamos sujetos a responsabilidad contractual por el incumplimiento del nivel de exigencia requerido por la *lex artis* [artículo 78.2 (7) del Estatuto General de la Abogacía]. No obstante, la falta de diligencia con reproche deontológico sólo llevará aparejado el reproche civil (8) si queda constatado un daño evaluable económicamente para el cliente que, por otro lado, no puede ser establecido por los Colegios profesionales.

Por último, conviene reseñar en esta somera introducción, que la deontología no debe ser considerada como un cuerpo normativo rígido y encorsetado, pues la experiencia avala que la disciplina, como el resto de las ramas jurídicas, evoluciona al socaire de los tiempos. El Tribunal de Defensa de la Competencia se ha pronunciado ya en dos ocasiones sobre las limitaciones impuestas en nuestra actividad en temas tan importantes como el acceso a la publicidad y la prohibición del pacto de cuota litis, con resultado dispar. De la misma manera, aún queda pendiente arbitrar sistemas de cooperación con la Administración para dotar de plena eficacia las resoluciones de suspensión en el ejercicio de la Abogacía que puedan imponer los diversos Colegios nacionales.

Es más, la evolución que se viene produciendo en las formas tradicionales de abogar, como pudiere ser la constitución de sociedades profesionales (en la actualidad Proyecto de Ley), la vigente y recentísima modificación de la legislación sobre el carácter laboral especial de determinadas relaciones entre Abogados y, la Ley de Acceso a la profesión, son situaciones que plantean nebulosas a la hora de adaptar los principios deontológicos a las mismas y, por lo tanto, exigirán de los órganos rectores de la Abogacía y de las propias Juntas de Gobierno suplir dichas lagunas con disposiciones que interpreten o modifiquen las ahora existentes.

---

(7) «Los abogados en su ejercicio profesional, están sujetos a responsabilidad civil cuando por dolo o negligencia dañen los intereses cuya defensa les hubiera sido confiada, responsabilidad que será exigible conforme a la legislación ordinaria ante los tribunales de Justicia, pudiendo establecerse legalmente su aseguramiento obligatorio».

(8) Tribunal Supremo, Sala 1.ª, 8 de febrero de 2000: «Existe negligencia profesional en la actuación del abogado, que da lugar a indemnizar a su cliente en la cantidad de siete millones de pesetas, cuando yerra en calcular el plazo de caducidad para el ejercicio de la acción por despido improcedente, no informando adecuadamente a su cliente». Tribunal Supremo, Sala 1.ª, 25 de junio de 1998: «Existe negligencia profesional del abogado y tiene el cliente derecho a indemnización por gastos y costas, más un 15% en concepto de daño moral por dejar caducar un recurso de casación». Tribunal Supremo, Sala 1.ª, 14 de mayo de 1999: «Existe responsabilidad civil cuando el abogado deja precluir el plazo para ejercitar acciones a las que tuviere derecho el cliente —en este caso acción derivada de responsabilidad civil del 1902 CC tras el cierre de las diligencias penales, plazo un año—, habiendo recibido provisión de fondos a tal efecto, ya que constituye el comportamiento del Letrado un quebrantamiento, por vía omisiva, en la observancia de los deberes y obligaciones profesionales que le incumben, que le eran exigibles a tenor de la disposición general contenida en el art. 9 EGA y de los concretos deberes reseñados en los arts. 53 y 54, en una interpretación lógica y racional de los mismos, siendo indudable que ello representó una conducta negligente por omisión susceptible de indemnización».

II. NORMATIVA BÁSICA

En el ámbito territorial nacional y en el marco puramente disciplinario, la legislación (9) a tener en cuenta por el profesional del Derecho, en su aspecto sustantivo, viene conformada por los siguientes textos:

1. Estatuto General de la Abogacía Española (en adelante, EGA). Real Decreto 658/01, de 22 de junio, que sustituye al 2090/1982, de 24 de julio, a su vez «modificado» por la Asamblea de Decanos de los Ilustres Colegios de Abogados de España el 28 de junio de 1996, al adoptar diversos acuerdos sobre la profesión al socaire del RD Ley 5/96, de 7 de junio, de Medidas Liberalizadoras en Materia de Colegios Profesionales. Nace del Pacto de Estado para la Reforma de la Justicia suscrito por el Gobierno de la Nación y los Partidos Popular y Socialista en el año 2001, e introduce modificaciones que en su mayoría ya han sido adoptadas por los órganos de la Abogacía.
2. Código Deontológico de la Abogacía Española (en adelante, CD). Aprobado por el Pleno del Consejo General de la Abogacía Española en su sesión de 30 de junio de 2000.
3. Código de Deontología de los Colegios y los Consejos de Colegios de Abogados de la Unión Europea (CDUE). Aprobado por el Consejo Consultivo de Colegios de Abogados de la Comunidad Europea, en su sesión de 28 de octubre de 1988, modificado el 28 de noviembre de 1998 y, posteriormente, el 6 de diciembre de 2002.
4. Ley 1/96, de 10 de enero, de Asistencia Jurídica Gratuita (LAJG). Contiene una expresa remisión a las normas especiales de nuestra profesión y su deontología (10).
5. Normas sectoriales emitidas por los Colegios de Abogados (11), normas y circulares del Consejo General de la Abogacía Española, códigos de Consejos Autonómicos, acuerdos de las Juntas de Gobierno, etc.

III. POTESTAD DISCIPLINARIA JUDICIAL

1. Quebranto de la buena fe procesal

Establece el artículo 247 de la Ley de Enjuiciamiento Civil que *«los intervinientes en todo tipo de procesos deberán ajustarse en sus actuaciones a las reglas de la buena fe (...) si los tribunales estimaren su conculcación podrán imponer, de forma motivada, y respetando el principio de proporcionalidad, una multa que podrá oscilar de treinta mil a un millón de pesetas, sin que en ningún caso pueda superar la tercera parte de la cuantía del litigio (...) debiéndose tener en cuenta las circunstancias del hecho y los perjuicios que pudieren causarse al procedimiento o a la otra parte»* y *«si los tribunales entendieren que la actuación contraria a las reglas de la buena fe podría ser imputable a alguno de los profesionales intervinientes (...) darán traslado a los Colegios respectivos por si pudiera proceder la imposición de algún tipo de sanción disciplinaria»*. La ley rituaria promulgada en

---

(9) La eficacia de las normas deontológicas que regulan nuestra profesión ha sido refrendada, entre otras, por la Sentencia de 9 de julio de 2001, Sala 3.ª, del Tribunal Supremo, declarando la aplicabilidad de las normas deontológicas, otorgándoles un carácter jurídico y no meramente moral. Su falta de publicidad no excluye de su conocimiento.

(10) Arts. 23 y 42 LAJG. Nace de la previsión contenida en el artículo 119 CE, desarrollada por la LOPJ.

(11) Especialmente las referidas a turno de oficio, con gran trascendencia deontológica.

el año 2001 ha otorgado al Juzgador la facultad de disponer de mecanismos coercitivos tendentes a la protección del normal desarrollo del proceso.

Dicha potestad, en cierto modo arbitraria, pues dependerá del criterio con que cada titular de un Juzgado interprete el término jurídico indeterminado por excelencia, la buena fe, se extenderá tanto a diversas situaciones ya preestablecidas a lo largo de las distintas leyes procesales (12), como a supuestos no contemplados específicamente, pero que puedan ser considerados atentatorios contra dicha norma (13).

Los supuestos en los que el Abogado puede verse sometido a este chequeo judicial son numerosos, sirviendo como ejemplos los siguientes:

— Cambio de argumentación de instancia a apelación.

— Recusación temeraria de magistrado.

— Petición extemporánea de testigos.

— Impugnación fraudulenta de costas.

— Presentación de testigos falsos, estafa procesal.

— Solicitud injustificada de nuevo señalamiento de vista (14).

— Incidentes de nulidad carentes de objeto.

Sin perjuicio de la remisión al correspondiente Colegio de Abogados de la hipotética sanción que se imponga al Letrado para la interposición, en su caso, de la sanción que corresponda (con los consecuentes problemas de la aplicación del principio general del derecho *non bis in idem,* según el caso, y a cuyo respecto ni la doctrina ni la jurisprudencia es unánime), lo que sí parece claro es que la sanción, ex artículo 80.2 del Estatuto General de la Abogacía, debe anotarse en el expediente personal de cada colegiado.

2. *La corrección disciplinaria judicial propiamente dicha*

La Ley Orgánica del Poder Judicial articula un sistema punitivo específico para los Abogados en caso de incumplimiento de sus deberes profesionales ante los Tribunales de justicia (15). La contravención viene estipulada, en sistema de *numerus clausus,* por el artículo 553 del texto legal:

a) Faltar por escrito, palabra u obra al respeto debido a Jueces y Tribunales, Fiscales, Abogados, Secretarios Judiciales o cualquier otra persona que intervenga o se relacione con el proceso.

---

(12) Artículo 270.2 LECrim.: «Cuando un documento, medio o instrumento sobre hechos relativos al fondo del asunto, se presentase una vez precluidos los actos a los que se refiere el apartado anterior, las demás partes podrán alegar en el juicio o en la vista la improcedencia de tomarlo en consideración, por no encontrarse en ninguno de los casos a que se refiere el apartado anterior. El tribunal resolverá en el acto y, si apreciare ánimo dilatorio o mala fe procesal en la presentación del documento, podrá, además, imponer al responsable una multa de 180 a 1.200 euros».

(13) Juzgado de lo Contencioso-Administrativo n.º 1 de Madrid, Auto de 14 de febrero de 2005, PA 98/05: sanción de multa por quebrantamiento de la buena fe procesal por presentar un recurso contencioso administrativo contra una desestimación presunta de determinada solicitud de responsabilidad patrimonial contra la administración, habiéndola presentado ya con anterioridad en sede judicial, con archivo decretado de las actuaciones.

(14) Ver artículo 183 LECrim.

(15) Artículo 552 LOPJ: «Los abogados y procuradores que intervengan en los pleitos y causas, cuando incumplan las obligaciones que les impone esta ley o las leyes procesales, podrán ser corregidos a tenor de lo dispuesto en este título, siempre que el hecho no constituya delito».

b) Desobediencia reiterada al Tribunal en caso de ser llamados al orden (16).

c) Incomparecencia injustificada a la diligencia judicial una vez citado el Letrado en forma (17).

d) Renuncia injustificada a la defensa que se ejerza en un proceso, dentro de los siete días anteriores a la celebración del juicio o vistas señaladas.

La conducta del Abogado puede ser sancionada con apercibimiento o multa en los términos previstos en el Código Penal, atendiendo a las circunstancias y a su gravedad. Se impone por el mismo Juez, en los mismos autos o en incidente aparte y es susceptible de recurso de audiencia en justicia —tres días— y posterior alzada ante la Sala de Gobierno, contra cuya resolución no cabe recurso. Se ha discutido largamente sobre la naturaleza judicial o gubernamental de este procedimiento. Las Sentencias 110/90, 190/91 y 148/97 TC han venido a aclarar el carácter de la acción revisora de la actuación del profesional, estableciendo que no son actos materialmente administrativos, sino resoluciones jurisdiccionales dictadas con todas las garantías, con lo que se satisface el derecho del interesado a la tutela judicial.

Como hemos indicado en el apartado anterior, la corrección, de la que se toma nota en el Registro del Juzgado, se comunicará al Decano del Colegio que corresponda para la anotación correspondiente, previa expresión de firmeza. Por otro lado, y con las reservas ya apuntadas, puede acordarse a apertura de diligencias disciplinarias colegiales si la gravedad de los hechos así lo aconsejaren.

3. Las conductas delictivas

La corrección de las acciones punibles cometidas por los Abogados viene consagrada en el Título XX del Código Penal, relativo a los delitos contra la administración de justicia. En el campo de las faltas (arts. 633 CP «faltar al orden público en la audiencia» y 634 CP «faltar al respeto»), el TC (18) ha declarado que el orden criminal no es el apropiado para sancionar al Letrado, sino que debe utilizarse como preferente la vía correccional descrita en el apartado anterior.

Artículo 463, apartados 1 y 2	a) Incomparecencia, sin justa causa, ante Juzgado o Tribunal en proceso criminal con reo en prisión provisional (19) provocando la suspensión del juicio oral b) Incomparecencia por segunda vez en causa criminal sin reo en prisión, haya provocado o no la suspensión	a) Prisión de 4 meses y 16 días a 6 meses y multa de 15 a 24 meses b) Multa de 8 a 10 meses
Artículo 464	Influir directa o indirectamente con violencia o intimidación en intervinientes en el pleito para modificar su actuación procesal	Prisión 1 a 4 años Multa de 6 a 24 meses Si el autor hubiera alcanzado su objetivo, se impondrá la pena en su mitad superior
Artículo 465.1	Destrucción, inutilización u ocultación de documentos o actuaciones que se hayan recibido	Prisión 6 meses a 2 años Multa de 7 a 12 meses

(16) En iguales términos se expresa el artículo 684 LECrim.

(17) La ley procesal penal (art. 894 LECrim.) faculta para imponer sanciones al Abogado que no asista a la vista prevista en el recurso de casación.

(18) Sentencias de 9 de marzo de 1988 y 5 de mayo de 2000, Sala 1.ª, TC y 19 de junio de 1995, Sala 2.ª, TC.

(19) Tribunal Supremo, Sala 2.ª, 4 de febrero de 2002: la falta de asistencia no comunicada pero sí justificada da lugar al reproche disciplinario, no penal.

Artículo 466 (20)	Revelación de actuaciones procesales declaradas secretas	Multa de 12 a 24 meses
Artículo 467 (21)	1. Defensa de intereses contrapuestos sin consentimiento 2. a) Perjudicar de forma manifiesta, por acción u omisión, los intereses encomendados 2. b) Perjuicio por imprudencia grave	Multa de 6 a 12 meses Multa de 12 a 24 meses Multa de 6 a 12 meses
Artículo 199	Quebranto de la obligación de guardar secreto profesional	Prisión 1 a 4 años Multa 12 a 24 meses

Debe tenerse presente, además, que las penas impuestas llevan aparejadas (con excepción del artículo 464) como pena accesoria la inhabilitación para el ejercicio de la profesión. Es más, por vía del artículo 84.c) del Estatuto General de la Abogacía Española, el Colegio correspondiente podría abrir expediente disciplinario al Abogado que haya sido condenado —pues testimonios de las Sentencias son remitidos para el cumplimiento de la inhabilitación a los mismos— por la comisión de una infracción de carácter muy grave, que llevaría aparejada, al margen de la anterior, la suspensión en el ejercicio de la profesión en los términos previstos en el artículo 87.1 del mismo texto.

IV. POTESTAD DISCIPLINARIA COLEGIAL

La Ley Orgánica del Poder Judicial y las Leyes de Colegios Profesionales (tanto estatal como las diferentes autonómicas) otorgan a los Colegios de Abogados, como uno de sus fines esenciales, la potestad para depurar aquellas actuaciones de sus colegiados que contravienen los esenciales valores que nos hemos impuesto. A dicho fin, veremos cómo, a través del proceso administrativo regulador del sistema punitivo, los Abogados son susceptibles de ser sancionados por incumplimientos de la norma. No olvidemos que la deontología es, en cierto modo, garante del derecho constitucional a la tutela judicial efectiva, en tanto una conducta antideontológica conllevará, en la mayoría de los casos, una lesión para los intereses del cliente, del contrario, o de la propia administración de justicia.

1. Estudio de las principales obligaciones deontológicas

Como decíamos al principio, la aplicación de los considerados principios éticos rectores: la honradez, la probidad, la rectitud, la lealtad, la diligencia y la veracidad, no es suficiente para que el Letrado se enfrente con garantías a su tarea diaria. Al

(20) Artículo 301 LECrim.: «Las diligencias del sumario serán secretas hasta que se abra el juicio oral, con las excepciones determinadas en la presente ley. El abogado o procurador de cualquiera de las partes que revelare indebidamente el secreto del sumario, será corregido con multa de 250 a 2.500 pesetas».

(21) Sentencia de 31 de mayo de 1999, Sala 2.ª, TS: pena de nueve meses de multa e inhabilitación por dos años para la profesión por la desatención y desacierto en la forma de asumir la defensa, lo que ocasionó una grave demora en el reconocimiento de los derechos de los clientes e incluso su pérdida. Sentencia de 1 de febrero de 2000, TS: «basta que se trate de una desventaja, quebranto, daño o detrimento notorio de los intereses del cliente, no que el perjuicio sea evaluable económicamente». El Letrado percibió fondos para interponer una demanda y no lo hizo. La omisión es dolosa, ya que consciente de que sus servicios eran requeridos para finalidad concreta, no acudió a la vía judicial, sin que sea argumento considerarla inviable.

margen de las obligaciones básicas, presupuestas en toda persona, es necesario conocer, como derivados de las anteriores, toda una serie de deberes de carácter técnico, cuya omisión puede acarrear al Abogado consecuencias de variada índole, pero seguramente perjudiciales para el normal desenvolvimiento de su despacho.

1.1. Relaciones con el cliente

1.1.1. Los honorarios profesionales (artículos 44 EGA y 15 y ss. CD)

El ejercicio de la defensa de los intereses confiados legitima al Abogado para obtener una compensación económica por el trabajo efectivamente realizado y el reintegro de los gastos ocasionados. El cobro de los honorarios profesionales supone, en muchos casos, la quiebra de la relación de confianza, por ello, se instauran como exigencias éticas básicas (22) las siguientes:

— La obligatoriedad. Si bien resulta evidente que puede excepcionarse.

— La temperancia en la facturación. Las medidas liberalizadoras han supuesto la libertad de minutación (23). A falta de pacto, el cálculo de los honorarios se adecuará a las normas orientadoras del Colegio del que se sea miembro. Salvo supuesto extremos, que deberán ser reconducidos a incumplimientos en materia de publicidad y captación desleal de clientela, cualquier discrepancia del cliente con su Abogado sobre la cuantía de sus honorarios no puede ser revisada en sede deontológica siendo los Tribunales a quienes compete pronunciarse sobre la misma.

— La lealtad y la transparencia.

— El ejercicio pacífico de las acciones de reclamación e impugnación.

Observancias deontológicas:

- El aseguramiento del encargo profesional. La falta de pago de la provisión de fondos no nos exonera de nuestras obligaciones una vez aceptado el asunto, sin perjuicio del derecho de renuncia una vez afianzada la posición jurídica que se defiende (24).
- La rendición de cuentas. El Letrado, en el desempeño de su función, no debe velar únicamente porque su gestión se realice dentro de los postulados de la *lex artis,* sino que su deber de integridad habrá de extenderse a cuantas cuestiones se relaciones con la misión confiada, entre las que se encuentra la gestión económica (25). Se configura como uno de los principales deberes del Abogado, quien tiene la obligación inmediata y urgente de justificar sus cuentas con el cliente tan pronto sea requerido para ello. La dación de cuentas de las cantidades entregadas, con efectiva puesta a disposición, no se agota en la remisión de la minuta de honorarios —que no es elemento imprescindible salvo petición explícita— sino en el detalle pormenorizado del uso que se ha dado a la provisión. La exigencia de rendir cuentas a que viene sometido el Abogado receptor de provisión de fondos o su dilación indebida, cuyo convenio

(22) Rafael del Rosal, Abogado.

(23) Ley 7/97, de 14 de abril, de Medidas Liberalizadoras en materia de Colegios Profesionales: elimina la potestad de los Colegios para fijar honorarios mínimos, si bien pueden fijar baremos de honorarios orientativos. Acuerdo de la Asamblea de Decanos del CGAE de 28 de junio de 1996: cualquier decisión que afecte a baremos económicos observará los límites de la Ley de Defensa de la Competencia.

(24) Art. 17 CD: «El abogado tiene derecho a solicitar y percibir la entrega de cantidades en concepto de fondos a cuenta de los gastos suplidos, o de sus honorarios, tanto con carácter previo como durante la tramitación del asunto. Su cuantía deberá ser acorde con las previsiones del asunto y el importe estimado de los honorarios definitivos. La falta de pago de la provisión autorizará a renunciar o condicionar el inicio de las tareas profesionales, o a cesar en ellas».

(25) Tribunal Supremo, Sala de lo C-A, Sección 6.ª, Sentencia de 11 de mayo de 1999.

con el cliente obliga «*no sólo al cumplimiento de lo expresamente pactado, sino también a todas las consecuencias que, según su naturaleza, sean conformes a la buena fe, al uso y a la ley*» (art. 1258 CC), infringe el deber de confianza en que se fundamenta la relación del Abogado con su cliente. Es normalmente constitutiva de una falta grave prevista en el apartado a) del artículo 85 EGA, a la que puede corresponder, atendiendo al caso, una sanción de hasta tres meses de suspensión del ejercicio profesional.

- Autoliquidación de honorarios (26). Esta servidumbre se desarrolla ampliamente en el artículo 20 CD. Salvo autorización expresa y previa emitida por el cliente, el Abogado ni puede hacer suyas cantidades percibidas de terceros para liquidar los honorarios pendientes ni, de la misma forma, puede utilizar el dinero o valores percibidos del cliente para otros usos —pago Procurador, costas, etc.— para detraer previamente su factura.
- Deber de informar al cliente del importe de los honorarios o de las bases de su determinación *(artículos 13.9.b CD y 37 de la Carta de Derechos del Ciudadano ante la Justicia)*. Sin perjuicio de la recomendable consignación del importe aproximado del coste de los servicios en la hoja de encargo profesional, debe ofrecerse al cliente al menos las pautas de minutación de la futura factura. Constituye también incumbencia del Abogado informar del derecho a acceder, en su caso, a la asistencia jurídica.
- Responsabilidad frente a compañeros *(artículo 27 EGA).* El Abogado que tenga colaboradores o pasantes responderá personalmente de los honorarios debidos a los mismos por delegación o encargo de actuaciones profesionales, aun en el caso de que el cliente dejase de abonárselos, salvo pacto en contrario.
- Provisión de fondos. No podrá exceder de una estimación razonable de los honorarios y desembolsos que el asunto suponga.

  La infracción en este supuesto es considerada como grave.
- Obligaciones en tasaciones de costas. La condena en costas otorga al vencedor en pleito a resarcirse de los gastos ocasionados en su defensa. El Letrado director del pleito únicamente podrá suscribir minuta de honorarios debidos por actuaciones procesales asumidas personalmente o por compañeros que actúen por delegación o sustitución. Quiere ello decir que no podrá incluir partidas devengadas por anteriores Abogados —*v. g.,* en caso de renuncia de uno anterior o de petición de venia— salvo que refiera expresamente que no ha podido obtener facturas de los anteriores para hacerlas valer en el proceso, en cuyo caso deberá hacerlo así constar expresamente.

1.1.2. La documentación del cliente (artículo 13.12 CD)

La documentación original suministrada al Abogado para sustanciar el encargo profesional debe encontrarse siempre a disposición del mismo (27), con independencia de la existencia de honorarios pendientes. Por lo que respecta al trabajo realizado, escritos de la parte contraria y actuaciones judiciales, el Abogado tiene la obligación de informar a su cliente sobre el encargo efectuado, concretándose tal

---

(26) Resolución de 19 de julio de 2000, CCAC Madrid. Sanción de tres meses de suspensión en el ejercicio por destinar a honorarios cantidades recibidas del cliente para consignar en el Juzgado en cumplimiento de Sentencia contraria a sus intereses.

(27) Sentencia de 26 de febrero de 2002, Juzgado de lo C-A n.º 24 Madrid: Letrada remite documentos contra reembolso de su minuta. Los documentos eran trabajo profesional que se convierte en documentación del cliente (ejercicios contables de una empresa). Siete días de suspensión en el ejercicio de la profesión.

deber en lo dispuesto en el artículo 13.9 CD, que dice «*el abogado tiene la obligación de poner en conocimiento del cliente, incluso por escrito, cuando éste lo solicite del mismo modo: e) La evolución del asunto encomendado, resoluciones trascendentes, recursos sobre las mismas...*». Por ello, la información no debe extenderse a todos y cada uno de los documentos judiciales que se han generado y los propios del despacho, pues únicamente los de trascendencia deben ser puestos en conocimiento del cliente (Sentencias, Autos limitativos de derechos...).

— El tipo deontológico exige requerimiento previo por parte del cliente para la entrega. Mientras tanto el Abogado se convierte en depositario de la misma y garante de su conservación.

— El deber de custodia de los expedientes en posesión del Abogado debe entenderse como una obligación de carácter personal que prescribe por el transcurso de 15 años.

— El Abogado debe ser cauteloso en caso de conflicto entre clientes sobre a quien debe serle devuelta (sucesiones, familia, etc.) y no entregarla sino a aquel inicialmente se la suministró. En caso contrario, deberá ser consignada notarialmente o entregada a quien determine la autoridad judicial.

1.1.3. Conflicto de intereses (artículos 13.4 y ss. CD)

Obligación de difícil interpretación tendente a garantizar la fidelidad al cliente. Además del secreto, en la relación Abogado-cliente, es la confianza que inspira el primero en el segundo, en razón de la cualidad *intuito personae* del contrato que se suscribe, la que determina que se impongan determinadas exigencias éticas tanto penda el encargo como una vez haya finalizado. Así, se garantiza no sólo que el Letrado no haga uso de información confidencial, sino que se produzcan situaciones en las que pueda resultar parte favorable y después adversa frente al cliente. Por lo tanto, la prohibición se instaura como doble protección sobre principios inherentes a nuestra profesión como son la lealtad y la integridad. Por un lado, porque no puede considerarse que determinada conducta del Abogado, defendiendo intereses contradictorios con los de quien fue en su día cliente, sea una actuación correcta desde el punto de vista ético deontológico, concretamente, por lo que cercena la relación de lealtad para con quien se ha tenido relación profesional. Por otro lado, de mayor gravedad, porque la situación de concurrencia puede suponer vulneración de su derecho a combatir en igualdad de armas, al verse su anterior Abogado en situación de utilizar confidencias que en su día se le pudo suministrar.

Los deberes contemplados son los siguientes:

— El Abogado no debe aceptar la defensa de intereses contrapuestos con el defendido (actuar contra quien es cliente).

— El Abogado no puede aceptar encargos profesionales contra un anterior cliente, cuando exista riesgo de quebranto del secreto o pudiera resultar beneficio para el nuevo. Sin perjuicio de ello y no obstante no contemplarse una extinción de la obligación por transcurso de los años, de haber transcurrido un largo lapso de tiempo debe ponderarse las circunstancias concretas que rodean al asunto y su posible incidencia en el criterio.

— En caso de conflicto sobrevenido entre clientes, debe abandonarse la defensa (28).

(28) Artículos 3.2.1 y 3.2.2 CDUE: «El abogado no deberá ser ni el asesor, ni el representante, ni el defensor de más de un cliente en un mismo asunto si existe un conflicto, o un grave riesgo de que sobrevenga un conflicto entre los intereses de estos clientes» y «el abogado deberá abstenerse de ocuparse de los asuntos de todos los clientes afectados cuando surja un conflicto de intereses, cuando exista riesgo de violación del secreto profesional o en caso de que su independencia pueda verse afectada».

— Cuando varios Abogados formen parte o colaboren en un mismo despacho, cualquiera que sea la forma asociativa utilizada, la concurrencia será aplicable al grupo en su conjunto, y a todos y cada uno de sus miembros (29).

— En el procedimiento matrimonial, cuando ha sido Letrado director de los procedimientos de separación y divorcio de mutuo acuerdo, en el caso de que no se hubiese tenido contacto con el otro cónyuge a la hora de elaborar el convenio regulador que fue presentado judicialmente (reuniones en su despacho, conversaciones telefónicas, etc.) y la actuación de éste se hubiese limitado a firmar dicho convenio, con independencia de que la demanda se interpusiese de mutuo acuerdo, y por lo tanto, no habiendo obtenido ningún tipo de información profesional y, por tanto, confidencial, del referido cónyuge, no existiría impedimento en asumir la defensa y, por lo tanto, no nos encontraríamos ante un supuesto de conflicto. En caso contrario, es decir, que ostentase la condición de cliente, y de conformidad con lo dispuesto en el párrafo 5.º del artículo 13 CD, no sería aconsejable asumir la defensa encomendada.

— Sin perjuicio de lo reseñado, el Letrado podrá intervenir en funciones de mediador, debiendo cesar en la defensa en caso de fracaso.

— Por último, también entrará en situación de conflicto si confunde intereses propios con los del cliente.

1.1.4. La diligencia

Constituye el núcleo esencial de los deberes estrictamente profesionales del Abogado. Nace de la previsión contenida en los artículos 1104 y 1258 CC y sus efectos deontológicos vienen fijados en los artículos 42 EGA y 4 CD. La diligencia es el modo de percibir y realizar las acciones de la defensa, una posición intelectual general caracterizada por la prevención, la agilidad y la precisión técnica en la ejecución de la actividad profesional, todo ello con independencia del resultado que se obtenga. Su omisión supone dejación en los comportamientos que todo Letrado debe activar en orden a lograr el buen fin de la defensa. El Abogado debe afrontar su trabajo bajo un estándar mínimo de calidad conforme a los criterios básicos de conocimiento y calidad jurídica que se le presuponen.

1.1.4.1. Asunción del encargo en su integridad (artículos 4, 13.10 y 13.11 CD)

— Supuestos:

— Inactividad profesional (30) una vez aceptada la encomienda, medie o no provisión de fondos.

— Interposición extemporánea de escritos.

---

(29) Algunos despachos vienen aplicando para salvaguardar esta obligación la figura importada del Derecho anglosajón denominada «chinese walls».

(30) Sentencia de 7 de julio de 1999, Sección 8.ª, Sala de lo C-A, TSJ Madrid: encomendar un procedimiento en agosto y no realizar actuaciones hasta abril del año siguiente es constitutiva de falta grave, habiéndose proveído de fondos. Sentencia de 5 de febrero de 2001, Sección 8.ª, Sala de lo C-A, TSJ Madrid: quince días de suspensión en el ejercicio profesional por no presentar escrito de ejecución de Sentencia reclamando cantidades adeudadas por alimentos. Sentencia de 3 de abril de 2001, Sección 8.ª, TSJ Madrid: en el recurso de apelación, la carga de probar que el cliente no quiso continuar corresponde al Abogado. Resolución 19 de julio de 2000, CCAC Madrid: No cabe excusarse en la tardanza en la recepción de la documentación acreditativa de la pretensión pues el Abogado era libre de no aceptar el asunto. Sentencia de 29 de junio de 1999, TSJ Madrid: No es posible escudar la falta en el impago de servicios prestados o aprovechándose del repetido recurso «mi cliente está loco y no sabe lo que quiere» o «me está tomando el pelo», ya que desde que se acepta el encargo hasta la renuncia es obligación desarrollar una actuación diligente.

— No recurrir Sentencias contrarias a los intereses defendidos salvo instrucción fehaciente al efecto.

— No asistencia en situación de prisión.

— Desistimiento de acciones sin contar con el consentimiento expreso del cliente.

— Dejar el despacho sin comunicar señas al cliente.

— Incorrecta formulación de pretensiones judiciales.

— Cumplimiento de los señalamientos procesales (31).

— Determinación del cliente: el Abogado debe ser presta servicios para determinado justiciable, con independencia de que el encargo provenga de terceros o que sus honorarios también sean abonados por éstos. Quiere ello decir que los deberes deontológicos se entenderán con el primero y nunca con los segundos.

1.1.4.2. La renuncia a la defensa

La relación entre Abogado de libre designación y el cliente tiene carácter personalísimo y se basa en la confianza *(artículos 4.1 y 13.1 CD)* por lo que, normalmente, reviste naturaleza de contrato de arrendamiento de servicios. Ello justifica que pueda extinguirse, de forma sobrevenida y en cualquier tiempo, tanto por revocación del encargo profesional concedido por el cliente, como por renuncia del Abogado *(artículo 26.1 EGA y 13.3.2.º CD).* En ambos casos, libera a ambas partes de sus compromisos, sin perjuicio del derecho del Abogado a percibir los honorarios que correspondan a los servicios prestados hasta ese momento.

Cuando la relación se ha desarrollado en el marco de un proceso, su extinción no puede desconocer que éste está sujeto a plazos cuyo transcurso determinará, en ocasiones, la caducidad de la acción, la pérdida del trámite o la extinción de la acción ejercitada. Estas posibilidades son las que justifican la previsión contenida en el artículo 13.3, párrafo 3.º, que señala: «*El abogado que renuncie a la dirección letrada de un asunto habrá de realizar los actos necesarios para evitar la indefensión del cliente*». En el mismo sentido se pronuncia el Código Deontológico de la Abogacía

(31) Artículo 183 LECr.: «Solicitud de nuevo señalamiento de vista: 1. Si a cualquiera de los que hubieren de acudir a una vista le resultare imposible asistir a ella en el día señalado, por causa de fuerza mayor u otro motivo de análoga entidad, lo manifestará de inmediato al tribunal, acreditando cumplidamente la causa o motivo y solicitando señalamiento de nueva vista o resolución del tribunal que atienda a la situación. 2. Cuando sea el abogado de una de las partes quien considerare imposible acudir a la vista, si se considerare atendible y acreditada la situación que se alegue, el tribunal hará nuevo señalamiento de vista. (...) 5. Cuando el tribunal, al resolver sobre las situaciones a que se refieren los apartados anteriores, aprecie que el abogado (...) ha procedido con dilación injustificada o sin fundamento alguno, podrá imponerles multa de hasta 600 €, sin perjuicio de la que resuelva sobre el nuevo señalamiento. Tener dos señalamientos en mismo día en distintos tribunales, con acreditación y preferencia del superior, es causa de suspensión del trámite judicial y, de no ser admitido, supone justificación para determinar la exoneración de la infracción». Artículo 188.1 de la LECr.: La celebración de las vistas en el día señalado sólo podrá suspenderse, mediante providencia: 5.º por muerte, enfermedad o imposibilidad absoluta del abogado de la parte que pidiere la suspensión, justificadas suficientemente, a juicio del tribunal, siempre que tales hechos se hubiesen producido cuando ya no fuere posible solicitar nuevo señalamiento conforme a lo dispuesto en el artículo 183; 6.º por tener el abogado defensor dos señalamientos de vista para el mismo día en distintos tribunales, resultando imposible, por el horario fijado, su asistencia a ambos, siempre que acredite suficientemente que, al amparo del artículo 183, intentó, sin resultado, un nuevo señalamiento que evitara la coincidencia. En este caso, tendrá preferencia la vista relativa a causa criminal con preso y, en defecto de esta actuación, la del señalamiento más antiguo, y si los dos señalamientos fuesen de la misma fecha, se suspenderá la vista correspondiente al procedimiento más moderno. Art. 44 de la LO 5/95, del Tribunal del Jurado: el juicio oral tiene prioridad frente a cualquier otro señalamiento sea cual sea el orden jurisdiccional.

de la Comunidad Europea que, en su Norma 3.1.4 expresa: «*El abogado que haga uso de su derecho a abandonar un asunto deberá asegurarse de que el cliente podrá encontrar la asistencia de un colega a tiempo para evitar sufrir un perjuicio*».

En definitiva, todo Abogado puede renunciar a la defensa comunicándola de forma fehaciente al cliente y al Tribunal donde se sustancia el asunto, para que tomen conocimiento de la misma y se proceda a la designación de nuevo Abogado que le sustituya, y siempre dentro de los límites previstos en el artículo 553 LOPJ (con antelación mínima de 7 días al señalamiento) y de forma que, en ningún caso, se cause indefensión al interés protegido.

En el momento de la renuncia, el Letrado deberá finiquitar debidamente las cuestiones económicas que pendan con el cliente (remisión de minuta de honorarios).

1.1.4.3. La información al cliente (artículo 13.9 CD)

El cliente tiene derecho a obtener de su Abogado información detallada del estado del encargo. Ahora bien, no debe extenderse a expedirle copia de toda la documentación que obre en su poder, sino sólo aquella trascendente a su interés. Por ello, y al margen de una hipotética obligación civil, el Abogado no tendrá obligación deontológica de suministrar demandas, recursos, entregar copia de los vídeos judiciales, etc.

1.1.5. Independencia profesional (32) *[artículos 542 LOPJ* (33), *33 EGA y 2 CD]*

Configurada como derecho y obligación, nos faculta para no admitir injerencia ni permitir perturbaciones en nuestro trabajo profesional y para utilizar en nuestra defensa los medios que elijamos mientras sean lícitos. Comprende las siguientes prerrogativas:

— Libertad aceptar o rechazar asuntos. Con excepción de la designación de turno de oficio, que nos viene impuesta por mandato administrativo.

— Libertad para renunciar a la defensa, en los términos antedichos.

— Libertad de defensa. El objeto del contrato de arrendamiento de servicios no es otro que la obtención de un servicio por parte de un profesional que, en ningún caso, al tratarse de la Abogacía, puede comprender la obtención de un resultado concreto respecto de las expectativas de éxito de las pretensiones que se hacen valer en juicio, y ello porque tal extremo escapa al control y facultades de disposición del Letrado, por lo que nunca se podrá contratar sobre este objetivo. El cliente no puede involucrar al Letrado como culpable de su perjuicio, no es posible fiscalizar la actuación más allá del cumplimiento diligente por su parte de las actuaciones procesales y extraprocesales que se cifran en la observación del comportamiento habitualmente debido, ya que la vigencia del principio de independencia le habilita para rellenar dichos trámites según su leal saber y entender, salvo manifiesto incumplimiento(34). En definitiva, el Abogado dirige la defensa sin obligación de permitir injerencias en la misma.

---

(32) El VIII Congreso de la Abogacía Española (Salamanca, octubre de 2003), dedicó una de sus ponencias a la Independencia del Abogado.

(33) «En su actuación ante los juzgados y tribunales, los abogados son libres e independientes, se sujetarán al principio de buena fe, gozarán de los derechos inherentes a su función y serán amparados por aquéllos en su libertad de expresión y defensa».

(34) Artículo 683 LECrim.: «El presidente dirigirá los debates cuidando de impedir las discusiones impertinentes y que no conduzcan al esclarecimiento de la verdad, sin coartar por esto a los defensores la libertad necesaria para la defensa». Artículo 106.1 LO 4/87, de 15 de julio, de la Jurisdicción Militar: «Los defensores serán libres e independientes, se sujetarán al principio de buena fe, gozarán de los derechos inherentes a la dignidad de su función y serán amparados por aquélla en su libertad de expresión y defensa». No obstante, la Sentencia del TS, Sala 3.ª, Sección 7.ª, de 21 de febrero de 2003, ha establecido que limitar el uso de la palabra al Abogado de la defensa en el acto del juicio oral no vulnera el derecho de defensa. Sentencia de 18

— Libertad de expresión. El derecho a la inmunidad (35) faculta al Abogado para expresarse libremente (36) en el ejercicio de la defensa. Las premisas básicas en las que debe desenvolverse esta prerrogativa, sin la cual se limita grave y definitivamente la independencia, se sedimentan en la Sentencia 157/96 de 15 de octubre de 1996, de la Sala Primera del Tribunal Constitucional (37): el derecho a la libertad de expresión del Abogado resulta reforzado por su inmediata conexión a la efectividad de otro derecho fundamental, el derecho a la libertad de la defensa *ex* artículo 24.2 CE. Su especial cualidad, que permite la mayor beligerancia en los argumentos del Letrado, sólo tiene su límite en el insulto o la descalificación gratuitos.

El vigente Código Deontológico de la Abogacía Española, ha incorporado como novedad digna de elogio el reforzamiento del derecho a la libertad de expresión *(artículo 3.3).* Su introducción en unas fechas en las que se observan signos preocupantes de intromisión (Sentencia TC 79/02, de 8 de abril, proliferación de expedientes disciplinarios judiciales al amparo de lo dispuesto en los artículos 247 LECr. y 553 LOPJ) supone un nuevo impulso para su salvaguarda y para que el Abogado, en el ejercicio de la defensa y cohonestando la libertad con el respeto a los demás sujetos procesales, pueda criticar las resoluciones judiciales y los escritos de los Abogados contrarios (38) sin condicionantes para su independencia.

Todo litigio, por su naturaleza, supone el enfrentamiento dialéctico de los intervinientes, sin que pueda escandalizarse quien se encuentra en tal trance cuando en los escritos o intervenciones se produzcan ciertas alocuciones verbales con las que se pretende persuadir al juzgador de que las pretensiones que se someten a su consideración son justas, ya que no debemos olvidar que el Abogado goza de libertad en los medios de defensa a utilizar, siempre que sean legítimos y justos y hayan sido lícitamente obtenidos (39). Y esa imprescindible herramienta de trabajo no puede ser castigada si no se produce un insoslayable exceso.

Conviene dejar claro que los órganos de la Abogacía deben continuar y ampliar las labores que viene acometiendo en defensa de tan omnímodo principio.

---

de octubre de 1999, Sección 9.ª, Sala de lo C-A, TSJ Madrid: ni siquiera en el caso en que el Juez considere farragoso el aluvión de documentos presentados sin orden por el Letrado.

(35) Art. 1.6 anterior CD: «La inmunidad, prerrogativa del abogado, existe en interés de la Administración de Justicia, ampara la libertad de expresión y de defensa, las que deberán ser ejercidas de formas razonable».

(36) Arts. 20 Constitución Española y 3 CD.

(37) Sentencias que refrendan el derecho cualificado: 113/00, de 5 de mayo, Sala 1.ª TC, 184/01, de 17 de septiembre, Sala 2.ª TC, 9 de diciembre de 2002, Sala 2.ª, TC. Sentencia de 11 de julio de 1994, Sala 1.ª, TC, Recurso de Amparo 2379/1991: la libertad de expresión del Abogado en el ejercicio de la actividad de defensa es una manifestación cualificada del derecho reconocido en el artículo 20 CE al encontrarse vinculada con carácter inescindible a los derechos de defensa de la parte y al adecuado funcionamiento de los órganos jurisdiccionales en el cumplimiento del propio y fundamental papel que la Constitución les atribuye (artículo 117 CE). Por esta razón, es resistente e inmune a restricciones que en otro contexto habrían de operar. Sin embargo, esta especial cualidad de la libertad ejercitada, se ha de valorar en el marco en que se ejerce y atendiendo a su funcionalidad para el logro de las finalidades que justifican su privilegiado régimen, sin que ampare el desconocimiento del mínimo respeto debido a las demás partes del procedimiento y a la autoridad judicial que el artículo 10.2 CEDH erige en límite explícito a la libertad de expresión (Sentencia TEDH de 22 de febrero de 1989, caso Barfod). Queda amparado por el derecho a la libertad de expresión, consideraciones articuladas en escrito judicial por el abogado del siguiente tenor: «el juzgado ha decidido sin juicio», «ha dictado sentencia sin juicio», «la juzgadora se ha inventado en ejecución otra sentencia», «ha decidido expropiar al mandante inaudita parte» (Sentencia TC 26 de septiembre de 2005, Recurso de amparo 255/01).

(38) Art. 12.4 CD: «En los escritos judiciales, como en los informes orales y cualquier comunicación escrita u oral, el abogado mantendrá siempre el más absoluto respeto al compañero de la parte contraria, evitando toda alusión personal».

(39) Art. 13.11 CD.

No sólo ante supuestos específicos, como pudieren ser el amparo colegial (40), o el control y la vigilancia exhaustiva de las resoluciones judiciales de «policía de estrados» que sistemáticamente violan nuestro legítimo derecho, impidiendo la anotación de sanciones en los expedientes personales de los Abogados ex artículo 80.2 EGA, cuando se estime que tales resoluciones han vulnerado el derecho a la libertad de expresión como garantía del derecho de defensa, sino con carácter general y con actuaciones debidamente publicitadas, que impidan las graves situaciones que últimamente venimos padeciendo.

Obligaciones éticas derivadas de la independencia:

— No aceptar un asunto sino estamos cualificados para ello.

— No interponer un proceso si no es absolutamente necesario a la defensa.

— Administración del cliente, procurando salvaguardar la independencia frente a requerimientos absurdos a la misma, pero justificando ante éste las decisiones adoptadas.

— No vulnerar la obligación del secreto profesional amparándose en la independencia.

— Formación y especialización del Abogado.

— Equitativa distribución del tiempo.

1.2. Relaciones con los compañeros

1.2.1. Reglas de cortesía (41)

— Trato considerado de palabra y obra (escritos judiciales): No involucrar al Letrado contrario en el pleito, obligación de comunicar el cese de la negociación, contestación inmediata de llamadas. Dentro de este escenario, se impone al Letrado comunicar con la debida antelación al Juzgado y a los compañeros las circunstancias que le impidan acudir a una diligencia (*artículo 11.1.i CD*).

— Prohibición de impugnar de forma temeraria los honorarios de los Letrados adversos. A dicho efecto, y sin perjuicio de la obligación deontológica, conviene matizar que el Letrado no incumple por el simple hecho de dar curso al incidente de impugnación por imposibilidad de reducir la posición litigiosa de su cliente, supuesto desprovisto de dolo en el que no es exigible al Abogado otra conducta que pudiera llevarle a renunciar a la relación con el cliente con el mero fin de salvar el precepto deontológico sin impedir las consecuencias del mismo.

(40) Ponencia de la Unión Iberoamericana de Abogados, dirigida por Rafael del Rosal.

(41) Sentencia de 30 de julio de 1999, TSJ Andalucía: Es ajustado a las normas éticas de la profesión y no se vulnera el derecho al honor por presentar ante un Tribunal un informe de detectives que acredita la falsa enfermedad alegada por un Letrado para suspender un procedimiento. Resolución de 19 de julio de 2000, Exp. 285/99, CCAC Madrid: Impedir el desarrollo de una pericia en perjuicio de la otra parte vulnera el deber de respeto recíproco entre compañeros sancionable como falta leve. Resolución de 19 de julio de 2000, Exp. 39/00, CCAC Madrid: Constituye infracción seguir el incidente de tasación de costas si el cliente renuncia a su cobro. Sentencia de 3 de mayo de 1999, Sección 9.ª, TSJ Madrid. Ratifica la sanción de apercibimiento (atemperada por la elevada crispación que mantenían los Letrados) por imputar a un compañero en escritos judiciales coacción, engaño y mentira. No supone infracción realizar maniobras procesales dilatorias. El derecho a la tutela judicial efectiva permite articular los mecanismos legítimos de defensa que prevea la legislación vigente. El Letrado se limita tan sólo a asegurar el derecho de su patrocinado, cumpliendo con sus obligaciones profesionales (derecho a elegir la defensa adecuada siempre que goce de amparo legal).

Como bien ha subrayado el Tribunal Superior de Justicia de Madrid (42), la impugnación de las minutas del Abogado no sólo tiene apoyo en la ley rituaria, sino que sirve para preservar el interés del cliente del Abogado que las impugna. Por dicho motivo, no se entiende como una facultad prevista en la ley puede ser éticamente reprochable.

1.2.2. Competencia desleal

La profesión debe ejercitarse en régimen de libre comercio y viene vinculada, en cuanto a la oferta de servicios y su remuneración a las Leyes de Defensa de la Competencia y de Competencia Desleal.

— Régimen de las infracciones deontológicas:

- Percepciones de honorarios en detrimento de los efectivamente devengados:
- Compartirlos con persona ajena a la profesión (excepto sociedades multidisciplinares)
- Compartirlos con colegas excepto cuando deriven de una efectiva colaboración jurídica, cuando se trate de pagos en el seno de un despacho colectivo, cuando se trate de compensaciones al compañero que se haya separado del despacho colectivo o, finalmente, cuando se trate de abonos a herederos de un compañero fallecido.
- Participar de honorarios de presentación de clientes *(artículo 19 CD).*

— Prácticas desleales de obtención de clientela:

- Ejercicio de la Abogacía estando incurso en causa de incompatibilidad *(artículos 21 y ss. EGA*).
  - Captación ilegítima de clientes en visitas indiscriminadas en las cárceles.
  - Publicidad *(artículos 25 EGA y 8 CD*). A la hora de enjuiciar las imposiciones publicitarias nos encontramos ante una situación viva aún no resuelta definitivamente. La especialidad que nuestro oficio tiene en este campo se encuentra hoy en entredicho. Una concepción quizá en cierto modo clasista del Abogado propició situar al profesional dentro de un halo de dignidad incompatible con cualquier forma de difusión de sus servicios jurídicos. No cabe duda de que los nuevos tiempos son reacios a esta concepción. Desde esta premisa y asumiendo la patente necesidad de las nuevas generaciones de publicitar sus servicios, los principales Colegios comenzaron a regular, a mediados de la década pasada y con esbozos de liberalidad, el acceso a la publicidad (43) y su repercusión deontológica. El Reglamento de Publicidad del CGAE (44) ha constituido la norma básica de referencia hasta la fecha y tiene su origen en la reforma de la LCP auspiciada por la Ley 7/97, de 14 de abril [art. 5.1: *el ejercicio de las profesiones colegiadas se realizará en régimen de libre competencia y estará sujeto, en cuanto a la oferta de servicios a la Ley sobre Defensa de la Competencia* (45), *a la Ley sobre Compe-*

---

(42) Sentencia de la Sala de lo C-A, Sección 9.ª, de 20 de septiembre de 1994.

(43) Códigos Reguladores de la Publicidad Personal de los Abogados de Madrid (1995 y 1998), así como el ICA Barcelona (1998). Básicamente se establecían supuestos de publicidad permitida, prohibida y susceptible de autorización colegial.

(44) Aprobado por la Asamblea General del CGAE de 19 de diciembre de 1997.

(45) Ley 16/89, de 17 de julio, de Defensa de la Competencia, modificada por Ley 52/99, de 28 de diciembre. Art. 1.1. Conductas prohibidas: «se prohíbe todo acuerdo, decisión o recomendación colectiva, o práctica concertada o conscientemente paralela que tenga por objeto, produzca o pueda producir el efecto de impedir, restringir o falsear la competencia en todo o en parte del mercado nacional».

tencia Desleal (46) *y a la Ley General de Publicidad* (47)]. El esfuerzo realizado por los órganos rectores de la Abogacía no ha sido considerado suficiente por el Tribunal de Defensa de la Competencia. La Resolución de 18 de enero de 2000, supuso no sólo la desautorización expresa de la normativa en numerosos supuestos contemplados que se consideraron contrarios a la competencia sino el replanteamiento definitivo de la posición Abogacía-publicidad. Sentadas tales consideraciones, la configuración del marketing de los Abogados pasa necesariamente por la liberalización, cuyos límites vendrán impuestos por el marco deontológico y las leyes de la competencia.

Así las cosas, las bases de la publicidad se han ido modernizando y el reto ha sido acogido por diversos Colegios (48). El Código Deontológico ha optado definitivamente por eliminar todo el lastre conflictivo, fijando los mínimos exigibles a los Abogados:

Artículo 7 CDAE. De la publicidad. 1. El abogado podrá realizar publicidad, que sea digna, leal y veraz, de sus servicios profesionales, con absoluto respeto a la dignidad de las personas, a la legislación existente sobre dichas materias, sobre defensa de la competencia y competencia desleal, ajustándose en cualquier caso a las normas deontológicas recogidas en el presente Código y las que, en su caso, dicte el Consejo Autonómico y el Colegio en cuyo ámbito territorial actúe. 2. En particular, se entiende que vulnera el presente Código Deontológico, aquella publicidad que suponga: a) Revelar directa o indirectamente hechos, datos o situaciones amparados por el secreto profesional. b) Afectar a la independencia del abogado. c) Prometer la obtención de resultados que no dependan exclusivamente de la actividad del abogado que se publicita. d) Hacer referencia directa o indirectamente a clientes del propio Abogado que utiliza la publicidad o a asuntos llevados por éste, o a sus éxitos o resultados. e) Dirigirse por sí o mediante terceros a víctimas de accidentes o catástrofes que carecen de plena y serena libertad para la elección de abogado por encontrarse en ese momento sufriendo una reciente desgracia personal o colectiva, o a sus herederos o causahabientes. f) Establecer comparaciones

---

(46) Ley 3/91, de 10 de enero, de Competencia Desleal. Establece como competencia desleal todo comportamiento objetivamente contrario a la buena fe (art. 5) y específicamente: actos de confusión (art. 6), engaño (art. 7) obsequio o prima (art. 8), denigración (art. 9), comparación (art. 10), imitación (art. 11), aprovechamiento de la reputación ajena y violación de secreto (art. 13), inducción a la infracción contractual (art. 14), violación de normas (art. 15) y discriminación (art. 16).

(47) Ley 34/88, de 11 de noviembre, General de Publicidad: es ilícita la que atente contra la dignidad o vulnere los derechos y valores reconocidos en la constitución, la engañosa, la desleal, la que por su contenido o forma de presentación o difusión provoque descrédito de los servicios de otra, la que induce a confusión con otros signos, nombres, marcas... de los competidores o haga uso injustificado de otras empresas o instituciones, la comparativa, la subliminal y la que infrinja la normativa reguladora en ciertos productos, bienes, actividades o servicios.

(48) Normas de Publicidad del ICAM de 10 de febrero de 2000 (que continúan la tendencia liberalizadora de las anteriores —preámbulo—): publicidad libre dentro de los límites de la deontología y normativa vigente sobre publicidad y competencia desleal, compromiso para fomentar la confianza del público y colaboración con la justicia y la tradición del derecho. Es publicidad contraria la que ponga en riesgo los derechos fundamentales de la CE o tratados internacionales suscritos por España, la que menoscabe la dignidad de la persona, permita identificar clientes directa o indirectamente sin su previa autorización, denigre o establezca comparaciones con otros Abogados, ofrezca resultados que no dependan sólo del trabajo profesional, vulnere el secreto profesional, insinúe poder de decisión sobre el encargo, dirigida a víctimas de terrorismo, catástrofes o accidentes o utilice símbolos institucionales.

con otros abogados o con sus actuaciones concretas o afirmaciones infundadas de auto alabanza. g) Utilizar los emblemas o símbolos colegiales y aquellos otros que por su similitud pudieran generar confusión, ya que su uso se encuentra reservado únicamente a la publicidad institucional que, en beneficio de la profesión en general, sólo pueden realizar los Colegios, Consejos Autonómicos y el Consejo General de la Abogacía Española. h) Incitar genérica o concretamente al pleito o conflicto. i) Utilizar medios o contenidos contrarios a la dignidad de las personas, de la Abogacía o de la Justicia.

En resumen, la configuración disciplinaria sitúa los compromisos del Abogado en el respeto a los principios rectores —dignidad, integridad y lealtad— y a las normas de la competencia. Resulta evidente que los límites de la conducta del Abogado no están definidos, por lo que debe asumirse una posición de mínimos, centrada en incumplimientos de normas con rango de ley y con imputaciones encauzadas (49). Por último, conviene reseñar que el Abogado no puede descargar la responsabilidad de la actividad ilícita en el anunciador, pues es responsable de supervisar lo que se anuncie, salvo que se inserte sin consentimiento (50).

1.2.3. Venia (artículos 26 EGA y 9 CD)

Instituto de cortesía entre compañeros, su función es trascendental en tanto sirve como elemento delimitador de las responsabilidades adquiridas durante el desarrollo de la encomienda. Su configuración ha variado sustancialmente en los últimos años, desligándose definitivamente del elemento coercitivo —aseguramiento del pago de honorarios—, para convertirse, simple y llanamente, en el acto por el que un Abogado notifica a otro el deseo del cliente de sustituirle en la dirección letrada del pleito. Como tal acto, es imprescindible para que el saliente tome cabal conocimiento del fin de su trabajo, para determinar la fecha en que cesa en la defensa, y momento hasta que pueden ser minutadas las actuaciones. Las obligaciones deontológicas son simples: el Abogado entrante debe realizar gestiones cerca del cliente para intentar que el Abogado que cesa cobre su minuta, y el Abogado saliente debe informar al primero de la situación del asunto —y solamente eso—, así como no impedir la concesión de venia.

Cuestiones prácticas a tener en cuenta:

— El Abogado que solicita una venia puede actuar sin esperar respuesta del saliente.

— El Colegio, a diferencia con regulaciones anteriores, no interviene en su concesión —sólo tendrá competencia ante incumplimientos deontológicos—.

— El hecho de que el Abogado saliente intervenga en virtud de designación de oficio no exonera al nuevo Letrado de solicitarle la venia ni de procurar el abono de sus honorarios.

— La actuación profesional finaliza a estos efectos en cada instancia, no siendo necesaria la petición, por tanto, en recursos.

(49) Sentencia de 5 de diciembre de 2000, Sección 6.ª, Sala de lo C-A, TSJ Madrid: estima el recurso interpuesto contra una sanción grave, por no ser prueba suficiente constar un teléfono en el anuncio que se corresponde con el del despacho en el que trabajaban más compañeros.

(50) Sentencia de 31 de diciembre de 1999, TSJ Navarra.

— El Abogado contratado laboralmente, siendo el cliente la empresa, viene obligado a solicitar la venia del Abogado externo, no así al contrario (51).

— Por razones de urgencia, puede omitirse el trámite de la petición, pero habrá de ser subsanado posteriormente.

1.2.4. Mediación decanal (artículos 79 EGA y 12.3 CD)

Sin perjuicio de que su incumplimiento no sea susceptible reproche disciplinario, todo Abogado tiene la inexcusable obligación de solicitar del Decano de la corporación que competa, su mediación, en caso de que pretenda iniciar acciones contra un compañero derivada de su ejercicio profesional, a los efectos de intentar evitar el conflicto.

1.3. Relaciones con la parte contraria (artículos 43 EGA y 14 CD)

El colegiado debe abstenerse de mantener contacto con la adversa cuando le conste que se encuentra defendida por Abogado. En caso contrario, el trato deberá ser absolutamente respetuoso, siendo aconsejable recomendarle que la interlocución se canalice con otro profesional.

1.3.1. Contacto directo

No exonera del cumplimiento del deber de no contactar directamente con la parte contraria:

— La obligación de defender, pues el ejercicio de la defensa se somete a la normativa.

— Que el Abogado contrario se niegue, pues ello atañe a su libertad.

— Que el contrario lo haya hecho.

— Que a juicio del Abogado, el contrario no esté bien defendido.

— Que lo requiera la propia adversa.

1.3.2. Lesión injusta a la parte contraria

Es contrario a la norma deontológica lesionar los derechos de la parte contraria cuando no es necesario para la defensa. Dicha lesión puede producirse tanto en el ámbito personal de la contraparte (*v. g.,* aportar fotos escabrosas en un proceso matrimonial cuando no tienen más fin que desacreditar) como en el ámbito de terceros (*v. g.,* dirigir una comunicación a proveedores del contrario advirtiendo de sus dificultades de tesorería). Presupuestos:

— Dolosa, con intención de causar daño.

— Que el daño sea innecesario desde el punto de vista del proceso.

— Que sea alevoso, esto es, que no pueda reaccionar.

— Que no exista posibilidad de resarcimiento.

1.4. El secreto profesional (52) (artículos 32 EGA y 5 CD)

A nadie se le escapa que constituye una de las principales obligaciones deontológicas. Sin embargo, y paradójicamente, la mayoría de los Abogados desconocen el alcance efectivo de la prohibición de desvelar confidencias, pensando que la misma se extiende a los secretos del cliente. Nada más lejos de la realidad. La

(51) Artículo 9.3 CD.

(52) Luis Martí Mingarro, Decano del Colegio de Abogados de Madrid: quebrantar el secreto es un delito y un atentado directo a la esencia misma de la profesión: El secreto profesional es un blindaje del cliente, al que la Constitución reconoce el derecho a callar (*El Mundo,* 18 de noviembre de 2004).

prohibición estatutaria se extiende a las confidencias del cliente (cuya autorización no exonera de su cumplimiento), las del Abogado contrario y las de la parte adversa, por cualquier hecho y documento conocido en virtud de una relación profesional, por ello, el Abogado debe entender que, como criterio general, todo aquello que es conocido por su trabajo constituye secreto. El interés protegido por la norma no es sino la función de la defensa como institución.

Por ello, todo Abogado debe conocer:

— Que ni siquiera la exoneración por parte del cliente le permite difundir sus confidencias.

— Que el secreto no tiene fecha de caducidad.

— Que la antigua autorización colegial para hacer uso de información confidencial se ha limitado al advenimiento de una causa grave *(artículo 34.e EGA)*.

— Que toda conversación o comunicación mantenida con el Abogado contrario es secreta. El legislador ha pretendido establecer un ámbito de privacidad para las relaciones entre Letrados, cuyo fin exclusivo es dotar a éstos de un campo vedado al intrusismo, con el fin de que los contactos se produzcan en la más absoluta intimidad y para garantizar la libertad necesaria a la hora de exponer sus posturas negociadoras en orden a una solución extrajudicial preventiva al pleito.

— Que el Letrado no debe declarar como testigo por hechos conocidos en virtud de una relación profesional.

— Que la obligación se extiende a todos los miembros del despacho.

1.5. Deberes colegiales

Debe el Abogado cumplir las decisiones del Colegio, del Consejo Autonómico que corresponda, del CGAE y de la Asamblea de Decanos. En lo que supone deber colegial propiamente dicho, pues toda norma emanada debe ser cumplida, destacamos los siguientes:

— Pago de cargas corporativas, derechos de intervención y cuotas.

— Mantener despacho abierto, propio, ajeno o de empresa, en el territorio donde se esté incorporado y se ejerza habitualmente.

— Respeto a los Órganos de Gobierno y atender sus comunicaciones (53).

— Denuncia del intrusismo o ejercicio ilegal de la profesión (Abogados suspendidos o no ejercientes) (54).

— Denuncia de los agravios sufridos.

— Abono de informes de honorarios emitidos en procesos de tasación de costas.

— Comunicación al Colegio de acogida del ejercicio profesional en territorio diferente al de colegiación (55). Este mecanismo de control proviene de la modificación de la LCP efectuada por el DL 6/2000, de 23 de junio. El CGAE (56) dictó las normas reguladoras del procedimiento que, en lo que a la faceta deontológica importa pasa porque el Colegio de origen (o, en su caso, el de acogida o el CGAE) debe comprobar la debida colegiación en ejercicio y el expediente del Letrado. Estas medidas, además de imponer la acreditación de la condición de Abogado y auspiciar la ausencia de

(53) El atentado al honor o al respeto de los miembros de la Junta de Gobierno puede tipificarse como falta muy grave (84.d EGA), grave (85.c EGA) o leve (86.a EGA).

(54) Arts. 34.b) EGA y 10.4 CDAE.

(55) Art. 10.7 CDAE.

(56) Reunión de la Comisión Permanente de 20 de julio de 2000, aprueba la ejecución del acuerdo del Pleno de 30 de junio de 2000: obligatoriedad de la comunicación.

limitación territorial para el ejercicio de la profesión, garantizan el control deontológico, el derecho de defensa y evitan el intrusismo.

— Informar a la Corporación de cambios sustanciales de circunstancias personales tales como señas, ausencias prolongadas y enfermedades.

El incumplimiento de las obligaciones descritas no suele ser objeto de persecución disciplinaria, sin embargo puede acarrear, en algún caso, la baja colegial y la condición de Abogado (57).

Como derechos colegiales, deben reseñarse los siguientes: la presencia del decano en los registros hechos en despachos de profesionales (58), la puesta a disposición de los colegiados de las dependencias colegiales para reuniones y las mediaciones para resolver conflictos entre Abogados y como obligaciones en el marco de cooperación europea (59), la presentación del colegiado extranjero ante el Decano con motivo de la prestación ocasional de servicios, su acreditación y la declaración de incompatibilidades y sanciones penales o administrativas.

2. *La deontología y el turno de oficio*

La trascendencia de la función social del turno de oficio es incuestionable. Por dicho motivo, la observancia de la norma deontológica se convierte para el Abogado en un deber de primer orden, pues no sólo será su actuación la que se cuestione en caso de incumplimiento, sino la del servicio público en general. No debe olvidarse que la pertenencia al turno es voluntaria, que queda limitada la autonomía profesional pues las corporaciones se convierten en interlocutoras entre el Abogado y su cliente y que, por tanto, la independencia profesional no se sitúa en los mismos parámetros que en las relaciones particulares.

Riesgos y obligaciones deontológicas:

1. Quiebra el derecho de cobro de honorarios *(artículo 42.a LAJG)*. Es incuestionable que no compete al Letrado designado en turno de oficio apreciar ni valorar la concurrencia de las circunstancias necesarias para la obtención del beneficio de justicia gratuita, siendo irrelevante por completo su opinión al respecto.

— Sólo se puede devengar honorarios en el caso de que:

- No se reconozca la gratuidad mediante resolución de la Comisión Provincial de Asistencia Jurídica Gratuita competente.
- Se reconozca de forma parcial.
- Renuncie voluntariamente el justiciable a la designación.
- El justiciable designe nuevo Abogado particular, en cuyo caso el anterior designado de oficio tendrá derecho a facturar honorarios por las actuaciones practicadas en la defensa (salvo que el primero renuncie al cobro de honorarios) *(artículo 28 LAJG)*.
- Nos encontramos ante el supuesto estipulado en el artículo 36.1 LAJG, es decir, que se produzca una condena en costas a la parte contraria, vencida en pleito.
- Nos encontramos ante el supuesto estipulado en el artículo 36.3 LAJG, es decir, que no mediando condena en costas, el cliente venga a mejor fortu-

(57) Art. 19 EGA.

(58) Art. 32.2 EGA. Sentencia de 1 de octubre de 1999, Sala 2.ª, TS: no estima nulo el registro sin su presencia pues el instructor se sujetó a la LECr. y la prueba se lleva a cabo con todas las garantías.

(59) RD 607/1986, de 21 de marzo.

na. La determinación de esta situación corresponderá al órgano administrativo tutelante de la relación de oficio, nunca al Abogado.

- En todo caso, el Letrado vendrá obligado a devolver a la administración lo que haya facturado por dicha designación.

2. Especial dedicación a la diligencia. El Abogado debe tener conciencia de la importancia de la labor desarrollada y de que se encuentra sometido a un régimen deontológico de semejantes y superiores características a las que rigen la relación profesional particular de confianza. Por lo tanto, su posición ética esencial tiene como nivel mínimo el cumplimiento del deber de diligencia en el desarrollo del mandato.s

a. Cumplimiento íntegro del encargo —incluida apelación y ejecución de Sentencia, así como casación de encontrarse el Abogado en dicho turno—, con las siguientes excepciones: pasividad del justiciable en el plazo de tres meses o falta de competencia territorial.

b. Contacto personal inmediato (60).

c. Prestación del servicio de guardia (en procedimiento penales o extranjería) con completa disposición y con el máximo celo *(artículo 520 bis LECrim.: «El abogado designado acudirá al centro de detención con la mayor brevedad y, en todo caso, en el plazo máximo de ocho horas, contadas desde el momento de la comunicación al Colegio»).* Su incumplimiento deparará el Letrado responsabilidad disciplinaria (61).

d. Imposibilidad de delegación de la encomienda (62) en compañeros, salvo que se trate de una sustitución puntual justificada y que la asistencia la realice un Letrado adscrito al turno en las mismas condiciones que el delegante.

e. Insostenibilidad (63) (artículos 32 y ss. LAJG). Los supuestos de imposibilidad de defensa por cuestiones jurídicas deben plantearse en la forma deter-

---

(60) Acuerdo CGAE de 23 de octubre de 1987. Sentencia de 7 de diciembre de 2000, Juzgado de lo C-A n.º 18, Madrid: «El transcurso de dos meses sin visitar a un preso preventivo es causa suficiente para apreciar falta grave». El informe anual del Defensor del Pueblo del año 1999 recoge numerosas quejas en este supuesto.

(61) Sentencia 29/04, Juzgado de lo C-A n.º 10 de Madrid, de 12 de febrero de 2004 (un mes de suspensión y exclusión del turno de oficio por no cumplir la guardia cuando es requerida, no estando a disposición: no sirve como disculpa atender necesidades personales) «no parece por tanteo desacertada la resolución sancionadora sin que a ello obste que durante el servicio de guardia de 24 horas de duración, los letrados puedan dar satisfacción a lo que la recurrente denomina sus necesidades vitales, entre las que destaca las de comer, asearse y dormir, pues en principio estas necesidades vitales son perfectamente compatibles con la prestación del servicio de guardia. El que esta resolución firma, durante muchos años de su carrera como juez y magistrado, ha tenido que realizar muchas guardias (seguramente más de las que le hubiera gustado), tanto de "presencia" (durmiendo en las dependencias del Juzgado) como de "disponibilidad", y se permite asegurar que en las guardias se puede dar completa satisfacción a las necesidades vitales más básicas a la vez que cumplir rigurosamente con el servicio encomendado, no existiendo ningún tipo de incompatibilidad material entre las mismas y la prestación diligente del servicio, que, no olvidemos que en los Letrados es estrictamente voluntario».

(62) Sentencia de 8 de enero de 2003, Juzgado de lo C-A n.º 21 de Madrid, confirma 3 días y exclusión.

(63) Sentencia de 29 de mayo de 2000, Juzgado de lo C-A n.º 23, Madrid: el Letrado no está obligado a informar al cliente ni al Procurador de la petición de insostenibilidad si con el estudio de los antecedentes basta para fundamentarla. Debe comunicarse a la Comisión Territorial de AJG, acompañando los antecedentes facilitados por el interesado. Si estuviese iniciado, lo comunicará al Juzgado para proceder a la suspensión en tanto se resuelva sobre la viabilidad de la pretensión y al Colegio. Resolución de 13 de marzo de 2000, CCAC Madrid: no es susceptible la revisión de la actuación del Letrado ante la insostenibilidad incluso si la CAJG no la estimare.

minada por la Ley, pues en caso contrario se entiende aceptado el asunto con todas sus consecuencias. Debe interponerse el incidente de insostenibilidad ante la Comisión Provincial de Asistencia Jurídica Gratuita (con copia al Juzgado correspondiente, de ser el caso) en el plazo de 15 días a partir de la designación. El plazo puede ser suspendido si el Letrado reclama del cliente, a través del órgano administrativo, la documentación necesaria para evaluar la pretensión.

f. Renuncia a designación de oficio. Debe considerarse como situación de excepcionalidad a la adscripción voluntaria que, por tal carácter, impide la objeción de conciencia. Por ello, sólo cabe en el turno penal por causa grave o justificada —personal y justa—, o en caso de que exista conflicto de intereses entre clientes. Será apreciada por la Junta de Gobierno del Colegio que corresponda.

3. Procedimiento sancionador. Garantías

La potestad disciplinaria se articula, en esencia, a través del Reglamento de Procedimiento Disciplinario aprobado por el Consejo General de la Abogacía Española el día 25 de junio de 2004, en vigor desde el día 1 de octubre de 2004 y, subsidiariamente, por la Ley de Régimen Jurídico de las Administraciones Públicas y del Procedimiento Administrativo Común (Ley 30/92, modificada por la Ley 4/99).

Diversos Colegios, entre los que se encuentra el Colegio de Abogados de Madrid, han optado, sin embargo, por aplicar los procedimientos sancionadores previstos en las legislaciones autonómicas para la Administración(64).

En todo caso, la declaración de responsabilidad que compete a los Colegios deberá respetar las garantías de la defensa en el proceso. La Sentencia del TC 18/81, de 8 de *junio, determina que los principios inspiradores del orden penal son de aplicación,* con ciertos matices, al Derecho administrativo sancionador, por ser ambos manifestaciones del ordenamiento punitivo del Estado. Los postulados esenciales del art. 24 CE inciden en la actividad de la Administración en la medida necesaria para preservar los valores que protegen. Por lo tanto nos situamos en un sistema garantista cuyos principios inspiradores son los siguientes:

— Legalidad y tipicidad *(artículos 127 y 129 LRJAPPAC)*. La actividad disciplinaria se sujeta al principio de legalidad en su tramitación y únicamente pueden ser reprochadas las conductas debidamente encuadradas en el arco de infracciones, conforme los dictados del artículo 25.1 CE (65) (la jurisprudencia asigna al EGA la función de especificar el cuadro legal de infracciones y sanciones. El TC (66) refrenda la validez de las normas reglamentarias sancionadoras que representen un mero complemento, aun sin rango legal, cuando se limitan, sin innovar, a aplicar el sistema de infracciones y sanciones al objeto particularizado). Los actos emanados de los Colegios prescindiendo absolutamente del procedimiento establecido son nulos de pleno derecho (67).

(64) Decreto 245/00 de la Consejería de Justicia de la Comunidad de Madrid, por el que se aprueba el Reglamento para el Ejercicio de la Potestad Sancionadora de la Comunidad de Madrid.

(65) «Nadie puede ser condenado o sancionado por acciones u omisiones que en el momento de producirse no constituyan delito, falta o infracción administrativa, según la legislación vigente en aquel momento».

(66) Sentencia de 25 de octubre de 1993.

(67) Art. 8.3 LCP. Sentencia de 10 de noviembre de 1999, TSJ Murcia: la omisión de propuesta de resolución y la falta de motivación de la resolución da lugar a la anulabilidad de la sanción. Sentencia de 31 de enero de 2000, TSJ Andalucía: no se produce indefensión con un cambio en la calificación de los hechos con anterioridad a la propuesta de resolución.

— Prescripción de la infracción *(artículos 91 EGA y 132 LRJAPPAC).* El Estatuto General de la Abogacía asume los plazos prescriptivos establecidos en la ley administrativa, esto es, tres años para las faltas muy graves, dos años para las graves y seis meses para las leves. El TS sostiene como plazo inicial del cómputo de la prescripción el de su comisión y no el del conocimiento por la administración o por el afectado, en aplicación de los principios del Derecho penal y de seguridad jurídica (68). Como cuestión de orden público debe aplicarse de oficio y se interrumpe por la notificación al colegiado del acuerdo de apertura de la información previa o del procedimiento disciplinario y no desde que el Letrado conoce la denuncia (69). Los incumplimientos continuados (70), no prescriben en tanto no cese la infracción (Sentencia TS 21-4-97).

— Caducidad del expediente sancionador. El procedimiento sancionador debe ser resuelto en un plazo no superior a seis meses, salvo aplicación de las excepciones contempladas por la legislación.

— Proporcionalidad *(artículo 131.3 LRJAPPAC).* Coloquialmente conocido por la «prohibición del exceso», exige del poder público que la actuación revisora sea adecuada al fin perseguido, tanto en su vertiente procesal como en la material, atendida la entidad del comportamiento sancionado. Constituye un mecanismo de control de la potestad sancionadora cuando se establecen varias sanciones posibles, la lógica aplicación de los tramos y escalas y la posibilidad de observar el sobreseimiento libre del expediente.

— Audiencia *(artículos 84 y 135 LRJAPPAC).* La omisión del trámite de audiencia al interesado da lugar a la anulabilidad del procedimiento (71). Derecho a tomar vista del expediente.

— Contradicción *(artículo 135 LRJAPPAC).* El Letrado en sus relaciones con la administración dispone de un estatuto jurídico de garantías dentro de su derecho de defensa en el expediente: procesales, derecho a la publicidad, asistencia letrada, derecho a no incriminarse y derecho a la prueba [no se causa indefensión por no admitirse, pues el Instructor debe procurar la efectividad del principio de igualdad de armas, sin que, en todo caso, se vea vinculado por la articulación del proceso judicial. Ha de permitirse la prueba siempre que sea adecuada al fin que persigue (72)].

— *In dubio pro reo.* Interpretación favorable de las alegaciones del Letrado ante posibles versiones contradictorias dadas a los hechos por las partes e inadecuación de una valoración probatoria laxa (73).

---

(68) Sentencia de 7 de marzo de 1981, Sala 3.ª, TS: «el instituto de la prescripción constituye un concepto fundamental en el juego de las relaciones jurídicas de todo orden, como uno de los cauces principales para conseguir la necesaria seguridad jurídica que la vida comunitaria exige, y sus efectos alcanzan por tanto al ámbito del derecho penal y sancionador...» (Sentencias de 26-3-1990, 13-2-1991 y 20-3-1992 TS).

(69) Sentencia de 27 de abril de 2000, Sección 6.ª, Sala de lo C-A, TSJ Madrid.

(70) Sentencia de 9 de marzo de 1995, Sección 6.ª, TS. Rendición de cuentas al cliente.

(71) Sentencia de 30 de noviembre de 1999, TSJ Murcia.

(72) Sentencia de 9 de diciembre de 1999, TSJ Navarra. La inadmisión de prueba innecesaria para la defensa del Abogado no permite la impugnación de la resolución.

(73) Sentencia de 10 de octubre de 1989, Sala 3.ª, TS: «para sancionar una conducta no ha de presumirse la culpabilidad del sujeto, sino que ha de ser probada pues, después del art. 24 CE aquel principio teórico del derecho construido a través del axioma in dubio pro reo, relacionado con la valoración benigna de las pruebas en caso de incertidumbre, a pasado a convertirse en un amplio derecho fundamental..., representando una insoslayable garantía procesal que determina la exclusión inversa de culpabilidad en tanto en cuanto no se demuestre y pruebe en el expediente sancionador, con la particularidad de que no puede atribuirse a un ciudadano la carga de probar su inocencia, sino que, al presumirse *iuris tantum,* su culpabilidad ha de demostrarse».

— Presunción de inocencia *(artículo. 137.1 LRJAPPAC)*. Las Sentencias 13/82, 37/85 y 42/89 TC transponen el Derecho constitucional al Derecho punitivo administrativo. La carga de la prueba incumbe al que imputa y quien denuncia debe aportar un principio de prueba suficiente (74) de la realidad de los hechos denunciados y de su atribución a la persona contra quien se formula la queja. Para sancionar es preciso que la Administración practique las suficientes pruebas de cargo (75).

— *Non bis in idem (artículo 133 LRJAPPAC)*. Su aplicación en los órdenes penal y administrativo sancionador suscita controversia doctrinal y jurisprudencial. Debe entenderse no aplicable en relaciones especiales de sujeción donde el bien jurídico protegido es diferente, donde el Abogado se sitúa frente a su corporación en un plano diferente al general, que le obliga a cumplir sus específicas pautas éticas, sin que ambas se superpongan. La sanción penal y la colegial, si bien se sustentan en los mismos hechos, contienen fundamentación jurídica diversa: la acción disciplinaria persigue la protección y defensa de los principios de dignidad e integridad de la Abogacía y, por tanto, se convierte en garante de tales principios para todo el colectivo y garantiza, en definitiva, su buen nombre. Para evitar la prosecución paralela o simultánea de los dos procedimientos y la posibilidad de que recaigan eventuales pronunciamientos contradictorios, debe atribuirse prioritariamente el conocimiento a los órganos jurisdiccionales penales, atribución que descansa en la exclusiva competencia para depurar y castigar conductas constitutivas de delito.

4. Procedimiento sancionador. Funcionamiento

— Inicio del procedimiento ante el Colegio de Abogados, mediante denuncia de quien se siente perjudicado, su representante o de oficio. En caso de no encontrarse mínimos indicios de responsabilidad en las actuaciones, la Junta de Gobierno ordenará el archivo sin trámite motivado de la queja. Cuando se trate de hechos que afecten a miembros rectores de los Colegios u otros órganos de la Abogacía, se remitirán los antecedentes al Consejo Autonómico o, en su caso, al CGAE, siendo de éstos la competencia para su resolución. De observarse indicios delictivos en la conducta denunciada, previa remisión a la fiscalía, podrán suspenderse las actuaciones, que sólo se reabrirán tras tener constancia de la firmeza de la resolución dictada al efecto. Igualmente procede la suspensión cuando se sigan diligencias penales por iguales hechos, cuya separación de los sancionables sea racionalmente imposible. En ambos supuestos, reanudado el procedimiento, la resolución que se dicte habrá de respetar la apreciación de hechos de la causa penal (76).

Son aplicables los institutos de abstención y recusación *(arts. 28 y 29 LRJAPPAC)*.

La Junta de Gobierno podrá abrir un período de Información Previa (77) con el fin de investigar las circunstancias del hecho denunciado, a la vista del cual resolverá sobre la conveniencia de la apertura de expediente disciplinario (30 días

(74) Sentencia de 10 de julio de 1998, TSJ Cantabria: la irradiación del derecho a la presunción de inocencia en el procedimiento administrativo sancionador implica que el particular no puede ser considerado responsable de una infracción sin prueba suficiente de su comisión, de modo que la administración debe realizar una actividad probatoria de cargo capaz de destruir la presunción de inocencia que a todos ampara.

(75) Sentencia 174/85, TC: admite la prueba indirecta.

(76) Art. 137.2 LRJAPPAC.

(77) La incoación de un procedimiento no tiene otra dimensión que averiguar hechos, delimitando responsabilidades y sin que haya imputación alguna.

hábiles de plazo). En caso de no acreditarse en este período la infracción cometida, se ordenará el archivo del expediente (78).

Si concurrieren indicios razonables de la comisión de una falta, la Junta de Gobierno ordenará la apertura de Expediente Disciplinario (79), designado en el acuerdo adoptado al efecto Instructor y Secretario del mismo, acuerdo en que harán constar, entre otras cuestiones, los hechos imputados, la infracción cometida y su posible sanción. El Acuerdo, que delimita la acusación (so pretexto de nulidad), deberá ser notificado al denunciado, para que en quince días lo conteste, proponiendo la prueba admisible en Derecho que crea necesaria en su descargo, que se practicará en el plazo de un mes, previa estimación motivada de su pertinencia. La denegación de prueba (80) será recurrible cuando imposibilite la continuación del expediente o cause indefensión. La prueba indiciaria capaz de destruir la presunción *iuris tantum* de inocencia es admitida en Derecho sancionador siempre que «parta de hechos plenamente probados de los que se deduzcan esos indicios a través de un proceso mental razonado».

Finalizado el período probatorio, el Instructor formulará propuesta de resolución (81) que, al igual que el acuerdo de inicio, consignará claramente los hechos, la calificación jurídica y señalará las posibles infracciones cometidas con la propuesta de sanción a imponer. Notificada al Abogado, dispondrá de quince días —ampliables, según dispone el art. 49.1 LRJAPPAC—, con vista del expediente, para alegar en su defensa, tras lo cual se remitirán las actuaciones a la Junta para resolver. Su falta de notificación causa indefensión y anula el procedimiento (82).

— Resolución del proceso. A partir de la recepción de la propuesta, la Junta de Gobierno, sin la intervención y voto del Instructor y del Secretario designados, deberá acordar motivadamente la resolución que proceda. Deberá ser notificada con expresión de los recursos que puedan articularse, su plazo de interposición y el órgano competente.

— Régimen de recursos. Los acuerdos disciplinarios son recurribles en vía administrativa ante el Consejo Autonómico o ante el CGAE en caso de no haberse constituido el primero (83). Debe interponerse dentro del plazo de un mes (84),

(78) Sentencia de 29 de junio de 1999, Sección 9.ª, Sala de lo C-A, TSJ Madrid. El archivo de actuaciones existiendo indicios suficientes de una posible vulneración estatutaria es, en ciertos casos, contrario a Derecho.

(79) Arts. 82.c) y 37.1 LJCA: no cabe recurso frente a actos de trámite (incoación de expediente disciplinario), pues no priva al Letrado de ningún derecho de defensa al tener la posibilidad de interponerlo contra la resolución que le ponga fin.

(80) El órgano administrativo no tiene que responder de forma concreta y explícita a la solicitud de pruebas, sino únicamente teniéndolo por conocido, practicarlas o no a su criterio (TS 9-2-1993). Sobre la denegación de prueba, la Sala 2.ª del TC, Sentencia de 11 de septiembre de 1995, tiene declarado que «a los órganos jurisdiccionales corresponde apreciar la pertinencia de la prueba propuesta y el cumplimiento de los requisitos legalmente establecidos, pudiendo descartar la práctica de aquellas que resulten innecesarias para la fundamentación de su decisión o que no se hayan propuesto de acuerdo con lo dispuesto en las leyes. Según el TC, medios de prueba pertinentes son aquellos que, no siendo reiteración de otros admitidos, posibiliten la acreditación de los hechos impeditivos, extintivos o excluyentes de la responsabilidad, sin serlo, por lo tanto, aquellos que no tengan que ver con el objeto del proceso y los puramente reiterativos o dilatorios».

(81) Sentencia de 17 de febrero de 2000, TSJ Castilla y León: la falta de notificación de la propuesta constituye indefensión, procediendo la nulidad del acuerdo.

(82) Sentencia de 2 de septiembre de 2000, TSJ Murcia.

(83) El CCA de cada Comunidad Autónoma resulta competente para resolver el recurso ordinario (Acuerdo CGAE, 13 de diciembre de 1996). Resultan competentes en primera instancia para resolver cuando la persona afectada sea miembro de la Junta. Es admisible el recurso extemporáneo cuando lo que se alega puede ser tenido en cuenta (art. 102 LRJAPPAC).

(84) Arts. 114 y 115, 48.2 y 3 y 107.1 LRJAPPAC.

ante el órgano que dictó la resolución recurrida o ante el competente para resolverlo, debiendo darse traslado a los interesados para formular las alegaciones que consideren pertinentes. En los diez días siguientes se remitirá al Consejo competente, junto con un informe y copia ordenada y completa del expediente.

Los actos emanados de los órganos de los Colegios y de los Consejos Generales, una vez agotados los recursos corporativos, son recurribles ante la jurisdicción contencioso-administrativa (85), cuya competencia objetiva viene atribuida a los Juzgados de lo Contencioso-Administrativo en instancia. Sólo tiene acceso a la jurisdicción la persona interesada (Letrado sancionado) sin que la jurisprudencia consolidada a estos efectos la atribuya al denunciante (86), pues el acuerdo administrativo agota su interés. La Sentencia de instancia es susceptible de apelación ante el TSJ que corresponda, incluso contra resoluciones que hayan impuesto sanciones leves, ya que es innegable su virtual potencialidad para provocar un menoscabo en el prestigio del profesional al que se impone, en contraposición a jurisprudencia en materia de sanciones leves de tráfico, donde el interés es menor (87). La ejecución de resoluciones sancionadoras puede ser suspendida cautelarmente por el Tribunal (88).

— Efectos de la sanción. La sanción disciplinaria que lleve consigo la suspensión del ejercicio profesional o la expulsión del Colegio correspondiente determina la incapacidad para actuar como Abogado (89) durante el período que dure y en tanto ésta no se rehabilite (90). La expulsión acordada en expediente disciplinario o por condena firme con la accesoria de inhabilitación conlleva la pérdida de con-

(85) Art. 8.1 LCP.

(86) Art. 28.1 LJC-A. Sentencias de 19 de mayo, 2, 6 y 23 de junio de 1997, TS: la imposición de una sanción no produce efecto positivo alguno en su esfera jurídica de quien denuncia. Tiene su origen en el cambio del cambio de interés directo por el de legítimo que preconiza el artículo 24.1 CE. El TC interpreta este interés legítimo como titularidad potencial de una ventaja o utilidad jurídica por parte de quien ejercita la pretensión y que se materializaría de prosperar ésta. Por ello, la imposición de una sanción no produce un efecto positivo en la esfera jurídica del denunciante. Sin embargo, la Sentencia de 5 de noviembre de 1999, Sala 3.ª, TS, mantiene que la cuestión de legitimación activa del recurrente-denunciante debe ser casuística, de modo que no resulta aconsejable ni una afirmación ni una denegación. Las Sentencias de 12-6-1989, 9-10-1994 y 30-11-1998, TS, han venido sentando como jurisprudencia que el interés del recurrente no ha de referirse a un simple interés de la legalidad, sino que, de la estimación del recurso, el actor obtenga un beneficio dimanante de la eliminación del acto administrativo, que la respuesta sancionadora pueda producir un efecto positivo en la esfera jurídica del denunciante.

(87) Sentencia de 4 de mayo de 1999, Sección 6.ª, Sala de lo C-A, TS.

(88) La tutela cautelar también forma parte de la tutela judicial efectiva constitucional. El TC (Sentencia 14/92) consideró que la tutela no era tal sin medidas cautelares que aseguren el cumplimiento de la resolución definitiva que recaiga en el proceso. La Ley 29/98, de 13 de julio, de la J. C-A, viene a considerar que no sólo es preciso valorar, y por ello motivar, sino que se debe garantizar la efectividad de la resolución, evitando que la ejecución pueda hacer perder su finalidad al recurso.

(89) Art. 14 EGA.

(90) Art. 93 EGA. 1. Los sancionados podrán pedir su rehabilitación, con la consiguiente cancelación de la nota de su expediente personal, en los siguientes plazos, contados desde el cumplimiento de la sanción: a) Si fuere por falta leve, a los seis meses. b) Si fuere por falta grave, al año. c) Si lo hubiere sido por falta muy grave, a los tres años. d) Si hubiere consistido en expulsión, el plazo será de cinco años. 2. La rehabilitación se solicitará a la Junta que la acordó. En el caso de expulsión deberán aportarse pruebas de la rectificación de conducta, que serán apreciadas ponderadamente. 3. Los trámites de la rehabilitación se llevarán a cabo de la propia manera que para el enjuiciamiento y sanción de las faltas y con iguales recursos. 4. Las Juntas de Gobierno remitirán al CGAE testimonio de sus resoluciones en los expedientes de rehabilitación que conozcan. Circular 58/96 CGAE: interpreta el art. 24 RPD en el sentido de permitir la cancelación de oficio de tales anotaciones.

dición de Colegiado (91). Si el Letrado causa baja o cambia su situación a la de no ejerciente, se deja en suspenso la sanción hasta que cause nuevamente alta reincorporándose al ejercicio. La baja cursada en el transcurso del expediente no impide su continuación.

La especialidad del asesoramiento jurídico prestado en turno de oficio tiene las siguientes repercusiones de carácter procesal:

1. Instauración de un filtro previo de denuncias que se presentan contra Abogados. Los Departamentos de Turno del Colegio supervisan, en su caso (92), las quejas y, si procede, su traslado a los servicios deontológicos. Sin perjuicio de su eficacia, suscita problemas de plazos en el proceso disciplinario. El artículo 41 LAJG prevé que las Comisiones de Asistencia Jurídica Gratuita trasladarán a los Colegios las quejas formuladas contra los profesionales designados, así como que los Colegios se obligarán a comunicar a éstas las medidas adoptadas en los expedientes disciplinarios incoados, facultándolas para recurrirlas.
2. La imposición de una sanción accesoria en el caso de infracción grave o muy grave de las normas deontológicas, previa substanciación de expediente disciplinario, consistente en la exclusión del turno cuando el incumplimiento provenga de actuaciones derivadas del mismo (93).
3. La baja cautelar por un período de seis meses en tanto se sustancia el expediente disciplinario cuando la gravedad de la imputación así lo aconseje (94). El TSJ Madrid (95) ha interpretado en algunas ocasiones que puede ser contraria a la CE por vulneración el principio de presunción de inocencia. Postula como tesis que avala esta interpretación que el artículo 24 CE contiene un elenco de garantías procesales a favor del imputado que pasan por la justificación motivada de la resolución que acuerde la baja y, así, indica que una medida de este tenor podrá ser adoptada cuando, de la naturaleza de los hechos que se imputan, la permanencia en el turno pueda entorpecer la instrucción del expediente y suponer un peligro para el desempeño de su función, en fin, cuando tales hechos supongan un evidente demérito irreconciliable con su dignidad. En todo caso, como tal baja no opera *ex lege,* es indudable que las resoluciones que se adopten deberán contener un mínimo de motivación, máxime cuando puede haber desproporción entre la sanción que en su día se imponga y el período de baja cautelar.

5. *Tipo infractor*

Sin perjuicio de resultar suficientes para enmarcar las conductas lesivas, pues constituyen predeterminación normativa con certeza suficiente para definir la actitud como sancionable (96), la falta de concreción taxativa de los tipos punibles

(91) Artículo 19 EGA.

(92) Cada Colegio fija la organización del turno en el ámbito de sus competencias.

(93) Art. 42.b) LAJG: La imposición de sanciones por infracciones graves o muy graves, relacionadas con las actuaciones desarrolladas en aplicación de lo establecido en esta Ley, llevará aparejada, en todo caso, la exclusión del profesional de los servicios de asistencia jurídica gratuita.

(94) Art. 43 LAJG, Acuerdo de 24 de febrero de 1995, Pleno CGAE (Disp. Final 2.ª).

(95) Sentencia de 3 de noviembre de 1999, Sala de lo C-A, TSJ Madrid.

(96) Sentencias de 25 de febrero y 4 de marzo de 1998, TS. Sentencia 219/89 TC: el principio de reserva de ley pierde parte de su fundamento en relaciones expresivas de una capacidad administrativa de auto ordenación que se distingue del genérico del Estado y se admite un margen más amplio de regulación en la configuración de los tipos de infracción y de las sanciones.

genera múltiples problemas de interpretación, si bien, en lo esencial, no conculcan la garantía formal de reserva de ley.

(*Arts. 82 a 87 EGA)*

5.1. Faltas muy graves

a) Suspensión en el ejercicio de la Abogacía de tres meses a dos años.

— Publicidad de servicios sin cumplir requisitos estatutariamente exigidos.

— Ofensa grave a la dignidad de la profesión y a sus reglas éticas.

— Atentado al honor de los miembros de la Junta de Gobierno y demás compañeros con ocasión del ejercicio profesional.

— La comisión de delitos dolosos en el ejercicio de la profesión.

— Embriaguez o consumo de drogas que afecten gravemente al ejercicio.

— La realización de actividades propias de los Colegios profesionales.

— La reiteración en falta grave por dos sanciones anteriores del mismo carácter. Es reveladora la Sentencia de 27 de octubre de 1993, Sección 9.ª, Sala de lo C-A, TSJ Madrid, estableciendo que más que agravante, la reiteración es una técnica penal muy aplicada, por la que la comisión de sucesivas faltas graves puedan constituir, a su vez, una falta muy grave, entendiéndolo como una reiteración de conducta punible, y no como una causa de agravación de una pena.

— El intrusismo y su encubrimiento. El primero únicamente puede referirse al colegiado no ejerciente.

— Cualquier otra infracción contemplada como muy grave en el Estatuto.

b) Expulsión del Colegio.

— Ejercicio de profesiones incompatibles (97).

— La condena por Sentencia firme a penas graves conforme al art. 33.2 CP.

— El deliberado incumplimiento de las normas deontológicas esenciales.

5.2. Faltas graves

— Suspensión por un plazo no superior a tres meses:

— Incumplimiento grave de la normativa estatutaria o acuerdos colegiales.

— La falta de respeto a los componentes de la Junta de Gobierno.

— Los actos de desconsideración manifiesta a los compañeros.

— La competencia desleal en ciertos casos.

— Habitual y temeraria impugnación de honorarios o reiterada declaración de excesivos o indebidos.

— Parte de las infracciones muy graves cuando no tengan entidad suficiente para serlo.

— El ejercicio profesional en situación de embriaguez.

(97) Igualmente arts. 22 y 24 EGA.

5.3. Faltas leves

— Apercibimiento y reprensión privada:

— La falta de respeto a los miembros de la Junta de Gobierno cuando no sea muy grave o grave.

— La negligencia en el cumplimiento de las normas estatutarias y la infracción leve de los deberes de la profesión.

— Las infracciones graves cuando no tengan esa entidad.

HONORARIOS PROFESIONALES

AUTORA

Ángeles Iturralde Sánchez
Abogada

HONORARIOS PROFESIONALES

Ángeles Iturralde Sánchez
Abogada

I. CUESTIONES ECONÓMICAS

1. Reclamación de honorarios al cliente

2. Procedimiento monitorio

3. La Jura de Cuentas

II. TASACIÓN DE COSTAS (RÉGIMEN DE IMPOSICIÓN, CONTENIDO, PRÁCTICA DE LA TASACIÓN, IMPUGNACIÓN POR EXCESIVOS Y/O INDEBIDOS Y RECURSOS)

1. La condena en costas: la regulación en la LEC

2. Modos anormales de terminación del procedimiento: el allanamiento y el desistimiento

3. La segunda instancia y los recursos

4. Costas en procedimientos específicos

4.1. Medidas cautelares.

4.2. Acumulación.

4.3. Ejecución.

A) La ejecución ordinaria.

B) Las tercerías: de dominio y de mejor derecho.

5. Las costas procesales: concepto y contenido

6. La tasación de costas: su práctica por los Tribunales

6.1. Competencia.

6.2. Legitimación.

6.3. Procedimiento.

7. La impugnación de la tasación de costas

8. Impugnación de honorarios por excesivos

9. Imposición de costas al Abogado

10. La impugnación de honorarios por partidas indebidas

11. Impugnación por ambos conceptos

12. Régimen de recursos

III. PROVISIONES DE FONDOS

IV. CUOTA LITIS

V. PRESCRIPCIÓN

I. CUESTIONES ECONÓMICAS

1. *Reclamación de honorarios al cliente*

Existen en nuestro ordenamiento tres vías diferentes a través de las cuales puede materializarse la reclamación de honorarios del Letrado a su propio cliente.

Puede, en primer lugar, acudir al procedimiento declarativo que corresponda según cuantía; o bien a un procedimiento monitorio o, por último, cabe incoar una jura de cuentas.

2. *Procedimiento monitorio*

Si concurren los requisitos exigidos por el artículo 812 de la LEC, puede el letrado articular la reclamación mediante un procedimiento monitorio. Los requisitos son:

1. La existencia de una deuda vencida y exigible.

2. Cantidad que no exceda de 30.000 euros y que se acredite mediante:

 2.1. Documentos firmados por el deudor.

 2.2. Facturas, albaranes de entrega, certificaciones, telegramas, telefax o cualquier otro documento unilateralmente creado por el acreedor que habitualmente documenten ese tipo de créditos.

Aunque inicialmente la jurisprudencia fue oscilante acerca de la posibilidad de que los Letrados reclamasen sus emolumentos a través de dicho cauce, la cuestión ha quedado zanjada definitivamente por múltiples resoluciones judiciales que lo aceptan. Así, la Audiencia Provincial de Cádiz, en Sentencia 257/2002, de 16 de octubre de 2002, concluye, que «aunque se pudiera acudir a un procedimiento de Jura de Cuentas (artículo 34 y 35 de la LEC) es optativo, no preceptivo, pudiendo el Abogado realizar la reclamación mediante un procedimiento monitorio si así lo desea». En el mismo sentido se pronuncia la Audiencia Provincial de Huelva, en Sentencia 64/2003, de 16 de septiembre de 2003, y más recientemente, en Sentencia 154/2005, de 4 de marzo de 2005, entre otras.

3. *La Jura de Cuentas*

Presenta la particularidad de que es imprescindible que se trate de actuaciones profesionales realizadas en el marco de un procedimiento judicial. No cabe, en consecuencia, incluir conceptos extrajudiciales tales como, la redacción de un contrato, etc.

Se trata de un procedimiento regulado en los artículos 34 y 35 de la LEC cuyo objeto es que Letrados y Procuradores puedan reclamar de sus clientes los honorarios que les sean adeudados por la tramitación del procedimiento judicial concreto.

Las notas definitorias del procedimiento de jura de cuentas son:

1. Ordena la LEC en los artículos 34 y 35 dos procedimientos de jura de cuentas diferenciados: uno a favor del Letrado y otro a favor del Procurador.

2. Se trata de un procedimiento privilegiado para que exclusivamente Letrados y Procuradores puedan hacer efectivos sus honorarios. El Tribunal Constitucional ya se ha pronunciado acerca de su constitucionalidad, concluyendo que no es contrario a la Carta Magna. Empero, para aumentar las garantías del ejecutado, la nueva LEC regula la audiencia preceptiva de éste con carácter previo a que se dicte auto despachando ejecución.

3. La resolución que pone fin al procedimiento de jura de cuentas no tiene efecto de cosa juzgada.

4. Como se ha expuesto, únicamente cabe para reclamar honorarios derivados de actuaciones procesales.

5. No parece necesario que el escrito vaya firmado por Letrado y Procurador aunque por razón de la cuantía fuera necesario.

6. No cabe este procedimiento para créditos a favor de otros profesionales que hayan podido intervenir en el mismo, tales como, notarios, contadores partidores, etc.

7. Las notificaciones deben hacerse a la parte personalmente.

8. Se prevé la posibilidad de que utilicen dicho procedimiento los herederos del Procurador (despejando las dudas que existían con la anterior LEC).

9. Jueces y Magistrados coinciden en que ambas impugnaciones (artículo 34 y 35) deben realizarse separadamente y sólo podrán acumularse posteriormente acorde al art. 72 LEC.

10. La tramitación procesal responde a los esquemas que se reproducen al final del capítulo. Y la prescripción se interrumpe únicamente «ejerciendo requerimiento ante el Tribunal ante el que radicare el negocio». Sentencia del Tribunal Supremo, Sala Tercera, de julio 2004.

* (Ver esquema sobre Jura de Cuentas en el Capítulo «Responsabilidad disciplinaria», págs. 129 y 130)

II. TASACIÓN DE COSTAS (RÉGIMEN DE IMPOSICIÓN, CONTENIDO, PRÁCTICA DE LA TASACIÓN, IMPUGNACIÓN POR EXCESIVOS Y/O INDEBIDOS Y RECURSOS)

1. La condena en costas: la regulación en la LEC

La Ley 1/2000, de 7 de enero, de Enjuiciamiento Civil (en adelante, NLEC), no introduce cambios sustanciales en materia de imposición, tasación de costas e impugnación de honorarios de Abogados en relación con lo que al respecto establecía el Real Decreto de 3 de febrero de 1881, de promulgación de la Ley de Enjuiciamiento Civil, en adelante ALEC.

El criterio de imposición de costas en la primera instancia es, siguiendo la pauta marcada por la reforma operada en la Ley de Enjuiciamiento Civil en el año 1984, en virtud de la cual se introducía el art. 523, el CRITERIO OBJETIVO DE VENCIMIENTO ATENUADO. Ello implica que con carácter general, las costas se impondrán al litigante cuyas pretensiones hubieran sido íntegramente rechazadas salvo que el Tribunal aprecie serias dudas de hecho o derecho. A tal fin, según indica el art. 394, deberá tenerse en cuenta la jurisprudencia recaída en casos similares.

Si la estimación de la demanda es parcial, el criterio consagrado consiste en que cada parte abone las suyas y las comunes por mitad; operando en este caso como límite que el Tribunal aprecie temeridad en una las partes, pues de ser así, las costas habrán de ser impuestas al litigante temerario.

El apartado tercero del art. 394 establece, como hacía el art. 523 de la ALEC, que el litigante vencido sólo estará obligado a pagar, en concepto de honorarios de Abogados y demás profesionales intervinientes que no estén sujetos a tarifa o arancel, una cantidad total que no exceda de la tercera parte de la cuantía del proceso por cada uno de los litigantes que hubieran obtenido tal pronunciamiento.

El módulo cuantitativo para asuntos de cuantía indeterminada se fija en tres millones de pesetas o 18.000 euros. Tampoco rige la limitación impuesta en el art. 394.3.º cuando se aprecie temeridad en el litigante vencido.

2. *Modos anormales de terminación del procedimiento: el allanamiento y el desistimiento*

La NLEC con respecto al allanamiento, distingue dos momentos procesales a efectos de condena en costas, a saber:

A) Si el allanamiento se produce antes de contestar a la demanda, la regla general será la no imposición de costas salvo que, el Tribunal razonándolo debidamente, aprecie mala fe en el demandado.

a.1) Se presume que existe mala fe cuando antes de presentar la demanda se hubiese requerido al demandado de pago fehacientemente o se hubiere dirigido contra él demanda de conciliación.

B) Si el allanamiento tiene lugar con posterioridad a la contestación a la demanda, se estará al régimen general establecido en el primer párrafo del art. 394.

Con relación al segundo, el desistimiento, el art. 396 también distingue dos supuestos:

A) Que no concurra el consentimiento del demandado en el desistimiento, en cuyo caso las costas serán impuestas al actor.

B) Que el desistimiento se realice con el consentimiento del demandado, caso en el cual no se impondrán las costas a ninguno de los litigantes.

Esta previsión viene a llenar el vacío legal existente en materia de imposición de costas en casos de desistimiento hasta la promulgación de la NLEC; vacío que era resuelto por la jurisprudencia en el sentido de condenar en costas al actor que abandonaba el ejercicio de la acción.

Cierra la ordenación de las costas en primera instancia el art. 397, acorde al cual, para resolver el recurso de apelación cuyo objeto sea la imposición o ausencia de imposición de costas en primera instancia, se estará al criterio general consagrado por el art. 394 de la NLEC.

3. *La segunda instancia y los recursos*

El art. 398 de la NLEC regula la imposición de costas en los recursos de apelación, extraordinario por infracción procesal o casación. Por remisión expresa de dicha norma al art. 394, el criterio de imposición será el establecido en esta última, salvo que se estime total o parcialmente el recurso, en cuyo caso ***no se condenará en costas a ninguno de los litigantes.*** Se excluye de regulación en el precepto anterior el supuesto que el recurso de apelación quedase desierto. Dicha situación se encuentra específicamente contemplada en los artículos relativos al recurso de apelación y establece que se impondrán las costas, si las hubiese, al apelante (art. 458.2).

4. *Costas en procedimientos específicos*

4.1. Medidas cautelares

El art. 736 de la NLEC reenvía, a efectos de imposición de costas, al art. 394; si bien puntualiza que en el caso de que mediara oposición a la medida, si ésta fuera mantenida, las costas se impondrán al demandado, y, en caso contrario, esto es, si se alzare aquélla, se impondrán al actor.

4.2. Acumulación

Se impondrán las costas del incidente de acumulación al litigante que promoviese otro incidente de esta índole cuando ya se hubiese promovido uno, así concluye el art. 97 de la LEC.

4.3. Ejecución

Las costas en la fase de ejecución de sentencia se encuentran reguladas en el art. 539 de la LEC, estableciendo dicho precepto de forma ambigua que, en aquellos supuestos en los que la NLEC prevea condena en costas, éstas, se tasarán conforme a lo dispuesto en el art. 241 del referido texto procesal; si bien, hasta que se liquiden, cada parte abonará las que le corresponda, sin perjuicio de los reembolsos a los que hubiera lugar, una vez dictado el pronunciamiento.

Si no se prevé un expreso pronunciamiento, las costas serán de cargo del ejecutado.

A) LA EJECUCIÓN ORDINARIA: El deudor deberá asumir las costas causadas salvo que justifique que por causa que no le sea imputable no pudo efectuar el pago antes de que el acreedor promoviera la ejecución. Art. 583 NLEC.

B) LAS TERCERÍAS: DE DOMINIO Y DE MEJOR DERECHO

B.1) El art. 603 dispone que el Auto que decida sobre la tercería de dominio se pronunciará sobre las costas con arreglo al art. 394.

B.2) En el caso de la tercería de mejor derecho, la regulación se contiene en los art. 614 a 620 de la NLEC y establece un sistema de imposición tasado y estricto que cercena la discrecionalidad del Juzgador acerca de la procedencia o improcedencia de la imposición. Así, preceptúa:

«En caso de allanarse el ejecutante a la demanda de tercería, éste tendrá derecho a que le sean satisfechas, por el condenado en costas, **las tres quintas partes de las costas y gastos originadas por las actuaciones llevadas a cabo a su instancia hasta la notificación de la demanda de tercería».**

Si desiste el ejecutante una vez notificada la demanda de tercería, no se prevé la condena en costas de ninguna de las partes.

Si la sentencia desestima la demanda de tercería las costas se impondrán al tercerista, si por el contrario, estima la demanda se impondrán las costas al ejecutante que hubiese contestado la demanda y, si el ejecutado hubiese intervenido, se impondrán a ambos por mitad, salvo que la tercería se hubiera tramitado únicamente con el ejecutado por haberse allanado el ejecutante, pues en este caso se impondrán al ejecutado en su totalidad.

5. *Las costas procesales: concepto y contenido*

La LEC define «gastos» y «costas» en el siguiente sentido: gastos son aquellos desembolsos que tengan su origen directo e inmediato en la existencia de dicho proceso y costas la parte de aquellos que se refieran al pago de los siguientes:

1. Honorarios de la defensa y de la representación técnica cuando sean preceptivas.
2. Inserción de anuncios o edictos que de forma obligada deban publicarse en el curso de proceso.
3. Depósitos necesarios para la presentación de los recursos.
4. Derechos de los peritos y demás abonos que tengan que realizarse a personas que hayan intervenido en el proceso.
5. Copias, certificaciones, notas, testimonios y documentos análogos que hayan de solicitarse conforme a la Ley, salvo los que se reclaman por el Tribunal a registros y protocolos públicos, que serán gratuitos.
6. Derechos arancelarios que deban abonarse como consecuencia de actuaciones necesarias para desarrollo del proceso.

Contiene, además la LEC, una formulación negativa pues según lo dispuesto por los **arts. 241 y 243.3 de la LEC: «no se incluirán en la tasación los derechos correspondientes a actuaciones que sean inútiles, superfluas o no autorizadas por la ley».**

6. *La tasación de costas: su práctica por los Tribunales*

En la vigente LEC el procedimiento para la tasación de costas se encuentra regulado en el Libro I, Título VII, arts. 241 a 246.

6.1. Competencia: La competencia para realizar la tasación de costas corresponde al Tribunal que hubiere conocido del procedimiento o recurso.

6.2. Legitimación: Cualquiera de las partes puede instar la tasación de costas. Si bien, de ordinario, será la parte favorecida por la condena quien la promueva, nada obsta para que, el condenado, sea el que desarrolle dicha actividad procesal. En este orden de cosas, conviene diferenciar dos momentos procesales, a saber: la tasación de costas (1) y la exacción de las mismas, pues esta última, que se sigue por la vía de apremio, sólo puede ser promovida por la parte que pretenda el reembolso de su derecho de crédito frente al deudor (condenado en costas).

No cabe, en definitiva, que otros distintos a las partes, promuevan la tasación de costas (2). Sobre lo expuesto, abunda el contenido del apartado tercero del art. 242 de la NLEC que faculta a Procuradores, Abogados, Peritos y personas que hayan intervenido en el pleito y que tengan algún crédito contra las partes que haya de ser incluido en la tasación **exclusivamente** para que presenten en la Secretaría del Juzgado minuta detallada de sus derechos y cuenta detallada y justificada de los gastos que hubieren suplido, pero en ningún caso a incoar el incidente.

6.3. Procedimiento: El Secretario Judicial será, dentro del Tribunal competente, quien dirija y lleve a término la práctica de la tasación de costas.

En virtud del art. 243.2.º de la LEC, corresponde al Secretario reducir los honorarios de Abogados y demás profesionales no sometidos a arancel cuando los reclamados excedan de un tercio de la cuantía de proceso y no se haya apreciado temeridad en el condenado.

La reducción prevista en el apartado segundo del art. 242 la realizará el Secretario en el momento de practicarse la tasación; quedando a salvo el derecho de la parte a impugnar la tasación acorde a lo establecido por el art. 245.3.º.

Por último, el Secretario tampoco estará obligado a incluir en la tasación los derechos correspondientes a escritos y actuaciones que sean inútiles, superfluas o no autorizadas por la Ley, ni las partidas de las minutas que no se expresen detalladamente o que se refieran a honorarios que no se hayan devengado en el pleito, así como tampoco las costas de actuaciones o incidentes en que hubiese sido expresamente condenada la parte favorecida por las costas en el asunto principal.

Una vez realizada la tasación de costas por el Secretario Judicial se **dará traslado de ella a las partes por plazo común de diez días,** no admitiéndose, a partir de ese momento, la adición de ninguna otra partida, reservándose el derecho la parte de reclamar su derecho a quien y como corresponda. Resulta de dicho precepto que cualquier partida no incluida en la tasación de costas dentro del momento procesal establecido a tal efecto deberá ser reclamada por procedimiento declarativo que corresponda.

7. *La impugnación de la tasación de costas*

El art. 245 de la NLEC otorga un plazo común de diez días a las partes para, si lo consideran conveniente, impugnar la tasación de costas. El escrito de impugnación deberá ser motivado so pena de inadmisión.

---

(1) Ha sido definida como la actividad dirigida a la determinación de las causadas en un procedimiento mediante su relación, practicada por el Secretario del Juzgado por mandamiento del Juez del proceso y a instancia de parte, una vez sea firme la resolución que condene a su pago y previa a su ejecución, como indican los preceptos invocados (arts. 421 a 429 LEC).

(2) Art. 242.1 y 2.º de la NLEC.

Los motivos de impugnación, tasados por la propia LEC, son los que a continuación se exponen:

1. Que se hayan incluido partidas, derechos o gastos indebidos.
2. Que no se hayan incluido gastos debidamente justificados y reclamados, que no se haya incluido la totalidad de la minuta de su Abogado, Perito o profesional no sujeto a arancel que hubiese actuado en el proceso a su instancia (3) o no se hubieran incluido correctamente los derechos del Procurador.
3. Que los honorarios de los profesionales que no estén sujetos a arancel sean excesivos a juicio del condenado en costas.

El cauce procesal para la tramitación de la **impugnación difiere según se trate de gastos, partidas o derechos excluidos o incluidos indebidamente o, de honorarios excesivos.**

8. Impugnación de honorarios por excesivos

En este supuesto, acorde al art. 246.1.º, deberá oírse por término de CINCO días al Abogado minutante y, si no muestra su conformidad con la reducción propuesta, se remitirá testimonio de los autos o de aquella parte de los mismos que sea necesaria, al Colegio de Abogados para que emita informe.

Igual trámite se establece para el caso de que la minuta impugnada por excesiva provenga de otro profesional.

Los Colegios de Abogados están llamados, en este trámite procesal, a emitir un informe sobre la corrección de la minuta del Letrado que se presenta a tasación de costas si aquélla hubiera sido impugnada.

En el ICAM hay una comisión de honorarios cuya función, además de asesorar a justiciables y Letrados, consiste en emitir los dictámenes recabados por los Tribunales.

El parámetro normativo utilizado por los colegios para determinar la mesura o demasía de los honorarios sometidos a dictamen son las normas colegiales existentes al respecto. Dichas normas no tienen carácter vinculante tan sólo orientador; en consecuencia, las cantidades que las mismas proponen no reúnen la condición de mínimos o máximos. Sí se puede, sin embargo, afirmar que constituyen un criterio cualificado para la determinación de los honorarios de Letrado, al que, incluso, la propia LEC se remite (4).

Empero, debe hacerse constar que, a pesar de que el dictamen de los colegios de Abogados tiene el carácter de prueba —sin entrar a valorar su naturaleza o no de prueba pericial—, no es vinculante (5) y, por tanto, está en última instancia sometido al principio de libre valoración de la prueba por parte del Juzgador (6).

Las normas aplicables serán las del colegio donde radique la sede del órgano judicial. Por ello el TS por Auto de 19 de octubre de 1999, estableció que dado que el Tribunal Supremo tiene su sede en Madrid éstas serán las normas aplicables al recurso de casación.

---

(3) Recoge en este precepto expresamente la facultad, no reconocida por la ALEC, de la parte favorecida por la condena en costas de impugnar la tasación cuando no se hayan incluido, por aplicación del art. 243.2.º, párrafo 2.º, el importe total de la minuta del Letrado.

(4) El art. 242.5.º preceptúa que los Abogados, Peritos y demás profesionales y funcionarios que no estén sujetos a arancel fijarán sus honorarios con sujeción, en su caso, a las normas reguladoras de su estatuto profesional.

(5) STS, Sala Tercera, 12-1-98, entre otras.

(6) Prueba de ello son las numerosas resoluciones judiciales en cuales se acuerda la reducción de los honorarios del Letrado pese a existir un dictamen favorable del colegio correspondiente, de entre las cuales cabe citar: STS 24 de septiembre 1991 y STS 5 de febrero de 1992.

9. *Imposición de costas al Abogado*

Por último, prevé la LEC, art. 246, que: «si la impugnación de la tasación de costas ha prosperado total o parcialmente, **las costas del incidente se impondrán al Abogado o perito cuyos honorarios se hubiesen considerado excesivos. Si fuera totalmente desestimada, se impondrán al impugnante».**

Hemos de criticar dos extremos fundamentales de este precepto: por un lado, la conveniencia de imponer las costas a un tercero ajeno al proceso, como es en este caso el Letrado minutante y, por otro, el carácter imperativo de dicha norma pues, aun si la estimación fuera parcial, obvia el criterio general establecido en el art. 394 y elimina la posibilidad del Juzgador de valorar las circunstancias concurrentes a efectos de no imposición. En todo caso, algunas resoluciones judiciales como la Sentencia de la Audiencia Provincial de Girona de 17 de octubre de 2001, se decanta por la no imposición de costas al Letrado, a pesar de que reduce los honorarios incluidos en la minuta impugnada, pues, valora la existencia de un informe favorable a la aprobación de la minuta, del Colegio de Abogados competente.

Se excluye expresamente al Ministerio Fiscal de una posible imposición de costas.

10. *La impugnación de honorarios por partidas indebidas*

Si, por el contrario, la tasación se impugna por haberse incluido en ella partidas de derechos u honorarios indebidos o por no haberse incluido en ella gastos debidamente justificados y reclamados, se convocará a las partes a una vista, continuando la tramitación del incidente con arreglo al juicio verbal (7).

En cuanto a la línea divisoria de ambos conceptos, esto es, honorarios indebidos y excesivos, ésta ha planteado en determinados casos controversias que han sido zanjadas por los Tribunales y que, por no haber perdido vigencia en la actualidad, merecen ser citadas, por cuanto que nos pueden servir de criterio para determinar qué impugnación procede en cada caso. Así, unos honorarios calculados sobre la base de sumar el importe de la demanda principal y el de la reconvención que, posteriormente fueron impugnados por indebidos, serán, en todo caso, excesivos, pues entiende el Tribunal Supremo que es éste el trámite procesal adecuado (8). En este mismo sentido, la no expresión de la base cuantitativa sobre la que se minuta pertenece al ámbito de la impugnación de honorarios por excesivos (9). Es la impugnación por excesivos el cauce adecuado para impugnar los derechos del Procurador (10).

Con carácter general son indebidos, honorarios derivados de dietas y gastos de viaje, no abonables por la parte condenada en costas (11); de «intervención en trámite de instrucción» cuando el director técnico de la parte no intervino (12); tampoco son indebidos los honorarios cuando la resolución judicial que recaiga no pueda modificar el pronunciamiento absolutorio producido en la instancia, a quien lo ha obtenido no se le puede considerar como recurrido al efecto de que las costas judiciales causadas a su instancia sean atribuidas para su saldo a quien no podía recurrir contra un pronunciamiento que no le perjudicaba (13).

Si, por el contrario, puede incluirse el IVA en la minuta, toda vez que el Letrado y el Procurador, como sujetos pasivos del IVA, vienen obligados a repercutir su importe en la persona a quien prestaron sus respectivos servicios, por lo que el incluirlo en la tasación de costas no tiene otra finalidad que la de resarcir al favorecido por la con-

---

(7) Difiere en este trámite notablemente la NLEC de la antigua, conforme a la cual se tramitaba esta impugnación por el cauce de los incidentes.

(8) STS 9-05-2000 y 27-12-97.

(9) STS 21-12-1999.

(10) STS 9 marzo 2004. Rec. n.º 3604/1997.

(11) STS de 16-10-86; STS n.º 853/2004, de 15 de julio.

(12) STS 3-12-86.

(13) STS 11-02-87.

dena en costas de lo que ha abonado a su representación y defensa (14). Además, la partida correspondiente al IVA no computa a efectos de determinar si es aplicable la reducción relativa al exceso del tercio de la cuantía del procedimiento (15).

Empero, algunas audiencias provinciales estiman que si debe incluirse el IVA para fijar el tercio de la cuantía del procedimiento (16).

Innumerables resoluciones judiciales han abordado la cuestión relativa al alcance de la obligación de detallar los honorarios incluidos en la minuta y si la sanción al incumplimiento de tal imposición es la declaración de indebida de la minuta o de parte de ella.

Con carácter general el sentir de los Tribunales, expresado en reiteradas sentencias, es que el derogado art. 423 de la ALEC no imponía de forma necesaria la consignación de la cuantía asignada a cada concepto procesal o acto procesal (STS 15 de julio y de 16 de diciembre de 1991; de 30 de mayo de 1995, entre otras muy numerosas), por lo cual si los honorarios corresponden a un recurso que se ha tramitado y las actuaciones del Letrado aparecen justificadas, sin que se reclame partida alguna por actuaciones no llevadas a cabo, la impugnación no debe prosperar y, por ende, los honorarios son debidos (17).

Aun en el caso de que exista alguna partida de carácter indebido y los honorarios aparezcan globalizados, verbigracia, partida comprensiva del «estudio de antecedentes», el Tribunal Supremo (18) la considera indebida, si bien demora su exclusión a la resolución de la impugnación de honorarios por indebidos.

Sin embargo, existen por el contrario diversas Sentencias en las que al ser un concepto indebido y haberse fijado los honorarios de forma global, se entiende que debe ser excluida la minuta íntegramente (19). No es indebida una minuta por haberse invocado las normas orientativas del 1989 en lugar de las de 2001. STS 129/2004, de 19 de febrero de 2004.

Es por ello recomendable especificar los distintos conceptos que integran la minuta y el importe atribuido a cada partida, así como la Norma a la que se ha acudido para su determinación, sin que sea, a la vista de lo expuesto, exigible una excesiva minuciosidad pues se trata, en definitiva, de actuaciones profesionales obrantes en los autos.

11. Impugnación por ambos conceptos

El art. 246.5.º prevé la posibilidad de que la impugnación se realice por ambos conceptos y establece que ambas impugnaciones se tramitarán conjuntamente por los trámites específicos establecidos para cada una de ellas; si bien la resolución de la impugnación por excesivos quedará en suspenso hasta que se decida si la partida es o no debida.

12. Régimen de recursos

Si la impugnación lo es por ser excesivos los honorarios del Letrado, el Auto por el cual el Juzgado resuelva lo procedente no es recurrible, art. 246.3 de la LEC.

La forma que ha de revestir la resolución que ponga fin a la impugnación de la tasación por contener partidas indebidas es una cuestión polémica, si bien en la actualidad la mayor parte de las audiencias provinciales parece decantarse porque habrá de revestir forma de Auto (20). En cuanto a la posibilidad de recurso algunas

(14) STS 14-07-2000; STS n.º 758/2004, de 5 de julio de 2004.
(15) ST Audiencia Provincial de Barcelona, Sección 14, 10 de octubre de 2003.
(16) STAP de Asturias, Sección Séptima, de 23 de mayo de 2002.
(17) S 23 de junio de 1997.
(18) STS, Sala Tercera, 11 de febrero de 2000.
(19) STS 8de noviembre de 1988.
(20) ST AP 18/2002 de Huesca, de abril de 2002, o ST AP Albacete 54/2003, de 30 de junio de 2003.

Audiencias Provinciales consideran que sólo cabe el recurso de reposición y otras estiman que cabe la apelación.

III. PROVISIONES DE FONDOS

La LEC, en su artículo 29 regula un procedimiento privilegiado del que únicamente puede valerse el Procurador para reclamar directamente de su poderdante que le provea de fondos. Una vez iniciado el pleito, podrá el Procurador solicitar al Tribunal que esté conociendo del asunto que se apremie al cliente para verificar el pago de la provisión.

No cabe acudir al procedimiento de habilitación de fondos una vez terminado el procedimiento (21) porque se trata «*proveer al procurador de los fondos necesarios para pagar los gastos futuros del proceso en trámite*», y sin embargo, sí cabe convertir la habilitación de fondos acordada, en procedimiento de cuenta jurada cuando finaliza el procedimiento (22) siempre que sea por el mismo importe. En este orden de cosas, el Tribunal Supremo en la citada Sentencia concluye que, además, no se trata de una cantidad que pueda ser discutida, toda vez que al haber sido revisada en el procedimiento de habilitación de fondos, es cosa juzgada.

IV. CUOTA LITIS

Tras una larga tradición en la prohibición del pacto de cuota litis en sentido estricto, debe entenderse, tras la Sentencia del Pleno de la Sala de lo Contencioso-Administrativo del Tribunal Supremo de 4 de noviembre de 2008, que dicho pacto con el cliente está permitido.

El artículo 44.3 del Estatuto General de la Abogacía y el artículo 16 del Código Deontológico contemplan la prohibición de cuota litis en sentido estricto, entendiendo por tal aquel acuerdo entre el Abogado y su cliente, formalizado con anterioridad a terminar el asunto, en virtud del cual el cliente se compromete a pagar al Abogado únicamente un porcentaje del resultado del asunto, independientemente de que consista en una suma de dinero o en cualquier otro beneficio, bien o valor que consiga el cliente por el asunto.

El Pleno del Tribunal de Defensa de la Competencia, en resolución de 26 de septiembre de 2002, consideró que la decisión del Consejo General de la Abogacía, adoptada en sesión de 30 de junio de 2000, de imponer dicha prohibición en el Código Deontológico, incurría en una conducta prohibida por el artículo 1 de la Ley de Defensa de la Competencia. Esta resolución fue dejada sin efecto por Sentencia de la Sala de lo Contencioso-Administrativo de la Audiencia Nacional (Sección Sexta), de 27 de junio de 2005; si bien, posteriormente, el Pleno de la Sala de lo Contencioso-Administrativo del Tribunal Supremo, en Sentencia de 4 de noviembre de 2008, revocó la sentencia de la Audiencia.

El Pleno del Tribunal Supremo, en su fundamento jurídico sexto, dice: «la prohibición de la cuota litis en sentido estricto choca frontalmente con lo establecido en el artículo 1.1.a) de la Ley de Defensa de la Competencia que prohíbe la fijación directa o indirecta de precios así como la de otras condiciones comerciales o de servicio. No cabe duda, en efecto, de que la prohibición de la que se habla supone una fijación indirecta de precios mínimos que impide la libertad por parte del

(21) STS 1 de abril de 2004, Recurso 1101/2001.
(22) STS 21 de julio de 2004, Recurso 7524/1992.

profesional de condicionar su remuneración a un determinado resultado positivo. Supone también y por ello mismo una limitación en cuanto a las condiciones en que se presta el servicio profesional. Por las mismas razones se incumple lo prevenido en la Ley de Colegios Profesionales al determinar que el ejercicio de las profesiones colegiadas se ha de realizar en régimen de libre competencia y sujeto "en cuanto a la oferta de servicios y la fijación de su remuneración" a las previsiones de la Ley de Defensa de la Competencia (artículo 2.1, segundo párrafo), y que los acuerdos, decisiones y recomendaciones de los Colegios con trascendencia económica han de observar los límites del referido artículo 1 de la Ley de Defensa de la Competencia».

V. PRESCRIPCIÓN

Deben distinguirse tres supuestos diferenciados, a saber: el plazo de prescripción para reclamar los honorarios al cliente directamente, que se encuentra regulado en el art. 1967.1 del Código Civil y que instituye el de TRES AÑOS; el plazo de prescripción para solicitar la tasación de costas, que se regula en el art. 1964 del Código Civil y es por tanto el genérico de QUINCE AÑOS y el plazo para solicitar la exacción de la tasación de costas, que acorde a lo dispuesto en el art. 518 de la LEC es de CINCO AÑOS y no es de prescripción sino de caducidad. Así lo recoge el Tribunal Supremo en diversas resoluciones de entre las que cabe citar la STS de 5 de febrero de 2003, que a su vez se remite a las Sentencias de 4 de diciembre de 1999 y 6 de junio de 2001. Y más recientemente n.º 7/2005, de 14 de enero de 2005.

JURA DE CUENTAS

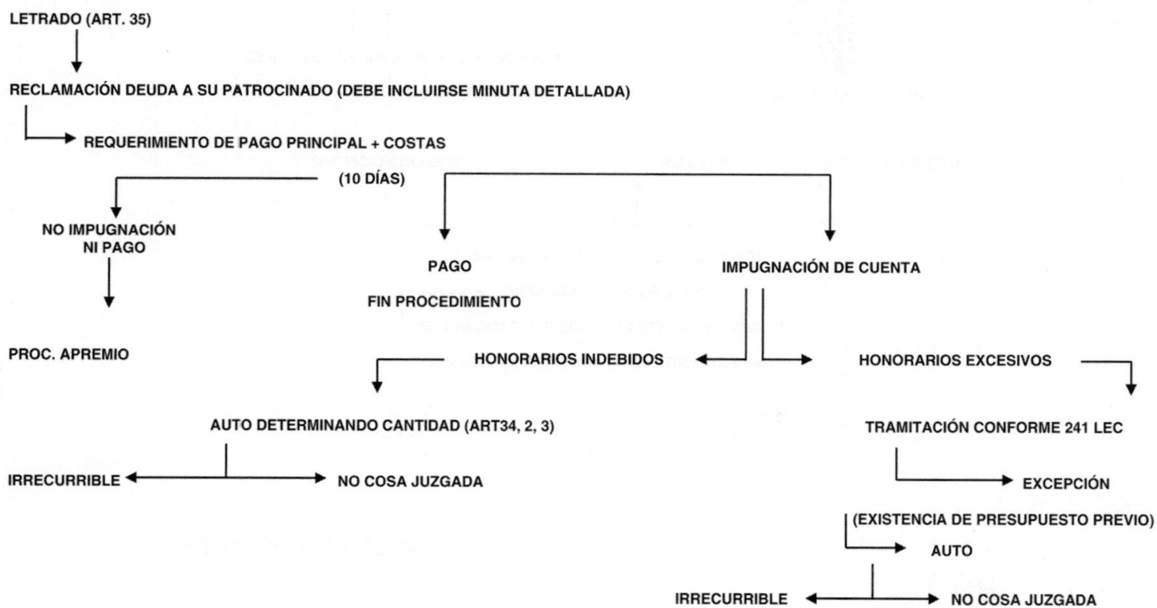

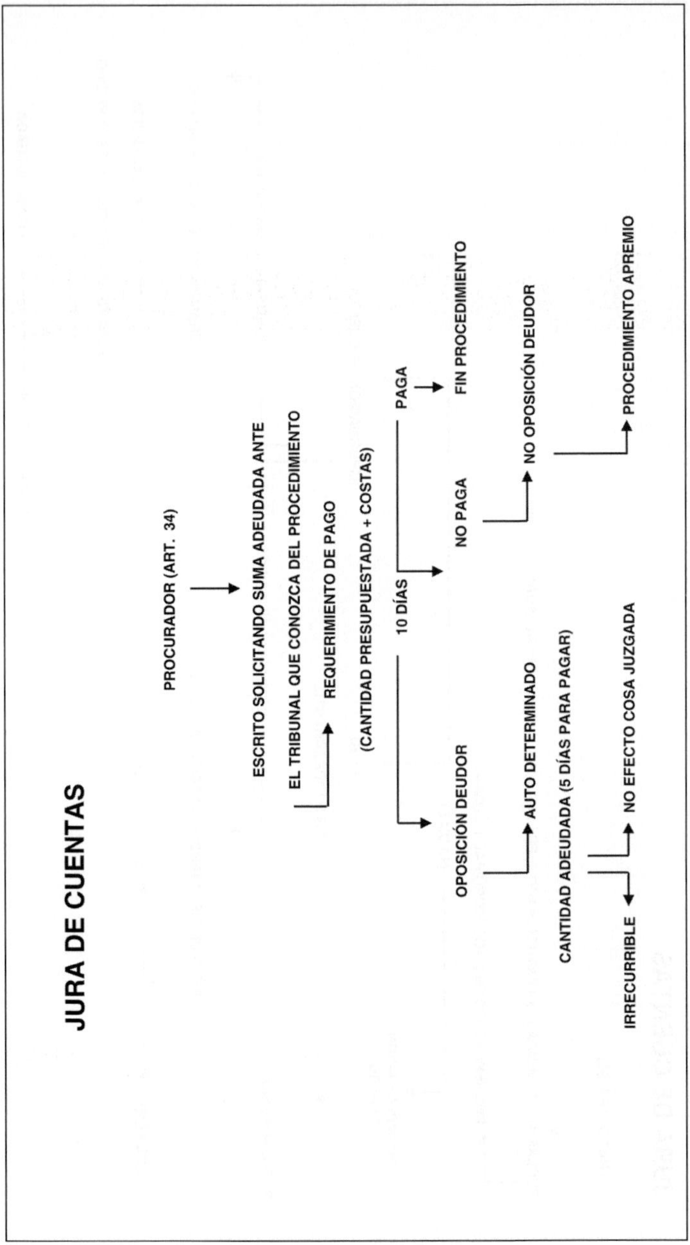
JURA DE CUENTAS
PROCURADOR (ART. 34)
ESCRITO SOLICITANDO SUMA ADEUDADA ANTE
EL TRIBUNAL QUE CONOZCA DEL PROCEDIMIENTO
REQUERIMIENTO DE PAGO
(CANTIDAD PRESUPUESTADA + COSTAS)
10 DÍAS
PAGA
FIN PROCEDIMIENTO
NO PAGA
NO OPOSICIÓN DEUDOR
PROCEDIMIENTO APREMIO
OPOSICIÓN DEUDOR
AUTO DETERMINADO
CANTIDAD ADEUDADA (5 DÍAS PARA PAGAR)
NO EFECTO COSA JUZGADA
IRRECURRIBLE

ARRENDAMIENTOS URBANOS

Autor

David García Raya
Abogado

ARRENDAMIENTOS URBANOS (PROCESAL Y SUSTANTIVO)

David García Raya
Abogado

I. SITUACIÓN LEGISLATIVA ACTUAL EN MATERIA DE ARRENDAMIENTOS URBANOS. DISPOSICIONES TRANSITORIAS

1. Cuadro básico de tipos de contratos y normativa aplicable

2. Situaciones transitorias

2.1. Contratos de arrendamiento de vivienda celebrados con anterioridad al 9 de mayo de 1985.

2.2. Contratos de arrendamiento de local de negocio celebrados con anterioridad al 9 de mayo de 1985.

2.3. Contratos de arrendamiento de vivienda y de local de negocio celebrados con posterioridad al 9 de mayo de 1985.

II. LA ACTUALIZACIÓN DE RENTA

1. Actualización de la renta en arrendamiento de viviendas

2. Actualización de renta en arrendamiento de locales de negocio

3. Modelo de carta de actualización

III. ACCIONES EN MATERIA DE ARRENDAMIENTOS URBANOS

1. Acción de reclamación de rentas en caso de impago

2. Acción de desahucio por falta de pago. Acumulación

3. Acción de desahucio por extinción de la relación arrendaticia

4. Otras acciones típicas

IV. PROCEDIMIENTOS BÁSICOS

1. Desahucio por falta de pago con reclamación de rentas

I. SITUACIÓN LEGISLATIVA ACTUAL EN MATERIA DE ARRENDAMIENTOS URBANOS. DISPOSICIONES TRANSITORIAS

1. Cuadro básico de tipos de contratos y normativa aplicable

Contratos de arrendamiento de vivienda o para uso distinto del de vivienda suscritos con posterioridad a 1 de enero de 1995.	Aplicación de la Ley 29/1994, de Arrendamientos Urbanos.
Contratos de arrendamiento de vivienda celebrados con posterioridad a 9 de mayo de 1985.	Se rigen por el art. 9 RDL 2/1985, de 30 abril, sobre medidas de política económica y por el texto refundido de la Ley de Arrendamientos Urbanos de 1964 (DT 1.ª Ley 29/1994). En caso de renovación, se regirá por la Ley 29/1994.
Contratos de arrendamiento de vivienda celebrados con anterioridad a 9 de mayo de 1985.	Se rigen por el Texto Refundido de la Ley de Arrendamientos Urbanos de 1964, con algunas modificaciones que afectan especialmente a la subrogación, extinción del contrato y actualización de renta (DT 2.ª Ley 29/1994).
Contratos de arrendamiento de local de negocio anteriores a 9 de mayo de 1985.	Se rigen por el art. 9 RDL 2/1985, de 30 abril, sobre medidas de política económica y por el texto refundido de la Ley de Arrendamientos Urbanos de 1964. (DT 1.ª Ley 29/1994). En caso de renovación, se regirá por la Ley 29/1994.
Contratos de arrendamiento de local de negocio anteriores a 9 de mayo de 1985.	Se rigen por el Texto Refundido de la Ley de Arrendamientos Urbanos de 1964, con algunas modificaciones que afectan especialmente a la subrogación, extinción del contrato y actualización de renta (DT 3.ª Ley 29/1994).

2. Situaciones transitorias

2.1. Contratos de arrendamiento de vivienda celebrados con anterioridad al 9 de mayo de 1985

Se rigen por el Texto Refundido de la Ley de Arrendamientos Urbanos de 1964, con las reglas específicas que se incluyen en la Disposición Transitoria Segunda de la Ley 29/1994 de Arrendamientos Urbanos.

A) Subrogación

En virtud de dicha Disposición se establece un sistema de subrogación que altera el previsto en la LAU 1964:

ARRENDATARIO	1.ª SUBROGACIÓN	2.ª SUBROGACIÓN
Fallecimiento arrendatario.	Cónyuge o persona en relación análoga de afectividad.	Hijos del arrendatario que conviviesen con el cónyuge subrogado. Duración del contrato: dos años o cuando el hijo alcance la edad de 25 años si es posterior. En caso de minusvalías de más del 65% hasta su fallecimiento.
Fallecimiento arrendatario.	En defecto del anterior, hijos que conviviesen con él durante los dos años anteriores. Duración: 2 años o cuando el hijo alcance la edad de 25 años si es posterior. En caso de minusvalías de más del 65% hasta su fallecimiento.	No se permite.
Fallecimiento arrendatario.	En defecto de los anteriores, los ascendientes que conviviesen durante al menos tres años antes de la fecha de fallecimiento. Duración: hasta su fallecimiento.	No se permite.
Fallecimiento de persona que ocupase la vivienda por segunda subrogación (art. 59 LAU 1964).	No se permite.	

B) Otros derechos del arrendador

El arrendador podrá exigir del arrendatario el total importe de la cuota del Impuesto sobre Bienes Inmuebles que corresponda al inmueble arrendado.

Asimismo, podrá repercutir en el arrendatario el importe de las obras de reparación necesarias para mantener la vivienda en estado de servir para el uso convenido, la repercusión podrá realizarse de conformidad con la LAU 1994 (DT 2.ª, 10.4) o de conformidad con el artículo 108 LAU 1964.

También podrá el arrendador repercutir en el arrendatario el importe del coste de los servicios y suministros que se produzcan a partir de la entrada en vigor de la Ley salvo que por pacto expreso entre las partes todos estos gastos sean por cuenta del arrendador.

2.2. Contratos de arrendamiento de local de negocio celebrados con anterioridad al 9 de mayo de 1985

Se rigen por el Texto Refundido de la Ley de Arrendamientos Urbanos de 1964, con las reglas específicas que se incluyen en la Disposición Transitoria Tercera de la Ley 29/1994, de Arrendamientos Urbanos.

A) Subrogación

En virtud de dicha Disposición se establece un sistema de subrogación que altera el previsto en la LAU 1964:

ARRENDATARIO	1.ª SUBROGACIÓN	2.ª SUBROGACIÓN
Contrato en situación de prórroga legal cuyo titular es persona física. Se extingue al fallecimiento del arrendatario.	Cónyuge o persona en relación análoga de afectividad que continúe la actividad.	No se permite.
Contrato en situación de prórroga legal cuyo titular es persona física. Se extingue al fallecimiento del arrendatario.	En defecto de cónyuge, o si éste se hubiese ya subrogado, descendiente del arrendatario que continúe la actividad. Duración: hasta que se cumplan 20 años de entrada en vigor de la LAU.	No se permite.
Fallecimiento del titular en caso de haberse producido dos subrogaciones de acuerdo con el art. 60 LAU 1964.	No se permite.	No se permite.

ARRENDATARIO	1.ª SUBROGACIÓN	2.ª SUBROGACIÓN
Contrato en situación de prórroga legal cuyo titular es persona jurídica. Desarrollo de actividades comerciales (epígrafe 6 IAE): se extingue a los 20 años salvo locales de más de 2.500 m^2 en cuyo caso se extingue en 5 años.	No se permite.	No se permite.
Contrato en situación de prórroga legal cuyo titular es persona jurídica. Desarrollo de otras actividades: se extingue a los 20 años cuando la cuota de IAE de 1994 es inferior a 85.000 ptas.	No se permite.	No se permite.
Contrato en situación de prórroga legal cuyo titular es persona jurídica. Desarrollo de otras actividades: se extingue a los 15 años cuando la cuota de IAE de 1994 está entre 85.001 y 130.000 ptas.	No se permite.	No se permite.
Contrato en situación de prórroga legal cuyo titular es persona jurídica. Desarrollo de otras actividades: se extingue a los 10 años cuando la cuota de IAE de 1994 está entre 130.001 y 190.000 ptas.	No se permite.	No se permite.
Contrato en situación de prórroga legal cuyo titular es persona jurídica. Desarrollo de otras actividades: se extingue a los 5 años cuando la cuota de IAE de 1994 es superior a 190.001 ptas.	No se permite.	No se permite.

B) Traspaso

El arrendatario persona física tiene derecho de traspaso (art. 32 LAU 1964). En caso de traspaso, el contrato se extenderá un mínimo de 10 años o el tiempo que falte para que trascurran 20 desde la entrada en vigor de la Ley, si fuese superior.

Cuando el arrendatario es una persona jurídica, si se hubiese producido un traspaso en los 10 años anteriores a la entrada en vigor de la LAU 1994, los plazos a que se refiere el cuadro anterior se incrementarán en 5 años.

2.3. Contratos de arrendamiento de vivienda y de local de negocio celebrados con posterioridad al 9 de mayo de 1985

Los contratos de arrendamiento de vivienda se rigen por lo dispuesto en el art. 9 RDL 2/1985, de 30 abril, y por lo dispuesto en el Texto Refundido de la Ley de Arrendamientos Urbanos, aprobado por D 4104/1964, de 24 diciembre.

La tácita reconducción prevista en el art. 1566 CC lo será por un plazo de tres años. El arrendamiento renovado se regirá por lo dispuesto en la presente Ley para los arrendamientos de vivienda.

En caso de contratos de arrendamiento de local de negocio celebrados a partir del 9 mayo 1985, que subsistan en la fecha de entrada en vigor de esta Ley, continuarán rigiéndose por lo dispuesto en el art. 9 RDL 2/1985, y por lo dispuesto en el Texto Refundido de la Ley de Arrendamientos Urbanos de 1964. En el caso de tácita reconducción conforme a lo dispuesto en el art. 1566 CC, el arrendamiento renovado se regirá por las normas de la presente Ley relativas a los arrendamientos para uso distinto al de vivienda.

II. LA ACTUALIZACIÓN DE RENTA

1. Actualización de la renta en arrendamiento de viviendas

Para actualizar la renta es necesario el requerimiento fehaciente del arrendador al arrendatario en tal sentido.

Para determinar el importe de la actualización, habrá que estar a la menor de las siguientes cantidades:

- La variación sufrida por el IPC desde el mes anterior al contrato al mes anterior a aquél en que se produzca la actualización.
- El 12% del valor catastral de la finca arrendada vigente en 1994 si el valor catastral se hubiese revisado con posterioridad a 1989 o el 24% en el resto de supuestos.
- El plazo en el que debe realizarse la completa actualización de renta viene determinado por los ingresos netos del arrendatario y personas que convivan con él: si no exceden 5,5 veces el salario mínimo interprofesional, la actualización se realizará en 10 años incrementando un 10% anual; si supera ese límite, la actualización se realizará en cinco años, con incrementos del 20% anual [la referencia al SMI hay que entenderla sustituida por el indicador público de renta de efectos múltiples (IPREM), según el RDL 3/2004].
- No obstante, el plazo puede reducirse si la renta que el arrendatario abonaba con anterioridad a la actualización excedía ya la aplicación de un determinado porcentaje de actualización, por lo que la primera revisión se situará en el porcentaje inmediatamente superior.

Ej.: Un arrendatario con contrato de 1 de mayo de 1968 con una renta mensual fijada de 9.000 ptas. abona, a fecha 1 de abril de 1995, 28.000 ptas. Supongamos que la renta actualizada a 1 de mayo de 1995 ascendiese a 75.000 ptas.: el sistema de actualización supondría que el primer año podría añadirse a las 9.000 ptas. iniciales, 7.500 (10% de la renta actualizada), es decir, un total de 16.500 ptas. de renta de mayo de 1995 a abril de 1996. Pues bien, como el arrendatario ya abonada 28.000 ptas., podría imputarse de inicio una subida del 30% de la renta actualizada, por lo que para ese primer año abonaría 31.500 ptas. (9.000 ptas. iniciales + 22.500 ptas.: 30% de la renta actualizada), procediendo a subidas del 10% de renta actualizada a partir de ese momento.

A partir del año en que se alcance el cien por cien de actualización, la renta que corresponda pagar podrá ser actualizada por el arrendador o por el arrendatario conforme a la variación anual del IPC o del régimen de actualización pactado por las partes.

El inquilino podrá oponerse a la actualización de renta comunicándoselo fehacientemente al arrendador en el plazo de los treinta días naturales siguientes a la recepción del requerimiento de éste. En tal caso, los contratos quedan extinguidos a los ocho años desde la fecha de requerimiento del arrendador.

No procederá la actualización de renta cuando la suma de los ingresos totales que perciba el arrendatario y las personas que con él convivan habitualmente en la vivienda arrendada, no excedan de los límites siguientes [la referencia al SMI hay que entenderla sustituida por el indicador público de renta de efectos múltiples (IPREM), según el RDL 3/2004]:

Número de personas que convivan en la vivienda arrendada	Límite en veces el salario mínimo interprofesional
1 o 2	2,5
3 o 4	3
Más de 4	3,5

2. *Actualización de renta en arrendamiento de locales de negocio*

Al igual que el de vivienda, deberá realizarse mediante requerimiento fehaciente al arrendatario.

El sistema de actualización es el mismo que en el caso de viviendas, esto es, el importe de renta actualizada vendrá determinado por la diferencia en el IPC existente entre el mes anterior al contrato y el anterior al que se realice la actualización.

- *Plazos de actualización:* la actualización se realizará en cinco años mediante incrementos del 20% anual del importe de la renta actualizada cuando se trate de arrendamientos cuyo titular sea persona jurídica y se extingan a los cinco o 10 años. Se realizará en 10 años cuando el contrato tenga un período de duración de 15 o 20 años.

En el caso de contratos cuyo titular sea una persona física, se tendrá en cuenta el criterio de renta en los términos previstos para los arrendamientos de vivienda.

El arrendador podrá optar por actualizar la renta desde la primera mensualidad desde la entrada en vigor de la Ley, en cuyo caso la duración de arrendamiento se incrementará en cinco años.

El arrendatario podrá optar por la no aplicación de la revisión de renta comunicándolo por escrito al arrendador en el plazo de 30 días desde su requerimiento. En tal caso, el contrato se extinguirá cuando venza la quinta anualidad desde la entrada en vigor de la Ley.

3. *Modelo de carta de actualización*

D. [... ... ...]

C/ [... ... .]

LOCALIDAD

Localidad, [...] de [... ... ...] de [...].

Muy Sr. mío:

Me refiero al contrato de arrendamiento suscrito por Vd. con fecha 19 de diciembre de 1979, sobre la vivienda sita en [... ... ...], C/ [... ... ...]

A este respecto, y en aplicación de lo previsto en la Disposición Transitoria Segunda D) de la Ley de Arrendamientos Urbanos de 1994 en relación con los preceptos concordantes de la Ley de Arrendamientos Urbanos de 1964, por medio de la presente, procedo a comunicarle la actualización de la renta.

En este sentido, partiendo de la renta inicial pactada de 30.000 ptas. (actualmente 180,30 €) y de los índices de IPC correspondientes al mes anterior a la fecha del contrato, esto es, noviembre de 1979, y al índice IPC LAU correspondiente a noviembre de 2004, teniendo en cuenta el cambio en la metodología del IPC en enero de 2002, la actualización es la que sigue.

$$\text{Renta actualizada} = \text{Renta inicial x } \frac{\text{IPC LAU noviembre 2004}}{\text{IPC mes inicial (nov. 79)}}.$$

Por tanto, aplicando dicha fórmula a los datos concretos, y acompañando la oportuna certificación del Instituto Nacional de Estadística, consistente en el visado de las tablas utilizadas para la actualización, resulta lo siguiente:

$$\text{Renta actualizada} = 180{,}30 \text{ € x } \frac{150{,}876}{33{,}385} = 814{,}83 \text{ €}.$$

Dado que no se ha producido ninguna actualización de renta hasta la fecha, y habiendo transcurrido más de diez años desde la entrada en vigor de la Ley de Arrendamientos Urbanos de 1994, procede la aplicación, desde luego, de la totalidad del importe actualizado, siendo permisible, como viene señalando la jurisprudencia, la acumulación de índices.

Por tanto, notificada la presente comunicación, le ruego se sirva abonar, a partir del mes de enero de 2005, la cantidad de 814,83 € de renta mensual, manteniéndose sin alteración el domicilio de pago.

Asimismo, queda informado de que le asisten los derechos previstos en la Disposición Transitoria Segunda D) 6.ª de la Ley de Arrendamientos Urbanos de 1994.

Sin otro particular, atentamente.

III. ACCIONES EN MATERIA DE ARRENDAMIENTOS URBANOS

1. *Acción de reclamación de rentas en caso de impago*

Siendo una de las obligaciones principales del arrendatario la del pago de la renta, el arrendador puede ejercitar la acción de reclamación de rentas por el importe de las que el arrendatario haya impagado.

En este caso, cualquiera que sea la cuantía, la reclamación se ventilará por el procedimiento ordinario (artículo 249 LEC).

2. *Acción de desahucio por falta de pago. Acumulación*

En la mayoría de los casos, cuando el arrendatario impaga, el arrendador, además de la reclamación de rentas, pretende recuperar la posesión del inmueble, para lo que ha de iniciar una acción de desahucio.

La acción de desahucio seguirá el cauce procedimental del juicio verbal, con independencia de que se acumule o no la acción de reclamación de rentas y, en su caso, con independencia del importe de la reclamación (art. 438.3 LEC en redacción dada por la Ley 23/2003).

En estos casos el arrendatario puede enervar la acción abonando las rentas debidas y las que se vayan devengando con anterioridad a la celebración de la vista, salvo que hubiese realizado una enervación anterior o que hubiese sido requerido de pago de forma fehaciente por el arrendador con al menos dos meses de antelación a la interposición de la demanda (art. 22.2 LEC en redacción dada por Ley 23/2003).

Asimismo, si el arrendador lo hace constar en la demanda, el arrendatario podrá obtener una condonación parcial o total de las cantidades debidas siempre que desaloje voluntariamente el inmueble en el plazo señalado por el arrendador y que no podrá ser inferior a un mes desde la notificación de la demanda (art. 437 LEC redacción dada por Ley 23/2003).

Finalmente, con la modificación de la LEC sufrida por medio de la Ley 23/2003, en el auto de admisión de la demanda de desahucio, se señalará día y hora para realizar, en su caso, el lanzamiento (art. 440). No obstante la previsión legal, si el Juzgado aproxima demasiado las fechas de celebración de juicio y lanzamiento, y dado que el lanzamiento habrá de solicitarse por demanda de ejecución pasados 20 días de la firmeza de la sentencia, puede ocurrir que no esté despachada ejecución a la fecha del lanzamiento, debiendo fijarse nueva fecha por el Juzgado.

3. *Acción de desahucio por extinción de la relación arrendaticia*

Se ejercita en aquellos casos en que, extinguido el contrato por transcurso del término pactado o por aplicación de las disposiciones transitorias de la LAU 1994, el arrendatario permanece en el inmueble.

El procedimiento en este caso es el del juicio verbal (art. 249 LEC). En este caso, también será de aplicación lo previsto en la nueva redacción del artículo 440 LEC por lo que el auto de admisión señalará día y hora de lanzamiento.

4. *Otras acciones típicas*

Aunque resultan menos frecuentes en la práctica, y ofrecen mayor dificultad de prueba con carácter general, otras acciones típicas derivadas de la relación arrendaticia, y que se seguirán en todo caso por el procedimiento del juicio ordinario son: acción de resolución de contrato por obras inconsentidas. Acción de resolución por subarrendamiento inconsentido. Acción para la declaración de existencia de causa de denegación de prórroga forzosa y consiguiente resolución contractual.

IV. PROCEDIMIENTOS BÁSICOS

1. Desahucio por falta de pago con reclamación de rentas

AL JUZGADO DE PRIMERA INSTANCIA DE MADRID

D. [... ... ...], Procurador de los Tribunales y de la mercantil «[...]», según acredito mediante escritura de poder que como doc. n.º 1 acompaño, ante el Juzgado comparezco y, como mejor proceda en Derecho, **DIGO:**

Que por medio del presente escrito vengo a interponer demanda de juicio verbal en ejercicio de LAS ACCIONES DE DESAHUCIO POR FALTA DE PAGO CON RECLAMACIÓN DE RENTAS contra D. [... ... ...], con domicilio en [... ... ...] el inmueble arrendado [... ... ...] y provisto de DNI [... ... ...] y, en su condición de avalista y por la reclamación de rentas, contra D. [... ... ...], con domicilio en [... ... ...], provisto de [... ... ...], todo ello con base en los siguientes

HECHOS

Primero: Del contrato y del aval

Con fecha [... ... ...], se suscribió con el demandado [... ... ...] contrato de arrendamiento de inmueble urbano sito en [ ], pactándose una duración de un año con posibilidad de prórrogas hasta cinco años de acuerdo con lo previsto en la Ley de Arrendamientos Urbanos (cláusula Novena del contrato).

Se adjunta contrato como doc. n.º 2.

Igualmente, a dicho contrato se incorporó un anexo consistente en aval emitido por el codemandado D. [... ... ...] y que literalmente establece que el mencionado codemandado avala:

«*A D.* [... ... ...] *(arrendatario) (...) en el cumplimiento de las obligaciones del contrato de arrendamiento (...) durante toda la vigencia del contrato y sus eventuales prórrogas e incluso después de la resolución del contrato y mientras no se proceda a la entrega de llaves o toma de posesión del PISO por el arrendador, renunciando expresamente a los beneficios de excusión y orden que en su caso pudiera corresponderme como fiador solidario de D.* [... ... ...]».

Se adjunta aval como doc. n.º 3.

Segundo: Del impago

El arrendatario no ha satisfecho las rentas ni los gastos de agua desde al mes de julio de 2002, ascendiendo la deuda actual a OCHO MIL QUINIENTOS CUARENTA Y TRES EUROS CON SESENTA Y CUATRO CÉNTIMOS (8.543,64 €), correspondiendo de dicho importe 8.485,22 € a rentas impagadas y 58,42 € a los recibos de agua consumida, de cuenta y cargo del arrendatario según lo dispuesto en la cláusula séptima del contrato.

Se adjuntan recibos como doc. n.º 4.

Tercero: Del requerimiento

Sin perjuicio de los numerosos requerimientos verbales realizados al arrendatario, con fecha [... ... ...] se remitió burofax al arrendatario con copia al avalista requiriendo de pago en el plazo máximo de 7 días, ejercitando la acción de desahucio en caso contrario.

La falta de respuesta ha obligado a esta parte a acudir a la vía judicial.

A estos hechos son de aplicación los siguientes

FUNDAMENTOS DE DERECHO

1. Jurídico procesales

Primero: Jurisdicción y competencia: Corresponde a los Juzgados de Primera Instancia de (localidad en que está sito el inmueble) de conformidad con lo previsto en los arts. 45 y 52.1.7.º LEC y demás preceptos concordantes.

Segundo: Procedimiento: El procedimiento por el que se ha de ventilar la presente demanda es el verbal, de conformidad con lo establecido en el art. 250.1.1º) LEC en relación con el art. 438.3 de dicha Ley según la redacción dada por la Disposición Final Tercera de la Ley 23/2003, de Garantías en la Venta de Bienes de Consumo.

Tercero: Legitimación: Activa: Corresponde a la demandante como arrendadora del inmueble y titular del mismo.

Pasiva: Corresponde a los demandados en su calidad, respectivamente, de arrendatario y de fiador solidario en cuanto al pago de las rentas.

Cuarto: Cuantía: La cuantía del presente procedimiento es de 177.984,00 € según valoración de la (Comunidad Autónoma, API, etc.), de conformidad con lo establecido en el art. 252.1.3 y 7 en relación con el art. 251.2.ª.3.ª y 9.ª LEC.

Quinto: Postulación: En el presente procedimiento se interviene con representación de Procurador y asistencia letrada de acuerdo con los arts. 23 y 31 LEC.

Sexto: Posibilidad de enervar: De acuerdo con lo previsto en el art. 439.3 LEC a los efectos previstos en el art. 22 de dicho cuerpo legal, se hace constar expresamente que, en el presente procedimiento, el arrendatario tiene la facultad de enervación a que se refiere dicho precepto.

Séptimo: Condonación de deuda: De conformidad con lo previsto en el art. 437 LEC, el arrendado, en uso de la facultad que le otorga dicho artículo, condonará el 50% de las rentas debidas por el arrendatario, con alcance a la responsabilidad del avalista, si el demandado D. [... ... ...] desaloja de manera voluntaria el inmueble arrendado en el plazo de un mes desde la notificación de la presente.

2. Jurídico materiales

Primero: De la procedencia del desahucio y de la reclamación de rentas

Ante la situación de impago del arrendatario, procede la incoación del desahucio de conformidad con lo previsto en la cláusula Segunda del contrato de arrendamiento existente entre las partes, en relación con lo establecido en los arts. 1089 y 1091 CC y con lo dispuesto en el art. 27.2 LAU, el art. 22 LEC y demás preceptos concordantes.

Segundo: De la obligación de pago del avalista demandado

Procede la exigencia del pago de los importes debidos en concepto de renta y cantidades asimiladas a la renta de acuerdo con lo previsto en los arts. 1822 y 1831 del CC respecto de la renuncia al beneficio de excusión.

Tercero: De los intereses y las costas

Procede el pago de los intereses desde la interposición de la demanda así como la condena en costas de los demandados de acuerdo con los arts. 394 y ss. LEC.

Por lo expuesto,

AL JUZGADO SUPLICO, que teniendo por presentado este escrito, con sus copias y documentos que se acompañan, se sirva admitirlo y, en su virtud, por interpuesta demanda de JUICIO VERBAL en ejercicio de la acción de desahucio y reclamación de rentas contra [... ... ...], con domicilio en [dirección del inmueble arrendado] y provisto de [... ... ...] y, en su condición de avalista y por la reclamación de rentas, contra D. [... ... ...], con domicilio en [... ... ...], provisto de [... ... ...], y, tras los trámites procesales oportunos, en especial con advertencia al arrendatario de su facultad de enervar y el señalamiento de la fecha de desahucio en el auto de admisión de la demanda y la posibilidad de condonación de deuda, dicte sentencia que contenga los siguientes pronunciamientos:

Declare el desahucio de la finca objeto de arrendamiento.

Condene a los codemandados, de forma solidaria, al pago de 8.543,64 € más los correspondientes intereses, así como al pago de las rentas y demás cantidades asimiladas que se devenguen durante la tramitación del presente procedimiento.

Condene a los codemandados al pago de las costas del procedimiento.

Es Justicia que pido en [... ...], a [... ...].

OTROSÍ DIGO Y SUPLICO: que por ser necesario para otros usos, se devuelva la escritura de poder que se adjunta como doc. n.º 1, previo testimonio suficiente en autos.

Es Justicia que reitero en el lugar y fecha *ut supra*.

ANEXO DE DOCTRINA JURISPRUDENCIAL

El Tribunal Supremo ha dictado en materia de arrendamientos la siguiente doctrina:

1. «Declarar como doctrina jurisprudencial la de que el pago de la renta del arrendamiento de un local de negocio, fuera de plazo y después de presentada la demanda de desahucio, no excluye la aplicabilidad de la resolución arrendaticia, y ello aunque la demanda se funde en el impago de una sola mensualidad de renta, sin que el arrendador venga obligado a soportar que el arrendatario se retrase de ordinario en el abono de las rentas periódicas» STS de 24 de julio de 2008.

2. «Declarar como doctrina jurisprudencial que el impago por el arrendatario del Impuesto sobre Bienes Inmuebles, en arrendamientos de vivienda vigentes en el momento de la entrada en vigor de la nueva LAU de 24/11/1994, ha de considerarse como causa de resolución comprendida en el artículo 114.1.ª del Texto Refundido de la LAU de 1964». Sentencia del Pleno de 12 de enero de 2007, doctrina que recuerda la Sentencia de 25 de septiembre de 2008.

3. «La declaración como doctrina jurisprudencial de que el pago total de la renta del arrendamiento de una vivienda, fuera de plazo y después de presentada la demanda de desahucio, no excluye la posibilidad de la resolución arrendaticia, y ello aunque la demanda se funde en el impago de una sola mensualidad de renta, sin que el arrendador venga obligado a que el arrendatario se retrase de ordinario en el abono de las rentas periódicas». Sentencia 1219/2008, de 19 de diciembre.

PROPIEDAD HORIZONTAL

Autor

David García Raya
Abogado

PROPIEDAD HORIZONTAL

David García Raya
Abogado

I. ADOPCIÓN DE ACUERDOS. MAYORÍAS

1. Unanimidad

La unanimidad sólo será exigible para la validez de los acuerdos que impliquen la aprobación o modificación de las reglas contenidas en el título constitutivo de la propiedad horizontal o en los estatutos de la comunidad (art. 17 LPH).

2. Excepciones a la unanimidad

En determinados casos, aun cuando se produzca una modificación del título constitutivo o de los estatutos, no es necesaria la unanimidad.

Son los siguientes:

- El establecimiento o supresión de los servicios de ascensor, portería, conserjería, vigilancia u otros servicios comunes de interés general: requiere el voto favorable de las tres quintas partes del total de los propietarios que, a su vez, representen las tres quintas partes de las cuotas de participación.
- El arrendamiento de elementos comunes que no tenga asignado un uso específico en el inmueble: requiere el voto favorable de las tres quintas partes del total de los propietarios que, a su vez, representen las tres quintas partes de las cuotas de participación, así como el consentimiento del propietario directamente afectado, si lo hubiere.
- La realización de obras o el establecimiento de nuevos servicios comunes que tengan por finalidad la supresión de barreras arquitectónicas que dificulten el acceso o movilidad de personas con minusvalía: requiere el voto favorable de la mayoría de los propietarios que, a su vez, representen la mayoría de las cuotas de participación (redacción dada por la Ley 51/2003, de igualdad de oportunidades).

3. Cómputo de votos

Tanto en los casos de unanimidad como en las excepciones a la misma a que se refieren los puntos 1 y 2, para el cómputo de votos se entenderán como votos favorables los de los propietarios ausentes de la Junta, debidamente citados, siempre que una vez informados del acuerdo adoptado no manifiesten su discrepancia por comunicación a quien ejerza las funciones de Secretario de la comunidad en el plazo de 30 días naturales, por cualquier medio que permita tener constancia de la recepción.

En estos casos, los acuerdos válidamente adoptados obligan a todos los propietarios.

4. Mayoría para la instalación de determinados servicios

Cualquier propietario podrá solicitar la instalación de infraestructuras comunes para el acceso a determinados servicios de telecomunicación: televisión, radiodifusión, servicios básicos de telefonía y telecomunicaciones por cable (Real Decreto-Ley 1/1998) o la adaptación de los existentes, así como la instalación de sistemas comunes o privativos, de aprovechamiento de la energía solar, o de las infraestructuras necesarias para acceder a nuevos suministros energéticos colectivos: para su aprobación requerirá el voto favorable de un tercio de los propietarios que representen, a su vez, un tercio de las cuotas de participación.

No obstante, quienes no hubiesen votado expresamente a favor en la Junta, no podrán ser compelidos a soportar el coste de la instalación o adaptación de dichas infraestructuras comunes, ni los derivados de su conservación y mantenimiento posterior.

Estos propietarios podrán, posteriormente, solicitar el acceso a los servicios de telecomunicaciones o a los suministros energéticos, para lo que deberán abonar el importe que les hubiera correspondido actualizado mediante la aplicación del interés legal.

5. *Resto de acuerdos*

El resto de acuerdos será válido siempre que voten a favor la mayoría del total de los propietarios que, a su vez, representen la mayoría de las cuotas de participación.

En segunda convocatoria serán válidos los acuerdos adoptados por la mayoría de los asistentes, siempre que ésta represente, a su vez, más de la mitad del valor de las cuotas de los presentes.

6. *Juicio de equidad*

Cuando la mayoría simple a que se refiere el punto 5 no se pudiere lograr, el Juez, a instancia de parte mediante solicitud interpuesta en el mes siguiente a la fecha de la segunda Junta, y oyendo en comparecencia a los contradictores, resolverá en equidad lo que proceda dentro de veinte días, contados desde la petición, haciendo pronunciamiento sobre el pago de costas.

La ley no especifica ni hay doctrina unánime sobre si la resolución debe adoptar forma de auto o de sentencia, si bien sí parece existir unanimidad en cuanto a la posibilidad de apelación de la misma.

II. ACTA DE JUNTA DE LA COMUNIDAD DE PROPIETARIOS

1. *El acta: concepto. Contenido. Deberes formales*

Los acuerdos de la Junta de propietarios deben hacerse constar en un libro de actas diligenciado por el Registrador de la Propiedad (art. 19 LPH).

El contenido del acta de cada reunión de la Junta de propietarios deberá incluir, al menos, los siguientes datos:

a) La fecha y el lugar de celebración.

b) Si ha sido convocada por el Presidente o por propietarios y, en este caso, con mención de los solicitantes.

c) Su carácter ordinario o extraordinario y la indicación sobre su celebración en primera o segunda convocatoria.

d) Relación de todos los asistentes y sus respectivos cargos, así como de los propietarios representados, con indicación, en todo caso, de sus cuotas de participación.

e) El orden del día de la reunión.

f) Los acuerdos adoptados, con indicación, en caso de que ello fuera relevante para la validez del acuerdo, de los nombres de los propietarios que hubieren votado a favor y en contra de los mismos, así como de las cuotas de participación que respectivamente representen.

3. El acta deberá cerrarse con las firmas del Presidente y del Secretario al terminar la reunión o dentro de los diez días naturales siguientes y se remitirá a los propietarios. Desde su cierre los acuerdos serán ejecutivos, salvo que la Ley previere lo contrario.

Serán subsanables los defectos o errores del acta siempre que la misma exprese inequívocamente la fecha y lugar de celebración, los propietarios asistentes, presentes o representados, y los acuerdos adoptados, con indicación de los votos a favor y en contra, y esté firmada por el Presidente y el Secretario. Dicha subsanación deberá efectuarse antes de la siguiente reunión de la Junta de propietarios, que deberá ratificar la subsanación.

Se deben conservar, durante el plazo de cinco años, las convocatorias, comunicaciones, apoderamientos y demás documentos relevantes de las reuniones.

2. *Modelo de acta de Junta*

ACTA N.° [....]

COMUNIDAD DE PROPIETARIOS C/ [... ... ...] N.° [...]

CP Localidad

En [... ...], siendo las [...] horas, del día [...], reunidos [... ... ...], se procede a celebrar, en primera/ segunda convocatoria, **LA JUNTA GENERAL ORDINARIA / EXTRAORDINARIA.** Preside, D/D.ª [... ... ...]. Actúa de Secretario D./D.ª [... ... ...]. Asisten a la Junta los propietarios que figuran a continuación:

PORTAL	PISO	NOMBRE Y APELLIDOS	COEF.
		Total	%

Declarada por el Presidente constituida la Junta General Ordinaria / Extraordinaria, se procede a tratar los puntos del orden del día de acuerdo con la convocatoria de fecha [... ...], y que son los que siguen:

1.º) Lectura y aprobación, si procede, del Acta de la Junta anterior

2.º)

3.º)

4.º)

5.º) Ruegos y preguntas.

PUNTO PRIMERO: Lectura y aprobación, si procede, del acta de la Junta anterior.

Se aprueba el acta de la Junta anterior por unanimidad de los presentes.

PUNTO SEGUNDO: [... ...]

Toma la palabra el Presidente para informar a los presentes de [... ...]. Terminado el cambio de impresiones el Presidente propone que [... ...]. Los presentes están de acuerdo por unanimidad con la propuesta, que queda aprobada.

PUNTO TERCERO: [... ...]

Toma la palabra el Presidente y administrador para informar a los presentes de la situación [... ...]. Por ello, se propone que [... ...]. Los presentes están de acuerdo con la propuesta, que se aprueba por mayoría, con el voto en contra de los propietarios [... ...], que representan un coeficiente del [... ...] %

PUNTO CUARTO: Propuestas de la Junta de gobierno:

[... ...]

PUNTO QUINTO: Ruegos y preguntas.

[... ...]

Y no habiendo otros temas que tratar, siendo [... ...] horas, se levanta la Junta General Ordinaria/Extraordinaria convocada al efecto, de todo lo cual como Secretario doy fe.

V.º B.º EL PRESIDENTE **EL SECRETARIO/ADMINISTRADOR**

3. Modelo de certificación

La certificación es un documento expedido por el Secretario, cargo que recae generalmente en el administrador, que recoge de forma extractada el contenido de uno o varios acuerdos adoptados en Junta.

Se utiliza para acreditar la realidad de un acuerdo adoptado en Junta. Es muy habitual, p. ej., utilizar una certificación para acreditar ante Notario el nombramiento del Presidente de la Comunidad que otorga poder general para pleitos a favor de abogado y procurador.

CERTIFICACIÓN DE ACUERDO DE JUNTA

D. [... ...], mayor de edad, Administrador Colegiado N.º [... ...] del Colegio de Administradores de Fincas de [... ...], en calidad de Secretario de la Comunidad de Propietarios, **CERTIFICA:**

Que en la Junta Ordinaria de la Comunidad de Propietarios [... ...], y en su punto [... ...] del orden del día, se procedió al nombramiento de una nueva Junta de Gobierno, siendo el contenido literal del acuerdo el que se transcribe a continuación: «[... ...]».

Y para que conste, a los efectos oportunos, expido en [... ...], a [... ...].

III. LA IMPUGNACIÓN DE LOS ACUERDOS DE LA JUNTA

Los acuerdos de la Junta de Propietarios son impugnables ante los tribunales en los siguientes casos (art. 18 LPH):

a) Cuando sean contrarios a la ley o a los estatutos de la comunidad de propietarios.

b) Cuando resulten gravemente lesivos para los intereses de la propia comunidad en beneficio de uno o varios propietarios.

c) Cuando supongan un grave perjuicio para algún propietario que no tenga obligación jurídica de soportarlo o se hayan adoptado con abuso de derecho.

La legitimación corresponde a los propietarios que hubiese votado en contra con reserva de su derecho a impugnar, los ausentes por cualquier causa y los que indebidamente hubiesen sido privados de su derecho de voto.

Para poder iniciar acciones judiciales en orden a impugnar los acuerdos de la Junta el propietario deberá estar al corriente en el pago de la totalidad de las deudas vencidas con la comunidad o proceder previamente a la consignación judicial de las mismas, salvo que se trate de la impugnación de los acuerdos de la Junta relativos al establecimiento o alteración de las cuotas de participación entre los propietarios.

El cauce procesal es la presentación de una demanda de procedimiento ordinario por materia (art. 249 LEC) ejercitando la acción de impugnación de acuerdos de Junta de Comunidad de Propietarios.

La acción caducará a los tres meses de adoptarse el acuerdo por la Junta de propietarios, salvo que se trate de actos contrarios a la ley o a los estatutos, en cuyo caso la acción caducará al año.

El plazo contará para los presentes desde el día de la Junta y para los propietarios ausentes a partir de la comunicación del acuerdo (art. 9 LPH).

Los acuerdos de la Junta son ejecutivos, por lo que a impugnación no suspenderá su ejecución, salvo que el Juez así lo disponga con carácter cautelar, a solicitud del demandante, oída la comunidad de propietarios.

1. Modelo de demanda de impugnación de acuerdos

AL JUZGADO DE PRIMERA INSTANCIA DE [... ...]

Don/Doña [... ...], Procurador/a de los Tribunales y de Don/Doña [... ...], cuya representación acredito con copia de poder que presento como documento número 1, ante el Juzgado comparezco y, como mejor proceda en Derecho, **DIGO:**

Que por medio del presente escrito formulo demanda de juicio ordinario en ejercicio de la acción de impugnación de acuerdos de la Junta de Propietarios contra la Comunidad de Propietarios [... ...], con domicilio en [... ...], C/ [... ...], todo ello con base en los siguientes

HECHOS

PRIMERO: La demandante es propietaria del piso [... ...] del edificio situado en la calle [... ...], con una cuota de participación del [... ...] %.

SEGUNDO: En Junta General Ordinaria celebrada el día [... ...], se adoptó el siguiente acuerdo: la aprobación de las cuentas anuales declarando que mi mandante tiene un saldo negativo de [... ...] y que por tanto debe abonar dicha cantidad. La justificación que se recoge es que, habiendo existido una compraventa del inmueble de mi mandante con fecha [... ...], se ha procedido a la liquidación de la cuota con el propietario anterior, mediante la devolución de [... ...].

TERCERO: Que mi mandante no asistió a dicha Junta, habiendo sido remitida acta de la misma con fecha [... ...].

Se acompaña acta como doc. N.º 2.

CUARTO: Que en el acta se hace constar simplemente que se aprueban olas cuentas anuales por mayoría, sin referencia alguna a los votos en contra, los propietarios que lo hacen y su coeficiente, por lo que esta parte desconoce qué mayoría aprobó dicho acuerdo.

QUINTO: La actora se encuentra al corriente de pago de gastos de la Comunidad demandada.

A estos hechos son de aplicación los siguientes

FUNDAMENTOS DE DERECHO

JURÍDICO-PROCESALES

Primero: Jurisdicción y competencia: Conforme dispone el artículo 9.2 de la LOPJ, los Tribunales y Juzgados del orden civil conocerán, además de las materias que le son propias, de todas aquellas que no le estén atribuidas a otro orden jurisdiccional.

Según el artículo 85.1 de la LOPJ, 45 LEC y demás preceptos concordantes, corresponde a los Juzgados de Primera Instancia el conocimiento de los asuntos civiles que no se hallen atribuidos a otros Tribunales.

Finalmente, es competente territorialmente el Tribunal de [... ...], lugar donde radica la finca, de conformidad con el artículo 52.1.8.º LEC.

Segundo: Procedimiento y cuantía: Al tratarse de un tema de propiedad horizontal que no versa únicamente sobre reclamación de cantidad, si bien el acuerdo cuya anulación se pretende tiene un claro contenido económico, se ha de ventilar por el procedimiento ordinario, según lo previsto en el artículo 249.1.8.º LEC.

En relación con la cuantía, se pretende únicamente la anulación parcial del acuerdo en lo que se refiere a la determinación de un saldo deudor de la demandante, por lo que se fija en [... ...] €.

Tercero: Legitimación:

a) Activa: Corresponde a mi mandante como propietaria afectada por el acuerdo que se impugna y que estuvo ausente en la Junta en la que se adoptó el acuerdo, según lo previsto en el artículo 18.2 LPH.

b) Pasiva: Corresponde a la comunidad demandada que es quien adopta el acuerdo que se impugna.

Cuarto: Postulación: Se presenta la demanda con representación de procurador y asistencia de letrado, de conformidad con lo previsto en los artículos 23 y 31 LEC.

JURÍDICO-MATERIALES

Primero: Dispone el artículo 9 LPH que son obligaciones de casa propietario: Son obligaciones de cada propietario:

e) Contribuir, con arreglo a la cuota de participación fijada en el título o a lo especialmente establecido, a los gastos generales para el adecuado sostenimiento del inmueble, sus servicios, cargas y responsabilidades que no sean susceptibles de individualización.

f) Contribuir, con arreglo a su respectiva cuota de participación, a la dotación del fondo de reserva que existirá en la comunidad de propietarios para atender las obras de conservación y reparación de la finca.

Pues bien, en el momento en que el propietario cumple con dicha obligación mediante el pago de las cuotas, la comunidad deviene titular de los recursos económicos, sin que quepa, al menos sin un acuerdo válidamente adoptado en Junta —e incluso así sería dudoso— la devolución de una parte de las cuotas abonadas por el hecho de la venta del inmueble.

Esta situación no está prevista en la LPH ni resulta coherente con la misma si se interpreta desde un punto de vista teleológico. Distinto caso es el hecho de que, existiendo a la finalización del ejercicio superávit, se decida en Junta la devolución de parte del mismo, respetando el fondo de reserva, a todos los propietarios según su coeficiente.

Por lo expuesto, debe estimarse la impugnación parcial del acuerdo en lo que se refiere a la determinación de un saldo negativo de la demandante, anulando el mismo por tratarse de un acuerdo perjudicial para el propietario demandante sin que tenga obligación jurídica de soportarlo conforme a lo previsto en el artículo 18.1.c) LPH.

Segundo: Las costas han de imponerse a la demandada en virtud de lo previsto en los artículos 394 y ss. LEC.

Por lo expuesto,

SUPLICO AL JUZGADO: Que teniendo por presentado este escrito, con sus copias y documentos que se acompañan, se sirva admitirlo y, en su virtud, por interpuesta demanda de juicio ordinario en ejercicio de la acción de impugnación de acuerdos de la Junta de Propietarios contra la Comunidad de Propietarios [... ...], con domicilio en [... ...], C/[... ...], y tras los trámites procesales oportunos, dicte sentencia por la que:

Se anule parcialmente el acuerdo adoptado en la Junta de fecha [... ...] en lo que se refiere a la liquidación del saldo de [... ...] que la demandante debería abonar a la Comunidad.

Condene en costas a la Comunidad demandada

Es justicia que pido en [... ...], a [... ...]

OTROSÍ DIGO: Que por ser necesario para otros asuntos, se proceda a la devolución de la copia del poder aportada, previo testimonio suficiente en autos.

SUPLICO AL JUZGADO: Acuerde en consecuencia, conforme a lo solicitado.

SEGUNDO OTROSÍ DIGO: Que es voluntad de esta parte el cumplimiento de cuantas exigencias procesales conlleve el procedimiento, por lo que, de haber incurrido en algún defecto, ofrece su subsanación de forma inmediata previo requerimiento del Juzgado, de acuerdo con lo previsto en el artículo 231 LEC.

SUPLICO AL JUZGADO: Que tenga por hecha la anterior manifestación a los efectos oportunos.

Es justicia que reitero en el lugar y fecha *ut supra*.

IV. OTROS PROCEDIMIENTOS DERIVADOS DE LA LPH

1. *La acción de cesación de actividades prohibidas*

Al propietario y al ocupante del piso o local no les está permitido desarrollar en él o en el resto del inmueble actividades prohibidas en los estatutos, que resulten dañosas para la finca o que contravengan las disposiciones generales sobre actividades molestas, insalubres, nocivas, peligrosas o ilícitas (art. 7.2 LPH).

En caso de que se realicen dicha actividades, y conforme dispone el precepto citado, el Presidente de la comunidad, a iniciativa propia o de cualquiera de los propietarios u ocupantes, requerirá a quien realice las actividades prohibidas por este apartado la inmediata cesación de las mismas, bajo apercibimiento de iniciar las acciones judiciales procedentes.

El requerimiento debe hacerse constar pro escrito y de forma que conste su recepción por el infractor y en el mismo se debe definir la actividad prohibida que se está realizando, el plazo para la cesación en la misma y el más firme apercibimiento de que, en caso de no cesación, se iniciarán las acciones judiciales oportunas. El previo requerimiento es un requisito procesal de admisibilidad de la demanda.

En caso de persistencia en la conducta, la Junta podrá acordar la interposición de la correspondiente demanda de juicio ordinario en orden a obtener la cesación en la actividad prohibida.

La demanda habrá de ir dirigida contra el ocupante que realice la actividad prohibida y, en su caso, contra el propietario si es persona distinta de aquél, y habrá de ir acompañada por el documento de requerimiento.

La sentencia fuese estimatoria podrá disponer, conforme al *petitum* de la misma, además de la cesación definitiva de la actividad prohibida y la indemnización de daños y perjuicios que proceda, la privación del derecho al uso de la vivienda o local por tiempo no superior a tres años, en función de la gravedad de la infracción y de los perjuicios ocasionados a la comunidad. Si el infractor no fuese el propietario, la sentencia podrá declarar extinguidos definitivamente todos sus derechos relativos a la vivienda o local, así como su inmediato lanzamiento.

2. *Procedimiento de reclamación de cuotas*

En caso de impago de cuotas de Comunidad por parte de algún propietario [incumplimiento de sus obligaciones establecidas en el artículo 9.1.e) y f) LPH], la Comunidad puede proceder a la reclamación por medio de un procedimiento monitorio que presenta algunas especialidades respecto del monitorio general (arts. 21 LPH y 812 y ss. LEC).

La petición inicial habrá de ir acompañada de certificación de acuerdo de Junta en el que se haya procedido a la liquidación de la deuda del propietario demandado, acuerdo que ha debido ser adecuadamente notificado a aquél.

Se permite incluir como cantidad a reclamar al propietario el gasto del previo requerimiento de pago, si ha existido, así como las costas de abogado y procurador si dichos profesionales han intervenido en la presentación de la petición inicial del monitorio, aun cuando no sea preceptiva su intervención.

En caso de oposición del deudor, si ha sido solicitado por la Comunidad actuante, el Juez podrá acordar embargo preventivo de bienes que permitan cubrir la cantidad reclamada sin necesidad de que la Comunidad preste caución.

En caso de no ser hallado el deudor en el domicilio / domicilios que le consten a la Comunidad, y frente al principio general del monitorio, el deudor podrá ser notificado por edictos (art. 815 LEC).

Si conforme a la Ley [art. 9.1.e) LPH] resultasen dos los propietarios deudores, lo son solidariamente, por lo que el procedimiento podrá dirigirse contra cualquiera de ellos o contra ambos.

3. *Modelo de solicitud inicial de procedimiento monitorio de reclamación de cuotas*

AL JUZGADO DE PRIMERA INSTANCIA DE [... ...]

Don/Doña ...., Procurador/a de los Tribunales y de la Comunidad de Propietarios, cuya representación acredito con copia de poder que presento como documento número 1, ante el Juzgado comparezco y, como mejor proceda en Derecho, **DIGO:**

Por medio del presente formulo petición inicial de proceso monitorio contra Don/Doña [... ...], propietario del piso/local comercial [... ...], en reclamación de la cantidad de [... ...] euros debida en concepto de gastos comunes a la Comunidad de propietarios, todo ello con base en los siguientes

HECHOS

PRIMERO: El demandado Don/Doña [... ...], propietario del piso/local comercial [... ...], integrante de esta Comunidad de Propietarios, con un coeficiente de, ha impagado las siguientes cuotas: [... ...]

SEGUNDO: En Junta de propietarios celebrada él [... ...], se aprobó la liquidación de la deuda existente, procediendo a la notificación de dicho acuerdo al demandado. Asimismo, se autorizó al Presidente de la Comunidad/Administrador de Fincas Colegiado [... ...] para exigir judicialmente el pago de dicha deuda en caso de que la misma no fuera satisfecha.

Se adjunta certificado de acuerdo de Junta con liquidación de duda como doc. n.º 2

TERCERO: Que no habiendo sido abonada la deuda pese a los requerimientos por escrito realizados, resulta necesario acudir a la vía judicial.

Se aporta burofax de requerimiento de pago como doc. n.º 3

A estos hechos son de aplicación los siguientes:

FUNDAMENTOS DE DERECHO

JURÍDICO-PROCESALES

Primero: Jurisdicción y Competencia: Corresponde al Juzgado de Primera Instancia de [... ...], lugar donde radica la finca, de conformidad con lo previsto en el artículo 813 LEC.

Legitimación: Corresponde la activa la Comunidad de Propietarios acreedora por las cuotas impagadas y la pasiva al propietario deudor que ha incurrido en impago.

Postulación: Pese a no ser preceptiva su intervención, por tratarse de petición inicial de monitorio, la demandante comparece representada por procurador y asistida de letrado.

JURÍDICO-MATERIALES

Primero: Conforme a lo previsto por las letras e) y f) del artículo 9 de la Ley de Propiedad Horizontal, son obligaciones de cada propietario, contribuir, con arreglo a la cuota de participación fijada en el título o a lo especialmente establecido, tanto a los gastos generales para el adecuado sostenimiento del inmueble, sus servicios, cargas y responsabilidades que no sean susceptibles de individualización, como a la dotación del fondo de reserva que existirá en la comunidad de propietarios para atender las obras de conservación y reparación de la finca.

Esta obligación se traduce, en la práctica, en la obligación de pago de las cuotas mensuales establecidas para el adecuado sostenimiento del inmueble, cuotas que han dejado de ser satisfechas por el demandado.

Segundo: Las costas han de imponerse al demandado, incluyendo los derechos de procurador y honorarios de letrado, aunque su intervención no es preceptiva, de conformidad con lo previsto en el artículo 394 LEC en relación con el artículo 21 LPH.

Por lo expuesto,

SUPLICO AL JUZGADO: Que teniendo por presentado este escrito, con sus copias y documentos que se acompañan, se sirva admitirlo y, en su virtud, por presentada petición inicial de procedimiento monitorio en reclamación de cuotas de comunidad de propietarios contra D. [... ...], y tras los trámites procesales oportunos, dicte resolución por la que:

Requiera de pago al deudor por el plazo de veinte días, bajo apercibimiento de que, de no hacerlo ni presentar oposición en forma y plazo, se dictará auto despachando ejecución conforme a lo dispuesto para la de sentencias judiciales por la cantidad adeudada, devengando el interés a que se refiere el artículo 576 LEC.

En caso de oposición del deudor, proceda a determinar la finalización del procedimiento monitorio, emplazando a esta parte para la interposición de la oportuna demanda de juicio ordinario / proceda a fijar la fecha celebración del correspondiente juicio verbal

Todo ello con expresa imposición de costas a la parte demandada.

Es justicia que pido en [... ...] a [... ...]

OTROSÍ DIGO: Que, de conformidad con lo previsto en el artículo 21.5 LPH, y para el caso de que el deudor se oponga, se acuerde embargo preventivo de bienes suficientes del mismo, para hacer frente a la cantidad reclamada, los intereses y las costas.

Por lo expuesto,

SUPLICO AL JUZGADO: Acuerde en consecuencia, conforme a lo solicitado.

Es justicia que reitero en el lugar y fecha *ut supra*.

ANEXO DE DOCTRINA JURISPRUDENCIAL

El Tribunal Supremo ha dictado en materia de propiedad horizontal la siguiente doctrina:

1. AIRE ACONDICIONADO. «Declarar como doctrina jurisprudencial la necesidad del acuerdo unánime en la Junta de Propietarios para la instalación de un aparato de aire acondicionado en la azotea de un edificio, prohibida genéricamente por los Estatutos». Sentencia de 22 de octubre de 2008.

2. PISCINA. «Declarar como doctrina jurisprudencial que la construcción de una piscina en elementos comunes, sujetos al régimen de la Propiedad Horizontal, no es un servicio de interés general y necesita la unanimidad de todos los comuneros, siendo insuficiente la regla de los tres quintos para su aprobación». Sentencia 940/2008, de 9 de octubre de 2008.

3. OBRAS EN FACHADA. «Declarar como doctrina jurisprudencial la presencia de consentimiento tácito en las obras realizadas unilateralmente por el titular de la vivienda en la fachada del edificio de la Comunidad, habida cuenta de que del comportamiento de las partes resulta implícita su aquiescencia a tal situación, sin que durante un largo periodo de tiempo se hubiera efectuado impugnación alguna pese a su notoriedad». Sentencia de 23 de octubre de 2008.

4. AIRE ACONDICIONADO. «Fijamos como doctrina interpretativa de los artículos 7 y 12 de la Ley de Propiedad Horizontal, respecto a la colocación de aparatos de aire acondicionado, la siguiente: para considerar si se alteran los elementos comunes del inmueble deberá tenerse en cuenta las circunstancias de cada caso, entre las que se incluye que se hayan realizado obras de perforación». Sentencia 1182/2008, de 15 de diciembre.

5. INSTALACIÓN DE ASCENSOR. «La declaración como doctrina jurisprudencial de que el acuerdo de la Junta de Propietarios válidamente adoptado obliga a todos los comuneros desde la óptica de que existe una norma específica que regula la instalación del servicio de ascensor, con la añadidura de que su interpretación se efectuará de acuerdo con la realidad social del tiempo en que ha de ser aplicada». Sentencia 1151/2008, de 18 de diciembre.

6. MODIFICACIÓN TÍTULO CONSTITUTIVO. «Declarar como doctrina jurisprudencial, respecto a la modificación del título constitutivo de un edificio regido por la Ley de Propiedad Horizontal, que el cambio se produzca por la vía judicial, aunque no haya unanimidad en la Junta de Propietarios, si la oposición es considerada como un acto de abuso del derecho o de ejercicio antisocial del mismo». Sentencia 1158/2008, de 19 de diciembre.

SUCESIONES

Autora

Marta Soledad Sebastián Chena
Abogada

SUCESIONES. CONCEPTOS BÁSICOS. TRAMITACIÓN DE LA SUCESIÓN

Marta Soledad Sebastián Chena
Abogada

I. CONCEPTOS BÁSICOS

1. Herencia

1.1. Definición.

1.2. Bienes que no forman parte de la herencia.

1.3. La herencia yacente.

2. Heredero

3. Legatario

3.1. Legatario de parte alícuota.

4. Sustituciones hereditarias

4.1. Sustitución vulgar (art. 774 C.c.).

4.2. Sustitución pupilar (art. 775 C.c.).

4.3. Sustitución ejemplar (art. 776 C.c.).

4.4. Sustitución fideicomisaria (arts. 781 a 786 C.c.).

4.5. Fideicomiso de residuo.

5. Sucesión

5.1. Sucesión forzosa: las legítimas, la mejora y la preterición.

5.1.1. La legítima.

5.1.2. La mejora (arts. 823 a 833 C.c.).

5.1.3. Preterición.

5.2. Sucesión intestada:

5.2.1. Supuestos en que tiene lugar (art. 912 C.c.).

5.2.2. Orden de llamamientos en el Código Civil (art. 913 C.c.).

5.2.3. Derecho de representación (arts. 924 a 929 C.c.).

6. Capacidad para suceder. Prohibiciones. Indignidad. Desheredación

6.1. Incapacidad (art. 745 C.c.).

6.2. Prohibiciones.

6.3. Causas de indignidad (art. 756 C.c.).

6.4. Otras causas de indignidad.

6.5. Momento para calificar la capacidad para suceder (art. 758 c.c.).

6.6. Eficacia de las causas de indignidad. .

6.7. Efectos.

6.8. Cese de los efectos: Rehabilitación del indigno.

6.9. Desheredación (arts. 848 a 857 C.c.).

6.9.1. Características.

6.9.2. Ineficacia de la desheredación (art. 851 C.c.).

INTRODUCCIÓN

El Derecho de sucesiones constituye una amplia y compleja parte de nuestro Derecho civil y, por ello, muchos son los supuestos que pueden plantearse en la práctica profesional, pero, sin duda, aquel con el que más frecuencia nos vamos a encontrar es el de tramitar la sucesión de una persona hasta dejar adjudicado todo su patrimonio a sus herederos. En tal supuesto centraremos nuestra atención, no sin antes fijar una serie de conceptos elementales que habremos de tener presentes en todo momento.

I. CONCEPTOS BÁSICOS

1. Herencia

1.1. Definición

Constituye la herencia de una persona el conjunto de bienes, derechos y obligaciones de los que aquélla es titular al momento de su fallecimiento y que no se extinguen por el hecho de su muerte.

1.2. Bienes que no forman parte de la herencia

No forman parte del caudal hereditario del causante:

a. Los **bienes intransmisibles**, que se extinguen con el fallecimiento del causante. Tales como:

a.1. Los bienes de carácter público para los que legalmente esté establecido que se extingan al fallecimiento del causante o que pasen inmediatamente a una tercera persona.

a.2. Los bienes personalísimos, ligados a la persona en atención a las cualidades que le son propias.

b. **Bienes que se obtienen en virtud de un derecho independiente:**

b.1. Las *indemnizaciones por muerte por accidente*. Tales cantidades son reconocidas a quienes acrediten la condición de perjudicados. No formarán parte del caudal relicto porque el causante no las percibió en vida y por tanto no son transmitidas a los herederos.

b.2. Las *cantidades percibidas por seguros de vida concertados por el causante* tampoco pertenecen a la herencia de aquél. El derecho del beneficiario del seguro a su percepción deriva del contrato de seguro. Ahora bien, aunque tales cantidades no formen parte del caudal relicto, si deberán ser incluidas en la liquidación del Impuesto sobre Sucesiones que realice el que las haya percibido.

b.3. Las *prestaciones por fallecimiento derivadas de un plan de pensiones concertado por el causante*. Tales prestaciones, que no se incluirán en la liquidación del impuesto sobre sucesiones, tributarán como rendimiento del trabajo en el impuesto sobre la renta de las personas físicas del beneficiario de las mismas [art. 3.e) del Reglamento del Impuesto sobre Sucesiones, Real Decreto 1629/1991, de 8 de noviembre, en relación con el art. 17.2.a) 3.ª de la Ley del Impuesto sobre la Renta de las Personas Físicas, Ley 35/2006, de 28 de noviembre].

1.3. La herencia yacente

Se denomina herencia yacente al patrimonio relicto mientras se mantiene interinamente sin titular, situación que se produce cuando fallecido el causante los herederos aún no han aceptado la herencia y no se han adjudicado a los mismos los bienes integrantes de tal caudal.

La herencia yacente carece por ello de personalidad jurídica, aunque para determinados fines se le otorga transitoriamente una consideración y tratamiento unitario, siendo su destino el de ser adquirida por los herederos voluntarios o legales, admitiendo el que, bien por medio de albaceas o administradores testamentarios o judiciales, pueda ser demandada y esté habilitada para excepcionar y recurrir (STS 12 marzo 1987).

2. *Heredero*

Es el sucesor a título universal, aquel a quien se atribuye el patrimonio hereditario en su totalidad o en una parte proporcional.

3. *Legatario*

Es el sucesor a título particular, aquel a quien se atribuye alguno de los elementos concretos que integran el patrimonio hereditario o un grupo de ellos determinado.

3.1. Legatario de parte alícuota

Tiene la condición de heredero porque sucede en una parte abstracta del caudal. Su cuota se determina previa satisfacción de las deudas y cargas de la herencia, pero sin que esté obligado a su pago y pudiendo anotar previamente su derecho en el Registro de la Propiedad.

4. *Sustituciones hereditarias*

Pueden tener lugar tanto entre herederos como entre legatarios (art. 789 C.c.).

4.1 Sustitución vulgar (art. 774 C.c.)

Aquella disposición por la que el testador prevé, para el caso de que el heredero por él instituido le premuera o no quiera o no pueda aceptar la herencia, que otra u otras personas ocupen el lugar de tal heredero.

El testador puede:

— Designar a dos o más personas para que sustituyan a un solo heredero (art. 778 C.c.).

— Designar a una sola persona para que sustituya a dos o más herederos (art. 778 C.c.).

— Establecer la sustitución recíproca de herederos (art. 779 C.c.).

Si el nombramiento de sustituto vulgar se realiza **sin especificación de casos**, se entiende que comprende tanto la premoriencia como la incapacidad o la repudiación.

Si el nombramiento de sustituto vulgar se realiza **indicando un supuesto concreto**, sólo en el supuesto indicado por el testador tendrá lugar la sustitución.

4.2. Sustitución pupilar (art. 775 C.c.)

Aquella disposición en virtud de la cual los padres o ascendientes pueden nombrar un sustituto a sus descendientes menores de 14 años, para el caso de que fallezcan antes de dicha edad. Afecta sólo a los bienes que el menor adquiera del sustituyente.

Si el sustituido tuviera herederos forzosos, la sustitución sólo será válida en cuanto no perjudique los derechos legitimarios de éstos.

4.3. Sustitución ejemplar (art. 776 C.c.)

Disposición en virtud de la cual los ascendientes pueden nombrar un sustituto a sus descendientes mayores de 14 años que hayan sido declarados incapaces por enajenación mental. Afecta sólo a los bienes que adquiera del sustituyente.

La sustitución quedará sin efecto si el incapacitado otorgase testamento en un intervalo lúcido o después de haber recobrado la razón.

Si el sustituido tuviera herederos forzosos, la sustitución sólo será válida en cuanto no perjudique los derechos legitimarios de éstos.

4.4. Sustitución fideicomisaria (arts. 781 a 786 C.c.)

Disposición por la que el testador encarga al heredero que conserve y transmita la herencia a un tercero en todo o en parte.

- **Requisitos para su validez:**

1.º No puede pasar del 2.º grado de parentesco.

2.º A favor de persona/s que vivan al tiempo del fallecimiento del testador.

3.º El llamamiento ha de ser expreso (art. 783 C.c.).

- **Elementos subjetivos:**

— *Fideicomitente* o testador.

— *Fiduciario*. Heredero instituido en primer lugar con obligación de conservar la herencia para entregársela al segundo instituido.

— *Fideicomisario.* Heredero instituido en segundo lugar a quien pasará la herencia al fallecimiento del fiduciario. Adquiere su derecho desde la muerte del testador, de modo que si fallece antes que el fiduciario su derecho pasará a sus herederos.

- **Limitaciones:**

— No puede gravar la legítima estricta. Si bien con la *excepción* de que la grave a favor de un hijo o descendiente judicialmente incapacitado en los términos art. 808 C.c. (Ley 41/2003, de 18 de noviembre, de Protección patrimonial personas con discapacidad).

— El tercio de mejora sólo puede gravarlo a favor de descendientes.

- **Nulidad de la sustitución.** La nulidad de la sustitución no perjudicará la validez de la institución ni a los herederos del primer llamamiento, sólo se tendrá por no escrita la cláusula fideicomisaria.

4.5. Fideicomiso de residuo

Disposición por la que el testador pretende que, al fallecimiento del fiduciario o al cumplimiento del término o condición impuesto en el testamento, se transmita al segundo instituido o fideicomisario:

a) Un mínimo de la herencia (fideicomiso *de eo quod superavit*).

b) Lo que quede, si es que queda (fideicomiso *si aliquid superavit*)

5. *Sucesión*

Cuando una persona fallece se produce la apertura de su sucesión y la consiguiente transmisión de todos sus derechos y obligaciones a sus herederos (posesión civilísima).

Conforme al artículo 658 C.c., la sucesión de una persona puede ser:

a) Testamentaria. Deferida por voluntad del hombre manifestada en testamento.

b) Intestada. Deferida por disposición de la ley.

c) Mixta. Deferida en parte por la voluntad del hombre y en parte por disposición de la ley.

5.1. Sucesión forzosa

Tiene lugar a favor de determinados herederos a los que la ley reserva una porción de los bienes del causante. A tales herederos se les denomina *forzosos* y a tal porción de bienes legalmente reservada a los mismos *legítima.*

5.1.1. La legítima

La legítima va a delimitar el alcance de la voluntad del testador, ya que habrá de respetarla en todo caso, y cuando así no lo haga podrán los legitimarios pedir la reducción de aquellas disposiciones que sean inoficiosas (art. 817 C.c.) o el complemento de su legítima (art. 815 C.c.).

<table>
<tr><th>Herederos forzosos (art. 807 C.c.)</th><th colspan="2">Legítima</th></tr>
<tr><td rowspan="3">Hijos y descendientes,
respecto de sus padres y ascendientes
(art. 808 C.c.)</td><td rowspan="2">2/3 Haber hereditario padre y madre</td><td>1/3 legítima estricta</td></tr>
<tr><td>1/3 mejora de hijos o descendientes</td></tr>
<tr><td colspan="2">1/3 libre disposición</td></tr>
<tr><td rowspan="2">A falta de los anteriores,
padres o ascendientes,
respecto de sus hijos y descendientes
(art. 809 C.c.)</td><td>Concurriendo solos</td><td>1/2 del haber hereditario hijos y descendientes</td></tr>
<tr><td>Concurriendo con cónyuge viudo del descendiente causante</td><td>1/3 herencia</td></tr>
<tr><td rowspan="3">Cónyuge viudo
Derecho de usufructo concurrente
con el derecho hereditario de los anteriores
(arts. 834, 837 y 838 C.c.)</td><td>Concurriendo con hijos o descendientes</td><td>Usufructo
1/3 mejora</td></tr>
<tr><td>Concurriendo con ascendientes</td><td>Usufructo
1/2 herencia</td></tr>
<tr><td>Concurriendo solo</td><td>Usufructo
2/3 herencia</td></tr>
</table>

a. La legítima de hijos y descendientes

No admite gravamen, condición ni sustitución de ninguna especie (art. 813 C.c.).

Excepciones:

1. El usufructo del cónyuge viudo que grava el tercio de mejora.

2. Sustitución fideicomisaria en el supuesto de existir hijos o descendientes judicialmente incapacitados. La Ley 41/2003, de 18 de noviembre, de protección patrimonial de las personas con discapacidad, modificó el artículo 808 del Código Civil, que regula la legítima de los hijos y descendientes introduciendo la posibilidad de que cuando alguno de los hijos o descendientes haya sido judicialmente incapacitado, el testador pueda establecer una sustitución fideicomisaria sobre el tercio de legítima estricta, siendo fiduciarios los hijos o descendientes judicialmente incapacitados y fideicomisarios los coherederos forzosos.

b. La legítima de los padres y ascendientes **(art. 810 C.c.)**

Padres

Viviendo ambos, la legítima a ellos reservada se dividirá entre los dos por partes iguales.

Viviendo sólo uno, éste la heredará toda.

Ascendientes

Heredarán en defecto de los padres.

Si son de igual grado de las líneas paterna y materna, se dividirá la herencia por mitad entre ambas líneas.

Si son de distinto grado, heredarán los más próximos de una u otra línea.

Sucesión en los bienes donados por los ascendientes a sus hijos o descendientes muertos con posterioridad sin descendencia (art. 812 C.c.)

Si los mismos objetos donados existen en la sucesión, sucederán con exclusión de otras personas en tales bienes.

Si los bienes hubieran sido enajenados, sucederán en todas las acciones que el donatario tuviera con relación a ellos.

Si hubieran sido vendidos, sucederán en el precio.

Si hubieran sido permutados o cambiados, sucederán en los bienes con que se hayan sustituido.

c. Derechos del cónyuge viudo

El Código Civil reconoce al cónyuge viudo un derecho de usufructo que es concurrente con el derecho de los demás legitimarios y variable dependiendo de las personas con las que concurra.

Ahora bien, para que el cónyuge viudo tenga derecho a tal usufructo será necesario:

a) Que no esté separado judicialmente ni de hecho del causante.

b) Que habiendo estado separado del causante, se hubieran reconciliado y tal reconciliación hubiera sido notificada al Juzgado que conoció de la separación.

Conmutabilidad del usufructo

Prevé el Código Civil la posibilidad de conmutar el usufructo del cónyuge viudo, esto es, satisfacer a aquél lo que le corresponda por su cuota usufructuaria asignándole una renta vitalicia, los productos de determinados bienes o un capital en efectivo. También es aceptado por la doctrina del Tribunal Supremo que tal asignación se realice en bienes inmuebles, pero en tal caso, si alguno de los herederos fuera menor de edad, será necesaria la posterior aprobación judicial de la partición en que así se proceda.

La facultad de conmutación corresponde:

a) Con carácter general a los herederos afectados por el usufructo, que habrán de proceder de mutuo acuerdo y, en su defecto, en virtud de mandato judicial (art. 839 C.c.).

b) Excepcionalmente al cónyuge viudo, en el supuesto en que concurra con hijos sólo del causante (art. 840 C.c.). En tal caso, corresponderá a los hijos herederos del causante elegir la forma en que se ha de conmutar el usufructo, bien asignando un ccapital en dinero bien un lote de bienes hereditarios.

Valoración del usufructo del viudo

En ausencia de cualquier otra referencia, suele recurrirse para valorar el derecho usufructuario del cónyuge viudo a la normativa reguladora del Impuesto sobre

Sucesiones: arts. 26.a), párrafo segundo, de la Ley 29/1987, de 18 de diciembre, del Impuesto sobre Sucesiones, y 49.b) del Reglamento, RD 1629/1991, de 8 de noviembre.

Conforme a los citados preceptos el usufructo vitalicio, cual es el del cónyuge viudo, tiene un valor igual al 70% del valor total de los bienes si el usufructuario cuenta menos de 20 años, minorándose el porcentaje en la proporción de un 1% por cada año más, con el límite mínimo del 10 por ciento. La fórmula sencilla para calcular el valor del usufructo vitalicio es 89 menos la edad del usufructuario (resolución de la DGT de 27 de febrero de 1995).

Así: Siendo la edad del cónyuge viudo a la fecha del fallecimiento del causante de 64 años, el valor del usufructo será 89 – 64 = 25%.

Si el causante dejó en testamento a su cónyuge viudo el usufructo universal de todos sus bienes. El valor de tal derecho usufructuario será el 25% del total caudal hereditario.

Si le dejó sólo la cuota legal usufructuaria y existen hijos del matrimonio. El valor del usufructo será el 25% de un tercio del caudal hereditario, en concreto del tercio de mejora.

Por su parte, la nuda propiedad se computará por la diferencia entre el valor total de los bienes gravados con el usufructo y el valor del usufructo [art. 49.c) del Reglamento del Impuesto sobre Sucesiones].

Usufructo universal a favor del cónyuge viudo. La cláusula «*socini*» o «*gualdense*»

El testador puede dejar a su cónyuge, para el caso de que le sobreviva, el usufructo universal de todos sus bienes mediante la utilización de la denominada cláusula «*socini*» o «*gualdense*» Consiste la citada cláusula en conceder al legitimario la posibilidad de elegir entre aceptar la disposición del testador por la que le concede más de lo que le corresponde por legítima pero sujetando ésta a gravamen, o limitarse a percibir lo que le corresponde en virtud de la legítima y renunciando al exceso.

Cuando el testador hace uso de tal cláusula es habitual que legue a su cónyuge el usufructo sobre la totalidad de su patrimonio, y para el caso de que tal cláusula no pueda llevarse a efecto, le legue el usufructo del tercio de mejora y, además, en plena propiedad, el tercio de libre disposición.

En tal supuesto, los hijos son instituidos herederos por partes iguales, concediéndoles la posibilidad de optar entre soportar tal usufructo universal, que va a gravar su legítima —lo que a tenor del art. 813 C.c. no es posible—, o no consentirlo, en cuyo caso recibirán sólo lo que por legítima estricta les corresponda.

De modo que:

— Si aceptan el usufructo universal, recibirán más de lo que por legítima les correspondería, esto es, la totalidad de los bienes, si bien con el carácter de «*nudo propietarios*» y no podrían usar y disfrutar de los bienes hasta el fallecimiento del viudo.

— Si no lo aceptan, recibirán mucho menos que quienes lo hayan aceptado, ya que sólo recibirán lo que por legítima estricta les corresponda.

5.1.2. La mejora (arts. 823 a 833 C.c.)

Es el tercio de la herencia, de los dos que componen la legítima de los hijos y descendientes, del que los padres pueden disponer libremente a favor de alguno o algunos de sus hijos o descendientes.

Caracteres:

a) No se puede imponer sobre ella gravamen alguno.

Excepción:

1) Que el gravamen se establezca a favor de los legitimarios o sus descendientes.

2) El usufructo a favor del cónyuge viudo.

b) Es revocable, aunque se haya verificado con la entrega de bienes.

Excepción. No será revocable:

1) La hecha por capitulaciones matrimoniales.

2) La hecha por contrato oneroso celebrado con un tercero.

c) La facultad de mejorar es personal sin que pueda encomendarse a otro.

Excepción: Cuando en testamento se faculte al cónyuge viudo para que, fallecido el testador, puede realizar a favor de los hijos o descendientes comunes mejoras incluso con cargo al tercio de libre disposición. Tales mejoras podrán realizarlas el cónyuge viudo en uno o varios actos, simultáneos o sucesivos. Y, salvo que el testador le haya conferido la facultad de hacerlo en su propio testamento o no le haya señalado plazo, deberá efectuarlas en los dos años siguientes a la apertura de la sucesión o, en su caso, a la emancipación del último de los hijos comunes. Tal facultad cesará si el viudo o viuda contrae nuevo matrimonio o pasa a tener una relación de hecho análoga o tiene algún hijo no común, salvo que el testador haya dispuesto otra cosa.

Bienes sobre los que recae

— Si recae sobre cosa determinada y el valor de ésta excede del tercio destinado a la mejora y de la parte de legítima estricta correspondiente al mejorado, deberá éste abonar la diferencia en metálico a los demás interesados.

— Si no ha sido señalada en cosa determinada, será pagada con los mismos bienes hereditarios, observándose las reglas sobre adjudicación de bienes establecidas en los artículos 1061 y 1062 C.c., para procurar la igualdad de los herederos en la partición de bienes.

No tienen carácter de mejora

a) Las donaciones a favor de hijos o descendientes, que sean herederos forzosos.

Excepción. Que el donante haya declarado de manera expresa su voluntad de mejorar.

b) Los legados hechos por el testador a uno de los hijos o descendientes.

Excepción:

1) Que el testador haya declarado expresamente su voluntad de mejorar con el legado.

2) Que el legado no quepa en la parte libre.

Promesa de mejorar o no mejorar

Si es hecha en escritura pública de capitulaciones matrimoniales, será válida e irrevocable, pues la disposición del testador contraria a tal promesa no producirá efecto.

Facultad del mejorado

El hijo o descendiente mejorado podrá renunciar a la herencia y aceptar la mejora.

5.1.3. Preterición

La preterición consiste en la omisión, voluntaria o involuntaria, del nombramiento en testamento de un heredero forzoso.

- **Efectos:**

a. Generales

1) No perjudica la legítima. De modo que aunque no se nombre en el testamento a algún heredero forzoso, éste conservará sus derechos a la herencia.

2) Da lugar: primero, a la reducción de la institución de heredero y después y por este orden, a la de los legados, las mejoras y las demás disposiciones testamentarias.

3) A salvo las legítimas, tendrá preferencia en todo caso lo ordenado por el testador.

b. En caso de preterición no intencional de hijos o descendientes

1) Preterición de todos. Se anularán las disposiciones testamentarias de contenido patrimonial.

2) Preterición de algunos:

1.1. Se anulará la institución de herederos.

1.2. Valdrán los legados y mejoras ordenadas por cualquier título, en cuanto no sean inoficiosas.

1.3. La institución de heredero a favor del cónyuge sólo se anulará en cuanto perjudique las legítimas.

- **Supuestos especiales**

a. Descendientes de otro descendiente que no hubiere sido preterido. Aunque no sean nombrados en el testamento no se consideran preteridos, pues representan al descendiente no preterido en la herencia del ascendiente.

b. Premoriencia de herederos forzosos preteridos. En tal supuesto, el testamento surtirá todos sus efectos.

5.2. Sucesión intestada

5.2.1. Supuestos en que tiene lugar (art. 912 C.c.)

La sucesión intestada o legítima, como la denomina el C.c., tendrá lugar siempre que concurra alguna de las siguientes circunstancias afectantes a la existencia y vigencia del propio testamento, a su contenido o al heredero en él instituido.

a. Circunstancias relativas al testamento

1.ª Inexistencia.

2.ª Nulidad.

3.ª Ineficacia.

b. Circunstancias relativas al contenido del testamento

1.ª Omisión de la institución de heredero en todo o en parte de los bienes.

2.ª No disposición de todos los bienes que corresponden al testador.

En ambos casos, la sucesión legítima sólo tendrá lugar respecto de los bienes de los que el testador no hubiese dispuesto.

c. **Circunstancias relativas al heredero instituido**

1.ª No se cumpla la condición puesta a la institución de heredero.

2.ª Premoriencia del heredero.

3.ª Repudiación de la herencia por el heredero sin tener sustituto y sin que haya lugar al derecho de acrecer.

4.ª Incapacidad para suceder del heredero.

5.2.2. Orden de llamamientos en el Código Civil (art. 913 C.c.)

A falta de herederos testamentarios, la Ley defiere la herencia a los parientes del difunto, al viudo o viuda y al Estado, por el siguiente orden:

1.º Línea recta descendente (arts. 930 a 934 C.c.).

2.º Línea recta ascendente (arts. 935 a 942 c.C.).

3.º Cónyuge viudo (arts. 944 y 945 C.c.).

4.º Colaterales (arts. 946 a 955 C.c.).

5.º El Estado (art. 956 C.c.).

1.º	**Línea recta descendente**	**Forma de suceder**	**Concurrencia con cónyuge viudo**
HIJOS		a. Sin distinción de sexo, edad o filiación. b. Por derecho propio. c. Por cabezas (partes iguales).	Cónyuge viudo derecho al usufructo del 1/3 de mejora. Siempre que no esté separado judicialmente o de hecho del causante.
NIETOS Y DEMÁS DESCENDIENTES		a. Por derecho de representación. b. Por estirpes. Sólo heredarán la parte correspondiente a aquel a quien representen. c. Dentro de la estirpe, por partes iguales.	

A falta de hijos y descendientes del difunto heredarán:

2.º	**Línea recta ascendente**	**Forma de suceder**	**Concurrencia con cónyuge viudo**
PADRE Y MADRE		a. Heredan por partes iguales. b. Si sólo sobrevive uno, éste heredará todo. c. Sin perjuicio de lo dispuesto en el art. 811 C.c. respecto a la reserva troncal y en el art. 812 C.c. respecto a los bienes donados a descendientes.	Cónyuge viudo derecho al usufructo de la 1/2 de la herencia. Siempre que no esté separado judicialmente o de hecho del causante.
DEMÁS ASCENDIENTES		a. Heredan los más próximos en grado. b. Los de igual grado y misma línea, heredan por cabezas (partes iguales). c. Los de igual grado y distinta línea, heredarán la mitad los de la línea paterna y la otra mitad los de la línea materna. d. En cada línea la división será por cabezas (partes iguales). e. Sin perjuicio de lo dispuesto en el art. 811 C.c. respecto a la reserva troncal y en el art. 812 C.c. respecto a los bienes donados a descendientes.	

En defecto de ascendientes y descendientes y antes que los colaterales:

3.º	**Cónyuge sobreviviente**	Casado con causante al fallecimiento de éste.	Hereda todo.
		Separado judicialmente o de hecho del causante.	No hereda.

A falta descendientes, ascendientes y cónyuge sobreviviente y con preferencia a los demás colaterales:

4.º	Hermanos e hijos de hermanos	Forma de suceder
DOBLE VÍNCULO (Mismos padre y madre)		
HERMANOS (Art. 947 CC)		Por partes iguales
HERMANOS CON SOBRINOS (Art. 948 CC)		Hermanos por cabezas Sobrinos por estirpes (Derecho representación)
Sólo SOBRINOS		Por cabezas
VÍNCULO SENCILLO (Consanguíneos —mismo padre— o uterinos —misma madre—)		
HERMANOS (Art. 950 CC)		Por partes iguales
HERMANOS CON SOBRINOS (Art. 951 CC)		Hermanos por cabezas Sobrinos por estirpes (D.º representación)
Sólo SOBRINOS		Por cabezas
AMBOS VÍNCULOS		
HERMANOS *doble vínculo y vínculo sencillo* (Art. 949 CC)		Los de doble vínculo tomarán doble porción que los de vínculo sencillo
HERMANOS CON SOBRINOS		
HERMANOS *doble vínculo* con SOBRINOS *vínculo sencillo*		Los primeros doble porción Los segundos una porción (la que correspondería por derecho de representación a su progenitor). Dentro de la estirpe por cabezas
HERMANOS *vínculo sencillo con* HIJOS DE HERMANOS de *doble vínculo*		Los segundos tomarán, por derecho de representación, doble porción que los primeros. Dentro de la estirpe por cabezas
HIJOS DE HERMANOS de *doble vínculo* con HIJOS DE HERMANOS de *vínculo sencillo*		Los primeros tomarán doble porción que los segundos

No habiendo cónyuge supérstite, ni hermanos ni hijos de hermanos, sucederán los siguientes parientes:

5.º	**Línea colateral hasta el 4.º grado** Más allá no se extiende el derecho de heredar abintestato.	a. Sin distinción de líneas ni preferencia entre ellos por razón de doble vínculo. b. Heredarán los más próximos en grado. c. Por partes iguales.

A falta de todos los anteriores

6.º	Estado	Distribución bienes	
	a. Requerirá declaración herederos abintestato. b. Hereda a beneficio de inventario sin necesidad de declaración alguna al respecto.	1/3	**Instituciones municipales** del domicilio del difunto de beneficencia, instrucción, acción social o profesionales de carácter público o privado. Con preferencia de aquellas a las que causante hubiera pertenecido por su profesión o a las que hubiera consagrado su máxima actividad.

6.º	**Estado**	**Distribución bienes**	
	a. Requerirá declaración herederos abintestato. b. Hereda a beneficio de inventario sin necesidad de declaración alguna al respecto.	**1/3**	**Instituciones provinciales** de la provincia del difunto de beneficencia, instrucción, acción social o profesionales de carácter público o privado. Con preferencia de aquellas a las que causante hubiera pertenecido por su profesión o a las que hubiera consagrado su máxima actividad.
		1/3	**Tesoro Público.**

5.2.3. Derecho de representación (arts. 924 a 929 C.c.)

El derecho de representación es el derecho que tienen los parientes de una persona para sucederle en todos los derechos que tendría si viviera o hubiera podido heredar.

La sucesión tiene lugar por estirpes, de modo que los representantes no hereden más de lo que heredaría su representado si viviera (art. 926 C.c.).

Parientes a cuyo favor tiene lugar el derecho de representación (arts. 925 y 927 C.c.)

1. Línea recta descendente, sin límite.

2. Línea colateral. Sólo hijos de hermanos de doble vínculo o de vínculo sencillo y cuando los hermanos acepten la herencia.

Si los sobrinos concurren solos, no habrá representación, sino que heredarán por derecho propio, y lo harán por partes iguales, salvo en los supuestos en que concurran sobrinos de doble vínculo con sobrinos de vínculo sencillo, en cuyo caso se aplicará lo dispuesto para los hermanos de doble vínculo.

Parientes en los que no se da el derecho de representación (art. 925 C.c.)

1. Línea recta ascendente.

2. Descendientes de los hijos de hermanos.

Supuestos en que procede la representación (art. 929 C.c.)

1. Premoriencia.

2. Desheredación

3. Incapacidad

Supuestos en que no procede el derecho de representación

Repudiación

Los dos únicos supuestos en los que el Código Civil permite representar a una persona viva son la desheredación y la incapacidad para heredar.

Repudiación por parientes del mismo grado. Su parte acrecerá a los otros del mismo grado (art. 922 C.c.).

Repudiación por todos los parientes más próximos en grado. Heredan los del grado siguiente por su propio derecho y sin que puedan representar al repudiante (art. 923 C.c.).

La renuncia a la herencia del representado no hace perder el derecho de representación (art. 928 C.c.).

• **Obligación de colacionar** (art. 1038 C.c.)

Cuando los nietos sucedan al abuelo en representación del padre, concurriendo con sus tíos o primos, colacionarán todo lo que debiera colacionar el padre si viviera, aunque no lo hayan heredado.

6. *Capacidad para suceder. Prohibiciones. Indignidad. Desheredación*

Para que una persona llamada a suceder *mortis causa* a otra, por testamento o abintestato, pueda llegar a ser sucesor se requiere que sea persona, física o jurídica, que sobreviva al causante y que tenga capacidad para suceder.

Tendrá capacidad para suceder por testamento o abintestato toda persona que no esté incapacitada por ley.

El Código Civil distingue entre:

a. Incapacidad que impide al sujeto afectado suceder *mortis causa* a cualquier persona.

b. Prohibiciones que impiden a determinados sujetos suceder al causante en circunstancias concretas.

c. Indignidad que inhabilita para adquirir por sucesión, testada o intestada, los bienes o derechos de la persona contra quien se cometan actos ofensivos.

d. Analizaremos también en este apartado las causas de desheredación por ser muchas de ellas comunes a las de indignidad. Al fin y al cabo, cuando una persona es desheredada es porque el testador la considera indigna para sucederle.

6.1. Incapacidad (art. 745 C.c.)

Son incapaces de suceder:

1.º Las CRIATURAS ABORTIVAS. Feto que no tenga figura humana o no haya vivido veinticuatro horas enteramente desprendido del seno materno.

2.º Las ASOCIACIONES O CORPORACIONES NO PERMITIDAS POR LA LEY.

6.2. Prohibiciones

El Código Civil basa tales prohibiciones en dos tipos de circunstancias:

1.º Basadas en la situación jurídica de la persona excluida. No aluden a una falta de condiciones necesarias en la persona sino a una concreta situación jurídica que fundamenta la norma prohibitiva de suceder, cuya razón suele estar en el deseo de evitar el peligro de captación de la voluntad del difunto (STS 20 de mayo de 1992).

2.º Basadas en la actitud desconsiderada del excluido frente al testador.

1.° *Prohibiciones basadas en la situación jurídica del excluido* (arts. 752 a 754 C.c.)

• Art. 752 C.c. No producirán efecto las disposiciones testamentarias que haga el testador durante su última enfermedad a favor de:

1.º SACERDOTE QUE LE HUBIERA CONFESADO EN SU ÚLTIMA ENFERMEDAD.

2.º PARIENTES DEL CONFESOR DENTRO DEL 4.º GRADO.

3.º IGLESIA, CABILDO, COMUNIDAD O INSTITUTO AL QUE PERTENEZCA EL CONFESOR.

• Art. 753 C.c. Tampoco surtirá efecto la disposición testamentaria a favor de:

TUTOR O CURADOR DEL TESTADOR

Excepciones. Será válida tal disposición testamentaria cuando haya sido hecha:

1.º Después de aprobadas definitivamente las cuentas.

2.º Una vez extinguida la tutela o curatela si no hubiera que rendir cuentas.

3.º A favor del tutor o curador que sea ascendiente, descendiente, hermano/a o cónyuge del testador.

• Art. 754 C.c. El testador no podrá disponer del todo o parte de su herencia a favor de:

1.º NOTARIO AUTORIZANTE DEL TESTAMENTO.

2.º CÓNYUGE DEL NOTARIO.

3.º PARIENTES DEL NOTARIO POR CONSANGUINIDAD O AFINIDAD HASTA EL 4.º GRADO.

4.º TESTIGOS INSTRUMENTALES testamento abierto y testamentos especiales.

5.º OTRAS PERSONAS ANTE LAS QUE SE HAYAN OTORGADO TESTAMENTOS ESPECIALES.

Excepción común. Que lo dejado sea un legado de cosa mueble o cantidad de poca importancia en relación con caudal hereditario.

2.° *Prohibiciones fundadas en la actitud desconsiderada del excluido frente al testador*

1.º) TUTOR DESIGNADO EN TESTAMENTO QUE SE EXCUSE DE LA TUTELA AL TIEMPO DE SU DELACIÓN, perderá lo que en consideración al nombramiento le hubiera dejado el testador (art. 257 C.c.).

2.º) ALBACEA QUE NO ACEPTE CARGO O LO RENUNCIE SIN JUSTA CAUSA, perderá lo que le hubiese dejado testador, salvo el derecho a la legítima (art. 900 C.c.).

6.3. Causas de indignidad (art. 756 C.c.)

Se fundan en la presunción de que el causante habría excluido de la sucesión al indigno si hubiese tenido conocimiento del hecho constitutivo de la indignidad.

1.º LOS PADRES QUE ABANDONAREN, PROSTITUYEREN O CORROMPIEREN A SUS HIJOS.

2.º EL CONDENADO EN JUICIO POR ATENTAR CONTRA LA VIDA DEL TESTADOR, DE SU CÓNYUGE, DESCENDIENTES O ASCENDIENTES.

3.º EL QUE HUBIERE ACUSADO AL TESTADOR DE DELITO AL QUE LA LEY SEÑALE PENA NO INFERIOR A LA DEL PRESIDIO O PRISIÓN MAYOR, CUANDO ACUSACIÓN SEA DECLARADA CALUMNIOSA (actualmente, penas graves).

4.º EL HEREDERO MAYOR DE EDAD QUE, SABEDOR DE LA MUERTE VIOLENTA DEL TESTADOR, NO LA HUBIESE DENUNCIADO DENTRO DE UN MES A LA JUSTICIA, CUANDO ÉSTA NO HUBIERE PROCEDIDO YA DE OFICIO.

5.º EL QUE, CON AMENAZA, FRAUDE O VIOLENCIA, OBLIGARE AL TESTADOR A HACER TESTAMENTO O A CAMBIARLO.

6.º EL QUE POR IGUALES MEDIOS IMPIDIERE A OTRO HACER TESTAMENTO, O REVOCAR EL QUE TUVIESE HECHO, O SUPLANTARE, OCULTARE O ALTERARE OTRO POSTERIOR.

7.º LAS PERSONAS CON DERECHO A LA HERENCIA DE UN DISCAPACITADO QUE NO HUBIERAN PRESTADO AL MISMO LAS ATENCIONES DEBIDAS (incluida por artículo 10.Uno Ley 41/2003, de 18 de noviembre, de Protección patrimonial de las personas con discapacidad).

6.4. Otras causas de indignidad:

— El art. 713 C.c. sanciona con la pérdida de todo derecho hereditario a la PERSONA QUE, CON DOLO:

a) Deje de presentar el testamento cerrado obrante en su poder.

b) Sustrajere el testamento cerrado del domicilio del testador o de la persona que lo tuviera en depósito.

c) Oculte, rompa o inutilice de otro modo el testamento cerrado.

— El art. 111 C.c. excluye de la herencia legal (intestada) del hijo o sus descendientes al PROGENITOR:

a) Condenado por sentencia penal firme a causa de las relaciones a que obedezca la generación.

b) Cuando filiación haya sido judicialmente determinada con su oposición.

6.5. Momento para calificar la capacidad para suceder (art. 758 c.c.)

• Regla general. Se atenderá al tiempo de la muerte de la persona de cuya sucesión se trate.

• Reglas especiales:

— Se esperará a que se dicte sentencia firme en los siguientes casos:

a) Condenado en juicio por haber atentado contra la vida del testador, su cónyuge, descendientes o ascendientes (causa 2.ª del art. 756 C.c.).

b) El que hubiera acusado al testador de delito al que la ley señale pena grave, cuando la acusación hubiese sido declarada calumniosa (causa 3.ª del art. 756 C.c.).

— Se esperará a que transcurra el mes señalado para la denuncia. En el supuesto del heredero mayor de edad que, sabedor de la muerte violenta del testador, no la hubiese denunciado dentro de un mes a la justicia (causa 4.ª del art. 756 C.c.).

— Si la institución o legado fuere condicional, se atenderá además al tiempo en que se cumpla la condición.

6.6. Eficacia de las causas de indignidad.

Para su eficacia excluyente han de ser objeto de prueba y declaradas judicialmente por sentencia firme.

No podrá deducirse acción para declarar la incapacidad pasados cinco años desde que el incapaz esté en posesión de la herencia o legado.

6.7. Efectos:

1. Nulidad de la disposición testamentaria a favor de un incapaz. Será nula aunque:

a) Se disfrace bajo la forma de contrato oneroso.

b) Se haga a nombre de persona interpuesta.

2. En el supuesto de que el condenado por atentar contra la vida del testador, su cónyuge, sus descendientes o ascendientes, fuere heredero forzoso, perderá su derecho a la legítima.

3. Si el excluido de la herencia por incapacidad fuera hijo o descendiente del testador, sus hijos o descendientes, si los tuviere, adquirirán su derecho a la legítima.

4. Si el indigno entra en posesión de los bienes hereditarios, estará obligado a restituirlos con sus accesiones y con todos los frutos y rentas que haya percibido.

6.8. Cese de los efectos: Rehabilitación del indigno

— Si el testador conocía la causa de indignidad al tiempo de hacer testamento.

— Si, aun conociéndola después, el testador la remite en documento público.

— En el supuesto del heredero mayor de edad que, sabedor de la muerte violenta del testador, no la denunciare en el plazo de un mes a la justicia, cesará la causa en los casos en que, según la ley, no exista obligación de acusar.

6.9. Desheredación (arts. 848 a 857 C.c.)

6.9.1. Características

— Sólo puede tener lugar por alguna de las causas expresamente señaladas por la ley.

— Sólo concurre en herederos legitimarios.

— Opera sólo en la sucesión testada, ya que sólo podrá hacerse en testamento, expresando en él la causa legal en que se funde.

— Sólo hace falta probar la certeza de justa causa si fuera contradicha por desheredado. En cuyo caso corresponderá la prueba a los herederos del testador.

6.9.2. Ineficacia de la desheredación (art. 851 C.c.)

No producirá efectos la desheredación cuando:

1.º No se haya expresado la causa en el testamento.

2.º Haya sido hecha por causa cuya certeza, si fuere contradicha, no se probare.

3.º La causa expresada no sea una de las señaladas en los artículos 853, 854 y 855 C.c.

4.º Haya mediado reconciliación entre el ofensor y el ofendido.

Cuando así ocurra:

a) Se anulará la institución de heredero en cuanto perjudique al desheredado.

b) Valdrán los legados, mejoras y demás disposiciones testamentarias en los que no perjudiquen a dicha legítima.

6.9.3. Derechos de los hijos del desheredado (art. 856 C.c.)

Los hijos o descendientes del desheredado ocuparán su lugar y conservarán los derechos de herederos forzosos respecto a la legítima.

6.9.4. Justas causas de desheredación

<table>
<tr><th>LEGITIMARIOS A LOS QUE PERMITEN DESHEREDAR</th><th>CAUSAS ESPECÍFICAS</th><th>CAUSAS COMUNES</th></tr>
<tr><td>HIJOS Y DESCENDIENTES (ART. 853 C.c.)</td><td>1.ª Haber negado, sin motivo legítimo, los alimentos al padre o ascendiente que le deshereda.
2.ª Haberle maltratado de obra o injuriado gravemente de palabra.</td><td rowspan="3">1.ª El que fuere condenado en juicio por atentar contra la vida del testador, de su cónyuge, descendientes o ascendientes (causa 2.ª, art. 756 C.c.).
2.ª El que hubiere acusado al testador de delito al que la ley señale pena no inferior a la del presidio o prisión mayor, cuando acusación sea declarada calumniosa (causa 3.ª, art. 756 C.c.).
3.ª El que, con amenaza, fraude o violencia, obligare al testador a hacer testamento o a cambiarlo (causa 5.ª, art. 756 C.c.).
4.ª El que por iguales medios impidiere a otro hacer testamento, o revocar el que tuviese hecho, o suplantare, ocultare o alterare otro posterior (causa 6.ª, art. 756 C.c.).</td></tr>
<tr><td>PADRES Y ASCENDIENTES (ART. 854 C.c.)</td><td>1.ª Haber perdido la patria potestad por las causas expresadas en el art. 170 C.c.:
a) Sentencia fundada en incumplimiento de los deberes inherentes a tal potestad.
b) Sentencia dictada en causa criminal o matrimonial.
2.ª Haber negado los alimentos a sus hijos o descendientes sin motivo legítimo.
3.ª Haber atentado uno de los padres contra la vida del otro, si no hubiere habido entre ellos reconciliación.
4.ª Haber abandonado, prostituido o corrompido a sus hijos (causa 1.ª art. 756 C.c.).</td></tr>
<tr><td>CÓNYUGE (ART. 855 C.c.)</td><td>1.ª Haber incumplido grave o reiteradamente los deberes conyugales.
2.ª Las que dan lugar a la pérdida de la patria potestad conforme al art. 170 C.c.:
a) Sentencia fundada en incumplimiento de los deberes inherentes a tal potestad.
b) Sentencia dictada en causa criminal o matrimonial.
3.ª Haber negado alimentos a los hijos o al otro cónyuge.
4.ª Haber atentado contra la vida del cónyuge testador, si no hubiere mediado reconciliación.</td></tr>
</table>

7. Derecho de acrecer (arts. 981 a 987 C.c.)

Es el incremento que experimenta la cuota hereditaria de un heredero cuando alguno de los coherederos no llega a heredar.

Tal acrecimiento tiene lugar no sólo entre herederos, sino también entre legatarios y entre usufructuarios (art. 987 C.c.).

Tipo de sucesión	Condiciones para el acrecimiento	
SUCESIÓN TESTADA	1.ª Conjunción de llamamientos a una misma herencia o a una misma porción de ella, sin especial designación de partes. Tendrá lugar: — Institución llamando a varias personas a la misma herencia o cuotas sin hablar de partes (art. 765 C.c.). — Institución llamando a varios «por mitad o por partes iguales», o frases por el estilo (art. 983 C.c.). — Invocación nominal del derecho de acrecer por el testador.	
	2.ª Porción vacante por no concurrencia de la persona llamada a la herencia por: a) Premoriencia. b) Renuncia. c) Incapacidad para recibirla.	
	3.ª No voluntad contraria del testador. Será contraria siempre que: a) Exista prohibición expresa de acrecimiento. Respecto a porción vacante se abrirá la sucesión intestada. b) Se prevea sustitución vulgar. La porción vacante pasa al sustituto.	
HEREDEROS FORZOSOS (ART. 985 C.c.)	Porción vacante sea LEGÍTIMA.	NO ACRECIMIENTO. Demás legitimarios adquirirán dicha parte por derecho propio, produciéndose un aumento de la cuota de bienes del causante a que tienen derecho.
	Porción vacante sea MEJORA.	ACRECIMIENTO entre descendientes mejorados
	Porción vacante sea LIBRE DISPOSICIÓN dejada a varios herederos forzosos, o a alguno de ellos y a un extraño.	ACRECIMIENTO entre ellos como herederos voluntarios.
SUCESIÓN INTESTADA (ARTS. 981 y 922 C.c.)	Entre parientes del mismo grado, la parte vacante acrecerá a los otros del mismo grado, salvo el derecho de representación cuando deba tener lugar (art. 922 C.c.).	
	Porción vacante por PREMORIENCIA.	Sin descendientes. Acrece a herederos igual grado.
		Con descendientes. No hay acrecimiento. La cuota vacante pasa a los descendientes que heredan por representación.
	Porción vacante por RENUNCIA.	Acrecimiento, puesto que no cabe representación.
	Porción vacante por INCAPACIDAD.	Habrá acrecimiento cuando no haya representantes para heredar (art. 929 C.c.).
LEGATARIOS (ART. 888 C.c.).	Habrá acrecimiento.	— Cuando varios sean llamados a un mismo legado. — Alguno no quiera o no pueda admitirlo, o legado no tenga efecto.
	No habrá acrecimiento.	— Testador nombre un sustituto al legatario. — Testador prohíba el acrecimiento. En tal supuesto se refundirá en la masa hereditaria.
USUFRUCTUARIOS	Habrá acrecimiento.	— Muerte cousufructuario. — Renuncia de uno de los usufructuarios.
	No habrá acrecimiento.	— Si las cuotas son tasadas. En cuyo caso, se producirá la consolidación del dominio.

8. *Reservas hereditarias*

<table>
<tr><th colspan="4">RESERVA VIDUAL
(Arts. 968 a 980 C.c.)</th></tr>
<tr><td colspan="2">RESERVISTA
Persona obligada a conservar los bienes</td><td colspan="2">CÓNYUGE VIUDO
En siguientes circunstancias:
a) Haya contraído segundas o ulteriores nupcias.
b) Haya tenido durante matrimonio o viudo un hijo no matrimonial.
c) Adopte a otra persona, salvo que fuera hijo del causante.</td></tr>
<tr><td colspan="2">RESERVATARIO
Persona a cuyo favor se han de conservar los bienes</td><td colspan="2">HIJOS Y DESCENDIENTES DEL MATRIMONIO ANTERIOR</td></tr>
<tr><td colspan="2">BIENES RESERVABLES
Bienes que hay que conservar</td><td colspan="2">Bienes adquiridos a título lucrativo de:
a) Cónyuge difunto.
b) Cualquiera hijos habidos del matrimonio con el cónyuge difunto.
c) Parientes del difunto por consideración a éste.</td></tr>
<tr><td colspan="2">BIENES NO RESERVABLES</td><td colspan="2">1) Los recibidos en pago de su mitad de gananciales.
2) Los asignados en pago de la cuota vidual capitalizada.
3) Los dados o dejados por los hijos sabiendo que estaba casado por segunda vez.</td></tr>
<tr><td rowspan="3">EFECTOS</td><td rowspan="2">Reservista</td><td>Facultades</td><td>1.º Disponer por actos inter vivos de los bienes reservables pero con obligación de indemnización si son muebles y asegurando el valor de los inmuebles.
2.º Mejorar en los bienes reservables a los hijos o descendientes del matrimonio con el difunto.
3.º Desheredar</td></tr>
<tr><td>Obligaciones</td><td>1.º Conservar los bienes reservables.
2.º Inventariar bienes sujetos a reserva.
3.º Tasar bienes muebles.
4.º Hacer constar en Registro de la Propiedad el carácter reservable de los inmuebles.
5.º Asegurar con hipoteca los bienes muebles no enajenados, el abono de los deterioros culpables, el precio o valor de los muebles e inmuebles enajenados válidamente.</td></tr>
<tr><td>Reservatarios</td><td colspan="2">En vida del reservista tendrán una mera expectativa asegurada que se convertirá en plenos derechos sobre los bienes reservables al fallecimiento del reservista, momento en el que podrán exigir la entrega de los bienes reservables y en su caso impugnar las enajenaciones hechas con contravención de la reserva.</td></tr>
<tr><td colspan="2">FINALIDAD</td><td colspan="2">Proteger a los hijos del primer matrimonio.
Fija la línea que será la recta descendente (sin límite) y no el grado.</td></tr>
<tr><td colspan="2">EXTINCIÓN</td><td colspan="2">1.º Inexistencia de hijos o descendientes del primer matrimonio al fallecer el reservista.
2.º Existencia sólo de hijos desheredados o indignos sin descendientes.
3.º Inexistencia de bienes reservables.
4.º Renuncia expresa a la reserva por hijos y descendientes mayores de edad.</td></tr>
</table>

<table>
<tr><th colspan="4">RESERVA LINEAL
(Art. 811, y por aplicación analógica arts. 970, 971, 973.1 y 975 a 978 C.c.)</th></tr>
<tr><td colspan="2">RESERVISTA
Persona obligada a conservar los bienes</td><td colspan="2">ASCENDIENTE
que hereda a un descendiente</td></tr>
<tr><td colspan="2">RESERVATARIO
Persona a cuyo favor se han de conservar los bienes</td><td colspan="2">PARIENTES DENTRO DEL 3.ER GRADO de la línea de donde los bienes procedan</td></tr>
<tr><td colspan="2">BIENES RESERVABLES
Bienes que hay que conservar</td><td colspan="2">Bienes que fueron adquiridos a título lucrativo por el descendiente fallecido de:
a) Un ascendiente.
b) Un hermano.</td></tr>
<tr><td rowspan="3">EFECTOS</td><td rowspan="2">Reservista</td><td>Facultades</td><td>1.ª Disponer por actos inter vivos de los bienes reservables pero con obligación de indemnización si son muebles y asegurando el valor de los inmuebles.
2.ª Desheredar.</td></tr>
<tr><td>Obligaciones</td><td>1.º Conservar los bienes reservables.
2.º Inventariar bienes sujetos a reserva.
3.º Tasar bienes muebles.
4.º Hacer constar en R.º Propiedad el carácter reservable de los inmuebles.
5.º Asegurar con hipoteca los bienes muebles no enajenados, el abono de los deterioros culpables, el precio o valor de los muebles e inmuebles enajenados válidamente.</td></tr>
<tr><td>Reservatarios</td><td colspan="2">En vida del reservista tendrán una mera expectativa asegurada que se convertirá en plenos derechos sobre los bienes reservables al fallecimiento del reservista, momento en el que podrán exigir la entrega de los bienes reservables y en su caso impugnar las enajenaciones hechas con contravención de la reserva.</td></tr>
<tr><td colspan="2">FINALIDAD</td><td colspan="2">Conservar bienes dentro de la línea familiar de la que proceden.
Limita el grado (dentro del 3.º), pero no la línea que puede ser recta, colateral, ascendente y descendente.</td></tr>
<tr><td colspan="2">EXTINCIÓN</td><td colspan="2">1.º Inexistencia de parientes con derecho a la reserva al fallecer el reservista.
2.º Renuncia expresa a la reserva por los reservatarios.</td></tr>
</table>

RESERVA A FAVOR DEL AUSENTE (Arts. 191 y 192 C.c.)	
RESERVISTA Persona obligada a conservar los bienes	**PERSONAS que, por título o acrecimiento,** adquieren la parte destinada al ausente cuando se abre la sucesión a la que está llamado éste.
RESERVATARIO Persona a cuyo favor se han de conservar los bienes	**DECLARADO AUSENTE** **llamado a la sucesión abierta**
BIENES RESERVABLES Bienes que hay que conservar	La parte de bienes que hubiera adquirido el ausente de estar presente.
OBLIGACIONES DEL RESERVISTA	1. Hacer inventario de los bienes, con la intervención del Ministerio Fiscal. 2. Conservar los bienes hasta la declaración de fallecimiento del ausente. 3. Hacer constar en R. Propiedad el carácter reservable inmuebles.
FINALIDAD	Proteger el patrimonio del ausente.

II. TRAMITACIÓN DE LA SUCESIÓN

1. Obtención de documentos

1.1. En relación con causante, título de la sucesión y herederos

1.1.1. Documentación general

a.1. *Certificado literal de defunción del causante,* que será expedido por el Registro Civil del lugar en que tal hecho haya acaecido.

a.2. *Certificado de últimas voluntades,* que determinará la existencia o no de testamento, y *Certificado del Registro de Contratos de Seguro de Cobertura de Fallecimiento,* que acreditará si el causante tenía o no concertado algún seguro que cubriera el fallecimiento y con qué compañía. Este certificado también debe ser incorporado a las escrituras de partición de herencia por establecerlo así la disposición adicional quinta de la Ley 20/2005, de 14 de noviembre, sobre la creación del referido registro. Sólo podrán pedirse transcurridos 15 días hábiles desde la fecha de la defunción. La solicitud se efectuará mediante impreso oficial (modelo 790), con el que se pagará la tasa correspondiente, al que se acompañará el certificado de defunción, en la oficina de atención al público del Registro General de Actos de Últimas Voluntades o en las Gerencias Territoriales del Ministerio de Justicia. También pueden solicitarse por correo.

a.3. *Certificado literal de matrimonio*. En el supuesto de que el causante estuviera o hubiera estado casado. A fin de determinar el derecho del cónyuge supérstite o excluirlo por constar inscrita la separación, divorcio o nulidad del matrimonio.

a.4. *Certificado literal de nacimiento de los hijos* del causante.

a.5. *Certificado literal de defunción de los herederos premuertos*, en su caso.

a.6. Certificado literal de nacimiento de otros parientes *con derecho a suceder, si no hay hijos ni cónyuge viudo.*

Los indicados certificados se expedirán por el Registro Civil del lugar donde tales hechos hubieran ocurrido.

a.7. *Documento Nacional de Identidad* del causante y de los herederos.

1.1.2. Si la sucesión es testada

— **Si el testamento es ológrafo.** Se tramitará su protocolización ante el Juez de Primera Instancia del último domicilio o del lugar de fallecimiento el testador. Conforme a lo dispuesto en arts. 689 a 693 C.c.

— **Si el testamento es cerrado.** Se solicitará su apertura ante Juez de Primera Instancia del lugar de otorgamiento. Conforme a arts. 1956 a 1968 LEC 1881 (la Disp. Derog. Única, ap. 1.1.ª, LEC 1/2000, declaró vigente Libro III LEC 1881 hasta vigencia Ley Jurisdicción Voluntaria).

— **Si el testamento es abierto.** Valdrá el que en el Certificado de Últimas Voluntades figure como último otorgado. Habrá que solicitar una copia autorizada al Notario ante el que se otorgó. Si dicho Notario ya no ejerciera, al Notario en cuyo poder obre el protocolo, o al archivo general de Protocolos, si hubieran transcurrido más de veinticinco años desde el otorgamiento. Sólo se entregará a quien conforme al art. 26 del Reglamento Notarial resulte interesado en la herencia.

1.1.3. Si la sucesión es intestada: declaración de herederos abintestato

Dependiendo de a quién corresponda heredar conforme a la ley, se seguirá uno de los dos procedimientos siguientes:

Procedimiento	NOTARIAL	JUDICIAL
Forma	**Acta de notoriedad**	**Expediente jurisdicción voluntaria**
Regulación	Art. 979 LEC de 1881 en relación con art. 209 bis del Reglamento Notarial.	Art. 980 LEC de 1881.
Órgano competente	**Notario** hábil del lugar del último domicilio del causante.	**Juez Primera Instancia** del lugar del último domicilio del causante
Legitimación	Descendientes, ascendientes o cónyuge del causante. Pudiendo instarla cualquiera de ellos sin necesidad de que concurran todos.	Demás herederos: hermanos, sobrinos... Pudiendo instarla cualquiera de ellos sin necesidad de que concurran todos.
Documentación	Documentos apartado 1.1.1 y DNI o Certificado empadronamiento causante para determinar competencia territorial.	Documentos apartado 1.1.1 y Certificado empadronamiento causante para determinar competencia territorial.
Testigos	Mínimo 2 testigos.	Mínimo 2 testigos.
Contenido	El Acta expresará las circunstancias de identidad de cada uno de los herederos y los derechos que por Ley le corresponden en la herencia.	El Auto expresará las circunstancias de identidad de cada uno de los herederos y los derechos que por Ley le corresponden en la herencia.
Particularidades	No podrá expedirse copia del Acta hasta transcurridos veinte días hábiles desde la comunicación al Decanato del respectivo Colegio Notarial.	No es preceptivo Procurador, salvo que deba tramitarse en lugar distinto al del domicilio de quien lo inste. Sí es preceptivo Abogado, cuando valor bienes hereditarios exceda de 2.404 €.

1.1.4. Herederos menores o incapacitados: nombramiento de Defensor Judicial

En aquellos supuestos en que estén interesados en la herencia menores de edad o incapacitados y también sus representantes legales puede surgir un conflicto de intereses entre ambos, y cuando así sea tales representantes no podrán desempeñar su función para el acto concreto de la partición de la herencia, debiendo en tales casos ser nombrado a dicho menor o incapaz un defensor judicial que le represente y defienda en el acto particional, pues de lo contrario no será válido.

Para que tenga lugar el nombramiento de tal defensor es menester promover expediente de jurisdicción voluntaria ante el Juzgado de Primera Instancia del domicilio del menor o incapaz. Procedimiento para el que no será necesario Procurador (art. 4.5.º LEC 1881), pero sí Abogado (art. 10.3.º LEC 1881) al ser acto de jurisdicción voluntaria de cuantía indeterminada.

En tales supuestos, la partición que se realice habrá de ser sometida a la aprobación judicial del mismo Juez que nombró al defensor judicial (art. 1060 C.c.).

1.2. En relación con la herencia

Será necesario disponer de todos aquellos documentos que acrediten la titularidad del causante sobre los bienes, derechos, deudas y obligaciones que componen el caudal hereditario (títulos de propiedad de inmuebles, documentación de vehículos, certificados bancarios de saldos en cuentas a la fecha de fallecimiento del causante, justificantes de deudas pendientes), así como, en su caso, de los gastos de entierro y funeral. Es también importante disponer de documento acreditativo de la referencia catastral de los bienes inmuebles a heredar, como puede ser el recibo del Impuesto sobre Bienes inmuebles. La constancia de tal referencia en todos aquellos documentos en los que consten hechos o actos de trascendencia real relativos al dominio y demás derechos reales de los bienes inmuebles viene exigida por el art. 38 del Texto Refundido de la Ley del Catastro Inmobiliario, RDLeg. 1/2004, de 5 de marzo.

2. *La partición de la herencia*

La partición hereditaria consiste en distribuir los bienes hereditarios entre todos los interesados en la herencia en la forma que hubiera previsto el causante en su testamento o, en defecto de éste, conforme a lo legalmente establecido. En virtud de la partición se pone fin a la comunidad hereditaria al adjudicar a cada comunero un conjunto de bienes proporcional al valor de su cuota.

2.1. Partición extrajudicial

La partición extrajudicial puede llevarse a cabo por el testador en el documento que contenga su última voluntad, por el contador partidor nombrado por el testador o por los herederos de mutuo acuerdo. En tales casos, para que la partición sea válida habrán de realizarse las operaciones siguientes:

2.1.1. Operaciones particionales

<table>
<tr><td rowspan="3">1.º Determinación del valor del caudal relicto</td><td rowspan="2">1. Inventario. Relación, descripción bienes, derechos, deudas y obligaciones que componen el caudal hereditario, de modo que puedan ser debidamente identificados.</td><td>Activo. Incluirá todos los bienes y derechos, privativos y gananciales, de los que el causante fuera titular al momento de su fallecimiento.</td></tr>
<tr><td>Pasivo. Incluirá todas las obligaciones, privativas y gananciales, existentes a cargo del causante al momento de su fallecimiento. Así como las obligaciones surgidas a cargo de los herederos con motivo del fallecimiento del causante, tales como gastos de última enfermedad, entierro y funeral.</td></tr>
<tr><td colspan="2">2. Avalúo. Fijación del valor de los bienes y deudas para determinar el del caudal hereditario.</td></tr>
</table>

2.º Liquidación	**1. Sociedad conyugal.** Con el fin de eximir a los herederos del cónyuge difunto y no deudor de responder con sus propios bienes de las deudas contraídas por el otro cónyuge (art. 1.401 C.c.).	a. Inventario y avalúo. Simultáneo al de los bienes hereditarios.
		b. Liquidación contable. Activo ganancial — Pasivo ganancial = Neto ganancial De dicho neto corresponderá 50% al cónyuge viudo y 50% a la herencia del causante.
		3. Adjudicación de bienes y deudas, conforme a arts. 1321 y 1406 C.c.
	2. Herencia. Deducir al activo hereditario el pasivo para determinar el patrimonio neto. — ACTIVO RELICTO (Valor bienes privativos causante + Valor 1/2 bienes gananciales). — PASIVO RELICTO (Valor deudas hereditarias privativas + 1/2 deudas gananciales + Gastos última enfermedad, entierro y funeral). CAUDAL RELICTO NETO	
3.º Computación, imputación y reducción de disposiciones inoficiosas	**1. Computación.-** Operación contable consistente en la suma ideal al patrimonio relicto líquido (activo-pasivo) de **todas** las donaciones verificadas en vida por el causante cualquiera que sea su clase y la persona del donatario (legitimario, heredero voluntario o extraño) y por su valor a la fecha de la partición, pero atendiendo a su estado físico al tiempo de la donación. ACTIVO RELICTO (Valor bienes privativos causante más Valor 1/2 bienes gananciales) PASIVO RELICTO (Valor deudas hereditarias —excluidas las obligaciones hereditarias— menos Valor 1/2 deudas gananciales)	
	CAUDAL RELICTO NETO **+ Donaciones a legitimarios (colacionables y no colacionables)** **+ Donaciones a herederos voluntarios y extraños (inoficiosas y no)**	
	TOTAL CAUDAL	
	2. Imputación. Operación ideal contable mediante la cual las donaciones y legados se colocan a cuenta del tercio o tercios correspondientes para comprobar si son o no inoficiosos.	
	3. Reducción inoficiosa. Abono a los demás coherederos del exceso de la donación.	
4.º Colación de donaciones	**1. Aportación contable.** Adición contable a la herencia del importe de las donaciones otorgadas en vida por el causante a favor de los herederos que sean legitimarios, y que conforme al C.c. sean colacionables, con el fin de procurar entre ellos la igualdad, por presumirse que el causante no quiso la desigualdad de trato.	
	2. Determinación cuota legitimaria. Atendiendo a lo dispuesto en testamento por el causante o a lo dispuesto en el C.c.	
	3. Toma de menos. Deducción de la cuota del legitimario colacionante lo ya recibido y adjudicación al mismo de un lote reducido en la cuantía de lo donado	
	4. Adjudicación compensatoria. Adjudicación a demás legitimarios de bienes proporcionales al valor de los donados al colacionante.	
5.º Pago de legados	Serán proporcionalmente sufridos por todos los herederos, salvo que testador haya gravado a un solo heredero (art. 859 C.c). Se seguirá el orden de prelación señalado por el art. 887 C.c.	

<table>
<tr><td rowspan="4">6.º División</td><td colspan="2">1. Determinación de haberes. Fijación de la cifra de valor del caudal hereditario que corresponde cada heredero y concepto por el que se le asigna.</td></tr>
<tr><td colspan="2">2. Formación de lotes. Establecer conjuntos de bienes con los requisitos del art. 1061 C.c. por el valor del haber de cada heredero.</td></tr>
<tr><td rowspan="2">3. Adjudicación</td><td>En pago de haberes. Confiere a herederos la propiedad exclusiva de los bienes adjudicados (art. 1068 C.c.).</td></tr>
<tr><td>Para pago de deudas. Adjudicación bienes a uno o varios herederos con encargo de venderlos y pagar deudas con el precio obtenido o adjudicación de bienes en propiedad a cambio de asumir la obligación de pagar las deudas del difunto.</td></tr>
</table>

2.1.2. *Imputación de donaciones y legados (doctrina mayoritaria)*

La imputación es aquella operación por la que las donaciones y legados se colocan a cuenta del tercio o tercios correspondientes para comprobar si son o no inoficiosas.

A. Donaciones

<table>
<tr><th colspan="2">Tipo</th><th>Imputación</th></tr>
<tr><td colspan="2">A HIJOS. Sin carácter de mejora y colacionable
(Arts. 819, 825 y 828)</td><td>1.º A cuota de legítima estricta
2.º Exceso, al tercio de libre disposición
3.º Exceso, al tercio de mejora
4.º Exceso, reducción por inoficiosa</td></tr>
<tr><td colspan="2">A HIJOS. Donación no colacionable</td><td>1.º Al tercio de libre disposición
2.º Exceso, al tercio de mejora
3.º Exceso, a la cuota de legítima estricta</td></tr>
<tr><td colspan="2">A HIJOS. Con carácter de mejora (Art. 829 CC)</td><td>1.º Al tercio de mejora
2.º Exceso, a la cuota de legítima estricta
3.º Exceso, al tercio de libre disposición</td></tr>
<tr><td rowspan="2">A NIETOS</td><td>No legitimarios. Padre vivo al hacer la partición del abuelo.</td><td>1.º Al tercio de libre disposición.
2.º Exceso, al tercio de mejora.
3.º Exceso, reducción por inoficiosa.</td></tr>
<tr><td>Legitimarios. Padre fallecido antes que abuelo.</td><td>1.º Al tercio de libre disposición.
2.º Exceso, al tercio de mejora.
3.º Exceso, a cuota de legítima estricta.
4.º Exceso, reducción por inoficiosa.</td></tr>
<tr><td colspan="2">A EXTRAÑOS</td><td>1.º Al tercio de libre disposición.
2.º Exceso, reducción por inoficiosa.</td></tr>
<tr><td colspan="2">A CÓNYUGE VIUDO</td><td>1.º Al tercio de libre disposición.
2.º Exceso, compensación con lo que le corresponda por su cuota legal usufructuaria.
3.º Exceso, reducción por inoficiosa.</td></tr>
<tr><td colspan="2">A ASCENDIENTES</td><td>1.º A la cuota de legítima.
2.º Exceso, reducción por inoficiosa.</td></tr>
</table>

Tipo		Imputación
A HEREDERO FORZOSO DESHEREDADO O INDIGNO	**Con descendientes**	1.º A la cuota de legítima estricta. 2.º Exceso acrece a coherederos.
	Sin descendientes	1.º A la cuota de legítima estricta. 2.º Exceso acrece a coherederos.
A HEREDERO FORZOSO REPUDIANTE		1.º A la cuota de legítima estricta. 2.º Exceso acrece a coherederos.
Donación hecha como ANTICIPO DE LEGÍTIMA		1.º A la cuota de legítima. 2.º Exceso, reducción por inoficiosa.

B. Legados

Tipo	Imputación
PRELEGADO (Legado a favor de legitimario nombrado heredero)	1.º Al tercio de libre disposición. 2.º Exceso, al tercio de mejora. 3.º Exceso, a la cuota de legítima estricta . 4.º Exceso, reducción por inoficioso.
Legítima dejada a título de legado	1.º A la cuota de legítima estricta. 2.º Exceso, al tercio de libre disposición. 3.º Exceso, al tercio de mejora. 4.º Exceso, reducción por inoficioso.
Legado a favor de NIETOS no legitimarios	1.º Al tercio de libre disposición. 2.º Exceso, al tercio de mejora. 3.º Exceso, reducción por inoficioso.
A favor de CÓNYUGE VIUDO	1.º A la cuota vidual. 2.º Exceso, al tercio de libre disposición. 3.º Exceso, reducción por inoficioso.
A favor de EXTRAÑOS	1.º Al tercio de libre disposición. 2.º Exceso, reducción por inoficioso.

2.1.3. Modelo de cuaderno particional

OPERACIONES DE INVENTARIO, AVALÚO, LIQUIDACIÓN, PARTICIÓN Y ADJUDICACIÓN DE LOS BIENES QUEDADOS Y SOCIEDAD CONYUGAL DISUELTA AL FALLECIMIENTO DE DON/DOÑA ____________.

Que realizan su esposo/a e hijos/as:

Don/doña ____________, DNI y NIF ______________, mayor de edad, viudo/a de don/doña __________________, con domicilio en ________, calle ______________, n.º ________, piso ______, puerta ________, DP _________.

Don/doña ______________________, DNI y NIF ____________, mayor de edad, hijo/a de don/doña __________________, con domicilio en _________, calle ________________, n.º _____, piso ______, puerta _______, DP ______.

Don/doña ______________________, DNI y NIF ______________, mayor de edad, hijo/a de don/doña ___________________________, con domicilio en _______, calle __________________, n.º ______, piso _____, puerta ______, DP _________.

Dan comienzo con el siguiente:

SECCIÓN PRIMERA: INVENTARIO Y AVALÚO

ACTIVO:

INMUEBLES:

1. FINCA URBANA EN __________ REGISTRO DE LA PROPIEDAD DE __________: *Parcela de terreno en término de _______, sitio de ___________, señalada con el número _________ del plano parcelario, con una superficie de ________________ metros cuadrados.*

Linda: al Norte, con parcela n.º ______; Sur, con parcela n.º _____; Este, con parcela n.º ____; y Oeste, con calle de _______________.

TÍTULO. Fue adquirida por el/la causante don/doña _______________, para su sociedad conyugal con don/doña ________________, en virtud de escritura de compraventa otorgada ante el Notario de _______, don ________________, en fecha _____________, obrante al número _______ de su protocolo.

INSCRIPCIÓN. Figura inscrita en el Registro de la Propiedad de _________, al Tomo ____, Libro ___ del Ayuntamiento de ___________, Folio ___, Finca n.º ______, inscripción __.

CARGAS. Se encuentra libre de cargas y gravámenes.

SITUACIÓN ARRENDATICIA. Se encuentra libre de arrendatarios.

DATOS CATASTRALES. Figura en el Impuesto sobre Bienes Inmuebles (Urbana) con la referencia catastral ________________________.

VALOR: DIECIOCHO MIL euros. 18.000,00 €

2. FINCA URBANA EN _________, REGISTRO DE LA PROPIEDAD N.º _____ DE ________. *PISO __________, LETRA ______ de la casa en ______, calle ______________, n.º ___*

Tiene una superficie construida aproximada de ______ metros _______ centímetros cuadrados, siendo la superficie útil de _________ metros _______ centímetros cuadrados.

Cuota. Tiene asignada una cuota de participación en los elementos comunes del inmueble de ________ enteros ________ centésimas por ciento.

TÍTULO. Fue adquirida por el/la causante don/doña ________, en estado de casado/a con don/doña _________, en virtud de compra a don/doña ______ formalizada en escritura otorgada en fecha ______ ante el Notario de ______, don ________, n.º _____ de orden de su protocolo.

INSCRIPCIÓN. Inscrita en el Registro de la Propiedad Número __ de _____, Tomo _____, Libro ____, Folio ____, Finca n.º ________.

ANTIGÜEDAD DE LA EDIFICACIÓN: (Indicar en qué fecha se otorgó la escritura de obra nueva).

BENEFICIOS FISCALES: (Si es vivienda de protección oficial ...)

CARGAS Y GRAVÁMENES. Se encuentra gravada con una hipoteca a favor de la entidad bancaria __________, en garantía de un préstamo de _______ euros, identificado con el número _________.

SITUACIÓN ARRENDATICIA. Se encuentra libre de arrendatarios.

DATOS CATASTRALES. Figura en el Impuesto sobre Bienes Inmuebles (Urbana) con la referencia catastral ___________.

VALOR: DOSCIENTOS CUARENTA MIL euros. 240.000,00 €

CUENTAS BANCARIAS:

3. *Libreta de Ahorro número* ________ *en la entidad bancaria* ________, Sucursal _________ de_________, cuyo saldo a la fecha de fallecimiento del/la causante era de euros. 8.000,00 €

TOTAL ACTIVO. 266.000,00 €

PASIVO:

1. *Préstamo hipotecario* a favor de la entidad bancaria ______________, identificado con el número ________________. Cantidad pendiente a la fecha del fallecimiento del/la causante de euros.

40.000,00 €

TOTAL PASIVO 40.000,00 €

CAUDAL NETO 226.000,00 €

SECCIÓN SEGUNDA: BASES

***PRIMERA**. DEL FALLECIMIENTO DEL/LA CAUSANTE DE SU ESTADO CIVIL Y DE SU DESCENDENCIA*

Don/doña ________ falleció en ________, de donde era vecino/a, el día ________.

Al momento de su muerte se hallaba casado/a en únicas nupcias con don/doña __________, de 64 años de edad, de cuyo matrimonio tuvieron dos hijos/as, don/doña __________ y don/doña _________.

***SEGUNDA**. DEL TESTAMENTO DEL/LA CAUSANTE*

Don/doña _________ falleció bajo testamento abierto otorgado ante el Notario de ________, don __________, en fecha ________, número _____ de orden de su protocolo, por el cual estableció las siguientes cláusulas:

«PRIMERA. Instituye y nombra por sus únicos y universales herederos, por iguales partes, a sus dos expresados hijos, con sustitución vulgar, en caso de premoriencia, a favor de sus respectivos descendientes.

SEGUNDA. Lega a su precitado/a esposo/a el usufructo universal, vitalicio y sin fianza, de su herencia, o bien, si lo prefiere, el tercio de libre disposición de su herencia, en pleno dominio, más la cuota legal usufructuaria, y le faculta para tomar, por sí mismo/a y sin trámite alguno, posesión del legado que libremente elija».

***TERCERA**. ELECCIÓN DEL/LA ESPOSO/A DEL CAUSANTE*

Don/doña __________, viudo/a del/la causante, haciendo uso de la facultad de elección otorgada por aquél/aquélla en testamento, opta en este acto por el legado del usufructo universal, vitalicio y sin fianza, de la herencia.

Tal elección es aceptada y consentida por todos los herederos.

***CUARTA.** LIQUIDACIÓN*

El matrimonio del/la causante se regía por el régimen de gananciales, al no haberse otorgado capitulaciones matrimoniales al momento de contraer matrimonio ni después, por lo que todos los bienes y deudas inventariados, adquiridos por el/la causante constante su matrimonio con don/doña ____________, tienen carácter ganancial.

Por tanto:

LIQUIDACIÓN SOCIEDAD CONYUGAL DE GANANCIALES

Activo: Importan los bienes inventariados		266.000,00 €
Pasivo:	Deudas inventariadas	40.000,00 €
Neto, con carácter ganancial		226.000,00 €
De dicho importe neto corresponde:		
50% a la herencia del/la causante,		
don/doña ______, que asciende a		113.000,00 €
50% al cónyuge sobreviviente,		
don/doña ________, que asciende a		113.000,00 €
		Total 226.000,00 €

LIQUIDACIÓN DE LA HERENCIA DE DON/DOÑA __________

Una vez liquidada la sociedad conyugal de gananciales, asciende el CAUDAL HEREDITARIO NETO del/la causante, don/doña ______________________, a la cantidad de CIENTO TRECE MIL EUROS.

Caudal integrado por:

Activo: 50% Bienes inventariados, por valor a la fecha de deferirse la herencia de 133.000,00 €

Pasivo: 50% deudas inventariadas, por importe de 20.000,00 €

Caudal hereditario neto 113.000,00 €

***QUINTA.** DETERMINACIÓN DE HABERES*

A. Corresponde al/la viudo/a, don/doña ___________:

A.1. Por su mitad de gananciales, la cantidad neta de 113.000,00 €

A.2. Por el legado del usufructo universal y vitalicio de toda la herencia, atendiendo a su edad de 64 años a la fecha de fallecimiento del/la causante y valorado, por analogía, conforme a la normativa fiscal de sucesiones, en el 25 por ciento del caudal hereditario neto, la cantidad neta de

28.250,00 €

Total cónyuge viudo 141.250,00 €

B. Corresponde al/la hijo/a y heredero/a, don/doña ___________, la cantidad neta de

42.375,00 €

C. Corresponde al/la hijo/a y heredero/a, don/doña ____________, la cantidad neta de

42.375,00 €

Haber neto 226.000,00 €

SECCIÓN TERCERA: ADJUDICACIÓN EN PAGO DE HABERES

PRIMERA: HABER DEL/LA VIUDO/A DON/DOÑA _______________.

Este/a interesado/a ha de haber:

Por su mitad de gananciales, la cantidad neta de CIENTO TRECE MIL EUROS.

Por el legado del usufructo universal vitalicio de toda la herencia, la cantidad neta de VEINTIOCHO MIL DOSCIENTOS CINCUENTA EUROS.

Total: CIENTO CUARENTA Y UN MIL DOSCIENTOS CINCUENTA EUROS.

Para su pago se le adjudican:

En **pleno dominio**, para pago de su mitad de gananciales:

La **mitad indivisa** de la parcela de terreno en término de ________, sitio de ___________, número ___ del plano parcelario (n.º 1 del inventario). Por valor de

9.000,00 €

Una **participación indivisa de cuarenta y tres enteros con treinta tres centésimas por ciento (43,33 %)** del piso ________ letra _______, de la calle _________, número __ de _____ (n.º 2 del inventario). Por valor de 104.000,00 €

Suma la adjudicación para pago de gananciales 113.000,00 €

En **usufructo**, como usufructo universal y vitalicio legado por su esposo:

La **mitad indivisa** de la parcela de terreno en término de _________, sitio de ___________, número _____ del plano parcelario (n.º 1 del inventario), que, valorado, por analogía, conforme a la normativa fiscal, en el 25 por ciento de dicha mitad, tiene un valor de 2.250,00 €

Una **participación indivisa de cuarenta y tres enteros con treinta tres centésimas por ciento (43,33 %)** del piso _______, letra ______, de la calle ___________, número ___ de _____ (n.º 2 del inventario), que, valorado, por analogía, conforme a la normativa fiscal, en el 25 por ciento de dicha participación, tiene un valor de 26.000,00 €

Suma la adjudicación como legado del usufructo vitalicio universal 28.250,00 €

Total adjudicaciones 141.250,00 €

Igual a su haber. Queda pagado/a.

SEGUNDA: HABER DEL/LA HIJO/A Y HEREDERO/A DON/DOÑA _____.

Este/a interesado/a ha de haber, por todos los derechos en la herencia de su difunto/a padre/madre, la cantidad neta de CUARENTA Y DOS MIL TRESCIENTOS SETENTA Y CINCO EUROS.

Para su pago se le adjudica la **nuda propiedad** de lo siguiente:

1. Una **participación indivisa de veinticinco enteros por ciento (25%)** de la parcela de terreno en término de ________, sitio de __________, número _______ del plano parcelario (n.º 1 del inventario). Por valor de 3.375,00 €

2. Una **participación indivisa de veintiún enteros con sesenta y siete centésimas por ciento (21,67%) del** piso ________, letra______, de la calle _____________, número __ de _______ (n.º 2 del inventario). Por valor de 39.000,00 €

Suman las adjudicaciones 42.375,00 €

Igual a su haber. Queda pagado/a.

TERCERA: HABER DEL/LA HIJO/A Y HEREDERO/A DON/DOÑA _______.

Este/a interesado/a ha de haber, por todos los derechos en la herencia de su difunto/a padre/madre, la cantidad neta de CUARENTA Y DOS MIL TRESCIENTOS SETENTA Y CINCO EUROS.

Para su pago se le adjudica la **nuda propiedad** de lo siguiente:

1. Una **participación indivisa de veinticinco enteros por ciento (25%)** de la parcela de terreno en término de ________, sitio de __________, número _______ del plano parcelario. (n.º 1 del inventario). Por valor de 3.375,00 €

2. Una participación indivisa de **veintiún enteros con sesenta y siete centésimas por ciento (21,67%)** del piso _________, letra _____, de la calle ____________, número __ de _______ (n.º 2 del inventario). Por valor de 39.000,00 €

Suman las adjudicaciones 42.375,00 €

Igual a su haber. Queda pagado/a.

COMPROBACIÓN DE ADJUDICACIÓN DE HABERES

Adjudicado al/la viudo/a, don/doña ____________________, por su haber, la cantidad de 141.250,00 €

Adjudicado al/la hijo/a y heredero/a, don/doña ______________, por su haber, la cantidad de 42.375,00 €

Adjudicado al/la hijo/a y heredero/a, don/doña ______________, por su haber, la cantidad de 42.375,00 €

Total adjudicaciones 226.000,00 €

Son DOSCIENTOS VEINTISÉIS MIL EUROS. Cantidad igual al caudal inventariado neto.

SECCIÓN CUARTA: ADJUDICACIÓN PARA PAGOS DE DEUDAS

PRIMERA: DEUDA CORRESPONDIENTE AL/LA VIUDO/A DON/DOÑA ___.

Corresponde al/la viudo/a, don/doña _______________, por su mitad de gananciales, la mitad del préstamo pendiente de pago descrito bajo el número 1 del pasivo del inventario, Sección Primera de este cuaderno particional, por importe de VEINTE MIL EUROS.

Para pago de dicha deuda se le adjudican en pleno dominio:

1. Una participación indivisa de **siete enteros con cincuenta centésimas por ciento** (7,50%) del piso ________, letra _____, de la calle _____________, n.º __ de _________. (N.º 2 del inventario). Por valor de 18.000,00 €

2. Metálico por importe de 2.000,00€

Total 20.000,00 €

SEGUNDA: DEUDA CORRESPONDIENTE AL/LA HIJO/A Y HEREDERO/A DON/DOÑA ___________________.

Corresponde al/la hijo/a y heredero/a, don/doña ______________:

Por herencia de su difunto/a padre/madre, el 25% del préstamo descrito bajo el número 1 del pasivo del inventario, por importe de DIEZ MIL EUROS.

Para pago de dicha deuda se le adjudica en pleno dominio:

1. Una participación indivisa de **dos enteros con noventa y dos centésimas por ciento** (2,92%) del piso ________, letra _____, de la calle ____________, n.º __ de _________ (n.º 2 del inventario). Por valor de 7.000,00 €

2. Metálico por importe de 3.000,00 €

Total 10.000,00 €

TERCERA: DEUDA CORRESPONDIENTE AL/LA HIJO/A Y HEREDERO/A DON/DOÑA ___________________.

Corresponde al/la hijo/a y heredero/a, don/doña ______________:

Por herencia de su difunto/a padre/madre, el 25% del préstamo descrito bajo el número 1 del pasivo del inventario, por importe de DIEZ MIL EUROS.

Para pago de dicha deuda se le adjudica en pleno dominio:

1. Una participación indivisa de **dos enteros con noventa y dos centésimas por ciento** (2,92%) del piso ________, letra _____, de la calle ____________, n.º __ de _________. (N.º 2 del inventario). Por valor de 7.000,00 €

2. Metálico por importe de 3.000,00 €

Total 10.000,00 €

COMPROBACIÓN DE ADJUDICACIÓN PARA PAGO DE DEUDAS

— Adjudicado al/la la viudo/a, don/doña___________________, para pago de la mitad de la deuda, a ella correspondiente por gananciales, descrita bajo el número 1 del pasivo del inventario, la cantidad de 20.000,00 €

— Adjudicado al/la hijo/a y heredero/a, don/doña __________________, para pago del 25 % de la deuda descrita bajo el número 1 del pasivo del inventario, la cantidad de 10.000,00 €

— Adjudicado al/la hijo/a y heredero/a, don/doña __________________, para pago del 25 % de la deuda descrita bajo el número 1 del pasivo del inventario, la cantidad de 10.000,00 €

Total adjudicaciones 40.000,00 €

Son CUARENTA MIL EUROS. Cantidad igual al pasivo inventariado.

Por tanto:

Suma de adjudicaciones de haberes 226.000,00 €

Suma de adjudicaciones para pago de deudas 40.000,00 €

Total adjudicaciones 266.000,00 €

Son DOSCIENTOS SESENTA Y SEIS MIL EUROS. Cantidad igual al importe bruto del caudal inventariado.

ESTIPULACIONES Y MANIFESTACIONES FINALES

PRIMERA. Los interesados en estas operaciones particionales quedan recíprocamente obligados a la evicción y saneamiento conforme a las disposiciones legales, confiriendo la presente partición la propiedad exclusiva de los bienes que a cada uno le han sido adjudicados desde que sea protocolizada notarialmente.

SEGUNDA. Se han inventariado, como pertenecientes a este caudal, todos los bienes, deudas y cargas de que se ha tenido conocimiento y si aparecieren otros bienes, derechos o deudas y cargas, hoy desconocidos, serán distribuidos entre todos los herederos con arreglo a su cuota hereditaria, realizándose al efecto la oportuna escritura adicional.

TERCERA. En cualquier caso, los intervinientes juran bajo su responsabilidad que con el causante, en la fecha de su fallecimiento, no figuraban como cotitulares en operación alguna contratada de forma indistinta que no esté comprendida en el inventario de su herencia, ni se han retirado a partir de dicho día bienes o valores depositados de cualquier forma a su nombre que no se encuentren incluidos en dicho inventario.

CUARTA. Dado que el dinero en metálico adjudicado tanto a la viuda como a los hijos lo ha sido para pago de la deuda que grava uno de los bienes inventariados, todas ellas acuerdan en este acto dejar el referido dinero en la cuenta en que se encontraba al fallecimiento del causante y donde se encuentra al momento de firmar este cuaderno particional, cuenta en la que está domiciliado el pago de los vencimientos periódicos de tal deuda.

QUINTA. A efectos del Impuesto sobre Sucesiones, manifiestan los intervinientes que el patrimonio preexistente de cada uno de los herederos es inferior a _________ euros.

SEXTA. Valor del ajuar doméstico. Aunque no se incluye en este cuaderno particional por ser el valor de tal ajuar cero, a los efectos de fijar el valor del mismo para liquidación del Impuesto sobre Sucesiones, conforme establecen los artículos 15 de la Ley reguladora de tal Impuesto y 34 de su Reglamento, se hace constar que el valor catastral de la vivienda habitual del matrimonio al fallecimiento del/la causante, sita en la calle ____________, n.º ___, piso_____, letra______, de Madrid, es de ________ euros.

SÉPTIMA. La presente partición incluye la vivienda habitual del/la causante, sita en la calle ___________, n.º __, piso ______, letra ______, de ______, que por virtud de este documento ha sido adjudicada al/la viudo/a e hijos/as de aquél/aquélla. Lo que se manifiesta a efectos de aplicar la reducción prevista en el artículo 20.2.c) de la Ley del Impuesto sobre Sucesiones.

2.2. Partición judicial

2.2.1. Procedimiento para la división de la herencia: arts. 782 a 789 Ley 1/2000, de 7 de enero, de Enjuiciamiento Civil

a. Requisito previo

Que la partición no deba efectuarla un comisario o contador-partidor designado por el testador, por acuerdo entre los coherederos o por resolución judicial (contador-partidor dativo, art. 1.057 C.c.).

b. Jurisdicción (art. 36.1 LEC en relación con art. 22.3.º LOPJ)

En el orden civil, los Juzgados y Tribunales españoles serán competentes en materia de sucesiones cuando el causante haya tenido su último domicilio en territorio español o posea bienes inmuebles en España.

c. Competencia objetiva (arts. 45 LEC y 85.1 LOPJ)

Corresponde el conocimiento en primera instancia de los asuntos en materia sucesoria a los Juzgados de Primera Instancia por no existir disposición legal expresa que atribuya el conocimiento de tales asuntos a otros tribunales.

d. Competencia territorial (art. 52.1.4.º LEC)

- Si el causante hubiera tenido su último domicilio en España, será competente el tribunal del lugar en que tal domicilio hubiera estado ubicado.
- Si el causante hubiera tenido su último domicilio en el extranjero, el demandante podrá optar por instar el procedimiento bien ante el tribunal del lugar del último domicilio del causante en España o bien ante el tribunal del lugar donde estuvieren la mayor parte (el mayor valor) de los bienes del causante.

e. Postulación (arts. 23 y 31 LEC)

Preceptiva intervención de Procurador y Abogado, salvo cuando la intervención del interesado se limite a comparecer para presentar títulos de crédito o derechos o a concurrir a la Junta.

f. Legitimación

- **Activa.** Están legitimados para promover el procedimiento de división judicial de herencia cualquier *coheredero*, los *legatarios de parte alícuota*, el *cónyuge sobreviviente* y el *cesionario del heredero*.

No podrán instar la división:

— El *legatario que no lo sea de parte alícuota*, ya que su derecho recae sobre un bien concreto que no hay que determinar en la partición de la herencia sino sólo exigir su entrega, acto que es independiente de la liquidación de la herencia. El legatario, en su caso, podrá proteger su derecho solicitando la anotación preventiva del mismo en el Registro de la Propiedad (art. 42.7 Ley Hipotecaria).

— El *albacea*, puesto que tal actuación no se encuentra entre las facultades que le otorga el art. 902 C.c.

— Los *acreedores*. Quienes, en su caso, podrán proteger sus derechos de alguna de las siguientes maneras:

— Instando las acciones que les correspondan contra la herencia, la comunidad hereditaria o los coherederos, en el juicio declarativo que corresponda, sin entorpecer ni suspender las actuaciones de división de la herencia.

— Los acreedores que hayan sido reconocidos como tales en el testamento o por los coherederos y los que tengan su derecho documentado en un título ejecutivo, oponiéndose a que se lleve a efecto la partición de la herencia hasta que se les pague o afiance el importe de sus créditos. Tal petición la podrán efectuar en cualquier momento, antes de que se produzca la entrega de los bienes adjudicados a cada heredero.

— Los acreedores de los coherederos, interviniendo a su costa en la partición para evitar que ésta se haga en fraude o perjuicio de sus derechos.

- **Pasiva.** Podrán ser demandados los *herederos, los legatarios de parte alícuota, el cónyuge sobreviviente o sus herederos y el Ministerio Fiscal*. Este último, cuando existan interesados en la herencia que sean menores o incapacitados y no tengan representación legítima o ausentes cuyo paradero se ignore. La representación del Ministerio Fiscal cesará una vez que los menores o incapacitados dispongan de representante legal o defensor judicial o que los ausentes se presenten en el juicio o puedan ser citados personalmente, aunque vuelvan a ausentarse.

g. Tramitación

Procedimiento judicial de división de herencia
1.° Solicitud **Contenido:** • Manifestación voluntad de promover la división. • Expresar la legitimación del promotor. • Relación de las personas que deben ser llamadas al procedimiento. • Indicación de las herencias a dividir con expresión de los causantes. • Relación de los bienes, deudas y derechos que se considera integran la herencia. **Documentación:** **— Exigida por la LEC:** • Certificado defunción del causante/s. • Acreditación de la condición de heredero o legatario del solicitante. Puede hacerse mediante testamento, acta notarial de declaración de herederos abintestato o testimonio del Auto judicial de declaración de herederos abintestato. **— Otra:** • Certificado de Últimas Voluntades del Causante. • Certificado de empadronamiento del causante. Para determinar, en su caso, la competencia del tribunal. • Documentación acreditativa de los bienes y deudas integrantes del caudal a dividir.
2.° Intervención caudal hereditario y formación de inventario • Sólo cuando se haya solicitado al instar el procedimiento y el Juez haya acordado su procedencia.
3.° Junta — **Convocatoria** en los 10 días siguientes a la formación del inventario, si se hubiera acordado, o a la solicitud de división judicial de la herencia. **— Personas convocadas:** • Herederos. • Legatarios de parte alícuota. • Cónyuge sobreviviente. • M.º Fiscal, cuando alguno de los interesados sea menor o incapacitado y no tenga representación legal o esté ausente en paradero desconocido. • Acreedores de los herederos. Sólo los que estén personados. Los no personados no serán convocados, pero podrán participar si concurren el día señalado con los títulos justificativos de sus créditos.
3.° Junta **— Celebración. Ante el Secretario Judicial con los que concurran el día señalado.** Objeto de la Junta: 1.º Nombramiento de un contador que efectúe las operaciones divisorias del caudal. Por acuerdo de las partes o, a falta de acuerdo, por sorteo conforme al art. 341 LEC de entre los abogados ejercientes con especiales conocimientos en la materia y con despacho profesional en el lugar del juicio. Recusable. 2.º Nombramiento perito/s para avalúo de los bienes integrantes del caudal —máximo uno por cada clase de bienes que deban ser tasados—. Por acuerdo de las partes o, a falta de acuerdo, por sorteo, los que estime necesarios el contador, con el límite señalado. Recusable.

4.° Práctica de las operaciones divisorias por el contador-partidor

— Aceptación del cargo y entrega de documentación

Aceptado el cargo por el contador y los peritos, se entregarán los autos al primero y se pondrán a disposición de todos ellos los objetos, documentos y papeles que precisen para practicar el inventario, cuando no hubiese sido hecho, el avalúo, la liquidación y la división del caudal hereditario.

— Plazo para su presentación:

a) General. Máximo 2 meses desde inicio operaciones divisorias.
b) Especial. Más corto. Fijado por el Juez a instancia de las partes.
La falta de entrega en el plazo señalado da lugar a responsabilidad por daños y perjuicios.

— Forma. Mediante escrito firmado que contendrá:

1.º Relación de bienes que formen el caudal partible.
2.º Avalúo de los bienes comprendidos en tal relación.
3.º Liquidación, división y adjudicación del caudal a cada partícipe.

— Facultades:

1.ª Interpretar la voluntad del testador con arreglo al C.c. y jurisprudencia.
2.ª Rectificar ajustándose a la Ley las disposiciones testamentarias contraventoras.
3.ª Liquidar la sociedad de gananciales sin intervención directa del consorte o sus herederos.

Reglas de actuación:

— Impuestas por LEC:

- *En cuanto a la norma aplicable.* Realizar operaciones particionales conforme a la ley aplicable a la sucesión del causante; pero si el testador hubiere establecido reglas distintas para el inventario, avalúo, liquidación y división de sus bienes, se atenderá a lo que resulte de ellas, siempre que no perjudiquen las legítimas de los herederos forzosos.
- *En cuanto al reparto de los bienes.* Procurar evitar la indivisión y la excesiva división de las fincas.

— Impuestas por C.c.:

- Homogeneidad en las adjudicaciones (art. 1.061 C.c.).
- Entrega al cónyuge sobreviviente, sin computárselo en su haber, del ajuar de la vivienda habitual común de los esposos (art. 1.321 C.c.).
- Entrega al cónyuge sobreviviente de las ropas y objetos de uso personal que no sean de extraordinario valor (art. 1.346.7.º C.c.).
- Atribución preferente a cada cónyuge hasta donde alcance su haber de determinados bienes (arts. 1.406 y 1.407 C.c.).
- Restitución de los bienes aportados o gastados en la sociedad conyugal (art. 1.398.2.ª C.c.).

— Otras exigidas por la necesidad de evitar enfrentamientos posteriores:

- Procurar la consolidación del dominio, de modo que si un heredero tiene ya parte de uno de los bienes, se le adjudique el resto.
- Adjudicar fincas contiguas.
- Tener en cuenta la utilidad que los bienes puedan tener para cada partícipe.
- Prever las relaciones entre los bienes de la herencia (existencia de posibles servidumbres).
- Dar reunido lo que corresponda a cada partícipe.

5.° Traslado operaciones divisorias a las partes. Oposición. Aprobación de las operaciones

Por término de 10 días. Durante dicho plazo las partes podrán examinar los autos y las operaciones divisorias en Secretaría y obtener, a su costa, las copias que soliciten.

<table>
<tr><td>Conformidad</td><td colspan="2">Auto aprobando las operaciones divisorias y mandando protocolizarlas.</td></tr>
<tr><td rowspan="3">Oposición por escrito, expresando los puntos de las operaciones divisorias a que se refiere y las razones en que se funda.</td><td colspan="2">Comparecencia ante Juez, en los 10 días siguientes de contador y partes.</td></tr>
<tr><td>Conformidad</td><td>Ejecución de lo acordado y contador reformará operaciones divisorias en el modo convenido.
Auto aprobando las operaciones divisorias y mandando protocolizadas.</td></tr>
<tr><td>No conformidad</td><td>Audiencia a las partes y proposición de prueba.
Continuación procedimiento por trámites juicio verbal.
La sentencia no tendrá eficacia de cosa juzgada, pudiendo interesados hacer valer los derechos que crean corresponderles sobre los bienes adjudicados en el juicio ordinario que corresponda.</td></tr>
<tr><td colspan="3">6.º Entrega de los bienes adjudicados a cada heredero
Una vez aprobadas las operaciones divisorias:
1.º Pago o afianzamiento de los créditos de aquellos acreedores que se hubieran opuesto a la partición.
2.º Indicación en títulos propiedad, mediante nota, de la adjudicación de los bienes a los que se refieren.
3.º Entrega a cada uno de los interesados de los bienes adjudicados y de los títulos de propiedad.
4.º Protocolización.
5.º Entrega a los partícipes que lo pidieren de testimonio de su haber y adjudicación respectivos.</td></tr>
<tr><td colspan="3">7.º Terminación del procedimiento por acuerdo de los herederos
— Supuesto general. En cualquier momento del procedimiento los interesados podrán apartarse del mismo y adoptar los acuerdos que estimen oportunos.
Si lo solicitan todos de común acuerdo, el tribunal deberá sobreseer el juicio y poner los bienes a disposición de los herederos.
— Supuesto en que se hubiera suspendido el procedimiento por estar pendiente causa penal en que se investigue un delito de cohecho cometido en el avalúo de los bienes de la herencia. En cuanto los interesados presenten, prescindiendo del avalúo impugnado, otro hecho de común acuerdo, se alzará la suspensión sin esperar a que la causa finalice por resolución firme, y el tribunal dictará sentencia con arreglo a lo que resulte del documento presentado por los interesados.</td></tr>
</table>

2.2.2. La intervención del caudal hereditario (arts. 790 a 796 Ley 1/2000, de 7 de enero, de Enjuiciamiento Civil)

Comprende una serie de actuaciones tendentes a asegurar los bienes de la herencia y los documentos del difunto con el fin de evitar su ocultación o sustracción.

a. Acuerdo de intervención

Las citadas medidas pueden ser acordadas por el tribunal de oficio o a instancia de parte.

- **Intervención del caudal hereditario de oficio**

Tendrá lugar cuando el tribunal tenga noticia del fallecimiento de una persona y no conste la existencia de testamento, ni de ascendientes, descendientes o cónyuge del finado o persona que se halle en una situación de hecho asimilable, ni de colaterales dentro del cuarto grado; o cuando tales familiares estuvieren ausentes o alguno de ellos fuera menor de edad o incapacitado y no tuviera representante legal.

El tribunal adoptará siguientes medidas:

a. Previas, por medio de providencia, consistentes en:

1. Las necesarias para el enterramiento del difunto, si fuere el caso.

2. Las indispensables para la seguridad de los bienes, libros, papeles, correspondencia y efectos del difunto susceptibles de sustracción u ocultación.

3. Las conducentes a averiguar si la persona de cuya sucesión se trata murió con testamento o sin él, como:

— Solicitud del certificado del Registro General de Actos de Ultima Voluntad y el certificado de defunción.

— Examen de parientes, amigos o vecinos del difunto sobre el hecho de haber muerto intestado y sobre si tiene parientes con derecho a la sucesión legítima.

b. Intervención del caudal. Si finalmente resultase que el finado falleció sin testar y sin parientes llamados por la ley a heredar, el tribunal acordará, por medio auto, que se proceda:

1.º A ocupar los libros, papeles y correspondencia del difunto.

2.º A inventariar y depositar los bienes, disponiendo lo que proceda sobre su administración. Podrá nombrar a una persona, con cargo al caudal hereditario, que efectúe y garantice el inventario y su depósito.

3.º Abrir pieza separada par hacer la declaración de herederos abintestato.

- **Intervención del caudal hereditario a instancia de parte**

Durante la tramitación de la declaración de herederos abintestato

Cuando el causante hubiera fallecido sin testamento, el cónyuge viudo o cualquiera de los parientes que se crea con derecho a la sucesión legítima podrá pedir la adopción de las medidas de intervención del caudal hereditario anteriormente señaladas, siempre que acrediten haber promovido la declaración de herederos abintestato ante Notario, o formulen la solicitud de intervención al tiempo de promover la declaración judicial de herederos.

Durante la tramitación del procedimiento de división judicial de herencia

Siempre que la intervención no hubiera sido expresamente prohibida por el testador, cualquiera de las personas legitimadas para instar el procedimiento de división judicial de herencia podrá, al tiempo de solicitar la división, que se acuerde la intervención del caudal hereditario. Se efectuará, por otrosí, en la demanda en que se inste el procedimiento divisorio, exponiendo las razones que así lo aconsejan; o bien en escrito aparte, que se presentará al mismo tiempo que la solicitud de división en la que, por medio de otrosí, se indicará que tal escrito ha sido presentado.

Por los acreedores

Sólo podrán solicitarla los acreedores reconocidos como tales en el testamento o por los coherederos y los que tengan su derecho documentado en un título ejecutivo.

b. Formación del inventario

• **Citación**

En el mismo auto en que el tribunal acuerde la intervención del caudal hereditario y ordene, si no se hubieran adoptado con anterioridad, las medidas indispensables para la seguridad de los bienes, libros, papeles, correspondencia y efectos del difunto susceptibles de ocultación o sustracción, se señalará día y hora para la formación del inventario, mandando citar a las siguientes personas:

1.º Cónyuge sobreviviente.

2.º Parientes conocidos con derecho a la herencia, cuando no conste la existencia de testamento ni se haya hecho la declaración de herederos abintestato.

3.º Herederos o legatarios de parte alícuota.

4.º Acreedores que hubieran instado la intervención y, en su caso, los personados en el procedimiento de división de la herencia.

5.º Ministerio Fiscal, siempre que:

— pudiera haber parientes desconocidos con derecho a la sucesión legítima;

— alguno de los parientes conocidos con derecho a la herencia o de los herederos o legatarios de parte alícuota que no pudiere ser citado personalmente por no ser conocida su residencia;

— cuando cualquiera de los interesados sea menor o incapacitado y no tenga representante legal.

6.º Abogado del Estado o, en los casos legalmente previstos, Servicios Jurídicos de las Comunidades Autónomas, cuando no conste la existencia de testamento ni de cónyuge o parientes que puedan tener derecho a la sucesión legítima.

• **Formación del inventario**

Se realizará ante el Secretario Judicial en el día señalado. Y si no pudiera finalizarse en ese día, se continuará los siguientes.

El inventario contendrá:

a) La relación de bienes que integran la herencia.

b) La relación de escrituras, papeles y documentos de importancia que se encuentren.

Si existiera testamento y en él se hubieran establecido reglas especiales para la formación del inventario, se seguirán las mismas.

Controversia en la formación del inventario

Si se suscitare controversia sobre la inclusión y exclusión de bienes en el inventario, se citará a los interesados a una vista, continuando el procedimiento por los trámites del juicio verbal.

La sentencia que se dicte dejará a salvo los derechos de terceros.

c. Medidas sobre administración, custodia y conservación del caudal hereditario

Una vez elaborado el inventario, el tribunal dictará auto acordando lo que, atendidas las circunstancias, proceda sobre administración, custodia y conservación del caudal hereditario.

En la adopción de tales medidas deberá tener en cuenta las siguientes reglas:

1.º Si existiera testamento, las que en el mismo hubiera dispuesto el causante al respecto.

2.º En defecto de las anteriores, el tribunal se atendrá a las siguientes:

a) El metálico y los efectos públicos se depositarán con arreglo a Derecho.

b) Se nombrará administrador a una de las siguientes personas, en el orden que se indica:

1.º Al cónyuge sobreviviente.

2.º En defecto del anterior, al heredero o legatario de parte alícuota que tuviere mayor parte en la herencia.

3.º A falta de los anteriores, o si no tuvieren, a juicio del tribunal, la capacidad necesaria para desempeñar el cargo, a cualquiera de los herederos o legatarios de parte alícuota.

4.º En defecto de todos los anteriores, a un tercero.

c) El administrador deberá prestar, en cualquiera de las formas permitidas por la LEC, caución bastante para responder de los bienes que se le entreguen, que será fijada por el tribunal.

Sin embargo, el administrador podrá ser dispensado de prestar tal caución:

- *Por el tribunal.* Cuando el cargo recaiga en el cónyuge viudo o en un heredero, si tienen suficientes bienes para responder de los que se les entreguen.
- *Por los herederos y legatarios de parte alícuota:*

— De conformidad.

— Si no hay conformidad, la caución será proporcionada al interés en el caudal de los que no otorguen su relevación.

No cabrá dispensa, debiendo constituirse caución, en todo caso, respecto de la participación en la herencia de los menores o incapacitados que no tengan representante legal y de los ausentes a los que no se haya podido citar por ignorarse su paradero.

d. Cesación de la intervención judicial de la herencia

La **intervención judicial acordada de oficio** cesará cuando comparezcan los parientes del difunto o se nombre representante legal a los menores o incapacitados.

La **intervención judicial acordada a instancia de parte durante la tramitación de la declaración de herederos abintestato** cesará una vez efectuada tal declaración, a no ser que alguno de los herederos pida la división judicial de la herencia, en cuyo caso podrá subsistir, si así se solicita, hasta que se haga entrega a cada heredero de los bienes que le hayan sido adjudicados.

La **intervención judicial acordada a instancia de parte durante la tramitación del procedimiento de división judicial de la herencia** cesará cuando así lo soliciten de común acuerdo todos los herederos, salvo que alguno de los interesados sea menor de edad o incapacitado y no tenga representante legal o cuando haya algún heredero ausente al que no se haya podido citar por ignorarse su paradero, en cuyo caso, subsistirá hasta que se nombre representante legal a los primeros o aparezcan los segundos.

La **intervención judicial acordada a instancia de los acreedores reconocidos en testamento o por los coherederos o con derecho documentado en un título de crédito, que se hubieran opuesto a la partición hasta que se les pague o afiance su crédito** cesará cuando se produzca el pago o el afianzamiento.

2.2.3. *La administración del caudal hereditario (arts. 797 a 805 Ley 1/2000, de 7 de enero, de Enjuiciamiento Civil)*

Nombrado por el tribunal un administrador, entre las personas señaladas anteriormente, y prestada por éste la caución, salvo que hubiera sido dispensado de constituir la misma, se procederá por el tribunal a realizar una serie de actuaciones tendentes a acreditar la condición de aquél para que pueda desempeñar debidamente su cargo.

Tales actuaciones consistirán en:

1.º Poner al administrador en posesión de su cargo.

2.º Darle a reconocer a las personas que el propio administrador designe de aquellas con quienes deba entenderse en el desempeño de su cargo.

3.º Se le entregará testimonio en que conste su nombramiento y que se halla en posesión del cargo, a fin de que pueda acreditar su representación donde sea menester.

4.º Si el tribunal lo estima oportuno, expedirá mandamiento al Registro de la Propiedad donde consten las fincas que integran la herencia para que se haga constar en la inscripción de las mismas su estado de administración y el nombramiento de administrador.

a. Facultades del administrador

Mientras la herencia no haya sido aceptada por los herederos. Corresponderá al administrador, hasta que se haga la declaración de herederos

— representar a la herencia en todos los pleitos que se promuevan o que estuvieren iniciados al fallecer el causante;

— ejercitar las acciones que pudieran corresponder al difunto.

Una vez aceptada la herencia por los herederos. El administrador sólo tendrá facultad para

— representar a la herencia únicamente en lo que se refiere a la administración del caudal, su custodia y conservación;

— realizar las gestiones y ejercitar las acciones que procedan para llevar a cabo tal administración, custodia y conservación del caudal hereditario.

b. Obligaciones del administrador

1.ª Rendición de cuentas

• **Periódica.** En los plazos que señale el tribunal, que serán proporcionados a la importancia y condiciones del caudal, y que en ningún caso podrán exceder de 1 año.

Al rendir la cuenta, el administrador podrá:

— Consignar el saldo que de la misma resulte. En tal caso, el tribunal acordará inmediatamente mediante providencia el depósito.

— Presentar el resguardo original que acredite haber depositado tal saldo en el establecimiento destinado al efecto. En tal supuesto, el tribunal ordenará que se ponga en los autos diligencia expresiva de la fecha y cantidad del depósito.

Las partes podrán pedir, en cualquier momento, el examen de las cuentas presentadas por el administrador, a fin de inspeccionar la administración y, en su caso, promover cualesquiera medidas que versen sobre rectificación o aprobación de aquéllas. Tales cuentas les serán puestas de manifiesto en Secretaría.

• **Final**. Complementaria de las presentadas periódicamente, que deberá presentar al cesar en el desempeño de su cargo.

Presentada dicha cuenta, el tribunal dictará providencia acordando que la misma y todas las anteriores sean puestas de manifiesto a las partes en Secretaría, por el término común que estime oportuno atendiendo la importancia de aquéllas, a fin de que puedan impugnarlas.

Si no hay oposición a las cuentas, el tribunal dictará auto en el que

— aprobará las cuentas;

— declarará exento de responsabilidad al administrador;

— mandará devolver al administrador la caución que hubiere prestado.

Si las cuentas son impugnadas, se dará traslado del escrito de impugnación al administrador para que conteste, conforme a los arts. 404 y ss. LEC, continuando la tramitación con arreglo a lo dispuesto para el juicio verbal.

2.ª Conservación y rentabilización de los bienes de la herencia

El administrador está, asimismo, obligado, bajo su responsabilidad, a conservar sin menoscabo los bienes de la herencia, y a procurar que den las rentas, productos o utilidades que corresponda. A tal fin deberá:

a) *Respecto a las reparaciones ordinarias.* Realizar las que sean indispensables para la conservación de los bienes.

b) *Respecto a las reparaciones y gastos extraordinarios*. Poner en conocimiento del Juzgado la necesidad de efectuarlos. El tribunal citará a una comparecencia a las mismas personas que debieron ser citadas para la formación del inventario, y previo reconocimiento pericial y formación del presupuesto resolverá lo que estime procedente, atendidas las circunstancias del caso.

3.ª Depósito de las cantidades recaudadas

Todas las cantidades recaudadas en el desempeño de su cargo por el administrador, deberán ser depositadas sin dilación a disposición del Juzgado.

— Cantidad para gastos ordinarios. De las cantidades recaudadas, el administrador podrá retener las que fueran necesarias para atender los gastos de pleitos, pago de contribuciones y demás atenciones ordinarias.

Si las cantidades recaudadas no alcanzaran para atender tales gastos, el tribunal podrá mandar sacar del depósito la que fuera necesaria para cubrirlos.

— Cantidad para gastos extraordinarios. Para atender tales gastos, el tribunal, mediante providencia, podrá dejar en poder del administrador la suma que crea necesaria, mandando sacarla del depósito si no pudiere cubrirse con los ingresos ordinarios.

c. Prohibiciones

El administrador no podrá enajenar ni gravar los bienes inventariados, con excepción de:

1.º Los bienes que puedan deteriorarse.

2.º Los que sean de difícil o costosa conservación.

3.º Los frutos para cuya enajenación se presenten circunstancias que se estimen ventajosas.

4.º Los demás bienes cuya enajenación sea necesaria para el pago de deudas, o para cubrir otras atenciones de la administración de la herencia.

En tales supuestos, el tribunal, a propuesta del administrador, y oyendo a las mismas personas que debieron ser citadas para la formación del inventario, podrá decretar mediante providencia la venta de dichos bienes que se verificará:

a) Tratándose de valores admitidos a cotización oficial, a través de dicho mercado.

b) Cualquier otro bien, en pública subasta conforme a lo establecido en la legislación notarial o en procedimiento de jurisdicción voluntaria (arts. 2048 a 2055 LEC 1881, declarados vigentes, en tanto se aprueba la Ley de Jurisdicción Voluntaria, por Disposición Derogatoria Única, apartado 1.1.ª, de la LEC 1/2000).

d. Derechos

El administrador tendrá derecho a una retribución por el desempeño de su cargo consistente en un porcentaje sobre el producto líquido obtenido por la venta de bienes incluidos en el inventario u obtención de ingresos procedentes de tales bienes, que variará en función del origen del ingreso.

Ingresos	**Percepción del administrador**
Venta de frutos y otros bienes muebles	2%
Venta de bienes raíces y cobranza de valores de cualquier especie	1%
Venta de efectos públicos	0,5%
Otros ingresos	4%

Además, el tribunal podrá acordar, mediante providencia, cuando lo considere justo, que se abonen al administrador los gastos de los viajes que tenga necesidad de hacer para el desempeño de su cargo.

e. Administraciones subalternas

Se conservarán las administraciones subalternas que para el cuidado de sus bienes tuviera el finado, con la misma retribución y facultades que aquél les hubiere otorgado.

Dichos administradores dependerán del judicialmente nombrado, si bien no podrán ser separados por éste salvo que concurra justa causa y lo autorice el tribunal mediante providencia.

Los administradores subalternos rendirán cuentas y remitirán lo recaudado al administrador judicial.

Caso de que alguna de tales administraciones quede vacante, el administrador judicial podrá proveer para cubrir la misma, previa autorización judicial.

3. Supuesto de heredero único

En el supuesto de existencia de un único heredero, no será necesario realizar escritura de partición y adjudicación de herencia. Podrá hacer valer sus derechos sobre los bienes heredados e inscribirlos a su nombre del siguiente modo:

a. Tratándose de bienes inmuebles, conforme a los artículos 14 y 16 de la Ley Hipotecaria y artículo 79 en relación con el 76 del Reglamento Hipotecario, el heredero único podrá inscribir en el Registro de la Propiedad a su nombre los heredados del causante presentando en el Registro correspondiente los siguientes documentos:

A) Solicitud en documento privado en la que se indique el hecho del fallecimiento del causante, su estado civil, título de la sucesión, derecho sucesorio del interesado y descripción de los bienes cuya inscripción se solicita, con firma del interesado legitimada por Notario. A dicha solicitud se acompañarán los documentos que a continuación se indican.

B) Testamento o acta notarial o testimonio del auto judicial de declaración de herederos abintestato, según corresponda.

C) Certificado literal de defunción del causante.

D) Certificado Últimas Voluntades del causante.

E) Recibo del Impuesto sobre Bienes Inmuebles o documento justificativo de la referencia catastral de los inmuebles a inscribir.

F) Carta de pago justificativa de haber liquidado el correspondiente Impuesto sobre Sucesiones.

G) Carta de pago del Impuesto sobre el Incremento del Valor de los Terrenos de Naturaleza Urbana, en aquellos municipios donde, como en el de Madrid, se exija acreditar la liquidación o declaración de tal impuesto para poder inscribir los documentos relativos a inmuebles en el Registro de la Propiedad.

H) Si no constase previamente inscrito el inmueble a nombre del causante, además, habría de adjuntarse el título de propiedad de aquél.

I) Conviene adjuntar también fotocopia del Documento Nacional de Identidad del solicitante y del causante.

b. Tratándose de otro tipo de bienes bastará el testamento, o acta notarial o testimonio del auto judicial de declaración de herederos abintestato, según corresponda, certificado de defunción y de Últimas Voluntades y carta de pago del Impuesto sobre Sucesiones».

III. PLAZOS EN DERECHO SUCESORIO

TESTAMENTO		Plazo	Cómputo
En peligro inminente de muerte o en caso de epidemia (art. 703 C.c.).	Ineficacia.	**2 meses** Caducidad	**Desde que testador salió del peligro de muerte o desde que cesó epidemia.**
	Fallecido testador en los dos meses siguientes a salir el peligro de muerte o cesar la epidemia. Plazo para acudir a tribunal a elevar testamento a escritura pública.	**3 meses** Caducidad	**Desde fallecimiento testador.**
Ineficacia del militar otorgado en tiempo de guerra estando en campaña (art. 719 C.c.).		**4 meses** Caducidad	**Desde que testador dejó de estar en campaña.**
Ineficacia del marítimo (art. 730 C.c.).		**4 meses** Caducidad	**Desde que testador desembarque en punto donde pueda testar en forma ordinaria.**
Ológrafo	Protocolización (art. 689 C.c.).	**5 años** Caducidad	**Desde fallecimiento testador.**
	Presentación en Jdo. por quien lo tenga en depósito (art. 690 C.c.).	**10 días**	**Desde que tenga noticia de la muerte del testador.**

TESTAMENTO		Plazo	Cómputo
Cerrado	Presentación en Jdo. por quien lo tenga en depósito (art. 712 C.c.).	**10 días**	**Desde que conozca el fallecimiento del testador.**
Nulidad	Absoluta (arts. 673 y 687 C.c.).	Imprescriptible	
	Por preterición: si se reclama legítima (art. 814 C.c.) (art. 1963 C.c.).	**30 años** Prescripción	**Desde fallecimiento testador.**
	Por preterición: si se pide nulidad institución de heredero (art. 814 C.c.) (art. 1964 C.c.).	**15 años** Prescripción	**Desde fallecimiento testador.**
Acción de petición de reducción o supresión de disposiciones por inoficiosas (art. 817 C.c.) (art. 1964 C.c.).		**15 años** Prescripción	**Desde muerte testador**

ALBACEA		Plazo	Cómputo
Plazo para cumplir su cometido cuando testador no lo hubiere señalado (art. 904 C.c.).		**1 año**	**Desde aceptación o desde terminación litigio sobre validez o nulidad testamento o alguna de sus disposiciones.**
Prórroga plazo para cumplir su cometido.	Si no la hubiere señalado testador (art. 905 C.c.).	**1 año**	**Desde finalización plazo.**
	Acordada por mayoría de los herederos (art. 906 C.c.).	**1 año**	**Desde finalización plazo.**
Excusa del cargo (art. 898 C.c.).	Si no conociera nombramiento con anterioridad.	**6 días**	**A partir conocimiento del nombramiento.**
	Si conocía nombramiento con anterioridad.	**6 días**	**A partir conocimiento muerte testador.**
Acción para declarar la incapacidad para heredar (art. 762 C.c.).		5 años Caducidad	Desde que incapaz esté en posesión de la herencia o legado.

HEREDEROS		Plazo	Cómputo
Plazo para que heredero mayor de edad denuncie la muerte violenta del testador y no sea considerado incapaz de suceder (art. 756.4.° C.c.).		1 mes	Desde que conozca la muerte violenta del testador.
Aceptación herencia.	Plazo que ha de transcurrir para poder instar acción contra heredero para que acepte o repudie (art. 1004 C.c.).	9 días	Desde fallecimiento causante.
	Plazo para aceptar o repudiar la herencia, instada acción judicial por 3.º (art. 1005 C.c.).	Máximo 30 días	Desde que sea requerido por el Juzgado.
	Plazo para aceptar o repudiar por heredero que se reservó el derecho a deliberar (art. 1019 C.c.).	30 días	A partir conclusión inventario en Juzgado.
Beneficio de inventario o derecho a deliberar: Plazo para que heredero ponga en conocimiento del Juzgado su deseo de utilizar tales derechos.	Cuando esté en posesión de todos o parte de los bienes de la herencia (art. 1014 C.c.).	10 días Si reside en lugar fallecimiento causante	A partir del día siguiente al en que se sepa heredero.
		30 días Si reside fuera	
	Cuando no esté en posesión de todos o parte de los bienes de la herencia ni haya practicado gestión como tal heredero (art. 1015 C.c.).	10 días Si reside en lugar fallecimiento causante	Desde el día siguiente al en que expire el plazo fijado por el Juez para que acepte o repudie la herencia; o Desde el día en que hubiese aceptado la herencia o la hubiese gestionado como heredero.
		30 días Si reside fuera	
Beneficio de inventario o derecho a deliberar: Realización del inventario (art. 1017 C.c.).	Comienzo.	30 días	Siguientes a citación acreedores y legatarios.
	Finalización.	60 días	Siguientes a su iniciación.
	Prórroga plazo finalización.	Máximo 1 año	Desde que se inició.
Beneficio de inventario o derecho a deliberar: Inventario hecho por heredero que después repudia la herencia. Plazo sustitutos y herederos abintestato para aceptar o repudiar herencia (art. 1022 C.c.)		30 días	Desde el siguiente al en que tuvieren conocimiento de la repudiación.

HEREDEROS		Plazo	Cómputo
Acción de petición de herencia (STS 27/11/1992).		30 años Prescripción	Desde que heredero aparente empieza a poseer los bienes con intención de hacerlos suyos.
Acción de complemento de la legítima (art. 815 C.c.) (art. 1963 C.c.).		30 años Prescripción	Desde muerte causante.
Distribución de los bienes del difunto y mejora por el cónyuge viudo, cuando testador no hubiera señalado plazo para ello (art. 831 C.c.).		2 años	— Desde apertura sucesión. — Desde emancipación último hijo común.
Decisión pago en metálico a los legitimarios (art. 844 C.c.).	Comunicación.	1 año	Desde apertura sucesión.
	Pago.	1 año Caducidad	Desde comunicación de la decisión.
Impugnación de la desheredación (art. 850 C.c.) (art. 1964 C.c.).		15 años	Desde fallecimiento causante.
Retracto por venta de derechos hereditarios por uno de los herederos o un extraño antes de la partición (art. 1067 C.c.).		1 mes	Desde que se les haga saber la venta.

LEGATARIOS		Plazo	Cómputo
Petición de legado (art. 885 C.c.).	Puro y simple (art. 1964 C.c.).	15 años Prescripción	Desde fallecimiento causante.
	Cosa genérica o cantidad (art. 1964 C.c.).	15 años Prescripción	
	Cosa ajena (art. 1964 C.c.).	15 años Prescripción	
	Cosa específica y determinada: bien inmueble (art. 1963 C.c.).	30 años Prescripción	
	Cosa específica y determinada: bien mueble (art. 1962 en relación 1955 C.c.).	3 años Si buena fe en poseedor Prescripción	
		6 años Si mala fe en poseedor Prescripción	
Reducción legado por inoficioso (art. 1299 C.c.).		4 años	Desde fallecimiento causante.
Caducidad anotación preventiva en R.º Propiedad a favor legatario que no lo sea de especie (art. 87 LH).		1 año	Desde su fecha.

PARTICIÓN HERENCIA		Plazo	Cómputo
Acción para pedir la partición (art. 1965 C.c.).		Imprescriptible	
Acción reducción donaciones por inoficiosas (STS 4/3/1999).		5 años Caducidad	Desde fallecimiento causante.
Partición por contador.	Plazo.	1 año	Desde que sea requerido al efecto.
	Prórroga.	1 año	Desde finalización plazo.
Nulidad partición.	Absoluta (art. 1081 C.c.).	Imprescriptible	
	Relativa (art. 1301 C.c.).	4 años	Desde partición.
Rescisión por lesión (art. 1076 C.c.).		4 años	Desde partición.

RESERVAS		Plazo	Cómputo
Acción heredero reservatario para reclamar bienes reservables.	Reserva ordinaria.	30 años	Desde fallecimiento reservista
	Reserva lineal		

IV. RESEÑA DE LEGISLACIÓN CIVIL FORAL Y AUTONÓMICA EN MATERIA DE SUCESIONES

- **Andalucía**
  - Ley 5/2002, de 16 de diciembre, de parejas de hecho. Art. 13 (*BOE* n.º 11, de 13 de enero de 2003).
- **Aragón**
  - Ley 1/1999, de 24 de febrero, de Sucesiones por causa de muerte (*BOE* n.º 72, de 25 de marzo de 1999), modificada por la disposición final 1.ª de la Ley 13/2006, de 27 de diciembre, de Derechos de la Persona (*BOE* n.º 23, de 26 de enero de 2007).
  - Ley 6/1999, de 26 de marzo, de parejas estables no casadas. Arts. 9, 11 y 15 a 17 (*BOE* n.º 95, de 21 de abril de 1999).
  - Ley 2/2003, de 12 de febrero, del régimen económico matrimonial y viudedad (*BOE* n.º 62, de 13 de marzo de 2003).
- **Cataluña**
  - Ley 40/1991, de 30 de diciembre, del Código de Sucesiones por causa de muerte en el Derecho Civil de Cataluña (*BOE* n.º 50, de 27 de febrero de 1992).

— Ley 10/1998, de 15 de julio, de uniones estables de pareja. Arts. 18 y 33 a 35 (*BOE* n.º 198, de 19 de agosto de 1998).

— Ley 5/2006, de 10 de mayo, del Libro Quinto del Código Civil de Cataluña, relativo a Derechos Reales (*BOE* n.º 148, de 22 de junio de 2006).

— Ley 19/1998, de 28 de diciembre, sobre situaciones convivenciales de ayuda mutua. Arts. 6 y 8 (*BOE* n.º 35, de 10 de febrero de 1999).

— Ley 3/2005, de 8 de abril, de modificación de la Ley 9/1998 del Código de Familia; Ley 10/1998, de uniones estables de pareja, y Ley 40/1991, de Sucesiones por causa de muerte en el Derecho Civil de Cataluña, en materia de adopción y tutela (*DO Generalitat Catalunya* n.º 4366, de 19 de abril de 2005).

— Ley 5/2006, de 10 de mayo, del Libro Quinto del Código Civil de Cataluña, relativo a derechos reales (BOE n.º 148, de 22 de junio de 2006).

- **Galicia**

— Ley 2/2006, de 14 de junio, del Derecho Civil de Galicia (*BOE* n.º 191, de 11 de agosto de 2006).

- **Islas Baleares**

— Decreto Legislativo 79/1990, de 6 de septiembre, de aprobación del Texto Refundido de la Compilación del Derecho Civil de Baleares (*BO Illes Balears* n.º 120, de 2 de octubre de 1990).

— Ley 18/2001, de 19 de diciembre, reguladora del régimen jurídico de las parejas estables. Arts. 12 y 13 (*BOE* n.º 14, de 16 de enero de 2002).

- **Navarra**

— Ley 1/1973, de 1 de marzo, por la que se aprueba la Compilación del Derecho Civil Foral de Navarra (*BOE* n.º 57 a 63, de 7 de marzo a 14 de marzo de 1973).

— Ley Foral 5/1987, de 1 de abril, de modificación de la Compilación del Derecho Civil Foral de Navarra (*BOE* n.º 134, de 5 de junio de 1987).

— Ley Foral 6/2000, de 3 de julio, de igualdad jurídica de las parejas estables. Art. 11 (*BOE* n.º 214, de 6 de septiembre de 2000).

- **País Vasco**

— Ley 3/1992, de 1 de julio, del Derecho Civil Foral del País Vasco (*BOPV* n.º 153, de 7 de agosto de 1992).

— Ley 3/1999, de 26 de noviembre, de modificación de la Ley del Derecho Civil Foral del País Vasco en lo relativo al Fuero Civil de Guipúzcoa (*BOPV* n.º 249, de 30 de diciembre de 1999).

— Ley 2/2003, de 7 de mayo, reguladora de las parejas de hecho. Art. 9 (*BOPV* n.º 100, de 23 de mayo de 2003).

SEGUROS

AUTOR

Javier Castillo Pravos
Abogado

SEGUROS

Javier Castillo Pravos
Abogado

I. CONCEPTO Y CARACTERÍSTICAS DEL CONTRATO DE SEGURO

1. *Concepto y clasificación del contrato de seguro*

Según el art. 1 de la Ley 50/1980, de 8 de octubre, de Contrato de Seguro, el contrato de seguro es aquel por el que el asegurador se obliga mediante el cobro de una prima y para el caso de que se produzca el evento cuyo riesgo es objeto de cobertura, a indemnizar, dentro de los límites pactados, el daño producido al asegurado o a satisfacer un capital, una renta u otras prestaciones.

De conformidad con lo anterior cabe clasificar los distintos seguros en dos grandes grupos. El primero estaría formado por los seguros con una función indemnizatoria efectiva, es decir, que reparan en sentido estricto los daños sufridos. Estos seguros de daños cabría a su vez clasificarlos en seguros de cosas, de crédito, de beneficio esperado y de deudas.

El segundo grupo estaría formado por los seguros de personas o de sumas, en los que se satisfacen determinadas cantidades con ocasión de determinados eventos. En este caso podríamos hablar de una indemnización presunta o de abstracta cobertura de necesidad, dado que los daños no son reparados en sentido estricto. Dentro de éstos hay que distinguir los seguros de accidentes, de enfermedad y de vida.

2. *Características del contrato*

Nos hallamos ante un contrato aleatorio, del que desconocemos el momento en que se verificará el evento dañoso y el alcance de las prestaciones generadas por éste; oneroso; bilateral y sinalagmático, dada la correlatividad en las prestaciones de los contratantes; único y de ejecución continuada; de carácter consensual y, normalmente, de adhesión, puesto que suelen imponerse unas condiciones generales por parte del asegurador.

3. *Normativa y ámbito de aplicación*

El contrato de seguro se encuentra enmarcado dentro del ámbito del Derecho privado, más concretamente dentro del mercantil, y regulado con carácter general y subsidiario (para aquellos supuestos en los que no exista normativa especial) en la Ley 50/1980, de 8 de octubre, de Contrato de Seguro (en adelante LCS); la cual a su vez ha sido objeto de diversas modificaciones en orden a brindar una mayor protección al asegurado y a adaptar nuestro ordenamiento a las diversas Directivas comunitarias sobre la materia.

En cuanto a la actividad aseguradora, ésta cabe enmarcarla dentro del ámbito del Derecho público administrativo; estando regulada con carácter principal en el Real Decreto Legislativo 6/2004, de 29 de octubre, por el que se aprueba el Texto Refundido de la Ley de Ordenación y Supervisión de los Seguros Privados (en adelante LOSSP), el cual ha sido objeto de diversas modificaciones desde su entrada en vigor; las últimas operadas por la Ley 13/2007, de 2 de julio, y la Ley 21/2007, de 11 de julio. Igualmente cabe destacar el Real Decreto 2486/1998, de 20 de noviembre, por el que se aprueba el Reglamento de Ordenación y Supervisión de los Seguros Privados, el cual a su vez también ha sido objeto de numerosas reformas desde su entrada en vigor.

Cabe citar como antecedente más inmediato la Ley 30/1995, de 8 de noviembre, de Ordenación y Supervisión de los Seguros Privados, de la cual se mantiene únicamente vigente a día de hoy alguna de sus disposiciones adicionales.

El ámbito territorial, objetivo y subjetivo de aplicación de la anterior normativa viene delimitado en los arts. 107 a 109 de la LCS y en los arts. 2 y 3 de la LOSSP.

II. ELEMENTOS PERSONALES

1. El asegurador

El asegurador es la persona que asume la obligación de indemnizar, dentro de los límites pactados, para el caso de que se produzca el evento asegurado, mediante la entrega al beneficiario de un capital o renta determinados o bien mediante la reparación efectiva del daño producido.

La actividad aseguradora únicamente puede ser desempeñada por sociedades anónimas, sociedades mutuas, mutualidades de previsión social y sociedades cooperativas; las cuales deben haber obtenido previamente la debida autorización administrativa y figurar inscritas tanto en el Registro Mercantil como en el específico creado al efecto (art. 5 y ss. LOSSP).

Serán nulos de pleno Derecho aquellos contratos de seguro celebrados por una entidad que no esté debidamente autorizada o bien que haya actuado transgrediendo los límites de su autorización (art. 4.2 LOSSP).

Deberán facilitar información sobre su participación en otras entidades y limitar su objeto social a la actividad aseguradora (art. 10 LOSSP). Igualmente deben presentar un programa de actividades ante la Dirección General de Seguros y Fondos de Pensiones (art. 12 LOSSP).

Tendrán también que disponer del capital social o fondo mutual y del fondo de garantía que se exige legalmente (arts. 13 y 18 LOSSP) y además informar sobre las participaciones y aportaciones de sus socios, a los que se le exige ser idóneos para que la gestión de la entidad sea sana y prudente (arts. 14 y 15 LOSSP).

Deberán disponer en todo momento de un patrimonio no comprometido que les brinde un margen de solvencia suficiente respecto al conjunto de sus actividades (art. 17 LOSSP).

Igualmente estarán sujetas al control y supervisión del Ministerio de Economía y Hacienda, a través de la Dirección General de Seguros y Fondos de Pensiones.

1.1. Los mediadores de seguros

Si bien el asegurador es la parte que contrata con el tomador o asegurado, no podemos olvidarnos de los agentes y corredores de seguros, que suelen intervenir habitualmente en la formación de estos contratos.

Esta actividad de mediación está regulada en la Ley 26/2006, de 17 de julio, de Mediación de Seguros y Reaseguros Privados (en adelante LMSRP), que ha adaptado nuestro ordenamiento al contenido de la Directiva 2002/92/CE, del Parlamento Europeo y del Consejo, de 9 de diciembre de 2002, sobre la mediación en los seguros. En dicha norma se regulan las condiciones en las que debe desarrollarse la mediación dentro de este sector (entendiéndose por tal aquellas actividades consistentes en la presentación, propuesta o realización de trabajos previos a la celebración de un contrato de seguro o de reaseguro, o de celebración de estos contratos, o de asistencia en la gestión y ejecución de los mismos, en particular en caso de siniestro); estableciéndose también de modo pormenorizado las normas sobre el acceso y ejercicio por parte de las personas físicas y jurídicas que las realicen y el régimen de supervisión y disciplina administrativa que les será aplicable.

En cuanto al ámbito de aplicación de la Ley, ésta se aplicará a las anteriores actividades cuando sean realizadas por mediadores de seguros y de reaseguros residentes o domiciliados en España así como cuando sean realizadas en España por mediadores domiciliados en el territorio de cualquiera de los restantes países miembros del Espacio Económico Europeo.

El art. 7 de la LMSRP clasifica a los mediadores de seguros en agentes de seguros y en corredores de seguros.

Los agentes estarán comprometidos con la entidad mediante un contrato de agencia, siendo de aplicación subsidiaria a su contenido lo dispuesto en la Ley 12/1992, de 27 de mayo, sobre Contrato de Agencia. En este sentido actuarán en nombre y representación de aquélla, surtiendo plenos efectos cualquier comunicación o pago que el tomador efectúe al agente (art. 12 LMSRP). A su vez, dentro de los agentes se diferencia entre el agente exclusivo (que presta su actividad únicamente para una entidad aseguradora —arts. 13 a 19—) y el vinculado (que presta su actividad para varias aseguradoras —arts. 20 a 24—). Dentro de los agentes de seguros se distingue también la figura del operador de banca-seguros, que realiza la actividad de mediación como agente y que utiliza las redes de distribución de las entidades de crédito. La entidad de crédito sólo podrá poner su red de distribución a disposición de un único operador de banca-seguros (art. 25).

En cuanto a los corredores de seguros, son aquellos que realizan la actividad mercantil de mediación de seguros sin mantener vínculos contractuales que supongan afección con las entidades aseguradoras y que ofrecen asesoramiento independiente, profesional e imparcial a quienes demanden la cobertura de los riesgos a que se encuentran expuestos sus personas, sus patrimonios, sus intereses o responsabilidades. El pago del importe de la prima efectuado por el tomador del seguro al corredor no se entenderá realizado a la entidad aseguradora, salvo que, a cambio, el corredor entregue al tomador del seguro el recibo de prima de la entidad aseguradora (arts. 26 a 38).

2. *Tomador del seguro, asegurado y beneficiario*

El tomador del seguro es la persona, física o jurídica, que celebra el contrato de seguro junto al asegurador. Normalmente la condición de tomador y de asegurado suelen coincidir en la misma persona, siempre que el tomador contrate por cuenta propia. No obstante, se prevé la posibilidad de que pueda contratar por cuenta ajena, siendo en este caso el asegurado persona distinta. En ambos casos el tomador asume las obligaciones que se derivan del contrato, salvo que las mismas no puedan ser cumplidas más que por el asegurado, siendo este último el beneficiario de la cobertura del contrato. En el caso de que el asegurado cumpla con la obligación propia del tomador, el asegurador quedará obligado igualmente (art. 7 LCS).

El asegurado es entonces el titular del interés objeto de seguro. Habida cuenta de su carácter de consumidor, la propia LCS establece el carácter imperativo de sus normas, salvo que en las mismas se disponga lo contrario, teniéndose por válidas sólo aquellas cláusulas contractuales que sean más beneficiosas para el asegurado (art. 2 LCS).

Las condiciones generales del contrato en ningún caso podrán tener carácter lesivo, debiendo redactarse de modo claro y preciso. Las cláusulas limitativas de derechos tendrán que ser aceptadas expresamente por escrito (art. 3 LCS).

En cuanto al beneficiario, señalaremos que puede o no coincidir con el asegurado, dado que éste puede ceder su derecho a percibir la indemnización a un tercero (por ejemplo, en los seguros de vida).

En último lugar, puede aparecer junto al beneficiario la persona del perjudicado o víctima, supuesto que se da en los seguros de responsabilidad civil. En este caso este tercero, totalmente ajeno a la relación contractual, será el que deba recibir una indemnización por parte del asegurador, disponiendo al efecto de acción directa para su reclamación (art. 76 LCS).

3. *Otros elementos no personales*

Junto a los anteriores elementos subjetivos aparecen otros elementos de relevancia en el contrato de seguro. A saber:

El riesgo, o probabilidad de que suceda el evento determinante del pago de la indemnización. Este riesgo debe existir en el momento de la celebración del contrato (salvo en los supuestos excluidos por la Ley) y debe estar debidamente delimitado (arts. 4 y 10 a 13 LCS).

La prima, o prestación dineraria que el tomador realiza a favor del asegurador a cambio de la cobertura del riesgo (arts. 14 y 15 LCS).

III. FORMACIÓN Y DOCUMENTACIÓN DEL CONTRATO

1. *Carácter consensual*

El contrato de seguro es de carácter consensual, perfeccionándose cuando se unen la oferta y la aceptación. Esto lleva consigo que pueda celebrarse tanto de forma oral como escrita. La Ley en cambio, en interés del tomador y consumidor, establece la obligatoriedad de que figure por escrito (art. 5 LCS).

En cuanto a la formación del contrato, la Ley da distinto alcance a las manifestaciones realizadas con anterioridad a su celebración. La solicitud del seguro no vinculará al solicitante, no pudiéndose entender como una verdadera oferta de contrato a sus efectos. Por el contrario, la proposición que haga a continuación el asegurador sí le vinculará a éste durante un plazo de quince días, de tal forma que el contrato quedará perfeccionado cuando el tomador muestre su aceptación dentro de dicho plazo. La Ley admite la posibilidad de que los efectos del contrato puedan retrotraerse al momento en que fue presentada la solicitud por acuerdo expreso de las partes (art. 6 LCS).

2. *Documentos del contrato*

2.1. La póliza

La póliza es el documento en el que se recoge el contrato de seguro, el cual debe ser entregado al tomador (art. 5 LCS). Dicho documento debe recoger los siguientes datos: los relativos a las partes, el concepto por el que se asegura, el riesgo objeto de cobertura, los objetos asegurados y su situación, la suma asegurada o el alcance de la cobertura, el importe de la prima, de los recargos y de los impuestos, el lugar y la forma de pago de las primas, la duración del contrato así como los datos de los agentes que intervengan en el contrato (art. 8 LCS).

Dentro de la póliza hay que distinguir entre las condiciones generales, a las que ya se ha aludido con anterioridad, y las condiciones particulares, que recogen el contenido específico del contrato y que en caso de discordancia con el contenido de la LCS tendrán carácter prevalente solamente si son más beneficiosas para el asegurado (art. 2 LCS). Esto no ocurrirá cuando se aseguren grandes riesgos (art. 44.2 LCS).

Las condiciones generales y los modelos de contratación utilizados por el asegurador están sometidos a la vigilancia de la Administración, si bien normalmente no es necesaria la aprobación previa de los mismos. En cualquier caso, aunque el modelo haya sido aprobado, esto no conllevará la licitud de su contenido, siendo éste en todo momento revisable por los Tribunales (art. 3 LCS).

La póliza se redacta habitualmente de modo nominativo, aunque se admite la posibilidad de que se emita a la orden, siendo entonces transmisible mediante endoso, o al portador, transmitiéndose mediante su simple entrega. No obstante, no podemos hablar de un título valor, sino en todo caso de un título de legitimación (art. 9 LCS).

2.2. Otros documentos

La póliza puede completarse con posterioridad por un suplemento, con idénticos efectos probatorios. También hay que recordar la solicitud del seguro, la proposición del seguro, el documento de cobertura provisional y el certificado de seguro, que sustituye a la póliza y que en los seguros colectivos de vida o accidentes acredita la existencia del contrato.

3. Duración del contrato, prescripción de acciones y competencia territorial

La duración del contrato será fijada en la póliza, sin que en ningún caso pueda exceder de diez años. En la práctica predominan los contratos de un año prorrogables por igual plazo, salvo que medie notificación previa a la otra parte con dos meses de antelación a la conclusión del periodo en curso. Dichas previsiones no serán de aplicación al seguro de vida (art. 22 LCS).

Se establecen dos plazos de prescripción de las acciones derivadas de este contrato según hablemos de seguros de daños, en los que se afirma un plazo de dos años, o de seguros de personas, en los que el plazo de prescripción es de cinco años (art. 23 LCS).

Será juez competente para el conocimiento de estas acciones el del domicilio del asegurado, siendo nulos los pactos en contrario (art. 24 LCS).

IV. OBLIGACIONES DE LAS PARTES

1. Obligaciones del asegurador

1.1. Entrega de la póliza

Según se ha dicho, el asegurador está obligado a entregar al tomador del seguro la póliza o, al menos, el documento de cobertura provisional. En las modificaciones del seguro en que por disposiciones especiales no se exija la emisión de la póliza, el asegurador estará obligado a entregar el documento que en ellas se establezca. En caso de extravío, tanto el tomador como el beneficiario podrán solicitar una copia o duplicado, que tendrá idéntica eficacia al original (arts. 5 LCS y 13 del RD 1507/2008).

1.2. Cobertura del riesgo

El asegurador está obligado a cubrir el riesgo asegurado, debiendo en consecuencia estar en disposición de hacer frente a la prestación monetaria con carácter previo a la producción del evento previsto. Nos remitimos a lo ya expuesto cuando se habló del asegurador.

1.3. Pago de la prestación y mora en su cumplimiento

Ésta es la obligación principal del asegurador, el cual deberá llevarla a cabo, dentro de los límites pactados, siempre que el siniestro no haya sido provocado por el dolo o la mala fe del asegurado (art. 19 LCS).

El asegurador está obligado a abonar la indemnización al término de las investigaciones y peritajes necesarios para determinar el alcance del siniestro. En cualquier caso, deberá efectuar el abono del importe mínimo de la indemnización que pueda adeudar según las circunstancias por él conocidas dentro de los cuarenta días siguientes a la recepción por su parte de la declaración del siniestro. Excepcionalmente podrá realizar su prestación *in natura*, en los seguros de daños en sentido estricto cuya naturaleza lo permita (art. 18 LCS).

Para el caso de que el asegurador incurra en mora en el cumplimiento de su obligación, se prevé a modo de cláusula penal el pago de un interés anual igual al del interés legal del dinero vigente en el momento del devengo incrementado en un 50%, que podrá ascender al 20% anual de la indemnización para el caso de que el pago se demore más de dos años. La mora se produce cuando el asegurador no cumple con su prestación en un plazo de tres meses desde la producción del siniestro o no hubiere procedido al pago del importe mínimo de lo que pueda deber dentro de los cuarenta días a partir de la recepción de la declaración del siniestro (art. 20 LCS).

Los anteriores plazos se computarán desde la fecha del siniestro, salvo que éste no hubiera sido notificado en el plazo establecido en la póliza o en los siete días siguientes a su producción. En este supuesto el plazo se contará desde la comunicación del siniestro. Respecto del tercero perjudicado (seguro de responsabilidad civil), el día inicial del cómputo será la fecha del ejercicio de la reclamación directa frente al asegurador.

2. *Obligaciones del tomador y del asegurado*

2.1. Pago de la prima

Ésta es la obligación fundamental del contratante, que puede ser llevada a cabo tanto por el tomador como por el asegurado; siendo la prima un elemento fundamental del contrato, dado su carácter oneroso. Puede ser única o bien periódica cuando se haya determinado una cantidad para cada uno de los periodos en que se divida la duración del contrato. De esta forma su pago se exige al comienzo del contrato o, en su caso, al comienzo de cada uno de los periodos (art. 14 LCS).

Si la primera prima no es abonada por culpa del tomador, el asegurador podrá resolver el contrato o exigir su pago en vía ejecutiva. En caso de que no abonen las primas sucesivas, la cobertura del asegurador quedará suspendida un mes después del día de su vencimiento, quedando extinguido el contrato definitivamente si en los seis meses siguientes al vencimiento no se reclama el pago (art. 15 LCS).

2.2. Declaración para la valoración del riesgo

Con carácter previo a la perfección del contrato de seguro, el tomador debe declarar las circunstancias por él conocidas que puedan influir en la valoración del riesgo por parte del asegurador. Esta obligación suele materializarse mediante un cuestionario que le es entregado al tomador para que lo cumplimente, pudiendo quedar relevado de dicha obligación si no se le exige la formalización del mismo (art. 10 LCS).

2.3. Comunicación de la agravación y aminoración del riesgo

Durante la vigencia del contrato, tanto el tomador como el asegurado estarán obligados a comunicar al asegurador, tan pronto como les sea posible, todas las circunstancias que agraven el riesgo y que sean de tal naturaleza que, de haber sido conocidas por éste en el momento de la perfección del contrato, no lo habría celebrado o lo habría concluido en condiciones más gravosas.

El asegurador podrá en plazo de dos meses desde la comunicación proponer una modificación del contrato, disponiendo entonces el asegurado de quince días para manifestar su aceptación a esta nueva propuesta. Transcurrido dicho plazo sin respuesta, el asegurador podrá rescindir el contrato previa advertencia al tomador. Transcurridos otros quince días desde la advertencia, el asegurador comunicará la rescisión definitiva en los ochos días siguientes.

Si se produce el siniestro y ha mediado mala fe en el incumplimiento de esta obligación, el asegurador quedará liberado de su obligación. De no ser así, cabrá reducir proporcionalmente la prestación a la diferencia entre la prima convenida y la que se hubiera aplicado de comunicarse la agravación (art. 12 LCS).

De igual forma cabrá la posibilidad de que el tomador o el asegurado comuniquen al asegurador cualquier circunstancia que reduzca el riesgo y que de haberse dado en el momento de la perfección habría supuesto unas condiciones más ventajosas. En este caso cabrá la reducción del importe futuro de la prima del nuevo periodo en la proporción correspondiente (art. 13 LCS).

2.4. Aviso del siniestro

El asegurado está obligado a comunicar la producción del siniestro al asegurador en plazo de siete días desde su producción, pudiendo ser ampliado dicho plazo por voluntad de las partes. El incumplimiento de esta obligación dará derecho al asegurador a deducir del pago de la prestación los daños y perjuicios derivados del retraso que pueda acreditar (art. 16 LCS).

2.5. Aminoración de las consecuencias del siniestro

Este deber de salvamento existe en el ámbito de los seguros de daños y consiste en la obligación del asegurado de emplear todos los medios a su alcance para aminorar las consecuencias del siniestro. En caso de incumplimiento el asegurador podrá reducir en la proporción oportuna su prestación, pudiendo privar totalmente de la misma al asegurado si se acredita que el incumplimiento se realizó con la voluntad de engañar al asegurador (art. 17 LCS).

V. LOS SEGUROS CONTRA DAÑOS. CONSIDERACIONES GENERALES

1. Elementos. Valor del interés y suma asegurada

El interés es un concepto con especial relevancia en el ámbito de los seguros de indemnización efectiva o de daños. Podría denominarse como la relación susceptible de valoración económica que existe entre una persona y un determinado bien. Este interés debe existir (art. 25 LCS) y ser valorable económicamente según lo estipulado en las condiciones generales, pudiendo variar su valor a lo largo del contrato. Cabe distinguir entre valor asegurable (el existente en el momento de la perfección del contrato), valor sucesivo (el que se da durante la duración del contrato), valor final (el que existe inmediatamente a que se produzca el siniestro) y valor residual (que es el que resta cuando ha ocurrido el siniestro).

La suma asegurada representa el límite máximo de la indemnización a pagar por el asegurador en cada siniestro y puede coincidir o no con el valor asegurable (art. 27 LCS). Cuando el valor asegurado y el valor asegurable coinciden, nos hayamos ante un seguro pleno. Si es inferior, estaremos ante una situación de infraseguro, en la que la indemnización será proporcional a la proporción del interés que se asegura (art. 30 LCS). En el caso contrario, sobreseguro, cualquiera de las partes podrá exigir la reducción de la suma y de la prima (art. 31 LCS).

En relación con el riesgo asegurado, tan sólo repetiremos que su individualización debe materializarse en las condiciones particulares de la póliza, siendo frecuente la exclusión de determinados riesgos extraordinarios (art. 44 LCS). En este sentido hacemos alusión al Consorcio de Compensación de Seguros, entidad aseguradora pública, que se encarga de asegurar este tipo de riesgos extraordinarios. Además, funciona como fondo de garantía de riesgos de la circulación de vehículos, de la caza y del seguro obligatorio de viajeros, para aquellos casos en que no exista el correspondiente seguro obligatorio o se haya declarado la insolvencia del asegurador. Estas y otras funciones se encuentran reguladas en el Real Decreto Legislativo 7/2004, de 29 de octubre, por el que se aprueba el Texto Refundido del Estatuto Legal del Consorcio de Compensación de Seguros; el cual también ha sido objeto de modificaciones posteriores, como la operada por la Ley 12/2006, de 16 de mayo.

2. *Determinación de la indemnización*

La indemnización se determinará de conformidad con tres factores: el valor del interés asegurado, el importe del daño y la suma asegurada.

En cuanto al valor del interés, habrá que estar al valor final (art. 26 LCS), siendo importante también el valor residual, puesto que el importe del daño será el resultado de restar éste de aquél. La suma asegurada operará como límite de la indemnización.

En conclusión, la indemnización será el resultado de multiplicar la suma asegurada por el importe del daño, dividido a su vez por el valor del interés.

3. *Subrogación del asegurador*

El asegurador, una vez pagada la indemnización, podrá ejercitar los derechos y las acciones que por razón del siniestro correspondieran al asegurado frente a las personas responsables de los mismos, hasta el límite de la indemnización. En ningún caso podrá ejercitar este derecho en perjuicio del asegurado, siendo éste a su vez responsable de los perjuicios que con sus actos y omisiones pudiera causar al asegurador en su subrogación.

El asegurador no tendrá derecho a la subrogación contra ninguna de las personas cuyos actos u omisiones den origen a responsabilidad del asegurado, de acuerdo con la Ley, ni contra el causante del siniestro que sea, respecto del asegurado, pariente en línea directa o colateral dentro del tercer grado civil de consanguinidad, padre adoptante o hijo adoptivo que convivan con el asegurado. Esta norma no tendrá efecto si la responsabilidad proviniere del dolo o la misma estuviera amparada por un seguro, estando en este caso la subrogación limitada a la cobertura de dicho contrato (art. 43 LCS).

Este derecho de subrogación no existe para el caso de los seguros de personas, con excepción de lo relativo a gastos de asistencia sanitaria (art. 82 LCS).

4. *Formas de aseguramiento especial en los seguros de daños*

— *Pólizas tasadas o estimadas*. En ellas las partes fijan de común acuerdo un valor del interés fijo, con independencia del valor final (art. 28 LCS).

— *Cláusulas de estabilización*. Al objeto de evitar el lógico desajuste entre el valor del interés y la suma asegurada, se establecen contractualmente unos índices de revalorización automática (art. 29 LCS).

— *Seguro múltiple.* Se da cuando se contratan diversas coberturas sobre un único riesgo, debiendo distinguirse dos posibilidades: el seguro cumulativo y el coaseguro (arts. 32 y 33 LCS).

— *Seguro a valor nuevo.* Se fija como indemnización el valor de mercado del bien asegurado. Suele aplicarse en el caso de bienes inmuebles y no procede cuando el bien tenga una antigüedad superior a diez años.

— *Seguro a primer riesgo*. Es aquel infraseguro en el que las partes excluyen expresamente la regla proporcional entre la indemnización y el interés a la hora del cumplimiento de la prestación por el asegurador.

5. *Clases*

Dentro de los seguros de daños la LCS distingue entre las siguientes clases:

El seguro de incendios, que obliga al asegurador a indemnizar los daños producidos por incendio (entendiendo como tal el abrasamiento por llama, capaz de propagarse, de un objeto u objetos que no estaban predestinados a ser quemados en el lugar y en el momento en que se da el incendio) en el objeto asegurado (art. 45 y ss. LCS).

El seguro de robo, en el que la indemnización recae sobre los daños derivados de la sustracción ilegítima por parte de terceros de las cosas aseguradas (art. 50 y ss. LCS).

El seguro de transporte terrestre, por el que se establece la obligación de indemnizar los daños materiales que pueda sufrir la mercancía porteada, los medios de transporte u otros objetos a consecuencia de su transporte (art. 54 y ss. LCS).

El seguro de lucro cesante, que indemniza la frustración de unas legítimas expectativas que se habrían materializado de no producirse el evento previsto (art. 64 y ss. LCS).

El seguro de pérdida de beneficios por interrupción de la empresa, en el que se indemniza la pérdida de beneficios y el devengo de gastos ante la paralización total o parcial de la actividad empresarial como consecuencia de los eventos pactados (art. 65 y ss. LCS)

El seguro de caución, por el que se garantizan los daños patrimoniales que pueda sufrir el asegurado ante el incumplimiento del tomador de sus obligaciones legales o contractuales (art. 68 LCS).

El seguro de crédito, en el que se indemnizan las pérdidas del asegurado como consecuencia del incumplimiento definitivo de sus deudores (art. 69 y ss. LCS).

El seguro de responsabilidad civil, por el que el asegurador asume la obligación de indemnizar a terceros los daños y perjuicios causados por un hecho, previsto en el contrato, del que es responsable civilmente el asegurado (art. 73 y ss. LCS).

El seguro de defensa jurídica, que garantiza al asegurado el pago de los gastos que se generen como consecuencia de su implicación en un procedimiento administrativo, judicial o arbitral y a prestarle la cobertura legal que se haya pactado (art. 76 *a* y ss. LCS).

El contrato de reaseguro, que supone que el reasegurador se obligue a reparar, dentro de los límites pactados, la deuda que nace en el patrimonio del reasegurado como consecuencia de la obligación de pago asumida en un contrato de seguro (art. 77 y ss. LCS).

VI. LOS SEGUROS DE PERSONAS. CONSIDERACIONES GENERALES

1. *Consideraciones generales*

Los seguros de personas vienen regulados en el Título III de la LCS, comenzando por afirmar su art. 80 que el seguro sobre las personas comprende todos los riesgos que pueden afectar a la existencia, integridad corporal o salud del asegurado.

Frente a la importancia de la valoración económica del interés asegurado en los seguros de daños, el importe de la indemnización en los seguros de personas es una suma que se determina en el contrato de modo subjetivo, con independencia del alcance o incluso de la existencia de ese interés. Las circunstancias tenidas en cuenta para la determinación de la indemnización se basan en motivaciones relativas a la previsión familiar, a condicionamientos fiscales, etc.

Junto a la contratación aislada o individual de los seguros de personas, cabe la posibilidad de que los mismos sean contratados de modo colectivo. Dicho modalidad de contrato se caracteriza por las siguientes notas: es un contrato único que afecta a un colectivo de personas, debe cubrir riesgos relativos a un grupo de individuos con alguna característica común (que obviamente no puede ser la contratación del seguro) y da lugar a tantas relaciones de aseguramiento como personas haya en dicho grupo.

2. *Los seguros de vida*

En los seguros de vida la prestación del asegurador consiste en la entrega de una cantidad de dinero unilateralmente fijada en el contrato y que no precisa guardar relación con el evento dañoso, cuya realidad no necesita ser demostrada. Se basa en la existencia de un riesgo consistente en la mayor o menor duración de la vida de la persona, en la garantía de la conservación de un capital aportado o en el otorgamiento de un interés mínimo por dicho capital.

Cabría, pues, distinguir entre el seguro sobre la vida, las operaciones de capitalización, las operaciones de gestión de fondos colectivos de jubilación y las operaciones de gestión de asociaciones cuyo objeto es capitalizar conjuntamente las aportaciones de sus socios y repartir el beneficio entre los supervivientes o entre sus herederos.

Dentro de la modalidad relativa a la mayor o menor duración de la vida, puede distinguirse a su vez entre el seguro de muerte (de carácter temporal o vitalicio) y el de sobrevivencia (cuando la prestación se devenga al superarse una determinada edad o acontecimiento), pudiendo ser contratadas ambas prestaciones conjuntamente.

En los contratos individuales de duración superior a seis meses sobre la vida, propia o la de un tercero, se reconoce al tomador del seguro la opción de resolver dicho contrato en el plazo de quince días desde la entrega de la póliza por el asegurador, sin necesidad de justificación alguna y con el derecho a que le sea devuelto el importe proporcional de la prima por el tiempo de vigencia que no transcurrido (art. 83 LCS).

La declaración precontractual del riesgo viene determinada con respecto al estado de salud del asegurado. En caso de inexactitud, la impugnación sólo es posible si la edad del asegurado excede de la admisible para la contratación del seguro (arts. 89 y 90 LCS).

Salvo pacto expreso, se excluye de la cobertura el suicidio del asegurado en el primer año desde la conclusión del contrato (art. 93 LCS).

Se prevé la posibilidad de rescatar el importe de la póliza una vez transcurridos dos años de abonos de primas. Este rescate también podrá ser parcial (arts. 94 y 96 LCS).

También cabe solicitar la reducción de la suma asegurada (arts. 94 y 95 LCS) e incluso el anticipo de la misma, una vez hayan transcurrido las dos primeras anualidades (art. 97 LCS).

En último lugar, es posible también que el tomador pueda ceder o pignorar su póliza como garantía frente a sus acreedores (art. 99 LCS).

3. *Los seguros de accidentes*

En este seguro cabe apreciar la existencia de peculiaridades propias de los seguros de daños, como la intervención de peritos o el deber de comunicar la existencia de otros seguros con el mismo objeto. Su cobertura consiste en el pago de una cantidad ante la lesión corporal, derivada de una causa súbita, externa y ajena a la voluntad del asegurado que produce su invalidez temporal, permanente o la muerte (art. 100 y ss. LCS).

4. Los seguros de enfermedad

Mediante esta modalidad de contrato el asegurador se obliga a abonar una cantidad de dinero por cada día de enfermedad, en la cuantía que se haya determinado en la póliza, siendo frecuente el establecimiento de determinados plazos de carencia en relación con determinadas enfermedades e intervenciones quirúrgicas (arts. 105 y 106 LCS).

VII. LOS SEGUROS DE RESPONSABILIDAD CIVIL OBLIGATORIOS Y EL SEGURO DE RESPONSABILIDAD CIVIL DEL AUTOMÓVIL

1. Los seguros de responsabilidad civil obligatorios

Como ya se ha apuntado, dentro de los seguros de daños se encuentra englobado el seguro de responsabilidad civil. Dado que nuestro actual desarrollo tecnológico lleva consigo en numerosas ocasiones el ejercicio de determinadas actividades que implican riesgos para terceros, nuestro legislador ha determinado conveniente establecer la obligatoriedad de que el beneficiario de dichas actividades asuma obligatoriamente las posibles consecuencias negativas de las mismas mediante la contratación de un seguro de responsabilidad civil que cubra los anteriores perjuicios a terceros dentro de los términos establecidos en nuestro ordenamiento (arts. 73 a 76 de la LCS).

Podríamos señalar más de cien actividades que precisan la contratación de un seguro obligatorio de responsabilidad civil, no obstante destacaremos a título de ejemplo las siguientes: energía nuclear (Decreto 2177/1967, de 22 de julio, por el que se aprueba el Reglamento sobre Cobertura de Riesgos Nucleares), aeronáutica (Ley de Navegación Aérea, de 21 de julio de 1960), embarcaciones de recreo (RD 607/1999, de 26 de abril, por el que se aprueba el Reglamento del Seguro de responsabilidad civil de suscripción obligatoria para embarcaciones de recreo o deportivas), caza (RD 63/1994, de 21 de enero, por el que se aprueba el Reglamento del seguro de responsabilidad civil del cazador), construcción (Ley 38/1999, de 5 de noviembre, de Ordenación de la Edificación), transporte de viajeros (RD 1575/1989, de 22 de diciembre, por el que se aprueba el Reglamento del seguro obligatorio de viajeros), transporte y vertido de hidrocarburos (Ley 34/1998, de 7 de octubre), auditores de cuentas (Ley 19/1988, de 12 de julio, de Auditoría de Cuentas), agentes de la propiedad industrial (RD 151/1996, de 2 de febrero), agencias de viajes (Orden de 14 de abril de 1988) y, por supuesto, la circulación de vehículos a motor (RD 1507/2008, por el que se aprueba el Reglamento del seguro obligatorio de responsabilidad civil en la circulación de vehículos a motor).

2. El seguro de responsabilidad civil obligatorio del automóvil

2.1. Concepto y características

Debido a la enorme frecuencia con que esta actividad incide en nuestras vidas, haremos a continuación un pequeño análisis de esta modalidad de seguro.

En la actualidad, sin perjuicio de la legislación general que le es de aplicación, esta materia se encuentra en su mayor parte regulada por el Real Decreto Legislativo 8/2004, de 29 de octubre, por el que se aprueba el Texto Refundido de la Ley sobre Responsabilidad Civil y Seguro en la Circulación de Vehículos a Motor (en adelante LRCSCVM). Esta norma a su vez ha sido objeto de diversas modificaciones, de entre las cuales cabe recordar la desarrollada por la Ley 21/2007, de 11 de julio. Mediante esta Ley se ha incorporado a nuestro ordenamiento interno la Directiva 2005/14/CE, del Parlamento Europeo y del Consejo, de 11 de mayo de 2005, por la que se modificaban las Directivas 72/166/CEE, 84/5/CEE, 88/357/CEE y 90/232/CEE, del Consejo, y la Directiva 2000/26/CE, del Parlamento Europeo y del Consejo, relativas todas ellas al seguro de responsabilidad civil derivada de la circulación de vehículos automóviles. Como principales modificaciones se ha establecido la definición de estacionamiento habitual del vehículo en España a los efectos del seguro obligatorio (art. 2 de la LRSCCVM), así como la obligación de presentación por las entidades aseguradoras de una oferta motivada de indemnización en el plazo máximo de tres meses desde la recepción de la reclamación por el perjudicado en el caso de que se haya determinado la responsabilidad y se haya cuantificado el daño, o, en caso contrario, de una respuesta motivada a lo planteado en la reclamación (art. 7 de la LRSCCVM); determinándose que la falta de esta oferta constituirá una infracción administrativa conforme a la normativa reguladora de la ordenación y supervisión de los seguros privados, e implicará el devengo de intereses de demora (arts. 9 y 22 de la LRSCCVM).

Y el desarrollo reglamentario lo encontramos en el RD 1507/2008, de 12 de septiembre, por el que se aprueba el Reglamento del seguro obligatorio de responsabilidad civil en la circulación de vehículos a motor (en adelante, el Reglamento).

De conformidad con el art. 1 de la LRCSCVM, mediante este seguro el asegurador (entidad debidamente autorizada e inscrita en el Registro correspondiente) se obliga a indemnizar a los terceros perjudicados, dentro de los límites fijados por la normativa vigente, los daños corporales y materiales que se hayan podido producir con ocasión de la circulación del vehículo a motor del asegurado (art. 12 del Reglamento y Anexo de la LRCSCVM —introducido por la Ley 30/1995—, que establece el «Sistema para la valoración de los daños y perjuicios causados a las personas en accidentes de circulación»).

El contrato se perfecciona y existe desde que el asegurador expide al asegurado la póliza del seguro de suscripción obligatoria, si bien sus efectos se retrotraen al momento en el que fue diligenciada la solicitud del solicitante (art. 20 del Reglamento). Todo vehículo deberá llevar en todo momento justificación documental acerca de la suscripción y vigencia del seguro obligatorio; sirviendo como tal el justificante de pago de la prima del seguro por el periodo en curso, siempre que contenga los datos exigidos en el art. 14 del Reglamento.

Respecto a los daños corporales, la Ley establece una responsabilidad objetiva, de la que sólo podrá escapar el conductor probando que los daños se debieron «únicamente a la conducta o negligencia del perjudicado o a fuerza mayor extraña a la conducción o al funcionamiento del vehículo; no se considerarán casos de fuerza mayor los defectos del vehículo ni la rotura o fallo de alguna de sus piezas o mecanismos» (art. 1.1 de la LRCSCVM).

En relación con los daños materiales en los bienes de los terceros, se aplicará el contenido de art. 1902 y concordantes del Código Civil.

La cobertura de este seguro cabe hacerla también extensible a los daños causados por hechos constitutivos de delito o falta dolosa por parte del conductor o propietario asegurado, incluso si se han producido bajo la influencia del alcohol u otras drogas, teniendo en este caso el asegurador un derecho de repetición contra su propio asegurado (art. 10 de la LRCSCVM).

Si concurrieran la negligencia del conductor y la del perjudicado, se procederá a la compensación de dichas culpas, repartiendo equitativamente la cuantía indemnizatoria (art. 1.1 de la LRCSCVM).

Por imposición legal el asegurado es el propietario del vehículo; si bien cabe la posibilidad de que el seguro pueda ser tomado por otra persona distinta, relevando a aquél de su obligación, como por ejemplo el conductor habitual (art. 2.1 de la LRCSCVM).

En determinados supuestos, como la inexistencia de seguro del vehículo causante del siniestro, falta de datos del mismo, vehículo robado, etc., asumirá la función indemnizatoria el Consorcio de Compensación de Seguros, en los términos establecidos en el art. 11 de la LRCSCVM y 20 del Reglamento.

Dada la obligatoriedad de este seguro, su no contratación acarreará la imposición de las sanciones y prohibiciones que correspondan según lo establecido en el art. 3 de la LRCSCVM.

Debido a que el importe de los daños sufridos por el tercero perjudicado puede ser superior a la cuantía máxima que cabe exigir al asegurador en virtud del seguro de suscripción obligatoria (art. 12 de la LRCSCVM), se prevé la posibilidad de que el perjudicado —una vez percibidas las anteriores cantidades— pueda reclamar directamente al causante el exceso hasta cubrir los daños realmente causados (art. 4.2 de la LRCSCVM).

El art. 76 de la LCS (art. 7.1 de la LRCSCVM) establece la existencia de acción directa tanto de la víctima como de sus herederos de cara a la exigencia efectiva de las prestaciones al asegurador; estableciéndose un plazo de prescripción para el ejercicio de dicha acción de un año. Esta acción directa se afirma sin perjuicio del derecho del asegurador a repetir contra el asegurado si ha mediado conducta dolosa por su parte o conducía bajo la ingestión del alcohol u otras drogas. Esta acción también prescribirá en el plazo de un año, contado desde el abono de la indemnización al tercero (art. 10 de la LRCSCVM).

La anterior acción directa frente al asegurador existirá también frente al Consorcio de Compensación de Seguros, sin perjuicio de la posible acción de repetición de éste frente al causante (art. 11.3 de la LRCSCVM).

En materia de intereses por mora del asegurador es de aplicación el contenido del art. 20 de la LCS, materializado a su vez en el art. 9 de la LRCSCVM.

2.2. La reclamación de la indemnización en los órdenes jurisdiccionales penal y civil

Solo aquellos hechos, acaecidos con ocasión de la circulación de los vehículos a motor, que puedan ser tipificados como un delito de lesiones (arts. 147 y 152 del Código Penal) o bien como una falta de lesiones del art. 621 del CP, podrán dar lugar a la exigencia de la responsabilidad civil derivada de los mismos mediante la interposición de la oportuna denuncia o querella ante los Tribunales del orden jurisdiccional penal.

En este caso, el principal requisito que deberá tenerse en cuenta es la consideración de las lesiones como delito, lo que conlleva —según reiterada jurisprudencia— que las mismas precisen de atención médica posterior a la primera asistencia sanitaria; debiendo ser este tratamiento necesario, de carácter curativo y prescrito por un técnico en Medicina.

Con todo, podrá optarse por reservar el ejercicio de la acción civil para ejercerla fuera del procedimiento penal; ya sea por voluntad del perjudicado (art. 109 del CP) o bien, para el caso de la falta, por no ser interpuesta la necesaria denuncia (art. 621.6 del CP). Igual sucederá para el caso de que dicha falta haya prescrito por el transcurso de seis meses (art. 131.2 del CP). En este caso será aún factible instar la reclamación de esta responsabilidad extracontractual ante el orden jurisdiccional civil, habida cuenta del plazo de prescripción de un año de dicha acción frente al asegurador (arts. 1902 y 1968.2 del CC y art. 7 de la LRCSCVM).

No obstante lo anterior, cabe señalar algunas ventajas del orden penal frente al civil. A saber: gratuidad de importantes medios de prueba (atestado policial sobre los hechos, informe de sanidad del médico forense) y la no preclusión a nuestro escrito inicial de la posibilidad de incorporar medios de prueba al proceso. Siendo, a nuestro juicio, la más importante la obligación del juzgador penal de dictar una resolución que revista la forma de auto (no susceptible de recurso), que determinará la cuantía máxima que el perjudicado podrá reclamar ante el Tribunal civil con cargo a este seguro obligatorio para el caso de que sea declarada la rebeldía del acusado, se le absuelva o se dicte cualquier otra resolución en el procedimiento que no declare su responsabilidad penal (art. 13 de la LRCSCVM); estableciéndose el carácter ejecutivo de dicho título frente a los Tribunales civiles en el art. 17 de la LRCSCVM. Dicha ejecución deberá instarse en plazo de un año desde la notificación del referido auto (art. 7 de la LRCSCVM).

En consonancia con lo anterior, cabrá acudir al orden jurisdiccional civil en aquellos casos en los que los hechos no sean susceptibles de tipificación penal o, si lo son, no se haya ejercitado la acción civil dimanante (ya sea por su reserva, por no querer exigir la responsabilidad penal o por que haya prescrito dicha posibilidad).

En conclusión, serán dos los posibles procedimientos que cabrá instar ante los Juzgados civiles. El primero, el correspondiente proceso de ejecución del auto de cuantía máxima (art. 517 de la Ley 1/2000, de 7 de enero, de Enjuiciamiento Civil). El segundo, el proceso declarativo que corresponda en atención a la cuantía de los daños y perjuicios reclamados (arts. 249.2 y 250.2 de la LEC).

Igualmente procederá acudir al orden jurisdiccional civil cuando haya cantidades no abonadas por el asegurador, por exceder éstas la cuantía máxima que cabe exigirle en virtud del seguro de suscripción obligatoria.

En último lugar señalaremos que el antiguo juicio verbal del automóvil (introducido por la disposición adicional primera de la LO 3/1989, de 21 de junio, de actualización del Código Penal) cabe entenderlo derogado tácitamente en virtud del genérico apartado 3 de la disposición derogatoria única de la LEC. Éste parece ser el criterio dominante tanto en la doctrina como en la mayor parte de la jurisprudencia de nuestras Audiencias.

3. *Formularios*

3.1. Denuncia por falta o delito de lesiones producidas por hechos acaecidos con ocasión de la circulación de vehículos a motor

AL JUZGADO DE INSTRUCCIÓN DE MADRID

DON ………… ………… ……….., mayor de edad, con DNI núm. ……..—., con domicilio en la calle ………, núm. .., .º—., de ... Código Postal …….; ante el Juzgado comparezco y como mejor proceda en Derecho DIGO:

Que mediante el presente escrito procedo a formular DENUNCIA contra DON ……… ……… ………, con DNI núm. …….., como conductor y propietario del vehículo turismo modelo ……, matrícula ….—…, y contra la entidad aseguradora ALFA, S.A., con domicilio social en la calle ………, núm. .., .º—., Código Postal ……, en calidad de responsable civil directo.

HECHOS

PRIMERO.—Siendo aproximadamente las ..,.. horas del día …. de ….. del presente año, cuando circulaba en mi motocicleta (modelo ….. ……..) con matrícula ….—… por el carril derecho de la calle ... hacia la intersección con la calle ..., fui colisionado por un vehículo (modelo …….) con matrícula ….—… que circulaba por el carril de mi izquierda, al desplazarse éste hacia mi carril para incorporarse a la calle ..., de modo brusco e inesperado, sin tomar las debidas precauciones, provocando la pérdida del control de mi vehículo y mi caída a la calzada.

SEGUNDO.—El conductor del vehículo causante del accidente es don ...., con DNI núm. ....—., desconociéndose su domicilio dado que la Policía Municipal únicamente me facilitó dicho dato junto con los relativos al seguro de responsabilidad civil de su vehículo matrícula ....—.... Dicho seguro está concertado con la compañía ALFA, S.A., en virtud de póliza núm. ....

TERCERO.—Como consecuencia del accidente se personaron en el lugar agentes de la Policía Municipal que levantaron atestado de lo sucedido, con número ..../.., solicitando una ambulancia que procedió a trasladarme inmediatamente al Hospital ... donde recibí una primera asistencia sanitaria. Se aporta como documento núm. 1 copia del parte de accidente cumplimentado por dicho centro.

Con posterioridad, en atención al seguro de accidentes y enfermedad que tengo concertado con la mercantil BETA, S.A (y de cuya póliza aporto copia como documento núm. 2) fui trasladado a la Fundación Juan Jiménez Díaz (Clínica de ...), donde quedé ingresado definitivamente al objeto de recuperarme de las graves lesiones padecidas. Se adjuntan como documentos núms. 3 y 4 copia de dos informes médicos elaborados respectivamente por el Dr. ...., en lo relativo a la fractura de las costillas 7.ª y 8.ª con fractura de múltiples apófisis transversas y lumbares, y por el Dr. ...., en referencia al tratamiento quirúrgico recibido por una fractura de escafoides del carpo derecho.

En la actualidad continúo realizando rehabilitación a la espera de mi total recuperación.

CUARTO.—De conformidad con lo relatado, por dichos cuidados médicos se han generado numerosos gastos a los que he tenido que hacer frente de mi propio bolsillo, si bien la mercantil BETA, S.A., en virtud del seguro del que soy beneficiario, me ha resarcido en el 80% de los mismos, subrogándose en mis derechos frente a ALFA, S.A., por dicha cantidad. Se acompaña como documento núm. 5 copia del documento en el que se autoriza expresamente dicha subrogación al amparo del contenido del art. 43 de la Ley del Contrato de Seguro.

Consecuentemente, a día de hoy los gastos por mi asistencia sanitaria han ascendido a la cantidad de .... euros (.....,.. €), de los cuales procede reclamar en el presente el 20% de dicha cantidad, o lo que es lo mismo .... euros (.....,.. €) por ser ésta la que finalmente he abonado personalmente a la Fundación Jiménez Díaz; quedando a salvo el derecho de BETA, S.A., para reclamar el 80% restante cuando a su derecho convenga. Se aportan los siguientes originales como justificación de dichos gastos:

Doc. núm. 6: Factura de la ... por importe de .... €.

Doc. núm. 7: Factura de la ... por importe de .... €.

Total gastos por asistencia sanitaria .... €.

Total abonos del 80% por BETA, S.A. .... €.

Total abonos del 20% hechos por el Sr. .... €.

Acompaño también los justificantes del abono del 80% por parte de BETA, S.A., de que dispongo a día de hoy como documentos núms. 8 y 9.

QUINTO.—Por otro lado sufrí numerosos daños en mi motocicleta por importe de .... euros (.....,.. €), los cuales han sido conveniente reparados en el taller ...., con NIF ....—. y domicilio en la calle .... núm. .... de Madrid. Se acompaña como documento núm. 10 la factura original por dichos servicios.

Se hace notar que a pesar de que la aseguradora ALFA, S.A., a través de su perito don ...., tasó y aprobó el importe de la anterior reparación con fecha 9 de septiembre, a día de hoy no me ha abonado ninguna cantidad por dicho concepto. Se aporta como documento núm. 11 el fax original remitido al taller mecánico .... por dicha compañía en el que se procedía a la tasación y posterior aprobación de los daños de dicha motocicleta por importe de .....,.. €.

Igualmente a consecuencia de dicho accidente tanto mi casco (de la marca .... y con precio de compra de ... €) como mi camisa (hecha a medida y con precio de compra de ... €) como el traje de chaqueta (de la marca .... y con precio de compra de ....€) que llevaba resultaron dañados sin ser posible su posterior uso. Se acompañan como documentos núms. 12 a 15 la facturas originales de compra.

Señalar también que se han producido diversos gastos por desplazamientos al referido centro hospitalario, a consecuencia del empleo del servicio público de taxi en aquellas ocasiones en las que ningún familiar o amigo ha podido trasladarme, y por la compra de un protector para mi escayola. En consecuencia, he tenido unos gastos por estos conceptos de .... euros (..,.. €) que acredito mediante la aportación de los correspondientes justificantes de pago como núms. 16 a 20.

En último lugar aporto un certificado de mis ingresos como núm. 21 a los efectos de determinar en su día correctamente el alcance de la indemnización por mis daños y perjuicios.

SEXTO.— Todos estos hechos, salvo mejor criterio del juzgador, podrían ser constitutivos de una falta o incluso de un delito de lesiones por imprudencia, motivo por el que se presenta esta denuncia y se proponen las siguientes diligencias para el esclarecimiento de los hechos, sin perjuicio de la práctica de otras que el Instructor pueda considerar necesarias:

1. Que se libre atento oficio a las dependencias de la Policía Municipal de ... situadas en la calle Plomo, núm. 14, a fin de que remitan a ese Juzgado el atestado con núm. de expediente ..../... instruido a consecuencia de los hechos objeto de esta denuncia.

2. Que se sirva citarme para que sea reconocido por el médico forense al objeto de que pueda seguir la evolución de mis lesiones y realizar así una valoración objetiva de las mismas.

3. Que se procedan a tasar pericialmente los diversos daños materiales padecidos con ocasión del accidente.

4. Que se tome declaración en calidad de denunciado a don ...., con DNI núm. ....—., como conductor y propietario del vehículo turismo modelo ...., matrícula ....—.... y que se le requiera para que exhiba ante el Juzgado su permiso de conducir, el de circulación del automóvil y la póliza de seguro contratada con la mercantil ALFA, S.A.

5. Que se requiera a la Clínica de ..., con domicilio social en la ...., para que remita copia de mi historial médico en relación con la asistencia practicada a partir del día .... de ..... de ..... con motivo del accidente de circulación padecido.

En virtud de lo anteriormente expuesto,

SUPLICO AL JUZGADO que tenga por presentado este escrito con los documentos que acompaño y por formulada denuncia de conformidad con el art. 621.6 del CP, procediendo a abrir las diligencias correspondientes y a practicar las oportunas para el esclarecimiento y posterior sanción de los hechos denunciados al objeto de que se dicte en su día sentencia por la que se condene al denunciado como autor de un falta de lesiones a la pena que corresponda y a indemnizarme por las lesiones y daños producidos.

OTROSÍ DIGO que, ejercitando la acción prevista en el art. 76 de la Ley del Contrato de Seguro y en el art. 117 del CP, solicito que se cite a juicio y se condene como responsable civil directo a la entidad aseguradora ALFA, S.A.; siendo de aplicación a su condena el contenido del art. 20 de la Ley del Contrato de Seguro y del art. 9 del Texto Refundido de la Ley sobre Responsabilidad Civil y Seguro en la Circulación de Vehículos a Motor sobre abono de intereses.

SUPLICO AL JUZGADO que tenga por hecha la manifestación anterior acordando la citación a juicio de dicha mercantil y su posterior condena.

SEGUNDO OTROSÍ DIGO que se tenga por subrogada, en virtud del art. 43 de la LCS, a la mercantil BETA, S.A., en la reclamación del 80% de los gastos que se generen por mi asistencia sanitaria; al objeto de que pueda ejercer las acciones oportunas cuando a su derecho convenga.

SUPLICO AL JUZGADO que tenga por hecha la manifestación anterior, acordando poner en conocimiento de dicha mercantil la incoación del presente procedimiento.

TERCER OTROSÍ DIGO que designo para la representación y defensa de mis intereses al Letrado del .... don ...., con núm. de colegiación ...... y domicilio profesional en la calle ...., núm.., .º—., Telf./Fax ...., Código Postal ....., el cual firma también este escrito en prueba de conformidad.

SUPLICO AL JUZGADO que tenga por hecha la designación anterior a los efectos oportunos acordando tener por designado el domicilio de dicho letrado a efectos de notificaciones.

Es Justicia que respetuosamente pido en ..., a día ...... de .... de ....

Fdo. El Denunciante Fdo. El Letrado

3.2. Demanda de juicio ordinario en reclamación de daños y perjuicios por hechos acaecidos con ocasión de la circulación de vehículos a motor

AL JUZGADO DE PRIMERA INSTANCIA DE MADRID

DON ...., Procurador de los Tribunales, en nombre y representación de DON ...., según acredito mediante copia de la escritura de poder que acompaño como documento núm. 1, cuya devolución desde este momento intereso para que, una vez testimoniada en autos, me sea devuelta por precisarla para otros usos; bajo la dirección letrada de don ...., Abogado del Ilustre Colegio de Abogados de ..., colegiado ejerciente núm. .....; ante ese Juzgado comparezco y como mejor proceda en Derecho DIGO:

Que, por medio del presente escrito, formulo DEMANDA DE JUICIO ORDINARIO por hechos derivados de accidente de circulación en reclamación de .... euros (.....,..€), más los intereses legales, indemnizatorios y las costas de este juicio contra:

— DON ...., con DNI núm. ...., con domicilio en la calle ...., núm. .., .º—., Código Postal ....; en calidad de propietario y conductor del vehículo turismo modelo ......, matrícula ....—....

y

— El CONSORCIO DE COMPENSACIÓN DE SEGUROS, con domicilio en Madrid, en el Paseo de la Castellana, núm. 32, Código Postal 28046.

Ello sobre la base de los siguientes:

HECHOS

PRIMERO.—Siendo aproximadamente las ..,.. horas del día .... de ..... del presente año, cuando mi mandante circulaba en su motocicleta (modelo ....) con matrícula ....—... por el carril derecho de la calle ... hacia la intersección con la calle ..., fue víctima de una colisión por alcance provocada por el vehículo (modelo ....) con matrícula ....—... que circulaba por el carril de su izquierda, al desplazarse éste hacia su carril para incorporarse a la calle ..., de modo brusco e inesperado, sin tomar las debidas precauciones, provocando la pérdida del control del vehículo del demandante y su caída a la calzada.

SEGUNDO.—Según corroboró la Policía Municipal, el conductor del vehículo causante del accidente fue don ...., con supuesto seguro de responsabilidad civil de su vehículo (matrícula ....—....) concertado con la compañía ...., S.A., en virtud de póliza núm. ....

No obstante lo anterior, dicha póliza no se encontraba en vigor en dicho momento, tal y como se pudo comprobar con posterioridad mediante certificación de la compañía ...., S,A.; por lo que [de conformidad con los arts. 11.1 b) y 11.3 del Texto Refundido de la Ley sobre Responsabilidad Civil y Seguro en la Circulación de Vehículos a Motor aprobado por Real Decreto Legislativo 8/2004, de 29 de octubre] procede demandar en el presente al Consorcio de Compensación de Seguros.

TERCERO.—Según se ha dicho, como consecuencia del accidente se personaron en el lugar agentes de la Policía Municipal que levantaron atestado de lo sucedido con número ..../..; solicitándose una ambulancia que procedió a trasladar inmediatamente al Sr. ... . al Hospital ..., donde recibió una primera asistencia sanitaria, quedando ingresado definitivamente al objeto de recuperarse de las graves lesiones padecidas.

Se aporta como documento núm. 2 copia de dicho atestado policial, incluido en el testimonio de las diligencias previas núm. ...... incoadas por el Juzgado de Instrucción .., que fueron sobreseídas con posterioridad por no constar denuncia de mi representado en los seis meses siguientes a los hechos. Como documentos núms. 3 y 4 se acompañan también copia de dos informes médicos elaborados respectivamente por el Dr. ...., en lo relativo a la fractura de las costillas 7.ª y 8.ª con fractura de múltiples apófisis transversas y lumbares, y por el Dr. ...., en referencia al tratamiento quirúrgico recibido por una fractura de escafoides del carpo derecho.

Finalmente, en fecha .... fue dado de alta con el consiguiente parte de sanidad, que especifica que estuvo impedido para sus ocupaciones habituales un total de .... días, restando un total de ... días no impeditivos que también precisó para sanar.

Igualmente padece como secuelas .... y ...., según se corrobora con dicho informe médico que aporta como documento núm. 5.

CUARTO.—A consecuencia de lo anterior procede reclamar a los demandados por este concepto la cantidad de .... euros (.....,.. €); según se manifiesta en el informe sobre la valoración del daño corporal sufrido, emitido por el perito .... que también adjuntamos como núm. 6.

Dicha cantidad deberá ser incrementada en un ... %, en atención al factor de corrección de aplicación al nivel de ingresos por trabajo personal que percibe mi mandante. Se acompaña una certificación acreditativa de dichos ingresos como núm. 7.

Todo ello de conformidad con lo estipulado en el Anexo de la LRCSCVM, que establece el «Sistema para la valoración de los daños y perjuicios causados a las personas en accidentes de circulación Anexo I de la Ley Sobre Responsabilidad

Civil y Seguro en la Circulación de Vehículos a Motor», debidamente actualizado por la Resolución de 7 de febrero de 2005, de la Dirección General de Seguros y Fondos de Pensiones sobre cuantías de las indemnizaciones por muerte, lesiones permanentes e incapacidad temporal por accidente de circulación.

QUINTO.—Por otro lado el Sr. .... sufrió numerosos daños en su motocicleta por importe de .....,.. €, los cuales han sido conveniente reparados en el taller ...., con NIF ....—. y domicilio en la calle .... núm. ... de .... Se acompaña como documento núm. 8 la factura original por dichos servicios.

También a consecuencia de dicho accidente tanto su casco (de la marca .... y con precio de compra de ... €) como su camisa (hecha a medida y con precio de compra de ... €) como el traje de chaqueta (de la marca .... y con precio de compra de .... €) que llevaba resultaron dañados sin ser posible su posterior uso. Se acompañan como documentos núms. 9 a 10 las facturas originales de compra.

En total, ...,.. €, que sumados a la anterior indemnización por los daños corporales padecidos suponen una cantidad final de .... euros (.....,..€), que a fecha actual no ha sido aún abonada al Sr. ...., a pesar de las reclamaciones practicadas al efecto.

En este sentido se adjuntan como documentos núms. 11 a 13 justificantes de los telegramas y buró faxes enviados tanto al demandado como al Consorcio de Compensación de Seguros, sin que se haya atendido dicha reclamación.

Debido a ello, habiendo transcurrido en exceso tres meses desde el momento en el que fue efectuada la reclamación correspondiente al Consorcio de Compensación de Seguros, procede exigir de dicha entidad el interés moratorio establecido en el art. 9 de la LRCSCVM, en relación con el art. 20.9.º de la Ley 50/1980, de Contrato de Seguro.

A los anteriores hechos le son de aplicación los siguientes:

FUNDAMENTOS DE DERECHO

I.—JURISDICCIÓN Y COMPETENCIA. Son de aplicación los arts. 36, 45 y 52.1.9.ª de la Ley 1/2000, de 7 de enero, de Enjuiciamiento Civil. Igualmente, respecto al Consorcio de Compensación de Seguros, el art. 15 de la Ley 52/1997, de Asistencia Jurídica al Estado e Instituciones Publicas.

II.—POSTULACIÓN Y DEFENSA. Se cumplen con las normas procesales de postulación, ya que la demanda se presenta por medio de Procurador legalmente habilitado y bajo la dirección de Letrado, conforme a lo dispuesto en los arts. 23 y 31 de la Ley Adjetiva.

III.—CUANTÍA. Por así exigirlo el art. 253.1 de la LEC, se pone de manifiesto que la cuantía de esta demanda es de .... euros (.....,.. €), más los intereses indemnizatorios correspondientes; según de lo dispuesto en el art. 251.1.ª en relación con el art. 252.2.ª de la LEC.

IV.—PROCEDIMIENTO. Es de aplicación el art. 249.2 de la LEC, al reclamarse una indemnización derivada de un accidente de circulación por importe superior a tres mil euros.

V.—FONDO DEL ASUNTO. El art. 76 de la Ley 50/1980, de Contrato de Seguro, y los arts. 11.1 b) y 11.3 del Texto Refundido de la Ley sobre Responsabilidad Civil y Seguro en la Circulación de Vehículos a Motor, aprobado por Real Decreto Legislativo 8/2004, de 29 de octubre, respecto al Consorcio de Compensación de Seguros.

En materia de intereses por mora del asegurador es de aplicación el contenido del art. 20.9.º de la LCS y el art. 9 de la LRCSCVM.

VI.—COSTAS. Conforme a lo dispuesto en los arts. 394 y 395 de la LEC, es preceptiva la condena en costas de los demandados. Debe tenerse en consideración que a pesar de haber existido la correspondiente reclamación previa, no se ha recibido contestación alguna por su parte, por lo cabe afirmar que ha existido temeridad y mala fe en su actitud.

En virtud de lo anteriormente expuesto,

SUPLICO AL JUZGADO que, teniendo por presentado este escrito con sus copias, se sirva admitirlo junto a los documentos que lo acompañan, y, en su virtud, tenga por interpuesta en nombre de mi representado DEMANDA DE JUICIO ORDINARIO contra DON .... y contra el CONSORCIO DE COMPENSACIÓN DE SEGUROS al objeto de que, previos los trámites pertinentes, dicte en su día sentencia en la que se condene solidariamente a ambos demandados al abono de .... euros (.....,.. €); siendo la condena del demandado incrementada con el interés legal del dinero devengado desde la interpelación judicial y la del Consorcio de Compensación de Seguros con intereses indemnizatorios penitenciales devengados desde la fecha del accidente, consistentes en el interés legal del dinero vigente en dicho momento incrementado en un cincuenta por ciento desde la fecha en que fue efectuada la pertinente reclamación a dicha entidad; todo ello con expresa imposición de costas a los demandados.

Es Justicia que respetuosamente pido en ..., a día ...... de .... de ....

Fdo. El Procurador. Fdo. El Letrado

VIII. TEXTOS LEGALES

A continuación se facilita, a título indicativo, una lista de normas y textos legales de relevancia en materia de Derecho de seguros; haciendo hincapié en la normativa existente en materia de circulación de vehículos a motor, por tener especial incidencia en la práctica de la profesión. Si bien los textos relacionados están todos en vigor (ya sea total o parcialmente), deberá tenerse en cuenta que muchos de ellos han sido objeto de importantes modificaciones por los que se han publicado con posterioridad.

1. Normativa estatal sobre derecho de seguros

— **Ley 50/1980, de 8 de octubre,** de Contrato de Seguro.

— **Ley 21/1990, de 19 de diciembre**, por la que se adapta el Derecho español a la Directiva 88/357/CEE, sobre libertad de servicios en seguros distintos al de vida, y de actualización de la legislación de seguros privados.

— **Ley 30/1995, de 8 de noviembre,** de ordenación y supervisión de los seguros privados (únicamente se mantienen vigentes algunas de sus disposiciones adicionales).

— **Ley 13/1996, de 8 de diciembre,** de medidas fiscales, administrativas y del orden social. Art. 12: Impuesto sobre las primas de seguros.

— **Ley 18/1997, de 13 de mayo,** de modificación del artículo 8 de la Ley del Contrato de Seguro para garantizar la plena utilización de todas las lenguas oficiales en la redacción de los contratos.

— **Ley 34/2003, de 4 de noviembre,** de modificación y adaptación a la normativa comunitaria de la legislación de seguros privados (solamente permanecen en vigor su art. 2 y las disposiciones derogatoria y finales)

— **Ley 20/2005, de 14 de noviembre,** sobre la creación del Registro de Contratos de Seguros de cobertura de fallecimiento.

— **Ley 12/2006, de 16 de mayo,** por la que se modifica el texto refundido del Estatuto Legal del Consorcio de Compensación de Seguros, aprobado por el Real Decreto Legislativo 7/2004, de 29 de octubre, y la Ley 24/1988, de 28 de julio, del Mercado de Valores.

— **Ley 26/2006, de 17 de julio,** de mediación de seguros y reaseguros privados.

— **Ley 13/2007, de 2 de julio,** por la que se modifica el texto refundido de la Ley de Ordenación y Supervisión de los Seguros Privados, aprobado por el Real Decreto Legislativo 6/2004, de 29 de octubre, en materia de supervisión del reaseguro.

— **Ley 21/2007, de 11 de julio,** por la que se modifica el texto refundido de la Ley sobre responsabilidad civil y seguro en la circulación de vehículos a motor, aprobado por el Real Decreto Legislativo 8/2004, de 29 de octubre, y el texto refundido de la Ley de Ordenación y Supervisión de los Seguros Privados, aprobado por el Real Decreto Legislativo 6/2004, de 29 de octubre.

— **Ley 26/2007, de 23 de octubre**, de Responsabilidad Medioambiental.

— **Real Decreto Legislativo 1/2002, de 29 de noviembre,** por el que se aprueba el texto refundido de la Ley de Regulación de los Planes y Fondos de Pensiones.

— **Real Decreto Legislativo 6/2004, de 29 de octubre,** por el que se aprueba el texto refundido de la Ley de Ordenación y Supervisión de los Seguros Privados.

— **Real Decreto Legislativo 7/2004, de 29 de octubre,** por el que se aprueba el texto refundido del Estatuto Legal del Consorcio de Compensación de Seguros.

— **Real Decreto Legislativo 8/2004, de 29 de octubre,** por el que se aprueba el texto refundido de la Ley sobre Responsabilidad Civil y Seguro en la Circulación de Vehículos a Motor.

— **Real Decreto 731/1987, de 15 de mayo,** por el que se aprueba el Reglamento del Consorcio de Compensación de Seguros.

— **Real Decreto 1546/1988, de 23 de diciembre,** por el que se elevan los límites de indemnización del Seguro de Responsabilidad Civil derivada del uso y circulación de Vehículos de Motor de suscripción obligatoria.

— **Real Decreto 1575/1989, de 22 de diciembre,** por el que se aprueba el Reglamento del Seguro Obligatorio de Viajeros.

— **Real Decreto 2013/1997, de 26 de diciembre,** de regulación de las provisiones técnicas a dotar por el Consorcio de Compensación de Seguros.

— **Real Decreto 2486/1998, de 20 de noviembre,** por el que se aprueba el Reglamento de Ordenación y Supervisión de los Seguros Privados. Incorpora a nuestro ordenamiento las Directivas del Consejo 91/371/CEE, de 20 de junio; 91/674/CEE, de 19 de diciembre, y 92/94/CEE, de 18 de junio.

— **Real Decreto 996/2000, de 2 de junio,** por el que se modifican determinados preceptos del Reglamento de Ordenación y Supervisión de los Seguros Privados, aprobado por Real Decreto 2486/1998, de 20 de noviembre, y del plan de contabilidad de las entidades aseguradoras y normas para la formulación de las cuentas de los grupos de entidades aseguradoras, aprobado por Real Decreto 2014/1997, de 26 de diciembre, para adaptarlos a la Directiva 98/78/CE, de 27 de octubre, relativa a la supervisión adicional de las empresas de seguros que formen parte de un grupo de seguros.

— **Real Decreto 1430/2002, de 27 de diciembre,** por el que se aprueba el Reglamento de Mutualidades de Previsión Social.

— **Real Decreto 297/2004, de 20 de febrero,** por el que se modifica el Reglamento de Ordenación y Supervisión de los Seguros Privados, aprobado por el Real Decreto 2486/1998, de 20 de noviembre.

— **Real Decreto 300/2004, de 20 febrero,** por el que se aprueba el Reglamento del Seguro de Riesgos Extraordinarios.

— **Real Decreto 304/2004, de 20 de febrero,** por el que se aprueba el Reglamento de Planes y Fondos de Pensiones.

— **Real Decreto 1265/2006, de 8 de noviembre,** por el que se modifica el Reglamento del seguro de riesgos extraordinarios, aprobado por el Real Decreto 300/2004, de 20 de febrero.

— **Real Decreto 239/2007, de 16 de febrero,** por el que se modifica el Reglamento de ordenación y supervisión de los seguros privados, aprobado por el Real Decreto 2486/1998, de 20 de noviembre, y el Reglamento de Mutualidades de Previsión Social, aprobado por el Real Decreto 1430/2002, de 27 de diciembre.

— **Real Decreto 398/2007, de 23 de marzo,** por el que se desarrolla la Ley 20/2005, de 14 de noviembre, sobre la creación del Registro de contratos de seguro de cobertura de fallecimiento.

— **Real Decreto 439/2007, de 30 de marzo**, por el que se aprueba el Reglamento del Impuesto sobre la Renta de las Personas Físicas y se modifica el Reglamento de Planes y Fondos de Pensiones, aprobado por Real Decreto 304/2004, de 20 de febrero.

— **Real Decreto 1361/2007, de 19 de octubre,** por el que se modifica el Reglamento de ordenación y supervisión de los seguros privados, aprobado por el Real Decreto 2486/1998, de 20 de noviembre, en materia de supervisión del reaseguro, y de desarrollo de la Ley Orgánica 3/2007, de 22 de marzo, para la igualdad efectiva de mujeres y hombres, en materia de factores actuariales.

— **Real Decreto 1507/2008, de 12 de septiembre,** por el que se aprueba el Reglamento del seguro obligatorio de responsabilidad civil en la circulación de vehículos a motor.

2. *Normativa europea sobre derecho de seguros*

— **Reglamento (CEE) núm. 620/82 del Consejo, de 16 de marzo de 1982**, por el que se establecen, en las relaciones entre las instituciones italianas y las instituciones de los demás Estados miembros, medidas especiales de reembolso de las prestaciones en especie del seguro de enfermedad-maternidad.

— **Reglamento (CEE) núm. 1534/91 del Consejo, de 31 de mayo de 1991**, relativo a la aplicación del apartado 3 del artículo 85 del Tratado a determinadas categorías de acuerdos, decisiones y prácticas concertadas en el sector de los seguros.

— **Reglamento (CEE) núm. 2155/91 del Consejo, de 20 de junio de 1991**, por el que se establecen disposiciones particulares para la aplicación de los artículos 37, 39 y 40 del Acuerdo entre la Comunidad Económica Europea y la Confederación Suiza relativo al seguro directo distinto del seguro de vida.

— **Reglamento (CE) núm. 1225/1999 de la Comisión, de 27 de mayo de 1999**, relativo a las definiciones de las características de las estadísticas de servicios de seguros.

— **Reglamento (CE) núm. 1226/1999 de la Comisión, de 28 de mayo de 1999**, relativo a las excepciones aplicables a las estadísticas de servicios de seguros.

— **Reglamento (CE) núm. 1227/1999 de la Comisión, de 28 de mayo de 1999**, relativo al formato técnico de la transmisión de las estadísticas de servicios de seguros.

— **Reglamento (CE) núm. 1228/1999 de la Comisión, de 28 de mayo de 1999**, relativo a las series de datos que han de elaborarse para las estadísticas de servicios de seguros.

— **Reglamento (CE) núm. 1617/1999 de la Comisión, de 23 de julio de 1999,** por el que se establecen determinadas disposiciones de aplicación del Reglamento (CE) núm. 2494/95 del Consejo, en lo que respecta a las normas mínimas para el tratamiento de los seguros en los índices de precios al consumo armonizados y por el que se modifica el Reglamento (CE) núm. 2214/96.

— **Reglamento (CE) núm. 44/2001 del Consejo, de 22 de diciembre de 2000**, relativo a la competencia judicial, el reconocimiento y la ejecución de resoluciones judiciales en materia civil y mercantil.

— **Reglamento (CE) núm. 1112/2001 de la Comisión, de 6 de junio de 2001**, sobre exenciones a lo dispuesto en el Reglamento (CE, Euratom) núm. 58/97 del Consejo en lo relativo a las estadísticas de servicios de seguros.

— **Reglamento (CE) núm. 1496/2002 de la Comisión, de 21 de agosto de 2002**, por el que se modifican el anexo I (las normas de jurisdicción mencionadas en el apartado 2 del artículo 3 y en el apartado 2 del artículo 4) y el anexo II (la lista de tribunales competentes y autoridades) del Reglamento (CE) núm. 44/2001 del Consejo, relativo a la competencia judicial, el reconocimiento y la ejecución de resoluciones judiciales en materia civil y mercantil.

— **Reglamento (CE) núm. 358/2003 de la Comisión, de 27 de febrero de 2003**, relativo a la aplicación del apartado 3 del artículo 81 del Tratado a determinadas categorías de acuerdos, decisiones y prácticas concertadas en el sector de los seguros.

— **Reglamento (CE) núm. 785/2004 del Parlamento Europeo y del Consejo, de 21 de abril de 2004**, sobre los requisitos de seguro de las compañías aéreas y operadores aéreos.

— **Reglamento (CE) núm. 2245/2004 de la Comisión, de 27 de diciembre de 2004**, por el que se modifican los anexos I, II, III y IV del Reglamento (CE) núm. 44/2001 relativo a la competencia judicial, el reconocimiento y la ejecución de resoluciones judiciales en materia civil y mercantil.

— **Directiva 72/166/CEE del Consejo, de 24 de abril de 1972**, relativa a la aproximación de las legislaciones de los Estados miembros, sobre el seguro de la responsabilidad civil que resulta de la circulación de vehículos automóviles, así como del control de la obligación de asegurar esta responsabilidad.

— **Directiva 72/430/CEE del Consejo, de 19 de diciembre de 1972**, de modificación de la Directiva 72/166/CEE del Consejo, de 24 de abril de 1972, relativa a la aproximación de las legislaciones de los Estados miembros sobre el seguro de la responsabilidad civil resultante de la circulación de vehículos automóviles y sobre el control de la obligación de asegurar dicha responsabilidad.

— **Directiva 73/239/CEE del Consejo, de 24 de julio de 1973**, sobre coordinación de las disposiciones legales, reglamentarias y administrativas relativas al acceso a la actividad del seguro directo distinto del seguro de vida, y a su ejercicio.

— **Directiva 73/240/CEE del Consejo, de 24 de julio de 1973**, por la que se suprimen, en materia del seguro directo distinto del seguro de vida, las restricciones a la libertad de establecimiento.

— **Directiva 76/580/CEE del Consejo, de 19 de junio de 1976**, por la que se modifica la Directiva 73/239/CEE sobre coordinación de las disposiciones legales, reglamentarias y administrativas relativas al acceso a la actividad del seguro directo distinto del seguro de vida, y a su ejercicio.

— **Directiva 84/5/CEE del Consejo, de 30 de diciembre de 1983**, relativa a la aproximación de las legislaciones de los Estados miembros sobre el seguro de responsabilidad civil que resulta de la circulación de los vehículos automóviles.

— **Directiva 84/568/CEE del Consejo, de 27 de noviembre de 1984,** relativa a las obligaciones recíprocas de los organismos de seguro de crédito a la exportación de los Estados miembros que actúan por cuenta o con el apoyo del Estado, o de los servicios públicos que actúan en lugar de dichos organismos, en caso de garantía conjunta de un contrato que incluya uno o más subcontratos en uno o más Estados Miembros de las Comunidades Europeas.

— **Directiva 84/641/CEE del Consejo, de 10 de diciembre de 1984**, por la que se modifica, en lo que se refiere en particular a la asistencia turística, la primera Directiva (73/239/CEE) por la que se establece una coordinación de las disposiciones legales, reglamentarias y administrativas relativas al acceso a la actividad de seguro directo distinto del seguro de vida y a su ejercicio.

— **Directiva 87/343/CEE del Consejo, de 22 de junio de 1987,** por la que se modifica, en lo que se refiere al seguro de crédito y al seguro de caución, la primera Directiva 73/239/CEE sobre coordinación de las disposiciones legales, reglamentarias y administrativas relativas al acceso a la actividad del seguro directo distinto del seguro de vida y a su ejercicio.

— **Directiva 87/344/CEE del Consejo, de 22 de junio de 1987,** sobre coordinación de las disposiciones legales, reglamentarias y administrativas relativas al seguro de defensa jurídica.

— **Directiva 88/357/CEE del Consejo, de 22 de junio de 1988,** sobre coordinación de las disposiciones legales, reglamentarias y administrativas relativas al seguro directo, distinto del seguro de vida, por la que se establecen las disposiciones destinadas a facilitar el ejercicio efectivo de la libre prestación de servicios y por la que se modifica la Directiva 73/239/CEE.

— **Directiva 89/105/CEE del Consejo, de 21 de diciembre de 1988,** relativa a la transparencia de las medidas que regulan la fijación de precios de los medicamentos para uso humano y su inclusión en el ámbito de los sistemas nacionales del seguro de enfermedad.

— **Directiva 90/232/CEE del Consejo, de 14 de mayo de 1990**, relativa a la aproximación de las legislaciones de los Estados Miembros sobre el seguro de responsabilidad civil derivada de la circulación de vehículos automóviles.

— **Directiva 90/618/CEE del Consejo, de 8 de noviembre de 1990,** que modifica, en particular por lo que se refiere al seguro de responsabilidad civil resultante de la circulación de vehículos automóviles, las Directivas

73/239/CEE y 88/357/CEE referentes a la coordinación de las disposiciones legales, reglamentarias y administrativas relativas al seguro directo distinto del seguro de vida.

— **Directiva 91/371/CEE del Consejo, de 20 de junio de 1991**, referente a la aplicación del Acuerdo entre la Comunidad Económica Europea y la Confederación Suiza relativo al seguro directo distinto del seguro de vida.

— **Directiva 91/674/CEE del Consejo, de 19 de diciembre de 1991**, relativa a las cuentas anuales y a las cuentas consolidadas de las empresas de seguros.

— **Directiva 91/675/CEE del Consejo, de 19 de diciembre de 1991**, por la que se crea un Comité de seguros.

— **Directiva 92/49/CEE del Consejo, de 18 de junio de 1992**, sobre coordinación de las disposiciones legales, reglamentarias y administrativas relativas al seguro directo distinto del seguro de vida y por la que se modifican las Directivas 73/239/CEE y 88/357/CEE (tercera Directiva de seguros distintos del seguro de vida).

— **Directiva 95/26/CE del Parlamento Europeo y del Consejo, de 29 de junio de 1995**, por la que se modifican las Directivas 77/780/CEE y 89/646/CEE, relativas a las entidades de crédito, las Directivas 73/239/CEE y 92/49/CEE, relativas al seguro directo distinto del seguro de vida, las Directivas 79/267/CEE y 92/96/CEE, relativas al seguro directo de vida, la Directiva 93/22/CEE, relativa a las empresas de inversión y la Directiva 85/611/CEE, sobre determinados organismos de inversión colectiva en valores mobiliarios (OICVM) con objeto de reforzar la supervisión prudencial.

— **Directiva 98/29/CE del Consejo, de 7 de mayo de 1998,** relativa a la armonización de las principales disposiciones sobre el seguro de crédito a la exportación para operaciones con cobertura a medio y largo plazo.

— **Directiva 98/78/CE del Parlamento Europeo y del Consejo, de 27 de octubre de 1998,** relativa a la supervisión adicional de las empresas se seguros que formen parte de un grupo de seguros.

— **Directiva 2000/26/CE del Parlamento Europeo y del Consejo, de 16 de mayo de 2000**, relativa a la aproximación de las legislaciones de los Estados miembros sobre el seguro de responsabilidad civil derivada de la circulación de vehículos automóviles y por la que se modifican las Directivas 73/239/CEE y 88/357/CEE del Consejo (Cuarta Directiva sobre el seguro de vehículos automóviles).

— **Directiva 2001/17/CE del Parlamento Europeo y del Consejo, de 19 de marzo de 2001**, relativa al saneamiento y a la liquidación de las compañías de seguros.

— **Directiva 2002/13/CE del Parlamento Europeo y del Consejo, de 5 de marzo de 2002**, por la que se modifica la Directiva 73/239/CEE del Consejo en lo que respecta a los requisitos del margen de solvencia de las empresas de seguros distintos del seguro de vida.

— **Directiva 2002/83/CE del Parlamento Europeo y del Consejo, de 5 de noviembre de 2002**, sobre el seguro de vida.

— **Directiva 2002/92/CE del Parlamento Europeo y del Consejo, de 9 de diciembre de 2002**, sobre la mediación en los seguros.

— **Directiva 2002/87/CE del Parlamento Europeo y del Consejo, de 16 de diciembre de 2002**, relativa a la supervisión adicional de las entidades de crédito, empresas de seguros y empresas de inversión de un conglomerado financiero, y por la que se modifican las Directivas 73/239/CEE, 79/267/CEE, 92/49/CEE, 92/96/CEE, 93/6/CEE y 93/22/CEE del Consejo y las Directivas 98/78/CE y 2000/12/CE del Parlamento Europeo y del Consejo.

— **Directiva 2003/51/CE del Parlamento Europeo y del Consejo, de 18 de junio de 2003**, por la que se modifican las Directivas 78/660/CEE, 83/349/CEE, 86/635/CEE y 91/674/CEE del Consejo sobre las cuentas anuales y consolidadas de determinadas formas de sociedades, bancos y otras entidades financieras y empresas de seguros.

— **Directiva 2004/56/CE del Consejo, de 21 de abril de 2004**, por la que se modifica la Directiva 77/799/CEE relativa a la asistencia mutua entre las autoridades competentes de los Estados miembros en el ámbito de los impuestos directos, de determinados impuestos sobre consumos específicos y de los impuestos sobre las primas de seguros.

— **Directiva 2004/106/CE del Consejo, de 16 de noviembre de 2004**, por la que se modifica la Directiva 77/799/CEE, relativa a la asistencia mutua entre las autoridades competentes de los Estados miembros en el ámbito de los impuestos directos, de determinados impuestos sobre consumos específicos y de los impuestos sobre las primas de seguros, y la Directiva 92/12/CEE, relativa al régimen general, tenencia, circulación y controles de los productos objeto de impuestos especiales.

— **Directiva 2005/14/CE del Parlamento Europeo y del Consejo, de 11 de mayo de 2005**, por la que se modifican las Directivas 72/166/CEE, 84/5/CEE, 88/357/CEE y 90/232/CEE del Consejo y la Directiva 2000/26/CE del Parlamento Europeo y del Consejo relativas al seguro de responsabilidad civil derivada de la circulación de vehículos automóviles (Texto pertinente a efectos del EEE).

— **Directiva 2006/46/CE del Parlamento Europeo y del Consejo, de 14 de junio de 2006**, por la que se modifican las Directivas del Consejo 78/660/CEE relativa a las cuentas anuales de determinadas formas de sociedad, 83/349/CEE relativa a las cuentas consolidadas, 86/635/CEE relativa a las cuentas anuales y a las cuentas consolidadas de los bancos y otras entidades financieras y 91/674/CEE relativa a las cuentas anuales y a las cuentas consolidadas de las empresas de seguro (Texto pertinente a efectos del EEE).

— **Directiva 2008/19/CE del Parlamento Europeo y del Consejo, de 11 de marzo de 2008**, por la que se modifica la Directiva 2002/83/CE sobre el seguro de vida, por lo que se refiere a las competencias de ejecución atribuidas a la Comisión.

— **Directiva 2008/21/CE del Parlamento Europeo y del Consejo, de 11 de marzo de 2008**, que modifica la Directiva 91/675/CEE del Consejo, por la que se crea un Comité de seguros y pensiones de jubilación, por lo que se refiere a las competencias de ejecución atribuidas a la Comisión.

— **Directiva 2008/25/CE del Parlamento Europeo y del Consejo, de 11 de marzo de 2008**, por la que se modifica la Directiva 2002/87/CE, relativa a la supervisión adicional de las entidades de crédito, empresas de seguros y empresas de inversión de un conglomerado financiero, por lo que se refiere a las competencias de ejecución atribuidas a la Comisión.

— **Directiva 2008/36/CE del Parlamento Europeo y del Consejo, de 11 de marzo de 2008**, por la que se modifica la Directiva 92/49/CEE del Consejo sobre coordinación de las disposiciones legales, reglamentarias y administrativas relativas al seguro directo distinto del seguro de vida, por lo que se refiere a las competencias de ejecución atribuidas a la Comisión.

3. *Resoluciones de interés de la dirección general de seguros y fondos de pensiones*

— Resolución de 6 de julio de 2006, de la Dirección General de Seguros y Fondos de Pensiones, por la que se da publicidad a la actualización prevista en el apartado 3 del artículo 18 del texto refundido de la Ley de Ordenación y Supervisión de los Seguros Privados, aprobado por el Real Decreto Legislativo 6/2004, de 29 de octubre, y en el apartado 6 del artículo 61 del Reglamento de Ordenación y Supervisión de los Seguros Privados, aprobado por el Real Decreto 2486/1998, de 20 de noviembre.

— Resolución de 27 de noviembre de 2006, de la Dirección General de Seguros y Fondos de Pensiones, por la que se aprueban los recargos en favor del Consorcio de Compensación de Seguros en materia de seguro de riesgos extraordinarios a satisfacer obligatoriamente por los asegurados, la cláusula de cobertura a insertar en las pólizas de seguro ordinario y la información a facilitar por las entidades aseguradoras relativa a las pólizas incluidas en el régimen de cobertura de los riesgos extraordinarios.

— Resolución de 7 de enero de 2007, de la Dirección General de Seguros y Fondos de Pensiones, por la que se publican las cuantías de las indemnizaciones por muerte, lesiones permanentes e incapacidad temporal que resultarán de aplicar durante 2007, el sistema para valoración de los daños y perjuicios causados a las personas en accidentes de circulación.

— Resolución de 2 de enero de 2008, de la Dirección General de Seguros y Fondos de Pensiones, por la que se publica el tipo de interés máximo a utilizar en el cálculo de la provisión de seguros de vida, de aplicación al ejercicio 2008.

— Resolución de 17 de enero de 2008, de la Dirección General de Seguros y Fondos de Pensiones, por la que se da publicidad a las cuantías de las indemnizaciones por muerte, lesiones permanentes e incapacidad temporal, que resultarán de aplicar durante 2008, el sistema para valoración de los daños y perjuicios causados a las personas en accidentes de circulación.

4. *Jurisprudencia y acuerdos no jurisdiccionales*

— **Sentencia, de 13 de diciembre de 2007, del Tribunal de Justicia de las Comunidades Europeas, Sala Segunda. Asunto C-463/06.** Establece que La remisión efectuada por el apartado 2 del artículo 11 del Reglamento (CE) núm. 44/2001 del Consejo, de 22 de diciembre de 2000 (relativo a la competencia judicial, el reconocimiento y la ejecución de resoluciones judiciales en materia civil y mercantil) al artículo 9, apartado 1, letra b, del mismo Reglamento implica que el perjudicado domiciliado en un Estado miembro puede entablar ante el tribunal del lugar de su domicilio una acción directa contra el asegurador, siempre que la acción directa sea posible y el asegurador esté domiciliado en un Estado miembro.

— **Sentencia núm. 181/2000, de 29 de junio de 2000, del Pleno del Tribunal Constitucional.** Declara la inconstitucionalidad del carácter vinculante del apartado B (factores de corrección) de la Tabla V (indemnizaciones por incapacidad temporal) del Anexo del vigente Texto Refundido de la Ley sobre Responsabilidad Civil y Seguro en la Circulación de Vehículos a Motor (introducido por la Ley 30/1995) que establece el «Sistema para la valoración de los daños y perjuicios causados a las personas en accidentes de circulación». En aquellos casos en los que se haya declarado judicialmente que la causa determinante del daño es la culpa del causante, se podrán calcular los perjuicios económicos o lucro cesante acaecido de manera independiente al anterior criterio. El factor de corrección solo se aplicará de modo vinculante en aquellos casos en los que no haya existido culpa.

— **Sentencia núm. 997/2002, de 23 de octubre de 2002, del Tribunal Supremo, Sala de lo Civil.** Determina el carácter lesivo de la cláusula contractual que establecía que «las reparaciones se tasarán con arreglo al valor real de las mismas, y sin que dicha tasación pueda en ningún momento ser superior al valor venal del vehículo». El Tribunal considera que no existió actividad prenegocial entre las partes, a pesar del carácter restrictivo de derechos de dicha estipulación que pretendía limitar al valor venal del vehículo el importe máximo de la indemnización en caso de siniestro. Debido a ello, no siendo dicha cláusula aceptada expresamente por el asegurado y suponiendo esta una clara restricción de derechos (art. 3 de la LCS), no puede admitirse la tesis de la recurrente de limitar el importe de su indemnización a dicho valor venal.

— **Sentencia núm. 251/2007, de 1 de marzo de 2007, del Tribunal Supremo, Pleno Sala de lo Civil.** Establece el criterio a seguir en materia de intereses para la aplicación del art. 20 de la LCS; determinándose que durante los dos primeros años desde la producción del siniestro la indemnización por mora consistirá en el pago de un interés anual igual al del interés legal del dinero al tipo vigente cada día, que será el correspondiente a esa anualidad incrementado en un 50%. A partir de esta fecha el interés se devengará de la misma forma, siempre que supere el 20%, con un tipo mínimo del 20% si no lo supera, y sin modificar los ya devengados diariamente hasta ese momento.

— **Sentencias núm. 429/2007 y núm. 430/2007, de 17 de abril de 2007, del Tribunal Supremo, Pleno Sala de lo Civil.** Se declara como doctrina jurisprudencial que los daños sufridos en un accidente de circulación quedan fijados de acuerdo con el régimen legal vigente en el momento de la producción del hecho que ocasiona el daño y deben ser económicamente valorados, a efectos de determinar el importe de la indemnización procedente, al momento en que se produce el alta definitiva del perjudicado.

— **Sentencia núm. 1237/2007, de 23 de noviembre de 2007, del Tribunal Supremo, Sala de lo Civil.** Declara que el hecho de que el lesionado en un accidente de circulación renuncie a ejercitar acciones civiles contra la compañía aseguradora a cambio de una indemnización no implica que no pueda reclamar otra indemnización en el futuro si surgen nuevos daños o lesiones derivados del siniestro no tenidos en cuenta en el momento del acuerdo.

— **Acuerdo del Pleno no Jurisdiccional de la Sala 2.ª del Tribunal Supremo, de 30 enero de 2007 en relación a la legitimación en el proceso penal de la actividad de la entidad aseguradora:** Cuando la entidad aseguradora tenga concertado un contrato de seguro con el perjudicado por el delito y satisfaga cantidades en virtud de tal contrato, sí puede reclamar frente al responsable penal en el seno del proceso penal que se siga contra el mismo, como actor civil, subrogándose en la posición del perjudicado.

— **Acuerdo del Pleno no jurisdiccional de la Sala 2.ª del Tribunal Supremo, de 24 abril de 2007 en relación a determinar si debe condenarse a la aseguradora, con la que el responsable civil tiene concertado el seguro obligatorio, cuando el origen de esa responsabilidad civil derive de una responsabilidad penal dolosa por el hecho que origina el daño a indemnizar:** No responderá la aseguradora, con quien se tenga concertado el seguro obligatorio de responsabilidad civil, cuando el vehículo de motor sea el instrumento directamente buscado para causar daño personal o material derivado del delito. Responderá la aseguradora por los daños diferentes de los propuestos directamente por el autor.

— **Acuerdos de unificación de criterios del orden penal de la Audiencia Provincial de Madrid, de 29 de mayo de 2004:**

11.° Consignaciones por el asegurador. Efectos derivados de la ausencia de pronunciamiento por el órgano judicial sobre la suficiencia o ampliación de la cantidad consignada por el asegurador, conforme el apartado 2.º de la Disposición Adicional sobre mora del asegurador de la Ley de Responsabilidad Civil y Seguro en la Circulación de Vehículos de Motor (redactada por la Disposición Final 13.ª de la Ley 1/2000, de 7 de enero, de Enjuiciamiento Civil). Lo más adecuado y razonable parece entender que cuando la consignación se muestra claramente insuficiente y escasa no puede servir la omisión como patente de corso para que la entidad aseguradora se libere de sus obligaciones. Pues ello serviría como una especia de coartada de la compañía con claro perjuicio para la víctima, aprovechándose muchas veces la entidad deudora del exceso de trabajo y del cúmulo de procedimientos que inundan los Juzgados. Se trataría de un supuesto de mala fe que no podría beneficiar al deudor que se ampara en una consignación ridícula.

12.° Legitimación de compañías de seguros.

Las entidades aseguradoras carecen de legitimación para impugnar el aspecto estrictamente penal: las cuestiones que atañen a la responsabilidad penal o al enjuiciamiento y calificación jurídico-penal de la conducta del autor de la infracción.

En aplicación del artículo 764.3 de la Ley de Enjuiciamiento Criminal, la entidad aseguradora carece de la legitimación necesaria para interponer recurso de apelación contra una condena de responsabilidad civil dentro de los límites del seguro obligatorio.

Respecto a la comparecencia de las aseguradoras como partes perjudicadas, a los efectos del artículo 113 del Código Penal, en los casos en que anticipen la suma indemnizatoria a que tiene derecho el perjudicado por la acción delictiva, deben distinguirse con claridad los supuestos en que el contrato de seguro aparece estipulado entre la víctima y la aseguradora, de aquellos otros en que el contrato se encuentra convenido entre el responsable penal y la aseguradora. En los primeros supuestos debe permitirse a la aseguradora el ejercicio de la acción de repetición dentro del proceso penal. Tras abonar la compañía aseguradora a su asegurado, víctima de la acción delictiva, el importe de la indemnización, la entidad pasa a subrogarse en los seguros de daños en la situación jurídica del asegurado a quien ha indemnizado (art. 43 de la Ley de Contrato de Seguro), pudiendo ejercitar a partir de ese momento la acción civil contra el responsable penal. Distinto se considera, en cambio, el supuesto en que la compañía, al haber contratado la póliza con el responsable penal, tiene la obligación de abonar directamente la indemnización a la víctima de la acción delictiva, toda vez que en tales casos parece evidente que no procede la personación de la entidad en el procedimiento penal para repetir contra su asegurado en aplicación de los vínculos internos existentes entre ellos.

— **Acuerdos no jurisdiccionales de la reunión conjunta de Magistrados de las secciones penales y civiles de la Audiencia Provincial de Madrid, de fecha 10 de junio de 2005, para la unificación de criterios**

en materia de valoración de los daños y perjuicios causados a las personas en accidentes de circulación:

1.° Fecha a tomar en cuenta para la fijación de las indemnizaciones en hechos derivados de la circulación de vehículos a motor: Debe fijarse la indemnización aplicando el nominal correspondiente a la redacción del «Sistema» vigente en la fecha en que se produjo el hecho y después actualizarse al momento en que se determina el importe de la indemnización. Esto es, aplicando las puntuaciones y criterios valorativos vigentes en la fecha del siniestro, y cuantificando el importe de la indemnización con las variaciones del IPC producidas desde entonces hasta la fecha de la sentencia dictada en primera instancia (Acuerdo adoptado por MAYORÍA: 40 votos a favor, de 51 posibles).

2.° Aplicación del «Sistema de valoración» en esferas de actividad distintas del tráfico rodado: Conviene aplicar, como criterio orientativo, el «Sistema de valoración» previsto en el Anexo de la Ley de Responsabilidad civil y Seguro en la circulación de Vehículos a Motor al cálculo de indemnizaciones de perjuicios causados en hechos diferentes del tránsito rodado. Tal aplicación presenta como ventajas la uniformidad e igualación de los criterios indemnizatorios, y también la facilitación de las impugnaciones de las víctimas y acusados al contar con unos razonamientos notablemente objetivados. Sin perjuicio de ello, es conveniente que las indemnizaciones resultantes sean incrementadas para los casos normales en un porcentaje que puede situarse en un 10 o 20%, sobre todo cuando el daño moral de la víctima es más acentuado. Todo ello sin excluir la posibilidad de realizar otro tipo de valoración teniendo en cuenta todas las circunstancias concurrentes (Acuerdo adoptado por MAYORÍA: 39 votos a favor, de 51 posibles).

3.° Aplicación del art. 20.4.° de la Ley 50/1980, de 8 de octubre, de Contrato de Seguro, según redacción dada por la disposición adicional sexta de la Ley 30/1995, de 8 de noviembre, de Ordenación y Supervisión de los seguros privados: El artículo 20.4.º de la Ley de Contrato de Seguro debe interpretarse en el sentido de entender que transcurridos 2 años desde la fecha del sinistro, si no se ha producido el pago de la indemnización, el interés será el 20% desde la misma fecha del siniestro (Acuerdo aprobado por MAYORÍA: 38 votos a favor, de 51 posibles) *(NOTA. Este criterio debe entenderse sin contenido por la Sentencia de la Sala Primera del TS n.° 251/2007 y posteriores acuerdos).*

4.° Reclamación por la aseguradora subrogada de los intereses de recargo del art. 20 de la Ley de Contrato de Seguro: La aplicación literal del artículo 43 LCS, impide que el asegurador que abonó a su asegurado el importe de la indemnización pueda percibir de la aseguradora del responsable el recargo, porque: a) Aquél no lo abonó a su asegurado y sólo podrá ejercitar los derechos y acciones que por razón del siniestros correspondieran al asegurado frente a las personas responsables del mismo, hasta el límite de la indemnización, por él abonada; b) en caso contrario se produciría un enriquecimiento injusto; c) la entidad aseguradora subrogada no puede ser reputada «perjudicada» en el sentido del artículo 20 LCS, ya que su «perjuicio» no deriva directamente del accidente, sino como consecuencia del abono o pago que ha llevado a cabo en cumplimiento de un contrato de seguros que había concertado con quien sí fue «perjudicado» por el acto ilícito, y d) el recargo no tiene naturaleza penal, punitiva o sancionadora sino la condición de «intereses moratorios» (Acuerdo aprobado por MAYORÍA: 40 votos a favor, de 51 posibles).

5.° Criterios para la fijación de indemnización por gastos de paralización del vehículo: Para la determinación de la cantidad en que debe ser resarcido el perjudicado por el daño emergente y el lucro cesante derivados de la paralización de vehículos industriales (autoescuelas, taxis, camiones de transporte, autocares, etc.) ha de tomarse en consideración la combinación de todos los medios probatorios de los que aquellos puedan resultar, sin dar preferencia a alguno de ellos sobre los demás (Acuerdo adoptado por MAYORÍA: 45 votos a favor, de 51 posibles).

— **Acuerdos no jurisdiccionales de la reunión de Magistrados de las secciones penales de la Audiencia Provincial de Madrid, de fecha 26 de mayo de 2006, para la unificación de criterios** (Únicamente se reseñan los acuerdos adoptados en materia de contrato de seguro e indemnizaciones).

8.° Consignación por la entidad aseguradora mediante aval, efectos enervatorios de la mora según se preste dentro de los tres meses siguientes al siniestro o después: La consignación con efectos enervatorios de la mora a la que se refiere la disposición final 13.ª de la LEC 1/2000, que ahora se refleja en el art. 9 RDLeg. 8/2004, es únicamente la realizada dentro del plazo que contemplan: los tres meses siguientes a la producción del siniestro. Tales preceptos solamente excepcionan la aplicación del régimen general del art. 20 LCS al pago o consignación en esas formas peculiares, realizados dentro de ese preciso plazo de tres meses. Fuera del mismo, no cabrá aplicar los efectos impeditivos de la producción de la mora y de los correspondientes intereses a los pagos o consignaciones realizados con posterioridad, ni servirán esas formas de garantía de pago futuro, englobadas en aquél artículo dentro de la denominación de consignación, para evitar el devengo de los intereses correspondientes a favor del perjudicado, que se irán produciendo hasta que se produzca el pago, la reparación o la reposición, conforme al régimen general establecido en el art. 20 LCS (Acuerdo adoptado por MAYORÍA: 19 votos a favor, 6 en contra, 2 abstenciones).

9.° En el supuesto de lesiones de más de tres meses de duración o cuya exacta valoración no pudiera ser determinada a efectos de consignación, determinar si la aseguradora al consignar está obligada a instar del órgano judicial la correspondiente declaración de suficiencia y si dicho órgano está obligado a dictar resolución sobre la suficiencia; efectos de su incumplimiento. La aseguradora no está obligada a instar del órgano judicial la declaración de suficiencia. Debe hacerlo de oficio el órgano judicial, aunque debería reclamar de las compañías una relación de los conceptos por los que se realiza la consignación y los destinatarios de las cantidades (Acuerdo adoptado por MAYORÍA: 28 votos a favor, 2 abstenciones).

10.° Posibilidad de reclamar los herederos del fallecido a consecuencia de accidente de circulación —tras un periodo de curación— la Indemnización por dichos días de incapacidad: En los supuestos en que la víctima fallece a causa del siniestro —tras un prolongado y penoso período de convalecencia— sí hay posibilidad de reconocer a sus herederos la indemnización correspondiente a los días transcurridos entre el siniestro, y el fallecimiento como período de incapacidad. En tales casos, a los perjudicados, en caso de fallecimiento de la víctima, se les indemniza *iure proprio* única y exclusivamente —en cuanto personas enumeradas en la tabla I—, por razón del fallecimiento de ésta. Pero, por otro lado, si la víctima ha sufrido antes de fallecer un prolongado y penoso período de convalecencia de sus lesiones, aunque falleciera ulteriormente, debe considerarse que llegó a ostentar un derecho de crédito a la obtención de la indemnización por incapacidad temporal, del que se derivaría la facultad de reclamarlo en su representación, pues correspondía a la víctima antes de fallecer por los daños y perjuicios personalmente sufridos o irrogados, para integrarlo en el caudal relicto. Ello al entender que el derecho de crédito del causante no se extingue con el hecho del fallecimiento sino que se transmite a sus herederos (art. 659 CC); que, de acuerdo con lo que dispone el art. 661, suceden al difunto en todos los derechos y obligaciones por el hecho solo de su muerte (Acuerdo adoptado por UNANIMIDAD).

— **Acuerdos no jurisdiccionales de la reunión de Magistrados de las secciones penales de la Audiencia Provincial de Madrid, de fecha 25 de mayo de 2007, para la unificación de criterios** (únicamente se reseñan los acuerdos adoptados en materia de contrato de seguro e indemnizaciones).

7.° Valoración del perjuicio fisiológico y del perjuicio estético en la Ley 34/2003, de 4 de noviembre, y en el RDLeg. 8/2004, de 29 de octubre: Debe entenderse derogada tácitamente por la Ley 34/2003, de 4 de noviembre, la regla general establecida en el «Sistema de Valoración» de que cuando se trate de perjuicio estético «los puntos por este concepto se sumarán aritméticamente a los resultantes de las incapacidades permanentes»; puesto que en dicha Ley se establece en las reglas especiales que «el perjuicio fisiológico y el perjuicio estético se han de valorar separadamente y, adjudicada la puntuación total que corresponda a cada uno, se ha de efectuar la valoración que les corresponda de acuerdo con la tabla III por separado, sumándose las cantidades obtenidas al objeto de que su resultado integre el importe de la indemnización básica por lesiones permanentes».

8.° Los intereses moratorios previstos en el art. 20.4 de la Ley de Contrato de Seguro y la interpretación que hace de la norma la Sentencia núm. 251/2007, de 1 de marzo de 2007, del Tribunal Supremo: Mientras no exista una jurisprudencia consolidada del Tribunal Supremo, debe mantenerse el criterio adoptado en anteriores reuniones de Magistrados de Audiencia Provincial (dicho criterio es el contenido en el acuerdo 10.º de la reunión para unificación de criterios de fecha 29 de mayo de 2004 «Aplicación del art. 20.4.º de la Ley 50/1980, de 8 de octubre, de Contrato de Seguro, según redacción dada por la disposición adicional sexta de la Ley 30/1995, de 8 de noviembre, de Ordenación y Supervisión de los Seguros Privados: El recargo del 20 por ciento debe operar a partir de que se cumplan los dos años desde la fecha del siniestro, pero con efectos desde el día en que éste tuvo lugar. Si la finalidad de la norma es imponer una sanción económica que de forma eficaz disuada a la entidad aseguradora de retrasar el pago de la indemnización y al mismo tiempo beneficie al perjudicado, tal finalidad resultaría sin duda defraudada si se interpretara el precepto en otros términos...»). *(NOTA. Este criterio ha sido modificado en acuerdo posterior de 29 de mayo de 2008).*

9.° Principio de congruencia ante las diversas peticiones indemnizatorias de una parte: Infringe el principio de congruencia la decisión de conceder más cantidad de la solicitada por una partida indemnizatoria, aunque el total de la indemnización por todos los conceptos no sobrepase la cantidad total reclamada por el perjudicado.

— **Acuerdos de 29 de mayo de 2008 de los Magistrados de las Secciones Penales de la AP de Madrid para la unificación de criterios:**

1.° Los intereses moratorios previstos en el art. 20.4 de la Ley de Contrato de Seguro. Cambiar el acuerdo anterior, sustituyéndolo por el criterio de la STS del Pleno de la Sala Primera n.º 251/2007, de 1 de marzo, que establece que el interés de demora debe calcularse al tipo legal más un 50%, durante los dos primeros años siguientes al siniestro, y a partir de ese momento al menos el 20% (Acuerdo adoptado por mayoría).

2.° El baremo de la Ley sobre Responsabilidad Civil y Seguro en la Circulación de Vehículos a Motor. Mantener el anterior acuerdo que establecía que la legislación aplicable sería la vigente en la fecha del accidente, cuantificándose el daño personal conforme al baremo vigente al dictarse la sentencia en primera instancia (Acuerdo adoptado por mayoría).

3.° El factor de corrección por perjuicios económicos de persona en edad laboral sin justificar ingresos por trabajo.

A. En los supuestos de fallecimiento y secuelas, cuando no se justifique el importe de los ingresos netos por trabajo de la víctima en edad laboral, debe aplicarse el 10% de incremento, salvo que concurran circunstancias excepcionales (Acuerdo adoptado por mayoría).

B. En el supuesto de lesiones, cuando no se justifique el importe de los ingresos netos por trabajo de la víctima en edad laboral, debe aplicarse el 10% de incremento, salvo que concurran circunstancias excepcionales (Acuerdo adoptado por mayoría).

11.° Las costas en los juicios de faltas. Excepcionalmente cabe la posibilidad de incluir los honorarios del abogado y del procurador en las costas del juicio de faltas (Acuerdo adoptado por mayoría).

— **Acuerdos de 11 de septiembre de 2008 de los Magistrados de las Secciones Civiles de la AP de Madrid para la unificación de criterios:**

7.º Criterios para fijación de indemnización por gastos de paralización de vehículos en accidentes de tráfico. Mantener el acuerdo anterior de 10 de junio de 2005 *(NOTA. Ver en páginas anteriores acuerdos de la reunión conjunta de Magistrados de las secciones civiles y penales).*

JUICIO VERBAL Y JUICIO MONITORIO

AUTORA

Ángeles Iturralde Sánchez
Abogada

EL JUICIO VERBAL Y EL JUICIO MONITORIO

Ángeles Iturralde Sánchez
Abogada

El artículo 248 de la LEC distingue las dos clases fundamentales de procesos declarativos:

— El juicio ordinario.

— El juicio verbal.

El ámbito de aplicación del juicio verbal, con independencia de la cuantía, será el siguiente (art. 250 de la LEC):

1. *Se decidirán en juicio verbal, cualquiera que sea su cuantía, las demandas siguientes:*

1.º Las que, con fundamento en el impago de la renta o cantidades debidas por el arrendatario, o en la expiración del plazo fijado contractualmente, pretendan que el dueño, usufructuario o cualquier otra persona con derecho a poseer una finca rústica o urbana, dada en arrendamiento, ordinario o financiero, o en aparcería, recuperen la posesión de dicha finca.

2.º Las que pretendan la recuperación de la plena posesión de una finca rústica o urbana, cedida en precario, por el dueño, usufructuario o cualquier otra persona con derecho a poseer dicha finca.

3.º Las que pretendan que el tribunal ponga en posesión de bienes a quien los hubiere adquirido por herencia si no estuvieren siendo poseídos por nadie a título de dueño o usufructuario.

4.º Las que pretendan la tutela sumaria de la tenencia o de la posesión de una cosa o derecho por quien haya sido despojado de ellas o perturbado en su disfrute.

5.º Las que pretendan que el tribunal resuelva, con carácter sumario, la suspensión de una obra nueva.

6.º Las que pretendan que el tribunal resuelva, con carácter sumario, la demolición o derribo de obra, edificio, árbol, columna o cualquier otro objeto análogo en estado de ruina y que amenace causar daños a quien demande.

7.º Las que, instadas por los titulares de derechos reales inscritos en el Registro de la Propiedad, demanden la efectividad de esos derechos frente a quienes se oponga a ellos o perturben su ejercicio, sin disponer de título inscrito que legitime la oposición o la perturbación.

8.º Las que soliciten alimentos debidos por disposición legal o por otro título.

9.º Las que supongan el ejercicio de la acción de rectificación de hechos inexactos y perjudiciales.

10.º Las que pretendan que el tribunal resuelva, con carácter sumario, sobre el incumplimiento por el comprador de las obligaciones derivadas de los contratos inscritos en el Registro de Venta a Plazos de Bienes Muebles y formalizados en el modelo oficial establecido al efecto, al objeto de obtener una sentencia condenatoria que permita dirigir la ejecución exclusivamente sobre el bien o bienes adquiridos o financiados a plazos.

11.º Las que pretendan que el tribunal resuelva, con carácter sumario, sobre el incumplimiento de un contrato de arrendamiento financiero o contrato de venta a plazos con reserva de dominio, siempre que en ambos casos estén inscritos en el Registro de Venta a Plazos de Bienes Muebles y formalizados en el modelo oficial establecido al efecto, mediante el ejercicio de una acción exclusivamente encaminada a obtener la inmediata entrega del bien al arrendador financiero o al vendedor o financiador en el lugar indicado en el contrato, previa declaración de resolución de éste, en su caso.

12.º Las que supongan el ejercicio de la acción de cesación en defensa de los intereses colectivos y difusos de los consumidores y usuarios. (Redacción de la Ley 39/2002, de 18 de noviembre).

13.º Las que pretendan la efectividad de los derechos reconocidos en el artículo 160 del Código Civil. En estos casos el juicio verbal se sustanciará con las peculiaridades dispuestas en el capítulo I del título I del libro IV de esta ley. (Redacción de la Ley 42/2003, de 23 de noviembre).

2. Se decidirán también en el juicio verbal las demandas cuya cuantía no exceda de quinientas mil pesetas y no se refieran a ninguna de las materias previstas en el apartado 1 del artículo anterior.

Y, además, todas aquellas demandas cuya cuantía no exceda de 3.000 euros y no se refieran a ninguna de las materias previstas en el apartado 1 del artículo 250.

El procedimiento monitorio podrá utilizarse cuando concurran los siguientes requisitos:

1. Deuda dineraria, vencida o exigible.
2. Suma que no exceda de 30.000 euros.
3. Deuda acreditada mediante documentos firmados por el deudor.
4. Mediante facturas, albaranes de entrega, certificaciones, telegramas, telefax o cualquier otro documento que, aun creados unilateralmente por el acreedor, sean los que habitualmente documenten créditos de ese tipo.

Será competente el Juez de Primera Instancia del domicilio o residencia del deudor o aquel donde efectivamente pueda ser requerido el deudor.

En el caso del número 2, 2.º, del artículo 812 será también competente el Tribunal del lugar donde radique la finca a elección del demandante.

El Consejo General del Poder Judicial, mediante Instrucción 1/2002, de 5 de noviembre de 2002, aprobó los impresos normalizados para la presentación directa por parte de los ciudadanos en los supuestos previstos por la Ley de Enjuiciamiento Civil. Dichos impresos, que son los que se adjuntan como F.1 y F.2. Pueden obtenerse en la sede de los Juzgados y, además en la página web del consejo: www.poderjudicial.es. Son dos procedimientos que por las materias que abordan requieren celeridad y sencillez en cuanto a la tramitación y para los que no es necesario la representación para Procurador, ni firma de Letrado (arts. 23.1.2 LEC y 431.2.1 LEC), si no excede la reclamación de 900 euros en el caso del juicio verbal, y en el monitorio, para la petición inicial.

Formulario n.º 1. PROCESO MONITORIO

AL JUZGADO

Don/Doña .... *(en caso de actuar en representación de una entidad deberá especificar a continuación su denominación social)*, como representante de la entidad .... con DNI y NIF/CIF número ...., domiciliado en la calle ...., número ...., piso ...., de la ciudad de ...., con número de teléfono .... y domicilio laboral en la calle ...., número ...., piso ...., de la localidad de ...., con número de teléfono ...., Fax

........, dirección de correo electrónico ...., formulo

RECLAMACIÓN en proceso MONITORIO de ...., más intereses y costas, contra:

Don/Doña. ...., con DNI y NIF/CIF número ...., domiciliado en la Calle ...., número ...., de la localidad de ...., con número de teléfono ...., fax ...., dirección de correo electrónico .... *(de conocer otros domicilios del deudor, especifíquelos a continuación)*

....

La cantidad reclamada tiene origen en las relaciones mantenidas por las partes y concretamente en ....

Se acompaña a este escrito el documento del que resulta la deuda.

En atención a lo expuesto **PIDO AL JUZGADO:**

1.º Que se requiera de pago al deudor para que en el plazo de veinte días pague la cantidad de ...., más las costas, y para el caso de que el deudor no pague la deuda ni dé razones por escrito para no hacerlo, se dicte auto ordenando el embargo de bienes suficientes del deudor para cubrir la suma de ...., más .... que se calculan para intereses al tipo del interés legal del dinero *(o el pactado si fuera mayor)* desde el requerimiento de pago, más .... en que se presupuestan las costas procesales.

2.º Que si el deudor se opone por escrito alegando razones para negarse total o parcialmente al pago, se convoque a las partes a juicio verbal o se me conceda el plazo legal de un mes para formular la demanda de juicio ordinario, pidiendo desde este momento, para el caso de oposición, el embargo de bienes del deudor, y en su día, la condena a la parte demandada al pago de la cantidad de ...., más el interés legal (*o el pactado sI fuera mayor)* desde el requerimiento de pago, así como al pago de las costas procesales.

En ...., a ..... de .... de ....

Firma:

Relación de documentos adjuntos

Formulario n.º 2. JUICIO VERBAL

AL JUZGADO

Don/Doña ...., con DNI y NIF/CIF número ...., domiciliado en la calle ...., número ...., piso........, de la localidad de ...., con número de teléfono .... y domicilio laboral en la calle ...., número ...., piso ...., de la localidad de ...., con número de teléfono...........,fax .... y dirección de correo electrónico........., formulo **DEMANDA SUCINTA DE JUICIO VERBAL** en reclamación de ...., **más intereses y costas,** contra:

Don/Doña ...., con DNI y NIF/CIF número ...., domiciliado en la calle

........., número ...., de la localidad de ...., con número de teléfono..........., fax .... y dirección de correo electrónico .... *(de conocer otros domicilios del demandado especifíquelos a continuación)*

....

....

Por *(indique brevemente el motivo de su reclamación)* ....

....

....

....

En atención a lo expuesto**, PIDO AL JUZGADO:**

Que se condene a la parte demandada a pagarme la cantidad de ...., más el interés legal *(o el pactado si fuera mayor),* desde la interpelación judicial o requerimiento extrajudicial, así como al abono de las costas procesales.

En ...., a ..... de .... de ....

Firma:

Documentación que se adjunta (en su caso):

MONITORIO

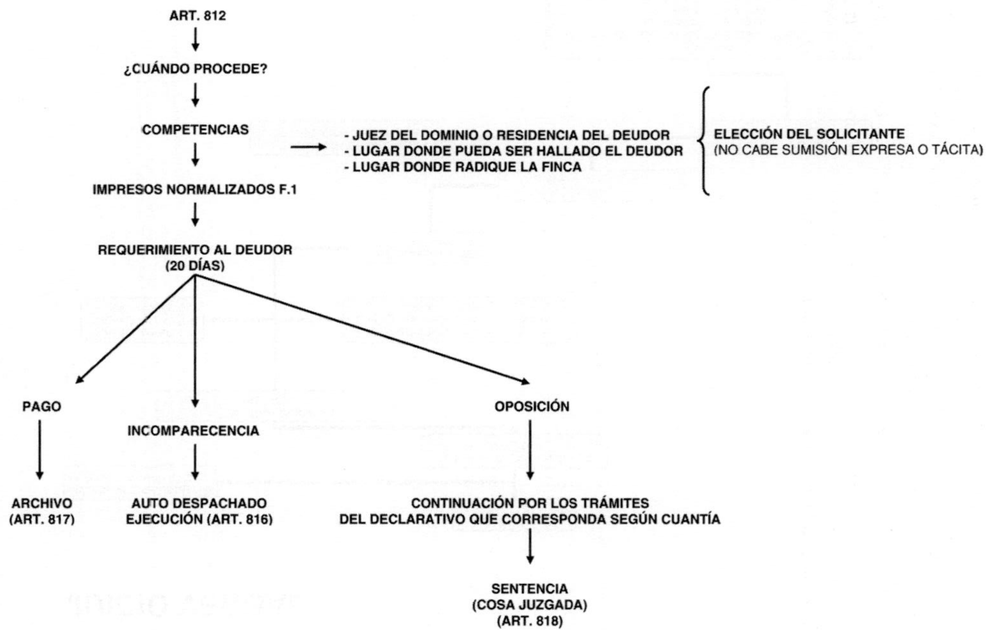
ART. 812
¿CUÁNDO PROCEDE?
COMPETENCIAS
- JUEZ DEL DOMINIO O RESIDENCIA DEL DEUDOR
- LUGAR DONDE PUEDA SER HALLADO EL DEUDOR
- LUGAR DONDE RADIQUE LA FINCA
ELECCIÓN DEL SOLICITANTE
(NO CABE SUMISIÓN EXPRESA O TÁCITA)
IMPRESOS NORMALIZADOS F.1
REQUERIMIENTO AL DEUDOR (20 DÍAS)
PAGO
ARCHIVO (ART. 817)
INCOMPARECENCIA
AUTO DESPACHADO EJECUCIÓN (ART. 816)
OPOSICIÓN
CONTINUACIÓN POR LOS TRÁMITES DEL DECLARATIVO QUE CORRESPONDA SEGÚN CUANTÍA
SENTENCIA (COSA JUZGADA) (ART. 818)

JUICIO VERBAL

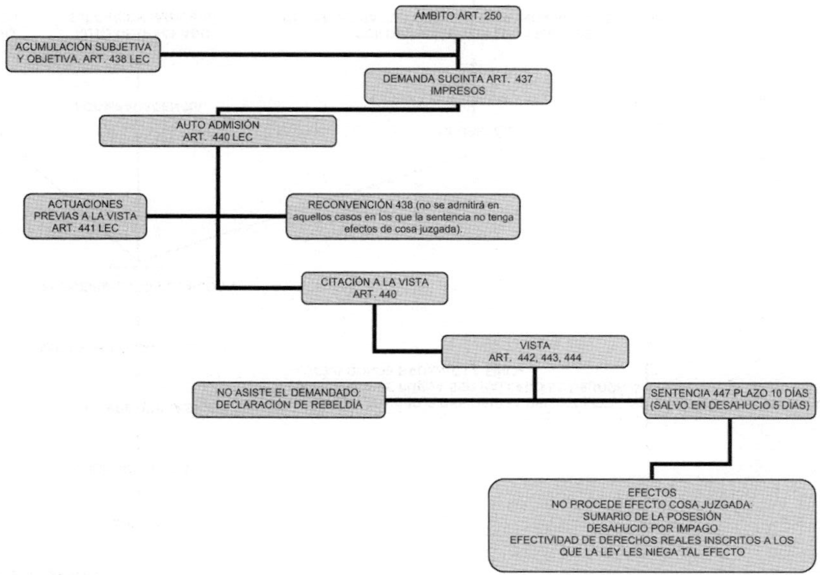

DERECHO DE FAMILIA

AUTORA

Silvia Hinojal López
Abogada

DERECHO DE FAMILIA

Silvia Hinojal López
Abogada

I. LOS PROCESOS MATRIMONIALES: NULIDAD, SEPARACIÓN Y DIVORCIO

1. Disposiciones generales

La Ley 1/2000, de 7 de enero, de Enjuiciamiento Civil, regula en sus arts. 748 a 755 las disposiciones generales a todos los procesos especiales que se contienen en el Libro IV de la citada Ley procesal, siendo los procesos matrimoniales uno de los procesos especiales a que se refiere la Ley. Otros procesos especiales son los que vienen regulados en el Título I del precitado Libro IV y que tienen por objeto el estado civil de las personas (procesos sobre capacidad, filiación, matrimoniales y de menores); en el Título II los procesos relativos a conjuntos patrimoniales (división judicial de patrimonios); y en el Título III los procesos sobre determinados derechos de crédito (procesos monitorio y cambiario).

El art. 748 de la LEC señala los procesos a los que les son de aplicación las disposiciones generales contenidas en el Capítulo I del Título I del Libro IV, entre los que se encuentran en el apartado 3 «los de nulidad del matrimonio, separación y divorcio y los de modificación de medidas adoptadas en ellos» y en el apartado 4 «los que versen exclusivamente sobre guarda y custodia de los hijos menores o sobre alimentos reclamados por un progenitor contra el otro en nombre de los hijos menores». Este último apartado será de aplicación para uniones no matrimoniales.

En los artículos siguientes del 749 al 755 de la LEC se contienen los principios generales que han de observar todos los procesos especiales. Así, en el art. 749 de la LEC se prevé el control de legalidad en los procesos sobre incapacitación, en los de nulidad matrimonial y en los de filiación actuando como parte el Ministerio Fiscal, aunque no haya sido promotor de los mismos, o deba, conforme a ley, asumir la defensa de alguna de las partes. En el art. 750 de la LEC se establece que será obligatoria la asistencia de Abogado y la representación por Procurador, salvo excepciones como la solicitud de medidas previas en los procesos matrimoniales. El art. 751 de la LEC dispone respecto de los procesos especiales, entre los que se encuentran los matrimoniales, que no caben la renuncia, el allanamiento o la transacción y se fijan limitaciones a la facultad de desistir.

El art. 752.1, párrafo 1.º, de la LEC refiere la excepción a la regla general de preclusión de alegación de hechos y fundamentos jurídicos (art. 400 LEC), y en su párrafo 2.º el otorgamiento al Juez de poderes de oficio para practicar prueba (remisión al art. 282 LEC). El art. 752.2 de la LEC prescribe que la conformidad de las partes sobre los hechos no vinculará al Tribunal, esto es, no cabe la *ficta confessio*.

La tramitación de estos procesos conforme dispone el art. 753 de la LEC será por juicio verbal con arreglo a las especialidades que cada proceso especial refiera en su contenido normativo. Se trata de un híbrido procedimental, ya que la demanda y la contestación a la demanda deberán realizarse como si se tratara de una demanda ordinaria en vez de sucinta, y además se prevé un plazo de 20 días para contestar a la demanda conforme lo establecido en el art. 405 de la LEC, dándose traslado de la misma al Ministerio Fiscal cuando proceda. En el caso de procesos matrimoniales el Fiscal será parte cuando existan hijos menores o mayores incapacitados judicialmente.

El art. 755 de la LEC refiere el acceso de las sentencias dictadas en estos procedimientos especiales a registros públicos. También se regula la exclusión de publicidad de estos procesos especiales por razones de orden público y de protección a los derechos fundamentales, por lo que dicha limitación deberá acordarse por el Juez de manera motivada a fin de no vulnerar lo dispuesto en el artículo 120 de la Constitución Española, al referir que las actuaciones judiciales serán públicas, con las excepciones que prevén las leyes de procedimiento (art. 754 LEC). La resolución motivada que dicte el Juzgado será mediante providencia frente a la que no cabe recurso alguno, sin perjuicio de formular la oportuna protesta y plantear la cuestión, si fuere admisible, en el recurso procedente contra la sentencia definitiva (art. 138 LEC). También la inscripción de estas sentencias es obligatoria y quien habrá de realizarlo es el propio órgano jurisdiccional de oficio, teniendo la sentencia efectos *erga omnes* desde el momento de su inscripción en el registro correspondiente (art. 222.3.2 LEC).

2. *Reglas competenciales*

2.1. Competencia objetiva

La competencia objetiva o funcional corresponde exclusivamente a los Juzgados de Primera Instancia o en las poblaciones que existan juzgados especializados de familia será a éstos (arts. 45 y 46 LEC; 769.1 LEC), siendo su atribución por razón de la materia.

2.2. Competencia territorial

La competencia territorial determina el partido judicial donde hemos de presentar el escrito de demanda o de contestación a la demanda. Nuestra Ley procesal diferencia si se trata de un proceso matrimonial contencioso, de mutuo acuerdo o ruptura de uniones de hecho respecto de la regulación de efectos de los hijos menores. La regla competencial que rige a los procesos matrimoniales consensuados, bien sean de común acuerdo entre ambos cónyuges o por petición unilateral de uno con el consentimiento del otro, será el Juzgado del último domicilio común o el del domicilio de cualquiera de los solicitantes a elección del demandante (art. 769.2 LEC). En los procesos contenciosos será competente el Juzgado del domicilio conyugal o familiar (art. 769.1 LEC), siendo ésta la primera regla a seguir. En los supuestos de inexistencia de domicilio familiar, bien porque residan cada uno en diferente domicilio o, residiendo uno en el domicilio familiar y el otro en domicilio distinto, la ley permite que el demandante opte por dirigir la demanda al Tribunal del partido judicial correspondiente al último domicilio familiar o bien al de residencia del demandado. Es importante el concepto de «residencia», pues nos permite —en los supuestos anteriormente previstos— dirigir la demanda al Tribunal donde radique el domicilio de residencia del demandado, no exigiéndonos la constancia administrativa de empadronamiento o similar, bastando la concurrencia del elemento objetivo de residencia habitual del art. 40 del Código Civil. Por ello, puede que no coincida el domicilio real y el legal. Por ejemplo, un matrimonio que mantiene como domicilio legal el que fue domicilio antes del matrimonio o el del lugar de trabajo y, en cambio, tiene como domicilio real en el que conviven como matrimonio o familia, por lo que el análisis previo de la competencia territorial antes de presentar una demanda de separación o divorcio es fundamental. La segunda regla que recoge el art. 769.1 de la LEC opera en los supuestos de inexistencia de domicilio familiar, es decir, cualquier procedimiento posterior a la separación judicial regirá la regla de elección por el actor del último domicilio del matrimonio o el domicilio del demandado. Para el caso de que el demandado no tuviere domicilio y residencia fijo, el demandante podrá optar entre el domicilio del lugar donde se halle o el de su última residencia, incluyéndose la posibilidad de optar por el partido judicial del domicilio del actor cuando no pueda determinarse la competencia de forma alguna.

Por lo que se refiere a las uniones de hecho, el art. 769.3 de la LEC prescribe que la competencia viene dada por el último domicilio común de los progenitores si residieren en el mismo partido judicial, para el supuesto de que residieren en distinto partido judicial corresponde al demandante la elección entre el domicilio del demandado o el de residencia del menor.

II. PROCEDIMIENTO CONTENCIOSO DE SEPARACIÓN O DIVORCIO

El procedimiento contencioso de separación o divorcio es un procedimiento especial al encontrarse regulado en el Libro IV, Capítulo IV de la LEC remitiéndonos la ley al juicio verbal. Dicho procedimiento viene regulado en el art. 770 de la LEC.

1. Demanda

La parte actora deberá seguir la siguiente estructura en la redacción de la demanda.

ESTRUCTURA:

ENCABEZAMIENTO	• Identificación del Juzgado —competencia funcional y territorial— (art. 769 LEC). • Representación y defensa expresando la identificación de los referidos profesionales (arts. 23 y 31 LEC). • Datos identificativos de las partes: nombre y apellidos, dirección del domicilio o lugar de residencia (art. 399.1 LEC). • Datos identificativos del Procurador y Letrado (art. 399.2 LEC). • Domicilio familiar u otros a fin de determinar la competencia territorial (art. 769 LEC). • Acción que se ejercita. • Procedimiento que se interpone. La Ley 15/2005, de 8 de julio, por la que se modifican el Código Civil y la Ley de Enjuiciamiento Civil en materia de separación o divorcio, ha suprimido las causales de separación y divorcio. Artículo 81. Se decretará judicialmente la separación, cualquiera que sea la forma de celebración del matrimonio: 1.º A petición de ambos cónyuges o de uno con el consentimiento del otro, una vez transcurridos tres meses desde la celebración del matrimonio. A la demanda se acompañará una propuesta de convenio regulador redactada conforme al artículo 90 de este Código. 2.º A petición de uno solo de los cónyuges, una vez transcurridos tres meses desde la celebración del matrimonio. No será preciso el transcurso de este plazo para la interposición de la demanda cuando se acredite la existencia de un riesgo para la vida, la integridad física, la libertad, la integridad moral o libertad e indemnidad sexual del cónyuge demandante o de los hijos de ambos o de cualquiera de los miembros del matrimonio. A la demanda se acompañará propuesta fundada de las medidas que hayan de regular los efectos derivados de la separación. Artículo 86. Se decretará judicialmente el divorcio, cualquiera que sea la forma de celebración del matrimonio, la petición de uno solo de los cónyuges, de ambos o de uno con el consentimiento del otro, cuando concurran los requisitos y circunstancias exigidos en el artículo 81.

RELACIÓN DE HECHOS	• Referencia a las circunstancias personales de las partes y de la familia en general. Es conveniente aportar todos los datos personales de las partes pues puede resultar relevante a los efectos del otorgamiento del domicilio familiar u otros efectos. • Referencia a las circunstancias económicas: ingresos de cada uno de los cónyuges y, en su caso, de la unidad familiar; gastos generales de mantenimiento de la vivienda familiar; gastos generales de mantenimiento de los hijos; deudas tales como créditos, préstamos y similares; situación profesional de cada cónyuge y resto de los miembros familiares; nivel de estudios y formación de los miembros de la pareja; patrimonio familiar; patrimonio individual de cada cónyuge; identificación del régimen económico; identificación de la vivienda familiar (si es propiedad privativa o conyugal, si es en arrendamiento, si es propiedad de un tercero y se ocupa con o sin título arrendaticio).
DOCUMENTOS	• Los documentos que prescribe el artículo 264 de la LEC: — Poder notarial conferido al Procurador siempre que éste intervenga y la representación no se otorgue *apud acta*. — Los documentos que acrediten la representación del litigante. — Los documentos o dictámenes que acrediten el valor de la cosa litigiosa, a efectos de competencia y procedimiento. • Los documentos que refiere el artículo 265 de la LEC: — Los documentos en que las partes funden su derecho. — Los medios o instrumentos a que se refiere el apartado 2 del artículo 299 de la LEC (documentos públicos), si en ellos se fundaran las pretensiones de tutela. — Las certificaciones y notas de registros públicos. — Los dictámenes periciales en que las partes apoyen sus pretensiones. En el supuesto de que la parte fuere titular del derecho de asistencia jurídica gratuita no tendrá que aportarlo, sino simplemente anunciarlo de conformidad con lo que prevé el artículo 399 de la LEC. — Los informes de investigadores privados legalmente habilitados, con remisión al artículo 380 de la LEC sobre interrogatorio acerca de los hechos que consten en informes escritos. — Designar archivos en el caso que la parte no pudiere aportar los documentos referidos. Si no se hubieren aportado o designado archivos, no podrán presentarse en un momento posterior (art. 269 LEC), salvo las excepciones del artículo 270 de la LEC o respecto de la alegación de pretensiones por la parte demandada en el escrito de reconvención que acompañe junto con la contestación a la demanda. • Aportación de los documentos que guarden relación directa con los hechos y con lo que pretendemos acreditar al Juzgado. • Respecto de los procesos matrimoniales es de aplicación el artículo 770.1.ª que indica que a la demanda deberán acompañarse: — Certificación literal de la inscripción del matrimonio. Si no se aportará este documento el Juzgado requerirá para que se aporte fijando un plazo para su subsanación. — Certificación literal de la inscripción del nacimiento de los hijos. — Los dos documentos anteriores son documentos esenciales para la admisión de la demanda conforme dispone los artículos 266.5 y 269.2 LEC. — Cualquier documento acreditativo de las referencias económicas y patrimoniales, gastos, ingresos, deudas, formación y estudios, situación profesional, régimen económico, etc. Deberemos aportar a la interposición de la demanda todos aquellos documentos que acrediten y avalen las manifestaciones vertidas en los hechos tales como justificación de los ingresos (nóminas o documentos acreditativos del pago de un salario, declaraciones tributarias; certificaciones de ingresos y movimientos bancarios); justificación de los bienes patrimoniales (certificaciones registrales, títulos de propiedad); justificación de la formación académica (por ejemplo, para la petición de una pensión com-

	pensatoria); justificación de los gastos familiares (recibos de escolarización de los hijos, facturas o tiques de compra de alimentación y ropa, recibos por gastos de servicios tales como luz, teléfono, agua, comunidad de propietarios y similares).
FUNDAMENTOS DE DERECHO	• Fundamentos procesales: — Capacidad — Postulación y representación — Jurisdicción — Competencia — Legitimación: — activa — pasiva — Clase de juicio — Procedimiento — Cuantía (si procediere) — Fondo • Derecho sustantivo • Jurisprudencia • Doctrina • Intereses. • Costas. En los procedimientos de familia prevalece la no imposición de costas, salvo excepciones, véase arts. 320 y 326 LEC y el procedimiento de modificación de medidas, *vid.* art. 775 LEC.
SUPLICO O *PETITUM*	Deberemos señalar de forma clara y ordenada todas y cada una de las peticiones que el solicitante quiere hacer valer en la demanda y sobre las que solicita del Tribunal su pronunciamiento. Respecto de la demanda de un proceso matrimonial en el suplico deberemos reflejar la solicitud de los efectos o medidas definitivas señaladas en los arts. 91, 102, 103 del CC: — Patria potestad — Guarda y custodia — Atribución uso del domicilio familiar y del ajuar doméstico — Régimen de visitas, comunicación y estancia — Pensión de alimentos y cargas del matrimonio — Pensión compensatoria — Disolución del régimen económico matrimonial — Medidas cautelares Se han de evitar peticiones genéricas sin concreción de las mismas.

2. *Contestación a la demanda*

La contestación a la demanda ha de realizarse de conformidad con lo establecido en el artículo 753 de la LEC, con remisión al artículo 405 de la citada Ley, siendo el plazo para su contestación el de veinte días desde la notificación, computándose los días hábiles. Recordar que el artículo 182.1 de la LOPJ señala que son inhábiles, a efectos procesales, los sábados y domingos, los días 24 y 31 de diciembre, los días de fiesta nacional y los festivos a efectos laborales en la Comunidad Autónoma o localidad. Asimismo, el artículo 183 de la LOPJ refiere que serán inhábiles los días del mes de agosto para todas las actuaciones judiciales excepto las que se declaren urgentes por las leyes procesales.

En el escrito de contestación a la demanda el demandado deberá seguir el siguiente esquema:

ESTRUCTURA:

EXCEPCIONES	Formales y procesales (art. 405.1 y 3 LEC). Se exceptúa la declinatoria que deberá alegarse dentro del plazo de los diez días siguientes al emplazamiento en la forma que prevén los artículos 63, 64 y 65 de la LEC. Si el demandado alegare la declinatoria con la finalidad de alargar el procedimiento invocaremos ante el Juzgado la aplicación del artículo 247 de la LEC. Igualmente, si el demandado no se hubiere dado cuenta de plantear la declinatoria en el acto del juicio podrá intentar impugnar la falta de jurisdicción o de competencia de conformidad con el artículo 240 de la LOPJ y artículo 443.2, párrafo segundo LEC.

INADMISIÓN DE ACCIONES	Debiendo razonar debidamente en el escrito su inadmisibilidad (art. 405.1 LEC).
OPOSICIÓN	El demandado negará o admitirá de forma separada cada uno de los hechos señalados en el escrito de demanda, no siendo admisible la oposición genérica (art. 405.2 LEC), por lo que aquellos hechos no rechazados o sobre los que se formulen respuestas evasivas podrán considerarse por el Tribunal como admisión tácita de los mismos (arts. 399 y 405 LEC). La redacción de este escrito de oposición y contestación a la demanda seguirá el mismo esquema que el referido para la demanda.
RECONVENCIÓN	El demandado al contestar a la demanda mostrando su oposición podrá formular reconvención en el supuesto que el demandado solicite medidas diferentes a las pedidas por el actor (art. 770.2.ª LEC: «La reconvención se propondrá con la contestación a la demanda. El actor dispondrá de 10 días para contestarla. Sólo se admitirá la reconvención: a) Cuando se funde en alguna de las causas que puedan dar lugar a la nulidad del matrimonio. b) Cuando el cónyuge demandado de separación o de nulidad pretenda el divorcio. c) Cuando el cónyuge demandado de nulidad pretenda la separación. d) Cuando el cónyuge demandado pretenda la adopción de medidas definitivas, que no hubieran sido solicitadas en la demanda, y sobre las que el Tribunal no deba pronunciarse de oficio»). La reconvención se presentará en el mismo escrito de contestación a la demanda, por lo que lo más correcto será primeramente redactar el escrito de contestación formulando la oposición con su relación de hechos, fundamentos de Derecho y suplico y, seguidamente, la redacción de la reconvención con su propia fundamentación fáctica, jurídica y suplico diferenciado. El demandado tendrá un plazo de diez días (hábiles) para la contestación de reconvención desde la fecha de notificación. La LEC regula la inadmisión de la reconvención no conexa con la demanda y la reconvención implícita (art. 406 LEC).
ALLANAMIENTO	En los supuestos de allanamiento es de aplicación el art. 751.1 de la LEC sobre la indisponibilidad del proceso de separación o divorcio, pero ello no obsta que las partes puedan manifestar su conformidad con determinadas pretensiones debiendo ser homologadas por el Juez (art. 405.1 LEC).

3. *Vista oral*

Una vez contestada la demanda y, en su caso, la reconvención, el Juzgado convocará a las partes a la vista indicando la ley *por sí mismas* (art. 770.3.ª LEC) por lo que no cabe justificar su inasistencia por el hecho de que acuda a la vista el Procurador en representación de la parte. Asimismo, las partes acudirán acompañados de Abogado y Procurador por ser preceptiva en estos procedimientos su intervención (art. 770.3.ª y arts. 31 y 32 LEC). Si alguna de las partes no compareciere a la vista y estuviere debidamente convocada el Juzgado podrá determinar la admisión de los hechos *(ficta confessio)* que alegue la parte que comparece respecto de las medidas de carácter patrimonial. Por ello, en el caso de que una de las partes no pueda acudir el día señalado y por causa justificada bien solicitará nuevo señalamiento (art. 183.3.2.ª LEC) o la suspensión (art. 188.1.4.ª).

Respecto del desarrollo de la vista es de aplicación lo previsto en el art. 443 de la LEC para el juicio verbal con las especialidades previstas. La vista se desarrollará conforme las normas generales y atendiendo a los principios de inmediación y concentración de actos procesales, por lo que la prueba que deseen proponer las partes ha de practicarse en el mismo día de la vista, salvo aquella que no esté a disposición de las partes. Si fuere necesaria la práctica de determinadas pruebas a fin de acreditar nuestras pretensiones, deberemos solicitar antes de la vista todas aquellas que no puedan practicarse en el mismo momento o que nos interese su resultado para la práctica de otras. La nueva Ley dispone que todas las pruebas se practicarán en unidad de acto y que las no sea posible llevar a cabo en el juicio o vista deberán practicarse en todo caso antes de la vista (arts. 290 y 429.4 LEC). Siguiendo este principio de concentración podremos solicitar como prueba anticipada en el mismo escrito de demanda o de contestación a la demanda por *otrosí* la proposición y práctica de requerimientos a la contraparte para que el día de la vista aporte determinados documentos (art. 328 LEC); oficios o mandamientos respecto de documentos que sea imposible su obtención por otra vía; testifical para que sean citados judicialmente, en todo caso la Ley dispone que en los tres días siguientes a la recepción de la citación para la vista podrán las partes solicitar la citación judicial de los testigos que les interese. No debemos olvidar el art. 381 LEC, sobre respuestas escritas a cargo de personas jurídicas y entidades públicas, dice que deberán solicitarse por escrito antes de los 10 días anteriores a la celebración de la vista. En todo caso, según prescribe el art. 770.4.ª LEC, las pruebas que no puedan practicarse en el acto de la vista se practicarán dentro del plazo que el Tribunal señale sin que exceda de 30 días. Añade este precepto la posibilidad que tiene el Tribunal de acordar de oficio las pruebas que estime necesarias, y la obligatoriedad por parte del Tribunal de oír a los hijos menores o incapacitados si tuvieren suficiente juicio y siempre a los mayores de doce años. En las exploraciones de menores refiere la Ley que se garantizará por el Juez que el menor pueda ser oído en condiciones idóneas para la salvaguarda de sus intereses, sin interferencias de otras personas, y recabando excepcionalmente el auxilio de especialistas cuando ello sea necesario. Esta última referencia a la exploración de menores ha sido introducida por la Ley 15/2005, de 8 de julio, por la que se modifican el Código Civil y la Ley de Enjuiciamiento Civil en materia de separación o divorcio.

La vista comenzará con la ratificación de la demanda (art. 443 LEC), del escrito de contestación y pudiendo en este acto aclarar, rectificar, complementar o ampliar sus pretensiones sin que suponga alteración sustancial de las mismas (art. 426 LEC) y se solicitará la práctica de la prueba. Igualmente la parte demandada se ratificará en su escrito de contestación a la demanda, y en su caso, reconvención, pasando a proponer la práctica de la prueba. La oralidad prima en la nueva Ley por lo que todas las alegaciones y peticiones se formularán oralmente e, igualmente, las preguntas en el interrogatorio de partes e interrogatorio a testigos. Los medios de prueba serán los señalados en el art. 299 LEC y los especiales en el ámbito del Derecho de familia son la exploración de los menores y dictamen de especialistas. El orden de práctica de los medios de prueba es el establecido en el art. 300 LEC, si bien podemos solicitar del Tribunal la alteración en el orden por ser necesario practicar antes una prueba de la cual dependerán las restantes. Señalar que respecto de la proposición de los medios de prueba el Tribunal resolverá sobre su admisión en el mismo acto de la vista, pudiendo formular protesta respecto de la admisión o inadmisión de los medios de prueba propuestos por las partes a los efectos de hacer valer sus derechos en apelación (art. 446 LEC). Respecto de la impugnación de documentos mencionar que hemos de observar lo dispuesto en los arts. 320 y 326 de la LEC, con especial referencia a los apartados 3 y 2, respectivamente. Concluida la práctica de la prueba la Ley no prevé en los procesos matrimoniales el trámite de alegaciones finales o resumen de pruebas. Durante todo el desarrollo de la vista si hubiere hijos menores intervendrá el Fiscal en todas sus fases.

4. *Reconversión del procedimiento*

La regla 5.ª del precitado art. 770 refiere la posibilidad de reconvertir el proceso contencioso en mutuo acuerdo hasta el momento antes de dictar sentencia. En este caso, el trámite a seguir será el establecido en el art. 777 LEC siempre que el acuerdo sea total y completo, ya que si las partes manifestaran un acuerdo parcial, esto es, sobre alguna o algunas de las medidas mostrando su disconformidad sobre el resto, el procedimiento contencioso seguirá sus trámites respecto de las medidas controvertidas y las acordadas deberán ser valoradas por el Juez para su aprobación.

La regla 6.ª posibilita el cauce procesal a las parejas de hecho, aunque la Ley no distingue expresamente y cualquier unión matrimonial o unión de hecho podrá solicitar la guarda y alimentos de los hijos menores conforme esta regla (art. 770, regla 6.ª).

5. *Modelo de demanda de separación o divorcio contencioso*

AL JUZGADO DE PRIMERA INSTANCIA (FAMILIA)

DON/DOÑA ______, Procurador/a de los Tribunales, en nombre y representación de **DOÑA/DON** __________, representación que acredito mediante escritura de poder que debidamente bastanteada acompaño como Documento núm. 1; ante el Juzgado comparezco y, como mejor proceda en Derecho, **DIGO:**

Que por medio del presente escrito, y en la representación que ostento, de conformidad con lo dispuesto en el art. 770 de la Ley 1/2000, de 7 de enero, de Enjuiciamiento Civil, formulo **DEMANDA DE SEPARACIÓN DE CONYUGAL/DIVORCIO CONTENCIOSA**, frente a Don/Doña _______, con domicilio en _________ calle ________, todo ello de conformidad con el art. 81 o 86 CC.

Se basa la presente demanda en los siguientes

HECHOS

PRIMERO.—Doña _________ y Don _________ contrajeron matrimonio _____ en ____ el día _____ .

Se acompaña Partida de Matrimonio como Documento núm. 2.

SEGUNDO.—De esta unión conyugal nacieron ___ hijos:

_____, nacido el día ______ .

_____, nacido el día _______ .

En justificación, se acompañan las Partidas de Nacimiento de los hijos como Documentos núms. ___.

TERCERO.—*(Expresar en hechos diferenciados la situación familiar, situación de los hijos, situación laboral de los cónyuges, gastos familiares y demás circunstancias, acreditando, si es posible, documentalmente tales extremos).*

A los anteriores hechos le son de aplicación los siguientes,

FUNDAMENTOS DE DERECHO

I

Competencia:

Son competentes los órganos jurisdiccionales españoles para conocer de la presente demanda, y lo es territorialmente el Juzgado al que tengo el honor de dirigirme, de acuerdo con el art. 769 de la LEC.

II

Legitimación:

Ambas partes se encuentran legitimadas activa y pasivamente, por ser éstos los cónyuges de la separación/divorcio que se solicita.

III

Representación y defensa:

De conformidad con lo dispuesto en el art. 750.1 de la Ley de Enjuiciamiento Civil, las partes actuarán con asistencia de Abogado y representadas por Procurador.

IV

Separación o divorcio contencioso:

El art. 81.2 del Código Civil/art. 86 del Código Civil, según se solicite separación o divorcio.

V

Efectos o medidas:

El art. 83 del Código Civil señala: «... la separación produce la suspensión de la vida en común de los cónyuges y cesa la posibilidad de vincular los bienes del otro cónyuge en el ejercicio de la potestad doméstica».

El art. 102 del mismo cuerpo legal, a cuyo tenor la admisión de la presente demanda produce como efecto inmediato la posibilidad de que los cónyuges vivan separados, el cese de la presunción de convivencia conyugal y la revocación de los consentimientos y poderes que cualquiera de ellos hubiere otorgado al otro.

El art. 103 del Código Civil dispone: «Determinar, en interés de los hijos, con cuál de los cónyuges han de quedar los sujetos a la patria potestad de ambos y tomar las disposiciones apropiadas de acuerdo con lo establecido en este Código y, en particular, la forma en que el cónyuge que no ejerza la guarda y custodia de los hijos podrá cumplir el deber de velar por éstos y el tiempo, modo y lugar en que podrá comunicar con ellos y tenerlos en su compañía».

VI

El art. 95 del Código Civil, que determina que la sentencia firme producirá respecto de los bienes del matrimonio la disolución del régimen económico matrimonial.

VII

Fondo:

Señalar los preceptos de aplicación y jurisprudencia de referencia.

VIII

Procedimiento:

Es de aplicación lo establecido en el art. 770 de la Ley de Enjuiciamiento Civil.

IX

Intervención del Ministerio Fiscal:

Al existir hijos menores de edad, habrá de intervenir el Ministerio Fiscal conforme lo previsto en el art. 749.2 de la Ley de Enjuiciamiento Civil.

X

Comunicación a los Registros Públicos:

La sentencia de separación/divorcio dictada por ese Juzgado se comunicará de oficio al Registro Civil de conformidad con lo preceptuado en el art. 755 de la Ley de Enjuiciamiento Civil.

Por lo expuesto,

SUPLICO AL JUZGADO: Que teniendo por presentado este escrito, con los documentos que se acompañan, se sirva admitirlos, teniéndome por comparecido en la representación que ostento, y tener por formulada **DEMANDA DE SEPARACIÓN CONYUGAL/DIVORCIO CONTENCIOSO**, frente a DON/DOÑA ______, citando al demandado/a ______, en el domicilio sito en _____, calle _____, y al Ministerio Fiscal, y previos los trámites que procedan, se dicte Sentencia por la que se declare la separación/divorcio judicial de los mismos, acordando además en la sentencia las medidas que a continuación se señalan:

a) En relación con el domicilio familiar _______.

b) Determinar que los hijos menores _____, queden bajo la guarda y custodia de ______.

c) Determinar que el régimen de visitas, comunicación y estancia al que tiene derecho el padre/madre será _____.

d) Fijar la cantidad de ______ EUROS (___ €), a satisfacer por _____ como contribución a las cargas familiares y en concepto de alimentos para los hijos ____ (*señalar cantidad individualizada por cada hijo y global, período de devengo y actualización*).

e) En concepto de pensión compensatoria _______.

f) (Otras) _______.

g) Se ordene la comunicación de oficio a los Registros Civiles correspondientes.

h) Imposición de las costas de este procedimiento a _______ si se opusiere al mismo.

OTROSÍ DIGO: Que siendo general para pleitos el poder que se acompaña, y necesitándolo para otros usos,

SUPLICO AL JUZGADO: Se sirva acordar su devolución a esta representación, previo desglose y anotación de sus particulares en autos.

SEGUNDO OTROSÍ DIGO: *(Para el supuesto que se soliciten medidas provisionales)* Que estando en la potestad el Juez, por imperativo del art. 103 del Código Civil, la adopción de medidas provisionales en tanto subsista el procedimiento judicial de separación matrimonial/divorcio, y no habiendo acuerdo sobre la materia entre los cónyuges, conviene a los intereses familiares del matrimonio en litigio, que por su Señoría se acuerden, de entre las previstas en la Ley, las medidas complementarias detalladas en el escrito acompañatorio, tramitándose para ello la oportuna pieza separada.

SUPLICO AL JUZGADO: Se sirva admitir las medidas provisionales presentadas en escrito aparte y proceder a su adopción.

Es Justicia que pido en _______.

Fdo. (Abogado) Fdo. (Procurador)

III. PROCEDIMIENTO DE MUTUO ACUERDO DE SEPARACIÓN O DIVORCIO

La regulación del procedimiento consensual de separación o divorcio viene establecida en el artículo el art. 777 de la LEC. La Ley refiere en su apartado 1 del citado precepto dos formas de solicitud, bien de común acuerdo por ambos cónyuges o bien de un cónyuge con el consentimiento del otro. El apartado 2 de dicho artículo contiene los documentos que han de acompañarse a la demanda:

- Certificación literal de matrimonio.
- Certificación literal de los hijos menores.
- La propuesta de Convenio Regulador.

• Los documentos en que el cónyuge o cónyuges funden su derecho. Se aportarán aquellos documentos que puedan justificar y acreditar al Juzgado la conveniencia de la solicitud de medidas menos habituales, como son la solicitud de separación entre hermanos, guardas compartidas, suspensiones o restricciones del régimen de visitas y similares.

El apartado 2 del art. 777 en su parte final añade: «... Si algún hecho relevante no pudiera ser probado mediante documentos, en el mismo escrito se propondrá la prueba de que los cónyuges quieran valerse para acreditarlo». Por lo que en situaciones como las anteriormente indicadas, las partes deberán justificar su conveniencia por cualquier medio de prueba de los que señala la ley realizando dicha proposición en el mismo escrito de interposición de la demanda por medio de *otrosí*.

Si no se acompañaren junto con el escrito inicial los documentos anteriormente mencionados el apartado 4 del precitado art. 777 se prevé la posibilidad de subsanación en el plazo de diez días desde la ratificación.

El Juzgado convocará directamente a las partes para que se ratifiquen por *separado* ante el Juez, pero en la práctica muchos Juzgados realizan la ratificación con los dos cónyuges a la vez. El precepto legal no refiere que durante la ratificación sea preceptiva la intervención de Abogado, pero es conveniente la presencia del Letrado por si fuera necesario aclarar, ampliar o modificar la redacción de algún apartado del convenio, pudiendo añadir en el mismo momento dicha ampliación ratificándose los cónyuges en el convenio regulador presentado y en la ampliación realizada en la fecha de la ratificación. La ratificación ha de ser personal por los cónyuges, pero cabe la ratificación por un tercero en los supuestos de imposibilidad tales como encontrarse en el extranjero o similar, por lo que quien comparezca deberá acudir a la ratificación con un poder especial que autorice la ratificación, modificación, ampliación o subsanación del apoderado en el convenio regulador firmado por las partes y, además, debe quedar unido al poder copia del convenio del que se solicita la ratificación. Estos poderes especiales de ratificación se podrán otorgar al propio Letrado o cualquier otra persona que las partes designen, pero conviene que el poder especial se otorgue a favor del Procurador, pues algunos Juzgados consideran que es el procurador el único que puede asumir tal representación. Si alguna de las partes no se ratificará el Juzgado ordenará el archivo de las actuaciones,

Cuando hubiere hijos menores o hijos mayores incapacitados judicialmente el Fiscal deberá emitir informe sobre la conformidad o disconformidad con la aprobación del convenio regulador (art. 777.5 LEC). La Ley 15/2005, de 8 de julio, por la que se modifican el Código Civil y la Ley de Enjuiciamiento Civil en materia de separación y divorcio, ha suprimido la convocatoria ante la autoridad judicial «para oír a los hijos menores si tuvieren suficiente juicio y siempre a los mayores de doce años». Actualmente el Juzgado oirá a los menores si tuvieren suficiente juicio cuando se estime necesario de oficio o a petición del Fiscal, partes o miembros del Equipo Técnico Judicial o del propio menor.

Después de la ratificación, el Juzgado requerirá a la partes, si fuere necesario, para subsanar en el plazo legal de 10 días la aportación de documentos no aportados, y convocará a éstas para la práctica de las pruebas solicitadas por sí mismas o por el Juez de oficio. Finalmente el Juez dictará sentencia acordando o no la separación o divorcio y aprobando en todo, en parte, o no aprobándolo en su totalidad, el convenio regulador aportado. En el caso de no aprobación total o aprobación parcial dará traslado a las partes para que propongan nueva redacción en el plazo de 10 días. Transcurrido dicho plazo, tanto si presentan nueva propuesta como si no, el Juzgado dictará resolución fijando las medidas (art. 777.6 y 7 LEC).

Frente a la sentencia que deniegue la separación o el divorcio cabe recurso de apelación, e igualmente frente a la resolución que acuerde alguna o algunas de las medidas que se aparte de los términos del convenio suscrito entre las partes (art. 777.8 LEC), por lo que podremos apelar la resolución únicamente respecto de las medidas acordadas, quedando firme la estimación de la separación o divorcio. Asimismo, frente a la resolución que apruebe en su totalidad el convenio presentado por las partes podrá instarse recurso de apelación por el Fiscal en defensa de los intereses de los hijos menores o mayores incapacitados judicialmente.

Cualquiera de las medidas aprobadas en un procedimiento de separación o divorcio de mutuo acuerdo podrán modificarse en un momento posterior, por lo que si ambas partes muestran su conformidad con la modificación deberán presentar la propuesta de modificación de conformidad con lo establecido en el mismo precepto legal referido (art. 777). En cambio, si la modificación fuere propuesta por una de las partes sin la conformidad de la otra deberán seguirse los trámites establecidos en el art. 775 de modificación de las medidas definitivas por la vía contenciosa.

Igualmente, iniciado un proceso contencioso puede transformarse en un procedimiento de mutuo acuerdo hasta el momento antes de dictar sentencia, debiendo presentarse un escrito solicitando del Juzgado la reconversión adjuntado al mismo la propuesta de convenio regulador. Una vez acordado por el Tribunal el cambio de procedimiento los trámites a seguir serán los previstos en el propio art. 777 LEC.

Respecto de las uniones de hecho aun cuando no se prevé legalmente la posibilidad de presentar por la vía del art. 777 de la LEC la solicitud de la regulación de los efectos de su ruptura de común acuerdo respecto de los hijos menores, nos encontramos con el criterio jurisprudencial mayoritario de su aceptación. En todo caso si no nos fuera admitido podremos utilizar la vía del 748.4 LEC mostrando el demandado la conformidad a las medidas.

1. Modelo de demanda de separación o divorcio de mutuo acuerdo

AL JUZGADO DE PRIMERA INSTANCIA

DON/DOÑA ...., Procurador/a de los Tribunales, en nombre y representación de **DON/DOÑA ....**, representación que acredito mediante escritura de poder que debidamente bastanteada acompaño como Documento núm. 1, y asistida de Letrado ...., con núm. de colegiado ....; ante el Juzgado comparezco y, como mejor proceda en Derecho, **DIGO:**

Que por medio del presente escrito, y en la representación que ostento, de conformidad con lo dispuesto en el art. 777.1 de la Ley 1/2000 de 7 de enero, de Enjuiciamiento Civil, formulo **DEMANDA DE SEPARACIÓN/DIVORCIO DE MUTUO ACUERDO (de un cónyuge con el consentimiento del otro o de ambos cónyuges)**, del matrimonio contraído por Doña .... y Don ...., acompañando por imperativo del (en el supuesto de separación art. 81.1 del Código Civil en el caso de ambos cónyuges o en el caso de uno con el consentimiento del otro; o el art. 86 del Código Civil en el caso de divorcio), la propuesta del Convenio Regulador.

Se basa la presente demanda en los siguientes,

HECHOS

PRIMERO.—Doña ...... y Don ...... contrajeron matrimonio canónico en .... Se acredita tal extremo con la Partida de Matrimonio que se aporta como Documento núm. 2.

SEGUNDO.—De este matrimonio nacieron .... hijos:

......., nacido/a en ...., el día .....

........, nacido/a en ...., el día .....

La/s Partida/s de Nacimiento se acompañan como Documentos núms. 3 y 4.

TERCERO.—El domicilio familiar está sito en .....

CUARTO.—El régimen económico del matrimonio es el de separación de bienes/sociedad de gananciales (en virtud de la escritura de capitulaciones matrimoniales otorgada el día ...... ante el Notario de ...., Don/Doña ...., con número de protocolo ......, si es separación de bienes).

QUINTO.—Por razones que no son del caso exponer, los cónyuges han decidido instar la presente demanda de separación conyugal/divorcio.

SEXTO.—Para determinar los efectos de dicha separación/divorcio, mis representados han suscrito propuesta de Convenio Regulador por el que se han de regir desde este momento sus relaciones, el cual, se adjunta a la presente demanda.

A los anteriores hechos le son de aplicación los siguientes,

FUNDAMENTOS DE DERECHO

I

Competencia:

Es competente este Juzgado por razón del domicilio conyugal, conforme señala el art. 769.1 de la Ley de Enjuiciamiento Civil.

II

Legitimación:

Está legitimado/a mi representado/a o representados por su condición de cónyuge/s (y habida cuenta el consentimiento del esposo/a, Don/Doña ....), para proceder a la solicitada separación/divorcio de mutuo acuerdo, de conformidad con lo previsto en el art. 777 de la LEC.

III

Representación y defensa:

De conformidad con lo establecido en el art. 750 de la Ley de Enjuiciamiento Civil, mi representada/o y su cónyuge se valdrán de una sola defensa y representación.

IV

Separación o divorcio de mutuo acuerdo:

(Art. 81.1.º o art. 86 del Código Civil, señalar el que corresponda.)

Que dispone que se decretará judicialmente la separación cualquiera que sea la forma de celebración del matrimonio, a petición de ambos cónyuges o a solicitud de uno de ellos con el consentimiento del otro, una vez transcurridos tres meses desde la celebración del matrimonio.

Este precepto establece la necesidad de acompañar a la demanda el Convenio Regulador de la separación/divorcio, requisito que se cumplimenta en este escrito.

V

Efectos derivados o medidas:

El art. 90 del Código Civil, por cuanto establece los requisitos que ha de reunir el Convenio Regulador.

Asimismo, este precepto señala que el Convenio deberá ser aprobado por el Juez, salvo que contenga disposiciones dañosas para los hijos o gravemente perjudiciales para los cónyuges.

VI

El art. 95 del Código Civil que determina que la sentencia firme producirá respecto de los bienes del matrimonio la disolución del régimen económico matrimonial.

VII

Procedimiento:

Es de aplicación lo establecido en el art. 777 de la Ley de Enjuiciamiento Civil.

VIII

Intervención del Ministerio Fiscal:

Al existir hijos menores de edad, habrá de intervenir el Ministerio Fiscal conforme lo previsto en el art. 749.2 de la Ley de Enjuiciamiento Civil.

IX

Comunicación a los Registros Públicos:

La sentencia de separación dictada por ese Juzgado se comunicará de oficio al Registro Civil de conformidad con lo preceptuado en el art. 755 de la Ley de Enjuiciamiento Civil.

Por lo expuesto,

SUPLICO AL JUZGADO: Que teniendo por presentado este escrito, con los documentos que se acompañan, se sirva admitirlos, teniéndome por comparecido y parte en las representaciones que ostento, y por formulada **DEMANDA DE SEPARACIÓN CONYUGAL/DIVORCIO DE MUTUO ACUERDO de un cónyuge con el consentimiento del otro o de ambos cónyuges**, y previo traslado al Ministerio Fiscal y ratificación de los cónyuges, dictar en su día Sentencia que decrete dicha separación/divorcio y la aprobación del Convenio Regulador que se acompaña determinando como efectos de la separación conyugal/divorcio los contenidos en la citada propuesta de Convenio Regulador.

OTROSÍ DIGO: Que siendo general para pleitos el poder que se acompaña, y necesitándolo para otros usos,

SUPLICO AL JUZGADO: Se sirva acordar su devolución a esta representación, previo desglose y anotación de sus particulares en autos.

Es Justicia que pido en .... a ....

IV. EL CONVENIO REGULADOR

El art. 90 del CC se refiere al contenido del convenio regulador diferenciando entre los extremos que son obligatorios de regular en dicho convenio (apartados A al F del citado precepto) y aquellos que no lo son, refiriéndose a cualquier otro acuerdo que adopten las partes.

CONTENIDO DEL CONVENIO REGULADOR

GUARDA Y CUSTODIA	La guarda y custodia podrá ser atribuida: — A uno solo de los progenitores. — Compartida. La Ley 15/2005, de 8 de julio, de modificación del Código Civil y la Ley de Enjuiciamiento Civil, en materia de separación y divorcio, señala en el art. 92.5: «Se acordará el ejercicio compartido de la guarda y custodia de los hijos cuando así lo soliciten los padres en la propuesta de convenio regulador o cuando ambos lleguen a este acuerdo en el transcurso del procedimiento...». En estos supuestos, aun cuando ya existe previsión legal resulta conveniente señalar la justificación de tal acuerdo, por ello sería adecuado incluir un párrafo explicativo en este apartado. — A un tercero (ejemplo: una pareja que se separa y ambos se encuentran ingresados en prisión, por lo que temporalmente ninguno puede ostentar la guarda). Separación de hermanos. Inicialmente prima la no separación de hermanos (la Ley 15/2005, de 8 de julio, refiere en el art. 92.5: «... El juez, al acordar la guarda conjunta y tras fundamentar su resolución, adoptará las cautelas procedentes para el eficaz cumplimiento del régimen de guarda establecido, procurando no separar a los hermanos», pero en el supuesto de que se atribuyera la guarda separada deberemos igualmente justificar dicho acuerdo.
PATRIA POTESTAD	— Fórmula habitual compartida por los dos progenitores (art. 156 CC). — Atribución a uno solo por acuerdo de ambos o por decisión judicial (art. 92.4 conforme la nueva redacción por Ley 15/2005, de 8 de julio).
USO DE LA VIVIENDA FAMILIAR	— Adjudicación uso y disfrute a los hijos menores y al progenitor con quien convivan. — No adjudicación por pacto de venta entre los cónyuges o liquidación del régimen económico matrimonial. — Respecto a otras viviendas que no constituyan el domicilio familiar lo que pacten las partes.
RÉGIMEN DE COMUNICACIÓN	Si reflejamos la fórmula de que el régimen de visitas será el que fijen libremente ambos progenitores a continuación deberemos establecer un régimen de visitas, comunicación y estancia con los hijos que rija para los supuestos de desacuerdo. — Fines de semana alternos. — Días entre semana. — Días festivos escolares. — Vacaciones escolares completas (nos referimos al reparto por mitad de las vacaciones de los hijos siguiendo el criterio de las vacaciones escolares en vez de las laborales de los progenitores). — Festividades anuales y puentes acumulándose al fin de semana (establecer criterio proporcional). — Otras fechas relevantes (por ejemplo cumpleaños de los hijos, de los progenitores, dias del padre y madre, celebraciones familiares y similares). — Comunicaciones diarias (por teléfono, correo o cualquier otro medio audiovisual, electrónico). En todos las comunicaciones anteriores debemos indicar: • Días de recogida y días de entrega. • Horario de recogida y entrega. • Lugar de recogida y entrega. • Si la recogida y entrega la debiera de realizar otra persona distinta al progenitor no custodio. Para el supuesto de situaciones especiales tales como residencias en diferente ciudad de los hijos y el progenitor no custodio, privaciones de libertad, enfermedad, etc., el régimen de visitas que se fije deberá adaptarse a esta situación especial.

	El art. 90 del Código Civil, conforme la redacción establecida por la Ley 42/2003, de 21 de noviembre, de modificación del Código Civil y de la Ley de Enjuiciamiento Civil en materia de relaciones familiares de los nietos con los abuelos, la posibilidad de que se incluya en el convenio regulador un régimen de visitas y comunicación de los nietos con los abuelos, debiendo los abuelos de prestar su consentimiento ante la autoridad judicial.
ALIMENTOS DE LOS HIJOS	La pensión de alimentos se establecerá respecto de los hijos menores, mayores incapacitados judicialmente y los mayores que no hubieren alcanzado independencia económica. — Pago mensual. El pago será mensual por los doce meses del año, debiendo pactarse expresamente en los supuestos que se deseare otro período o el pago de una cantidad extra de las pagas extraordinarias. — Cantidad individualizada por cada uno de los hijos, pudiendo ser la misma o distinta. — Gastos extraordinarios. El pago de los gastos extraordinarios será al 50% por ambos progenitores previa conformidad y justificación documental de los mismos, pudiendo pactarse entre los cónyuges un porcentaje distinto. — Actualizaciones. Normalmente se establece la actualización de conformidad con el IPC y con carácter anual bien desde la firma del convenio o bien a partir de enero del siguiente año. Podría pactarse que la actualización se realice conforme al índice de aumento del salario. — Lugar de ingreso. Designar el número de una cuenta bancaria. — Período de ingreso. Señalar el período bien entre el 25 al 30 o del 1 al 5 de cada mes o el que se establezca. El obligado al pago de la pensión por alimentos será el progenitor no custodio y no tercera persona que se designe.
PENSIÓN COMPENSATORIA	La pensión compensatoria es la pensión que un cónyuge satisface al otro por entender que la separación o divorcio le causa un desequilibrio económico con respecto al matrimonio. La ley 15/2005, de 8 de julio, de modificación del Código Civil y la Ley de Enjuiciamiento Civil, en materia de separación o divorcio, ha modificado el art. 97 del Código Civil con la siguiente redacción: «El cónyuge al que la separación o el divorcio produzca un desequilibrio económico en relación con la posición del otro, que implique un empeoramiento en su situación anterior en el matrimonio, tendrá derecho a una compensación que podrá consistir en una pensión temporal o por tiempo indefinido, o en una prestación única, según se determine en el convenio regulador o en la sentencia. A falta de acuerdo de los cónyuges, el Juez, en sentencia, determinará su importe teniendo en cuenta las siguientes circunstancias: 1.ª Los acuerdos a que hubieran llegado los cónyuges. 2.ª La edad y el estado de salud. 3.ª La cualificación profesional y las probabilidades de acceso a un empleo. 4.ª La dedicación pasada y futura a la familia. 5.ª La colaboración con su trabajo en las actividades mercantiles, industriales o profesionales del otro cónyuge. 6.ª La duración del matrimonio y de la convivencia conyugal. 7.ª La pérdida eventual de un derecho de pensión. 8.ª El caudal y los medios económicos y las necesidades de uno y otro cónyuge. 9.ª Cualquier otra circunstancia relevante. En la resolución judicial se fijarán las bases para actualizar la pensión y las garantías para su efectividad.» Para ello deberemos fijar: — Lugar y período de ingreso. — Período o plazo del pago. Si se trata de un pago vitalicio o temporal, o si se trata de un pago único. — Justificación o mención del derecho de percepción.

DISOLUCIÓN Y/O LIQUIDACIÓN SOCIEDAD DE GANANCIALES	Si las partes lo establecen podrán pactar en el convenio regulador la liquidación de la sociedad de gananciales debiendo redactarse conforme prescribe la ley para que ésta sea aprobada judicialmente. Respecto de la disolución recordar que la misma no se produce por el mero hecho de fijarla en el convenio, ni tan siquiera por la presentación del convenio para su homologación ante el Juzgado, sino que ha de acordarse por sentencia firme o por escritura de disolución de la sociedad de gananciales otorgada ante un Notario (arts. 95 y 1392 CC).
OTROS ACUERDOS DE LOS CÓNYUGES	Conforme la libertad de pactos de las partes éstos podrán añadir otras estipulaciones, sobre cualquier tema que les afecte a ellos o a los hijos debiendo ser sometidas a aprobación judicial.

1. Modelo de convenio regulador con liquidación

PROPUESTA DE CONVENIO REGULADOR

En ______ a, __________

R E U N I D O S

De una parte, DOÑA ________, mayor de edad, con domicilio en Madrid, _______, y con DNI núm. _______.

Y de otra, DON __________, mayor de edad, con domicilio en Madrid, calle _____ y con DNI núm. _______.

Intervienen, ambos en su propio nombre y derecho, reconociéndose mutuamente capacidad legal suficiente para obligarse y, en especial, para el otorgamiento del presente ***Convenio Regulador***. A tal fin,

E X P O N E N

1.—Que contrajeron matrimonio canónico en ____ el día _____ .

2.—Que de esta unión existen ___ hijos:

- _____, nacido en Madrid, el día ___, teniendo actualmente ____ años de edad
- _____, nacida en Madrid, el día ___, teniendo actualmente ____ años de edad

3.—Que el actual régimen económico de la sociedad conyugal es el de sociedad de gananciales/ o separación de bienes según consta en escritura pública de _____ suscrita entre ambos cónyuges ante el Notario de Madrid, Don __________, el día __, con número de protocolo ______.

4.—Que conforme al art. 90 del Código Civil y en cumplimiento del artículo 81, 1 de dicho texto legal, así como del art. 777 de la Ley de Enjuiciamiento Civil, ambos cónyuges de común acuerdo, formulan la presente *propuesta de convenio regulador*, la cual acompañan para su aprobación judicial. Dicha propuesta se refiere a las siguientes

ESTIPULACIONES

I.—Diferentes domicilios y separación

Los cónyuges convienen mutuamente en autorizarse a residir en distinto domicilio y vivir separados, renunciando, cada uno de ellos, a intervenir en la vida y actividades del otro.

II.—Atribución del uso de la vivienda y ajuar familiar

a) En cuanto al *domicilio familiar* sito en ____, _____ núm. __, se adjudica el uso y disfrute de la vivienda domicilio familiar a los ___ hijos habidos en el matrimonio y a la/el esposa/o, Doña/Don ____ hasta el momento en que Doña _____ y Don __________ procedan a su reparto equitativo entre ambos conforme se dispone en la cláusula VII de este convenio.

b) En cuanto al *ajuar y mobiliario familiar* existente en el domicilio conyugal, éste se atribuye asimismo el uso y disfrute a la los __ hijos y a Doña/Don ____, hasta el momento en que Doña _____ y Don __________ procedan a su reparto equitativo entre ambos conforme se dispone en la cláusula VII de este convenio.

c) Los cambios de residencia de cualquiera de los dos progenitores deberán ser comunicados al otro a fin de dar debido cumplimiento del convenio suscrito indicando la dirección completa del nuevo domicilio y teléfono de contacto.

III.—Guarda y custodia. Patria potestad de los hijos

Los ___ hijos menores del matrimonio quedarán bajo la guarda y custodia de la madre/padre, Doña/Don _____, quien los tendrá en su compañía.

La patria potestad de los menores será ejercitada conjuntamente por ambos progenitores, comprometiéndose ambos cónyuges a consultarse mutuamente todas aquellas decisiones importantes que afecten a la vida y educación de dichos hijos, así como comunicarse las incidencias que afecten a éstos, de carácter eventual o extraordinario, principalmente en el supuesto de enfermedad.

El progenitor custodio se obliga a mantener informado al otro del estado de salud, aprovechamiento escolar y de cuantas vicisitudes importantes afecten a los___ hijos habidos en el matrimonio, y ambos se comprometen a colaborar positivamente en la formación y desarrollo integral de los ___ hijos menores.

IV.—Hijos y régimen de visitas, comunicación y estancia

Los cónyuges se comprometen a ser flexibles en la aplicación del régimen de visitas del padre/madre con los hijos, pese a lo cual, con carácter subsidiario, para el caso de diferencias, acuerdan que el padre/madre, Don/Doña __________, podrá visitar a sus citados hijos menores y tenerlos en su compañía conforme se señala:

a) El padre/madre tendrá como régimen de visitas todos los fines de semana alternos recogiendo a los niños a las __ horas de la tarde del viernes en el domicilio familiar/a la salida del centro escolar y reintegrándolos al mismo a las __ horas del domingo.

Si hubiera una festividad o puente inmediatamente antes o después de un fin de semana, se acumulará al fin de semana correspondiendo al progenitor el derecho de visita o estancia. Asimismo, para el caso que durante alguna anualidad existiere desproporción en el disfrute de los puentes entre los progenitores, se establece que se repartirán entre ellos de forma equitativa.

b) El progenitor no custodio podrá permanecer con sus hijos un día a la semana que se fije de común acuerdo entre los progenitores, y para el caso de discrepancia se establece el ___ de cada semana, recogiéndoles a las ___ horas en el domicilio familiar/o a la salida del centro escolar y reintegrándoles al domicilio familiar a las ___ horas.

c) Las vacaciones de Navidad se disfrutarán conforme las vacaciones escolares y serán divididas por mitades, correspondiendo un período a cada uno de los cónyuges que será distribuido según el común acuerdo de ambos cónyuges, alternando cada año las festividades con el fin de poder disfrutar alternativamente ambos progenitores las mismas. Para el supuesto de desacuerdo corresponderá la elección los años impares al padre y los años pares a la madre. El padre/madre en el período que le corresponda recogerá y entregará a los hijos en el mismo lugar y horario fijados en el apartado a) de esta estipulación.

El día de Reyes los hijos pasarán ese día con el progenitor con el que se encuentren hasta las __ horas, acudiendo a recogerles a esa hora el otro progenitor en el domicilio del progenitor con el que se encuentren, y reintegrándoles a éste a las __ horas del mismo día.

d) Las vacaciones de Semana Santa corresponderá alternativamente el período vacacional completo a cada uno de los progenitores, correspondiendo los años pares a la madre y los años impares al padre.

e) Respecto a las vacaciones escolares de verano de los hijos, corresponderá la mitad a cada uno de los progenitores según del acuerdo al que lleguen respecto de los períodos a disfrutar. A estos efectos, se considerará que las vacaciones escolares de verano de los hijos serán los períodos en que, entre el comienzo de las vacaciones de verano en junio y la vuelta al colegio en septiembre, los hijos queden libres de las estancias en campamentos, viajes de estudios al extranjero o actividades similares. Para el supuesto de desavenencia corresponderá la primera mitad a la madre los años pares y los años impares al padre.

Con respecto a las vacaciones de ambos cónyuges, si éstas coincidieran en el mismo período, éste se dividirá por mitades, correspondiendo la primera mitad los años pares a la madre y los años impares al padre, todo ello, sin perjuicio de disfrutar cada uno de los progenitores el resto de las vacaciones escolares conforme se ha señalado en el párrafo anterior.

f) Durante los períodos vacacionales establecidos en los apartados c), d) y e) de este expositivo se interrumpirán las estancias y visitas de fines de semana señaladas en el apartado a) y b).

g) Respecto de los días de cumpleaños de los menores, ambos cónyuges acuerdan que disfrutarán conjuntamente con los hijos dichas celebraciones. Para el caso de que alguno de ellos no deseara la celebración conjunta, y la festividad coincidiera con fin de semana o día festivo, acuerdan que los menores estarán con el progenitor que en esas fechas le corresponda el régimen de visitas hasta las __ horas, y con el otro, desde dicha hora y hasta las __ horas. Si la festividad coincidiera en día entre semana, ambos cónyuges acuerdan que el progenitor no custodio podrá pasar a visitar al hijo que cumpla años, durante una hora.

h) En cuanto a los cumpleaños de los progenitores y fiestas del día de la madre y día del padre, y cualquier otro que los progenitores de común acuerdo consideren, ambos cónyuges acuerdan que los hijos pasen el día con el progenitor al que corresponda la celebración. Si coincidieran las mismas con el período de visitas que le correspondiere al otro progenitor, ambos acuerdan ceder ese día a favor del otro para que los hijos puedan disfrutar dicha festividad con el progenitor correspondiente.

i) El progenitor custodio facilitará la comunicación diaria de los hijos menores con el padre, bien sea telefónica o por cualquier otro medio electrónico o audiovisual, respetando siempre las horas de descanso de los menores.

Asimismo, ambos progenitores facilitarán la comunicación de los hijos con el otro progenitor en los períodos vacacionales referidos, pudiendo comunicar con éstos diariamente de forma telefónica, epistolar, electrónica o audiovisual.

j) Ambos progenitores se comprometen a comunicar al otro durante los períodos vacacionales el lugar donde se encuentren con los hijos, dirección y teléfono.

k) En el caso que alguno de los hijos se encontrara enfermo o accidentado sin poder salir del domicilio familiar, el progenitor que no tenga en ese momento los hijos viviendo con él, podrá visitarle conforme el acuerdo que establezcan ambos cónyuges. Para el supuesto de desacuerdo aquél podrá visitar al hijo en el domicilio donde se encuentre cada dos días de __ a __ horas.

l) El progenitor al que corresponde la preferencia en la elección del periodo vacacional deberá efectuar notificación fehaciente al otro cónyuge del turno elegido, con la mayor antelación posible y, en todo caso, con anterioridad al 1.º de mayo para las vacaciones de verano y al 1..º de diciembre para las vacaciones de Navidad. La falta de preaviso por parte del progenitor al que corresponda la elección de turno le hará perder la preferencia, que pasará al otro progenitor para la elección del periodo vacacional.

m) Finalizados los periodos vacacionales, corresponderá disfrutar de la compañía de los menores, durante el fin de semana siguiente a la finalización de aquéllos, al progenitor que no haya tenido a los hijos consigo en la segunda mitad del periodo vacacional.

n) Si alguno de los progenitores deseare cambiar de residencia o tuviera que hacerlo por motivos profesionales, ambos cónyuges convienen que habrá de notificárselo al otro de forma fehaciente.

ñ) Ambos progenitores convienen en que no podrán trasladarse fuera del territorio nacional en compañía de los hijos habidos en el matrimonio sin consentimiento expreso del otro progenitor, o en su defecto, de autorización judicial.

V.—Contribución a las cargas del matrimonio, alimentos y bases de actualización

Don/Doña ______ abonará a Doña/Don _____, en concepto de alimentos para los hijos habidos en el matrimonio, la cantidad de ________ **EUROS (___ €) mensuales por cada hijo, siendo la cantidad total a satisfacer cada mes de ________ EUROS (___ €)**, las cuales, serán abonadas por el Sr./Sra. ______ entre los días 1 al 5 de cada mes en la cuenta corriente que a tal fin la Sra./Sr. ______ tiene abierta en la entidad bancaria ______ número de cuenta __________ .

Dicha cantidad será actualizada anualmente desde la firma de este Convenio conforme al Índice de Precios al Consumo que marque el Instituto Nacional de Estadística u organismo similar que en el futuro pudiere sustituirle, siendo la primera actualización en fecha ______ de ___.

Por lo que se refiere a otros gastos extraordinarios tales como clases extraescolares; intervenciones quirúrgicas, óptica u oftalmología, dentista o cualquier otro gasto sanitario que no estén cubiertos por asistencia sanitaria pública o privada; gastos extraescolares y otros análogos, serán satisfechos al cincuenta por ciento por Don ______ y por Doña ______, previo acuerdo de los mismos, exceptuando casos de urgencia. El progenitor que satisfaga la totalidad del gasto habrá de justificar documentalmente con aportación de copia de la factura o recibo el importe satisfecho, a fin de que el otro progenitor liquide el porcentaje establecido del gasto correspondiente.

VI.—Pensión a satisfacer por uno de los cónyuges en favor del otro o pensión compensatoria

Don/Doña ______ se compromete a satisfacer a Doña/Don ______ la cantidad de ______ **EUROS (___ €)** en concepto de pensión compensatoria como pago único, por lo que Doña ______ una vez perciba la referida cantidad no podrá reclamar cantidad alguna por dicho concepto considerándose completamente satisfecha respecto del desequilibrio económico que la separación conyugal le ha producido/ con carácter mensual y por un período de _____ años desde la firma del presente convenio.

Dicha cantidad será satisfecha por Don/Doña ______ en el plazo máximo de un mes desde la ratificación judicial del presente convenio regulador, debiendo proceder a su pago en la cuenta corriente de la entidad bancaria ______, número de cuenta ______ a nombre de Doña/Don ______.

Dicha cantidad será actualizada anualmente desde la firma de este Convenio conforme al Índice de Precios al Consumo que marque el Instituto Nacional de Estadística u organismo similar que en el futuro pudiere sustituirle, siendo la primera actualización en fecha ______ de ___.

VII.—Liquidación del régimen económico

El régimen económico vigente del matrimonio es de sociedad de gananciales/ separación de bienes, según escritura de capitulaciones matrimoniales de fecha _____, suscrita ante el Notario de Madrid, Don _____, con número de protocolo ____ .

Los cónyuges, Doña _____ y Don _____, han decidido liquidar la sociedad de gananciales, que quedó disuelta con la escritura de disolución y capitulaciones matrimoniales de fecha _____ señalada anteriormente, por lo que han procedido a realizar las correspondientes operaciones de inventario, avalúo, liquidación y adjudicación, cuya aprobación se solicita del Juzgado. Asimismo, ambas partes convienen en que la liquidación que se contiene en la presente propuesta de convenio regulador queda sometida su validez y eficacia jurídica a la ratificación judicial de ambos cónyuges y a la aprobación judicial.

I.—INVENTARIO Y AVALÚO. A la sociedad conyugal formada por ambos esposos pertenecen como bienes de carácter ganancial los siguientes:

A) ACTIVO

1.—*FONDOS, ACCIONES Y OBLIGACIONES*

A) _____ acciones del fondo «_____».

B) _____acciones de _____, depositadas en _____, en la cuenta común número _____, de la oficina _____ (C/ _____).

Se valora en un importe de _____ EUROS.

2.—*MOBILIARIO Y ENSERES DEL AJUAR FAMILIAR*

(*Especificar mobiliario y valor*)

Se valora en un importe de ________ EUROS.

3.—*DINERO*

En efectivo, en cuentas corrientes: (*especificar*)

4.—*INMUEBLES*

Se valora en un importe de ________ EUROS.

TOTAL ACTIVO (*Aquí pondríamos el valor total de la suma de todos los conceptos anteriores una vez que le adjudiquemos valor*)

B) PASIVO

1.—(*Préstamos o dinero que se ha de reflejar como pasivo de la sociedad de gananciales*).

TOTAL PASIVO: ___________

Se valora en un importe de ________ EUROS.

I.—LIQUIDACIÓN Y DETERMINACIÓN DE HABERES

Se estima el valor neto de los bienes inventariados, es decir, con deducción de las deudas reseñadas, en ________. Corresponde a cada cónyuge la mitad del haber neto, es decir, ___

III. ADJUDICACIONES

Se adjudican los bienes inventariados en la forma siguiente:

A) A la esposa Doña _____, se le adjudican, en pleno dominio, los siguientes bienes del activo del inventario:

1.—El cincuenta por ciento (50%) de las _____acciones del fondo «_____», correspondiéndole ____ acciones, por un importe de _______

T O T A L ....

B) Al esposo, Don _________, por su mitad en el haber de la sociedad de gananciales se le adjudican en pleno dominio, los siguientes bienes del activo:

1.—El cincuenta por ciento (50%) de las ____ acciones del fondo «____», correspondiéndole ____ acciones, por un importe de _______

T O T A L ....

VIII.—Gastos de representación y dirección técnica

Ambos cónyuges acuerdan satisfacer los gastos de Procurador por mitad, y los de Letrado cada uno los suyos.

IX.—Vigencia del Convenio Regulador

El presente Convenio entrará en vigor el día ___ de dos mil ___ quedando desde ese momento obligadas las partes, al cumplimiento de los compromisos asumidos en el mismo, comprometiéndose las partes en presentar ante el Juzgado la correspondiente demanda de separación/divorcio de mutuo acuerdo ante la autoridad judicial para la ratificación judicial del presente convenio.

Y en prueba de conformidad con el contenido íntegro del presente documento, lo firman y lo ratifican en el lugar y fecha en el encabezamiento indicados.

Fdo. Dña._________. Fdo. D._________ .

V. LAS MEDIDAS PROVISIONALES PREVIAS

Las medidas provisionales previas a la demanda de nulidad, separación o divorcio vienen reguladas en el art. 771 de la LEC. Este precepto en su apartado 1 nos remite a lo previsto en los arts. 102 y 103 del CC donde se contienen las medidas que deberán solicitarse al Tribunal.

Por lo que se refiere al art. 103 CC las medidas o efectos que contiene son:

EFECTOS	• Patria potestad de los hijos menores. • Guarda y custodia de los hijos menores. • Régimen de visitas, comunicación y estancia de los hijos menores. • Prohibición de la salida del territorio nacional de los hijos menores cuando exista riesgo de sustracción. • Prohibición de expedición del pasaporte al menor o retirada del mismo. • Sometimiento a autorización judicial previa de cualquier cambio del domicilio del menor. • Atribución del uso del domicilio familiar. • Atribución del uso del ajuar doméstico. • Contribución a las cargas del matrimonio (aquí incluiremos la solicitud de pensión por alimentos de los hijos menores y cualquier otro concepto como carga de la familia, hipotecas, préstamos, etc.) y las bases de actualización. • Solicitud de *litis expensas*. • Determinación de las reglas de administración y disposición de los bienes comunes y privativos.
DEFENSA Y REPRESENTACIÓN	El apartado 2 del art. 771 de la LEC señala que el peticionario podrá formular su solicitud sin necesidad de Abogado y Procurador, siendo preceptiva la intervención de ambos profesionales para cualquier actuación posterior a la solicitud.
COMPETENCIA	Respecto de la competencia territorial la solicitud de medidas provisionales previas no es de aplicación las normas generales del art. 769 de la LEC, viniendo determinada por el domicilio de la parte actora o solicitante de las medidas (art. 771.1 LEC).

DOCUMENTOS	Junto con la solicitud de medidas provisionales previas deberemos acompañar los siguientes documentos: — La certificación literal del matrimonio. — La certificación literal del nacimiento de los hijos. — Cualquier documento que refleje la situación familiar y económica (recibos por gastos de suministros, facturas, extractos bancarios, nóminas, declaraciones de la renta, títulos de propiedad o de arrendamiento, informes médicos, denuncias, etc.).
MEDIDAS URGENTES	Las medidas provisionales previas urgentes se configuran con carácter extraordinario para situaciones excepcionales tales como situaciones graves y de inminente peligro por malos tratos, por causas económicas, de retención o traslado ilícito de menores, etc. Ante esta situación de urgencia el Juez podrá acordar de inmediato —y sin escuchar a la otra parte— las medidas del art. 102 CC y las que se refieran a la custodia de los hijos y el uso de la vivienda y ajuar familiar. Frente a esta resolución no cabe recurso alguno.
COMPARECENCIA	Cuando solicitemos las medidas provisionales ordinarias las partes y el Ministerio Fiscal, si hubiere hijos menores, serán citadas a una comparecencia (que se celebrará de conformidad con lo dispuesto en el art. 185 LEC). — El Juez instará a las partes a que lleguen al acuerdo de alguna o todas las medidas. — Si no hubiere acuerdo, o existiere acuerdo parcial, o habiéndole no es admitido por el Tribunal, se pasará inmediatamente a la práctica de la prueba que propongan las partes y/o acuerde el Tribunal de oficio. — Si alguna de las pruebas no pudiere practicarse en ese mismo acto de la comparecencia, *«se señalará fecha para su práctica, en unidad de acto, dentro de los diez días siguientes»* (art. 771.3 LEC). Con la mención expresa de unidad de acto se refiere el legislador que se trata de una única comparecencia la cual queda en suspenso por el período de práctica de prueba acordado (art. 193.1.2.º LEC). La ley exige la presencia personal de las partes y no por representación, siendo las consecuencias de su ausencia la conformidad con lo alegado de contrario sobre medidas provisionales de carácter patrimonial (art. 771,3 LEC). Si se tuviera constancia de la imposibilidad de acudir la parte el día señalado deberá comunicarse al Tribunal a fin de que señale otro día (art. 183 LEC) o, en su caso, solicitar la suspensión el mismo día previa justificación de la inasistencia (art. 188 LEC).
AUTO	Practicada toda la prueba el Juzgado dictará auto acordando las medidas pertinentes y frente a dicho auto no cabe recurso alguno teniendo validez dichas medidas siempre que se presente la demanda de nulidad, separación o divorcio en el plazo de los treinta días siguientes a su adopción desde la notificación. Transcurrido dicho plazo si no se hubiere presentado demanda principal de separación o divorcio dejaran de causar efecto tales medidas (art. 771.4 y 5 LEC).

Por lo que se refiere a las uniones de hecho, podrán solicitarse estas medidas de conformidad con lo dispuesto en el art. 770.6.ª: «En los procesos que versen exclusivamente sobre guarda y custodia de hijos menores o sobre alimentos reclamados en nombre de los hijos menores, para la adopción de las medidas cautelares que sean adecuadas a dichos procesos se seguirán los trámites establecidos en esta Ley para la adopción de medidas previas, simultáneas o definitivas en los procesos de nulidad, separación o divorcio» (arts. 771, 772, 773 y 774 LEC).

Cuando cualquiera de las partes inste demanda principal de nulidad, separación o divorcio en el plazo legal de los treinta días será de aplicación el art. 772 de la LEC. El apartado 1 del referido precepto señala que se unirán las actuaciones sobre adopción de medidas a los autos del proceso principal Al momento de instar la demanda se unirá a los autos de forma automática las medidas provisionales previas, salvo que sea otro Juzgado el que haya conocido de las medidas, en cuyo caso, deberá solicitarse testimonio de las actuaciones al Juzgado que dictó el auto de medidas para su unión a los autos principales.

Será el propio Tribunal quien considere si procede completar o modificar las medidas, aunque las partes podrán solicitarlo bien en el escrito de demanda o contestación a la demanda, o en escrito posterior antes de la vista del proceso principal de separación o divorcio. El Tribunal podrá denegar la solicitud o admitir la misma, convocando, en este último caso, a las partes a una comparecencia que se desarrollará de conformidad con lo dispuesto en el art. 771 anteriormente reseñado. Frente al auto que dicte el Tribunal manteniendo o modificando las medidas previas no cabe recurso alguno.

1. *Modelo de solicitud de medidas provisionales previas*

AL JUZGADO DE PRIMERA INSTANCIA (FAMILIA)

DON/DOÑA ...., con domicilio en .... (si se presentara sin Procurador), y asistida del Letrado ...., con núm. de colegiado ...., ante el Juzgado comparezco y, como mejor proceda en Derecho, **DIGO**:

Que por medio del presente escrito promuevo solicitud de **MEDIDAS PROVISIONALES PREVIAS** a la demanda de separación/divorcio contra DON/DOÑA ...., con domicilio en ....

La solicitud se basa en los siguientes

HECHOS

PRIMERO.—Que Don .... y Doña .... contrajeron matrimonio en la localidad de ...., el día ....

En justificación, se acompaña Partida Literal de Matrimonio como Documento núm. 1.

SEGUNDO.—Que de dicha unión han nacido .... hijos:

....

En justificación, se acompañan las Partidas Literales de Nacimiento como Documentos núms. ..., ...

TERCERO.—Este matrimonio fue celebrado bajo el régimen económico matrimonial de ....

CUARTO.—Que el matrimonio se ha venido desenvolviendo en los últimos tiempos con continuas desavenencias y discordias (referir en los hechos las circunstancias de la familia, situación actual, económica, laboral, ingresos, gastos, hijos, etc.).

A los anteriores hechos les son de aplicación los siguientes,

FUNDAMENTOS DE DERECHO

I

Legitimación

Corresponde al solicitante, al ser el cónyuge que se propone demandar la separación/divorcio de su matrimonio.

II

Competencia

Es competente el Tribunal al que me dirijo de conformidad con lo dispuesto en el art. 771.1 de la LEC, al corresponder el Juzgado al lugar del domicilio del demandante.

III

Defensa y representación

Esta parte comparece asistida de Abogada y representada por Procurador de conformidad con lo dispuesto en los arts. 23 y 31 de la LEC.

IV

Procedimiento

La presente solicitud de medidas provisionales previas a la demanda de separación/divorcio deberá tramitarse por los trámites del juicio verbal conforme lo establecido en el art. 771 de la LEC.

V

Fondo

Derecho sustantivo:

Son de aplicación los efectos y medidas a que se refieren los arts. 102 y 103 del Código Civil (cualquier otro precepto que fuere de aplicación).

Jurisprudencia:

VI

Intervención del Ministerio Fiscal

Al existir hijos menores de edad nacidos del matrimonio es preceptiva la intervención como parte del Ministerio Fiscal, conforme dispone el art. 749.1 de la LEC.

Por lo expuesto,

SUPLICO AL JUZGADO: Que teniendo por presentado este escrito, con los documentos que se acompañan, se sirva admitirlos, tenga por promovida solicitud de MEDIDAS PROVISIONALES PREVIAS, acordando citar a las partes y al Ministerio Fiscal a la comparecencia prevista en el art. 771.2 de la LEC, y tras los demás trámites legales pertinentes, se sirva dictar auto por el que se acuerden las siguientes medidas:

1.—Se otorgue la guarda y custodia de los hijos menores: ...., ... y ...., a DON/DOÑA .....

2.—Se atribuya el uso y disfrute del domicilio familiar sito en la calle .... de ..., a los hijos menores y a Don/Doña ..., debiendo abandonar el citado domicilio Don/Doña ... en el plazo máximo de ....

3.—Que DON/DOÑA .... abone como contribución a las cargas del matrimonio y alimentos la cantidad de .... euros mensuales.

4.—Que se señale como régimen de visitas a favor de Don/Doña ....

5.—(Si se solicitara alguna medida cautelar, deberá incluirse en el *petitum*).

Es Justicia que pido en ...., a ....

VI. LAS MEDIDAS PROVISIONALES DERIVADAS

Las medidas provisionales derivadas o coetáneas vienen reguladoras en el art. 773 de la LEC y son aquellas que se solicitan junto con la demanda principal de nulidad, separación o divorcio, no admitiéndose las mismas si existe auto de medidas previas vigente. La solicitud de medidas provisionales coetáneas se presentará al mismo tiempo que la demanda principal bien en el mismo escrito de demanda por *Otrosí* o en escrito independiente haciendo mención expresa en la demanda de que se acompaña escrito aparte de solicitud de medidas provisionales debiendo contener su propia fundamentación fáctica, jurídica y suplico diferenciados de la demanda principal así como los documentos que se deban aportar junto con la solicitud de medidas para la acreditación de nuestras pretensiones.

Las medidas que se pueden solicitar son las previstas en el art. 103 del Código Civil de las que diferenciaremos dos bloques:

MEDIDAS DE ORDEN PÚBLICO	• Separación efectiva de los cónyuges. • Atribución de la guarda y custodia de los menores. • Atribución de la patria potestad (conjunta o individual). • Atribución del uso y disfrute de la vivienda familiar (con requerimiento inmediato por el Juzgado para el abandono del domicilio familiar por el cónyuge que no quedara en el uso de la misma). • Régimen de visitas, comunicación y estancia del progenitor con quien no convivan los hijos. • Pensión alimenticia para los hijos (solicitar la obligación de prestarlos desde la fecha de interposición de la solicitud).
MEDIDAS DE JUSTICIA ROGADA	• Alimentos entre cónyuges (sólo cabe su petición en la separación, no en el divorcio —artículos 142 y 143 CC—). • Alimentos de hijos mayores (podrá el progenitor solicitarlos en su nombre en el procedimiento de familia —STS 24 abril de 2000—). • *Litis expensas*. • Cumplimiento de obligaciones económicas o deudas (cargas del matrimonio). • Medidas sobre administración de bienes. • Medidas cautelares de cumplimiento de las obligaciones económicas (retenciones o embargos de salarios, pensiones, bienes, etc.). • Anotaciones preventivas de la demanda en registros públicos (Propiedad, Mercantiles, Propiedad Intelectual, Registro de Patentes y Marcas, etc.).

Después de la solicitud se convocará a las partes a una comparecencia que se celebrará de conformidad con lo establecido en el art. 771 LEC. Asimismo, el demandado podrá solicitar medidas provisionales cuando no hayan sido pedidas por la parte actora ni se hubieren acordado con anterioridad debiendo realizar su solicitud en el escrito de contestación a la demanda (art. 773.4 LEC), no celebrándose en este supuesto comparecencia previa sino que la misma se sustanciará en la vista del procedimiento principal, esto es, en la misma vista se celebrarán las medidas y la pretensión principal. La ley señala en el apartado 4 del referido precepto que se celebraran conjuntamente la comparecencia de medidas provisionales y la vista del principal siempre que se celebre en los diez días siguientes a la presentación del escrito de contestación, pues si no fuere posible en dicho plazo, el Tribunal deberá citar para la celebración de la comparecencia de medidas provisionales previas resolviéndose mediante auto irrecurrible.

VII. LAS MEDIDAS PROVISIONALES DEFINITIVAS

Las medidas definitivas vienen reguladas en el art. 774 de la LEC y son aquellas que se solicitan en el procedimiento principal de nulidad, separación o divorcio y que serán acordadas por el juez en la sentencia dictada en el pleito principal.

Al igual que en las medidas provisionales (arts. 771 y 773 LEC) las partes pueden haber llegado a acuerdos, por lo que deberán ser sometidos a criterio judicial a fin de ser aprobados o no, previa proposición y practica de prueba respecto de los acuerdos adoptados con la finalidad de justificar al Tribunal su estimación (art. 774.1 LEC). Si no hubiere acuerdo podrá proponerse prueba por las partes (art. 774.2 LEC). Esta prueba queda limitada a aquella que el Tribunal estime necesaria, pues si alguna de las pruebas practicadas en medidas provisionales es válida para el litigio principal se expedirá testimonio de lo practicado en medidas provisionales quedando unido a los autos del principal.

Los apartados 3 y 4 del precitado art. 773 señalan la adopción en sentencia de las medidas definitivas que se solicitaron de común acuerdo y sobre las que ha de pronunciarse el Tribunal y las que se solicitaron por cada una de las partes a falta de consenso. Las medidas definitivas han de solicitarse de forma expresa e individualizada en el procedimiento principal no siendo válida la remisión a la solicitud de medidas provisionales. Por ello, igualmente, nuestras peticiones han de formularse clara y separadamente de conformidad con lo preceptuado en el art. 91 del Código Civil. En la solicitud de medidas definitivas del escrito principal de demanda o de contestación a la demanda deberemos incluir, cuando se quiera solicitar de conformidad con lo previsto en el art. 97 del Código Civil, la petición de pensión compensatoria pues no cabe su solicitud expresa en las medidas provisionales previas o derivadas. Igualmente, si en el procedimiento de separación no se solicitó pensión compensatoria no cabe la posibilidad de pedirlo en el procedimiento de divorcio. Asimismo, en la solicitud de medidas definitivas del pleito principal deberá pedirse la disolución del régimen económico matrimonial y será el cauce ante situaciones excepcionales para solicitar la privación de patria potestad.

Frente a la sentencia que dicte el Tribunal del pleito principal de nulidad, separación o divorcio cabe la interposición de recurso de apelación (art. 774.5 LEC) que deberá anunciarse y formalizarse ante el propio Juzgado que dictó la sentencia (arts. 457 y 458 LEC) para su posterior traslado a la Audiencia Provincial, quien conocerá y resolverá el recurso (art. 463 LEC).

El recurso de apelación podrá formularse:

• Frente al pronunciamiento TOTAL. El recurso se interpone frente al pronunciamiento de nulidad, separación o divorcio y frente al pronunciamiento sobre las medidas. En este caso, la sentencia no es firme respecto del pronunciamiento principal de nulidad, separación o divorcio hasta que no se resuelva el recurso, así como tampoco es firme respecto de las medidas. Hasta la fecha en que se resuelva el recurso las medidas dictadas por el Juzgado son directamente ejecutivas sin necesidad de tener que pedir la ejecución provisional de las mismas.

• Frente al pronunciamiento PARCIAL.

El recurso de apelación se interpone únicamente frente a alguna o algunas de las medidas definitivas contenidas en la sentencia. El pronunciamiento principal de nulidad, separación o divorcio adquiere firmeza transcurrido el plazo legal quedando pendiente de resolución en segunda instancia únicamente el pronunciamiento sobre las medidas. Ya hemos indicado las medidas son eficaces desde la sentencia dictada por el juzgador de instancia hasta su posterior modificación o confirmación en segunda instancia.

Si pendiente de la resolución del recurso de apelación se instara la ejecución provisional de la sentencia respecto de los alimentos o de la pensión compensatoria, y posteriormente la Audiencia Provincial estimara el recurso modificando la sentencia en dichos extremos, la parte perjudicada podrá solicitar la devolución de lo percibido indebidamente, el resarcimiento de los daños y perjuicios y las costas causadas de la ejecución provisional (art. 533 LEC).

Frente a las sentencias dictadas por las Audiencias Provinciales podrá instarse, en los casos que proceda, recurso extraordinario por infracción procesal (arts. 468 a 476 LEC) o recurso de casación (arts. 477 a 488 LEC).

Por último, una novedad importante en nuestro ordenamiento procesal es el art. 215 de la LEC que se refiere a la subsanación y complemento de sentencias y autos defectuosos, pudiéndose solicitar del Juzgado la subsanación por omisión sin necesidad de interponer recurso de apelación.

VIII. LA MODIFICACIÓN DE MEDIDAS DEFINITIVAS

Las relaciones familiares van cambiando y evolucionando con el paso del tiempo. Las familias que solicitaron judicialmente la separación o el divorcio tienen unas medidas acordadas judicialmente por las que se rigen sus relaciones. Estas relaciones pueden ser modificadas siempre que se acredite ante el Tribunal que *las circunstancias que motivaron su adopción han cambiado sustancialmente.* Esta exigencia de la *alteración sustancial* se contiene en el apartado 1 del art. 775 LEC y han de concurrir unos requisitos para la estimación por el Juzgado de la modificación de medidas:

— Alteración sustancial.

El cambio operado ha de constituir un cambio fundamental que acredite que las circunstancias sean sustancialmente distintas a las que motivaron la adopción de las medidas que ahora se pretenden modificar.

— Carácter permanente.

La modificación o alteración de las circunstancias no ha de referirse a una circunstancia excepcional, sino que debe justificarse su permanencia o continuidad en el tiempo.

– Aportación de las bases de comparación.

Ha de acreditarse y justificarse al juzgado cuáles fueron los elementos que determinaron la adopción de tales medidas en el momento inicial y ofrecer el comparativo con los elementos actuales que contienen la nueva solicitud de cambio.

— Ausencia de previsión. Igualmente habrá de acreditar al juzgado que los cambios alegados no eran previsibles de forma inminente. La modificación de las medidas definitivas solo podrá plantearse respecto de determinadas medidas tales como las relativas a las obligaciones parentales, la atribución del uso del domicilio familiar, la concesión de pensión compensatoria. Respecto de otras medidas como la disolución y liquidación de la sociedad de gananciales, la denegación de pensión compensatoria, la denegación de alimentos entre cónyuges en un proceso de divorcio y similares, no podrá solicitarse su modificación puesto que tienen la consideración de cosa juzgada. El precepto que regula el procedimiento de modificación de medidas es el art. 775 de la LEC, el cual ha sido modificado en su apartado 2 —y con acierto— por Ley 15/2005, de 8 de julio, sobre modificación del Código Civil y Ley de Enjuiciamiento Civil, en materia de separación y divorcio. El actual apartado nos remite a lo dispuesto en el art. 770 de la LEC para la tramitación de la modificación de medidas definitivas en el supuesto que no exista acuerdo entre las partes, y si hubiere acuerdo nos remite a lo previsto en el art. 777 de la LEC. La reforma ha supuesto dotar al procedimiento de modificación de medidas de las garantías procesales que todo procedimiento principal ha de tener. El apartado 3 del art. 775 de la LEC, admite la posibilidad de solicitar medidas provisionales durante el procedimiento de modificación de medidas tanto en el escrito de demanda como de contestación a la demanda remitiéndonos la ley a lo previsto en el art. 773 de la LEC.

IX. LA EJECUCIÓN DE LAS MEDIDAS

La Ley de Enjuiciamiento Civil regula la ejecución como proceso independiente del procedimiento principal debiendo solicitar la ejecución en forma de demanda (art. 549 LEC). Ello supone la individualización de cada solicitud de ejecución debiendo interponerse demanda ejecutiva por cada medida o pronunciamiento que se desee ejecutar. Lo que sí posibilita la ley es la acumulación de ejecuciones (art. 555 LEC). La competencia en estos supuestos de acumulación corresponderá al Tribunal que conozca del proceso más antiguo.

Las cuestiones sobre estado civil y las medidas de orden público son directamente ejecutivas y no ejecutables provisionalmente de conformidad con lo dispuesto en los arts. 774.5 y 525.1 de la LEC.

La ejecución en los procesos matrimoniales tiene ciertas especialidades que se contienen en el art. 776 de la Ley de Enjuiciamiento Civil.

INCUMPLIMIENTO DE OBLIGACIONES PECUNIARIAS	**Art. 776.1 LEC** — El apartado 1 del art. 776 contiene el incumplimiento de las obligaciones pecuniarias imponiéndose multas coercitivas en caso de impago. — Igualmente, podrán solicitarse las medidas de carácter cautelar previstas en los arts. 91 y 103 del Código Civil tales como retención o embargo de salarios, depósitos, anotaciones de la demanda en Registros públicos, etc. — Respecto de la inembargabilidad del salario no es de aplicación el art. 607 de la LEC sino que rige lo dispuesto en el art. 608 del mismo cuerpo legal respecto de las pensiones alimenticias no aplicándose el límite de la inembargabilidad. En estos supuestos son de aplicación los arts. 580 a 583 de la LEC.
INCUMPLIMIENTO DE OBLIGACIONES NO PECUNIARIAS	**Artículo 776.2 LEC** — El apartado 2 del precitado art. 776 regula el incumplimiento de obligaciones no pecuniarias de carácter personalísimo como son el abandono del domicilio familiar, entrega de los enseres personales y similares. — Podrán mantenerse multas coercitivas mensuales todo el tiempo que sea necesario.
EJECUCIÓN DE UNA SENTENCIA DICTADA EN UN PAÍS MIEMBRO DE LA UNIÓN EUROPEA	Para solicitar la ejecución en España de una sentencia dictada en un país miembro de la Unión Europea hemos de tener en cuenta el Reglamento (CE) núm. 2201/2003, del Consejo, de 27 de noviembre de 2003, relativo a la competencia, el reconocimiento y la ejecución de resoluciones judiciales en materia matrimonial y de responsabilidad parental, por el que se deroga el Reglamento (CE) núm. 1347/2000, que dispone que las resoluciones dictadas en un Estado miembro serán reconocidas en los demás Estados miembros sin necesidad de recurrir a procedimiento alguno. El texto del nuevo Reglamento fue aprobado por los ministros de justicia el 27 de noviembre del 2003 y entró en vigor el 1 de marzo del 2005. Como aspectos destacables: • amplía las normas sobre reconocimiento y ejecución mutua del Reglamento 1247/2000, a todas las decisiones sobre responsabilidad parental, • asegura el derecho del hijo a mantener contacto con ambos padres, • frena el secuestro de hijos por parte de sus padres en la Comunidad. Conforme el citado Reglamento la solicitud de ejecución de sentencia extranjera deberá instarse ante el juzgado de primera instancia del lugar que corresponda conforme a lo previsto en el artículo 21 del Reglamento. No debemos olvidar que la resolución judicial extranjera no podrá ser objeto de revisión en cuanto al fondo (art. 26 del Reglamento), y tampoco podrá negarse el reconocimiento de una resolución de divorcio, separación o nulidad aún cuando la legislación del Estado miembro requerido no autorice el divorcio, separación o nulidad (art. 25 del Reglamento). Cada uno de los Estados miembros debe nombrar a una autoridad central, como mínimo, para ayudar a aplicar este Reglamento.

X. LA NULIDAD DEL MATRIMONIO

La nulidad matrimonial supone la declaración judicial de ineficacia de un matrimonio por las causas de nulidad que establece la ley, y siempre con efecto retroactivo al momento de su celebración.

Requisitos:

- La consecuencia de alguna o algunas de las causas de nulidad.
- Dicha causa o causas han de ser probadas.
- Declaración de la nulidad por resolución judicial.
- Los efectos de la declaración de nulidad son retroactivos al momento de la celebración del matrimonio.
- Dichos efectos retroactivos *ex tunc* suponen que nunca ha existido el matrimonio.

CAUSAS DE NULIDAD MATRIMONIAL	**Artículo 73 del Código Civil:** «Es nulo, cualquiera que sea la forma de su celebración: 1.º.—El matrimonio celebrado sin consentimiento matrimonial. 2.º.—El matrimonio celebrado entre las personas a que se refieran los artículos 46 (1. No pueden contraer matrimonio: 1. Los menores de edad no emancipados. 2. Los que estén ligados con vínculo matrimonial) y 47 (Tampoco pueden contraer matrimonio entre sí: 1. Los parientes en línea recta por consanguinidad o adopción. 2. Los colaterales por consanguinidad hasta el tercer grado.3. Los condenados como autores o cómplices de la muerte dolosa del cónyuge de cualquiera de ellos), salvo los casos de dispensa conforme al artículo 48 (El Ministro de Justicia puede dispensar, a instancia de parte, el impedimento de muerte dolosa del cónyuge anterior. El Juez de Primera Instancia podrá dispensar, con justa causa y a instancia de parte, los impedimentos del grado tercero entre colaterales y de edad a partir de los catorce años. En los expedientes de dispensa de edad deberán ser oídos el menor y sus padres o guardadores. La dispensa ulterior convalida, desde su celebración, el matrimonio cuya nulidad no haya sido instada judicialmente por alguna de las partes). 3.º.—El que se contraiga sin la intervención del Juez, Alcalde o funcionario ante quien deba celebrarse, o sin la de testigos. 4.º.—El celebrado por error en la identidad de la persona del otro contrayente o en aquellas cualidades personales que, por su entidad, hubieran sido determinantes de la prestación del consentimiento. 5.º.—El contraído por coacción o miedo grave». El precepto no supone un *numerus clausus,* sino que podrían incluirse algunas otras causas tales como: • El matrimonio contraído por poder cuando no se cumpla con lo previsto en el artículo 55 del Código Civil. • La simulación del matrimonio. • La celebración del matrimonio ante autoridad no competente, siempre que los contrayentes tuvieran conocimiento de dicha incompetencia.
JURISPRUDENCIA	**Causa 1.ª (falta de consentimiento matrimonial)** • Resolución de la DGRN de 20 de enero de 1995. • Resolución de la DGRN de 23 de octubre de 1996. • Resolución de la DGRN de 10 de septiembre de 1999. • De interés respecto de los matrimonios de conveniencia a fin de impedir que algunos extranjeros obtengan su regularización (Resoluciones de la DGRN de 22 de febrero de 2000).

	• SAP Barcelona 23 de noviembre de 1998, falta de consentimiento por error sobre las cualidades de la persona: impotencia. • SAP Ciudad Real, de 20 de octubre de 1999, falta de consentimiento por reserva mental. **Causa 2.ª (falta de consentimiento o consentimiento viciado)** • Resolución de la DGRN de 20 de enero de 1995 (edad mental mínima). • Resolución de la DGRN de 4 de junio de 2001 (vínculo anterior subsistente). • Resolución de la DGRN de 25 de enero de 2003 (menor de edad). • SAP La Rioja, 4 de junio de 1999, ausencia de consentimiento. • SAP Barcelona, 19 de marzo de 2003, consentimiento con error en las cualidades de la persona. • SAP Málaga, de 27 de febrero de 2004, por no tener intención de emprender un proyecto de vida común. **Causa 3.ª (por defecto de forma)** • Resolución de la DGRN de 20 de enero de 1982. **Causa 4.ª (error)** **Causa 5.ª (coacción o miedo)**

1. *Acción de nulidad*

- Se presenta por demanda.
- Se puede solicitar junto con la demanda principal medidas provisionales coetáneas del art. 763 LEC.
- Competencia funcional —— Juzgado de Primera Instancia.
- Competencia territorial —— art. 769 LEC.
- El Tribunal del domicilio conyugal.
- Si algunos cónyuges residieren en diferentes domicilios de distintos partidos judiciales será el del último domicilio conyugal o el de la residencia del demandado, a elección del actor.
- Legislación —— (art. 77 CC).
- Cónyuges.
- Fiscal.
- Cualquier persona que tenga interés legítimo.
- La acción de nulidad matrimonial no prescribe.

2. *Convalidación del matrimonio*

Se admite la convalidación de un matrimonio nulo en los siguientes supuestos:

- El matrimonio contraído bajo impedimentos dispensables (art. 44 CC).
- El matrimonio contraído por menores de edad si hubiesen convivido durante al menos un año después de alcanzada la mayoría de edad (art. 75.2 CC).
- El matrimonio contraído por error o miedo si hubiesen convivido durante al menos un año después de haber desaparecido el error o la causa del miedo (art. 76.2 CC).

3. *Efectos civiles de las sentencias canónicas de nulidad*

- Preceptos aplicables:

Art. 778 LEC:	Eficacia civil de resoluciones de los Tribunales eclesiásticos o de decisiones pontificias sobre matrimonio rato y no consumado. 1. En las demandas en solicitud de la eficacia civil de las resoluciones dictadas por los Tribunales eclesiásticos sobre nulidad del matrimonio canónico o las decisiones pontificias sobre matrimonio rato y no consumado, si no se pidiera la adopción o modificación de medidas, el Tribunal dará audiencia por plazo de diez días al otro cónyuge y al Ministerio Fiscal y resolverá por medio de auto lo que resulte procedente sobre la eficacia en el orden civil de la resolución o decisión eclesiástica. 2. Cuando en la demanda se hubiere solicitado la adopción o modificación de medidas, se sustanciará la petición de eficacia civil de la resolución o decisión canónica conjuntamente con la relativa a las medidas, siguiendo el procedimiento que corresponda con arreglo a lo dispuesto en el art. 770.
Art. 80 CC:	Las resoluciones dictadas por los Tribunales eclesiásticos sobre nulidad de matrimonio canónico o las decisiones pontificias sobre matrimonio rato y no consumado tendrán eficacia en el orden civil, a solicitud de cualquiera de las partes, si se declaran ajustados al Derecho del Estado en resolución dictada por el Juez civil competente conforme a las condiciones a las que se refiere el art. 954 de la Ley de Enjuiciamiento Civil.
Art. 6.2 del Acuerdo entre el Gobierno español y la Santa Sede, de 3 de enero de 1979:	Las resoluciones dictadas por los Tribunales eclesiásticos sobre la nulidad del matrimonio canónico o las decisiones pontificias sobre matrimonio rato y no consumado tendrán eficacia en el orden civil, a solicitud de cualquiera de las partes, si se declaran ajustadas al Derecho del Estado en resolución dictada por el Juez Civil competente conforme a las condiciones a las que se refiere el art. 954 de la LEC.
Disposición Derogatoria 1.3.ª de la LEC:	«Los arts. 951 a 958, sobre eficacia en España de sentencias dictadas por Tribunales extranjeros, que estarán en vigor hasta la vigencia de la Ley sobre cooperación jurídica internacional en materia civil.»

4. *Procedimiento de exequátur*

- Demanda.
- Se puede solicitar además del reconocimiento la adopción o modificación de medidas (aplicación art. 775 LEC).
- Interviene el Ministerio Fiscal.
- Competencia funcional.
- Competencia territorial.
- Requisitos:
  - — Que haya sido dictada la sentencia de nulidad matrimonial.
  - — Que no haya sido dictada en rebeldía.
  - — Que cumpla con la legalidad formal.

XI. EFICACIA CIVIL DE LAS RESOLUCIONES ECLESIÁSTICAS

La Ley de Enjuiciamiento Civil regula en su art. 778 el procedimiento para el reconocimiento de la eficacia civil de las resoluciones eclesiásticas o de decisiones pontificias sobre matrimonio rato y no consumado. El origen lo encontramos en los Acuerdos Jurídicos entre la Santa Sede y España de fecha 3 de enero de 1979 y con expresa mención al Reglamento del Consejo de la Unión Europea núm. 1347/2000, de 30 de junio de 2000, relativo a la competencia, reconocimiento y la ejecución de las resoluciones judiciales en materia de matrimonio y de responsabilidad parental de los hijos comunes, ahora modificado por el Reglamento (CE) núm. 2201/2003 del Consejo, de 27 de noviembre de 2003, relativo a la competencia, el reconocimiento y la ejecución de resoluciones judiciales en materia matrimonial y de responsabilidad parental.

Hemos de observar lo dispuesto en el art. 80 del Código Civil y en el art. 954 de la Ley de Enjuiciamiento Civil de 1881. Este precepto queda en vigor hasta la aprobación de la Ley sobre cooperación jurídica internacional en materia civil según dispone la Disposición Derogatoria Única 1.3.ª de la LEC.

El apartado 1 del art. 778 señala que el procedimiento para la solicitud de reconocimiento de eficacia civil de las resoluciones eclesiásticas será el juicio verbal con remisión a las disposiciones generales del Libro IV de la Ley de Enjuiciamiento Civil. Formulada la demanda se concederá audiencia por plazo de diez días al cónyuge y al Ministerio Fiscal resolviendo el Tribunal mediante auto, el cual será apelable en el plazo legal común.

El apartado 2 del precitado artículo prevé la posibilidad de solicitar la eficacia civil e instar la adopción o modificación de medidas de conformidad con lo establecido en el art. 775 de la LEC. El Tribunal resolverá mediante sentencia decidiendo sobre la homologación de la resolución eclesiástica y sobre la adopción o modificación de las medidas. Frente a esta sentencia cabe recurso de apelación.

XII. EL PROCEDIMIENTO PARA LA LIQUIDACIÓN DEL RÉGIMEN ECONÓMICO MATRIMONIAL

La Ley de Enjuiciamiento Civil regula este procedimiento en sus arts. 806 al 811. La liquidación del régimen económico matrimonial podrá solicitarse siempre que exista disolución previa de dicho régimen económico, y ha de limitarse a la masa común de bienes y derechos de los cónyuges quedando excluidos los bienes que pertenezcan privativamente a cada uno de ellos.

COMPETENCIA	— Será competente el Juzgado de Primera Instancia que haya conocido del proceso de nulidad, separación o divorcio o aquel ante el que se sigan o se hayan seguido las actuaciones sobre disolución del régimen económico matrimonial (art. 807 LEC).
SOLICITUD DE INVENTARIO	— La ley permite solicitar la formación de inventario en el propio proceso de nulidad, separación o divorcio o en el proceso que se haya demandado la disolución del régimen económico matrimonial (art. 808.1 LEC). — Dicha solicitud deberá ir acompañada de una propuesta de formación de inventario así como de los documentos que justifiquen las partidas incluidas en la propuesta (art. 808.2 LEC). — El inventario de los bienes comunes se realizará por los cónyuges en una comparecencia que cita el Tribunal y que se realiza ante el Secretario Judicial. Si existe acuerdo entre las partes se aprueba éste por el Juzgado, se consignará en el acta y se da por concluido el acto (art. 809 LEC). — Si no acude a la comparecencia una de las partes, se aprobará el inventario adjuntado por la parte presente al acto, resol-

	viéndose lo que proceda respecto de la administración y disposición de los bienes incluidos en el inventario. — Si no hubiere acuerdo entre las partes respecto del inventario el Juzgado ordenará continuar el juicio por los trámites del verbal citando a las partes a una vista con alegaciones, proposición y práctica de prueba y conclusiones, dictando el Juzgado sentencia la cual podrá ser recurrida en apelación.
LIQUIDACIÓN DEL RÉGIMEN ECONÓMICO MATRIMONIAL	— Una vez concluido el inventario y firme la resolución que lo acuerda, cualquiera de los cónyuges podrá solicitar la liquidación del mismo (art. 810 LEC). — La solicitud deberá acompañarse de una propuesta de liquidación. — Admitida a trámite la solicitud el Juzgado convocará a las partes a una comparecencia ante el Secretario Judicial a los efectos de alcanzar un acuerdo. — En el supuesto de falta de consenso el procedimiento a seguir será el establecido para la división de la herencia designándose contador partidor y peritos para la práctica de las operaciones divisorias, con remisión a los artículos 784 y siguientes de la LEC. El artículo 811 LEC dispone el procedimiento específico para la liquidación del régimen de participación. Las diferencias con respecto al régimen de sociedad de gananciales es que no es necesario realizar la formación de inventario al no existir masa común de bienes; y no ha de nombrarse contador-partidor ni peritos sino que se pasa directamente a la celebración de la vista del juicio verbal.

XIII. CUADRO COMPARATIVO SOBRE LEGISLACIÓN APLICABLE A LAS PAREJAS DE HECHO

	CATALUÑA Ley 10/1998, 15 julio	ARAGÓN Ley 6/1999, 26 marzo	NAVARRA Ley 6/2000, 3 julio	VALENCIA Ley 1/2001, 6 abril	BALEARES Ley 18/2001, 19 diciembre	MADRID Ley 11/2001, 19 diciembre
Ámbito aplicable	Como mínimo uno de los miembros ha de tener la vecindad civil catalana.	No hace referencia expresa a la vecindad.	Uno de los miembros ha de tener la vecindad Navarra.	Exige el empadronamiento de al menos uno de los convivientes.	Uno de los miembros ha de tener vecindad de Baleares.	Exige el empadronamiento de uno de los convivientes y su residencia en la Comunidad de Madrid.
Requisitos	• Mayores de edad. • Unión heterosexual. • 2 años de convivencia ininterrumpida, salvo que exista descendencia común y siempre que exista convivencia. • Se excusa la convivencia de 2 años si existe otorgamiento de escritura pública manifestando la voluntad de ambos de acogerse a la Ley.	• Mayores de edad. • Pareja estable no casada en la que exista relación de afectividad análoga a la conyugal. • 2 años de convivencia ininterrumpida. • Se excusa la convivencia de 2 años si existe otorgamiento de escritura pública manifestando la voluntad de ambos de acogerse a la Ley.	• Mayores de edad o menores emancipados sin vínculo de parentesco o consanguinidad. • Pareja estable, unión libre y pública en una relación de afectividad análoga a la conyugal. • 1 año de convivencia, salvo que exista descendencia común. • Se excusa la convivencia de un año si existe otorgamiento de documento público • Reconoce la libertad de orientación sexual.	• Mayores de edad. • Pareja estable, unión libre, pública y notoria. • 12 meses de convivencia ininterrumpida. • Inscripción en el Registro Administrativo de Uniones de Hecho de la Comunidad Valenciana.	• Mayor de edad o menor emancipado. • Unión de dos personas que conviven de forma libre, pública y notoria, en una relación de afectividad análoga a la conyugal. • Inscripción en el Registro Administrativo de Parejas Estables de las Islas Baleares. • No se exige periodo mínimo de convivencia.	• Mayores de edad. • Uniones estables de forma libre, pública y notoria vinculadas por relación de afectividad. • 12 meses de convivencia que deberá acreditarse mediante dos testigos. • Inscripción en el Registro de Uniones de Hecho de la Comunidad de Madrid.

	ASTURIAS Ley 4/2002, 23 mayo	ANDALUCÍA Ley 5/2002, 16 diciembre	CANARIAS Ley 5/2003, 6 marzo	EXTREMADURA Ley 5/2003, 20 marzo	PAÍS VASCO Ley 2/2003, 7 mayo	CANTABRIA Ley 1/2005, 16 mayo
Ámbito aplicable	Exige el empadronamiento de los dos miembros de la pareja.	Uno de los miembros de la pareja tiene que tener la residencia habitual en Andalucía y ninguna inscrita en otro registro.	Empadronamiento de ambos en Canarias.	Inscripción en Registro de Pareja de Hecho de Extremadura (no hace referencia a la vecindad).	Vecindad civil en territorio de la CA de Euskadi.	Uno de los convivientes esté al menos empadronado y tenga su residencia en cualquier municipio de Cantabria.
Requisitos	• Mayores de edad. • Uniones estables de forma libre, pública y notoria vinculadas por relación de afectividad análoga al matrimonio. • 1 año de convivencia, salvo que exista descendencia común. • Se excusa la convivencia de un año si han otorgado escritura pública o se han inscrito en el Registro de Uniones de Hecho del Principado de Asturias.	• Mayor de edad o menor emancipado sin vínculo matrimonial o pareja de hecho anterior y sin parentesco en línea recta o colateral en segundo grado. • Unión estable en relación de afectividad análoga a la conyugal. Hetero u homosexual.	• Mayor de edad o menor emancipado. • Relación de afectividad análoga al matrimonio. • Convivencia 12 meses, salvo que exista descendencia común. • Parientes consanguíneos o adoptados línea recta. • Parientes consanguíneos o adoptados tercer grado.	• Mayor de edad o menor emancipado. • Pareja estable: unión estable, libre, pública y notoria con independencia del sexo. • 1 año de convivencia salvo descendencia en común o voluntad de constituirla. • Inscripción en el Registro Pareja de hecho con carácter constitutivo. • Parientes consanguíneos en línea recta o colateral en tercer grado. • Casados o con pareja.	• Mayor de edad o menor emancipado. • No parientes consanguíneos o adoptados en línea recta o colaterales hasta segundo grado. • Ligados por relación afectiva sexual. • No casados o con pareja de hecho previa. • Inscripción en el Registro de parejas de hecho.	• Convivencia, al menos, de un año de forma ininterrumpida. • Descendencia común, natural o adoptiva. • Expresión de voluntad de constituir una pareja de hecho en un documento público.

	CATALUÑA Ley 10/1998, 15 julio	ARAGÓN Ley 6/1999, 26 marzo	NAVARRA Ley 6/2000, 3 julio	VALENCIA Ley 1/2001, 6 abril	BALEARES Ley 18/2001, 19 diciembre	MADRID Ley 11/2001, 19 diciembre	ASTURIAS Ley 4/2002, 23 mayo	ANDALUCÍA Ley 5/2002, 16 diciembre	CANARIAS Ley 5/2003, 6 marzo	EXTREMADURA Ley 5/2003, 20 marzo	PAÍS VASCO Ley 2/2003, 7 mayo	CANTABRIA Ley 1/2005, 16 mayo
Prueba de la convivencia	• Escritura pública. • Cualquier otro medio de acreditación de la convivencia.	• Acta de notoriedad. • Cualquier otro medio de acreditación de la convivencia.	• Cualquier medio de acreditación.	• No refiere.	• No refiere.	• Dos testigos.	• Cualquier medio de acreditación.	• Declaración de la voluntad, Escritura Pública o cualquier medio admitido en derecho.	• Inscripción en el Registro. • Escritura Pública. • Medio admitido en Derecho.	• Certificación del encargado del registro de Parejas de Hecho de Extremadura.	• Certificación en registro.	• Escritura o documento público.
Vivienda familiar	• La vivienda común se atribuirá el uso a uno solo por autorización judicial o consentimiento del otro conviviente.	• No refiere (Pronunciamiento Tribunales).	No refiere (Pronunciamiento Tribunales).	• No hay atribución al uso salvo pacto expreso (Pronunciamiento Tribunales).	• Cada miembro de la pareja conserva el uso y propiedad de sus propios bienes.	• No refiere (Pronunciamiento Tribunales).	• No refiere (Pronunciamiento Tribunales).	• No hay atribución salvo caso expreso.	• No refiere.	• No refiere.	• No establece posibilidad de pacto.	• No refiere. (Pronunciamiento Tribunales).
Posición o compensación conviviente	• Derecho a una compensación económica si al cesar la vida en común existe una situación de desigualdad entre el patrimonio de los dos a consecuencia de haber trabajado para el hogar común o para el trabajo del otro sin retribución a con una retribución insuficiente.	• Derecho a una compensación económica, si la convivencia ha supuesto una situación de desigualdad patrimonial. Cuando el conviviente ha contribuido económicamente con su trabajo a la adquisición, conservación o mejora de cualquiera de los bienes comunes o privativos.	• Derecho a una compensación económica si el conviviente ha trabajado para el hogar común o para el otro conviviente y existe una situación de desigualdad patrimonial.	• No se reconoce compensación económica, salvo el pacto expreso.	• Derecho a una compensación económica si el conviviente ha trabajado para el hogar común o para el otro conviviente y exista una situación de desigualdad patrimonial.	• No se reconoce compensación económica, salvo el pacto expreso.	• No se reconoce compensación económica, salvo el pacto expreso.	• No se establece. Remisión al pacto entre convivientes.	• No refiere.	• Compensación económica si ha habido un enriquecimiento injusto de uno de los cónyuges.	• No establece posibilidad de pacto.	• Derecho a una compensación económica por la parte conviviente perjudicada que sin retribución o con retribución suficiente, haya trabajado para el hogar común o para la otra parte integrante.

	CATALUÑA Ley 10/1998, 15 julio	ARAGÓN Ley 6/1999, 26 marzo	NAVARRA Ley 6/2000, 3 julio	VALENCIA Ley 1/2001, 6 abril	BALEARES Ley 18/2001, 19 diciembre	MADRID Ley 11/2001, 19 diciembre	ASTURIAS Ley 4/2002, 23 mayo	ANDALUCÍA Ley 5/2002, 16 diciembre	CANARIAS Ley 5/2003, 6 marzo	EXTREMADURA Ley 5/2003, 20 marzo	PAÍS VASCO Ley 2/2003, 7 mayo	CANTABRIA Ley 1/2005, 16 mayo
Posición o compensación conviviente	Esta compensación ha de satisfacerse en metálico, a menos que exista acuerdo o que el juez autorice su pago en bienes. • Derecho a una pensión alimenticia en el caso de que el conviviente la necesite para atender su sustentación y si la convivencia ha limitado su capacidad de obtener ingresos.	Cuando el conviviente sin retribución o con retribución insuficiente se ha dedicado a los hijos, al hogar o ha trabajado para el otro conviviente. • Derecho a una pensión alimenticia en el caso de que la necesitare para su sustento o en el supuesto de que el cuidado de los hijos comunes le impida la realización de actividades laborales.	• Derecho a una pensión periódica para atender su sustento si la convivencia hubiera disminuido su capacidad de obtener ingresos, o si el cuidado de los hijos comunes le impidiera realizar actividades laborales.		• Derecho a una pensión periódica para atender su sustento si la convivencia hubiera disminuido su capacidad de obtener ingresos, o si el cuidado de los hijos comunes le impidiera realizar actividades laborales.							
Alimentos hijos comunes tras el cese de la convivencia	• Obligación legal de prestar alimentos a los hijos según dispone la legislación nacional.	• No refiere.	• No refiere.	• No refiere.	• No refiere.	• No refiere.	• No refiere.	• Posibilidad de pacto que los refleje.	• No refiere.	• No se establece nada.	• No establece posibilidad de pacto.	• Posibilidad de pacto que los refleje.
Custodia y vistas hijos	• Cabe pacto entre los convivientes. Si no lo hay decide el Juez.	• Cabe pacto entre los convivientes. Si no lo hay decide el Juez.	• Cabe pacto entre los convivientes. Si no lo hay decide el Juez.	• No refiere (decisión judicial).	• Cabe pacto entre los convivientes. Si no lo hay decide el Juez.	• No refiere.	• Conforme a la legislación civil.	• Posibilidad de pacto que los refleja.	• No refiere.	• Remite a la legislación civil.	• No establece posibilidad de pacto.	• Se determinará en aplicación de la legislación civil vigente en materia de relaciones paterno-filiales.

	CATALUÑA Ley 10/1998, 15 julio	ARAGÓN Ley 6/1999, 26 marzo	NAVARRA Ley 6/2000, 3 julio	VALENCIA Ley 1/2001, 6 abril	BALEARES Ley 18/2001, 19 diciembre	MADRID Ley 11/2001, 19 diciembre	ASTURIAS Ley 4/2002, 23 mayo	ANDALUCÍA Ley 5/2002, 16 diciembre	CANARIAS Ley 5/2003, 6 marzo	EXTREMADURA Ley 5/2003, 20 marzo	PAÍS VASCO Ley 2/2003, 7 mayo	CANTABRIA Ley 1/2005, 16 mayo
Derecho sucesorio	• Unión heterosexual. – El ajuar se computará en el haber hereditario. – Derecho a residir en la vivienda familiar a cargo del patrimonio del fallecido durante 1 año. – Se admite subrogación arrendataria. • También regula la situación de uniones homosexuales.	• Derechos sobre el ajuar. • Derecho a residir gratuitamente en la vivienda familiar durante 1 año.			• Derecho sobre propiedad ajuar.	• No refiere.	• No refiere.	• Derecho a residir en la vivienda habitual durante un año.	• No refiere.	• No refiere.	• Equiparación a parejas casadas.	• No refiere.
Adopción	• Adopción conjunta (uniones heterosexuales)	• Adopción conjunta (uniones heterosexuales)	• Adopción conjunta.	• No / No.	• No / No.	• No / No.	• Adopción: no. • Acogimiento: sí.	• Adopción: no • Acogimiento: sí.	• No refiere.	• Adopción: no • Acogimiento: sí.	• Acogimiento: sí. • Adopción con independencia de si son del mismo o distinto sexo.	• Acogimiento conjunto. • Adopción conjunta.

	CATALUÑA Ley 10/1998, 15 julio	ARAGÓN Ley 6/1999, 26 marzo	NAVARRA Ley 6/2000, 3 julio	VALENCIA Ley 1/2001, 6 abril	BALEARES Ley 18/2001, 19 diciembre	MADRID Ley 11/2001, 19 diciembre	ASTURIAS Ley 4/2002, 23 mayo	ANDALUCÍA Ley 5/2002, 16 diciembre	CANARIAS Ley 5/2003, 6 marzo	EXTREMADURA Ley 5/2003, 20 marzo	PAÍS VASCO Ley 2/2003, 7 mayo	CANTABRIA Ley 1/2005, 16 mayo
Beneficios	• Posibilidad de solicitar excedencia por diferencia de residencia entre convivientes funcionarios. • Permiso por muerte del otro conviviente. • Permiso por enfermedad del otro conviviente. • Posibilidad de solicitar reducción de jornada por incapacidad del conviviente.	• Los mismos derechos de cónyuges en normativa aragonesa de Derecho público.	• Mismos derechos de cónyuges.	• Mismos derechos y beneficios de cónyuges.	• Mismos derechos de cónyuges.	• No refiere.	• Mismos derechos de cónyuges.	• Equiparación a matrimonios.	• Equiparación a parejas casadas.	• Equiparación a parejas casadas.	• Equiparación a parejas casadas.	• En todo lo relativo a permisos, licencias, provisión de puestos de trabajo, situaciones administrativas, ayudas de acción social y demás condiciones de trabajo se entenderá equiparada la pareja de hecho inscrita al matrimonio. • Igual referente a las prestaciones y servicios dirigidos a la protección de la familia. • Igual en la adjudicación de la vivienda propiedad e la Administración de la Comunidad Autónoma.

	CATALUÑA Ley 10/1998, 15 julio	ARAGÓN Ley 6/1999, 26 marzo	NAVARRA Ley 6/2000, 3 julio	VALENCIA Ley 1/2001, 6 abril	BALEARES Ley 18/2001, 19 diciembre	MADRID Ley 11/2001, 19 diciembre	ASTURIAS Ley 4/2002, 23 mayo	ANDALUCÍA Ley 5/2002, 16 diciembre	CANARIAS Ley 5/2003, 6 marzo	EXTREMADURA Ley 5/2003, 20 marzo	PAÍS VASCO Ley 2/2003, 7 mayo	CANTABRIA Ley 1/2005, 16 mayo
Causas de la extinción de la convivencia	• Común acuerdo. • Por voluntad unilateral de uno de los convivientes por notificación fehaciente al otro (notarial, burofax o cualquier otra comunicación fehaciente). • Por fallecimiento. • Por separación o cese de la convivencia por más de 1 año. • Por matrimonio.	• Común acuerdo. • Por voluntad unilateral de uno de los convivientes por notificación fehaciente al otro (notarial, burofax o cualquier otra comunicación fehaciente). • Por fallecimiento. • Por separación o cese de la convivencia por más de 1 año. • Por matrimonio.	• Común acuerdo. • Por voluntad unilateral de uno de los convivientes por notificación fehaciente al otro (notarial, burofax o cualquier otra comunicación fehaciente). • Por fallecimiento. • Por separación o cese de la convivencia por más de 1 año. • Por matrimonio.	• Común acuerdo. • Por voluntad unilateral de uno de los convivientes por notificación fehaciente al otro (notarial, burofax o cualquier otra comunicación fehaciente). • Por fallecimiento. • Por separación o cese de la convivencia por más de 6 meses. • Por matrimonio.	• Común acuerdo. • Por voluntad unilateral de uno de los convivientes por notificación fehaciente al otro (notarial, burofax o cualquier otra comunicación fehaciente). • Por fallecimiento. • Por separación o cese de la convivencia por más de 1 año. • Por matrimonio.	• Común acuerdo. • Por voluntad unilateral de uno de los convivientes por notificación fehaciente al otro (notarial, burofax o cualquier otra comunicación fehaciente). • Por fallecimiento. • Por separación o cese de la convivencia por más de 6 meses. • Por matrimonio.	• Común acuerdo. • Por voluntad unilateral de uno de los convivientes por notificación fehaciente al otro (notarial, burofax o cualquier otra comunicación fehaciente). • Por fallecimiento. • Por separación o cese de la convivencia por más de 1 año. • Por matrimonio.	• Muerte o declaración de fallecimiento de uno. • Matrimonio de ambos o uno de ellos. • Mutuo acuerdo. • Voluntad unilateral de uno. • Cese efectivo de la convivencia durante un año.	• Mutuo acuerdo. • Decisión unilateral notificada al otro. • Muerte (no habla de declaración de fallecimiento). • Separación de seis meses. • Matrimonio de uno.	• Muerte o declaración de fallecimiento de uno. • Matrimonio. • Mutuo acuerdo. • Voluntad unilateral notificada fehacientemente al otro.	• Mutuo acuerdo. • Decisión unilateral notificada fehacientemente. • Muerte o declaración de fallecimiento. • Matrimonio.	• Mutuo acuerdo. • Voluntad unilateral de una de las partes notificada fehacientemente a la otra. • Muerte o declaración de fallecimiento de un miembro de la pareja de hecho. • Matrimonio entre los convivientes. • Matrimonio de un conviviente con un tercero. • Cese efectivo de la convivencia por un periodo superior a un año.

NOTA: La Comunidad de Castilla-La Mancha publicó el Decreto 124/2000, de 11 de julio, por el que se regula la creación y el régimen de funcionamiento del Registro de Parejas de Hecho de la Comunidad Autónoma de Castilla-La Mancha y la Orden 08-09-2000, de la Consejería de Administraciones Públicas, por la que se desarrolla el Decreto 124/2000, sobre el Registro de Parejas de Hecho de la Comunidad Autónoma de Castilla-La Mancha.

La Comunidad de Castilla y León publicó el Decreto 117/2002, de 24 de octubre, por el que se crea el Registro de Uniones de Hecho.

XIV. CUADRO LEGISLACIÓN APLICABLE A LA MEDIACIÓN FAMILIAR (*)

	Ley de Mediación Familiar de Cataluña (15 marzo 2001) y Reglamento (14 mayo 2002)	Ley de Mediación Familiar de Galicia (31 mayo 2001)	Ley de Mediación Familiar de Valencia (26 noviembre 2001)	Ley de Mediación Familiar de Gran Canaria (8 abril 2003)	Ley de Mediación familiar del País Vasco (8 de febrero de 2008)
ANTECEDENTES	• Recomendación 21 de enero de 1998, del Comité de Ministerios del Consejo de Europa. • Código de Familia de Cataluña de 1988 (se establece que la autoridad judicial podrá remitir a las partes a una persona o entidad mediadora). • Ley de Uniones Estados de Pareja de 1998.	• Recomendación 21 de enero de 1998, del Comité de Ministerios del Consejo de Europa. • Ley Gallega de la Familia, Infancia y Adolescencia de 1997.	• Recomendación 21 de enero de 1998, del Comité de Ministerios del Consejo de Europa. • Ley de Servicios Sociales de Valencia de 1997.	• Recomendación 21 de enero de 1998, del Comité de ministerios del Consejo de Europa.	• Recomendación 21 de enero de 1998, del Comité de Ministerios del Consejo de Europa. • Libro Verde sobre las modalidades alternativas de solución de conflictos, de 19 de abril de 2002.
OBJETO	• Logro de acuerdos necesarios para la regulación de ruptura de pareja, como son los relativos al ejercicio de la potestad, la custodia de los hijos, el régimen de visitas, los alimentos, la atribución de la vivienda familiar, la pensión compensatoria. • Institucionalizar, potenciar y extender a toda Cataluña la mediación familiar. • Como medida de apoyo a la familia y como método de resolución de conflictos para cuidar la apertura de procedimientos judiciales de carácter contencioso y poner fin a los ya iniciados o reducir su alcance.	• Regular la institución de la mediación familiar en Galicia, como método de intentar solucionar los conflictos que puedan surgir en supuestos de ruptura matrimonial o de pareja. • La mediación familiar podrá utilizarse tanto con carácter previo a la iniciación de procedimientos judiciales como para hallar salida a procedimientos judiciales en curso.	• Como instrumento en la búsqueda de soluciones y acuerdos en los conflictos familiares. • Como recurso complementario o alternativo a la vía judicial.	• Regulación de la actividad de la mediación familiar que se desarrolle total o parcialmente.	• Regular la inscripción de la mediación familiar en el País Vasco.

(*) A fecha de cierre de la presente edición, se ha publicado en el *BOJA* n.º 50, 13 de marzo de 2009, la Ley 1/2009, de 27 de febrero, reguladora de la Mediación Familiar en la Comunidad Autónoma de Andalucía.

	Ley de Mediación Familiar de Cataluña (15 marzo 2001) y Reglamento (14 mayo 2002)	Ley de Mediación Familiar de Galicia (31 mayo 2001)	Ley de Mediación Familiar de Valencia (26 noviembre 2001)	Ley de Mediación Familiar de Gran Canaria (8 abril 2003)	Ley de Mediación familiar del País Vasco (8 de febrero de 2008)
CONCEPTO	• Consiste en un método de resolución de conflictos que se caracteriza por la intervención de una tercera persona imparcial y experta, sea iniciativa propia de las partes, sea iniciativa de la autoridad judicial, que tiene por objeto ayudar a las partes y facilitarles la obtención por ellas mismas de un acuerdo satisfactorio.	• Intervención de profesionales especializados requeridos voluntariamente y aceptados en todo caso por las partes en condición de mediador.	• Procedimiento voluntario que persigue la solución extrajudicial de los conflictos surgidos en su seno, en el cual uno o más profesionales cualificados, imparciales, y sin capacidad para tomar decisiones por las partes asiste a los miembros de una familia en conflicto con la finalidad de posibilitar vías de diálogo y la búsqueda común del acuerdo.	• Procedimiento extrajudicial y voluntario.	• Consiste en un procedimiento voluntario en el que uno o más profesionales con cualificación en mediación, imparciales y sin poder decisorio, ayudan y orientan a las partes en cuanto al procedimiento dialogado necesario para encontrar soluciones aceptables que permitan concluir su conflicto familiar.
ORGANIZACIÓN	• Se crea el Centro de Mediación Familiar de Cataluña. • El Centro designa al mediador cuando se solicite.	• La Consejería competente en materia de familia designará mediador si se solicita.	• Se crea el centro de Mediación Familiar de la Comunidad Valenciana.	• No se hace referencia.	• Se crea el Consejo Asesor de Mediación Familiar. • Los mediadores han de tener una formación específica en mediación con una duración mínima de 200 horas.
GRATUIDAD	• La mediación es gratuita para las personas beneficiarias del derecho de asistencia jurídica gratuita. • La gratuidad se atribuirá individualmente a cada parte, debiendo abonar la mitad del coste del servicio la parte que no goce de este derecho de gratuidad.	• La prestación del servicio de mediación será gratuita para todas aquellas personas beneficiarias del derecho de asistencia jurídica gratuita. • Igual, gratuidad individual.	• Tendrán derecho al nombramiento de un mediador gratuito aquellas personas que sean beneficiarias de asistencia jurídica gratuita. • Igual, gratuidad individual.	• Tendrán derecho al nombramiento de un mediador gratuito aquellas personas que sean beneficiarias de asistencia jurídica gratuita. • Igual, gratuidad individual.	• El departamento del Gobierno Vasco competente en materia de mediación familiar creará y mantendrá servicios públicos gratuitos de mediación familiar. • Las diputaciones forales y los ayuntamientos podrán crear y mantener servicios públicos gratuitos de mediación familiar.

	Ley de Mediación Familiar de Cataluña (15 marzo 2001) y Reglamento (14 mayo 2002)	Ley de Mediación Familiar de Galicia (31 mayo 2001)	Ley de Mediación Familiar de Valencia (26 noviembre 2001)	Ley de Mediación Familiar de Gran Canaria (8 abril 2003)	Ley de Mediación familiar del País Vasco (8 de febrero de 2008)
PERSONAS QUE PUEDEN SOLICITAR LA MEDIACIÓN FAMILIAR	• Personas unidas por vínculo matrimonial o uniones estables de pareja, y las que sin formar unión estable tengan hijos comunes. • Personas que tengan conflictos sobre el ejercicio de la potestad respecto de los hijos comunes. • Cualquier persona que tenga un conflicto por razón de alimentos entre parientes o instituciones tutelares.	• Personas unidas por vínculo matrimonial o uniones estables de pareja.	• Personas unidas por vínculo conyugal o familiar hasta el cuarto grado de consanguinidad o afinidad. • Personas adoptadas y su familia biológica cuando quieran ponerse en relación entre ellas.	• Dirigido a conflictos familiares entre cónyuges, parejas de hecho (estables o no), padres e hijos, entre hijos, o los que surjan entre personas adoptadas y sus familias biológicas o adoptivas. (Referencia a medidas y efectos).	• Conflictos familiares originados en las situaciones de ruptura de pareja. • Conflictos entre progenitores y su descendencia. • Conflictos entre la familia de acogida y las familias biológicas. • Conflictos de progenitores que impidan a los abuelos mantener relaciones con sus nietos. • Conflictos entre personas con herencias. • Conflictos generales por la atención a personas dependientes y familiares.
ÁMBITO DE LA MEDIACIÓN	• Antes del inicio del proceso judicial. • Durante el proceso judicial. • Después del proceso judicial: — establecimiento de las medidas en ejecución de las sentencias — en la modificación de las medidas acordadas por la resolución judicial.	• Ídem, aunque no hace mención expresa al respecto de la modificación de medidas.	• Ídem Cataluña. • Conflictos surgidos en el seno de la empresa familiar. • Cualquier otro conflicto surgido en la familia.	• Antes del inicio del proceso judicial.• Durante el proceso para poner fin al iniciado.	• Antes del inicio del procedimiento judicial. • Durante el proceso judicial. • Después del proceso judicial. — derivados de la ejecución de sentencias. — modificación de medidas.

	Ley de Mediación Familiar de Cataluña (15 marzo 2001) y Reglamento (14 mayo 2002)	Ley de Mediación Familiar de Galicia (31 mayo 2001)	Ley de Mediación Familiar de Valencia (26 noviembre 2001)	Ley de Mediación Familiar de Gran Canaria (8 abril 2003)	Ley de Mediación familiar del País Vasco (8 de febrero de 2008)
PRINCIPIOS O CARACTERÍSTICAS DE LA MEDIACIÓN	• Voluntariedad → las partes acceden libremente a la mediación y pueden desistir de este proceso en cualquier momento. Igualmente, el mediador puede dar por finalizado el proceso si aprecia falta de colaboración de las partes. • Imparcialidad → el mediador ha de ser neutral entre las partes. • Confidencialidad → las partes y el mediador se comprometen a mantener el deber de confidencialidad respecto de la información recibida durante el desarrollo del proceso. • Carácter personalísimo → las partes y el mediador ha de acudir personalmente a las reuniones no valiendo representantes.	• Voluntariedad y rogación. • Antiformalismo, flexibilidad, inmediatez. • Confidencialidad y secreto. • Imparcialidad y neutralidad.	• Voluntariedad, imparcialidad y confidencialidad (ídem Cataluña). • Buena fe de las partes y del mediador. • Lealtad del mediador.	• Voluntariedad y rogación. • Flexibilidad y antiformalismo. • Inmediatez y carácter personalísimo. • Confidencialidad y secreto profesional. • Imparcialidad y neutralidad. • Reserva de las partes.	• Voluntariedad → las partes acceden libremente a la mediación y pueden desistir de este proceso en cualquier momento. Se exige el consentimiento para comenzar la mediación de todas las partes en conflicto. Igualmente el mediador puede negarse a comenzar el proceso, suspenderlo o darlo por finalizado. • Confidencialidad → la información obtenida verbal o documental será confidencial, incluso el resultado. • Transparencia → las partes han de alcanzar soluciones conforme a Derecho. • Imparcialidad → la persona mediadora no podrá tener interés en el beneficio de una parte sobre otra. • Neutralidad → el poder de decisión recae sobre las partes. El mediador ha de abstenerse de dar su opinión, sugerir o proponer acuerdos. • Flexibilidad → el procedimiento de mediación es flexible lo que le permite adaptarse a la situación concreta tratada. • Debate contradictorio → el mediador ha de potenciar un trato equitativo entre las partes. • Inmediatez → la mediación tendrá carácter presencial y no podrán valerse de intermediarios. • Buena fe, colaboración y mantenimiento del respecto entre las partes → exigencia de la buena fe y del mantenimiento del respeto recíproco.

	Ley de Mediación Familiar de Cataluña (15 marzo 2001) y Reglamento (14 mayo 2002)	Ley de Mediación Familiar de Galicia (31 mayo 2001)	Ley de Mediación Familiar de Valencia (26 noviembre 2001)	Ley de Mediación Familiar de Gran Canaria (8 abril 2003)	Ley de Mediación familiar del País Vasco (8 de febrero de 2008)
PROCESO	• Reunión inicial: explicación del proceso, planificación del desarrollc de las siguientes sesiones. • Firma acta aceptando reglas de mediación. • Reuniones posteriores: trabajo temas en conflicto → acuerdos. • Acta final: redacción del acuerdo. Firma de las partes.	• Primera reunión: motivos de las partes de acudir al servicio; programa de actuación expuesto por el mediador. • Reuniones posteriores: trabajo de los temas en controversia → acuerdos. • De cada sesión se elabora un informe. • Redacción informe-acuerdo final. Firma de las partes.	• Primera reunión: explicación del procedimiento y reglas de la mediación; planificación de las siguientes reuniones. • Firma acta asumiendo reglas. • Reuniones posteriores: trabajo temas en conflicto → acuerdos. • Acta final → redacción acuerdos. Firma de las partes.	• Solicitud por escrito de ambos o por uno con el consentimiento del otro. • Reunión inicial: información características del proceso, duración, papel del mediador, honorarios, objetos y planificación del proceso (acta). • Acta final: relación de acuerdos (Valor contractual)	• La mediación se iniciará mediante solicitud por escrito. – a petición de ambas partes de común acuerdo. – a instancia de una de ellas, citando el mediador a la otra parte para que exprese su aceptación en el plazo de 10 días desde su notificación. • Reunión inicial: datos de identidad; información de la mediación y sus principios rectores; planificación del desarrollo de las sanciones. • Reuniones posteriores: trabajos de temas en controversia → acuerdos. • Actas de mediación: se levantaran actas de la reunión inicial y de la sesión final.
DURACIÓN DEL PROCESO	• Máximo tres meses desde la reunión inicial. • Prórroga de tres meses más con petición motivada del mediador y las partes al Centro de Mediación Familiar de Cataluña. • El Reglamento señala un máximo de 6ses ones de 90 minutos.	• Ídem Cataluña, tres meses más prórroga de otros tres meses.	• Máximo tres meses desde la reunión inicial. • Prórroga de dos meses en situaciones que se aprecie la posibilidad de llegar a acuerdos y así se solicite por las partes.	• Máximo tres meses desde la reunión inicial. • Prórroga de tres meses por escrito motivado y se aprecia la necesidad de su solicitud.	• Máximo cuatro meses desde la reunión inicial. • Prórroga de dos meses más con petición del mediador.

	Ley de Mediación Familiar de Cataluña (15 marzo 2001) y Reglamento (14 mayo 2002)	Ley de Mediación Familiar de Galicia (31 mayo 2001)	Ley de Mediación Familiar de Valencia (26 noviembre 2001)	Ley de Mediación Familiar de Gran Canaria (8 abril 2003)	Ley de Mediación familiar del País Vasco (8 de febrero de 2008)
PAPEL DE LOS COLEGIOS PROFESIONALES	• Mención a los Colegios Profesionales de Abogados, psicólogos, trabajadores sociales, pedagogos y educadores sociales para: • Crear servicios de mediación familiar • Realizar funciones de formación • Registro de colegiados mediadores • Función deontológica y disciplinaria • Fomento de la mediación • Seguimiento de las mediaciones realizadas por los colegiados • Remitir al Centro de Mediación Familiar de Cataluña una memoria anual de las actividades del Colegio Profesional en el ámbito de la mediación.	• No hay referencia a los Colegios Profesionales.	• Los Colegios Profesionales realizarán funciones de registro de colegiados mediadores.	• Solo hay referencia a que han de estar colegiados en su respectivo Colegio Profesional.	• Mención a los colegios profesionales para formar parte del Consejo Asesor de la Mediación Familiar.

	Ley de Mediación Familiar de Cataluña (15 marzo 2001) y Reglamento (14 mayo 2002)	Ley de Mediación Familiar de Galicia (31 mayo 2001)	Ley de Mediación Familiar de Valencia (26 noviembre 2001)	Ley de Mediación Familiar de Gran Canaria (8 abril 2003)	Ley de Mediación familiar del País Vasco (8 de febrero de 2008)
PROFESIONALES QUE PUEDEN SER MEDIADORES	• Abogados, psicólogos, trabajadores sociales, educadores sociales y pedagogos. • Han de estar colegiados en su colegio respectivo. • Tres años de ejercicio profesional (Reglamento). • Formación específica en mediación mínimo 200 horas y 80 % de asistencia (Reglamento).	• Expertos en actuaciones psico-socio-familiares (pendiente de regulación por medio del Reglamento).	• Tener formación universitaria en la disciplinas de Derecho, Psicología, Trabajo Social, Educación Social o Graduado Social. • Formación universitaria específica de postgrado (experto, especialista o master). • Podrán ejercer la mediación otros licenciados universitarios superiores, siempre que acrediten previamente una formación específica de postgrado, mínima de especialista.	• Tener formación universitaria de Derecho, psicología, Trabajo Social y estar inscritos en sus respectivos Colegios Profesionales. Si carecen de titulación en Derecho deberán contar con asesoramiento legal.	• Licenciados en Derecho, Pedagogía, Psicología o Sociología, o Diplomatura de Trabajo Social o en Educación Social. • Necesitaría la inscripción en el Registro de Personas Mediadoras.
REGISTRO DE MEDIADORES	• El Centro de Mediación Familiar de Cataluña gestiona el Registro General de Personas Mediadoras. • Los Colegiados Profesionales crearán su propio Registro de personas mediadoras que se encuentren colegiadas en su colegio.	• La Consejería competente en materia de familia dispondrá de su Registro de Mediadores.	• La Consejería competente en materia de familia, a través del Centro de Mediación Familiar de la Comunidad Valenciana, dispondrá de un Registro de Mediadores. • Los Colegios Profesionales dispondrán también de su propio Registro.		• Creación del Registro de Personas Mediadoras adscrito al departamento de Gobierno Vasco. • Los Colegios Profesionales crearan su Registro de personas mediadoras pero han de estar inscritas previamente en el Registro de Personas Mediadoras del Gobierno Vasco.

	Ley de Mediación Familiar de Cataluña (15 marzo 2001) y Reglamento (14 mayo 2002)	Ley de Mediación Familiar de Galicia (31 mayo 2001)	Ley de Mediación Familiar de Valencia (26 noviembre 2001)	Ley de Mediación Familiar de Gran Canaria (8 abril 2003)	Ley de Mediación familiar del País Vasco (8 de febrero de 2008)
INFRACCIONES Y SANCIONES DEL MEDIADOR	• Imposición de sanciones administrativas conforme la legislación administrativa. • Sanciones deontológicas impuestas por los Colegios Profesionales.	• La imposición de sanciones se realizará de conformidad con lo dispuesto en la Ley de Régimen Jurídico de las Administraciones Públicas y del Procedimiento Administrativo Común (Sanción administrativa).	• Sanciones administrativas conforme la legislación pública. • Sanciones deontológicas de los Colegios Profesionales. • Sanciones supletorias señaladas en la Ley en ausencia de sanciones deontológicas de los Colegios.	• Sanciones administrativas conforme la legislación pública.	• Imposición de sanciones administrativas conforme a la legislación administrativa.

MERCANTIL

AUTOR

Ignacio Millán Latasa de Aranibar
Abogado

MERCANTIL

Ignacio Millán Latasa de Aranibar
Abogado

I. **SOCIEDADES**
- **Cuadros comparativos**
- **Actas (modelos básicos)**
- **Acciones**
- **Responsabilidad (esquemas)**
- **Contabilidad**

II. **CONCURSAL**
- **Esquemas**

III. **ARBITRAJE**

IV. **CONTRATOS**
1. **Contrato de Comisión Mercantil**
2. **Contrato de Agencia**
3. **Contrato de Franquicia**
4. **Contrato de Patrocinio**
5. **Contrato de Licencia**

I. SOCIEDADES

A. CONCEPTO DE SOCIEDAD MERCANTIL Y DIFERENCIAS CON OTRAS FIGURAS AFINES

El artículo 1665 del Código Civil define la sociedad como «un contrato por el cual dos o más personas se obligan a poner en común dinero, bienes o industria con ánimo de partir entre sí las ganancias». El Código de Comercio parte, prácticamente, de la misma definición de sociedad, pero, lógicamente, se fija más en la mercantilidad del contrato: «El contrato de compañía, por el cual dos o más personas se obligan a poner en fondo común bienes, industria o alguna de estas cosas, para obtener lucro, será mercantil, cualquiera que fuese su clase, siempre que se haya constituido con arreglo a las disposiciones de este Código».

Diferencias de la sociedad con otras figuras afines:

— ***Con las asociaciones***, parece que la nota de no perseguir la agrupación voluntaria de las personas que las componen un fin de lucro es la principal diferencia con la sociedad mercantil, en la que el fin de obtener una ganancia, como consecuencia de la aportación efectuada a la sociedad, es nota que debe ser entendida como generalizada en su concepto.

— ***Con las comunidades de bienes***, la diferencia fundamental radica en la finalidad perseguida por los interesados al establecerla, que es lo que constituye la nota característica de toda sociedad. Pero la comunidad, a diferencia de la sociedad, no adquiere personalidad jurídica, entre otras cosas porque no le alcanza la publicidad legal del Registro Mercantil, quien en el artículo 81 de su Reglamento de 19 de julio de 1996 no especifica entre las personas y sociedades sujetas a inscripción obligatoria a las comunidades, aunque sí lo hace, por ejemplo, con las Cooperativas de crédito, Mutuas, Cooperativas de seguros y Entidades de previsión social, así como Agrupaciones de interés económico. Su figura está regulada por el Código Civil en los artículos 392 y siguientes. Sin embargo, hay que hacer constar que, a efectos laborales, el artículo 1.2 del Estatuto de los Trabajadores considera como empresas a las Comunidades de bienes que «reciben prestación de servicios de otras personas».

B. NOTAS GENERALES DEL CONTRATO DE SOCIEDAD MERCANTIL

1.ª Es una **unión voluntaria de personas**, que tradicionalmente se ha materializado en un contrato, ya que la sociedad mercantil normalmente lo es (art. 116 C. de c.: «El contrato de compañía, por el cual dos o más personas…»). Al tener la sociedad ese aspecto contractual, el propio Código Civil (en el mismo art. 116) requiere la existencia de dos o más personas para la constitución de la misma. Esto en la actualidad sigue vigente para las sociedades personalistas —colectivas y comanditarias—, pero, sin embargo, en las sociedades de capitales la exigencia de tres socios fundadores como mínimo del artículo 10.1 de la LSA de 1951 y del 14.1 de la actual de 22 de diciembre de 1989, ha desaparecido y lo mismo la de la Ley de 17 de julio de 1953 para las sociedades de responsabilidad limitada de pedir dos socios como mínimo en el momento fundacional. Todo ello, como ha quedado apuntado, a través de la Disposición Adicional Segunda de la LSRL de 23 de marzo de 1995, que introdujo la sociedad unipersonal —recordamos una vez más— tanto originaria como derivativa y, además, refiriéndose a las sociedades anónimas, añadió a su texto un nuevo artículo, el 311, dentro del asimismo nuevo Capítulo XI a la LSA de 1989, rotulado así: «De la sociedad anónima unipersonal» (esto, con base a la transposición a nuestro Derecho de la Duodécima Directiva Comunitaria en materia de sociedades de 21 de diciembre de 1989).

2.ª **La promoción social** puede considerarse como otra de las notas definitorias del contrato de sociedad mercantil, entendida como la convergencia de los intereses de los socios mediante sus aportaciones, pues, con ellas, los socios constituyen el fondo patrimonial necesario para conseguir el fin social.

3.ª En cuanto a las **aportaciones sociales** se discute si en las sociedades mercantiles caben sólo las patrimoniales, ya que el artículo 116 C. de c. permite también las de industria, bienes o alguna de estas cosas, lo que sólo es aplicable a las sociedades personalistas: colectivas y comanditarias simples, pues la LSA, en su artículo 36.1.2.º, establece que «en ningún caso podrán ser objeto de aportación el trabajo o los servicios»; sin embargo, la normativa de la LSA de 22 de diciembre de 1989 añade que en los Estatutos se pueden establecer, con carácter obligatorio, para todos o algunos accionistas, prestaciones accesorias distintas de las aportaciones del capital, sin que las mismas se integren en la cifra del mismo.

C. LAS SOCIEDADES CIVILES CON FORMA MERCANTIL

En las sociedades anónimas o de responsabilidad limitada no hay duda de su mercantilidad, por así establecerlo sus normas específicas: «La sociedad, cualquiera que sea su objeto, tendrá carácter mercantil» (arts. 3 de la LSA y 3 de la LSRL), pero en las sociedades personalistas la cuestión no es tan fácil, ya que el artículo 1670 del Código Civil establece que: «Las sociedades civiles, por el objeto a que se consagren, pueden revestir todas las formas reconocidas por el Código de Comercio. En tal caso les serán aplicables sus disposiciones en cuanto no se opongan a las del presente Código». Así, las sociedades personalistas pueden ser consideradas mercantiles cuando el objeto de su explotación sea mercantil o industrial, y civiles en caso contrario.

D. TIPOS DE SOCIEDADES MERCANTILES

El artículo 122 del Código de Comercio establece la tipología de las sociedades mercantiles: regular colectiva, comanditaria simple o por acciones, anónimas y de responsabilidad limitada. Las sociedades **colectivas**, **comanditarias simples y por acciones** están reguladas en el propio Código de Comercio (arts. 125, 145 y 151 y ss.), mientras que las **sociedades anónimas y de responsabilidad limitada** se regulan por las Leyes especiales, de 22 de diciembre de 1989 (las anónimas especiales, a su vez, en normas específicas) y de 23 de marzo de 1995, respectivamente.

Junto a ellas se pueden citar otros tipos de sociedades mercantiles o «cuasi mercantiles», como es el caso de las **sociedades cooperativas** (*vid.* Capítulo 25, epígrafe II). La mercantilidad no aparece en toda su extensión en este tipo de sociedades, ya que la misma se difumina ante el aspecto social, que parece predominar (sin embargo, la STC de 29 de junio de 1983 calificó a las cooperativas como mercantiles. En el mismo sentido, STS de 28 de enero de 1991). También podemos citar, dentro de las sociedades mercantiles, a las **Mutuas de Seguros**, reguladas por los artículos 9 y siguientes de la Ley de Ordenación y Supervisión de los Seguros Privados, de 8 de noviembre de 1995, desarrollada en este punto por el Reglamento de 20 de noviembre de 1998, que no las califica decididamente como sociedades, aunque el artículo 81.1.d) RRM establece la obligatoriedad de las Mutuas de inscribirse en el RM (lo mismo que el artículo 16.1.3.º del Código de Comercio), inscripción cuyo contenido se regula por los artículos 254 a 258, inclusive, del Reglamento citado de 1998.

a) Sociedades personalistas:

— **Sociedad colectiva**. Está formada por un número reducido de socios, de carácter familiar habitualmente, y donde la responsabilidad de aquéllos es personal, y solidaria, con todos sus bienes y subsidiaria o de segundo grado respecto de la sociedad (art. 127 Código de Comercio).

— **Sociedad comanditaria.** Es el segundo tipo de sociedad mercantil personalista, formada por dos clases de socios:

a) los colectivos, que responden de la forma anteriormente dicha, y

b) los comanditarios, que responden hasta el límite de los fondos que pusieren o se obligaron a poner en la sociedad (por tanto, estos socios tienen responsabilidad limitada a tenor del artículo 148.3 del C. de c.).

b) Sociedades de capital:

— **La sociedad anónima**, en la cual no interesa la persona del socio, sino su participación patrimonial en la sociedad. La responsabilidad de los socios se limita a la cuantía de su aportación.

— **La sociedad comanditaria por acciones**. Frente a la sociedad comanditaria simple, esta sociedad, regulada por los artículos 151 y siguientes del Código de Comercio, tras la reforma operada por la Ley de 25 de julio de 1989, se caracteriza porque su capital está dividido en acciones, existiendo junto a los socios comanditarios, por lo menos, un socio colectivo, que responde ilimitadamente de las deudas sociales y a quien se le confía la administración y representación social.

— **La sociedad de responsabilidad limitada**. Los socios no responden personalmente de las deudas sociales y su capital está dividido en participaciones indivisibles y acumulables.

CUADRO CON PRINCIPALES DIFERENCIAS ENTRE LA SOCIEDAD ANÓNIMA Y LA SOCIEDAD DE RESPONSABILIDAD LIMITADA

Art.	Sociedad Limitada	Sociedad Anónima	
1 y 5	Capital dividido en participaciones sin carácter de valores.	Capital dividido en acciones.	1
4	Capital mínimo 3.005,06 euros íntegramente desembolsado.	Capital mínimo: 60.101,21 euros, desembolsado al menos en un 25% por acción.	4 y 12
5	Puede haber participaciones privilegiadas y esos privilegios pueden referirse a los derechos políticos (participaciones con voto plural).	Puede haber acciones privilegiadas, pero los privilegios no pueden referirse a los derechos políticos.	49
9	No pueden emitir obligaciones.	Pueden emitir obligaciones.	282 y ss.
10	Limitación créditos a los administradores: autorización de Junta.	Sólo obligación de informar en memoria.	200

Art.	Constitución	Constitución	Art.
12.2, 13 y 57.2	Los Estatutos pueden dejar abierto el sistema de administración.	Los Estatutos deben definir el sistema de administración.	
11	Sólo fundación simultánea.	Fundación simultánea o sucesiva.	14 y ss.
Art.	**Aportaciones**	**Aportaciones**	**Art.**
21	Aportaciones no dinerarias: responsabilidad solidaria de socios o verificación de experto.	Aportaciones no dinerarias: verificación de experto.	38
Art.	**Participaciones**	**Acciones**	**Art.**
26	Transmisión de participaciones: documento público.	Transmisión de acciones: sistemas diversos.	56
27	Participaciones nominativas	Acciones: Títulos nominativos o al portador o anotaciones en cuenta.	51 y ss.
27	Inscripción en libro registro de socios: no constitutiva.	Inscripción en libro registro de acciones nominativas: requisito para adquirir la condición de socio.	55.2
29 y ss.	Transmisión restringida.	Transmisión libre, salvo restricciones estatutarias.	63 y ss.
40	Adquisición derivativa de participaciones propias: sólo cabe en determinados supuestos.	Adquisición derivativa de acciones propias: régimen permisivo.	75
40	Prohibición de asistencia financiera para adquirir participaciones propias.	Caben excepciones a la prohibición de asistencia financiera para adquirir participaciones propias.	81
Art.	**Junta General de Socios**	**Junta General de Accionistas**	**Art.**
46	Convocatoria de Junta según prevean los Estatutos.	Convocatoria de Junta por medio de publicaciones en *BORME* y prensa.	97
49.1	No puede exigirse un número de participaciones para asistir a la Junta.	Puede exigirse estatutariamente.	105.1

Art.	Junta General de Socios	Junta General de Accionistas	Art.
49.3	El poder de representación puede ser para diversas Juntas si es notarial.	El poder de representación debe ser especial para cada Junta. La libertad de representación puede ser limitada por Estatutos.	106.2
51	La limitación del derecho a la información corresponde al órgano administrativo.	La limitación corresponde al Presidente de la Junta.	112.3
52.1	Prohibición de voto en caso de conflicto de intereses.	No se regula.	
53.1	Adopción de acuerdos ordinarios: debe acordarse con la mayoría de votos emitidos siempre que sean 1/3 de los totales.	Adopción de acuerdos ordinarios: quórum del 25% en 1.ª convocatoria y libre en 2.ª convocatoria.	102
53.2	Aumento y reducción de capital y modificaciones estatutarias: debe acordarse con más de la mitad de los votos totales	Aumento y reducción de capital, modificaciones estatutarias, transformación, fusión, escisión, disolución voluntaria y emisión de obligaciones: 50% en 1.ª convocatoria y 25% en 2.ª convocatoria (2/3 de votos presentes).	103
53.2.b	Transformación, fusión, escisión, supresión del derecho de preferencia en aumento de capital, exclusión de socios y autorización al administrador para competir: más de los 2/3 de los votos totales		
42 bis	Se prevén las participaciones sin voto	Se prevén y regulan las acciones sin voto	90 y ss.
53.4	Se admiten participaciones de voto plural	No se admiten acciones de voto plural.	50.2
55	Solicitud de acta notarial de Junta: 5%	Solicitud de acta notarial de Junta: 1% del capital	114

Art.	Administración	Administración	Art.
57.1	Consejo de Administración: mínimo 3, máximo 12 miembros.	Consejo de Administración: sin máximo.	136
58.1	No se admite la cooptación de consejeros.	Se admite la cooptación de consejeros.	138
59	Se regulan los administradores suplentes.	No se regulan los administradores suplentes (sin embargo, el nuevo Reglamento del Registro Mercantil los introduce: art. 147.2 RRM).	
60.1	Duración del cargo de administrador: indefinido salvo disposición estatutaria.	Duración del cargo de administrador: seis años máximo (reelegible).	126
65	Prohibición de competencia de administradores: cabe autorización por Junta con mayoría 2/3.	Prohibición de competencia de administradores: no existe prohibición expresa de competencia, pero si la hacen pueden ser cesados de su cargo por Acuerdo de la Junta General.	132.2
66	Retribución de administradores (se presume gratuita): si es variable no puede superar el 10% del beneficio repartible.	Retribución de administradores (se presume retribuida): si es variable, deben haberse cubierto las reservas legales y estatutarias y reconocido un dividendo de un 4%.	130
67	La prestación de servicios o de obra entre la sociedad y administradores requiere acuerdo de Junta.	No está regulado.	
Art.	**Modificaciones estatutarias**	**Modificaciones estatutarias**	**Art.**
—	No es necesario publicar el cambio de domicilio, de denominación y de objeto social.	Publicación del cambio de domicilio, de denominación y de objeto social en diario.	150
75.3	Transmisión restringida de los derechos de suscripción preferente. Los derechos no ejercitados son ofertados a los restantes socios.	Transmisión libre de los derechos de suscripción preferente, salvo restricciones estatutarias. Los derechos no ejercitados son de adjudicación libre.	158.3

Art.	Reducción de capital	Reducción de capital	Art.
80	La publicación de la reducción es potestativa.	Publicación obligatoria de la reducción.	165
Art.	**Contabilidad**	**Contabilidad**	**Art.**
86	Derecho al examen de la contabilidad por socios con más del 5% salvo disposición contraria de los Estatutos (además de las cuentas anuales e informe de auditoría)	No hay derecho de examen de la contabilidad por los accionistas (sólo de cuentas anuales e informe de auditoría)	212
Art.	**Fusión y escisión**	**Fusión y escisión**	**Art.**
94	No requiere informe de expertos salvo que alguna de las sociedades que intervienen sea S. A. o S. Comanditaria por acciones.	Siempre requiere informe de expertos salvo fusión de sociedad participada al 100%.	236
103	Responsabilidad de los socios separados o excluidos, salvo que los estatutos establezcan otras garantías en caso de reducción de capital (art. 81).	No hay responsabilidades de los socios separados: garantías propias de la reducción de capital.	
Art.	**Disolución**	**Disolución**	**Art.**
104	Incluye falta de actividad por tres años como causa de disolución.	La falta de actividad no es causa de disolución.	260
—	No hay publicidad obligatoria	Publicidad en *BORME* y diario	263

E. LA CONSTITUCIÓN DE LAS SOCIEDADES: ADQUISICIÓN POR LA SOCIEDAD DE LA PERSONALIDAD JURÍDICA

El artículo 116.2 del Código de Comercio señala que «una vez constituida la compañía mercantil, tendrá personalidad jurídica en todos sus actos y contratos».

Por su parte, el artículo 119 del mismo texto establece que: «toda compañía de comercio, antes de dar principio a sus operaciones, deberá hacer constar su constitución, pactos y condiciones, en escritura pública, que se presentará para su inscripción en el Registro Mercantil conforme a lo dispuesto por el artículo 17» (hoy la remisión hay que entenderla referida al artículo 19 del mismo Código de Comercio).

Son, pues, dos los requisitos para la constitución de una sociedad: uno **de forma**, la escritura pública, que da fe de la voluntad de los constituyentes, otorgantes de la misma, de adoptar un determinado tipo societario mercantil mediante los pactos y cláusulas que acuerden; y otro **de publicidad**, para dar a conocer a terceros el pacto social, mediante la inscripción de la escritura en el Registro Mercantil.

Con el cumplimiento de estas formalidades, la sociedad adquiere personalidad jurídica en todos sus actos y contratos (art. 116.2 Código de Comercio). Cuando no se cumplen alguno de estos requisitos nos encontramos ante la sociedad en formación o la sociedad irregular.

E.1. La sociedad en formación

Suceder cuando, aun documentada en escritura pública la constitución de la sociedad, no se haya inscrito en el Registro Mercantil. Existe un contrato o una declaración unilateral de voluntad si la sociedad es unipersonal, pero falta la inscripción registral para la adquisición de la personalidad jurídica. La Ley de Sociedades Anónimas, en su artículo 15, establece una regulación detallada de la sociedad en formación. Se trata de proteger a los terceros que han contratado con la sociedad cuyo proceso constituyente todavía no se ha completado. La Jurisprudencia —por todas la Sentencia del Tribunal Supremo de 27 de noviembre de 1998—, reconoce a estas sociedades en formación capacidad jurídica para obligarse.

E.2. Las sociedades irregulares

Aunque, en principio, pudieran confundirse los conceptos de sociedad en formación con el de sociedad irregular, la nota que las distingue radica en que mientras en la primera estamos ante un proceso de constitución de la sociedad con ánimo de concluirlo y en el cual los gestores de la misma responden de las operaciones sociales, en la segunda no existe una voluntad de inscribir la escritura en el Registro Mercantil.

Las sociedades irregulares son sociedades que actúan en el tráfico jurídico y que, por tanto, tienen una publicidad de hecho, pero no de derecho. Estas sociedades que, aun teniendo objeto mercantil, sólo están constituidas formalmente mediante escritura pública, pero no se han inscrito en el Registro Mercantil, e incluso, en ocasiones, tampoco han documentado el contrato, pero han iniciado relaciones con los socios o con terceros, se rigen por las normas de la sociedad colectiva (artículos 125 y siguientes del Código de Comercio), si tiene objeto mercantil, o por los preceptos reguladores de la sociedad civil, en caso contrario. Es decir, según la actividad que desarrolle la compañía, bien mercantil o civil, se regulará por el Código de Comercio o por el Código Civil, con independencia de la naturaleza que se le atribuya en el pacto social. Es el caso que contempla la Sentencia del Tribunal Supremo de 21 de junio de 1998, en el que las partes calificaron el contrato como de sociedad civil, siendo la actividad mercantil, por lo que el Tribunal estimó que estábamos en presencia de una sociedad irregular mercantil. Esto por lo que respecta a las relaciones internas entre los socios, y a tenor del artículo 117 del Código de Comercio, que considera válido el contrato de sociedad celebrado, cualquiera que sea su forma.

Por lo que respecta a las relaciones con terceros de las llamadas sociedades irregulares, se ha de admitir que son válidos los contratos realizados por los administradores, respondiendo, en su caso, los socios, personal y solidariamente con todos sus bienes, por las deudas sociales, a tenor de lo preceptuado en el artículo 127 Código de Comercio.

F. TRANSFORMACIÓN DE SOCIEDADES

La adopción de un tipo social de los enumerados, por ejemplo, una sociedad anónima, no implica que durante toda la vida societaria se haya de mantener el mismo. A veces son circunstancias económicas las que aconsejan la transformación en otro tipo de sociedad más adecuado para las nuevas exigencias en el tráfico mercantil, como puede suceder en el caso de una sociedad de responsabilidad limitada que se transforma en anónima. Otras veces es el tema de la responsabilidad de los socios el dominante a la hora de acordar la transformación en otro tipo social, principalmente en el caso de sociedades colectivas donde, como sabemos, los socios colectivos responden personal, solidaria, subsidiaria e ilimitadamente de las deudas sociales (lo mismo sucede con esos socios en una sociedad comanditaria).

En este supuesto, la responsabilidad personal, solidaria e ilimitada de los socios colectivos, si se transforma en anónima o en sociedad de responsabilidad limitada, se mantiene en relación con las deudas contraídas con anterioridad a la transformación (con la excepción de que esa transformación haya sido consentida expresamente por los acreedores). Después de la transformación, la responsabilidad, tanto en una sociedad anónima como en una sociedad de responsabilidad limitada, será limitada hasta la cuantía de su aportación. De ahí que los supuestos de transformación de sociedad anónima o sociedad de responsabilidad limitada en colectivas o comanditarias apenas se conocen en la práctica, porque suponen el paso de una responsabilidad limitada a una ilimitada, personal y solidaria por las deudas sociales.

Finalmente, en cuando a la transformación en sus aspectos generales, hay que decir que la misma no incide en el cambio de la personalidad jurídica que sigue subsistiendo bajo el nuevo tipo social que se haya adoptado.

G. FUSIÓN DE SOCIEDADES

Como excepción al principio de que una vez disuelta la sociedad entra en período de liquidación, se encuentra el fenómeno de la fusión, por el que varias sociedades unen sus patrimonios y sus socios en un único ente social. Los procedimientos clásicos de fusión (que normalmente se dan en las sociedades anónimas) son dos: a) por creación de una nueva sociedad, con disolución de todas las sociedades que se fusionan y traspaso en bloque de sus respectivos patrimonios a la nueva, y b) fusión por absorción, en el que una sociedad incorpora los patrimonios de una o varias sociedades que se disuelven. Por tanto, los patrimonios no se liquidan, sino que se traspasan, bien a la nueva sociedad que surge de la fusión, bien a la sociedad absorbente, según el procedimiento empleado.

H. ESCISIÓN DE SOCIEDADES

Es una figura opuesta a la fusión, ya que aquí los patrimonios se escinden para formar otra u otras sociedades, existentes o de nueva creación. En nuestro Derecho, la figura de la escisión viene regulada en los artículos 252 a 259 inclusive.

En términos generales, la escisión de sociedades consiste en la división del patrimonio de una sociedad en dos o más partes, que pasan en bloque a una nueva sociedad (cada parte de ese patrimonio) o es absorbida por otra sociedad ya existente. La nota característica de los supuestos de escisión propia es que la sociedad escindida se extingue al transmitir su patrimonio, dividido, a varias sociedades, existentes o de nueva creación; mientras que en la escisión impropia se segregan una o varias partes del patrimonio de una sociedad sin extinguirse y se traspasa en bloque —se traspasa lo segregado— a una o varias sociedades de nueva creación o ya existentes (es la definición del art. 252.1 de la Ley de Sociedades Anónimas, y 94 de la Ley de Sociedades de Responsabilidad Limitada).

I. DISOLUCIÓN, LIQUIDACIÓN Y EXTINCIÓN DE LA SOCIEDAD

La extinción de la sociedad, en general, está precedida por la disolución y posterior liquidación. La primera se materializa cuando concurre alguna de las causas que establecen la Ley o los Estatutos o la escritura, además de las específicas para las sociedades colectivas y comanditarias del artículo 222 del Código de Comercio; la segunda, es decir, la liquidación, consiste en un conjunto de operaciones para llegar a la división del haber social.

Por tanto, la disolución abre el período liquidatorio y, mientras, subsiste la personalidad jurídica de la sociedad, lo mismo que en la liquidación, aunque con la obligación de añadir a la razón social: «Sociedad en liquidación». Las causas comunes de disolución de todo tipo de sociedad son las siguientes (artículo 221 del Código de Comercio):

1.ª El cumplimiento del término prefijado en el contrato de sociedad o la conclusión de la Empresa que constituya su objeto.

2.ª La pérdida entera del capital.

3.ª La quiebra de la compañía (tras la Ley Concursal 22/2003, de 9 de julio, y su entrada en vigor en 1 de septiembre de 2004, la causa común de disolución será «la apertura de la fase de liquidación de la Compañía declarada en concurso»).

Tras la disolución viene la liquidación, cuya finalidad esencial es proceder, después de una serie de operaciones, a la división del haber social, previo abono de las cantidades adeudadas a los acreedores sociales, distribuyendo —en su caso— el remanente entre los socios. También durante la liquidación subsiste la personalidad jurídica de la sociedad, cuyo fin, repetimos, es percibir los créditos que tenga frente a terceros y liquidar o extinguir las obligaciones pendientes. Por supuesto, la actividad comercial de la sociedad se interrumpe y en lugar de los gestores o administradores aparece la figura específica de los liquidadores, que, a su vez, asumen las funciones de representación de la sociedad.

De las normas del Código de Comercio pueden extraerse una serie de principios generales: a) preferencia de los acreedores sociales, frente a los socios en cuanto al cobro de las deudas; b) de las primeras distribuciones que se hagan a los socios se descontarán las cantidades que hubiesen percibido para sus gastos particulares o que, bajo otro cualquier concepto, les hubiese anticipado la compañía (arts. 235 y 236 del Código de Comercio). También hay que señalar que: «si alguno de los socios se creyese agraviado en la división acordada, podrá usar de su derecho ante el Juez o Tribunal competente» (art. 233 del Código de Comercio).

Finalmente, se llega a la extinción de la sociedad, que se hace mediante la cancelación de los asientos de la misma en el Registro Mercantil, donde hay que depositar todos los libros y documentos del tráfico mercantil realizado por aquélla.

J. RÉGIMEN DE LAS INVERSIONES EXTRANJERAS EN ESPAÑA Y DE LAS ESPAÑOLAS EN EL EXTERIOR

La legislación española en materia de inversiones extranjeras en España, y españolas en el exterior, viene recogida en el Decreto 664/1999, de 23 de abril, sobre inversiones extranjeras en España y españolas en el exterior, desarrollado por la Orden del Ministerio de Economía de 28 de mayo de 2001.

a) Inversiones extranjeras en España

Pueden ser titulares de inversiones extranjeras en España:

a) Las personas físicas no residentes en nuestro país (españoles o extranjeros, o españoles que tengan su domicilio en el extranjero).

b) Las personas jurídicas domiciliadas en el extranjero y las entidades públicas de soberanía extranjera (art. 1 del Decreto de 23 de abril de 1999, el cual presume residentes en España, salvo prueba en contrario, a las personas físicas de nacionalidad española y a las jurídicas nacionalizadas en España).

Los tipos de inversiones extranjeras en España pueden ser:

a) Participación en sociedades españolas (bien adquiriendo valores, obligaciones convertibles en acciones o títulos de suscripción de acciones que supongan una participación en el capital).

b) Participación en Fondos de Inversión inscritos en los Registros de la CNMV.

c) Adquisición de bienes inmuebles sitos en España, cuyo importe supere los tres millones de euros o cuando, con independencia de su importe, proceda de paraísos fiscales (Decreto de 5 de julio de 1991, sobre los mismos).

d) La constitución, formalización o participación en contratos de cuentas en participación, fundaciones, agrupaciones de interés económico, cooperativas y comunidades de bienes, cuando el valor total de la participación de los inversores extranjeros supere los tres millones de euros, o cuando, con independencia de su importe, proceda de paraísos fiscales (son los territorios relacionados en el artículo único del Decreto de 5 de julio de 1991).

Procedimiento:

Las inversiones extranjeras en España y su liquidación serán declaradas al Registro de Inversiones del Ministerio de Economía, pero sólo con una finalidad administrativa, estadística o económica. Ahora bien, si la declaración tiene por objeto una inversión que proceda de paraísos fiscales, el titular de la misma debe efectuar la previa declaración a la realización de la inversión.

No hay que hacer esta declaración previa, no obstante, cuando se trate de inversión de valores negociables, o cuando la participación extranjera no supere el 50% del capital de la sociedad española [art. 4.2.a).1 y 2 del Decreto de 23 de abril de 1999].

El apartado b) del artículo 4.2 del Decreto señala las personas que deben hacer la declaración posterior a la inversión:

a) Si se trata de inversiones efectuadas en valores negociables, las empresas de servicios de inversión (Ley 37/1998, modificando la 24/1988, y Decreto 867/2001, de 20 de julio) no están obligadas a la declaración.

b) Cuando se trate de inversiones efectuadas en valores no negociados en mercados secundarios, y las partes hayan depositado o registrado tales valores voluntariamente, no es que haya excepción de la declaración posterior al Ministerio de Economía, sino que la misma debe hacerse por la entidad depositaria o administradora (si se trata de acciones nominativas, el sujeto obligado a la declaración es la sociedad española objeto de inversión).

c) Cuando se trate de operaciones en fondos de inversión españoles, la comunicación debe ser declarada por la sociedad gestora del mismo.

b) Inversiones españolas en el exterior

Pueden ser titulares de inversiones españolas en el exterior:

a) Las personas físicas residentes en España (los españoles o extranjeros con domicilio o residencia principal en España).

b) Las personas jurídicas domiciliadas en España (artículo 5 del Decreto 664/1999).

Las inversiones en el exterior, puede consistir en:

a) Participaciones en sociedades extranjeras.

b) Suscripción de valores negociables representativos de empréstitos emitidos por no residentes.

c) Participación en fondos de inversión extranjera.

d) Adquisición de bienes inmuebles en el extranjero cuyo importe no supere el millón y medio de euros.

e) Constitución, formalización, participaciones en contratos de cuentas en participación, fundaciones, agrupaciones de interés económico, cooperativas y comunidades de bienes, cuando el valor correspondiente a la participación de los inversores residentes no supere el millón y medio de euros, o cuando, con independencia de su importe, tenga como destino territorios o países considerados como paraísos fiscales (Decreto de 5 de julio de 1991, artículo único).

Procedimiento:

La declaración de las inversiones españolas en el exterior y su liquidación ha de hacerse en el Registro de Inversiones del Ministerio de Economía, pero como las inversiones extranjeras en España, a efectos meramente estadísticos, económicos o administrativos. La declaración se ajusta a las reglas siguientes (art. 7 del Decreto):

a) Si tiene por objeto una inversión cuyo destino son los territorios o Países considerados como paraísos fiscales, el titular debe declararla previamente. No obstante, se exceptúan de la declaración previa las realizadas en valores negociables y las que no permitan al inversor influir, de manera efectiva, en la gestión o control de la sociedad destinataria de la misma.

b) La declaración posterior a la inversión la debe hacer, por regla general, directamente el titular de la misma. Con carácter especial, las inversiones en valores negociables canalizadas a través de empresas de servicios de inversión, entidades de crédito u otras entidades residentes que realicen alguna de esas actividades y que actúen por cuenta y riesgo del inversor serán declaradas al Registro especial administrativo por la entidad respectiva.

Por último, hay que añadir que algunas inversiones extranjeras siguen sujetas a limitaciones cuantitativas o requieren autorización del Consejo de Ministros, tales como las de transporte aéreo, radio y televisión, minerales, juego, telecomunicaciones, seguridad privada, comercialización de armas y explosivos, entre otras.

K. RÉGIMEN DE RESPONSABILIDAD EN LAS SOCIEDADES

El régimen de responsabilidad al que se hallan sujetos los administradores de las sociedades puede derivarse o bien de la producción de un perjuicio a la sociedad, los socios, o terceros; o bien del incumplimiento de determinadas obligaciones que les son impuestas por Ley, muy en especial, la de disolver la sociedad en determinados supuestos.

Los administradores responden del daño que causan por:

a) actos contrarios a la Ley;

b) actos contrarios a Estatutos sociales;

c) actos realizados sin la diligencia con la que deben desempeñar el cargo.

Pero para que surja la responsabilidad de los administradores es necesario que cualquiera de estos actos origine un daño efectivo y que entre el acto lesivo y el daño ocasionado exista una relación de causalidad.

La Ley 26/2003, que introduce una nueva redacción al artículo 133.2.seis) de la Ley de Sociedades Anónimas, extiende la responsabilidad de los administradores al «administrador de hecho», es decir, a aquellos que sin tener su cargo vigente y debidamente inscrito en el Registro Mercantil, controlan «de hecho» la gestión social sin ocupar formalmente el cargo (administradores ocultos), aparecen frente a terceros como administradores (administradores aparentes) o aquellos otros cuyo nombramiento como administrador adolece de algún defecto formal (está viciado de nulidad o no ha sido debidamente inscrito en el Registro).

La declaración de responsabilidad de los administradores tiene como consecuencia la obligación de éstos de reparar, solidariamente, el daño causado, de la que sólo podrán exonerarse probando que no intervinieron en la adopción del acuerdo o el acto lesivo, que lo desconocían (lo cual no deja de ser un reconocimiento implícito de una cierta dejación de funciones) o demostrando su oposición expresa al acto o acuerdo, habiendo hecho constar expresamente tal oposición.

L. ACCIONES JUDICIALES PARA EXIGIR RESPONSABILIDAD DE ADMINISTRADORES

La Ley de Sociedades Anónimas reconoce dos acciones para exigir la responsabilidad de los administradores: la acción social y la acción individual. Según criterio jurisprudencial consolidado —por todas, Sentencia del Tribunal Supremo de 8 de mayo de 1990— que la acción a ejercitar dependerá de quién sea el perjudicado. Si el resultado dañoso recae sobre el patrimonio de la sociedad, se deberá ejercitar la acción social, si afecta al de los socios o de terceros, se ejercerá la acción individual.

1) **Acción social de responsabilidad** (art. 134 LSA). La legitimación corresponde, en primer lugar, a la propia sociedad, pero como, en definitiva, el daño sufrido por la sociedad afecta también de hecho a los socios o a los acreedores, se les reconoce también la posibilidad, en determinadas circunstancias, de ejercitar la acción social de responsabilidad.

Cuando quien ejercita la acción es la propia sociedad, se requiere acuerdo de la Junta General, debidamente convocada, o celebrada con carácter de universal y tal acuerdo determina la destitución de los administradores afectados con carácter definitivo aunque posteriormente se desestime la acción social.

El acuerdo se debe adoptar por mayoría, sin que los Estatutos puedan establecer mayorías o quórum de constitución reforzado (art. 102 LSA).

En defecto de su ejercicio por la sociedad, pueden los accionistas que representen un 5% del capital social, ejercer la acción social de responsabilidad contra los administradores, sustituyendo a aquélla.

Por último, en defecto de la sociedad o de los accionistas, los acreedores sociales, pueden ejercitar la acción social de responsabilidad, siempre que el patrimonio social, resulte insuficiente para la satisfacción de sus créditos, pero siempre que se den los requisitos siguientes: a) que la acción no haya sido ejercitada por la sociedad o sus accionistas, y b) que el patrimonio social sea insuficiente para la satisfacción de sus créditos.

2) **Acción individual de responsabilidad** (art. 135 LSA). La Ley, además, contempla una responsabilidad de los administradores frente a los socios y los terceros por el daño causado en el patrimonio de éstos, aunque dicho daño haya sido causado simultáneamente al social.

A falta de previsión en la LSA el plazo de prescripción para el ejercicio de la acción es de cuatro años (art. 949 Código de Comercio) a contar desde la fecha en que el administrador hubiera cesado por cualquier motivo en el ejercicio del cargo.

Las acciones de responsabilidad de los administradores, tanto si se ejercita la acción social como la individual, no tienen previsto un cauce especial en la LEC, por lo que deberá acudirse al juicio declarativo que corresponda por razón de la cuantía. El orden jurisdiccional competente es el civil (excepto cuando la acción se ejercita por los trabajadores con fundamento en el incumplimiento de adaptación de la cifra del capital a los mínimos exigidos, en cuyo caso el orden jurisdiccional competente es el social), y dentro de él al Juzgado de lo mercantil del domicilio del demandado aunque cabe la sumisión expresa o tácita.

MODELO ESTATUTOS DE SOCIEDAD ANÓNIMA

ESTATUTOS SOCIALES DE LA COMPAÑÍA MERCANTIL «..............., S.A.»

TÍTULO I. DENOMINACIÓN, OBJETO, DURACIÓN Y DOMICILIO

ARTÍCULO 1

Bajo la denominación de «................., S.A.», está constituida una Sociedad Mercantil Anónima, que se regirá por los presentes Estatutos y, en lo en ellos no previsto, por lo que prevengan las disposiciones que le sean aplicables.

ARTÍCULO 2

Constituye el principal objeto de la Sociedad la fabricación y comercio, la importación y exportación de .... También constituirá su objeto la adquisición, tenencia, disfrute y disposición de acciones o participaciones en otras sociedades, cualesquiera que sea el objeto de éstas, por cuenta propia.

Las actividades integrantes del objeto social podrán ser desarrolladas por la sociedad total o parcialmente de modo indirecto, mediante la titularidad de acciones o participaciones en sociedades con objeto idéntico o análogo.

ARTÍCULO 3

La duración de la sociedad se establece por tiempo indefinido.

ARTÍCULO 4

La sociedad comienza sus actividades en la fecha de otorgamiento de esta escritura de constitución.

ARTÍCULO 5

El domicilio social se fija en Madrid, calle Eloy Gonzalo, 10.

Corresponde al Consejo de Administración, el traslado de domicilio dentro del mismo término municipal, así como la creación, supresión o traslado de sucursales, agencias, delegaciones, tanto en territorio nacional como extranjero.

La variación del domicilio social fuera del término municipal de Madrid requerirá acuerdo previo de la Junta.

TÍTULO II. CAPITAL SOCIAL Y ACCIONES

ARTÍCULO 6

El capital social se fija en la suma de .... EUROS (.......... €), dividido y representado por .... (.....) acciones al portador, de .... (...... €) EUROS de valor nominal cada una, todas ellas de la misma clase, numeradas correlativamente del ... al ...., ambos inclusive, totalmente suscritas y desembolsadas.

ARTÍCULO 7

La acción confiere a su titular legítimo la condición de socio, e implica para éste el pleno y total acatamiento de lo dispuesto en los presentes Estatutos y en los acuerdos validamente adoptados por los órganos rectores de la Sociedad, al tiempo que le faculta para el ejercicio de los derechos inherentes a su condición, conforme a estos Estatutos y a la Ley.

ARTÍCULO 8

Las acciones son libremente transmisibles, sin limitación alguna.

ARTÍCULO 9

Las acciones son indivisibles. Los copropietarios de una acción responden solidariamente frente a la Sociedad de cuantas obligaciones se deriven de la condición de accionistas, y deberán designar una sola persona que ejercite en su nombre los derechos inherentes a su condición de socio. La misma regla se aplicará a los demás supuestos de cotitularidad de derechos sobre las acciones.

ARTÍCULO 10

En caso de usufructo de acciones, la cualidad de socio reside en el nudo propietario. Pero el usufructuario tendrá derecho en todo caso a los dividendos acordados por la Sociedad durante el usufructo. Las demás relaciones entre el usufructuario y el nudo propietario y el restante contenido del usufructo respecto a la Sociedad, se regirán por el título constitutivo de este derecho notificado a la Sociedad. En su defecto, se regirá el usufructo por lo establecido en la Ley de Sociedades Anónimas y en lo no previsto en ésta, por la Ley civil aplicable.

ARTÍCULO 11

En caso de prenda o embargo de acciones se observará lo dispuesto en la Ley de Sociedades Anónimas.

TÍTULO III. ÓRGANOS DE LA SOCIEDAD

ARTÍCULO 12

Los órganos de la Sociedad son la Junta General de Accionistas y el Consejo de Administración. El Consejo de Administracion, integrado por un mínimo de tres y máximo de siete miembros, actuará en forma colegiada, y sin perjuicio de la facultad de delegación prevista en el artículo 141 de la Ley de Sociedades Anónimas.

Ello sin perjuicio de los demás cargos que por la propia Junta General por disposición estatutaria o por disposición de la Ley se puedan nombrar.

ARTÍCULO 13

Los accionistas, constituidos en Junta General debidamente convocada, decidirán por mayoría en los asuntos propios de la competencia de la Junta.

Todos los accionistas, incluso los disidentes y no asistentes a la reunión, quedan sometidos a los acuerdos de la Junta General. Quedan a salvo los derechos de separación e impugnación establecidos en la Ley.

ARTÍCULO 14

Las Juntas Generales podrán ser ordinarias o extraordinarias y habrán de ser convocadas por el Órgano de Administración.

a) Junta General Ordinaria es la que debe reunirse dentro de los seis primeros meses de cada ejercicio para censurar la gestión social, aprobar, en su caso, las cuentas del ejercicio anterior y resolver sobre la aplicación de resultado, así como todos aquellos otros asuntos que figuren en el orden del día. La junta general ordinaria será valida aunque haya sido convocada o se celebre fuera de plazo.

b) Junta General Extraordinaria es cualquier otra que no sea la Ordinaria anual.

Los asuntos a tratar en las reuniones serán los señalados en el orden del día de la convocatoria, salvo lo dispuesto en los artículos 131 y 134 de la Ley de Sociedades Anónimas.

ARTÍCULO 15

La Junta General, ordinaria o extraordinaria, quedará validamente constituida, en primera convocatoria, cuando los accionistas presentes o representados, posean al menos la cuarta parte del capital suscrito con derecho a voto.

En segunda convocatoria, será válida la reunión de la Junta cualquiera que sea el capital concurrente a la misma.

ARTÍCULO 16

No obstante lo dispuesto en el artículo anterior, para que la Junta pueda acordar validamente la emisión de obligaciones, el aumento o disminución del capital social, la transformación, fusión o escisión de la Sociedad o cualquier otra modificación estatutaria, será necesaria, en primera convocatoria, la concurrencia de accionistas presentes o representados que posean, al menos, el cincuenta por ciento del capital suscrito con derecho a voto.

En segunda convocatoria será suficiente la concurrencia del veinticinco por ciento de dicho capital.

Sin embargo, cuando concurran accionistas que representen menos del cincuenta por ciento del capital suscrito con derecho a voto, los acuerdos sociales a que se refiere este artículo sólo podrán adoptarse con el voto favorable de los dos tercios del capital presente o representado en la Junta.

ARTÍCULO 17

La junta general ordinaria deberá ser convocada mediante anuncio publicado en el «Boletín Oficial del Registro Mercantil» y en uno de los diarios de mayor circulación en la provincia, por lo menos un mes antes de la fecha fijada para su celebración.

El anuncio expresará la fecha de la reunión en primera convocatoria y todos los asuntos que han de tratarse.

Los accionistas que representen, al menos, el cinco por ciento del capital social, podrán solicitar que se publique un complemento a la convocatoria de una junta general de accionistas incluyendo uno o más puntos en el orden del día. El ejercicio de este derecho deberá hacerse mediante notificación fehaciente que habrá de recibirse en el domicilio social dentro de los cinco días siguientes a la publicación de la convocatoria.

El complemento de la convocatoria deberá publicarse con quince días de antelación como mínimo a la fecha establecida para la reunión de la junta.

La falta de publicación del complemento de la convocatoria en el plazo legalmente fijado será causa de nulidad de la Junta.

En el anuncio referido anteriormente se podrá, asimismo, hacerse constar la fecha en la que, si procediera, se reunirá la Junta en segunda convocatoria.

Entre la primera y la segunda reunión deberá mediar, por lo menos, un plazo de veinticuatro horas.

Si la Junta General debidamente convocada no se celebrara en la primera convocatoria, ni se hubiese previsto en el anuncio la fecha de la segunda, deberá ésta ser anunciada, con los mismos requisitos de publicidad que la primera, dentro de los quince días siguientes a la fecha de la junta no celebrada y con ocho de antelación a la fecha de la reunión.

No obstante, la Junta se entenderá convocada y quedará validamente constituida para tratar cualquier asunto siempre que esté presente todo el capital social y los asistentes acepten por unanimidad la celebración de la Junta.

ARTÍCULO 18

Podrán asistir a la Junta, en todo caso, los titulares de acciones que las tuvieren inscritas en el libro registro de acciones con cinco días de antelación a aquel en que haya de celebrarse la Junta, y los titulares de acciones que acrediten mediante documento público, su regular adquisición de quien en el libro registro aparezca como titular. Con dicha acreditación se entenderá solicitada al Órgano de Administración la inscripción en el libro registro. El Órgano de Administración deberá asistir a las Juntas Generales. Asimismo, podrán asistir a la Junta los directores, técnicos y demás personas que tengan un interés en la buena marcha de los asuntos sociales.

El Presidente de la Junta General podrá autorizar la asistencia de cualquier otra persona que juzgue conveniente, si bien la Junta podrá revocar dicha autorización.

ARTÍCULO 19

Todo accionista que tenga derecho de asistencia podrá hacerse representar en la Junta por otra persona, aunque ésta no sea accionista. La representación deberá conferirse por escrito y con carácter especial para cada Junta, en los términos y con el alcance establecidos en la Ley de Sociedades Anónimas.

Este último requisito no será necesario cuando el representante sea cónyuge, ascendiente o descendiente del representado; ni tampoco cuando aquél ostente poder general conferido en escritura pública con facultades para administrar todo el patrimonio que el representado tuviere en territorio nacional.

La representación es siempre revocable. La asistencia personal del representado a la Junta tendrá el valor de revocación.

ARTÍCULO 20

El Órgano de Administración podrá convocar Junta Extraordinaria siempre que lo estime conveniente para los intereses sociales.

Deberá asimismo convocarla cuando lo soliciten accionistas que representen al menos el cinco por ciento del capital social, expresando en la solicitud los asuntos a tratar en ella. En este caso, la Junta deberá ser convocada para celebrarse dentro de los treinta días siguientes a la fecha del oportuno requerimiento notarial a los Administradores, incluyéndose necesariamente en el orden del día los asuntos que hubiesen sido objeto de la solicitud.

ARTÍCULO 21

Ostentarán los cargos de Presidente y Secretario de las Juntas quienes los sean del Consejo de Administración. En caso de ausencia, el vicepresidente, vicepresidentes en su caso, o en defecto de los anteriores, por la persona que designe la Junta.

Constituida la Mesa, que estará formada por el Presidente, los demás miembros del Consejo y el Secretario de la Junta, y antes de entrar en el Orden del día se formará la lista de asistentes expresando el carácter o representación de cada uno y el número de accionistas presentes o representados, así como el importe del capital del que sean titulares, especificando el que corresponde a los accionistas con derecho a voto. La lista de asistentes figurará al comienzo del Acta o se adjuntará a ella por medio del anejo firmado por el Secretario con el Visto Bueno del Presidente, pudiendo también formarse mediante fichero o incorporarse a soporte informático en cuyos supuestos se extenderá en la cubierta precintada la oportuna diligencia de identificación firmada por el Secretario con el Visto Bueno del Presidente.

Acto seguido, el Presidente declarará si la Junta está válidamente constituida, resolviendo en su caso las dudas o reclamaciones que pudieran surgir en relación con la lista de asistentes, delegaciones o representaciones, sin que venga obligado a leer la referida lista o facilitar copia de la misma, pudiendo también en ese momento o posteriormente, examinar, aceptar o rechazar nuevas propuestas de los accionistas en relación con los asuntos comprendidos en el orden del día.

Corresponde igualmente al Presidente dirigir las deliberaciones, sistematizando, ordenando, limitando y poniendo término a las intervenciones y en general hacer uso de todas las facultades que sean necesarias par ala mejor organización y funcionamiento de la Junta.

Las Actas una vez aprobadas en los términos recogidos por la Ley de Sociedades Anónimas, serán firmadas por el Secretario con el Visto Bueno del Presidente.

En los supuestos de acta notarial, su levantamiento, contenido y cierre se acomodarán a lo previsto en la normativa aplicable.

ARTÍCULO 22

Los acuerdos de la Junta se adoptarán por mayoría, salvo los supuestos previstos en estos Estatutos y en la Ley en que se requiere en su caso mayoría cualificada.

Cada acción da derecho a un voto.

ARTÍCULO 23

El acta de la Junta podrá ser aprobada por la propia Junta a continuación de haberse celebrado ésta, y en su defecto, dentro del plazo de quince días, por el Presidente y dos Interventores, uno en representación de la mayoría y otro de la minoría.

El acta aprobada en cualquiera de estas dos formas tendrá fuerza ejecutiva a partir de la fecha de su aprobación.

Las certificaciones de las actas serán expedidas y los acuerdos se elevarán a públicos por las personas legitimadas para ello según determinan estos Estatutos y el Reglamento del Registro Mercantil.

ARTÍCULO 24

La administración y representación de la Sociedad corresponde a un Consejo de Administración actuando colegiadamente, sin perjuicio de la facultad de delegación prevista en el artículo 141 de la Ley de Sociedades Anónimas.

Dicho Consejo estará formado por un mínimo de tres y un máximo de siete miembros. La determinación del número de Consejeros corresponde a la Junta General de Accionistas.

El Consejo elegirá de su seno a su Presidente y al Secretario y, en su caso, a un Vicepresidente y a un Vicesecretario, siempre que estos nombramientos no hubiesen sido hechos por la Junta al tiempo de la elección de los Consejeros u ocuparen tales cargos al tiempo de la elección. El Secretario podrá ser o no Consejero, en este último caso tendrá voz pero no voto, y tendrá facultades para certificar y para elevar a públicos los acuerdos del Consejo.

El plazo de duración del cargo será de cinco años. Si durante dicho plazo se produjeren vacantes, podrá el Consejo elegir por cooptación a las personas que hayan de cubrir la vacante interinamente en los términos recogidos en la citada Ley, sometiendo su nombramiento a la primera Junta General que se celebre con posterioridad al mismo.

El nombramiento de los administradores caducará cuando, vencido el plazo, se haya celebrado la junta general siguiente o hubiese transcurrido el término legal para la celebración de la junta que deba resolver sobre la aprobación de cuentas del ejercicio anterior.

Los administradores podrán ser reelegidos para el cargo, una o varias veces, por períodos de igual duracion.

En orden a los requisitos de convocatoria, desarrollo, quórumes, forma de deliberar y tomar acuerdos, redacción y aprobación de actas se estará a lo dispuesto en los presentes Estatutos y en la vigente Ley de Sociedades Anónimas.

ARTÍCULO 25

El órgano de administración tendrá todas las facultades y atribuciones que por la Ley no estén preceptivamente reservadas a la Junta General.

A título enunciativo y no limitativo, se enumeran como facultades propias de la administración además de las que la Ley les atribuye, las siguientes:

Representar a la Sociedad en toda clase de oficinas del Estado, Comunidades Autónomas y sus organismos, Provincia o Municipio, ante los Tribunales, Juzgados y Autoridades de cualquier clase y jerarquía y actuar en forma como representante legal de la Sociedad; otorgar en nombre de la misma toda clase de escrituras y documentos públicos y privados; comprar y adquirir (incluso en la modalidad de *leasing*), vender, arrendar, gravar e hipotecar bienes muebles e inmuebles practicar agrupaciones, segregaciones, divisiones, declaraciones de obra nueva y toda clase de operaciones que tengan trascendencia registral; tomar inmuebles, industrias y maquinaria en arrendamiento o arrendar los que posea la Sociedad (excepto arrendamiento financiero); abrir cuentas corrientes y de crédito, disponer de sus saldos y realizar operaciones en el Banco de España o en cualquier otro establecimiento de crédito mercantil y Cajas de Ahorro; solicitar y percibir los importes de préstamos y créditos; constituir hipotecas y prendas sobre toda clase de bienes y valores; librar, aceptar, endosar, negociar y descontar o protestar letras de cambio y demás documentos de giro; organizar y disponer el funcionamiento de la Sociedad en la totalidad de sus actividades; admitir y despedir al personal; constituir y retirar depósitos y fianzas, incluso en la Caja General de Depósitos; realizar cobros, pagos, libramientos, endosos, negociaciones y aceptaciones de toda clase de operaciones de giro y crédito; cobrar giros postales y cuantas cantidades se adeuden a la Sociedad, por cualquier concepto que sea, incluso reclamar y cobrar cantidades de la Hacienda Pública, Comunidades Autónomas, Provincias y Municipio; ejecutar y elevar a públicos los acuerdos de la Junta General; no siendo esta reseña de atribuciones limitativa, sino explicativa de la función ejecutiva. Podrá otorgar poderes de todas clases, tanto judiciales como extrajudiciales y revocarlos, así como otorgar contratos de *leasing,* con entidades

ARTÍCULO 26

El cargo de Consejero no será retribuido.

TÍTULO IV. SISTEMA ECONÓMICO CONTABLE

ARTÍCULO 27

Los ejercicios sociales coincidirán con los años naturales, a excepción del primero que se iniciará el día del otorgamiento de esta escritura, y finalizará el 31 de diciembre del propio año.

Dentro de los tres primeros meses de cada ejercicio, el Órgano de Administración de la sociedad formulará las cuentas anuales, el informe de gestión y la propuesta de aplicación del resultado, así como en su caso, las cuentas y el informe de gestión consolidado, correspondiente al ejercicio social inmediato anterior. A partir de la convocatoria de la Junta General, cualquier accionista podrá obtener de la sociedad, de forma inmediata y gratuita, los documentos que han de ser sometidos a la aprobación de la misma y, en su caso, el informe de los auditores de cuentas.

La Junta resolverá sobre la aplicación del resultado de ejercicio de acuerdo con el balance aprobado y con sujeción a lo dispuesto en la Ley.

TÍTULO V. DISOLUCIÓN Y LIQUIDACIÓN

ARTÍCULO 28

La Sociedad se disolverá por cualquiera de las causas establecidas en el artículo 260 de la Ley.

En orden a la disolución y liquidación de la sociedad se estará a lo preceptuado sobre el particular en el Capítulo IX de la Ley de Sociedades Anónimas.

TÍTULO VI. SISTEMA PROCESAL

ARTÍCULO 29

Salvo aquellas cuestiones para cuya resolución señale la Ley una Jurisdicción o procedimiento especial, todas las demás que surjan entre la sociedad, sus accionistas, sus Administradores o sus liquidadores, serán sometidas a la jurisdicción y competencia de los Tribunales de Madrid capital.

MODELOS DE ACTAS Y CERTIFICACIONES

Acta de consejo formulación de cuentas anuales

ACTA DE LA SESIÓN DEL CONSEJO DE ADMINISTRACIÓN DE ...., S. A. DE FECHA .... DE .... DE ....

PRESIDENTE **D. ....** **VOCALES** **D. ....** **D. ....** **D. ....**	En Madrid, siendo las 10,00 horas del día 29 de marzo de 2006, se reúne el Consejo de Administración de la Sociedad ...., en el domicilio social de la Compañía, ... de Madrid, concurriendo al mismo los Sres. Consejeros al margen expresados. Asiste, así mismo, el Director General de la entidad, D. ....
SECRETARIO NO CONSEJERO **D. ....**	A tenor de lo establecido en el art. 11 de los Estatutos Sociales, el Consejo de Administración queda válidamente constituido para tomar acuerdos.

A continuación se pasa al desarrollo de los puntos que constituyen el Orden del Día previamente establecido.

1.° LECTURA Y APROBACIÓN, EN SU CASO, DEL ACTA DE LA SESIÓN DE 28 DE NOVIEMBRE DE 2005

Tras su lectura, el Consejo aprobó, por unanimidad, el acta de la sesión del Consejo de 28 de noviembre de 2005.

2.° FORMULACIÓN DE LAS CUENTAS ANUALES CORRESPONDIENTES AL EJERCICIO DE 2005

Tras la presentación al Consejo de la propuesta de Cuenta Anuales (Memoria, Balance y Cuenta de Pérdidas y Ganancias), el Informe de Gestión y la Propuesta de Aplicación de Resultados de (...), S. A., y de su Grupo Consolidado, correspondientes al ejercicio de 2005, el Consejo de Administración, por unanimidad, acordó aprobar la formulación de las Cuentas Anuales y del Informe de Gestión correspondientes al dicho ejercicio, y la propuesta de Aplicación de Resultados, siendo firmadas por todos los Administradores de la Sociedad.

La propuesta de distribución de resultados correspondiente al ejercicio de 2005 formulada por los Administradores de la Sociedad que consiste en destinar la cantidad el beneficio del ejercicio, que asciende a la cantidad de .... euros a reservas voluntarias.

3.° INFORMACIÓN GENERAL SOBRE LA MARCHA DE .... Y SU GRUPO DE SOCIEDADES

A continuación, el Sr. Presidente dio la palabra al Director General de la entidad, D. ...., quien informó al Consejo de la evolución del negocio de todas las sociedades que componen el Grupo .... entregando igualmente la documentación sobre todo ello.

Acto seguido, el Sr. Presidente informó sobre el inicio de conversaciones para la venta de la participación de la Sociedad en ...., al carecer de sentido, desde el punto de vista estratégico, el mantenimiento de la inversión. Posteriormente, explicó al Consejo que el proceso de venta de la participación en .... se encontraba en su fase final y que se había alcanzado ya un acuerdo para la transacción. Por último, y en otro orden de cosas, el Sr. Presidente se refirió a las conversaciones para la venta del ....% de ....

El Consejo quedó enterado.

4.° DELEGACIÓN DE FACULTADES PARA SOLICITUD DE CERTIFICADO ELECTRÓNICO

El Consejo, por unanimidad, acordó facultar a D. ...., para solicitar y gestionar cuantos documentos públicos y/o privados sean necesarios o convenientes para la obtención de «Certificado Electrónico de Personas Jurídicas (CPJ)» de la autoridad certificadora, para la presentación de declaraciones, solicitudes de ayudas y subvenciones a través de Internet, y en suma para solicitar certificados electrónicos conforme a la Ley 59/2003, de 19 de diciembre, pudiendo comparecer ante prestadores de servicios y solicitar las tarjetas de identidad correspondientes, cumpliendo los requisitos legales que se requieren a tal efecto.

5.° DELEGACIÓN DE FACULTADES PARA NOMBRAR REPRESENTANTE DE LA SOCIEDAD EN LAS JUNTAS DE ACCIONISTAS

El Consejo, por unanimidad, acordó facultar al Sr. Presidente del Consejo de Administración, D. ...., para nombrar representante de la sociedad en las Juntas de Accionistas que se celebren en las sociedades filiales y/o participadas.

6.º RUEGOS Y PREGUNTAS

No se formuló ninguna pregunta por parte de los Señores Consejeros y no existiendo más asuntos que tratar, se levanta la sesión siendo las 12 horas del día expresado en el encabezamiento, de lo que yo, el Secretario, con el V.º B.º del Sr. Presidente, doy fe.

V.º B.º

EL PRESIDENTE **EL SECRETARIO**

Certificación dimisión y nombramiento consejeros

D. ...., Secretario del Consejo de Administración de la Sociedad Unipersonal .... S.L., con domicilio social en Madrid .... y con CIF ....

CERTIFICO:

Que en la Junta General Extraordinaria y Universal de Accionistas, celebrada en el domicilio social el día ..... de .... de ......, con la asistencia del único accionista que representa la totalidad del capital suscrito, tras haber aceptado los asistentes su celebración y habiendo sido aprobada por unanimidad y firmada por el accionista único el acta correspondiente a dicha sesión al finalizar la misma, se adoptaron, entre otros, por unanimidad los siguientes acuerdos:

PRIMERO: Aceptar la dimisión presentada ante la propia Junta de los miembros del Consejo de Administración de la Sociedad, D. .... y D. ...., cuyos respectivos datos personales ya constan en el Registro Mercantil y no han sufrido variación.

SEGUNDO: Nombrar Consejeros de la Sociedad, por el plazo previsto en los Estatutos Sociales, a las siguientes personas:

D. ...., mayor de edad, casado, de nacionalidad española, residente en Madrid, con domicilio profesional en la calle .... y DNI ....

D. ...., mayor de edad, casado, de nacionalidad española, residente en Madrid, con domicilio profesional en la calle .... y DNI ....

Ambos, presentes en el acto, aceptan el nombramiento otorgado a su favor, toman posesión del mismo y manifiestan no estar afectos a las incompatibilidades y/o prohibiciones que la Ley establece.

TERCERO: Se acuerda facultar expresamente al Presidente y al Secretario del Consejo de Administración, para que cualquiera de ellos, indistintamente, pueda comparecer ante Notario al objeto de elevar a públicos los presentes acuerdos, hasta obtener su inscripción registral, pudiendo igualmente practicar las subsanaciones precisas a tal fin.

Todo lo cual certifico yo, el Secretario del Consejo de Administración con el Visto Bueno del Sr. Presidente a .... de ....de ....

V.° B.°:

EL PRESIDENTE **EL SECRETARIO**

II. CONCURSAL

A. EL PROCEDIMIENTO ORDINARIO

El procedimiento del concurso se divide en seis secciones, ordenándose las actuaciones de cada una de ellas en cuantas piezas separadas sean necesarias o convenientes (art. 183 Ley Concursal; en lo sucesivo, LC).

A.1. DECLARACIÓN DEL CONCURSO (art. 16 LC). El Juez ordena la formación de la sección primera una vez declarado el concurso a solicitud del deudor o bien cuando haya sido admitida a trámite la solicitud de la declaración de concurso presentada por cualquier otro legitimado.

- Comprende todo lo relativo a las siguientes materias:
- Declaración del concurso.
- Medidas cautelares.
- Resolución final de la fase común.
- Conclusión y, en su caso, reapertura del concurso.
- Nombramiento de los administradores (art. 21 LC), en número de tres salvo caso de procedimiento abreviado en que será un único administrador (art. 27 LC).
- El Auto será ejecutivo aunque no sea firme (art. 21.2 LC).

A.2. ADMINISTRACIÓN (arts. 21.3.º y 26 LC). La sección segunda comprenderá todo lo relativo a:

- La administración del concurso.
- Las incidencias respecto al nombramiento de los administradores concursales.
- Estatuto y facultades de los administradores concursales.
- Rendición de cuentas de administradores concursales.
- Responsabilidad de los administradores concursales.

A.3. DETERMINACIÓN DE LA MASA ACTIVA. Contendrá las siguientes materias:

- Todo lo relativo a la sustanciación de la masa activa (art. 183.3.ª LC).
- Las acciones de reintegración y reducción.
- La realización de los bienes y derechos que integran la masa activa.
- El pago a los acreedores.
- Las deudas de la masa.

A.4. DETERMINACIÓN DE LA MASA PASIVA

Incluirá las cuestiones atinentes a la sustanciación de la masa pasiva (art. 183.4.ª LC):

- Comunicación, reconocimiento, graduación y clasificación de los créditos.
- Los juicios declarativos contra el deudor que se hubieran acumulado al concurso de acreedores.
- Las ejecuciones que se inicien o reanuden contra el concursado.

A.5. CONVENIO Y LIQUIDACIÓN. La fase de convenio y liquidación se ordena en el auto dando por finalizada la fase común y abriendo la fase de convenio siempre que no exista petición de liquidación ni exista convenio anticipado, ni tampoco se haya impugnado el informe y la lista de acreedores.

- Comprende las siguientes materias:
- El convenio o, en su caso, la liquidación (art. 183.5.ª LC)
- La sustanciación de los incidentes de oposición a la aprobación del convenio (art. 128 LC)
- Las incidencias relativas al cumplimiento o incumplimiento del convenio.

A.6. CALIFICACIÓN DEL CONCURSO (art. 167.1 LC)

- El auto que encabeza la pieza debe adoptar alguna de las siguientes decisiones:
- Aprueba una quita superior a un tercio del importe de los créditos.
- Aprueba una espera superior a tres años.
- Ordena la liquidación.

B. LAS PARTES EN EL PROCEDIMIENTO CONCURSAL

— EL DEUDOR

El deudor será siempre reconocido como parte en todas las secciones del concurso sin necesidad de comparecencia en forma (art. 184.1 LC) y actuará siempre representado por procurador y asistido de Letrado.

— EL FONDO DE GARANTÍA SALARIAL

Deberá ser citado como parte cuando del proceso pudiera derivarse su responsabilidad para el abono de salarios o indemnizaciones de los trabajadores (art. 184.1 *in fine* LC)

— EL MINISTERIO FISCAL

Será siempre parte en la sección sexta (de calificación del concurso), en virtud de lo dispuesto en el artículo 184.1 *in fine* LC.

— EL ACREEDOR

Sin **necesidad de comparecer en forma** los acreedores podrán:

- Comunicar créditos y formular alegaciones (art. 184.3 LC).
- Asistir e intervenir en la Junta (art. 184.3 LC).
- Solicitar del Juzgado el examen de aquellos documentos o informes que consten en autos sobre sus respectivos créditos, personalmente o por medio de Letrado o Procurador, quienes tampoco están obligados a personarse (art. 185 LC).

Previa comparecencia en forma, representados por Procurador y asistidos de Letrado, los acreedores podrán (art. 184.3 LC):

- Solicitar la declaración de concurso.
- Comparecer en el procedimiento.
- Interponer recursos.
- Plantear incidentes.
- Impugnar actos de los administradores.

— **LOS ADMINISTRADORES CONCURSALES**

Serán siempre reconocidos como parte sin necesidad de comparecencia en forma (art. 184.1 LC).

Los administradores concursales serán oídos siempre sin necesidad de comparecencia en forma, pero cuando intervengan en recursos o incidentes deberán hacerlo asistidos de letrado. La dirección técnica de estos recursos e incidentes se entenderá incluida en las funciones del letrado miembro de la administración concursal (art. 184.5 LC).

Nueva redacción del art. 184.5 dada por RD-ley 3/2009, de 27 de marzo, de medidas urgentes en materia tributaria, financiera y concursal ante la evolución de la situación económica (BOE 31 marzo).

— **CUALQUIERA QUE OSTENTE INTERÉS LEGÍTIMO** puede comparecer siempre que lo haga representado por procurador y asistido de Letrado.

— **EL JUEZ** (arts. 186, 188 y 189 LC). Al Juez le corresponde el impulso procesal del concurso una vez declarado.

Cuando la Ley no fije plazo para resolver, deberá resolver sin dilación.

Los incidentes no tendrán carácter suspensivo salvo que el Juez de forma excepcional lo acuerde mediante resolución motivada.

En caso de querella criminal o denuncia criminal sobre hechos relacionados con el concurso el Juez deberá adoptar las medidas de retención de pagos a los acreedores u otras análogas que permitan continuar la tramitación del procedimiento concursal.

La LC (art. 187 LC) otorga una serie de facultades excepcionales al Juez del concurso, en aras de la agilidad del procedimiento y la economía procesal, como la posibilidad de habilitar días y horas necesarios para la práctica de diligencias urgentes o la de realizar diligencias de prueba fuera del territorio de su

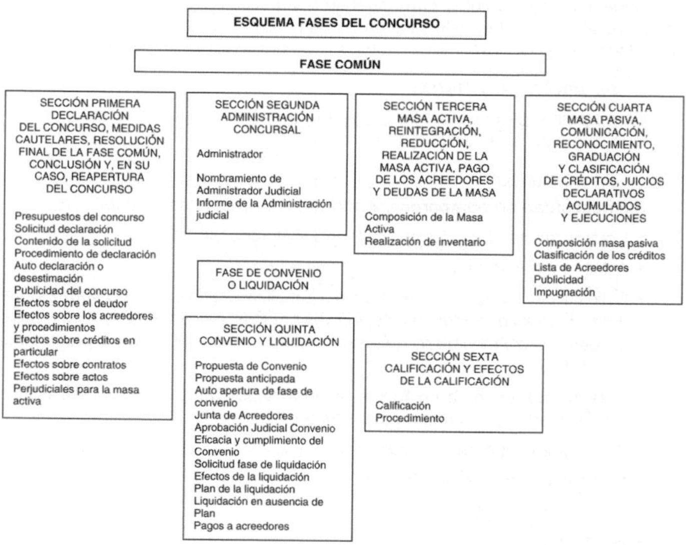

competencia, siempre que se ponga en conocimiento previo del Juez competente y no perjudique la competencia del Juez correspondiente.

C. EL PROCEDIMIENTO ABREVIADO

Viene regulado en los artículos 190 y 191 LC y procederá cuando se den los siguientes requisitos:

- El juez aplicará un procedimiento especialmente simplificado cuando el deudor sea una persona natural o persona jurídica que, conforme a la legislación mercantil, esté autorizada a presentar balance abreviado y, en ambos casos, la estimación inicial de su pasivo no supere 10.000.000 de euros.
- En cualquier momento de la tramitación de un concurso ordinario en el que quede de manifiesto la concurrencia de los requisitos mencionados en el apartado anterior, el juez del concurso ordenará, de oficio o a instancia de parte, la conversión al procedimiento abreviado sin retrotraer las actuaciones practicadas hasta entonces. También podrá, con idénticos presupuestos y efectos, ordenar la conversión inversa cuando quede de manifiesto que en un procedimiento abreviado no concurre alguno de los requisitos exigidos.

  Nueva redacción del art. 190 dada por RD-ley 3/2009, de 27 de marzo, de medidas urgentes en materia tributaria, financiera y concursal ante la evolución de la situación económica (BOE 31 marzo).

Siempre que se den los requisitos del artículo 190.1 LC, puede convertirse el concurso ordinario en abreviado, o a la inversa. Puede acordarse en cualquier momento de la tramitación, de oficio o a instancia de parte y sin necesidad de retrotraer las actuaciones.

El procedimiento abreviado presenta las siguientes **notas** diferenciadoras:

- **Reducción de los plazos a la mitad**, salvo aquellos casos en que por razones especiales el Juez acuerde mantener los plazos del concurso ordinario.
- El **plazo para la presentación del informe por los administradores es de un mes.**
- La administración concursal estará integrada por **un único administrador,** salvo que el Juez resolviera expresamente lo contrario de forma motivada.

D. ESPECIFICIDADES AL RÉGIMEN CONCURSAL COMÚN

— POR LA PERSONA DEL CONCURSO (art. 13 LC)

- Si la solicitud de concurso se refiere a **una entidad de crédito o a una empresa de servicios de inversión**, el Juez, al tiempo de proveer sobre ella:

  a) La comunicará al Banco de España y a la Comisión Nacional del Mercado de Valores, y

  b) solicitará relación de los sistemas de pagos y de liquidación de valores o instrumentos financieros derivados a los que pertenezca la entidad afectada y la denominación y domicilio de su gestor, en los términos previstos en la legislación especial aplicable.
- Si la solicitud se refiere a una **entidad aseguradora**, el Juez comunicará la solicitud a la Dirección General de Seguros y Fondos de Pensiones.

- Si la solicitud se refiere a una **mutua de accidentes de trabajo y enfermedades profesionales,** el Juez comunicará la solicitud al Ministerio de Trabajo y Asuntos Sociales.
- Si la solicitud se refiere **a una sociedad que tenga emitidos valores o instrumentos financieros negociados en un mercado secundario oficia**l, el Juez habrá de comunicar la solicitud a la Comisión Nacional del Mercado de Valores.

— **RELATIVAS A LA ADMINISTRACIÓN CONCURSAL (arts. 27 a 29)**

- Si se trata del concurso de una entidad emisora de valores o instrumentos derivados que se negocien en un mercado secundario oficial, de una encargada de regir la negociación, compensación o liquidación de esos valores o instrumentos, o de una empresa de servicios de inversión, **será nombrado administrador concursal personal técnico de la CNMV u otra persona propuesta por ésta de similar cualificación**, a cuyo efecto la CNMV comunicará al Juez la identidad de aquélla.
- En caso de concurso de una entidad de crédito o de una entidad aseguradora **será nombrado en lugar del acreedor a que se refiere el artículo 27.1.3.º LC, el fondo de garantía de depósitos que corresponda o el Consorcio de Compensación de Seguros**, respectivamente, quienes deberán comunicar al Juez de inmediato la identidad de la persona natural que haya de representarlos en el ejercicio del cargo. El Abogado y Auditor serán nombrados de entre los propuestos, respectivamente, por el Fondo de Garantía de Depósitos y el Consorcio de Compensación de Seguros.

E. EL INCIDENTE CONCURSAL

El incidente concursal es el cauce normal de resolución de cualquier tipo de conflictos que puedan surgir en la tramitación del procedimiento concursal (arts. 192 y ss. LC).

- La demanda incidental habrá de presentarse en la forma prevista para la demanda del juicio ordinario (art. 399 LEC).
- La inadmisión a trámite de la demanda deberá hacerse mediante auto, que será recurrible en apelación cuando se haya fundamentado la inadmisión, bien en la impertinencia de la cuestión o bien en que la cuestión planteada carece de entidad suficiente para tramitarla por la vía incidental.
- La admisión de la demanda incidental se hará mediante providencia, emplazando a las demás partes por plazo común de 10 días para que contesten en la forma prevenida en el artículo 405 LEC.
- Contestada la demanda o transcurrido el plazo para ello se seguirán los trámites del juicio verbal (arts. 437 y ss. LEC).
- La sentencia se dictará en el plazo de 10 días siguientes a la celebración del juicio, tendrá efectos de cosa juzgada y se regirá en materia de costas por lo dispuesto en la Ley de Enjuiciamiento Civil.

— **PARTICULARIDADES DEL INCIDENTE CONCURSAL EN MATERIA LABORAL (arts. 64.8 y 195 LC)**

a) Demanda

La demanda se formula como la demanda del juicio verbal (art. 437 LEC). En caso de advertirse defectos, se prevé la posibilidad de su subsanación en el plazo de cuatro días. De no verificarse la subsanación, se procede al archivo de la demanda.

b) Juicio

El juicio se señalará en los 10 días siguientes a la admisión de la demanda, debiendo mediar un mínimo de 4 días entre la citación y el juicio.

El juicio se seguirá por los trámites del juicio verbal (art. 443 LEC), salvo dos cuestiones: el juicio principiará con intento de conciliación o avenencia y además se concederá a las partes un trámite de conclusiones.

c) Sentencia

La sentencia se dictará en el plazo de 10 días siguientes a la celebración del juicio, tendrá efectos de cosa juzgada y se regirá en materia de costas por lo dispuesto en la Ley de Procedimiento Laboral.

d) Sistema de recursos (art. 197 LC)

Por regla general los recursos se sustanciarán en la forma prevista por la LEC (arts. 448 y ss.) con las especialidades previstas en el artículo 197 LC que se analizan a continuación y sin perjuicio de lo dispuesto en el artículo 64 LC respecto de los procesos de modificación sustancial de las condiciones de trabajo y de suspensión o extinción colectiva de las relaciones laborales.

Las providencias y autos serán recurribles en reposición salvo disposición expresa en contra.

No cabrá recurso y sí reproducción de la cuestión en la apelación más próxima respecto de los autos resolutorios de recursos de reposición y de las sentencias dictadas en incidentes concursales promovidos en fase común o de convenio.

Contra las sentencias en que se apruebe el convenio y las que resuelvan incidentes concursales planteados con posterioridad o durante la fase de liquidación cabrá recurso de apelación en la forma prevista para las apelaciones dictadas en juicio ordinario.

Al admitir el recurso de apelación el Juez puede acordar motivadamente la suspensión de aquéllas actuaciones que puedan verse afectadas por su resolución. Esta decisión es susceptible de revisión ante la Audiencia Provincial mediante petición formulada en el escrito de interposición del recurso de apelación u oposición a la misma.

Cabe recurso de casación y extraordinario por infracción procesal contra las sentencias dictadas por las audiencias relativas a la aprobación o cumplimiento del convenio, a la calificación o conclusión del concurso y las que resuelvan acciones de las comprendidas en las secciones tercera y cuarta del concurso.

El recurso de suplicación y los demás recursos previstos en la Ley de Procedimiento Laboral podrán interponerse contra las sentencias que resuelvan incidentes concursales relativos a acciones sociales cuyo conocimiento corresponda al Juez del concurso.

e) Derecho procesal supletorio

La Disposición Final Quinta establece la aplicación de la LEC como derecho procesal supletorio para lo no previsto en la Ley Concursal.

Específicamente, y en cuanto al cómputo de los plazos determinados en la Ley Concursal, se hace una remisión a la Ley de Enjuiciamiento Civil. De conformidad pues con el artículo 133 LEC el cómputo principiará el día siguiente a aquel en que se hubiere efectuado el acto de que se trate y se contará el día del vencimiento que expirará a las 24 horas.

Por último, y como cláusula de cierre, dispone esta Disposición Final Quinta que serán también de aplicación al proceso concursal los principios de la LEC en cuanto a la ordenación formal y material del procedimiento.

III. ARBITRAJE

El arbitraje es una institución que permite a los ciudadanos dirimir sus controversias, sin necesidad de acudir a la jurisdicción, siempre y cuando la controversia de las partes, sea una materia de libre disposición conforme a Derecho (art. 2.1 de la Ley de Arbitraje; en adelante, LA).

Esta materia ha sufrido una importante revisión para adaptarse a la Ley modelo elaborada por la Comisión de las Naciones Unidas, para el Derecho mercantil internacional, de 21 de junio de 1985 (denominada «Ley Modelo de CNUDMI/UNCITRAL»). Para la Ley 60/2003, de 23 de diciembre, que deroga la anterior Ley 36/1988, de 5 de diciembre, el arbitraje sigue siendo para la nueva LA, un medio para la solución de conflictos basado en la autonomía de la voluntad de las partes y supone una renuncia a la jurisdicción, por la del árbitro o árbitros.

A. MATERIAS EXCLUIDAS DEL ARBITRAJE

1. Materias indisponibles, como las indicadas por el art. 1814 del Código Civil: cuestiones relativas al estado civil de las personas, cuestiones matrimoniales, ni alimentos futuros.

2. Materias excluidas expresamente por la LA, como los arbitrajes laborales (art. 1.4.º LA).

B. CLASES DE ARBITRAJE

Siguiendo sustancialmente la legislación anterior, la nueva LA distingue diferentes clases de arbitraje:

B.1. Arbitraje de derecho o de equidad

La nueva LA, sigue permitiendo que el arbitraje pueda ser de derecho o de equidad, en función del modo de decidir la cuestión litigiosa. La elección corresponde a las partes. A falta de acuerdo, la LA modifica radicalmente el sistema anterior, por el que a falta de acuerdo o de previsión el arbitraje era de equidad: art. 4 LA/1988, de forma que el art. 34.1.º LA sólo permite el arbitraje de equidad, cuando las partes así lo autoricen expresamente.

Si el arbitraje es de derecho, los árbitros han de aplicar las normas jurídicas relativas al fondo del asunto. Si es de equidad, resolverán según su leal saber y entender, según su juicio personal y sólo están vinculados por los términos del convenio arbitral.

El procedimiento arbitral regulado en la LA es el mismo para ambas clases de arbitraje, aunque en el arbitraje de derecho los árbitros han de ser Abogados en ejercicio, salvo acuerdo expreso en contrario (art. 15.1.º LA). El laudo debe siempre constar por escrito, y ser motivado (art. 37.3.º y 4.º).

B.2. Arbitraje contractual y arbitraje testamentario

El arbitraje suele instituirse por convenio o contrato suscrito por las partes (art. 9 LA), pero el art. 10 LA, prevé que el arbitraje se origine por la sola voluntad del testador, para solucionar diferencias entre herederos no forzosos y legatarios, y para cuestiones relativas a la distribución o administración de la herencia.

B.3. Arbitraje **ad hoc** *y arbitraje institucional*

Si son las partes las que directamente designan a los árbitros o encomiendan su designación a una persona física o jurídica, el arbitraje se denomina *ad hoc*. El arbitraje también puede ser institucional cuando las partes encomiendan la designación de los árbitros y la administración del arbitraje a una institución arbitral, [arts. 4.a) y 14 LA] por ejemplo el Tribunal Arbitral de un determinado Colegio de Abogados. En estos supuestos, la institución arbitral ejercerá sus funciones conforme a sus propios Reglamentos (art. 14 LA).

B.4. Arbitraje ordinario y arbitrajes especiales

El arbitraje ordinario, es el sometido a la Ley de Arbitraje de 23 de diciembre de 2003, y arbitraje especial, el regulado por otras normas especiales según los siguientes supuestos:

1. Materias expresamente excluidas de la LA; por ejemplo, los arbitrajes laborales (art. 1.4.º LA).

2. Materias sometidas por acuerdo de las partes a otra regulación del arbitraje, siendo en este caso de aplicación supletoria la LA (art. 1.3.º LA), como ocurre expresamente con los Arbitrajes de Consumo (Disp. Adic. Única LA).

C. El ARBITRAJE INTERNACIONAL

Como novedad, la nueva LA pretende ser una Ley general, aplicable íntegramente a los arbitrajes internos y también a los internacionales, estableciendo una regulación unitaria para ambos arbitrajes, sin perjuicio de lo establecido en Tratados Internacionales en que sea parte el Estado español, o en Leyes especiales (art. 1.1.º LA).

El arbitraje internacional tiene las siguientes peculiaridades en la LA:

1. Carácter internacional: será internacional el arbitraje, cuando: 1) las partes tengan sus domicilios en Estados diferentes, en el momento de celebración del convenio arbitral; 2) el lugar del arbitraje determinado en el convenio arbitral, o el lugar de cumplimiento de una parte sustancial de las obligaciones, esté situado fuera del Estado en que las partes tengan sus domicilios, y 3) la controversia afecte a relaciones jurídicas de comercio internacional.

2. Los árbitros decidirán la controversia, de conformidad con las normas jurídicas elegidas por las partes (art. 34.2.º LA).

3. Requisitos para que exista convenio arbitral: a tenor del art. 9.6.º LA, debe concurrir cualquiera de los siguientes tres requisitos: se podrá realizar un arbitraje internacional, cuando las normas elegidas por las partes lo permitan, cuando lo permitan las normas aplicables al fondo del asunto, o el derecho español (art. 3 LA).

D. EL CONVENIO ARBITRAL Y SUS EFECTOS

Los arts. 9 y 10 LA detallan cómo pueden las partes someterse al arbitraje, siendo la primera y más lógica o frecuente opción, el acuerdo contractual, es decir, que mediante una cláusula contractual ad hoc, o independiente del contrato, (denominada «cláusula arbitral»), ambas partes expresen su voluntad de someter a arbitraje todas o algunas de sus controversias presentes o futuras.

En el supuesto de cláusula contenida en un contrato de adhesión, el art. 9.2.º LA se remite a la normativa general de esta clase de contratos, para la validez e interpretación del convenio 3.

Para ello, los párrafos 3.º a 5.º del art. 9 LA exigen que el convenio arbitral conste por escrito, y sea realmente bilateral, es decir, debe constar en un documento firmado por ambas partes, o en su defecto, aceptarse el convenio arbitral, mediante intercambio de cualquier medio de telecomunicación, que deje constancia del acuerdo 4, aunque el requisito queda cumplido cuando el convenio arbitral, conste en cualquier tipo de soporte que permita su consulta, como soportes electrónicos o ópticos.

La única excepción a la bilateralidad del convenio arbitral, es para el art. 10 LA, el arbitraje testamentario, antes tratado.

El segundo efecto del convenio arbitral es la obligación de las partes de someterse al arbitraje, y por tanto, que la jurisdicción deba abstenerse, de conocer de la controversia. A estos efectos, el art. 11 LA, siguiendo al art. 63 LEC, establece que la declinatoria, es el medio procesal idóneo para que los Tribunales se abstengan de conocer de una materia sometida por las partes a arbitraje, en el caso de que dicha materia sea objeto de una demanda civil. La presentación de declinatoria, no suspende las actuaciones arbitrales, por expresa dicción del art. 11 LA.

Adviértase que, en realidad, las partes conservan siempre la potestad de encomendar a la jurisdicción, la resolución del conflicto que en origen sometieron a arbitraje. Así surgida la controversia, una de las partes puede presentar la demanda judicial, produciéndose una renuncia tácita al arbitraje por parte del actor. En este supuesto, el efecto exclusivo de la jurisdicción dependerá de que el demandado promueva la declinatoria, de acuerdo con lo previsto en los arts. 63 y ss. LEC. Si el demandado no presenta la declinatoria, renuncia tácitamente al arbitraje.

E. LOS ÁRBITROS

Las partes pueden fijar libremente el número de árbitros, siempre que sea impar. A falta de acuerdo, se designará un solo árbitro (art. 12 LA). Pueden ser árbitros las personas naturales que se hallen, desde su aceptación, en el pleno ejercicio de sus derechos civiles. Pero cuando la cuestión litigiosa haya de decidirse con arreglo a Derecho, que es la norma general en la actual LA, los árbitros habrán de ser Abogados en ejercicio, salvo acuerdo expreso en contrario (art. 15.1.º LA), por tanto en los arbitrajes de equidad, los árbitros podrán ser legos en Derecho.

E.1. Nombramiento de los árbitros

A efectos del nombramiento de árbitros, el art. 15.2.º LA, parte del libre acuerdo de las partes, estableciendo que en su defecto:

1. En el arbitraje con un solo árbitro, a petición de cualquiera de las partes, será el Juez competente el encargado.

2. En el arbitraje con tres árbitros, cada parte nombra un árbitro, y el tercero que actuará de Presidente, será nombrado por los árbitros ya designados. Las partes disponen del plazo de 30 días, siguientes al requerimiento de nombramiento. Transcurrido el plazo será el órgano judicial competente quien designará árbitros.

El mismo plazo y procedimiento se aplicará cuando los árbitros no designen en el plazo al árbitro Presidente, o en el caso de litisconsorcio.

3. En el arbitraje con más de tres árbitros, todos serán nombrados por el órgano judicial competente.

E.2. Las causas de abstención y recusación de los árbitros

Los árbitros podrán ser recusados si concurren «circunstancias que den lugar a dudas sobre su imparcialidad o independencia, o si no poseen las cualificaciones convenidas por las partes».

En cuanto al procedimiento de recusación, el art. 18 LA parte una vez más del acuerdo de las partes, y, en su defecto, establece un plazo de 15 días siguientes a la aceptación del cargo de árbitro, para instar la recusación, si bien la parte proponente sólo podrá recusar a los árbitros nombrados a su instancia, por causas de las que haya tenido conocimiento, después de su designación (art. 17 *in fine*).

La decisión de la recusación corresponde al resto de árbitros (lo que significa que en el caso de árbitro único, él deberá decidir su propia recusación). Ante la desestimación de la recusación, la parte recusante podrá, en su caso, hacer valer la recusación mediante la acción de anulación del laudo.

E.3. Deberes y derechos de los árbitros

La obligación principal de los árbitros es la de resolver la controversia mediante la emisión del laudo correspondiente. Tienen derecho a percibir honorarios, y a solicitar provisión de fondos (art. 20 LA).

F. EL PROCEDIMIENTO ARBITRAL

Los arts. 22 a 39 LA (dentro del Título IV de la LA) regulan las reglas subsidiarias por las que se desarrollará el arbitraje, siendo de destacar las siguientes características:

a) Competencia de los árbitros: el art. 22 LA les faculta no sólo para decidir sobre su propia competencia, sino incluso para decidir excepciones relativas a la existencia y validez del convenio arbitral, o cualquier cuestión que les impida entrar en el fondo de la controversia.

Para emitir el laudo, el art. 25.2.º LA, les faculta para dirigir el procedimiento de la forma que les parezca más oportuna, pudiendo decidir sobre la admisibilidad de las pruebas, sobre su práctica incluso de oficio, y sobre su valoración.

b) Medidas cautelares: el art. 23 LA permite a los árbitros adoptar medidas cautelares a instancia de parte, pudiendo exigir caución al solicitante.

c) Principio de igualdad de las partes: el art. 24 LA garantiza dicho principio en el procedimiento, junto con los principios de audiencia y contradicción.

d) Determinación del procedimiento: las partes podrán determinar libremente el procedimiento, siendo una vez más la LA de aplicación subsidiaria.

F.1. La aceptación del cargo de árbitro

Aunque el art. 27 LA indica que el procedimiento se inicia cuando el demandado recibe el requerimiento de someter a arbitraje la controversia, debemos entender que no se puede iniciar el arbitraje hasta que el árbitro/s esté/n designado/s, y en especial, a partir de que acepte/n el encargo.

De esta forma, el art. 16 LA indica que, salvo acuerdo de las partes, la aceptación debe hacerse por escrito en el plazo de quince días a contar desde el siguiente a la notificación de la designación; transcurrido el plazo, se entenderá que no acepta el nombramiento.

F.2. La fase de alegaciones

El procedimiento se inicia con la presentación de una demanda por parte del actor y la contestación por el demandado, dentro de los plazos que convengan las partes o en su defecto los árbitros (art. 29 LA). Conviene señalar que ambos escritos no deben ajustarse a las formalidades, que tienen en los procesos civiles, los arts. 399 y 405 LEC, ya que siguiendo a la Exposición de Motivos de la LA tienen más función de «ilustrar a los árbitros sobre el objeto de la controversia».

No obstante, el citado art. 29 LA prevé que se aporten los documentos con dichas alegaciones, y el art. 31 LA sanciona la falta de presentación de los escritos, con efectos procesales similares a lo que indica al efecto la LEC. En todo caso, esos escritos se alejan finalmente de sus homónimos procesales, cuando la misma norma permite la modificación o ampliación de la demanda y contestación, durante el procedimiento, salvo que los árbitros lo consideren improcedente, por razón de la demora en su presentación.

F.3. La fase probatoria

La norma general es el señalamiento de audiencias —orales—, tanto para la presentación de alegaciones como para la práctica de pruebas, audiencias en que las partes serán citadas con suficiente antelación y podrán intervenir, directamente o por medio de sus representantes (art. 30 LA), lo que autoriza la intervención de Abogado en el arbitraje.

La LA sólo regula en el art. 32 la prueba pericial, hecho que acredita su importancia en esta sede, permitiendo, al efecto, el uso de la doble modalidad, heredada de los arts. 336 y 339 LEC, tanto de peritos aportados por las partes como designados de oficio por los árbitros, estableciendo el lógico criterio de que tras la presentación de sus informes, los peritos deben en audiencia poder ser interrogados por las partes.

F.4. El régimen de decisiones

A tenor del art. 35 LA, y salvo acuerdo de las partes, cuando haya más de un árbitro, las decisiones se tomarán por mayoría, decidiendo el Presidente cuando no se obtenga. Las cuestiones de tramitación e impulso del procedimiento se decidirán por el Presidente.

G. EL LAUDO ARBITRAL

El procedimiento arbitral termina con el laudo que debe cumplir con los siguientes requisitos (art. 37 LA)

1. Salvo que las partes hubieran dispuesto otra cosa, los árbitros deben dictar el laudo en el plazo de seis meses contados desde la fecha de la contestación a la demanda de arbitraje.

2. El laudo debe dictarse por escrito, y ser firmado por los árbitros, que podrán hacer constar su parecer discrepante, y será notificado a las partes.

3. El laudo debe pronunciarse sobre las costas del arbitraje, costas que incluirán los honorarios de los árbitros, y en su caso, el de los defensores o representantes de las partes.

El laudo, además:

a) Puede dictarse respetando una transacción de las partes (art. 36).

b) Puede aclararse o rectificarse, a instancia de cualquiera de las partes, o de oficio, dentro de los diez días siguientes a su notificación (art. 39 LA).

c) Cuando deviene firme produce efectos idénticos a la cosa juzgada (art. 43 LA) y constituye título ejecutivo (arts. 44 LA y 517.2.2.º LEC). La cosa juzgada excluye no sólo un posterior proceso jurisdiccional sobre la misma cuestión, sino también un segundo procedimiento arbitral. Además, la cosa juzgada se extiende a la validez y eficacia del convenio arbitral: una vez firme el laudo no cabe discutir, en un juicio declarativo ordinario, la validez del convenio arbitral.

d) Ya no es obligatoria su protocolización notarial (art. 37.8.º LA).

H. LA ACCIÓN DE ANULACIÓN DEL LAUDO ARBITRAL

La nueva LA ha eliminado en este ámbito, la expresión «recurso» de anulación del laudo, por «acción de anulación del laudo», ya que para la nueva Ley se trata de un proceso de impugnación de la validez del laudo, por motivos tasados; por tanto, las partes no pueden someter a control judicial una revisión del fondo de la decisión de los árbitros, ya que dicha revisión atentaría contra la voluntad de las partes de someter la cuestión litigiosa a arbitraje.

La justificación de esta acción se encuentra en los efectos de cosa juzgada y fuerza ejecutiva del laudo, que, salvo en el supuesto del arbitraje, únicamente se derivan de resoluciones dictadas por órganos con potestad jurisdiccional. Para ello, los arts. 40 a 43 LA regulan un tercer juicio verbal especial.

1. *Los motivos de anulación del art. 40 LA*

El laudo sólo puede anularse por los motivos tasados del art. 40 LA, que coinciden sustancialmente con las derogadas causas del art. 45 LA de 1988.

1. Cuando el convenio arbitral no existe o no es válido.

2. Por no haber sido debidamente notificada la designación de un árbitro, o de las actuaciones arbitrales, no ha podido por cualquier otra razón hacer valer sus derechos 6.

3. Cuando los árbitros hayan resuelto sobre puntos no sometidos a su decisión o que no puedan ser objeto de arbitraje.

4. Cuando la designación de los árbitros, o el procedimiento arbitral, no se han ajustado al acuerdo de las partes, o en su defecto a lo que establece la LA.

5. Cuando los árbitros hayan resuelto sobre cuestiones, no susceptibles de arbitraje.

6. Cuando el laudo fuera contrario al orden público. Es decir, cuando vulnere normas imperativas.

2. *El proceso de revisión de laudos firmes*

El art. 43 sigue concediendo contra los laudos firmes el proceso de revisión de sentencias firmes, de los arts. 509 y ss. LEC, lo que se explica por la evidente equiparación entre laudos arbitrales y sentencias firmes.

I. LA EJECUCIÓN FORZOSA DEL LAUDO ARBITRAL

El carácter de título ejecutivo del laudo arbitral comporta que sea susceptible de ejecución forzosa, por el procedimiento general que señala la LEC, para la ejecución forzosa de las sentencias firmes (arts. 538 y ss. LEC en relación al art. 44 LA), siendo de destacar que la demanda ejecutiva del art. 549 LEC, como especialidad en esta sede, deberá aportar el laudo objeto de ejecución (art. 517-2.º.2.º LEC, modificado por la Disposición Final Primera de la LA).

El art. 45 LA permite la ejecución del laudo, aunque contra él se haya ejercitado acción de anulación, lo que es lo mismo que permitir la ejecución provisional del laudo arbitral, de los arts. 526 y ss. LEC.

J. COMPETENCIA OBJETIVA Y TERRITORIAL DEL ARBITRAJE. LOS JUZGADOS DE LO MERCANTIL

El art. 86 ter de la Ley Orgánica del Poder Judicial, relativo a las competencias de los nuevos Juzgados de lo Mercantil, ha sido modificado recientemente, en cuanto a su apartado g) por el art. 1 de Ley Orgánica 20/2003, de 23 diciembre.

La reforma modifica parcialmente el art. 8 LA, en el sentido de atribuir a dichos Juzgados de lo Mercantil, competencia objetiva, para conocer de aquellas materias, que reservadas por el art. 8 LA a los Juzgados de Primera Instancia, atribuye ahora el art. 86 ter LOPJ a los Juzgados de lo Mercantil, lo que significa que todas aquellas materias ahora competencia objetiva por razón de la materia, de los Juzgados de lo Mercantil, a tenor del citado art. 86 ter LOPJ, también les corresponde en materia de arbitraje. Finalmente conviene destacar que, en consecuencia, la Audiencia Provincial sigue siendo competente para conocer de la acción de anulación de laudos arbitrales.

Como sólo son susceptibles de arbitraje las materias de libre disposición (art. 2 LA), los Juzgados de lo Mercantil tendrán competencia objetiva exclusiva para resolver arbitrajes cuyo objeto se funde en las siguientes materias [ordinales a) a d) del art. 86 ter LOPJ]:

a) Competencia desleal, propiedad industrial, propiedad intelectual y publicidad, así como todas aquellas cuestiones que dentro de este orden jurisdiccional se promuevan al amparo de la normativa reguladora de las sociedades mercantiles y cooperativas.

b) Transportes, nacional o internacional.

c) Derecho marítimo.

d) Condiciones generales de la contratación en los casos previstos en la legislación sobre esta materia.

Las normas de competencia territorial del art. 8 LA siguen por consiguiente vigentes.

IV. CONTRATOS

1. CONTRATO DE COMISIÓN MERCANTIL

En ...., a........................

REUNIDOS:

De una parte:

D. ...., mayor de edad, casado en régimen de ...., de nacionalidad española, con domicilio a estos efectos en .... de......... y con DNI número ....

Interviene en nombre y representación de la sociedad mercantil denominada ...., domiciliada en ..... calle ...., número .... y con CIF número ...., constituida, por tiempo indefinido, mediante escritura otorgada ante el notario de ...., D.............. el ,..., de .... de .... e inscrita en el Registro Mercantil de .... al tomo .... folio ...... sección ......, hoja ...., inscripción ....., en su calidad de Administrador Único.

En adelante, el **Comitente**.

Y de otra:

D. ...., mayor de edad, casado en régimen de ...., de nacionalidad española, con domicilio a estos efectos en .... de .... y con DNI número ....

Interviene en su propio nombre y personal derecho.

En adelante, el **Comisionista**.

Las partes se reconocen la capacidad legal necesaria para contratar y obligarse, y a tal efecto

EXPONEN:

I. Que el **Comitente** es una empresa dedicada a la venta de los productos de perfumería y artículos de cosmética.

II. Que el **Comisionista** está especializado en la venta de dichos productos.

III. Que el **Comitente** y el **Comisionista** han alcanzado un acuerdo en virtud del cual este último se compromete a la venta de dichos productos en la zona de .... pactando para su ejecución el presente contrato de comisión mercantil, con arreglo a las siguientes:

ESTIPULACIONES:

Primera. Objeto

En virtud del presente contrato el **Comisionista** se compromete a llevar a cabo la venta en nombre y por cuenta del **Comitente** de los productos que se enumeran en el Anexo 1 al presente contrato en la zona de ....

Segunda. Comisiones

El **Comisionista** percibirá como comisión un ...% del precio de venta de cada uno de los productos del **Comitente**.

Las mencionadas comisiones serán abonadas mensualmente al **Comisionista** una vez realizada la liquidación a la que se refiere la estipulación tercera de este contrato.

Tercera. Liquidación

Mensualmente el **Comisionista** llevará a cabo la liquidación de los productos efectivamente vendidos y entregados al comprador, reintegrando a la empresa el producto de dichas ventas, reteniendo para sí, del precio de los mismos, la comisión pactada. No obstante, después de cada operación, el **Comisionista** entregará al **Comitente** la oportuna nota de abono de cada operación realizada.

Cuarta. Suministros

El **Comitente** suministrará al **Comisionista** sus productos en las cantidades que éste le solicite mensualmente hasta un límite de .... unidades quedando aquéllos en depósito del **Comisionista** hasta que se proceda a su venta, corriendo éste con los gastos de custodia y conservación de los mismos, así como con los riesgos por su pérdida.

Cuando el **Comisionista** necesite para atender la petición de un cliente una cantidad de productos de la que no disponga en depósito, se lo solicitará al **Comitente**, remitiéndole la correspondiente nota de pedido, que deberá ponerlos a su disposición en un plazo máximo de ...... días. En caso de incumplimiento de dicho plazo imputable al **Comitente**, el **Comisionista** tendrá derecho a percibir la comisión que le corresponda por dicha operación, haya ésta tenido lugar finalmente o no.

Quinta. Autocontratación

El **Comisionista** no podrá adquirir para sí mismo los productos del **Comitente**.

Sexta. Descuentos

El **Comisionista** no podrá acordar descuento alguno sobre los productos objeto de venta, salvo que medie autorización expresa del **Comitente** para cada caso concreto.

Séptima. Duración

El presente contrato tendrá una duración de .... años, prorrogables si ninguna de las partes denuncia el mismo, comunicándoselo por escrito a la otra parte con una antelación mínima de .... meses.

Octava. Exclusividad

El **Comitente** se obliga a no conceder autorización alguna para la venta de sus productos en la zona asignada al **Comisionista**.

Novena. Colaboradores

El **Comisionista** podrá auxiliarse para la gestión de las ventas que tiene encomendadas de las personas que estime conveniente, que quedarán bajo su cargo y responsabilidad, no asumiendo el **Comitente** obligación alguna con respecto a éstos.

Décima. Terminación y resolución del contrato

10.1. Son causas de terminación y resolución del presente contrato las siguientes:

a) Su terminación normal, ya sea por haber llegado el contrato a su vencimiento, ya sea por haberse cumplido y ejecutado la prestación a la que ambas partes se encuentran obligadas, ya sea por acuerdo mutuo de las partes.

b) Por incumplimiento de cualquiera de las partes de alguna de las cláusulas del presente contrato, sin que dicho incumplimiento fuera subsanado dentro de los .... días siguientes a la notificación por escrito efectuada por la otra parte solicitando la subsanación del incumplimiento.

c) La declaración de quiebra a instancia de acreedor legítimo de cualquiera de las partes, o la presentación de solicitud de quiebra voluntaria o suspensión de pagos de cualquiera de ellas, o la interposición en contra de cualquiera de las partes de juicios ejecutivos o embargos preventivos u otras medidas cautelares que impliquen la disminución de la solvencia económica de las mismas.

10.2. La resolución del presente contrato o de cualquiera de las licencias concedidas en su aplicación no excluye cualquier otra reparación legal o judicial que cualquiera de las partes estime oportuno obtener.

Undécima. Gastos del contrato

Queda expresamente convenido que todos los gastos, impuestos, contribuciones, tasas o arbitrios, presentes o futuros, que origine este contrato serán satisfechos por las partes, conforme a Ley.

Duodécima. Sometimiento a arbitraje

Con renuncia expresa al ejercicio de cualquier acción ante los Juzgados y Tribunales, las partes se comprometen expresamente a instituir, en su día, un arbitraje de Derecho privado, con arreglo a la legislación vigente, para resolver cuantas dudas o divergencias pudieran surgir entre ellas como consecuencia de la interpretación o cumplimiento de este contrato.

Decimotercera. Normativa aplicable al contrato

El presente contrato tiene carácter de mercantil y se regirá, en primer término, por las estipulaciones contenidas en el mismo, y, en lo en ellas no previsto, por las disposiciones del Código de Comercio, Leyes especiales, los usos y costumbres mercantiles y, en su defecto, por lo establecido en el Código Civil.

Decimocuarta. Elevación a documento público

El presente contrato se elevará a público a solicitud de cualquiera de las partes, siendo los gastos del fedatario pagados por la parte que lo solicite.

Conformes las partes con el contenido del presente contrato, lo firman por duplicado en el lugar y fecha arriba indicados.

El Comitente **El Comisionista**

2. *CONTRATO DE AGENCIA*

En ...., a ....

REUNIDOS:

De una parte:

D. ...., mayor de edad, casado en régimen de ...., de nacionalidad española, con domicilio a estos efectos en .... de .... y con DNI número........

Interviene en nombre su propio nombre y derecho.

En adelante, el **Agente**.

Y de otra:

D. ...., mayor de edad, casado en régimen de ...., de nacionalidad española, con domicilio a estos efectos en .... de......... y con DNI número........

Interviene en nombre y representación de la sociedad mercantil denominada ...., domiciliada en ..... calle ...., número......... y con CIF número ...., constituida, por tiempo indefinido, mediante escritura otorgada ante el notario de ...., D. .... el ..., de.... de........e inscrita en el Registro Mercantil de .... al tomo .... folio ...... sección ......, hoja ...., inscripción ....., en su calidad de Consejero Delegado de la entidad, cargo que asegura no ha sido revocado.

En adelante, el **Empresario**.

Las partes se reconocen la capacidad legal necesaria para contratar y obligarse y, a tal efecto

EXPONEN:

I. Que el **Empresario**, cuyo objeto es la fabricación y comercialización de productos de belleza, desea que se lleve a cabo la comercialización de dichos productos en el ámbito territorial de ...., donde hasta el momento carece de implantación.

II. Que el **Agente** está especializado en la comercialización y venta de productos de consumo masivo similares a los comercializados por el **Empresario**, y conoce perfectamente la situación y exigencias del mercado de dichos productos en la zona geográfica de ....

III. Que ambas partes han alcanzado un acuerdo en virtud del cual el **Agente** se compromete a promover la comercialización y venta de los productos del **Empresario**, pactando para su ejecución el presente contrato de agencia, con arreglo a las siguientes:

ESTIPULACIONES:

Primera. Objeto

En virtud del presente contrato el **Agente** se compromete a promover la venta de los productos del **Empresario**, quedando expresamente facultado para concluir en nombre y representación de éste los actos u operaciones de comercialización de dichos productos.

Segunda. Suministros

El **Empresario** suministrará al **Agente** sus productos en las cantidades que éste le solicite mensualmente hasta un límite de ...... unidades, quedando aquéllos en depósito del **Agente** hasta que se proceda a su venta, corriendo éste con los gastos de custodia y conservación de los mismos, así como con los riesgos por su pérdida.

Cuando el **Agente** necesite para atender la petición de un cliente una cantidad de productos de la que no disponga en depósito se la solicitará al **Empresario**, remitiéndole la correspondiente nota de pedido, que deberá ponerlos a su disposición en un plazo máximo de .... días. En caso de incumplimiento de dicho plazo imputable al **Empresario**, el **Agente** tendrá derecho a percibir la comisión que le corresponda por dicha operación, haya ésta tenido lugar finalmente o no.

Tercera. Información

El **Empresario** informará al **Agente** de las condiciones de venta de los productos, comunicándole puntualmente cualquier variación que se produzca en las mismas y proporcionándole los muestrarios de dichos productos. Asimismo, informará al **Agente** de las campañas de promoción de sus productos con carácter previo al lanzamiento de las mismas, así como de la comercialización de nuevos productos o de cualquier novedad con respecto a los comercializados anteriormente, entre ellas su retirada del mercado o las previsiones sobre aumentos o disminuciones en las ventas de los mismos.

Cuarta. Remuneración del Agente

El **Agente** percibirá una cantidad fija mensual de .... euros por el desempeño de las funciones que tiene encomendadas, y una cantidad fija mensual de ....euros, en concepto de gastos de representación, gestión y mediación. Ambas cantidades se incrementarán anualmente en función del incremento del IPC que publique el INE u organismo que pueda sustituirle.

El **Agente** percibirá, asimismo, un .... % del total de las ventas promovidas por él en concepto de comisión.

Las mencionadas comisiones serán abonadas mensualmente al **Agente**, una vez realizada la liquidación a la que se refiere la estipulación quinta de este contrato.

Quinta. Liquidación

Mensualmente, el **Agente** llevará a cabo la liquidación de los productos efectivamente vendidos y entregados a los compradores, reintegrando al **Empresario** el producto de dichas ventas, reteniendo para sí del precio de los mismos la comisión pactada por venta de productos. No obstante, después de cada operación, el **Agente** entregará al **Empresario** la oportuna nota de abono de cada operación realizada.

Sexta. Contabilidad

El **Agente** llevará una contabilidad independiente de los actos u operaciones que concluya en nombre de la mercantil.

Séptima. Descuentos

El **Agente** no podrá acordar descuento alguno sobre los productos objeto de venta, salvo que medie autorización expresa del **Empresario**, autorización que se concederá de forma individualizada para cada caso concreto.

Octava. Duración

El presente contrato se pacta por una duración indefinida, siendo necesario para su resolución que la parte que quiera desligarse del mismo notifique su decisión a la otra parte por escrito y de forma fehaciente, al menos con .... días de antelación a la fecha en que haya decido poner fin al mismo.

Novena. Exclusividad

El **Empresario** se obliga a no conceder autorización alguna para la venta de sus productos en la zona asignada al **Agente**, que es la zona de ....

Décima. Pacto de no competencia

El **Agente** no podrá representar a otras entidades o personas que comercialicen productos iguales o similares a los que comercializa el **Empresario**, o que puedan resultar competentes o concurrentes con los de éste, en el ámbito geográfico donde desarrolla sus funciones para aquél. Una vez extinguido el presente contrato, el **Agente** deberá respetar dicho pacto de no competencia durante un período de dos años.

Undécima. Colaboradores

El **Agente** podrá auxiliarse, para la gestión de las ventas que tiene encomendadas, de las personas que estime conveniente, que quedarán bajo su cargo y responsabilidad, no asumiendo el **Empresario** obligación alguna con respecto a éstas.

Duodécima. Deber de buena fe

El **Agente** deberá actuar lealmente y de buena fe velando en todo momento por los intereses comerciales del **Empresario**, por cuya cuenta actúa, poniendo en conocimiento de ésta cuanta información disponga relativa al mercado donde lleva a cabo sus actividades, en particular la información de que disponga sobre solvencia de terceros con los que existan operaciones pendientes de conclusión o ejecución.

Decimotercera. Reclamaciones

El **Agente** recibirá, en nombre del **Empresario**, las reclamaciones que los adquirentes de los productos efectúen sobre la calidad o defectos de los mismos.

Decimocuarta. Extinción del contrato

14.1. El contrato se extinguirá por la denuncia unilateral de cualquiera de las partes mediante preaviso por escrito.

El plazo de preaviso será de un mes para cada año en que haya estado vigente el contrato, con un máximo de seis meses. Si el contrato hubiera estado vigente por tiempo inferior a un año, el plazo de preaviso será de un mes.

El final del plazo de preaviso coincidirá con el último día del mes.

14.2. También se extinguirá, sin necesidad de preaviso, cuando concurra alguna de las siguientes circunstancias:

a) Cuando la otra parte hubiere incumplido, total o parcialmente, las obligaciones legal o contractualmente establecidas.

b) Cuando la otra parte hubiere sido declarada en estado de quiebra, o cuando haya sido admitida a trámite su solicitud de suspensión de pagos.

En estos casos se entenderá que el contrato finaliza a la recepción de la notificación escrita en la que conste la voluntad de darlo por extinguido y la causa de la extinción.

14.3. El contrato se extinguirá también por muerte o declaración de fallecimiento del **Agente**.

Decimoquinta. Comisiones futuras

Por las operaciones concluidas una vez extinguido el presente contrato, el **Agente** tendrá derecho a percibir la comisión correspondiente cuando concurra alguna de las circunstancias siguientes:

- Que el acto u operación se deba, principalmente, a la actividad desarrollada por el **Agente** durante la vigencia del contrato, siempre que se hubiera concluido dentro de los tres meses siguientes a partir de la extinción del contrato.
- Que el **Empresario** o el **Agente** hayan recibido el encargo o pedido antes de la extinción del contrato de agencia, siempre que el agente hubiera tenido derecho a percibir la comisión de haberse concluido el acto u operación de comercio durante la vigencia del contrato.

Decimosexta. Indemnización por clientela

A la extinción del presente contrato de agencia, si el **Agente** hubiese aportado nuevos clientes al **Empresario** o incrementado sensiblemente las operaciones con la clientela preexistente, tendrá derecho a una indemnización si su actividad anterior puede continuar produciendo ventajas sustanciales a aquél, y resulta equitativo según las circunstancias concurrentes, sin que pueda la indemnización exceder del importe medio anual de las remuneraciones percibidas por el **Agente** durante el período de duración del contrato.

No tendrá derecho el **Agente** a la indemnización por clientela en los siguientes supuestos:

- Cuando el **Empresario** hubiese extinguido el contrato por causa de incumplimiento de las obligaciones contractuales o legales establecidas para el **Agente**.
- Cuando el **Agente** hubiese denunciado el contrato, salvo que la denuncia tuviera como causa circunstancias imputables al **Empresario**, o se fundara en la edad, la invalidez o la enfermedad del **Agente** y no pudiera exigírsele razonablemente la continuidad de sus actividades.
- Cuando, con el consentimiento del **Empresario**, el **Agente** hubiese cedido a un tercero los derechos y las obligaciones de que era titular en virtud del presente contrato.

La acción para reclamar la indemnización por clientela prescribe al año a contar desde la extinción del presente contrato.

Decimoséptima. Indemnización por daños y perjuicios

Sin perjuicio de la indemnización por clientela, si el **Empresario** denuncia unilateralmente el presente contrato, vendrá obligado a indemnizar los daños y perjuicios que, en su caso, la extinción anticipada haya causado al **Agente**, siempre que la misma no permita la amortización de los gastos que éste, instruido por el **Empresario**, haya realizado para la ejecución del contrato.

Decimoctava. Fuero

En cualquier caso de discrepancia sobre el cumplimiento del contrato y acciones derivadas del mismo, las partes se someten a los Juzgados y Tribunales del domicilio del **Agente**.

Decimonovena. Normativa aplicable

En todo lo no dispuesto en el presente contrato resultará aplicable la Ley 12/1992, de 27 de mayo, sobre el Contrato de Agencia.

Vigésima. Gastos del contrato

Queda expresamente convenido que todos los gastos, impuestos, contribuciones, tasas o arbitrios, presentes o futuros, que origine este contrato serán satisfechos por las partes, conforme a Ley.

Vigésimo primera. Elevación a documento público

El presente contrato se elevará a público a solicitud de cualquiera de las partes, siendo los gastos del fedatario pagados por la parte que lo solicite.

Y en prueba de conformidad, ambas partes firman el presente contrato que se extiende en dos ejemplares, igualmente originales, en el lugar y fecha indicados en su encabezamiento.

EL EMPRESARIO **EL AGENTE**

3. *CONTRATO DE FRANQUICIA*

En ...., a........................

REUNIDOS:

De una parte:

D. ...., mayor de edad, casado en régimen de ...., de nacionalidad española, con domicilio a estos efectos en .... de........ y con DNI número ....

Interviene en nombre y representación de la sociedad mercantil denominada.........., domiciliada en ..... calle ...., número .... y con CIF número ...., constituida, por tiempo indefinido, mediante escritura otorgada ante el notario de ...., D. .... el ..., de ... de .... e inscrita en el Registro Mercantil de .... al tomo .... folio ...... sección ......, hoja ...., inscripción ....., en su calidad de Administrador Único.

En adelante, el **Franquiciador.**

Y de otra:

D. ...., mayor de edad, casado en régimen de ...., de nacionalidad española, con domicilio a estos efectos en .... de......... y con DNI número ....

Interviene en su propio nombre y derecho.

En adelante, el **Franquiciado**.

Las partes se reconocen la capacidad legal necesaria para contratar y obligarse y, a tal efecto

EXPONEN:

I. Que el **Franquiciador** tiene como objeto la fabricación de los productos que constan en el Anexo 1 al presente contrato comercializados bajo la marca ....que figura inscrita a su nombre en el Registro de Marcas con el número .... clase ....

II. Que el **Franquiciador** utiliza como forma habitual de comercializar sus productos la concertación con otras empresas de contratos de franquicia, en virtud de los cuales el **Franquiciado** comercializa dichos productos en su propio local, identificado con los signos distintivos de aquél.

III. Que el **Franquiciador** está inscrito en el Registro de Franquiciadores de la Comunidad Autónoma de ....

IV. Que el **Franquiciado** tiene interés en comercializar los productos del **Franquiciador** en régimen de **Franquicia**.

V. Que ambas partes han alcanzado un acuerdo en virtud del cual otorgan el presente contrato de franquicia, con arreglo a las siguientes:

ESTIPULACIONES:

Primera. Objeto

El presente contrato tiene como objeto la comercialización por parte del **Franquiciado** de los productos de la marca del **Franquiciador**, cediendo éste a aquél con tal motivo tanto el uso en su local del rótulo del **Franquiciador** como de su nombre comercial en la correspondencia, documentación o instrumentos publicitarios o promocionales.

Segunda. *Know-how*

Con el objeto de que el **Franquiciado** pueda llevar a cabo adecuadamente la comercialización de los productos del **Franquiciador**, éste pone a disposición de aquél su *know-how* sobre métodos de comercialización de productos, técnicas de marketing y de merchandising, etc., que constan en el Manual Operativo que se adjunta al presente contrato como Anexo 2, al que deberá ajustar en todo caso el **Franquiciado** su actividad comercial.

Asimismo, el **Franquiciador** asume el compromiso de informar y asesorar puntualmente al **Franquiciado** sobre cualquier duda que a éste se le suscite en relación con el *know-how* del **Franquiciador** que consta en el mencionado Manual Operativo.

La cesión del mencionado *know-how* no implica en modo alguno la pérdida de su titularidad por el **Franquiciador**, ni la posibilidad de continuar explotándolo.

Tercera. Local comercial

La comercialización de los productos del **Franquiciador** la llevará a cabo el **Franquiciado** en su propio local comercial, ubicado en .... que reúne las características que el **Franquiciador** exige para la comercialización de sus productos. Dicho local será revestido con los distintivos comerciales del **Franquiciador** y decorado conforme se detalla en el Anexo 3 al presente contrato. Asumiendo el **Franquiciado** los costes de dicha decoración.

En el mencionado local comercial únicamente se podrán comercializar los productos del **Franquiciador**.

Cuarta. Suministros

El **Franquiciador** suministrará al **Franquiciado** sus productos en las cantidades que éste le solicite, estando obligado éste a mantener en su establecimiento mercantil un mínimo de .... unidades de los productos del **Franquiciador**.

Los gastos de transporte de los productos desde la fábrica del **Franquiciador** al local del **Franquiciado** se entenderán incluidos dentro del precio que por los productos suministrados abone el **Franquiciado** al **Franquiciador**.

Quinta. Canon inicial

El **Franquiciado** abonará al **Franquiciador** a la firma del presente contrato la suma de .... euros, que son abonados en este mismo acto mediante cheque nominativo a nombre del **Franquiciador** del que se le hace entrega en este mismo acto.

Sexta. Cánones periódicos

El **Franquiciador** percibirá mediante ingreso en su la cuenta corriente número .... abierta a su nombre en el Banco .... un ....% del importe bruto de los productos vendidos mensualmente más un «*porcentaje*» adicional si la cifra de ventas no supera los .... euros mensuales.

Séptima. Duración

La franquicia objeto del presente contrato se hace por .... años, renovables automáticamente por períodos similares si al menos con .... meses de antelación a la fecha de extinción del mismo no se comunica de forma fehaciente la decisión de no prorrogar el contrato.

Octava. Exclusividad

El **Franquiciador** no concederá ninguna franquicia para la venta de sus productos en la zona de ………………, donde está ubicado el local comercial del **Franquiciado**, comprometiéndose a no explotar tampoco por sí mismo, de forma directa o indirecta, un establecimiento mercantil de las características del ahora franquiciado.

Novena. Inspección

El **Franquiciador** se reserva el derecho a inspeccionar periódicamente el local donde el **Franquiciado** comercializa y almacena sus productos. Teniendo también derecho a que se le exhiba por éste la documentación contable que aquél le requiera para verificar las ventas de sus productos facturadas.

Décima. Precio de venta de los productos

Los precios de venta de los productos los fijará el **Franquiciador** sin que el **Franquiciado** pueda ofrecer descuento alguno sobre los mismos, salvo que medie autorización para cada caso concreto por parte del **Franquiciador**.

Como Anexo 4 al presente contrato se adjuntan las tarifas del **Franquiciador** vigentes en el momento en que tiene lugar la formalización de este contrato, obligándose éste a remitir al **Franquiciado** cualquier modificación que tenga lugar en las mismas.

Undécima. Deber de información y publicidad

El **Franquiciador** informará al **Franquiciado** de las campañas nacionales de promoción de sus productos con carácter previo al lanzamiento de las mismas, así como de la comercialización de nuevos productos o de cualquier novedad con respecto a los comercializados anteriormente, entre ellas, su retirada del mercado o las previsiones sobre aumentos o disminuciones en las ventas de los mismos.

Asimismo, el **Franquiciador** asesorará al **Franquiciado** en el desarrollo de las campañas publicitarias locales que éste lleve a cabo, proporcionándole folletos y demás material publicitario con logotipos y marcas que permitan su uso con el fin de publicitar los productos del **Franquiciador**.

Duodécima. Cesión de la Franquicia

La franquicia concedida por el **Franquiciador** al **Franquiciado** no podrá ser cedida por éste a terceros, salvo que expresamente se lo autorice el **Franquiciador**.

Decimotercera. Deber de secreto

El **Franquiciado** estará obligado a guardar secreto y no desvelar a terceros el *know-how* del **Franquiciador** que consta en el Manual Operativo que se adjunta con el presente contrato.

Decimocuarta. Inscripción en Registro de Franquiciadores

El **Franquiciador** deberá inscribir en el Registro de Franquiciadores la franquicia concedida en virtud del presente contrato, de conformidad con lo dispuesto en el Real Decreto 2485/1998, de 13 de noviembre.

Decimoquinta. Terminación y resolución del contrato

15.1. Son causas de terminación y resolución del presente contrato las siguientes:

a) Su terminación normal, ya sea por haber llegado el contrato a su vencimiento, ya sea por haberse cumplido y ejecutado la prestación a la que ambas partes se encuentran obligadas, ya sea por acuerdo mutuo de las partes.

b) Por incumplimiento de cualquiera de las partes de alguna de las cláusulas del presente contrato, sin que dicho incumplimiento fuera subsanado dentro de los .... días siguientes a la notificación por escrito efectuada por la otra parte solicitando la subsanación del incumplimiento.

c) La declaración de quiebra a instancia de acreedor legítimo de cualquiera de las partes, o la presentación de solicitud de quiebra voluntaria o suspensión de pagos de cualquiera de ellas, o la interposición en contra de cualquiera de las partes de juicios ejecutivos o embargos preventivos u otras medidas cautelares que impliquen la disminución de la solvencia económica de las mismas.

15.2. La resolución del presente contrato o de cualquiera de las licencias concedidas en su aplicación no excluye cualquier otra reparación legal o judicial que cualquiera de las partes estime oportuno obtener.

Decimosexta. Efectos de la extinción del contrato

Con independencia de cuál sea la causa de extinción del contrato esta tendrá necesariamente los siguientes efectos:

El **Franquiciado** deberá entregar al **Franquiciador** los elementos patrimoniales inmateriales que le han sido transmitidos y que le han permitido explotar la actividad objeto de franquicia.

El **Franquiciado** se compromete a no divulgar el *know-how* del **Franquiciador**, a no ser que el mismo haya devenido de general conocimiento o resulte accesible a terceros por causas no imputables a aquél.

Producida la extinción del contrato, el **Franquiciado** no podrá llevar a cabo, por sí mismo o a través de una empresa en la que participe, ningún tipo de actividad que pueda resultar concurrencial con la del **Franquiciador**. Dicha prohibición tendrá una duración de un año.

Decimoséptima. Gastos del contrato

Queda expresamente convenido que todos los gastos, impuestos, contribuciones, tasas o arbitrios, presentes o futuros, que origine este contrato serán satisfechos por las partes, conforme a Ley.

Decimoctava. Sometimiento a arbitraje

Con renuncia expresa al ejercicio de cualquier acción ante los Juzgados y Tribunales, las partes se comprometen expresamente a instituir, en su día, un arbitraje de Derecho Privado, con arreglo a la legislación vigente, para resolver cuantas dudas o divergencias pudieran surgir entre ellas como consecuencia de la interpretación o cumplimiento de este contrato.

Decimonovena. Normativa aplicable al contrato

El presente contrato tiene carácter de mercantil y se regirá, en primer término, por las estipulaciones contenidas en el mismo, y, en lo en ellas no previsto, por las disposiciones del Código de Comercio, Leyes especiales, los usos y costumbres mercantiles y, en su defecto, por lo establecido en el Código Civil.

Vigésima. Elevación a documento público

El presente contrato se elevará a público a solicitud de cualquiera de las partes, siendo los gastos del fedatario pagados por la parte que lo solicite.

Conformes las partes con el contenido del presente contrato, lo firman por duplicado en el lugar y fecha arriba indicados.

EL FRANQUICIADOR **EL FRANQUICIADO**

4. CONTRATO DE PATROCINIO

En……………., a…………………….

REUNIDOS:

De una parte:

D. ……………., mayor de edad, casado en régimen de…….., de nacionalidad española, con domicilio a estos efectos en ……….. de……… y con DNI número……..

Interviene en nombre su propio nombre y derecho.

En adelante, el **Patrocinado**.

Y de otra:

D. ……………., mayor de edad, casado en régimen de …….., de nacionalidad española, con domicilio a estos efectos en ……….. de……… y con DNI número……..

Interviene en nombre y representación de la sociedad mercantil denominada ……….., domiciliada en ….. calle …….., número ……… y con CIF número ...., constituida, por tiempo indefinido, mediante escritura otorgada ante el notario de ………, D………….. el …, de…. de……..e inscrita en el Registro Mercantil de…….. al tomo ……… folio …… sección ……, hoja ……., inscripción ….., en su calidad de Consejero Delegado de la entidad, cargo que asegura no ha sido revocado.

En adelante, el **Patrocinador**.

Las partes se reconocen la capacidad legal necesaria para contratar y obligarse y, a tal efecto

EXPONEN:

I. Que el **Patrocinador** es una entidad dedicada a ………. estando interesada en contratar determinados servicios de publicidad y patrocinio de manera tal que el **Patrocinado**, o las personas que éste designe, lucirán y harán publicidad, en las condiciones pactadas, acerca de la denominación, marcas y logotipos que señale el **Patrocinador**.

II. Que el **Patrocinado** está interesado en llevar a cabo las actividades de esponsorización o patrocinio de la denominación, marcas y logotipos del **Patrocinador**, con el objeto de que aquéllos aparezcan en aquellos soportes designados por el **Patrocinador**.

En cumplimiento de lo acordado entre ambas partes, formalizan el presente contrato de patrocinio, de acuerdo con las siguientes

ESTIPULACIONES:

Primera. Objeto del contrato

El presente contrato tiene por objeto el patrocinio de la denominación, marcas comerciales y logotipos del **Patrocinado**, que se designan en el Anexo 1 al presente contrato por parte del **Patrocinador** o de las personas que el **Patrocinador** designe, siempre y cuando dichas personas se encuentren efectivamente prestando servicios para el **Patrocinado**, ya sean de carácter laboral, o ya sean de tipo mercantil.

Segundo. Características de los signos distintivos objeto de este contrato

El **Patrocinado** deberá ostentar los signos distintivos del **Patrocinador** según las características gráficas, de colores y denominativas que constan en el Anexo 1 a este contrato. A tal efecto, el **Patrocinador** incorpora fotografía ilustrativa.

Dado el carácter variable de dichos signos distintivos, ambas partes acuerdan que tales signos distintivos puedan variar y modificarse de tiempo en tiempo. A tal efecto, ambas partes se notificarán por los medios previstos en el presente contrato cualesquiera modificaciones de las citadas.

Tercera. Obligaciones del Patrocinador

De acuerdo con el presente contrato, el **Patrocinador** quedará obligado a:

a) El pago de la remuneración pactada al **Patrocinado**.

b) La entrega de los fotolitos, fotografías, disquetes, CDs o cualquier otro soporte al que se hubiere incorporado los signos distintivos objeto de patrocinio en condiciones tales que permitan su serigrafiado posterior sin requerir más operación que las necesarias para fijar los signos distintivos en los objetos o elementos del **Patrocinado**.

c) Gestionar y contratar cuantos seguros sean necesarios para cubrir los riesgos derivados de daños a cosas o personas que puedan causarse como consecuencia de la utilización de los objetos o elementos del **Patrocinado**.

d) Recabar cuantas autorizaciones, administrativas o particulares, sean precisas para la mayor efectiva de lo acordado en el presente contrato.

e) Reponer los signos distintivos en el caso de que éstos se hubiesen perdido, deteriorado o dañado de tal manera que no fuese posible reconocerlos debidamente.

f) Responder de las consecuencias que se puedan derivar para el **Patrocinado** de la realización del presente patrocinio en condiciones de ilegalidad o de incumplimiento de la legislación en materia de publicidad.

Cuarta. Obligaciones del Patrocinado

De acuerdo con el presente contrato, el **Patrocinado** estará obligado a:

a) No retirar, ni ocultar, ni de ningún otro modo posible perjudicar la publicidad de los signos distintivos del Patrocinador, tal y como se incluyen en el Anexo 1 al presente contrato y durante todo el tiempo de duración del mismo.

b) Revisar los soportes o elementos a los cuales el **Patrocinado** hubiere fijado los signos distintivos del **Patrocinador**, a fin de comprobar que en todo momento los mismos se hallan en condiciones de cumplir con lo dispuesto y acordado en este contrato y difundir lo más ampliamente posible la denominación, marcas comerciales y logotipos del **Patrocinador**.

c) Comunicar al **Patrocinador** cualquier desperfecto, deterioro o anomalía sobre los soportes o elementos a los que el **Patrocinado** hubiere incorporado los signos distintivos de aquel que pudiera afectar al completo visionado de los mismos por el público en general o al cumplimiento de alguna obligación según este contrato. Dicha comunicación se hará lo más urgentemente posible, atendidas las circunstancias de cada caso.

d) Repetir la publicidad en aquellos casos en los que no hubiese sido posible por cualquier causa la difusión, según los usos del sector, del mensaje de patrocinio. La nueva difusión se hará en las mismas condiciones de todo tipo pactadas inicialmente para la difusión de los signos distintivos del **Patrocinador**.

Quinta. Remuneración

El **Patrocinado** recibirá en concepto de remuneración por el servicio prestado en virtud del presente contrato la cantidad de .... euros, las cuales serán pagaderas del siguiente modo:

a) .... Euros, al momento de la firma del presente contrato, mediante cheque bancario cruzado y conformado.

b) Un .... % del precio, una vez hayan transcurrido .... meses desde el comienzo efectivo de la publicidad en forma de patrocinio, mediante cheque bancario cruzado y conformado.

c) El resto del precio se hará pagadero el ....

A todas las cantidades antes mencionadas se les sumará el tipo en cada momento vigente del IVA o cualesquiera otros que corresponda pagar.

Sexta. Lugar de entrega de los signos distintivos, fotolitos y demás material

El **Patrocinador** hará entrega de los fotolitos a los que los signos distintivos estén fijados en la sede social del **Patrocinador**, junto con todo el material que sea necesario para la mayor efectividad del presente contrato.

Séptima. Duración

Este contrato tendrá una duración de .... años a contar desde el momento de su firma.

No habrá prórrogas al mismo, no pudiéndose interpretar que la continuación en la posesión de los soportes y elementos por parte del **Patrocinado** significa la prórroga o renovación del presente contrato.

Octava. Exención de responsabilidad

El **Patrocinado** es eximido expresamente de cualquier responsabilidad a que haya lugar por los daños a personas o cosas que sean causados con ocasión del cumplimiento y efectividad del presente contrato.

Sin perjuicio de lo anterior, el **Patrocinado** será responsable de todos los daños y perjuicios que puedan sufrir los soportes o elementos a los que se hubieren incorporado los signos distintivos del **Patrocinador**.

Y en prueba de conformidad, ambas partes firman el presente contrato, que se extiende en dos ejemplares, igualmente originales, en el lugar y fecha indicados en su encabezamiento.

EL PATROCINADO **EL PATROCINADOR**

5. *CONTRATO DE LICENCIA*

En ………………, a………………………

REUNIDOS:

De una parte:

D. ……………., mayor de edad, casado en régimen de …….., de nacionalidad española, con domicilio a estos efectos en ………… de ……… y con DNI número ……..

Interviene en nombre y representación de la sociedad mercantil denominada ……….., domiciliada en ….. calle …….., número ……… y con CIF número ………., constituida, por tiempo indefinido, mediante escritura otorgada ante el notario de ………, D. ………….. el …, de …. de …….. e inscrita en el Registro Mercantil de…….. al tomo ……… folio …… sección ……, hoja ……., inscripción ….., en su calidad de apoderado, según copia de la escritura de poder otorgada ante el Notario de …, debidamente inscrita en el Registro Mercantil de ….

En adelante, el **Proveedor.**

Y de otra:

D. ……………., mayor de edad, casado en régimen de …….., de nacionalidad española, con domicilio a estos efectos en ………… de ……… y con DNI número ……..

Interviene en nombre y representación de la sociedad mercantil denominada ……….., domiciliada en ….. calle …….., número ……… y con CIF número ………., constituida, por tiempo indefinido, mediante escritura otorgada ante el notario de ………, D. ………….. el …, de…. de …….. e inscrita en el Registro Mercantil de …….. al tomo ……… folio …… sección ……, hoja ……., inscripción ….., en su calidad de Consejero Delegado de la entidad, cargo que asegura no ha sido revocado.

En adelante, el **Cliente**.

Las partes se reconocen la capacidad legal necesaria para contratar y obligarse y, a tal efecto

EXPONEN:

I. Que el **Proveedor** es licenciatario en exclusiva de los derechos de explotación sobre un *software* (en adelante, las Aplicaciones).

II. Que el **Proveedor** está autorizado por el titular de los derechos de propiedad intelectual o industrial que existen sobre el equipo que va a ser objeto de instalación y mantenimiento (en adelante, el Sistema).

III. Que el **Proveedor** va a proceder a la prestación de determinados servicios relacionados tanto con las Aplicaciones como con el Sistema, por indicación del **Cliente** en relación con las aplicaciones y el sistema.

IV. Tanto el **Proveedor** como el **Cliente** se reconocen mutuamente capacidad para la celebración del presente contrato de acuerdo con las siguientes

ESTIPULACIONES:

Primera. Definiciones

a) Se entiende por **Sistema de ordenador licenciado** la configuración informática y el entorno operativo especificado para las aplicaciones licenciadas.

b) Se entiende por **Aplicaciones** los productos de *software* enumerados en el manual junto con toda su documentación complementaria.

c) Se entiende por **Sistema** todos aquellos componentes, materiales o equipos, detallados en el manual, cuyo fin sea el de activar, hacer funcionar, controlar, mantener, medir o de cualquier otra manera ejecutar las órdenes dirigidas a través de las aplicaciones.

Segunda. Objeto del presente contrato

El presente contrato tiene por objeto la prestación de los siguientes servicios:

a) Servicio de *hosting* sobre las aplicaciones, entendiendo por *hosting* el alojamiento en los servidores del **Proveedor** de las Aplicaciones, a fin de que el **Cliente** pueda acceder a las mismas según lo dispuesto en este contrato.

b) Servicio de asistencia y mantenimiento, según lo previsto en el presente contrato.

c) Servicio de prestación de valor añadido, entendiendo por tal la posibilidad de que el **Cliente** pueda tener acceso a las aplicaciones desde control remoto.

Tercera. Alcance del contrato

El presente contrato se basa en el acuerdo de las partes sobre lo siguiente:

a) Que las aplicaciones y el sistema suministrados por el **Proveedor** no son objeto de venta, permuta, cesión o cualquier tipo de enajenación en favor del **Cliente**, sino que el **Proveedor** autoriza a este último a un uso no exclusivo y no transferible de las aplicaciones. En ningún caso, se entenderá que el **Cliente** ha recibido en virtud de este contrato cualquier titularidad sobre las aplicaciones y el sistema.

b) Que el **Cliente** reconoce que se encuentra autorizado a usar las aplicaciones y el sistema de acuerdo con las estipulaciones expresas previstas en este contrato.

c) Que la autorización de uso de las Aplicaciones y del Sistema previstas en este contrato no se extenderá a ninguna filial del **Cliente**, así como tampoco a ninguna otra empresa o sociedad con las que el **Cliente** mantenga relación accionarial o comercial alguna.

Cuarta. Duración

Este contrato comienza el día de la fecha de entrega o suministro de las aplicaciones y del sistema, y tendrá una duración mínima de un año natural. Con posterioridad a esa fecha, el contrato será objeto de prórrogas sucesivas cuya duración será de un año, sin perjuicio de que pueda darse por concluido en virtud de otras causas previstas en este contrato.

La terminación del presente contrato implicará la de cualesquiera obligaciones que recaigan sobre el **Proveedor** en relación con las aplicaciones y el sistema.

Quinta. Realización de la prestación y aceptación

La entrega o suministro de las aplicaciones y del sistema se efectuará en las condiciones físicas y técnicas indicadas por el **Cliente**. A tal efecto, el **Proveedor** hará las operaciones técnicas precisas para lograr la correcta orientación de la prestación del servicio al que este contrato se refiere hacia la dirección de Internet especificada por el **Cliente**.

Asimismo, y en su caso, el sistema será objeto de instalación en el lugar geográfico que determine el **Cliente**.

La instalación del sistema, y en su caso, la de las aplicaciones, se llevará a cabo exclusivamente por personal debidamente autorizado por el **Proveedor**, que deberá identificarse ante el **Cliente**. El **Proveedor** no se hace responsable del incumplimiento de lo dispuesto en este párrafo por los daños que se deriven por la manipulación incontrolada o indebida por personal no autorizado por el **Proveedor**.

El **Proveedor** hará todos los esfuerzos razonables para proceder al suministro de las aplicaciones y del sistema en los términos acordados. En ningún caso, responderá el **Proveedor** por los daños y perjuicios derivados de cualquier retraso en el suministro o entrega de las Aplicaciones y del Sistema.

Tras la entrega o suministro de las Aplicaciones o del Sistema, el **Cliente** llevará a cabo todas aquellas comprobaciones que sean necesarias para asegurarse de que las Aplicaciones o el Sistema hayan sido correctamente instalados.

Sexta. Autorización de uso de las Aplicaciones y/o del Sistema

Se autoriza al **Cliente** por virtud de este contrato a usar por vía remota las aplicaciones única y exclusivamente para sus funciones y objetivos empresariales internos, y de acuerdo con las premisas previstas en el presente contrato.

El **Cliente** no realizará ninguna copia de las aplicaciones bajo ningún concepto, ni permitirá que otro pueda realizarla, salvo en los casos en que así lo autorice por escrito el **Proveedor**, o en los casos en que dicha copia haya de realizarse por motivos de razonable seguridad o propósitos de *back-up*.

El **Cliente** podrá transferir las aplicaciones a un procesador distinto del que forme parte de su sistema informático, así como relocalizar su sistema informático siempre y cuando lo comunique por escrito al **Proveedor**. Cualquier transferencia de las aplicaciones a un procesador situado o existente fuera del sistema informático del **Cliente** requiere el consentimiento previo por escrito del **Proveedor** y podrá dar lugar a una remuneración adicional.

Si el **Cliente** debiera, tuviera o deseara introducir mejoras o cambiar las aplicaciones, deberá dar cuenta de ello por escrito o de cualquier otro modo que deje constancia fehaciente al **Proveedor**, quien adoptará las medidas oportunas.

El **Cliente** garantizará que las aplicaciones y el sistema permanecerán bajo su control y que adoptará todas las medidas y precauciones razonables para salvaguardar y protegerlas de uso no autorizado.

El Proveedor podrá controlar vía módem el número de usuarios del **Cliente** que tienen acceso a las Aplicaciones.

Séptima. Propiedad de las aplicaciones y derechos de explotación sobre el mismo

El **Cliente** no recibe por virtud de este contrato derecho de propiedad alguno sobre las Aplicaciones y el Sistema. En concreto, el **Cliente** no recibe derecho alguno de propiedad intelectual o industrial o de cualquier otro tipo sobre las Aplicaciones y el Sistema.

El **Cliente** comprende y acepta que las Aplicaciones y el Sistema contienen información sobre la que existen derechos exclusivos y se compromete a que, salvo que el **Proveedor** le conceda autorización expresa y por escrito, no proveerá o facilitará o de cualquier otro modo hará accesible las Aplicaciones, la documentación relacionada con las mismas, ni el Sistema a cualquier otra persona, compañía, sociedad u organización bajo ningún motivo o razón.

Los derechos de propiedad intelectual e industrial subsistirán en las Aplicaciones y en el Sistema, ya estén impresos, ya se encuentren almacenados magnéticamente en los mismos, debiendo el **Cliente** respetarlos, y no pudiendo, por tanto, y a título de ejemplo, borrarlos u ocultarlos.

El **Cliente** tomará todas las medidas razonables para asegurarse de que todos aquellos de sus empleados, personal laboral o personal específicamente contratado en régimen de prestación de servicios que resulte relevante en el uso de las aplicaciones o que pueda tener acceso a las mismas, sea avisado de que las Aplicaciones constituyen información confidencial y de que cualesquiera derechos de propiedad intelectual que existan y recaigan sobre las mismas son de exclusiva propiedad del **Proveedor**.

Octava. Compromisos o garantías del Cliente

El **Cliente** se compromete:

a) A comprobar que las Aplicaciones y el Sistema se adaptan a las necesidades de su empresa.

b) A permitir al **Proveedor** la realización de los estudios necesarios de los datos usados con las Aplicaciones y el Sistema con el propósito de rectificar cualesquiera problemas que presenten la ejecución de las aplicaciones y la implantación del sistema.

c) A asegurarse de que el sistema operativo, el compilador, así como cualquier otro *software* con el que las Aplicaciones puedan ser usadas, son propiedad del **Cliente** o que su uso junto con las aplicaciones ha sido legalmente autorizado al **Cliente**.

d) A que, si el **Cliente** pretende intentar la descompilación de cualquiera de las partes de las que se componen las aplicaciones con el objeto de proceder a corrección de errores o para cualquier otro propósito en el ejercicio de derechos legalmente establecidos, dé cuenta de sus intenciones al **Proveedor**.

Novena. Garantías del Proveedor

Las Aplicaciones están diseñadas para resultar conformes con las necesidades comerciales señaladas por el **Cliente** en el momento de su encargo, y estarán plenamente disponibles en el momento de su suministro al **Cliente**. La única obligación del **Proveedor** consistirá:

a) En caso de Aplicaciones desarrolladas o cuyo uso se ha autorizado al **Proveedor**, remediar cualquier no conformidad de las aplicaciones con su especificación, y

b) En caso de Aplicaciones pertenecientes a terceros, obtener y suministrar una versión correcta donde se demuestre la existencia de una no conformidad para la especificación.

De común acuerdo las partes establecen que las obligaciones y responsabilidades del **Proveedor** en este contrato no se extienden a las implícitas, ni a las de comercialización o adecuación de las Aplicaciones para un determinado fin, con independencia de que tal fin haya sido notificado al **Proveedor**.

El **Cliente** reconoce que:

a) Las Aplicaciones no pueden ser testadas o comprobadas de manera anticipada en todo posible entorno operativo.

b) No es posible suministrar las Aplicaciones de manera que no incurran en errores en cualquier circunstancia.

Se prohíbe expresamente al **Cliente** cualquier intento de corrección de errores o modificación de cualquier tipo de las Aplicaciones y del Sistema.

Décima. Modificaciones

El **Proveedor** se reserva el derecho de hacer mejoras, sustituciones o modificaciones de cualquier parte de las Aplicaciones y del Sistema, siempre y cuando el funcionamiento y la ejecución de las Aplicaciones y del Sistema no sean afectados materialmente y se cause, como consecuencia, un daño al **Cliente**.

Undécima. Mantenimiento. Ejecución del servicio de asistencia y mantenimiento

Todos los servicios serán prestados en el horario de trabajo usual del **Proveedor**, esto es, de 9 a 18 horas de lunes a viernes, con exclusión de los períodos festivos y de vacaciones establecidos legalmente, ya sea por normativa nacional o por normativa autonómica. Los servicios prestados fuera de las horas normales de prestación podrán ser llevados a cabo mediante petición concreta del **Cliente** y de acuerdo con las tarifas que se señalan en el Anexo ....

Duodécima. Sobre la elección de los servicios en relación con el Sistema

Con el fin de mantener una conexión efectiva y niveles de ejecución óptimos en el equipamiento, todos los productos del **Proveedor** interconectados con el sitio deben incluirse como productos en el Anexo ....

Los productos deben encontrarse en condiciones normales de operatividad tal y como determine el **Proveedor**. El **Proveedor** deberá proveer al **Cliente** con un documento en el que se recojan sus tarifas previsibles de servicios de tiempo y material para devolver al producto a condiciones normales de operatividad o a un nivel de revisión específico; entonces el **Cliente** autorizará al **Proveedor** a llevar a cabo tales reparaciones y ajustes como precondición para la inclusión del producto del **Proveedor** en el Anexo.............

Decimotercera. Servicios de *hardware*

El **Proveedor** llevará a cabo los siguientes servicios de *hardware:*

a) **Proveedor** hará lo posible para personarse en el lugar donde esté instalado el Sistema y efectuar la reparación o mantenimiento del producto de hardware dentro de las «*especificar número de horas*» siguientes al momento de recepción de la solicitud del **Cliente**.

b) El **Proveedor** llevará a cabo todo el trabajo necesario durante el período de cobertura contratado, extendiéndose este compromiso a todos los materiales necesarios para mantener los productos en buenas condiciones de funcionamiento.

c) Los Servicios incluyen la diagnosis y corrección de los fallos y mal funcionamiento del Sistema y de las Aplicaciones. Si el **Proveedor** decide que son necesarias partes adicionales, desarrollos informáticos o determinados repuestos, la continuación de los servicios podrá ser interrumpida, siendo reanudada tan pronto como tales partes o repuestos estén a disposición del **Proveedor**.

d) La sustitución de las Aplicaciones o del Sistema se pondrá a disposición del **Cliente** en régimen de préstamo o bien en régimen de intercambio. Tales partes pueden ser nuevas o funcionalmente equivalentes. Tanto las partes sustituidas como las que sustituyen son propiedad del **Proveedor**.

e) Dentro de lo establecido en este contrato, el **Proveedor** llevará a cabo rutinas de mantenimiento preventivas en todos los productos en los que tales rutinas sean aplicables. Este tipo de mantenimiento preventivo será llevado a cabo durante las horas normales de trabajo.

f) El **Cliente** tendrá a su disposición una línea telefónica de ayuda durante el horario laboral usual o, si así se acuerda por las partes, incluso durante el resto del horario, con el objeto de dar cuenta de disfunciones en las Aplicaciones y en el Sistema. Tal número telefónico es ....

g) A requerimiento del **Cliente**, el **Proveedor** trasladará cualquier Sistema de su ubicación actual y lo instalará en uno nuevo, siempre que el **Cliente** dé al **Proveedor** aviso razonable y acuerde pagar al **Proveedor** las tarifas usuales por este servicio, quedando el **Cliente** responsable de cualesquiera gastos de transporte, seguros u otros necesarios para trasladar el sistema. El traslado del sistema a un lugar diferente puede implicar un incremento del gasto de mantenimiento del Sistema.

Y en prueba de conformidad, ambas partes firman el presente contrato, que se extiende en dos ejemplares, igualmente originales, en el lugar y fecha indicados en su encabezamiento.

EL PROVEEDOR **EL CLIENTE**

PENAL

AUTOR

Fernando Bejerano Guerra
Abogado

PENAL

Fernando Bejerano Guerra
Abogado

I. CUADRO DE PENAS

II. CUADRO DE APLICACIÓN DE PENAS

III. ESQUEMAS PROCESALES (SUMARIO, PA, PERDD, FALTAS Y JFI, JT JURADO). RECURSOS

IV. MODELO QUERELLA, DENUNCIA, ESCRITO DE ACUSACIÓN Y DEFENSA

V. LEYES ESPECIALES (RELACIÓN)

VI. CUADRO DE PRESCRIPCIONES

I. CUADRO DE PENAS

1. Las penas, sus clases y efectos

LAS PENAS PUEDEN SER (ART. 32 CP)		
Privativas de libertad	Privativas de otros derechos	Multa

NO SE REPUTAN PENAS (ART. 34 CP)		
La detención, prisión preventiva y medidas cautelares de naturaleza penal.	Las multas y demás correcciones gubernativas o disciplinarias impuestas a subordinados o administrados, en uso de atribuciones gubernativas o disciplinarias.	Las privaciones de derechos y sanciones reparadoras establecidas en leyes civiles o administrativas

1.1. Clasificación de las penas en función de su naturaleza y duración

GRAVES (ART. 33.2 CP)	MENOS GRAVES (ART. 33.3 CP)	LEVES (ART. 33.4 CP)
La prisión superior a cinco años.	La prisión de tres meses hasta cinco años.	La privación del derecho a conducir vehículos a motor y ciclomotores de tres meses a un año
La inhabilitación absoluta.	Las inhabilitaciones especiales hasta cinco años.	La privación del derecho a la tenencia y porte de armas de tres meses a un año.
Las inhabilitaciones especiales por tiempo superior a cinco años.	La suspensión de empleo o cargo público hasta cinco años.	La privación del derecho a residir en determinados lugares o acudir a ellos, por tiempo inferior a seis meses.
La suspensión de empleo o cargo público por tiempo superior a cinco años.	La privación del derecho a conducir vehículos a motor y ciclomotores de un año y un día a ocho años.	La prohibición de aproximarse a la víctima o a aquellos de sus familiares u otras personas que determine el Juez o Tribunal, por tiempo de un mes a menos de seis meses.
La privación del derecho a conducir vehículos a motor y ciclomotores por tiempo superior a ocho años.	La privación del derecho a la tenencia y porte de armas de un año y un día a ocho años.	La prohibición de comunicarse con la víctima o con aquellos de sus familiares u otras personas que determine el Juez o Tribunal, por tiempo de un mes a menos de seis meses.
La privación del derecho a la tenencia y porte de armas por tiempo superior a ocho años.	La privación del derecho a residir en determinados lugares o acudir a ellos, por tiempo de seis meses a cinco años.	La multa de 10 días a dos meses.

GRAVES (ART. 33.2 CP)	MENOS GRAVES (ART. 33.3 CP) LEVES	(ART. 33.4 CP)
La privación del derecho a residir en determinados lugares o acudir a ellos, por tiempo superior a cinco años.	La prohibición de aproximarse a la víctima o a aquellos de sus familiares u otras personas que determine el Juez o Tribunal, por tiempo de seis meses a cinco años.	La localización permanente.
La prohibición de aproximarse a la víctima o aquellos de sus familiares u otras personas que determine el Juez o Tribunal, por tiempo superior a cinco años.	La prohibición de comunicarse con la víctima o con aquellos de sus familiares u otras personas que determine el Juez o Tribunal, por tiempo de seis meses a cinco años.	Los trabajos en beneficio de la comunidad de uno a 30 días.
La prohibición de comunicarse con la víctima o con aquellos de sus familiares u otras personas que determine el Juez o Tribunal, por tiempo superior a cinco años.	La multa de más de dos meses.	
	La multa proporcional, cualquiera que fuese su cuantía.	
	Los trabajos en beneficio de la comunidad de 31 a 180 días.	
La responsabilidad personal subsidiaria por impago de multa tendrá la naturaleza, según la que corresponda a la pena sustituida, como menos grave o leve.		
La duración de las penas accesorias será la misma que la de la principal, excepto que expresamente se disponga otra cosa en el CP.		

1.2. Las penas privativas de libertad

PENAS PRIVATIVAS DE LIBERTAD (ART. 35 CP)		
Prisión.	Localización permanente.	Responsabilidad personal subsidiaria por impago de multa.

PENA DE PRISIÓN (ART. 36 CP)		
Duración: **Mínima: 3 meses.** **Máxima: 20 años.** Excepciones: Preceptos CP.	**Cumplimiento y Beneficios Penitenciarios:** Ley General Penitenciaria y Reglamento y CP.	**Pena prisión superior a 5 años:** La calificación en el 3.º de Tratamiento Penitenciario requiere el cumplimiento de la mitad de la pena impuesta.

PENA DE LOCALIZACIÓN PERMANENTE (ART. 37 CP)			
Duración: **Máxima: 12 días**	**Cumplimiento:** Domicilio. En lugar determinado por el Juez en sentencia.	**Posibilidad de cumplimiento** en: Sábados y domingos. De forma no continua.	En caso de **incumplimiento**: Art. 468 CP (quebrantamiento de condena)

RESPONSABILIDAD PENAL SUBSIDIARIA POR IMPAGO DE MULTA (ART. 53 CP)				
Cómputo: 1 día de privación de libertad X cada 2 cuotas diarias no satisfechas.	Cumplimiento de la privación de libertad:			No se impondrá a condenados a penas privativas de libertad superiores a 5 años.
	En caso de falta: Localización permanente sin el límite de 12 días del art. 37. 1 CP.	**Mediante trabajos en beneficio de la comunidad** (1 día de privación de libertad = 1 jornada de trabajo).	**En caso de multa proporcional:** La responsabilidad personal subsidiaria no podrá exceder de 1 año, pudiéndose cumplir mediante trabajos en beneficio de la comunidad.	
El cumplimiento de la responsabilidad subsidiaria extingue la obligación de pago de la multa, aunque mejore la situación económica del penado.				

1.3. Las penas privativas de derechos

¿CUÁLES SON?	DURACIÓN		CONTENIDO
	MÍN.	MÁX.	
Inhabilitación absoluta	6 años	20 años	Privación definitiva de todos los honores, empleos y cargos públicos e incapacidad para obtenerlos, éstos u otros, durante el tiempo de condena.
Inhabilitación especial	3 meses	20 años	— Privación definitiva del empleo o cargo público, profesión, oficio, industria o comercio sobre el que recayera e incapacidad para obtenerlos, iguales o similares, durante el tiempo de la condena. — Para el ejercicio del derecho de patria potestad, tutela, guarda o acogimiento, sufragio pasivo o cualquier otro derecho, durante el tiempo de la condena.
Suspensión de empleo o cargo público	3 meses	6 años	Privación del ejercicio durante el tiempo de la condena.
Privación del derecho a conducir	3 meses	10 años	Inhabilita al penado para el ejercicio durante el tiempo fijado en la sentencia.

¿CUÁLES SON?	DURACIÓN		CONTENIDO
	MÍN.	MÁX.	
Privación del derecho a la tenencia y porte de armas	3 meses	10 años	Inhabilita al penado para el ejercicio durante el tiempo fijado en la sentencia.
Privación del derecho a residir	1 día	10 años	En el lugar de comisión del delito o dónde resida la víctima o familiares.
Prohibición de aproximarse	1 mes	10 años	Al lugar de comisión del delito o dónde resida, trabaje o se halle la víctima o familiares.
Prohibición de comunicarse	1 mes	10 años	Con la víctima, familiares o quien determine el Juez o Tribunal por cualquier medio de comunicación, informático, telemático, contacto escrito, verbal o visual.
Trabajos en beneficio de la comunidad	1 día	1 año	— Requiere el consentimiento del penado. — Consiste en la cooperación no retribuida en actividades de utilidad pública. — Duración diaria no superior a 8 horas. — Condiciones de cumplimiento: art. 49 CP.

1.4. Multa (art. 50)

CONCEPTOS BÁSICOS			
Se trata de una sanción económica, que se rige por el **SISTEMA DE DÍAS- MULTA**, salvo que la Ley disponga otra cosa. Cuando lo determine expresamente el CP se impondrá el sistema de **MULTA PROPORCIONAL:** al daño causado, el valor del objeto del delito o beneficio reportado.	**Extensión:** **Mínima: 10 días.** **Máxima: 2 años.** Tener en cuenta que los meses son de 30 días y los años de 360. Reglas para determinar el n.º de días: Título III, Cap. II (arts. 61 - 79)	**Cuota diaria:** Mínima: 2 Euros. Máxima: 400 Euros. Se tendrá en cuenta exclusivamente la situación económica del reo.	**Pago de la multa:** Plazo máximo: 2 años. Posibilidad de pago aplazado. El impago de 2 plazos determina el vencimiento del resto. Posibilidad de modificación del importe y los plazos después de Sentencia sí varía la situación económica del penado.

1.5. Las penas accesorias (art. 54)

PENAS ACCESORIAS PARA PENAS DE PRISIÓN	
Iguales o superiores a 10 años.	Inhabilitación absoluta durante el tiempo de la condena, salvo que esté prevista como pena principal.
Inferiores a 10 años	Suspensión de empleo o cargo público.
	Inhabilitación especial para el derecho de sufragio Pasivo, durante el tiempo de la condena.
	Inhabilitación especial para empleo o cargo público, profesión, oficio, industria o comercio o cualquier otro derecho.
	Inhabilitación absoluta por un tiempo superior entre 6 y 20 años al de la duración de la pena de privación de libertad impuesta para hechos descritos en los delitos de los arts. 571 a 578 CP (art. 579 CP).

PENAS ACCESORIAS SEGÚN EL DELITO Y LA RELACIÓN ENTRE VÍCTIMA Y AGRESOR			
DELITOS	**AGRESOR EXTRAÑO**	**QUE LA VÍCTIMA SEA O HAYA SIDO**	
Homicidio	— <u>Posibilidad</u> de imponer una o varias de las prohibiciones del art. 48 por tiempo: • Que no exceda de 10 años: delito grave. Imponiendo, en caso de pena de prisión, por un tiempo superior entre 1 y 10 años a la pena de prisión impuesta en la sentencia • Que no exceda de 5 años: delito menos grave. Imponiendo, en caso de pena de prisión, por un tiempo superior entre 1 y 5 años a la pena de prisión impuesta en la sentencia.	Cónyuge.	— <u>Se aplicará en todo caso</u> la prohibición del art. 48.2 CP (aproximarse) por tiempo que no excederá de: • Que no exceda de 10 años: delito grave. Imponiendo, en caso de pena de prisión, por un tiempo superior entre 1 y 10 años a la pena de prisión impuesta en la sentencia. • Que no exceda de 5 años: delito menos grave. Imponiendo, en caso de pena de prisión, por un tiempo superior entre 1 y 5 años a la pena de prisión impuesta en la sentencia.
Aborto		Persona ligada al condenado por análoga relación de afectividad aun sin convivencia.	
Lesiones		Sobre los descendientes, ascendientes o hermanos por naturaleza, adopción o afinidad, propios o del cónyuge o conviviente.	
Contra la libertad			
Torturas y contra la integridad moral			
Contra la libertad e indemnidad sexuales		Sobre menores o incapaces que con él convivan o sujetos a su potestad, tutela,	
curatela, acogimiento o guarda de hecho del cónyuge o conviviente.		Contra la intimidad, el derecho a la propia imagen y la inviolabilidad del domicilio Sobre cualquier otra persona integrada en el núcleo de su convivencia familiar.	
Contra el honor			
Sobre personas que por su especial vulnerabilidad se encuentren sometidas a custodia o guarda en centros públicos o privados.		Contra el patrimonio y el orden socioeconómico	
FALTAS CONTRA LAS PERSONAS	PODRÁN IMPONERSE PROHIBICIONES DEL ART. 48		
Art. 617 CP	Por tiempo que no excederá de 6 meses.		
Art. 620 CP			

1.6. Disposiciones comunes

ABONO DE PRIVACIÓN DE LIBERTAD PROVISIONAL O DE DERECHOS CAUTELARMENTE - ART. 58		
EN LA MISMA CAUSA	**EN CAUSA DISTINTA**	
Se aplica por el Juez o Tribunal Sentenciador.	Se aplica por el Juez de Vigilancia Penitenciaria.	La medida cautelar tiene que ser posterior a los hechos delictivos que motivaron la pena a la que se pretende abonar. Hechos posteriores al ingreso, siempre que sean anteriores a la fecha en que el reo tuvo conocimiento de la sentencia que le absolvió o impuso pena menor a la prisión sufrida (STS 20 de septiembre de 2005).

ABONO DE MEDIDAS CAUTELARES CUANDO LA PENA IMPUESTA SEA DE DISTINTA NATURALEZA ART. 59
El Juez o Tribunal determinará en la parte en que estime compensadas las medidas cautelares.

PENADO CON TRASTORNO MENTAL GRAVE SOBREVENIDO A LA FIRMEZA DE LA SENTENCIA - ART. 60				
ÓRGANO COMPETENTE	**REQUISITO**	**POSIBILIDAD DE IMPOSICIÓN DE MEDIDA DE SEGURIDAD**	**EN CASO DE PERSISTIR EL TRASTORNO DESPUES DE EXTINGUIDA LA PENA O MEDIDA DE SEGURIDAD**	**EN CASO DE RESTABLE-CERSE LA SALUD MENTAL**
Juez de Vigilancia Penitenciaria.	Que el trastorno impida al penado entender el sentido de la pena.	— Privativa de libertad. — De distinta naturaleza.	El Ministerio Fiscal promoverá la declaración de incapacidad ante la jurisdicción civil.	El penado cumplirá la Sentencia si la pena no ha prescrito, pudiendo extinguirse o reducirse si el cumplimiento resultara innecesario o contraproducente.

2. *La libertad condicional y las formas sustitutivas de la ejecución de las penas privativas de libertad*

2.1. Libertad condicional

RÉGIMEN GENERAL 3/4 CUMPLIMIENTO ART. 90 CP	Libertad condicional por cumplimiento de ¾ partes de la condena si: • Clasificación en tercer grado de tratamiento. • Buena conducta y buen pronóstico de reinserción social (emitido en el informe final previsto en artículo 67 LOGP). Exige satisfacción de responsabilidad civil. Permite la imposición por el JVP de las reglas de conducta de los artículos 83 y 96.3 CP. — En delitos de terrorismo o cometidos en el seno de una organización criminal el artículo 90 CP establece cuando se entiende que existe pronóstico de reinserción social, requiriendo actos de arrepentimiento y de colaboración con las autoridades, estableciendo formas específicas de acreditación como la declaración expresa de repudio de las actividades, petición expresa de perdón a las víctimas e informes técnicos que acrediten la desvinculación con la organización terrorista.
RÉGIMEN EXCEPCIONAL ANTICIPACIÓN A 2/3 CUMPLIMIENTO ART. 91 CP	Cabe su concesión por cumplimiento de 2/3 de la condena si: • Clasificación en tercer grado de tratamiento. • Buena conducta y buen pronóstico de reinserción social. • Desarrollo continuado de actividades laborales y ocupacionales. — Quedan expresamente excluidos de este régimen los condenados por delitos de terrorismo o cometidos en el seno de organizaciones criminales.

RÉGIMEN EXCEPCIONAL ADELANTAMIENTO DE 90 DÍAS POR AÑO ART. 91 CP	Cabe el adelantamiento por el JVP, a propuesta de Instituciones Penitenciarias, previo informe de Ministerio Fiscal y demás partes personadas, de la fecha de la libertad condicional en relación con el plazo de 2/3 de la condena hasta un máximo de 90 días por año transcurrido de cumplimiento efectivo de la condena si: • ½ de la condena cumplida. • Clasificación en tercer grado de tratamiento. • Buena conducta y buen pronóstico de reinserción social. • Desarrollo continuado de actividades laborales y ocupacionales. • Participación efectiva y favorable en programas de reparación a las víctimas o programas de tratamiento o desintoxicación. — Quedan expresamente excluidos de este régimen los condenados por delitos de terrorismo o cometidos en el seno de organizaciones criminales
SEPTUAGENARIOS Y ENFERMOS MUY GRAVES ART. 92	A los que hubieran cumplido 70 años o los cumplan durante la condena y a los enfermos muy graves con padecimientos incurables se le exime del requisito temporal de cumplimiento de las ¾ partes o en su caso de 2/3 de la condena. Sólo será exigible: • Clasificación en tercer grado de tratamiento. • Buena conducta y buen pronóstico de reinserción social.
RÉGIMEN ESPECIAL CUANDO RESTE 1/8 PARTE DE CUMPLIMIENTO ART. 78 CP	Cuando por aplicación de los artículos 76 y 78 CP nos encontramos con límites de cumplimiento de 25, 30 o 40 años de prisión el JVP, en los delitos de terrorismo o cometidos en el seno de organizaciones criminales podrá acordar la libertad condicional si: • Existe un pronóstico individualizado y favorable de reinserción social. • Reste por cumplir una octava parte del límite máximo de condena.

2.2. Suspensión de penas privativas de libertad

SUSPENSIÓN GENÉRICA ART. 80 Y SS. CP	Los Jueces o Tribunales podrán dejar en suspenso la ejecución de penas privativas de libertad, teniendo en cuenta la peligrosidad criminal del sujeto, circunstancias personales, características del hecho y duración de la pena, si: 1. Pena impuesta o suma de las impuestas, privativa de libertad no superior a 2 años. No se computa la responsabilidad personal por impago. 2. Primer delito. No se tendrán en cuenta los antecedentes cancelables, cancelados y los de delitos imprudentes. 3. Tener satisfecha la responsabilidad civil salvo: 1. Declaración de insolvencia 2. Compromiso del artículo 801.3 LECrim. **Condición obligatoria**: no comisión de delitos en el plazo fijado conforme al artículo 80.2 CP. En los delitos de violencia de género obligada condición el sometimiento a las reglas 1.ª, 2.ª y 5.ª del 83 CP. **Condiciones potestativas**: sometimiento a las obligaciones o deberes del artículo 83 CP.
SUSPENSIÓN ESPECIAL EN ATENCIÓN A LA DEPENDENCIA DEL AUTOR ART. 87 CP	Los Jueces o Tribunales, con audiencia de las partes, podrán dejar en suspenso la ejecución de penas privativas de libertad, si: • El hecho fue cometido a causa de la dependencia del autor a las sustancias señaladas en el artículo 20.2. • Pena impuesta no superior a 5 años. • Presentar certificado de una entidad pública o privada, donde se constate que el condenado está deshabituado o sometido a tratamiento salvo: — Suspensión vía artículo 801.3 LECrim. • Tener satisfecha la responsabilidad civil salvo: — Declaración de insolvencia. — Compromiso del artículo 801.3 LECrim.

	Condición obligatoria: no comisión de delitos en el plazo fijado conforme al artículo 87.3.2 CP. Los Jueces o Tribunales podrán dejar en suspenso la ejecución de penas privativas de libertad, teniendo en cuenta la peligrosidad criminal del sujeto, circunstancias personales, características del hecho y duración de la pena, si: 4. Pena impuesta o suma de las impuestas, privativa de libertad no superior a 5 años. 5. Tener satisfecha la responsabilidad civil salvo: 1. Declaración de insolvencia. 2. Compromiso del artículo 801.3 LECrim. **Condiciones obligatorias**: • No comisión de delitos en el plazo fijado conforme al artículo 87.3CP. • No abandonar el tratamiento de deshabituación hasta su finalización.
SUSPENSIÓN ESPECIAL PARA ENFERMOS MUY GRAVES ART. 80.4 CP	• Acreditar el padecimiento por el penado de una enfermedad muy grave con padecimientos incurables. • Sólo exige que no se tenga suspendida otra pena por idéntico motivo. • No se limita la gravedad de la pena que se quiera suspender.

2.3. Sustitución de penas

SUSTITUCIÓN GENÉRICA (ART. 88 CP)		**SUSTITUCIÓN EXTRANJEROS NO RESIDENTES LEGALES (ART. 89 CP)**		**SUSTITUCIÓN *OPE LEGIS* (ART. 71.2 CP)**
REQUISITOS	• Que no se trate de reos habituales (art. 94 CP) • Prisión inferior o igual a 1 año. • **Excepcionalmente,** Prisión hasta 2 años, atendiendo a fines de prevención y reinserción social.	**PENA PRIVATIVA DE LIBERTAD INFERIOR A SEIS AÑOS STC 145/06 8 de mayo**	• Expulsión al país de origen. • **Excepcionalmente,** el J/T motivará que la naturaleza del delito exija cumplimiento en España. • Plazo de expulsión 10 años. • Consecuencia del quebrantamiento, devolución y nuevo plazo de 10 años.	LA PENA DE PRISIÓN INFERIOR A TRES MESES SE SUSTITUIRÁ POR TRABAJOS EN BENEFICIO DE LA COMUNIDAD O POR MULTA SE APLICARÁN LAS NORMAS DEL ARTÍCULO 88 CP, SIN PERJUICIO DE LA APLICACIÓN DE LA SUSPENSIÓN (ARTS. 80 Y SS CP).
CÓMPUTO	• 1 DÍA DE PRISIÓN = 2 CUOTAS MULTA • 1 DÍA DE PRISIÓN = 1 JORNADA TRABAJOS EN BENEFICIO COMUNIDAD			
PROCEDIMIENTO	Juzgado o Tribunal Sentenciador dictará: • antes de dar inicio a la ejecución, • previa audiencia de las partes, • en la misma sentencia o mediante auto motivado.	**PENA PRIVATIVA DE LIBERTAD IGUAL O SUPERIOR A SEIS AÑOS**	• Expulsión al país de origen cuando: 1. haya cumplido ¾ partes. 2. o, se le conceda el tercer grado tto. • **Excepcionalmente**, el T motivará que la naturaleza del delito exija cumplimiento en España. • Plazo de expulsión 10 años. • Consecuencia del quebrantamiento, devolución y nuevo plazo de 10 años.	
ELEMENTOS A VALORAR	• Las circunstancias personales del reo. • La naturaleza del hecho. • La conducta del condenado. • El esfuerzo para reparar el daño.			

SUSTITUCIÓN GENÉRICA (ART. 88 CP)		SUSTITUCIÓN EXTRANJEROS NO RESIDENTES LEGALES (ART. 89 CP)		SUSTITUCIÓN *OPE LEGIS* (ART. 71.2 CP)
OBLIGACIONES	Cabe la imposición de las reglas del artículo 83 CP: • Si no están previstas en sentencia como pena. • Nunca por un tiempo superior a la pena sustituida.	**ELIMINACIÓN DEL RÉGIMEN GENERAL**	No procederá en ningún supuesto, ni la suspensión ni la sustitución de la pena de prisión impuesta.	
SUSTITUCIÓN EN VIOLENCIA DE GÉNERO	• La pena de prisión sólo podrá ser sustituida por trabajos en beneficio comunidad. • Se impondrá adicionalmente a la sustitución la observancia de las reglas del artículo 83 1.ª, 2.ª y 5.ª CP.	**NO APLICABLE**	No se aplicará a os extranjeros, *«no residentes legales»* condenados por la comisión de los delitos tipificados en los artículos 312, 318 bis, 515.6, 517 y 518 CP.	

II. CUADRO DE APLICACIÓN DE PENAS

1. Reglas generales para la aplicación de las penas. Arts. 61 a 72

Las penas recogidas en el CP se entienden impuestas al autor de la infracción consumada (art. 61 CP).

PENALIDAD DE LA		
TENTATIVA (ART. 62 CP)		**COMPLICIDAD (ART. 63)**
Pena inferior en 1 o 2 grados		Pena inferior en 1 grado (respecto de la impuesta al autor del delito consumado o Intentado)
Teniendo en cuenta:	El peligro inherente al intento	
	El grado de ejecución alcanzado	

ORDEN DE APLICACIÓN DE LAS NORMAS DE DETERMINACIÓN DE LA PENA			
	REGLA PENOLÓGICA	REGULACIÓN LEGAL	OBSERVACIONES
1.º	**Marco penal inicial:** Tipo básico. Subtipo agravado. Subtipo privilegiado.	Art. 61 CP.	— Pena señalada en la Ley Penal vigente al tiempo de los hechos — Pena señalada en la Ley Penal actual si es más favorable — Aplicación, en su caso, de la Disp. Transitoria 11.ª del CP.
2.º	**En su caso: Continuidad delictiva**	Art. 74 CP.	— Aplicable a las faltas

<table>
<tr><th colspan="4">ORDEN DE APLICACIÓN DE LAS NORMAS DE DETERMINACIÓN DE LA PENA</th></tr>
<tr><th></th><th>REGLA PENOLÓGICA</th><th>REGULACIÓN LEGAL</th><th>OBSERVACIONES</th></tr>
<tr><td rowspan="2">3.º</td><td>Grado de perfección del delito
(consumado / Intentado)</td><td>Art. 61 y 62 CP.</td><td>— Inaplicación de la degradación de la pena cuando la tentativa venga castigada directamente por al Ley (art. 64 CP).
— Degradación inaplicable a las faltas (art. 638 CP), sin perjuicio de que proceda o no su castigo (art. 15. 2 CP).</td></tr>
<tr><td>O en su caso: actos preparatorios punibles
(conspiración / proposición / provocación)</td><td>Art. 17 CP.</td><td>Degradación y punición sólo para los delitos así previstos directamente en el Libro II CP.</td></tr>
<tr><td>4.º</td><td>En su caso: concurso medial o ideal</td><td>Art. 77 CP.</td><td>Aplicable a las Faltas.</td></tr>
<tr><td>5.º</td><td>Participación delictiva
(autor / cómplice)</td><td>Art. 61 y 63 CP.</td><td>— Inaplicación de la degradación de la pena cuando la complicidad venga castigada directamente por la Ley (art. 64 CP).
— Degradación inaplicable a las faltas (art. 638 CP).</td></tr>
<tr><td>6.º</td><td>Circunstancias atenuantes y agravantes</td><td>Art. 66 y 68 CP.</td><td>— Inaplicación de la atenuación o de la agravación en los casos de inherencia a la descripción legal o a la ejecución del delito (art. 67 CP).
— Discriminación entre circunstancias objetivas y subjetivas (art. 65 CP).
— Inaplicable a las faltas (art. 638 CP).</td></tr>
</table>

<table>
<tr><th colspan="7">APLICACIÓN DE LAS REGLAS 1.ª A 5.ª DEL CUADRO ANTERIOR</th></tr>
<tr><th rowspan="2">Inferior en 2 grados</th><th rowspan="2">Inferior en 1 grado</th><th colspan="2">PENA TIPO</th><th colspan="2">Superior en 1 grado</th><th rowspan="2">Superior en 2 grados</th></tr>
<tr><th>1/2 inferior</th><th>1/2 inferior</th><th>1/2 inferior</th><th>1/2 inferior</th></tr>
<tr><td rowspan="2"></td><td rowspan="2">Cómplice</td><td rowspan="2"></td><td>Concurso medial.
Concurso ideal</td><td></td><td></td><td></td></tr>
<tr><td colspan="2">Delito Continuado</td><td></td><td></td></tr>
<tr><td colspan="2">Delito Intentado</td><td colspan="2">Autor</td><td colspan="3" rowspan="2">Delito continuado patrimonial agravado
Delito masa</td></tr>
<tr><td colspan="2">Conspiración / Provocación / Proposición</td><td colspan="2">Delito consumado</td></tr>
</table>

<table>
<tr><th colspan="6">REGLAS PARA LA APLICACIÓN DE LAS CIRCUNSTANCIAS ATENUANTES Y AGRAVANTES</th></tr>
<tr><th rowspan="2">Inferior en 2 grados</th><th rowspan="2">Inferior en 1 grado</th><th colspan="2">PENA BASE</th><th colspan="2">Superior en 1 grado</th></tr>
<tr><th>1/2 inferior</th><th>1/2 inferior</th><th>1/2 inferior</th><th>1/2 inferior</th></tr>
<tr><td></td><td>Atenuantes y agravantes con persistencia de atenuación</td><td>1 atenuante</td><td>1 o 2 agravantes</td><td>más de 2 agravantes, sin atenuantes</td><td></td></tr>
<tr><td colspan="2" rowspan="3">— 2 o más atenuantes, sin agravantes.
— 1 o más atenuantes muy cualificadas, sin agravantes.
— Eximente incompleta (art. 21. 1.ª CP).</td><td></td><td>Atenuantes y agravantes con persistencia de agravación</td><td colspan="2" rowspan="3">Multirreincidencia</td></tr>
<tr><td colspan="2">Ni atenuantes ni agravantes</td></tr>
<tr><td colspan="2">Atenuantes y agravantes compensadas</td></tr>
</table>

<table>
<tr><th colspan="3">REGLAS DE APLICACIÓN DE LAS PENAS EN CASO DE</th></tr>
<tr><th colspan="3">DELITOS - ART. 66</th></tr>
<tr><th colspan="3">DOLOSOS</th></tr>
<tr><td colspan="2">Sin agravantes / atenuantes
(6.ª)</td><td>Pena establecida por la Ley, atendiendo:
Circunstancias personales del delincuente.
Gravedad del hecho.</td></tr>
<tr><td colspan="2">1 sola atenuante
(1.ª)</td><td>Pena en 1/2 inferior.</td></tr>
<tr><td colspan="2">2 o más atenuantes simples / 1 o más atenuantes muy cualificadas
(2.ª)</td><td>Pena inferior en 1 o 2 grados.</td></tr>
<tr><td colspan="2">Eximente incompleta del art. 21.1.ª del CP
(art. 68)</td><td>Pena inferior en 1 o 2 grados.</td></tr>
<tr><td colspan="2">1 o 2 agravantes
(3.ª)</td><td>Pena en 1/2 superior.</td></tr>
<tr><td colspan="2">3 o más agravantes
(4.ª)</td><td>Pena superior en 1 grado en la mitad superior.</td></tr>
<tr><td colspan="2">Agravante de reincidencia (no antecedentes penales cancelados o que debieran serlo) más el culpable al delinquir haya sido condenado ejecutoriamente por 3 o más delitos del mismo Título del CP y de la misma naturaleza
(5.ª)</td><td>Pena superior en 1 grado.</td></tr>
<tr><td rowspan="2">Concurrencia de atenuantes y agravantes
(7.ª)</td><td rowspan="2">En caso de existir un fundamento cualificado de:</td><td>Atenuación:
Pena inferior en 1 grado.</td></tr>
<tr><td>Agravación:
Pena
en la mitad superior.</td></tr>
</table>

<table>
<tr><th colspan="2">REGLAS DE APLICACIÓN DE LAS PENAS EN CASO DE</th></tr>
<tr><th colspan="2">DELITOS - ART. 66</th></tr>
<tr><th colspan="2">DOLOSOS</th></tr>
<tr><td>Cuando los Jueces o Tribunales apliquen la pena inferior en más de 1 grado (8.ª)</td><td>Podrán hacerlo en toda su extensión.</td></tr>
<tr><td>IMPRUDENTES</td><td>LOS JUECES Y TRIBUNALES APLICARÁN LAS PENAS A SU PRUDENTE ARBITRIO, SIN SUJECIÓN A LAS REGLAS ANTERIORES DE LOS DELITOS DOLOSOS</td></tr>
<tr><td colspan="2">Las reglas del art. 66 no se aplicarán a las agravantes o atenuantes que la Ley haya tenido en cuenta a la hora de describir o sancionar una infracción, ni a las que sean inherentes al delito que sin la concurrencia de ellas no podría cometerse (art. 67).</td></tr>
<tr><td>FALTAS - ART. 638</td><td>LOS JUECES Y TRIBUNALES APLICARÁN LAS PENAS A SU PRUDENTE ARBITRIO, SIN SUJECIÓN A LAS REGLAS DE LOS ARTS. 61 A 72 CP</td></tr>
</table>

<table>
<tr><th colspan="5">PENA SUPERIOR E INFERIOR EN GRADO</th></tr>
<tr><td colspan="2">REGLAS PARA EL CÁLCULO - ART. 70</td><td colspan="2">SI LA PENA SUPERIOR EN GRADO EXCEDE DEL LÍMITE MÁXIMO FIJADO POR EL CP PARA CADA PENA</td><td>SI LA PENA INFERIOR EN GRADO EXCEDE DEL LÍMITE MÍNIMO FIJADO POR EL CP PARA CADA PENA
ART. 71</td></tr>
<tr><td>Superior en grado</td><td>Inferior en grado</td><td>Pena</td><td>Duración máxima</td><td rowspan="7">— Los Jueces o Tribunales reducirán la pena en la forma que resulte de la aplicación de las reglas, sin quedar limitados por las cuantías mínimas señaladas por la ley y sin que ello suponga la degradación a falta.</td></tr>
<tr><td rowspan="6">— Partir de la cifra máxima señalada por la ley para el delito (será el límite mínimo de la pena superior en grado, incrementado en 1 día o día multa).
— A la cantidad anterior aumentar su mitad (será el límite máximo de la pena superior en grado).</td><td rowspan="6">— Partir de la cifra mínima señalada por la ley para el delito (será el límite máximo de la pena inferior en grado, reducido en 1 día o día multa).
— A la cantidad anterior reducir su mitad (será el límite mínimo de la pena inferior en grado).</td><td>Prisión</td><td>30 años</td></tr>
<tr><td>Inhabilitación absoluta o especial</td><td>30 años</td></tr>
<tr><td>Suspensión de empleo o cargo público</td><td>8 años</td></tr>
<tr><td>Privación del derecho a conducir</td><td>15 años</td></tr>
<tr><td>Privación del derecho a la tenencia y porte de armas</td><td>20 años</td></tr>
<tr><td>Privación del derecho a residir</td><td>20 años</td></tr>
</table>

<table>
<tr><th colspan="4">PENA SUPERIOR E INFERIOR EN GRADO</th></tr>
<tr><td rowspan="3">El día o el día multa se consideran indivisibles y actúan como unidades penológicas de más o menos, según los casos.</td><td>Prohibición de aproximación</td><td>20 años</td><td rowspan="3">— Si la pena resultante fuera inferior a 3 meses de prisión, ésta será en todo caso sustituida conforme a los arts. 88 y 89 CP, sin perjuicio de la suspensión de la ejecución cuando proceda.</td></tr>
<tr><td>Prohibición de comunicación</td><td>20 años</td></tr>
<tr><td>Multa</td><td>30 meses</td></tr>
<tr><td colspan="4">ART. 72 CP. LOS JUECES O TRIBUNALES RAZONARÁN EN SENTENCIA EL GRADO Y EXTENSIÓN CONCRETA DE LA PENA IMPUESTA</td></tr>
</table>

1.1. Reglas especiales para la aplicación de las penas. Arts. 73 a 79

<table>
<tr><th colspan="2">CONCURSO REAL - ART. 73 CP</th></tr>
<tr><td>Definición: Concurrencia de 2 o más faltas o delitos.</td><td>— Cumplimiento simultáneo de todas las penas correspondientes a las diferentes infracciones, siempre que sea posible según la Naturaleza y efectos de las penas.
— Si no fuera posible cumplimiento sucesivo, siguiendo el orden de la respectiva gravedad (art. 75 CP).</td></tr>
</table>

<table>
<tr><th colspan="4">DELITO CONTINUADO - ART. 74 CP</th></tr>
<tr><th>DEFINICIÓN</th><th colspan="2">PENALIDAD</th><th>EXCEPCIÓN A LA APLICABILIDAD DE LA CONTINUIDAD</th></tr>
<tr><td rowspan="2">Realizar una Pluralidad de acciones u omisiones que ofendan a uno o varios sujetos e infrinjan el mismo precepto legal o preceptos de igual o semejante naturaleza, todo ello en ejecución de un Plan preconcebido o aprovechando idéntica situación.</td><td colspan="2">Pena señalada para la infracción más grave en su ½ superior, pudiendo llegar a la mitad inferior de la pena superior en grado.</td><td rowspan="2">— Ofensas a Bienes eminentemente Personales.
No están exceptuadas las ofensas contra el honor y la libertad e indemnidad sexuales que afecten al mismo sujeto pasivo, teniendo en cuenta la Naturaleza del hecho y del precepto infringido para aplicar o no la continuidad.</td></tr>
<tr><td>Pena superior en 1 o 2 grados.</td><td>Si se trata de infracciones contra el patrimonio y el hecho revistiera notoria gravedad y ha perjudicado a una generalidad de personas.</td></tr>
</table>

<table>
<tr><th colspan="3">MÁXIMOS DE CUMPLIMIENTO EFECTIVO DE LA CONDENA - ART. 76 CP</th></tr>
<tr><td>REGLA GENERAL</td><td colspan="2">EXCEPCIONES</td></tr>
<tr><td rowspan="2">No podrá exceder del triple de la más grave de las penas impuestas, con un máximo de 20 años.</td><td>25 años</td><td>Condenado por 2 o más delitos y alguno esté castigado por la Ley con prisión de hasta 20 años.</td></tr>
<tr><td>30 años</td><td>Condenado por 2 o más delitos y alguno esté castigado por la Ley con prisión superior 20 años.</td></tr>
<tr><td rowspan="2">Declarándose extinguidas las penas impuestas que excedan de dicho máximo.</td><td rowspan="2">40 años</td><td>Condenado por 2 o más delitos y al menos 2 estén castigado por la Ley con prisión superior 20 años.</td></tr>
<tr><td>Condenado por 2 o más delitos de terrorismo (arts. 571 - 580 CP) y alguno esté castigado por la Ley con prisión superior 20 años.</td></tr>
<tr><td colspan="3">Estas limitaciones se aplicarán aunque las penas se hayan puesto en distintos procesos, si los hechos pudieran haberse enjuiciado en uno solo, atendiendo a la conexión o el momento de comisión</td></tr>
</table>

<table>
<tr><th colspan="3">CONCURSO IDEAL Y MEDIAL - ART. 77 CP</th></tr>
<tr><td colspan="2">DEFINICIONES</td><td>PENALIDAD</td></tr>
<tr><td rowspan="2">El concurso ideal se produce cuando un solo hecho constituye 2 o más infracciones.</td><td rowspan="2">El concurso medial se produce cuando acontece una pluralidad delictiva en la que uno de los delitos sirve como medio necesario para cometer otro.</td><td>No rige lo dispuesto en los arts. 75 y 76 CP.</td></tr>
<tr><td>Pena señalada para la infracción más grave en su mitad superior, sin que pueda exceder de la suma de las que correspondería aplicar si se penaran separadamente las infracciones, si así fuera se sancionaran las infracciones por separado.</td></tr>
</table>

<table>
<tr><th colspan="3">LOS BENEFICIOS PENITENCIARIOS, PERMISOS DE SALIDA, CLASIFICACIONES EN TERCER GRADO Y CÓMPUTO DEL TIEMPO PARA LA LIBERTAD CONDICIONAL SE OBTENDRÁN RESPECTO DE LA TOTALIDAD DE LAS PENAS IMPUESTAS EN SENTENCIA - ART. 78 CP</th></tr>
<tr><td colspan="2">SUPUESTOS</td><td>PROCEDIMIENTO PARA PASAR AL RÉGIMEN GENERAL DE CUMPLIMIENTO</td></tr>
<tr><td rowspan="2">Cuando por aplicación de las limitaciones del art. 76.1 CP la pena a cumplir resulte inferior a la ½ de la suma total de las impuestas.</td><td>El Juez o Tribunal sentenciador:</td><td>Art. 77.3 CP</td></tr>
<tr><td>— Podrá: En el supuesto del máximo de 20 años.
— Tendrá: En los supuestos de máximos de 25, 30 y 40 años.</td><td>— Requisito adicional para delitos de terrorismo (arts. 571 - 580 CP):
— Al tercer grado penitenciario, cuando quede por cumplir 1/5 parte del límite máximo de cumplimiento de la condena.
A la libertad condicional, cuando quede por cumplir 1/8 parte del límite máximo de cumplimiento de condena.</td></tr>
</table>

Según el art. 79 CP, los Jueces y Tribunales condenarán de forma expresa al reo tanto a la pena principal como a las accesorias.

III. ESQUEMAS PROCESALES

JUICIO DE FALTAS

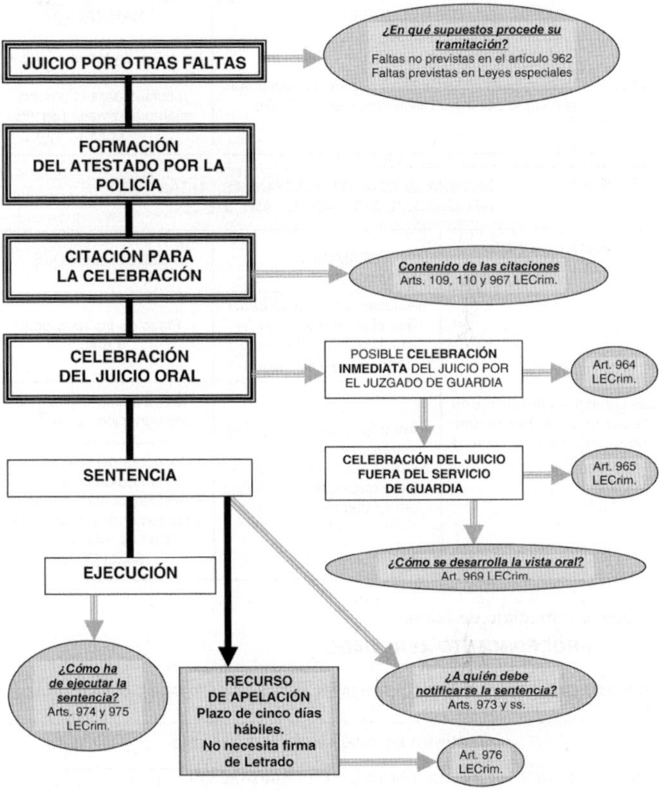

1. Juicio de faltas

RECURSOS CONTRA RESOLUCIONES INTERLOCUTORIAS FALTAS

RECURSO DE REFORMA, APELACIÓN Y QUEJA	
RESOLUCIONES RECURRIBLES	**TRAMITACIÓN**
Todas las resoluciones dictadas tanto por los Juzgados de Instrucción como por los de Violencia sobre la Mujer.	Se aplica de forma supletoria las normas que regulan los recursos para el procedimiento abreviado (art. 766 LECr.).

<table>
<tr><th colspan="3">RECURSOS CONTRA SENTENCIAS FALTAS
RECURSO DE APELACIÓN - ART. 976 LECr.</th></tr>
<tr><td>RESOLUCIONES RECURRIBLES</td><td>TRAMITACIÓN</td><td>ESPECIALIDADES</td></tr>
<tr><td rowspan="3">Las sentencias definitivas de los Juzgados de Instrucción y de los de Violencia sobre la Mujer.</td><td>Se sustancia de igual forma que el R. Apelación en el procedimiento abreviado (arts. 790 y 792 LECr.).</td><td>Plazo de interposición: 5 días.</td></tr>
<tr><td rowspan="2">Contra la resolución de este recurso no cabe recurso alguno y es ejecutable por el órgano que dicto la sentencia en 1.ª instancia (art. 977 LECr.).</td><td>Se mantiene el plazo de impugnación de 10 días.</td></tr>
<tr><td>Conocerá del Recurso un Magistrado de la Audiencia Provincial, cuando la sentencia recurrida proceda del Juzgado de Instrucción (art. 82.2 LOPJ).</td></tr>
</table>

2. Juicio inmediato de faltas

— ***PROCEDIMIENTO ABREVIADO***

RECURSOS CONTRA RESOLUCIONES INTERLOCUTORIAS P. ABREVIADO

<table>
<tr><th colspan="4">RECURSO DE REFORMA – ART. 766 LECr.</th></tr>
<tr><td>RESOLUCIONES RECURRIBLES</td><td>RESOLUCIONES NO RECURRIBLES</td><td>TRAMITACIÓN ART. 758 LECr.</td><td>EFECTOS</td></tr>
<tr><td rowspan="2">Todos los Autos de los Juzgados de Instrucción, de Violencia sobre la Mujer y de lo Penal, que no estén exceptuados por Ley.</td><td>Auto de apertura de Juicio Oral, salvo en lo relativo a la situación personal del acusado (art. 783.3 LECr.).</td><td>Plazo de interposición: 3 días.</td><td rowspan="2">No es devolutivo (Se interpone y resuelve ante el mismo Juzgado que lo dicta).</td></tr>
<tr><td>Auto denegando la práctica de pruebas (art. 785.1 LECr.).</td><td>Debe presentarse por escrito con firma autorizada de Letrado.</td></tr>
</table>

ENJUICIAMIENTO INMEDIATO DE FALTAS

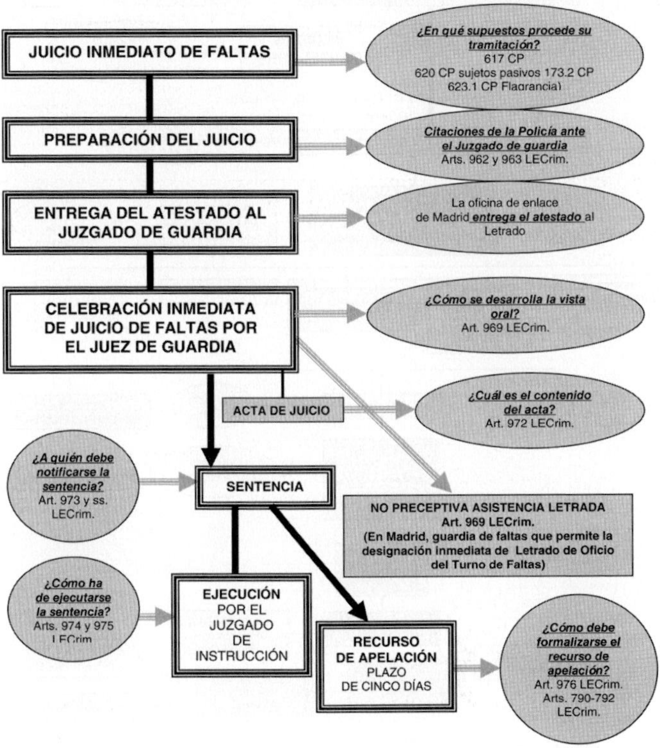

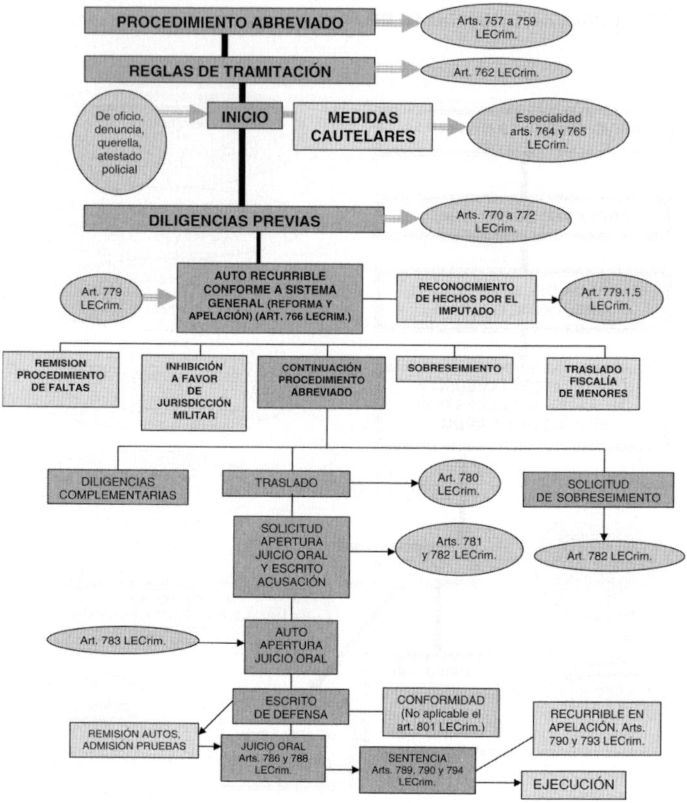
PROCEDIMIENTO ABREVIADO
Arts. 757 a 759 LECrim.
REGLAS DE TRAMITACIÓN
Art. 762 LECrim.
De oficio, denuncia, querella, atestado policial
INICIO
MEDIDAS CAUTELARES
Especialidad arts. 764 y 765 LECrim.
DILIGENCIAS PREVIAS
Arts. 770 a 772 LECrim.
Art. 779 LECrim.
AUTO RECURRIBLE CONFORME A SISTEMA GENERAL (REFORMA Y APELACIÓN) (ART. 766 LECRIM.)
RECONOCIMIENTO DE HECHOS POR EL IMPUTADO
Art. 779.1.5 LECrim.
REMISION PROCEDIMIENTO DE FALTAS
INHIBICIÓN A FAVOR DE JURISDICCIÓN MILITAR
CONTINUACIÓN PROCEDIMIENTO ABREVIADO
SOBRESEIMIENTO
TRASLADO FISCALÍA DE MENORES
DILIGENCIAS COMPLEMENTARIAS
TRASLADO
Art. 780 LECrim.
SOLICITUD DE SOBRESEIMIENTO
SOLICITUD APERTURA JUICIO ORAL Y ESCRITO ACUSACIÓN
Arts. 781 y 782 LECrim.
Art. 782 LECrim.
Art. 783 LECrim.
AUTO APERTURA JUICIO ORAL
ESCRITO DE DEFENSA
CONFORMIDAD (No aplicable el art. 801 LECrim.)
REMISIÓN AUTOS, ADMISIÓN PRUEBAS
JUICIO ORAL Arts. 786 y 788 LECrim.
SENTENCIA Arts. 789, 790 y 794 LECrim.
RECURRIBLE EN APELACIÓN. Arts. 790 y 793 LECrim.
EJECUCIÓN

RECURSO DE REFORMA – ART. 766 LECr.			
RESOLUCIONES RECURRIBLES	RESOLUCIONES NO RECURRIBLES	TRAMITACIÓN ART. 758 LECr.	EFECTOS
	La resolución judicial sobre los artículos de previo pronunciamiento (art. 786 LCR).	Se presentarán tantas copias como partes personadas.	No tendrá efecto suspensivo, salvo que la Ley disponga otra cosa.
	Los autos a que se refieren los arts. 55, 659 párrafo 3.º, 748 y 680.3 LECr.	Plazo para resolver: Al 2.º día de haberse entregado las copias.	
		No es preciso interponerlo previamente para Interponer el R. Apelación.	

RECURSO DE QUEJA - ART. 218 LECr.		
SE INTERPONE CONTRA	SE INTERPONE ANTE	PLAZO
Los Autos no apelables del Juez.	El Tribunal Superior competente.	El establecido por la Ley.
Las resoluciones en las que se deniega el R. Apelación.		Mientras esté pendiente la causa, si no se dispone un plazo determinado (art. 213 LECr.).

RECURSO DE APELACIÓN - ART. 766 LECr.		
RESOLUCIONES RECURRIBLES	EFECTOS	TRAMITACIÓN
Todos los Autos de los Juzgados de Instrucción, de Violencia sobre la Mujer y de lo Penal.	Tiene efecto devolutivo (se interpone ante el Juzgado que lo dicta y resuelve el Superior Jerárquico).	Plazo de interposición: **5 días.**
		No precisa previa interposición del R. Reforma.
		Por regla general la tramitación es escrita.
		Se hará constar: — Motivos del recurso. — Particularidades que hayan de testimoniarse. — Adjuntar documentos justificativos.
	No tiene efecto suspensivo, salvo que la Ley lo disponga.	No se emplaza a las partes
		Se dará traslado al Juez y demás partes personadas para que en el plazo de **5 días** aleguen
		El Juez en el plazo de 2 días remitirá testimonio al superior jerárquico, quién resolverá a los 5 días, excepto:

<table>
<tr><th colspan="3">RECURSO DE APELACIÓN - ART. 766 LECr.</th></tr>
<tr><th>RESOLUCIONES RECURRIBLES</th><th>EFECTOS</th><th>TRAMITACIÓN</th></tr>
<tr><td></td><td></td><td>— Si reclamase las actuaciones.
— Si se admite el R. Apelación con efecto suspensivo.</td></tr>
<tr><td rowspan="2">Los Autos que resuelvan el R. de Reforma.</td><td rowspan="2">Tendrá efecto suspensivo:
— Auto de Sobreseimiento.
— Auto de transformación en falta.
— Auto de Inhibición a favor de la Jurisdicción Militar o de Menores.</td><td>Si el R. Apelación se hubiere interpuesto subsidiariamente con el de Reforma, y éste fuera total o parcialmente desestimado, se concederá un plazo de 5 días, al recurrente para ampliar sus alegaciones.</td></tr>
<tr><td>Excepcionalmente se tramitará de forma oral:
— Autos que acuerden la prisión provisional y el apelante lo solicite (no si lo que se recurre es la libertad).
— Autos que acuerden medidas cautelares.
La vista será a los 10 días de la recepción de la causa.</td></tr>
</table>

<table>
<tr><th colspan="4">RECURSO DE APELACIÓN - ARTS. 790 y 792 LECr.</th></tr>
<tr><th>RESOLUCIONES RECURRIBLES</th><th>LEGITIMACIÓN</th><th>EFECTOS</th><th>TRAMITACIÓN</th></tr>
<tr><td rowspan="5">Las sentencias del Juzgado de lo Penal, incluidas las dictadas en «conformidad», sino se han respetado los requisitos formales (art. 787.6 y 7 LECr.).</td><td rowspan="5">Regla General
Quienes fueran parte en la instancia (arts. 789.2 y 790.1 LECr.).</td><td rowspan="3">Tiene efecto devolutivo (se interpone ante el Juzgado de lo penal y resuelve la Audiencia Provincial).</td><td>Se interpone ante el mismo Juzgado de lo Penal que dicta la sentencia.</td></tr>
<tr><td>Plazo de interposición:
10 días.</td></tr>
<tr><td>Contenido del escrito:
Domicilio a efecto de notificaciones.
Motivos numerados y ordenados (art. 790.2 LECr.).
Proposición de medios de prueba (art. 790.3 LECr.).</td></tr>
<tr><td rowspan="2">Regla General.
Efecto suspensivo sobre el contenido penal y civil
Excepciones (arts. 794 y 977 LECr.):
— La ejecución provisional del aspecto civil (art. 989 LECr.).
— Las medidas cautelares, que podrán ser mantenidas, modificadas o creadas «ex novo» (art. 544 bis y ter LECr.).</td><td>El Juzgado de lo Penal examinará el escrito, contando con un plazo de 3 días para subsanar errores (art. 790.4 LECr.).</td></tr>
<tr><td>Admitido a trámite se dará traslado al resto de partes, teniendo 10 días para alegar y solicitar práctica de prueba (art. 790.5 LECr.).</td></tr>
</table>

RECURSO DE APELACIÓN - ARTS. 790 y 792 LECr.			
RESOLUCIONES RECURRIBLES	LEGITIMACIÓN	EFECTOS	TRAMITACIÓN
			Si se hubieran presentado alegaciones, se dará traslado de éstas a todas las partes y se elevarán a la Audiencia (art. 790.6 LECr.).
			Por regla general no se emplaza a las partes ante la Audiencia.
	Por analogía al R. Casación (art. 854 LECr.), cuando se les haya ocasionado un agravio directo, lesión o perjuicio: — Las partes. — Los herederos. — El tercero condenado.	— Si la sentencia recurrida es absolutoria, y el sujeto estaba preso preventivo, se deberá dictar Auto de libertad provisional (art. 983 LECr.).	Sólo se celebrará vista: — Si hay proposición de prueba y su práctica es admitida por la Audiencia. — Si la Audiencia estima necesaria la vista, para una correcta formación de una convicción fundada.
			El apelante podrá desistir del recurso: — Si no se celebró vista, antes de dictar sentencia. — Si se celebró vista antes de que finalice.
			Plazos para dictar sentencia: — 10 días: si NO hubo vista. — 5 días: si hubo vista.
			Los Autos se devuelven al Juzgado de lo Penal para ejecutar el fallo.

RECURSO DE ANULACIÓN - ART. 793 LECr.		
RESOLUCIONES RECURRIBLES	EFECTOS	TRAMITACIÓN
Las sentencias dictadas en **ausencia del condenado** (art. 786 LECr.), hayan sido o no apeladas, **para penas privativas de libertad inferiores a 2 años** o el **resto de penas inferiores a 6 años.**	Los mismos que para el R. Apelación.	La misma que para el R. Apelación.

3. *Juicio rápido*

JUICIOS RÁPIDOS

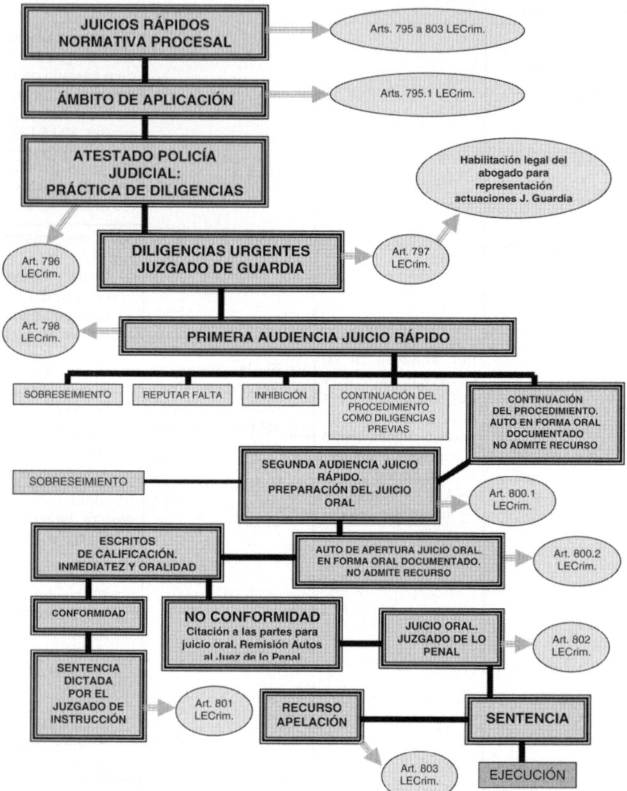

RECURSOS CONTRA RESOLUCIONES INTERLOCUTORIAS JUICIOS RÁPIDOS

En los juicios rápidos, tanto el Recurso de Reforma como el de Apelación se rigen por las normas recogidas en la LECr. para el procedimiento abreviado (arts. 766), si bien existen una serie de especialidades que pasamos a desarrollar:

— No es recurrible:

- El Auto «oral» dictado por el Juzgado de Guardia que decide la suficiencia d las diligencias practicadas, y ordena seguir adelante con el procedimiento rápido (art. 798.2.1.º LECr.), salvo:
    - Si dicta Auto de Sobreseimiento (art. 779.1.1.º LECr.).
    - Si dicta Auto de Inhibición a favor de la jurisdicción militar o de menores (art. 779.3.º LECr.).

— Si el Juzgado de Guardia reputa falta el hecho, procederá a su enjuiciamiento inmediato, según el art. 963 LECr.

RECURSOS CONTRA SENTENCIAS JUICIO RÁPIDO - ART. 803 LECr.

En los Juicios Rápidos tanto el Recurso de Apelación como el de Anulación se rigen por las normas recogidas en la LECr. para el procedimiento abreviado (arts. 790, 792 y 793), si bien existen una serie de especialidades que pasamos a desarrollar:

— Los plazos se acortan:

- Para la interposición: **5 días.**
- Para la presentación de alegaciones: **5 días.**
- Para dictar sentencia:
  - Si se celebra vista: **3 días.**
  - Si NO se celebra vista: **5 días.**

— Su tramitación y resolución es preferente.

4. Sumario

SUMARIO

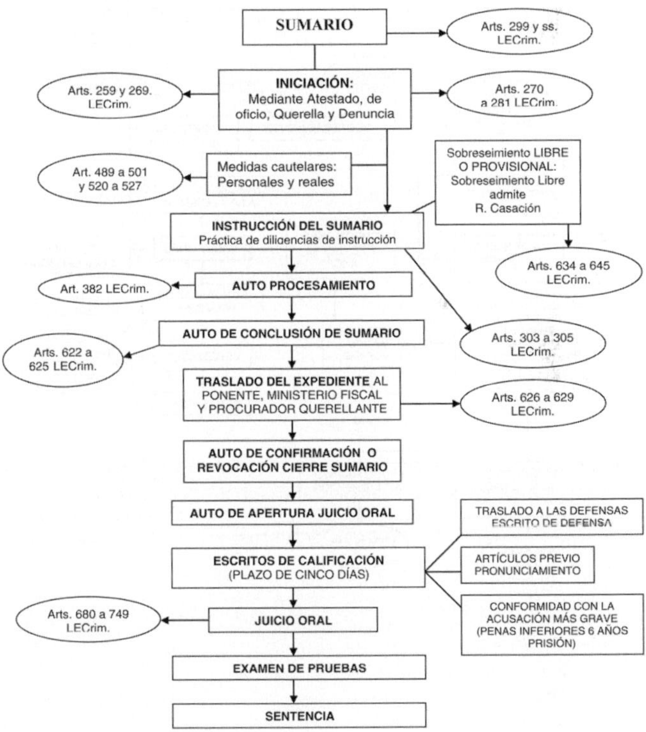

5. *Juicio ante el Tribunal del Jurado*

TRIBUNAL DEL JURADO

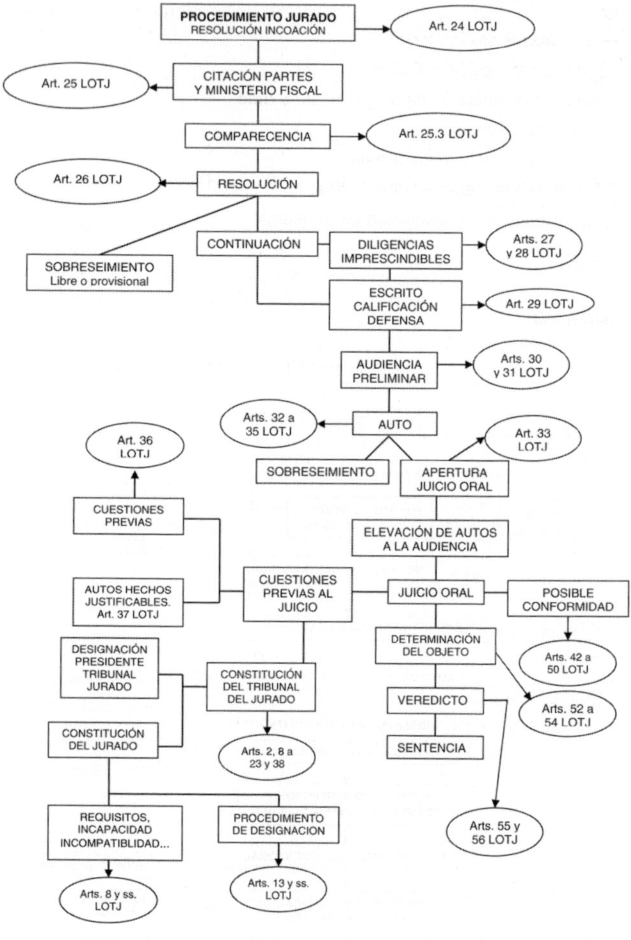

IV. MODELO QUERELLA, DENUNCIA, ESCRITO DE ACUSACIÓN Y DEFENSA

MODELO DE QUERELLA

La querella es un escrito formal, cuyos requisitos se prevén en el art. 277 de la LECr., que se diferencia de la denuncia en que ésta se limita a poner en conocimiento del Juzgado determinados hechos, mientras que la primera constituye en parte procesal al querellante, habilitándole para el ejercicio de la acción penal, y en su caso, la civil derivada del delito.

AL JUZGADO DE INSTRUCCIÓN N.º ... ...

DE ____________ (Juzgado de Instrucción del lugar donde se cometió el delito o donde se consumó).

D./D.ª __________, Procurador de los Tribunales, colegiado núm. _____ (es necesario Procurador, salvo que se trate de querella por faltas), en nombre y representación de D./D.ª __________ (Datos y demás circunstancias identificativas del querellante), según acredito mediante escritura de poder que acompaño, **como documento n.º 1**, a la presente (La querella exige poder especial o bastante, según dispone el art. 277 de la LECr., en caso de no aportarse el Juzgado requerirá al querellante para que ratifique «*Apud Acta*» el escrito de querella, y bajo la dirección técnica del Abogado D./D.ª __________, colegiado núm. __________ (La querella tiene que estar suscrita y autorizada por Abogado en ejercicio, salvo que se trate de faltas), ante el Juzgado comparezco y, con el debido respeto, como mejor proceda en Derecho

DIGO

Que en la citada representación y mediante el presente escrito, al amparo de los arts.. 270 y ss. de la LECr., formulo **QUERELLA** en ejercicio de las acciones penales y civiles derivadas del delito que luego se dirá, con arreglo a las prescripciones legales vigentes.

PRIMERO: COMPETENCIA.—(Juez o Tribunal ante quien se presenta) Se presenta esta Querella ante el Juzgado de Instrucción de ______________, por ser el competente objetiva, funcional y territorialmente, conforme a las reglas de competencia establecidas en los arts. 14 y ss. LECrim, (Hay que tener en cuenta que el lugar de comisión del delito es donde se consuma, siempre que llegue a perpetrarse totalmente, o bien para los delitos de Violencia de Genero el lugar del domicilio de la víctima, conforme a las reglas de competencia establecidas en el art. 15 bis de la LECrim, tras su redacción dada por el art. 59 de la Ley Orgánica 1/2004, de Medidas de Protección Integral Contra la Violencia de Género).

SEGUNDO: CIRCUNSTANCIAS DE LA QUERELLANTE.—Actúa en calidad de querellante DON/ÑA: __________________ (Nombre, apellidos y vecindad del querellante).

TERCERO: CIRCUNSTANCIAS DEL QUERELLADO.—El querellado es DON/ÑA __________ (Nombre, apellidos y vecindad del querellado, en caso de ignorarse dichas circunstancias, habrá que designar al querellado por señas que pudieran darle a conocer, tales como lugar de trabajo, teléfono fijo o móvil, descripción física, lugares que frecuenta, personas que podrían ayudar a identificarle o localizarle, etc.).

CUARTO: RELACIÓN CIRCUNSTANCIADA DE LOS HECHOS.—(Relatar con la mayor claridad, precisión y concreción posible todos los hechos que sirvan para valorar la conducta desde el punto de vista jurídico penal, con expresión del lugar, año, mes, día, hora y demás circunstancias en que se ejecutaron, aportando de forma enumerada todos y cada uno de los documentos que sustenten dicha relación).

QUINTO: DILIGENCIAS CUYA PRÁCTICA SE PROPONE.—Al derecho de esta parte querellante, para el esclarecimiento de lo ocurrido, la averiguación de los autores y partícipes, y la determinación de las responsabilidades en que hayan incurrido, se interesa la práctica de las siguientes diligencias de investigación:

1.ª: Traslado de la querella e interrogatorio del querellado asistido de abogado en ejercicio.

2.ª: Que se recaben los antecedentes penales del mismo.

3.ª: Que se reciba declaración en calidad de testigos a: __________, (Nombre, apellidos, domicilio, teléfono y demás circunstancias de utilidad para la citación de los testigos propuestos).

4.ª: Que se oficie a _______ (Determinar el organismo o institución que deseamos que aporte la documentación que solicitamos) para que acredite documentalmente __________

5.ª. Que se lleve a cabo prueba pericial consistente en ______________ que habrá de practicarse mediante especialista en __________________ y habrá de versar sobre los siguientes extremos:_______________________________

En su virtud, visto el art. 281.1 LECr., que exime al ofendido de la obligación de prestar fianza,

SUPLICO AL JUZGADO: Que admita la Querella y las diligencias de investigación propuestas por esta parte querellante y disponga lo necesario para su práctica.

OTROSÍ DIGO: Que al derecho de esta parte interesa la celebración de la comparecencia prevista en la LECr., al objeto de interesar medidas cautelares personales contra el querellado para evitar su fuga, la destrucción, ocultación y manipulación de pruebas, así como para impedir la reiteración delictiva. Y

En su virtud, de nuevo,

SUPLICO AL JUZGADO: Convoque al Ministerio Fiscal y a las partes a la comparecencia prevista en la LECr. para la adopción de medidas cautelares personales.

Por ser todo ello de Justicia que para principal y otrosíes pido en __________ (Determinar lugar y fecha).

Ldo.: D. __________ Procurador D./D.ª __________

Colegiado N.º Colegiado N.º

Querellante D./D.ª __________

(Firma del querellante si el Procurador no tuviera poder especial)

MODELO DE DENUNCIA

AL JUZGADO DE INSTRUCCIÓN N.º
DE ____________

Don/Doña ______________, mayor de edad penal, con D.N.I. núm. ______________, y domicilio en ______________, libre y voluntariamente, ante el Juzgado comparezco y, con el debido respeto, como mejor proceda en Derecho

DIGO

Que mediante el presente escrito, a tenor de los arts. 259 y siguientes de la LECrim, me veo en la obligación de poner en conocimiento del Juzgado los siguientes:

HECHOS

PRIMERO.—Que sobre las ____________, horas, del día ____________, observé como ____________ (O tuve conocimiento por Don/Doña ____________.) ____________ (Relatar minuciosa y detalladamente las circunstancias en que se produjeron los hechos).

SEGUNDO.—El/los denunciado/s es/son____________ (Nombre y apellidos, edad aproximada, características físicas, profesión, número del DNI, número de telf., domicilio, y dirección del trabajo si se sabe; en caso de desconocer dichas direcciones, lugares que frecuenta o personas que pudieran dar cuenta de su paradero, o cualquier otro dato que pueda servir para su identificación y localización.).

TERCERO.—Los hechos relatados pueden verificarse por medio de ____________ (Indicar de forma detallada los posibles medios de investigación que pudieran servir para la comprobación del delito: Inspección ocular del Juez, declaración del denunciado, testigos —nombre, apellidos y dirección—, informes y dictámenes periciales, documentos, etc.).

CUARTO.—A consecuencia de dichos hechos se produjeron en la persona que suscribe los siguientes DAÑOS:

- MATERIALES:
- PERSONALES Y MORALES:

FUNDAMENTOS DE DERECHO

PROCESALES.—Arts. 259 y ss. de la LECr. y demás normas que resulten de aplicación.

SUSTANTIVOS.—Vistos los arts. ____________ del CP, o de Leyes Penales Especiales ____________, entiende el que suscribe que los hechos relatados pudieran ser constitutivos de varios delitos de ____________ (O de un delito continuado de ____________; y de otro delito de ____________). (En ningún caso es necesaria la precalificación jurídica de los hechos denunciados, ya que no vincula al Instructor ni al Ministerio Fiscal).

Por lo expuesto,

SUPLICO AL JUZGADO: Que teniendo por presentado este escrito, se sirva admitirlo, teniendo por efectuadas las manifestaciones que anteceden, tenga por interpuesta **DENUNCIA** por DON/DÑA. ____________________ contra DON/DÑA. ____________________.

Es Justicia que pido en ____________________ (Lugar y fecha de la denuncia).

Fdo. DON/DÑA. ____________. (El/La denunciante).

MODELO ESCRITO ACUSACIÓN

Diligencias previas ___/___

Procedimiento abreviado (P.A.) ___/___

AL JUZGADO DE INSTRUCCIÓN N.º ________
DE ______________

D./D.ª __________, Procurador de los Tribunales, y de D./D.ª __________, en calidad de acusación particular en la causa arriba indicada, ante el Juzgado comparezco y, como mejor proceda en Derecho

D I G O

Que dentro del plazo legal de diez días conferido al efecto, al amparo de lo dispuesto en los arts. 780, 781 y concordantes LECr., mediante el presente escrito vengo a interesar la APERTURA DEL JUICIO ORAL, ante el Juzgado de lo Penal de __________ (o la Sala de Justicia de la Audiencia Provincial de __________), respecto de D./D.ª __________, y D./D.ª __________, en calidad de acusados, y respecto de D./D.ª __________, y de la sociedad __________, con domicilio en __________, en calidad de responsables civiles directos y/o subsidiarios, formulando con el carácter de provisionales las siguientes:

CALIFICACIONES DE LA ACUSACIÓN PARTICULAR

PRIMERA: HECHOS.—(Relatar con precisión y concreción todos los que sean objeto de imputación).

SEGUNDA: CALIFICACIÓN JURÍDICA.—Los hechos relatados son constitutivos de un delito de __________, del art. ___ del Código Penal. O alternativamente de un delito de __________, del art. ___ del mismo Código.

TERCERA: PARTICIPACIÓN.—Del expresado delito, resulta responsable criminalmente el acusado, en concepto de __________. (autor, inductor, cooperador necesario o cómplice).

CUARTA: CIRCUNSTANCIAS MODIFICATIVAS.—No concurren circunstancias modificativas de la responsabilidad criminal, o alternativamente concurre la agravante de __________, del art. ____ CP, y en su caso la atenuante __________, del art. ___ CP.

QUINTA: PENAS.—Se interesa que se impongan al acusado __________ las penas de __________, con las accesorias de __________; y al acusado __________ las penas principales de __________, con las accesorias de __________.

SEXTA: RESPONSABILIDAD CIVIL.—Al amparo de los arts. 109 y ss. del CP, los acusados, con la responsabilidad civil directa de __________, y subsidiaria de __________, habrán de restituir, reparar los daños e indemnizar los perjuicios causados a mi mandante, de la forma y en la cuantía que a continuación se indica: __________.

SÉPTIMA: COSTAS.—Se solicita la condena en costas entre las que deberán incluirse las de esta acusación particular (arts. 123 y siguientes CP y 239 y siguientes LECrim.).

En su virtud,

SUPLICO AL JUZGADO: Que tenga por presentado este escrito con sus copias, por evacuado en tiempo y forma el trámite conferido y por formuladas las precedentes conclusiones provisionales.

Por ser Justicia que pido en ____________ (Lugar y fecha).

PRIMER OTROSÍ DIGO: Que esta parte intenta valerse y propone los siguientes

MEDIOS DE PRUEBA

Para que con carácter previo a la celebración del Juicio Oral:

1.—El examen del testigo D./D.ª __________, con domicilio en __________, dado que debido a su avanzada edad/ su estado de salud/ su próximo traslado de residencia, etc., es previsible que no pueda acudir al acto del juicio oral.

2.—Pericial:

3.—Documental:

Para su práctica en el acto del Juicio Oral:

1.—Interrogatorio de los acusados.

2.—Testifical, consistente en el examen de los siguientes testigos, que deberán ser citados por la oficina judicial:

A) D./D.ª __________ con domicilio en __________.

B) D./D.ª __________ con domicilio en __________.

C) Policía Nacional con carné núm. __________, que deberá ser citado a través de la Dirección General de la Policía.

3.—Pericial, por medio de los informes de los siguientes peritos, que deberán ser citados a través de la Oficina Judicial.

A) D./D.ª ________, de profesión ________, con domicilio en _________.

B) D./D.ª ________, de profesión ________, con domicilio en _________.

4. Documental mediante la lectura de los folios __________ (Enumerar los folios cuya lectura se interese, y las cuestiones a que se refieran; aunque en la práctica lo más frecuente es dar la prueba documental «por reproducida». No obstante, existe jurisprudencia del Tribunal Europeo de Derechos Humanos de Estrasburgo, que obliga a que la acusación indique expresamente los documentos que utilizará como prueba de cargo, considerando que la fórmula de dar toda la prueba documental «por reproducida» causa indefensión, al sustraer la misma del principio de contradicción).

En su virtud,

SUPLICO AL JUZGADO: Que tenga por presentado el escrito de calificaciones provisionales de la acusación particular, decrete la apertura del juicio oral ante el Juzgado de lo Penal de __________ (o la Sala de Justicia de la Audiencia Provincial de __________) respecto de D./D.ª __________, y D./D.ª __________, en calidad de acusados, y respecto de D./D.ª __________, y de la sociedad __________, con domicilio en __________, en calidad de responsables civiles directos y/o subsidiarios, y tras los trámites correspondientes remita las actuaciones al órgano enjuiciador, al que asimismo suplico que admita y declare pertinentes todos los medios de prueba propuestos por esta parte y disponga lo necesario para su práctica como prueba anticipada y durante las sesiones del juicio oral.

OTROSÍ DIGO: Que, de conformidad con el art. 764 LECrim, se requiera a los acusados y, en su defecto, a los responsables civiles para que presten fianza en cuantía de ________ euros; y en caso de no hacerlo en el plazo perentorio que se les señale, se proceda al embargo de sus bienes en cuantía suficiente para atender todas las responsabilidades pecuniarias que en definitiva puedan declararse en esta causa. Y, de nuevo,

SUPLICO AL JUZGADO: Que tenga por realizadas las anteriores manifestaciones a los efectos procesales oportunos.

SEGUNDO OTROSÍ DIGO: Que en relación con la situación personal de los acusados se interesa __________ (Lo general, en la práctica, es pedir que se mantenga la misma situación en que se encuentren, ya sea libertad con o sin fianza, o prisión provisional. Sin embargo, nada impide en este trámite solicitar que varíe la situación personal de los mismos).

Y, en su virtud, de nuevo,

SUPLICO AL JUZGADO: Que provea en armonía con lo interesado en anterior otrosí.

Es Justicia que para principal y otrosíes pido en _________ (Lugar y fecha).

Letrado D. __________ Procurador D. ___________

Colegiado núm. Colegiado núm.

MODELO ESCRITO DE DEFENSA

Diligencias Previas ___/___

Procedimiento Abreviado ___/___

AL JUZGADO DE INSTRUCCIÓN N.º ________
DE _____________

D./D.ª __________, Procurador de los Tribunales en nombre de D./D.ª __________, cuya representación consta acreditada en el Procedimiento Abreviado arriba indicado, (o según designación realizada por el Turno de Oficio como consta en la causa), ante el Juzgado comparezco y, como mejor proceda en Derecho

DIGO

Que por medio del presente escrito, de forma correlativa al Ministerio Fiscal y a la Acusación Particular, vengo a formular las siguientes:

CONCLUSIONES PROVISIONALES DE LA DEFENSA

PRIMERA.—Niego la correlativa del Ministerio Fiscal y de la Acusación particular, siendo la verdad de lo sucedido lo siguiente: __________ (Relatar con precisión y concreción los hechos de la defensa).

SEGUNDA.—Los hechos indicados no son constitutivos de infracción penal alguna. (Pueden promoverse calificaciones alternativas).

TERCERA.—Mi mandante no responde en concepto alguno de responsabilidad criminal.

CUARTA.— No concurren circunstancias modificativas de la responsabilidad criminal.

QUINTA.—Procede la libre absolución de mi mandante con todos los pronunciamientos favorables de los hechos de los que viene siendo acusado.

SEXTA.—Ante la ausencia de responsabilidad criminal no procede declarar responsabilidad civil alguna derivada de la comisión de una infracción penal.

SÉPTIMA.—No procede la condena al pago de las costas de la acusación particular en ningún caso.

En su virtud,

SUPLICO AL JUZGADO: Que tenga por presentado este escrito con sus copias, por evacuado en tiempo y forma el trámite conferido y por formuladas las precedentes conclusiones provisionales.

Por ser Justicia que pido en ____________ (Lugar y fecha).

PRIMER OTROSÍ DIGO: Que esta parte intenta valerse y propone los siguientes

MEDIOS DE PRUEBA

Para que con carácter previo a la celebración del Juicio Oral:

1.—El examen del testigo D./D.ª __________, con domicilio en __________, dado que debido a su avanzada edad/ su estado de salud/ su próximo traslado de residencia, etc., es previsible que no pueda acudir al acto del juicio oral.

2.—Pericial:

3.—Documental:

Para su práctica en el acto del Juicio Oral:

1.—Interrogatorio de los acusados.

2.—Testifical, consistente en el examen de los siguientes testigos, que deberán ser citados por la oficina judicial:

A) D./D.ª __________ con domicilio en __________.

B) D./D.ª __________ con domicilio en __________.

C) Policía Nacional con carné núm. __________, que deberá ser citado a través de la Dirección General de la Policía.

3.—Pericial, por medio de los informes de los siguientes peritos, que deberán ser citados a través de la Oficina Judicial.

A) D./D.ª __________, de profesión __________, con domicilio en __________.

B) D./D.ª __________, de profesión __________, con domicilio en __________.

Documental mediante la lectura de los folios __________, (Enumerar los folios cuya lectura se interese, y las cuestiones a que se refieran).

Las demás pruebas propuestas por las partes, aun en el caso que se renunciara expresamente a ellas.

En su virtud,

SUPLICO AL JUZGADO: tenga por propuestos los precedentes medios de prueba, acordando lo necesario para su práctica y procediendo a la citación de oficio de los testigos y peritos.

Es Justicia que pido en Madrid a ... de ... ... de ... .

Letrado D. __________ Procurador D. __________

Colegiado núm. Colegiado núm.

V. LEYES ESPECIALES

— **Ley 209/1964, de 24 de diciembre,** penal y procesal de la navegación aérea, modificada por la LO 1/1986, de 8 de enero (arts. 1 al 75).

— **Ley Orgánica 5/1985, de 19 de junio,** del Régimen Electoral General (arts. 135 a 150).

— **Ley Orgánica 5/1995, de 22 de mayo,** del Tribunal del Jurado (arts. 1 a 5 y Disposiciones Adicionales Primera y Segunda).

— **Ley Orgánica 12/1995, de 12 de diciembre,** de Represión del Contrabando (arts. 1 a 10 y Disposiciones Transitorias, Derogatoria y Finales).

— **Ley Orgánica 5/2000, 12 de enero,** reguladora de la Responsabilidad Penal de los Menores.

— **Ley 19/1993, de 28 de diciembre,** sobre determinadas medidas de prevención del blanqueo de capitales.

— **Ley 19/2003, de 4 de julio,** sobre régimen jurídico de los movimientos de capitales y de las transacciones económicas con el exterior y sobre determinadas medidas de prevención de blanqueo de capitales.

VI. CUADRO DE PRESCRIPCIONES

INTRODUCCIÓN

La regulación de las prescripciones se encuentra en los arts. 131 y 132 del CP, en lo relativo a los delitos y las faltas, en los arts. 133 y 134, en cuanto a las penas impuestas por sentencia firme y en el art. 135, versando sobre las medidas de seguridad.

1. Delitos, faltas, penas compuestas y otros

<table>
<tr><th colspan="8">PRESCRIPCIÓN ART. 131</th></tr>
<tr><td>DELITOS CUYA PENA MÁXIMA SEÑALADA SEA</td><td>A LOS</td><td rowspan="7">FALTAS</td><td rowspan="7">A LOS 6 MESES</td><td rowspan="7">PENA SEÑALADA POR LA LEY COMPUESTA</td><td rowspan="7">Se tendrá en cuenta la pena que exija mayor tiempo para la aplicación de las anteriores reglas de prescripción</td><td>DELITOS</td><td rowspan="7">NO PRESCRIBEN NUNCA</td></tr>
<tr><td>Prisión de 15 o más años</td><td>20 años</td><td rowspan="3">De lesa humanidad y de genocidio</td></tr>
<tr><td>Inhabilitación por más de 10 años o prisión por más de 10 años o menos de 15 años.</td><td>15 años</td></tr>
<tr><td>Prisión o inhabilitación por más de 5 años y hasta 10 años.</td><td>10 años</td></tr>
<tr><td>Prisión o inhabilitación por más de 3 años y hasta 5 años.</td><td>5 años</td><td rowspan="3">Contra las personas y bienes protegidos en caso de conflicto armado</td></tr>
<tr><td>Resto de delitos menos graves</td><td>3 años</td></tr>
<tr><td>Delitos de calumnias e injurias</td><td>1 año</td></tr>
</table>

<table>
<tr><th colspan="8">CÓMPUTO DE LOS TÉRMINOS DE PRESCRIPCIÓN ANTERIORES
ART. 132</th></tr>
<tr><th>REGLA</th><th colspan="2">EXCEPCIÓN</th><th colspan="2">VÍCTIMA MENOR</th><th colspan="2">INTERRUPCIÓN DE LA PRESCRIPCIÓN</th></tr>
<tr><td rowspan="4">Desde el día en que se haya cometido la infracción punible.</td><td>Delito continuado</td><td rowspan="4">Desde el día en que se:
- Realizó la última infracción.
- Eliminó la situación ilícita.
- Cesó la conducta.</td><td>Delitos:</td><td>Desde el día en que:</td><td rowspan="4">Cuando el Procedimiento se dirija contra el culpable.</td><td rowspan="4">Comenzando a correr de nuevo el término de prescripción desde que se:
- Paralice el procedimiento.
- Termine el procedimiento sin condena.</td></tr>
<tr><td>Delito permanente</td><td rowspan="3">- Tentativa Homicidio.
- Aborto no consentido
- Lesiones.
- Contra la libertad.
- Torturas y contra la integridad moral
- Contra la libertad e indemnidad sexuales.
- Contra la intimidad, el derecho a la propia imagen y la inviolabilidad del domicilio.</td><td rowspan="3">Alcance la mayoría de edad.
Fallezca, en caso de no haber alcanzado la mayoría de edad.</td></tr>
<tr><td rowspan="2">Infracciones que exijan habitualidad.</td></tr>
<tr></tr>
</table>

Penas impuestas por sentencia firme

<table>
<tr><th colspan="2">PRESCRIPCIÓN DE PENAS IMPUESTAS POR SENTENCIA FIRME ART. 133</th><th>CÓMPUTO DEL TIEMPO DE PRESCRIPCIÓN DE LA PENA ART. 134</th></tr>
<tr><td>Penas impuestas en delitos de Lesa Humanidad, Genocidio y contra personas y bienes protegidos en caso de conflicto armado</td><td>No Prescriben Nunca</td><td rowspan="8">Desde la fecha en que la Sentencia sea firme.
Desde el quebrantamiento de la condena, cuando se hubiere comenzado a cumplir.</td></tr>
<tr><td>Prisión de más de 20 años</td><td>A los 30 años</td></tr>
<tr><td>Prisión de 15 a 20 años</td><td>A los 25 años</td></tr>
<tr><td>Prisión por más de 10 años y menos de 15 e Inhabilitación por más de 10 años</td><td>A los 20 años</td></tr>
<tr><td>Prisión por más de 5 años y que no exceda de 10 e Inhabilitación por más de 10 años y que no exceda de 10</td><td>A los 15 años</td></tr>
<tr><td>Restantes penas graves</td><td>A los 10 años</td></tr>
<tr><td>Penas menos graves</td><td>A los 5 años</td></tr>
<tr><td>Penas leves</td><td>Al año</td></tr>
</table>

Medidas de seguridad

<table>
<tr><th colspan="2">PRESCRIPCIÓN DE LAS MEDIDAS DE SEGURIDAD
ART. 135</th><th>CÓMPUTO DEL TIEMPO DE PRESCRIPCIÓN EN LAS MEDIDAS DE SEGURIDAD
ART. 135</th></tr>
<tr><td>Privativas de libertad superiores a 3 años.</td><td>A los 10 años.</td><td>Desde el día en que haya quedado firme.</td></tr>
<tr><td rowspan="2">Privativas de libertad iguales o inferiores a 3 años o de distinta naturaleza.</td><td rowspan="2">A los 5 años.</td><td>Desde el día en que debió empezar a cumplirse, en caso de cumplimiento sucesivo.</td></tr>
<tr><td>Desde la extinción de la pena, cuando el cumplimiento de la medida de seguridad fuere posterior al de la pena.</td></tr>
</table>

VIOLENCIA DE GÉNERO

AUTOR

Roberto García Bermejo
Abogado

VIOLENCIA DE GÉNERO

Roberto García Bermejo
Abogado

INTRODUCCIÓN

CONCEPTO VIOLENCIA CONTRA LA MUJER

«Todo acto de violencia basado en la pertenencia al sexo femenino que tenga o pueda tener como resultado un daño o sufrimiento físico, sexual o psicológico para las mujeres, inclusive las amenazas de tales actos, la coacción o la privación arbitraria de libertad, tanto si se producen en la vida pública o privada».

Definición de violencia contra las mujeres contenida en la Declaración de la Asamblea General de las Naciones Unidas sobre la Eliminación de la Violencia contra la Mujer, 20 de diciembre de 1993, artículo 1.º.

CONCEPTO DE VIOLENCIA DOMÉSTICA

«Toda acción u omisión física, psíquica o sexual practicada sobre los miembros más débiles de una comunidad familiar, fundamentalmente las ejercidas sobre menores, mujeres y ancianos, así como las derivadas de la ruptura de la convivencia o relación afectiva, que cause daño físico o psicológico o maltrato sin lesión» (GANZENMÜLLER ROIG).

CONCEPTO DE VIOLENCIA DE GÉNERO

Según el artículo 1 de la LO 1/2004

1. La presente Ley tiene por objeto actuar contra la violencia que, como manifestación de la discriminación, la situación de desigualdad y las relaciones de poder de los hombres sobre las mujeres, se ejerce sobre éstas por parte de quienes sean o hayan sido sus cónyuges o de quienes estén o hayan estado ligados a ellas por relaciones similares de afectividad, aun sin convivencia.

3. La violencia de género a que se refiere la presente Ley comprende todo acto de violencia física y psicológica, incluidas las agresiones a la libertad sexual, las amenazas, las coacciones o la privación arbitraria de libertad.

TIPOS DE MALTRATO

- **FÍSICOS**: todo acto no accidental que provoque o pueda provocar daño físico o enfermedad (heridas, fracturas, golpes, quemaduras, bofetadas, etc.).
- **PSÍQUICOS:** todo acto o conducta que produce desvalorización o sufrimiento en las mujeres. Comprende amenazas, humillaciones, exigencias de obediencia, conductas verbales coercitivas como los insultos, así como el aislamiento, control de salidas, descalificaciones públicas e incluso retención del dinero. Conduce a la destrucción del equilibrio psicológico.
- **SEXUALES:** aquella conducta que atenta contra la libertad sexual de la mujer mediante el empleo de la fuerza o intimidación o que valiéndose de una posición de poder imponen a la mujer una relación sexual contra su voluntad.

I. NORMATIVA BÁSICA

- *ESTATAL*

a. Ley Orgánica 1/2004, de 28 de diciembre, de Medidas de Protección Integral contra la Violencia de Género (*BOE* 29-12-2004) y corrección de errores del *BOE* 12-04-2005.

a. **Ley 5/2001, de 17 de mayo, de Prevención de Malos Tratos y de Protección a las Mujeres Maltratadas, de Castilla-La Mancha (*BOE* de 21 de junio de 2001).**

b. **Ley Foral 22/2002, de Navarra, de 2 de julio, para la adopción de medidas integrales contra la violencia sexista marzo (*BOE* de 20 de agosto de 2002).**

c. **Ley 16/2003, de 8 de abril, de Prevención y Protección Integral de las Mujeres contra la Violencia de Género, de la Comunidad Autónoma de Canarias (*BOE* de 8 de julio de 2003).**

d. **Ley 1/2004, de 1 de abril, Integral para la Prevención de la Violencia contra las Mujeres y la Protección a sus Víctimas, de la Comunidad Autónoma de Cantabria (*BOE* de 26 de abril de 2004).**

e. **Ley 5/2005, de 20 de diciembre, Integral contra la Violencia de Género de la Comunidad de Madrid (*BOE* de 2 de marzo de 2006).**

f. **Ley Foral 33/2002, de 28 de noviembre, de fomento de la igualdad de oportunidades entre mujeres y hombres (*BON* de 13 de diciembre de 2002).**

g. **Ley 1/2003, de 3 de marzo, de igualdad de oportunidades entre mujeres y hombres en Castilla y León (*BOE* de 24 de marzo de 2003).**

h. **Ley 9/2003, de 2 de abril, de la Generalitat Valenciana, para la Igualdad entre Mujeres y Hombres (*DOGV* de 4 de abril de 2003).**

i. **Ley 7/2004, de 16 de julio, gallega para la igualdad de mujeres y hombres (*BOE* de 21 de septiembre de 2004).**

j. **Ley 4/2005, de 18 de febrero, para la Igualdad de Mujeres y Hombres, del País Vasco (*BOPV* de 2 de marzo de 2005).**

II. LA ORDEN DE PROTECCIÓN

1. Normativa

— **Ley 27/2003, de 31 de julio**, reguladora de la Orden de protección de las víctimas de la violencia doméstica.

— **Art. 544 ter de la Ley de Enjuiciamiento Criminal.**

— **Protocolos de Actuación (Orden de Protección), CGPJ:**

- Protocolo para la implantación de la orden de protección de las víctimas de la violencia doméstica.
- Protocolo de actuación de las Fuerzas y Cuerpos de Seguridad y coordinación con los órganos judiciales para víctimas de violencia doméstica y de género (adaptado a la LO 1/2004, de Medidas de Protección Integral contra la Violencia de Género).
- Protocolo de actuación y coordinación de Fuerzas y Cuerpos de Seguridad del Estado y Abogados ante la violencia de género regulada en la Ley Orgánica 1/2004, de medidas de protección integral contra la violencia de género.
- Protocolo de coordinación entre los órdenes jurisdiccional penal y civil para la protección de las víctimas de violencia doméstica.
- Protocolo para la valoración policial del nivel de riesgo de violencia sobre la mujer en los supuestos de la Ley Orgánica 1/2004, de 28 de diciembre.
- Protocolo común para la actuación sanitaria ante la violencia de género.

— Se puede acceder al texto completo de los mismos a través de la página web del Consejo General del Poder Judicial (www.poderjudicial.es) y accediendo al Observatorio de Violencia doméstica y de género.

2. *Principios reguladores*

La mencionada Orden se configuró sobre la base de seis principios básicos a los que responde su regulación:

a. **Principio de protección de la víctima y de la familia**. La razón de ser de la Orden de Protección reside en el objetivo fundamental de proteger la integridad de la víctima y de la familia frente al agresor.

b. **Principio de aplicación general**. El Juez debe poder utilizar la Orden de Protección siempre que la considere necesaria para asegurar la protección de la víctima, con independencia de que el supuesto de violencia doméstica sea constitutivo de delito o de falta.

c. **Principio de urgencia.** La Orden de Protección debe —sin menoscabo de las debidas garantías procesales, ni del principio de proporcionalidad— obtenerse y ejecutarse con la mayor celeridad posible.

d. **Principio de accesibilidad**. La eficaz regulación de la Orden de Protección exige la articulación de un procedimiento lo suficientemente sencillo como para que sea accesible a todas las víctimas de delitos de violencia doméstica.

e. **Principio de integralidad.** La concesión de la Orden de Protección por el Juez debe provocar, de una sola vez y de manera automática, la obtención de un estatuto integral de protección para la víctima, el cual active una acción de tutela que concentre medidas de naturaleza penal, civil y de protección social.

f. **Principio de utilidad procesal**. La Orden de Protección debe facilitar, además, la acción de la Policía Judicial y el subsiguiente proceso de instrucción criminal, especialmente en lo referente a la recogida, tratamiento y conservación de pruebas.

3. *Fases de adopción de la orden de protección*

A) FASE INICIAL

- **LEGITIMACIÓN PARA PRESENTACIÓN DE LA ORDEN**

La Orden de Protección podrá ser solicitada por la víctima o por aquellas personas que tengan con ella alguna de las relaciones de parentesco o afectividad a que se refiere el vigente artículo 173.2 del Código Penal. Por otra parte, como dispone el párrafo 2.º del apartado 2 del artículo 544 ter LECrim., sin perjuicio del deber general de denuncia previsto en el artículo 262 de la misma Ley, las entidades u organismos asistenciales, públicos o privados, que tuvieran conocimiento de alguno de los hechos mencionados que fundamentan la Orden de Protección deberán ponerlos inmediatamente en conocimiento del Juez de guardia o del Ministerio Fiscal con el fin de que se pueda incoar o instar el procedimiento para la adopción de la orden de protección.

- **LUGAR DE PRESENTACIÓN**

La Orden de Protección podrá solicitarse directamente ante la Autoridad Judicial o el Ministerio Fiscal, o bien ante las Fuerzas y Cuerpos de Seguridad, las Oficinas de Atención a la Víctima, los servicios sociales o instituciones asistenciales dependientes de las Administraciones públicas, o en los Servicios de Orientación Jurídica de los Colegios de Abogados. Una vez recibida la solicitud, ésta será remitida sin dilación al Juzgado de Guardia, quien podrá requerir a la Policía Judicial la práctica de aquellas diligencias que resulten necesarias para la adopción de la Orden de Protección.

- **INTERVENCIÓN JUZGADO DE GUARDIA**

Cuando el Juzgado de Guardia recibe una solicitud de Orden de Protección, pueden producirse las siguientes situaciones:

1. Cuando los hechos sean constitutivos de falta, el artículo 964.2 LECrim. permite la celebración del juicio de faltas de forma inmediata. Y en dicho plenario podrá realizarse también la audiencia de la Orden de Protección.
2. Cuando los hechos sean constitutivos de delito, el Juez convocará la audiencia para resolver sobre la solicitud de la Orden de Protección presentada, ordenando las citaciones que sean necesarias para garantizar la presencia de la víctima, del imputado y de las otras personas que deban ser convocadas. Esta audiencia se podrá sustanciar simultáneamente con la prevista en el artículo 504 bis LECrim. cuando su convocatoria fuera procedente o con la audiencia regulada en el artículo 798 LECrim. en aquellas causas que se tramiten por el procedimiento de «juicios rápidos».
3. Celebración de la comparecencia de Orden de Protección en un plazo máximo de 72 horas.

• **INTERVENCIÓN DE LA POLICÍA JUDICIAL**

En este sentido, y teniendo en cuenta que en un gran número de casos la Orden de Protección se solicitará ante la Policía Judicial, ésta realizará el correspondiente atestado para la acreditación de los hechos, determinando una anticipación de la práctica de las necesarias investigaciones en las que se basará en su caso la decisión del Juez. De esta manera, se garantizará la agilidad en la tramitación, y al mismo tiempo el Juez de Guardia contará con unos mayores elementos para fundamentar la Orden de Protección.

B) FASE DE ADOPCIÓN

• **INCOACIÓN PROCEDIMIENTO PENAL**

Toda solicitud de Orden de Protección debe estar necesariamente ligada a un concreto proceso penal, y solamente a uno de ellos. Atendiendo al estado procesal, podrá producirse alguna de las siguientes situaciones:

Si no existe proceso penal abierto sobre los hechos en los que se fundamenta la solicitud de Orden de Protección, el Juez acordará si procede la incoación del correspondiente proceso penal por delito o por Falta.

Cuando exista un proceso penal abierto sobre los hechos en los que se fundamenta la solicitud de Orden de Protección, el Juez o Tribunal que conozca de la causa podrá resolver sobre la orden de protección de la víctima, tal y como dispone el apartado 11 del artículo 544 ter LECrim., especialmente en los supuestos en los que se produzca un incremento del riesgo para la víctima.

En todo caso podrá intervenir el Juzgado de Instrucción en funciones de Guardia cuando exista una razón de urgencia que justifique su actuación inmediata, sin perjuicio de la ulterior remisión de lo actuado al Juez o Tribunal competente por aplicación de las normas de reparto (artículo 40 Reglamento CGPJ 5/1995).

El contenido de la Orden de Protección podrá ser modificado, si resulta procedente, cuando se alteren las circunstancias (*rebus sic stantibus),* por parte del órgano judicial que tiene competencia para conocer del asunto (pensemos sobre todo en aquellos casos en los que se incrementa la situación de peligro para la víctima), pero no podrá dictarse una ulterior Orden de Protección que contradiga los términos de la ya dictada. En caso de urgencia, la Orden de Protección también podrá ser modificada por el Juez de Instrucción en funciones de guardia, si lo considera pertinente, sin perjuicio de la posterior remisión de lo actuado al órgano judicial competente.

• **ADOPCIÓN Y CONTENIDO**

MEDIDAS PENALES Y DE SEGURIDAD

Siempre que el Juez de Guardia lo considere procedente, en función de la gravedad de los hechos y de la necesidad de protección integral de la víctima, podrá adoptar alguna de las medidas cautelares legalmente previstas (prisión provisional, prohibición de aproximación, prohibición de residencia, prohibición de comunicación, retirada de las armas o cualquier otra). A los anteriores efectos, resultaría relevante que la parte dispositiva del auto que se dicte recoja la descripción detallada del alcance y contenido de cada una de las medidas adoptadas.

- Prisión Provisional (arts. 502 y ss. de la LECrim.):
  - — Presupuestos (art. 503 de la LECrim.)
  - — Duración (art. 504 de la LECrim.)
  - — Adopción (art. 505 de la LECrim.)
- Medidas art. 544 bis y art. 544 ter de la LECrim., en relación con los arts. 48 Código Penal, art. 39 e) y 57.

MEDIDAS CIVILES

- El Juez de Guardia puede adoptar en el marco de la concesión de la Orden de Protección Medidas de carácter civil, consistentes en:
- La atribución del uso y disfrute de la vivienda familiar.
- La determinación del régimen de custodia, visitas, comunicación y estancia con los hijos.
- El régimen de prestación de alimentos y cualquier disposición que se considere oportuna a fin de apartar al menor de un peligro o de evitarle perjuicios.

Como manifiesta el segundo párrafo del apartado 7 del artículo 544 ter de la LECrim. este tipo de medidas civiles tendrán una vigencia temporal de treinta días, 30, pero añade además lo siguiente: «*Si dentro de este plazo fuese incoado a instancia de la víctima o de su representante legal un proceso de familia ante la jurisdicción civil las medidas adoptadas permanecerán en vigor durante los treinta días siguientes a la presentación de la demanda. En este término las medidas deberán ser ratificadas, modificadas o dejadas sin efecto por el juez de primera instancia que resulte competente*».

MEDIDAS SOCIALES

La Ley dispone que el Juez de Guardia podrá adoptar y activar en el marco de la Orden de Protección los instrumentos de protección y asistencia social previstos por las Administraciones Públicas (estatal, autonómica y local); así la Orden de Protección emitida por el Juez confiere a la víctima un estatuto integral de protección que incorpora un título habilitante para acceder a las medidas de asistencia social establecidas por el ordenamiento jurídico y, en particular, la Renta activa de inserción social regulada en el artículo 2.2 c) del RD 945/2003, de 18 de julio; la asistencia jurídica gratuita y especializada, y cualquier otra asistencia o medida de protección que prevean las leyes.

OTROS RECURSOS GENERADOS POR LEY 1/2004

- La Oficina de Atención a las Víctimas, creada por la Ley 35/1995, de 11 de diciembre, de Ayuda y Asistencia a las Víctimas de Delitos Violentos y contra la Libertad Sexual, y apoyada por la Recomendación (2002) 5 del Comité de Ministros del Consejo de Europa a los Estados miembros, sobre protección de las mujeres contra la violencia, recomienda como una de las medidas la de «*promover la puesta en funcionamiento de servicios pro-activos de protección de las víctimas que tomen la iniciativa de contactar con las víctimas desde que el asunto es transmitido a los servicios de policía*».
- Direcciones de las Oficinas de Atención a las Víctimas en España, en el siguiente enlace del Ministerio de Justicia www.mjusticia.es/wps/portal/DIR_AsistenciaVíctimas.

- Registro General para la Protección de las Víctimas de Violencia Doméstica: Registros de Violencia Doméstica creados por la Instrucción CGPJ 3/2003.
- Administración Penitenciaria: El apartado 9 del artículo 544 ter de la LECrim. dispone que «*la víctima será informada en todo momento de la situación penitenciaria del agresor. A estos efectos se dará cuenta de la orden de protección a la Administración penitenciaria*».
- *Asistencia Jurídica y representación procesal:* La asistencia de Letrado resulta relevante para la tutela judicial efectiva y para el adecuado ejercicio del derecho de defensa en los Procedimientos iniciados en virtud de una solicitud de Orden de Protección, haciendo necesario el asesoramiento desde el primer momento, es decir, desde la comparecencia en comisaría de la víctima. Así mismo, como indica la Recomendación del Consejo de Europa (2002) 5 del Comité de Ministros sobre la protección de las mujeres contra la violencia (adoptada el 30 de abril de 2002), es necesario fomentar «*la formación especializada de los profesionales que se enfrentan a la violencia contra las mujeres*».

4. *Esquema tramitación orden de protección*

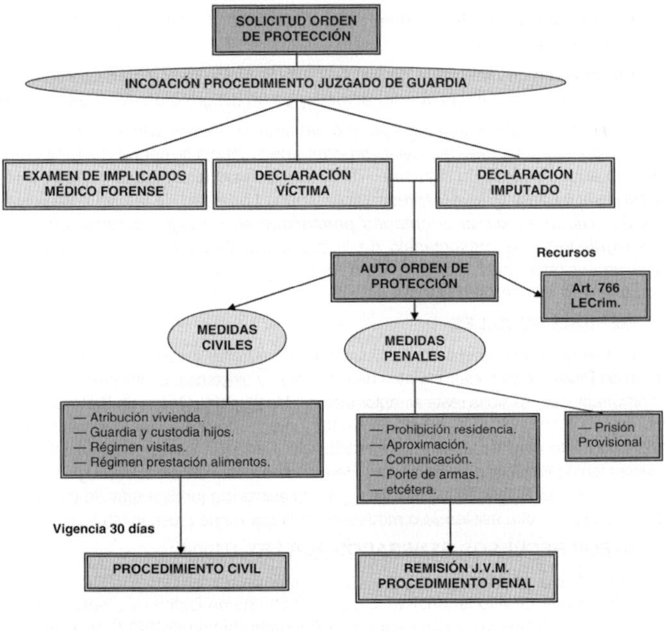

III. ÁMBITO PENAL

A) Competencias penales

A) La instrucción de los procesos para exigir responsabilidad penal por los delitos recogidos en los títulos del Código Penal relativos a homicidio, aborto, lesiones, lesiones al feto, delitos contra la libertad, delitos contra la integridad moral, contra la libertad e indemnidad sexuales o cualquier otro delito cometido con violencia o intimidación. Cualquier tipo de procedimiento.

b) La instrucción de los procesos para exigir responsabilidad penal por cualquier delito contra los derechos y deberes familiares.

c) Órdenes de protección a las víctimas, sin perjuicio de las competencias atribuidas al Juez de Guardia.

d) Las faltas contenidas en los Títulos I y II del Libro III del Código Penal.

B) Normativa básica tipos delictivos

TIPOS DELICTIVOS	
ARTS.	**DEL HOMICIDIO Y SUS FORMAS**
art. 138	*«El que matare a otro será castigado, como reo de homicidio, con la pena de prisión de diez a quince años.»*
art. 139	*«Será castigado con la pena de prisión de quince a veinte años, como reo de asesinato, el que matare a otro concurriendo alguna de las circunstancias siguientes:* *— Con alevosía.* *— Por precio, recompensa o promesa.* *— Con ensañamiento, aumentando deliberada e inhumanamente el dolor del ofendido.»*
art. 140	*«Cuando en un asesinato concurran más de una de las circunstancias previstas en el artículo anterior, se impondrá la pena de prisión de veinte a veinticinco años.»*
art. 141	*«La provocación, la conspiración y la proposición para cometer los delitos previstos en los tres artículos precedentes, será castigada con la pena inferior en uno o dos grados a la señalada en su caso en los artículos anteriores.»*
	DEL ABORTO
art. 144	*«El que produzca el aborto de una mujer, sin su consentimiento, será castigado con la pena de prisión de cuatro a ocho años e inhabilitación especial para ejercer cualquier profesión sanitaria, o para prestar servicios de toda índole en clínicas, establecimientos o consultorios ginecológicos, públicos o privados, por tiempo de tres a diez años.* *Las mismas penas se impondrán al que practique el aborto habiendo obtenido la anuencia de la mujer mediante violencia, amenaza o engaño.»*

DE LAS LESIONES	
art. 147	*«1. El que, por cualquier medio o procedimiento, causare a otro una lesión que menoscabe su integridad corporal o su salud física o mental, será castigado como reo del delito de lesiones con la pena de prisión de seis meses a tres años, siempre que la lesión requiera objetivamente para su sanidad, además de una primera asistencia facultativa, tratamiento médico o quirúrgico. La simple vigilancia o seguimiento facultativo del curso de la lesión no se considerará tratamiento médico.* *Con la misma pena será castigado el que, en el plazo de un año, haya realizado cuatro veces la acción descrita en el artículo 617 de este Código.* *2. No obstante, el hecho descrito en el apartado anterior será castigado con la pena de prisión de tres a seis meses o multa de seis a 12 meses, cuando sea de menor gravedad, atendidos el medio empleado o el resultado producido.»*
art. 148	*«Las lesiones previstas en el apartado 1 del artículo anterior podrán ser castigadas con la pena de prisión de dos a cinco años, atendiendo al resultado causado o riesgo producido:* *— Si en la agresión se hubieren utilizado armas, instrumentos, objetos, medios, métodos o formas concretamente peligrosas para la vida o salud, física o psíquica, del lesionado.* *— Si hubiere mediado ensañamiento o alevosía.* *— Si la víctima fuere menor de doce años o incapaz.* *— Si la víctima fuere o hubiere sido esposa, o mujer que estuviere o hubiere estado ligada al autor por una análoga relación de afectividad, aun sin convivencia.* *— Si la víctima fuera una persona especialmente vulnerable que conviva con el autor.»*
art. 149	*«1. El que causara a otro, por cualquier medio o procedimiento, la pérdida o la inutilidad de un órgano o miembro principal, o de un sentido, la impotencia, la esterilidad, una grave deformidad, o una grave enfermedad somática o psíquica, será castigado con la pena de prisión de seis a 12 años.* *2. El que causara a otro una mutilación genital en cualquiera de sus manifestaciones será castigado con la pena de prisión de seis a 12 años.* *Si la víctima fuera menor o incapaz, será aplicable la pena de inhabilitación especial para el ejercicio de la patria potestad, tutela, curatela, guarda o acogimiento por tiempo de cuatro a 10 años, si el juez lo estima adecuado al interés del menor o incapaz.»*
art. 150	*«El que causare a otro la pérdida o la inutilidad de un órgano o miembro no principal, o la deformidad, será castigado con la pena de prisión de tres a seis años.»*
art. 151	*«La provocación, la conspiración y la proposición para cometer los delitos previstos en los artículos precedentes de este Título, será castigada con la pena inferior en uno o dos grados a la del delito correspondiente.»*

art. 152	*«1. El que por imprudencia grave causare alguna de las lesiones previstas en los artículos anteriores será castigado: — Con la pena de prisión de tres a seis meses, si se tratare de las lesiones del artículo 147.1. — Con la pena de prisión de uno a tres años, si se tratare de las lesiones del artículo 149. — Con la pena de prisión de seis meses a dos años, si se tratare de las lesiones del artículo 150. 2. Cuando los hechos referidos en este artículo se hayan cometido utilizando un vehículo a motor, un ciclomotor o un arma de fuego, se impondrá asimismo, y respectivamente, la pena de privación del derecho a conducir vehículos a motor y ciclomotores o del derecho a la tenencia y porte de armas por término de uno a cuatro años. 3. Cuando las lesiones fueren cometidas por imprudencia profesional se impondrá asimismo la pena de inhabilitación especial para el ejercicio de la profesión, oficio o cargo por un período de uno a cuatro años.»*
art. 153	*«1. El que por cualquier medio o procedimiento causare a otro menoscabo psíquico o una lesión no definidos como delito en este Código, o golpeare o maltratare de obra a otro sin causarle lesión, cuando la ofendida sea o haya sido esposa, o mujer que esté o haya estado ligada a él por una análoga relación de afectividad aun sin convivencia, o persona especialmente vulnerable que conviva con el autor, será castigado con la pena de prisión de seis meses a un año o de trabajos en beneficios de la comunidad de treinta y uno a ochenta días y, en todo caso, privación del derecho a la tenencia y porte de armas de un año y un día a tres años, así como, cuando el Juez o Tribunal lo estime adecuado al interés del menor o incapaz, inhabilitación para el ejercicio de la patria potestad, tutela, curatela, guarda o acogimiento hasta cinco años. 2. Si la víctima del delito previsto en el apartado anterior fuere alguna de las personas a que se refiere el artículo 173.2, exceptuadas las personas contempladas en el apartado anterior de este artículo, el autor será castigado con la pena de prisión de tres meses a un año o de trabajos en beneficio de la comunidad de treinta y uno a ochenta días y, en todo caso, privación del derecho a la tenencia y porte de armas de un año y un día a tres años, así como, cuando el Juez o Tribunal lo estime adecuado al interés del menor o incapaz, inhabilitación para el ejercicio de la patria potestad, tutela, curatela, guarda o acogimiento de seis meses a tres años. 3. Las penas previstas en los apartados 1 y 2 se impondrán en su mitad superior cuando el delito se perpetre en presencia de menores, o utilizando armas, o tenga lugar en el domicilio común o en el domicilio de la víctima, o se realice quebrantando una pena de las contempladas en el artículo 48 de este Código o una medida cautelar o de seguridad de la misma naturaleza.*

	4. No obstante lo previsto en los apartados anteriores, el Juez o Tribunal, razonándolo en sentencia, en atención a las circunstancias personales del autor y las concurrentes en la realización del hecho, podrá imponer la pena inferior en grado.»
DE LAS DETENCIONES ILEGALES Y SECUESTROS	
art. 163	*«1. El particular que encerrare o detuviere a otro, privándole de su libertad, será castigado con la pena de prisión de cuatro a seis años. 2. Si el culpable diera libertad al encerrado o detenido dentro de los tres primeros días de su detención, sin haber logrado el objeto que se había propuesto, se impondrá la pena inferior en grado. 3. Se impondrá la pena de prisión de cinco a ocho años si el encierro o detención ha durado más de quince días. 4. El particular que, fuera de los casos permitidos por las leyes, aprehendiere a una persona para presentarla inmediatamente a la autoridad, será castigado con la pena de multa de tres a seis meses.»*
art. 164	*«El secuestro de una persona exigiendo alguna condición para ponerla en libertad, será castigado con la pena de prisión de seis a diez años. Si en el secuestro se hubiera dado la circunstancia del artículo 163.3, se impondrá la pena superior en grado, y la inferior en grado si se dieren las condiciones del artículo 163.2.»*
art. 165	*«Las penas de los artículos anteriores se impondrán en su mitad superior, en los respectivos casos, si la detención ilegal o secuestro se ha ejecutado con simulación de autoridad o función pública, o la víctima fuere menor de edad o incapaz o funcionario público en el ejercicio de sus funciones.»*
art. 166	*«El reo de detención ilegal o secuestro que no dé razón del paradero de la persona detenida será castigado, según los casos, con las penas superiores en grado a las señaladas en los artículos anteriores de este Capítulo, salvo que la haya dejado en libertad.»*
art. 167	*«La autoridad o funcionario público que, fuera de los casos permitidos por la Ley, y sin mediar causa por delito, cometiere alguno de los hechos descritos en los artículos anteriores será castigado con las penas respectivamente previstas en éstos, en su mitad superior y, además, con la de inhabilitación absoluta por tiempo de ocho a doce años.»*

art. 168	*«La provocación, la conspiración y la proposición para cometer los delitos previstos en este Capítulo se castigarán con la pena inferior en uno o dos grados a la señalada al delito de que se trate.»*
	DE LAS AMENAZAS
art. 169	*«El que amenazare a otro con causarle a él, a su familia o a otras personas con las que esté íntimamente vinculado un mal que constituya delitos de homicidio, lesiones, aborto, contra la libertad, torturas y contra la integridad moral, la libertad sexual, la intimidad, el honor, el patrimonio y el orden socioeconómico, será castigado: Con la pena de prisión de uno a cinco años, si se hubiere hecho la amenaza exigiendo una cantidad o imponiendo cualquier otra condición, aunque no sea ilícita, y el culpable hubiere conseguido su propósito. De no conseguirlo, se impondrá la pena de prisión de seis meses a tres años. Las penas señaladas en el párrafo anterior se impondrán en su mitad superior si las amenazas se hicieren por escrito, por teléfono o por cualquier medio de comunicación o de reproducción, o en nombre de entidades o grupos reales o supuestos. Con la pena de prisión de seis meses a dos años, cuando la amenaza no haya sido condicional.»*
art. 170	*«1. Si las amenazas de un mal que constituyere delito fuesen dirigidas a atemorizar a los habitantes de una población, grupo étnico, cultural o religioso, o colectivo social o profesional, o a cualquier otro grupo de personas y tuvieran la gravedad necesaria para conseguirlo, se impondrán, respectivamente, las penas superiores en grado a las previstas en el artículo anterior. 2. Serán castigados con la pena de prisión de seis meses a dos años, los que, con la misma finalidad y gravedad, reclamen públicamente la comisión de acciones violentas por parte de bandas armadas, organizaciones o grupos terroristas».*
art. 171	*«1. Las amenazas de un mal que no constituya delito serán castigadas con pena de prisión de tres meses a un año o multa de seis a 24 meses, atendidas la gravedad y circunstancia del hecho, cuando la amenaza fuere condicional y la condición no consistiere en una conducta debida. Si el culpable hubiere conseguido su propósito se le impondrá la pena en su mitad superior. 2. Si alguien exigiere de otro una cantidad o recompensa bajo la amenaza de revelar o difundir hechos referentes a su vida privada o relaciones familiares que no sean públicamente conocidos y puedan afectar a su fama, crédito o interés, será castigado con la pena de prisión de dos a cuatro años, si ha conseguido la entrega de todo o parte de lo exigido, y con la de cuatro meses a dos años, si no lo consiguiere.*

	3. Si el hecho descrito en el apartado anterior consistiere en la amenaza de revelar o denunciar la comisión de algún delito el ministerio fiscal podrá, para facilitar el castigo de la amenaza, abstenerse de acusar por el delito cuya revelación se hubiere amenazado, salvo que éste estuviere castigado con pena de prisión superior a dos años. En este último caso, el juez o tribunal podrá rebajar la sanción en uno o dos grados. *4. El que de modo leve amenace a quien sea o haya sido su esposa, o mujer que esté o haya estado ligada a él por una análoga relación de afectividad aun sin convivencia, será castigado con la pena de prisión de seis meses a un año o de trabajos en beneficio de la comunidad de treinta y uno a ochenta días y, en todo caso, privación del derecho a la tenencia y porte de armas de un año y un día a tres años, así como, cuando el Juez o Tribunal lo estime adecuado al interés del menor o incapaz, inhabilitación especial para el ejercicio de la patria potestad, tutela, curatela, guarda o acogimiento hasta cinco años.* *Igual pena se impondrá al que de modo leve amenace a una persona especialmente vulnerable que conviva con el autor.* *5. El que de modo leve amenace con armas u otros instrumentos peligrosos a alguna de las personas a las que se refiere el artículo 173.2, exceptuadas las contempladas en el apartado anterior de este artículo, será castigado con la pena de prisión de tres meses a un año o trabajos en beneficio de la comunidad de treinta y uno a ochenta días y, en todo caso, privación del derecho a la tenencia y porte de armas de uno a tres años, así como, cuando el Juez o Tribunal lo estime adecuado al interés del menor o incapaz, inhabilitación especial para el ejercicio de la patria potestad, tutela, curatela, guarda o acogimiento por tiempo de seis meses a tres años.* *Se impondrán las penas previstas en los apartados 4 y 5, en su mitad superior cuando el delito se perpetre en presencia de menores, o tenga lugar en el domicilio común o en el domicilio de la víctima, o se realice quebrantando una pena de las contempladas en el artículo 48 de este Código o una medida cautelar o de seguridad de la misma naturaleza.* *6. No obstante lo previsto en los apartados 4 y 5, el Juez o Tribunal, razonándolo en sentencia, en atención a las circunstancias personales del autor y a las concurrentes en la realización del hecho, podrá imponer la pena inferior en grado.»*
	DE LAS COACCIONES
art. 172	*«1. El que, sin estar legítimamente autorizado, impidiere a otro con violencia hacer lo que la ley no prohíbe, o le compeliere a efectuar lo que no quiere, sea justo o injusto, será castigado con la pena de prisión de seis meses a tres años o con multa de 12 a 24 meses, según la gravedad de la coacción o de los medios empleados.* *Cuando la coacción ejercida tuviera como objeto impedir el ejercicio de un derecho fundamental se le impondrán las penas en su mitad superior, salvo que el hecho tuviera señalada mayor pena en otro precepto de este Código.* *2. El que de modo leve coaccione a quien sea o haya sido su esposa, o mujer que esté o haya estado ligada a él por una análoga relación de afectividad, aun sin convivencia, será cas-*

	tigado con la pena de prisión de seis meses a un año o de trabajos en beneficio de la comunidad de treinta y uno a ochenta días y, en todo caso, privación del derecho a la tenencia y porte de armas de un año y un día a tres años, así como, cuando el Juez o Tribunal lo estime adecuado al interés del menor o incapaz, inhabilitación especial para el ejercicio de la patria potestad, tutela, curatela, guarda o acogimiento hasta cinco años. Igual pena se impondrá al que de modo leve coaccione a una persona especialmente vulnerable que conviva con el autor. *Se impondrá la pena en su mitad superior cuando el delito se perpetre en presencia de menores, o tenga lugar en el domicilio común o en el domicilio de la víctima, o se realice quebrantando una pena de las contempladas en el artículo 48 de este Código o una medida cautelar o de seguridad de la misma naturaleza.* *No obstante lo previsto en los párrafos anteriores, el Juez o Tribunal, razonándolo en sentencia, en atención a las circunstancias personales del autor y a las concurrentes en la realización del hecho, podrá imponer la pena inferior en grado.»*
DEL MALTRATO HABITUAL	
art. 173	*«1. El que infligiera a otra persona un trato degradante, menoscabando gravemente su integridad moral, será castigado con la pena de prisión de seis meses a dos años.* *2. El que habitualmente ejerza violencia física o psíquica sobre quien sea o haya sido su cónyuge o sobre persona que esté o haya estado ligada a él por una análoga relación de afectividad aun sin convivencia, o sobre los descendientes, ascendientes o hermanos por naturaleza, adopción o afinidad, propios o del cónyuge o conviviente, o sobre los menores o incapaces que con él convivan o que se hallen sujetos a la potestad, tutela, curatela, acogimiento o guarda de hecho del cónyuge o conviviente, o sobre persona amparada en cualquier otra relación por la que se encuentre integrada en el núcleo de su convivencia familiar, así como sobre las personas que por su especial vulnerabilidad se encuentran sometidas a custodia o guarda en centros públicos o privados, será castigado con la pena de prisión de seis meses a tres años, privación del derecho a la tenencia y porte de armas de dos a cinco años y, en su caso, cuando el juez o tribunal lo estime adecuado al interés del menor o incapaz, inhabilitación especial para el ejercicio de la patria potestad, tutela, curatela, guarda o acogimiento por tiempo de uno a cinco años, sin perjuicio de las penas que pudieran corresponder a los delitos o faltas en que se hubieran concretado los actos de violencia física o psíquica.* *Se impondrán las penas en su mitad superior cuando alguno o algunos de los actos de violencia se perpetren en presencia de menores, o utilizando armas, o tengan lugar en el domicilio común o en el domicilio de la víctima, o se realicen quebrantando una pena de las contempladas en el artículo 48 de este Código o una medida cautelar o de seguridad o prohibición de la misma naturaleza.*

	3. Para apreciar la habitualidad a que se refiere el apartado anterior, se atenderá al número de actos de violencia que resulten acreditados, así como a la proximidad temporal de los mismos, con independencia de que dicha violencia se haya ejercido sobre la misma o diferentes víctimas de las comprendidas en este artículo, y de que los actos violentos hayan sido o no objeto de enjuiciamiento en procesos anteriores.»
DE LAS AGRESIONES SEXUALES	
art. 178	*«El que atentare contra la libertad sexual de otra persona, con violencia o intimidación será castigado como responsable de agresión sexual con la pena de prisión de uno a cuatro años.»*
art. 179	*«Cuando la agresión sexual consista en acceso carnal por vía vaginal, anal o bucal, o introducción de miembros corporales u objetos por alguna de las dos primeras vías, el responsable será castigado como reo de violación con la pena de prisión de 6 a 12 años.»*
art. 180	*«1. Las anteriores conductas serán castigadas con las penas de prisión de cuatro a diez años para las agresiones del artículo 178, y de doce a quince años para las del artículo 179, cuando concurra alguna de las siguientes circunstancias:* *— Cuando la violencia o intimidación ejercidas revistan un carácter particularmente degradante o vejatorio.* *— Cuando los hechos se cometan por la actuación conjunta de dos o más personas.* *— Cuando la víctima sea especialmente vulnerable, por razón de su edad, enfermedad o situación, y, en todo caso, cuando sea menor de trece años.* *— Cuando, para la ejecución del delito, el responsable se haya prevalido de una relación de superioridad o parentesco, por ser ascendiente, descendiente o hermano, por naturaleza o adopción, o afines, con la víctima.* *— Cuando el autor haga uso de armas u otros medios igualmente peligrosos susceptibles de producir la muerte o alguna de las lesiones previstas en los artículos 149 y 150 de este Código Penal, sin perjuicio de la pena que pudiera corresponder por la muerte o lesiones causadas.* *2. Si concurrieren dos o más de las anteriores circunstancias, las penas previstas en este artículo se impondrán en su mitad superior.»*
DE LOS ABUSOS SEXUALES	
art. 181	*«1. El que, sin violencia o intimidación y sin que medie consentimiento, realizare actos que atenten contra la libertad o indemnidad sexual de otra persona, será castigado, como responsable de abuso sexual, con la pena de prisión de uno a tres años o multa de dieciocho a veinticuatro meses.*

	2. A los efectos del apartado anterior, se consideran abusos sexuales no consentidos los que se ejecuten sobre menores de trece años, sobre personas que se hallen privadas de sentido o de cuyo trastorno mental se abusare. *3. La misma pena se impondrá cuando el consentimiento se obtenga prevaliéndose el responsable de una situación de superioridad manifiesta que coarte la libertad de la víctima.* *4, Las penas señaladas en este artículo se impondrán en su mitad superior si concurriere la circunstancia 3 o la 4, de las previstas en el apartado 1 del artículo 180 de este Código.»*
ALLANAMIENTO DE MORADA	
art. 202	*«1. El particular que, sin habitar en ella, entrare en morada ajena o se mantuviere en la misma contra la voluntad de su morador, será castigado con la pena de prisión de seis meses a dos años.* *2. Si el hecho se ejecutare con violencia o intimidación la pena será de prisión de uno a cuatro años y multa de seis a doce meses.»*
DE LA SUSTRACCIÓN DE MENORES	
art. 225 bis	*«1. El progenitor que sin causa justificada para ello sustrajere a su hijo menor será castigado con la pena de prisión de dos a cuatro años e inhabilitación especial para el ejercicio del derecho de patria potestad por tiempo de cuatro a diez años.* *2. A los efectos de este artículo, se considera sustracción:* *El traslado de un menor de su lugar de residencia sin consentimiento del progenitor con quien conviva habitualmente o de las personas o instituciones a las cuales estuviese confiada su guarda o custodia.* *La retención de un menor incumpliendo gravemente el deber establecido por resolución judicial o administrativa.* *3. Cuando el menor sea trasladado fuera de España o fuese exigida alguna condición para su restitución la pena señalada en el apartado 1 se impondrá en su mitad superior.* *4. Cuando el sustractor haya comunicado el lugar de estancia al otro progenitor o a quien corresponda legalmente su cuidado dentro de las veinticuatro horas siguientes a la sustracción con el compromiso de devolución inmediata que efectivamente lleve a cabo, o la ausencia no hubiere sido superior a dicho plazo de veinticuatro horas, quedará exento de pena.* *Si la restitución la hiciere, sin la comunicación a que se refiere el párrafo anterior, dentro de los quince días siguientes a la sustracción, le será impuesta la pena de prisión de seis meses a dos años.* *Estos plazos se computarán desde la fecha de la denuncia de la sustracción.* *5. Las penas señaladas en este artículo se impondrán igualmente a los ascendientes del menor y a los parientes del progenitor hasta el segundo grado de consanguinidad o afinidad que incurran en las conductas anteriormente descritas.»*

DEL ABANDONO DE FAMILIA, MENORES O INCAPACES	
art. 226	*«1. El que dejare de cumplir los deberes legales de asistencia inherentes a la patria potestad, tutela, guarda o acogimiento familiar o de prestar la asistencia necesaria legalmente establecida para el sustento de sus descendientes, ascendientes o cónyuge, que se hallen necesitados, será castigado con la pena de prisión de tres a seis meses o multa de seis a 12 meses. 2. El Juez o Tribunal podrá imponer, motivadamente, al reo la pena de inhabilitación especial para el ejercicio del derecho de patria potestad, tutela, guarda o acogimiento familiar por tiempo de cuatro a diez años.»*
art. 227	*«1. El que dejare de pagar durante dos meses consecutivos o cuatro meses no consecutivos cualquier tipo de prestación económica en favor de su cónyuge o sus hijos, establecida en convenio judicialmente aprobado o resolución judicial en los supuestos de separación legal, divorcio, declaración de nulidad del matrimonio, proceso de filiación, o proceso de alimentos a favor de sus hijos, será castigado con la pena de prisión de tres meses a un año o multa de seis a 24 meses. 2. Con la misma pena será castigado el que dejare de pagar cualquier otra prestación económica establecida de forma conjunta o única en los supuestos previstos en el apartado anterior. 3. La reparación del daño procedente del delito comportará siempre el pago de las cuantías adeudadas.»*
DEL QUEBRANTAMIENTO DE CONDENA	
art. 468	*«1. Los que quebrantaren su condena, medida de seguridad, prisión, medida cautelar, conducción o custodia serán castigados con la pena de prisión de seis meses a un año si estuvieran privados de libertad, y con la pena de multa de doce a veinticuatro meses en los demás casos. 2. Se impondrá en todo caso la pena de prisión de seis meses a un año a los que quebrantaren una pena de las contempladas en el artículo 48 de este Código o una medida cautelar o de seguridad de la misma naturaleza impuestas en procesos criminales en los que el ofendido sea alguna de las personas a las que se refiere el artículo 173.2.»*
DE LAS FALTAS	
art. 618	*«1. Serán castigados con la pena de localización permanente de seis a 12 días o multa de 12 a 24 días los que, encontrando abandonado a un menor de edad o a un incapaz, no lo presenten a la autoridad o a su familia o no le presten, en su caso, el auxilio que las circunstancias requieran. 2. El que incumpliere obligaciones familiares establecidas en convenio judicialmente aprobado o resolución judicial en los supuestos de separación legal, divorcio, declaración de*

	nulidad del matrimonio, proceso de filiación o proceso de alimentos a favor de sus hijos, que no constituya delito, será castigado con la pena de multa de 10 días a dos meses o trabajos en beneficio de la comunidad de uno a 30 días.»
art. 620	*«Serán castigados con la pena de multa de diez a veinte días:* *1.º Los que de modo leve amenacen a otro con armas u otros instrumentos peligrosos, o los saquen en riña, como no sea en justa defensa, salvo que el hecho sea constitutivo de delito.* *2.º Los que causen a otro una amenaza, coacción, injuria o vejación injusta de carácter leve, salvo que el hecho sea constitutivo de delito.* *Los hechos descritos en los dos números anteriores sólo serán perseguibles mediante denuncia de la persona agraviada o de su representante legal.* *En los supuestos del número 2 de este artículo, cuando el ofendido fuere alguna de las personas a las que se refiere el artículo 173.2, la pena será la de localización permanente de cuatro a ocho días, siempre en domicilio diferente y alejado del de la víctima, o trabajos en beneficio de la comunidad de cinco a diez días. En estos casos no será exigible la denuncia a que se refiere el párrafo anterior de este artículo, excepto para la persecución de las injurias.»*
art. 622	*«Los padres que sin llegar a incurrir en delito contra las relaciones familiares o, en su caso, de desobediencia infringiesen el régimen de custodia de sus hijos menores establecido por la autoridad judicial o administrativa serán castigados con la pena de multa de uno a dos meses.»*
arts. 623 a 628	**Faltas contra el Patrimonio,** en todos los supuestos en que la víctima sea la esposa o ex-esposa o mujer con la que el autor esté o haya estado unido por similar relación de afectividad.

C) *Normativa básica procesal*

COMPETENCIAS PENALES DE LOS ÓRGANOS JUDICIALES EN ASUNTOS DE VIOLENCIA SOBRE LA MUJER		
EN PROCESOS POR CUALQUIER DELITO	Instrucción de asuntos del art. 87 ter LOPJ.	JVM
	Orden de Protección (dentro de asuntos del art. 87 ter LOPJ).	JVM (En caso de urgencia: Jdo Instrucción en servicio de guardia).
	Recursos devolutivos contra resoluciones de JVM.	Audiencia Provincial. Con especialización Ex 98 LOPJ obligatoria: — Una o varias secciones. — Con conocimiento de recursos contra resoluciones de JVM.

POR DELITOS MENOS GRAVES	Enjuiciamiento en Primera Instancia.	Jdo. de lo Penal con especialización ex art. 98 LOPJ obligatoria: — Uno o varios por partido. — Con conocimiento de asuntos instruidos por JVM.
	Segunda Instancia: Recursos de apelación contra Sentencia de Jdo. de lo Penal.	Audiencia Provincial: Aunque la LIVG guarda silencio, sería aplicable la especialización por la vía del art. 98 LOPJ.
POR DELITOS GRAVES	Enjuiciamiento en única Instancia.	Audiencia Provincial con especialización Ex 98 LOPJ obligatoria: — Una o varias secciones. — Con conocimiento de asuntos instruidos por JVM.
	Recurso de Casación.	Tribunal Supremo.
POR DELITOS COMPETENCIA DEL TRIBUNAL DEL JURADO	No existe ninguna norma específica: Reglas ordinarias.	

COMPETENCIA OBJETIVA DE LOS JVM - ART. 44 LIVG	
SE ADICIONA UN ART. 87 TER EN LA LOPJ	
1. Los Juzgados de Violencia sobre la Mujer conocerán, en el orden penal, de conformidad en todo caso con los procedimientos y recursos previstos en la Ley de Enjuiciamiento Criminal, de los siguientes supuestos:	a) De la instrucción de los procesos para exigir responsabilidad penal por los delitos recogidos en los títulos del Código Penal relativos a homicidio, aborto, lesiones, lesiones al feto, delitos contra la libertad, delitos contra la integridad moral, contra la libertad e indemnidad sexuales o cualquier otro delito cometido con violencia o intimidación, siempre que se hubiesen cometido contra quien sea o haya sido su esposa, o mujer que esté o haya estado ligada al autor por análoga relación de afectividad, aun sin convivencia, así como de los cometidos sobre los descendientes, propios o de la esposa o conviviente, o sobre los menores o incapaces que con él convivan o que se hallen sujetos a la potestad, tutela, curatela, acogimiento o guarda de hecho de la esposa o conviviente, cuando también se haya producido un acto de violencia de género.
	b) De la instrucción de los procesos para exigir responsabilidad penal por cualquier delito contra los derechos y deberes familiares, cuando la víctima sea alguna de las personas señaladas como tales en la letra anterior.
	c) De la adopción de las correspondientes órdenes de protección a las víctimas, sin perjuicio de las competencias atribuidas al Juez de Guardia.
	d) Del conocimiento y fallo de las faltas contenidas en los títulos I y II del Libro III del Código Penal, cuando la víctima sea alguna de las personas señaladas como tales en la letra a) de este apartado.
4. Cuando el Juez apreciara que los actos puestos en su conocimiento, de forma notoria, no constituyen expresión de violencia de género, podrá inadmitir la pretensión, remitiéndola al órgano judicial competente.	

RECURSOS EN MATERIA PENAL - ART. 45 LIVG
SE ADICIONA UN NUEVO ORDINAL 4.º AL ART.82 DE LA LOPJ
«De los recursos que establezca la ley contra las resoluciones en materia penal dictadas por los Juzgados de Violencia sobre la Mujer de la provincia. A fin de facilitar el conocimiento de estos recursos, y atendiendo al número de asuntos existentes, deberán especializarse una o varias de sus secciones de conformidad con lo previsto en el artículo 98 de la citada Ley Orgánica. Esta especialización se extenderá a aquellos supuestos en que corresponda a la Audiencia Provincial el enjuiciamiento en primera instancia de asuntos instruidos por los Juzgados de Violencia sobre la Mujer de la provincia.»

COMPETENCIA TERRITORIAL - ART. 59 LIVG
SE ADICIONA UN ART. 15 BIS EN LA LECRIM.
«En el caso de que se trate de algunos de los delitos o faltas cuya instrucción o conocimiento corresponda al Juez de Violencia sobre la Mujer, la competencia territorial vendrá determinada por ***el lugar del domicilio de la víctima****, sin perjuicio de la adopción de la orden de protección, o de medidas urgentes del artículo 13 de la presente Ley que pudiera adoptar el Juez del lugar de comisión de los hechos.»*

ARTS.	LEY DE ENJUICIAMIENTO CRIMINAL
Arts. 502 a 519	**PRISIÓN PROVISIONAL**
art. 503	*«1. La prisión provisional sólo podrá ser decretada cuando concurran los siguientes requisitos:* *Que conste en la causa la existencia de uno o varios hechos que presenten caracteres de delito sancionado con pena cuyo máximo sea igual o superior a dos años de prisión, o bien con pena privativa de libertad de duración inferior si el imputado tuviere antecedentes penales no cancelados ni susceptibles de cancelación, derivados de condena por delito doloso.* *Si fueran varios los hechos imputados se estará a lo previsto en las reglas especiales para la aplicación de las penas, conforme a lo dispuesto en la sección II del capítulo II del título III del libro I del Código Penal.* *Que aparezcan en la causa motivos bastantes para creer responsable criminalmente del delito a la persona contra quien se haya de dictar el auto de prisión.* *Que mediante la prisión provisional se persiga alguno de los siguientes fines:* *Asegurar la presencia del imputado en el proceso cuando pueda inferirse racionalmente un riesgo de fuga.* *Para valorar la existencia de este peligro se atenderá conjuntamente a la naturaleza del hecho, a la gravedad de la pena que pudiera imponerse al imputado, a la situación familiar, laboral y económica de éste, así*

ARTS.	LEY DE ENJUICIAMIENTO CRIMINAL
	como a la inminencia de la celebración del juicio oral, en particular en aquellos supuestos en los que procede incoar el procedimiento para el enjuiciamiento rápido regulado en el título III del libro IV de esta Ley. *Procederá acordar por esta causa la prisión provisional de la persona imputada cuando, a la vista de los antecedentes que resulten de las actuaciones, hubieran sido dictadas al menos dos requisitorias para su llamamiento y busca por cualquier órgano judicial en los dos años anteriores. En estos supuestos no será aplicable el límite que respecto de la pena establece el ordinal 1 de este apartado.* *Evitar la ocultación, alteración o destrucción de las fuentes de prueba relevantes para el enjuiciamiento en los casos en que exista un peligro fundado y concreto.* *No procederá acordar la prisión provisional por esta causa cuando pretenda inferirse dicho peligro únicamente del ejercicio del derecho de defensa o de falta de colaboración del imputado en el curso de la investigación.* *Para valorar la existencia de este peligro se atenderá a la capacidad del imputado para acceder por sí o a través de terceros a las fuentes de prueba o para influir sobre otros imputados, testigos o peritos o quienes pudieran serlo.* *Evitar que el imputado pueda actuar contra bienes jurídicos de la víctima, especialmente cuando ésta sea alguna de las personas a las que se refiere el artículo 173.2 del Código Penal. En estos casos no será aplicable el límite que respecto de la pena establece el ordinal 1 de este apartado.* *2. También podrá acordarse la prisión provisional, concurriendo los requisitos establecidos en los ordinales 1 y 2 del apartado anterior, para evitar el riesgo de que el imputado cometa otros hechos delictivos.* *Para valorar la existencia de este riesgo se atenderá a las circunstancias del hecho, así como a la gravedad de los delitos que se pudieran cometer.* *Sólo podrá acordarse la prisión provisional por esta causa cuando el hecho delictivo imputado sea doloso. No obstante, el límite previsto en el ordinal 1 del apartado anterior no será aplicable cuando de los antecedentes del imputado y demás datos o circunstancias que aporte la Policía Judicial o resulten de las actuaciones, pueda racionalmente inferirse que el imputado viene actuando concertadamente con otra u otras personas de forma organizada para la comisión de hechos delictivos o realiza sus actividades delictivas con habitualidad.»*

ARTS.	LEY DE ENJUICIAMIENTO CRIMINAL
art. 505	*«1. Cuando el detenido fuere puesto a disposición del juez de instrucción o tribunal que deba conocer de la causa, éste, salvo que decretare su libertad provisional sin fianza, convocará a una audiencia en la que el Ministerio Fiscal o las partes acusadoras podrán interesar que se decrete la prisión provisional del imputado o su libertad provisional con fianza.* *En los supuestos del procedimiento regulado en el título III del libro IV de esta Ley, este trámite se sustanciará con arreglo a lo establecido en el artículo 798, salvo que la audiencia se hubiera celebrado con anterioridad.* *2. La audiencia prevista en el apartado anterior deberá celebrarse en el plazo más breve posible dentro de las 72 horas siguientes a la puesta del detenido a disposición judicial y a ella se citará al imputado, que deberá estar asistido de letrado por él elegido o designado de oficio, al Ministerio Fiscal y a las demás partes personadas. La audiencia habrá de celebrarse también para solicitar y decretar, en su caso, la prisión provisional del imputado no detenido o su libertad provisional con fianza.* *3. En dicha audiencia, si el Ministerio Fiscal o alguna parte acusadora solicitare que se decrete la prisión provisional del imputado o su libertad provisional con fianza, podrán quienes concurrieren realizar alegaciones y proponer los medios de prueba que puedan practicarse en el acto o dentro de las 72 horas antes indicadas en el apartado anterior.* *4. El juez o tribunal decidirá sobre la procedencia o no de la prisión o de la imposición de la fianza. Si ninguna de las partes las instare, acordará necesariamente la inmediata puesta en libertad del imputado que estuviere detenido.* *5. Si por cualquier razón la audiencia no pudiere celebrarse, el juez o tribunal podrá acordar la prisión provisional, si concurrieren los presupuestos del artículo 503, o la libertad provisional con fianza.* *No obstante, dentro de las siguientes 72 horas, el juez o tribunal convocará una nueva audiencia, adoptando las medidas a que hubiere lugar por la falta de celebración de la primera audiencia.* *6. Cuando el detenido fuere puesto a disposición de juez distinto del juez o tribunal que conociere o hubiere de conocer de la causa, y el detenido no pudiere ser puesto a disposición de este último en el plazo de 72 horas, procederá el primero de acuerdo con lo previsto en los apartados anteriores. No obstante, una vez que el juez o tribunal de la causa reciba las diligencias, oirá al imputado, asistido de su abogado, tan pronto como le fuera posible y dictará la resolución que proceda.»*

ARTS.	LEY DE ENJUICIAMIENTO CRIMINAL
	MEDIDAS CAUTELARES
art. 544 bis	*«En los casos en los que se investigue un delito de los mencionados en el artículo 57 del Código Penal, el Juez o Tribunal podrá, de forma motivada y cuando resulte estrictamente necesario al fin de protección de la víctima, imponer cautelarmente al inculpado la prohibición de residir en un determinado lugar, barrio, municipio, provincia u otra entidad local, o Comunidad Autónoma.* *En las mismas condiciones podrá imponerle cautelarmente la prohibición de acudir a determinados lugares, barrios, municipios, provincias u otras entidades locales o Comunidades Autónomas o de aproximarse o comunicarse, con la graduación que sea precisa, a determinadas personas.* *Para la adopción de estas medidas se tendrá en cuenta la situación económica del inculpado y los requerimientos de su salud, situación familiar y actividad laboral. Se atenderá especialmente a la posibilidad de continuidad de esta última, tanto durante la vigencia de la medida como tras su finalización.* *En caso de incumplimiento por parte del inculpado de la medida acordada por el juez o tribunal, éste convocará la comparecencia regulada en el artículo 505 para la adopción de la prisión provisional en los términos del artículo 503, de la orden de protección prevista en el artículo 544 ter o de otra medida cautelar que implique una mayor limitación de su libertad personal, para lo cual se tendrán en cuenta la incidencia del incumplimiento, sus motivos, gravedad y circunstancias, sin perjuicio de las responsabilidades que del incumplimiento pudieran resultar.»*
art. 544 ter	*«1. El Juez de Instrucción dictará orden de protección para las víctimas de violencia doméstica en los casos en que, existiendo indicios fundados de la comisión de un delito o falta contra la vida, integridad física o moral, libertad sexual, libertad o seguridad de alguna de las personas mencionadas en el artículo 173.2 del Código Penal, resulte una situación objetiva de riesgo para la víctima que requiera la adopción de alguna de las medidas de protección reguladas en este artículo.* *2. La orden de protección será acordada por el juez de oficio o a instancia de la víctima o persona que tenga con ella alguna de las relaciones indicadas en el apartado anterior, o del Ministerio Fiscal.* *Sin perjuicio del deber general de denuncia previsto en el artículo 262 de esta Ley, las entidades u organismos asistenciales, públicos o privados, que tuvieran conoci-*

ARTS.	LEY DE ENJUICIAMIENTO CRIMINAL
	miento de alguno de los hechos mencionados en el apartado anterior deberán ponerlos inmediatamente en conocimiento del juez de guardia o del Ministerio Fiscal con el fin de que se pueda incoar o instar el procedimiento para la adopción de la orden de protección.
	3. La orden de protección podrá solicitarse directamente ante la autoridad judicial o el Ministerio Fiscal, o bien ante las Fuerzas y Cuerpos de Seguridad, las oficinas de atención a la víctima o los servicios sociales o instituciones asistenciales dependientes de las Administraciones públicas. Dicha solicitud habrá de ser remitida de forma inmediata al juez competente. En caso de suscitarse dudas acerca de la competencia territorial del juez, deberá iniciar y resolver el procedimiento para la adopción de la orden de protección el juez ante el que se haya solicitado ésta, sin perjuicio de remitir con posterioridad las actuaciones a aquél que resulte competente.
	Los servicios sociales y las instituciones referidas anteriormente facilitarán a las víctimas de la violencia doméstica a las que hubieran de prestar asistencia la solicitud de la orden de protección, poniendo a su disposición con esta finalidad información, formularios y, en su caso, canales de comunicación telemáticos con la Administración de Justicia y el Ministerio Fiscal.
	4. Recibida la solicitud de orden de protección, el juez de guardia, en los supuestos mencionados en el apartado 1 de este artículo, convocará a una audiencia urgente a la víctima o su representante legal, al solicitante y al agresor, asistido, en su caso, de abogado. Asimismo será convocado el Ministerio Fiscal.
	Esta audiencia se podrá sustanciar simultáneamente con la prevista en el artículo 504 bis.2 cuando su convocatoria fuera procedente, con la audiencia regulada en el artículo 798 en aquellas causas que se tramiten conforme al procedimiento previsto en el título III del libro IV de esta Ley o, en su caso, con el acto del juicio de faltas. Cuando excepcionalmente no fuese posible celebrar la audiencia durante el servicio de guardia, el juez ante el que hubiera sido formulada la solicitud la convocará en el plazo más breve posible. En cualquier caso la audiencia habrá de celebrarse en un plazo máximo de 72 horas desde la presentación de la solicitud.
	Durante la audiencia, el juez de guardia adoptará las medidas oportunas para evitar la confrontación entre el agresor y la víctima, sus hijos y los restantes miembros de la familia. A estos efectos dispondrá que su declaración en esta audiencia se realice por separado.
	Celebrada la audiencia, el juez de guardia resolverá mediante auto lo que proceda sobre la solicitud de la orden de protección, así como sobre el contenido y

ARTS.	LEY DE ENJUICIAMIENTO CRIMINAL
	vigencia de las medidas que incorpore. Sin perjuicio de ello, el juez de instrucción podrá adoptar en cualquier momento de la tramitación de la causa las medidas previstas en el artículo 544 bis. *5. La orden de protección confiere a la víctima de los hechos mencionados en el apartado 1 un estatuto integral de protección que comprenderá las medidas cautelares de orden civil y penal contempladas en este artículo y aquellas otras medidas de asistencia y protección social establecidas en el ordenamiento jurídico.* *La orden de protección podrá hacerse valer ante cualquier autoridad y Administración pública.* *6. Las medidas cautelares de carácter penal podrán consistir en cualesquiera de las previstas en la legislación procesal criminal. Sus requisitos, contenido y vigencia serán los establecidos con carácter general en esta Ley. Se adoptarán por el juez de instrucción atendiendo a la necesidad de protección integral e inmediata de la víctima.* *7. Las medidas de naturaleza civil deberán ser solicitadas por la víctima o su representante legal, o bien por el Ministerio Fiscal, cuando existan hijos menores o incapaces, siempre que no hubieran sido previamente acordadas por un órgano del orden jurisdiccional civil, y sin perjuicio de las medidas previstas en el artículo 158 del Código Civil. Estas medidas podrán consistir en la atribución del uso y disfrute de la vivienda familiar, determinar el régimen de custodia, visitas, comunicación y estancia con los hijos, el régimen de prestación de alimentos, así como cualquier disposición que se considere oportuna a fin de apartar al menor de un peligro o de evitarle perjuicios.* *Las medidas de carácter civil contenidas en la orden de protección tendrán una vigencia temporal de 30 días. Si dentro de este plazo fuese incoado a instancia de la víctima o de su representante legal un proceso de familia ante la jurisdicción civil las medidas adoptadas permanecerán en vigor durante los treinta días siguientes a la presentación de la demanda. En este término las medidas deberán ser ratificadas, modificadas o dejadas sin efecto por el juez de primera instancia que resulte competente.* *8. La orden de protección será notificada a las partes, y comunicada por el juez inmediatamente, mediante testimonio íntegro, a la víctima y a las Administraciones públicas competentes para la adopción de medidas de protección, sean éstas de seguridad o de asistencia social, jurídica, sanitaria, psicológica o de cualquier otra índole. A estos efectos se establecerá reglamentariamente un sistema integrado de coordinación administrativa que garantice la agilidad de estas comunicaciones.*

ARTS.	LEY DE ENJUICIAMIENTO CRIMINAL
	9. La orden de protección implicará él deber de informar permanentemente a la víctima sobre la situación procesal del imputado así como sobre el alcance y vigencia de las medidas cautelares adoptadas. En particular, la víctima será informada en todo momento de la situación penitenciaria del agresor. A estos efectos se dará cuenta de la orden de protección a la Administración penitenciaria. *10. La orden de protección será inscrita en el Registro Central para la Protección de las Víctimas de la Violencia Doméstica.* *11. En aquellos casos en que durante la tramitación de un procedimiento penal en curso surja una situación de riesgo para alguna de las personas vinculadas con el imputado por alguna de las relaciones indicadas en el apartado 1 de este artículo, el Juez o Tribunal que conozca de la causa podrá acordar la orden de protección de la víctima con arreglo a lo establecido en los apartados anteriores.»*
arts. 766, 790 y 792	**RÉGIMEN DE RECURSOS**
	Ver el apartado correspondiente a Recursos, Sección Penal del Prontuario.
arts. 797 a 802	**JUICIO RÁPIDO**
art. 798	*«1. A continuación, el Juez oirá a las partes personadas y al Ministerio Fiscal sobre cuál de las resoluciones previstas en el apartado siguiente procede adoptar. Además, las partes acusadoras y el Ministerio Fiscal podrán solicitar cualesquiera medidas cautelares frente al imputado o, en su caso, frente al responsable civil, sin perjuicio de las que se hayan podido adoptar anteriormente.* *2. El Juez de guardia dictará resolución con alguno de estos contenidos:* *En el caso de que considere suficientes las diligencias practicadas, dictará auto en forma oral, que deberá documentarse y no será susceptible de recurso alguno, ordenando seguir el procedimiento del capítulo siguiente, salvo que estime procedente alguna de las decisiones previstas en las reglas 1 y 3 del apartado 1 del artículo 779, en cuyo caso dictará el correspondiente auto. Si el juez de guardia reputa falta el hecho que hubiera dado lugar a la formación de las diligencias, procederá a su enjuiciamiento inmediato conforme a lo previsto en el artículo 963.* *En el caso de que considere insuficientes las diligencias practicadas, ordenará que el procedimiento continúe como diligencias previas del procedimiento abreviado. El Juez deberá señalar motivadamente cuáles son las*

ARTS.	LEY DE ENJUICIAMIENTO CRIMINAL
	diligencias cuya práctica resulta necesaria para concluir la instrucción de la causa o las circunstancias que lo hacen imposible. *3. Cuando el Juez de guardia dicte el auto acordando alguna de las decisiones previas en los tres primeros ordinales del apartado 1 del artículo 779, en el mismo acordará lo que proceda sobre la adopción de medidas cautelares frente al imputado y, en su caso, frente al responsable civil. Frente al pronunciamiento del Juez sobre medidas cautelares, cabrán los recursos previstos en el artículo 766. Cuando el Juez de guardia dicte auto en forma oral ordenando la continuación del procedimiento, sobre la adopción de medidas cautelares se estará a lo dispuesto en el apartado 1 del artículo 800.* *4. Asimismo, ordenará, si procede, la devolución de objetos intervenidos.»*
art. 800	*1. Cuando el Juez de guardia hubiere acordado continuar este procedimiento, en el mismo acto oirá al Ministerio Fiscal y a las partes personadas para que se pronuncien sobre si procede la apertura del juicio oral o el sobreseimiento y para que, en su caso, soliciten o se ratifiquen en lo solicitado respecto de la adopción de medidas cautelares. En todo caso, si el Ministerio Fiscal y el acusador particular, si lo hubiera, solicitaren el sobreseimiento, el Juez procederá conforme a lo previsto en el artículo 782. Cuando el Ministerio Fiscal o la acusación particular soliciten la apertura del juicio oral, el Juez de guardia procederá conforme a lo previsto en el apartado 1 del artículo 783, resolviendo mediante auto lo que proceda. Cuando se acuerde la apertura del juicio oral, dictará en forma oral auto motivado, que deberá documentarse y no será susceptible de recurso alguno.* *2. Abierto el juicio oral, si no se hubiere constituido acusación particular, el Ministerio Fiscal presentará de inmediato su escrito de acusación, o formulará ésta oralmente. El acusado, a la vista de la acusación formulada, podrá en el mismo acto prestar su conformidad con arreglo a lo dispuesto en el artículo siguiente. En otro caso, presentará inmediatamente su escrito de defensa o formulará ésta oralmente, procediendo entonces el Juez de guardia sin más trámites a la citación de las partes para la celebración del juicio oral.* *Si el acusado solicitara la concesión de un plazo para la presentación de escrito de defensa, el Juez fijará prudencialmente el mismo dentro de los cinco días siguientes, atendidas las circunstancias del hecho imputado y los restantes datos que se hayan puesto de manifiesto en la investigación, procediendo en el acto a la citación de las partes para la celebración del juicio oral y al*

ARTS.	LEY DE ENJUICIAMIENTO CRIMINAL
	emplazamiento del acusado y, en su caso, del responsable civil para que presenten sus escritos ante el órgano competente para el enjuiciamiento. *3. El Juez de guardia hará el señalamiento para la celebración del juicio oral en la fecha más próxima posible y, en cualquier caso, dentro de los quince días siguientes, en los días y horas predeterminados a tal fin en los órganos judiciales enjuiciadores. A estos efectos, el Consejo General del Poder Judicial, de acuerdo con lo establecido en el artículo 110 de la Ley Orgánica del Poder Judicial, dictará los Reglamentos oportunos para la ordenación, coordinadamente con el Ministerio Fiscal, de los señalamientos de juicios orales que realicen los Juzgados de guardia ante los Juzgados de lo Penal.* *También se acordará la práctica de las citaciones propuestas por el Ministerio Fiscal, llevándose a cabo en el acto las que sean posibles, sin perjuicio de la decisión que sobre la admisión de pruebas adopte el órgano enjuiciador.* *4. Si se hubiere constituido acusación particular que hubiere solicitado la apertura del juicio oral y así lo hubiere acordado el Juez de guardia, éste emplazará en el acto a aquélla y al Ministerio Fiscal para que presenten sus escritos dentro de un plazo improrrogable y no superior a dos días. Presentados dichos escritos ante el mismo Juzgado, procederá éste de inmediato conforme a lo dispuesto en el apartado 2.* *5. Si el Ministerio Fiscal no presentare su escrito de acusación en el momento establecido en el apartado 2 o en el plazo establecido en el apartado 4, respectivamente, el Juez, sin perjuicio de emplazar en todo caso a los directamente ofendidos y perjudicados conocidos, en los términos previstos en el apartado 2 del artículo 782, requerirá inmediatamente al superior jerárquico del Fiscal para que, en el plazo de dos días, presente el escrito que proceda. Si el superior jerárquico tampoco presentare dicho escrito en plazo, se entenderá que no pide la apertura de juicio oral y que considera procedente el sobreseimiento libre.* *6. Una vez recibido el escrito de defensa o precluido el plazo para su presentación, el órgano enjuiciador procederá conforme a lo previsto en el apartado 1 del artículo 785, salvo en lo previsto para el señalamiento y las citaciones que ya se hubieran practicado.* *7. En todo caso, las partes podrán solicitar al Juzgado de guardia, que así lo acordará, la citación de testigos o peritos que tengan la intención de proponer para el acto del juicio, sin perjuicio de la decisión que sobre la admisión de pruebas adopte el órgano enjuiciador.*

ARTS.	LEY DE ENJUICIAMIENTO CRIMINAL
arts. 757 a 796	
	Ver el apartado correspondiente a Procedimiento Abreviado, Sección Penal del Prontuario.

D) Esquema básico procedimiento

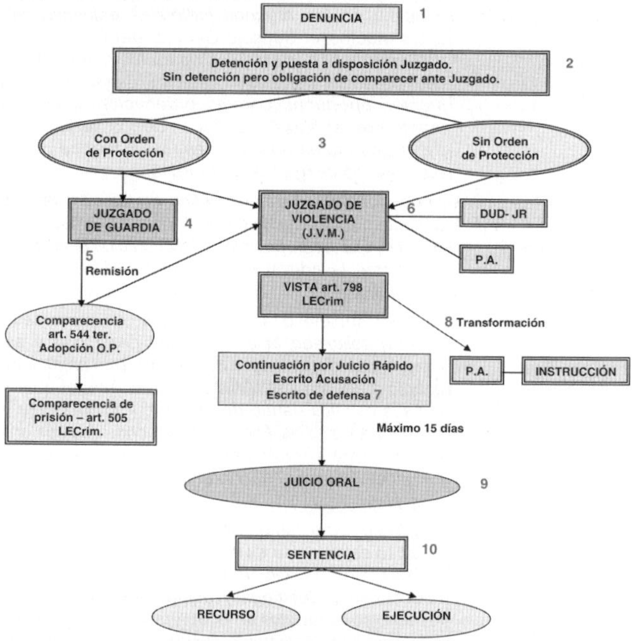

El procedimiento comienza con la interposición de la correspondiente denuncia (1), que podrá además ir incorporada de la Solicitud de Orden de Protección (3), automáticamente los Cuerpos y Fuerzas de Seguridad recabarán las diligencias preliminares necesarias para completar el Atestado, para lo cual podrán detener al denunciado, para su puesta a disposición ante la Autoridad Judicial (2).

Remitido el Atestado al Juzgado de Guardia correspondiente, éste podrá ser o el Juzgado de Violencia sobre la Mujer que esté en funciones de Guardia, caso de ser día laborable, o el Juzgado de Instrucción, caso de ser festivo (4) (Madrid capital cuenta con un Juzgado de Violencia sobre la Mujer en funciones de Guardia siempre).

(5) Puestos a disposición judicial el detenido o no, y el Atestado, se recabará previo reconocimiento Médico forense de las partes, y se celebrará la comparecencia de Orden de Protección de acuerdo a lo dispuesto en el artículo 544 ter LECrim. (pudiéndose celebrar incluso la comparecencia de prisión del artículo 505 LECrim.), sin olvidar que la comparecencia de la víctima es necesaria para la

adopción de tal medida, no así la del denunciado no detenido, pudiendo ser adoptada la medida cautelar del artículo 544 bis de la LECrim.

(6) Si el Juzgado es de Instrucción, una vez celebrada la Orden de Protección, dictará el Auto correspondiente de concesión o no, y se inhibirá a favor del Juzgado de Violencia sobre la Mujer que por reparto debiera conocer.

Si ha conocido el Juzgado de Violencia sobre la Mujer, una vez incoado el correspondiente procedimiento penal, en el mismo acto podrá celebrar la comparecencia de Orden de Protección, según el artículo 544 ter de la LECrim. (caso de ser necesaria), y también (caso de ser uno de los supuestos contemplados por la Ley) la llamada vistilla de Juicio Rápido según el artículo 797 de la LECrim.

En ningún caso podrá obviarse la comparecencia de Orden de Protección, caso de no haberse adoptado ya.

Celebrada la vistilla del artículo 798 de la LECrim. y ss, se optará por:

— (7) Continuar el procedimiento por los trámites de Juicio Rápido, resolución no recurrible, dando traslado a las partes para que soliciten la apertura de Juicio Oral o sobreseimiento de las actuaciones (artículo 800), pudiendo presentarse tanto el escrito de acusación por escrito en el plazo máximo de dos días (artículo 800.4), y caso de ser oral pudiendo presentarse el Escrito de defensa por escrito en el plazo de cinco días (artículo 800.2), ante el Juzgado de lo Penal correspondiente.

  Quedando señalado el Juicio Oral en ese acto en el Juzgado de lo Penal correspondiente en el plazo máximo de 15 días.

— (8) Si se opta por trasformar el procedimiento por los tramites del Procedimiento Abreviado, de acuerdo con el artículo 798.1.2.º de la LECrim., continuará la Instrucción normalmente.

(9) Celebrándose en ambos casos el correspondiente Juicio Oral en el Juzgado de lo Penal conforme a los artículos 786 a 788 de la LECrim.

(10) Con el posterior fallo, recurrible de acuerdo a los artículos 790 a 793 de la LECrim.

IV. ÁMBITO CIVIL

Como se ha hecho mención en el apartado referente a la Orden de Protección, cabe la posibilidad de que, de ser acordada ésta, se hayan incluido medidas civiles, cuya vigencia es de 30 días hábiles, como se manifiesta el segundo párrafo del apartado 7 del artículo 544 ter de la LECrim. Este tipo de medidas civiles tendrán una vigencia temporal de treinta días, 30, pero añade además lo siguiente: «Si dentro de este plazo fuese incoado a instancia de la víctima o de su representante legal un proceso de familia ante la jurisdicción civil, las medidas adoptadas permanecerán en vigor durante los treinta días siguientes a la presentación de la demanda. En este término las medidas deberán ser ratificadas, modificadas o dejadas sin efecto por el juez de primera instancia que resulte competente».

Así, se podrá optar por instar, previa presentación de la correspondiente demanda, por alguno de los procedimientos regulados en la Ley de Enjuiciamiento Civil, artículo 748 al 755. Según el caso concreto.

Pudiendo ser:

- **Procedimiento contencioso de Separación o Divorcio**, regulado en los artículos 770 de la LEC.
- **Demanda de Medidas partenofiliales**.

- **Medidas Provisionales previas**: Si no se adoptó Orden de Protección, y por lo tanto no se incluyeron las medidas civiles de la misma, cabe la posibilidad de solicitar medidas provisionales junto con la demanda de separación o divorcio, regulado en el artículo 771 de la LEC, que remite a los artículos 102 y 103 del Código Civil.
- **Medidas provisionales derivadas o coetáneas a la demanda principal**: reguladas en el artículo 773 de la LEC, no admitiéndose las mismas si existe Auto de medidas previas vigente (Orden de Protección), pudiendo solicitar las medidas indicadas en el artículo 103 del Código Civil.
- **Medidas provisionales definitivas**: reguladas en el artículo 774 de la LEC, y son aquellas que se solicitan junto con la demanda principal y que serán acordadas por el Juez en sentencia.
- **Modificación de medidas definitivas**: por los motivos tasados en el artículo 775.1 de la LEC.
- **Procedimiento de Ejecución**: Se puede solicitar la ejecución por demanda, conforme al artículo 549 de la LEC, pudiendo ser ejecutables los presupuestos contenidos en el artículo 776 de la LEC

Competencia: El mismo Juzgado de Violencia sobre la Mujer que conoció el procedimiento penal.

<table>
<tr><th colspan="2">COMPETENCIA OBJETIVA DE LOS JVM - ART. 44 LIVG</th></tr>
<tr><th colspan="2">SE ADICIONA UN ART. 87 TER EN LA LOPJ</th></tr>
<tr><td rowspan="7">2. Los Juzgados de Violencia sobre la Mujer podrán conocer en el orden civil, en todo caso de conformidad con los procedimientos y recursos previstos en la Ley de Enjuiciamiento Civil, de los siguientes asuntos:</td><td>a) Los de filiación, maternidad y paternidad.</td></tr>
<tr><td>b) Los de nulidad del matrimonio, separación y divorcio.</td></tr>
<tr><td>c) Los que versen sobre relaciones paterno-filiales.</td></tr>
<tr><td>d) Los que tengan por objeto la adopción o modificación de medidas de trascendencia familiar.</td></tr>
<tr><td>e) Los que versen exclusivamente sobre guarda y custodia de hijos e hijas menores o sobre alimentos reclamados por un progenitor contra el otro en nombre de los hijos e hijas menores.</td></tr>
<tr><td>f) Los que versen sobre la necesidad de asentimiento en la adopción.</td></tr>
<tr><td>g) Los que tengan por objeto la oposición a las resoluciones administrativas en materia de protección de menores.</td></tr>
<tr><td rowspan="4">3. Los Juzgados de Violencia sobre la Mujer tendrán de forma exclusiva y excluyente competencia en el orden civil cuando concurran simultáneamente los siguientes requisitos:</td><td>a) Que se trate de un proceso civil que tenga por objeto alguno de las materias indicadas en el número 2 del presente artículo.</td></tr>
<tr><td>b) Que alguna de las partes del proceso civil sea víctima de los actos de violencia de género, en los términos a que hace referencia el apartado 1 a) del presente artículo.</td></tr>
<tr><td>c) Que alguna de las partes del proceso civil sea imputado como autor, inductor o cooperador necesario en la realización de actos de violencia de género.</td></tr>
<tr><td>d) Que se hayan iniciado ante el Juez de Violencia sobre la Mujer actuaciones penales por delito o falta a consecuencia de un acto de violencia sobre la mujer, o se haya adoptado una orden de protección a una víctima de violencia de género.</td></tr>
<tr><td colspan="2">Nota: Para entrar en detalle sobre todos estos supuestos, modelos, y esquemas de los mismos, nos remitimos a lo expuesto en el aparatado de Derecho de Familia de este Prontuario.</td></tr>
</table>

V. ÁMBITO LABORAL

Novedades que introduce la LO 1/2004, de 28 de diciembre, de medidas de Protección integral, contra la Violencia de Género en el ámbito laboral y de la seguridad social, mediante la Reforma del Estatuto de los Trabajadores y de la Ley de Seguridad Social.

Arts. 214, 21.1 y 21.3, 22, y Disposición Adicional 7.ª, de la LO 1/2004	DERECHOS LABORALES
art. 52 d) Estatuto de los Trabajadores	**AUSENCIAS O FALTAS DE PUNTUALIDAD** *«No se computarán como faltas de asistencia, a los efectos del párrafo anterior, las ausencias debidas a huelga legal por el tiempo de duración de la misma, el ejercicio de actividades de representación legal de los trabajadores, accidente de trabajo, maternidad, riesgo durante el embarazo, enfermedades causadas por embarazo, parto o lactancia, licencias y vacaciones, enfermedad o accidente no laboral, cuando la baja haya sido acordada por los servicios sanitarios oficiales y tenga una duración de más de veinte días consecutivos, ni las motivadas por la situación física o psicológica derivada de violencia de género, acreditada por los servicios sociales de atención o servicios de salud, según proceda.»*
art. 37.7 Estatuto de los Trabajadores	**REDUCCIÓN DE JORNADA DE TRABAJO, REORDENACIÓN DEL TRABAJO** *«La trabajadora víctima de violencia de género tendrá derecho, para hacer efectiva su protección o su derecho a la asistencia social integral, a la reducción de la jornada de trabajo con disminución proporcional del salario o a la reordenación del tiempo de trabajo, a través de la adaptación del horario, de la aplicación del horario flexible o de otras formas de ordenación del tiempo de trabajo que se utilicen en la empresa.»*
art. 40.3 bis Estatuto de los Trabajadores	**CAMBIO DEL CENTRO DE TRABAJO, MOVILIDAD GEOGRÁFICA** *«La trabajadora víctima de violencia de género que se vea obligada a abandonar el puesto de trabajo en la localidad donde venía prestando sus servicios, para hacer efectiva su protección o su derecho a la asistencia social integral, tendrá derecho preferente a ocupar otro puesto de trabajo, del mismo grupo profesional o categoría equivalente, que la empresa tenga vacante en cualquier otro de sus centros de trabajo. En tales supuestos, la empresa estará obligada a comunicar a la trabajadora las vacantes existentes en dicho momento o las que se pudieran producir en el futuro.* *El traslado o el cambio de centro de trabajo tendrán un duración inicial de seis meses, durante los cuales la empresa tendrá la obligación de reservar el puesto de trabajo que anteriormente ocupaba la trabajadora.*

	Terminado este período, la trabajadora podrá optar entre el regreso a su puesto de trabajo anterior o la continuidad en el nuevo. En este último caso, decaerá la mencionada obligación de reserva.»
art. 45.1.n) y 48.6 Estatuto de los Trabajadores	**SUSPENSIÓN DE LA RELACIÓN LABORAL CON RESERVA DEL PUESTO DE TRABAJO** *«En el supuesto previsto en la letra n) del apartado 1 del artículo 45, el período de suspensión tendrá una duración inicial que no podrá exceder de seis meses, salvo que de las actuaciones de tutela judicial resultase que la efectividad del derecho de protección de la víctima requiriese la continuidad de la suspensión. En este caso, el juez podrá prorrogar la suspensión por períodos de tres meses, con un máximo de dieciocho meses.»*
art. 49.1.m) Estatuto de los Trabajadores	**EXTINCION DEL CONTRATO DE TRABAJO** *«Por decisión de la trabajadora que se vea obligada a abandonar definitivamente su puesto de trabajo como consecuencia de ser víctima de violencia de género.»* Quedando en situación legal de desempleo [art. 208.1.1.e) LGSS] a efectos de un posible derecho al cobro de la prestación y/o subsidio por desempleo (arts 210 y 215 Ley General de la Seguridad Social).
art. 55.5.b) Estatuto de los Trabajadores	**DESPIDO NULO. Se considera nulo el despido:** *«... a), y el de los trabajadores que hayan solicitado uno de los permisos a los que se refieren los apartados 4, 4 bis y 5 del artículo 37, o estén disfrutando de ellos, o hayan solicitado o estén disfrutando la excedencia prevista en el apartado 3 del artículo 46; y el de las trabajadoras víctimas de violencia de género por el ejercicio de los derechos de reducción o reordenación de su tiempo de trabajo, de movilidad geográfica, de cambio de centro de trabajo o de suspensión de la relación laboral, en los términos y condiciones reconocidos en esta Ley.»*
art. 21.2 y 21.5 de la LO 1/2004	**DERECHOS DE SEGURIDAD SOCIAL DE LAS TRABAJADORAS**
art. 124.5) Ley General de la Seguridad Social	*«El período de suspensión con reserva del puesto de trabajo, contemplado en el artículo 48.6 del Estatuto de los Trabajadores, tendrá la consideración de período de cotización efectiva a efectos de las correspondientes prestaciones de la Seguridad Social por jubilación, incapacidad permanente, muerte o supervivencia, maternidad y desempleo.»*
art. 208.1.1e) y art. 208.1.2 Ley General de la Seguridad Social	**SITUACIÓN LEGAL DE DESEMPLEO,** se encontrarán las mujeres víctimas de violencia de género cuando se suspenda o extinga su relación laboral por ese motivo.

art. 210.2 de la Ley General de la Seguridad Social	*«A efectos de determinación del período de ocupación cotizada a que se refiere el apartado anterior se tendrán en cuenta todas las cotizaciones que no hayan sido computadas para el reconocimiento de un derecho anterior, tanto de nivel contributivo como asistencial. No obstante, no se considerará como derecho anterior el que se reconozca en virtud de la suspensión de la relación laboral prevista en el artículo 45.1.n del Estatuto de los Trabajadores.* *No se computarán las cotizaciones correspondientes al tiempo de abono de la prestación que efectúe la entidad gestora o, en su caso, la empresa, excepto cuando la prestación se perciba en virtud de la suspensión de la relación laboral prevista en el artículo 45.1.n del Estatuto de los Trabajadores, tal como establece el artículo 124.5 de esta Ley.»*
art. 231.2 de la Ley General de la Seguridad Social	*«A los efectos previstos en este título, se entenderá por* ***compromiso de actividad*** *el que adquiera el solicitante o beneficiario de las prestaciones de buscar activamente empleo, aceptar una colocación adecuada y participar en acciones específicas de motivación, información, orientación, formación, reconversión o inserción profesional para incrementar su ocupabilidad, así como de cumplir las restantes obligaciones previstas en este artículo.* *Para la aplicación de lo establecido en el párrafo anterior el Servicio Público de Empleo competente tendrá en cuenta la condición de víctima de violencia de género, a efectos de atemperar, en caso necesario, el cumplimiento de las obligaciones que se deriven del compromiso suscrito.»*
art. 21.5 LO 1/2004	*«A las trabajadoras por cuenta propia víctimas de violencia de género que cesen en su actividad para hacer efectiva su protección o su derecho a la asistencia social integral, se les suspenderá la obligación de cotización durante un período de seis meses, que les serán considerados como de cotización efectiva a efectos de las prestaciones de Seguridad Social. Asimismo, su situación será considerada como asimilada al alta.* *A los efectos de lo previsto en el párrafo anterior, se tomará una base de cotización equivalente al promedio de las bases cotizadas durante los seis meses previos a la suspensión de la obligación de cotizar.»*
	DERECHOS DE LA SEGURIDAD SOCIAL A LAS EMPRESAS
art. 21.3 LO 1/2004	*«3. Las empresas que formalicen contratos de interinidad para sustituir a trabajadoras víctimas de violencia de género que hayan suspendido su contrato de trabajo o ejercitado su derecho a la*

	movilidad geográfica o al cambio de centro de trabajo, tendrán derecho a una bonificación del 100% de las cuotas empresariales a la Seguridad Social por contingencias comunes, durante todo el período de suspensión de la trabajadora sustituida o durante seis meses en los supuestos de movilidad geográfica o cambio de centro de trabajo. Cuando se produzca la reincorporación, ésta se realizará en las mismas condiciones existentes en el momento de la suspensión del contrato de trabajo.»
art. 23 LO 1/2004	**TITULO DE ACREDITACIÓN**
Acreditación	«Las situaciones de violencia que dan lugar al reconocimiento de los derechos regulados en este capítulo se acreditarán con la orden de protección a favor de la víctima. Excepcionalmente, será título de acreditación de esta situación, el informe del Ministerio Fiscal que indique la existencia de indicios de que la demandante es víctima de violencia de género hasta tanto se dicte la orden de protección.»
Disposición Adicional 1.ª LO 1/2004	**SANCIONES AL AGRESOR EN PRESTACIONES DE LA SEGURIDAD SOCIAL**
Apartado 1	*«Quien fuera condenado, por sentencia firme, por la comisión de un delito doloso de homicidio en cualquiera de sus formas o de lesiones, perderá la condición de beneficiario de la pensión de viudedad que le corresponda dentro del sistema público de pensiones cuando la víctima de dichos delitos fuera la causante de la pensión, salvo que, en su caso, medie reconciliación entre ellos.»*
Apartado 2	*«A quien fuera condenado, por sentencia firme, por la comisión de un delito doloso de homicidio en cualquiera de sus formas o de lesiones cuando la ofendida por el delito fuera su cónyuge o excónyuge, o estuviera o hubiera estado ligada a él por una análoga relación de afectividad, aun sin convivencia, no le será abonable, en ningún caso, la pensión por orfandad de la que pudieran ser beneficiarios sus hijos dentro del Sistema Público de Pensiones, salvo que, en su caso, hubiera mediado reconciliación entre aquéllos.»*

VI. EXTRANJERÍA

Se ha producido una interconexión entre la legislación que regula los derechos y libertades de los Extranjeros en España y la Ley integral contra la violencia de género.

NORMATIVA
LO 4/2000, de 11 de enero, sobre derechos y libertades de los extranjeros en España y su integración social en su redacción dada por la Ley Orgánica 8/2000, de 22 de diciembre, por la LO 1/2003, de 29 de septiembre, y por la LO 14/2003, de 20 de noviembre.

	DERECHOS
	LO 4/2000, de 11 de enero, sobre derechos y libertades de los extranjeros en España y su integración social en su redacción dada por la Ley Orgánica 8/2000, de 22 de diciembre, por la LO 1/2003, de 29 de septiembre, y por la LO 14/2003, de 20 de noviembre
art. 19.1 de la LO 4/2000	**Posibilidad de autorización independiente** *«El cónyuge reagrupado podrá obtener una autorización de residencia independiente cuando obtenga una autorización para trabajar. En caso de que el cónyuge fuera víctima de violencia doméstica, podrá obtener la autorización de residencia independiente desde el momento en que se hubiera dictado una orden de protección a favor de la misma.»*
art. 17.2 de la LO 4/2000	**Preagrupación familiar** *«Los extranjeros que hubieran adquirido la residencia en virtud de una previa reagrupación podrán, a su vez, ejercer el derecho de reagrupación de sus propios familiares, siempre que cuenten ya con una autorización de residencia y trabajo obtenidas independientemente de la autorización del reagrupante y acrediten reunir los requisitos previstos en esta Ley Orgánica.»*
art. 31.1 de la LO 4/2000 en relación al art. 45.4 del Real Decreto 2393/2004	**Autorización residencia temporal por circunstancias excepcionales** *«La residencia temporal es la situación que autoriza a permanecer en España por un período superior a 90 días e inferior a cinco años.* *Las autorizaciones de duración inferior a cinco años podrán renovarse, a petición del interesado, atendiendo a las circunstancias que motivaron su concesión. La duración de las autorizaciones de residencia temporal, la concesión de las renovaciones y la duración de éstas, se establecerán reglamentariamente.»*
	REAL DECRETO 2393/2004, de 30 de diciembre, por el que se aprueba el Reglamento de la LO 4/2000.
art. 41.2.b) del Real Decreto 2393/2004	**Autorización independiente del agresor** *«2. Asimismo, el cónyuge reagrupado podrá obtener una autorización de residencia temporal inde-*

	pendiente cuando se dé alguno de los siguientes supuestos: *b) Cuando fuera víctima de violencia de género, una vez dictada a su favor una orden judicial de protección.»*
art. 45 del Real Decreto 2393/2004	*«1. De conformidad con el artículo 31.3 de la Ley Orgánica 4/2000, de 11 de enero, en atención a las circunstancias excepcionales que concurran, se podrá conceder una autorización de residencia temporal a los extranjeros que se hallen en España en los supuestos determinados en este artículo, siempre que no haya mala fe del solicitante.* *4. Se podrá conceder una autorización por razones humanitarias, en los siguientes supuestos:* *a) A los extranjeros víctimas de los delitos tipificados en los artículos 311 a 314 del Código Penal, de delitos en los que haya concurrido la circunstancia agravante de comisión por motivos racistas, antisemitas o de otra clase de discriminación, tipificada en el artículo 22.4, del Código Penal, o de delitos por conductas violentas ejercidas en el entorno familiar, en los términos previstos por la Ley 27/2003, de 31 de julio, reguladora de la Orden de protección de las víctimas de violencia doméstica, siempre que haya recaído sentencia por tales delitos.»*
art. 117.3 del Real Decreto 2393/2004	*«3. Cuando el Ministerio Fiscal tenga conocimiento de que un extranjero, contra el que se ha dictado una resolución de expulsión, aparezca en un procedimiento penal como víctima, perjudicado o testigo, y considere imprescindible su presencia para la práctica de diligencias judiciales, lo pondrá de manifiesto a la autoridad gubernativa a los efectos de que valore la inejecución de su expulsión durante el tiempo necesario. En caso de que ya hubiera sido expulsado, se procederá de igual forma a los efectos de que autorice su regreso a España durante el tiempo necesario para poder practicar las diligencias precisas, todo ello sin perjuicio de que se adopte alguna de las medidas previstas en la Ley Orgánica 19/1994, de 23 de diciembre, de protección a testigos y peritos en causas criminales.»* **Ver también Circular 2/2006 de Fiscalía General del Estado.**

VII. AYUDAS ECONÓMICAS Y SOCIALES

1. Ayudas a las víctimas de delitos violentos

A) Normativa

- Ley 35/1995, de 11 de diciembre, de ayuda y asistencia a las víctimas de delitos violentos y contra la libertad sexual (*BOE* núm. 296, de 12 de diciembre).
- Ley 38/1998, de 27 de diciembre, por la que se modifica la composición de la Comisión Nacional de Ayuda y Asistencia a las Víctimas de Delitos Violentos y contra la Libertad Sexual (*BOE* núm. 285, de 28 de noviembre).
- Real Decreto 738/1997, de 23 de mayo, por el que se aprueba el Reglamento de ayudas a las víctimas de delitos violentos y contra la libertad sexual (*BOE* núm. 126, de 27 de mayo), en su redacción dada por el Real Decreto 429/2003, de 11 de abril (*BOE* núm.100, de 26 de abril).
- Instrumento de ratificación del Convenio Europeo sobre Indemnización a las Víctimas de Delitos Violentos, hecho en Estrasburgo el 24 de noviembre de 1983 (*BOE* núm. 312, de 29 de diciembre).

B) Procedimiento

- **LUGAR DE PRESENTACIÓN:** Las solicitudes de ayudas dirigidas a la Dirección General de Costes de Personal y Pensiones Públicas del Ministerio de Hacienda (C/ Almagro, 34; 28010-Madrid) se podrán presentar por el interesado o su representante en:

  — En los registros de los órganos administrativos a que se dirijan.

  — En los registros de cualquier órgano administrativo.

  — En las oficinas de Correos.

  — En las representaciones diplomáticas u oficinas consulares de España en el extranjero.

  — En cualquier otro que establezcan las disposiciones vigentes.

- **PLAZOS PARA RESOLVER:** Los plazos para resolver los procedimientos de reconocimiento de las ayudas, ya sean definitivas o provisionales, serán los siguientes:

  — Por lesiones invalidantes, agravación de las mismas y fallecimiento: seis meses.

  — Por incapacidad temporal: cuatro meses.

  — Por gastos de tratamiento terapéutico en los delitos contra la libertad sexual y por gastos funerarios: dos meses.

  — Se podrán entender desestimadas las solicitudes de los interesados cuando transcurrido el plazo máximo para resolver el procedimiento de que se trate no haya recaído resolución expresa.

- **RÉGIMEN DE RECURSOS**: Sus resoluciones y actos de trámite que determinen la imposibilidad de continuar el procedimiento o produzcan indefensión, podrán ser impugnadas por los interesados ante la Comisión Nacional de Ayuda y Asistencia a las Víctimas de Delitos Violentos y contra la Libertad Sexual.

  Este procedimiento de impugnación tendrá carácter sustitutivo del recurso ordinario, en los términos del artículo 107.2 de la Ley de Régimen Jurídico de las Administraciones Públicas y del Procedimiento Administrativo Común.

- Información completa a través de la página web del Ministerio del Interior,enelsiguienteenlace:http://www.mir.es/SGACAVT/indeyayu/ayudavictdelviolts/.

	AYUDAS SOCIALES CONFORME A LA LO 1/2004
CONCEPTO	Para el caso de no participar en el programa de empleo para su inserción profesional: se le otorgará una AYUDA DE PAGO ÚNICO
REQUISITOS	i. las rentas de que dispongan no superen en cómputo mensual, al 75% SMI (excluida la parte proporcional de dos pagas extraordinarias); ii. por la concurrencia de especiales dificultades para obtener un empleo (debido a su edad, falta de preparación general o especializada y circunstancias sociales).
CUANTÍA	**i. REGLA GENERAL:** 6 mensualidades de subsidio de desempleo; **ii. EXCEPCIÓN:** 1. víctima con minusvalía oficialmente reconocida en grado igual o superior al 33%: 12 mensualidades de subsidio de desempleo; 2. víctima con responsabilidades familiares: 18 mensualidades de subsidio o 24 en caso de que la víctima o alguno de los familiares que convivan con ella tuviera reconocida oficialmente una minusvalía en grado igual o superior al 33%. El organismo competente será la Administración competente en materia de servicios sociales. Es necesario aportar un **informe M** Servicio Público de Empleo. Acreditar la situación de violencia según el art. 23. Esta ayuda es compatible con las previstas en la Ley 35/1995 de ayuda y asistencia a las víctimas de delito violento y contra la libertad sexual.

	RENTA ACTIVA DE INSERCIÓN
NORMATIVA	Artículo 27 de la Ley Orgánica 1/2004, de 28 de diciembre, de Medidas de protección integral contra la Violencia de Género. El programa de Renta Activa de Inserción (RAI) está regulado por el **Real Decreto 1369/2006, de 24 de noviembre, *BOE* núm. 290, de 5 de diciembre, página 42716 y ss.**
REQUISITOS	a) Tener cumplida la edad de cuarenta y cinco años. b) Ser demandante de empleo, inscrito en la oficina del servicio público de empleo durante doce o más meses de manera ininterrumpida. Se considera que se ha interrumpido la demanda de empleo si se ha

	trabajado 90 o más días en los 365 anteriores a la fecha de solicitud de incorporación al programa. c) No tener derecho a las prestaciones o subsidios por desempleo o a la Renta Agraria. d) Carecer de rentas de cualquier naturaleza, superiores en cómputo mensual al 75% del Salario Mínimo Interprofesional, excluida la parte proporcional de dos pagas extraordinarias. Para cumplir este requisito es necesario que el solicitante carezca de rentas y, además, si tiene cónyuge y/o hijos menores de 26 años, mayores incapacitados o menores acogidos, únicamente se entenderá cumplido el requisito cuando la suma de los ingresos de todos los integrantes de la unidad familiar (así constituida e incluido el solicitante), dividida por el número de miembros que la componen no supere el 75% del Salario Mínimo Interprofesional, excluida la parte proporcional de dos pagas extraordinarias. Se computará como renta el importe de los salarios sociales, rentas mínimas de inserción o ayudas análogas de asistencia social concedidas por las Comunidades Autónomas. No obstante, para las víctimas de violencia de género y víctimas de violencia doméstica las rentas individuales del cónyuge o del hijo agresor no se computarán como rentas familiares y estos no deben ser considerados miembros integrantes de la unidad familiar de la víctima. e) No haber sido beneficiario del programa de renta activa de inserción en los 365 días naturales anteriores a la fecha de solicitud, salvo que en ese momento se acredite la condición de persona con discapacidad, de víctima de violencia de género o de víctima de violencia doméstica. f) No haber sido beneficiario de tres programas de renta activa de inserción. Asimismo, podrán ser beneficiarios de la RAI los trabajadores desempleados menores de 65 años que, a fecha de solicitud, se encuentren en alguna de las situaciones siguientes: Ser víctima de violencia de género o víctima de violencia doméstica, salvo que conviva con el agresor, e inscribirse como demandante de empleo, siempre que se reúnan los requisitos generales, excepto el de la edad de 45 años y el de la inscripción durante los últimos doce meses.

VIII. MEDIDAS DE PROTECCIÓN Y SEGURIDAD A LAS VÍCTIMAS

Exponemos aquí uno de los Recurso con que cuenta la Ley Orgánica 1/2004, en sus artículos 61 a 69, poco conocido y utilizado por los Jueces y Abogados, pero pudiéndolo invocar en casos necesarios:

— **Artículo 61.1**: *«Las medidas de protección y seguridad previstas en el presente capítulo serán compatibles con cualesquiera de las medidas cautelares y de aseguramiento que se pueden adoptar en los procesos civiles y penales».*

Y que pueden abarcar diferentes grados de protección:

— **Artículo 63.** De la protección de datos y las limitaciones a la publicidad.

— **Artículo 64.** De las medidas de salida del domicilio, alejamiento o suspensión de las comunicaciones.

— **Artículo 65.** De las medidas de suspensión de la patria potestad o la custodia de menores.

— **Artículo 66.** De la medida de suspensión del régimen de visitas.

— **Artículo 67.** De la medida de suspensión del derecho a la tenencia, porte y uso de armas.

IX. CUESTIONES PRÁCTICAS

Extracto de los Temas debatidos y resueltos en el **II SEMINARIO DE FORMACIÓN DE JUECES DE VIOLENCIA SOBRE LA MUJER CON COMPETENCIAS EXCLUSIVAS, 20 y 21 de octubre de 2005, Santander.**

1) ¿Puede el Juez de Instrucción (sin competencias en VG) dictar sentencia de conformidad cuando ésta se da en la guardia?
Por unanimidad se coincide en que es ésta una competencia exclusiva del JVM tal y como prevé la LIVG en su Disposición Adicional Décima al añadir la Disposición Adicional Cuarta apartado 2 a la LECrim. [y además con la introducción expresa en el artículo 87 ter 1 letra e) de la LO 3/2005 que completa la LIVG], como excepción a la competencia de los JG de dictar sentencia de conformidad en el artículo 801 de la LECrim. Las referencias que en este artículo se hacen al JG han de entenderse hechas al JVM en los casos de infracciones relacionadas con la VG. Las competencias del JI en funciones de guardia (JG) se circunscriben, en los supuestos de VG, a sustituir al JVM en la legalización de los detenidos y en dictar orden de protección (OP), así como a realizar las actuaciones urgentes e inaplazables de los casos de VG tanto si son en horas de audiencia como fuera de ellas.
3) Competencias Juzgado civil - JVM. Si en fase de ejecución de sentencia civil se tiene conocimiento de un acto de VG
Si el juez civil está ejecutando su sentencia y tiene conocimiento de que se ha producido un acto de violencia de género debe continuar su tramitación puesto que a partir del inicio de la fase de juicio oral (art. 49 bis 1 de la LEC) ya no puede inhibirse al JVM. Únicamente podría suceder que alguna de sus medidas civiles se viese afectada por un nuevo pronunciamiento del JVM, la cual debería tener prioridad a partir de su inicio de fecha de efectos. En este caso, debe el JVM remitir testimonio al juez civil para su conocimiento y efectos.
4) Juzgado Civil - JVM. Interpretación frase «salvo que se haya iniciado fase de juicio oral»
Existe coincidencia de criterio en que la interpretación seguida por la Guía del Observatorio del CGPJ conforme a la cual debe interpretarse que si en el momento en que se recibe la inhibición remitida por el JVM el proceso civil ya ha señala-

do la vista oral o la comparecencia para la ratificación del convenio de mutuo acuerdo no procede aceptar la inhibición. Puesto que sólo se consigue perjudicar a la mujer si se frustra el procedimiento civil cuando ya se haya celebrado cualquiera de esos dos acontecimientos procesales y aquélla debe quedar a expensas de un futuro señalamiento del JVM. En consecuencia, si ya ha acontecido la resolución judicial civil fijando fecha, todo lo que acontezca posteriormente incluido la ejecución civil (vía artículo 545.1 de la LEC) es competencia del juez civil. Por ello se comparte la opinión que la interpretación de la Guía es la más ajustada a la voluntad del legislador de buscar la agilidad en los procedimientos que afectan a la mujer y a sus hijos.

También merece destacarse el supuesto de que si en el momento que se presenta la demanda civil (dentro de los 30 días de las medidas civiles de la OP) se ha dictado ya sentencia penal absolutoria o bien auto de archivo, debe el JVM seguir el procedimiento civil que ahora se le presenta. Se concluye que en este supuesto ya no concurren todos los requisitos simultáneos previstos en el número 3 del 87 ter de la LOPJ y por ello en aplicación del número 4 del mismo artículo, debe el JVM inadmitir la pretensión civil y remitirla al juzgado competente o al Decanato para su reparto entre los juzgados de la jurisdicción civil.

Sin embargo, si ya iniciada la tramitación del procedimiento civil subsiguiente a las medidas civiles de la OP, llega a conocimiento del JVM la finalización del proceso penal sin condena, no puede remitir el procedimiento en los mismos términos que lo debe hacer el Juez civil por el artículo 49 bis de la LEC porque no está prevista en la LIVG aquella pérdida de jurisdicción del JVM. Por ello RECOMENDAMOS que el legislador contemple la posibilidad de introducir esta causa de pérdida de competencia del JVM a la inversa puesto que ya parece injustificada la necesidad de su intervención excepcional y accesoria a la penal en un tema exclusivamente civil, sin perjuicio de modular aquella causa de pérdida de competencia de manera que no se perjudique a la mujer.

10) El domicilio de la víctima a efectos de competencia territorial: ¿Alguna acreditación por parte de la víctima de cuál es actualmente su domicilio? ¿Ha de ser el del último domicilio conyugal? ¿Y si después cambia de domicilio?

Una de las novedades más sobresalientes en materia de competencia territorial que introduce la LIVG es, sin duda, la del cambio de criterio general en materia de fuero territorial (art. 15 bis de la LECrim.). Se establece como norma general la del domicilio de la víctima. Ello se explica por la necesidad de facilitar el acceso de la víctima al órgano judicial a lo largo del proceso y es coherente con la voluntad del legislador de posibilitar vía art. 64.1 de la LIVG la salida del inculpado del domicilio de la pareja o unidad familiar. Sin embargo, pueden existir riesgos de este fuero territorial que no se pueden desconocer como pueden ser los cambios sucesivos de domicilio o la provisionalidad del domicilio como factor de inseguridad procesal. Por ello se ha entendido como más conveniente para neutralizar aquellos riesgos y obtener un cumplimiento del artículo 15 bis de la LECrim. el establecer como criterio el de que sea JVM competente el del domicilio real (no el administrativo) de la víctima en el momento de la comisión de los hechos, sea cual fuere este último (pueden haber sucedido los hechos en el lugar de vacaciones de la pareja). Y además resultaran intrascendentes desde el punto de vista procesal los cambios posteriores de domicilio de la víctima, puesto que ello sería incompatible con la necesaria seguridad jurídica y del derecho al juez predeterminado por la ley y motivo de dilaciones constantes.

En el supuesto de tener su domicilio en el extranjero podrá ser tenido como fuero territorial el del domicilio accidental en el que se encuentra en España (como puede ser frecuente en caso de vacaciones estivales).

Por ello, debemos RECOMENDAR en este campo la necesidad de establecer al menos en todas las capitales de provincia los elementos materiales que permitan las actuaciones procesales a través de video conferencia puesto que si la comisión de los hechos ha tenido lugar en otro partido judicial distinto al del JVM competente, la ausencia de aquel medio técnico dificulta sobremanera la agilidad en la tramitación de la causa y aumenta de manera evidente los costes del proceso y las molestias a todos los ciudadanos y ciudadanas que deben colaborar con la Administración de Justicia.

14) El delito de quebrantamiento de una pena o medida cautelar de alejamiento sin simultánea infracción penal de violencia de género: ¿Es competencia del Juez de Violencia sobre la Mujer?

La opinión mayoritaria considera que es competencia del Juzgado de Instrucción por no encontrarse definido entre las competencias del Juzgado de Violencia sobre la Mujer del nuevo art. 87 ter. 1 de la LOPJ. Debe recordarse que el bien jurídico protegido en esta clase de delitos es la Administración de Justicia.

18) Denuncias cruzadas por agresiones mutuas y simultáneas entre los miembros de la pareja.

Si se trata de faltas conexas a delitos en aplicación del art. 14 de la LECrim., cabe la instrucción y el enjuiciamiento conjunto en determinados casos ya que el Juzgado de lo Penal de la circunscripción del Juzgado de Violencia sobre la Mujer es competente para el conocimiento y fallo de las faltas, incidentales o no, imputables a los autores de los delitos que conozcan o a otras personas cuando la comisión de la falta o su prueba estuviera relacionada con los citados delitos. Por ello, dentro de la expresión «otras personas» se debe entender incluida la propia mujer si en la mutua agresión comete un hecho constitutivo de falta.

También cabrá la acumulación de hechos punibles en el procedimiento abreviado ya que el art. 781.1 LECrim. extiende el enjuiciamiento a las faltas incidentales que se imputen a los autores de los delitos o a otras personas, cuando la comisión de la falta o su prueba estuvieran relacionadas con tales delitos.

Cuando la conducta de los dos miembros de la pareja o ex pareja sea constitutiva de delito es de aplicación el Acuerdo de la Sala 2.ª del Tribunal Supremo de 27 de noviembre de 1998, el cual admite, con carácter excepcional, la posibilidad de que una misma persona asuma la doble condición de acusador y acusado en un proceso en el que se enjuician acciones distintas enmarcadas en un mismo suceso, cuando, por su relación, el enjuiciamiento separado de cada una de las acciones que ostentan como acusado y perjudicados produjese la división de la continencia de la causa con riesgo de sentencias contradictorias y siempre que así lo exija la salvaguarda del derecho de defensa y de la tutela judicial efectiva. Cuando se den tales circunstancias entre las mutuas agresiones se conocerán en una misma causa que será competencia del Juzgado de Violencia sobre la Mujer en aplicación del art. 87 ter de LOPJ.

Ahora bien, si en la tramitación de la causa, la acusación pública y particular solicitan el sobreseimiento de la imputación que pese sobre el hombre y queda formalizada sólo acusación contra la mujer y el juez acordase el citado sobreseimiento, firme éste, inhibirá el conocimiento de la imputación contra la mujer al Juzgado de Instrucción

21) Si el imputado no reside en el Partido Judicial: ¿Se le debe citar a la audiencia de la orden de protección u oírle por cooperación judicial?

Mayoritariamente se considera que debe ser citado ante el Juez de Violencia sobre la Mujer que celebre la audiencia de orden de protección. Si citado no comparece la audiencia se practicará en su ausencia. Si no puede ser citado, la audiencia no podrá celebrarse aunque siempre se podrán acordar las medidas del art. 544 bis LECrim. y 158 CC o de la correspondiente legislación autonómica.

22) El caso de enjuiciamiento rápido e inmediato y de sentencia de conformidad dictada por el Juez de Violencia sobre la Mujer: ¿Se dejarán de adoptar las medidas civiles solicitadas en la solicitud de Orden de Protección?

La audiencia del art 544 ter LECrim. puede sustanciarse simultáneamente con la audiencia del art. 798 LECrim., tal y como prevé el apartado 4 del citado artículo. Dictar tras su celebración sentencia de conformidad no puede obstar el dictar el oportuno auto de orden de protección en el que el juez se pronuncie y adopte, en su caso, las medidas civiles que procedan. Otra cosa es que al haberse acordado en la sentencia de conformidad la pena accesoria de alejamiento no sea necesario adoptar en la orden de protección la medida cautelar de alejamiento en tanto, expresada la decisión de las partes y el Ministerio Fiscal de no recurrir, la citada sentencia se declare firme por el juez y éste requiera al condenado el inmediato cumplimiento de la pena accesoria citada.

23) En el caso de enjuiciamiento rápido e inmediato y de sentencia de conformidad dictada por el Juez de Violencia sobre la Mujer: ¿Procede acordar la reducción de todas las penas impuestas, las principales y las accesorias, sólo de las primeras o sólo de la pena privativa de libertad?

Debe acordarse la reducción de todas las penas, tanto las principales como las accesorias.

No obstante conviene recordar el límite establecido en art. 57.21 CP respecto de las prohibiciones del art. 48.2 CP para el caso de que la pena impuesta sea la de prisión.

Dado el automatismo impuesto por el artículo 57.2 del CP por reforma de la LO 15/2003 se considera RECOMENDABLE proponer una reforma para volver a la situación anterior a la reforma que permitía una mayor proporcionalidad y ponderación en atención a las circunstancias de cada caso.

24) En el caso de enjuiciamiento rápido e inmediato, sin orden de protección pero con sentencia de conformidad dictada por el Juez de Violencia sobre la Mujer: ¿Qué obsta al reconocimiento de los derechos laborales y económicos de las mujeres de la Ley 1/2004?

El propio texto de la ley en su artículo 23 habla exclusivamente de orden de protección lo que hace que en algunos territorios surjan problemas cuando la víctima presenta como acreditación la sentencia condenatoria de conformidad al carecer de orden de protección, dada la literalidad del precepto.

Mayoritariamente se considera que el citado artículo DEBERÍA SER OBJETO DE REFORMA previendo las situaciones descritas.

25) En el caso de enjuiciamiento rápido e inmediato y de sentencia de conformidad dictada por el Juez de Violencia sobre la Mujer, si procede acordar la sustitución de la pena impuesta, al tratarse de delito relacionado con la violencia de género, la pena de prisión sólo puede ser sustituida por la de trabajos en beneficio de la comunidad según establece la nueva redacción del art. 88, apartado, párrafo 3 CP. ¿Rige el límite temporal establecido en el párrafo 1 del citado art. 88.1 CP?

Es mayoritaria la opinión de que hay que aplicar el límite temporal del apartado 1 porque es el marco general que incluye los demás supuestos.

26) Cumplimiento de la pena de localización permanente.

El cumplimiento de la citada pena debe ajustarse a las previsiones del Capítulo 111 del Real Decreto **515/2005,** por lo que la resolución judicial que determine las condiciones de cumplimiento se remitirá al establecimiento penitenciario del lugar donde el penado tenga fijada su residencia, el cual efectuará el plan de ejecución que será elevado al Tribunal para su aprobación o rectificación. Constatar la necesidad de que se articulen por la Administración competente los medios necesarios para que las previsiones citadas se ejecuten evitando que las penas prescriban.

EXTRACTO DEL INFORME DEL GRUPO DE EXPERTOS EN VIOLENCIA DOMÉSTICA Y DE GÉNERO DEL CONSEJO GENERAL DEL PODER JUDICIAL ACERCA DE LOS PROBLEMAS TÉCNICOS DETECTADOS EN LA APLICACIÓN DE LA LEY ORGÁNICA 1/2004, DE MEDIDAS DE PROTECCIÓN INTEGRAL CONTRA LA VIOLENCIA DE GÉNERO, Y SUGERENCIAS DE REFORMA LEGISLATIVA QUE LOS ABORDAN (texto completo en la web del Consejo General del Poder Judicial, Observatorio contra la Violencia Doméstica y de género)

2) En cuanto a la atribución competencial de los Juzgados de Violencia sobre la Mujer, en materia de conocimiento y fallo de las faltas, se propone la adición al art. 87 ter.1 d) LOPJ del inciso «siempre que esté relacionado con la violencia de género».

En la redacción actual, cabe defender el conocimiento y fallo de todas las faltas contra el patrimonio por parte de los JVM en todos los supuestos en que la víctima sea la esposa o ex-esposa o mujer con la que el autor esté o haya estado unido por similar relación de afectividad, lo que no sucede en el caso de delitos contra el patrimonio, que exigen su relación con actos constitutivos de violencia de género, ofreciendo previsiones dispares que no se encuentran justificadas. En este sentido, el tratamiento coherente y unitario en las infracciones contra el patrimonio —tanto si son leves como graves— se entiende imprescindible.

9) Representación procesal en forma e inmediata de las víctimas.

Una asistencia integral a las víctimas de violencia de género exige garantizar que cuenten con posibilidades efectivas de personación en el procedimiento penal.

El art. 110 LECrim. establece que «*los perjudicados por un delito o falta que no hubieran renunciado a su derecho, podrán mostrarse parte en la causa si lo hicieran antes del trámite de calificación del delito y ejercitar las acciones civiles y penales que procedan*». Sin embargo, si bien la Ley Orgánica otorga a las víctimas el derecho de asistencia letrada, la misma no incorpora idéntico reconocimiento respecto a la representación procesal.

Los problemas surgen especialmente en aquellos supuestos en que la calificación del delito tiene lugar ante el juez de guardia y la víctima no ha tenido tiempo material de mostrarse parte en la causa tras el oportuno ofrecimiento de acciones.

Soluciones a este problema podrían ser las siguientes:

1.º. Que la designación de procurador sea inmediata, el mismo día de la guardia en que sea solicitada. Para ello debería establecerse un turno especial por los Colegios de Procuradores respectivos.

2.º. Habilitar al letrado designado para que asuma la representación de la víctima. Esta posibilidad está expresamente prevista en el artículo 768 de la LECrim. para el abogado designado para la defensa, que tiene también habilitación legal para la representación de su defendido hasta el trámite de apertura del juicio oral.

El principio «pro actione» implica rechazar cualquier interpretación de las normas que pudiera obstaculizar el acceso del ciudadano al proceso penal. Por ello, procurar la designación de la representación procesal inmediata —o conceder tal carácter al abogado designado para la asistencia técnica de la víctima— permitiría hacer efectivo el derecho de asistencia reconocido, impidiendo la dilación que se produciría en su ejercicio si hubiese de solicitarse el aplazamiento del juicio oral o de cualquier otra actuación procesal relevante precisada de representación procesal.

X. JURISPRUDENCIA

ART. 730 DE LA LECRIM.: POSIBILIDAD DE LA LECTURA DE DECLARACIONES SUMARIALES EN EL PLENARIO.

Agotadas las posibilidades de contar con la presencia de la víctima en el plenario, cabe lectura de la testifical en el juicio oral.

STS Sala 2.ª 788/2003, de 29 de mayo

«La situación planteada al Tribunal de instancia por la incomparecencia de la testigo de cargo, la secuestrada Montserrat, se expone ampliamente en la sentencia impugnada y se resuelve adecuadamente en ella con cita de jurisprudencia y con razonamientos que puedan darse aquí por reproducidos. De esa exposición cabe destacar, en cuanto a aspectos de hechos, que la testigo, aun cuando se haya puesto en comunicación telefónica con el Tribunal, se encontraba en un lugar no precisado, presumiblemente en el extranjero, desconociéndose su domicilio exacto. Se ha intentado su citación en el extranjero, a través de Interpol y de sus familiares, e incluso se ha indagado con resultado negativo, la posibilidad de acudir a una videoconferencia.

En esas circunstancias es imposible para el Tribunal realizar otras gestiones para localizar a la testigo o acudir a las previsiones de la ley para obligarla a comparecer, por lo que puede decirse que ha agotado las posibilidades de contar con su presencia en plenario. Y acredita esta imposibilidad. El Tribunal ha actuado correctamente acudiendo a la lectura de las declaraciones de conformidad con lo previsto en el citado artículo 730 de la LECrim.. y, por lo tanto, es posible valorar su contenido como prueba de cargo.

Imposibilidad de prestar declaración por situación psicológica de la víctima, se debe suspender la declaración y acudir a la lectura de la declaración sumarial.

STS Sala 2.ª 159/2007, de 21 de febrero

«La Jurisprudencia ha entendido que tal imposibilidad es apreciable cuando el testigo haya fallecido, se encuentre en paradero desconocido de forma, que no pueda ser citada u obligado a comparecer, y cuando se halle fuera de la jurisdicción del Tribunal y sea imposible o extremadamente dificultoso hacerlo comparecer ante el Tribunal. Pero no se trata de una enumeración exhaustiva y cerrada que impida considerar otros supuestos de imposibilidad. Entre ellos la imposibilidad física de origen psíquico, siempre que estén suficientemente contrastados.

Por lo tanto, acredita la imposibilidad de prestar declaración por la observancia directa del Tribunal, apoyado en los exámenes medidos realizados con anterioridad a la testigo, e incluso por la ausencia de cualquier mejoría a pesar de la atención médica dispensada durante la celebración del juicio, nada impedía suspender la declaración y acudir a la lectura de las manifestaciones sumariales.

Es evidente, sin embargo, que una prueba testifical con estas características, aunque pueda ser valorada como prueba de cargo, puede estar debilitada en su capacidad convictiva, lo cual no debe ser ignorado por el Tribunal. Si con carácter general, cuando se trata de la única prueba de cargo, la declaración testifical, y especialmente la prestada por la víctima, debe ser examinada con prudencia y detenimiento, en estos casos debe extremarse la cautela, evitando cualquier apriorismo. Pero esta es una cuestión que será resuelta al examinar la alegación relativa a la vulneración de la presunción de inocencia.»

ART. 416 DE LA LECRIM.: DISPENSA DE LA OBLIGACIÓN DE DECLARAR

No es necesaria la advertencia previa por el Juez o Tribunal a la víctima de violencia de género de la dispensa de declarar cuando se encuentra relacionado con el agresor.

SAP Madrid Sección 27.ª de 29 de diciembre de 2006

En el mismo sentido la **SAP de Barcelona, Sección 5.ª, de 16 de enero de 2006.**

« No será necesario que, en tales supuestos, el Juez o Tribunal advierta a la víctima de violencia de género, de la dispensa de declarar que establece el artículo 416 de la LECrim. cuando se encuentre relacionado con el agresor por alguno de los vínculos que en el mismo se establecen, y podrán, en consecuencia, tales declaraciones, surtir los efectos probatorios que procedan, con plenitud de eficacia, pues no se establece en garantía del acusado, sino de los propios testigos a quienes con tal dispensa se pretende excluir del principio general de la obligatoriedad de los testigos a declarar, para no obligarles a hacerlo en contra de su pariente, en razón a que no es posible someter al pariente del acusado a la difícil tesis de declarar la verdad de lo que conoce y que podría incriminar, o faltar a la verdad y afrontar la posibilidad de ser perseguido por un delito de falso testimonio.»

La dispensa del artículo 416 es extensible a las personas ligadas de forma estable con análoga relación de afectividad a la matrimonial

SAP Valencia, Sección 2.ª, de 2 de octubre de 2006

«En definitiva, entender que el artículo 416 de la LECrim. no es extensible a las personas no ligadas por vínculo matrimonial, pero sí de forma estable con análoga relación de afectividad, en los casos de violencia doméstica estaríamos juzgando con doble rasero a las pajeras casadas legalmente con las parejas de hecho. Las que precisamente el art. 153 equipara.

Por ello, parece claro que en estos casos de maltrato deben ser amparadas en tal dispensa, máxime cuando en la mayoría de los casos el testigo-víctima invoca, por sí o a instancias del Presidente del Tribunal, una relación análoga con el matrimonio para afirmar su facultad de negarse a declarar contra su compañero sentimental. Por todo esto, el primer motivo de recurso debe ser desestimado.»

VALORACIÓN TESTIMONIO DE LA VÍCTIMA

Requisitos que debe reunir la declaración de la víctima para enervar la presunción de inocencia del acusado cuando sólo existe esa prueba de cargo.

STS, Sala 2.ª, 1667/2002, de 16 de octubre.

«La declaración de la víctima es hábil para desvirtuar la presunción constitucional de inocencia, atendiendo a que el marco de clandestinidad en que se producen determinados delitos, significadamente contra la libertad sexual, impide generalmente disponer de otras pruebas, si bien para fundamentar una sentencia condenatoria en dicha prueba es necesario que el Tribunal valore la concu-

rrencia de las siguientes notas o requisitos: 1.º) ausencia de incredibilidad subjetiva, derivada de las relaciones acusador /acusado que pudiera conducir a la deducción de la existencia de un motivo de resentimiento, enemistad, venganza, enfrentamiento, interés o de cualquier índole que prive a la declaración de la actitud necesaria para generar certidumbre; 2.º) verosimilitud, es decir, constatación de la concurrencia de corroboraciones periféricas de carácter objetivo, que avalen lo que no es propiamente un testimonio —declaración de conocimiento prestada por una persona ajena al proceso— sino una declaración de parte, en cuanto que la víctima puede personarse como parte acusadora particular o perjudicada civilmente en el procedimientos (arts. 109 y 110 de la LECrim.); en definitiva es fundamental la constatación objetiva de la existencia del hecho; 3.º) persistencia en la incriminación: ésta deber ser prolongada en el tiempo, plural, sin ambigüedades ni contradicciones.»

La declaración de la víctima debe estar presidida por la obligación de veracidad, por lo que no debe ser considerada igual que la del acusado.

SAP Madrid, Sección 4.ª, de 10 de julio de 2007.

«Declaración vertida por el menor en la audiencia que puede ser valorado por el juzgador como contraposición con la declaración mantenida por la víctima. Valoración que no infringe el principio de igualdad del artículo 14 de la Constitución Española, ya que no existe una homogeneidad entre las mismas por cuanto mientras que la declaración prestada por el menor ha de ser valorada en relación a los derechos que le reconoce el art. 24.2. de la CE —a no declarar contra sí mismo y a no confesarse culpable— la declaración de la víctima ha sido efectuada previo juramento o promesa de decir verdad y bajo apercibimiento de falso testimonio. Además de ello, ni en este caso, ni en otros, existe en nuestro ordenamiento un sistema tasado de valoración de pruebas, ni rige la vieja regla "testis unus testis nullus", ni por consiguiente es obligado dictar sentencia absolutoria cuando la prueba de cargo proporcione el testimonio de una sola persona, sea o no víctima (por todas STC 64/1994 y STS de 25 de febrero de 1994).»

AP Madrid, Sección 27.ª, de 21 de diciembre de 2006.

«Procede examinar el requisito de la verosimilitud. Dicho requisito ha de observarse desde una doble perspectiva, la interna y la externa. La interna entendida como declaración coherente, sincera, creíble, ordenada en el tiempo y la externa como coincidente con datos objetivos periféricos. Desde el punto de vista interno la grabación del juicio en formato DVD permite apreciar en toda su extensión la forma en que se desarrolló la declaración de la víctima. Declaró con biombo separador, con voz trémula, temblorosa, todavía emocionada, con signos psíquicos visibles de haber pasado un momento de apuro, y de temor. Dicha forma de declarar, que no puede fingirse fácilmente, es claramente indicativa de las consecuencias que las expresiones proferidas por el denunciado generaron en el ánimo de la denunciante. Eran la viva expresión del temor. Por otra parte se apreció en la misma rasgo de sinceridad que reforzaban la credibilidad de su testimonio, por ejemplo al admitir que no tiene miedo a que el acusado haga nada a los niños, pese a que el hijo de siete años trató de defenderla ante el acusado.»

VALOR DECLARACIÓN AUTOINCULPATORIO DEL IMPUTADO

Pese al silencio en el juicio del acusado, cabe atribuir por el Tribunal valor probatorio a las declaraciones autoinculpatorias producidas en un momento anterior.

STS, Sala 2.ª, 725/2007, de 13 de septiembre.

«Esta Sala, STS de 27/09/2003, n.º 1253/2003, STS 14/11/2005, n.º 830/2006, etc.) ha reconocido el valor de las declaraciones autoinculpatorias del acusado producidas en un momento anterior, a pesar de las evasivas o silencio posterior

guardado por el mismo, pudiéndoles atribuir valor probatorio en el contexto de los restantes elementos de prueba existentes.»

STC, Sala 1.ª, de 10/2007 de 15 de enero.

«Esa declaración incriminatoria prestada por dicho coimputado en la fase instructora, de la que luego se retractó en el plenario, puede ser valorada como prueba de cargo de ser susceptible de enervar válidamente la presunción de inocencia, siempre y cuando resulte, conforme a la doctrina constitucional referenciada, que tal declaración sumarial se encuentra mínimamente corroborada, es decir, que existan otros datos o circunstancias externos a la declaración incriminatoria del coimputado que avalen de manera genérica la veracidad de ese testimonio.»

RELEVANCIA DE LA VOLUNTAD DE LA VÍCTIMA DE REANUDAR LA CONVIVENCIA-INEXISTENCIA DEL DELITO DE QUEBRANTAMIENTO DE MEDIDA DEL ART. 468 DEL CÓDIGO PENAL.

STS DE 26 SEP. 2005, N.º 1156/2005.

«Si se opta por el mantenimiento a todo trance de la efectividad de la medida, habrá que concluir que si la mujer consiente en la convivencia, posterior a la medida cabría considerarla coautora por cooperación necesaria en al menos por inducción, ya que su voluntad tendría efectos relevantes cara al delito de quebrantamiento de medida del art. 468 del Código Penal, lo que produciría unos efectos tan perversos que no es preciso razonar, al suponer una intromisión del sistema penal intolerable en la privacidad de la pareja cuyo derecho más relevante es el derecho a "vivir juntos", como recuerda las SSTEDH de 24 de marzo de 1988 y 9 de junio de 1998, entre otras.

Por otra parte, es claro que la vigencia o anulación de la medida no puede quedar al arbitrio de aquella persona en cuya protección se otorga, porque ello la convierte en árbitro de una decisión que no sólo le afecta a ella, sino también a la persona de quien se debe proteger, por lo que un planteamiento que dejara la virtualidad de la medida a la voluntad de la persona protegida, tampoco es admisible por la absoluta falta de seguridad jurídica para la otra persona, que prácticamente podría aparecer como autor del quebrantamiento según la exclusiva voluntad de la protegida, además de que ello supondría dejar la efectividad del pronunciamiento judicial a la decisión de un particular, lo que no le consiente la naturaleza pública de la medida.

En esta materia parece decisión más prudente, compatibilizando la naturaleza pública de la medida dando seguridad jurídica a la persona, en cuya protección se expide, y al mismo tiempo, el respeto al marco inviolable de su decisión libremente autodeterminada, estimar que, en todo caso, la reanudación de la convivencia acredita la desaparición de las circunstancias que justificaron la medida de alejamiento, por lo que esta debe desaparecer y queda extinguida, sin perjuicio que ante una nueva secuencia de violencia se pueda solicitar y obtener —en su caso— otra medida de alejamiento.

Podemos concluir diciendo que en cuanto la pena o medida de prohibición de aproximación está directamente enderezada a proteger a la víctima de la violencia que pudiera provenir de su anterior conviviente, la decisión de la mujer de recibirle y reanudar la vida con él, acredita de forma fehaciente la innecesariedad de protección, y por tanto supone de facto el decaimiento de la medida de forma definitiva, por lo que el plazo de duración de la medida fijado por la autoridad judicial, quedaría condicionado a la voluntad de aquélla, sin perjuicio de que ante un nuevo episodio de ruptura violenta pueda solicitarse del Juzgado, si es preciso para la protección de su persona, otra resolución semejante.

Esta es la especificidad de esta medida/pena dado el específico escenario en el que desarrolla su eficacia.

Una aplicación de lo expuesto al caso de autos lleva a la conclusión de que en el presente caso se ha objetivado una duda en la propia sentencia acerca de si con posterioridad al otorgamiento del auto de prohibición de aproximación, se volvió o no a convivir, lo que proyecta al menos una duda seria y razonable sobre el núcleo del tipo penal: el mantenimiento de la voluntad de la ex-compañera de que el recurrente no se le acercara, basta y sobra esta situación para estimar que no ha existido quebrantamiento de medida ni por tanto delito del art. 468 del Código Penal.»

SENTENCIA AUDIENCIA PROVINCIAL DE MADRID, SECCIÓN 17.ª, STS DE 5 SEP. 2007, N.º 915/2007, REC. 69/2007.

En la sentencia del Tribunal Supremo n.º 69/2006, de 20 de enero (Ponente: Sánchez Melgar, Julián Artemio), no apreciando la existencia del consentimiento de la víctima en el caso enjuiciado, parece asumir la vigencia de doctrina de la sentencia n.º 1156/2005 , aunque por vía del error, diciendo:

«Con respecto al pretendido consentimiento para reanudar la convivencia por parte de la víctima, ni consta en los hechos probados, ni puede deducirse inequívocamente del conjunto del desarrollo de los acontecimientos (sino precisamente todo lo contrario, dada la naturaleza de lo denunciado por Clara), e incluso de los indicios existentes acerca de su misma realidad (hematoma objetivado, e instrumentos en poder del acusado, como una navaja y diversos palos), todo lo cual produce que no sea traspolable a esta causa la doctrina resultante de nuestra Sentencia 1156/2005, de 26 de septiembre, pues en ella ya se afirma, con carácter general, que el cumplimiento de una pena no puede quedar al arbitrio del condenado, y "o mismo debe decirse de la medida de alejamiento como medida cautelar". Solamente un consentimiento firme y relevante por parte de la víctima, puede ser apreciado a los efectos interesados por el recurrente, y siempre desde la óptica propuesta de un error invencible de tipo.»

No hemos encontrado otras sentencias del Tribunal Supremo que cuestionen la fundamentación de la sentencia 1156/2005.

La sentencia n.º 1079/2006, de 3 de noviembre (Ponente: Maza Martín, José Manuel), menciona la sentencia 1156/2005, pero no la aplica «puesto que la aceptación de la convivencia por parte de la víctima es posterior a la consumación de ese delito», asumiendo de alguna forma tal jurisprudencia.

Es cierto que la sentencia n.º 10/2007, de 19 de enero (Ponente: Soriano Soriano, José Ramón), no parece acoger la doctrina de la sentencia 1156/2005, pero el supuesto fáctico aquí enjuiciado es distinto, ya que parece cuestionarse la validez del consentimiento de la víctima y ser una cuestión no planteada por el recurrente:

«El acceso a la casa el día 29 de octubre se produjo con la aquiescencia de la mujer, a cuyo argumento no se acoge el recurrente, porque es consciente de que el consentimiento de la ofendida en este caso no podría eliminar la antijuridicidad del hecho.

Primero, porque el consentimiento estaba condicionado o viciado por "presiones de la familia", según rezan los hechos probados; y segundo, porque la vigencia del bien jurídico protegido no queda enervada o empañada por el consentimiento de la mujer, ya que es el principio de autoridad el que se ofende con el delito de quebrantamiento de medida. Cierto que tal medida se acuerda por razones de seguridad en beneficio de la mujer, para la protección de su vida e integridad corporal —que tampoco son bienes jurídicos disponibles por parte de aquélla— pero en cualquier caso no es el bien jurídico que directamente protege el precepto (STS n.º 1156/2005, de 26 de septiembre, y n.º 69/2006, de 20 de enero).»

Consideramos que esta última y aislada sentencia no modifica la jurisprudencia del Tribunal Supremo establecida en la sentencia 1156/2005, asumida por las posteriores sentencias ya citadas y, en cualquier caso, no cuestionan de forma directa los Fundamentos Jurídicos en los que se basa, por lo que debemos entender vigente la doctrina del Tribunal Supremo que establece: «podemos concluir diciendo que en cuanto la pena o medida de prohibición de aproximación está directamente enderezada a proteger a la víctima de la violencia que pudiera provenir de su anterior conviviente, la decisión de la mujer de recibirle y reanudar la vida con él, acredita de forma fehaciente la innecesariedad de protección, y por tanto supone de facto el decaimiento de la medida de forma definitiva, por lo que el plazo de duración de la medida fijado por la autoridad judicial, quedaría condicionado a la voluntad de aquélla».

PROCEDIMIENTO ADMINISTRATIVO

AUTORES

Gema Martín Riaza
César Pinto Cañón
Abogados

PROCEDIMIENTO ADMINISTRATIVO

Gema Martín Riaza
César Pinto Cañón
Abogados

I. NORMATIVA GENERAL

Se recoge a continuación, atendiendo a la materia, la normativa básica que se utiliza para abordar los diferentes procesos administrativos

1. CONSTITUCIÓN ESPAÑOLA DE 1978

2. RÉGIMEN JURÍDICO Y PROCEDIMIENTO ADMINISTRATIVO:

- Ley 30/1992, de Régimen Jurídico de las Administraciones Públicas y del Procedimiento Administrativo Común.
- Reglamento del Procedimiento para el Ejercicio de la Potestad Sancionadora (RD 1398/1933).
- Reglamento de los Procedimientos de las Administraciones Públicas en Materia de Responsabilidad (RD 429/1993).

3. JURISDICCIÓN:

- Ley Orgánica 2/1979, de 3 de octubre, del Tribunal Constitucional.
- Ley Orgánica 6/1985, de 1 de julio, del Poder Judicial.
- Ley 29/1998, Reguladora de la Jurisdicción Contencioso-Administrativa.
- Ley Orgánica 2/1987, de Conflictos Jurisdiccionales.

4. ADMINISTRACIÓN LOCAL:

- Ley 7/1985, Reguladora de las Bases del Régimen Local.
- Real Decreto Legislativo 781/1986, de 18 de abril, por el que se aprueba el texto refundido de las Disposiciones Legales Vigentes en materia de Régimen Local.
- Real Decreto Legislativo 2/2004, de 5 de marzo, por el que se aprueba el texto refundido de la Ley Reguladora de las Haciendas Locales.
- Ley 57/2003, de 16 de diciembre, de medidas para la modernización del Gobierno Local.

5. EXPROPIACIÓN FORZOSA:

- Ley de 16 de diciembre de 1954, de Expropiación Forzosa.
- Reglamento de la Ley de Expropiación Forzosa (Decreto de 26 de abril de 1957).

6. CONTRATOS:

- Ley 30/2007, de 30 de octubre, de Contratos del Sector Público.
- Ley 31/2007, de 30 de octubre, sobre procedimientos de contratación en los sectores del agua, la energía, los transportes y los servicios postales.

7. LEGISLACIÓN DEL SUELO:

- Real Decreto Legislativo 2/2008, de 20 de junio, por el que se aprueba el Texto Refundido de la Ley de Suelo.
- Ley 38/1999, de Ordenación de la Edificación.

8. FUNCIONARIOS:

- Ley 7/2007, de 12 de abril, del Estatuto Básico del Empleado Público.
- Ley 53/1984, de 26 de diciembre, de Incompatibilidades del Personal al Servicio de las Administraciones Públicas.

9. ***PROTECCIÓN DE DATOS:***

- Ley Orgánica 15/1999, de 13 de diciembre, de Protección de Datos de Carácter Personal.
- Reglamento de desarrollo de la Ley Orgánica 15/1999, de 13 de diciembre, de Protección de Datos de Carácter Personal, aprobado por Real Decreto 1720/2007, de 21 de diciembre.

10. ***TELECOMUNICACIONES:***

- Ley 32/2003, de 3 de noviembre, General de Telecomunicaciones.
- Ley 59/2003, de 19 de diciembre, de Firma Electrónica.

11. ***PROTECCIÓN CIUDADANA:***

- Ley Orgánica 1/1992, de 21 de febrero, sobre Protección de la Seguridad Ciudadana. Sentencia TC 341/1993.

12. ***TRÁFICO Y SEGURIDAD VIAL:***

- Real Decreto Legislativo 339/1990, de 2 de marzo, por el que se aprueba el Texto Articulado de la Ley sobre Tráfico, Circulación de Vehículos a Motor y Seguridad Vial.
- Real Decreto 1428/2003, de 21 de noviembre, por el que se aprueba el Reglamento General de Circulación para la Aplicación y Desarrollo del Texto Articulado de la Ley sobre Tráfico, Circulación de Vehículos a Motor y Seguridad Vial, aprobado por el Real Decreto Legislativo 339/1990.
- Real Decreto 320/1994, de 25 de febrero, por el que se aprueba el Reglamento de Procedimiento Sancionador en Materia de Tráfico, Circulación de Vehículos a Motor y Seguridad Vial.
- Ley 17/2005, de 19 de julio, por la que se regula el permiso y la licencia de conducción por puntos y se modifica el texto articulado de la Ley sobre Tráfico, Circulación de Vehículos a Motor y Seguridad Vial.

13. ***SANIDAD:***

- Ley 14/1986, de 25 de abril, General de Sanidad.
- Ley 16/2003, de 28 de mayo, de Cohesión y Calidad del Sistema Nacional de Salud.
- Ley 41/2002, de 14 de noviembre, Básica Reguladora de la Autonomía del Paciente y de Derechos y Obligaciones en Materia de Información y Documentación Clínica.

14. ***NORMAS TRIBUTARIAS:***

- Ley 58/2003, de 17 de diciembre, General Tributaria.
- Real Decreto 2063/2004, de 15 de octubre, por el que se aprueba el Reglamento general del régimen sancionador tributario.
- Real Decreto 520/2005, de 13 de mayo, por el que se aprueba el Reglamento general de desarrollo de la Ley 58/2003, de 17 de diciembre, General Tributaria, en materia de revisión en vía administrativa.

II. PROCEDIMIENTO ADMINISTRATIVO COMÚN

1. *Principios informadores*

- Corresponde al Estado la **competencia exclusiva** sobre las bases del RÉGIMEN JURÍDICO DE LAS ADMINISTRACIONES PÚBLICAS, que garantizará a los administrados un tratamiento común ante ella, así como sobre el PROCEDIMIENTO ADMINISTRATIVO COMÚN, sin perjuicio de las especialidades derivadas de la organización propia de las CC.AA. (art. 149.1.18.º CE).
- Es competencia exclusiva del Estado la determinación de la estructura general del procedimiento, de las garantías generales de los particulares en el seno del procedimiento, así como de los requisitos de validez de los actos administrativos, de sus modos de revisión y de los medios de ejecución.
- **PRINCIPIO DE LEGALIDAD**.—Arts. 103 y 105 CE, y arts. 3 y 53.1.º Ley 30/1992, de LRJAP y PAC. Las Administraciones Públicas deberá actuar con sometimiento pleno a la Constitución, a la Ley y al Derecho.
- **PRINCIPIO DE CONTRADICCIÓN**.—Garantiza la llamada al procedimiento a aquellos que sin haberlo iniciado, ostenten derechos que puedan resultar afectados por la decisión final que se dicte en el procedimiento (art. 31 LRJAP y PAC), el derecho de audiencia, de publicidad de los expedientes, el derecho a deducir alegaciones en cualquier momento.
- **IMPARCIALIDAD**.—Art. 103.1 y 3.1 CE y arts. 28 y 29 LRJAP y PAC, que exige que la Administración sirva a los intereses generales con objetividad y someta su actuación a la ley y al derecho. De este principio se derivan las facultades de recusación y el deber de abstención
- **PROHIBICIÓN DE LA *REFORMATIO IN PEIUS*,** es decir, la prohibición de que la resolución impugnada pueda hacerse más gravosa para el recurrente, y en consecuencia, los principios de respeto de los actos propios, garantía de los administrados, principio de congruencia y seguridad jurídica impiden que el acto impugnado se sustituya por otro más gravoso, o en forma distinta a lo solicitado.
- **IMPULSO DE OFICIO**.—El impulso del procedimiento le corresponde al órgano responsable de su tramitación, debiendo avanzar a través de las sucesivas fases que lo componen, por lo que la Administración está obligada a dar curso al procedimiento.

2. *Esquema del procedimiento*

A. INICIACIÓN DEL PROCEDIMIENTO

↓

B. INSTRUCCIÓN

↓

C. TERMINACIÓN

↓

D. RECURSOS

A. Iniciación del procedimiento

- **DE OFICIO**.—Es necesario un acuerdo decretado por el órgano competente, bien por iniciativa propia, por orden superior, por denuncia o por petición razonada de otros órganos.
  - — La denuncia por sí misma no inicia el procedimiento, sino que es necesario que el órgano competente decrete de oficio su incoación.
  - — Las denuncias levantadas por funcionarios o agentes de la autoridad, gozan de presunción de veracidad y certeza.
- **SOLICITUD DE LOS INTERESADOS** (art. 70 LRJAP y PAC).—El principio antiformalista existente en la LRJAP y PAC permite cualquier forma de instancia o solicitud, si bien será necesario que en escrito conste al menos el nombre y apellidos del interesado, lugar para la práctica de notificaciones, hechos, razones y petición en que se concrete con toda claridad la solicitud, lugar, fecha y firma y órgano a que se dirige la solicitud.
  - — Lugar de presentación de escritos: Las solicitudes y comunicaciones que vayan dirigidos a las Administraciones Públicas podrán presentarse (art. 38.4.º LRJAP y PAC):
    - – En los registros de los órganos administrativos a que vayan dirigidos.
    - – En los registros de cualquier órgano administrativo, que pertenezca a la Administración General del Estado, a la de cualquier administración de las CC.AA. o de alguna de las entidades de la Administración Local, siempre que en este caso se hubiera suscrito el oportuno convenio.
    - – En las Oficinas de Correos, mediante la presentación en sobre abierto, para que el empleado pueda sellar el escrito con la fecha de presentación. Después el remitente cerrará el sobre y el empleado entregará el resguardo de imposición de la carta certificada.
    - – En las representaciones diplomáticas u oficinas consulares de España en el extranjero.
    - – En cualquier otro que establezcan las disposiciones vigentes.

Es improcedente presentar documentos administrativos ante órganos judiciales.

  - — Subsanación de deficiencias.—Si la solicitud no reuniera los requisitos anteriormente señalados, se concederá al interesado un plazo de 10 días para que subsane la falta o acompañe los documentos preceptivos, bajo apercibimiento de tenerle por desistido si no atiende el requerimiento. El plazo es ampliable por otros 5 días, ante supuestos excepcionales, tanto a petición del interesado, como de oficio por el propio órgano administrativo.
- **FECHA DE INICIO DEL PROCEDIMIENTO**.—Presentada la solicitud del interesado, o adoptado el acuerdo de incoación por el órgano administrativo competente, se entiende iniciado el Procedimiento a todos los efectos legales:
  - — En los procedimientos iniciados de oficio, la fecha de inicio del procedimiento será la de la fecha del acuerdo de incoación adoptado por el órgano competente.
  - — En los procedimientos iniciados a instancia del interesado, la fecha de inicio del procedimiento será la de la fecha de entrada en el regis-

tro del órgano competente para la instrucción y resolución del expediente.

— **Efectos jurídicos** derivados de la determinación de la fecha de inicio del procedimiento:

- Interrupción de los plazos de prescripción para el ejercicio de acciones frente a la administración.
- Comienza el cómputo del plazo de duración del procedimiento que se establezca legal o reglamentariamente, es decir, el plazo para la tramitación, resolución y notificación de la resolución expresa.
- En los procedimientos sancionadores, el vencimiento del plazo máximo de duración del expediente sin que se haya dictado y notificado la resolución expresa, producirá la CADUCIDAD y el ARCHIVO DE LAS ACTUACIONES.

B. Instrucción del procedimiento

- Actos necesarios para la determinación, conocimiento y comprobación de los datos en virtud de los cuales debe pronunciarse la resolución.
- Se trata de actos que se realizan de oficio, sin perjuicio del derecho de los interesados a proponer aquellas actuaciones que requieran su intervención o constituyan trámites legal o reglamentariamente establecidos (art. 78 LRJAP y PAC).
- La Ley 30/92 distingue los siguientes actos:

— **ALEGACIONES**.—Los interesados podrán formular alegaciones y aportar documentos u otras pruebas en cualquier momento del procedimiento anterior al trámite de audiencia, que serán tenidos en cuenta por el órgano competente al redactar la correspondiente propuesta de resolución.

— **PRUEBA** (arts. 80 y 81 LRJAP y PAC).—Acto de instrucción que tiene por objeto la comprobación de los datos y hechos relevantes para la decisión del procedimiento:

- **Medios de prueba**.—Cualquier medio de prueba admisible en Derecho.
- **Período de prueba.**—Plazo no superior a 30 días ni inferior a 10, a fin de que puedan practicarse cuantas pruebas juzgue el instructor convenientes.
- **Apertura del período probatorio**.—Cuando la Administración no tenga por ciertos los hechos alegados por los interesados o la naturaleza del procedimiento lo exija.
- Los hechos constatados por funcionarios a los que se reconoce la condición de autoridad, y que se formalicen en documento público observando los requisitos legales pertinentes, tendrán valor probatorio sin perjuicio de las pruebas que en defensa de los respectivos derechos los interesados puedan señalar o aportar los propios administrados (art. 137.2 LRJAP y PAC).
- **Práctica de la prueba:**

• Se ha de comunicar al interesado, con antelación suficiente, el inicio de las actuaciones necesarias para la realización de las pruebas admitidas.

- En la notificación debe constar el lugar, fecha y hora en que se practicará la prueba, indicando que el interesado puede nombrar técnicos que le asistan.
- Si la prueba la ha solicitado el interesado, y la práctica de ésta implica gastos que no deba soportar la Administración, ésta podrá exigir el anticipo de los mismos, a reserva de la liquidación definitiva.

— **INFORMES** (arts. 82 y 83 LRJAP y PAC).—Como regla general la solicitud de informes a un órgano distinto del que tiene que iniciar, instruir y decidir el procedimiento es facultativa y no vinculante, salvo disposición expresa en contrario.

— **TRÁMITE DE AUDIENCIA**.—Trámite anterior a redactar la propuesta de resolución, en el que los interesados, en un plazo no inferior a 10 días ni superior a 15, aleguen y presenten los documentos que estimen convenientes.

– **Excepciones al trámite de audiencia**:

- Si los interesados manifiestan su decisión de no efectuar alegaciones ni aportar documentos, se tendrá por realizado el trámite.
- Se podrá prescindir del trámite de audiencia cuando no figuren en el procedimiento ni sean tenidos en cuenta en la resolución otros hechos ni otras alegaciones y pruebas que las aducidas por el interesado.

C. Terminación o finalización del procedimiento

- **CONVENCIONAL** (art. 88 LRJAP y PAC).—Cabe la posibilidad de que las Administraciones Públicas celebren acuerdos o convenios con los interesados en un procedimiento, siempre que no sean contrarios al ordenamiento jurídico, que versen sobre materias que sean susceptibles de transacción y que tengan por objeto la satisfacción del interés público.
- **RESOLUCIÓN** (art. 89 LRJAP y PAC).—Decisión adoptada por el órgano administrativo competente que pone fin al procedimiento y que deberá contener los siguientes REQUISITOS:
  — Decidir sobre todas las cuestiones planteadas por los interesados.
  — Congruencia: En los procedimientos iniciados a petición del interesado, la resolución deberá ser congruente con las peticiones formuladas. Prohibición de la *reformatio in peius,* nunca podrá agravarse su situación inicial, sin perjuicio de la potestad de la Administración de incoar de oficio un nuevo procedimiento.
  — Habrá de ser motivada.
  — Deberá expresar los recursos que contra la misma procedan, el órgano administrativo o judicial ante el que hubieran de presentarse y plazo para su interposición.
- **DESISTIMIENTO Y RENUNCIA**.—Todo interesado puede desistir de su solicitud, o cuando no esté prohibido por el ordenamiento jurídico, renunciar a sus derechos, haciéndolo por cualquier medio que permita su constancia.
- **CADUCIDAD**.—Si el procedimiento ha sido iniciado a instancia del interesado, y se produce su paralización por causa imputable a aquél, la Admi-

nistración advertirá que transcurridos tres meses sin que el interesado realice las actuaciones necesarias para reanudar la tramitación, se producirá la caducidad del mismo.

III. RECURSOS ADMINISTRATIVOS

1. Principios generales

A. Objeto

Cabe interponer recurso administrativo contra:

- Las resoluciones que ponen fin al procedimiento administrativo.
- Los actos de trámite cuando:

a) deciden directa o indirectamente el fondo del asunto;

b) determinan la imposibilidad de continuar el procedimiento;

c) producen indefensión o perjuicio irreparable a derecho legítimos (art. 107.1 LRJAP y PAC).

La oposición a otros tipos de actos de trámite se podrá alegar por el interesado para su examen en el recurso contra la resolución que ponga fin al procedimiento.

No cabe recurso en vía administrativa contra las disposiciones administrativas de carácter general.

Si el recurso contra un acto se funda únicamente en la nulidad de una disposición administrativa de carácter general se podrá interponer directamente ante el órgano que dictó la disposición (art. 107.3 LRJAP y PAC).

B. Clases de recursos administrativos

Los interesados podrán interponer, según el tipo de resolución y siempre que no sea firme en vía administrativa, el **recurso de alzada o el potestativo de reposición**, que habrá de fundarse en cualquiera de los motivos de nulidad o anulabilidad de los artículos 62 y 63 LRJAP y PAC.

Tanto el recurso de alzada como el recurso de reposición podrán ser sustituidos en supuestos o ámbitos sectoriales determinados, en razón de la materia, por otros procedimientos de impugnación, reclamación, conciliación y arbitraje, ante órganos colegiados, o comisiones específicas, en los que se deberán respetar los principios, garantías y plazos reconocidos a los interesados por la Ley en todo procedimiento administrativo (art. 107.2 LRJAP y PAC).

Únicamente procede impugnar los actos firmes en vía administrativa en supuestos tasados mediante el recurso extraordinario de revisión (art. 108 LRJAP y PAC).

C. Resoluciones que ponen fin a la vía administrativa

Ponen fin a la vía administrativa (art. 107.2 LRJAP y PAC):

a) Las resoluciones de los recursos de alzada;

b) Las que resuelvan otros procedimientos de impugnación que sustituyen en ámbitos sectoriales y materias determinadas el recurso de alzada.

c) Las resoluciones de los órganos administrativos que carezcan de superior jerárquico, salvo que la Ley establezca lo contrario.

d) Las demás resoluciones de órganos administrativos cuando una disposición legal o reglamentaria así lo establezca.

e) Los acuerdos, pactos, convenios o contratos que tengan la consideración de finalizadores del procedimiento.

D. Forma de interponer un recurso

El escrito de interposición de cualquier recurso administrativo deberá contener (art. 110.1 y 3 LRJAP y PAC):

a) Nombre y apellidos del recurrente, datos de su identificación personal.

b) Identificación del medio y del lugar que se señale a efectos de notificaciones.

c) Acto que se recurre.

d) La razón de su impugnación. Desarrollo de los motivos en que se funda la impugnación. El recurso cabrá fundarlo en cualquiera de los motivos de nulidad y anulabilidad. Los vicios y defectos que hagan anulable un acto no podrán ser alegados por quienes los hubieren causado.

e) Lugar, fecha y firma del recurrente.

f) Órgano, centro o unidad administrativa al que se dirige.

E. Carácter antiformalista de los recursos

El error en la calificación del recurso por parte del recurrente no es obstáculo para su tramitación, siempre que se deduzca su carácter (art. 110.2 LRJAP y PAC).

F. Audiencia de los interesados

Si al resolverse un recurso se fueran a tener en cuenta nuevos hechos o documentos que no obraban en el expediente inicial, se pondrán de manifiesto a los interesados para que en un plazo de entre diez a quince días formule alegaciones y presenten los documentos que considere pertinentes.

Si en este trámite el recurrente no aportara hechos, documentos o alegaciones no se tendrán en cuenta en la resolución del recurso (art. 112 LRJAP y PAC).

G. Resolución del recurso.

La decisión del recurso podrá:

- Estimar en todo o en parte de las pretensiones articuladas en el recurso.
- Desestimar las pretensiones.
- Declarar su inadmisión.

Si por considerar que concurre un vicio de forma se considera que no procede resolver sobre el fondo, se acordará la retroacción del procedimiento al momento en que se habría cometido el vicio, salvo convalidación.

Al resolver el recurso el órgano decidirá todas las cuestiones, de forma y de fondo, que plantee el procedimiento, aunque no hubieran sido alegadas por los interesados. En este caso se les deberá oír.

La resolución deberá ser congruente con las peticiones formuladas por el recurrente sin que pueda agravarse su situación (prohibición de la «*reformatio in peius*»).

H. Efectos de los recursos administrativos frente a la eficacia de los actos administrativos (art. 111 LRJAP y PAC)

De conformidad con el artículo 57.1 LRJAP y PAC los actos de las Administraciones Públicas sujetos al Derecho Administrativo se presumen válidos y producen efectos desde la fecha en que se dicten, salvo que en ellos se disponga otra cosa. De este modo, la interposición de cualquier recurso en vía administrativa no suspende la ejecución del acto administrativo excepto en los casos en que una disposición establezca lo contrario.

Sin embargo, el órgano que deba resolver el recurso, podrá suspender la ejecución del acto impugnado de oficio o a solicitud del recurrente. Este órgano para tomar la decisión acerca de la suspensión deberá ponderar de un modo motivado, entre el perjuicio que causa al interés público o terceros la suspensión y el perjuicio que causaría al recurrente la eficacia inmediata del acto recurrido.

Además, para poder adoptar el **acuerdo de suspensión** del acto deberá concurrir una de estas circunstancias:

a) La ejecución causaría perjuicios de imposible o difícil reparación.

b) La impugnación se fundamenta en alguna de las causas de nulidad de pleno derecho.

Solicitada por el recurrente la suspensión de la ejecución el acto impugnado, **se entenderá suspendida transcurridos treinta días desde que la solicitud haya tenido entrada en el registro del órgano competente para decidir y no se haya dictado resolución acerca de ésta**.

Cuando se acuerda en vía administrativa la suspensión de la ejecución del acto recurrido el órgano decisor puede adoptar las medidas cautelares que sean necesarias para asegurar la protección del interés público o de terceros y la eficacia del acto impugnado.

Una vez agotada la vía administrativa y habiéndose acordado previamente la suspensión del acto y adoptado medidas cautelares, podrán prolongarse los efectos de la suspensión a la vía contencioso-administrativa, si el interesado interpone recurso contencioso-administrativo solicitando la suspensión del acto objeto del proceso hasta que se produzca el correspondiente pronunciamiento judicial.

2. *Recurso de alzada*

A. Objeto

El recurso de alzada cabe interponerlo contra las resoluciones que no pongan fin a la vía administrativa y se interpondrá ante el órgano superior jerárquico del que los dictó.

En los casos de los Tribunales y órganos de selección del personal al servicio de las Administraciones Públicas o cualquier otro que actúe con autonomía funcional, éstos se considerarán dependientes del órgano al que están adscritos.

El recurso podrá interponerse ante el órgano que dictó el acto que se impugna o ante el competente. En el primer caso, se deberá remitir al competente en el plazo de diez días, con un informe, copia completa y ordenada del expediente.

B. Plazos

El plazo para interponer el recurso de alzada es de **un mes** desde la notificación del acto, si fuera expreso. Si transcurrido este plazo no se hubiese interpuesto el recurso, el acto administrativo será firme a todos los efectos.

Si el acto contra el que se interpone el recurso de alzada en un acto presunto, es decir, que no se ha dictado la resolución resolviendo la petición, el plazo es de **tres meses**, a contar, para el recurrente, a partir del día siguiente a aquel en que, según la normativa específica, se produzcan los efectos del silencio administrativo.

El plazo máximo **para dictar y notificar la resolución es de tres meses** (art. 115 LRJAP y PAC).

Transcurrido este plazo, el recurso podrá entenderse desestimado por silencio administrativo, con los solos efectos de permitir a los interesados la interposición del recurso contencioso-administrativo.

No obstante, la Administración está obligada a dictar resolución expresa en todos los procedimientos y a notificarla, de conformidad con el artículo 42.1 LRJAP y PAC.

Interpuesto el recurso de alzada contra la desestimación por silencio administrativo de una solicitud por el transcurso del plazo, se entenderá estimado éste si, llegado el plazo de resolución, el órgano administrativo competente no dictase resolución expresa sobre el mismo (art. 43. 2 LRJAP y PAC).

Contra la resolución de un recurso de alzada no cabe otro recurso administrativo, salvo el recurso extraordinario de revisión (art. 115 LRJAP y PAC).

3. *Recurso potestativo de reposición*

A. Objeto

El recurso potestativo de reposición puede ser interpuesto contra los actos administrativos que pongan fin a la vía administrativa, ante el mismo órgano que los haya dictado.

No es preceptivo, de tal forma que los actos administrativos que han puesto fin a al vía administrativa pueden ser impugnados directamente ante el orden jurisdiccional contencioso-administrativo.

Interpuesto el recurso de reposición contra un acto administrativo no cabe interponer simultáneamente recurso contencioso-administrativo hasta que sea resuelto o puede entenderse desestimado por silencio administrativo (art. 116 LRJAP y PAC).

B. Plazos

El plazo para la interposición del recurso de reposición es de un mes, si el acto es expreso.

Si no lo es, el plazo es de tres meses, y se contará a partir del día siguiente a aquel en que de acuerdo con su normativa específica se produzca el acto presunto.

Transcurridos estos plazos, únicamente podrá interponerse recurso contencioso-administrativo o, en su caso, el recurso extraordinario de revisión.

El plazo máximo para dictar y notificar la resolución la resolución del recurso es de un mes, plazo a partir del cual cabe entenderlo desestimado por silencio administrativo, con los solos efectos de permitir a los interesados la interposición del recurso contencioso-administrativo; no obstante, la Administración está obligada a dictar resolución expresa en éste como en todos los procedimientos y a notificarla.

Contra la resolución de un recurso de reposición no podrá interponerse de nuevo este recurso (art. 117 LRJAP y PAC).

4. *Recurso extraordinario de revisión*

A. Objeto

El recurso extraordinario de revisión puede interponerse contra los actos firmes en vía administrativa ante el órgano administrativo que los dictó, que será también quien lo resuelva, cuando concurra alguna de estas circunstancias:

1.ª Que se hubiere incurrido en error de hecho al dictarlos, lo que ha de resultar de los propios documentos que obren en el expediente.

2.ª Que mediante nuevos documentos de valor esencial evidencien el error de la resolución recurrida.

3.ª Que para la resolución hayan influido esencialmente documentos o testimonios declarados falsos por sentencia judicial firme anterior o posterior a la resolución.

4.ª Que la resolución se hubiese dictado como consecuencia de prevaricación, cohecho, violencia, maquinación fraudulenta u otra conducta punible, y así sea declarado por sentencia judicial firme.

B. Plazos

El recurso extraordinario de revisión se interpondrá en **la causa 1.ª dentro del plazo de cuatro años** siguientes a la fecha de la notificación de la resolución. **En los demás casos, el plazo será de tres meses** desde que se tuvo conocimiento del documento o desde que la sentencia quedó firme.

La interposición de este recurso extraordinario de revisión no perjudica la solicitud de revisión de actos nulos ni la solicitud de revocación de actos y rectificación de errores (art. 118 LRJAP y PAC).

C. Resolución

Podrá acordarse motivadamente la inadmisión a trámite de este recurso por el órgano competente para su resolución sin necesidad de dictamen del Consejo de Estado u órgano consultivo de la Comunidad Autónoma, cuando no se funde en una de las causas estipuladas o que hubieran sido ya desestimados otros recursos sustancialmente iguales en cuanto al fondo.

El órgano que conozca este recurso se pronunciará no sólo sobre su procedencia sino también, en su caso, sobre le fondo.

Transcurrido el plazo de tres meses desde la interposición del recurso extraordinario de revisión sin haberse dictado y notificado la resolución, cabe entenderlo desestimado por silencio administrativo, con los solos efectos de permitir a los interesados la interposición del recurso contencioso-administrativo; no obstante, la Administración está obligada a dictar resolución expresa en éste como en todos los procedimientos y a notificarla.

IV. CUADROS-ESQUEMAS DE LOS RECURSOS ADMINISTRATIVOS

1. Tipos de recurso en relación al tipo de acto administrativo impugnado

Actos que **no ponen** fin a la vía administrativa	Recurso ordinario de alzada
	Revisión de reposición
Actos que **ponen** fin	Recurso extraordinario de revisión
a la vía administrativa	Recurso contencioso-administrativo (vía judicial)

2. *RECURSO DE ALZADA*

Objeto del recurso	– resoluciones que no ponen fin a la vía administrativa – actos de trámite que imposibiliten continuar el procedimiento o produzcan indefensión
Órgano que resuelve	El superior jerárquico del órgano que dictó el acto impugnado
Plazo de interposición	Un mes
Motivos	Supuestos de nulidad o anulabilidad previstos en los arts. 62 y 63 de la LRJ-PAC
Órgano al que se dirige	– órgano que dictó el acto que se impugna – órgano competente para resolverlo (superior jerárquico)
Plazo de resolución	Tres meses desde su interposición
Efectos de la falta de resolución expresa	Desestimatorios, salvo en el supuesto del art. 43.3.b) de la LRJ-PAC

3. *RECURSO DE REPOSICIÓN*

Objeto del recurso	Resoluciones que ponen fin a la vía administrativa
Órgano que resuelve	El mismo órgano que dictó el acto impugnado
Plazo de interposición	Un mes
Motivos	Supuestos de nulidad o anulabilidad previstos en los arts. 62 y 63 de la LRJ-PAC
Órgano al que se dirige	Órgano que dictó el acto que se impugna
Plazo de resolución	Un mes desde su interposición
Efectos de la falta de resolución expresa	Desestimatorios

4. *RECURSO EXTRAORDINARIO DE REVISIÓN*

Objeto del recurso	Resoluciones firmes en vía administrativa
Órgano que resuelve	El mismo órgano que dictó el acto impugnado
Plazo de interposición	– dentro del plazo de 4 años siguientes a la fecha de notificación de la resolución impugnada cuando al dictarlos concurra la circunstancia del art. 118.1.1.ª LRJ-PAC – en los demás casos (118.1.2.ª, 3.ª y 4.ª) tres meses a contar desde el conocimiento de los documentos o desde que la sentencia judicial quedó firme

Motivos	Supuestos contenidos en el art. 118.1 de la LRJ-PAC
Órgano al que se dirige	Órgano que dictó el acto que se impugna
Plazo de resolución	Tres meses desde su interposición
Efectos de la falta de resolución expresa	Desestimatorios

V. FORMULARIOS

1. Denuncia en el ámbito administrativo

D./D.ª ... (Nombre y apellidos del denunciante) con DNI n.º ... (Número de Documento Nacional de Identidad) con domicilio a efecto de notificaciones ... (Dirección donde desea recibir las notificaciones) ... ...

DENUNCIA los siguientes

HECHOS:

(Describir de forma ordenada y cronológica los hechos y fundamentos jurídicos en los que se basa la denuncia)

Primero: ...

Segundo: ...

A esta denuncia se acompañan los siguientes **documentos**: (Enumerar los documentos aportados como fundamento)

1.—...

2.—...

Por todo lo cual,

SOLICITA

tenga por presentado este escrito, por descritos los anteriores hechos y se proceda a incoar el procedimiento administrativo sancionador.

(Lugar y fecha de la denuncia) ... ..., de ... ... de ... ...

(Firma)

(Órgano administrativo al que se dirige la denuncia) ...

2. Escrito de alegaciones

D./D.ª ... (Nombre y apellidos de la persona que alega), con DNI n.º ... con domicilio a efecto de notificaciones ..... (Dirección donde desea recibir las notificaciones), en relación con ... (Asunto o procedimiento en el que realiza la alegación, especificando si se conoce el n.º de expediente) .... de acuerdo con lo dispuesto en los *artículos 35 e) y 79 de la Ley 30/1992, de 26 de noviembre, de Régimen Jurídico de las Administraciones Públicas y del Procedimiento Administrativo Común (LRJ-PAC)* (Se citará legislación específica del procedimiento administrativo para el que se formulan las alegaciones), formula las siguientes:

ALEGACIONES

(Exposición ordenada de los datos, hechos y circunstancias que el ciudadano desea que el órgano competente conozca en el momento de resolver, así como razonamientos jurídicos en los que fundamenta su pretensión)

Primera: (...)

Segunda: (...)

A estas alegaciones se acompañan los siguientes **documentos:**

(Se enumerarán de forma ordenada el conjunto de documentos que el ciudadano aporta junto a las alegaciones)

1.—... ...

2.—... ...

Por todo lo cual,

SOLICITA

tenga por presentado este escrito (junto con los documentos que se acompañan) y por formuladas las anteriores alegaciones.

(Lugar y fecha de las alegaciones) ... ... de ... ... de ... .

(Firma)

(Órgano administrativo al que se dirige las alegaciones)

3. Recurso de alzada

D./D.ª ... ... (Nombre y apellidos del recurrente), con DNI n.º ... ... con domicilio a efecto de notificaciones ... (Dirección donde desea recibir las notificaciones), al amparo de los *artículos 114 y 115 de la Ley 30/1992, de 26 de noviembre, de Régimen Jurídico de las Administraciones Públicas y del Procedimiento Administrativo Común*

Interpone **RECURSO DE ALZADA**, contra la ... ... (Descripción del acto administrativo que se recurre: resolución, acuerdo, etc.), de ... ... (Fecha en la que se dictó el acto administrativo), dictada por ... ... (Autoridad o funcionario que dictó el acto), por la que ... ... (Descripción del acto que se recurre y decisión que éste adopta), de acuerdo con los siguientes

MOTIVOS:

(Se expondrán de forma ordenada las razones que sirvan de base a la pretensión de impugnación del recurrente)

Primero: (...)

Segundo: (...)

A este escrito se acompañan los siguientes **documentos** (enumerar de forma ordenada los documentos que se acompañan):

1.—(...)

2.—(...)

Por todo lo cual

SOLICITA

que se tenga por **interpuesto este RECURSO DE ALZADA** contra la mencionada resolución y se declare la nulidad o anulabilidad de la misma.

(Lugar y fecha del recurso) ... ... , ... de ... ... de .. ..

(Firma)

(Órgano administrativo al que se dirige el recurso)

4. *Recurso potestativo de reposición*

D./D.ª ... ... (Nombre y apellidos del recurrente), con DNI n.º ... ... con domicilio a efecto de notificaciones ... (Dirección donde desea recibir las notificaciones), al amparo de los *artículos 116 y 117 de la Ley 30/1992, de 26 de noviembre, de Régimen Jurídico de las Administraciones Públicas y del Procedimiento Administrativo Común.*

Interpone **RECURSO POTESTATIVO DE REPOSICIÓN**,

contra la ... ... (Descripción del acto administrativo que se recurre: resolución, acuerdo, etc.) de ... ... (Fecha en la que se dictó el acto administrativo), dictada por ... ... (Autoridad o funcionario que dictó el acto), por la que ... ... (Descripción del acto que se recurre y decisión que éste adopta), de acuerdo con los siguientes

MOTIVOS:

(Se expondrán de forma ordenada las razones que sirvan de base a la pretensión de impugnación del recurrente)

Primero: (...)

Segundo: (...)

A este escrito se acompañan los siguientes **documentos**: (Enumerar de forma ordenada los documentos que se acompañan):

1.—(...)

2.—(...)

Por todo lo cual

SOLICITA

que se tenga por **interpuesto este recurso potestativo de reposición** contra la mencionada resolución y se declare la nulidad o anulabilidad de la misma.

(Lugar y fecha del recurso) ... ... , ... de ... ... de ... ...

(Firma)

(Órgano administrativo al que se dirige el recurso)

5. *Recurso extraordinario de revisión*

D./D.ª ... ... (Nombre y apellidos del recurrente) ... ... con DNI n.º ... ... (Número de Documento Nacional de Identidad) ... ... con domicilio a efecto de notificaciones ... ... (Dirección donde desea recibir las notificaciones), según lo dispuesto en el *artículo 118 de la Ley 30/1992, de 26 de noviembre, de Régimen Jurídico de las Administraciones Públicas y del Procedimiento Administrativo Común (LRJ-PAC),*

Interpone **RECURSO EXTRAORDINARIO DE REVISIÓN,**

contra la ... ... (Descripción del acto administrativo que se recurre: resolución, acuerdo, etc., y que es firme en vía administrativa), de ... ... (Fecha en la que se dictó el acto administrativo), dictada por ... ... (Autoridad o funcionario que dictó el acto), por la que ... ... (Descripción del acto que se recurre y decisión que éste adopta), de acuerdo con los siguientes

MOTIVOS:

(Se expondrán de forma ordenada las razones que sirvan de base a la pretensión de impugnación del recurrente y en especial si concurre alguna de las circunstancias del art. 118 Ley 30/92, de 26 de noviembre)

Primero: (...)

Segundo: (...)

A este escrito se acompañan los siguientes **documentos** (enumerar de forma ordenada los documentos que se acompañan):

1. (...)
2. (...)

Por todo lo cual

SOLICITA

que se tenga por **interpuesto este RECURSO EXTRAORDINARIO DE REVISIÓN** contra la mencionada resolución y se declare la nulidad o anulabilidad de la misma.

(Lugar y fecha del recurso) ... ... , ... de ... ... de ... ...

(Firma)

(Órgano administrativo al que se dirige el recurso)

VI. SILENCIO ADMINISTRATIVO, INACTIVIDAD DE LA ADMINISTRACIÓN E INEJECUCIÓN POR PARTE DE LA ADMINISTRACIÓN DE ACTOS FIRMES

1. *Obligación de la Administración de resolver todos los procedimientos*

A) Obligación de la Administración consistente en dictar resolución expresa en todos los procedimientos.

La Administración está obligada a dictar resolución expresa en todos los procedimientos y a notificarla, cualquiera que sea su forma de iniciación, bien en procedimientos iniciados a solicitud del interesado o bien en procedimientos iniciados de oficio

En los casos en que concurra alguna de estas circunstancias a criterio de la Administración:

- prescripción,
- renuncia del derecho,
- caducidad del procedimiento,
- desistimiento de la solicitud,

la resolución consistirá en la declaración de la circunstancia que concurra en cada caso, con indicación de los hechos producidos y las normas aplicables.

El plazo máximo en el que debe notificarse la resolución expresa será el fijado por la norma reguladora del correspondiente procedimiento. Este plazo no podrá exceder de seis meses, salvo que una norma de rango legal establezca uno mayor o así lo establezca la normativa comunitaria europea.

Si la norma reguladora del procedimiento no fija un plazo máximo, éste será de tres meses.

Cómputo del plazo: Estos plazos se contarán del siguiente modo:

- En los procedimientos iniciados a solicitud del interesado, desde la fecha en que la solicitud haya tenido entrada en el registro del órgano competente para su tramitación.
- En los procedimientos iniciados de oficio, desde la fecha del acuerdo de iniciación.

Las Administraciones Públicas deben informar a los interesados del plazo máximo establecido por la norma reguladora de cada procedimiento para la resolución y notificación de los procedimientos, así como de los efectos que pueda producir el silencio administrativo.

Esta información deberá incluirse en la notificación o publicación del acuerdo de iniciación de oficio o en comunicación que se les dirigirá al efecto dentro de los diez días siguientes a la recepción de la solicitud en el registro del órgano competente para su tramitación (art. 42 LRJAP y PAC).

B) Suspensión del plazo máximo legal para resolver un procedimiento y notificar la resolución.

El plazo máximo para resolver un procedimiento y notificar la resolución se puede suspender en los siguientes casos (art. 42.5 LRJAP y PAC):

a) Si se requiere al interesado para la subsanación de deficiencias y la aportación de documentos ya sea por el tiempo que medie entre la notificación del requerimiento y su cumplimiento por el destinatario o, en su defecto, por el transcurso del tiempo transcurrido.

b) Si debe obtenerse un pronunciamiento previo y preceptivo de un órgano de las Comunidades Europeas, por el tiempo que medie entre la petición y la notificación del pronunciamiento a la Administración instructora.

c) Si deben solicitarse informes preceptivos y determinantes del contenido de la resolución, por el tiempo que medie entre la petición y la recepción del informe. Este plazo no podrá exceder de tres meses.

d) Si deben realizarse pruebas técnicas o análisis contradictorios propuestos por los interesados, durante el tiempo necesario para la incorporación de los resultados al expediente.

e) Cuando se inicien negociaciones para la conclusión de un pacto o convenio desde la declaración formal al respecto y hasta la conclusión sin efecto, en su caso, de las negociaciones.

C) Ampliación del plazo máximo de resolver.

Excepcionalmente (art. 42.6 LRJAP y PAC), la Administración podrá acordar la ampliación del plazo máximo de resolución y notificación mediante motivación clara de las circunstancias concurrentes y una vez agotados los medios a disposición disponibles.

La ampliación del plazo máximo no podrá ser superior al establecido para la tramitación del procedimiento.

Contra el acuerdo que resuelva la ampliación de plazos no cabe ningún recurso y ha de ser notificado a los interesados.

2. *El silencio administrativo*

A) El silencio administrativo en los procedimientos iniciados a solicitud del interesado

En los procedimientos iniciados a solicitud del interesado el vencimiento del plazo máximo sin haberse notificado resolución expresa, legitima al interesado que dedujo la solicitud para entenderla estimada o desestimada por silencio administrativo, según haya sido establecido por una norma de rango legal.

Ésta es una posibilidad que el ordenamiento jurídico ofrece al interesado para hacer valer sus derechos de tal modo no le perjudique la demora de la Administración al resolver un procedimiento, pero en ningún caso es una obligación ni una carga para él: la Administración está obligada a dictar siempre resolución expresa en todos los procedimientos y a notificarla al interesado

B) ¿Cuándo cabe entender estimada una solicitud formulada ante la Administración?

La regla general es **que los interesados podrán entender estimadas** por silencio administrativo sus solicitudes en todos los casos salvo que una norma con rango de Ley o norma de Derecho Comunitario Europeo establezca lo contrario.

Son **excepción** a esta regla general:

- Los procedimientos de ejercicio del derecho de petición, artículo 29 CE.
- Las solicitudes cuya estimación tuviera como consecuencia que se transfirieran al solicitante o a terceros facultades relativas al dominio público o al servicio público.
- Los procedimientos de impugnación de actos y disposiciones. En estos casos el silencio tendrá efecto desestimatorio.
- Esta última excepción tiene a su vez otra excepción: Cuando el recurso de alzada se haya interpuesto contra la desestimación por silencio administrativo de una solicitud por el transcurso del plazo, se entenderá estimado el mismo, si llegado el plazo de resolución, tres meses desde su interposición, el órgano administrativo competente no hubiera dictado resolución expresa sobre el mismo.

C) Efectos, alcance y significado del silencio administrativo

La estimación por silencio administrativo tiene a todos los efectos la consideración de acto administrativo finalizador del procedimiento.

La desestimación por silencio administrativo tiene los solos efectos de permitir a los interesados la interposición del recurso administrativo o contencioso-administrativo que resulte procedente. El recurso contencioso-administrativo es admisible en relación con los actos presuntos de la Administración Pública que ponen fin a la vía administrativa.

Régimen aplicable al silencio administrativo.—Como la Administración está obligada a dictar resolución expresa en todos los procedimientos, esta obligación se sujeta al siguiente régimen:

a) En los casos de estimación por silencio administrativo, la resolución expresa posterior a la producción del acto que dicte la Administración sólo podrá ser confirmatoria del mismo. Es decir, en estos supuestos, la Administración no podrá dictar un acto desestimando lo ya estimado por silencio administrativo.

b) En los casos de desestimación por silencio administrativo, al tener los solos efectos de permitir a los interesados su impugnación, la Administración adoptará la resolución expresa posterior al vencimiento sin vinculación al sentido del silencio, es decir, podrá dictar un acto estimatorio o desestimatorio.

Los actos administrativos producidos por silencio administrativo tienen plena validez y eficacia, y podrán hacerse valer tanto ante la Administración como ante cualquier persona, física o jurídica, pública o privada. Producen efectos desde el vencimiento del plazo máximo en el que debe dictarse y notificarse la resolución expresa sin que la misma se haya producido.

La existencia del acto administrativo producido por silencio administrativo puede ser acreditada por cualquier medio de prueba admitido en Derecho, incluido el certificado acreditativo del silencio que pudiera solicitarse del órgano competente. Este certificado deberá emitirse en el plazo máximo de quince días desde que se solicitó (art. 42.5 LRJAP y PAC).

D) Silencio administrativo y recursos en vía administrativa

Las resoluciones y actos presuntos desestimatorios que no ponen fin a la vía administrativa podrán ser recurridos en alzada ante el órgano superior jerárquico del que los dictó.

El **plazo para la interposición del recurso de alzada** será **de tres meses** si el acto fuera presunto frente al plazo de un mes para la interposición del mismo recurso si el acto fuera expreso. El plazo de tres meses se contará, para el solicitante y otros posibles interesados, a partir del día siguiente a aquel en que, de acuerdo con su normativa específica se produzcan los efectos del silencio administrativo (art. 115.1 LRJAP y PAC).

El plazo máximo para dictar y notificar la resolución es de tres meses. Transcurrido este plazo sin que recaiga resolución, se podrá entender desestimado.

Únicamente, cuando se haya interpuesto contra la desestimación por silencio administrativo de una solicitud por el transcurso del plazo, se entenderá estimado el mismo si hubiera transcurrido el plazo de tres meses sin que el órgano competente hubiese dictado la resolución expresa (arts. 43.2 y 115.2 LRJAP y PAC).

El **plazo para la interposición del recurso de reposición** contra un acto presunto **es de tres meses**, frente al plazo de un mes cuando se trata de actos expresos. Este plazo de tres meses se cuenta, para el solicitante, y otros interesados, a partir del día siguiente a aquel en que, de acuerdo con su normativa específica, se produzca el acto presunto. Transcurridos estos plazos únicamente podrá interponerse recurso contencioso-administrativo (art. 117.1 LRJAP y PAC).

E) Silencio administrativo y plazos de interposición del recurso contencioso-administrativo frente a actos que no son expresos y ponen fin a la vía administrativa.

El **plazo para interponer el recurso contencioso-administrativo** contra los actos que no sean expresos y pongan fin a la vía administrativa **es de seis meses** y se contará, para el solicitante y otros posibles interesados, a partir del día siguiente a aquel en que, de acuerdo con su normativa específica, se produzca el acto presunto (art. 46.1 LJCA).

3. *Inactividad de la Administración y silencio administrativo en los procedimientos iniciados de oficio*

A) ¿Cuándo se produce la inactividad de la Administración objeto de recurso?

La inactividad de la Administración se produce en los siguientes casos:

1) Cuando no se obtiene de la misma una prestación concreta material debida en virtud de una disposición general que no precisa de actos de aplicación o en virtud de un acto, contrato o convenio administrativo.

2) O la adopción de un acto expreso en procedimientos iniciados de oficio que tiene un plazo legal para su adopción donde no juega el mecanismo del silencio administrativo.

De esta manera se otorga al ciudadano de un instrumento para combatir la pasividad y las dilaciones administrativas (Exposición de Motivos y arts. 25.2 y 29.1 LJCA).

B) Falta de resolución expresa en procedimientos iniciados de oficio

En los procedimientos iniciados de oficio, el vencimiento del plazo máximo establecido sin que se haya dictado y notificado resolución expresa no exime a la Administración de cumplir con la obligación legal de resolver. No obstante, podrán producir los siguientes efectos:

En los procedimientos de los que pudiera derivarse el reconocimiento, o, en su caso, la constitución de derechos y otras situaciones jurídicas individualizadas, los interesados podrán entender desestimada sus pretensiones por silencio administrativo a efectos de formular los recursos correspondientes.

En los procedimientos en que la Administración ejercite potestades sancionadoras o, en general, de intervención, susceptibles de producir efectos desfavorables o de gravamen, se producirá la caducidad. La resolución que declare la caducidad ordenará el archivo de las actuaciones.

Si el procedimiento se hubiera paralizado por causa imputable al interesado, se interrumpirá el cómputo del plazo para resolver y notificar la resolución (art. 44 LRJAP y PAC).

C) La inactividad de la Administración como objeto del recurso contencioso-administrativo. Plazo de interposición.

Es admisible el recurso contra la inactividad de la Administración cuando no se obtiene de la misma una prestación concreta material debida o cuando no adopta un acto expreso en procedimientos iniciados de oficio que tiene un plazo legal para su terminación donde no juega el mecanismo del silencio administrativo (art. 25.2 LJCA).

Si en el plazo de tres meses desde la fecha de la reclamación la Administración no hubiera dado cumplimiento a lo solicitado o no hubiera llegado a un acuerdo con los interesados, éstos pueden deducir recurso contencioso-administrativo contra la inactividad de la Administración (art. 29.1 LJCA).

El **plazo para interponer el recurso contencioso-administrativo** contra la inactividad de la Administración es de dos meses y se contará a partir del día siguiente al vencimiento del plazo de tres meses desde la presentación de la reclamación (art. 29.1 LJCA).

4. Inejecución por parte de la Administración de los actos firmes

Cuando la Administración no ejecute sus actos firmes los afectados podrán solicitar su ejecución. Si transcurrido un mes desde la formulación de la petición la Administración no ejecuta su acto, los solicitantes podrán formular recurso contencioso-administrativo, que se tramitará por el procedimiento abreviado independientemente de la materia y del órgano judicial (art. 29.2 LJCA).

El plazo para interponer el recurso contencioso-administrativo es de dos meses a partir del vencimiento del plazo de un mes desde que se formuló la petición de la ejecución del acto administrativo (art. 46.2 LJCA).

VII. TÉRMINOS Y PLAZOS EN LOS PROCEDIMIENTOS ADMINISTRATIVOS

1. *Cómputo*

Las reglas generales para el cómputo de los plazos son:

- **Si el plazo se fija por días** se entiende que éstos son hábiles y, en consecuencia, se excluyen del cómputo los domingos y los declarados festivos. En el caso de que los plazos se señalen por días naturales esta circunstancia se hará constar en las notificaciones del procedimiento.
- Los plazos expresados en días se contarán a partir del día siguiente a aquel en que tenga lugar la notificación o publicación del acto de que se trate o desde el día siguiente a aquel en que se produce la estimación o desestimación por silencio administrativo.
- **Si el plazo se establece en meses** o años, éstos se computan a partir del día siguiente a aquel en que tenga lugar la notificación o publicación del acto que se trate o desde el día siguiente a aquel en que se produce la estimación o desestimación por silencio administrativo.
- Si en el mes de vencimiento no hay día equivalente al del comienzo del cómputo, se entiende que expira el último día del mes.
- Cabe que por ley o normativa comunitaria europea se indique otro modo de cómputo para procedimientos administrativos especiales.
- Cuando el último día del plazo sea inhábil, se entiende prorrogado al primer día hábil siguiente.
- Cuando un día fuese hábil en el municipio o Comunidad Autónoma en que reside el interesado e inhábil en la sede del órgano administrativo, o a la inversa, se considera inhábil en todo caso (art. 48 LRJAP y PAC).

2. *Ampliación de los plazos*

La Administración, salvo precepto en contrario, podrá conceder de oficio o a petición de los interesados, una ampliación de los plazos establecidos. Esta ampliación no podrá exceder de la mitad del plazo.

Para acordar la ampliación de un plazo se deberán ponderar las circunstancias del caso y con ello no se podrán perjudicar los derechos de tercero. Este acuerdo se deberá notificar a los interesados.

Los acuerdos sobre ampliación de plazos o sobre su denegación no son susceptibles de recursos.

En los procedimientos tramitados por las misiones diplomáticas y oficinas consultares así como aun tramitándose en el interior exijan cumplimentar algún trámite en el extranjero o en los que intervengan interesados residentes fuera de España, se aplicará la ampliación de los plazos por el tiempo máximo permitido en todo caso.

La petición de los interesados como la decisión sobre la ampliación deberán producirse, en todo caso, antes del vencimiento del plazo de que se trate.

En ningún caso se podrá ampliar un plazo ya vencido (art. 49 LRJAP y PAC).

3. *Tramitación de urgencia*

Se puede acordar, de oficio o a petición del interesado, la aplicación de la tramitación de urgencia, de oficio o a petición del interesado. Este acuerdo se adoptará cuando razones de interés público lo aconsejen.

La tramitación de urgencia de un procedimiento supone que se reduzcan a la mitad los plazos establecidos para el procedimiento ordinario, salvo para presentar solicitudes o recursos.

No cabe recurso contra este tipo de acuerdos por los que se declara la aplicación de la tramitación de urgencia al procedimiento (art. 50 LRJAP y PAC).

VIII. RESPONSABILIDAD PATRIMONIAL DE LAS ADMINISTRACIONES PÚBLICAS

1. *Concepto de responsabilidad patrimonial*

Los particulares tienen derecho a ser indemnizados por las Administraciones Públicas correspondientes de toda lesión que sufran en cualquiera de sus bienes y derechos, salvo fuerza mayor, siempre que la lesión sea consecuencia del funcionamiento normal o anormal de los servicios públicos.

La exigencia de responsabilidad puede derivarse tanto de la acción como de la omisión.

2. *Daño*

El daño alegado ha de ser efectivo, evaluable económicamente e individualizado con relación a una persona o un grupo de personas (Arts. 9.3, 106.2 CE y 139 LRJAP y PAC).

Sólo son indemnizables las lesiones producidas al particular provenientes de daños que éste no tiene el deber jurídico de soportar de acuerdo con la ley, sin que sean indemnizables los daños que se deriven de hechos o circunstancias que no se hubiesen podido prever o evitar según el estado de los conocimientos de la ciencia o de la técnica existentes en el momento de la producción de aquéllos.

La anulación en vía administrativa o por el orden jurisdiccional contencioso-administrativo de los actos o disposiciones administrativas no presupone derecho a la indemnización, pero si la resolución o disposición impugnada lo fuese por razón de su fondo o forma, el derecho a reclamar prescribirá al año de haberse dictado la sentencia definitiva (art. 142.4 LRJAP y PAC).

3. *Relación de causalidad*

Ha de existir una relación causa-efecto entre el daño que se alega y una acción u omisión de la Administración. La relación de causalidad ha de ser directa, inmediata y exclusiva.

4. *Indemnización. Cuantía*

La indemnización se calculará con arreglo a:

- criterios de valoración establecidos en la legislación de expropiación forzosa,
- legislación fiscal, y

- demás normas aplicables, ponderándose, en su caso, las valoraciones predominantes del mercado.

La cuantía de la indemnización se calculará con referencia al día en que la lesión efectivamente se produjo, sin perjuicio de su actualización a la fecha en que se ponga fin al procedimiento de responsabilidad con arreglo al IPC y por los intereses de demora en el pago de la indemnización fijada.

La indemnización procedente podrá sustituirse por una compensación en especie o ser abonada mediante pagos periódicos, siempre que exista acuerdo con el interesado, cuando resulte más adecuado para lograr la reparación debida y convenga al interés público (art. 141 LRJAP y PAC).

5. *El procedimiento administrativo de responsabilidad patrimonial*

A) Reclamación administrativa previa a la vía jurisdiccional

El reconocimiento de la responsabilidad patrimonial de la Administración requiere la **tramitación de un expediente administrativo**, mediante un procedimiento especial.

Existen dos tipos de procedimiento el general y el procedimiento abreviado, en este último caso, cuando sea inequívoca la relación de causalidad entre el funcionamiento del servicio público u omisión y la lesión, la valoración del daño y el cálculo de la cuantía de la indemnización.

B) Órgano competente para resolver

Estos procedimientos se resolverán por el Ministro respectivo, el Consejo de Ministros si una Ley así lo dispone, o por los órganos correspondientes de las Comunidades Autónomas o de las Entidades de la Administración Local.

Con relación a las Entidades de Derecho Público se resolverá por los órganos que correspondan si así lo determina su norma de creación.

Esto repercute en el órgano judicial que posteriormente conocerá de la impugnación de estas resoluciones.

C) Acuerdo indemnizatorio

En cualquier momento del procedimiento, siempre con anterioridad al trámite de audiencia, el órgano competente, a propuesta del instructor, podrá acordar con el interesado la terminación convencional del procedimiento mediante acuerdo indemnizatorio.

D) Plazo general de prescripción del derecho a reclamar: un año.

El derecho a reclamar prescribe al año de producido el hecho o el acto que motive la indemnización o de manifestarse su efecto lesivo.

En caso de daños de carácter físico o psíquico, a las personas el plazo empezará a computarse desde la curación o la determinación del alcance de las secuelas (arts. 142.5 LRJAP y PAC y 4.1 RRP).

E) Finalización de la vía administrativa

La resolución administrativa de los procedimientos de responsabilidad pone fin a la vía administrativa. Es decir, no cabrá recurso alguno ante la propia Administración (salvo el recurso potestativo de reposición), y para su impugnación habrá que acudir a la jurisdicción contencioso-administrativa.

F) Plazo para entender desestimada la reclamación

Transcurrido el plazo de **seis meses** desde que se formuló la solicitud, o el plazo que resulte de añadirles un período extraordinario de prueba, sin que haya recaído resolución expresa, podrá entenderse desestimada a efectos de recurrir contra el acto presunto desestimatorio ante el órgano judicial competente de la jurisdicción contencioso-administrativa (arts 142. 7 LRJAP y PAC y 13.3 RRP).

G) Responsabilidad concurrente en las Administraciones Públicas.

La responsabilidad entre las Administraciones implicadas es solidaria.

Se da concurrencia de responsabilidad cuando de la gestión dimanante de fórmulas colegiadas de actuación entre varias Administraciones se derive responsabilidad.

La Administración competente para la iniciación, instrucción y decisión será la fijada en los Estatutos o Reglas de organización, o, en su defecto, la Administración Pública con mayor participación (art. 140 LRJAP y PAC).

6. *Procedimiento general u ordinario*

A) Iniciación del procedimiento

Los procedimientos de responsabilidad patrimonial de las Administraciones Públicas se iniciarán de oficio o por reclamación de los interesados (art. 4.1 RRP).

B) Escrito de reclamación del interesado

Cuando el procedimiento se inicie a instancia del interesado, la reclamación se dirigirá al órgano competente (art. 6 RRP), y habrá de tener el siguiente contenido (arts. 70 LRJAP y PAC y 6 RRP):

- La solicitud deberá contener el nombre y apellidos del interesado o, en su caso, la persona que lo represente, así como el domicilio a efecto de notificaciones.
- Hechos, razones y petición en que se concrete, con claridad la solicitud. Se deberán especificar las lesiones producidas.
- La presunta relación de causalidad entre éstas y el funcionamiento del servicio público, la evaluación económica de la responsabilidad patrimonial si fuera posible, y el momento en que la lesión efectivamente se produjo.
- Se formularán las alegaciones que se consideren oportunas y se acompañarán al escrito cuantos documentos e informaciones que se estimen convenientes.
- Este escrito contendrá la proposición de prueba y concretará los medios de que pretenda valerse el reclamante.
- Lugar y fecha.
- Firma del solicitante o acreditación de la autenticidad de su voluntad expresada por cualquier medio.
- Órgano, centro o unidad administrativa a la que se dirige.

C) Prueba

El período probatorio tiene un plazo de treinta días en el que se practicarán las pruebas declaradas pertinentes.

El órgano instructor sólo podrá rechazar las pruebas propuestas por los interesados cuando sean manifiestamente improcedentes o innecesarias mediante resolución motivada.

Cuando sea necesario, el instructor, a petición de los interesados podrá decidir la apertura de un período extraordinario de prueba (art. 9 RRP).

D) Informes

El órgano instructor podrá solicitar los informes que considere necesarios, en todo caso solicitará informe al servicio cuyo funcionamiento haya ocasionado la presunta lesión que fundamenta la reclamación (art. 10 RRP).

E) Trámite de audiencia

Instruido el procedimiento, e inmediatamente antes de redactar la propuesta de resolución, se pondrá aquél de manifiesto al interesado, facilitándole una relación de los documentos obrantes en el procedimiento, a fin de que puedan obtener copia de lo que estimen convenientes, y se les concederá un plazo entre diez y quince días para formular alegaciones, presentar nuevos documentos y justificaciones.

En este trámite de audiencia el interesado podrá proponer al órgano instructor la terminación convencional del procedimiento fijando los términos definitivos del acuerdo indemnizatorio que estaría dispuesto a suscribir con la Administración Pública.

En los procedimientos iniciados de oficio si el interesado no se persona en trámite alguno del procedimiento ni tampoco en el de audiencia, el instructor propondrá que se dicte resolución declarando el archivo provisional de las actuaciones, que se convertirá en definitivo cuando haya transcurrido el plazo de prescripción de la reclamación, salvo que el interesado se persone en el procedimiento en este plazo (art. 11 RRP).

F) Dictamen

Concluido el trámite de audiencia, en el plazo de diez días, el instructor propondrá que se recabe, cuando sea preceptivo, el dictamen del Consejo de Estado, órgano consultivo, o, en su caso, del órgano consultivo de la Comunidad Autónoma.

El dictamen se ha de pronunciar sobre la existencia o no de relación de causalidad entre el funcionamiento del servicio público y la lesión producida y, en su caso, sobre la valoración del daño causado y la cuantía y el modo de la indemnización.

El plazo para emitir el dictamen es de dos meses.

G) Terminación

En el plazo de veinte días desde la recepción, en su caso, del dictamen o cuando éste no sea preceptivo, desde la conclusión del trámite de audiencia, el órgano competente resolverá o someterá la propuesta de acuerdo para su formalización por el interesado y por el órgano competente para suscribirlo.

La resolución se pronunciará sobre la existencia o no de la relación de causalidad entre el funcionamiento del servicio público y la lesión producida, en su caso, la valoración del daño causado y la cuantía de la indemnización, explicitando los criterios utilizados para su determinación.

7. Procedimiento abreviado

A) Principios

Iniciado el procedimiento, cuando sea inequívoca la relación de causalidad entre el funcionamiento del servicio público y la lesión, así como la valoración del daño y el cálculo de la cuantía de la indemnización, el órgano competente podrá acordar la sustanciación de un procedimiento abreviado, a fin de reconocer el derecho a la indemnización en el plazo de treinta días.

De no recaer resolución expresa se podrá entender desestimada la solicitud de indemnización (art. 143 LRJAP y PAC).

B) Tramitación

- La iniciación del procedimiento abreviado la adoptará el órgano instructor cuando considere que concurren los requisitos señalados de este procedimiento. Sólo podrá iniciarse antes del trámite de audiencia (RRP 14).
- Se notificará al interesado el acuerdo de iniciación del procedimiento abreviado, facilitándole una relación de los documentos obrantes en el procedimiento, para obtener copia, y se le concederá un plazo máximo de cinco días para formular alegaciones, y presentar los documentos y justificaciones que estimen oportunas.
- Tanto el órgano instructor como el lesionado podrán acordar proponer la terminación convencional del procedimiento fijando los términos de una propuesta de acuerdo indemnizatorio.
- Concluido el trámite de audiencia propondrá en el plazo de cinco días, cuando proceda, que se solicite dictamen del órgano consultivo, que deberá ser emitido en el plazo de diez días.
- Recibido, en su caso, el dictamen, o transcurrido el plazo para su emisión, el órgano competente resolverá el procedimiento o someterá la propuesta de acuerdo para su formalización por el interesado y por el órgano administrativo competente para suscribirlo. Si este dictamen discrepa de la propuesta de resolución o de la propuesta de resolución convencional, el órgano competente para resolver acordará el levantamiento de la suspensión del procedimiento general y la remisión de todo lo actuado al órgano competente para su instrucción.

8. Reclamación en la vía judicial

Finalizado el procedimiento administrativo de reclamación patrimonial bien por resolución expresa o por silencio cabe recurso contencioso-administrativo.

En los casos de impugnación ante los órganos judiciales de actos administrativos cabe acumular a la pretensión de anulación la indemnización de los daños y perjuicios (art. 31.2 LJCA). También cabe formular la reclamación una vez obtenida la sentencia firme anulatoria del acto, siendo el plazo de un año desde su firmeza.

IX. PROCEDIMIENTOS ESPECIALES DE RESPONSABILIDAD PATRIMONIAL DE LAS ADMINISTRACIONES PÚBLICAS

A) Responsabilidad patrimonial del Estado por el funcionamiento de la Administración de Justicia

a) Concepto

La responsabilidad patrimonial del Estado por el funcionamiento de la Administración de Justicia se rige por la Ley Orgánica del Poder Judicial (arts. 121 y 292 a 297 LOPJ).

En este caso, los daños causados en cualesquiera bienes o derechos serán consecuencia o bien de error judicial o bien como consecuencia del funcionamiento anormal de la Administración de Justicia.

Estos daños darán a todos los perjudicados derecho a una indemnización a cargo del Estado salvo en los casos de fuerza mayor.

El Estado responderá también de los daños que se produzcan por dolo o culpa grave de los Jueces y Magistrados.

En ningún caso habrá lugar a la indemnización cuando el error judicial o el anormal funcionamiento de los servicios tuvieran por causa la conducta dolosa o culposa del perjudicado (art. 294.3 LOPJ).

La mera revocación o anulación de las resoluciones judiciales no presupone por sí sola derecho a indemnización (art. 292 LOPJ).

b) Decisión judicial previa que expresamente reconozca el error judicial

La reclamación de indemnización por causa de error judicial deberá ir precedida de una decisión judicial que expresamente lo reconozca. Esta decisión previa podrá resultar directamente de una sentencia dictada en virtud de recurso de revisión, se aplicarán las reglas:

- La acción judicial para el reconocimiento del error deberá instarse inexcusablemente en el plazo de tres meses a partir del día en que pudo ejercitarse.
- La pretensión de declaración del error se deducirá ante la Sala del Tribunal Supremo correspondiente al mismo orden jurisdiccional que el órgano a quien se imputa el error, y si éste se atribuye a una Sala o Sección del Tribunal Supremo la competencia corresponde a la Sala que se establece en el artículo 61 LOPJ.
- El procedimiento para sustanciar esta pretensión es el del recurso de revisión en materia civil, siendo partes, en todo caso, el Ministerio Fiscal y la Administración del Estado.
- El Tribunal dictará sentencia definitiva, sin ulterior recurso en el plazo de quince días, con informe previo del órgano jurisdiccional a quien se atribuye el error.
- Si el error no fuera apreciado se impondrán las costas al peticionario.
- No procede la declaración de error contra la resolución judicial mientras no se hubieren agotado previamente los recursos previstos en el ordenamiento.
- La solicitud de declaración del error no impide la ejecución de la resolución judicial a la que se impute (art. 293.2 LOPJ).

c) Procedimiento administrativo

Tanto en el supuesto de error judicial declarado por la resolución judicial como en el de daño causado por el anormal funcionamiento de la Administración de Justicia, el interesado dirigirá su petición indemnizatoria directamente al **Ministerio de Justicia**, tramitándose la misma con arreglo a las normas reguladoras de la responsabilidad patrimonial y contra esta resolución cabrá recurso contencioso-administrativo.

El derecho a reclamar la indemnización prescribirá al año, a partir del día en que pudo ejercitarse (art. 293. 2 LOPJ).

d) Derecho a la indemnización de quienes después de haber sufrido prisión preventiva sean absueltos por inexistencia del hecho imputado

Tienen derecho a la indemnización quienes después de haber sufrido prisión preventiva, sean absueltos por inexistencia del hecho imputado o por esta misma causa haya sido dictado auto de sobreseimiento libre, siempre que se le haya irrogado un perjuicio.

La cuantía de la indemnización se fijará en función del tiempo de privación de libertad y de las consecuencias personales o familiares que se hayan producido.

Esta petición se tramitará de acuerdo directamente ante el Ministerio de Justicia, tramitándose la misma con arreglo a las normas reguladoras de la responsabilidad patrimonial del Estado (art. 294 LOPJ).

B) Responsabilidad del Estado legislador

Las Administraciones Públicas indemnizarán a los particulares por los actos legislativos de naturaleza no expropiatoria de derechos y que los particulares no tengan el deber jurídico de soportar, cuando se establece en los propios actos legislativos y en los términos en que se especifiquen (art. 139.3 LRJAP y PAC).

La aplicación de las leyes dará lugar a la obligación de indemnizar por parte del Estado por los daños causados en tres supuestos:

- Cuando las leyes tengan un contenido expropiatorio de derechos.
- Cuando de la declaración de inconstitucionalidad de la ley se traiga causa un daño.
- Casos distintos a los anteriores en lo que sea manifiesto algún tipo de compensación.

El órgano competente para la tramitar y resolver estas peticiones de indemnización por acto legislativo es el Consejo de Ministros en el ámbito estatal y, en el ámbito autonómico, el Consejo de Gobierno de la Comunidad Autónoma.

También incurre en responsabilidad el Estado-legislador por incumplimiento del Derecho comunitario.

— Esquema del procedimiento de reclamación de la responsabilidad patrimonial

INICIO DEL PROCEDIMIENTO

- **SOLICITUD**

— **Requisitos**

  - Nombre y apellidos del interesado.
  - Domicilio a efecto de notificaciones.
  - Órgano a que se dirige.
  - Lugar, fecha y firma.
  - Hechos, razones y petición en que se concrete con toda claridad la solicitud.
  - Daño alegado: efectivo, evaluable económicamente e individualizado en relación con una persona o grupo de personas.
  - Relación causa-efecto entre el daño que se alega y una acción u omisión de la Administración.
  - Cuantía de la indemnización solicitada.

— Acompañar la documentación que justifique y acredite lo alegado y proponer la prueba que se considere necesaria.

- **PLAZO: 1 año**

— Desde que se produjo el hecho o acto que motive la indemnización o de manifestarse el efecto lesivo.

— Daños a las personas, desde la curación o la determinación del alcance de las secuelas.

INSTRUCCIÓN DEL PROCEDIMIENTO

- **ADMISIÓN A TRÁMITE DEL ESCRITO DE RECLAMACIÓN**
- **PERÍODO PROBATORIO.**—Plazo de 30 días para practicar las pruebas declaradas pertinentes.
- **INFORMES**: El órgano instructor solicitará informe al servicio cuyo funcionamiento haya sido objeto de reclamación, así como los que considere necesarios.
- **TRÁMITE DE AUDIENCIA**, antes de redactar la propuesta de resolución, concediendo al interesado un plazo de entre 10 y 15 días, para solicitar copia de los documento obrantes en el expediente, formular alegaciones y aportar nuevos documentos o justificaciones.
- **DICTAMEN DEL ÓRGANO CONSULTIVO, SI ES PRECEPTIVO**, acerca de:

— Existencia o no de la relación de causalidad entre el funcionamiento del servicio público y la lesión producida.

— Valoración del daño causado.

— Cuantía y modo de la indemnización.

TERMINACIÓN DEL PROCEDIMIENTO

- **RESOLUCIÓN**:

— Expresa.—Deberá pronunciarse sobre la existencia o no de la relación de causalidad entre el funcionamiento del servicio público y la lesión producida, la valoración del daño causado y cuantía de la indemnización.

— Desestimación presunta.—Transcurridos 6 meses desde que se formuló la solicitud, o el plazo que resulte de añadirles un período extraordinario de prueba, sin que haya recaído resolución expresa, podrá entenderse desestimada a efectos de recurrir contra el acto presunto desestimatorio ante el órgano judicial competente.

- **CONVENCIONAL**, mediante acuerdo indemnizatorio entre la Administración y el interesado.

RECURSOS

Finalizado el procedimiento administrativo de reclamación patrimonial, bien por resolución expresa o por desestimación presunta por silencio administrativo, se agota la vía administrativa, y cabe recurso contencioso-administrativo.

— *Modelo de solicitud de responsabilidad patrimonial*

D./D.ª ... ... (Nombre y apellidos del recurrente) con DNI n.º ... ... (Número de Documento Nacional de Identidad), con domicilio a efecto de notificaciones ... ... (Dirección donde desea recibir las notificaciones), según lo dispuesto en los *artículos 139 y siguientes de la Ley 30/1992, de 26 de noviembre, de Régimen Jurídico de las Administraciones Públicas y del Procedimiento Administrativo Común (LRJ-PAC),*

Formula **escrito de RECLAMACIÓN RESPONSABILIDAD PATRIMONIAL**, de acuerdo con los siguientes

MOTIVOS:

(En cada apartado se especificarán de forma ordenada las circunstancias que concurren en el caso)

Primero: ... (lesiones producidas y momento en que efectivamente se produjeron)

Segundo: ... (la presunta relación de causalidad entre las lesiones y el funcionamiento del servicio público)

Tercero: ... (la evaluación económica de la responsabilidad patrimonial si fuera posible)

Cuarto: ... (se expondrán las alegaciones e informaciones que se estimen oportunas)

Quinto: ... (se propone la práctica de los medios de prueba de que pretende valerse)

A este escrito se acompañan los siguientes **documentos:**

(Se enumerarán de forma ordenada los documentos que se acompañan al escrito de reclamación responsabilidad patrimonial y los medios de prueba que se proponen)

1.— (...)

2.— (...)

Por todo lo cual

SOLICITA

que se tenga por **presentado este escrito de reclamación responsabilidad patrimonial** y acuerde:

1.°.— ... ... (Declarar la existencia del daño producid).

2.°.—... ... ... (Reconocer la existencia de la relación de causalidad entre el funcionamiento del servicio público y la lesión producida).

3.°.—... ... ... (Reconocer como valoración del daño producido consecuencia del funcionamiento del servicio público una indemnización por cuantía de...).

(Lugar y fecha del recurso) ... ... , ... de ... ... de ... ...

(Firma)

(Órgano administrativo al que se dirige la reclamación)

X. PROCEDIMIENTO SANCIONADOR

Regulado en el RD 1398/1993, por el que se aprueba el Reglamento del Procedimiento para el Ejercicio de la Potestad Sancionadora.

1. Inicio del procedimiento sancionador

A) Forma de iniciación

Los procedimientos sancionadores se iniciarán siempre de oficio, por acuerdo del órgano competente, y se distinguen las siguientes formas (art. 11, RD 1398/1993):

- **Por propia iniciativa**, que se produce con la actuación derivada del conocimiento directo o indirecto de las conductas o hechos susceptibles de constituir infracción por el órgano que tiene atribuida la competencia de iniciación.
- **Por orden superior**, mediante la orden emitida por un órgano administrativo superior jerárquico del órgano competente para la iniciación, y dicha orden deberá expresar, en la medida de lo posible, la persona o personas presuntamente responsables, las conductas o hechos que pudieran constituir infracción administrativa y su tipificación, así como el lugar y fecha en que los hechos se produjeron.
- **Por petición razonada** por parte de cualquier órgano administrativo que no tiene competencia para iniciar el procedimiento, y que ha tenido conocimiento de los hechos que pudieran constituir infracción, y dicha petición deberá especificar en la medida de lo posible, la persona o personas presuntamente responsables, las conductas o hechos que pudieran constituir infracción administrativa y su tipificación, así como el lugar y fecha en que los hechos se produjeron. La formulación de una petición no vincula al órgano competente para iniciar el procedimiento sancionador, si bien, debe comunicar al órgano que la hubiera formulado, los motivos por los que no procede la iniciación del procedimiento.
- **Por denuncia**, entendiendo por ello, el acto por el que cualquier persona, en cumplimiento o no de una obligación legal, pone en conocimiento de un órgano administrativo la existencia de un determinado hecho que pudiera constituir infracción administrativa. Si la denuncia va acompañada de una solicitud de iniciación, se deberá comunicar al denunciante la iniciación o no del procedimiento.

B) Actuaciones previas

Con anterioridad al inicio del procedimiento sancionador, se podrán realizar actuaciones previas con el fin de determinar con carácter preliminar si concurren circunstancias que justifiquen tal iniciación (art. 12 RD 1398/1993).

Las actuaciones se orientarán a determinar, con la mayor precisión posible, las siguientes circunstancias:

— Los hechos susceptibles de motivar la incoación de un procedimiento sancionador.

— La identificación de la persona o personas que pudieran resultar responsables.

— Las circunstancias relevantes que pudieran concurrir tanto en los hechos como en las personas responsables.

El órgano competente para realizar estas actuaciones previas será:

- El órgano que tenga atribuida funciones de investigación, averiguación o inspección en la materia.
- En defecto de éste, se llevarán a cabo por la persona u órgano administrativo que determine el órgano competente para la iniciación y resolución del procedimiento.

C) Acuerdo de iniciación del procedimiento sancionador

La iniciación de los procedimientos sancionadores se realizarán con el siguiente **contenido mínimo** (art. 13.1 RD 1398/1993):

— Identificación de la persona o personas presuntamente responsables.

— Exposición sucinta de los hechos que motivan la incoación del procedimiento y su posible calificación.

— Las sanciones que pudieran corresponder, sin perjuicio de lo que resultare de la instrucción.

— Identificación del instructor, y en su caso, del secretario del procedimiento, con expresa indicación de régimen de recusación de los mismos.

— Órgano competente para la resolución del expediente y norma que le atribuya tal Competencia.

— Indicación de la posibilidad de reconocer voluntariamente la responsabilidad.

— Medidas de carácter provisional que se hayan acordado.

— Indicación del derecho a formular alegaciones y a la audiencia en el procedimiento, así como de los plazos para su ejercicio.

D) Notificación del acuerdo de iniciación

El acuerdo de iniciación se comunicará (art. 13.2 RD 1398/1993):

- al instructor y
- se notificará al denunciante, si reuniera la condición de interesado
- se notificará al inculpado y demás interesados, si existieran.

— La notificación advertirá a los interesados, que de no efectuar alegaciones en el plazo de 15 días, la iniciación podrá ser considerada como propuesta de resolución cuando contenga un pronunciamiento preciso acerca de la responsabilidad imputada.

— **Caducidad inicial.**—Transcurridos dos meses desde la fecha en que se inició el procedimiento sin haberse practicado la notificación de éste al imputado, se procederá al archivo de las actuaciones, lo que no impedirá la incoación de un nuevo procedimiento sancionador, en el caso de que no haya prescrito el derecho de la administración a sancionar por la comisión de la infracción correspondiente.

2. *Instrucción del procedimiento sancionador*

A) Formulación de alegaciones (art. 16.1 RD 1398/1993).—Una vez notificado el acuerdo de iniciación, todos los interesados, y especialmente el presunto infractor, pueden formular alegaciones, aportar documentos o informaciones que estimen convenientes y proponer pruebas, en el plazo de **quince días:**

— El contenido de las alegaciones irá dirigido fundamentalmente a desvirtuar las imputaciones realizadas por el acuerdo de iniciación, tanto desde la vertiente del derecho sustantivo como procedimental.

— La aportación de documentos, se producirá junto con el escrito de alegaciones, si bien, el art. 3.2 RD 1398/1993, permite a los interesados formular alegaciones y aportar los documentos que estimen convenientes en cualquier momento anterior al trámite de audiencia.

— La proposición de prueba habrá de hacerse, concretando los medios de los que pretendan valerse, como pericial, documental, testifical...

— El presunto responsable:

- tiene derecho a utilizar todos los medios pertinentes para su defensa admitidos por el ordenamiento jurídico, sin que en ningún caso pueda producirse indefensión,

- tiene derecho a la presunción de inocencia,
- derecho a no declarar contra sí mismo
- derecho a no confesarse culpable.

— Si el presunto responsable no presenta alegaciones, el acuerdo de iniciación podrá ser considerado propuesta de resolución, siempre que contenga un pronunciamiento preciso acerca de la responsabilidad imputada.

— En este trámite el interesado-imputado podrá reconocer su responsabilidad en los hechos, la resolución sancionadora respetará tanto los hechos, como las responsabilidades sancionadoras contenidas en el acuerdo de iniciación notificado.

B) Admisión, práctica de la prueba y valoración.—Transcurrido el plazo de 15 días señalado para la formulación de alegaciones y proposición de pruebas, el órgano instructor podrá acordar la apertura de un período de prueba por un plazo no superior a 30 días ni inferior a 10 días (art. 17 RD 1398/1993).

— El órgano instructor podrá rechazar de forma motivada la práctica de aquellas pruebas propuestas por los interesados que sean consideradas improcedentes.

— La prueba se practicará de oficio o a instancia de cualquier interesado en el procedimiento: prueba documental pública, prueba de informes, prueba testifical.

— La práctica de la prueba se realizará de conformidad con lo dispuesto en el art. 81 de la Ley 30/1992, debiéndose comunicar a los interesados la práctica de las pruebas con antelación suficiente, señalando el lugar, fecha y hora en la que se llevará a cabo.

— Los hechos constatados por funcionarios a los que se reconoce la condición de autoridad, y que se formalicen en documento público observando los requisitos legales pertinentes, tendrán valor probatorio, sin perjuicio de las pruebas que en defensa de los respectivos derechos o intereses puedan señalar o aportar los propios interesados.

— Cuando la valoración de las pruebas practicadas pueda constituir el fundamento básico de la decisión que se adopte, por ser pieza imprescindible en la evaluación de los hechos, deberá incluirse en la propuesta de resolución.

3. Propuesta de resolución y trámite de audiencia

— Concluida en su caso la prueba, el órgano instructor del procedimiento formulará propuesta de resolución (art. 18 RD 1398/1993) en la que se fijarán y determinarán:

- de forma motivada los hechos, especificándose los que se consideren probados,
- la exacta calificación jurídica de los hechos,
- la infracción cometida,
- la persona o personas que resulten responsables,
- la sanción que se propone que se imponga,
- las medidas provisionales que se hubieran adoptado,
- o, por el contrario, se propondrá la declaración de no existencia de infracción o responsabilidad.

— Cuando la valoración de las pruebas practicadas pueda constituir el fundamento básico de la decisión que se adopte, por ser pieza imprescindible en la evaluación de los hechos, deberá incluirse en la propuesta de resolución.

— Con carácter general, la propuesta de resolución es un acto que debe dictarse y notificarse. Sin embargo, **se puede prescindir** de hacerlo, cuando en un momento anterior ya se ha notificado al presunto responsable el acuerdo de iniciación con el pronunciamiento necesario sobre los hechos imputados, su posible calificación y responsabilidad, **siempre que tales determinaciones iniciales no hayan variado tras la instrucción.**

— La propuesta de resolución se notificará a los interesados, indicándoles la puesta de manifiesto del procedimiento.

— A la notificación de la PROPUESTA DE RESOLUCIÓN se acompañará una relación de los documentos obrantes en el procedimiento, a fin de que los interesados, puedan obtener las copias de los que estimen convenientes, concediéndoles un plazo de 15 días para formular alegaciones y presentar los documentos e informaciones que estimen procedentes ante el instructor del procedimiento.

— Se podrá prescindir del Trámite de Audiencia cuando no figuren en el procedimiento ni sean tenidos en cuenta otros hechos, ni otras alegaciones y pruebas que las aportadas por el interesado.

— La propuesta de resolución se remitirá inmediatamente al órgano competente para resolver el procedimiento, junto con todos los documentos, alegaciones e informaciones que obren en el mismo.

4. Resolución

A) Contenido. Es imprescindible que la resolución sancionadora sea **motivada,** que decida sobre todas las cuestiones planteadas por los interesados y aquellas otras derivadas del procedimiento y deberá contener los siguientes elementos (art. 30.4 RD 1398/1993):

— Identificación del órgano sancionador.

— Fijación de los hechos probados.

— Valoración de las pruebas practicadas, especialmente de aquellas que constituyan los fundamentos básicos de la decisión.

— Fijación de la persona o personas responsables.

— Infracción o infracciones cometidas.

— Sanción o sanciones que impone.

— Si las conductas sancionadas hubieran causado daños o perjuicios a la Administración Pública, la resolución podrá declarar (art. 22 RD 1398/1993):

- La exigencia al infractor de la reposición a su estado originario de la situación alterada por la infracción.
- La indemnización por los daños y perjuicios causados, cuando su cuantía haya quedado determinada durante el procedimiento. Si no es así, la indemnización por los daños y perjuicios se determinará mediante un procedimiento complementario, cuya resolución será inmediatamente ejecutiva.

— Puede ocurrir que la resolución sea absolutoria, debiendo estar igualmente motivada, y con el contenido necesario antes indicado, a fin de que pueda ser objeto de impugnación por otros interesados en el procedimiento distintos del imputado.

— Es necesario también que la resolución sancionadora indique si ésta agota o no la vía administrativa, así como los recursos que puedan interponerse contra ésta y el plazo para su interposición.

B) Actuaciones complementarias.—La resolución se adoptará en el plazo de 10 días desde la recepción de la propuesta de resolución, salvo que se acuerde por el órgano competente para resolver la realización de actuaciones complementarias indispensables para resolver el procedimiento, en cuyo caso, dicho acuerdo se notificará a los interesados concediéndoles un plazo de 7 días para formular alegaciones, debiendo practicarles las actuaciones complementarias en un plazo no superior a 15 días. El plazo para resolver el procedimiento quedará suspendido hasta la terminación de las actuaciones complementarias.

C) Agravamiento de la infracción.—En la resolución no se podrán aceptar hechos distintos de los fijados en la fase de instrucción del procedimiento, con independencia de su diferente valoración jurídica, salvo los que resulten de la práctica de actuaciones complementarias. Sin embargo, cuando el órgano que haya de resolver considere que la infracción reviste mayor gravedad que la determinada por el instructor en la propuesta de resolución, se notificará al inculpado para que aporte cuantas alegaciones estime convenientes, concediéndole para ello un plazo de 15 días, con el fin de evitar indefensión.

D) Caducidad del procedimiento.—El **plazo máximo** que puede transcurrir entre la fecha en que se dictó el acuerdo de iniciación del procedimiento sancionador (no desde que fue notificada al interesado) y la fecha de notificación de la resolución sancionadora **no puede exceder de seis meses**. Si transcurre dicho plazo, se produce de forma automática la **caducidad del procedimiento** (art. 20.6 RD 1398/1993).

El plazo de caducidad puede verse suspendido en los siguientes casos:

- Por la tramitación de un proceso penal por los mismos hechos, con identidad de sujetos y fundamentos (art. 7 RD 1398/1993).
- Por la tramitación de otro procedimiento por los mismos hechos, ante órganos comunitarios.
- Por el tiempo que el procedimiento se vea visto paralizado por causa imputable al interesado.

Transcurrido el plazo de caducidad, el órgano competente emitirá a solicitud del interesado, certificación en la que conste que ha caducado el procedimiento y se ha procedido al archivo de las actuaciones.

E) Notificación.—La resolución habrá de ser notificada al inculpado y demás interesados en el procedimiento:

— Si el procedimiento se hubiera iniciado como consecuencia de orden superior o petición razonada, la resolución se comunicará al órgano administrativo autor de aquélla.

— El mero denunciante no interesado, no tiene derecho a que se le notifique la resolución, sino sólo el inicio o no del procedimiento sancionado, siempre y cuando hubiera solicitado en su denuncia dicha iniciación.

5. *Procedimiento simplificado*

En el supuesto de que el órgano competente para iniciar el procedimiento sancionador considere que existen elementos de juicio suficientes para calificar la infracción como LEVE, se tramitará el procedimiento simplificado que se regula en el Capítulo V del RD 1398/1993 (arts. 23 y 24).

Se trata del mismo procedimiento sancionador visto, cuya especialidad radica en que los plazos para la realización de los sucesivos trámites se reducen, se suprime el trámite de audiencia tras la propuesta de resolución. El plazo de caducidad, es decir, el plazo máximo para resolver y notificar es de un mes, contado desde la fecha del acuerdo de iniciación.

6. *Normativa sobre procedimiento sancionador de las Comunidades Autónomas*

Algunas CC.AA. han desarrollado un procedimiento sancionador para el ejercicio de su propia potestad sancionadora, con ciertas particularidades respecto al regulado en el RD 1398/1993:

— **Aragón**: Decreto 28/2001, de 30 de enero, del Gobierno de Aragón, por el que se aprueba el Reglamento del Procedimiento para el Ejercicio de la Potestad Sancionadora de la Comunidad Autónoma de Aragón.

— **Asturias**: Decreto 21/1994, de 24 de febrero, por el que se aprueba el Procedimiento Sancionador General de la Administración del Principado de Asturias.

— **Castilla y León**: Decreto 189/1994, de 25 de agosto, por el que se aprueba el Reglamento Regulador del Procedimiento Sancionador de la Administración de Castilla y León.

— **Cataluña**: Decreto 278/1993, de 9 de noviembre.

— **Extremadura**: Decreto 9/1994, de 8 de febrero, por el que se aprueba el Reglamento sobre Procedimientos Sancionadores seguidos por la Junta Autónoma de Extremadura.

— **La Rioja**: Ley 3/1995, de 8 de marzo, de Régimen Jurídico del Gobierno y la Administración Pública de la Comunidad Autónoma de La Rioja.

— **Madrid**: Decreto 245/2000, de 16 de noviembre, por el que se aprueba el Reglamento para el ejercicio de la Potestad Sancionadora por la Administración de la Comunidad de Madrid.

— **País Vasco**: Ley 2/1998, de 20 de febrero, de la Potestad Sancionadora de las Administraciones Públicas de la Comunidad Autónoma del País Vasco.

7. *Normativa estatal: regímenes sancionadores específicos*

— **TRIBUTOS:**

- Ley 58/2003 General Tributaria.
- Real Decreto 2063/2004, de 15 de octubre, por el que se aprueba el Reglamento General del Régimen Sancionador Tributario.

— **ORDEN SOCIAL**:

- RDL 5/2000, que aprueba el Texto Refundido de la Ley de Infracciones y Sanciones en el Orden Social.
- Real Decreto 928/1998, por el que se aprueba el Reglamento General sobre Procedimientos para la Imposición de Sanciones por Infracciones de Orden Social y para los Expedientes Liquidatorios de Cuotas de la Seguridad Social.

— **CONSUMIDORES Y USUARIOS**:

- Ley 26/1984, General de Defensa de Consumidores y Usuarios.
- Real Decreto 1945/1983, que regula las Infracciones y Sanciones en Defensa del Consumidor y de la Producción Agroalimentaria.

— **COMERCIO MINORISTA**:

- Ley 7/1996, de Ordenación del Comercio Minorista.

- LO 2/1996, de Horarios Comerciales.

— **PROTECCIÓN DE DATOS**:

- LO 15/1999, de Protección de Datos de Carácter Personal.
- Real Decreto 1332/1994, por el que se desarrollan determinados aspectos de la Ley Orgánica 5/1992, de 29 de octubre, de Regulación del Tratamiento Automatizado de los Datos de carácter personal.

— **MERCADO DE VALORES**:

- Ley 30/92, de Régimen Jurídico de las Administraciones Públicas.
- Real Decreto 1398/1993, por el que se aprueba el Reglamento del Procedimiento para el Ejercicio de la Potestad Sancionadora.
- Real Decreto 2119/1993, sobre Procedimiento Sancionador aplicable a los sujetos que actúan en los Mercados Financieros.
- Reglamento de Régimen Interior de la Comisión Nacional del Mercado de Valores.

— **DERECHO DE LA COMPETENCIA**:

- Ley 16/1989, de Defensa de la Competencia.

— **TRÁFICO, CIRCULACIÓN Y SEGURIDAD VIAL:**

- Ley 18/1989, de Bases sobre Tráfico, Circulación de Vehículos a Motor y Seguridad Vial.
- Real Decreto Legislativo 339/1990, de aprobación del Texto Articulado de la Ley sobre Tráfico, Circulación de Vehículos a Motor y Seguridad Vial. Se ha modificado por:
    - Ley 5/1997.
    - Real Decreto 2822/1998, que aprueba el Reglamento General de Vehículos.
    - Ley 19/2001, modifica la Ley Tráfico.
    - Ley 17/2005, por la que se regula el Permiso y la Licencia de Conducción por puntos y se modifica el Texto Articulado de la Ley sobre Tráfico, Circulación de Vehículos a Motor y Seguridad Vial.
    - Real Decreto 13/1992, que aprueba el Reglamento General de Circulación
    - Real Decreto 320/1994, por el que se aprueba el Reglamento del Procedimiento Sancionador en materia de Tráfico, Circulación de Vehículos a Motor y Seguridad Vial. Se modificó por RD 137/2000 y RD 318/2003.

— **ARMAS Y EXPLOSIVOS:**

- LO 1/1992, de Protección de la Seguridad Ciudadana.
- Real Decreto 137/1993, que regula el Reglamento de Armas.
- Real Decreto 230/1998, que contiene el Reglamento de Explosivos.

— **CONTRABANDO:**

- LO 12/1995, de Represión del Contrabando.
- Real Decreto 1649/1998.

— **JUEGOS Y APUESTAS**

- Ley 34/1987, reguladora de la potestad sancionadora de la Administración Pública en materia de juegos de suerte, envite o azar.

- Real Decreto 2110/1998, que aprueba el Reglamento de Máquinas Recreativas y de Azar.

— **DEPORTE:**

- Ley 10/1990, del Deporte, ampliamente modificada por la Ley 53/2002.
- Real Decreto 1591/1992, sobre Disciplina Deportiva.
- Real Decreto 255/1992, que regula el régimen de infracciones y sanciones para la represión del dopaje.

— **SUBVENCIONES:**

- Ley 38/2003, de 17 de noviembre, General de Subvenciones.

— **PATRIMONIO DE LAS ADMINISTRACIONES PÚBLICAS:**

- Ley 33/2003, de Patrimonio del Estado.

— **PATRIMONIO HISTÓRICO-ARTÍSTICO:**

- Ley 16/1985, de Patrimonio Histórico Español.

— **RÉGIMEN DISCIPLINARIO MILITAR:**

- LO 11/1991, de la Guardia Civil.
- LO 8/1998, de las Fuerzas Armadas.
- LO 4/1987, de la Jurisdicción Militar.
- LO 2/1989, del Proceso Militar.

— **RÉGIMEN PENITENCIARIO:**

- LO 1/1979, General Penitenciaria.
- Real Decreto 190/1996, que aprueba el Reglamento Penitenciario.

— **MEDIO AMBIENTE:**

- Ley 16/2002, de prevención y control integrados de la contaminación.
- Real Decreto Legislativo 5/2004, por el que se regula el Régimen del comercio de derechos de emisión de gases de efecto invernadero.
- Real Decreto Legislativo 1302/1986, de evaluación de impacto ambiental y Real Decreto 1131/1988, por el que se aprueba su Reglamento.
- Ley 10/1998 de Residuos.
- Real Decreto 833/1988, por el que se aprueba la ejecución de la Ley 20/1986, Básica de Residuos Tóxicos y Peligrosos.
- Ley 37/2003 del Ruido.

— **COSTAS:**

- Ley 22/1998, de Costas.
- Real Decreto 1471/1989, por el que se aprueba el Reglamento del Dominio Público Marítimo-Terrestre.
- Real Decreto 1771/1994, de adaptación a la Ley 30/92 de determinados procedimientos administrativos en materia de aguas, costas y medio ambiente.

— **MONTES:**

- Ley 43/2003, de Montes.
- Ley 4/1989, de Espacios Naturales y de Flora y Fauna Silvestres.

— **AGUAS:**

- Real Decreto Legislativo 1/2001, por el que se aprueba el Texto Refundido de la Ley de Aguas.

- Real Decreto 849/1986, que aprueba el Reglamento del Dominio Público Hidráulico.

— **TRANSPORTE TERRESTRE**:

- Ley 16/1987, de Ordenación de los Transportes Terrestres.
- Real Decreto 1211/1990, que regula el Reglamento de la Ley de Ordenación de los Transportes Terrestre.

— **NAVEGACIÓN AÉREA:**

- Ley 48/1960, sobre Navegación Aérea.
- Ley 21/2003, de Seguridad Aérea.

8. Procedimiento sancionador de tráfico, circulación y seguridad vial

1. Normativa reguladora

- Ley 18/1989, de Bases sobre Tráfico, Circulación de Vehículos a Motor y Seguridad Vial.
- RDLeg 339/1990, de aprobación del Texto Articulado de la Ley sobre Tráfico, Circulación de Vehículos a Motor y Seguridad Vial. Se ha modificado por:
    - Ley 5/1997.
    - RD 2822/1998, que aprueba el Reglamento General de Vehículos.
    - Ley 19/2001.
    - Ley 17/2005, por la que se regula el Permiso y la Licencia de Conducción por puntos y se modifica el Texto Articulado de la Ley sobre Tráfico, Circulación de Vehículos a Motor y Seguridad Vial.
    - RD 13/1992, que aprueba el Reglamento General de Circulación.
    - RD 320/1994, por el que se aprueba el Reglamento del Procedimiento Sancionador en materia de Tráfico, Circulación de Vehículos a Motor y Seguridad Vial. Se modificó por RD 137/2000 y RD 318/2003.

2. Procedimiento

- Aplicación supletoria del RD 1398/1993, por el que se aprueba el Reglamento del Procedimiento para el ejercicio de la potestad sancionadora.
- <u>Modos de iniciación del procedimiento</u>:
    — De oficio, por la autoridad competente que tenga noticias de los hechos o por denuncia formulada por persona que tenga conocimiento de los hechos.

    — Denuncias de los Agentes de Autoridad, que constituyen por sí mismas el acto de iniciación del procedimiento sancionador, a diferencia del RD 1398/1993, y que hacen fe, salvo prueba en contrario, de los hechos denunciados.
- <u>Notificación de denuncia</u>.—Las denuncias de los agentes de la autoridad habrán de notificarse al denunciado en el acto, salvo que existan razones justificadas que deberán indicarse en el boletín de denuncia, por las que no se pudo realizar dicha notificación:
    — Momentos de gran intensidad de circulación, factores meteorológicos adversos, obras u otras circunstancias en que la detención del vehículo pueda originar un riesgo concreto.

- Si la autoridad ha tenido conocimiento de los hechos a través de medios de captación y reproducción de imágenes que permitan la identificación del vehículo.
- Vehículos estacionados, cuando el conductor no esté presente.

- Medidas cautelares, se regulan expresamente:
  - Inmovilización del vehículo.
  - Retirada y depósito del vehículo.
- Instrucción del procedimiento.—Una vez notificada la denuncia, en el acto o en un momento posterior, el infractor puede realizar alegaciones en el plazo de 15 días, aportando los documentos que tenga por convenientes y proponiendo la práctica de la prueba de la que intente valerse.
- Se acordará la apertura de un período probatorio de entre 10 y 30 días para la práctica de la prueba necesaria para la averiguación de los hechos o la posible determinación de la responsabilidad.
- Una vez concluida la instrucción, se dará audiencia al interesado y se elevará la propuesta de resolución al órgano sancionador. Sin embargo, se puede prescindir del trámite de audiencia, cuando no figuren en el procedimiento ni sean tenidos en cuenta en la resolución otros hechos y otras alegaciones y pruebas que las aducidas por el interesado.
- Prescripción de las infracciones:
  - Plazos:
    - Infracciones leves.—3 meses
    - Infracciones graves.—6 meses
    - Infracciones muy graves.—1 año
  - Cómputo.—El cómputo del plazo de prescripción comienza a partir del día en que los hechos se hayan cometido.
  - Se interrumpe por:
    - cualquier actuación de la administración, de la que tenga conocimiento el denunciado o esté encaminada a averiguar su identidad o domicilio y se practiquen con proyección externa a la dependencia en que se haya originado,
    - por la notificación de la denuncia,
    - por el ejercicio de actuaciones penales, hasta que se produzca resolución judicial absolutoria u otra que le ponga fin su declaración de responsabilidad.
- Prescripción de las sanciones.
  - Plazo.—1 año en todo tipo de sanciones.
  - Cómputo.—Desde el día siguiente a aquel en que adquiera firmeza la resolución sancionadora.
  - Se interrumpe por la iniciación del procedimiento de ejecución con conocimiento del interesado, volviendo a iniciarse la prescripción si la ejecución se paraliza por el transcurso de un mes por causa no imputable al infractor.
- Caducidad del expediente.—El plazo de caducidad es de **un año**, contado desde la iniciación del procedimiento.

PROCEDIMIENTOS ADMINISTRATIVOS EN MATERIA DE EXTRANJERÍA Y ASILO

Autor

César Pinto Cañón
Abogado

PROCEDIMIENTOS ADMINISTRATIVOS EN MATERIA DE EXTRANJERÍA Y ASILO

César Pinto Cañón
Abogado

G) Esquema del procedimiento administrativo de inadmisión a trámite de la solicitud de asilo formulada en frontera.

5. Tramitación de la solicitud de asilo una vez admitida a trámite.

A) Instrucción del expediente.

B) Plazo.

C) Audiencia al interesado.

D) Propuesta resolución.

E) Resolución del expediente.

F) Efectos de la resolución.

a) Resolución favorable.

b) resolución denegatoria.

G) Reexamen del expediente y recursos.

a) Reexamen.

b) Recurso de reposición.

c) Recurso contencioso-administrativo.

H) Esquema de la tramitación de la solicitud de asilo una vez admitida a trámite.

I. REGULACIÓN

1. Los distintos procedimientos administrativos establecidos en materia extranjería están regulados y configurados especialmente en dos normas:

La Ley Orgánica 4/2000, de 11 de enero, sobre derechos y libertades de los extranjeros en España y su integración social, modificada por LO 8/2000, de 22 de diciembre, por LO 11/2003, de 29 de septiembre y por LO 14/2003, de 20 de noviembre (en adelante LOEx).

Reglamento de la Ley Orgánica 4/2000, de 11 de enero, sobre derechos y libertades de los extranjeros en España y su integración social, aprobado por Real Decreto 2393/2004, de 30 de diciembre, modificado por el Real Decreto 1019/2006, de 8 de septiembre (en adelante Rex).

2. Los procedimientos relativos a las peticiones de asilo y materias conexas, por su parte, están fijados en las siguientes normas:

La Ley 5/1984, de 26 de marzo, reguladora del Derecho de Asilo y de la Condición de Refugiado, modificada por la Ley 9/1994, de 19 de mayo.

Reglamento de aplicación de la Ley 5/1984, de 26 de marzo, reguladora del Derecho de Asilo y de la condición de refugiado, modificada por la Ley 9/1994 de 19 de mayo, aprobado por Real Decreto 203/1995, de 10 de febrero, modificado por el Real Decreto 864/2001, de 20 de julio, por el Real Decreto 1325/2003, de 24 de octubre, y por el Real Decreto 2393/2004, de 30 de diciembre.

3. No obstante esta regulación especial, los procedimientos administrativos establecidos en materia de extranjería y asilo han de respetar, en todo caso, las garantías previstas en la legislación general sobre procedimiento administrativo (artículo 20.2 LOEx). Y, además, en las cuestiones no previstas por estas normas especiales, regirá como supletoria la legislación general. De este modo, serán aplicables a estas materias, salvo cuestiones especiales reguladas por su propia norma y siempre respetando las garantías básicas y generales, la Ley de Régimen Jurídico de las Administraciones Públicas y del Procedimiento Administrativo Común; 30/1992, de 26 de noviembre y otras normas de desarrollo de esta como el Reglamento del Procedimiento para el ejercicio de la potestad sancionadora; Real Decreto 1398/1993, de 4 de agosto.

4. El artículo 3.1 LOEx establece que, como criterio interpretativo general de las normas en materia de extranjería, se entenderá que los extranjeros ejercitan los derechos que les reconoce la LOEx en condiciones de igualdad con los españoles. A su vez, este mismo precepto, en su apartado 2 dispone que las normas relativas a los derechos fundamentales de los extranjeros se interpretarán de conformidad con la Declaración Universal de Derechos Humanos y con los Tratados y Acuerdos internacionales sobre las mismas materias vigentes en España.

5. En la regulación citada en el anterior apartado se establecen los distintos procedimientos administrativos en materia de extranjería y asilo.

De todos estos procedimientos administrativos que se configuran en estas normas, se van a examinar en este apartado del Prontuario únicamente aquellos en los que se establece como necesaria e imprescindible la asistencia letrada ya en la vía administrativa.

Estos procedimientos administrativos en los que es requerida la intervención de letrado son:

Los que puedan llevar a la denegación de la entrada del extranjero en España;

Los que puedan llevar a la devolución del extranjero de España;

Los que puedan llevar a la expulsión del extranjero en España;

Todos los procedimientos en materia de asilo.

Incluso, el artículo 22.1. LOEx reconoce a los extranjeros que se hallan en España y que carecen de recursos económicos suficientes, según los criterios establecidos en la normativa de asistencia jurídica gratuita, el derecho a ésta en estos procedimientos administrativos o judiciales que puedan derivar de aquéllos. Este reconocimiento es destacable y significativo en cuanto en la vía administrativa el derecho a la asistencia jurídica gratuita, salvo en materia de violencia sobre la mujer, no está reconocido en otras áreas. Además, a los extranjeros se les reconoce en estos procedimientos administrativos, el derecho a la asistencia de intérprete si no comprenden o hablan la lengua oficial que se utilice.

II. PROCEDIMIENTOS ADMINISTRATIVOS QUE PUEDEN LLEVAR A LA DENEGACIÓN DE LA ENTREGA DEL EXTRANJERO EN ESPAÑA

1. Normativa

La normativa en materia de extranjería no regula ni establece de un modo expreso ni detallado el Procedimiento administrativo a partir del cual se autoriza o deniega la entrada del extranjero en España. Por su naturaleza, cabe considerar que se está ante un procedimiento que se inicia a solicitud del extranjero, quien pretende entrar en España y formula esta petición en el puesto habilitado al efecto ante el funcionario actuante.

Por su propia naturaleza es un procedimiento sumario pero no es un procedimiento sancionador. Porque, frente a otros tipos de resoluciones en materia de extranjería, la denegación de entrada no es una sanción sino una denegación a una petición formulada por el extranjero de entrada en territorio nacional. En este sentido la LOEx examina esta cuestión en el Capítulo I De la entrada y salida del territorio español de su Título II Régimen Jurídico de las situaciones de los extranjeros y no en su Título III en el que expresamente configura y regula las infracciones en materia de extranjería y su régimen sancionador. La consecuencia más relevante de que este procedimiento administrativo no sea un procedimiento sancionador será que al mismo no se le aplicarán los principios y las garantías que se reconocen a éste. Esta cuestión tiene relevancia en diversas cuestiones prácticas como la carga de la prueba. Así, frente al procedimiento administrativo sancionador en el que se ha de respetar la presunción de inocencia y corresponde a la Administración la acreditación mediante la práctica de los medios de prueba válidos en derecho la conducta que se tipifica como infracción, en el procedimiento administrativo de entrada es el extranjero que pretende entrar en territorio español el que deberá acreditar que reúne los requisitos para que se autorice su entrada.

En la normativa de extranjería la materia propia de entrada se regula en los artículos 25 a 27 LOEx y en los artículos 1 a 16 Rex. Pero en estos preceptos se determinan los requisitos y condiciones de entrada en territorio nacional y cuestiones relacionadas, sin regular de manera clara y precisa el procedimiento administrativo.

Además, ha de tenerse en cuenta que, íntimamente relacionada con esta cuestión, está la del retorno, decisión adoptada por la misma autoridad gubernativa e, incluso, en la misma resolución de denegación de entrada, como consecuencia de ésta. La LOEx regula el retorno en su artículo 60. Paradójicamente, aunque como se ha expuesto, la denegación de entrada y retorno no se adopta en un procedimiento administrativo sancionador, el retorno se regula en el artículo 60 LOEx dentro de su Título III en el que expresamente configura y regula las infracciones en materia de extranjería y su régimen sancionador.

2. *Requisitos de entrada*

La LOEx en su artículo 25 fija los requisitos para la entrada en territorio español. Esta misma materia está desarrollada en los artículos 1 a 16 REx, en especial en su artículo 4. A continuación se enumeran los requisitos configurados a los extranjeros que pretendan entrar a España por estas normas:

— Deberá hacerlo por los puestos habilitados al efecto.

— Hallarse provisto del pasaporte o documento de viaje que acredite su identidad, que se considere válido para tal fin en virtud de convenios internacionales suscritos por España.

— Estar en posesión de un visado, salvo en los casos en se establezca lo contrario en los convenios internacionales suscritos por España o en la normativa de la Unión Europea. No será exigible el visado cuando el extranjero se encuentre provisto de la tarjeta de identidad de extranjero o, excepcionalmente, de una autorización de regreso.

— No estar sujeto a prohibiciones de entrada.

— Deberá presentar los documentos que se determinen reglamentariamente que justifiquen el objeto y condiciones de estancia.

— Acreditar medios de vida suficientes para el tiempo que pretenda permanecer en España o estar en condiciones de obtener legalmente estos medios.

A estos requisitos establecidos expresamente en la LOEx el artículo 4 Rex introduce otros requisitos como son:

— Presentación, en su caso, de los certificados médicos, con remisión al artículo 9 REx.

— No suponer un peligro para la salud pública, el orden público, la seguridad nacional o las relaciones internacionales de España o de otros Estados con los que España tenga un convenio en tal sentido.

Los apartados 3 y 4 de este mismo artículo 25 LOEx contienen dos excepciones a los anteriores requisitos:

a) Los extranjeros que soliciten acogerse al derecho de asilo en el momento de entrada, cuya concesión se regirá por lo dispuesto en su normativa específica.

b) Se podrá autorizar la entrada en España de los extranjeros que no reúnan estos requisitos cando existan razones excepcionales:

b.1) De índole humanitaria;

b.2) Interés público;

b.3) Cumplimiento de compromisos adquiridos por España.

En estos casos, se procederá a hacer entrega al extranjero de la documentación que se establezca reglamentariamente.

Dos de los requisitos cuyo cumplimiento suponen más dificultades prácticas para examinar si concurren o no son la justificación del objeto y condiciones de la entrada y la acreditación de medios económicos.

Con relación al primero de estos dos requisitos, el objeto y las condiciones de la entrada, el artículo 7 REx contiene preceptos procesales y de fondo, sobre cuáles pueden ser los documentos requeridos para acreditarlos. Así, en su apartado 1 dispone que los extranjeros, en el caso que así se les requiera por los funcionarios responsables del control de entrada, deberán especificar el motivo de su solicitud de su entrada en España. En este caso, podrán exigirles la presentación de documentos que justifiquen o establezcan la verosimilitud de este motivo.

Al fijar cuáles son los documentos que se podrá exigir al extranjero se establece la distinción según sea el motivo del viaje:

Para los viajes de carácter profesional:

— Invitación de una empresa o de una autoridad expedida según los términos que fijados mediante orden ministerial.

— Documentos de los que se desprenda la existencia de relaciones comerciales o vinculadas al servicio.

— Tarjetas de acceso a ferias y congreso.

Para los viajes de carácter turístico o privado:

— Documento justificativo del establecimiento de hospedaje o carta de invitación de un particular, expedida en los términos fijados mediante orden ministerial. Esta carta de invitación no suple la acreditación por el extranjero de los demás requisitos exigidos.

— Confirmación de la reserva de un viaje organizado.

— Billete de vuelta o de circuito turístico.

Para los viajes por otros motivos:

— Invitaciones, reservas o programas.

— Certificados de participación en eventos relacionados con el viaje, tarjetas de entrada o recibos.

Además, los extranjeros que soliciten la entrada podrán presentar para justificar la verosimilitud del motivo alegado, cualquier documentación o medio de prueba.

Por Orden PRE/1283/2007, de 10 de mayo (*BOE* 11 de mayo de 2007) se han establecido los términos y requisitos para la expedición de la carta de invitación de particulares a favor de extranjeros que pretendan acceder al territorio nacional por motivos de carácter turístico o privado. Como se reitera en esta misma Orden Ministerial, la extensión de los efectos de esta carta de invitación queda limitada a justificar el requisito relativo al hospedaje, por lo que, cuando se está ante viajes de carácter turístico o privado, la circunstancia de que el extranjero invitado disponga de este documento no supone que no pueda serle exigible el cumplimiento de las demás condiciones establecidas para autorizarle su entrada.

El particular que pretenda obtener una carta de invitación a favor de un extranjero deberá dirigir su solicitud a la Comisaría de Policía de su lugar de residencia, que será la competente para su tramitación y expedición. Esta solicitud podrá resolverse:

— Estimación de la petición, de tal manera que se expedirá la Carta de invitación, a la que le se establece el importe de una tasa por concesión de autorización administrativa y expedición de documentos.

— Denegación de la petición, que habrá de ser motivada y expresará los recursos que contra la misma proceden.

El artículo 8 Rex configura el requisito de acreditación de medios económicos, conteniendo a su vez una remisión en cuanto a su regulación específica a la Orden del Ministerio de la Presidencia.

Así, el Reglamento establece que el extranjero, deberá acreditar, en el momento de la entrada, que dispone de recursos económicos o medios de vida suficientes para su sostenimiento y el de las personas a su cargo que viajen con él, durante el período de permanencia en España, o que está en condiciones de obtener legalmente estos medios, así como el traslado a otro país o el retorno al lugar de procedencia.

La Orden PRE/1282/2007, de 10 de mayo (*BOE* 11 de mayo de 2007) ha fijado los medios económicos cuya disposición habrán de acreditar los extranjeros para poder efectuar su entrada en España. Esta Orden no afecta al régimen especial aplicable a las ciudades de Ceuta y Melilla y no es de aplicación al control de policía entre las ciudades de Gibraltar y La Línea de la Concepción (Cádiz), en cuyo control se aplica una normativa específica.

La cuantía de los recursos económicos que han de disponer los extranjeros que pretendan entrar en España, incluidos en el ámbito de aplicación de esta Orden son:

— Para su sostenimiento, durante su estancia en España, la cantidad a acreditar deberá alcanzar una cantidad que represente en euros el 10% del salario mínimo interprofesional bruto o su equivalente legal en moneda extranjera multiplicada por el número de días que pretenda permanecer en España y por el número de personas que viajan a su cargo.

  En todo caso, esta cantidad será un mínimo que represente el 90% del salario mínimo interprofesional vigente en cada momento o su equivalente legal en moneda extranjera por persona, con independencia del tiempo de estancia previsto.

  El tiempo de estancia para calcular la cantidad económica exigida será el número de días resultantes desde la fecha de entrada en España hasta la fecha de salida que figure en el billete de regreso, ambas incluidas.

— Disponer de billete o billetes nominativos, intransferibles y cerrados, en el medio de transporte que pretendan utilizar, para regresar al país de procedencia o para trasladarse en tránsito a terceros países.

El extranjero, para acreditar de que dispone estos medios económicos, lo hará mediante su exhibición, en el caso de que los posea en efectivo, o mediante la presentación de cheques certificados, cheques de viaje, cartas de pago, o tarjetas de crédito, que deberá ir acompañadas del extracto de la cuenta bancaria o una libreta bancaria puesta al día (sin que sean admitidos cartas de entidades bancarias ni extractos bancarios de Internet) o cualquier otro medio con el que se acredite fehacientemente la cantidad disponible como crédito de la citada tarjeta o cuenta bancaria.

Excepcionalmente, los funcionarios responsables de control de entrada podrán permitir la entrada, reduciendo el tiempo de estancia en proporción a la cuantía de los recursos que se dispone, advirtiendo, en su caso, al interesado, mediante diligencia en el pasaporte o documento análogo, de la fecha límite para abandonar el territorio español.

3. *Procedimiento administrativo de denegación de entrada*

La falta de regulación de este procedimiento administrativo provoca una cierta indefinición en la tramitación de la petición de entrada en territorio nacional, así como sus fases, lo que ha de suplirse con la aplicación, en lo que sea posible, dadas las especiales circunstancias que concurren en este tipo de petición, con la aplicación de la normativa general, la Ley 30/1992, de 26 de noviembre y, en especial, con el respeto a las garantías previstas en esta legislación general sobre procedimiento administrativo, en concreto contradicción, audiencia y motivación de las resoluciones (artículo 20.2 LOEx).

A) Filtro de control de la frontera

De conformidad con el Informe sobre Asistencia Jurídica a los Extranjeros en España del Defensor del Pueblo de 2005 el procedimiento de denegación de entrada debe entenderse que se inicia en el momento en el que el funcionario del puesto fronterizo impide el acceso al territorio nacional de un ciudadano extranjero a partir de los filtros en el Control de la frontera. Son los funcionarios policiales situados en los filtros de control de acceso al territorio nacional los que en un primer momento denegará el acceso, a partir de impresiones que en muchas ocasiones no son recogidas en un documento que quede integrado desde el primer momento en el expediente administrativo. En este primer momento en el que el funcionario impide el acceso al territorio nacional al ciudadano extranjero, e deberá proceder de manera inmediata a la instrucción de derecho, entre otros, al derecho de asistencia letrada y al de intérprete, en su caso.

B) Asistencia letrada y de intérprete, en su caso

A partir de ese momento el extranjero tendrá derecho a ser asistido de letrado y de intérprete, en su caso. Porque a continuación se celebrará una comparecencia en la que intervendrá el instructor, el extranjero y su letrado, e intérprete.

En la práctica se constata que con carácter previo a esta comparecencia ante el instructor, no sólo se dificulta sino que incluso puede llegar a impedirse por parte de los funcionarios del Puesto fronterizo la realización de una entrevista preparatoria entre el extranjero y su letrado. Esto es un derecho que no se impide en ninguna norma sino por la práctica administrativa.

A su vez, tampoco se suelen facilitan a los letrados los antecedentes documentales de lo actuado por los funcionarios policiales del puesto fronterizo, lo que supone una infracción del artículo 35 a) de la Ley 30/1992.

C) Comparecencia

A continuación se realiza una entrevista entre el extranjero interesado debidamente asistido de letrado con el instructor. Esta entrevista tiene un carácter indagatorio.

El letrado en esta entrevista puede formular preguntas y observaciones que aclaren lo alegado por su asistido. En este momento podrá también el interesado y su letrado, si no lo ha realizado antes, presentar cualquier documento o medio de prueba que considere permite justificar la verosimilitud de los motivos de entrada manifestados.

D) Informe propuesta

El instructor redacta y eleva al Jefe del Servicio del Puesto Fronterizo el informe propuesta en el que se contienen la reseña de los datos y circunstancias en virtud de los cuáles se considera que, en su caso, no procede autorizar la entrada al territorio español del ciudadano extranjero.

Frente a este informe propuesta que se eleva al Jefe del servicio el letrado debería poder formular, en su caso, alegaciones. En la práctica, en algunos casos no se le da traslado del mismo ni se le informa del contenido del mismo o no se da este trámite de alegaciones.

E) Resolución, en su caso, de denegación de entrada y retorno

A los extranjeros que no cumplan con los requisitos establecidos para la entrada en España, les será denegada por el Jefe del Servicio del Puesto Fronterizo mediante resolución motivada, con información acerca de los recursos que pueden interponer contra ella, plazo para hacerlo y autoridad ante quien debe formalizarlo y de su derecho a asistencia letrado, que puede ser de oficio, y de intérprete.

Si el extranjero ya no se encuentra en España pude interponer el recurso tanto en vía administrativa como judicial a través de las representaciones diplomáticas o consulares correspondientes, que los remitirán al organismo correspondiente.

De conformidad con el artículo 156.6 REx y su Disposición adicional décima las resoluciones sobre denegación de entrada y retorno no agotan la vía administrativa. En consecuencia, será recurrible mediante recurso de alzada ante el órgano superior jerárquico del que la haya dictado (artículos 114 y 115 de la Ley 30/1992, de 26 de noviembre). En este caso, resolverá la Dirección General de Policía por delegación del Ministro del Interior. De conformidad con el artículo 111 de la Ley 30/1992, de 26 de noviembre, la interposición de cualquier recurso no suspende la ejecución del acto impugnado pero podrá el recurrente solicitarla.

Así, el artículo 21 LOEx expresamente reconoce el derecho al recurso en materia de extranjería contra los actos administrativos con arreglo a lo dispuesto en las leyes y que el régimen de ejecutividad de estos actos administrativos será el previsto con carácter general en la legislación vigente.

F) Medida cautelar hasta que se lleve a cabo el retorno: privación del derecho ambulatoria del extranjero (artículo 60 LOEx)

A los extranjeros a los que en frontera no se les permita la entrada en territorio nacional serán retornados a su lugar de procedencia en el plazo más breve posible. Hasta el momento en que se lleve a efecto el retorno estarán privados de su derecho ambulatorio.

En el caso de que el retorno fuera a retrasarse más de setenta y dos horas la autoridad gubernativa deberá dirigirse al Juez de Instrucción para que determine (y autorice) donde ha de ser internado hasta que llegue el momento del retorno. El extranjero durante el internamiento se encontrará a disposición de la autoridad judicial.

El lugar de internamiento para extranjeros no tendrá carácter penitenciario y habrán de estar dotados de servicios sociales, jurídicos, culturales y sanitarios.

La detención de un extranjero a efectos de retorno será comunicada al Ministerio de Asuntos Exteriores y a la embajada o consulado.

G) Retorno

Ejecución del acto administrativo.

4. La revisión judicial del control administrativo de fronteras

Una cuestión controvertida en esta materia es cómo revisar ante los órganos judiciales competentes la actuación administrativa de Control de fronteras antes de que se ejecute el acto administrativo de denegación y retorno.

Porque una vez agotada la vía administrativa, es decir, según la normativa aplicable, tras la interposición del recurso de alzada contra el acto denegatorio de entrada y retorno cabrá, reuniendo los requisitos procesales preceptivos, impugnar, en su caso, estas resoluciones ante los Juzgados de lo Contencioso-administrativos del lugar en donde se encuentre el puesto fronterizo, que son los órganos competentes para conocer esta materia de conformidad con el artículo 8.4 LJCA. Pero, así, el recurso contencioso-administrativo se interpondrá, en su caso, meses después de que ya se haya llevado a efecto el retorno del extranjero y cuando, en gran medida, el objeto del recurso no afectará a la circunstancia provocada por el acto administrativo inicial impugnado, que afecta a la situación personal del extranjero, y que se considera contrario a derecho, en tanto que ya se ha ejecutado.

Los órganos judiciales de la Jurisdicción Contencioso-administrativa, al haber sido configurado por vía reglamentaria el acuerdo de denegación de entrada y retorno como acto administrativo que no agota la vía administrativa, inadmiten los recursos contencioso-administrativos y las medidas cautelarísimas formuladas contra este tipo de actos, dado que se considera que debe agotarse antes la vía previa administrativa, es decir, la interposición del recurso de alzada y posterior resolución.

De esta manera, sólo la Sentencia de la Sección Quinta de la Sala Tercera del Tribunal Supremo de 28 de febrero de 2006, en el recurso de casación núm. 6845/2002 ha dado una respuesta parcial e indirecta a la pretensión de que sea un órgano judicial el que examine la ejecución del acto administrativo.

Así, en el fundamento quinto de esta sentencia se declara que «(...) *si antes de ejecutarse el retorno el interesado solicita la suspensión del acto administrativo interponiendo recurso de alzada, no* podrá *llevarse a cabo el retorno sin que la Administración haya resuelto previamente sobre la suspensión*».

De esta manera, el interesado podrá interponer un recurso de alzada contra el acto administrativo de denegación de entrada y retorno antes de que se vaya a ejecutar, e interesar en el mismo escrito su suspensión. Hasta que no se resuelva esta petición cautelar la Administración no podrá llevar a cabo el retorno. En caso de denegar esta petición la Administración de modo expreso, el interesado podría, en su caso, impugnar autónomamente ante los órganos judiciales esta denegación de medida cautelar e interesar, correlativamente, las medidas cautelarísimas configuradas en el artículo 135 LJCA.

Alternativamente, ante la privación del derecho ambulatorio que supone este tipo de actos administrativos siempre podrá formularse una petición de hábeas corpus.

5. *Esquema del procedimiento administrativo de denegación de entrada y retorno*

1) Funcionario del Puesto Fronterizo: Filtro de Control en el Puesto Fronterizo. Requerimiento al ciudadano extranjero para que acredite el cumplimiento de los requisitos para autorizar la entrada en España del extranjero.

↓

2) En caso de que no se considere suficientemente acreditado, el funcionario del Puesto Fronterizo realizará un primer control provisional y procederá a la instrucción de derechos al extranjero al que puede denegársele la entrada.

↓

3) Asistencia letrada y, en su caso, de intérprete al extranjero a partir de ese momento.

↓

4) Instructor del procedimiento: Comparecencia, entrevista indagatoria al extranjero. Intervención del letrado y, en su caso, intérprete. Posibilidad de aportar nuevos documentos por el interesado.

↓

5) Instructor: Informe propuesta a elevar al Jefe del Puesto Fronterizo.

↓

6) Interesado - Letrado: Alegaciones frente al informe propuesta.

↓

7) Jefe del Puesto Fronterizo: Resolución, en su caso, denegatoria de entrada y retorno.

Esta resolución no agota la vía administrativa.

Medida adoptada hasta que se lleve a efecto el retorno el extranjero: estará privado de su derecho ambulatorio.

Si fuera a retrasarse más de 72 horas la autoridad gubernativa deberá solicitar autorización del Juzgado de Instrucción, que deberá acordar la medida. Esta resolución judicial es impugnable en la vía judicial ante los órganos de la Jurisdicción Penal.

↓

8) Interesado o Letrado: Recurso de alzada contra el acto administrativo de denegación de entrada y retorno (Plazo un mes). Posibilidad de interesar la medida cautelar de suspensión antes de que se lleve a efecto el acto recurrido. Artículo 111 Ley 30/1992.

↓

9) Dirección General de la Policía:

i) Resolución de la medida cautelar interesada en el recurso de alzada, en su caso, antes de llevarse a cabo el retorno. De otro modo no podría ejecutarse el retorno.

ii) Resolución estimatoria o desestimatoria del recurso de alzada.

Ambas resoluciones son susceptibles de recurso contencioso-administrativo ante la Jurisdicción Contencioso-administrativa.

6. *Formulario de recurso de alzada contra resolución de denegación de entrada y retorno*

AL DIRECTOR GENERAL DE LA POLICÍA

Doña / don (Nombre del letrado),

Letrado/a del Ilustre Colegio de Abogados de (ciudad), Colegiado n.º (número colegiado), con domicilio a efecto de notificaciones en (indicación de la dirección), en nombre y representación, por designación del Turno de Oficio de Extranjería, según consta en la resolución impugnada, de (nombre del interesado), de conformidad con los artículos 114 y 15 de la Ley 30/1992, de 26 de noviembre interpone

RECURSO DE ALZADA

contra la resolución de (fecha) del Jefe del Servicio del Puesto Fronterizo, en su calidad de sustituto del Jefe del mismo, denegatoria de entrada en el territorio nacional y retorno al lugar de procedencia, notificada el (fecha), y

SOLICITA LA SUSPENSIÓN DE LA EJECUCIÓN de acuerdo a los siguientes

MOTIVOS DE IMPUGNACIÓN

PRIMERO. Nulidad de pleno derecho de la resolución del Jefe de Servicio del Puesto Fronterizo del Aeropuerto de Madrid Barajas, en su calidad de sustituto del Jefe del mismo, denegatoria de entrada y de retorno, al haber sido dictada tras la tramitación de un procedimiento administrativo en el que se ha (...).

SEGUNDO. El recurrente cumple todos los requisitos legalmente establecidos para autorizar su entrada en España. Infracción del artículo 25 de la Ley Orgánica 4/2000, de 11 de enero, y del artículo 7 y concordantes del Reglamento de esta Ley Orgánica, aprobado por Real Decreto 2393/2004, de 30 de diciembre.

(Exposición razonada de las circunstancias, datos y argumentaciones jurídicas en virtud de las cuales se considera que la resolución impugnada es contraria a derecho y, por consiguiente, ha vulnerado el ordenamiento jurídico)

Por todo lo cual

SOLICITA: Tenga por presentado en tiempo y forma este escrito, por interpuesto RECURSO DE ALZADA contra la resolución de (fecha) del Jefe de Servicio del Puesto Fronterizo, en calidad de sustituto del Jefe del citado puesto, denegatoria de entrada en España a (nombre del recurrente) y acuerde estimarlo y, en consecuencia, declarar que no es conforme a derecho la resolución impugnada.

OTROSÍ DIGO: Al amparo del artículo 111 de la Ley 30/1992 de 26 de septiembre solicita la suspensión de la ejecutividad del acto recurrido al concurrir las siguientes circunstancias:

a) ...

b) ...

(Exposición razonada de las circunstancias, datos y argumentaciones jurídicas en virtud de las cuales se solicita la suspensión del acto recurrido, exponiendo las circunstancias por las que la ejecución pudiera causar perjuicios de imposible o difícil reparación o que la impugnación se fundamente en alguna de las causas de nulidad de pleno derecho previstas en el artículo 62.1 de la Ley 30/1992, de 26 de noviembre)

Por todo lo cual,

SOLICITA: La suspensión del acto recurrido en alzada.

Lugar y fecha

III. PROCEDIMIENTOS ADMINISTRATIVOS QUE PUEDEN LLEVAR A LA DEVOLUCIÓN DEL EXTRANJERO EN ESPAÑA

1. Regulación

Otro de los procedimientos administrativos en los que está contemplada normativamente por la legislación especial de extranjería la asistencia de letrado y, correlativamente, el derecho a la asistencia jurídica gratuita es el procedimiento en el que se puede llevar a la devolución del extranjero. Así lo establece expresamente el artículo 22.1 LOEx y el artículo 157.3 del Rex que reconoce al extranjero respecto del cual se sigan trámites para adoptar una orden de devolución el derecho a la asistencia jurídica, que podrá ser gratuita en el caso de que el interesado carezca de recursos económicos suficientes, y también la asistencia de intérprete, si no comprende o habla las lenguas oficiales.

La LOEx reseña este tipo de procedimientos que pueden derivar a la devolución del extranjero en su artículo 58.2 y en este mismo sentido el artículo 157 del Rex.

2. *Supuestos en los que se está ante un procedimiento administrativo que puede conllevar la devolución del extranjero*

El artículo 58.2 LOEx establece que se está ante un procedimiento administrativo que puede conllevar la devolución del extranjero, en contraposición a la necesidad de tramitar el procedimiento administrativo sancionador, cuando indica que no será necesaria la tramitación de un expediente de expulsión para la devolución de los extranjeros y reseña dos supuestos en que se va a dar esta devolución:

a) Los que habiendo sido expulsados contravengan la prohibición de entrada en España.

b) Los que pretendan entrar ilegalmente en el país.

Este artículo 58 de la LOEx se encuentra dentro de su Título III, que regula las infracciones en materia de extranjería y su régimen sancionador. Por el contrario, el Rex regula esta institución en su Título XII, título distinto al anterior en el que regula las infracciones en materia de extranjería y su régimen sancionador.

El Rex en su artículo 157 reitera la afirmación de que no será necesario un expediente de expulsión para la devolución cuando se hallen en los supuestos ya reseñados por el artículo 58 LOEx.

No obstante, este precepto del Reglamento contiene enunciados interpretativos acerca de los supuestos contemplados en la norma de rango de Ley Orgánica.

Así, con relación al supuesto de extranjeros que haya sido expulsados cuando contravengan la prohibición de entrada en España, el precepto reglamentario declara que se está ante este caso cuando la prohibición de entrada en España contravenida haya sido adoptada o bien por las autoridades españolas o por la de alguno de los Estados con los que España tenga suscrito un convenio en ese sentido.

Con relación a los extranjeros que pretendan entrar en España, la norma reglamentaria considera incluidos a los extranjeros que sean interceptados en la frontera o en sus inmediaciones.

3. *El procedimiento administrativo de devolución*

Ni la LOEx ni su Reglamento de desarrollo configuran el procedimiento administrativo que se ha de tramitar ante un posible caso que puede conllevar a la devolución, por encontrarse en uno de los dos supuestos configurados por el artículo 58.2 LOEx. Únicamente señalan que no será un expediente de expulsión.

Por ello, se está ante un procedimiento administrativo en el que se habrán de seguir trámites para adoptar una orden de devolución que no están delimitados por parte de funcionarios del Cuerpo Nacional de Policía que tiene atribuida esta competencia.

En todo caso, de conformidad, entre otras normas, con la disposición adicional segunda del Rex, se habrá de estar a lo dispuesto en la Ley 30/1992, de 26 de noviembre, y en su normativa de desarrollo. Así, se ha de estar ante un procedimiento administrativo iniciado de oficio de restablecimiento de la legalidad, en el que el interesado podrá aducir alegaciones y aportar documentos u otros elementos de juicio, e instruidos del procedimiento habrán de tener trámite de audiencia. En el Informe sobre Asistencia Jurídica a los Extranjeros en España del Defensor del Pueblo del año 2005 se reconoce entre sus conclusiones que: «La devolución tiene unas características y unos perfiles propios distintos de los de la expulsión, sin que quepa, en consecuencia, la utilización de uno y otro procedimiento según el libre arbitrio de la Administración. La normativa de extranjería no ha previsto un procedimiento específico de devolución que salvaguarde adecuadamente la atención al principio de contradicción y resulta esencial la celebración de un trámite de audiencia que debería concretarse en una comparecencia en la que el interesado ha de estar asistido por letrado».

4. Orden de devolución

El artículo 58.3 LOEx establece que el órgano que deberá acordar la devolución será la misma autoridad gubernativa competente para la expulsión. En consecuencia, de conformidad con los artículos 119 y 157 del Rex los órganos competentes para acordar la devolución son los Subdelegados del Gobierno en las provincias y los Delegados del Gobierno en las comunidades autónomas uniprovinciales.

El acto administrativo consistente en la devolución, además de la medida que esta decisión supone, conlleva, de conformidad con los artículos 58.6 LOEx y 157.5 Rex.

En el caso de que se haya optado por contravenir una prohibición de entrada en España anterior ya acordada, la reiniciación del cómputo del plazo de prohibición de entrada que hubiese acordado la resolución de expulsión quebrantada.

Si se está ante una devolución por haber pretendido entrar ilegalmente en España, la decisión de la devolución llevará consigo la prohibición de entrada en España por un plazo máximo de tres años.

La disposición adicional décima del Rex expresamente dispone que las resoluciones de devolución no pondrán fin a la vía administrativa y que serán recurribles con arreglo a lo dispuestos en las leyes, siendo su régimen de ejecutividad el previsto con carácter general en las leyes.

En consecuencia, este tipo de resolución será recurrible mediante recurso de alzada ante el órgano superior jerárquico del que la haya dictado, es decir, el Ministro del Interior (artículos 114 y 115 de la Ley 30/1992, de 26 de noviembre); será ejecutiva inmediatamente, no obstante lo cual, de conformidad con el artículo 111 de la Ley 30/1992, de 26 de noviembre, la interposición del recurso en vía administrativa no suspende la ejecución del acto impugnado pero podrá el recurrente solicitarla. Las cuestiones que plantea la revisión judicial de esta actuación administrativa son similares a las de denegación de entrada y retorno por lo que se hace una remisión a lo ya expuesto en el anterior apartado.

Los artículos 58 LOEx y 157 Rex configuran dos supuestos en los que no se podrá llevar a cabo el acto de devolución:

— Se trate de mujeres embarazadas y la medida pueda suponer un riesgo para la gestación o para la salud de la madre.

— Se formalice una solicitud de asilo hasta que se decida la inadmisión a trámite de la petición o bien su admisión, en cuyo caso se autorizará la entrada y permanencia provisional de conformidad con la normativa de asilo.

5. Medida de internamiento

El artículo 58.4 LOEx establece que cuando no se pueda ejecutar la devolución en el plazo de 72 horas, la autoridad gubernativa deberá solicitar a la autoridad judicial (el Juzgado de Instrucción del lugar en que hubieses sido detenido el extranjero) la medida de internamiento, semejante a la prevista para los expedientes de expulsión. En este mismo sentido, el artículo 153.2 c) Rex dispone que se podrá acordar el internamiento por el Juez de Instrucción, a petición del instructor del procedimiento administrativo, entre otros supuestos, cuando se haya dictado acuerdo de devolución. El internamiento se mantendrá por el tiempo imprescindible para los fines del expediente, sin que en ningún caso pueda exceder de 40 días.

6. *Esquema del procedimiento administrativo de devolución*

1) Detención por los Cuerpos y Fuerzas de Seguridad del Estado del extranjero por entender que ha podido:
a) Contravenir una prohibición de entrada en España.
b) Pretender entrar ilegalmente en el territorio nacional.

↓

2) Asistencia letrada y, en su caso, de intérprete al extranjero a partir de ese momento.

↓

3) Instructor del procedimiento: Diligencias de averiguación. Comparecencia, entrevista indagatoria al extranjero. Intervención del letrado y, en su caso, intérprete. Posibilidad de aportar nuevos documentos por el interesado.

↓

4) Propuesta de devolución de la Jefatura Superior de Policía a la Subdelegación del Gobierno o Delegación del Gobierno.

↓

5) Interesado - Letrado: Alegaciones frente a la propuesta.

↓

6) Delegación del Gobierno: Orden de devolución.

- Esta resolución no agota la vía administrativa.
- Internamiento.

Si fuera a retrasarse más de 72 horas la ejecución de la devolución la autoridad gubernativa deberá solicitar autorización del Juzgado de Instrucción, que deberá acordar la medida por el tiempo imprescindible o, como máximo, 40 días.

Esta resolución judicial es impugnable en la vía judicial ante los órganos competentes de la Jurisdicción Penal aun cuando su función es examinar la situación de privación del derecho ambulatorio del extranjero.

↓

7) Interesado o Letrado: Recurso de alzada contra el acto administrativo de devolución ante el Ministro del Interior (Plazo un mes) Posibilidad de interesar la medida cautelar de suspensión antes de que se lleve a efecto el acto recurrido. Artículo 111 Ley 30/1992.

↓

8) Ministro del Interior. Resoluciones estimatorias o desestimatorias, en su caso, de la petición de suspensión y del recurso de alzada.

Impugnables ante los órganos de la Jurisdicción Contencioso-administrativa competentes.

IV. PROCEDIMIENTOS ADMINISTRATIVOS QUE PUEDEN LLEVAR A LA EXPULSIÓN DEL EXTRANJERO DE ESPAÑA. PROCEDIMIENTO PREFERENTE

1. Regulación

El Título III de la LOEx regula y configura las infracciones en materia de extranjería y su régimen sancionador (artículos 50 a 66 LOEx). Por su parte, el Rex regula esta materia en su Título XI (artículos 112 a 155 Rex).

De conformidad con los artículos 50 LOEx, 112 Rex y preceptos concordantes, el ejercicio de la potestad sancionadora por la comisión de las infracciones administrativas previstas en la Ley Orgánica 4/2000 se ajustará a lo fijado en la Ley 30/1992, de 26 de noviembre, de Régimen Jurídico de las Administraciones Públicas y del Procedimiento Administrativo Común. Además, el Reglamento de procedimiento para el ejercicio de la potestad sancionadora, aprobado por el RD 1398/1993, de 4 de agosto, es de aplicación supletoria en lo no previsto por estas normas.

El Título IX de la Ley 30/1992 recoge en sus dos capítulos los principios de la potestad sancionadora y del procedimiento administrativo sancionador. Estos principios son plenamente aplicables a los procedimientos administrativos en materia de extranjería:

1) Principios de la potestad sancionadora

Principio de legalidad.

Irretroactividad.

Principio de tipicidad.

Responsabilidad.

Principio de proporcionalidad.

2) Principios del procedimiento sancionador

2.1. Garantía del procedimiento.

2.2. Derechos del presunto responsable:

2.2.1. A ser notificado de los hechos que se le imputen, de las infracciones que tales hechos puedan constituir y de las sanciones que, en su caso, se le pudieran imponer.

2.2.2. A ser informado de la identidad del instructor, de la autoridad competente para imponer la sanción y de las normas que atribuyan la competencia.

2.2.3. A formular alegaciones y utilizar los medios de defensa admitidos por el Ordenamiento Jurídico que resulten procedentes.

2.3. Presunción de inocencia.

2.4. La resolución que ponga fin al procedimiento habrá de ser motivada y resolver todas las cuestiones planteadas en el expediente.

2. Modalidades del procedimiento administrativo sancionador

El artículo 113 configura tres tipos de procedimientos sancionadores mediante los que se podrá ejercer la potestad sancionadora ante la comisión de las infracciones administrativas previstas en la Ley Orgánica 4/2000, de 11 de enero:

El procedimiento ordinario (artículos 122 a 129 Rex).

El procedimiento preferente (artículos 130 a 134 Rex).

El procedimiento simplificado (artículos 135 a 1137 Rex).

En este Prontuario se va a estudiar únicamente el procedimiento preferente en cuanto la tramitación de los expedientes de expulsión se realizan por este procedimiento porque la infracción imputada es alguna de las previstas en los párrafos a) y b) del artículo 54.1 así como en los párrafos a), d) y f) del artículo 53 LOEx. En estos procedimientos la defensa de letrado es preceptiva e, incluso, los extranjeros que se hallen en España y carezcan de recursos económicos suficientes según la normativa específica tendrán el derecho a la asistencia jurídica gratuita en este tipo de procedimiento y el derecho a la asistencia de intérprete si no comprenden o hablan la lengua oficial que se utilice. Este procedimiento administrativo sancionador tiene la naturaleza preferente y sumario.

3. El procedimiento preferente. Tramitación

A) Actuaciones previas

Antes de iniciarse el procedimiento, se podrán realizar actuaciones previas para determinar con carácter preliminar si concurren circunstancias que justifican esta iniciación. Estas actuaciones se orientan a determinar los hechos susceptibles de motivar la incoación del procedimiento, la identificación de la persona que pudiera resultar responsable y circunstancias relevantes.

B) Acuerdo de incoación del procedimiento sancionador y su notificación al interesado

El procedimiento se inicia de oficio por acuerdo del órgano competente, como consecuencia de orden superior, por propia iniciativa, a petición razonada de otros órganos o por denuncia. Siendo la denuncia de los agentes del Cuerpo Nacional de Policía el modo más habitual a partir del cual se inicia el procedimiento.

Son órganos competentes para acordar la incoación del procedimiento sancionador:

— Delegados del Gobierno en comunidades autónomas uniprovinciales, en los demás casos los Subdelegados del Gobierno.

— El Comisario General de Extranjería y Documentación.

— El Jefe Superior de Policía.

— Los Comisarios Provinciales.

— Los titulares de las comisarías locales y puestos fronterizos.

En el acuerdo de incoación del procedimiento sancionador se nombrarán instructor y secretario, que deberán ser funcionarios del Cuerpo Nacional de Policía.

El acuerdo de iniciación del procedimiento tendrá el contenido mínimo siguiente:

— Identificación de la persona o personas presuntamente responsables;

— Hechos sucintamente expuestos que motivan la incoación del procedimiento, su posible calificación y las sanciones que pudieran corresponder, en este caso la expulsión, sin perjuicio de lo que resulte de la instrucción;

— Instructor y, en su caso, secretario del procedimiento, con expresa indicación del régimen de recusación de estos;

— Órgano competente para la resolución del expediente y norma que le atribuya la competencia, en este caso el Delegado o Subdelegado del Gobierno;

— Indicación de la posibilidad de que el presunto responsable pueda reconocer voluntariamente su responsabilidad;

— Medidas de carácter provisional que se hayan acordado por el órgano competente para iniciar el procedimiento, sin perjuicio de las que se puedan adoptar;

— Indicación del derecho a formular alegaciones y a la audiencia en el procedimiento y de los plazos para su ejercicio. En el procedimiento preferente este plazo es de 48 horas y en el acuerdo de iniciación se advertirá que de no efectuar alegaciones sobre el contenido de la propuesta o si no se admiten de forma motivada, por improcedentes o innecesarias, el acuerdo de iniciación del expediente será considerado como propuesta de resolución.

El acuerdo de iniciación se comunicará al instructor, con traslado de cuantas actuaciones existan al respecto, y se notificará al interesado-expedientado.

C) Derecho a la asistencia letrada e intérprete

Escrito de alegaciones y de proposición de pruebas, en su caso, a presentar en el plazo de 48 horas desde la notificación. El instructor podrá admitirlas o no según su pertinencia.

En el procedimiento preferente el extranjero tiene derecho, en el momento de la notificación del acuerdo de iniciación, a la asistencia letrada, que incluso se le proporcionará de oficio, y a ser asistido por intérprete, en su caso.

Una vez que se notifique al interesado el acuerdo de incoación podrá suceder:

a) Que no presente ningún escrito. En este caso, el acuerdo de iniciación será considerado como propuesta de resolución con remisión del expediente a la autoridad competente para resolver.

b) Que el interesado o su representante formulen alegaciones y realicen proposición de prueba dentro del plazo de 48 horas. El instructor habrá de valorar su pertinencia o no:

b.1. Si no admite las pruebas propuestas, por improcedentes o innecesarias, se le notificará al interesado de forma motivada y se dará trámite de audiencia. En este supuesto el acuerdo de iniciación será considerado como propuesta de resolución.

b.2. Si estima la pertinencia de la realización de prueba propuesta, se realizará en el plazo de 3 días.

Practicada la prueba, el instructor formulará propuesta de resolución.

D) Trámite de audiencia

La propuesta de resolución formulada por el instructor se notificará al interesado, y se le dará trámite de audiencia en el que se le concederá un plazo de 48 horas para formular alegaciones y presentar los documentos que estime pertinentes.

Transcurrido este plazo, se procederá a elevar la propuesta de resolución, junto con el expediente administrativo, a la autoridad competente para resolver.

E) Resolución del procedimiento preferente

La resolución deberá ser motivada y resolver todas las cuestiones planteadas en el expediente y aquellas otras derivadas del mismo. No podrá aceptar hechos distintos de los determinados en el curso del procedimiento aunque sí podrá haber una valoración jurídica diferente, que se notificará al interesado.

Esta resolución habrá de incluir la valoración de las pruebas practicadas, especialmente aquellas que constituyan los fundamentos básicos de la decisión, fijar los hechos y la persona responsable, la infracción cometida y la sanción que se impone.

Para la determinación de la sanción que se haya impuesto, la resolución deberá contener los criterios de graduación que ha valorado, teniendo en cuenta las circunstancias de la situación personal y familiar del infractor. Además, la resolución que fije como sanción de expulsión llevará consigo y deberá establecer la prohibición de entrada en territorio español por un período mínimo de 3 años y máximo de 10.

La resolución informará, además, de los recursos que contra la misma procedan, órgano administrativo o judicial ante el que hubieren de presentarse y plazo para interponerlos, sin perjuicio de que el interesado pueda ejercitar cualquier otro que estime oportuno.

La resolución se notificará al interesado.

F) Medidas cautelares. Especial mención al internamiento

Mientras se realiza la tramitación del expediente y, en su caso, hasta la ejecución de la resolución de expulsión, el instructor podrá solicitar al juez de instrucción competente que disponga el ingreso del extranjero en un centro de internamiento de extranjeros. Esta solicitud deberá ser motivada. El período de internamiento se mantendrá por el tiempo imprescindible para los fines del expediente, y no podrá exceder de 40 días.

La decisión judicial que lo autorice deberá atender a las circunstancias que concurren en cada caso, podrá establecer un período máximo de duración inferior. Esta resolución es recurrible en reforma y / o apelación ante los órganos competentes.

En el caso de haberse acordado la expulsión, de no haber sido puesto en libertad el extranjero por la autoridad judicial dentro del plazo de 40 días deberá interesarse de esta autoridad judicial el cese del internamiento para poder llevar a cabo la conducción al puesto de salida.

El instructor podrá adoptar alguna de las siguientes medidas cautelares cuando haya solicitado el internamiento y la autoridad judicial lo deniegue:

— Retirada del pasaporte o documento acreditativo de su nacionalidad;

— Presentación periódica ante el instructor del expediente o ante otra autoridad que éste determine, según las circunstancias del expedientado;

— Residencia obligatoria en determinados lugares.

G) Ejecutividad de la resolución de expulsión

Los artículos 21.2 y 63.4 LOEx establecen la excepción al régimen previsto con carácter general para la ejecutividad de los actos administrativos dictados en materia de extranjería, al fijar que las resoluciones de expulsión se llevarán a cabo de manera inmediata.

Es decir, interpuesto, en su caso, un recurso de reposición contra la expulsión la interposición de este recurso no supondrá que se suspenda la resolución administrativa. Por ello, la única manera de poder suspender la ejecutividad de este acto administrativo, en virtud del derecho fundamental a la tutela judicial efectiva en su vertiente cautelar (artículo 24.1 CE), será acudir ante el órgano judicial (Juzgado de lo Contencioso-administrativo, artículo 8.4 LJCA), interponer el recurso contencioso-administrativo en forma (Procedimiento abreviado, artículo 78 LJCA) e interesar la medida cautelar o cautelarísima, según las circunstancias de urgencia que concurran en el caso (que dependerá en gran medida si el extranjero se encuentra internado o no), consistente en la suspensión de su ejecución hasta la finalización del proceso.

H) Comunicaciones en el procedimiento preferente

Las siguientes actuaciones administrativas acordadas durante la tramitación del procedimiento preferente serán comunicadas a la embajada o consulado del país del extranjero y se procederá a su anotación en el Registro Central de Extranjeros de la Dirección General de la Policía:

— La incoación del expediente.

— Las medidas cautelares de detención y de internamiento.

— La resolución de expulsión.

Cuando la comunicación no pueda ser notificada al consulado o éste no se encuentre en España, se dirigirá al Ministerio de Asuntos Exteriores y de Cooperación.

I) Caducidad y prescripción

El plazo máximo en que debe dictarse y notificarse la resolución que resuelva el procedimiento es de 6 meses desde que se acordó la incoación. Transcurrido este plazo sin haberse resuelto y notificado la resolución, se habrá producido la caducidad del procedimiento y se procederá al archivo del expediente (artículo 121 Rex),

La acción para sancionar las infracciones en los casos de que este fijada como sanción la expulsión, prescribe a los 3 años si la infracción es fuera muy grave y 2 si es grave.

El plazo de prescripción de la sanción es de 5 años si la sanción impuesta lo fuera por una infracción muy grave y de 2 años si lo fuera por infracción grave.

El cómputo de la prescripción de la sanción cuando ésta fuera la expulsión del territorio nacional comenzará a contar una vez que haya transcurrido el período de prohibición de entrada fijado en la resolución. Comenzará a contarse desde el día siguiente a aquel en que adquiera firmeza la resolución por la que se haya impuesto la sanción.

4. Esquema del procedimiento preferente

Potestativas: Actuaciones previas de averiguación.

↓

1) Órgano administrativo competente: Acuerdo de incoación del procedimiento preferente.

Contra este acuerdo cabrá recurso contencioso-administrativo si afecta a la situación personal del extranjero, como sucede en los casos en los que se interesa el internamiento.

Internamiento.

a) Lo propone el instructor.

b) Lo ha de acordar el Juez de Instrucción.

En tanto que se realiza la tramitación del procedimiento preferente y hasta que, en su caso, se ejecute la expulsión, el instructor podrá solicitar al juez de instrucción competente que disponga el ingreso del extranjero expedientado en un centro de internamiento de extranjeros. El período de internamiento se mantendrá por el tiempo imprescindible para los fines del expediente, y no podrá exceder de 40 días.

Esta resolución judicial es recurrible mediante recurso de reforma ante el mismo órgano judicial que lo ha acordado o recurso de apelación, ante la Audiencia Provincial.

↓

2) Instructor: Notificación del acuerdo de incoación. Concesión de un plazo de 48 horas para presentar escrito de alegaciones y, en su caso, propuesta de medios de prueba.

↓

3) Extranjero: Derecho a la asistencia letrada y a intérprete, en su caso.

Escrito de alegaciones y propuesta de medios de prueba (48 horas).

↓

4) Instructor:

1. Si no se ha presentado escrito de alegaciones, elevará al órgano competente el acuerdo de incoación como propuesta de resolución.

2. Si se presenta escrito de alegaciones y propuesta de medios de prueba:

2.1. Los podrá inadmitir de forma motivada. El acuerdo de iniciación del expediente será considerado como propuesta de resolución. Dará trámite de audiencia al interesado en el que se concederá un plazo de 48 horas para formular alegaciones y presentar los documentos pertinentes.

2.2. Podrá estimar la propuesta y realizar las pruebas en el plazo de 3 días. A continuación formulará propuesta de resolución y dará trámite de audiencia al interesado en el que se concederá un plazo de 48 horas para formular alegaciones y presentar los documentos pertinentes.

↓

5) Extranjero: Formulará alegaciones y presentará los documentos que estimen pertinentes, en su caso, en el plazo de 48 horas.

↓

6) Instructor: Elevará la propuesta de resolución, junto con el expediente, a la autoridad competente para resolver.

↓

7) Órgano competente de la Administración: Dictará resolución.

↓

8) Extranjero, defendido por letrado: Podrá interponer recurso contencioso-administrativo contra la resolución sancionadora ante el Juzgado de lo Contencioso-administrativo e interesar la medida cautelar o cautelarísima de suspensión.

5. *Modelo de escrito de alegaciones y propuesta de medios de prueba del procedimiento preferente*

ÓRGANO AL QUE SE DIRIGE EL ESCRITO

(Nombre del interviniente), Letrado/a del Ilustre Colegio de Abogados de (...), Colegiado, con domicilio a efecto de notificaciones en, en nombre y representación de (Datos del extranjero), por designación del (Turno de Oficio, p.e.), según consta en el procedimiento administrativo, **DICE:**

El (fecha y hora de la notificación del acuerdo de incoación) ha recibido notificación de acuerdo de inicio de expediente de expulsión por el procedimiento preferente adoptado por el Comisario, Jefe de (Descripción del órgano que ha acordado la incoación). De conformidad con el artículo 63.1 de la Ley Orgánica 4/2000 de 11 de enero y el artículo 131.1 y 3 de su Reglamento de ejecución aprobado por Real Decreto 2393/2004 de 20 de diciembre formula las siguientes

ALEGACIONES

(Se expondrán de forma clara y concisa los motivos que se consideran pertinentes contra el acuerdo de incoación del procedimiento preferente. Se reseñan algunas posibles)

1. (Nombre del interesado) no se encuentra en ninguno de los supuestos de hecho configurados como infracción administrativa en el artículo 53 a) de la Ley Orgánica 4/2000 de 11 de enero. Según consta en su pasaporte, que ha sido entregado y mostrado en su momento de su detención a efectos de su identificación, ha entrado en España por lugar habilitado en donde se ha hecho constar el sello de entrada hace menos (descripción de las circunstancias por las que se considera, en su caso, que no se está en el supuesto de hecho de la norma que configura la infracción); por tanto, se encuentra en situación de estancia.

2. Vulneración del principio acusatorio. La falta de concreción en la reseña del acuerdo de inicio de expediente de expulsión de los hechos por los que se ha acordado la incoación del procedimiento administrativo sancionador provoca indefensión al interesado.

En el apartado 3 de la notificación de acuerdo de inicio de expediente de expulsión por el procedimiento preferente se ha hecho constar la siguiente afirmación:

«Una vez en la Dependencia policial se pudo comprobar que le es de aplicación el artículo 53 a) de la Ley Orgánica 4/2000, de 11 de enero, sobre derechos y libertades de los extranjeros en España (...)», transcribiendo el siguiente texto: *«Encontrarse irregularmente en territorio español, por no haber obtenido la prórroga de estancia, carecer de autorización de residencia o tener caducada más de tres meses la mencionada autorización y siempre que el interesado no hubiera solicitado la renovación de los mismos en el plazo previsto reglamentariamente»*.

Si se analiza este párrafo se observa que en él se alude al hecho de encontrarse irregularmente en territorio español pero en tres concretas o determinadas circunstancias, sin que se especifique en el acuerdo de inicio de expediente de expulsión a cuál de estas tres posibles conductas se está haciendo referencia. Esta situación provoca indefensión al interesado al desconocer qué circunstancia concreta se considera que está incurriendo de las configuradas en el precepto.

3. Subsidiariamente, falta de proporcionalidad de la medida de expulsión. En la notificación de la incoación del expediente no consta ningún dato a partir del cual pueda conocerse la decisión adoptada de incoar un procedimiento sancionador de expulsión, cuando, en su caso, cabe la mera imposición de una multa. No se ha informado de que concurra algún elemento negativo a partir del cual quepa justificar la decisión de expulsión, disponía de pasaporte cuando fue detenido y se han comprobado sus datos de filiación. Infracción de la doctrina de la Sala Tercera del Tribunal Supremo fijada en la Sentencia de 26 de septiembre de 2006.

Según la doctrina jurisprudencial el extranjero no tiene que acreditar una circunstancia excepcional para no acordar su expulsión sino que, por el contrario, es la Administración quien debe motivar su decisión de expulsión a partir de datos distintos a la mera estancia irregular del mismo, circunstancia que no concurre en este caso.

Esta doctrina ha sido recogida posteriormente por, entre otras, las Sentencias de 29 de septiembre de 2006 (recurso de casación 5450/2003); 31 de enero de 2007 (recurso de casación 9444/2003); 9 de febrero de 2007 (recurso de casación 9591/2003) y 9 de febrero de 2007 (recurso de casación 5408/2003).

En definitiva, la doctrina jurisprudencial configurada por la Sala Tercera el Tribunal Supremo, resumida, en su STS de 29 de septiembre de 2006 recurso número 5450/2003, declara que, con relación a la sanción más grave y secundaria, la expulsión, requiere una motivación específica, sin que conste en el expediente administrativo razón alguna o dato para obtener la información suficiente para poderla justificar.

Por todo lo cual,

SOLICITA: Tenga por presentado este escrito en tiempo y forma, por formuladas las anteriores alegaciones.

OTROSÍ DICE: (En su caso, se enumerarán los diversos medios de prueba cuya práctica se proponga para hacer valer en el procedimiento y se enumerarán los documentos que se acompañan al escrito)

Por todo lo cual,

SOLICITA: Se tengan por aportados los documentos citados y por propuestos los medios de prueba que se enumeran, admitiéndose su pertinencia y realizando las diligencias necesarias para su práctica.

Lugar y fecha

V. ESQUEMAS SOBRE INFRACCIONES EN MATERIA DE EXTRANJERÍA

1. *Infracciones en materia de extranjería*

TIPOS DE INFRACCIONES	**CONDUCTA TIPIFICADA COMO INFRACCIÓN EN MATERIA DE EXTRANJERÍA**	SANCIONES
LEVES **(artículo 52 LOEx):**	a) Omisión o retraso en la comunicación a las autoridades en los cambios de nacionalidad, estado civil o de domicilio, así como otras circunstancias determinantes de su situación laboral. b) El retraso, hasta tres meses, en la solicitud de renovación de las autorizaciones desde su caducidad. c) Encontrarse trabajando en España sin haber solicitado autorización administrativa para trabajar por cuenta propia, cuando se cuente con autorización de residencia temporal.	Multa hasta 300 euros.
GRAVES **(artículo 53 LOEx):**	a) Encontrarse irregularmente en territorio español: no haber obtenido la prórroga de estancia, carecer de autorización de residencia o tener caducada más de tres meses la mencionada autorización y siempre que no hubiere solicitado la renovación en plazo. b) Encontrarse trabajando en España sin haber obtenido autorización de trabajo o autorización administrativa previa para trabajar, cuando no cuente con autorización de residencia válida. c) Incurrir en ocultación dolosa o falsedad grave en el cumplimiento de la obligación de poner en conocimiento del Ministerio del Interior los cambios que afecten a la nacionalidad, estado civil o domicilio. d) El incumplimiento de las medidas impuestas por razón de seguridad pública, de presentación periódica o de alejamiento de fronteras o núcleos de población concretados singularmente.	Multa de 301 euros hasta 6.000 euros. Cuando el infractor sea extranjero y realice conductas de las tipificadas como graves de las previstas en los apartados a) b, c) d) y f) del artículo 53 LOEx podrá aplicarse en lugar de la sanción de multa la expulsión del territorio nacional. No podrán imponerse conjuntamente las sanciones de expulsión y multa.

TIPOS DE INFRACCIONES	**CONDUCTA TIPIFICADA COMO INFRACCIÓN EN MATERIA DE EXTRANJERÍA**	SANCIONES
	e) La comisión de tres infracciones leves en el plazo de un año, que hayan sido sancionadas. f) La participación por el extranjero en la realización de actividades contrarias al orden público previstas en la Ley Orgánica 1/1992, de 21 de febrero, sobre Protección de la Seguridad Ciudadana. g) Salidas del territorio español por puestos no habilitados, sin exhibir la documentación prevista o contraviniendo las prohibiciones legalmente impuestas. h) Incumplir la obligación de obtener la tarjeta de identidad de extranjero (artículo 4.2 LOEx)	
MUY GRAVES **(artículo 54 LOEx):**	54.1 LOEx. a) Participar en actividades contrarias a la seguridad exterior del Estado o que pueden perjudicar las relaciones de España con otros países, o estar implicados en actividades contrarias al orden pública previstas como muy graves en la Ley Orgánica 1/1992, de 21 de febrero, sobre Protección de la Seguridad Ciudadana. b) Inducir, promover, favorecer o facilitar con ánimo de lucro, individualmente o formando parte de una organización, la inmigración clandestina de personas en tránsito o con destino al territorio español, o su permanencia en el mismo, siempre que el hecho no constituya delito. c) La realización de conductas discriminatorias por motivos raciales, étnicos, nacionales o religiosos, siempre que no constituya delito.	Multa de desde 6.001 hasta 60.000 euros, excepto la prevista en el artículo 54.2.b) que lo será con una multa de 3.000 a 6.000 euros por cada viajero transportado o con un mínimo de 500.000 euros a tanto alzado, con independencia del número de viajeros transportados.

TIPOS DE INFRACCIONES	**CONDUCTA TIPIFICADA COMO INFRACCIÓN EN MATERIA DE EXTRANJERÍA**	SANCIONES
	d) La contratación de trabajadores extranjeros sin haber obtenido con carácter previo la correspondiente autorización de trabajo, incurriéndose en una infracción por cada uno de los trabajadores extranjeros ocupados. e) La comisión de una tercera infracción grave siempre que en el plazo de un año anterior hubiera sido sancionado por dos faltas graves de la misma naturaleza. 54.2 LOEx. a) Incumplimiento de las obligaciones previstas para los transportistas en el artículo 66.1 y 2. b) El transporte de extranjeros por vía aérea, marítima o terrestre, hasta el territorio español, por los sujetos responsables del transporte, sin haber comprobado la validez y vigencia, tanto de los transportes, títulos de viaje o documentos de identidad pertinentes y visados. c) El incumplimiento de la obligación que tienen los transportistas de hacerse cargo, sin pérdida de tiempo del extranjero o transportado que, por deficiencias en la documentación, no haya sido autorizado a entrar en España así como del extranjero transportado en tránsito que no haya sido trasladado a su país de destino o que hubiera sido devuelto por las autoridades de éste, al no autorizarle la entrada.	Cuando el infractor sea extranjero y realice conductas de las tipificadas como muy graves podrá aplicarse en lugar de la sanción de multa la expulsión del territorio nacional. No podrán imponerse conjuntamente las sanciones de expulsión y multa.

2. *Prescripción de las infracciones y de las sanciones en materia de extranjería*

INFRACCIONES	PLAZO PRESCRIPCIÓN
a) Leves: b) Graves: c) Muy graves:	6 meses. 2 años. 3 años.
SANCIONES	PLAZO PRESCRIPCIÓN
a) Por infracciones leves. b) Por infracciones graves. c) Por infracciones muy graves. Expulsión del territorio nacional.	1 año. 2 años. 5 años. La prescripción (2 o 5 años según el caso) no empezará a contar hasta que haya transcurrido el período de prohibición de entrada fijado en la resolución con un máximo de diez años.

VI. PROCEDIMIENTOS ADMINISTRATIVOS EN MATERIA DE ASILO

1. *Regulación*

Los procedimientos relativos a las peticiones de asilo y materias conexas están regulados en la Ley 5/1984, de 26 de marzo, reguladora del Derecho de Asilo y de la Condición de Refugiado, modificada por la Ley 9/1994, de 19 de mayo, y en el Reglamento de aplicación de esta Ley, aprobado por RD 203/1995, de 10 de febrero, modificado por el RD 864/2001, de 20 de julio, por el RD 1325/2003, de 24 de octubre, y por el RD 2393/2004, de 30 de diciembre.

2. *El procedimiento administrativo para la concesión de asilo*

El procedimiento para la concesión de asilo es un procedimiento administrativo que se inicia a solicitud de la persona interesada.

El solicitante de asilo que se encuentra en territorio nacional o en frontera tiene derecho a intérprete y asistencia letrada para la formalización de su solicitud y durante toda la tramitación del procedimiento, tanto en vía administrativa como, en su caso, ante el órgano jurisdiccional que revise la actuación administrativa.

Dependiendo del lugar de presentación de la solicitud de asilo, ya sea en territorio español o en frontera, se seguirá una tramitación distinta hasta un primera decisión de admisión o inadmisión a trámite de la solicitud, en su caso.

Así, el Reglamento de aplicación de la Ley de asilo, a partir del artículo 5.6 de esta Ley, distingue dos procedimientos de inadmisión, cuya sistemática se va a seguir en este Prontuario:

— El procedimiento ordinario de inadmisión a trámite, en territorio español.

— El procedimiento de inadmisión a trámite en frontera.

El artículo 5.6 de la Ley de Asilo enumera las circunstancias en las que el Ministro del Interior, a propuesta del órgano encargado de la instrucción de las solicitudes, podrá inadmitir a trámite las solicitudes de asilo, mediante resolución motivada y previa audiencia del representante en España del Alto Comisionado de las

Naciones Unidas para los Refugiados. Estos motivos de inadmisión serán tanto para las peticiones presentadas en territorio nacional como en frontera.

Estas circunstancias son:

— Las previstas en los artículos 1 F) y 32.2 Convención de Ginebra sobre el Estatuto de los Refugiados de 1951.

— Que en la solicitud no se alegue ninguna de las causas que dan lugar al reconocimiento de la condición de refugiado.

— Que se esté ante una reiteración de una solicitud ya denegada en España, cuando no se hayan producido nuevas circunstancias en el país de origen que pudieran suponer un cambio sustancial en el fondo de la solicitud.

— Que la solicitud se base en hechos, datos o alegaciones manifiestamente falsos, inverosímiles o que, por carecer de vigencia actual, no fundamenten una necesidad de protección.

— Cuando no corresponda a España su examen de conformidad con los Convenidos Internacionales en los que es Parte.

— Cuando el solicitante se halle reconocido como refugiado y tenga derecho a residir o a obtener asilo en un tercer Estado, o cuando proceda de un tercer Estado en donde hubiera podido solicitarlo.

3. *El procedimiento de inadmisión a trámite en territorio nacional*

A) Regulación

Este procedimiento de solicitud de asilo está regulado en los artículos 4 y siguientes del Reglamento de aplicación de la Ley de Asilo y el procedimiento ordinario de inadmisión a trámite en los artículos 17 y 23 del mismo Reglamento.

B) Lugar de presentación de la solicitud en territorio nacional

El extranjero que quiera obtener el asilo en España presentará su solicitud ante las siguientes dependencias cuando se encuentre en territorio nacional:

— Oficina de Asilo y Refugio.

— Oficinas de Extranjeros.

— Comisarías Provinciales de Policía o Comisarías de distrito que se señalen mediante Orden del Ministerio del Interior.

C) Información de derechos

Los solicitantes de asilo que se encuentren en territorio nacional serán informados por la autoridad a la que se dirija de:

— La necesidad de aportar pruebas o indicios en que base su solicitud.

— Los derechos que les corresponden, en particular, del derecho a intérprete y a la asistencia letrado.

— Se le facilitará asistencia médica cuando fuese precisa y le orientará acerca de los servicios existentes.

D) Plazo de presentación de la solicitud

La solicitud de asilo en el interior del territorio español se tendrá que presentar en un plazo de 1 mes a contar desde la entrada del mismo, salvo en los supuestos en que el extranjero disfrute de un período de estancia legal superior al mes, en cuyo caso podrá presentarse antes de la expiración de éste.

En el supuesto de circunstancias sobrevenidas en el país de origen, el plazo de un mes se computará a partir del momento en que hayan tenido lugar los hechos que fundamenten la petición.

E) Forma de presentar la solicitud

La solicitud se presentará mediante una comparecencia personal ante la dependencia que corresponda.

La solicitud se formalizará mediante la cumplimentación y firma del formulario correspondiente.

En la petición de asilo el solicitante:

— Expondrá de forma detallada los hechos, datos o alegaciones en que fundamente su pretensión.

— Aportará fotocopia de su pasaporte o título de viaje, que entregará si su solicitud es admitida a trámite. Además, aportará documentos de identidad personal o que puedan apoyar su petición.

— Acreditará su identidad y proporcionará un relato verosímil de la persecución, mediante la prueba pertinente o indicios suficientes de las circunstancias que alega.

— Indicará un domicilio.

F) Efectos de la presentación de la solicitud de asilo en territorio nacional

La presentación de la solicitud de asilo en territorio nacional conlleva los siguientes efectos:

— Supone para el solicitante la autorización de permanencia provisional en España, cualquiera que sea su situación jurídica según la legislación de extranjería.

— Solicitado el asilo en territorio español en los términos y plazos previstos por la ley, el extranjero no podrá ser expulsado hasta que se haya analizado y resuelto su petición, sin perjuicio de que puedan adoptarse medidas cautelares. Por la autoridad competente.

— Al solicitante se le proveerá de un comprobante de su solicitud sellado que se unirá a su pasaporte y le habilitará para permanecer en España por un plazo máximo de 60 días. De admitirse a trámite la solicitud de asilo, la autorización de permanencia se acreditará mediante la expedición al interesado de un documento de solicitante de asilo que le habilita para permanecer en España durante la tramitación del expediente. En este momento depositará sus documentos personales y de viaje.

— Podrá beneficiarse de servicios sociales, educativos y sanitarios que presten las Administraciones públicas competentes.

— Podrá ser autorizado a trabajar por la autoridad competente.

G) Procedimiento ordinario de inadmisión a trámite

Si la Oficina de Asilo y Refugio valora que el contenido de una solicitud de asilo puede incurrir de un modo manifiesto en alguna de las causas previstas en el apartado 6 del artículo 5 de la Le 5/1984, notificará esta propuesta al representante en España del ACNUR que, en su caso, deberá emitir en el plazo máximo de diez días desde la recepción un informe.

La Oficina de Asilo y Refugio propondrá al Ministro de Interior su inadmisión a trámite, remitiendo su propuesta y el informe del ACNUR.

El plazo para elevar esta propuesta al Ministro del Interior es de 30 días desde la presentación de la solicitud.

El transcurso del plazo de 60 días desde la presentación de la solicitud sin que ésta se hubiera elevado al Ministro del Interior o sin que este órgano haya resuelto la misma, determina la admisión a trámite, es decir, se está ante un acto administrativo por silencio positivo.

H) Efectos de la inadmisión a trámite en el procedimiento ordinario

La notificación de la inadmisión a trámite de la solicitud de asilo presentada en territorio español irá acompañada de la orden de salida obligatoria del extranjero, en el plazo que le indique, o de su expulsión del territorio nacional, según las circunstancias del caso.

I) Recursos contra la resolución de inadmisión a trámite de la solicitud de asilo formulada en territorio nacional. Medidas cautelares

La resolución de inadmisión a trámite de la solicitud de asilo en territorio nacional pone fin a la vía administrativa. Por consiguiente, contra la misma podrá interponerse el recurso potestativo de reposición, interesando en el mismo medidas cautelares o, alternativamente, interponer recurso contencioso-administrativo.

El artículo 9 e) de la Ley Reguladora de la Jurisdicción Contencioso-administrativa; 29/1998 de 13 de julio (LJCA) establece que son los Juzgados Centrales de lo Contencioso-administrativo los que conocerán, en primera instancia, de los recursos que se deduzcan frente a las resoluciones que acuerden la inadmisión de las peticiones de asilo político.

El artículo 78.1 LJCA de la misma Ley establece que estos Juzgados Centrales conocerán por el procedimiento abreviado los asuntos que tengan por objeto este tipo de actos administrativos, de tal manera que el recurso se iniciará por demanda.

Como consecuencia de que la inadmisión a trámite de la solicitud de asilo presentada en territorio nacional determina, en la gran mayoría de los casos, la orden de salida obligatoria del extranjero, en el plazo que se le indique o de su expulsión del territorio nacional, esto supone que podrá interesarse ante el Juzgado Central de lo Contencioso-administrativo ante el que se interponga el recurso contencioso-administrativo, la medida cautelar de suspensión configurada en los artículos 129 y siguientes LJCA. En supuestos específicos de especial urgencia que puedan concurrir en el caso, se podrán solicitar las medidas cautelarísimas del artículo 135 LJCA.

Contra la Sentencia que dicte el Juzgado Central de lo Contencioso-administrativo acerca de esta materia cabe recurso de apelación, en el plazo de 15 días, mediante escrito que contenga las alegaciones que lo fundamenten, que resolverá la Sala de lo Contencioso-administrativo de la Audiencia Nacional.

J) Esquema del procedimiento administrativo de inadmisión a trámite de la solicitud de asilo formulada en territorio nacional

— Solicitud formulada por el peticionario de asilo en las Dependencias correspondientes.

— Previamente el funcionario del Cuerpo Nacional de Policía o, en su caso, de la Oficina de Asilo y Refugio ante el que vaya a formular su petición, informará al interesado de sus derechos, entre otros, la asistencia letrada y a intérprete, facilitando formulario.

— El plazo de presentación es de un mes desde la entrada al territorio nacional.

— El solicitante de asilo está autorizado a permanecer provisionalmente en España durante la tramitación de la solicitud.

— No podrá ser expulsado.

— Podrá beneficiarse de servicios sociales, educativos y sanitarios.

— Podrá ser autorizado a trabajar por la autoridad competente.

↓

Si la Oficina de Asilo y Refugio considera que concurre alguna causa de inadmisión a trámite lo comunicará al representante en España del ACNUR

↓

El ACNUR emitirá un informe en el plazo de 10 días desde la notificación.

↓

La Oficina de Asilo y Refugio Propondrá al Ministro del Interior su inadmisión a trámite, en su caso, remitiendo su propuesta y el informe del ACNUR.

El plazo para elevar la propuesta al Ministro es de 30 días

↓

El Ministro del Interior resolverá sobre la admisión o inadmisión a trámite de la petición de asilo.

El plazo de 60 días desde la presentación de la solicitud sin que se haya resuelto determina la admisión a trámite.

↓

Contra la resolución de inadmisión a trámite de la petición formulada en territorio nacional cabe la interposición de recurso potestativo de reposición o recurso contencioso-administrativo ante los Juzgados Centrales de lo Contencioso-administrativo (art. 9 LJCA) mediante el procedimiento abreviado (art. 78 LJCA) y la solicitud, en su caso, de medidas cautelares (arts. 129 y siguientes LJCA) o, en supuestos de especial urgencia, medidas cautelarísimas (art. 135 LJCA).

4. El procedimiento de inadmisión a trámite en frontera

A) Este procedimiento está regulado en los artículos 18 y siguientes del Reglamento de aplicación de la Ley de Asilo

Se aplica única y exclusivamente cuando además de concurrir de forma manifiesta y terminante alguna de las causas de inadmisión establecidas en el apartado 6 del artículo 5 de la Ley 5/1984, el extranjero carezca de los requisitos necesarios para entrar en España según la legislación vigente.

B) Presentación y formalización de la solicitud de asilo en frontera

En este caso, el extranjero que desee obtener el asilo en España presenta su solicitud en los Puestos Fronterizos de entrada al territorio español.

El funcionario del Cuerpo Nacional de Policía o, en su caso, de la Oficina de Asilo y Refugio, ante el que se formula la petición, informará al interesado de sus derechos, entre otros, a la asistencia letrada y a intérprete, y le facilitará el formulario para solicitar asilo.

La solicitud se formaliza mediante la cumplimentación y firma por el solicitante de este formulario. Esta solicitud deberá contener una exposición detallada de los hechos, datos o alegaciones en que fundamente la pretensión. Además, el solicitante deberá aportar fotocopia de su pasaporte o título de viaje y otros documentos de identidad o que estime sean pertinentes para fundamentar su petición.

Solicitado el asilo por el extranjero en frontera no podrá ser rechazado, en su caso, hasta tanto no se haya inadmitido a trámite su petición.

A continuación se remitirá, junto con copia de la documentación aportada por el solicitante a la Oficina de Asilo y Refugio (que dará traslado de la misma al ACNUR) y decidirá, a la vista del contenido de la solicitud, su admisión o bien propondrá al Ministro del Interior su inadmisión a trámite. En cualquier caso la decisión se comunicará al puesto fronterizo en el plazo de 72 horas. De admitirse a trámite la petición se autorizará la entrada en España del solicitante y se le expedirá un documento de solicitante de asilo que le habilitará para permanecer en el territorio español durante la tramitación del expediente.

C) Procedimiento de inadmisión en frontera

Cuando la Oficina de Asilo y Refugio considere que concurre alguna de las causas de inadmisión a trámite previstas en la Ley 5/1984 lo comunicará de inmediato al representante en España del ACNUR, al que enviará una copia de la documentación recibida. El ACNUR podrá emitir un informe en el plazo máximo de 24 horas y, entrevistarse, si lo desea, con el solicitante. Si en este informe se solicitara la admisión a trámite éste deberá ser motivado.

El solicitante permanece en las dependencias fronterizas para que se le notifique la resolución acerca de su solicitud. El plazo máximo de permanencia es de 72 horas desde la presentación de la solicitud hasta la notificación de la resolución.

El transcurso de 4 días sin que se notifique la inadmisión a trámite al interesado implica la admisión a trámite de la solicitud y la consiguiente autorización de entrada al territorio español.

La resolución de inadmisión la adoptará el Ministro del Interior y deberá ser motivada e invidualizada.

En este caso, se le informará al interesado:

— La posibilidad de formular un reexamen de la solicitud;

— O abandonar el territorio nacional con el objeto de regresar a su país de origen o a un tercer Estado. En este caso, deberá expresar su voluntad de abandonar España por escrito, momento en el que deberá ser asistido por letrado y por intérprete, en su caso.

— La posibilidad de continuar la tramitación del expediente a través de la Embajada española en el país que proceda.

D) Reexamen

El solicitante de asilo en frontera frente al que se le ha acordado la inadmisión a trámite de su solicitud, podrá pedir el reexamen en el plazo de 24 horas desde la notificación de la resolución de inadmisión. Durante la tramitación de la petición de reexamen, el solicitante permanecerá en el puesto fronterizo, en el que habrá unas dependencias adecuadas al efecto.

Este reexamen, aunque la normativa emplea el mismo término, es distinto al reexamen de la denegación regulado en el artículo 9 de la Ley 5/1984, de 26 de marzo que se ha configurado para que el extranjero a quien le haya sido denegado (no inadmitido) el asilo pueda, en cualquier momento, si tuviera nuevos elementos probatorios de sus afirmaciones o considerarse que las circunstancias que justificaban la denegación han desaparecido, instar al Ministerio del Interior la revisión de su expediente.

El funcionario responsable en frontera facilitará al solicitante un formulario. En el reexamen, en el que el peticionario de asilo será asistido de letrado y, en su caso, de intérprete, deberá oponerse a las causas de inadmisión reseñadas en la resolución de inadmisión y formular las alegaciones que estime oportunas.

En el plazo de 24 horas desde la petición de reexamen, deberá ser oído el representante en España de ACNUR. El informe del ACNUR favorable a la admisión a trámite de una solicitud a partir del reexamen, deberá ser motivada.

La petición de reexamen será resuelta por el Ministro del Interior. El plazo para notificar la resolución al interesado es de 2 días desde la presentación de la petición de reexamen.

El transcurso del plazo previsto sin que se notifique la resolución recaída sobre la petición de reexamen implica la admisión a trámite de la solicitud, es decir, se está ante un supuesto de resolución presunta estimatoria, por silencio positivo, y la consiguiente autorización de entrada en territorio español, de tal modo que se continúa la tramitación del expediente.

El período previsto para la resolución sobre la inadmisión a trámite de la solicitud presentada en frontera y sobre la petición de reexamen, en su caso, no podrá exceder de 7 días.

E) Efectos de la inadmisión a trámite en frontera

La inadmisión a trámite de la solicitud de asilo presentada en frontera determina el rechazo del extranjero en frontera.

No obstante, al inadmitir a trámite la solicitud el Ministro del Interior podrá autorizar la entrada del extranjero y su permanencia en España en aplicación del artículo 17.2 de la Ley 5/1984

Notificada la inadmisión a trámite y transcurridos los plazos señalados, cuando por carecer de documentación adecuada o por demora en las posibilidades de transporte, el Ministro del Interior podrá autorizar la entrada en España.

En el caso de que se haya inadmitido a trámite la petición porque corresponda a otro Estado el examen de la solicitud, el Ministro del Interior autorizará la entrada del interesado en territorio español si hubiera transcurrido el plazo de 72 horas desde la presentación de la solicitud y no se hubieran resuelto las gestiones oportunas con los Estados correspondientes, quedando en suspenso el procedimiento hasta la obtención de respuesta por el Estado. Si éste responde negativamente, quedará sin efecto la propuesta de inadmisión y se continuará la tramitación de la solicitud.

En el supuesto de que el interesado hubiera presentado una solicitud de reexamen y el informe del ACNUR fuera favorable a la admisión a trámite a la vista del reexamen, si el interesado expresa su intención de interponer recurso contencioso-administrativo, deberá autorizarse su entrada en el territorio nacional y su permanencia hasta tanto el órgano jurisdiccional competente resuelva sobre la suspensión del acto administrativo. Si no se interpusiera el recurso contencioso-administrativo contra la inadmisión a trámite se procederá a acorar la salida obligatoria del extranjero.

F) Recurso contencioso-administrativo contra la resolución de inadmisión a trámite de la solicitud de asilo formulada en frontera. Medidas cautelarísimas

El artículo 9 e) de la Ley Reguladora de la Jurisdicción Contencioso-administrativa, Ley 29/1998 de 13 de julio (LJCA) establece que son los Juzgados Centrales de lo Contencioso-administrativo los que conocerán, en primera instancia, de los recursos que se deduzcan frente a las resoluciones que acuerden la inadmisión de las peticiones de asilo político.

El artículo 78.1 LJCA de la misma Ley establece que estos Juzgados Centrales conocerán por el procedimiento abreviado los asuntos que tengan por objeto este tipo de actos administrativos, de tal manera que el recurso se iniciará por demanda.

Como consecuencia de que la inadmisión a trámite de la solicitud de asilo presentada en frontera determina, en la gran mayoría de los casos, el rechazo del extranjero y su retorno a su lugar de procedencia o un tercer Estado se está ante una situación en que concurre una especial urgencia. Por ello podrá interesarse ante el Juzgado Central ante el que se interponga el recurso contencioso-administrativo, con anterioridad a que se lleve a cabo el rechazo, la medida cautelarísma de suspensión configurada en el artículo 135 LJCA. De esta manera el Juzgado podrá adoptar la medida cautelar sin oír a la parte contraria antes de que se lleve a efecto el retorno.

Por Acuerdo de 28 de noviembre de 2007, del Pleno del Consejo General del Poder Judicial, por el que se modifica el artículo 42.5 del Reglamento 1/2005, de 15 de agosto, de los aspectos accesorios de las actuaciones judiciales (*BOE* 12 de diciembre de 2007) el Juez que desempeñe en cada circunscripción el servicio de guardia se ocupará también, en cometido de sustitución, de las actuaciones urgentes e inaplazables que correspondiendo a los órganos de la jurisdicción contencioso-administrativa (en este caso, los Juzgados Centrales de lo Contencioso-administrativo) sean instadas en días y horas inhábiles y exijan una intervención judicial inmediata en supuestos, entre otros, como la adopción de medidas cautelares previstas en el artículo 135 de la Ley 29/1998, de 13 de julio, reguladora de la Jurisdicción Contencioso-administrativa en materia de asilo político. Así, si se notifica al interesado que ha solicitado asilo en frontera un sábado por la mañana la desestimación del reexamen frente a una inadmisión de su petición y el retorno se va a llevar a cabo el domingo, la medida cautelarísima prevista en el artículo 135 LJCA; siendo ambos días inhábiles, habrá de instarse ante el Juez que desempeñe en la circunscripción el servicio de guardia. Una vez haya decidido el Juez de Guardia remitirá lo actuado al órgano judicial competente para que celebre la comparecencia y acuerde lo procedente. El que inste esta intervención del Juez de Guardia en estos casos habrá de justificar debidamente su necesidad por resultar inaplazable y no haberse podido formular la solicitud al órgano naturalmente competente en días y horas inhábiles y deberá, también, aportar la información relevante y la que sea requerida sobre procedimientos en trámite que tengan conexión con el objeto de esta solicitud.

Contra la Sentencia que dicte el Juzgado Central de lo Contencioso-administrativo acerca de esta materia cabe recurso de apelación, en el plazo de 15 días, mediante escrito que contenga las alegaciones que lo fundamenten, que resolverá la Sala de lo Contencioso-administrativo de la Audiencia Nacional.

G) Esquema del procedimiento administrativo de inadmisión a trámite de la solicitud de asilo formulada en frontera

Solicitud formulada por el peticionario de asilo en los Puestos Fronterizos de entrada al territorio nacional.

Previamente el funcionario del Cuerpo Nacional de Policía o, en su caso, de la Oficina de Asilo y Refugio ante el que vaya a formular su petición, informará al interesado de sus derechos, entre otros, la asistencia letrada y a intérprete, facilitando formulario.

El solicitante de asilo no podrá ser rechazado, en su caso, hasta que no sea inadmitido a trámite su petición. Permanece en las dependencias fronterizas para que se le notifique la resolución acerca de su solicitud.

El plazo máximo de permanencia es de 72 horas desde la presentación de la solicitud hasta la notificación de la resolución.

El transcurso de 4 días sin que se notifique la inadmisión a trámite al interesado implica la admisión a trámite y la consiguiente autorización de entrada.

↓

Si la Oficina de Asilo y Refugio considera que concurre alguna causa de inadmisión a trámite lo comunicará de inmediato al representante en España del ACNUR

↓

El ACNUR podrá emitir un informe en el plazo máximo de 24 horas y entrevistarse, si lo desea, con el solicitante.

↓

— La admisión a trámite de la solicitud implica la autorización de entrada del peticionario de asilo y la consiguiente tramitación del procedimiento.
— La resolución de inadmisión la adoptará el Ministro del Interior.

↓

Contra la resolución de inadmisión a trámite de la solicitud podrá el solicitante pedir el reexamen, que es una petición de revisión de la decisión ante el mismo órgano administrativo que la ha resuelto.

El plazo para formularlo es de 24 horas desde la notificación de la resolución de inadmisión.

Durante la tramitación de la petición de reexamen el peticionario permanecerá en el puesto fronterizo.

↓

En el plazo de 24 horas desde la petición de reexamen, deberá ser oído el representante en España del ACNUR.

↓

El Ministerio del Interior resuelve la petición de reexamen. La inadmisión supone el rechazo del extranjero en frontera, en su caso. El plazo de resolución es de 2 días, transcurridos los cuales sin que se haya resuelto o, en su caso, notificado la petición, se entiende estimado. El período previsto sobre la inadmisión a trámite de la solicitud presentada en frontera y sobre la petición de reexamen, en su caso, no podrá exceder de 7 días.

↓

Contra la resolución de inadmisión a trámite de la petición formulada en frontera cabe la interposición de recurso contencioso-administrativo ante los Juzgados Centrales de lo Contencioso-administrativo (art. 9 LJCA) mediante el procedimiento abreviado (art. 78 LJCA) y la solicitud, en su caso, de medidas cautelarísimas (art. 135 LJCA).

5. *Tramitación de la solicitud de asilo una vez admitida a trámite*

A) Instrucción del expediente

Una vez admitida a trámite la petición, el interesado puede presentar la documentación e información complementaria que considere conveniente y formular las alegaciones que estime necesarias en apoyo de su petición.

La Oficina de Asilo y Refugio podrá recabar tanto de los órganos de la Administración del Estado como de cualesquiera otras entidades públicas los informes que estime convenientes. También se incorporarán al expediente los informes que, en su caso, formulen el ACNUR y las asociaciones legalmente reconocidas que, entre sus objetivos, tengan el asesoramiento y ayuda del refugiado.

B) Plazo

El plazo máximo de tramitación del expediente es de 6 meses. Este plazo comienza a contar desde la recepción de la solicitud en la Oficina de Asilo y Refugio.

Si no recae resolución expresa sobre la solicitud de asilo formulada, podrá entenderse desestimada por el interesado a efectos de su impugnación, ya sea en sede administrativa o judicial. No obstante, la Administración siempre tiene la obligación de resolver expresamente.

Si se paraliza el procedimiento por causa imputable al solicitante, la Oficina de Asilo y Refugio le advertirá que, transcurridos tres meses, se producirá la caducidad del procedimiento y que se acordará el archivo de las actuaciones si el interesado no realiza la actividad para la que ha sido requerido.

C) Audiencia al interesado

Instruido el expediente e inmediatamente antes de redactar la propuesta de resolución, se pondrá de manifiesto a los interesados para que, en el plazo de diez días, puedan alegar y presentar los documentos que estimen pertinentes.

D) Propuesta resolución

Tras la instrucción del expediente y verificado, en su caso, el trámite de audiencia, se eleva a la Comisión Interministerial de Asilo y Refugio, que lo examinará.

Podrá, en el caso de que lo considere incompleto, recabar del órgano instructor la subsanación de los defectos observados o la incorporación de datos o documentos complementarios. En este caso se abre un nuevo trámite de audiencia al interesado.

Si la Comisión Interministerial de Asilo y Refugio considera que el expediente está completo, elevará propuesta de resolución motivada e individualizada al Ministro del Interior.

E) Resolución del expediente

Si el Ministro del Interior comparte el criterio de la propuesta de la Comisión, será el competente para resolver el expediente.

Si discrepase de la propuesta de concesión o denegación de asilo formulada por la Comisión, elevará el expediente al Consejo de Ministros que será quien resuelva.

La resolución de concesión o denegación de asilo deberá ser motivada e individualizada. Esta resolución será notificada al interesado.

F) Efectos de la resolución

a) Resolución favorable

La resolución favorable sobre la petición de asilo en España supone el reconocimiento de la condición de refugiado, conforme a la Convención de Ginebra sobre el Estatuto de los Refugiados de 1951, del solicitante y sus dependientes o familiares.

La autoridad competente expedirá un documento de identidad y otro de viaje que habilitará al refugiado y a los dependientes o familiares a quienes se haya reconocido la extensión familiar para residir en España y desarrollar actividades laborales, profesionales y mercantiles.

Si el refugiado carece de trabajo o medios económicos podrá beneficiarse de prestaciones sociales y económicas.

b) Resolución denegatoria

La notificación de la denegación de la solicitud de asilo irá acompañada de la orden de salida obligatoria del extranjero, en el plazo de que se indique de acuerdo con la normativa de extranjería; salvo que reúna los requisitos necesarios para permanecer en España.

El Ministro del Interior, a propuesta de la Comisión Interministerial de Asilo y Refugio, podrá autorizar la permanencia en España si se aprecian motivos serios y fundados para determinar que el retorno al país de origen supondría un riesgo real para la vida o la integridad física del interesado.

También podrá autorizarse la permanencia por razones humanitarias distintas de las anteriores.

G) Reexamen del expediente y recursos

a) Reexamen

Al extranjero a quien se le haya denegado el asilo podrá en cualquier momento instar del Ministerio del Interior la revisión del expediente mediante la formalización de un reexamen, si dispone de nuevos elementos probatorios de sus afirmaciones o si considerase que las circunstancias que motivaron la denegación han desaparecido.

La Oficina de Asilo y Refugio comunicará al ACNUR la solicitud de reexamen y valorará si la información aportada lo justifica, de tal modo que se tramitará de la misma forma que la solicitud inicial, salvo aquellos trámites ya realizados en la primera solicitud. De considerarse que no concurre ninguna causa para el reexamen, en el plazo de un mes se archivará la petición de revisión, notificándola al interesado. Contra esta resolución cabe recurso administrativo.

b) Recurso de reposición

La resolución que desestima la petición de asilo pone fin a la vía administrativa. De este modo, podrá ser recurrido, de conformidad con los artículos 116 y 117 de la Ley 30/1992, de 26 de noviembre, potestativamente en reposición ante el mismo órgano que los dictó o ser impugnado directamente ante el orden jurisdiccional contencioso-administrativo.

No se podrá interponer recurso contencioso-administrativo hasta que sea resuelto expresamente o se haya producido la desestimación presunta del recurso de reposición interpuesto. El plazo para la interposición del recurso de reposición es de un mes.

c) Recurso contencioso-administrativo

El artículo 11.1 a) de la Ley Reguladora de la Jurisdicción Contencioso-administrativa; 29/1998 de 13 de julio (LJCA) establece que la Sala de lo Contencioso-administrativo de la Audiencia Nacional la que conocerá de los recursos que se deduzcan con relación a los actos de los Ministros, como en este caso que estiman o desestiman las peticiones de asilo político.

El procedimiento que se seguirá será el procedimiento ordinario.

Como consecuencia de que la denegación de la solicitud de asilo presentada en frontera determina, en la gran mayoría de los casos, la orden de salida obligatoria del extranjero, en el plazo que se le indique o de su expulsión del territorio nacional esto supone que podrá interesarse ante la Sala de lo Contencioso-administrativo de la Audiencia Nacional ante la que se ha interpuesto el recurso contencioso-administrativo, la medida cautelar de suspensión configurada en los artículos 129 y siguientes LJCA. En supuestos específicos de especial urgencia que puedan concurrir en el caso, se podrán solicitar las medidas cautelarísimas del artículo 135 LJCA

Contra la Sentencia que dicte la Sala de lo Contencioso-administrativo de la Audiencia Nacional cabe recurso de casación, que resolverá la Sala de lo Contencioso-administrativo del Tribunal Supremo.

H) Esquema de la tramitación de la solicitud de asilo una vez admitida a trámite

Instrucción del expediente:

El plazo máximo de tramitación es de 6 meses, transcurrido el cual podrá entenderse desestimado.

No obstante la Administración tiene la obligación de resolver expresamente.

- — El interesado puede presentar la documentación e información complementaria que considere conveniente.
- — La Oficina de Asilo y Refugio podrá recabar los informes que estime convenientes de órganos de la Administración Pública y entidades públicas.
- — También podrán aportar informes el ACNUR y asociaciones legalmente reconocidas que entre sus objetivos tengan el asesoramiento y ayuda del refugiado.

↓

Audiencia al interesado

↓

Propuesta de resolución de la Comisión Interministerial de Asilo y Refugio.

↓

Resolución del expediente:

a) El Ministro del Interior, si es conforme a la propuesta de la Comisión.

b) El Consejo de Ministros si la concesión o denegación discrepa de la propuesta de la Comisión.

↓

Contra la resolución de denegación a trámite de la petición de asilo cabe la interposición de recurso potestativo de reposición o recurso contencioso-administrativo ante la Sala de lo Contencioso-administrativo de la Audiencia Nacional (art. 11 LJCA) mediante el procedimiento ordinario y la solicitud, en su caso, de medidas cautelares (artículos 129 y siguientes LJCA) o, en supuestos de especial urgencia, medidas cautelarísimas (art. 135 LJCA).

EL PROCEDIMIENTO CONTENCIOSO

AUTOR

César Pinto Cañón
Abogado

EL PROCEDIMIENTO CONTENCIOSO

Autor
César Pinto Cañón
Abogado

I. REGULACIÓN

II. OBJETO DEL RECURSO CONTENCIOSO-ADMINISTRATIVO

1. Actividad administrativa impugnable

2. Pretensiones de las partes

3. Plazos para la interposición del recurso

III. PROCEDIMIENTOS

IV. EL PROCEDIMIENTO ORDINARIO

1. Interposición del recurso

2. Reclamación del expediente

3. Emplazamiento de los demandados

4. Admisión del recurso

5. Demanda

6. Contestación

7. Prueba

8. Vista y conclusiones

9. Sentencia

10. Otros modos de finalización del procedimiento

11. Esquema de tramitación del procedimiento ordinario

12. Formularios de procedimiento ordinario

Modelo 1. Escrito de interposición con otrosí de suspensión.

Modelo 2. Escrito de demanda de procedimiento ordinario.

Modelo 3. Escrito de proposición de prueba.

Modelo 4. Escrito de conclusiones.

V. EL PROCEDIMIENTO ABREVIADO

1. Demanda

2. Admisión de la demanda y citación para la celebración de vista

3. La vista

4. Esquema de tramitación del procedimiento abreviado

5. Modelo de demanda de procedimiento abreviado

I. REGULACIÓN

La normativa aplicable en esta materia es la Ley Reguladora de la Jurisdicción Contencioso-administrativa; 29/1998, de 13 de julio, (en adelante LJCA); si bien habrá de tenerse en cuenta, además:

— La Ley 30/1992, de 26 de noviembre, de Régimen Jurídico de las Administraciones Públicas y del Procedimiento Administrativo Común.

— La Ley de Enjuiciamiento Civil, dado que la Disposición final primera de la LJCA establece su supletoriedad en lo no previsto por esta Ley.

— La Ley Orgánica 6/1985, de 1 de julio, del Poder Judicial.

II. OBJETO DEL RECURSO CONTENCIOSO-ADMINISTRATIVO

1. Actividad administrativa impugnable

La LJCA en sus artículos 25 a 30 establece y delimita la actividad administrativa que cabe impugnar ante los Juzgados y Tribunales de la Jurisdicción Contencioso-administrativa. El objeto del recurso contencioso-administrativo es relevante, desde la perspectiva procesal, no sólo en cuanto a las pretensiones a articular en el proceso por las partes ante los órganos judiciales, sino también porque habrá determinado la tramitación previa administrativa, fijará los distintos plazos para acceder a los órganos judiciales y el tipo de procedimiento concreto a seguir.

De conformidad con la legislación que regula esta materia, es admisible el recurso contencioso-administrativo en relación con:

A) Disposiciones de carácter general (de rango inferior a Ley) (art. 25.1 LJCA).

En este caso cabe:

La impugnación directa de las disposiciones de carácter general.

Fundar la impugnación de los actos que se produzcan en aplicación de una determinada disposición de carácter general, en que ésta no es conforme a Derecho.

B) Actos administrativos expresos y presuntos de la Administración pública (art. 25.1 LJCA), siempre que reúnan las siguientes notas características:

Que pongan fin a la vía administrativa.

Que sean definitivos. Sólo cabrá recurso contencioso-administrativo contra actos de trámite (en oposición a actos definitivos), si estos deciden directa o indirectamente el fondo del asunto; determinan la imposibilidad de continuar el procedimiento, producen indefensión o perjuicio irreparable a derechos e intereses legítimos.

C) Inactividad de la Administración (art. 25.2 LJCA).

El artículo 29 LJCA distingue dos tipos de inactividad administrativa:

a) Cuando la Administración incumple la obligación a realizar una prestación concreta a favor de una o varias personas determinadas en virtud de una disposición general que no precisa de actos de aplicación o en virtud de un acto, contrato o convenio administrativo.

b) la Administración no ejecuta sus actos firmes.

D) Actuaciones materiales que constituyen vía de hecho (arts. 25.2 y 30 LJCA).

El recurso contencioso-administrativo no es admisible en relación con:

a) Actos que sean reproducción de otros anteriores definitivos y firmes.

b) Actos confirmatorios de actos consentidos por no haber sido recurridos en tiempo y forma.

2. *Pretensiones de las partes*

La actividad administrativa impugnada determinará las pretensiones de las partes. En este sentido, los artículos 31 a 33 LJCA delimitan las pretensiones que cabe articular por las partes. Y, a su vez, estas pretensiones, determinarán la parte dispositiva de la sentencia que estime, en su caso, el recurso contencioso-administrativo (art. 71 LJCA).

Las pretensiones que las partes articulen en el recurso contencioso-administrativo podrán ser:

La declaración de no ser conforme a Derecho y, en su caso, la anulación de los actos y disposiciones susceptibles de impugnación (art. 31.1 LJCA).

El reconocimiento de una situación jurídica individualizada y la adopción de las medidas adecuadas para el pleno restablecimiento de la misma, entre éstas, la indemnización de los daños y perjuicios (art. 31.2 LJCA).

Condena a la Administración al cumplimiento de sus obligaciones o a la ejecución de sus actos firmes (art. 32.1 LJCA).

La declaración de que es contraria a derecho una actuación material de la Administración constitutiva de vía de hecho y que se ordene el cese de esta actuación (art. 32.1 LJCA).

Objeto del recurso contencioso-administrativo y pretensiones correlativas que cabe articular.

OBJETO	ARTÍCULO	PRETENSIÓN	ARTÍCULO
Disposición general	25.1 LJCA	Declaración no conforme a derecho y anulación	31.1 LJCA
Acto administrativo	25.1 LJCA	Declaración no conforme a derecho y anulación	31.1 LJCA
Inactividad	25.2 y 29.1 LJCA	Condena cumplimiento	32.1 LJCA
Inejecución acto administrativo	25.2 y 29.2 LJCA	Condena para ejecutar acto administrativo	32.1 LJCA
Vía de hecho	25.2 y 30 LJCA	Cese de actuación	32.2 LJCA

Las pretensiones formuladas por las partes, así como los motivos que fundamenten el recurso y la oposición, fijan los límites en que los órganos judiciales juzgarán. No obstante, si el órgano judicial estima que la cuestión debatida no ha sido apreciada debidamente, por concurrir otros motivos susceptibles de fundar el recurso o la oposición, lo someterá a las partes mediante providencia en que lo expondrá, sin prejuzgar el fallo, y concederá a los interesados un plazo común de diez días para formular alegaciones.

3. *Plazos para la interposición del recurso contencioso-administrativo*

El objeto del recurso contencioso-administrativo determina el plazo para la interposición de éste.

El artículo 46 LJCA determina el plazo para interponer el recurso contencioso-administrativo según cuál sea su objeto.

En los casos en que el objeto del recurso contencioso-administrativo es la impugnación de una disposición general o un acto que pone fin a la vía administrativa, si fuera expreso, el plazo será de dos meses, contados desde el día siguiente al de la publicación de la disposición impugnada o al de la notificación o publicación del acto administrativo (46.1 LJCA).

Si el acto administrativo no es expreso, el plazo es de seis meses y se contará, para el solicitante y otros interesados, a partir del día siguiente a aquél en que, según la normativa específica, se produzca el acto presunto (46.1 LJCA).

En los casos de inactividad de la Administración (46.2 LJCA) el plazo será de dos meses, contados del siguiente modo:

Cuando la Administración está obligada a realizar una prestación concreta a favor de una o varias personas determinadas, en virtud de una disposición general que no precisa actos de aplicación, acto, contrato o convenio administrativo, quienes tuvieran derecho a ella deberán reclamar de la Administración el cumplimiento de esta obligación. Transcurridos tres meses desde la formulación de esta reclamación, si la Administración no ha dado cumplimiento a lo solicitado, el interesado podrá interponer recurso contencioso-administrativo contra la inactividad de la Administración en el plazo señalado de dos meses.

Cuando la Administración no ejecuta sus actos firmes, el afectado podrá solicitar su ejecución ante la misma Administración; si ésta no lleva a cabo la ejecución en el plazo de un mes desde la petición, podrán los solicitantes formular recurso contencioso-administrativo en el citado plazo de dos meses. En este caso, independientemente del órgano judicial que sea competente para su conocimiento, de la cuantía del recurso o de la materia examinada, se tramitará por el procedimiento abreviado.

Si el recurso contencioso-administrativo se dirige contra una actuación en vía de hecho (46.3 LJCA), el plazo para interponer el recurso es:

Si el interesado hubiera formulado, en su caso, requerimiento a la Administración actuante, intimando su cesación, transcurridos diez días desde su formulación si éste no es atendido, el interesado dispondrá de un segundo plazo de diez días para la interposición del recurso.

En el caso de que no hubiera requerimiento, el plazo para interponer recurso contencioso-administrativo será de veinte días desde el día en que se inició la actuación administrativa en vía de hecho.

Plazos de interposición del recurso contencioso-administrativo según su objeto:

OBJETO	PLAZO
Disposición general	2 meses
Acto administrativo: a) Expreso b) Presunto	 2 meses 6 meses
Inactividad: Incumplimiento obligación	2 meses transcurrido el plazo de tres meses desde que se formulara la reclamación, sin que ésta se diera cumplimiento
Inejecución acto administrativo	2 meses transcurrido el plazo de un mes desde la petición de ejecución sin que ésta se hubiere llevado a cabo

OBJETO	PLAZO
Vía de hecho	Formulado requerimiento, intimando su cesación, si no ha sido atendido, terminado un plazo de 10 días, habrá otro plazo de 10 para la interposición Si no hubiere requerimiento, el plazo es de 20 días desde que se inició la actuación administrativa en vía de hecho

III. PROCEDIMIENTOS

La Ley Reguladora de la Jurisdicción Contencioso-administrativa, Ley 29/1998, de 13 de julio (en adelante LJCA) configura dos procedimientos generales:

El procedimiento ordinario (arts. 43 a 77 LJCA).

El procedimiento abreviado (art. 78 LJCA).

Y regula otros procedimientos especiales, así:

El procedimiento para la protección de los derechos fundamentales de la persona (arts. 114 a 122 LJCA).

Cuestión de ilegalidad (arts. 123 a 126 LJCA).

Procedimiento en los casos de suspensión administrativa previa (art. 127 LJCA).

Con relación a materias administrativas especiales, como la Electoral o la Disciplina Militar, entre otras muchas, la normativa específica de cada una de ellas fija los procedimientos correspondientes para examinar y revisar estas actividades administrativas y determina los órganos a quiénes se les encomienda la función de revisión de esta actividad Administrativa concreta y especial.

En este apartado del Prontuario se van a examinar los dos procedimientos generales, el ordinario y el abreviado.

De los dos procedimientos generales, el procedimiento ordinario es el que se tramitará como regla general salvo que se esté en uno de los supuestos contemplados en el art. 78.1 LJCA o en el configurado art. 29.2 LJCA, en estos casos el procedimiento a seguir es el abreviado.

Del artículo 78.1 LJCA se desprende otra regla que determina que sólo los órganos unipersonales, es decir, los Juzgados de lo Contencioso-administrativo y los Juzgados Centrales de lo Contencioso-administrativo, conocen por el procedimiento abreviado alguno de los asuntos de su competencia. Esta regla general tiene la excepción contemplada en el art. 29.2 LJCA. Así, cuando el recurso contencioso-administrativo tiene por objeto la falta de ejecución por parte de un órgano de una de las Administraciones Públicas de sus actos firmes, se tramitará por el procedimiento abreviado, independientemente de que se esté ante órganos unipersonales o colegiales. Por ejemplo, como la Sala Tercera del Tribunal Supremo es competente para conocer de los actos administrativo acordados por el Consejo de Ministros, en el supuesto de que éste no ejecutara un acto firme, el recurso contencioso-administrativo formulado contra esta falta de ejecución se habrá de tramitar ante el Tribunal Supremo por el procedimiento abreviado.

Los Juzgados de lo Contencioso-administrativo y de los Juzgados Centrales de lo Contencioso-administrativo conocerán por el procedimiento abreviado dentro de su ámbito de competencia los siguientes asuntos (art. 78 LJCA):

En todos aquellos asuntos cuya cuantía no supere los 13.000 euros.

Cuestiones de personal al servicio de las administraciones públicas.

Extranjería.

Inadmisión de peticiones de asilo político.

Disciplina deportiva en materia de dopaje.

Ámbito de aplicación de los procedimientos generales: Procedimiento ordinario y abreviado.

PROCEDIMIENTO	ÓRGANO JUDICIAL	CASOS EN QUE SE TRAMITA
Procedimiento ordinario	Unipersonales y Colegiados	Regla general
Procedimiento abreviado: (art. 78 LJCA)	Unipersonales	i. Todas aquellas cuestiones de cuantía inferior a 13.000 euros ii. Cuestiones de personal al servicio de las administraciones públicas iii. Extranjería iv. Inadmisión de peticiones de asilo v. Disciplina deportiva en materia de dopaje
Procedimiento abreviado: (art. 29.2 LJCA)	Unipersonales y Colegiados	Recursos formulados cuando la Administración no ejecuta sus actos firmes

Si el actor siguiera un procedimiento distinto al preceptivo, (por ejemplo, iniciara el recurso mediante un escrito de interposición al considerar que ha de seguirse por el procedimiento ordinario cuando se esté ante un supuesto que ha de tramitarse por el procedimiento abreviado, que se inicia directamente mediante demanda), esto no ha de suponer la inadmisión de plano del recurso.

De conformidad con el artículo 138 LJCA, el órgano jurisdiccional, de oficio, si apreciara la existencia de este error, que es subsanable, habrá de dictar providencia en que lo reseñe y otorgue el plazo de diez días para la subsanación. En el ejemplo reseñado, que es muy habitual en la práctica forense, se otorgará a la parte actora un plazo de diez días para formular demanda de procedimiento abreviado.

IV. EL PROCEDIMIENTO ORDINARIO

El procedimiento ordinario está regulado en los artículos 45 a 77 LJCA. Este procedimiento sigue los siguientes trámites:

1. Interposición del recurso

El recurso contencioso-administrativo se inicia por un escrito de interposición del recurrente ante el órgano judicial competente.

El contenido de este escrito se reduce a:

Citar el objeto del recurso: La disposición, acto, inactividad o actuación constitutiva de vía de hecho que se impugna.

Solicitar que se tenga por interpuesto.

A este escrito se deben acompañar los siguientes documentos:

Documento que acredite la representación del compareciente, salvo si ya consta unido a las actuaciones de otro recurso pendiente ante el mismo órgano judicial. En este caso podrá solicitarse que se expida certificación para su unión a los autos. No obstante, este documento no se aportará cuando la parte vaya a otorgar su representación por comparecencia ante el Secretario Judicial del tribunal que haya de conocer el asunto (453.3 LOPJ y 24 LEC).

Documentos que acrediten la legitimación del actor cuando la ostente por habérsela transmitido otro por herencia o por cualquier otro título.

Además, dependiendo de cuál sea el objeto del recurso contencioso-administrativo que se recurra, se acompañará la siguiente documentación:

Disposición general: copia o traslado de la disposición que se recurra o indicación del periódico oficial en que la disposición se haya publicado.

Acto expreso: copia o traslado del acto que se recurra o indicación del expediente en que haya recaído el acto.

Acto presunto: cualquier medido de prueba admitido en Derecho, incluido el certificado del órgano competente para resolver (art. 43.5 LRJAPyPAC), indicación del expediente en el que se entiende ha recaído resolución presunta.

Inactividad de la Administración o una vía de hecho: se mencionará el órgano o dependencia al que se atribuya una u otra, en su caso, el expediente administrativo en que tuviera su origen o cualesquiera otros datos que sirvan para identificar el objeto del recurso.

Documentos que acrediten el cumplimiento de los requisitos exigidos para entablar acciones las personas jurídicas con arreglo a las normas o estatutos que les sean de aplicación, salvo que ya conste en el documento mencionado en la letra a).

El artículo 129 LJCA, al regular las medidas cautelares en los recursos contencioso-administrativos, indica que se pondrán solicitar en cualquier estado del proceso. Lo habitual, dado que si no se hace así, la actividad impugnada será ejecutiva, es que la petición de la medida cautelar se formule desde un inicio, en el mismo escrito de interposición del recurso contencioso-administrativo, mediante un otrosí, en el que se expondrán las circunstancias, hechos y fundamentos que justifican la adopción de la decisión cautelar.

De conformidad con el artículo 45.5 LJCA el recurso dirigido contra una disposición general, acto, inactividad o vía de hecho, en que no existan terceros interesados podrá iniciarse también mediante demanda en la que se concretará el objeto impugnado y se razonará su disconformidad a Derecho. En este caso, se acompañarán los documentos que se ha señalado para el escrito interposición.

2. *Reclamación del expediente*

El Juzgado o Tribunal examinará de oficio la validez de la comparecencia una vez se haya presentado el escrito de interposición. Si considera que no concurren los requisitos exigidos por la LJCA para la validez de la comparecencia que supone el escrito de interposición, requerirá a la parte actora para su subsanación señalando un plazo de diez días para que pueda llevarla a efecto, si no lo hace, ordenará el archivo de las actuaciones (art. 45.3 LJCA).

El actor podrá solicitar que se anuncie la interposición del recurso y el Juzgado o Tribunal podrá también acordarlo de oficio si lo estima conveniente. En los casos en que el recurso se inicie mediante demanda (art. 45.5 LJCA) se deberá proceder a la publicación del anuncio de interposición en todo caso.

A continuación, el órgano judicial mediante resolución si no se hubiere acordado la publicación, requerirá a la Administración que le remita el expediente administrativo y que practique el emplazamiento a cuantos aparezcan como interesados en él, para que puedan personarse como demandados en el plazo de nueve días (art. 49.1 LJCA).

El emplazamiento de la Administración se entenderá efectuado por la reclamación del expediente (art. 50.1 LJCA).

Las Administraciones Públicas se entienden personadas por el envío del expediente (art. 50.2 LJCA).

El expediente administrativo deberá ser remitido en el plazo de 20 días, a contar desde que la comunicación judicial tenga entrada en el registro general del órgano requerido.

El expediente, original o copiado, se enviará completo, foliado y, en su caso, autentificado, acompañado de un índice de los documentos que contenga.

En caso de que no sea remitido por la Administración, se reiterará la reclamación pudiéndose incluso, en caso de que no se remita, imponer multas coercitivas a la autoridad o empleado responsable.

3. Emplazamiento de los demandados

La Administración demandada, al acordar remitir el expediente lo notificará en los cinco días siguientes a haberlo adoptado a cuantos aparezcan como interesados, emplazándoles para que puedan personarse como demandados en el plazo de 9 días (art. 49.1 LJCA).

En consecuencia, los interesados que se personen en el procedimiento al ser emplazados por la Administración demandada lo harán siempre como demandados y nunca como recurrentes. De haber querido impugnar la actividad administrativa que se examine en el recurso contencioso-administrativo habrían tenido que impugnarla ante el órgano judicial competente dentro de los plazos, según el caso, del artículo 46 LJCA. De este modo, no cabe, una vez transcurridos los plazos de interposición preceptivos, pretender personarse en un recurso como parte recurrente.

Hechos los emplazamientos, la Administración enviará el expediente al Órgano Judicial.

Recibido el expediente, el Juzgado o Tribunal, comprobará que se han efectuado en forma los emplazamientos para, en su caso, ordenar a la Administración que se practiquen las necesarias para asegurar la defensa de los interesados que sean identificables. En caso de que no se pueda emplazar personalmente a algún interesado, el Juez o Tribunal mandará practicar el emplazamiento mediante edictos. Los que sean así emplazados podrán personarse hasta el momento en que hubiere de dárseles traslado para contestar a la demanda (art. 49.4).

Los demandados legalmente emplazados podrán personarse en autos dentro del plazo concedido. Si lo hacen posteriormente, se les tiene por parte para los trámites no precluidos. Si no se personan, continuará el procedimiento por sus trámites, sin que haya que hacerles de ningún modo ninguna nueva notificación.

4. Admisión del recurso

El Juzgado o Tribunal, si lo considera necesario, previa reclamación y examen del expediente, declarará no haber lugar a la admisión del recurso cuando conste de modo inequívoco y manifiesto alguno de los motivos que se reseñan en el cuadro siguiente (art. 51 LJCA):

MOTIVOS DE INADMISIÓN DEL RECURSO
— Falta de jurisdicción [arts. 5 y 51.1 a) LJCA].
— El recurrente tendrá el plazo de 1 mes desde la notificación de la resolución de inadmisión para personarse ante el orden jurisdiccional competente, si hubiera formulado el recurso siguiendo indicaciones de la notificación del acto o ésa fuese defectuosa.
— Incompetencia del Juzgado o Tribunal [arts. 7 y 51.1 a) LJCA]. La declaración de incompetencia adoptará la forma de auto y deberá efectuarse antes de la sentencia, remitiéndose las actuaciones al órgano de la Jurisdicción que se estime competente para que ante él siga el curso del proceso.
— Falta de legitimación del recurrente (arts. 19 y 20 LJCA).
— Haberse interpuesto el recurso contra actividad no susceptible de impugnación (arts. 25 a 30 LJCA).
— Haber caducado el plazo para la interposición del recurso (art. 46 LJCA).
— El Juzgado o Tribunal podrá inadmitir el recurso cuando se hubieran desestimado en el fondo otros recursos sustancialmente iguales por sentencia firme, mencionando, en este caso, la resolución o resoluciones desestimatorias (art. 51.2 LJCA).
— Cuando se impugne una actuación material constitutiva de vía de hecho, podrá inadmitirse el recurso si fuera evidente que la actuación administrativa se ha producido dentro de la competencia y de conformidad con las reglas del procedimiento (arts. 30 y 51.3 LJCA).
— Cuando se impugne la falta de realización por la Administración de las obligaciones a que se refiere el artículo 29 LJCA, el recurso se inadmitirá si fuera evidente la ausencia de obligación concreta de la Administración respecto de los recurrentes (arts. 29 y 51.3 LJCA).

El Juzgado o Tribunal, antes de pronunciarse sobre la inadmisión del recurso, hará saber a las partes el motivo en que pudiera fundarse para que, en el plazo común de diez días, aleguen lo que estimen pertinente y acompañen los documentos a que hubiera lugar (art. 51.4 LJCA).

La admisión o inadmisión se declarará mediante auto. Contra este segundo podrá interponerse el recurso previsto (art. 51.5 LJCA).

5. *Demanda*

A) Plazo para formular la demanda

Recibido el expediente administrativo en el Juzgado y Tribunal y comprobados los emplazamientos, se acordará que se entregue al recurrente para que deduzca la demanda en el plazo de 20 días (art. 52.1 LJCA).

Si la parte estima que el expediente administrativo no está completo, podrá solicitar, dentro del plazo para formular demanda, que se reclamen los antecedentes para completarlo (art. 55.1 LJCA) esta solicitud suspende el curso del plazo para deducir demanda.

Si la demanda no se presenta dentro del plazo, el Juzgado o Tribunal, de oficio, declarará por auto la caducidad del recurso. No obstante, admitirá el escrito de demanda y producirá sus efectos legales, si se presenta dentro del día siguiente en que se notifique el auto (art. 52.2 LJCA) A su vez, la presentación de este escrito podrá efectuarse hasta las quince horas del día hábil siguiente al del vencimiento del plazo (art. 135 LEC).

B) Contenido de la demanda

* Peticiones que ha de contener el escrito de demanda, en su caso:

— En el escrito de demanda se consignarán con la debida separación los hechos, los fundamentos de Derecho y las pretensiones que se deduzcan, en justificación de las cuales podrán alegarse cuantos motivos procedan, hayan sido o no planteados ante la Administración (art. 56 LJCA).

— Con la demanda la parte acompañará los documentos en que directamente funde su derecho, y si no obrare en su poder, designará el archivo, oficina, protocolo o persona en cuyo poder se encuentren.

— El actor podrá pedir por otrosí en el escrito de demanda que el recurso se falle sin necesidad de recibimiento a prueba ni tampoco de vista o conclusiones (art. 57 LJCA).

— O, podrá pedir el recibimiento del proceso a prueba por medio de otrosí en el escrito de demanda. En este escrito deberá expresar en forma ordenada los puntos de hecho sobre los que haya de versar la prueba (art. 60.1 LJCA) Por medio de otrosí en el escrito de demanda habrá de solicitar que se celebre vista, que se presenten conclusiones o que el pleito sea declarado concluso, sin más trámites, para sentencia (art. 62.1 y 2 LJCA).

— El actor podrá exponer, por medio de otrosí, en el escrito de demanda, su parecer acerca de la cuantía del recurso (art. 40.1 LJCA). Si no lo hace, el Juzgado o Tribunal le requerirá para que fija la cuantía, en un plazo no superior a 10 días, si no lo realiza, se esté a lo que fije el órgano jurisdiccional, previa audiencia del demandado (art. 40.2 LJCA).

* Estructura de la demanda del Procedimiento Ordinario

1. Órgano judicial.

Competencia objetiva, funcional y territorial (arts. 8 a 14 LJCA).

1. Órgano judicial.

2. Parte actora:

Capacidad procesal. (art. 18 LJCA).

Legitimación (art. 19 LJCA).

Representación y defensa (art. 23 LJCA).

3. Hechos (art. 56 LJCA):

a) Relato de hechos. Describir y enumerar de forma clara y ordenada los antecedentes de hecho con especial referencia a los que son relevantes para la fundamentación de la impugnación.

b) Se acompañarán los documentos en que se funden su derecho, y si no obraren en su poder, designarán el archivo, oficina, protocolo o persona en cuyo poder se encuentren.

4. Fundamentos de derecho (art. 56 LJCA):

I. Requisitos procesales:

i. Orden Jurisdiccional Contencioso-administrativo (arts. 1 a 5 LJCA).

ii. Competencia objetiva, funcional y territorial (arts. 8 a 14 LJCA).

iii. Capacidad, legitimación, representación y defensa (arts. 18 a 23 LJCA).

iv. Objeto del recurso contencioso-administrativo:

a) Actividad administrativa impugnada (arts. 25 a 30 LJCA).

b) Pretensión (arts. 31 a 33 LJCA).

v. Procedimiento ordinario (Razones por las que se tramita por este procedimiento).

II. Fondo del asunto.

Motivos alegados de impugnación en justificación de las pretensiones, hayan sido o no planteados ante la Administración (art. 56.1 LJCA).

5. SOLICITUD: Pretensiones que se deduzcan (arts. 31 a 33 LJCA).

Correlación con lo regulado acerca de los pronunciamientos de la sentencia estimatoria (art. 71 LJCA).

6. Otrosí digo: Cuantía del procedimiento (art. 40.1 y concordantes LJCA).

7. Potestativo. Segundo otrosí digo: Petición del recibimiento del proceso a prueba: se deberán expresar los puntos de hecho sobre los que ha de versar la prueba (art. 60.1 LJCA) o que el recurso se falle sin necesidad de recibimiento a prueba ni tampoco de vista o conclusiones (art. 57 LJCA).

8. Potestativo. Tercer otrosí digo: Solicitud de que se celebre vista, que se presenten conclusiones o que el pleito sea declarado concluso, sin más trámites para sentencia (art. 62.2 LJCA).

6. *Contestación*

A) Alegaciones previas

Dentro de los 5 primeros días del plazo de 20 días para contestar la demanda, las partes demandadas podrán alegar los motivos que pudieran determinar la incompetencia del órgano jurisdiccional o la inadmisibilidad del recurso, sin perjuicio de que tales motivos, salvo la incompetencia jurisdiccional, puedan ser alegados en la contestación. Para hacer uso de este trámite la Administración demandada habrá de acompañar el expediente administrativo si no lo hubiera remitido antes (art. 58 LJCA).

De este escrito se dará traslado por cinco días al actor, para, si procediera, subsanar el defecto en el plazo de diez días.

Evacuado el traslado, se seguirá la tramitación prevista para los incidentes.

El Auto desestimatorio de las alegaciones previas no es susceptible de recurso y dispondrá que se conteste la demanda en el plazo que reste.

Si se estima la alegación previa, el auto declarará la inadmisibilidad del recurso.

B) Escrito de contestación. Plazo y contenido

Presentada la demanda, se da traslado de la misma con entrega del expediente administrativo a las partes demandadas, que hubieran comparecido, para que la contesten en el plazo de veinte días.

La contestación se formulará primero por la Administración demandada. Cuando hubieren de hacerlo, además de la Administración, otros demandados, aunque no actúen bajo una misma dirección, la contestación se formulará simultáneamente.

Si las partes demandadas estimaran que el expediente administrativo no está completo, podrán solicitar también, dentro del plazo para formular la contestación, que se reclamen los antecedentes para completarlo. Esta solicitud suspende el curso del plazo para la contestación (art. 55 LJCA).

En el escrito de contestación se consignarán con la debida separación los hechos, los fundamentos de Derecho y las pretensiones que se deduzcan (art. 56.1 LJCA), con los mismos apartados en cuanto la fijación de la cuantía, y las peticiones del recibimiento del pleito a prueba y conclusiones o vista que el escrito de demanda.

En el escrito de contestación habrán de acompañarse los documentos en que funde su derecho, y si no obran en su poder, designará el archivo, oficina, protocolo o persona en cuyo poder se encuentre (art. 56.3 LJCA).

7. *Prueba*

La petición del recibimiento del proceso a prueba sólo se podrá pedir por medio de otrosí en los escritos de demanda y contestación y en las alegaciones complementarias (art. 60.1 LJCA).

Si de la contestación a la demanda resultaran nuevos hechos de trascendencia para la resolución del pleito, el recurrente podrá pedir el recibimiento a prueba dentro de los tres días siguientes a aquel en que se haya dado traslado (art. 60.2 LJCA).

El proceso se recibirá a prueba cuando exista disconformidad en los hechos y éstos fueran de trascendencia para la resolución del pleito ajuicio del órgano jurisdiccional (art. 60.3 LJCA).

La prueba se desarrollará con arreglo a las normas generales para el proceso civil. No obstante, el plazo para proponer los medios de pruebas será de 15 días y de treinta para practicar (art. 60.4 LJCA).

El Juez o Tribunal podrá acordar de oficio el recibimiento a prueba y disponer la práctica de cuantas estime pertinentes para la más acertada decisión del asunto. También, finalizado el período de prueba, y hasta que el pleito sea declarado concluso para sentencia, podrá acordar la práctica de cualquier diligencia de prueba que estime necesaria.

8. *Vista y conclusiones*

A) Solicitud de vista o conclusiones

Las partes podrán solicitar que se celebre vista, que se presenten conclusiones o que el pleito sea declarado concluso, sin más trámites, para sentencia.

Esta solicitud habrá de formularse por medio de otrosí en los escritos de demanda o contestación o por escrito presentado en el plazo de tres días contados desde que se notifique la diligencia de ordenación declarando concluso el período de prueba (art. 62 LJCA).

B) Celebración de vista

Si se acordara la celebración de vista, en este acto se dará la palabra a las partes por su orden para que de forma sucinta expongan sus alegaciones (art. 63 LJCA). El Juez o Presidente de la Sala podrá invitar a los defensores de las partes, antes o después de los informes orales, a que concreten los hechos y puntualicen, aclaren o rectifiquen cuanto sea preciso para delimitar el objeto del debate. En todo caso, la vista, en el procedimiento ordinario, no es la celebración del Juicio sino única y exclusivamente el trámite en el que las partes oralmente, mediante informe, recapitulan acerca de los hechos alegados en la demanda, hechos inicialmente controvertidos, cómo han quedado acreditados por los medios de prueba practicados, en su caso, y el examen jurídico de las cuestiones planteadas.

C) Escrito de conclusiones

El trámite de conclusiones consistirá en que las partes presenten unas alegaciones sucintas acerca de:

— Los hechos.

— La prueba practicada.

— Los fundamentos jurídicos que apoyen sus pretensiones (art. 64.1 LJCA).

En el acto de la vista o en el escrito de conclusiones no podrán plantearse cuestiones que no hayan sido planteadas en los escritos de demanda y contestación (art. 65 LJCA).

El plazo para formular este escrito es de diez días sucesivos para los demandantes y demandados.

9. *Sentencia*

La sentencia se dictará en el plazo de diez días desde que el pleito haya sido declarado concluso y decidirá todas las cuestiones controvertidas en el pleito (art. 67 LJCA).

PRONUNCIAMIENTO DEL FALLO DE LA SENTENCIA (art. 68 LJCA)
1) Inadmisibilidad del recurso contencioso-administrativo.
2) Estimación o desestimación del recurso contencioso-administrativo.
3) Además, contendrá el pronunciamiento que corresponda respecto de las costas.

CASOS EN QUE SE DECLARARÁ LA INADMISIÓN (art. 69 LJCA)
1) El Juzgado o Tribunal Contencioso-administrativo carezca de Jurisdicción.
2) El recurso se hubiera interpuesto por persona incapaz, no debidamente representada o no legitimada.
3) El recurso tuviera por objeto disposiciones, actos o actuaciones no susceptibles de impugnación.
4) Que recaiga sobre cosa juzgada o existiera litispendencia.
5) Que se hubiera presentado el escrito inicial del recurso fuera del plazo establecido.

La sentencia que declare la inadmisibilidad o desestimación del recurso contencioso-administrativo sólo producirá efectos entre las partes (art. 72.1 LJCA).

La sentencia desestimará el recurso cuando se ajusten a Derecho la disposición, acto o actuación impugnados. La sentencia lo estimará cuando incurrieran en cualquier infracción del ordenamiento jurídico, incluso la desviación de poder (art. 70.2 LJCA).

PRONUNCIAMIENTOS DE LA SENTENCIA ESTIMATORIA
1) Declaración de no ser conforme a Derecho y, en su caso, anulación total o parcialmente la disposición o acto recurrido, o disponer el cese o modificar la actuación impugnada.
2) Reconocimiento de una situación jurídica individualizada, de haberse pretendido, y adoptará cuantas medidas sean necesarias para el pleno restablecimiento de la misma.
3) Si la medida consistiera en la emisión de un acto o en la práctica de una actuación jurídicamente obligatoria, la sentencia podrá establecer plazo para que se cumpla.
4) Si fuera estimada la pretensión de resarcir daños y perjuicios, se declarará en todo caso el derecho a la reparación y señalará quién debe indemnizar. La sentencia podrá fijar la cuantía de la indemnización o establecer las bases para la determinación de la cuantía. En este último caso, la concreción quedará diferida al período de ejecución.

La anulación de una disposición o acto producirá efectos para todas las personas afectadas. Las sentencias firmes que anulen una disposición general tendrán efectos generales desde el día en que sea publicados el fallo y preceptos anulados (art. 72.2 LJCA). No obstante, no afectarán por sí mismas a la eficacia de las sentencias o actos administrativos firmes que lo hayan aplicado antes de que la anulación alcance efectos generales.

La estimación de pretensiones de reconocimiento o restablecimiento de una situación jurídica individualizada sólo producirá efectos entre las partes (art. 72.3 LJCA).

10. Otros modos de terminación del procedimiento

OTROS MODOS DE TERMINACIÓN DEL PROCEDIMIENTO
1) Desistimiento del recurrente (art. 74 LJCA).
2) Allanamiento de los demandados (art. 75 LJCA).
3) Satisfacción extraprocesal si la Administración reconociese totalmente en vía administrativa las pretensiones del demandante (art. 76 LJCA).
4) Acuerdo que ponga fin a la controversia, cuando el juicio se promueva sobre materias susceptibles de transacción y, en particular, cuando verse sobre estimación de cantidad (art. 77 LJCA).

11. Esquema de la tramitación del procedimiento ordinario

1. Actor: Interposición del recurso contencioso-administrativo.

2. Órgano judicial: Providencia teniendo por interpuesto recurso, examen previo su jurisdicción, competencia y, en su caso, reclamación del expediente a la Administración para que lo aporte en 20 días.

3. Administración demandada: Emplazamiento de los demandados (para personación ante el órgano judicial 9 días) y remisión del expediente al Juzgado o Tribunal (Plazo 20 días).

4. Órgano judicial: Admisión o inadmisión del recurso. En caso de admisión emplazamiento para formular demanda (20 días).

5. Actor: Demanda.

Contenido: Hechos, fundamentos jurídicos y pretensión.

Otrosíes: Cuantía, petición del recibimiento a prueba (relación hechos que se quieren acreditar), en su caso, y vista o conclusiones, en su caso.

6. *Representación de la Administración. Contestación* (Plazo 20 días).

Contenido: Hechos, fundamentos jurídicos y pretensión.

Otrosíes: Cuantía, petición del recibimiento a prueba (relación hechos que se quieren acreditar) y vista o conclusiones.

7. Órgano judicial: Admisión del recibimiento a prueba, en su caso. Plazo de 15 días para proponer medios de prueba.

8. Partes: Proposición de los medios de prueba.

9. Órgano judicial: Admisión de los medios de prueba y su práctica (30 días).

10. Finalizada la práctica de la prueba en el plazo de 30 días, un nuevo plazo de 10 días, sucesivo para cada una de las partes, para presentar conclusiones o señalamiento vista.

11. Partes: Conclusiones o vista.

12. Órgano judicial. Sentencia.

MODELO 1

ESCRITO DE INTERPOSICIÓN CON OTROSÍ DE SUSPENSIÓN

AL (ÓRGANO JUDICIAL COMPETENTE)

DON/DOÑA ..., Procurador/a de los Tribunales, colegiado/a número , en nombre y representación de don/doña ..., según escritura de poder que acompaña como documento 1, asistido por el/la abogado/a don/doña ..., colegiado/a número del Ilustre Colegio de Abogados de ..., comparece y DICE:

De conformidad con los artículos 45 y siguientes de la Ley 29/1998 de 13 de julio Reguladora de la Jurisdicción Contencioso-administrativa INTERPONE RECURSO CONTENCIOSO ADMINISTRATIVO *contra (descripción del objeto del recurso), notificado (fecha de notificación, en su caso, a efectos de acreditar que se ha interpuesto en el plazo previsto legalmente).*

Se adjunta copia de la notificación de esta resolución al recurrente como documento 2.

Por medio de otrosí se SOLICITA MEDIDA CAUTELAR consistente en la suspensión de la ejecución de ... (descripción del acto, disposición o actividad cuya suspensión se solicita).

El artículo 45.1 de la Ley 29/1998 de 13 de julio Reguladora de la Jurisdicción Contencioso-administrativa dispone que el recurso contencioso administrativo se iniciará por un escrito reducido a citar el acto que se impugna, descrito en el anterior párrafo, y a solicitar que se tenga por interpuesto el recurso, lo que se cumplimenta en este escrito.

A su vez el apartado 2 de este mismo precepto determina en su letra a) que se acompañará el documento que acredite la representación del compareciente, en este se aporta como documento 1 la escritura de poder; y en su letra c) copia del acto expreso que se recurra, en este caso se acompaña la resolución impugnada como documento 2.

Por todo lo cual, al (Órgano Judicial competente),

SOLICITA: Tenga por presentado este escrito junto con los documentos que se acompañan y copias, en tiempo y forma, tenerle por comparecido/a y parte en la representación que ostenta, lo admita, por INTERPUESTO RECURSO CONTENCIOSO ADMINISTRATIVO contra (...).

OTROSÍ DICE: *Al amparo de los artículos 129 y siguientes LJCA interesa esta parte que se acuerde la* MEDIDA CAUTELAR *frente a (actividad impugnada), de conformidad con los siguientes.*

MOTIVOS:

(Exposición de los hechos y fundamentos en los que se sustenta la petición de la medida cautelar, con la finalidad de asegurar la efectividad de la sentencia que se dicte en el procedimiento).

Por todo lo cual, al (Órgano Judicial competente).

SOLICITA: La adopción de la medida cautelar consistente en (descripción de la medida cautelar que se interesa).

En....... a .... de ...de ...

Letrada/o doña don — Procurador/a don/doña

Cdo./a. núm... del Colegio de... — Cdo./a. núm....

MODELO 2

ESCRITO DE DEMANDA DE PROCEDIMIENTO ORDINARIO

Órgano judicial competente.

Procedimiento ordinario núm.

AL JUZGADO O TRIBUNAL

DON/DOÑA ..., Procurador/a de los Tribunales, colegiado/a número , en nombre y representación de don/doña ..., según consta en este procedimiento, comparece y DICE:

El (fecha de notificación) ha recibido notificación de la diligencia de ordenación de (fecha) por la que, entre otros pronunciamientos, se ha acordado entregar en Secretaría el expediente administrativo a disposición de esta representación procesal de la parte actora, para que en el plazo de veinte días formule demanda y presente, en su caso, los documentos en que directamente funde su derecho.

De conformidad con los artículos 52 y concordantes de la Ley 29/1998, de 13 de julio, procede a formalizar ESCRITO DE DEMANDA, *en la que se exponen los siguientes,*

HECHOS

PRIMERO. (...)

SEGUNDO. (...)

(Relato de hechos expuesto de forma clara, concisa y ordenada. En él se hará hincapié en los datos fácticos relevantes y relacionados con los motivos de impugnación de la actuación administrativa impugnada.)

A estos hechos les son de aplicación los siguientes

FUNDAMENTOS DE DERECHO

I

ORDEN JURISDICCIONAL CONTENCIOSO-ADMINISTRATIVO

(arts. 1 a 5 LJCA)

II

COMPETENCIA OBJETIVA, FUNCIONAL Y TERRITORIAL

(arts. 8 a 14 LJCA)

III

CAPACIDAD Y LEGITIMACIÓN

(arts. 18 a 22 LJCA)

REPRESENTACIÓN Y DEFENSA DE LA PARTE

(art. 23 LJCA)

IV

OBJETO DEL RECURSO CONTENCIOSO ADMINISTRATIVO

A) Actividad Administrativa Impugnada (arts. 25 a 30 LJCA)

B) Pretensión de la parte actora (arts. 31 a 33 LJCA)

V

PROCEDIMIENTO ORDINARIO

VI

FONDO DEL ASUNTO

MOTIVOS DE IMPUGNACIÓN DE LA RESOLUCIÓN:

Primero. Infracción de (...).

(En cada apartado se citarán y argumentarán las infracciones del ordenamiento jurídico que se sostiene ha incurrido la actividad administrativa impugnada, su alcance, relevancia y consecuencia, citándose la jurisprudencia sobre la cuestión).

Por todo lo cual, al Juzgado o Tribunal,

SOLICITA: Tenga presentado este escrito con los documentos que se adjunta y copias en tiempo y forma, por formulada demanda y siguiendo los trámites legalmente establecidos, dicte sentencia por la que estimando este recurso contencioso administrativo acuerde:

1.° Declarar que no son conforme a Derecho y anule los actos administrativos recurridos.

2.° Declarar que procede reconocer la situación jurídica individualizada al recurrente consistente en (...).

En Lugar y fecha

OTROSÍ DIGO: De conformidad con el artículo 40 de la Ley 29/1998, de 13 de julio esta parte expone su parecer de que la cuantía del recurso es (fijar la cuantía).

Por todo lo cual,

SOLICITA: Tenga por expuesto este parecer.

SEGUNDO OTROSÍ DIGO: De conformidad con el artículo 60.1 LJCA se expresan de forma ordenado los puntos de hecho sobre los que ha de versar la prueba:

1) ...

2) ...

Por todo lo cual, al Juzgado o Tribunal

SOLICITA: Acuerde el recibimiento del proceso a prueba y por expresados de forma ordenada los puntos de hecho sobre los que ha de versar la prueba.

TERCER OTROSÍ DIGO: *De conformidad con el artículo 62 LJCA al Juzgado o Tribunal*

SOLICITA: Acuerde que se presenten conclusiones en este pleito.

En lugar y fecha ut supra.

Letrada/o doña/don — Procurador/a don/doña

Cdo./a. núm... del Colegio de... — Cdo./a. núm....

MODELO 3

ESCRITO DE PROPOSICIÓN DE PRUEBA

Órgano judicial competente.

Procedimiento ordinario núm.

AL JUZGADO O TRIBUNAL

DON/DOÑA ..., Procurador/a de los Tribunales, colegiado/a número ..., en nombre y representación de don/doña ..., según consta en este procedimiento, comparece y **DICE:**

El (fecha de notificación) ha recibido notificación del Auto de (fecha resolución) por el que este Juzgado o Tribunal acuerda, entre otros pronunciamientos, recibir el pleito a prueba y se abre el periodo de proposición por el plazo de quince días, formándose al efecto los correspondientes ramos de prueba. De conformidad con la citada resolución y al amparo del artículo 60 de la Ley 29/1998 de 13 de julio presenta

ESCRITO DE PROPOSICIÓN DE LOS SIGUIENTES MEDIOS DE PRUEBA

PRIMERO. DOCUMENTAL PÚBLICA Y PRIVADA.

A) DOCUMENTOS APORTADOS JUNTO CON LA DEMANDA.

B) ...

SEGUNDO. TESTIFICAL.

Se propone como testigos a:

Relación de testigos, datos identificativos y dirección.

(En este escrito se relacionarán los diversos medios de prueba que se propongan practicar, según los puntos de hecho que se han señalado por medio de otrosí en el escrito de demanda.)

Por todo lo cual, al Juzgado o Tribunal

SOLICITA: Tenga por presentado este escrito, por propuestos los medios de prueba citados, se sirva admitirlos y dando traslado de las copias a la parte contraria, declarar la pertinencia de los medios de prueba propuestos, y previo los trámites legales, acordar las resoluciones necesarias para su práctica.

En Lugar y fecha

Letrada/o doña/don — Procurador/a don/doña

Cdo./a. núm... del Colegio de... — Cdo./a. núm....

MODELO 4

ESCRITO DE CONCLUSIONES

Órgano judicial competente.

Procedimiento ordinario núm.

AL JUZGADO O TRIBUNAL

DON/DOÑA ..., Procurador/a de los Tribunales, colegiado/a número , en nombre y representación de don/doña ..., según consta en este procedimiento, comparece y DICE:

El (fecha) ha recibido notificación de la Providencia de fecha (...) en la que se confiere traslado a esta parte actora para que en el plazo de diez días presente escrito de conclusiones sucintas. De conformidad con dicho pronunciamiento y al amparo del artículo 64 de la Ley 29/1998 de 13 de julio de la Jurisdicción se formula

ESCRITO DE CONCLUSIONES QUE CONTIENE LAS SIGUIENTES

ALEGACIONES ACERCA DE:

LOS HECHOS

PRIMERO (...)

(Se hará una referencia breve de los hechos que han dado lugar al recurso y, en concreto, acerca de los hechos controvertidos, en su caso.)

PRUEBA PRACTICADA

PRIMERA (...)

(Se enumerarán las pruebas practicadas y los datos y circunstancias que han quedado acreditados a partir de ellas.)

FUNDAMENTOS JURÍDICOS

PRIMERO (...)

(Se expondrán los razonamientos jurídicos aplicables al asunto, ya expuestos en el escrito de demanda, pero en especial, los que resulten relevantes a partir de los nuevos datos y circunstancias acreditados mediante la prueba practicada, en su caso. También podrán refutarse los fundamentos expuestos por la parte demandada en sus anteriores escritos.)

Por todo lo cual, al Juzgado o Tribunal

SOLICITA: Tenga por presentado este escrito conclusiones.

En Lugar y fecha

Letrada/o doña/don — Procurador/a don/doña

Cdo./a. núm... del Colegio de... — Cdo./a. núm....

V. EL PROCEDIMIENTO ABREVIADO

El procedimiento abreviado está regulado en el artículo 78 LJCA. Sigue una tramitación mucho más sencilla que la del procedimiento ordinario al estar concentrados la mayor parte de los trámites en el acto de la vista.

En lo no dispuesto en este precepto, se regirá por las normas generales de la LJCA (art. 78.23). En este mismo sentido, en lo no previsto en la LJCA regirá como supletoria la ley de Enjuiciamiento Civil (Disposición final primera LJCA).

1. Demanda

En el Procedimiento abreviado, frente a lo que sucede en el Procedimiento ordinario, El recurso contencioso-administrativo se inicia directamente mediante demanda, a la que se acompañarán los documentos en que el actor funde su derecho y los previstos en el artículo 45.2 LJCA, es decir, los que en el procedimiento ordinario se acompañan al escrito de interposición del recurso.

Por ello, para poder redactar correctamente esta demanda, cuando no se tenga conocimiento completo del contenido del expediente administrativo que ha dado lugar a la actuación administrativa que se va a impugnar, tendremos que interesar a la Administración su exhibición e incluso la obtención de copias, derecho del ciudadano contemplado en el artículo 35 de la Ley de Régimen Jurídicos de las Administraciones Públicas y del Procedimiento Administrativo Común, Ley 30/1992, de 26 de noviembre.

El plazo para interponer la demanda en el Procedimiento abreviado y, por tanto, de interposición del recurso serán los mismos, según su objeto, que los señalados para el Procedimiento ordinario.

En el escrito de demanda de Procedimiento abreviado, como en la del Procedimiento ordinario, se consignarán con la debida separación los hechos, los fundamentos de Derecho y las pretensiones que se deduzcan, en justificación de las cuales podrán alegarse cuantos motivos procedan, hayan sido o no planteados ante la Administración (art. 56 LJCA).

Por medio de otrosí, en el escrito de demanda, el actor podrá indicar su parecer acerca de la cuantía del recurso (art. 40.1 LJCA). Este dato es relevante en cuanto que en algún caso será el que determine el tipo de procedimiento a seguir (si no supera los 13.000 euros su tramitación será la del procedimiento abreviado y en los restantes casos, el procedimiento ordinario). Si el actor no señala la cuantía, el Juzgado o Tribunal podrá requerirle para que fije la cuantía, en un plazo no superior a 10 días (art. 40.2 LJCA) o, en otro caso, podrá requerirle en el acto de la vista.

La solicitud del recibimiento del pleito a prueba y de conclusiones no se hará en el escrito de demanda en cuanto estas cuestiones se plantearán en el acto de la vista.

El artículo 129 LJCA, al regular las medidas cautelares en los recursos contencioso-administrativos, indica que se pondrán solicitar en cualquier estado del proceso. En el procedimiento abreviado, al ser el escrito de demanda el que inicia el procedimiento, la petición de la medida cautelar procedería formularla, en su caso, en este mismo escrito, mediante un otrosí, en el que se expondrán las circunstancias, hechos y fundamentos que justifican la adopción de la decisión cautelar. De otro modo, el acto administrativo será ejecutivo y producirá efectos.

La estructura de la demanda del Procedimiento abreviado es la misma que la del Procedimiento ordinario, con la salvedad de que este escrito de demanda incorpora las menciones contenidas en el escrito de interposición del Procedimiento ordinario, se ha de acompañar de los documentos que se aportan con éste (art. 42

LJCA) y que no habrá de contener los otrosíes que hacen referencia a la petición del recibimiento del pleito a prueba ni la solicitud de vista o conclusiones, peticiones que se habrán de formular en el acto del Juicio o vista.

2. *Admisión de la demanda y citación a las partes para la celebración del vista*

El Juez, una vez presentada la demanda, examinará su jurisdicción y competencia objetiva. En caso de que acuerde la admisión a trámite dictará providencia en la que:

— Además de ordenar la admisión de la demanda y su traslado al demandado.

— Citará a las partes para la celebración de la vista.

— Ordenará a la Administración demandada que remita el expediente administrativo, con al menos 15 días de antelación del término señalado para la vista.

Recibido el expediente administrativo, el Juez lo remitirá al actor y a los interesados que se hubiesen personado para que puedan hacer alegaciones en el acto de la vista.

3. *La Vista*

Con relación a la vista podrá suceder:

— Que comparezcan las dos partes, en cuyo caso se declarará abierta la vista.

— Que no comparezca ninguna de las partes o sólo lo haga el demandado. En este caso, se tiene el actor por desistido del recurso y se le condena en costas.

— Que comparezca sólo el actor, en este caso se proseguirá la vista en ausencia del demandado.

La vista comienza con exposición por el demandante de los fundamentos de lo que pida o con la mera ratificación de lo ya expuesto en la demanda.

A continuación el demandado podrá formular alegaciones que a su derecho convengan, comenzando por las procesales que puedan obstar a la continuación y término del proceso mediante sentencia. Éstas pueden ser, entre otras:

— Cuestiones relativas a la jurisdicción.

— Cuestiones relativas a la competencia objetiva y territorial.

— Impugnar la adecuación del procedimiento por razón de la cuantía.

En caso de que sea planteada una cuestión en este sentido, será oído el demandante.

A continuación, el Juez resolverá:

— Proseguir el juicio, en este caso el demandado podrá pedir que conste en acta su disconformidad.

— Resolver sobre alguna de estas cuestiones, declinando el conocimiento del asunto a favor de otro Juzgado o Tribunal o entendiendo que debe declarar la inadmisibilidad del recurso. En este caso, el actor podrá pedir que conste en acta su disconformidad.

En el supuesto de que el demandado hubiese impugnado la adecuación del procedimiento por razón de la cuantía, el Juez exhortará a las partes a ponerse de acuerdo sobre esta cuestión, antes de la practicarse la prueba o, en su caso, las conclusiones.

En caso de no llegarse a un acuerdo, el Juez decidirá y dará al proceso el curso procedimental que corresponda según la cuantía. Esta decisión no es recurrible.

De no suscitarse cuestiones procesales o el Juez hubiese resuelto la continuación del Juicio, se dará continuación del juicio.

Las partes habrán de fijar con claridad los hechos en que fundamenten sus pretensiones. El actor, al haber examinado el expediente remitido al Juzgado por la Administración, podrá hacer hincapié en los datos que se desprenden de éste, que no haya podido recoger de modo exacto y completo en la demanda por su falta de conocimiento o cuestiones fácticas que se desprendan del mismo.

A partir de esta fijación de los hechos por las partes podrá suceder:

1) Si hay una conformidad de todos las partes en los hechos, la controversia tendrá carácter meramente jurídico En este caso, será innecesaria la proposición de prueba o esta circunstancia conllevará la inadmisibilidad de toda la prueba propuesta. De tal modo que, salvo que las partes deseen formular conclusiones, el Juez dictará sentencia.

Si una parte considera que no hay conformidad en los hechos y se encuentra con el Juez le inadmite la proposición de prueba por la consideración contraria, formulará oposición. Si el Juez la estima el juicio continuará como se expondrá en el apartado siguiente. Si no la estima, en la sentencia contendrá los razonamientos de esta decisión, antes de resolver sobre el fondo, como especial pronunciamiento.

2) Si no hay conformidad sobre los hechos, se propondrán las pruebas. Será admitidas todas salvo las que sean impertinentes o inútiles y se practicarán a continuación. Contra las resoluciones del Juez sobre denegación de pruebas o sobre admisión de las que se denunciaran como obtenidas con violación de derechos fundamentales, las partes podrán interponer en el acto recurso de súplica, que se tramitará y resolverá seguidamente en el mismo acto de la vista.

Los medios de prueba se practicarán en los juicios abreviados en la vista, si no es incompatible con sus trámites, como en el procedimiento ordinario, con las siguientes notas.

Las posiciones para la prueba de confesión (interrogatorio) se propondrán verbalmente.

Para la prueba testifical, no se admitirán escritos de preguntas o repreguntas. El Juez puede limitar discrecionalmente el número de testigos si puede haber inútil reiteración.

Los testigos no pueden ser tachados. En conclusiones las partes podrán hacer las observaciones oportunas.

En la práctica de la prueba pericial no serán de aplicación las reglas generales sobre insaculación.

Sólo si el Juez considera que alguna prueba relevante no puede practicarse en la vista, sin mala fe por parte de quien tuviera la carga de aportarla, suspenderá el juicio, señalando en el acto la fecha en que deba reanudarse.

Tras la práctica de la prueba, en su caso, podrá haber trámite de conclusiones, en el que serán oídos los Letrados de ambas partes. Este trámite consistirá en que éstos informarán, a modo de recapitulación del juicio, acerca de los hechos alegados, pruebas practicadas y cuestiones jurídicas que hayan surgido.

A continuación, las personas que sean parte en el pleito podrán, con la venia del Juez, exponer verbalmente lo que consideren oportuno para su defensa. Y se dará por terminada la vista.

El Juez dictará sentencia en el plazo de 10 días desde la celebración de la vista.

4. *Esquema de la tramitación del procedimiento abreviado*

Actor: Demanda.

Órgano judicial: Examen de la Jurisdicción y competencia objetiva.

Providencia teniendo por interpuesto recurso, acuerda su traslado al demandado, cita a las partes para la celebración de la vista y ordena a la Administración remisión expediente administrativo con al menos 15 días de antelación de la fecha de la vista.

Administración demandada: Emplazamiento de los demandados (para personación ante el órgano judicial 9 días) y remisión del expediente al Juzgado o Tribunal.

Órgano judicial: Remisión del expediente al actor y los interesados personados.

Vista:	
Actor:	Exposición de los fundamentos de lo que pide o ratificación demanda.
Demandado:	Formulación de alegaciones: Alegaciones procesales que puedan obstar a la continuación del proceso: Cuestiones relativas a la jurisdicción. Competencia objetiva o territorial. Impugnación adecuación procedimiento.
Actor:	Alegar acerca de las cuestiones procesales planteadas.
Órgano judicial:	Resolver las cuestiones: Proseguir el juicio. Estimar alguna de las cuestiones, declinar el conocimiento o inadmisión.
Actor y Demandado	Fijar con claridad hechos que fundamenten pretensiones. Si hay conformidad de las partes en los hechos, la controversia es de carácter jurídico y es innecesaria la proposición de prueba. Si no hay conformidad en los hechos: proposición medios de pruebas.
Órgano judicial:	Admisión de las pruebas y se practicarán en el acto. Inadmite las impertinentes o inútiles. Cabe recurso de súplica en el acto.
Actor y Demandado	Conclusiones orales.
Persona que sea parte en el pleito.	Exposición verbal de lo que consideren oportuno para su defensa.
Órgano judicial:	Da por terminada vista.

Órgano judicial: Sentencia.

5. *Modelo de procedimiento abreviado*

ESCRITO DE DEMANDA DE PROCEDIMIENTO ABREVIADO

AL JUZGADO

DON/DOÑA ..., Procurador/a de los Tribunales, colegiado/a número , en nombre y representación de don/doña ..., según escritura de poder que acompaña como documento 1, asistido por el/la abogado/a don/doña ..., colegiado/a número del Ilustre Colegio de Abogados de ..., (ante los órganos unipersonales el abogado puede asumir también la representación, en este caso el escrito irá encabezado por él) comparece y **DICE:**

El (fecha de la notificación) Descripción del objeto del recurso.

Se adjuntará copia de la actividad administrativa recurrida.

Contra esta resolución interpone RECURSO CONTENCIOSO-ADMINISTRATIVO De conformidad con los apartados 1 y 2 del artículo 78 y concordantes de la Ley 29/1998, de 13 de julio, procede a formalizar ESCRITO DE DEMANDA, de conformidad con los siguientes

HECHOS

PRIMERO. (...)

SEGUNDO. (...)

TERCERO. (...)

(Relato de hechos expuesto de forma clara, concisa y ordenada. En él se hará hincapié en los datos fácticos relevantes y relacionados con los motivos de impugnación de la actuación administrativa impugnada.)

A estos hechos les son de aplicación los siguientes

FUNDAMENTOS DE DERECHO

I

Orden jurisdiccional contencioso-administrativo.

II

Competencia objetiva y funcional.

III

Capacidad, Legitimación, representación y defensa del recurrente.

IV

Objeto del recurso contencioso administrativo.

A) Actividad administrativa impugnada.

B) Pretensión de la parte actora.

(En cada apartado se argumentará y justificará que concurren cada uno de los requisitos procesales.)

V

Procedimiento Abreviado.

VI

Fondo del asunto.

Motivos de impugnación de la resolución:

Primero. Infracción de (...).

Segundo.

(En cada apartado se citarán y argumentarán las infracciones del ordenamiento jurídico que se sostiene ha incurrido la actividad administrativa impugnada, su alcance, relevancia y consecuencia, citándose la jurisprudencia sobre la cuestión.)

Por todo lo cual, al Juzgado

SOLICITA: Tenga presentado este escrito con los documentos que se adjunta y copias en tiempo y forma, por personada y parte en este procedimiento a este/a Procurador/ a o letrado/a, en nombre y representación de (...) por interpuesto recurso contencioso administrativo y formulada demanda contra (descripción del objeto del recurso contencioso-administrativo), y siguiendo los trámites legalmente establecidos del Procedimiento Abreviado, dicte Sentencia por la que ESTIMANDO este recurso contencioso administrativo acuerde:

1.° Declarar que no son conforme a Derecho y anule los actos administrativos recurridos.

2.° Declarar que procede reconocer la situación jurídica individualizada al recurrente consistente en (...).

En Lugar y fecha

OTROSÍ DIGO: De conformidad con el artículo 40 de la Ley 29/1998, de 13 de julio esta parte expone su parecer de que la cuantía del recurso es (fijar la cuantía).

Por todo lo cual,

SOLICITA: Tenga por expuesto este parecer.

SEGUNDO OTROSÍ DIGO: *Al amparo de los artículos 129 y siguientes LJCA interesa esta parte que se acuerde la MEDIDA CAUTELAR frente a (actividad impugnada), de conformidad con los siguientes*

MOTIVOS:

(Exposición de los hechos y fundamentos en los que se sustenta la petición de la medida cautelar, con la finalidad de asegurar la efectividad de la sentencia que se dicte en el procedimiento)

Por todo Por todo lo cual, al (Órgano Judicial competente)

SOLICITA: La adopción de la medida cautelar consistente en (descripción de la medida cautelar que se interesa).

En lugar y fecha *ut supra.*

Letrada/o doña/don — Procurador/a don/doña

Cdo./a. núm... del Colegio de... — Cdo./a. núm....

....

LABORAL

AUTORES

Román Gil Alburquerque
y Juan Carlos Fernández Fernández-Avilés
Abogados

LABORAL

Román Gil Alburquerque
y Juan Carlos Fernández
Fernández-Avilés
Abogados

10. Prestaciones por muerte y supervivencia

10.1. Auxilio por defunción.

10.2. Pensión de viudedad.

10.3. Pensión de orfandad.

10.4. Prestaciones en favor de familiares.

10.4.1. Pensión en favor de familiares.

10.4.2. Subsidio temporal a favor de familiares.

I. MODALIDADES DE CONTRATACIÓN LABORAL

Nos referiremos en el presente apartado a aspectos heterogéneos de la contratación temporal de interés para la práctica profesional del abogado, con especial énfasis en las cuestiones de duración temporal de los diversos tipos de contratación, y en las posibles indemnizaciones derivadas de la extinción contractual.

1. Relación laboral ordinaria

1.1. Contratación de carácter indefinido

1.1.1. Contratación indefinida ordinaria

— Contrato tipo, al menos en teoría, toda vez que legalmente se conceptúa la contratación laboral temporal como una serie de excepciones tasadas. En la práctica, y ya desde la reforma del mercado de trabajo de 1984, la inmensa mayoría de la contratación lo es, *formal y aparentemente*, temporal. La excepción se ha convertido en norma, con un alto grado de fraude (cualquier abogado especializado sabe que un elevado porcentaje de la contratación calificada de temporal encubre, en realidad, una contratación indefinida que el empleador, para intentar reducir costes de despido y reforzar su poder de dirección). La acción de despido contra la pretendida finalización de un contrato temporal que el demandante estima indefinido es una de las más habituales en la Jurisdicción Social.

— Será presumida *iuris et de iure* la existencia de contratación de carácter indefinido cuando el contrato formalmente temporal hubiere sido suscrito en fraude de ley (art. 15.3 ET, en relación con el art. 6.4 del CC). Téngase en cuenta que cuando tal fraude concurre en una relación laboral con la Administración Pública, ésta deviene «relación laboral indefinida» —que no «fija»— con el contenido dado a aquella expresión por la Sala de lo Social del Tribunal Supremo: la relación laboral pervivirá hasta que se ocupe la plaza en cuestión de conformidad con la normativa legal aplicable (que respetará los principios constitucionales de mérito, capacidad y publicidad), pero dejando de tener eficacia la causa de contratación temporal inicial y fraudulentamente contenida en el contrato de trabajo.

— También se presume indefinida (y a tiempo completo) —si bien la presunción es sólo *iuris tantum*: cabe prueba en contrario— la contratación que se pretenda temporal cuando no hubiere sido formalizada por escrito, existiendo norma que así lo exija (art. 8.2 ET).

— De nuevo se presume *iuris tantum* indefinida la contratación de trabajadores que no hubieran sido dados de alta en Seguridad Social una vez transcurrido un período igual al que legalmente se hubiera podido fijar para el período de prueba (art. 15.2 ET).

— Su regulación se someterá a las disposiciones legales y reglamentarias del Estado (con una notoria relevancia del Estatuto de los Trabajadores), por los convenios colectivos, por la voluntad de las partes manifestada en el contrato de trabajo (siempre que su objeto sea lícito y que no perjudiquen al trabajador respecto de las condiciones que le reconozcan las disposiciones legales y los convenios colectivos indicados), y por los usos y costumbres locales y profesionales (en defecto de disposiciones legales, salvo remisiones expresas). Los conflictos entre los preceptos de diversas normas laborales deberán resolverse —con respeto siempre de los mínimos de derecho necesario— por aplicación de lo más favorable para el trabajador apreciado en su conjunto, y en cómputo anual, respecto de los conceptos cuantificables. No cabe la renuncia por parte del trabajador de derechos reconocidos por disposiciones legales de derecho necesario, ni de los reconocidos como indisponibles por los convenios colectivos.

— Al igual que en los supuestos de contratación temporal, lo puede ser a jornada completa o a tiempo parcial (art. 12 ET), y también puede celebrarse con prestación de servicios en el domicilio del trabajador (art. 13 ET).

— Fijos discontinuos de reiteración irregular (art. 15.8 ET) y fijos discontinuos periódicos (art. 12.3 ET): el trabajador fijo (por tiempo indefinido) lo puede ser también para prestar servicios de los llamados de temporada o campaña —actividades que se suelen repetir anualmente por ciclos estacionales, pero sin que se pueda concretar con exactitud la fecha de su inicio y conclusión: agrícolas, turísticas y hosteleras, etc.—, y entonces la relación laboral se califica de fija discontinua de reiteración irregular, toda vez que su causa responde a necesidades permanentes pero cíclicas del empleador. Asimismo, cabe que la relación lo sea fija discontinua periódica cuando los trabajos se repiten anualmente en períodos ciertos y conocidos.

— Las causas de extinción de la contratación indefinida vienen reguladas por el art. 49 ET, a salvo su ap. c), y debiéndose considerar su ap. b) de forma extraordinariamente restrictiva. La falta de llamamiento al trabajador fijo discontinuo cuando se reinicie la actividad de la empresa causa de su contratación equivale a un despido que, si carece de justificación, puede ser calificado con la improcedencia.

— La indemnización correspondiente por despido improcedente en relación con este tipo de contrato es de 45 días de salario del trabajador por año de servicio, hasta un máximo de 42 mensualidades, así como los salarios devengados —«salarios de tramitación»— desde la fecha del despido hasta la notificación de la sentencia, o hasta que el trabajador despedido hubiese encontrado otro empleo (si el salario del nuevo empleo fuese inferior al que venía percibiendo en la empresa que le despide, se descuenta la diferencia). Puede evitarse el devengo de salarios de tramitación reconociendo la empresa y haciéndoselo saber al despedido la improcedencia del despido, y depositando la indemnización en el Juzgado dentro del plazo de 48 horas hábiles, salvo que el trabajador acepte el abono de la cuantía indemnizatoria ofrecida, en cuyo caso no es necesario su depósito judicial.

— En el supuesto de extinción de la relación laboral por causas objetivas, el despido objetivo, la indemnización correspondiente asciende a 20 días de salario del trabajador por año de servicio, hasta un máximo de 12 mensualidades.

1.1.2. Contratación «para el fomento de la contratación indefinida» (Ley 12/2001)

— Finalidad: creación de empleo estable en aquellos sectores específicos de población con mayores dificultades para encontrar empleo. Este tipo de contratación ha tenido cierto éxito en relación con tales sectores de población, en detrimento de los que de facto venían disfrutando de mayor tasa de empleo, pero sin elevar en términos absolutos el porcentaje de contratación indefinida.

- Grupos objeto de contratación (1):

(1) El art. 10 de la Ley 43/2006, de 28 de diciembre, para la mejora del crecimiento y del empleo (*BOE* núm. 312, de 30 diciembre 2006), ha modificado la Disposición Adicional Primera, ap. 2, letra b), de la Ley 12/2001, a fin de permitir que *el contrato para el fomento de la contratación indefinida pueda concertarse con Trabajadores que, en la fecha de celebración del nuevo contrato de fomento de la contratación indefinida, estuvieran empleados en la misma empresa mediante un contrato de duración determinada o temporal, incluidos los contratos formativos, celebrado con anterioridad al 31 de diciembre de 2007.*

- Jóvenes desde 16 hasta 30 años.
- Mujeres desempleadas cuando se contraten para prestar servicios en sectores productivos en los que se hallen subrepresentadas.
- Mayores de 45 años de edad.
- Desempleados que se hallen en tal situación más de seis meses, siempre que consten de alta ininterrumpidamente como demandantes de empleo ante el Servicio Público de Empleo Estatal (antiguo INEM).
- Minusválidos.
- Trabajadores que, en la fecha de celebración de este contrato, estuvieren empleados en la misma empresa mediante un contrato temporal celebrado antes del 31 de diciembre de 2007

— Régimen jurídico común al contrato indefinido *ordinario*, salvo:

- Cuando el trabajador sea despido *por causas objetivas* —atención, porque sucede en la práctica muy a menudo: no si el despido es, por ej., por causas disciplinarias, o sin causa alguna—, la indemnización se limitará, en el supuesto de que tal despido objetivo fuera declarado improcedente, a 33 días de salario por año de servicio, con prorrateo de los períodos inferiores a un año, y con un máximo de 24 mensualidades.
- Los empleadores no podrán concertar este contrato si durante los seis meses anteriores a su celebración hubieran realizado despidos por causas objetivas que hubieran sido declarados improcedentes —en el centro de trabajo y referente a puestos de trabajo de la misma categoría o grupo profesional que se pretende contratar— o si hubieran llevado a cabo un despido colectivo sin acuerdo. Si se concertasen, estimo que se debieran considerar contrataciones indefinidas *ordinarias*.

1.2. Contratación de carácter temporal

1.2.1. Por obra o servicio determinados

— Regulación: art. 15.1.a) ET, desarrollado por art. 2 RD 2720/1998.

— Objeto: obra o servicio determinado, con autonomía y sustantividad propia dentro de actividad de la empresa y cuya ejecución, aunque limitada en el tiempo, sea en principio de duración incierta. Puede estar referida no sólo a la realización total, completa y acabada de una obra o servicio, sino también a la de cualquiera de sus elementos, fases o porciones (por especialidades o similares) objetivables e identificadas. Por su habitualidad, merece la pena subrayar que el Convenio General para el Sector de la Construcción establece que, con carácter general, el contrato por obra lo es para una sola obra, con independencia de su duración, y terminará cuando finalicen los trabajos del oficio y categoría del trabajador en dicha obra. Asimismo, de acuerdo con la doctrina unificada de la Sala de lo Social del Tribunal Supremo se considera que la pervivencia de una contrata mercantil puede equivaler a una obra o servicio determinado a los efectos de la correcta suscripción de este tipo de contrato.

— Los convenios colectivos sectoriales estatales y de ámbito inferior, incluidos los convenios de empresa, pueden identificar aquellos trabajos o tareas con sustantividad propia dentro de la actividad normal de la empresa que puedan cubrirse con contratos de esta naturaleza.

— El contrato debe suscribirse por escrito —en caso contrario debe probarse por la empresa la naturaleza temporal de la contratación, al no tratarse, de conformidad con la doctrina del Tribunal Supremo, de un requisito esencial ni constitutivo— y especificar e identificar suficientemente, con precisión y claridad, la obra o el servicio que constituya su objeto (en caso contrario, operará nuevamente una presunción *iuris tantum* de que la contratación lo ha sido por tiempo indefinido), así como el trabajo a desarrollar por el empleado. Puede celebrarse tanto a tiempo completo como a tiempo parcial. Más allá de las especificidades propias de este tipo de contratación, los derechos y obligaciones laborales mutuos serán los mismos que los propios de los contratos de duración indefinida.

— La duración del contrato será la del tiempo exigido para la realización de la obra o servicio. Si el contrato especificase una duración o un término, se deberán considerar orientativos. Su suspensión por las causas previstas por los arts. 45 y 46 ET no comportará la ampliación de su duración, salvo pacto en contrario.

— Una vez ejecutada la obra o servicio, si no hubiera denuncia expresa del contrato y el trabajador continuara prestando sus servicios, el contrato se considerará prorrogado tácitamente por tiempo indefinido, salvo prueba en contrario que acredite la naturaleza temporal de la prestación.

— Siempre que el contrato tenga una duración superior a un año, la parte que formule la denuncia está obligada a notificar a la otra la terminación de tal contrato con una antelación mínima de 15 días. Si el empresario incumple tal plazo de preaviso deberá indemnizar al trabajador en cuantía equivalente al salario de correspondiente a los días en que dicho plazo se haya incumplido.

— La indemnización por fin de contrato de esta modalidad, suscrito posteriormente al 4 de marzo de 2001, asciende a 8 días de salario por año trabajado (salvo normativa específica que la mejore: convenio colectivo, contrato).

— Adquirirán la condición de trabajadores fijos —pero cabiendo prueba en contrario sobre la clara temporalidad del objeto de contratación— los que no hubieran sido dados de alta en Seguridad Social, una vez transcurrido un plazo igual al que legalmente hubiera podido fijarse para el período de prueba.

— La sucesión de diversos contratos temporales —de este tipo, o de cualesquiera otros— no equivaldrá per se a fraude de ley alguno. No obstante, si cualesquiera de ellos fuera fraudulento, el trabajador adquirirá la condición de fijo de plantilla desde entonces, por lo que una comunicación posterior de fin de contrato equivaldrá a un despido improcedente (o nulo en los supuestos legalmente previstos). En este supuesto, se tendrá en cuenta como antigüedad a efectos del cálculo de la indemnización que por despido pudiera proceder la de todo el tiempo trabajado en virtud de los distintos contratos suscritos, siempre que no se hubiera producido interrupción entre ellos superior al plazo de caducidad de ejercicio de la acción por despido (veinte días hábiles), y ello con independencia de que uno o varios de tales contratos se hubieran suscrito, y concluido, sin fraude de ley: basta con que uno sólo de tal sucesión haya sido fraudulento.

— Como todo contrato temporal, se presumirá indefinido de haber sido suscrito en fraude de ley.

— Asimismo, los trabajadores los trabajadores que en un período de 30 meses hubieran estado contratados durante un plazo superior a 24 meses, con o sin solución de continuidad, para el mismo puesto de trabajo con la misma empresa, mediante dos o más contratos temporales, sea directamente o a través de su puesta a disposición por empresas de trabajo temporal, con las mismas o diferentes modalidades contractuales de duración determinada, adquirirán la condición de trabajadores fijos. Atendiendo a las peculiaridades de cada actividad y a las características del puesto de trabajo, la negociación colectiva establecerá requisitos dirigidos a prevenir la utilización abusiva de contratos de duración determinada con distintos trabajadores para desempeñar el mismo puesto de trabajo cubierto anteriormente con contratos de ese carácter, con o sin solución de continuidad, incluidos los contratos de puesta a disposición realizados con empresas de trabajo temporal. Lo dispuesto en este ap. no será de aplicación a la utilización de los contratos formativos, de relevo e interinidad (2).

— El empresario deberá informar a los trabajadores con este tipo de contrato sobre la existencia de puestos de trabajo vacantes, a fin de garantizarles las mismas oportunidades de acceder a puestos permanentes que los demás trabajadores.

1.2.2. *Eventual por circunstancias de la producción*

— Regulación: art. 15.1.b) ET, desarrollado por art. 3 RD 2720/1998.

— Objeto: circunstancias del mercado, acumulación de tareas o exceso de pedidos, aun tratándose de la actividad normal de la empresa, que exijan este tipo de contratación.

— El contrato, siempre que su duración sea superior a cuatro semanas o se concierte a tiempo parcial, debe suscribirse por escrito —en caso contrario se presumirá *iuris tantum* celebrado por tiempo indefinido— y especificar e identificar suficientemente, con precisión y claridad, la causa o la circunstancia que lo justifique, y determinar la duración de aquél, así como el trabajo a desarrollar por el empleado. Más allá de las especificidades propias de este tipo de contratación, los derechos y obligaciones laborales mutuos serán los mismos que los propios de los contratos de duración indefinida.

— Duración: máximo de 6 meses (dentro de período de 12 contado a partir de que concurran las causas), salvo otro límite por convenio sectorial estatal o sectorial de ámbito inferior con atención al carácter estacional de la actividad (con máximo de 12 meses dentro de período de 18, y en todo caso de 3/4 partes de un período de actividad estacional de referencia inferior).

— En el supuesto de que la contratación se hubiere producido por una duración inferior a la máxima legal o convencionalmente posible, cabe una única prórroga —mediante acuerdo de las partes—, sin que la misma pueda exceder de la máxima duración autorizada. Tal prórroga debe registrarse por el

---

(2) Todo ello según la modificación del art. 15.5 ET llevada a cabo por la Ley 43/2006, de 28 de diciembre, para la mejora del crecimiento y del empleo *(BOE* núm. 312, de 30 diciembre 2006).. De conformidad con la Disposición Transitoria Segunda de esta Ley, lo previsto en esta nueva redacción del art. 15.5 de la Ley del Estatuto de los Trabajadores será de aplicación a los trabajadores que suscriban tales contratos a partir de a partir del 15 de junio de 2006. Respecto de los contratos suscritos por el trabajador con anterioridad, a los efectos del cómputo del número de contratos, del período y del plazo previsto en el citado art. 15.5, se tomará en consideración el vigente a 15 de junio de 2006.. En coherencia con estas modificaciones introducidas en el art. 15.5 del Estatuto de los Trabajadores, el borrador de acuerdo alcanzado en la Mesa de Diálogo Social sobre Mercado de Trabajo entre el Gobierno español, CEOE, CPYME, UGT y CC.OO., en fecha 9 de mayo de 2006, prevé la derogación del siguiente inciso del art. 8 c) de la Ley 14/1994, de 1 de junio, por la que se regulan las empresas de trabajo temporal: «*... o cuando en los dieciocho meses anteriores a dicha contratación los citados puestos de trabajo hubieran estado cubiertos durante un período de tiempo superior a doce meses, de forma continua o discontinua, por trabajadores puestos a disposición por empresas de trabajo temporal*».

empresario en el plazo de los diez días siguientes a su concertación en la correspondiente Oficina de Empleo. Se entenderá tácitamente producida esta prórroga cuando, suscrito este contrato por una duración inferior a la máxima posible legal o convencionalmente, se alcance este vencimiento y el trabajador continúe prestando servicios. Expirada la duración máxima posible, si el trabajador continuase prestando servicios el contrato se considerará prorrogado tácitamente por tiempo indefinido, salvo prueba en contrario que acredite la naturaleza temporal de la prestación.

— Por convenio colectivo se pueden determinar las actividades en las que pueden contratarse trabajadores eventuales, así como fijar criterios generales relativos a la adecuada relación entre el volumen de esta modalidad contractual y la plantilla total de la empresa.

— Siempre que el contrato tenga una duración superior a un año, la parte que formule la denuncia está obligada a notificar a la otra la terminación de tal contrato con una antelación mínima de 15 días. Si el empresario incumple tal plazo de preaviso deberá indemnizar al trabajador en cuantía equivalente al salario de correspondiente a los días en que dicho plazo se haya incumplido.

— La indemnización por fin de contrato de esta modalidad, suscrito posteriormente al 4 de marzo de 2001, asciende a 8 días de salario por año trabajado (salvo normativa específica que la mejore: convenio colectivo, contrato).

— Adquirirán la condición de trabajadores fijos —pero cabiendo prueba en contrario sobre la clara temporalidad del objeto de contratación— los que no hubieran sido dados de alta en Seguridad Social, una vez transcurrido un plazo igual al que legalmente hubiera podido fijarse para el período de prueba.

— Como todo contrato temporal, se presumirá indefinido de haber sido suscrito en fraude de ley.

— El empresario deberá informar a los trabajadores con este tipo de contrato sobre la existencia de puestos de trabajo vacantes, a fin de garantizarles las mismas oportunidades de acceder a puestos permanentes que los demás trabajadores.

1.2.3. *De interinidad (o sustitución)*

— Regulación: art. 15.1.c) ET, desarrollado por art. 4 RD 2720/1998. Más allá de las especificidades propias de este tipo de contratación, los derechos y obligaciones laborales mutuos serán los mismos que los propios de los contratos de duración indefinida.

— Objeto: sustitución de trabajadores con derecho a reserva del puesto de trabajo, tanto si tal derecho lo es por norma, por convenio colectivo o por acuerdo individual. Asimismo, puede suscribirse para cubrir temporalmente un puesto de trabajo durante proceso de selección o promoción para su cobertura definitiva, debiéndose indicar en este caso el puesto de trabajo cuya cobertura definitiva se producirá tras el proceso de selección externa o promoción interna.

— Cabe asimismo suscribir este contrato para sustituir a trabajadores autónomos, socios trabajadores y socios de trabajo de una sociedad cooperativa en el supuesto de riesgo durante el embarazo o en los períodos de descanso por maternidad, adopción o acogimiento preadoptivo o permanente.

— Es legalmente necesario hacer constar en el contrato de trabajo el nombre del sustituido y la causa de sustitución, así como indicar si se cubre el puesto del trabajador sustituido o el de otro (que pasa al del sustituido).

— Duración: mientras dure ausencia con reserva del puesto de trabajo o, si se trata de interinidad durante un proceso selección o promoción, no más de 3 meses —a menos que el empleador fuere la Administración Pública, en cuyo caso la duración máxima se vinculará a la de tales procesos según la normativa específica de este ámbito—, y sin que quepa la suscripción de un nuevo contrato con el mismo trabajador y objeto.

— Debe suscribirse a jornada completa, salvo que el trabajador sustituido (o el puesto a cubrir) lo fuere a tiempo parcial, o se realice para complementar cualquier reducción legal o convencional de jornada.

— Extinción:

- Por reincorporación de trabajador sustituido.
- Por vencimiento de plazo legal o convencionalmente establecido para su reincorporación.
- Por extinción de la causa que dio lugar a la reserva del puesto de trabajo.
- Por transcurso de 3 meses en procesos de selección o promoción (o del plazo que corresponda en la Administración Pública).
- La indemnización por fin de contrato de esta modalidad, suscrito posteriormente al 4 de marzo de 2001, asciende a 8 días de salario por año trabajado (salvo normativa específica que la mejore: Convenio colectivo, contrato).
- Expirada la duración máxima posible, si el trabajador continuase prestando servicios el contrato se considerará prorrogado tácitamente por tiempo indefinido, salvo prueba en contrario que acredite la naturaleza temporal de la prestación.

— Adquirirán la condición de trabajadores fijos —pero cabiendo prueba en contrario sobre la clara temporalidad del objeto de contratación— los que no hubieran sido dados de alta en Seguridad Social, una vez transcurrido un plazo igual al que legalmente hubiera podido fijarse para el período de prueba.

— Como todo contrato temporal, se presumirá indefinido de haber sido suscrito en fraude de ley.

— El empleador debe informar al trabajador sobre la existencia de vacantes referentes a puestos de trabajo permanentes en la empresa.

1.2.4. Contratos formativos

— Regulación: art. 11 ET, desarrollado por RD 488/1998.

1.2.4.1. En prácticas

— Destinatarios: poseedor de título universitario o de formación profesional de grado medio o superior o títulos oficialmente reconocidos como equivalentes, que habiliten para el ejercicio profesional, dentro de los cuatro años (o de seis años cuando el contrato se concierte con un trabajador minusválido) siguientes a la terminación de los correspondientes estudios, con las siguientes reglas:

1) El puesto de trabajo deberá permitir la obtención de la práctica profesional adecuada al nivel de estudios (los convenios sectoriales estatales o, en su defecto, sectoriales de ámbito inferior, pueden determinar tales puestos de trabajo, así como los grupos, niveles o categorías profesionales objeto de este contrato).

2) Duración: no inferior a 6 meses, ni superior a 2 años. Convenios sectoriales —estatales o inferiores— pueden determinar duración dentro de esos límites.

3) Ningún trabajador podrá estar contratado en prácticas en la misma o distinta empresa más de dos años, en virtud de la misma titulación.

4) Salvo lo dispuesto por convenio colectivo, no cabe que el período de prueba exceda de un mes para titulados de grado medio, ni de dos meses para los titulados superiores.

5) Retribución: según convenio, pero nunca inferior al 60% o 75% (primer y segundo año) respecto del salario convenio para trabajador que desempeñe el mismo o equivalente puesto de trabajo.

6) Si al término del contrato el trabajador continúa en empresa, no cabe nuevo período de prueba, y se computa antigüedad de contrato de prácticas.

1.2.4.2. Para la formación

— Objeto: adquisición de la formación teórica y práctica necesaria para el desempeño adecuado de un oficio o de un puesto de trabajo que requiera un determinado nivel de cualificación, con las siguientes reglas:

1) Trabajadores mayores de 16 años y menores de 21 que carezcan de titulación para contrato en prácticas.

2) Excepciones a límite de edad:

- Veinticuatro años cuando el contrato se concierte con desempleados que se incorporen como alumnos-trabajadores a los programas de escuelas taller y casas de oficios.
- No será de aplicación límite máximo de edad cuando el contrato de concierte con desempleados que se incorporen como alumnos-trabajadores a los programas de talleres de empleo o se trate de personas con discapacidad.

3) Los convenios colectivos sectoriales estatales o sectoriales de ámbito inferior pueden establecer el número máximo de contratos de este tipo en función del tamaño plantilla, así como puestos de trabajo objeto de este contrato. También número máximo de contratos para la formación por empresa, siempre que ésta cuente con plan formativo. En defecto de convenio, tal número será determinado reglamentariamente.

4) Duración mínima de 6 meses, máxima de 2 años. Convenios sectoriales —estatales o inferiores— pueden pactar otra, sin que la mínima pueda ser inferior a 6 meses, ni la máxima superior a 3 años (o 4 cuando minusválido).

5) Agotada duración máxima, no cabe esta contratación con misma o distinta empresa. Ni tampoco para cualificar trabajador en puesto de trabajo que ya haya desempeñado en la misma empresa más de 12 meses.

6) Tiempo variable de formación teórica (depende de puesto), pero nunca inferior al 15% de jornada máxima de convenio o, en su defecto, de jornada máxima legal. Caben pactos por convenio colectivo al respecto, pero siempre respetando ese límite mínimo. Si el trabajador no hubiera finalizado escolaridad obligatoria, ése será el objeto de la formación teórica. Requisito cumplido cuando trabajador acredite mediante certificado de la Administración pública que ha realizado curso adecuado. En tal caso la retribución será incrementada en proporción al tiempo no dedicado a la formación teórica.

7) El trabajo efectivo que preste el empleado deberá estar en relación con las tareas propias del nivel ocupacional, oficio o puesto de trabajo objeto del contrato.

8) El empleador debe entregar al trabajador un certificado al finalizar el contrato, exigible también a la Administración pública —en forma de certificado de profesionalidad— tras las pruebas oportunas.

9) Retribución según convenio, no inferior a SMI en proporción al tiempo de trabajo efectivo

10) Protección de SS: accidente de trabajo y enfermedad profesional, asistencia sanitaria en enfermedad común, accidente no laboral y maternidad, IT por riesgos comunes y maternidad, y pensiones. También FOGASA.

11) Si al término de contrato el trabajador continuase en la empresa, no cabe un nuevo período de prueba, y se debe computar la antigüedad del contrato de formación.

12) Se presume *iuris et de iure* que se trata de un contrato común si empleador incumple en su totalidad obligaciones de formación teórica.

13) Cabe pacto colectivo de conversión de contratos formativos en indefinidos.

1.2.5. Contrato de relevo

— El objeto de este contrato es la sustitución de la jornada de trabajo dejada vacante por un trabajador que al reducir convierte su trabajo en a tiempo parcial y accede a la jubilación parcial.

— El trabajador a quien se contrate para sustituir parcialmente la jornada del parcialmente jubilado debe estar en situación de desempleo o ya contratado por el empleador en virtud de un contrato de duración determinada, y la duración del nuevo contrato será bien indefinida, bien hasta que el trabajador parcialmente prejubilado alcance la edad ordinaria de jubilación (65 años), salvo que aquél, al alcanzarla, continúe prestando servicios en la empresa, en cuyo caso podrá prorrogarse el contrato de relevo mediante acuerdo entre las partes y por sucesivos períodos de un año, concluyendo en todo caso cuando se produjese la efectiva jubilación del trabajador relevado. Si la jubilación parcial se produjese una vez alcanzada la edad ordinaria de jubilación, la duración del contrato de relevo podrá ser indefinida o anual y, en este segundo caso, se prorrogaría automáticamente por períodos anuales y se extinguiría al finalizar el período correspondiente al año en el que se produzca la jubilación total del trabajador relevado.

— La jornada de trabajo puede ser completa o a tiempo parcial y, en todo caso, como mínimo equivalente a la reducción de jornada del trabajador relevado. El horario puede completar el del trabajador sustituido o simultanearse con el de aquél. El puesto de trabajo será el del trabajador relevado, o similar.

2. Relaciones laborales de carácter especial

Según dispone el art. 2 del ET, determinadas relaciones laborales se considerarán *de carácter especial* cuando así se declare por ley —sin perjuicio de que su desarrollo específico se lleve a cabo por una norma de rango inferior—, desviándose en su regulación de lo previsto por el ET, aunque garantizándose que tal regulación «respetará los derechos básicos reconocidos por la Constitución». Las especificidades normativas de estas relaciones laborales de carácter especial incluyen reglas que equivalen a modalidades propias de contratación, a las que nos referiremos.

2.1. Alta dirección

— Regulación: RD 1382/1985, de 1 de agosto. El Estatuto de los Trabajadores —y las demás normas reguladoras de la relación laboral común— tan sólo serán aplicables en los casos de remisión expresa por el RD 1382/1985 (forma y efectos —salvo indemnización y salarios de tramitación— del despido disciplinario, aplicación subsidiaria de otras causas de extinción contractual, infracciones laborales de los empresarios, suspensión del contrato, prescripción de acciones derivadas del contrato de trabajo y caducidad de la acción de despido), o cuando así se haga constar expresamente en el contrato que se suscriba.

— Ámbito de aplicación: aquellos trabajadores que ejercitan poderes inherentes a la titularidad jurídica de la empresa, y relativos a los objetivos generales de la misma, con autonomía y plena responsabilidad sólo limitadas por los criterios e instrucciones directas emanadas de la persona o de los órganos superiores de gobierno y administración de la entidad que respectivamente ocupe aquella titularidad. Quedan excluidos aquellos cuya actividad se limite, pura y simplemente, al mero desempeño del cargo de consejero o miembro de los órganos de administración de las empresas que revistan la forma jurídica de sociedad, siempre que su actividad en la empresa sólo comporte la realización de cometidos inherentes a tal cargo.

— Forma de contrato: escrita, pero sin condicionar la naturaleza de la relación de alta dirección, que lo será siempre que objetivamente concurran las características objetivas prevista en el RD 1382/1985 (y viceversa: aunque formalmente se convenga que una relación lo es de alta dirección, si objetivamente no lo fuese —por tratarse de una relación laboral ordinaria, o especial de otro tipo, o incluso civil/mercantil, como sucede cuando el alto directivo es miembro de los máximos órganos rectores de la compañía—, se aplicarían las normas que correspondiesen a la realidad legal de la relación en cuestión).

— Duración del contrato: la que las partes convengan (se trata de un contrato basado en la recíproca confianza de las partes). A falta de acuerdo, se presumirá por tiempo indefinido. En el supuesto de contratación por tiempo indefinido, el período de prueba no podrá exceder de 9 meses.

— Tiempo de trabajo: la jornada, horarios, fiestas, permisos y vacaciones serán los que las partes convengan, siempre que no configuren prestaciones a cargo del empleado «que excedan notoriamente de las que sean usuales en el ámbito profesional correspondiente».

— Pactos de no concurrencia y de permanencia: se presume la existencia de un pacto de no concurrencia (con la excepción de que sea notoria la vinculación del alto directivo a otra entidad y no se hubiese hecho exclusión de ella en el contrato). Cabe un pacto indemnizatorio a favor del empleador cuando el alto directivo haya recibido una especialización profesional con cargo a aquél y abandone la empresa antes de un plazo convenido. El pacto de no competencia post contractual, nunca superior a dos años, sólo será válido si el empresario tuviera un efectivo interés industrial o comercial en ello, y si se satisface al alto directivo una compensación económica adecuada.

— Extinción de la relación de alta dirección:

- Por voluntad del alto directivo:

— Por su mera voluntad: necesidad de preavisar con un mínimo de tres meses, y un máximo de hasta seis (siempre que el contrato lo fuera por tiempo superior a seis meses, o indefinido). En defecto de preaviso, deberá indemnizarse al empresario en una cuantía equivalente al salario correspondiente a la duración del preaviso incumplido.

— Por incumplimientos empresariales: en el supuesto de que el empleador incumpla gravemente sus obligaciones frente al alto directivo (modificaciones sustanciales perjudiciales de su formación profesional, de su dignidad, o con grave transgresión de la buena fe; falta de pago o retraso continuado en el abono del salario; cualquier otro incumplimiento grave de las obligaciones contractuales, salvo fuerza mayor; la sucesión de empresa o cambio importante en su titularidad que renuevo sus órganos rectores o el contenido y planteamiento de su actividad principal, durante un período de tres meses), el alto directivo tendrá derecho a las indemnizaciones que se hubieran convenido para tales supuestos o, en su defecto, de siete días de su salario en metálico (no, por tanto, de otros tipos de salario, como el de especie) por año de servicio, con un máximo de 6 mensualidades.

• Por voluntad del empresario:

— Por desistimiento empresarial: mera decisión sin necesidad de explicitar su causa, siendo tan sólo exigible la forma escrita. Debe mediar un preaviso mínimo de tres meses, salvo que se haya convenido otro superior, compensable con una indemnización equivalente al salario correspondiente al período de preaviso omitido. Asimismo, el alto directivo tendrá derecho a la indemnización por extinción de contrato que para tal supuesto se haya convenido o, en defecto de pacto, de siete días de su salario en metálico por año de servicio, con un máximo de 6 mensualidades.

— Por despido disciplinario: con causa en incumplimiento grave y culpable del alto directivo. En el supuesto de que el despido fuera declarado improcedente, se estará a las cuantías indemnizatorias convenidas en el contrato, correspondiendo en su defecto la de veinte días de salario en metálico por año de servicio, hasta un máximo de doce mensualidades, y sin derecho a salarios de tramitación. La opción por la readmisión —tanto en los supuestos de improcedencia como en los de nulidad— será compartida, entendiéndose que procede la extinción indemnizada en el caso de desacuerdo (y sin perjuicio del posible derecho del alto directivo a reintegrarse a la relación laboral ordinario que hubiera mantenido en al empresa con anterioridad a la de alta dirección, ver arts. 11.3 y 9.3 del RD 1382/1985).

2.2. Servicio del hogar familiar

— Regulación: RD 1424/1985, de 1 de agosto.

— Ámbito de aplicación: relaciones entre el titular del hogar familiar —como empleador— y la persona que, dependientemente y por cuenta de aquél, presta servicios retribuidos en el hogar familiar. El objeto de la relación son los servicios domésticos (incluyendo, además de los más habituales —limpiar, planchar, cocinar, etc.— el cuidado a miembros de la familia, la jardinería, la conducción de vehículos y otros análogos, siempre que se desarrollen formando parte del conjunto de tareas domésticas). Quedan fuera de este ámbito las relaciones concertadas por personas jurídicas, aun cuando su objeto fuera el indicado, y aquellas entre familiares para la prestación de servicios domésticos (salvo, en este último caso, que se demuestre la verdadera condición de asalariado de quien preste los servicios: no convivencia con el empresario y, aun en este supuesto, verdadera retribución y dependencia).

— Forma de contrato: por escrito o de palabra. No hay obligación de comunicar esta contratación a la Oficina Pública de Empleo.

— Duración del contrato: en defecto de pacto escrito en el que se opte por alguna de las duraciones o modalidades previstas en el ET, se presumirá que el contrato se ha concertado por tiempo determinado de un año (presumiéndose a su vez un período de prueba de quince días de prestación efectiva de servicios), prorrogable tácitamente por períodos igualmente anuales, de no mediar denuncia con anterioridad a su vencimiento, que debe notificarse al trabajador con una antelación de al menos siete días.

- Retribución: en defecto de pacto individual o colectivo que lo incremente, es de aplicación el salario mínimo interprofesional. En el supuesto de que el empleador provea la manutención, se podrá descontar del salario el porcentaje que las partes acuerden, siempre que no supere el 45% del salario total. Legalmente procede un plus de antigüedad del 3% del salario metálico, hasta un máximo de cinco trienios, así como dos pagas extraordinarias semestrales equivalente cada una de ellas, como mínimo, a quince días naturales de salario.
- Tiempo de trabajo: la jornada máxima semanal ordinaria es de 40 horas de trabajo efectivo, sin perjuicio de los tiempos de presencia, a disposición del empleador, que pudieran acordarse. El horario será el fijado por el titular del hogar, sin que las horas ordinarias de trabajo efectivo al día puedan exceder de nueve. Deben mediar 10 horas entre una y otra jornada si el empleado de hogar no pernocta en el hogar familiar, y 8 en caso contrario. Dos horas al día estarán a disposición del empleado para las comidas principales (tiempo que no se considerará de trabajo). A salvo del tiempo de trabajo y de presencia convenidos, el empleado no está obligado a permanecer en el hogar familiar. El régimen de las horas extraordinarias se rige por el ET. El descanso mínimo semanal será de 36 horas de las que, al menos, 24 serán consecutivas y preferentemente coincidiendo con el domingo. El disfrute de las fiestas laborales anuales se ajustará a estas especialidades. Los permisos se regirán por el ET, y el período anual de vacaciones será de 30 días naturales, de los que al menos 15 se disfrutarán de forma continuada.
- Extinción de la relación: por las causas ordinarias previstas en el ET, con las especialidades de que en el supuesto de fin de contrato la indemnización procedente ascenderá al salario metálico correspondiente a siete días naturales multiplicado por el número de años naturales de duración del contrato, incluidas las prórrogas, con el límite de seis mensualidades, de que el preaviso en el supuesto de dimisión el trabajador debe ser de un mínimo de siete días, y de que la indemnización por despido disciplinario improcedente —o de cualquier despido que incumpla los requisitos de forma que le fueran exigibles— equivale a 20 días del salario metálico por el número de años naturales de duración del contrato, con el límite de 12 mensualidades. Asimismo, el contrato podrá extinguirse por desistimiento del empleador, en el caso de que la relación hubiera superado la duración de un año, concediendo un preaviso mínimo de 20 días, y poniendo simultáneamente a la comunicación de la extinción de la relación a disposición del empleado una indemnización de siete días naturales multiplicado por el número de años naturales de duración del contrato, incluidas las prórrogas, con el límite de seis mensualidades. Ésta será también la indemnización procedente en el supuesto de que la relación laboral se extinga por cambio del hogar familiar unida a la voluntad del empleador de no continuidad de tal relación.

2.3. Deportistas profesionales

- Regulación: RD 1006/1985, de 26 de junio, sin perjuicio de la aplicabilidad supletoria del ET, con referencia expresa a la eficacia de los derechos laborales básicos reconocidos por los arts. 4 y 5 de tal norma, a la vigencia de la regulación estatutaria del contrato para la formación, así como los arts. 12.1, 2, 3 y 4 en cuanto a la celebración de contratos de trabajo a tiempo parcial, a la regulación de la suspensión del contrato y a la de los despidos colectivos por disolución, liquidación o crisis económica del club o entidad deportiva.

— Ámbito de aplicación: relaciones laborables entre deportistas profesionales (quienes de forma regular se dediquen voluntariamente a la práctica del deporte por cuenta y dentro del ámbito de organización y dirección de un club o entidad deportiva a cambio de una retribución —es decir, no una mera compensación de gastos)— y tales clubes o entidades o cualesquiera empresas cuyo objeto social consista en la organización de espectáculos deportivos, u otras empresas que contraten al deportista profesional para desempeñar funciones de tal, siempre que no se trate de actuaciones aisladas contratadas por un empresario u organizador de espectáculos públicos, ni de Federaciones Nacionales organizando equipos, representaciones o selecciones.

— Forma de contrato: por escrito en triplicado ejemplar (uno para cada parte, y un tercero para el Servicio Público de Empleo Estatal), haciéndose constar las partes, el objeto del contrato, la retribución acordada y la duración del contrato.

— Retribución: la pactada en convenio colectivo o contrato individual.

— Duración del contrato: siempre de duración determinada, bien por tiempo cierto, bien para la realización de un número de actuaciones que constituyan en conjunto una unidad claramente determinable o identificable en el ámbito de la correspondiente práctica deportiva. Caben prórrogas, también por duración determinada, mediante sucesivos acuerdos al vencimiento del término originalmente pactado (salvo que el convenio colectivo regule un sistema de prórrogas diferente).

— Jornada: incluye tanto el tiempo de prestación efectiva de servicios ante el público como el de entrenamiento o preparación física y técnica bajo las órdenes directas de su empleador (excluido el tiempo de concentración previo a las competiciones deportivas, y el de los desplazamientos a las mismas). Se sujetará a lo convenido colectiva o individualmente y, en todo caso, con los límites legales vigentes, aplicables en cómputo anual. El descanso mínimo semanal será de un día y medio (no coincidente con la prestación profesional ante el público), con flexibilidad en cuanto al traslado del mismo por requisitos de las competiciones. Las vacaciones anuales retribuidas serán de treinta días naturales, convenidas colectiva o individualmente.

— Cesiones temporales: cabe la cesión de un deportista profesional, con su consentimiento, por un tiempo que no podrá exceder del que reste de vigencia del contrato. El cedente no podrá oponerse a tal cesión cuando a lo largo de toda una temporada no haya utilizado los servicios del deportista profesional para participar en competición oficial ante el público. El cesionario quedará subrogado en los derechos y obligaciones del cedente. Si se abonase contraprestación económica por la cesión, el deportista tendrá derecho a la cuantía que haya sido colectiva o individualmente acordada, nunca inferior al 15% de la cuantía estipulada. Si se tratase de cesión recíproca, el mínimo a percibir del club de procedencia ascenderá a una mensualidad más 1/12 de los complementos de calidad y cantidad percibidos durante el último año.

— Extinción de la relación: por mutuo acuerdo (si lo fuera por cesión definitiva, con abono mínimo a favor del deportista del 15% bruto del precio de la cesión), por expiración del tiempo convenido, por total cumplimiento del contrato, por muerte o lesión que produzca la incapacidad permanente total, absoluta o gran invalidez del deportista (quien tendrá derecho a percibir —él o sus beneficiarios— una indemnización mínima de seis mensualidades si la muerte o lesión tuvieran su causa en el ejercicio del deporte), por disolución, liquidación o crisis económica del club o entidad deportiva (siguiéndose la regulación estatutaria prevista para los despidos colectivos), por las causas no abusivas previstas en el propio contrato de trabajo, por despido del deportista (con derecho, en caso de improcedencia, a una indemnización que se fijará judicialmente —ponderando especialmente la remuneración dejada de percibir por la extinción anticipada del contrato— y que, en defecto de pacto, será de un mínimo de dos mensualidades de las retribuciones periódicas del deportista incluyendo la parte proporcional correspondiente de los complementos de calidad y cantidad de trabajo percibidos durante el último año de servicio; en caso de procedencia, caben indemnizaciones a favor de club o entidad deportiva por los perjuicios económicos que le hayan sido ocasionados), y por voluntad del deportista (en este último caso, y si no concurriese culpa del club, éste tendrá derecho a ser indemnizado, con responsabilidad subsidiaria en cuanto a su abono del club que contrate al deportista dentro del año siguiente a tal extinción).

2.4. Artistas en espectáculos públicos

— Regulación: RD 1435/1985, de 1 de agosto, con remisión expresa al ET en cuanto a la regulación del período de prueba (más allá de las especificidades de este RD), del contrato fijo de carácter discontinuo, de los derechos y deberes laborales básicos, de la duración máxima de la jornada, y de la extinción del contrato de trabajo (de nuevo salvo en cuanto a las especificidades previstas en el indicado RD), además de una remisión genérica al ET en lo no regulado por este RD, y en cuanto sea compatible con el mismo y con la naturaleza especial de esta relación.

— Ámbito de aplicación: la relación mantenida entre un organizador de espectáculos públicos o empresario y quienes se dediquen voluntariamente a la prestación de una actividad artística por cuenta y dentro del ámbito de organización y dirección de aquellos, a cambio de una retribución, tanto si las actividades artísticas se desarrollan directamente ante el público o se graban para su difusión. Se excluyen las actividades artísticas en el ámbito privado (sin perjuicio de su posible carácter laboral), y las relaciones laborales del personal técnico y auxiliar que colabore en la producción de espectáculos.

— Forma de contrato: por escrito en ejemplar triplicado, haciéndose constar las partes, el objeto del contrato, la retribución acordada y la duración del contrato y del período de prueba, en su caso.

— Retribución: la pactada en convenio colectivo o contrato individual, con respeto a la normativa sobre salarios mínimos.

— Duración del contrato: por duración indefinida o determinada. Esta última puede serlo para una o varias actuaciones, por un tiempo cierto, por una temporada o por el tiempo que una obra permanezca en cartel, cabiendo prórrogas sucesivas en los contratos de duración determinada (salvo que se incurra en fraude de ley).

— Jornada, descansos y vacaciones: la jornada incluye el tiempo de prestación artística ante el público y el que está bajo las órdenes de la empresa a efectos de ensayos o grabaciones de actuaciones (no cabe imponer la realización de ensayos gratuitos), distribuyéndose según lo dispuesto por convenio colectivo o pacto individual (así se regulará también el régimen de los desplazamientos y giras). El descanso semanal mínimo será de día y medio, con coincidiendo con los de actuación pública (cabe su fraccionamiento, siempre que se respete un descanso de 24 horas entre jornadas, salvo que —por pacto individual o colectivo— se acumule el descanso semanal por períodos de hasta cuatro semanas). También podrán desplazarse las fiestas cuando coincidan con fechas de actuación pública. Las vacaciones anuales retribuidas mínimas serán de 30 días naturales, pudiéndose abonar la parte proporcional que corresponda por los días laborales en que el artista haya prestado servicios. Cabe la inclusión de la retribución de las vacaciones en la retribución global por días de trabajo efectivo, particularmente cuando se trate de retribuir unidades específicas de trabajo artístico (actuaciones, giras, rodajes, etc.).

— Extinción de la relación: por el total cumplimiento del contrato o por la expiración del tiempo convenido. En este último supuesto, cuando su duración (prórrogas incluidas) sea superior a un año, el artista tendrá derecho a la indemnización que se haya convenido y que, en ausencia de pacto, será de 7 días de salario por año de servicio, prorrateándose por meses los períodos inferiores. La extinción por expiración del tiempo convenido deberá preavisarse al artista con 10, 15 o 30 días, dependiendo de que la relación haya sido, respectivamente, superior a tres, seis o doce meses. La falta de preaviso dará derecho a una indemnización equivalente a los salarios de los días de preaviso omitidos.

2.5. Representantes de comercio

— Regulación: RD 1438/1985, por el que se regula la relación laboral de carácter especial de las personas que intervengan en operaciones mercantiles por cuenta de uno o más empresarios, sin asumir el riesgo y ventura de aquéllas. Esta misma norma contiene una remisión expresa al ET en lo relativo a la regulación del período de prueba, a los permisos pagados previstos en su art. 37.3, vacaciones en defecto de pacto individual o colectivo, y suspensión y extinción de la relación laboral en lo que no contradiga a este RD.

— Ámbito de aplicación: relación entre una persona y un empresario por la que aquélla se compromete, a cambio de una retribución, a promover o concertar personalmente operaciones mercantiles por cuanta de tal empresario, sin asumir el riesgo y ventura de tales operaciones, con distribución o sin ella de los bienes objeto de la operación, y siempre que el trabajador no lleve a cabo su tarea en los locales de la empresa, ni tenga en ellos su puesto de trabajo, ni se someta al horario laboral de aquélla, ni sea —tal trabajador— titular de una organización empresarial autónoma (se estima que no lo es cuando se someta a las instrucciones de su empresario sobre horarios de trabajo, itinerarios, criterios de distribución, precios o forma de realizar pedidos o contratos). Se excluyen asimismo de esta relación las personas naturales dedicados a producción de seguros y corresponsales no banqueros cuyas relaciones se configuren como mercantiles por una normativa específica.

— Forma de contrato: por escrito y triplicado, siendo una copia para el Servicio Público de Empleo Estatal (ésta es la que se presumirá válida en caso de discrepancia).

— Duración del contrato: la que se prevea en el mismo (en defecto de tal previsión, se entenderá que se ha pactado por tiempo indefinido). Los contratos por tiempo determinado no podrán tener una duración superior a tres años. Si se conciertan por un tiempo inferior caben prórrogas, nunca inferiores a seis meses de duración. Si se continúa trabajando más allá del plazo temporal inicialmente pactado sin suscripción expresa de prórroga, se producirá ésta automáticamente hasta la duración temporal máxima permitida.

— Retribución: bien exclusivamente por comisiones sobre las operaciones en las que intervenga el representante de comercio, o por una parte fija y otra variable por comisiones, sin perjuicio de los incentivos y compensaciones que se hubieran podido convenir.

— Jornada de trabajo y vacaciones: no hay sujeción ni a jornada ni a horario, sin perjuicio de lo convenido colectiva o individualmente. Las vacaciones serán las convenidas y, en su defecto, las reguladas por las normas laborales de carácter general (treinta días naturales anuales).

— Extinción de la relación: de conformidad con la regulación del ET, con las siguientes especialidades. En el caso de dimisión, el trabajador debe preavisar con tres meses. La base mensual de cálculo de las indemnizaciones por despido improcedente equivaldrá al promedio de ingresos de los dos años anteriores al despido o resolución contractual (o inferior, si lo hubiera sido la relación habida). El pacto de no competencia post-contractual sólo será válido si la extinción del contrato no se hubiera debido a incumplimientos del empresario, que éste tenga un efectivo interés industrial o comercial y que se satisfaga al trabajador una compensación económica adecuada (que se entenderá concurrente cuando se le hubiera indemnizado al trabajador por la clientela por él conseguida). Esta indemnización por clientela procederá, de forma acumulada a la que pudiera corresponder por despido improcedente (resolución justificada de contrato), siempre que el trabajador hubiera conseguido un incremento de clientela (y la indemnización se cuantificará en proporción a tal incremento), que la extinción no se deba a incumplimientos del trabajador, y que concurra un pacto de no competencia post-contractual. A falta de acuerdo, tal indemnización la determinará el Juez de lo Social, sin que pueda exceder del importe total de las comisiones correspondientes a un año, calculado por el importe medio de las percibidas durante los últimos tres (o período inferior que hubiese durado la relación laboral).

2.6. Minusválidos en centros de empleo especial

— Regulación: RD 1368/1985, de 17 de julio.

— Ámbito de aplicación: relaciones laborales entre personas con una minusvalía superior al 33% —declarada por el equipo multiprofesional del organismo administrativo correspondiente de conformidad con las normas contenidas en el RD 1971/1999, modif. RD 1169/2003— y un centro especial de empleo de los definidos en el art. 42 de la Ley de Integración Social de Minusválidos.

— Forma de contrato: por escrito, debiéndose registrar en la Oficina de Empleo.

— Duración del contrato: según la regulación ordinaria del ET, con excepciones en cuanto a los contratos formativos (puede ampliarse su duración hasta cuatro años, el tiempo de formación teórica puede alcanzar hasta dos tercios —y puede eximirse de la misma en ciertos supuestos de minusvalía psíquica—), y no puede utilizarse el contrato de trabajo a domicilio para minusválidos psíquicos, debiéndose efectuar las adaptaciones técnicas y de otro tipo que fueran necesarias para que se pueda llevar a cabo este tipo de contratación. Cabe un período de adaptación —que a su vez tendrá el carácter de período de prueba— no superior a seis meses.

— Retribución: la común regulada por el ET, pero sin que se puedan establecer sistemas de retribución por incentivos que, a juicio de los equipos multiprofesionales, puedan suponer un riesgo para la salud o la integridad física o moral del trabajador, cabiendo una reducción de hasta el 25% del salario normal cuando el rendimiento del trabajador sea asimismo inferior al normal cuanto menos en idéntico porcentaje, y siempre que tal extremo haya sido comprobado por el equipo multiprofesional correspondiente.

— Tiempo de trabajo: la común regulada por el ET, con las excepciones de la prohibición de horas extraordinarias (excepto para prevenir o reparar siniestros u otros daños extraordinarios), y del derecho del trabajador a ausencias remuneradas —siempre que no excedan de diez días en un semestre— para asistir a tratamientos de rehabilitación médico funcionales y para participar en acciones de orientación, formación y readaptación profesional, previo aviso y justificación al empresario.

— Extinción de la relación: por las causas previstas en el ET, con ciertas excepciones relativas al despido objetivo, a fin de permitir la participación del equipo multiprofesional al objeto de constatar la ineptitud conocida o sobrevenida —sin que quepa alegar la existente al momento del período de adaptación o prueba—, para constatar la falta de adaptación del minusválido a modificaciones técnicas (tras un período mínimo de tres meses desde que se introdujo la modificación, y con posibilidades de suspensión del contrato durante otros tres meses para hacer un curso) y para emitir informes en los despidos colectivos. También son superiores a los ordinarios los porcentajes de faltas de asistencia que justifican el despido objetivo de un minusválido (25% de las jornadas hábiles de dos meses consecutivos, o el 30% de cuatro meses discontinuos dentro de un período de doce, siempre que el índice de absentismo del total de la plantilla del centro de trabajo supere el 5% en los mismos períodos de tiempo, y con las excepciones habituales a efectos de tal cómputo: huelga legal, accidente de trabajo, maternidad, licencias o vacaciones, actividades de representación, baja por accidente de trabajo, u ordinaria de más de veinte días).

2.7. Penados en instituciones penitenciarias

— Regulación: RD 782/2001, de 6 de julio.

— Ámbito de aplicación: relaciones laborales entre el Organismo Autónomo Trabajo y Prestaciones Penitenciarias u organismo autonómico equivalente y los internos que desarrollen una actividad laboral —producción por cuenta ajena— en los talleres productivos de los centros penitenciarios, así como la de quienes cumplen penas de trabajo en beneficio de la comunidad.

— Forma de contrato: inscripción en el libro de matrícula del centro penitenciario.

— Duración del contrato: equivalente a la de la obra o servicio objeto del contrato.

— Retribución: salario mínimo interprofesional en proporción a la jornada de trabajo, incluyendo pagas extras y vacaciones. Caben sistemas de retribución variable. El salario se ingresa en la cuenta de peculio del interno. Sólo cabe su embargo conforme a las reglas del ET.

— Tiempo de trabajo: con límites legales ordinarios.

— Extinción de la relación: mutuo acuerdo, terminación de la obra o servicio, ineptitud conocida o sobrevenida, muerte o invalidez (salvo parcial), jubilación, fuerza mayor, renuncia del interno, falta de adaptación a modificaciones técnicas, excarcelación, contratación con empresas del exterior (internos del tercer grado), por razones de tratamiento apreciadas por la Junta de Tratamiento, por traslado del interno a otro establecimiento penitenciario, por razones de disciplina y seguridad penitenciaria, por incumplimiento de los deberes laborales básicos.

2.8. Estibadores portuarios

— Regulación: RDL 2/1986, de 23 de mayo.

— Ámbito de aplicación: relación laboral entre los trabajadores estibadores portuarios y las sociedades estatales, que están en proceso de conversión en agrupaciones portuarias de interés económico.

— Forma de contrato: por escrito y triplicado.

— Duración del contrato: exclusivamente por tiempo indefinido.

— Retribución: la convenida individual o colectivamente, respetándose en todo caso el salario mínimo interprofesional.

— Tiempo de trabajo y otras condiciones: las ordinarias, legal (ET, etc.) o convencionalmente de aplicación.

— Extinción de la relación: por las causas previstas en el ET, añadiéndose la voluntad de la sociedad estatal/agrupación portuaria de interés económico cuando el trabajador rechazase reiteradas ofertas de empleo adecuadas a su categoría profesional provenientes de empresas estibadoras que deseasen establecer con él una relación laboral común.

2.9. Instalaciones militares

2.9.1. Personal civil en instalaciones militares españolas

— Regulación: RD 2205/1980, de 13 de junio, y OO.MM. de 12 de abril de 1984, de 6 de marzo de 1985 y de 13 de marzo de 1986, entre otras.

— Ámbito de aplicación: relación laboral entre el personal civil no funcionario y las Fuerzas Armadas, establecimientos dependientes de la Administración militar u Organismos Autónomos encuadrados en el Ministerio de Defensa, salvo el del Servicio Militar de Construcciones. No suele aplicarse esta regulación a los empleados de las subcontratas de las Fuerzas Armadas (bares/restaurantes y similares).

— Forma de contrato: por escrito y duplicado.

— Duración del contrato: según las modalidades ordinarias de contratación, pero con especialidades. Así, la indemnización por finalización de un contrato por obra o servicio determinado superior en su duración a un año, y una vez superado el período de prueba, será de veinte días de salario por año de servicio, hasta el máximo de 12 mensualidades. El contrato eventual tendrá una duración.

— Retribución: la convenida individual o colectivamente, respetándose en todo caso el salario mínimo interprofesional.

— Tiempo de trabajo y otras condiciones: las ordinarias, legal (ET, etc.) o convencionalmente de aplicación.

— Extinción de la relación: por las causas previstas en el ET, añadiéndose la voluntad de la sociedad estatal/agrupación portuaria de interés económico cuando el trabajador rechazase reiteradas ofertas de empleo adecuadas a su categoría profesional provenientes de empresas estibadoras que deseasen establecer con él una relación laboral común.

2.9.2. Personal civil en instalaciones militares de EE.UU. en España

— Se aplica el propio RD 2205/1980, de 13 de junio, relativo al personal civil de los establecimientos militares españolas, con las especificidades del RD 144/1981, de 23 de enero, y la Resolución de 14 de julio de 1997, por la que se aprueba el convenio colectivo del personal laboral local que presta servicios a las fuerzas de los EE.UU. en España.

2.10. Relación laboral especial de abogados

— Regulación: Real Decreto 1331/2006 de 17 de noviembre.

— Ámbito de aplicación: El Real Decreto regula la relación laboral de carácter especial de los abogados que prestan servicios retribuidos, por cuenta ajena y dentro del ámbito de organización y dirección del titular de un despacho de abogados, individual o colectivo. No obstante, no se entenderán incluidos en su ámbito de aplicación los abogados que ejerzan la profesión por cuenta propia, individualmente o agrupados con otros, como socios en régimen societario o bajo cualquier otra forma admitida en derecho ni las colaboraciones profesionales que se concierten entre abogados cuando se mantenga la independencia de los respectivos despachos.

— Forma de contrato: Los contratos se deberán concertar por escrito y se podrán formalizar bajo cualquiera de las modalidades previstas legalmente.

— Duración del contrato: Al poder celebrarse bajo cualquiera de las modalidades previstas en la Ley, el contrato se podrá concertar por tiempo determinado o por tiempo indefinido.

— Retribución: Los abogados a los que sea de aplicación este Real Decreto tendrán derecho a la retribución pactada en el contrato que deberán respetar, en todo caso las cuantías mínimas y las garantías establecidas legalmente, o las acordadas en convenios colectivos.

— Es importante destacar que se explicita por el Real Decreto que los abogados tendrán derecho a la retribución acordada incluso si el cliente no hubiese realizado el pago correspondiente por los servicios prestados, sin que en ningún caso pueda el abogado facturar directamente al cliente por dichos servicios.

Tiempo de trabajo y otras condiciones: La jornada de trabajo será la pactada en contrato o convenio colectivo, sin que pueda ser esta superior a la fijada con carácter general por el Estatuto de los Trabajadores. Se considerará como tiempo de trabajo el que los abogados permanezcan en el despacho realizando actividades propias de su profesión y el que dediquen fuera del despacho para la asistencia y defensa de los clientes. No obstante, no se considerará tiempo de trabajo el dedicado a desplazamientos o esperas, salvo que durante el mismo se realicen actividades propias de la profesión.

— En cuanto a los descansos, vacaciones, fiestas y permisos, se asimilan a los de los trabajadores ordinarios aunque podrán establecerse fechas o momentos distintos de su disfrute en atención al carácter perentorio o improrrogable de los plazos o de las actuaciones profesionales que tengan que realizar.

Extinción de la relación: Se aplican con carácter general los supuestos de extinción regulados por el Estatuto de los Trabajadores añadiéndose la posibilidad de que el titular del despacho extinga el contrato por las siguientes causas y en las condiciones exigidas por el art. 53 del Estatuto de los Trabajadores (forma y efectos de la extinción por causas objetivas si bien el preaviso será de 45 días):

- Cuando exista una manifiesta y grave quiebra de la confianza entre el abogado y el titular del despacho que tenga su origen en la actuación profesional del abogado o en su relación con los clientes y así se acredite por el titular del despacho.
- Cuando se acredite asimismo, por el titular del despacho, que el abogado no mantiene un nivel profesional adecuado y, en consecuencia, no puede ejercer la profesión con plenas garantías para los intereses de los clientes.

En atención a la especial confianza que caracteriza a esta relación laboral especial, y dejando a salvo el acuerdo al que puedan llegar las partes, la readmisión del abogado será obligatoria en caso de despido de un representante legal o sindical de los abogados o cuando el despido se hubiera declarado nulo por ser discriminatorio o haberse vulnerado derechos fundamentales.

3. *Trabajadores Autónomos Económicamente dependientes*

Si bien es cierto que los Trabajadores Autónomos Económicamente Dependientes (en adelante, TRADE) no son en ningún caso trabajadores por cuenta ajena, gozando de un régimen jurídico propio, merece la pena exponer aquí de una forma breve dicho régimen jurídico por la utilidad práctica del mismo.

El Estatuto del Trabajo Autónomo (Ley 20/2007, de 11 de julio) ha venido a regular el trabajo autónomo en España, introduciendo la importante figura del trabajador autónomo económicamente dependiente del que, por su novedad en nuestra legislación, se pasará a comentar brevemente.

El art. 11 de la mencionada Ley entiende como TRADE a aquellos trabajadores «que realizan una actividad económica o profesional a título lucrativo y de forma habitual, personal, directa y predominante para una persona física o jurídica, denominada cliente, del que dependen económicamente por percibir de él, al menos, el 75% de sus ingresos por rendimientos de trabajo y de actividades económicas o profesionales». De esta forma, se puede comprobar como únicamente tendrán la condición de TRADE aquellos trabajadores autónomos cuyos ingresos provienen mayoritariamente (al menos el 75%) de un único cliente del cual dependen económicamente.

No obstante, la Ley introduce otros criterios que los trabajadores autónomos deben cumplir para poder ser considerados como TRADE:

a. No tener a su cargo trabajadores por cuenta ajena ni contratar o subcontratar parte o toda la actividad con terceros, tanto respecto de la actividad contratada con el cliente del que depende económicamente como de las actividades que pudiera contratar con otros clientes.

b. No ejecutar su actividad de manera indiferenciada con los trabajadores que presten servicios bajo cualquier modalidad de contratación laboral por cuenta del cliente.

c. Disponer de infraestructura productiva y material propios, necesarios para el ejercicio de la actividad e independientes de los de su cliente, cuando en dicha actividad sean relevantes económicamente.

d. Desarrollar su actividad con criterios organizativos propios, sin perjuicio de las indicaciones técnicas que pudiese recibir de su cliente.

e. Percibir una contraprestación económica en función del resultado de su actividad, de acuerdo con lo pactado con el cliente y asumiendo riesgo y ventura de aquélla.

De igual forma, quedarán excluidos del ámbito del TRADE los autónomos titulares de establecimientos o locales comerciales e industriales y de oficinas y despachos abiertos al público y los profesionales que ejerzan su profesión conjuntamente con otros en régimen societario o bajo cualquier otra forma jurídica admitida en derecho.

El contrato que une al TRADE con su cliente (en el que habrá que hacer constar la condición de TRADE) para la realización de su actividad, debe realizarse siempre por escrito y registrarse en la Oficina Pública correspondiente según lo dispuesto por la Resolución de 21 de febrero del Servicio Público de Empleo Estatal que estará en vigor hasta que se publique el Reglamento de desarrollo de la Ley 20/2007. El contrato podrá pactarse por tiempo indefinido o por tiempo determinado, aunque se considerará indefinido salvo prueba en contrario si no se ha hecho constar su duración.

Asimismo y, al margen de las fuentes reguladoras del régimen profesional del trabajador autónomo contenidas en el art. 3 de la Ley 20/2007, esto es la propia Ley 20/2007, la normativa civil y mercantil, los pactos individuales y los usos y costumbres, nos encontramos con que únicamente los autónomos dependientes se podrán regir también por los llamados acuerdos de interés profesional, lo cuales se podrán celebrar entre los representantes de éstos y de las empresas para las que ejecuten su actividad, pudiéndose regular las condiciones de modo, tiempo, lugar de ejecución de su actividad, etc., aunque gozan de una eficacia limitada a las partes firmantes.

Los TRADE gozan de una serie de derechos que pueden recordar a los de los trabajadores por cuenta ajena (de ahí que se hable de que los TRADE se encuentran a medio camino entre los trabajadores autónomos y los trabajadores por cuenta ajena) puesto que tendrán derecho a disfrutar de una interrupción en su actividad de 18 días hábiles (eso sí, no remunerados) al año, así como la posibilidad de que por medio del contrato o por los acuerdos de interés profesional se pueda regular el régimen de descanso semanal y el correspondiente a los festivos o la cuantía máxima de la jornada de actividad.

Los contratos firmados entre un TRADE y su cliente se podrá extinguir por las causas tasadas del art. 15.1 de la Ley 20/2007 entre las que destaca muy especialmente el desistimiento por parte del TRADE (sometido a preaviso) y por voluntad del cliente, también por causa justificada y con el consiguiente preaviso (aunque no se indica lo que se entiende por causa justificada). Tanto el TRADE como el cliente estarán facultados para reclamar a la otra parte una indemnización (no tasada) si la resolución del contrato por el TRADE le ocasiona perjuicios importante al cliente o, si dicho cliente finaliza el contrato sin causa justificada.

En cuanto a la competencia jurisdiccional, se otorga competencia a la Jurisdicción Social para conocer de las pretensiones derivadas del contrato entre un autónomo dependiente y su cliente, así como para la aplicación e interpretación de los acuerdos de interés profesional.

II. INDEMNIZACIONES POR DESPIDO

La legislación laboral, a efectos de determinar la indemnización que corresponde a un trabajador por despido, distingue entre despidos declarados improcedentes y despidos objetivos y colectivos.

1. Despido improcedente

La indemnización que corresponde percibir a un trabajador por despido improcedente viene regulada en el art. 56.1.a) del Estatuto de los Trabajadores, que establece una indemnización de cuarenta y cinco días de salario, por año de servicio, prorrateándose por meses los períodos de tiempo inferiores al año hasta un máximo de cuarenta y dos mensualidades.

Esta indemnización es la que corresponde percibir a un trabajador, no sólo en caso de despido disciplinario declarado improcedente, sino en cualquier otro tipo de despido con declaración de improcedencia (despido objetivo impugnado y declarado improcedente por la jurisdicción social por no ser ajustada a derecho las causas objetivas alegadas por la empresa, supuestas finalizaciones de contrato impugnadas judicialmente por entender que el contrato es fraudulento o que no ha finalizado el contrato, etc.).

En los despidos declarados improcedentes el trabajador, además de la indemnización fijada en el art. 56.1.a) del Estatuto de los Trabajadores, tendrá derecho a percibir una cantidad igual a los salarios dejados de percibir desde la fecha del despido hasta la notificación de la sentencia que declare la improcedencia del despido o hasta que hubiera encontrado otro empleo, si tal colocación fuera anterior a dicha sentencia y se probase por el empresario lo percibido, para su descuento de los salarios de tramitación.

1.1. Salario

El salario está integrado por todos aquellos conceptos que tengan naturaleza salarial, por tanto, también deben tenerse en cuenta a efectos de determinar el salario del trabajador la retribución variable (comisiones, incentivos, bonus, etc.), el salario en especie, así como cualquier otro tipo de retribución que perciba el trabajador como remuneración por el trabajo realizado. Quedan excluidos del salario las retribuciones de naturaleza extrasalarial, es decir, aquellas que no retribuyen el trabajo, sino que son suplidos o compensaciones que percibe el trabajador para indemnizarle por los gastos que el trabajo le ocasiona (dietas, pluses de transporte, etc.). Tampoco tiene naturaleza salarial la aportación a planes de pensiones que perciba el trabajador de la empresa al tener la consideración de mejoras voluntarias de la seguridad social.

1.2. Antigüedad

Como hemos expuesto anteriormente, en caso de despido improcedente, el trabajador tiene derecho a percibir una indemnización de cuarenta y cinco días de salario, por año de servicio, prorrateándose por meses los períodos de tiempo inferiores al año hasta un máximo de cuarenta y dos mensualidades. Se consideran años de servicio el tiempo en el que realmente haya existido prestación de servicios, por tanto, el período de tiempo en que un trabajador ha permanecido en situación de excedencia voluntaria no se computa a efectos de antigüedad.

El Estatuto de los Trabajadores contempla una serie de supuestos en los el contrato de trabajo se encuentra suspendido, pero este período de suspensión del contrato sí se computa a efectos de antigüedad. Estos supuestos son la suspensión del contrato por excedencia forzosa (art. 46.1) o excedencia por cuidado de un hijo menor o para atender a un familiar, hasta segundo grado de consaguinidad o afinidad, que por razones de edad, accidente, enfermedad o discapacidad no puedan valerse por sí mismo y no desempeñe actividad retribuida (art. 46.3), suspensión de contrato por maternidad, riesgo durante el embarazo de la mujer trabajadora y adopción o acogimiento, preadoptivo o permanente, de menores de seis años y suspensión del contrato por incapacidad temporal hasta un máximo de 18 meses.

En los supuestos en que la empresa reconoce al trabajador una antigüedad mayor a la real de prestación de servicios (como, por ejemplo, cuando se reconoce a un trabajador la antigüedad que tenía en la empresa en la que con anterioridad venía prestando servicios), para que dicho reconocimiento de antigüedad se compute a los efectos indemnizatorios, en el contrato o cualquier otro documento suscrito por la empresa debe acordarse expresamente un reconocimiento empresarial de que dicha antigüedad le es reconocida al trabajador a los efectos indemnizatorios, no basta con utilizar la fórmula «*se reconoce al trabajador la antigüedad de ...*».

1.3. Importe de la indemnización

El importe de la indemnización se calcula multiplicando el salario diario del trabajador por el número de días a indemnizar (45 días por año de servicio, prorrateándose por meses los períodos de tiempo inferiores al año), siendo el límite máximo de la indemnización cuarenta y dos mensualidades.

El límite máximo de cuarenta y dos mensualidades equivale a una antigüedad de 28 años de servicios (28 años x 45 días por año = 1.260 días; 1.260 días / 30 días por mes = 42 mensualidades).

Ejemplo cálculo indemnización:

- Salario anual del trabajador: 18.000 €.
- Fecha inicio relación laboral: 2 de junio de 1996.
- Fecha del despido: 4 de octubre de 2005.
- Salario diario del trabajador: 18.000 / 365 días = 49,32 €.
- Tiempo de prestación de servicios (2/6/1996 a 4/10/2005): 9,342 años.
- Años completos (2/6/1996 a 1/6/2005): 9 años.
- Períodos inferiores al año (2/6/2005 a 4/10/2005): 125 días /365 días = 0,342.
- Importe indemnización:
- 49,32 € (salario / día) x 420,39 días de indemnización (45 días por año x 9,342 años antigüedad) = 20.733,63 €.

2. *Despido objetivo o colectivo*

La indemnización correspondiente por extinción de contrato por causas objetivas, también denominado despido por causas objetivas (art. 52 del Estatuto de los Trabajadores) o por despido colectivo (art. 51 del Estatuto de los Trabajadores) viene regulada en el art. 53.1.b) del citado texto legal en el caso del despido objetivo y en el ap. 8 del art. 51 en el caso del despido colectivo, siendo el importe de la indemnización de veinte días de salario, por año de servicio, prorrateándose por meses los períodos de tiempo inferiores al año, con un máximo de doce mensualidades.

La fijación del salario y antigüedad a efectos indemnizatorios se realiza de la misma forma que hemos expuesto para el despido improcedente.

2.1. Importe de la indemnización

El importe de la indemnización se calcula multiplicando el salario diario del trabajador por el número de días a indemnizar (20 días por año de servicio, prorrateándose por meses los períodos de tiempo inferiores al año), siendo el límite máximo de la indemnización doce mensualidades. El límite máximo de doce mensualidades de trabajo equivale a una antigüedad de 18 años de servicios (18 años x 20 días por año = 360 días; 360 días / 30 días por mes = 12 mensualidades).

Ejemplo cálculo indemnización:

- Salario anual del trabajador: 18.000 €.
- Fecha inicio relación laboral: 2 de junio de 1996.
- Fecha del despido: 4 de octubre de 2005.
- Salario diario del trabajador: 18.000 / 365 días = 49,32 €.
- Tiempo de prestación de servicios (2/6/1996 a 4/10/2005): 9,342 años.
- Años completos (2/6/1996 a 1/6/2005): 9 años.
- Períodos inferiores al año (2/6/2005 a 4/10/2005): 125 días /365 días = 0,342.
- Importe indemnización:
- 49,32 € (salario/día) x 186,84 días de indemnización (20 días por año x 9,342 años antigüedad) = 9.214,95 €.

III. MODELO DE FINIQUITO

En ..., a fecha ....

El trabajador D. ANTONIO..., con DNI..., y con domicilio en la C/..., recibe en su propio nombre y derecho de la empresa MONTAJES..., S. A., con CIF A..., y con domicilio social sito en la C/..., representada por D..., con DNI ..., con poder notarial de representación ..., la cantidad total bruta de ...e, que equivale a una cantidad neta de ... e, en concepto de indemnización, saldo y finiquito muto y recíproco de la relación laboral habida entre las partes. De tal cantidad corresponde a indemnización bruta ... €, sobre la que se ha efectuado un descuento del ...% a cuenta del IRPF, en cuantía de ... €, resultando una cantidad neta de ... € por este concepto. Asimismo, corresponde a salarios de tramitación bruta la cantidad de ... €, sobre la que se ha efectuado una retención de descuentos de Seguridad Social del ...%, en cuantía de ... €, y otra a cuenta del IRPF del ...%, en cuantía de ... €, resultado una cantidad de neta de ... €. Finalmente, se abona en concepto de liquidación salarial la cantidad de ... € brutos, desglosada en los siguientes conceptos *(desglosar salario, pagas extras, vacaciones, etc., tanto en bruto como en neto).* El abono de la cantidad total ofrecida se efectúa en este acto mediante entrega del cheque núm. ..., de fecha ..., emitido por el Banco ..., cuya fotocopia se contiene en este mismo documento.

El trabajador acepta el ofrecimiento de la empresa, recibe el cheque indicado y manifiesta que, una vez que éste haya sido satisfecho, se hallará perfectamente saldado y finiquitado frente a la empresa, sin tener nada más que reclamarle por concepto alguno.

Fdo.: Por la empresa	El trabajador
(Nombre y apellidos)	(Nombre y apellidos)

IV. CONCILIACIÓN

La Ley de Procedimiento Laboral, dentro de su Título V, regula los diversos mecanismos tendentes a evitar el procedimiento judicial, siendo un trámite previo y necesario la celebración de estos mecanismos para intentar la solución extrajudicial de los conflictos con anterioridad a la presentación de la demanda.

El Capitulo Primero del citado Titulo V (arts. 63 a 68) regula el intento de conciliación previa ante el servicio administrativo correspondiente o ante el órgano que asuma estas funciones como trámite previo necesario para poder formular demanda ante los Juzgados de lo Social. El Capítulo Segundo (arts. 69 a 73) regula la reclamación previa en vía administrativa como trámite necesario para poder demandar al Estado, Comunidades Autónomas, Entidades Locales u Organismos Autónomos dependientes de los mismos.

1. De la conciliación previa a la vía judicial

La Ley de Procedimiento Laboral exige como requisito previo para la tramitación de un procedimiento ante la jurisdicción social el intento de conciliación ante el servicio administrativo correspondiente (dependiente del Ministerio de Trabajo o de las Comunidades Autónomas en el caso de que hayan sido transferidas las competencias sobre esta materia) o ante el órgano que asuma estas funciones en el caso de que así se establezca mediante los acuerdos profesionales o los convenios colectivos a que se refiere el art. 83 del Estatuto de los Trabajadores.

El proceso se inicia mediante la presentación de una solicitud o papeleta de conciliación —*se adjunta modelo de solicitud o papeleta de conciliación en el epí-*

grafe 1.h)— ante el servicio administrativo correspondiente o ante el órgano que asuma estas funciones.

En la solicitud o papeleta de conciliación el solicitante deberá expresar su pretensión y acompañar al original de la papeleta de conciliación las siguientes copias: una copia para el organismo ante el que se presente (además del original de la papeleta); otra copia para el solicitante que, una vez presentada, le deberá ser devuelta sellada; y tantas copias como partes contra las que se dirija la papeleta de conciliación a fin de que el organismo administrativo de traslado de la reclamación a las mismas.

1.1. Procesos exentos del requisito previo de la tramitación del intento de conciliación

Cualquier reclamación que se pretenda entablar ante la jurisdicción social exige el intento de la conciliación previa salvo aquellos procesos que expresamente exceptúa el art. 64 de la Ley de Procedimiento Laboral.

— Los procesos que están exceptuados de la celebración del intento de conciliación previo a la reclamación judicial son los siguientes:

— Los procesos que exijan la reclamación previa en vía administrativa.

— Los que versen sobre Seguridad Social.

— Los relativos al disfrute de vacaciones.

— Los relativos a materia electoral.

— Los iniciados de oficio.

— Los de impugnación de convenios colectivos.

— Los de impugnación de los estatutos de sindicatos o de su modificación.

— Los de tutela de la libertad sindical.

— Aquellos procesos en los que siendo parte demandada el Estado u otro ente público también lo fueran personas privadas, siempre que la pretensión hubiera de someterse al trámite de reclamación previa y en ésta pudiera decidirse el asunto litigioso.

— Los supuestos en que, iniciado el proceso, fuere necesario dirigir la demanda frente a personas distintas de las inicialmente demandadas.

1.2. Plazos para la presentación

Los plazos para la presentación de la solicitud de conciliación son los mismos que señala la ley para la presentación de las demandas en función de la materia sobre la que verse la reclamación, interrumpiéndose los plazos de prescripción y suspendiéndose los plazos de caducidad con la presentación de la solicitud.

1.3. Suspensión e interrupción de los plazos

La presentación de la papeleta de conciliación suspende los plazos de caducidad hasta la fecha de la celebración del acto de conciliación, reanudándose el plazo de caducidad al día siguiente de la celebración de dicho acto o transcurridos quince días hábiles desde la presentación de la papeleta sin que se haya celebrado el acto.

En todo caso, transcurridos treinta días desde la presentación de la papeleta de conciliación sin que se haya celebrado el acto de conciliación, se tendrá por terminado y cumplido el trámite del intento de conciliación, pudiendo el reclamante formular la correspondiente demanda ante los Juzgados de lo Social.

También se suspenden los plazos de caducidad y se interrumpen los de prescripción por la suscripción de un compromiso arbitral, celebrado en virtud de los acuerdos interprofesionales y los convenios colectivos a que se refiere el art. 83 del Estatuto de los Trabajadores, reanudándose en este caso el cómputo de la caducidad al día siguiente de que adquiera firmeza el laudo arbitral y, de interponerse un recurso judicial para la anulación del laudo, la reanudación tendrá lugar al día siguiente de la firmeza de la sentencia que se dicte.

1.4. Obligatoriedad de asistencia al acto de conciliación

El órgano administrativo ante el que se haya presentado la solicitud o papeleta de conciliación señalará una fecha para la celebración del intento de conciliación, citando a los litigantes al mismo, siendo obligatoria la asistencia al acto de conciliación para los litigantes.

Si el solicitante estuviera debidamente citado y no comparece ni alegase causa justa del motivo de su incomparecencia, se tendrá por no presentada la papeleta, archivándose lo actuado.

Si no comparece la parte contra la que se dirige la papeleta de conciliación, se tendrá intentado el acto sin efecto. En el caso de que la incomparecencia se haya producido, a pesar de estar debidamente citado y sin justificación alguna, el Juzgado deberá apreciar temeridad o mala fe e imponer una multa, que no podrá exceder de 601,01 euros, si la sentencia que en su día dicte coincidiera esencialmente con la pretensión contenida en la papeleta de conciliación.

Si comparecen ambas partes, el acto podrá concluir con avenencia cuando las partes llegan a un acuerdo o, en caso contrario, sin avenencia.

1.5. Reconvención

La parte contra la que se dirija la papeleta de conciliación, si quiere formular demanda reconvencional contra el solicitante, deberá realizarlo en el acto de conciliación, debiendo recogerse en el acta de conciliación que levanté el organismo ante el que se celebra el intento de conciliación la solicitud de la demanda reconvencional y los hechos en los que basa.

Si no se ha formulado la reconvención en el intento de conciliación, el Juzgado no la admitirá en el acto de juicio.

1.6. Impugnación del acuerdo de conciliación

El acuerdo de conciliación puede ser impugnado por las partes y por quienes pudieran resultar perjudicados por el mismo. La impugnación debe presentarse ante el Juzgado o Tribunal competente para conocer sobre el asunto objeto de la conciliación impugnada, mediante el ejercicio de la acción de nulidad por las causas que invalidan los contratos. El Código Civil establece en su art. 1.261 como requisitos esenciales para la validez de los contratos los siguientes:

1.º Consentimiento de los contratantes.

2.º Objeto cierto que sea materia del contrato.

3.º Causa de la obligación que se establezca.

Por tanto, cuando no concurra o esté viciado alguno de estos requisitos podrá ejercerse la acción de nulidad del acto de conciliación. El plazo para interponer la acción de nulidad caducará a los treinta días desde la firma del acuerdo y, en caso de terceros perjudicados, dicho plazo comienza a computarse desde la fecha en que tuvieron conocimiento del acuerdo.

1.7. Fuerza ejecutiva del acuerdo de conciliación

Lo acordado en conciliación tiene fuerza ejecutiva entre las partes intervinientes sin necesidad de ratificación ante el Juez o Tribunal.

De incumplir una de las partes lo acordado en conciliación, podrá la otra parte solicitar su ejecución por el trámite de ejecución de sentencias —*se adjunta modelo de escrito de ejecución ante el Juzgado del acuerdo de conciliación en el epígrafe 1.i)*—.

1.8. Modelo de papeleta de conciliación

(1) ....

(2) ...., con DNI (3) ...., con domicilio (4) ....,ante ese Organismo comparezco y

DIGO:

Que por medio del presente formulo expediente de **CONCILIACIÓN** en materia de (5) ...., contra la empresa (6) ...., con CIF (7) ...., y con domicilio (8) ...., en la persona de su legal representante.

Se basa la presente en las siguientes

ALEGACIONES

(9) ....Por lo expuesto,

SOLICITO DE ESE ORGANISMO, que tenga por presentado este escrito, a fin de tener por instado acto de conciliación en materia de (5) **................**, en cumplimiento de dispuesto en el art. 63 del Real Decreto legislativo 2/1995, de 7 de abril, y a fin de que en el mismo la empresa demandada (10) ....

En (11) ......, ...

Firmado:

---

(1) Dirigir la papeleta ante el organismo que tenga atribuidas las competencias en esta materia.
(2) Nombre y apellidos del solicitante.
(3) DNI del solicitante.
(4) Dirección a efectos de notificaciones del solicitante.
(5) Materia sobre la que versa la reclamación (despido, cantidad, derecho, sanción, etc.).
(6) Nombre o denominación social de la persona o personas contra las que se formula la papeleta de conciliación.
(7) NIF o CIF de la persona o personas contra las que se formula la papeleta de conciliación.
(8) Domicilio a efectos de notificaciones de la persona o personas contra las que se formula la papeleta de conciliación.
(9) Escrito de alegaciones donde debe exponerse la pretensión y los hechos en los que se basa.
(10) Exponer en el Solicito de la papeleta de conciliación lo que el solicitante pretende que le sea reconocido.
(11) Lugar y fecha de la firma.

1.9. Modelo de escrito de ejecución del acuerdo de conciliación ante el Juzgado o Tribunal competente

(1) ....

(2) ...., con DNI (3) ...., con domicilio (4) ....,ante ese (Juzgado o Tribunal) comparezco y, como mejor proceda en derecho

D I G O:

Que por medio del presente escrito vengo a solicitar conforme a lo dispuesto por el art. 68 del Real Decreto Legislativo 2/1995, de 7 de abril de asunción por el SMAC de parte de las funciones encomendadas en relación con el art. 235.2 de la Ley de Procedimiento Laboral, la **EJECUCIÓN** del Acta de Conciliación suscrita en fecha (5) ...., ante el Servicio de Mediación, Arbitraje y Conciliación, en la que la empresa (6) ...., con CIF (7) ...., y con domicilio (8) ...., se comprometió a (9) ...., habiendo incumplido la empresa lo acordado.

Se acompaña al presente escrito copia del acta de conciliación suscrita cuya ejecución solicito.

La presente ejecución asciende a (9) ...., más (10) .... fijados para costas e intereses, aproximadamente.

A efectos de esta ejecución, designo como bienes susceptibles de embargo los siguientes:

- Que sean enviados los oficios que se establecen en el art. 248 de la Ley de Procedimiento Laboral, de fecha 7 de abril de 1995 con el fin de averiguar los bienes que tiene la demandada, y se proceda por (el Juzgado o Tribunal competente) a su embargo.
- En concreto, y además de a los organismos y registros públicos que ese Juzgado estime pertinentes, solicitamos expresamente que (el Juzgado o Tribunal competente) se dirija a la Agencia Tributaria a fin de recabar información sobre la ejecutada, tanto relativa a los bienes propiedad de los deudores como respecto a la posible existencia de devoluciones a su favor, y ello de conformidad con la nueva redacción de los arts. 590 y 591 de la Ley 1/2000, de 7 de enero, de Enjuiciamiento Civil.

Por lo expuesto,

SUPLICO (1) .... que, teniendo por presentado este escrito, se sirva admitirlo, y en su virtud, tener por solicitada **EJECUCIÓN** por vía de apremio del Acta de Conciliación indicada, ordenando el embargo de los bienes de la empresa demandada, en cuantía suficiente para cubrir el importe del principal que asciende a (9) ...., más (10) ...., fijados para costas e intereses, aproximadamente.

Es Justicia que pido en (11) ...., ...

Firmado

(1) Dirigir el escrito de ejecución al Juzgado o Tribunal competente.
(2) Nombre y apellidos del solicitante de la ejecución.
(3) DNI del solicitante de la ejecución.
(4) Dirección a efectos de notificaciones del solicitante de la ejecución.
(5) Fecha de suscripción del acuerdo de conciliación cuya ejecución se solicita.
(6) Nombre o denominación social de la persona o personas contra las que se dirige la ejecución.
(7) NIF o CIF de la persona o personas contra las que se dirige la ejecución.
(8) Domicilio a efectos de notificaciones de la persona o personas contra las que se dirige la ejecución.
(9) Importe del principal por el que se solicita la ejecución.
(10) Cantidad solicitada provisionalmente en concepto de intereses y costas.
(11) Lugar y fecha de la firma.

V. MODALIDADES PROCESALES LABORALES

1. *Actividades pre-procesales*

1.1. Intento de conciliación ante organismo administrativo (arts. 63 a 68 LPL)

— Es requisito previo a la tramitación del proceso jurisdiccional el intento de conciliación ante el servicio administrativo correspondiente o ante el órgano que asuma estas funciones. Si se formula una demanda sin acreditar tal requisito previo —es decir, sin adjuntar el acta en que conste el intento de conciliación—, el Juez la admitirá provisionalmente, concediendo al demandante quince días para la subsanación de tal defecto, con archivo sin más trámite de no efectuarse.

— Se exceptúan de este requisito los procesos que exijan reclamación previa en vía administrativa (ver epígrafe siguiente), los que versen sobre Seguridad Social, los relativos al *disfrute* de vacaciones y a materia electoral, los iniciados de oficio, los de impugnación de convenios colectivos, los de impugnación de los estatutos de los sindicatos o de su modificación y los de tutela de libertad sindical (y demás derechos fundamentales). Asimismo, los procesos en los que siendo parte demandada el Estado u otro ente público también lo fueran personas privadas, siempre que la pretensión hubiera de someterse al trámite de reclamación previa y en éste pudiera decidirse el asunto, y los supuestos en que, iniciado el proceso, fuere necesario dirigir la demanda frente a personas distintas de las inicialmente demandadas.

— La presentación de la solicitud de conciliación suspende los plazos de caducidad —cuyo cómputo se reanuda al día siguiente del intento de conciliación, o transcurridos quince días desde la presentación de la solicitud sin que se haya celebrado el acto—, e interrumpe los de prescripción. Transcurridos treinta días desde la presentación de la solicitud sin que se haya celebrado el acto, se tendrá por terminado el procedimiento y cumplido el trámite.

— La asistencia al acto de conciliación es obligatoria para las partes. Si no acude el solicitante, se archivará su solicitud teniéndose por no presentada su papeleta (salvo justa causa) y, si no lo hace la otra parte de forma injustificada y concurriendo mala fe o temeridad en su comportamiento, podrá ser multada. Cabe impugnar el acuerdo alcanzado en conciliación administrativa —por las partes o por terceros perjudicados— dentro de un plazo de 30 días, ante los Juzgados competentes para conocer del asunto objeto de la conciliación. El acuerdo de conciliación administrativa tendrá fuerza ejecutiva entre las partes, pudiendo exigirse su cumplimiento a través del trámite procesal de ejecución de sentencias. El Fondo de Garantía Salarial (FOGASA) debe responder de los incumplimientos de pago en los mismos términos que si se tratara de una sentencia, pero no es aconsejable abusar de esta posibilidad, sobre todo en lo que se refiere a indemnizaciones por despido o resolución de contrato (tal obligación deriva de una reciente sentencia del Tribunal Superior de Justicia de la Unión Europea, con la relativa incertidumbre de tal fuente); en cuanto a las reclamaciones de cantidad, deben desglosarse perfectamente los conceptos objeto de conciliación a efectos de obtener la garantía subsidiaria de abono por el FOGASA en los supuestos legalmente previstos (art. 33 ET).

1.2. Reclamación previa (arts. 69 y 70 LPL)

1.2.1. Ante el Estado

— Para poder demandar al Estado, Comunidades Autónomas, Entidades Locales u Organismos Autónomos dependientes de aquellos, será requisito previo haber reclamado en vía administrativa —ver art. 125 de la Ley 125/1992, de 26 de noviembre, de Procedimiento Administrativo—, y sólo una vez denegada tal reclamación previa o transcurrido un mes sin haber sido notificada la resolución podrá formularse la demanda, a la que habrá que acompañar bien el original de la reclamación previa —de no haberse recibido resolución alguna—, bien el original de la resolución desestimatoria (o parcialmente estimatoria). El plazo ordinario para formular demanda tras la recepción de la resolución desestimatoria, o transcurrido el mes indicado, es de dos meses, salvo en la acción por despido, en las que sigue operando el plazo de caducidad de veinte días. Dados los términos del art. 73 LPL (y a pesar de la aparente literalidad del art. 69.3 de la misma ley), debe computarse el plazo para formular acción por despido contra un ente público de los indicados desde que se produzca aquél, suspendiéndose su cómputo al formularse la reclamación previa y durante un mes, o hasta que se reciba la resolución desestimatoria de producirse antes, reanudándose el cómputo del plazo restante de los consabidos veinte días hábiles a partir de tal momento.

— Se exceptúan de este requisito preprocesal los procesos relativos al *disfrute* de vacaciones y a materia electoral, los iniciados de oficio, los de conflicto colectivo, los de impugnación de convenios colectivos, los de impugnación de los estatutos de los sindicatos o de su modificación, los de tutela de libertad sindical (y demás derechos fundamentales) y las reclamaciones contra el Fondo de Garantía Salarial (FOGASA).

1.2.2. Ante la Seguridad Social

— Es requisito exigible con carácter previo a las demandas contra la Seguridad Social la reclamación previa ante la Entidad Gestora (INSS, SPEE, etc.) o Tesorería General de la Seguridad Social (TGSS). La práctica jurisdiccional aconseja formular reclamación previa contra la Entidad Gestora *y* contra la TGSS.

— El plazo para formular tal reclamación previa —que interrumpe los plazos de prescripción y suspende los de caducidad hasta su resolución— es de treinta días desde la notificación de la resolución contra la que se recurre si es expresa, o desde la fecha en que deba entenderse desestimada por silencio administrativo conforme con la normativa administrativa específica (la solicitud de que se dicte una resolución que debe hacerse de oficio equivale a una reclamación previa). Una vez formulada la reclamación, se entenderá desestimada por el transcurso de cuarenta y cinco días, en el supuesto —claro está— de que no haya sido notificada resolución expresa previamente al transcurso de tal plazo. La demanda deberá formularse dentro del plazo de treinta días hábiles desde la denegación, bien expresa o bien por silencio administrativo, acompañándose a la misma copia sellada de las reclamaciones previas formuladas.

1.2.3. Aspectos procesales comunes

— No cabe introducir en la demanda posterior a la reclamación previa variaciones sustanciales de tiempo, cantidades o conceptos respecto de los formulados en la reclamación previa y en la contestación a la misma.

Tampoco podrá la demandada que no hubiere contestado a la reclamación previa fundar su oposición en hechos distintos a los aducidos en el expediente administrativo, salvo que se hubieren producido con posterioridad, aunque los Tribunales tienden a ser muy laxos con la Administración Pública en cuanto a este requisito.

— La reclamación previa interrumpe los plazos de prescripción y suspende los de caducidad.

1.3. Medidas preparatorias y cautelares (arts. 76 a 79 LPL)

1.3.1. Actos preparatorios (arts. 76 y 77 LPL)

— Cabe solicitar del órgano judicial que aquél contra el que se pretenda dirigir la demanda preste declaración sobre algún hecho relativo a su personalidad sin cuyo conocimiento no pueda entrarse en juicio (por ej., declaración de un integrante de una comunidad de bienes, el único cuyos datos conocemos, sobre los demás integrantes de aquélla, puesto que debemos demandar a todos). Debe notarse que tales actos no suspenden el plazo de caducidad, por lo que debemos intentarlos contando con el plazo de los actos preprocesales y, si aún así no fuera suficiente, debemos formular la demanda sin rebasar los plazos de caducidad y proceder a subsanarla posteriormente por vía del art. 81.1 LPL *in fine* —o 103.2 LPL, en supuestos de despido—, lo que en la práctica suele producirse dialogando con la contraparte y con el juzgador en los momentos previos al inicio del acto de juicio oral.

— Cabe también la prueba testifical anticipada a la propia demanda en supuestos extraordinarios —la excepcionalidad de esta medida queda justificada por los principios de inmediación y concentración, siempre en relación con el de oralidad, del proceso laboral—, cuales son el peligro inminente para la vida del testigo, próximo desplazamiento prolongado a lugar lejano, o similares.

— Pueden examinarse, con carácter previo a formular la demanda, y tanto en el Juzgado como en el domicilio de aquel contra el que pretende formularse la demanda (a decisión del órgano jurisdiccional), el examen de libros o documentos que se demuestren imprescindibles para fundamentar aquélla. Si fueran documentos contables podrá acompañar al posible demandante, y a su costa, un experto en la materia.

1.3.2. Medidas precautorias (arts. 78 y 79 LPL)

— Cabe la práctica excepcional de pruebas con carácter previo al acto de juicio oral que no puedan realizarse en dicho momento —visita física a un lugar fuera del Tribunal, por ejemplo— o cuya práctica presente graves dificultades en dicho momento; por ej., el examen de una prueba documental muy voluminosa.

— Es posible el embargo preventivo de bienes del demandado en cuantía suficiente para hacer frente a una hipotética condena cuando lleve a cabo actos de los que pueda presumirse que pretende situarse en situación de insolvencia o impedir la efectividad de la sentencia.

2. Proceso ordinario (arts. 80 a 101 LPL)

2.1. Demanda

— La demanda debe ser escrita, designando el órgano ante el que se presente, así como el demandante (nombre completo, DNI, domicilio donde resida el Tribunal, bien propio o, en su caso —arts. 18 y ss. y 53.3 LPL—, el del profesional que les represente o asista) y el de aquellos otros interesados (demandados o no) que deban ser llamados al proceso (nombre y apellidos o denominación social —se aconseja, aunque no lo prescriba la ley, indicar asimismo el NIF/CIF, muy útil a efectos de ulteriores ejecuciones—, domicilios). Deben enumerarse de forma clara y concreta los hechos —la ley nada nos dice sobre necesidad de alegar derechos en este procedimiento, aunque no faltan, ni deben faltar, en la práctica— sobre los que verse la pretensión y aquellos imprescindibles para resolver las cuestiones planteadas, en ningún caso distintos —salvo que hayan acaecido después— de los aducidos en conciliación o reclamación previa. Finalmente, debe concluirse con una súplica adecuada a la pretensión ejercitada y con la fecha y la firma, adjuntando tantas copias de la demanda y documentos que la acompañen como demandados y demás interesados haya en el proceso.

— El órgano judicial advertirá al demandante de los defectos, omisiones o imprecisiones de la demanda, concediendo cuatro días hábiles para su subsanación (en la práctica, esto sucede antes de admitirla a trámite —falta de acreditación de la representación mediante copia original del poder notarial, falta de concreción individualizada de las horas extras reclamadas, etc.— o, no infrecuentemente, durante el transcurso del procedimiento, antes del acto de juicio oral). Como ya se indicó, de no adjuntarse certificación del acto de reclamación previa, se concederán 15 días para su subsanación.

— La ley prescribe que, de admitirse la demanda, dentro de los diez días siguientes a su presentación debe señalarse el día y la hora en que hayan de tener lugar los actos de conciliación y juicio, debiendo mediar un mínimo de cuatro días —o quince, si debe citarse a una persona jurídica o a un grupo sin personalidad; o veintidós, cuando la representación y defensa en juicio sea atribuida al Abogado del Estado— entre la citación en forma (con entrega de la copia de la demanda y demás documentos) y la efectiva celebración de aquellos actos, que tendrán lugar en única convocatoria, a la que los litigantes deberán acudir con todos los medios de prueba, sin que se suspendan por incomparecencia de los demandados (siempre que hayan sido citados en forma).

2.2. Conciliación y juicio (incluidas pruebas)

— Cabe una suspensión de los actos de conciliación y juicio a petición de ambas partes o por causas justificadas, que deben señalarse nuevamente —dice la ley, más que la práctica habitual— dentro de los diez días siguientes. Sólo excepcionalmente y por circunstancias graves adecuadamente probadas cabrá una segunda suspensión.

— Si el actor citado en forma no comparece, se le tendrá por desistido, mientras que la comparecencia injustificada del demandado no impedirá la celebración del juicio, sin necesidad de declarar su rebeldía. El acto será público —salvo cuando excepcionalmente se celebre, por razones justificadas, a puerta cerrada—, y se iniciará intentando el Juez la conciliación, que aprobará si no constituyese lesión grave para alguna de las partes, fraude de ley o abuso de derecho. La conciliación cabe en cualquier momento antes de dictar sentencia, y por tanto incluso una vez celebrado el acto de juicio oral, y de ella se extenderá un acta. Cabe su ejecución por los trámites de ejecución de sentencias (debe reiterarse lo ya indicado respecto de la conciliación administrativa previa respecto de los riesgos frente al FOGASA: necesidad de detallar los conceptos de los acuerdos sobre cantidades, prudencia en los referentes a indemnizaciones), y puede impugnarse dentro de un plazo de 15 días.

— Si no se alcanza un acuerdo conciliatorio se pasa seguidamente al acto de juicio, iniciado mediante la ratificación de la demanda por el demandante, cabiendo su ampliación siempre que no suponga variación sustancial. Éste es el momento procesal para que el demandante efectúe sus alegaciones, sobre todo las de derecho —que la ley no exige en la demanda escrito— pero, frecuentemente, también la de hechos adicionales, que profundizan y detallan los de la demanda. De acuerdo con la ley procesal, el resto de las palabras de que dispondrá tan sólo le permitirán contestar a las excepciones procesales que en su caso se formulen de contrario, practicar la prueba —interrogatorio o confesión, testifical, pericial, documental— y, finalmente, para formular conclusiones concretas y precisas y, en la convicción de muchos jueces, limitadas a valorar la prueba practicada. Más allá de disquisiciones teóricas, en la práctica quedará frecuentemente defraudado el abogado que espere a este momento para efectuar sus verdaderas alegaciones por lo que, insistimos, deben realizarse al principio.

— La Ley Procesal nos indica que el demandado contestará afirmando o negando concretamente los hechos, y alegando cuantas excepciones procesales estime por convenientes (en la práctica habitual, el orden suele ser el inverso). Sólo cabe la reconvención cuando se haya anunciado, con suficiente concreción fáctica y de pretensión, en la conciliación administrativa previa o en la contestación a la reclamación previa; aunque sí cabe, según reiterada jurisprudencia, y sin tales requisitos dirigidos a garantizar el derecho de defensa, la alegación como excepción de la *compensación de créditos*, cuando el crédito del demandado frente al demandante —a diferencia del que se pretende satisfacer mediante la reconvención— se refiera a cantidades vencidas, líquidas y exigibles. De alegarse excepciones procesales o reconvención, se abrirá trámite para la contestación *en el acto* por el demandante (de ahí la necesidad de preparación concienzuda, y aun de imaginación y experiencia por parte del abogado que practique en la Jurisdicción Social, pues muchas son las incertidumbres y exigencias del acto único de juicio oral).

— No se suspenderá el procedimiento por seguirse causa criminal sobre los hechos debatidos. Sin embargo, y como excepción, cuando una de las partes alegue la falsedad de un documento que pueda ser de notoria influencia en el resultado del pleito (normalmente, un finiquito, o una comunicación escrita de baja voluntaria), continuará el juicio hasta el final y, con suspensión de las actuaciones posteriores, el órgano judicial concederá un plazo de ocho días al interesado para que aporte el documento que acredite haber formulado la querella que, de hacerlo, supondrá la suspensión del procedimiento hasta que se dicte sentencia o auto de sobreseimiento en la causa criminal, que las partes deberán poner en conocimiento del Juez social.

— A continuación se admitirán las pruebas que se formulen y puedan practicarse en el acto —sin perjuicio de lo ya indicado sobre pruebas anticipadas— respecto de los hechos sobre los que no hubiere conformidad. Cabe —en la ley, nunca o casi nunca en la realidad de la práctica— que se suspenda el juicio para que el Juez o Tribunal las practique fuera del local de la audiencia. Es frecuente que se haya solicitado la práctica de las pruebas en el escrito de demandadas, o en escritos posteriores —en todo caso presentados con al menos tres días de antelación cuando requieran diligencias de citación o requerimiento—, y que el Juez o Tribunal ya haya admitido su práctica mediante auto o providencia. Cuando, no obstante, se produzca la inadmisión de una prueba en el acto de juicio oral —tanto si se había admitido previamente por escrito como si no— el interesado puede protestar verbalmente, haciéndose constar en el acta de juicio tanto su pretensión probatoria como la fundamentación de la denegación, todo ello a efectos del recurso contra la sentencia [ver art. 191.a) LPL].

— Nótese que se producirá una inversión de la carga de la prueba cuando *de las alegaciones* de la parte actora se deduzca la existencia de indicios fundados de discriminación por razón de sexo, origen racial o étnico, religión o convicciones, discapacidad, edad u orientación sexual. Es decir, corresponderá entonces al demandado aportar una justificación objetiva y razonable, suficientemente probada, de las medidas adoptadas y de su proporcionalidad.

— Caben cuantos medios de prueba se encuentren regulados en la Ley, admitiéndose como tales los medios mecánicos de reproducción de la palabra —según el TC, caben las grabaciones como prueba del demandante o demandado siempre que éste participe en la conversación—, de la imagen —con los límites impuestos por el TC en interpretación de los derechos fundamentales a la intimidad y a la propia imagen—, y del sonido. Las posiciones para la prueba de confesión se propondrán verbalmente, sin admisión de pliegos. Algunos Jueces y Tribunales de lo Social estiman que la tras la nueva LEC (Ley 1/2000) procede ya no la confesión, sino el interrogatorio, con el efecto —entre otros— de que el abogado del demandante puede interrogar a su propio defendido tras haberlo hecho el contrario, si bien hay otros órganos jurisdiccionales que sostienen que al ser la LEC subsidiaria de la LPL, salvo remisiones expresas (como sucede respecto de la ejecución) deben seguir aplicándose las reglas probatorias de la ley procesal labora que, según algún Magistrado, permiten en todo caso el interrogatorio del propio cliente en virtud de lo dispuesto por su art. 87.3 (los litigantes y defensores, al igual que el órgano judicial, podrán hacer, tanto a las partes como a los peritos y testigos, las preguntas que estime necesarias para esclarecer los hechos). Si el llamado a confesar no comparece o rehusase declarar, o lo hiciese sin afirmar ni negar, podrá ser tenido por confeso (los efectos son los mismos de aplicarse la figura del interrogatorio). La confesión de las personas jurídicas privadas se practicará por quien las represente y tenga facultades para absolver posiciones, cabiendo que la absolución de posiciones por un tercero que conozca personalmente los hechos, si la parte así lo solicita y acepta la responsabilidad de la declaración.

— La prueba testifical se practicará oralmente, sin que quepan escritos de preguntas y repreguntas. El órgano judicial puede limitar el número de testigos por excesivo, pero no arbitrariamente, sino cuando sus manifestaciones pudieran constituir inútil reiteración del testimonio sobre hechos suficientemente esclarecidos. No cabe la tacha de testigos, y sólo en conclusiones podrán valorarse sus circunstancias personales y la veracidad de sus manifestaciones. Nótese que, en la práctica, los testigos de la empresa suelen ser empleados de la misma, generalmente con interés en mantener su relación laboral por lo que, con raras excepciones, sólo serán testigos del demandante cuando hayan dejado de ser empleados del demandado, o sean representantes legales o sindicales de los trabajadores; estas circunstancias contribuyen probablemente a explicar esa prohibición de tacha.

— En la práctica de prueba pericial —cuyo coste, salvo excepciones, corre a cargo de quien la haya propuesto— no serán de aplicación las reglas generales sobre insaculación de peritos, cabiendo que el órgano judicial, de oficio o a petición de parte, pueda requerir la intervención de un médico forense (con coste a cargo del Estado).

— De la prueba documental se dará traslado a las partes en el juicio para su examen. Deben aportarse los documentos que hubieran sido propuestos, y aceptados por el órgano jurisdiccional, como prueba y, de no hacerse sin causa justificada, podrán tenerse por probadas las alegaciones hechas por quien la propuso en relación con tal prueba.

— El Juez o Tribunal puede oír, a su discreción, el dictamen de una o varias personas expertas en la cuestión objeto del pleito (inhabitual, en la práctica), así como a la comisión paritaria de un convenio cuando se discuta sobre la interpretación de un convenio colectivo, y recabar el dictamen de los organismos públicos competentes cuando se haya suscitado una cuestión de discriminación por sexo. Ello lo puede hacer durante el juicio o una vez concluido, mediante diligencias para mejor proveer, en todo caso posibles para cualesquiera pruebas necesarias para, dentro del plazo para dictar sentencia, contribuir a la adecuación de ésta a la ley y a los hechos realmente acaecidos.

— Practicadas las pruebas, las partes o sus defensores formularán oralmente sus conclusiones de modo *concreto y preciso* (sobre todo en lo referente a cantidades objeto de reclamación, y de las medidas con que puede satisfacerse la pretensión), y valorando la prueba a efectos de las conclusiones alcanzadas (una alto grado de concreción, con referencia a documentos y contestaciones concretas, sin duda contribuyen a la eficacia práctica de esta fase procesal). El órgano jurisdiccional puede pedir en esta fase las ilustraciones que estime pertinentes sobre las cuestiones objeto de debate.

— El acto de juicio concluye con la firma del acta —o la constancia de quien, estando presente, se niegue a firmar— que se habrá ido extendiendo por el Secretario Judicial durante la celebración de aquél, en la que se reflejarán el lugar, la fecha, el órgano jurisdiccional que preside el acto, las partes —incluyendo representantes y defensores—, lo sucedido respecto de la conciliación, un breve resumen de las alegaciones y de las pruebas propuestas —concretando las denegadas, con sus razones y, en su caso, protestas— y practicadas (con resumen de la confesión, testifical y pericial —incluyendo las recusaciones de éstos—, y relación circunstanciada de los documentos o datos que permitan identificarlos), así como de las conclusiones y peticiones concretas formuladas por las partes. El Secretario Judicial dará fe del acta, y deberá entregarse copia de la misma a quienes hayan sido partes en el proceso y así lo soliciten.

2.3. Sentencia

— Debe, según la ley, dictarse en el plazo de cinco días, pero no es lo más habitual en la práctica jurisdiccional (la propia ley permite excederse de tal plazo cuando la acumulación de asuntos no permita cumplirlo).

— La sentencia, necesariamente dictada por el Juez que celebró el juicio, debe expresar:

1. Dentro de los antecedentes de hecho, resumen de los que hayan sido objeto de debate en el proceso.
2. Los hechos que, apreciando los elementos de convicción, estime probados, *haciendo referencia en los fundamentos de derecho a los razonamientos que le han llevado a esta conclusión*. La carencia —no infrecuente— de este requisito puede dar lugar a la anulación de la sentencia [art. 191.a) LPL].
3. La fundamentación del fallo.
4. El fallo, concretando las cantidades en el caso de que se condene a su abono (o determinando su modo de cálculo mediante una sencilla operación aritmética vinculada a hechos objetivos indiscutibles, como sucede en cuanto a los salarios de tramitación).

5. En su caso, fundamentado, una multa por mala fe o temeridad, que no excederá, en instancia, de 601 euros, más el abono de los honorarios de los abogados cuando el condenado fuera el empresario.

— Al notificarse la sentencia debe indicarse si es o no firme, y los recursos que contra ella caben, así como el órgano ante el que deben formularse, el plazo y los requisitos para ello, incluyendo consignaciones y depósitos que pudieran proceder, y su forma. Pero la ausencia de estos requisitos, o el error cometido por el órgano jurisdiccional respecto de los mismos, carecen de relevancia cuando actúe un abogado en defensa del presunto perjudicado por tal error u omisión, toda vez que se entiende por la Jurisprudencia que un profesional del Derecho debe conocer los requisitos procesales con independencia de lo que el órgano jurisdiccional afirme o deje de hacerlo.

3. Proceso por despido (arts. 103 a 113, 276 a 284 y 295 a 300 LPL)

3.1. Despido ordinario (disciplinario o asimilable)

Según reiterada jurisprudencia, la regulación procesal del despido disciplinario es aplicable a toda extinción contractual laboral contra la que se actúe, salvo a aquellas que cuentan con un proceso específico.

— El plazo de caducidad para formular la demanda es de veinte días hábiles desde que se haya producido el despido (recuérdese lo ya indicado en el epígrafe sobre actuaciones pre-procesales en cuanto a la suspensión de tal plazo). Debe notarse que el mes de agosto —art. 43.4 LPL— es *hábil* a efectos de esta acción. El despido puede ser expreso (por escrito, o verbal; en este último caso, debe acreditar el despedido su existencia, normalmente mediante testigos, a los que se puede añadir el envío al empleador de un telegrama o burofax certificado), o tácito. Entre éstos se destaca, por su habitualidad e importantes riesgos de caducidad, la falta de abono del salario unida a la de ocupación efectiva, equivalente a un despido tácito según abundante jurisprudencia.

— Además de los requisitos generales, en las demandas por despido debe hacerse constar el lugar de trabajo, la categoría profesional, las características particulares —si las hubiera— del trabajo, el salario, el tiempo y forma de pago y la antigüedad del despedido. Asimismo, la fecha de efectividad del despido y la forma en que se produjo, así como los hechos alegados por el empresario. Debe añadirse si el trabajador ostenta la condición de representante legal o sindical de los trabajadores, y si se encuentra afiliado a algún sindicato (esto último tan sólo si se alegase la improcedencia del despido por realizarse sin audiencia de los delegados sindicales).

— En el acto de juicio oral, y una vez ratificada la demanda, se invierte el orden ordinario de alegaciones, y lo mismo sucede en la práctica de la prueba y en la fase de conclusiones. El demandado carga con la prueba de los hechos imputados en la carta de despido.

— Entre los hechos que la sentencia declare probados deben contarse la fecha del despido, el salario del trabajador, el lugar de trabajo, la categoría profesional, la antigüedad (concretando, en su caso, los períodos de prestación de servicios), y el trabajo que realizaba el demandante hasta su despido, así como la condición o no de representante, sindical o no, de los trabajadores durante el año anterior a su despido.

— El fallo de la sentencia declarará el despido procedente (cuando se considere acreditado el incumplimiento grave y culpable imputado al trabajador en la carta de despido), improcedente (cuando tal incumplimiento no se acredite, o se halle prescrito, o se incumplan los requisitos de forma del despido, que debe realizarse por escrito y haciendo constar los hechos que se imputan; en el caso de improcedencia por defecto de forma se podrá efectuar un nuevo despido en el plazo de siete días tras la notificación de la sentencia, siempre que se opte por la readmisión) o nulo (cuando su móvil hubiera sido una de las causas de discriminación previstas en la Constitución y en la ley o se produzca con violación de derechos fundamentales y libertades públicas del trabajador, así como el de los trabajadores durante la suspensión de su contrato por maternidad, riesgo durante el embarazo, riesgo durante la lactancia natural, enfermedades causadas por el embarazo, parto o lactancia natural, paternidad, adopción o acogimiento, así como el de las trabajadoras embarazadas y el de los trabajadores que hayan solicitado uno de los permisos de los aps. 4, 4 bis y 5 del art. 37 ET o estén disfrutando de ellos —lactancia, visitas a hijos prematuros, guarda legal de menor, anciano o minusválido. Será también nulo el despido de los que hayan solicitado o estén disfrutando la excedencia prevista en el ap. 3 del art. 46 ET; y el de las trabajadoras víctimas de violencia de género por el ejercicio de los derechos de reducción o reordenación de su tiempo de trabajo, de movilidad geográfica, de cambio de centro de trabajo o de suspensión de la relación laboral. Por último, será nulo el despido de los trabajadores después de haberse reintegrado al trabajo al finalizar los períodos de suspensión del contrato por maternidad, adopción o acogimiento o paternidad, siempre que no hubieran transcurrido más de nueve meses desde la fecha de nacimiento, adopción o acogimiento del hijo.

No obstante todo lo anterior, el despido de estos trabajadores podrá ser declarado procedente si dicho despido no estuvo relacionado con el embarazo o con el ejercicio del derecho a los permisos y excedencia señalados).

— El despido procedente convalida la decisión extintiva empresarial sin que el trabajador tenga derecho ni a indemnización ni a salarios de tramitación. Si el despido fuera declarado improcedente será el empresario —salvo que se trate de un representante legal o sindical de los trabajadores, de un alto directivo, o se disponga de otra manera mediante contrato individual o convenio colectivo— quien ostente el derecho a optar, dentro del plazo de cinco días tras la notificación de la sentencia (sin esperar a la firmeza de la misma) entre la readmisión del trabajador, con abono de los salarios de tramitación devengados desde el despido y hasta que la readmisión se produzca, o su indemnización a razón de 45 días de salario por año de trabajo en la relación laboral ordinaria (las especiales contienen sus reglas propias), así como los salarios de tramitación devengados (de los que podrán deducirse los percibidos en otro trabajo durante el período en cuestión), sin perjuicio del derecho del empleador a repetir contra el Estado por los salarios generados más allá del plazo de sesenta días tras la fecha en que se formuló la demanda jurisdiccional.

— En el supuesto de que el empresario —o el trabajador, en el supuesto de disponer de la opción— opte por la extinción indemnizada y recurra la sentencia, el despedido dejará de devengar salarios de tramitación, considerándosele en situación legal de desempleo involuntario (si el trabajador ya hubiese solicitado la prestación por desempleo a raíz de su despido, estimo que debe aguardar hasta la firmeza de su sentencia para comunicar a la entidad gestora de aquella prestación a efectos de las oportunas compensaciones). Si la ulterior sentencia incrementase la cuantía indemnizatoria el empresario podrá cambiar el sentido de su opción, e igualmente podrá hacerlo el trabajador si contase con el derecho a ejercer la opción entre indemnización y readmisión y la sentencia del Tribunal superior redujese la cuantía indemnizatoria.

— En el caso de que el empresario optara por la readmisión del trabajador —o no efectuase opción alguna, lo que legalmente tiene el mismo efecto— y recurra la sentencia, el despedido seguirá devengando salarios de tramitación y deberá reincorporarse a su puesto de trabajo, salvo que el empresario opte por efectuar el abono de tales salarios sin contraprestación laboral. Lo mismo sucederá si la opción fuera del trabajador y la efectuase en tal sentido.

— El despido nulo tendrá el efecto de la inmediata readmisión del trabajador, si bien el empresario podrá optar, si recurre, entre la recepción o no de sus servicios laborales durante la tramitación del recurso, si bien con abono en todo caso de los salarios de tramitación, y sin perjuicio del derecho de los delegados de personal, miembros del comité de empresa y delegados sindicales a seguir desempeñando en el seno de la empresa las funciones propias de su cargo.

— La opción entre la indemnización y la readmisión —al igual que la manifestación de la voluntad de recurrir en suplicación contra la sentencia— debe efectuarse ante el Juzgado de lo Social dentro del plazo de cinco días desde la notificación de la sentencia. El empresario debe comunicar por escrito al trabajador su readmisión dentro del plazo de los diez días posteriores a la fecha en que le haya sido notificada la sentencia, para efectuarla en un plazo no inferior a los tres días hábiles posteriores a la recepción del escrito, con abono de los salarios de tramitación devengados durante este período (salvo retraso en la reincorporación por culpa del trabajador).

— Cuando, declarado el despido improcedente, el empresario no opte entre la readmisión y la indemnización, se entenderá que procede aquélla, pero, si no se produce, o si se produce de forma irregular, el trabajador podrá instar —dentro de los 20 días siguientes a la fecha prevista para la reincorporación, o a los diez días de que el empresario dispone para comunicar la readmisión, cuando no lo haya hecho, o de los 20 siguientes a la readmisión irregular— el incidente ejecutivo denominado *de no readmisión*, con derecho a la extinción indemnizada de la relación laboral con efectos indemnizatorios en la misma cuantía prevista para el despido improcedente, incrementable hasta sesenta días de salario por año de servicio en los supuestos de readmisión irregular con perjuicios adicionales, tales como la pérdida de un nuevo puesto de trabajo, extinción que se producirá mediante auto salvo que en la celebración de la comparecencia incidental —con las mismas reglas del acto de juicio oral, pero limitándose las pruebas a las que puedan practicarse en el momento— se acredite que se ofreció debidamente la readmisión y no se produjo por causas imputables al trabajador, o que aquélla no fue irregular. El auto estimatorio de la demanda incidental de ejecución recalculará la cuantía de la indemnización computando como tiempo trabajado el transcurrido hasta la fecha del mismo, y declarará asimismo el derecho al abono de salarios de tramitación hasta idéntica fecha, sin perjuicio de los descuentos que respecto de los mismos pudieran proceder.

— Si el despido fuera declarado nulo, la sentencia se ejecutará en sus propios términos, salvo imposibilidad de readmitir al trabajador por cese o cierre de la empresa, en cuyo caso se procederá como si de despido improcedente se tratase. Si el empresario no readmitiese o readmitiese irregularmente al trabajador, y así constase en el acto de comparecencia ejecutiva celebrado tras instarse el correspondiente incidente dentro del plazo de veinte días posteriores a la readmisión, el Juez ordenará al empresario reponer al trabajador en su puesto de trabajo dentro de los cinco días siguientes, apercibiéndole que, de no hacerlo, se le condenará a seguir abonándole su salario sin contraprestación alguna, y a mantenerle de alta y cotizando en Seguridad Social, adoptándose las oportunas medidas ejecutivas al respecto, y sin perjuicio de los derechos del representante legal o sindical de los trabajadores a seguir desempeñando sus funciones en el seno de la empresa.

3.2. Despido objetivo

— Se aplican las reglas del despido disciplinario, con las especialidades que se indicarán.

— Si bien el plazo para ejercer la acción sigue siendo de veinte días hábiles desde la fecha de efectos del despido —y agosto es hábil—, puede anticiparse al momento en que reciba la comunicación empresarial de tal extinción [treinta días, según el art. 53.1.c) ET. El hecho de que el trabajador perciba la indemnización prescrita por el art. 53.1.b) del ET, o de que disfrute de los permisos que le concede el art. 53.2 para buscar trabajo, no implican su conformidad con la decisión extintiva, ni enervan su derecho a actuar legalmente contra la misma.

— Será procedente la decisión extintiva cuando respete los requisitos de forma exigibles y se acredite la concurrencia de la causa legal. Si no se acredita tal causa, el despido será calificado con la improcedencia. La declaración de nulidad se producirá cuando no se cumpla con los requisitos de comunicación escrita con mención de causa, cuando —siendo exigible— no se ponga a disposición del trabajador la indemnización correspondiente al momento del despido (salvo error excusable en el cálculo), cuando la causa del despido resulte discriminatoria o contraria a derechos fundamentales y libertades públicas del trabajador, y cuando se haya efectuado en fraude de ley, a fin de evitar la aplicación de las reglas de los despidos colectivos (art. 51.1 ET), así como el de los trabajadores durante la suspensión de su contrato por maternidad, riesgo durante el embarazo, riesgo durante la lactancia natural, enfermedades causadas por el embarazo, parto o lactancia natural, paternidad, adopción o acogimiento, así como el de las trabajadoras embarazadas y el de los trabajadores que hayan solicitado uno de los permisos de los aps. 4, 4 bis y 5 del art. 37 ET o estén disfrutando de ellos —lactancia, visitas a hijos prematuros, guarda legal de menor, anciano o minusválido—. Será también nulo el despido de los que hayan solicitado o estén disfrutando la excedencia prevista en el ap. 3 del art. 46 ET; y el de las trabajadoras víctimas de violencia de género por el ejercicio de los derechos de reducción o reordenación de su tiempo de trabajo, de movilidad geográfica, de cambio de centro de trabajo o de suspensión de la relación laboral. Por último, será nulo el despido de los trabajadores después de haberse reintegrado al trabajo al finalizar los períodos de suspensión del contrato por maternidad, adopción o acogimiento o paternidad, siempre que no hubieran transcurrido más de nueve meses desde la fecha de nacimiento, adopción o acogimiento del hijo.

  No obstante todo lo anterior, el despido de estos trabajadores podrá ser declarado procedente si dicho despido no estuvo relacionado con el embarazo o con el ejercicio del derecho a los permisos y excedencia señalados

— Si el despido se declarase procedente, se declarará extinguido el contrato de trabajo, condenándose a la empresa, en su caso, al abono de las diferencias que pudieran existir tanto respecto de la indemnización como de la falta de preaviso. En el supuesto de declaración de improcedencia de la decisión extintiva, de los salarios de tramitación no podrá deducirse lo abonado en concepto de preaviso. En caso de readmisión, el trabajador deberá devolver la indemnización percibida.

3.3. Despidos colectivos

— Los despidos colectivos —de 10 trabajadores en empresas que ocupen menos de 100, el 10% del número de trabajadores de la empresa en aquellas que ocupen entre 100 y 300 trabajadores, 30 o más trabajadores en las que ocupen 300 o más— por causas económicas, técnicas, organizativas o de producción, fuerza mayor o extinción de la personalidad jurídica del empresario llevados a cabo sin la preceptiva autorización administrativa —ver art. 51 ET y RD 43/1996, de 19 de enero— serán declarados nulos con efectos de la inmediata readmisión, con abono de los salarios de tramitación, de los trabajadores despedidos, y demás efectos legalmente previstos —y ya indicados— para tal calificación del despido. La acción es idéntica a la del despido ordinario, por lo que nos remitimos a lo ya indicado sobre su regulación.

4. Impugnación de sanciones (arts. 114 y 115 LPL)

El plazo de caducidad para impugnar mediante demanda una sanción es de veinte días hábiles desde su notificación, debiéndose tener en cuenta lo ya indicado sobre la suspensión del mismo en la tramitación pre-procesal.

En las sanciones por faltas graves o muy graves a los representantes legales o sindicales de los trabajadores el empresario debe aportar el correspondiente expediente contradictorio.

La carga de la prueba de lo imputado para sancionar corresponde al empresario, sin que quepa otra causa de oposición a la acción que lo alegado en su momento para justificar la sanción. El orden de alegaciones, pruebas y conclusiones será el mismo que el del despido disciplinario (inverso al ordinario: alega, prueba y concluye el demandado en primer lugar).

La sentencia puede confirmar la sanción (cuando tanto la forma como la veracidad de lo imputado y su correcta tipificación lo justifiquen), revocarla totalmente (por no probarse los hechos imputados o no constituir aquellos falta sancionable), revocarla en parte (cabiendo una recalificación adecuada de la falta, y la autorización judicial al empresario para que imponga una sanción adecuada), o declararla nula cuando la sanción se haya impuesto sin cumplimiento de los requisitos legal o convencionalmente exigibles, o con grave incumplimiento de los mismos que impidan el cumplimiento de su finalidad, así como cuando sea de las prohibidas (multa de haber, por ej.), no se halle tipificada en las disposiciones legales o convenio de aplicación, o se produzca con defectos de comunicación al resto de la representación legal o sindical en el supuesto de sanción por falta grave o muy grave a un representante legal o sindical de los trabajadores, a un trabajador afiliado sin dar audiencia a los delegados sindicales.

Sólo cabe recurrir en suplicación las sentencias dictadas en procedimientos relativos a faltas muy graves (confirmadas judicialmente o no), o a faltas graves judicialmente confirmadas.

5. Reclamación de salarios de tramitación al Estado (arts. 116 a 119 LPL)

— El empresario podrá reclamar al Estado los salarios que excedan de sesenta días desde la fecha en que se presente la demanda por despido y la de la sentencia que por primera vez declare su improcedencia. El mismo derecho tendrá el trabajador en el supuesto de que no se le abonen tales salarios, habiendo sido declarada la insolvencia provisional del empresario.

— Es exigible la reclamación previa, cuya formulación —y, en su caso, su desestimación expresa— debe acreditarse junto con la demanda. El juicio versará exclusivamente sobre la procedencia y cuantificación de lo reclamado, sin que quepa revisar lo ya declarado probado en la sentencia de despido.

— Debe excluirse del cómputo de los sesenta días el tiempo invertido en la subsanación de la demanda, las suspensiones a solicitud de las partes, la suspensión para acreditar la presentación de querella en los supuestos de alegación de falsedad en documento.

6. *Vacaciones (arts. 125 y 126 LPL)*

— Se refiere exclusivamente al proceso relativo a la fijación individual o plural de la fecha de disfrute de vacaciones, y no a otros supuestos relativos a aquéllas (duración, cuantía de retribución, u otros).

— El plazo para formular la demanda es de veinte días desde que el trabajador tuviera conocimiento de la fecha prevista —por convenio o acuerdo colectivo, o por decisión empresarial— para el disfrute de sus vacaciones o, en su defecto, de dos meses de antelación a la fecha de disfrute pretendida por el trabajador, debiendo codemandarse a los trabajadores afectados cuando se discuta sobre reglas de preferencia para el disfrute de las vacaciones en cuestión.

— Se trata de un procedimiento urgente y preferente, y que carece de exigencias pre-procesales. Su sentencia carece de recurso.

7. *Clasificación profesional*

— Debe acompañarse a la demanda informe emitido por el comité de empresa o delegados de personal. En el caso de que no lo hubieran emitido, deberá acreditarse que se ha solicitado (normalmente mediante escrito con acuse de recibo en el que así conste).

— El juez recabará informe de la Inspección de Trabajo en la providencia que tenga por presentada la demanda (es aconsejable que la demanda así lo solicite en un *otrosí* con el fin de evitar suspensiones debidas a no infrecuentes olvidos en tal sentido), informe que debe versar sobre los hechos invocados y circunstancias concurrentes relativas a la actividad del actor.

— La sentencia que se dicte carece de recurso (aun en el supuesto de que la acción lo haya sido por clasificación profesional y cantidades derivadas de trabajos de superior categoría y éstas excedan de lo dispuesto por el art. 189.1 LPL).

8. *Movilidad geográfica y modificación sustancial de condiciones de trabajo*

— El plazo de caducidad para formular la demanda —suspendido en los términos ya indicados durante el proscrito trámite preprocesal— es de veinte días hábiles desde la *notificación* de la decisión (con independencia de la fecha en que surta efectos).

— Si se debate una cuestión de preferencias entre trabajadores deben ser codemandados todos los afectados, así como los representantes de los trabajadores cuando, tratándose de traslados o modificaciones de carácter colectivo, la medida haya contado con la conformidad de aquéllos. La presentación de una demanda de conflicto colectivo contra la medida impugnada suspenderá —hasta su resolución— todo conflicto individual referente a la misma cuestión, pero un acuerdo entre el empresario y los representantes de los trabajadores sobre la medida individualmente cuestionada no interrumpirá el proceso.

— La ley califica al procedimiento de urgente y exige su tramitación preferente, exigiendo que la vista haya de señalarse dentro de los cinco días siguientes al de admisión de la demanda. La sentencia que se dicte —según la ley dentro del plazo de diez días —carece de recurso, declarará la medida justificada o injustificada— según se acredite o no la concurrencia de las razones invocadas por la empresa, y la conformidad de aquéllas con la ley sustantiva, y es inmediatamente ejecutiva. También podrá ser calificada de nula la decisión adoptada en fraude de ley, eludiendo las normas establecidas en el ET para estas medidas cuando afecten a un colectivo (en las proporciones ya indicadas para el despido colectivo).

— Si el empresario cuya medida hubiese sido declarada improcedente no reintegrase al trabajador en sus anteriores condiciones de trabajo o lo hiciese de forma irregular, el demandante podrá solicitar una ejecución con efectos extintivos, con derecho a una indemnización como si de despido improcedente se tratase. En el supuesto de nulidad, podrá el trabajador optar por idéntica modalidad ejecutiva, o por la ejecución de la sentencia en sus propios términos.

9. *Concreción horaria por lactancia y reducción de jornada por motivos familiares (art. 138 bis LPL)*

— El plazo para formular acción una vez que el trabajador conozca la disconformidad del empresario con la concreción horaria y/o el período de disfrute propuesto por aquél será de veinte días, pero, aun tratándose de un procedimiento preferente y urgente, no carece de conciliación/reclamación previa. La sentencia que se dicte es irrecurrible.

10. *Proceso de Seguridad Social (arts. 139 a 145 bis LPL)*

— Se refiere a demandas en materia de Seguridad Social contra las entidades gestoras o servicios comunes de aquélla. Es exigible la reclamación previa en los términos ya indicados, cabiendo la subsanación en cuatro días de omitirse.

— De no consignarse el nombre de la mutua en los procedimientos por accidente de trabajo o enfermedad profesional, el Juez requerirá del empresario documento que acredite la cobertura del riesgo y, de no aportarse, podrá embargar bienes suficientes del empresario para asegurar el resultado del juicio. En los litigios por accidente de trabajo el Juez requerirá, asimismo, y si no obrase ya en los autos, informe de la Inspección de Trabajo sobre las circunstancias del mismo y sobre el trabajo del accidentado, salario que percibía y base de cotización.

— Al admitir a trámite la demanda el Juez requerirá de la entidad gestora o servicio común de la Seguridad Social el expediente administrativo relativo al demandante, vinculando a las partes los hechos que en el mismo consten alegados. El juicio se celebrará en la fecha prevista aunque no se haya remitido el expediente, salvo que al demandante le interese la suspensión para que se reitere la orden de remisión del expediente. Si no se hubiese remitido para el siguiente señalamiento, podrán tenerse por ciertos los hechos alegados por el demandante cuya prueba fuera imposible o difícil por medios distintos de aquel expediente.

— No cabe la revisión de oficio por parte de las entidades gestoras o los servicios comunes de actos declarativos de derechos en perjuicio de sus beneficiarios —salvo errores materiales de hechos y aritméticos, así como revisiones debidas a inexactitudes u omisiones del beneficiario—, debiendo solicitar, en su caso, dentro del plazo de prescripción de cinco años, la revisión ante el Juzgado de lo Social, cuya sentencia será inmediatamente ejecutiva.

— Cabe que la entidad gestora de las prestaciones por desempleo reclame de oficio de un empresario ante la Jurisdicción Social el abono de prestaciones —salvo la última— abonadas a un mismo trabajador como consecuencia de sucesivos contratos temporales con aquel mismo empresario, si la reiterada contratación temporal fuera abusiva o fraudulenta. El plazo para formalizar la demanda es de tres meses desde la última solicitud de prestaciones. El empresario y el trabajador formarán parte del proceso, pero no podrán solicitar su suspensión. El empresario carga con la prueba de desvirtuar las afirmaciones de la entidad gestora. La sentencia será inmediatamente ejecutiva y, cuando sea firme, se comunicará a la Inspección de Trabajo.

11. Procedimiento de oficio

— No se consideran en esta ap. los ya expuestos de impugnación de convenios colectivos iniciados por comunicación de la Autoridad Laboral, ni los de conflicto colectivo iniciados de igual manera a instancias de terceros.

11.1. Ordinario

— Se trata de un proceso iniciado por la Autoridad Laboral bien como consecuencia de las certificaciones de las resoluciones firmes que dicte aquélla derivadas de las actas de infracción de la Inspección de Trabajo en las que se aprecien perjuicios económicos para los trabajadores afectados, bien cuando aquella autoridad laboral apreciara dolo, coacción o abuso de derecho en la conclusión de los acuerdos de suspensión o extinción a los que se refieren los arts. 47 y 51.1 ET.

— En el primero de los supuestos, el objeto de la demanda es obtener una sentencia condenatoria al pago de las cantidades pecuniarias en las que el inspector que extendió el acta de infracción valoró los perjuicios causados a los trabajadores afectados; en el segundo supuesto, se pretende una sentencia constitutiva, anulando o confirmando el acuerdo impugnado, pero sin pronunciamientos de condena susceptibles de ejecución.

— El proceso requiere la citación —que no la comparecencia efectiva— de todos los trabajadores afectados, quienes no pueden desistir de la demanda ni solicitar la suspensión de aquél, cabe una conciliación siempre que se satisfagan debidamente los perjuicios ocasionados, los pactos entre trabajadores y empresarios posteriores al acta de infracción (cuando concurra) sólo cabrá en presencia del Inspector de Trabajo que la levantó (o de la autoridad laboral) y las afirmaciones de hechos que se contengan en la resolución o comunicación base del proceso harán fe salvo prueba en contrario de la demandada. Las sentencias que se dicten se ejecutarán de oficio, cuando quepa tal ejecución.

11.2. Prejudicial

— Proceso iniciado por la autoridad laboral cuando cualquier acta de infracción levantada por la Inspección de Trabajo haya sido impugnada por el sujeto responsable sosteniendo la ausencia de laboralidad de la relación jurídica objeto de la acción inspectora, o cuando el sujeto responsable sostenga la competencia de la Jurisdicción Social, excluyente de la de la Inspección de Trabajo. La demanda de oficio incluirá copia del expediente administrativo, que quedará en suspenso cuando sea admitida a trámite.

— Proceso iniciado por la Inspección de Trabajo y Seguridad Social acerca de la constatación de una discriminación por razón de sexo y en las que se recojan las bases de los perjuicios estimados para el trabajador, a los efectos de la determinación de la indemnización correspondiente. En este caso, la Jefatura de Inspección correspondiente habrá de informar sobre tal circunstancia a la autoridad laboral competente para conocimiento de ésta, con el fin de que por la misma se dé traslado al órgano jurisdiccional competente a efectos de la acumulación de acciones si se iniciara con posterioridad el procedimiento de oficio a que se refiere el ap. 2 del art. 149 de la LPL.

— El proceso requiere la citación —que no la comparecencia efectiva— de todos los trabajadores afectados, quienes no pueden desistir de la demanda ni solicitar la suspensión de aquél y las afirmaciones de hechos que se contengan en la resolución o comunicación base del proceso harán fe salvo prueba en contrario de la demandada.

— Se multará conforme al art. 97.3, en su máxima cuantía, si se estimase que la demanda de oficio prejudicial fue provocada con ánimo de dilación de la actuación administrativa.

12. *Procesos colectivos*

12.1. Conflicto colectivo

— Su objeto son demandas que afecten a intereses generales de un grupo genérico de trabajadores y que versen sobre la aplicación e interpretación de una norma estatal, convenio colectivo o una decisión o práctica de empresa.

— La legitimación activa se limita a los sindicatos cuyo ámbito de actuación se corresponda o sea más amplio que el del conflicto, a las asociaciones empresariales con idéntico ámbito de actuación (pero siempre que, en este caso, sea superior al de la empresa) y los empresarios y órganos de representación legal o sindical de los trabajadores cuando se trate de conflictos de empresa o de ámbito inferior. También podrán personarse como partes los sindicatos más representativos a nivel estatal o de comunidad autónoma y las asociaciones empresariales más representativas (más del 10% del empresariado que emplee a mismo porcentaje mínimo de trabajadores) en el ámbito del conflicto.

— Debe agotarse el intento previo de conciliación ante el servicio administrativo que corresponda. Lo acordado en conciliación tendrá la misma eficacia atribuida a los convenios colectivos estatutarios, siempre que los conciliadores tengan la legitimación y adopten el acuerdo conforme a los requisitos exigidos por el art. 82 ET.

— La demanda debe designar a los trabajadores y empresas afectados por el conflicto, así como una referencia sucinta a los fundamentos jurídicos de la pretensión, y acompañar una certificación de haberse intentado la conciliación.

— Se trata de un proceso de suma urgencia, preferente sobre todos los demás salvo los de tutela de la libertad sindical y demás derechos fundamentales. El juicio se ha de celebrar en única convocatoria, y la sentencia que se dicte, aunque recurrible, es ejecutiva desde ese momento. Una vez firme producirá efectos de cosa juzgada sobre los procesos individuales pendientes de resolución o que puedan plantearse con idéntico objeto.

12.2. Impugnación de convenio por la autoridad laboral

— La autoridad laboral puede impugnar de oficio ante la Jurisdicción Social un convenio colectivo estatutario —de los regulados por el Título III del ET—

cuando considere que conculca la legalidad vigente o lesiona gravemente el interés de terceros.

— La comunicación de la autoridad laboral que sostenga la ilegalidad del convenio habrá de concretar la vulneración de la legislación que estime concurrente, una referencia sucinta a los fundamentos jurídicos de la ilegalidad y la relación de las representaciones integrantes de la comisión negociadora del convenio impugnado, así como de los terceros reclamantes presuntamente lesionados, indicando el interés de los mismos que se intenta proteger (si así fuese). Todos ellos formarán parte del proceso, además de los denunciantes ante la autoridad laboral de la ilegalidad o lesividad del convenio, si los hubiere. De no haberlos, por proceder la impugnación de la propia autoridad laboral, también será citada la Abogacía del Estado. El Ministerio Fiscal será también parte necesaria. A todos ellos se facilitarán copias del convenio colectivo impugnado.

— En el juicio que se celebre cada parte expondrá la posición procesal —de conformidad u oposición— que adopte. La sentencia será inmediatamente ejecutiva, no obstante los recursos que contra la misma se interpongan.

12.3. Impugnación de convenio por vía de conflicto colectivo

— El art. 151.2 de la LPL determina que se regule por la vía procesal ya expuesta del conflicto colectivo la impugnación de convenios colectivos que se pretenda llevar a cabo por cualesquiera de las partes legitimadas cuando tal impugnación no haya sido asumida por la autoridad laboral. A tal fin, aquellos legitimados deberán solicitar de la autoridad laboral, antes del registro del convenio, que curse ante la Jurisdicción Social su comunicación de oficio. Si la autoridad laboral no contestase en el plazo de quince días, o desestimase la pretensión o el convenio colectivo ya hubiese sido registrado, podrá instarse directamente la impugnación por la vía procesal indicada.

— Las partes legitimadas para impugnar un convenio colectivo por esta vía corresponde, si la impugnación se fundamenta en la ilegalidad del convenio, a los órganos de representación legal o sindical de los trabajadores, sindicatos y asociaciones empresariales interesadas. Si el motivo fuera la lesividad del convenio, a los terceros cuyo interés haya sido gravemente lesionado (los trabajadores y empresarios incluidos en el ámbito de aplicación del convenio no se considerarán terceros). Ostentan la legitimación pasiva todas las representaciones integrantes de la comisión negociadora del convenio. El Ministerio Fiscal también formará parte del proceso.

13. Elecciones sindicales

13.1. Impugnación de los laudos electorales

— Los laudos arbitrales dictados en resolución de las reclamaciones en materia de elecciones sindicales (art. 76 ET) podrán ser impugnados por las partes interesadas —incluida la empresa— dentro del plazo de tres días a partir del momento en que tuvieran conocimiento de aquél.

— Las causas de impugnación del laudo se han de fundar en la falta de apreciación por aquél de la existencia de vicios graves que pudieran afectar a las garantías del proceso electoral y que alteren su resultado, de la falta de capacidad o legitimidad de los candidatos elegidos, de la discordancia entre el acta y el desarrollo del proceso electoral y de la falta de correlación entre el número de trabajadores que figuran en el acta de elecciones y el número de representantes elegidos. También cabe la impugnación cuando el laudo haya resuelto aspectos no sometidos al arbitraje o que, de haberlo sido, no puedan ser objeto del mismo, por haberse promovido aquel arbitraje fuera de los plazos estipulados en el art. 76 ET o por no haber concedido el árbitro a las partes la oportunidad de ser oídas o de presentar pruebas.

— La demanda debe dirigirse contra las personas y sindicatos que fueron parte en el procedimiento arbitral —en ningún caso contra los comités de empresa, delegados de personal o la mesa electoral—, así como contra cualesquiera otros afectados por el laudo. Cabe una audiencia preliminar, a decisión del Juez, para decidir sobre la correcta composición del litisconsorcio pasivo. Pueden comparecer como partes, cuando tengan interés legítimo, los sindicatos, el empresario y los componentes de candidaturas no presentadas por sindicatos.

— El proceso es urgente y carece de exigencias pre-procesales. El Juez requerirá de la oficina pública el laudo y copia del expediente administrativo relativo al proceso electoral. El proceso jurisdiccional no suspende —salvo excepciones motivadas por el Juez— el proceso electoral. La sentencia que se dicte carece de recurso, y puede incluir una multa por mala fe o temeridad a la empresa que mediante esta demanda hubiera pretendido obstaculizar o retrasar el proceso electoral.

13.2. Impugnación del registro de las actas (arts. 133 a 136 LPL)

— Ante el Juzgado de lo Social donde se halle la oficina pública —contra quien se dirigirá la demanda— se podrá ejercer acción impugnando la denegación del registro de actas de elecciones sindicales por parte de quienes hubiesen obtenido algún representante en el acta de elección, y ello dentro de los tres días a partir de que se reciba la notificación denegatoria. Además de contra la oficina pública, la demanda se dirigirá contra quienes hayan presentado candidatos a las elecciones objeto de la resolución administrativa.

— El proceso es urgente y carece de exigencias pre-procesales. Debe disponerse en el proceso del expediente administrativo. Contra la sentencia que se dicte no cabe recurso. De ser estimatoria, ordenará el inmediato registro del acta electoral.

14. Impugnación de estatutos sindicales (arts. 165 a 174 LPL)

14.1. De la resolución que deniega su depósito

— Los promotores de los sindicatos de trabajadores en fase de constitución, y los firmantes del acta de constitución de los mismos podrán impugnar las resoluciones de las oficinas públicas que rechacen el depósito de los estatutos presentados para su publicidad. También podrán hacerlo los representantes de un sindicato ya constituido —con posible coadyuvación de sus afiliados— cuando se rechace el depósito de una modificación de sus estatutos. El Ministerio Fiscal será parte en estos procesos.

— El plazo para ejercer la acción es de diez días hábiles contados a partir de que se reciba una resolución expresamente denegatoria, o transcurrido un mes desde la presentación de los estatutos sin notificación alguna. Debe acreditarse el cumplimiento de tal plazo. La oficina pública hará llegar al órgano jurisdiccional el expediente administrativo. La sentencia, de estimar la demanda, ordenará de inmediato el depósito del estatuto sindical, sin perjuicio del recurso que pueda interponerse.

14.2. De los estatutos sindicales

— El Ministerio Fiscal —que siempre será parte en este proceso— y quienes acrediten un interés directo, personal y legítimo podrán solicitar la declaración judicial de disconformidad con Derecho de los estatutos de los sindicatos que hayan sido objeto de depósito y publicación, tanto en el caso de que estén en fase de constitución como en el de que hayan adquirido personalidad jurídica. También se aplicarán las reglas de este proceso a las modificaciones de estatutos de los sindicatos que ya tuvieran personalidad jurídica. Ostentan legitimación pasiva los promotores del sindicato y los firmantes de su acta de constitución, así como quienes le representen legalmente, de haber adquirido ya personalidad jurídica.

— La oficina pública hará llegar al órgano jurisdiccional el expediente administrativo. La sentencia, de estimar la demanda, declarará la nulidad de las cláusulas estatutarias que no sean conforme a Derecho o de los estatutos en su integridad, y será comunicada a la oficina pública correspondiente.

15. *Tutela de derechos de libertad sindical y derechos fundamentales*

— Esta modalidad procesal regula las demandas jurisdiccionales en defensa de derechos de libertad sindical —ejercidas por trabajadores o sindicatos— y de cualesquiera otros derechos fundamentales y libertades públicas, incluida la prohibición de tratamiento discriminatorio y del acoso. En la demanda debe necesariamente expresarse el derecho o derechos fundamentales que se consideren infringidos.

— La LPL remite a sus propias modalidades procesales las demandas por despido y por las demás causas de extinción del contrato de trabajo, las de disfrute de vacaciones, las de materia electoral, las de impugnación de es tatutos de los sindicatos o de su modificación y las de impugnación de convenios colectivos *en que se invoque lesión de la libertad sindical o de otro derecho fundamental.* De acuerdo con reiterada jurisprudencia, así como con la doctrina establecida por el Tribunal Constitucional, esta remisión a las reglas procesales de cada uno de los procesos indicados debe entenderse sin perjuicio de las garantías contenidas en la modalidad procesal de tutela de la libertad sindical y demás derechos fundamentales, fundamentalmente, la posible suspensión del acto en los términos del art. 178.1 LPL, la necesaria participación del Ministerio Fiscal, la inversión de la carga de la prueba sobre la justificación objetiva y razonable (no vulneratorio de un derecho fundamental) del acto impugnado una vez constatada la concurrencia de indicios de que se ha producido la vulneración alegada y la posible condena a una indemnización adicional a los efectos propios de las diversas acciones. Lo contrario vulneraría el art. 53.2 de la Constitución Española.

— El plazo para formular esta demanda —a la que no cabe acumular ninguna otra— será el general de prescripción o caducidad previsto para las conductas o actos sobre los que se concrete la lesión invocada.

— Además de las características ya indicadas, debe señalarse que se trata de un proceso urgente y preferente —carece de todo requisito preprocesal, sin perjuicio del reenvío a los procesos específicos en los supuestos procesales a los que ya nos hemos referido, y a los que debe añadirse el de Seguridad Social: en todos ellos deben respetarse sus propios requisitos preprocesales—, y que si se declarase concurrente la vulneración alegada se declarará asimismo la nulidad radical de la conducta del infractor, se ordenará el cese inmediato de su conducta contraria a uno —o varios— derechos fundamentales, y la reposición del perjudicado al momento anterior a producirse la vulneración, con reparación de las consecuencias derivadas del acto, incluida —ya lo hemos reflejado— la indemnización que pudiera proceder que será compatible, en su caso, con la que pudiera corresponder al trabajador por la modificación o extinción del contrato de trabajo. Se trata de una sentencia ejecutiva desde que se dicta, sin perjuicio de los recursos que contra ella pudieran interponerse. De igual manera, el art. 181 de la LPL dispone expresamente que en el caso de que la Sentencia dictada declare una vulneración de derechos fundamentales, el Juez deberá pronunciarse sobre la cuantía de la indemnización que, en su caso, le correspondiera al trabajador por haber sufrido discriminación, si hubiera discrepancia entre las partes. Esta indemnización será compatible, insiste una vez más la LPL, con la que pudiera corresponder al trabajador por la modificación o extinción del contrato de trabajo

16. Audiencia al demandado rebelde (art. 183 LPL)

— Este instrumento procesal por el que, previa declaración de nulidad de determinadas actuaciones en otro proceso, permite la intervención de quien ilegítimamente no pudo actuar es regulado por la LPL mediante una remisión expresa a la LEC, con las especialidades de la innecesariedad de declarar en rebeldía al demandado que, citado en forma, no comparezca al juicio; de la posibilidad de, a petición del demandante, decretar el embargo de bienes muebles e inmuebles en lo necesario para asegurar el suplico; del plazo para ejercer esta acción, que será de tres meses desde la notificación de la sentencia en el Boletín Oficial que corresponda; del órgano ante el que debe presentarse, que será la Sala de lo Social del Tribunal Superior de Justicia correspondiente o el Tribunal Supremo en su caso; del hecho de que la audiencia al demandado se sustanciará ante el órgano que conoció del litigio en instancia y de que, en ambos supuestos, se seguirán los trámites del proceso ordinario.

VI. PRESTACIONES EN MATERIA DE SEGURIDAD SOCIAL

1. Requisitos comunes a todas las prestaciones

Las diversas prestaciones existentes en materia de Seguridad Social exigen una serie de requisitos propios y concretos para ser beneficiario de las mismas, si bien existe un requisito común a todas ellas que es estar afiliado y en situación de alta en el Régimen General de la Seguridad Social o en situación asimilada al alta en el momento de sobrevenir la contingencia protegida, salvo disposición legal expresa en contrario.

Se consideran situaciones asimiladas al alta las siguientes:

- La situación legal de desempleo total durante la que el trabajador perciba la prestación por dicha contingencia.
- La situación del trabajador durante el período correspondiente a vacaciones anuales retribuidas que no hayan sido disfrutadas por el mismo con anterioridad a la finalización del contrato.
- Los casos de excedencia forzosa, suspensión del contrato por servicio militar o prestación social sustitutoria, traslado de la empresa fuera del territorio nacional, convenio especial con la Administración de la Seguridad Social y los demás que señale el Ministerio de Trabajo y Seguridad Social, podrán ser asimiladas a la situación de alta para determinadas contingencias, con el alcance y condiciones que reglamentariamente se establezcan.

En caso de incumplimiento empresarial en materia de sus obligaciones de seguridad social, los trabajadores se considerarán, de pleno derecho, en situación de alta a efectos de accidentes de trabajo, enfermedad profesional, y desempleo, así como a los efectos de asistencia sanitaria por enfermedad común, maternidad y accidente no laboral.

Los incumplimientos empresariales de sus obligaciones en materia de afiliación, altas y bajas de cotización determinará su responsabilidad en cuanto al pago de las prestaciones, sin perjuicio de la obligación de la Entidad gestora o la Mutua de Accidentes de Trabajo y Enfermedades Profesionales de anticipar el pago de la prestación, aun cuando se trate de empresas desaparecidas o de aquellas que por su especial naturaleza no puedan ser objeto de procedimiento de apremio. En estos casos, la Entidad gestora o Mutua que anticipe el pago de la prestación se subroga en los derechos y acciones del trabajador contra la empresa infractora.

El anticipo de las prestaciones, en ningún caso, no podrá exceder de la cantidad equivalente a dos veces y media el importe del salario mínimo interprofesional vigente en cada momento o, en su caso, del importe del capital coste necesario para el pago anticipado, con el límite indicado por las Entidades gestorías o la Mutua.

2. *Asistencia sanitaria*

Los trabajadores incluidos en cualquier Régimen de la Seguridad Social tienen derecho a la asistencia sanitaria de la Seguridad Social, teniendo también derecho a la misma sus familiares, siempre que convivan y dependan económicamente del mismo.

El trabajador tiene derecho a la asistencia sanitaria como titular del derecho y sus familiares en calidad de beneficiarios.

La asistencia sanitaria incluye el derecho a la asistencia médica, prestaciones complementarias y asistencia farmacéutica.

La asistencia médica comprende la atención primaria, atención especializada y la atención y servicios de urgencia hospitalaria; la asistencia farmacéutica incluye el derecho a las recetas médicas que prescriben los facultativos de la Seguridad Social; y las prestaciones complementarias incluyen el derecho a la implantación de prótesis, tanto quirúrgicas como ortopédicas, y la obtención de material sanitario complementario (muletas, calzado ortopédico, silla de ruedas, etc.).

La Seguridad Social también está obligada a prestar la asistencia sanitaria cuando el titular o beneficiarios se encuentren fuera de su domicilio habitual por estar desplazados temporalmente por el territorio nacional, bastando para justificar el derecho a la asistencia la presentación de la tarjeta sanitaria junto con el DNI o cualquier otro documento de identificación.

España tiene suscritos convenios bilaterales con otros países que garantizan el derecho a la asistencia sanitaria con cargo a la Seguridad Social.

Las prestaciones sanitarias deben realizarse en Centros y Hospitales del Sistema Nacional de Salud o de las Comunidades Autónomas correspondiente en caso de haber sido transferidas las competencias en esta materia. Sin embargo, cuando la atención médica es prestada en Instituciones Sanitarias no pertenecientes al Sistema Nacional de Salud o de las Comunidades Autónomas, el titular podrá exigir el reintegro de los gastos médicos ocasionados, cuando se cumplan los siguientes requisitos: que la atención recibida fuera de carácter urgente, vital y que haya sido imposible recibirla en Instituciones Sanitarias del Sistema Nacional de Salud o de las Comunidades Autónomas correspondientes, debiendo aportar, quién solicite el reintegro, justificante de los gastos médicos reclamados e informes de la asistencia médica recibida.

3. *Incapacidad temporal*

La situación de incapacidad temporal produce la suspensión del contrato, si bien el empresario está obligado a mantener de alta y cotizar por el trabajador a la

Seguridad Social, además de otra serie de obligaciones (abonarle la prestación de incapacidad temporal en concepto de pago delegado, realizar las correspondientes retenciones por IRPF y Seguridad Social, etc.).

La contingencia de la que deriva la situación de incapacidad temporal puede ser por accidente de trabajo, accidente no laboral, enfermedad común o enfermedad profesional.

El responsable del pago de la prestación por incapacidad temporal es el Instituto Nacional de la Seguridad Social o la Mutua de Accidentes de Trabajo y Enfermedades Profesionales con la que la empresa haya concertado la cobertura de la prestación (salvo que derive de la contingencia enfermedad común en cuyo caso la empresa es responsable del pago de la prestación del día 4 a 15 de baja). En algunas ocasiones la propia empresa puede asumir la cobertura mediante la colaboración voluntaria en la gestión de la prestación.

El requisito exigido para tener derecho a la prestación de Incapacidad Temporal, además de los comunes a todas las prestaciones de Seguridad Social —afiliación y alta en Seguridad Social o situación asimilada al alta—, es tener cotizado un período mínimo de 180 días dentro de los últimos 5 años en caso de que la situación de incapacidad temporal derive de la contingencia de enfermedad común, no exigiéndose ningún período mínimo de cotización si la contingencia de la que deriva es accidente de trabajo, accidente no laboral o enfermedad profesional.

La prestación económica por incapacidad temporal derivada de la contingencia de accidente de trabajo o enfermedad profesional nace desde el día siguiente a la baja, siendo el abono de la prestación a cargo de la Entidad gestora o Mutua colaboradora.

En caso de derivar la incapacidad temporal de contingencias comunes (enfermedad común o accidente no laboral) el responsable del abono de la prestación es:

- 3 primeros día de baja no se tiene derecho a prestación.
- Del día 4 a 15 de baja el abono de la prestación es a cargo de la empresa.
- Del día 16 en adelante el abono de la prestación es a cargo de la Entidad gestora o Mutua colaboradora.

El importe de la prestación económica de la incapacidad temporal derivada de contingencias comunes es, entre los días 4 y 20 siguientes a la baja, ambos inclusive, del 60%, y, a partir del día 21, del 75% de la base de cotización por contingencias comunes del mes anterior a la baja.

En caso de derivar de contingencias profesionales (accidente de trabajo o enfermedad profesional), el importe de la prestación es desde el primer día siguiente a la baja del 75% de la base de cotización por contingencias profesionales del mes anterior a la baja, si bien en cuanto al importe cotizado en concepto de horas extras se calcula el promedio mensual de los últimos 12 meses anteriores a la baja.

Cuando el trabajador inicia la situación de incapacidad temporal el mismo mes en que inicia su relación laboral, la base reguladora diaria se calcula dividiendo la base de cotización de dicho mes entre el número de días a que corresponda la cotización.

La duración máxima de la incapacidad temporal es de 12 meses prorrogables por otros 6 meses cuando se presuma que, durante ellos, el trabajador pueda ser dado de alta médica por curación.

Una vez alcanzados los 12 meses será necesario, para que pueda prorrogarse el percibo de la prestación económica, que el último parte de confirmación de la baja anterior a aquel en el que se cumplan los 12 meses vaya acompañado de informe médico en el que se describan las dolencias padecidas, las limitaciones de su capacidad funcional y la presunción de que dentro del período de prórroga puede ser dado de alta médica por curación.

En caso de períodos de observación por enfermedad profesional, la prórroga de 6 meses puede prorrogarse por otros 6 meses cuando se estime necesario para el estudio y diagnóstico de la enfermedad.

Cuando la incapacidad temporal se extinga por agotamiento del plazo máximo de 18 meses, el Instituto Nacional de la Seguridad Social examinará necesariamente, en el plazo máximo de tres meses, el estado del incapacitado a efectos de determinar su procede reconocerle la incapacidad permanente en alguno de sus grados.

Si transcurrido el plazo máximo de 18 meses, en los casos en que sea necesario continuar el tratamiento médico por la expectativa de recuperación o la mejora del estado del trabajador, con vistas a su reincorporación laboral, la situación clínica del paciente hiciese necesario demorar la calificación, está podrá demorarse hasta un período máximo de 24 meses a contar desde la fecha de inicio de la incapacidad temporal, prorrogándose los efectos de la situación de incapacidad temporal hasta el momento de la calificación de la incapacidad permanente. Durante los períodos de prórroga que superen el plazo de 18 meses no existe obligación de cotizar.

Transcurrido el plazo máximo, si el trabajador es dado de alta médica sin declaración de incapacidad permanente, sólo podrá generarse un nuevo proceso de incapacidad temporal por la misma o similar patología en caso de mediar un período superior a 6 meses o que el Instituto Nacional de la Seguridad Social emita la baja a los exclusivos efectos de la prestación económica por incapacidad temporal.

El derecho a la prestación de incapacidad temporal se extingue:

- Por transcurso del plazo máximo establecido para la incapacidad temporal (el plazo máximo es de 12 meses, siendo prorrogable por otros 6 meses).
- Por ser dado de alta médica el trabajador, con o sin declaración de incapacidad permanente.
- Por ser reconocido al beneficiario el derecho al percibo de la prestación de jubilación.
- Por incomparecencia injustificada a cualquiera de las convocatorias para los exámenes o reconocimientos establecidos por los médicos adscritos al Instituto Nacional de la Seguridad Social o la Mutua colaboradora.
- Por fallecimiento.

El derecho a la prestación de incapacidad temporal puede ser denegado, suspendido o anulado en los siguientes casos:

- Cuando el beneficiario haya actuado fraudulentamente para obtener o conservar dicha prestación.
- Cuando el beneficiario trabaje por cuenta propia o ajena.
- Cuando el beneficiario, sin causa razonable, rechace o abandone el tratamiento que le fuere indicado.

4. Maternidad

A efectos de la prestación por maternidad, se consideran situaciones protegidas la maternidad, la adopción y el acogimiento, tanto preadoptivo como permanente o simple de conformidad con el Código Civil o las leyes civiles de las Comunidades Autónomas que lo regulen, siempre que, en este último caso, su duración no sea inferior a un año, y aunque dichos acogimientos sean provisionales, durante los períodos de descanso que por tales situaciones se disfruten.

En caso de adopción o acogimiento, tanto preadoptivo como permanente, se tendrá derecho a la prestación por maternidad cuando se trate de menores de 6 años o mayores de 6 años y menores de 18 años con una discapacidad superior al 33% o que por sus circunstancias y experiencias personales o por provenir del extranjero, tengan dificultades de inserción social o familiar, debidamente acreditadas por los servicios sociales correspondientes,

Para tener derecho a la prestación económica por maternidad, la Ley General de la Seguridad Social exige encontrarse en alguno de las situaciones protegidas que se acaban de indicar, cumplir con los requisitos generales indicados por su art. 124.1 y acreditar una serie de períodos mínimos de cotización que varían dependiendo de la edad del beneficiario:

a. Si el trabajador tiene menos de 21 años de edad en la fecha del parto o en la fecha de la decisión administrativa o judicial de acogimiento o de la resolución judicial por la que se constituye la adopción, no se exigirá período mínimo de cotización.

b. Si el trabajador tiene cumplidos entre 21 y 26 años de edad en la fecha del parto o en la fecha de la decisión administrativa o judicial de acogimiento o de la resolución judicial por la que se constituye la adopción, el período mínimo de cotización exigido será de 90 días cotizados dentro de los siete años inmediatamente anteriores al momento de inicio del descanso. Se considerará cumplido el mencionado requisito si, alternativamente, el trabajador acredita 180 días cotizados a lo largo de su vida laboral, con anterioridad a esta última fecha.

c. Si el trabajador es mayor de 26 años de edad en la fecha del parto o en la fecha de la decisión administrativa o judicial de acogimiento o de la resolución judicial por la que se constituye la adopción, el período mínimo de cotización exigido será de 180 días dentro de los siete años inmediatamente anteriores al momento de inicio del descanso. Se considerará cumplido el mencionado requisito si, alternativamente, el trabajador acredita 360 días cotizados a lo largo de su vida laboral, con anterioridad a esta última fecha.

La prestación por maternidad incluye la asistencia sanitaria por maternidad y una prestación económica durante el período de descanso.

La duración del descanso por maternidad es de 16 semanas para la madre, que se amplía, en caso de parto múltiple, en dos semanas por cada hijo a partir del segundo. La madre decide la distribución de este período, con la única exigencia de que sea ininterrumpido y 6 semanas se disfruten inmediatamente después del parto. En casos de partos prematuros con falta de peso y en los que el neonato deba permanecer hospitalizado a continuación del parto por un período superior a 7 días, el período de suspensión se ampliará en tantos días como el nacido se encuentre hospitalizado con un máximo de 13 semanas adicionales.

En caso de fallecimiento del hijo, la madre tiene derecho al período obligatorio de descanso de 6 semanas.

Si trabajan el padre y la madre, puede ser el padre quien disfrute el período de descanso, a excepción de las seis semanas inmediatamente posteriores al parto que es obligatorio que las disfrute la madre. En el caso de fallecimiento de la madre, el padre tiene derecho a utilizar la totalidad del período de descanso.

En los supuestos de adopción o acogimiento el padre o la madre pueden indistintamente disfrutar del descanso, teniendo derecho a un descanso de 16 semanas que se amplía, en caso de adopción o acogimiento múltiple, en dos semanas por cada hijo a partir del segundo, siempre que el menor adoptado o acogido sea menor de seis años o, si es mayor de seis años, se trate de un menor discapacitado o con dificultades de inserción social y familiar debidamente acreditada por los servicios sociales.

El importe de la prestación económica por maternidad es el 100% de la base de cotización por contingencias comunes del mes anterior a la fecha del inicio del descanso por maternidad y es abonado directamente por el Instituto Nacional de la Seguridad Social.

Durante la situación de descanso por maternidad continua la obligación de pago de cotizaciones por parte de la empresa.

De igual forma, la Ley Orgánica 3/2007 ha introducido un subsidio de maternidad para aquellas trabajadoras por cuenta ajena que, en caso de parto (únicamente se habla de maternidad biológica), no reúnan todos los requisitos generales para acceder a la prestación por maternidad excepto el período mínimo de cotización. La cuantía del subsidio será del 100% del indicador público de renta de efectos múltiples (IPREM) vigente en cada momento. A pesar de lo dicho, si la base reguladora calculada según el art. 133 quater de la LGSS para los supuestos de prestación contributiva por maternidad resultase inferior, se aplicará esta última. Respecto a la duración del subsidio no contributivo, el mismo será de 42 días naturales a contar desde el parto.

5. *Paternidad*

La situación protegida es el nacimiento de hijo, la adopción y el acogimiento, tanto preadoptivo como permanente o simple, de conformidad con el Código Civil o las leyes civiles de las Comunidades Autónomas que lo regulen, siempre que, en este último caso, su duración no sea inferior a un año, y aunque dichos acogimientos sean provisionales, durante el período de suspensión que se disfruten por tales situaciones.

Los titulares de este derecho serán todos aquellos trabajadores por cuenta ajena que se encuentren con su contrato laboral suspendido por paternidad y que estén afiliados y en alta o situación asimilada al alta en el Régimen General. Asimismo, deberán contar con un período mínimo de cotización de 180 días dentro de los 7 años inmediatamente anteriores al inicio de la suspensión. Si no se cumpliese tal requisito, se podrá tener igualmente acceso a la prestación si se ha cotizado durante 365 días a lo largo de su vida laboral con anterioridad a la suspensión. A pesar de ello y al contrario de lo que sucede con la situación de maternidad.

La prestación económica por paternidad se regirá por lo dispuesto para los casos de maternidad regulados por el art. 133 quater de la Ley General de la Seguridad Social, es decir, la prestación será del 100% de la base reguladora de cotización por contingencias comunes del mes anterior a la fecha del inicio del descanso.

La duración del descanso por paternidad es de 13 días ininterrumpidos, ampliable en el supuesto de parto, adopción o acogimiento múltiples en 2 días más por cada hijo a partir del segundo.

Durante el período de suspensión por paternidad, continúa la obligación de pago de cotizaciones por parte de la empresa.

6. *Riesgo durante el embarazo*

La situación protegida por la prestación económica de riesgo durante el embarazo es la suspensión del contrato de trabajo de la trabajadora embarazada que, debiendo cambiar de puesto de trabajo por otro compatible con su estado, no resulte técnica o objetivamente posible el cambio, o no pueda razonablemente exigirse por motivos justificados.

Debido a que la Ley General de la Seguridad Social menciona expresamente que la prestación correspondiente a la situación de riesgo durante el embarazo tendrá la naturaleza de prestación derivada de contingencias profesionales, los requisitos exigidos a la trabajadora embarazada para tener derecho a esta prestación son simplemente su afiliación y alta aunque en todo caso entraría en juego el mecanismo del alta de pleno derecho. No se exige período de carencia para acceder a esta prestación.

El importe de la prestación económica equivale al 100% de la base de cotización para la prestación de incapacidad temporal, derivada de contingencias profesionales y es abonado directamente por el Instituto Nacional de la Seguridad Social o por la Mutua de Accidentes de Trabajo y Enfermedades Profesionales.

El derecho a la prestación nace desde el mismo día que se inicia la suspensión del contrato de trabajo por riesgo durante el embarazo.

La situación protegida por la prestación económica de riesgo durante el embarazo finaliza el día anterior a aquel en que se inicie la suspensión del contrato por maternidad o el de la reincorporación de la mujer trabajadora a su puesto de trabajo u otro puesto compatible con su estado.

El derecho a la prestación puede ser denegado, anulado o suspendido cuando la beneficiaria:

- Actúe fraudulentamente para obtener o conservar el subsidio.
- Realice cualquier trabajo por cuenta propia o ajena, siempre que se haya iniciado con posterioridad a la suspensión del contrato por riesgo durante el embarazo, incompatible con su estado.

Durante la situación de riesgo durante el embarazo continuará la obligación de cotizar, si bien es cierto que la Entidad Gestora deberá deducir de la prestación la cuota correspondiente al trabajador mientras que el empresario vendrá obligado a seguir ingresando las aportaciones a su cargo.

7. *Riesgo durante la lactancia natural*

Según lo contenido en el art. 26.4 de la Ley de Prevención de Riesgos Laborales, si durante el período de lactancia natural las condiciones de trabajo pudieran influir negativamente en la salud de la trabajadora o del hijo y no fuera posible cambiar de puesto de trabajo a aquélla por otro compatible con su situación, por no resultar objetiva o técnicamente posible o no poder razonablemente exigirse por motivos justificados, se pasará a suspender el contrato de trabajo por riesgo durante la lactancia natural, lo cual será una situación protegida de la Seguridad Social.

En cuanto a la prestación económica, la trabajadora deberá cumplir los mismos requisitos que los establecidos en la Ley General de la Seguridad Social para la prestación de riesgo durante el embarazo, es decir, afiliación y alta (operando el alta de pleno derecho) sin necesidad de período de carencia previo.

En todo caso, la prestación económica será del 100% de la base reguladora establecida para la prestación de incapacidad temporal derivada de contingencias profesionales, extinguiéndose en el momento en el que el hijo cumpla 9 meses o bien la trabajadora se haya reincorporado con anterioridad a su puesto de trabajo o a otro compatible con su estado.

La prestación económica es abonada por el Instituto Nacional de la Seguridad Social o por la Mutua de Accidentes de Trabajo y Enfermedades Profesionales y, como sucedía en el caso de la prestación por riesgo durante el embarazo, tanto el trabajador (a través de la entidad gestora) como el empresario, deberán seguir cotizando a la Seguridad Social durante esta situación.

8. *Incapacidad permanente*

La Ley General de la Seguridad Social regula, en sus arts. 137 a 143, la invalidez permanente en su modalidad contributiva, distinguiendo los siguientes grados: incapacidad permanente parcial, incapacidad permanente total, incapacidad permanente absoluta y gran invalidez. La invalidez permanente en su modalidad no contributiva aparece regulada en los arts. 144 a 149 de dicha texto legal.

La citada Ley también contempla, en sus arts. 150 a 152, las lesiones permanentes no invalidantes.

Es competencia del Instituto Nacional de la Seguridad Social el reconocimiento de las prestaciones de incapacidad permanente en su modalidad contributiva y de las indemnizaciones por lesiones permanentes no invalidantes. En cambio, la competencia para el reconocimiento de la prestación de incapacidad permanente en su modalidad no contributiva corresponde al INSERSO o el organismo competente de la Comunidad Autónoma si se ha producido transferencia de competencias en esta materia.

8.1. Incapacidad permanente parcial

La incapacidad permanente parcial es aquella que le es reconocida a un trabajador que, sin estar totalmente incapacitado para su trabajo, presenta una disminución no inferior al 33% en su rendimiento normal para dicho trabajo.

El trabajador al que se le ha reconocido una incapacidad permanente parcial tiene derecho a reincorporarse a su puesto de trabajo.

Para poder ser beneficiario de la prestación por incapacidad permanente parcial el trabajador tiene que estar afiliado y en situación de alta o asimilada al alta, no requiriéndose ningún período de cotización si deriva de accidente de trabajo, accidente no laboral o enfermedad profesional. Si deriva de enfermedad común se exige un período de cotización de 1.800 días dentro de los diez años inmediatamente anteriores a la fecha en que se haya extinguido la incapacidad temporal de la que derive la incapacidad permanente parcial.

La prestación económica de la incapacidad permanente parcial consiste en una indemnización a tanto alzado equivalente a 24 mensualidades de la base reguladora que se haya fijado a efectos de la prestación por incapacidad temporal de la que deriva la incapacidad permanente parcial.

8.2. Incapacidad permanente total

La situación de incapacidad permanente total es la que inhabilita al trabajador para el desempeño de las tareas fundamentales de su profesión habitual, estando habilitado para ejercer otra actividad distinta.

El trabajador declarado en situación de incapacidad permanente total cesará en la actividad para la que ha sido declarado incapacitado, con efectos desde la misma fecha en que cause derecho a la prestación. Por tanto, la declaración de incapacidad permanente total conlleva la extinción del contrato de trabajo, salvo que el empresario le ofrezca otro puesto de trabajo distinto de aquel para el que ha sido declarado incapacitado (en algunos convenios colectivos se establece la obligación de ofrecer al trabajador otro puesto de trabajo. Si no viene reconocido este derecho por convenio la empresa no está obligada a ofrecerle otro puesto de trabajo).

Para tener derecho a la prestación de incapacidad permanente total se exige al beneficiario estar en situación de alta o asimilada al alta en la fecha del hecho causante y, además, reunir el siguiente período de cotización:

- Si deriva de la contingencia de accidente de trabajo, accidente no laboral o enfermedad profesional, no se requiere ningún período de carencia, basta con estar dado de alta el día en que se produjo el accidente.

- Si deriva de la contingencia de enfermedad común y el trabajador tiene menos de 31 años, se exige que tenga cotizado la tercera parte del tiempo transcurrido entre la fecha en que cumplió los dieciséis años y la del hecho causante de la pensión.—fecha en que dicta la Resolución de la Dirección Provincial de INSS—.
- Si deriva de la contingencia de enfermedad común y el trabajador tiene más de 31 años, se exige que tenga cotizado la cuarta parte del tiempo transcurrido entre la fecha en que se haya cumplido los 20 años y el día en que se hubiese producido el hecho causante, con un mínimo, en todo caso, de 5 años. En este supuesto, al menos la quinta parte del período de cotización exigible deberá estar comprendida dentro de los 10 años inmediatamente anteriores al hecho causante.

La prestación económica a que tiene derecho el trabajador declarado en situación de incapacidad permanente total consiste una pensión vitalicia del 55% de su base reguladora, que, en caso de tener el trabajador cumplido los 55 años de edad y no tener ningún otro trabajo, se incrementa hasta el 75% de dicha base reguladora.

Excepcionalmente, la pensión vitalicia puede ser sustituida por una indemnización a tanto alzado cuando el beneficiario sea menor de 60 años y concurren las siguientes circunstancias:

- Que las lesiones sean definitivas y se presuma que no son susceptibles de modificación que conlleve la revisión de la incapacidad reconocida.
- Que el beneficiario esté trabajando por cuenta propia o ajena en algún trabajo que conlleve la inclusión en el campo de aplicación de alguno de los regímenes que integran el sistema de seguridad social, o que el importe de la indemnización se invierta en proyectos que generen ingresos como trabajador autónomo y se acredite en este caso tener aptitud para el ejercicio de dicha actividad laboral como autónomo.

La petición debe formularse dentro de los tres años siguientes a la fecha de la resolución o sentencia firme que le reconozca el derecho a la pensión, salvo que el beneficiario tenga menos de 21 años, en cuyo caso la solicitud debe realizarse dentro de los tres años siguientes a cumplir dicha edad.

En caso de que el beneficiario opte por la indemnización a tanto alzado, su importe se determina de acuerdo con la siguiente escala:

— Menos de 54 años:	84 mensualidades.
— 54 años:	72 mensualidades.
— 55 años:	60 mensualidades.
— 56 años:	48 mensualidades.
— 57 años:	36 mensualidades.
— 58 años:	24 mensualidades.
— 59 años:	12 mensualidades.

La base reguladora varía en función de la contingencia de que derive la Incapacidad Permanente Total:

- Si deriva de la contingencia de accidente de trabajo o enfermedad profesional, la base reguladora se calcula sobre los salarios percibidos el año anterior al accidente o a la baja por enfermedad y se abona en 12 pagas anuales.
- Si deriva de la contingencia de accidente no laboral la base reguladora es el resultado de dividir por 28 la suma de las bases de cotización de 24 meses consecutivos elegidos por el trabajador dentro de los 7 años inme-

diatamente anteriores a la fecha en que se cause derecho a la pensión, abonándose la pensión en 14 pagas anuales.

- Si deriva de la contingencia de enfermedad común y el trabajador tiene 52 o más años, la base reguladora es el resultado de dividir por 112 la suma de las bases de cotización del trabajador correspondientes a los 96 meses inmediatamente anteriores a la fecha del hecho causante. Las bases de cotización se actualizan de acuerdo con unas tablas elaboradas en función de la evolución que haya experimentado el IPC, a excepción de las correspondientes a los últimos 24 meses, que no se actualizan.
- Si deriva de la contingencia de enfermedad común y el trabajador tiene menos de 52 años a la fecha del hecho causante, la base reguladora es el cociente de dividir la suma de tantas bases de cotización como meses se exijan de período mínimo por el número de esos mismos meses exigidos, multiplicando el divisor por 1,1666.

Al resultado obtenido habrá que aplicar el porcentaje que corresponda en función de los años de cotización, según la escala prevista en el ap. 1 del art. 163, considerándose a tal efecto como cotizados los años que le resten al interesado, en la fecha del hecho causante, para cumplir la edad de 65 años. En el caso de no alcanzarse 15 años de cotización, el porcentaje aplicable será del 50%.

El importe resultante constituirá la base reguladora a la que, para obtener la cuantía de la pensión que corresponda, habrá de aplicarse el porcentaje previsto para el grado de incapacidad reconocido.

Los meses en que no existan cotizaciones por no existir obligación de cotizar y afecten al cálculo de la base reguladora, se rellenan con las bases mínimas de cotización fijadas para dicho período.

La incapacidad permanente total es compatible con el desempeño de cualquier otra actividad distinta de aquella para la que ha sido declarado incapacitado. Si el beneficiario mayor de 55 años que percibe el complemento del 20% encuentra trabajo, deja de percibir el complemento durante el tiempo que trabaje.

8.3. Incapacidad permanente absoluta

La incapacidad permanente absoluta es la que inhabilita al trabajador para el desempeño de toda profesión u oficio. El período de cotización exigido cuando la incapacidad permanente absoluta derivada de la contingencia de enfermedad común es el mismo que para la incapacidad permanente total, con la única excepción de aquellos supuestos de trabajadores afiliados que no estén en alta o situación asimilada al alta en la fecha del hecho causante —fecha del dictamen del Equipo de Valoración de Incapacidades—, en cuyo caso el período de cotización exigido es de 15 años, de los cuales tres deben haberse cotizado dentro de los 10 años anteriores a la fecha del hecho causante. Si deriva de la contingencia de accidente de trabajo, accidente no laboral o enfermedad profesional no se exige ningún período de cotización. En caso de derivar de accidente no laboral y no estar en situación de alta o asimilada al alta, el período de cotización exigido es de 15 años, de los cuales tres deben haberse cotizado dentro de los 10 años anteriores a la fecha del hecho causante.

La prestación económica a que tiene derecho el trabajador declarado en situación de incapacidad permanente absoluta consiste en una pensión vitalicia del 100% de su base reguladora, existiendo un límite máximo y mínimo que fijan para cada año las Leyes de Presupuestos Generales del Estado.

La base reguladora se calcula de la misma manera que la de la Incapacidad Permanente Total.

La prestación de incapacidad permanente absoluta está exenta de IRPF; por tanto, no se practicará retención alguna sobre la misma.

Es incompatible con el desempeño de cualquier trabajo que conlleve la inclusión en cualquier Régimen de la Seguridad Social.

8.4. Gran invalidez

La gran invalidez es la situación en la que el trabajador incapacitado precisa de la ayuda de terceras personas para realizar los actos más elementales de la vida diaria, tales como vestirse, comer, lavarse, etc.

El período de cotización exigido es el mismo que para la Incapacidad Permanente Absoluta, y la base reguladora se calcula también de idéntica manera.

La prestación económica a que tiene derecho el trabajador declarado en situación de Gran Invalidez consiste una pensión vitalicia según lo establecido para los supuestos de incapacidad permanente absoluta pero incrementada su cuantía con un complemento equivalente al resultado de sumar el 45% de la base mínima de cotización vigente en el momento del hecho causante y el 30% de la última base de cotización del trabajador correspondiente a la contingencia de la que derive la situación de incapacidad permanente. En ningún caso el complemento señalado podrá tener un importe inferior al 45% de la pensión percibida, sin el complemento, por el trabajador.

8.5. Lesiones permanentes no invalidantes

Tienen la consideración de lesiones permanentes no invalidantes las lesiones, mutilaciones y deformidades de carácter definitivo, causadas por accidentes de trabajo o enfermedades profesionales que, sin llegar a constituir ningún grado de incapacidad permanente, suponga una disminución o una alteración de la integridad física del trabajador.

Este tipo de lesiones, mutilaciones o deformidades aparecen recogidas en un baremo aprobado por la Orden Ministerial de 16 de enero de 1991, el cual fija la indemnización correspondiente a cada lesión, mutilación o deformidad.

Los requisitos exigidos al beneficiario de esta prestación son estar afiliado y de alta en Seguridad Social o en situación asimilada al alta, y haber sido dado de alta médica.

Las indemnizaciones por lesiones permanentes no invalidantes son incompatibles con las prestaciones económicas establecidas para cualquier grado de invalidez permanente, salvo que dichas lesiones, mutilaciones y deformaciones sean totalmente independientes de las que hayan sido tomadas en consideración para declarar tal invalidez y el grado de incapacidad de la misma.

8.6. Invalidez en su modalidad no contributiva

La incapacidad permanente no contributiva es la que se reconoce a aquellos trabajadores que, sin reunir los requisitos para causar derecho a una incapacidad permanente en cualquiera de sus grados, presentan una serie de deficiencias o minusvalías que les anulan o modifican su capacidad física, psíquica o sensorial.

Los requisitos exigidos para tener derecho a la pensión de Incapacidad Permanente en su modalidad no contributiva son los siguientes:

- Ser mayor de 18 años y menor de 65 años en la fecha en que se solicite.
- Haber residido legalmente en España durante 5 años, dos de los cuales han de ser inmediatamente anteriores a la fecha de solicitud de la pensión.
- Estar afectado por una minusvalía o enfermedad crónica, en grado igual o superior al 65%.

- Carecer de rentas o ingresos suficientes, entendiéndose que se cumple este requisito cuando el cómputo total de las rentas o ingresos sea inferior al importe de la pensión de invalidez no contributiva fijada para cada año por la Ley de Presupuestos Generales del Estado.

La solicitud debe presentarse ante el INSERSO o el organismo competente de la Comunidad Autónoma si se hubiera producido transferencia en esta materia.

La pensión de invalidez no contributiva no impide el ejercicio de aquellas actividades, sean o no lucrativas, compatibles con el estado del invalido y que no representen un cambio de su capacidad de trabajo.

9. *Jubilación*

9.1. Jubilación en su modalidad contributiva

9.1.1. Jubilación ordinaria

Los beneficiarios de la prestación por jubilación en su modalidad contributiva deben reunir los siguientes requisitos:

- Tener cumplido los 65 años de edad.
- Tener cotizados al menos 15 años, dos de los cuales han de estar comprendidos dentro de los 15 años inmediatamente anteriores a la fecha del hecho causante. Si se accede la jubilación desde la situación de alta o asimilada al alta, sin obligación de cotizar, el período de dos años al que hemos hecho referencia se exige dentro de los quince años anteriores a la fecha en que cesó la obligación de cotizar. La Ley 40/2007 de reforma de la Seguridad Social ha aumentado los días de cotización para acceder a la presente prestación puesto que tras su entrada en vigor y a efectos del cómputo de los años cotizados, no se tendrá en cuenta la parte proporcional correspondiente por pagas extraordinarias. No obstante, el nuevo período mínimo de cotización se aplicará de forma progresiva (a contar desde la entrada en vigor de la Ley 40/2007) en virtud de lo expuesto por la Disposición Transitoria 4.ª de la Ley General de la Seguridad Social:

  — Durante los seis primeros meses se exigirán 4.700 días.

  — Durante el segundo semestre se exigirán 4.777 días.

  — Durante el tercer semestre se exigirán 4.854 días.

  — Durante el cuarto semestre se exigirán 4.931 días.

  — Durante el quinto semestre se exigirán 5.008 días.

  — Durante el sexto semestre se exigirán 5.085 días.

  — Durante el séptimo semestre se exigirán 5.162 días.

  — Durante el octavo semestre se exigirán 5.239 días.

  — Durante el noveno semestre se exigirán 5.316 días.

  — Durante el décimo semestre se exigirán 5.393 días.

  — A partir del sexto año se exigirán 5.475 días.

La cuantía de la pensión es el resultado de aplicar a la base reguladora el porcentaje que proceda en función de los años cotizados, con un límite máximo y mínimo que fijan para cada año las Leyes de Presupuestos Generales del Estado.

Se suman los días cotizados del trabajador en los distintos Regímenes de la Seguridad Social, siempre que no se superpongan (si se superponen, se computan una sola vez). Además, si el trabajador tenía la condición de mutualista antes del 1 de enero de 1967, se le asignan unos años y días cotizados en función de la edad que tuviera a dicha fecha, de acuerdo con lo dispuesto en la Disposición Transitoria Segunda de la Orden de 18 de enero de 1967.

El porcentaje a aplicar es el siguiente:

AÑOS COTIZADOS	PORCENTAJE	AÑOS COTIZADOS	PORCENTAJE
15	50%	26	82%
16	53%	27	84%
17	56%	28	86%
18	59%	29	88%
19	62%	30	90%
20	65%	31	92%
21	68%	32	94%
22	71%	33	96%
23	74%	34	98%
24	77%	35	100%
25	80%		

Si el trabajador accede a la pensión de jubilación con una edad superior a la de 65 años, siempre y cuando cumpliese con todos los requisitos expuestos para el acceso a la misma, se le aplicará un porcentaje adicional consistente en un 2% por cada año completo transcurrido entre la fecha en que cumplió dicha edad y la del hecho causante de la pensión. Dicho porcentaje se elevará al 3% cuando el interesado hubiera acreditado al menos cuarenta años de cotización al cumplir 65 años.

La base reguladora es el resultado de dividir por 210 la suma de las bases de cotización de los 180 meses anteriores a la fecha del hecho causante.

Las bases de cotización se actualizan de acuerdo con unas tablas elaboradas en función de la evolución que haya experimentado el IPC, a excepción de las correspondientes a los últimos 24 meses, que no se actualizan.

Los meses en que no existan cotizaciones y afecten al cálculo de la base reguladora se rellenan con las bases cotización mínimas fijadas para cada año.

La pensión de jubilación se percibe en catorce pagas anuales y tiene consideración de renta de trabajo a efectos del IRPF.

La pensión de jubilación es incompatible con el desempeño de cualquier actividad que exija la inclusión en cualquier Régimen de la Seguridad Social.

También es incompatible con otras prestaciones de Seguridad Social, a excepción de la pensión de viudedad.

9.1.2. Jubilación anticipada por tener la condición de mutualista antes del 1 de enero de 1967

La jubilación anticipada para quien tenga reconocida la condición de mutualista antes del 1 de enero de 1967, se puede solicitar a partir de los 60 años de edad, siempre que se reúnan el resto de requisitos exigidos par la jubilación ordinaria.

La cuantía de la pensión se ve minorada en un porcentaje del 8% por cada año o fracción de año que le falte al trabajador, en la fecha del hecho causante de la jubilación, para cumplir la edad de 65 años.

En caso de que el trabajador que se jubile anticipadamente hubiese cesado en el trabajo involuntariamente y reúna un período de cotización superior a los

31 años cotizados se aplican los siguientes porcentajes reductores por cada año que falta para alcanzar la edad de 65 años:

- Entre 31 a 34 años cotizados, 7,5%.
- Entre 35 a 37 años cotizados, 7%.
- Entre 38 y 39 años cotizados, 6,5%.
- 40 o más años cotizados, 6%.

Para el cómputo de los años de cotización, se tomarán años completos, sin que se equipare a un año la fracción del mismo.

9.1.3 Jubilación anticipada común a los 61 años de edad

Los requisitos exigidos para tener derecho a la jubilación anticipada a partir de los 61 años de edad son los siguientes:

- Tener cumplidos 61 años de edad.
- Haber cesado en el trabajo por causas no imputables a su voluntad.
- Tener cotizados 30 años completos, sin que a tales efectos se tengan en cuenta la parte proporcional de pagas extraordinarias ni los años y días de cotización que se asignan en función de la escala prevista en la Orden de 18 de enero de 1967 en caso de haber tenido la condición de mutualista antes del 1 de enero de 1967. Se computará como cotizado a la Seguridad Social, el período de prestación del servicio militar obligatorio o de la prestación social sustitutoria, con el límite máximo de un año.
- De los 30 años de cotización exigidos, 2 años deben estar comprendido dentro de los 15 años inmediatamente anteriores a la fecha de la jubilación o al momento en que cesó la obligación de cotizar.
- Estar inscritos en las oficinas de empleo durante un período mínimo de 6 meses inmediatamente anteriores a la solicitud de la jubilación.

La cuantía de la pensión será objeto de reducción de acuerdo con los siguientes coeficientes reductores por cada año o fracción de año que, en la fecha del hecho causante, le falte al trabajador para cumplir la edad de 65 años:

- Entre 30 a 34 años cotizados, 7,5%.
- Entre 35 a 37 años cotizados, 7%.
- Entre 38 y 39 años cotizados, 6,5%.
- 40 o más años cotizados, 6%.

Para el cómputo de los años de cotización se tomarán años completos, sin que se equipare a un año la fracción del mismo.

9.1.4. Jubilación anticipada especial a los 64 años de edad

Los requisitos exigidos son los siguientes:

Tener cumplido los 64 años de edad real, sin que se tengan en cuenta bonificaciones por trabajos penosos o discapacidad, y ser trabajador por cuenta ajena.

La empresa suscriba un contrato a tiempo completo y con una duración mínima de un año con un trabajador desempleado inscrito en la oficina de empleo.

El importe de la pensión es el mismo que si se hubiese jubilado a la edad ordinaria de jubilación.

9.1.5. Jubilación flexible

Se considera como situación de jubilación flexible la derivada de la posibilidad de compatibilizar, una vez causada, la pensión de jubilación con un contrato a tiempo parcial, dentro de los límites de la jornada a que se refiere el art. 12.6 del Estatuto de los Trabajadores.

Ello conlleva que el importe de la pensión de jubilación se reducirá en proporción inversa a la reducción aplicable a la jornada del trabajo del pensionista, en relación a la de un trabajador a tiempo completo en los términos señalados en el art. 12.1 del Estatuto de los Trabajadores. Los efectos de la reducción son desde el mismo día que comience a trabajar.

La pensión es incompatible con las pensiones de incapacidad permanente que pudieran corresponderle por la nueva actividad desarrollada. En cambio es compatible con la incapacidad temporal y maternidad, derivadas de la actividad efectuada a tiempo parcial.

Las nuevas cotizaciones efectuadas surtirán efectos para mejorar la pensión, tanto en su base reguladora como en el porcentaje aplicable a la misma. En caso de que computando las nuevas cotizaciones se minorase la base reguladora de la pensión que tenía reconocida, se mantendrá esta última.

9.1.6. Jubilación parcial

Se considera jubilación parcial la iniciada después del cumplimiento de los 61 años (o 60 años si se trata de trabajadores mutualistas), simultánea a un contrato a tiempo parcial y vinculada a un contrato de relevo, de conformidad con lo establecido en los arts. 166 de la Ley General de la Seguridad Social y 12.7 del Estatuto de los Trabajadores.

Los requisitos exigidos al trabajador para poder causar derecho a la jubilación parcial son los siguientes:

— Tener como mínimo la edad de 61 años o 60 en el supuesto antedicho.

— Reunir el resto de requisitos exigidos para tener derecho a la pensión contributiva de jubilación.

— Acreditar un período de antigüedad en la empresa de, al menos, 6 años inmediatamente anteriores a la fecha de la jubilación parcial

— Que la reducción de su jornada de trabajo se halle comprendida entre un mínimo de un 25% y un máximo del 75%, o del 85% para los supuestos en que el trabajador relevista sea contratado a jornada completa mediante un contrato de duración indefinida y se acrediten, en el momento del hecho causante, seis años de antigüedad en la empresa y 30 años de cotización a la Seguridad Social

— Acreditar un período previo de cotización de 30 años, sin que, a estos efectos, se tenga en cuenta la parte proporcional correspondiente por pagas extraordinarias.

— Que, en los supuestos en que, debido a los requerimientos específicos del trabajo realizado por el jubilado parcial, el puesto de trabajo de éste no pueda ser el mismo o uno similar que el que vaya a desarrollar el trabajador relevista, exista una correspondencia entre las bases de cotización de ambos, de modo que la correspondiente al trabajador relevista no podrá ser inferior al 65% de la base por la que venía cotizando el trabajador que accede a la jubilación parcial

— Los contratos de relevo que se establezcan como consecuencia de una jubilación parcial tendrán, como mínimo, una duración igual al tiempo que le falte al trabajador sustituido para alcanzar la edad de sesenta y cinco años.

Los anteriores requisitos, muchos de ellos introducidos por la Ley 40/2007 de reforma de la Seguridad Social, se aplicarán de forma gradual a partir de la entrada en vigor de dicha Ley:

— En cuanto a la edad mínima de 61 años, durante el primer año desde la entrada en vigor de la Ley se podrá acceder a la jubilación parcial con 60 años, 60 años y 2 meses, durante el segundo año, 60 años y 4 meses durante el tercer año y así sucesivamente hasta el séptimo año, en donde la edad de acceso será finalmente de 61 años.

— En lo relativo al requisito de contar con 6 años de antigüedad en la empresa, durante el primer año de vigencia de la Ley se exigirán únicamente 2 años, 3 años de antigüedad durante el segundo año de vigencia de la Ley y así sucesivamente hasta que a partir del quinto año se exija la antigüedad de 6 años en la empresa.

— La reducción de jornada podrá ser de hasta el 85% durante el primer año de vigencia de la Ley, 82% durante el segundo año, 80% durante el tercero, 78% durante el cuarto y del 75% a partir del quinto año.

Si el trabajador que se jubila tiene al menos 65 años, no será preciso que la empresa celebre un contrato de relevo en los términos vistos.

El porcentaje de jornada del contrato de relevo debe ser, al menos, equivalente a la reducción de la jornada del trabajador que se jubila.

La cuantía de la pensión de jubilación es el resultado de aplicar el porcentaje de reducción de jornada al importe de la pensión que le correspondería, de acuerdo con los años de cotización que acredite el trabajador en el momento del hecho causante, calculada con las normas generales del Régimen General de la Seguridad Social, pero sin la aplicación del coeficiente adicional del 2% a que se refiere el art. 163.2 de la Ley General de la Seguridad Social.

Tampoco se aplican a efectos de determinar el porcentaje aplicable a la base reguladora coeficientes reductores si la jubilación es anterior a los 65 años.

Una vez que el trabajador se jubila totalmente, ya sea mediante la jubilación ordinaria o anticipada, la base reguladora se calcula del siguiente modo:

- Para el cálculo de la base reguladora se tienen en cuenta las bases de cotización correspondientes al período trabajado a tiempo parcial incrementadas hasta el 100% de la cuantía que le hubiera correspondido de haber realizado en la empresa el mismo porcentaje de jornada desarrollado con anterioridad a pasar a la situación de jubilación parcial, y siempre que la misma se hubiese simultaneado con un contrato de relevo.
- Para determinar el porcentaje aplicable en función de los años cotizados, el período cotizado a tiempo parcial se considera a tiempo completo, siempre que se hubiese simultaneado con un contrato de relevo.
- Si no se hubiese simultaneado con un contrato de relevo, el beneficiario podrá optar entre que se determine la base reguladora computando las bases de cotización reales ingresadas durante la situación de jubilación parcial, o que la misma se calcule a la fecha en la que se reconoció la jubilación parcial o, en su caso, en la que se dejó de aplicarse el beneficio del incremento del 100% de la base de cotización, si bien aplicando las demás reglas vigentes en el momento de causar derecho a la pensión.

9.2. Jubilación en su modalidad no contributiva

La pensión de jubilación en su modalidad no contributiva es la que se reconoce a aquellos trabajadores que carecen de medios propios de subsistencia y no han cotizado tiempo suficiente para causar derecho a la pensión de jubilación en su modalidad contributiva. Los requisitos exigidos para tener derecho a esta pensión son los siguientes:

- Haber cumplido los 65 años.

- Haber residido en España durante 10 años, comprendidos entre la edad de 16 años y la del hecho causante, dos de los cuales han de ser consecutivos e inmediatamente anteriores a la fecha de solicitud de la pensión.
- Carecer de rentas o ingresos suficientes.

La solicitud debe presentarse ante el INSERSO o el organismo competente de la Comunidad Autónoma si se hubiera producido transferencia en esta materia.

La cuantía de la pensión la fijan para cada año las Leyes de Presupuestos Generales del Estado.

10. Prestaciones por muerte y supervivencia

Estas prestaciones tienen como objeto proteger la situación de necesidad de los familiares derivada del fallecimiento del trabajador.

Para que los familiares del trabajador tengan derecho a estas prestaciones, se requiere que el trabajador fallecido estuviese en alguna de estas situaciones:

Trabajadores en situación de alta o asimilada al alta en el momento del fallecimiento y que tengan cubierto el período de cotización que se exija para cada prestación.

Los perceptores de los subsidios de incapacidad temporal, riesgo durante el embarazo, maternidad, paternidad o riesgo durante la lactancia natural, que cumplan el período de cotización que, en su caso, esté establecido.

Ser pensionistas de jubilación o de incapacidad permanente en su modalidad contributiva.

10.1. Auxilio por defunción

Esta prestación tiene por objeto hacer frente a los gastos de sepelio, siendo la cuantía de la prestación de 30,50 euros si bien es cierto que se incrementará esta cuantía en un 50% en los próximos 5 años.

Tienen derecho a solicitarla el cónyuge superviviente, el sobreviviente de una pareja de hecho, los hijos o los familiares que convivieran con el fallecido. En el supuesto que la solicite otra persona habrá de justificar que ha soportado los gastos de sepelio.

El derecho a solicitar esta ayuda por defunción prescribe a los 5 años a contar desde el día siguiente a la fecha del fallecimiento.

10.2. Pensión de viudedad

Tiene derecho a la pensión de viudedad el cónyuge del fallecido, siempre que se cumplan los siguientes requisitos:

- Existencia de vínculo matrimonial.
- Alta o situación asimilada al alta del cónyuge causante en el momento del fallecimiento y tener un período de cotización de 500 días dentro de los cinco años anteriores a la fecha del fallecimiento, salvo que la causa del fallecimiento sea un accidente, laboral o no laboral, o enfermedad profesional, en cuyo caso no se exige ningún período cotizado. En caso de que se cause derecho a la pensión desde una situación de alta o asimilada al alta, sin obligación de cotizar, el período de cotización de 500 días debe estar comprendido dentro de un período ininterrumpido de cinco años inmediatamente anteriores a la fecha en que cesó la obligación de cotizar
- En caso de no encontrarse el causante en situación de alta o asimilada en el momento del fallecimiento, se tendrá derecho a la pensión siempre que reúna un período de cotización de 15 años.

Cuando el fallecimiento del causante derivara de enfermedad común, no sobrevenida tras el vínculo matrimonial, será necesario para acceder a la pensión de viudedad que el matrimonio se hubiese celebrado con al menos un año de antelación al fallecimiento o bien existan hijos comunes, salvo que se acredite un período de convivencia que sumado al del matrimonio hubiese superado los dos años. Si el cónyuge superviviente no pudiese acceder a la pensión por no cumplir estos períodos necesarios de tiempo se le podrá reconocer una prestación temporal en cuantía igual a la pensión de viudedad que le hubiese correspondido y con una duración de 2 años.

No obstante lo anterior, serán asimismo beneficiarios de la pensión quien se encontrara unido al causante al momento del fallecimiento formando una pareja de hecho siempre y cuando:

a. El causante hubiese cumplido los requisitos de alta y cotización establecidos con carácter general.
b. El beneficiario deberá acreditar que sus ingresos durante el año natural anterior no alcanzaron el 50% de la suma de los propios y de los del causante habidos en el mismo período. Dicho porcentaje será del 25% en el caso de inexistencia de hijos comunes con derecho a pensión de orfandad.

También se reconocerá derecho a pensión de viudedad cuando los ingresos del sobreviviente resulten inferiores a 1,5 veces el importe del salario mínimo interprofesional vigente en el momento del hecho causante, requisito que deberá concurrir tanto en el momento del hecho causante de la prestación, como durante el período de su percepción. El límite indicado se incrementará en 0,5 veces la cuantía del salario mínimo interprofesional vigente por cada hijo común, con derecho a la pensión de orfandad que conviva con el sobreviviente.

Se considerará pareja de hecho la constituida, con análoga relación de afectividad a la conyugal, por quienes, no hallándose impedidos para contraer matrimonio, no tengan vínculo matrimonial con otra persona y acrediten, mediante el correspondiente certificado de empadronamiento, una convivencia estable y notoria con carácter inmediato al fallecimiento del causante y con una duración ininterrumpida no inferior a cinco años. La existencia de pareja de hecho se acreditará mediante certificación de la inscripción en alguno de los registros específicos existentes en las comunidades autónomas o ayuntamientos del lugar de residencia o mediante documento público en el que conste la constitución de dicha pareja. Tanto la mencionada inscripción como la formalización del correspondiente documento público deberán haberse producido con una antelación mínima de dos años con respecto a la fecha del fallecimiento del causante.

En los supuestos de separación o divorcio, el cónyuge tiene derecho a la pensión de viudedad siempre que no haya contraído nuevas nupcias o hubiese constituido una pareja de hecho, siendo la cuantía de la pensión proporcional al tiempo convivido con el fallecido.

Si, habiendo mediado divorcio, se produjera una concurrencia de beneficiarios con derecho a pensión, ésta será reconocida en cuantía proporcional al tiempo vivido por cada uno de ellos con el causante, garantizándose, en todo caso, el 40% a favor del cónyuge superviviente o, en su caso, del que, sin ser cónyuge, conviviera con el causante en el momento del fallecimiento y resultara beneficiario de la pensión de viudedad. El derecho a pensión de viudedad de las personas divorciadas o separadas judicialmente quedará condicionado, en todo caso, a que, siendo acreedoras de la pensión compensatoria a que se refiere el art. 97 del Código Civil, ésta quedara extinguida por el fallecimiento del causante.

En los casos de nulidad matrimonial, el superviviente al que se le haya reconocido el derecho a la indemnización a que se refiere el art. 98 del Código Civil tiene derecho a la pensión de viudedad si no se ha apreciado mala fe y no ha contraído nuevas nupcias o hubiese constituido una pareja de hecho, siendo la cuantía de la pensión proporcional al tiempo convivido con el fallecido.

La prestación económica consiste en un pensión vitalicia del 52% de la base reguladora correspondiente al cónyuge fallecido, que se percibe en 14 pagas anuales. Este porcentaje será del 70% cuando el beneficiario tuviese cargas familiares y la pensión fuese la principal o única fuente de ingresos.

La base reguladora de la pensión es la siguiente:

- Si el cónyuge causante estaba en activo a la fecha del fallecimiento y la jubilación es por contingencias comunes, la base reguladora mensual se obtiene dividiendo por 28 las bases de cotización de 24 meses ininterrumpidos elegidos por el cónyuge superviviente dentro los 15 años inmediatamente anteriores al fallecimiento.
- Si es por accidente de trabajo o enfermedad profesional, la base reguladora se calcula sobre los salarios obtenidos en el año anterior a la fecha del accidente o de la baja por enfermedad profesional.
- Si el cónyuge causante percibía una pensión de jubilación o invalidez permanente en cualquiera de sus grados, la base reguladora es la misma que la de la prestación de jubilación o incapacidad.

La pensión de viudedad es compatible con el trabajo y con la prestación de jubilación o incapacidad permanente en cualquiera de sus grados que pueda tener reconocido el cónyuge superviviente.

El derecho a percibir la pensión de viudedad se extingue por las siguientes causas:

- Fallecimiento del beneficiario.
- Declaración por sentencia firme de culpabilidad del cónyuge superviviente en el fallecimiento del causante.
- Contraer nuevas nupcias.
- Constituir una pareja de hecho por el beneficiario

10.3. Pensión de orfandad

Los beneficiarios de la pensión de orfandad son:

- Los hijos del fallecido en régimen de igualdad, cualquiera que fuese la naturaleza de su filiación.
- Los hijos del cónyuge superviviente, requiriéndose en este caso que el matrimonio se hubiese celebrado dos años antes del fallecimiento, los hijos conviviesen con el fallecido y a sus expensas y no tengan derecho a otra pensión de Seguridad Social ni familiares con obligación de prestarles alimentos.

Los beneficiarios han de cumplir los siguientes requisitos para tener derecho a la pensión de orfandad:

- Ser menores de 18 años de edad o mayor de 18 años y tener reducida su capacidad para el trabajo en un porcentaje valorado en grado de incapacidad permanente absoluta o gran invalidez.
- Ser menor de 22 años o de 24 años, si ha fallecido el padre y la madre o el huérfano presentara una discapacidad en un grado igual o superior al 33%, y no realizar ningún trabajo lucrativo por cuenta ajena o propia, o cuando realizándolo, los ingresos que obtenga en cómputo anual resulten inferiores al Salario Mínimo Interprofesional.

Se requiere también, para que el INSS reconozca la pensión de orfandad, que el fallecido:

- Se encuentre en una situación de alta o asimilada al alta
- En caso de no encontrarse el causante en situación de alta o asimilada en el momento del fallecimiento, se tendrá derecho a la pensión siempre que reúna un período de cotización de 15 años.

La cuantía de la pensión para cada huérfano equivale al 20% de la base reguladora del causante, que se calcula de la misma manera que la de la pensión de viudedad.

Esta cuantía se incrementa con el 52% de la pensión de viudedad, cuando a la muerte del causante no existiese cónyuge superviviente o el cónyuge superviviente que percibe la pensión de viudedad falleciese, distribuyéndose proporcionalmente este porcentaje entre los huérfanos con derecho a pensión.

La pensión de orfandad se extingue por cualquiera de las siguientes causas:

- Cumplir la edad establecida.
- Cesar la incapacidad que le otorgaba el derecho a la pensión.
- Por contraer nupcias.
- Por fallecimiento.
- Por adopción del beneficiario.

10.4. Prestaciones en favor de familiares

Esta prestación puede consistir en una pensión vitalicia o, en su caso, un subsidio temporal a favor de familiares.

10.4.1. Pensión en favor de familiares

Los beneficiarios que tienen derecho a esta prestación son los familiares del causante que más adelante señalamos, siempre que éste estuviese en situación de alta o asimilada al alta y tuviera cubierto un período de cotización de 500 días dentro de los 5 años inmediatamente anteriores a la fecha del fallecimiento, salvo si la causa del fallecimiento es un accidente, no exigiéndose en este caso período mínimo de cotización.

Si el trabajador fallecido no estuviese de alta o situación asimilada al alta a la fecha del hecho causante —fecha del fallecimiento—, los beneficiarios pueden acceder a esta pensión si reúne el causante un período de cotización de 15 años.

Son requisitos comunes que deben reunir cualquier beneficiario de esta pensión los siguientes:

- Haber convivido con el causante y a sus expensas, al menos, los dos años anteriores al fallecimiento.
- Carecer de medios de subsistencia —rentas inferiores al del Salario Mínimo Interprofesional— y no haya familiares con obligación y posibilidad de prestarles alimentos.
- No tener derecho a ningún tipo de pensión pública.

Los familiares que pueden ser beneficiarios de esta pensión son los siguientes:

1.º Los hermanos y nietos, siempre que, además de los requisitos comunes:

- Sean huérfanos de padre y madre.
- Sean menores de 18 años, o mayores incapacitados para todo trabajo, es decir, aquellos que hayan sido declarados en situación de incapacidad permanente absoluta o gran invalidez; o menores de 22 años, cuando perciban rentas que no superen el 75% del salario mínimo interprofesional.

2.º Los hijos y hermanos de beneficiarios de prestaciones, en su modalidad contributiva de incapacidad permanente o jubilación, siempre que, además de los requisitos comunes:

- Sean solteros, viudos o divorciados.
- Sean mayores de 45 años.
- Acrediten una prolongada dedicación al cuidado del causante.

3.º Madres y abuelas, siempre que, además de los requisitos comunes:

- Sean solteras, viudas o casadas, aunque en este último caso sus maridos deben estar incapacitados para el trabajo.

4.º Padres y abuelos, siempre que, además de los requisitos comunes:

- Tengan cumplidos 60 años o se encuentren incapacitados para el trabajo. La cuantía de la prestación para cada uno de los beneficiarios será de un 20% de la base reguladora del causante, que se calcula de la misma manera que la de la pensión de viudedad. Si no existe cónyuge con derecho a pensión de viudedad, o fallece estando disfrutándola, la prestación en favor de familiares correspondiente a nietos y a hermanos se incrementa en el mismo porcentaje que la pensión de viudedad. Si no existen ni cónyuge, ni hijos, nietos o hermanos con derecho a pensión, la pensión en favor de familiares reconocida a padres, madres, abuelos o abuelas, se incrementa de igual forma, distribuyéndose proporcionalmente entre los beneficiarios. La pensión es incompatible con otras pensiones públicas. La prestación en favor de familiares se extingue por:
- La pensión reconocida en favor de nietos y hermanos por las mismas causas que la pensión de orfandad.
- La pensión reconocida en favor de ascendientes por contraer nuevas nupcias o fallecimiento.

10.4.2. Subsidio temporal a favor de familiares

Los beneficiarios de este subsidio son los hijos y hermanos del fallecido que cumplan los siguientes requisitos:

- Sean mayores de 22 años, solteros o viudos, separados o divorciados.
- Hayan convivido con el causante y a sus expensas, al menos, los dos años anteriores al fallecimiento.
- No tengan derecho a ningún tipo de pensión pública.
- Carezcan de medios de subsistencia y no haya familiares con obligación y posibilidad de prestarles alimentos.

Se exige también para que se reconozca el subsidio temporal a favor de familiares que el fallecido cumpliese los requisitos de alta y cotización exigidos para la prestación en favor de familiares.

La cuantía de este subsidio equivale al 20% de la base reguladora del causante prevista para la pensión de viudedad, orfandad y prestación a favor de familiares, y tiene una duración máxima de doce mensualidades, más dos pagas extras.

El subsidio temporal en favor de familiares se extingue por:

- Agotamiento del período máximo de duración.
- Fallecimiento.

FISCAL

AUTOR

Miguel Arias Fuentes
Abogado

FISCAL. CUESTIONES BÁSICAS

Miguel Arias Fuentes
Abogado

I. EL IMPUESTO SOBRE LA RENTA DE LAS PERSONAS FÍSICAS (IRPF)

1. Hecho imponible

1.1. Obligación de declarar.

1.2. Exenciones.

1.3. Unidad familiar.

1.4. Período impositivo del impuesto.

2. Renta del contribuyente

2.1. Rendimientos de trabajo personal.

2.2. Rendimientos de capital inmobiliario.

2.3. Rendimientos de capital mobiliario.

2.4. Rendimiento de actividades económicas.

2.5. Imputación de rentas.

2.6 Ganancias y pérdidas patrimoniales.

3. Renta del período impositivo

4. Base imponible. Régimen de determinación. Parte general y parte especial

5. Base liquidable general y especial

6. Determinación de las cuotas y resultados de la liquidación

7. Deducciones en la cuota

8. Pago del impuesto

II. IMPUESTO SOBRE SOCIEDADES

1. Hecho imponible y sujetos pasivos

2. Exenciones

3. Base imponible

3.1. Amortizaciones. Corrección de valor.

3.2. Provisiones. Corrección de valor.

3.3. Gastos.

4. Reglas de valoración

5. Imputación temporal de ingresos y gastos

6. Rentas exentas

7. Compensación de pérdidas

8. Deuda tributaria

9. Líquido a ingresar o a devolver

10. Gestión del impuesto

III. EL IMPUESTO SOBRE EL PATRIMONIO

1. Concepto

2. Ámbito territorial

I. EL IMPUESTO SOBRE LA RENTA DE LAS PERSONAS FÍSICAS (IRPF)

1. Hecho imponible

El Impuesto sobre la Renta de la Personas Físicas es un tributo de carácter personal y directo, que grava, según los principios de igualdad, generalidad y progresividad, la renta de las personas físicas de acuerdo con sus circunstancias personales y familiares.

Constituye el hecho imponible en IRPF la obtención de renta por el contribuyente. Constituye la renta del contribuyente los rendimientos de trabajo, los rendimientos de capital, los rendimientos de actividades económicas, las ganancias y pérdidas patrimoniales e imputaciones de renta que se establezcan por ley.

Son contribuyentes por el IRPF:

— Las personas físicas que tengan su residencia habitual en territorio español.

— Las personas físicas de nacionalidad española que tuviesen su residencia en el extranjero por su condición de: miembros de misiones diplomáticas, de oficinas consulares, de delegaciones o representaciones oficiales acreditadas ante organismos internacionales, etc.

— Las personas físicas de nacionalidad española que acrediten su nueva residencia fiscal en un país o territorio calificado reglamentariamente como paraíso fiscal, durante el ejercicio del cambio de residencia, y los cuatro siguientes.

Todos los contribuyentes con obligación de declarar rendimientos íntegros de trabajo sujetos a tipo fijo de retención.

1.1. Obligación de declarar

Tienen obligación de declarar los contribuyentes que hayan obtenido rentas sujetas al impuesto, salvo en los casos siguientes.

1) Que obtengan rendimientos íntegros de trabajo cuyo importe no supere 22.000 euros anuales íntegros anuales.

2) Que hayan obtenido rendimientos íntegros de capital mobiliario sujetos a retención, cuyo importe total, o juntamente con el derivado de ganancias patrimoniales sujetas a retención, sea superior a 1.600 euros anuales.

3) Que hayan obtenido rentas inmobiliarias imputadas en virtud del artículo 85 de la LRPF, rendimientos íntegros del capital mobiliario no sujetos a retención derivados de letras del Tesoro, subvenciones para la adquisición de viviendas de protección oficial o de precio tasado con el límite conjunto de 1.000 euros anuales y pérdidas patrimoniales en cuantía inferior a 500 euros.

El límite a que se refiere el párrafo 1 del apartado anterior será de 11.200 euros para los contribuyentes que perciben rendimientos íntegros del trabajo, en los siguientes supuestos:

a) Cuando procedan de más de un pagador. No obstante, el límite será de 22.000 euros anuales en los siguientes supuestos:

1. Si la suma de las cantidades percibidas del segundo y restantes pagadores, por orden de cuantía, no supera en su conjunto la cantidad de 1.500 euros anuales.

2. Cuando se trata de contribuyentes cuyos únicos rendimientos del trabajo consistan en las prestaciones pasivas a que se refiere el artículo 172 de la LRPF.

b) Cuando se perciban pensiones compensatorias del cónyuge o anualidades por alimentos diferentes a las previstas en el artículo 7 de la Ley.

c) Cuando el pagador de los rendimientos del trabajo no esté obligado a retener de acuerdo con lo previsto reglamentariamente.

d) Cuando se perciban rendimientos íntegros del trabajo sujetos a tipo fijo de retención.

1.2. Exenciones

Vienen recogidas en el artículo 7 de la Ley del IRPF. Las exenciones impiden que se cree la obligación tributaria, aunque el hecho imponible en sí se haya producido.

Están exentas:

— Prestaciones públicas extraordinarias por actos de terrorismo.

— Ayudas a los afectados por el VIH.

— Indemnizaciones como consecuencia de responsabilidad civil por daños personales en la cuantía legal o reconocida judicialmente.

— Indemnizaciones por daños personales derivadas de contratos de seguro propios de accidente.

— Indemnizaciones por despido o cese del trabajador, en la cuantía establecida como obligatoria.

— Indemnizaciones como consecuencia de incapacidad permanente absoluta o gran invalidez.

— Premios de Azar, de la ONLAE, ONCE, Cruz Roja y similares organismos.

— Premios literarios, artísticos o científicos, según condiciones.

— Otras.

1.3. Unidad familiar

Conjunto de individuos unidos por vínculo de parentesco. La constituyen los cónyuges no separados legalmente y sus hijos menores de edad, y los mayores de edad incapacitados judicialmente. En caso de separación legal el padre o la madre y la totalidad de los hijos que convivan con uno y otro.

Los miembros de la unidad familiar pueden tributar de forma conjunta o de manera individual, no vinculando esta decisión para ejercicios sucesivos.

1.4. Período impositivo del impuesto

Con carácter general el período impositivo es del 1 de enero al 31 de diciembre de cada año. Sólo en caso de fallecimiento se acorta el ejercicio desde el 1 de enero hasta la fecha del fallecimiento.

2. *Renta del contribuyente*

2.1. Rendimientos de trabajo personal

Se consideran rendimientos de trabajo todas las contraprestaciones o utilidades cualesquiera que sean su denominación o naturaleza, dinerarias o en especie que deriven directa o indirectamente del trabajo personal o de la relación laboral o estatutaria y no tenga carácter de rendimientos de actividades económicas.

A modo de ejemplo se consideran rendimientos de trabajo:

— Sueldos y salarios.

— Prestaciones por desempleo.

— Remuneraciones en concepto de gastos de representación.

— Dietas y gastos de viaje, con los límites fijados en la Ley para los gastos de manutención y locomoción.

— Contribuciones y aportaciones satisfechas por planes de pensiones.

— Prestaciones derivadas del sistema de previsión social.

— Los rendimientos de trabajo en especie constituyen la utilización para fines particulares de bienes y derechos de forma gratuita o por precio inferior al normal de mercado, siempre que deriven directa o indirectamente del trabajo personal. Estos rendimientos tienen unas reglas de valoración específica que se resumen en Rto. íntegro = Valoración + Ingreso a cuenta no repercutido.

Obtención del rendimiento neto del trabajo

Retribuciones dinerarias

+ Retribuciones en especie

+ Retribuciones imputadas reducciones aplicables por generación de rendimientos en plazo superior a dos años o forma irregular en el tiempo (Rtos. irregulares)

= RENDIMIENTO ÍNTEGRO DE TRABAJO

– Deducciones: Cotización Seg. Social

– Deducciones derechos pasivos

– Cuotas sindicales

– Cuotas colegiales

– Etcétera.

= RENDIMIENTO NETO DE TRABAJO

El rendimiento neto de trabajo se minorará en las siguientes cuantías:

— Contribuyentes con rendimientos netos de trabajo iguales o inferiores a 9.180 euros: 4.080 euros anuales.

— Contribuyentes con rendimientos comprendidos entre 9.180,01 euros y 13.260 euros: 4.080 euros, menos el resultado de multiplicar por 0,35 la diferencia entre el Rendimiento del trabajo y 9.180 euros anuales.

— Contribuyentes con rendimientos netos de trabajo superiores a 13.260 euros o con rentas, excluidas las exentas distintas de las del trabajo, superiores a 6.500 euros: 2.652 euros anuales.

El importe de las citadas reducciones se incrementará en un ciento por ciento en los casos que recoge el apartado 1 del art. 20 de LRPF.

Retenciones e ingresos a cuenta sobre el rendimiento de trabajo

La obligación de retener, en el caso de los rendimientos de trabajo, nace en el momento en que se satisfagan o abonen.

El importe de las retenciones se calcula atendiendo a la cuantía y características de los rendimientos y las circunstancias personales y familiares de los contribuyentes.

2.2. Rendimientos de capital inmobiliario

Son los que se derivan del arrendamiento, constitución o cesión de derechos o facultades de uso o disfrute sobre bienes inmuebles rústicos o urbanos o derechos reales que recaigan sobre ellos.

— *Rendimientos íntegros:* son los importes que por todos los conceptos deba satisfacer el adquirente cesionario, arrendatario o subarrendatario, incluido en su caso el correspondiente a todos aquellos bienes cedidos con el inmueble y excluido el IVA o en su caso el IGIC.

— *Gastos deducibles:* se pueden deducir del rendimiento íntegro:

A) Todos los gastos necesarios para su obtención, así como las cantidades destinadas a la amortización del inmueble y los demás bienes cedidos con los mismos. Entre otros destacamos los siguientes:

- Los intereses de capitales invertidos en la adquisición o mejora del bien.
- Los tributos o recargos no estatales.
- Los saldos de dudoso cobro.
- Las cantidades devengadas por terceros como consecuencia de servicios personales.

B) Las cantidades destinadas a la amortización del inmueble y de los demás bienes cedidos con éste, siempre que respondan a su depreciación efectiva, en las condiciones que reglamentariamente se establezcan.

Reducción del 50% en arrendamientos de inmuebles destinados a vivienda. Reducción del 40% en rendimientos con período de generación superior a dos años u obtenidos de forma irregular en el tiempo.

2.3. Rendimientos de capital mobiliario

Tendrán la consideración de rendimientos íntegros de capital mobiliario los siguientes:

2.3.1. Rendimientos obtenidos por la participación en los fondos propios de cualquier tipo de entidad.

2.3.2. Rendimientos obtenidos por la cesión a terceros de capitales propios.

2.3.3. Rendimientos procedentes de operaciones de capitalización, de contratos de seguros de vida o de invalidez, excepto cuando, con arreglo a lo previsto en el art. 17.2.a) de la LIRPF, deban tributar como rendimientos de trabajo.

2.3.4. Otros rendimientos de capital inmobiliario (procedentes de propiedad intelectual, cuando el contribuyente no sea el autor, los procedentes de asistencia técnica. Los procedentes de arrendamiento de bienes muebles, etc.).

— Gastos deducibles: art. 25 Ley IRPF.

Se señalan como gastos deducibles más comunes los de administración y depósito de valores negociables, y con carácter excepcional los de la asistencia técnica y arrendamientos de negocios, bienes muebles y minas, necesarios para la obtención de los citados rendimientos.

— Rendimiento neto = Ingresos íntegros − Gastos deducibles.

— Rendimiento reducido = Rendimiento neto − Reducciones (art. 25.2 de la Ley IRPF).

Los rendimientos netos previstos en el apartado 4 del art. 25 de la LIRPF con un período de generación superior a dos años o que se califiquen reglamentariamente como obtenidos de forma notoriamente irregular en el tiempo, se reducirán en un 40%.

2.4. Rendimiento de actividades económicas

Vienen determinados por la existencia de una organización autónoma de medios de producción, o recursos humanos y por tener la finalidad de intervenir en la producción o distribución de bienes o servicios.

Ejemplos de estas actividades:

a) Actividades extractivas.

b) De comercio.

c) De prestación de servicios.

d) Agrícolas, ganaderas o forestales.

e) De fabricación, pesqueras, construcción.

f) Mineras, profesiones liberales artísticas, etc. Hay que distinguir a la vez entre:

A) Rendimientos de actividades profesionales que son las derivadas del ejercicio de las actividades incluidas en las Secciones 2.ª y 3.ª del Impuesto de Actividades Económicas.

B) Rendimientos de actividades empresariales que se derivan del ejercicio de actividades incluidas en la Sección 1.ª del citado impuesto.

2.5. Imputación de rentas

A) Inmobiliarias. Tienen la condición de rentas inmobiliarias imputadas aquellas rentas que el contribuyente debe incluir en su base imponible por ser propietario y titular de derechos reales de uso o disfrute sobre bienes inmuebles urbanos que reúnan los siguientes requisitos:

a) Que no constituya la vivienda habitual del contribuyente.

b) Que no estén afectos a actividades económicas.

c) Que no generen rendimientos de capital inmobiliario.

d) Que no se trate de inmuebles en construcción, o inmuebles no susceptibles de uso.

e) Que se trate de inmuebles urbanos.

— La determinación del importe de la renta imputable se realiza mediante la aplicación de los siguientes porcentajes:

- 2%, con carácter general, del valor catastral del inmueble que figure en el IBI.
- 1,1% en diversos supuestos.

B) De entidades en régimen de transparencia fiscal.

C) De entidades en régimen de transparencia fiscal internacional.

D) Por cesión de derechos de imagen.

E) Por socios o partícipes en instituciones de inversión colectiva constituidas en paraísos fiscales.

F) De agrupaciones de interés económico, españolas y europeas, y de uniones temporales de empresas.

2.6. Ganancias y pérdidas patrimoniales

Art. 33 de la Ley de IRPF

Para que se produzca una ganancia o pérdida patrimonial deben cumplirse los siguientes requisitos:

— Existencia de una alteración en la composición del patrimonio del contribuyente.

— Que como consecuencia de dicha alteración se produzca una variación en el valor del patrimonio del contribuyente.

— Que no exista norma legal que expresamente exceptúe de gravamen dicha ganancia o la haga tributar como rendimiento.

Ganancias patrimoniales no sujetas al IRPF

— Las sujetas al Impuesto de Sucesiones.

— Las que resultan aplicables coeficientes reductores del 100% en función del período de generación.

Ganancias patrimoniales exentas del IRPF

— Donaciones de bienes con derecho a deducción en la cuota.

— Transmisión de vivienda habitual por mayores de 65 años.

— Entrega de bienes de Patrimonio Histórico en pago de IRPF.

La determinación del importe de la ganancia o pérdida patrimonial. Regla general

Viene determinado dicho importe por la diferencia entre los valores de transmisión y adquisición del elemento patrimonial.

El valor de adquisición está formado por la suma de:

a) Importe real por el que dicha adquisición se hubiera efectuado.

b) Coste de las inversiones y mejoras efectuadas.

c) Gastos y tributos inherentes a la adquisición.

d) Se minorará el importe de las amortizaciones fiscalmente deducibles (según tablas).

El valor de transmisión está formado por:

a) El valor real de la enajenación que se hubiere efectuado.

b) Se minorarán los gastos y tributos inherentes a la transmisión.

Los valores de adquisición se actualizarán atendiendo a unos coeficientes aplicables, teniendo en cuenta los años de permanencia del bien transmitido en el patrimonio del vendedor. A efectos del cálculo de la ganancia y pérdida patrimonial los coeficientes de actualización del valor de adquisición han sido modificados por la Ley de Presupuestos Generales del Estado, Ley 2/2008, para el año 2009 para las transmisiones de inmuebles no afectos a actividades económicas. En el caso de inmuebles afectos, son de aplicación los coeficientes previstos para el Impuesto de Sociedades del RD Legislativo 4/2004.

3. *Renta del período impositivo*

Se divide en:

A) Parte general de la renta del período compuesta por:

a) Rendimientos.

b) Imputaciones de renta.

c) Ganancias y pérdidas patrimoniales con período de generación igual o inferior a un año.

B) Parte especial de la renta del período, compuesta por:

a) Ganancias o pérdidas patrimoniales con período de generación superior a un año.

b) Rendimientos derivados de la transmisión, amortización o reembolso de valores de Deuda Pública adquiridos antes del 31 de diciembre de 1996.

4. Base imponible. Régimen de determinación. Parte general y parte especial

Los regímenes de determinación del Rendimiento Neto de las actividades económicas, bien sean empresariales, mercantiles o no mercantiles o profesionales, son los siguientes:

— **Estimación Directa Normal.** La aplican los empresarios o profesionales en los que concurra alguna de estas circunstancias:

a) Que el importe neto de la cifra de negocios del conjunto de sus actividades supere los 600.000 euros en el año inmediatamente anterior.

b) Que hayan renunciado a la Estimación Directa Simplificada.

El rendimiento neto en la Estimación Directa Normal = Ingresos íntegros − Gastos deducibles.

El rendimiento neto reducido en la EDN = Rendimiento Neto − Reducción de rendimientos con período de generación de dos años y los obtenidos de forma notoriamente irregular (40%).

— **Estimación Directa Simplificada.** La aplican empresarios y profesionales en los que concurra alguna de estas dos circunstancias:

a) Que su actividad no sea susceptible de acogerse a la Estimación Objetiva.

b) Que hayan renunciado o estén excluidos de la Estimación Objetiva siempre que, además, el importe de la cifra neta de negocio de todas sus actividades no superen los 600.000 euros anuales y no hayan renunciado a la Estimación Directa Simplificada.

El rendimiento neto en la EDS =

Ingresos Íntegros

Gastos deducibles (excepto provisiones y amortizaciones)

Amortizaciones (según tablas)

= Diferencia

5% de la diferencia positiva

= Rendimiento neto

Reducción de rendimientos con período de generación superior a 2 años y de los obtenidos de forma irregular (40%).

= Rendimiento neto reducido.

— **Estimación Objetiva.** La aplican empresarios y profesionales en los que concurra alguna de estas circunstancias:

Que su actividad esté entre las relacionadas en la Orden de Hacienda 225/2003, modificada por la Orden 701/2003, y no excluida.

Que el volumen de los rendimientos netos no supere los 450.000 euros anuales para el conjunto de actividades ni 300.000 euros anuales para las agrícolas y ganaderas.

Que el volumen de compras no supere los 300.000 euros anuales.

Que las actividades no se desarrollen fuera del ámbito de aplicación del impuesto.

Que no haya renunciado a la aplicación de la Estimación Objetiva.

Obtención del rendimiento neto en la EO:

Número de unidades de módulos

× Rendimiento anual por unidad

= Rendimiento neto previo

− Minoración por incentivos al empleo y amortización (según tabla)

= Rendimiento neto minorado × Índices correctores = Rendimiento neto módulos

− Gastos extraordinarios

+ Otras percepciones empresariales = Rendimiento neto de la actividad

— Reducción de rendimientos con período de generación superior a dos años y de los obtenidos de forma notoriamente irregular en el tiempo (40%) = Rendimiento neto reducido de la actividad.

— **Parte general de la base imponible** = Parte general de la renta del período (formada por el saldo positivo o negativo de los rendimientos e imputaciones de rentas y el saldo positivo de las ganancias y pérdidas generadas hasta un año) − Mínimo familiar (estipulado en 3.400 euros anuales en tributación individual y 6.800 euros en caso de tributación conjunta y 5.550 euros en caso de unidad familiar integrada por padre o madre e hijos).

— **Parte especial de la base imponible** = Parte especial de la renta del período (formada por el saldo positivo de las ganancias y pérdidas generadas en más de un año). Mínimo familiar (en caso de no aplicación anterior).

Determinación de la base liquidable

La base liquidable es el resultado de aplicar a la base imponible las reducciones que resulten procedentes.

Reducciones en la base imponible:

a) Por aportaciones y contribuciones a sistemas de previsión social. Art. 51 LIRPF.

b) Por aportaciones y contribuciones a sistemas de previsión social constituidos a favor de personas con discapacidad. Art. 53.

c) Por aportaciones a patrimonios protegidos de las personas con discapacidad. Art. 54.

d) Por pensiones compensatorias. Art. 55.

Adecuación del impuesto a las circunstancias personales y familiares del contribuyente.

— Mínimo personal y familiar. Art. 56.

— Mínimo del contribuyente. Art. 57.

— Mínimo por descendientes. Art. 58.

— Mínimo por ascendientes. Art. 59.

— Mínimo por discapacidad. Art. 60.

La Ley 2/2008 de Presupuestos Generales del Estado para el ejercicio 2009 ha modificado las cantidades previstas en los citados mínimos, y la asimilación de las distintas personas dentro de estas categorías, modificando algunas condiciones y requisitos para estas categorías.

5. *Base liquidable general y especial*

Base liquidable general = Parte general de la base imponible − Reducciones de la base imponible.

Base liquidable especial = Parte especial de la base imponible − Remanente de las reducciones de la base imponible no aplicadas en la parte general.

6. *Determinación de las cuotas y resultados de la liquidación*

Gravamen de la base liquidable general con carácter estatal: aplicación de la escala determinada dependiendo de la cuantía de la base liquidable.

Gravamen de la base liquidable general con carácter autonómico: aplicación de la escala determinada dependiendo de la cuantía de la base liquidable.

La ya citada y repetida Ley 2/2008 de Presupuestos Generales ha modificado para el ejercicio 2009 la aplicación de la escala general y complementaria del Impuesto de la Renta, modificando el art. 63, apartado 1.º, y el apartado 1.º del artículo 74, sobre la aplicación de tipos a la base liquidable.

Gravamen de la base liquidable especial con carácter estatal: se grava al tipo marcado en las escalas citadas

Gravamen de la base liquidable especial con carácter autonómico: se grava al tipo fijo marcado por cada Comunidad Autónoma.

Estas aplicaciones dan lugar a la cuota íntegra estatal y autonómica, que deberán ser minoradas con las deducciones generales de la cuota, para que dé como resultado la cuota líquida.

7. *Deducciones en la cuota*

a) Por inversión y gastos de interés cultural.

b) Por donativos.

c) Por inversión en vivienda habitual.

d) Deducciones en actividades económicas.

e) Por rentas obtenidas en Ceuta o Melilla.

f) Por cantidades depositadas en cuentas ahorro-empresa.

g) Deducciones autonómicas. Minorarán la cuota autonómica exclusivamente.

Cuota íntegra − Deducciones = Cuota líquida − Determinadas deducciones = Cuota resultante de la liquidación − Retenciones y pagos a cuenta realizados en el ejercicio = RESULTADO DE LA DECLARACIÓN.

8. *Pago del impuesto*

Si el resultado de la declaración es positiva, se debe realizar el pago del impuesto dentro del plazo de presentación del impuesto, mayo-junio del año natural siguiente. Existiendo posibilidad del pago fraccionado en dos partes: 60% dentro del citado período y el 40% restante el 5 de noviembre siguiente. Si el resultado de la declaración es negativo o a devolver, deberá ser presentada en el período comprendido entre el 1 de mayo y el 30 de junio, indicando la forma en la que se abonará dicha devolución, bien por transferencia bancaria a la cuenta que se señale o mediante cheque bancario.

II. IMPUESTO SOBRE SOCIEDADES

El Impuesto sobre Sociedades es un impuesto de carácter directo y naturaleza personal que grava la renta de las sociedades y demás entidades jurídicas no sometidas al Impuesto sobre la Renta de las Personas Físicas, así como las entidades sin personalidad jurídica cuando así lo determine su legislación específica.

1. Hecho imponible y sujetos pasivos

Constituirá el hecho imponible la obtención de renta, cualquiera que sea su fuente u origen, por el sujeto pasivo.

Será sujeto pasivo del impuesto:

a) Las personas jurídicas, excepto las sociedades civiles.

b) Los fondos de inversión.

c) Las uniones temporales de empresa.

d) Los fondos de pensiones.

e) Los fondos de regulación del mercado hipotecario.

f) Los fondos de titulación hipotecaria.

g) Los fondos de garantías de inversiones.

Sujetos pasivos por obligación personal de contribuir serán las entidades que tengan su residencia en territorio español, que serán gravadas por la totalidad de las rentas que obtengan, con independencia del lugar donde se hayan producido, y cualquiera que sea la residencia del pagador. Son residentes en territorio español las entidades en las que concurra alguno de estos requisitos: que se hubieran constituido con arreglo a las leyes españolas, que tengan su domicilio en territorio español, que tengan su sede de dirección efectiva en territorio español.

2. Exenciones

— **Exención total**

Están exentas del impuesto:

a) El Estado, las Comunidades Autónomas y las Entidades Locales.

b) Organismos Autónomos del Estado y entidades análogas de las Comunidades Autónomas y Entidades Locales.

c) El Banco de España, y los Fondos de Garantía de Depósitos y de Inversiones.

d) Entidades Públicas gestoras de la Seguridad Social.

e) Instituto de España y Reales Academias Oficiales.

f) Otros.

— **Exención parcial**

Determinadas entidades cuyo fin de su actividad no es el ánimo de lucro, gozarán de una exención parcial en el Impuesto de Sociedades, que se reconoce para sus actividades con cierto contenido social. Estando exentas las actividades con adquisiciones y transmisiones realizadas a título lucrativo, las rentas generadas de transmisiones onerosas, que se destinen a reinversiones relacionadas con objetivos sociales.

Como ejemplo de entidades que gozan de este tipo de exención podemos señalar las entidades benéficas o de utilidad pública, las entidades e instituciones sin ánimo de lucro, los partidos políticos, sindicatos, colegios profesionales, asociaciones empresariales, cámaras oficiales, etc.

ESQUEMA DE LIQUIDACIÓN DEL IMPUESTO

Resultado contable
Correcciones del resultado contable

Base imponible previa
Compensación base imponibles negativas de ejercicios anteriores

---

Base imponible
Tipo de gravamen

Cuota íntegra
Deducciones doble imposición
Bonificaciones

Cuota íntegra ajustada positiva
Deducción por inversiones

Cuota líquida positiva
Retenciones e ingresos a cuenta
Deducciones

Cuota a ingresar o a devolver
Pagos fraccionados

Cuota a ingresar o devolver
Intereses de demora

Líquido a ingresar o devolver

3. Base imponible

La base imponible del impuesto estará constituida por el importe de la renta en el período impositivo, minorada por la compensación de bases imponibles negativas de ejercicios anteriores.

La base imponible se determinará por el Régimen de Estimación Directa, por el de Estimación Objetiva cuando así lo disponga la LIS y subsidiariamente por el de Estimación Indirecta, de conformidad con lo dispuesto en la LGT.

Estimación Directa. En este régimen la base imponible se calculará corrigiendo, mediante la aplicación de los preceptos recogidos en la Ley del Impuesto sobre Sociedades, el resultado contable determinado de acuerdo con las normas del Código de Comercio, en las demás leyes relativas a dicha determinación y en las disposiciones que se dicten en desarrollo de las citadas normas.

Base imponible = Renta del período impositivo – Compensación de bases imponibles negativas de períodos impositivos anteriores.

Renta del período impositivo = Resultado contable ± Ajustes extracontables.

Por tanto:

Base imponible = Resultado contable ± Ajustes extracontables – Compensación de bases imponibles negativas de períodos impositivos anteriores.

Estimación Objetiva. La base imponible puede calcularse mediante la aplicación de signos, índices o módulos, cuando así lo determine la LIS para sectores de actividad que se designen. No obstante, la aplicación de este cálculo es en la actualidad de escasa utilización.

Estimación Indirecta. Con carácter subsidiario y para el caso de que no sea de aplicación el cálculo de la base imponible por estimación directa, resultará de aplicación la posibilidad de determinar la base, total o parcialmente, mediante estimación indirecta, método éste que se utiliza cuando la Administración no puede conocer los datos necesarios para la estimación completa de las bases imponibles, porque no se presenten las declaraciones por el sujeto pasivo, se produzca obstrucción, resistencia, excusa o negativa a la actuación inspectora, o haya un incumplimiento de las obligaciones contables.

3.1. Amortizaciones. Corrección de valor

Podemos calificarlas como las correcciones del valor de adquisición de los elementos patrimoniales del inmovilizado material (edificaciones sin incluir valor del suelo) inmovilizado inmaterial (concesiones administrativas, fondo de comercio, marcas derechos de traspaso, etc.). La pérdida del valor sistemático de estos elementos se refleja mediante las correspondientes amortizaciones, recogiendo la LIS que serán deducibles las cantidades que en concepto de amortización del inmovilizado material o inmaterial, correspondan a la depreciación efectiva que sufran los distintos elementos por funcionamiento, uso, disfrute u obsolescencia.

Dos son los principios de amortización:

Principio contable. Dependiendo de que se trate de inmovilizado material o inmaterial. En el caso del primero, para el cálculo de la cuota anual de amortización, se tendrán en cuenta una serie de reglas como el valor amortizable, el valor residual (valor a recuperar de la venta del elemento patrimonial), la vida útil, los métodos de amortización, el inicio del proceso de amortización y las modificaciones que pudieran producirse en el método de amortización o la estimación de la vida útil. En el caso del inmovilizado inmaterial, las reglas de aplicación serán las del valor de amortización, la vida útil, momento de inicio de la amortización y los métodos empleados.

Principios fiscales. Se admiten los principios contables recogidos anteriormente, si bien se considera que el gasto por amortización será deducible cuando se trate de activo inmovilizado, que se aplique la depreciación efectiva, que los métodos de amortización se admitan legalmente, que la amortización se recoja en la contabilidad y que la amortización acumulada no supere, en ningún caso, el valor de adquisición.

El valor que sirve de base para el cálculo de las amortizaciones, como regla general, es el valor de adquisición del inmovilizado material o inmaterial, realizándose el cálculo de aquélla, según el método de tablas, sistema recogido en el art. 11 de la LIS y en el art. 2 del Reglamento del Impuesto sobre Sociedades, el método de amortización degresiva, art. 11 de la LIS y 3 y 4 del RIS, métodos especial recogidas en el citado artículo de la LIS y en el núm. 5 del RIS.

3.2. Provisiones. Corrección de valor

Constituyen la expresión contable de la cobertura de riesgo de las posibles insolvencias:

a) De deudores, cuando en el momento del devengo del impuesto concurra que haya transcurrido el plazo de un año desde el vencimiento de la obligación, o que el deudor esté declarado en quiebra o concurso de acreedores, suspensión de pagos, etc., o que el deudor esté procesado por delito de alzamiento de bienes, o que las obligaciones hayan sido reclamadas judicialmente.

b) De insolvencias de entidades financieras, siendo deducibles las dotaciones a la provisión para cobertura de riesgo de las posibles insolvencias de los deudores, hasta el importe de las cuantías mínimas establecidas por el Banco de España, salvo los créditos objeto de procedimiento judicial o arbitral adeudados o afianzados por entidades de derecho público y los garantizados mediante derechos reales cuyo objeto sean viviendas terminadas.

c) De depreciación de existencias. Se aplica la norma contable en la materia excepto para los fondos editoriales, fonográficos y audiovisuales, con régimen específico recogido en la Ley.

d) De la pérdida de valor de los elementos patrimoniales adquiridos en pago de créditos calificados como dudosos.

e) De provisiones por la cobertura de reparaciones extraordinarias de elementos patrimoniales.

f) Otras provisiones.

No serán fiscalmente deducibles los gastos que no se hayan imputado contablemente en la cuenta de pérdidas y ganancias, o en una cuenta de reservas, debiéndose imputar, en el período impositivo que corresponda, los ingresos y gastos imputados contablemente en la cuenta de pérdidas y ganancias en un período impositivo distinto de aquel en el que proceda su imputación temporal.

3.3. Gastos

Para que los gastos sean admitidos como deducibles han de cumplir una serie de condiciones, que señalamos a continuación. Deberán estar justificados a través de su correspondiente factura o documento admitido; deberán igualmente estar contabilizados e imputados en el ejercicio en el que se devengan. No serán deducibles, según lo dispuesto en el art. 14 de la LIS, los que representen retribución de los fondos propios, los derivados de la contabilización de tributos, las multas y sanciones penales y administrativas, las pérdidas del juego, los donativos y liberalidades, los fondos internos, los gastos de servicios de operaciones realizadas con personas o entidades residentes en paraísos fiscales.

4. Reglas de valoración

La regla general de valoración de los elementos patrimoniales será la del precio de adquisición o coste de producción. Es decir, que coincidiendo con la normativa contable podemos decir que se valoran fiscalmente los citados elementos patrimoniales por su valor contable.

Como regla especial serán valorados por el valor normal de mercado determinados elementos patrimoniales como: los transmitidos o adquiridos a título lucrativo; los aportados a entidades y los valores recibidos en contraprestación; los transmitidos a los socios por causa de disolución, separación de los mismos, reducción de capital con devolución de aportaciones, reparto de prima de emisión, distribución de beneficios; los transmitidos en virtud de fusión, absorción y escisión total o parcial; los adquiridos por permuta; los adquiridos por canje o conversión. En todos estos casos se entiende valor normal de mercado el que hubiere sido acordado en condiciones normales de mercado entre partes independientes, estándose a lo dispuesto para estos casos en lo previsto en el art. 16.3 de la LIS.

La integración en la base imponible de estas operaciones viene recogida en el art. 15 de la LIS, y en el siguiente se desarrollan las reglas de valoración de las operaciones vinculadas en las que la Administración Tributaria podrá valorar, dentro del período de prescripción por su valor nominal de mercado, las operaciones efectuadas entre personas o entidades vinculadas (sociedad y socios, sociedad y sus administradores, sociedad y cónyuges, ascendientes o descendientes de los socios o administradores), cuando la valoración convenida hubiere determinado, considerando el conjunto de las personas o entidades vinculadas, una tributación en España, inferior a la que hubiera correspondido por aplicación del valor normal de mercado o un diferimiento de dicha tributación.

5. *Imputación temporal de ingresos y gastos*

Los ingresos y gastos se imputarán en el período impositivo en el que se devenguen atendiendo a la corriente real de bienes y servicios que los mismos representen, con independencia del momento en el que se produzca la corriente monetaria o financiera, respetando la debida correlación entre unos y otros.

Los sujetos pasivos pueden utilizar, sin alterar la calificación fiscal, criterios de imputación distintos al del devengo de ingresos y gastos, bien porque la norma fiscal lo permita (en los ingresos, operaciones a plazo o con pago aplazado, o diferimiento por reinversión de beneficios extraordinario en períodos impositivos iniciados antes del 1 de enero de 2002, o en los gastos, cuotas de adquisición de leasing o libertad de amortización) o por voluntad de los sujetos pasivos (cuando otro criterio de imputación distinto al devengo permita ver la imagen fiel de la empresa, que los ingresos y gastos se contabilicen según el criterio de imputación adoptado distinto del devengo, que la Administración Tributaria apruebe la eficacia fiscal de los criterios de imputación utilizados en contabilidad). La utilización de criterios distintos al de devengo estará supeditado a la aprobación por la Administración Tributaria, a la que se le debe solicitar la descripción de qué ingresos y gastos están afectados, el criterio a aplicar, la justificación de esta actuación y su incidencia fiscal, debiéndose presentar la solicitud dentro de los seis meses anteriores a la finalización del primer período impositivo, siendo el plazo de la Administración para resolver de otros seis meses.

6. *Rentas exentas*

El art. 21 de la LIS recoge el método de exención para evitar la doble imposición internacional sobre dividendos y rentas derivadas de la transmisión de participaciones de entidades no residentes. Peculiaridad de este régimen es que es voluntario, pudiendo optar la entidad residente en territorio español entre integrar en su base imponible las rentas extranjeras y aplicar las deducciones que pudieran corresponderle según los arts. 31 y 32 de la LIS, o no integrarlas en su base imponible aplicando el régimen de exención citado en el art. 21 del mismo cuerpo legal. Para la aplicación de la exención se requiere: que los porcentajes de participación directa o indirecta en el capital o en los fondos propios de la entidad no residente sean al menos del 5%; que la entidad participada haya estado gravada por un impuesto de naturaleza análoga a este impuesto en el ejercicio en que se hayan obtenido los dividendos que se reparten o en los que se participe; que los beneficios que se repartan o en los que se participa procedan de la realización de actividades empresariales en el extranjero.

7. *Compensación de pérdidas*

La base imponible del impuesto puede resultar positiva, en cuyo caso se procederá a liquidar el impuesto, o por el contrario puede ser negativa, con lo cual la entidad tiene derecho a su compensación, o en su caso a la devolución de las retenciones, pagos fraccionados e ingresos a cuenta realizados. El plazo de compensación es el de quince años, en el cual las bases imponibles negativas de un período impositivo pueden ser compensadas con las rentas positivas generadas en los períodos impositivos que concluyan dentro de los citados quince años. Para las entidades de nueva creación se señala un régimen de compensación especial recogido en el art. 25.3 y 4 de la LIS.

Las bases imponibles negativas no serán compensables en los casos señalados en el art. 25.2 de la LIS.

En cada ejercicio se podrá realizar la compensación de la forma que el sujeto pasivo considere conveniente siempre que la compensación no exceda de la renta positiva del ejercicio y que no supere el importe acumulado de las bases imponibles negativas obtenidas en los quince años anteriores.

8. Deuda tributaria

— Cuota íntegra

La cuota íntegra es el resultado de aplicar el tipo de gravamen sobre la base imponible positiva obtenida por la entidad en el período impositivo. La cuota puede ser positiva si lo es a su vez la base imponible, o cuota 0 si la base imponible fuera cero o negativa. En general el tipo de gravamen es el del 35%, siendo para las entidades de reducida dimensión el 30%.

— *Deducciones sobre la cuota íntegra*

a) Deducciones por doble imposición interna. Procede esta deducción cuando entre las rentas del sujeto pasivo existan dividendos o participaciones en beneficios de otras empresas extranjeras residentes en España. En este caso se minora de la cuota íntegra un determinado porcentaje de producto de la base imponible derivada de los dividendos, por el tipo impositivo correspondiente a la sociedad perceptora del dividendo o dividendos y participación en beneficios.

b) Deducciones para evitar la doble imposición internacional por dividendos y participación en beneficios. Esta deducción en la cuota tiene por objeto evitar la doble imposición económica que se manifiesta cuando una sociedad matriz residente en España percibe dividendos y participación en beneficios de sus filiales en el extranjero, en la medida en que el beneficio del cual procede el dividendo tributó en la sociedad filial y el dividendo que se recibe se grava nuevamente en la sociedad matriz cuando lo recibe.

— *Bonificaciones en la cuota íntegra*

Se establecen una serie de bonificaciones cuya existencia está basada en razones de política económica o social.

Las bonificaciones vienen recogidas en los arts. 33 y 34 de la LIS. Las bonificaciones recogidas en la Ley son las siguientes:

a) Servicios públicos locales. La bonificación en la cuota íntegra del IS se refiere la parte de la misma que se corresponda con rentas que se deriven de la prestación de servicios de competencia de las entidades locales territoriales.

b) Exportación de producciones cinematográficas y de libros. El importe de la bonificación alcanza el 99% de la cuota del IS que corresponda a las rentas derivadas de tales actividades.

c) Actividades en Ceuta y Melilla. El importe de la bonificación alcanza el 50% de la cuota del IS que corresponda a las rentas obtenidas en estas ciudades.

d) Otras bonificaciones.

— *Deducción por inversiones*

Vienen reguladas en los arts. 35 al 44 de la LIS, y se han convertido en una de las principales llamadas para incentivar la riqueza nacional mediante la inversión empresarial directa. Se pueden dividir en dos grupos: las pertenecientes al régimen común, entre las que podemos citar la edición de libros y producción cinematográfica, las medioambientales de instalaciones, de vehículos, de aprovechamiento de energías renovables, transporte de carretera, servicios de guardería infantil, empresas exportadoras, I + D, Bienes de Patrimonio Histórico Español, y las pertenecientes al régimen específico, como el programa PREVER, las sociedades de desarrollo industrial regional, Canarias, Almería 2005, Ruta del Quijote y otras.

9. Líquido a ingresar o a devolver

Una vez practicadas las deducciones, se obtiene la cuota líquida positiva que minorada con las retenciones y los ingresos a cuenta darán la cuota a ingresar o a devolver, que minorada con los pagos fraccionados dará como resultado el líquido a ingresar o a devolver.

10. Gestión del impuesto

— Retenciones e ingresos a cuenta

Deberán practicarse retención, en concepto de pago a cuenta del IS correspondiente al preceptor, respecto de:

a) Rentas derivadas de la participación en fondos propios de cualquier tipo de entidad, de la cesión a terceros, de capitales propios.

b) Los premios derivados de las participación en juegos, concursos, rifas o combinaciones aleatorias, estén o no a la oferta, promoción o venta de determinados productos, bienes o servicios.

c) Las contraprestaciones obtenidas como consecuencia de la atribución de cargos de administrador o consejeros de otras sociedades.

d) Las rentas procedentes de la cesión de derechos de imagen. Las rentas procedentes de arrendamiento de inmuebles urbanos.

e) Las obtenidas como consecuencia de transmisiones, reembolsos de acciones o participaciones representativas del capital o patrimonio de instituciones de inversión colectiva.

f) Pagos fraccionados.

La Ley 2/2008 de Presupuestos ha modificado la Ley del Impuesto sobre Sociedades señalando que, respecto de los períodos impositivos que se inicien durante el ejercicio fiscal 2009, el apartado a que se refiere el apartado 4 del artículo 45 del Texto Refundido de la Ley del Impuesto sobre Sociedades será el 18% para la modalidad de pago fraccionado prevista en el apartado 2 del mismo. Las deducciones y bonificaciones a los que se refiere dicho apartado incluirán todas aquellas otras que le fueren de aplicación al sujeto pasivo.

Están obligados al pago fraccionado los residentes en España a cuenta del IS y los establecimientos permanentes en territorio español de sociedades no residentes en España, a cuenta del Impuesto sobre la Renta de No Residentes.

El importe de los pagos fraccionados se determina en dos opciones:

a) Dentro de los primeros veinte días de los meses de abril, octubre y diciembre, aplicando un pago fraccionado del 18% de la cuota íntegra correspondiente al último período impositivo cuyo plazo reglamentario de declaración estuviese vencido el día uno de los citados meses.

b) Dentro de los mismos plazos, aplicando el resultado de multiplicar por 5/7 por el tipo de gravamen de la entidad, redondeando por defecto sobre la parte de la base imponible de los 3, 9 y 11 primeros meses de cada año natural, deduciendo las bonificaciones que procedan, las retenciones e ingresos a cuenta soportados, y, en su caso, pagos fraccionados efectuados.

Esta modalidad es obligatoria para los sujetos pasivos cuyo volumen de operaciones supere los 6.010.121,04 euros durante los doce meses anteriores a la fecha de comienzo del período impositivo.

La nueva normativa del IRPF ha procedido a incorporar en el RIS los nuevos porcentajes de retención, que son los siguientes:

— Porcentaje de retención o ingreso a cuenta con carácter general, el 18% (antes el 15%)

— Rentas procedentes de cesión de derechos, o explotación de la imagen, el 24% (antes el 20%).

La Ley 2/2008 también modifica los coeficientes de corrección monetaria para el ejercicio 2009 previstos en el artículo 15.9.a) de la Ley del Impuesto sobre Sociedades en función del momento de adquisición del elemento patrimonial transmitido y su aplicación sobre el precio de adquisición, coste de producción o sobre las amortizaciones contabilizadas.

III. EL IMPUESTO SOBRE EL PATRIMONIO

1. Concepto

El Impuesto sobre el Patrimonio es un tributo de devengo anual, de carácter directo y naturaleza personal, que grava el patrimonio neto del que fuesen titulares las personas físicas a 31 de diciembre de cada año.

2. Ámbito territorial

El impuesto se exige en todo el territorio español. No obstante, se estará a lo establecido en los distintos regímenes tributarios especiales por razón del territorio y de los tratados o convenios internacionales de los que España sea parte.

3. Ámbito personal

Se consideran sujetos pasivos del impuesto sólo las personas físicas, excluyéndose por tanto las personas jurídicas y los entes sin personalidad jurídica señalados en la Ley General Tributaria.

Característica importante de este impuesto es su tributación individual.

Se grava la totalidad del patrimonio del sujeto pasivo, con independencia del lugar donde radiquen los bienes o puedan ejercitarse los derechos.

Están sometidos al impuesto por obligación personal:

— Las personas físicas, españolas o extranjeras que sean residentes en territorio español.

— Los representantes y funcionarios del Estado español en el extranjero en los términos establecidos en el IRPF. Están sujetos al impuesto por obligación real: las personas físicas que no tengan residencia habitual en territorio español, pero sean titulares de bienes radicados o de derechos ejercitables en el mismo.

— Los representantes y funcionarios del Estado español en el extranjero cuando se consideren no residentes en los términos establecidos en el IRPF.

4. Hecho imponible

El hecho imponible del impuesto es el patrimonio neto de las personas físicas, entendiéndose como tal el conjunto de bienes y derechos de contenido económico de que sea titular una persona física, con deducción de las cargas y gravámenes que disminuyan su valor, así como las deudas y obligaciones personales de las que deba responder el sujeto pasivo.

Están exentos del impuesto:

a) Obras de arte y antigüedades.

b) Ajuar doméstico.

c) Derechos consolidados en planes de pensiones.

d) Propiedad intelectual o industrial.

e) Valores en manos de no residentes.

f) Patrimonio empresarial y participaciones en entidades.

f.1) Bienes y derechos. Quedan exentos los bienes y derechos de las personas físicas necesarios para el desarrollo de la actividad empresarial o profesional, siempre que dicha actividad constituya la principal fuente de renta del sujeto pasivo y que éste la ejerza de modo habitual, personal y directo.

f.2) Participaciones. Están exentas las participaciones en entidades, con o sin cotización en mercados organizados, cuya titularidad corresponda al sujeto pasivo, siempre que se cumplan los requisitos recogidos en la Ley.

5. *Imputación del patrimonio*

El Impuesto sobre el Patrimonio es de aplicación estrictamente individual, por lo que es necesario delimitar los elementos patrimoniales pertenecientes a cada persona física. De esta forma se delimita que los bienes y derechos pertenecientes a una unidad familiar se imputen a su titular de acuerdo con las normas jurídicas que regulan el régimen económico matrimonial y las relaciones patrimoniales entre los miembros de la misma. La titularidad de los bienes y derechos que correspondan a ambos cónyuges se atribuyen por mitad a cada uno de ellos; igual ocurre con las cargas, gravámenes, deudas y obligaciones, que serán atribuidas a los sujetos pasivos en función de las normas sobre la titularidad jurídica aplicables en cada caso; en los supuestos de divorcio y separación judicial, cada cónyuge deberá declarar los bienes y derechos propios.

6. *Liquidación del impuesto*

6.1. Base imponible

Se considera base imponible el patrimonio neto del sujeto pasivo.

Base imponible = Valor de los bienes y derechos – Importe de las deudas

6.1.1. Valor de los bienes y derechos

Se utiliza como regla general el valor tasado, y subsidiariamente el valor de mercado.

En caso de bienes inmuebles la valoración de los mismos atiende al valor mayor de los tres siguientes:

— Valor catastral.

— Valor comprobado por la Administración a efectos de otros tributos.

— El precio de la contraprestación o valor de adquisición.

— En caso de inmuebles en construcción, se valorarán por la cantidad invertida en el ejercicio.

- *Actividades económicas:* Con carácter general, cuando se lleva contabilidad ajustada al Código de Comercio, se computa en el Impuesto sobre el Patrimonio la actividad por el valor que resulte de aquélla, manifestada en la diferencia entre el activo real y el pasivo exigible. En el caso de que no existiera contabilidad se aplicarán las normas citadas en este impuesto.
- *Depósitos bancarios:* Los depósitos en cuentas corrientes, de ahorro, a la vista o a plazo o similares, se valorarán por el saldo final a 31 de diciembre, salvo que éste sea inferior al saldo medio del último trimestre, en cuyo caso se aplicará este último.
- *Valores negociados en mercados organizados:* En general, dependiendo de la diversidad de los valores nobiliarios, éstos se computarán según su valor de negociación media del último trimestre, en algunos casos, o por su valor último a 31 de diciembre.
- *Valores no negociados en mercados organizados*: También, como en el punto anterior, depende de los casos, valorándose bien por el nominal, o por el valor teórico de las acciones o, en algunos casos, el que resulte mayor: el nominal, el teórico, o el que resulte de capitalizar al 20% el promedio de los beneficios de los tres ejercicios sociales cerrados con anterioridad a la fecha del devengo del impuesto.
- *Seguros de vida:* Se valoran por el valor de rescate.
- *Joyas, pieles, vehículos:* Se valoran por su valor de mercado.
- *Valoración de las cargas y las deudas:* Son deducibles las cargas y gravámenes de naturaleza real que pesen sobre los bienes, y las deudas de carácter personal que serán valoradas por su nominal en la fecha de devengo del impuesto, siempre que cuenten con la debida justificación de las mismas.
- *Deudas y créditos tributarios:* Son deducibles las cuotas positivas de la declaración del IRPF, y las cuentas pendientes de liquidar e ingresar del Impuesto sobre Sucesiones en el caso de que los bienes heredados hayan pasado a ser parte del patrimonio del sujeto pasivo.

6.2. Base liquidable

Se obtiene restando de la base imponible la cantidad fijada como mínimo exento, cuyo importe es la cuantía que para cada ejercicio apruebe la Comunidad Autónoma respectiva.

6.3. Cuota íntegra

Se obtiene mediante la aplicación a la base liquidable, de la tarifa o escala de tipos del impuesto, cuya estructura es progresiva, por tramos, al igual que la del IRPF. La escala de tipos será en cada ejercicio la aprobada por cada Comunidad Autónoma. En la obtención de la cuota íntegra hay que tener en cuenta los límites de la misma, dado que se señala que el conjunto de las cuotas íntegras del IRPF y del IP no pueden superar el 70% de la base imponible del IRPF.

7. Gestión del impuesto. Obligados a declarar por obligación real y personal

Están obligados a presentar la declaración del impuesto:

— Los sujetos pasivos por obligación real cualquiera que sea el valor de su patrimonio neto.

— Los sujetos pasivos por obligación personal sólo si superan alguno de los situaciones siguientes: cuando su base imponible supere los 108.182 €, y cuando no dándose la anterior circunstancia, el valor de sus bienes o derechos, sea superior a 601.012,100 €.

8. *Lugar de presentación de la declaración, forma y plazos*

La declaración ha de presentarse juntamente con la del IRPF, en el modelo D-714 y en los mismos plazos del IRPF.

IV. IMPUESTO SOBRE TRANSMISIONES PATRIMONIALES Y ACTOS JURÍDICOS DOCUMENTADOS

1. *Concepto*

El Impuesto sobre Transmisiones Patrimoniales y Actos Jurídicos Documentados es un tributo de naturaleza indirecta, que en los términos establecidos en el Texto Refundido aprobado por RD 1/1993, de 24 de septiembre, gravará:

— Las transmisiones patrimoniales onerosas.

— Las operaciones societarias.

— Los actos jurídicos documentados.

Hay incompatibilidades entre los diversos conceptos del impuesto, por lo que se declara que en ningún caso un mismo acto podrá ser liquidado por el concepto de transmisiones patrimoniales o por el de operaciones societarias, exigiéndose el impuesto con arreglo a la verdadera naturaleza jurídica del acto o del contrato liquidable, cualquiera que sea la denominación que las partes le hayan dado, prescindiendo de los defectos, tanto de forma como intrínsecos, que puedan afectar a su validez y eficacia.

2. *Ámbito de aplicación*

2.1. Transmisiones patrimoniales onerosas

a) Los bienes de cualquier naturaleza situados en España estarán siempre sujetos al Impuesto de Transmisiones Patrimoniales y Actos Jurídicos Documentados.

b) Los bienes situados en el extranjero, si son inmuebles no están sujetos al impuesto; en caso de bienes muebles estarán sujetos, sólo en los casos en los que el obligado al pago sea residente en España y la transmisión surtiera efectos en nuestro territorio.

2.2. Operaciones societarias

El impuesto se exigirá en estas operaciones realizadas por entidades en las que concurra alguna de estas circunstancias:

a) Que tengan en España la sede de dirección efectiva.

b) Que tengan en España su domicilio social.

c) Que se realicen en España operaciones de su tráfico y no se encuentre situados en un Estado miembro de la Comunidad Económica Europea su sede de dirección o domicilio habitual.

2.3. Actos jurídicos documentados

El impuesto se exigirá por los actos jurídicos documentados que se formalicen en territorio nacional y por los que, habiéndose formalizado en el extranjero, surtan cualquier efecto económico o jurídico en España.

3. *Delimitación interna del impuesto*

Hay que distinguir dos situaciones:

a) La existencia de regímenes forales especiales, como son los del País Vasco y Navarra.

b) El sistema de régimen de cesión de tributos al resto de las Comunidades Autónomas.

Para ello será preciso acudir a lo dispuesto en el núm. 3 del art. 6, añadido en virtud de la Ley 14/1996, de 30 de diciembre, de cesión de tributos del Estado a las Comunidades Autónomas, y lo dispuesto en las leyes que aprueban los conciertos y convenio de la Comunidad Autónoma del País Vasco y la Comunidad Foral de Navarra.

A) TRANSMISIONES PATRIMONIALES ONEROSAS

- **Se consideran transmisiones patrimoniales sujetas**

a) La transmisión de cualquier clase de bienes o derechos, siempre que se trate de transmisiones onerosas, realizadas inter vivos, y los bienes o derechos que integren el patrimonio de las personas físicas o jurídicas.

b) La constitución de derechos reales, préstamos, fianzas, arrendamientos, pensiones y concesiones administrativas, salvo cuando estas últimas tengan por objeto la cesión del derecho a utilizar inmuebles o instalaciones en puertos o aeropuertos.

c) La ampliación posterior del contenido de los derechos que impliquen para su titular un incremento patrimonial.

d) Los actos equiparables a las transmisiones patrimoniales recogidas a efectos del impuesto.

- **Operaciones no sujetas**

No están sujetas al impuesto las operaciones señaladas en el punto anterior en los casos en los que sean realizadas por empresarios o profesionales en el ejercicio de su actividad o cuando constituyan entregas de bienes o prestación de servicios sujetas a IVA.

También son supuestos de no sujeción la recuperación del dominio como consecuencia del cumplimiento de una condición resolutoria y los excesos de adjudicación declarados que se produzcan como consecuencia de las adjudicaciones de bienes por disolución del matrimonio del cambio de régimen económico del mismo.

- **Base imponible**

Como regla general está constituida por el valor real del bien transmitido o derecho que se constituya o ceda. Únicamente serán deducibles las cargas que disminuyan el valor real de los bienes, pero no las deudas, aunque estén garantizadas en prenda o hipoteca. Se consideran deducibles las cargas o gravámenes de naturaleza perpetua, temporal o redimible que afecten a los bienes y aparezcan directamente establecidas sobre los mismos, como por ejemplo los censos o pensiones.

La regla general expuesta será de aplicación en todos aquellos supuestos en que no lo sea una de las reglas especiales contenidas en el número 2 del art. 10, en los arts. 13 a 17 del Texto Refundido del Impuesto, referidas a derechos reales de usufructo, de uso y habitación, de garantía (las hipotecas, prendas y anticresis se valorarán en el importe de la obligación o capital garantizado, comprendiendo las cantidades que se aseguren por intereses indemnizaciones, penas por incumplimiento u otro concepto análogo), otros derechos reales, arrendamientos, pensiones, transmisión de valores, actas de notoriedad para inscripción de aguas, concesiones administrativos y otros casos recogidos en el citado Texto Refundido.

- **Sujeto pasivo**

El beneficiario del desplazamiento patrimonial es el que está obligado al pago del impuesto a título de contribuyente, y cualquiera que sean las estipulaciones establecidas por las partes en contrato.

a) En las transmisiones de bienes y derechos de toda clase, el sujeto pasivo es el que los adquiere.

b) En los expedientes de dominio, las actas de notoriedad, las complementarias de documentos públicos, las personas que los promueven.

c) En la constitución de derechos reales, aquel a cuyo favor se realice el acto.

d) En la constitución de préstamos de cualquier naturaleza, el prestatario.

e) En la constitución de fianzas, el acreedor afianzado.

f) En la constitución de arrendamientos, el arrendatario.

g) En la constitución de pensiones, el pensionista.

h) En las concesiones administrativas, el concesionario.

Pluralidad de sujetos pasivos podrá existir en diversos casos, aplicándose el art. 35 del Reglamento del impuesto.

- **Cuota tributaria**

La cuota tributaria se obtendrá aplicando sobre la base liquidable los siguientes tipos:

— 7% se aplicará a las transmisiones de bienes inmuebles. Constitución y cesión de derechos reales sobre bienes inmuebles. Actos y contratos que comprenden bienes muebles e inmuebles sin especificar la parte de valor de cada uno de ellos.

— 4% se aplicará a las transmisiones de bienes muebles. Constitución y cesión de derechos reales sobre bienes muebles, concesiones administrativas, actos no comprendidos en este apartado.

— 1% se aplicará a la constitución de derechos reales de garantía, fianzas, pensiones, constitución de préstamos y emisión de obligaciones, cesión de créditos, etc.

Escala se aplicará para los arrendamientos. Estos tipos se aplican con carácter general, para el caso de que la Comunidad Autónoma que corresponda no haya aprobado los tipos a aplicar en su territorio.

B) OPERACIONES SOCIETARIAS

El Impuesto de Transmisiones Patrimoniales grava la realización de determinadas operaciones por sociedades y ciertas entidades asimiladas a las mismas (se incluyen sociedades civiles y mercantiles y de otra entidades que se asimilan a sociedades como personas jurídicas no societarias que persigan fines lucrativos, los contratos de cuenta en participación, la copropiedad de buques y otras asimiladas).

- **Se consideran operaciones sujetas:**

a) La constitución de sociedades, aumento de capital, aportaciones efectuadas por los socios para reponer pérdidas sociales, la fusión o escisión de sociedades.

b) La disolución de sociedades y la reducción del capital social.

c) El traslado a España de la sede de la dirección efectiva o del domicilio social de una sociedad, cuando ni una ni otro estuviesen situados en estados miembros de la CEE.

- **Se consideran operaciones no sujetas**

El aumento de capital con cargo a reservas constituidas exclusivamente por prima de emisión.

El cambio total o parcial del objeto social.

La prórroga y la transformación de sociedades.

- **Sujeto pasivo**

Estará obligado al pago del impuesto a título de contribuyente:

a) La sociedad en los casos de constitución, aumento de capital, fusión, escisión, traslado de sede o domicilio social y aportaciones de socios para reponer pérdidas.

b) Los socios, copropietarios, comuneros o partícipes, por los bienes y derechos recibidos en la disolución de sociedades y en la reducción del capital social.

- **Base imponible**

En los casos de constitución o aumento de capital.

Base imponible = Capital nominal + Prima de emisión

En los casos de disminución de capital y disolución de sociedad.

Base imponible = Valor real de los bienes y derechos sin deducciones

En los casos de fusión y escisión.

Base imponible = Cifra de capital social del nuevo ente creado o aumento de capital de la sociedad absorbente + Primas de emisión

Traslado de sede de dirección efectiva o de domicilio social.

Base imponible = Haber líquido que la sociedad tenga el día en que se adopte el acuerdo

- **Cuota tributaria**

Se obtendrá aplicando a la base liquidable el tipo de gravamen del 1%.

Tipo único del impuesto.

C) ACTOS JURÍDICOS DOCUMENTADOS

Se sujetan a gravamen, en los términos previstos en el Texto Refundido:

a) Los documentos notariales.

b) Los documentos mercantiles

c) Los documentos administrativos.

- **Documentos notariales**

Están sujetas las escrituras, actas y testimonios notariales, en atención a los actos o contratos que documentan. Será sujeto pasivo del impuesto el adquirente del bien o derecho, y en su defecto las personas que insten o soliciten los documentos notariales o aquellos a cuyo interés se expidan. La cuota tributaria de los documentos notariales están sujetos a una doble forma de gravamen: la cuota fija y la variable. La cuota fija implica un verdadero gravamen documental, en el que se prescinde del contenido del documento; en la variable tributa el documento en función de su contenido, con un tipo general de 0,5%, salvo otro aprobado por cada una de las Comunidades Autónomas.

- **Documentos mercantiles**

Están sujetas las letras de cambio, los documentos que realicen función de giro o suplan a aquéllas, los resguardos o certificados de depósito transmisibles, lo pagarés, bonos, obligaciones y demás títulos emitidos en serie, por plazo no superior a 18 meses. Serán sujetos pasivos del impuesto en las letras el librador y la base imponible será la cantidad girada; en los documentos de giro, la persona o entidad que los expidan, serán los sujetos pasivos y de igual forma que en el caso anterior la base imponible será la cantidad girada; en los resguardos de depósitos, pagarés, bonos y obligaciones, la persona o entidad que los expidan, serán los sujetos pasivos y la base imponible de los primeros será su importe nominal, y en los restantes el importe del capital que la entidad emisora se comprometa a reembolsar. La cuota tributaria está en función de la escala de gravamen recogida en el Texto Refundido, realizándose el pago por diversos documentos.

- **Documentos administrativos**

Están sujetas la rehabilitación y transmisión de grandezas y títulos nobiliarios, y las anotaciones preventivas que se practiquen en los Registros Públicos, cuando tengan por objeto un derecho o interés valuable y no vengan ordenadas de oficio por la autoridad judicial. Serán sujetos pasivos del impuesto, en el primer caso, sus beneficiarios, y en el segundo las personas que las soliciten. La base imponible de las anotaciones preventivas será el valor del derecho o interés que se garantice, publique o constituya, siendo la cuota tributaria de éstas la que resulte de aplicar un tipo del 0,50% fijo que se abonará en metálico, siendo el de las grandezas y títulos nobiliario la que resulte de aplicar una escala de gravamen, aprobada por los Presupuestos Generales del Estado de cada año.

- **Exenciones**

Art. 45 del Texto Refundido y art. 88 del Reglamento.

- **Devengo y plazos de presentación**

El impuesto se devengará en las transmisiones patrimoniales onerosas el día que se realice el acto o contrato gravado; en las operaciones societarias y actos jurídicos documentados, el día que se formalice el acto sujeto a gravamen.

El plazo de presentación de las declaraciones-liquidaciones, junto con el documento o declaración escrita sustitutiva del documento, será de treinta días hábiles a contar desde el momento en que se cause el acto o contrato.

La Ley 2/2008 modifica la escala por transmisiones y rehabilitaciones de grandezas y títulos nobiliarios.

V. IMPUESTO SOBRE ACTIVIDADES ECONÓMICAS. IAE

El Impuesto sobre Actividades Económicas tiene las características de ser un impuesto municipal, obligatorio, directo, real de gestión compartida y censal.

1. Hecho imponible

El hecho imponible del IAE se define en el art. 78 de la LRHL, y está constituido por el mero ejercicio en territorio nacional de actividades empresariales, profesionales o artísticas, se ejerzan o no en local determinado y se hallen o no especificadas en las tarifas del impuesto.

De esta definición podemos destacar una serie de caracteres propios de este impuesto, mencionando como tales que basta una sola actividad económica para que se produzca el supuesto hecho gravado con el impuesto; que el hecho imponible de este impuesto se realiza con independencia del resultado económico de la actividad, incluso con independencia de que haya o no ánimo de lucro, y que se trata de gravar una actividad realizada en territorio nacional, siendo indiferente si se realiza o no en local determinado, y si se encuentra recogida en las tarifas o no del impuesto.

El art. 82 de la LRHL enumera determinados supuestos de no sujeción al impuesto con el fin de delimitar el hecho imponible del mismo. No están sujetas las enajenaciones de bienes de activo fijo de las empresas, inventariadas como tal inmovilizado con más de dos años de antelación a la transmisión, la venta de productos que se reciben en pago de trabajos personales, la exposición de artículos con el fin de decoración o adorno, y otros citados en el artículo señalado.

2. *Actividades económicas*

A efectos de este impuesto se consideran actividades económicas todas las de carácter empresarial, profesional y artístico que para que se produzca el hecho imponible del impuesto deben suponer la ordenación por cuenta propia de medios de producción y recursos humanos o uno de ambos, con la finalidad de intervenir en la producción o distribución de bienes y servicios.

Las tarifas del impuesto, aprobadas por RDL 1175/1990, de 28 de septiembre, y RDL 1259/1991, de 2 de agosto, han estructurado las distintas actividades en las tres secciones siguientes:

a) Actividades empresariales.

b) Actividades profesionales.

c) Actividades artísticas.

El ejercicio de las actividades gravadas por el impuesto se probarán por cualquier medio admisible en Derecho y, en particular, por los contemplados en el art. 3 del Código de Comercio.

3. *Sujetos pasivos del impuesto*

Los sujetos pasivos del IAE, las personas físicas, las personas jurídicas y las herencias yacentes, comunidades de bienes y demás entidades que, carentes de personalidad jurídica, constituyan una unidad separada o un patrimonio susceptible de imposición.

4. *Exenciones y beneficios fiscales*

Basándose en la efectividad del principio de reserva de ley y la compensación, está construido el régimen de los beneficios fiscales en materia de tributos locales, recogido en la LRHL.

Es en materia de exenciones del IAE donde se recoge la esencia de la reforma de la Hacienda Local llevada a cabo por la Ley 50/2002. De vital importancia en este impuesto debe recogerse la supresión de tributación en el IAE para pequeños y medianos negocios, exclusión realizada mediante el otorgamiento de una exención de todas las personas físicas, así como de las personas jurídicas y entidades cuyos importes netos de negocio no alcance un millón de euros.

Por otro lado, están exentos del impuesto:

a) Las Administraciones Públicas y sus organismos autónomos.

b) Los dos primeros ejercicios de actividad de los sujetos pasivos que inicien actividad económica.

c) Los pequeños y medianos negocios.

d) Las entidades gestoras de la Seguridad Social y mutualidades de previsión social.

e) Restantes asociaciones, colectivos recogidos en el art. 82.1 de la LRHL.

Además de las exenciones citadas, la LRHL recoge una serie de bonificaciones obligatorias o potestativas, según sean aplicadas prescindiendo o no de la voluntad municipal. Entre las primeras, las más destacadas son las otorgadas a las cooperativas y sociedades agrarias de transformación, las de inicio de actividad profesional, y las del ejercicio de actividad en Ceuta y Melilla. Entre las segundas se encuentran las otorgadas por el inicio de la actividad empresarial, las de creación de empleo estable, las de la realización de actividades que respeten o favorezcan el medio ambiente, y por último las que otorgan por las pérdidas o frutos escasos en el ejercicio de una actividad económica concreta.

5. *Cuota tributaria*

Será la que resulte de aplicar a las tarifas del impuesto establecidas en la LRHL y las disposiciones que la complementan, los coeficientes y las bonificaciones previstas en la ley, y, en su caso, las acordadas por los Ayuntamientos y reguladas en las ordenanzas fiscales respectivas.

Por tanto, la cuota tributaria tiene una serie de elementos que intervienen en

a) Cuota de la tarifa.

b) Coeficiente de ponderación.

c) Índice de situación.

d) Bonificaciones potestativas.

Las cuotas de tarifa pueden ser:

a) La mínima municipal, cuyo régimen jurídico se recoge en el art. 85 de la LRHL.

b) La provincial, cuyo régimen jurídico se recoge en el art. 85.4 de la LRHL.

c) La nacional, cuyo régimen se recoge en el mismo apartado del artículo citado anterior. Las tarifas del impuesto contienen la clasificación de las actividades gravadas delimitando el contenido de las mismas de acuerdo a los sectores económicos y ajustándose en la medida de lo posible a la Clasificación Nacional de Actividades Económicas, y también contienen las cuotas correspondientes a cada una de ellas.

Con arreglo a estos criterios, las tarifas se estructuran en tres secciones que aglomeran en la primera de ellas las actividades empresariales (mineras, industriales, de construcción, comerciales y de servicios); en la segunda, las actividades profesionales, y en la tercera las artísticas.

En lo referente a la aplicación de las tarifas hay unas reglas de Instrucción que regulan las cuestiones que puedan surgir sobre la aplicación y funcionamiento del IAE. Estas reglas regulan el régimen de actividades y el de cuotas en cada una de ellas.

Para determinar las cuotas intervienen unos módulos indiciarios de la actividad configurados por las tarifas y que se denominan elementos tributarios. Éstos sirven para configurar y cuantificar las cuotas de cada actividad, y se encuentran prefijados por la norma, especificados en las reglas de instrucción, también en las tarifas, y deben tomarse en consideración a la hora de proceder al alta en el impuesto.

Los elementos tributarios se pueden clasificar en:

a) Elementos de carácter personal. Número de obreros y de personal contratado.

b) Potencia. Contratada, instalada, generada.

c) Unidades de medida. Superficie, longitud, peso, volumen, cantidad.

d) Maquinaria industrial.

e) Elementos propios de la hostelería. Habitaciones, plazas, categorías, camas.

f) Número de espectáculos.

g) Otros elementos. Máquinas expendedoras, recreativas, vitrinas, exposiciones.

h) Elementos propios de la ganadería. Cabezas de ganado, colmenas, etc.

Los coeficientes de ponderación incrementan todas las cuotas del obligado al pago del IAE tomando como elemento de cálculo el importe neto de las cifras de negocios de los mismos, tomando como referencia el obtenido por éste dos años antes. Este coeficiente tiene carácter obligatorio, para su aplicación no es necesario aprobar ordenanza fiscal reguladora alguna, y su cálculo se obtiene aplicando el tramo del importe neto de la cifra de negocios que corresponda dentro de los establecidos en el art. 86 de la LRHL.

Los coeficientes de situación están recogidos en el art. 87 de la LRHL y refunde distintos elementos tributarios anteriores.

6. *Período impositivo*

El período impositivo coincide con el año natural, salvo en el caso que el comienzo del ejercicio de una actividad no coincida con el 1 de enero, en cuyo caso el período abarcará desde la fecha en que se produzca el comienzo hasta el final del ejercicio.

7. *Devengo*

El devengo del impuesto se produce el uno de enero de cada año, o en su defecto el día del inicio de las actividades.

8. *Prorrateo de cuotas*

En caso de que la actividad se inicie en fecha distinta al 1 de enero, las cuotas son prorrateables por trimestres completos. Si se inicia la actividad dentro del primer trimestre la cuota a ingresar será del 100%, si es en el segundo será un 75%, y así sucesivamente. No obstante, es necesario señalar que desde la entrada en vigor de la Ley 51/2002, la única posibilidad de aplicación el prorrateo de cuotas será en los casos en que se produzca una nueva declaración de alta de una actividad que ya se venía ejerciendo o que ya se ha ejercido anteriormente por entidades no exentas de IAE.

9. *Gestión del impuesto*

El régimen general de la gestión de los tributos locales es aplicable al IAE; no obstante, el art. 90 de la LRHL recoge algunas normas particulares integradas en el régimen especial, y que se refieren a la formación de la matrícula del IAE, a la actualización de la misma, a las declaraciones censales de alta, variación y baja, a la solicitud de exenciones y beneficios fiscales, a la autoliquidación del IAE, a los modelos de declaración y al lugar de presentación de las declaraciones, normas necesarias de conocer y que vienen desarrolladas en el artículo citado.

VI. IMPUESTO SOBRE SUCESIONES Y DONACIONES

1. *Objeto y ámbito territorial*

El Impuesto sobre Sucesiones y Donaciones está regulado por la Ley 29/1987, de 18 de diciembre, y el RD 1629/1991, de 8 de noviembre, que aprueba el Reglamento, además de las Leyes de las Comunidades Autónomas en relación con las competencias normativas.

Es un impuesto de naturaleza directa y subjetiva que grava los incrementos patrimoniales obtenidos a título lucrativo, en los términos previstos en la Ley. Se exige en todo el territorio español, sin perjuicio de los regímenes forales de concierto y convenio económicos vigentes en el País Vasco y en Navarra, respectivamente, y de lo dispuesto en los tratados o convenios internacionales.

El ISD es un impuesto cedido a las Comunidades Autónomas; concretamente se cede el rendimiento, el importe de la recaudación líquida derivada de las deudas tributarias correspondientes a los hechos imponibles cedidos del impuesto que desarrollamos.

Cuestión de vital importancia en este y en el resto de los impuestos cedidos a las Comunidades Autónomas es la de la residencia habitual del sujeto pasivo. Se considera que una persona física residente en territorio español lo es en territorio de una Comunidad Autónoma:

a) Cuando permanezca en su territorio un mayor número de días del año anterior, contando de fecha en fecha, que finalice el día anterior al del devengo en el ISD.

b) Cuando no fuese posible determinar la permanencia de la forma citada en el punto anterior, se estará a delimitar donde la persona física tenga su centro principal de intereses, considerándose como tal aquel en el que obtenga la mayor parte de la base imponible del IRPF.

En relación con la normativa del ISD, las Comunidades Autónomas podrán regular la determinación de las cuantías y coeficientes del patrimonio preexistente, y la fijación de la tarifa cuya progresividad debe ser similar a la del Estado, e idéntica a la de éste en cuanto a la cuantía del primer tramo de la base liquidable y al tipo marginal mínimo.

2. *Hecho imponible*

Está concretado en tres preceptos:

a) La adquisición de bienes y derechos por herencia, legado o cualquier otro título sucesorio.

b) La adquisición de bienes o derechos por donación o cualquier otro negocio jurídico a título gratuito e *inter vivos*.

c) La percepción de cantidades por los beneficiarios de contratos de seguros sobre la vida, cuando el contratante sea persona distinta del beneficiario.

No están sujetos al impuesto los premios obtenidos en juegos autorizados, las subvenciones, becas, premios, primas que se concedan por entidades públicas o privadas con fines benéficos y los demás recogidos en el art. 3 del Reglamento del ISD.

Las presunciones de la existencia del hecho imponible vienen recogidas en el art. 4 de la LISD, que señala que se presumirá la existencia de una transmisión lucrativa cuando de los Registros Fiscales o de los datos que obren en la Administración resultare la disminución de patrimonio de una persona y simultáneamente o con posterioridad el incremento patrimonial del cónyuge, descendientes, herederos o legatarios.

2.1. Adquisiciones *mortis causa*

Constituye el hecho imponible principal del impuesto y tendrán lugar por herencia, legado, o cualquier otro título sucesorio como las donaciones *mortis causa*, los contratos o pactos sucesorios, las cantidades entregadas por las empresas a los familiares de miembros o empleados fallecidos, siempre que dichas cantidades no tributen por el IRPF o por el propio ISD en concepto de seguros.

2.2. Adquisiciones *inter vivos*

Se incluyen las adquisiciones de bienes y derechos por:

a) La donación, que es un acto de liberalidad por el cual una persona dispone gratuitamente de una cosa a favor de otra, que la acepta; siendo requisitos indispensables que sean a título gratuito y se realicen *inter vivos*.

b) Cualquier otro negocio jurídico, como pueden ser la condonación de una deuda total o parcial y con ánimo de liberalidad, la renuncia de derechos a favor de persona determinada, la sunción liberatoria de la deuda de otro sin contraprestación, el desistimiento o el allanamiento en juicio o arbitraje a favor de la otra parte, realizados con el mismo ánimo de liberalidad.

2.3. Seguros de vida

Está sujeta al ISD la percepción de cantidades por los beneficiarios de los contratos de seguros sobre la vida, cuando el contratante sea persona distinta del beneficiario, salvo los supuestos expresamente regulados en el art. 16.2.a) de la LIRPF.

3. Sujetos pasivos

Están obligados al pago del impuesto: en las adquisiciones mortis causa, los causahabientes; en las donaciones, los donatarios o los favorecidos por ellas; en los seguros de vida para caso de supervivencia del asegurado, el beneficiario; en los seguros de vida individual en el caso de fallecimiento del asegurado que sea persona distinta del contratante, el beneficiario.

4. Base imponible

Constituye la base imponible del impuesto:

a) En las transmisiones *mortis causa*, el valor neto de la adquisición individual de cada causahabiente, es decir, el valor real de los bienes y derechos, minorados por las cargas y deudas que fueran deducibles.

b) En las donaciones y demás transmisiones lucrativas *inter vivos*, el valor neto de los bienes y derechos adquiridos.

c) En los seguros de vida, las cantidades percibidas por los beneficiarios.

4.1. Base imponible en las adquisiciones *mortis causa*

La base imponible la constituye la parte individual del causahabiente, no la masa hereditaria. El caudal relicto está constituido por los bienes que integran la herencia del fallecido y que los interesados han declarado, más los bienes denominados adicionales y el ajuar doméstico, aunque no lo declaren los causahabientes.

Los bienes adicionales son los que a través de una serie de presunciones legales, puede la Administración adicionarlos a los bienes declarados, en el caso de que observe ánimo de eludir el pago del impuesto por parte de los sujetos pasivos. Ejemplo de esto pueden ser los bienes que hubiesen pertenecido al causante un año antes de su fallecimiento, o los bienes y derechos adquiridos durante los tres años anteriores al fallecimiento, o los valores o efectos depositados. Esta presunción admite prueba en contrario, sólo se realiza a efectos de liquidación y pago del impuesto, ha de requerirse a los interesados para que presten su consentimiento, o la rechacen en caso de desacuerdo.

El ajuar doméstico son los efectos personales, utensilios domésticos, bienes muebles de uso particular, joyas, obras de arte, vehículos o embarcaciones que no excedan de 1.500 euros. Su valor se estima en el 3% del valor del resto de los bienes que integran el caudal relicto del fallecido.

4.1.1. Cargas deducibles

Para hallar el valor neto de la adquisición individual hay que minorar el valor real con las cargas, deudas y gastos que estén directamente establecidas sobre los bienes de que se trate y que disminuyan realmente el valor del bien. A modo de ejemplo señalamos los censos, pensiones y ciertas servidumbres.

4.1.2. Deudas deducibles

Minoran el valor real, junto con las cargas deducibles, las deudas que dejare contraídas el fallecido reconocidas por sentencia firme o cuya existencia se acredite por documentos públicos o privados o cualquier otro medio de prueba. Como ejemplo señalamos las cantidades que adeudara el fallecido a la Hacienda o a la Seguridad Social y que hubieran abonado los herederos con posterioridad al fallecimiento.

4.1.3. Gastos deducibles

También se minorará el valor real con los gastos de última enfermedad, entierro y funeral, una vez justificados.

4.2. Base imponible en las adquisiciones lucrativas *inter vivos*

Valor real de los bienes y derechos adquiridos, minorados por las cargas y deudas deducibles.

4.2.1. Cargas deducibles

Reiteramos lo señalado en el apartado de cargas anterior.

4.2.2. Deudas deducibles

Serán deducibles las deudas que estén garantizadas con derechos reales que recaigan sobre los bienes transmitidos, obligándose el adquirente a pagar la deuda.

4.3. Base imponible de los seguros de vida

Constituye la base imponible las cantidades que perciba el beneficiario.

5. *Base liquidable*

Es el resultado de aplicar a la base imponible una serie de reducciones que minoran su cuantía. Vienen recogidas en la Ley 29/1987 en su art. 20, en la Ley 19/1995, y en las leyes y reglamentos propios de las distintas Comunidades Autónomas.

Reducciones:

a) *Por parentesco.* Se divide en grupos atendiendo al mayor o menor grado de parentesco y a la edad de los causahabientes, aplicándoseles una serie de cantidades recogidas bien en la reglamentación autonómica o en la Ley estatal en defecto.

b) *Por minusvalías.* Se aplican únicamente a las adquisiciones mortis causa, y se tiene en cuenta el grado de minusvalía, aplicándose lo dispuesto anteriormente sobre las cantidades señaladas en las leyes estatales o autonómicas.

c) *Por contrato de seguro de vida.* Se reduce el 100% con un límite de cantidad, sobre lo percibido por los beneficiarios del seguro de vida, siempre que el grado de parentesco sea el de cónyuge, ascendiente, descendiente, adoptado o adoptante.

d) *Por vivienda habitual y empresa familiar.* Con carácter general hay una reducción del 95% del valor de la vivienda o de la empresa, con una limitación en la cuantía en el primer caso de 122.606,47 euros, y con el compromiso de los herederos, de no transmitir la misma en los diez años siguientes a la fecha del fallecimiento; y en el segundo caso serán requisitos los recogidos en la legislación, atendiendo a lo dispuesto con carácter general en la normativa del Impuesto sobre el Patrimonio.

6. *Cuota íntegra*

Se obtiene aplicando a la base liquidable, la escala de la tarifa del impuesto con los tipos de aplicación que varían según la Ley aplicable en cada Comunidad.

7. *Cuota tributaria*

Se obtiene aplicando a la cuota íntegra una serie de coeficientes que dependen del grado de parentesco del sujeto pasivo y con el patrimonio preexistente del mismo.

8. *Total a ingresar*

Cantidad resultante de minorar la cuota tributaria con las deducciones por doble imposición internacional, las bonificaciones de la cuota en Ceuta y Melilla, y la deducción de cuotas anteriores.

9. *Gestión del impuesto*

a) Documentos a presentar

Los sujetos pasivos deberán presentar una declaración en la que conste la identificación de los transmitentes y adquirentes, domicilio para notificaciones, relación de los bienes y derechos con relación del valor real de los mismos, relación de bienes del matrimonio, relación de cargas, deudas y gastos, cuya deducción se solicita. A dicha declaración se acompañará además, si se trata de *mortis causa*, certificado de defunción, de últimas voluntades y copia del testamento, o de la declaración de herederos en su caso y la relación del patrimonio existente del adquirente en el momento del devengo, relación ésta que debe acompañarse también en el caso de que se trate de los documentos a presentar en caso de donación.

b) Plazo

En los casos de adquisiciones *mortis causa* y contratos de seguro el plazo de presentación es el de seis meses desde el fallecimiento del causante o del asegurado. Dicho plazo es ampliaba a otros seis meses a petición de los herederos, que deberán realizar dicha solicitud, un mes antes de que se cumpla el plazo inicial.

En los casos de donaciones el plazo es el de treinta días hábiles al siguiente a aquel en el que se produce el acto del contrato.

c) Presentación del impuesto

Los documentos y autoliquidaciones del impuesto se deberán presentar en las oficinas que las distintas Comunidades Autónomas tienen creadas al efecto.

VII. TASAS JUDICIALES

1. *Tasas por el ejercicio de la potestad jurisdiccional en los órdenes civil y contencioso-administrativo*

Constituye el hecho imponible de la tasa el ejercicio de la potestad jurisdiccional, a instancia de parte, en los órdenes jurisdiccionales civil y contencioso-administrativo, mediante la realización de los siguientes actos procesales:

Interposición de demandas, de recursos de apelación, extraordinario por infracción procesal y casación en el orden civil, de recursos contencioso-administrativo, de apelación y casación en el ámbito de la jurisdicción contencioso-administrativa.

Estas tasas tienen carácter estatal, y serán exigibles en todo el territorio, sin perjuicio de las que puedan exigir las Comunidades Autónomas.

Los sujetos pasivos del impuesto, son quienes promuevan el ejercicio de la potestad jurisdiccional, realizando el hecho imponible de la misma.

Están exentos de la tasa:

Los que interpongan demanda y presentación de recursos en materia de sucesiones, familia y estado civil de las personas, y la interposición de recursos contencioso-administrativos.

En materia de personal, protección de derechos fundamentales de la persona y actuación de la Administración electoral.

También estarán exentas de esta tasa las entidades sin fines lucrativos, las entidades total o parcialmente exentas del Impuesto de Sociedades, las personas físicas, y las entidades de reducida dimensión.

El devengo de la tasa se produce al interponer el escrito de demanda, o de los recursos que constituyen el hecho imponible de la misma.

La base imponible

Coincide con la cuantía del procedimiento judicial, determinado con arreglo a las normas procesales. En los casos de procedimientos de cuantía indeterminada, o de imposible determinación se valoran a efectos de esta tasa con una base de 18.000 euros.

En los casos de acumulación de acciones, o en los que se reclamen distintas pretensiones, la base de la tasa estará integrada por la suma de las cuantías correspondientes a las pretensiones ejercitadas o acciones acumuladas.

La cuota tributaria

Está determinada por una cantidad fija que en función de cada clase de proceso se señala en una tabla de cuotas, recogida en el punto 6 del art. 35 de la Ley 53/2002, y además de la citada cuota fija se deberá satisfacer la cantidad que resulte determinada, con arreglo a la cuantía del procedimiento.

Autoliquidación y pago

Los sujetos pasivos autoliquidarán esta tasa conforme al modelo oficial, establecido por el Ministerio de Hacienda e ingresarán su importe en el Tesoro Público, de acuerdo a lo dispuesto en la legislación tributaria. El justificante del pago acompañará a todo escrito procesal mediante el que se realice el hecho imponible de este tributo, sin el cual el Secretario Judicial no dará curso al mismo, salvo que la omisión fuese subsanada en el plazo de diez días.

La gestión de la tasa corresponderá al Ministerio de Hacienda.

VIII. RECURSOS EN VÍA ECONÓMICO-ADMINISTRATIVA

1. Recurso de reposición

El recurso de reposición procede contra todos los actos de la Administración susceptibles de reclamación económico-administrativa. Su interposición queda a voluntad del reclamante y tiene carácter previo, siendo incompatible con la reclamación económico-administrativa. No es preceptiva la intervención de abogado ni de procurador. Se interpondrá ante el órgano que dictó el acto que se impugna, en el plazo improrrogable de un mes contado desde el día siguiente a la notificación o a aquel en el que se produzcan los efectos del silencio administrativo. La legitimación para interponer el recurso es la misma que en las reclamaciones económico-administrativas, su interposición interrumpe los plazos para interponer otros recursos y hace posible la suspensión de la ejecución del acto impugnado, para los casos en que el interesado garantice (mediante depósito de dinero, aval o fianza, o fianza personal y solidaria) suficientemente el importe del acto, los intereses y los recargos que puedan proceder.

Es competente para conocer y resolver el recurso de reposición el órgano que dictó el acto que se recurre, siendo el plazo máximo para notificar la resolución, el de un mes desde el día siguiente a su presentación. Transcurrido el plazo para notificar la resolución sin que haya sido notificada, el interesado puede considerar desestimado el recurso al objeto de interponer reclamación económico-administrativa..

2. *Reclamación económico-administrativa*

Son recursos administrativos especiales, sobre materias específicas, de carácter tributario que son resueltos por los Tribunales Económico-Administrativos.

Versan sobre la aplicación de tributos e imposición de sanciones que realice la Administración General del Estado y las entidades de Derecho público dependientes de la misma, también sobre la aplicación de tributos cedidos por el Estado a las Comunidades Autónomas o de los recargos que éstas establezcan sobre tributos estatales y la imposición de sanciones derivadas de unos y otros, y sobre cualquier otra establecida por precepto legal expreso.

Son reclamables los siguientes actos en materia de tributos:

— Liquidaciones provisionales o definitivas.

— Las resoluciones expresas o presuntas derivadas de una solicitud de rectificación.

— Las comprobaciones de valor.

— Los actos que denieguen o reconozcan, exenciones, bonificaciones o incentivos fiscales.

— Los actos dictados en procedimiento de recaudación.

— Los actos que denieguen o aprueben planes especiales de amortización.

— Los actos que así establezca la normativa tributaria.

También son recurribles las actuaciones tributarias señaladas en el art. 227.4 de la LGT.

El conocimiento de las reclamaciones económico-administrativas corresponde en materia de competencias del Estado:

Al Tribunal Económico-Administrativo Central, que conoce en única instancia de las reclamaciones económico-administrativas que se interpongan contra actos administrativos dictados por órganos centrales del Ministerio de Economía y Hacienda, otros departamentos ministeriales, la AEAT y las entidades de Derecho público dependientes de la Administración General del Estado, de las reclamaciones en las que deba oírse o se haya oído al Consejo de Estado, de las reclamaciones económico-administrativas que se interpongan contra actos administrativos, de las reclamaciones económico-administrativas que se interpongan contra actos administrativos dictados por órganos periféricos de la Administración General del Estado o por órganos de las Comunidades Autónomas, así como contra las actuaciones contra de los particulares cuando, aun pudiendo interponer sus reclamaciones ante el Tribunal Económico-Administrativo Regional o Local correspondientes, se interpongan directamente la reclamación ante el TEAC. En segunda instancia de los recursos de alzada ordinarios que se interpongan contra las resoluciones dictadas en primera instancia por los Tribunales Económico-Administrativo Regionales o Locales, de los recursos de revisión y de los extraordinarios de alzada para la unificación de criterios y de la rectificación de errores de las propias resoluciones.

A los Tribunales Económico-Administrativos Regionales o Locales que conocen en única instancia de las reclamaciones económico-administrativas que se interpongan contra actos administrativos dictados por órganos periféricos de la Administración General del Estado, de la AEAT y las entidades de Derecho público dependientes de la Administración General del Estado. De las reclamaciones que se interpongan contra los actos administrativos dictados por órganos no superiores de las Comunidades Autónomas y de las reclamaciones que se interpongan contra por actuaciones de los particulares susceptibles de reclamación económico-administrativa y de la rectificación de errores de las propias resoluciones.

La cuantía de las reclamaciones se fija por el importe de la deuda objeto de la reclamación o por la base o valor de los bienes y derechos.

Están legitimados para promover reclamaciones administrativas los obligados tributarios y los infractores, y las personas cuyos intereses legítimos se vean afectados por el acto en cuestión.

El acto impugnado se suspende de forma automática, cuando se garantiza el importe, con los intereses y recargos que pudieran corresponder, aplicándose la dispensa total o parcial de garantía cuando el Tribunal así lo acuerde.

3. Procedimiento económico-administrativo

a) General. La reclamación en única instancia o primera instancia debe interponerse en el plazo de un mes. El TEA, una vez recibido y completado el expediente, debe poner el mismo de manifiesto, para la realización por parte de los interesados de las oportunas alegaciones. Si lo considera oportuno el Tribunal podrá solicitar informe al órgano que dictó el acto impugnado al objeto de aclarar las cuestiones que precisen. El proceso terminará por renuncia, desistimiento, caducidad de la instancia, satisfacción extraprocesal o resolución que podrá ser de tres tipos: desestimatoria, estimatoria, o declarativa de inadmisibilidad.

b) Abreviado. LGT, arts. 245 a 248, aplicándose a reclamaciones que se interpongan a partir del 1 de julio de 2005.

4. Recursos contra resoluciones de órganos económicos-administrativos

Deben recurrirse en vía contencioso-administrativa.

- **Recurso de alzada ordinario.** Son recurribles en alzada ante el TEAC las resoluciones de los Tribunales Económico-Administrativos Regionales o Locales dictadas en Primera Instancia. El plazo de interposición es de un mes contado desde el día siguiente de notificación de la resolución que se pretende impugnar.

- **Recurso extraordinario de alzada para la unificación de criterio.** Las resoluciones de los Tribunales Económico-Administrativos Regionales o Locales que no sean susceptibles de recurso ordinario de alzada, pueden ser impugnada por este recurso cuando las resoluciones se estimen gravemente dañosas y erróneas, no se adecuen a la doctrina del TEAC, y apliquen distintos criterios a los de los otros Tribunales Económico-Administrativos Regionales o Locales.
- **Recurso extraordinario para unificación de doctrina.** Puede interponerlo el Director General de Tributos contra resoluciones dictadas en materia tributaria por el TEAC cuando aquél esté en desacuerdo con el contenido de dichas resoluciones.
- **Recurso extraordinario de revisión.** Puede interponerse contra cualquier acto o resolución firme de la Administración Tributaria cuando aparezcan documentos de valor esencial para la decisión del asunto, que fueran posteriores al acto o resolución recurridos, que en la resolución hayan influido documentos o testimonios declarados falsos por sentencia judicial, o que el acto se haya dictado como consecuencia de prevaricación, cohecho, violencia o maquinación fraudulenta.

5. *Procedimientos especiales de revisión*

- Revisión de actos nulos de pleno derecho. LGT art. 217.
- Declaración de lesividad. LGT art. 218.
- Revocación. LGT art. 219.
- Devolución de ingresos indebidos. LGT arts. 32 y 221.
- Rectificación de errores. LGT art. 220.

6. *Recurso contencioso-administrativo*

Las resoluciones que pongan fin a la vía administrativa son susceptibles de recurso contencioso-administrativo. Las resoluciones de los Tribunales Económico-Administrativos dictadas en única instancia y las resoluciones del TEAC ponen fin a la vía administrativa.

CONSTITUCIONAL

AUTOR

Valentín J. Sebastián Chena
Abogado

PROCESOS ANTE EL TRIBUNAL CONSTITUCIONAL

Valentín J. Sebastián Chena
Abogado

I. REGULACIÓN

En este apartado del Prontuario, reservado a los procesos constitucionales, nos vamos a centrar en el recurso de amparo constitucional, como procedimiento en el que habitualmente intervenimos los abogados, y, de una manera muy breve, al planteamiento de la cuestión de inconstitucionalidad.

Quedan fuera de este estudio los demás procedimientos previstos en el artículo 2.1 de la Ley Orgánica del Tribunal Constitucional: los conflictos entre órganos constitucionales del Estado, los conflictos constitucionales de competencia, los conflictos en defensa de la autonomía local, el recurso de inconstitucionalidad, el recurso de amparo electoral, la declaración sobre la constitucionalidad de los tratados internacionales, la impugnación de disposiciones sin fuerza de Ley y resoluciones de las Comunidades Autónomas prevista en el artículo 161.2 de la Constitución, la verificación de los nombramientos de los magistrados del Tribunal Constitucional y las demás materias que le atribuyen la Constitución y las Leyes Orgánicas.

La normativa aplicable es:

— Constitución Española. Título IX.

(Nota: Ratificada por el pueblo español en referéndum de 6 de diciembre de 1978 y publicada en el *BOE* de 29 de diciembre de 1978).

— Ley Orgánica 2/1979, de 3 de octubre, del Tribunal Constitucional (*BOE* 239, de 5 de octubre de 1979).

(Nota: La Ley ha sido reformada por las Leyes Orgánicas 8/1984, 4/1985, 6/1988, 7/1999, 1/2000 y 6/2007).

— Aplicación supletoria, en determinados aspectos, de la Ley Orgánica 6/1985, de 1 de julio, del Poder Judicial y la Ley 1/2000, de 7 de enero, de Enjuiciamiento Civil.

— Acuerdos del Tribunal Constitucional.

(Nota: Se publican en el *BOE*, y pueden consultarse en la página web del Tribunal: www.tribunalconstitucional.es)

II. ASPECTOS COMUNES

1. Efectos de las resoluciones del Tribunal Constitucional

— **Valor de cosa juzgada.** Las sentencias del TC tienen valor de cosa juzgada a partir del día siguiente de su publicación en el *BOE* y no cabe recurso alguno contra las mismas (artículo 164 Constitución). El artículo 4.2 de la LOTC prevé que las resoluciones del TC no pueden ser enjuiciadas por ningún otro órgano jurisdiccional del Estado.

Si es factible acudir a Tribunales Internacionales como, por ejemplo, el Tribunal Europeo de Derechos Humanos (www.echr.coe.int) o el Comité de Derechos Humanos de la ONU (www.ohchr.org/SP, ver el apartado «Órganos de DD.HH.»).

— **Sentencias que tienen efectos frente a todos.** Las sentencias que declaran la inconstitucionalidad de una ley o una norma con fuerza de ley tienen plenos efectos frente a todos. También aquellas que no se limiten a la estimación subjetiva de un derecho (artículo 164 Constitución).

— **La interpretación de preceptos constitucionales recogida en las resoluciones del TC debe ser seguida por los tribunales.** La interpretación realizada por el TC de los preceptos y principios constitucionales, en las resoluciones dictadas en todo tipo de procesos, debe ser seguida por los jueces y tribunales en la interpretación de las Leyes y los reglamentos, de conformidad con lo previsto en el artículo 5 de la Ley Orgánica del Poder Judicial (Ver fundamento jurídico segundo de la sentencia 37/2007, de 12 de febrero)

— **Corrección de la doctrina de los tribunales por la doctrina del TC.** La jurisprudencia de los tribunales sobre leyes, disposiciones o actos con fuerza de Ley deberá entenderse corregida por la doctrina derivada de las sentencias y autos del TC que resuelvan los procesos constitucionales (artículo 40.2 LOTC).

— **La doctrina Constitucional puede modificarse por el Pleno del TC.** Las propias Salas del TC para apartarse en cualquier punto de la doctrina constitucional precedente sentada por el TC deben someter la cuestión a la decisión del Pleno (artículo 13 LOTC).

— **Efectos de sentencias declaratorias de la inconstitucionalidad de Leyes.** Estas sentencias no permiten revisar procesos con sentencia con fuerza de cosa juzgada en los que se hayan aplicado las Leyes, salvo en los casos de procesos penales o contencioso-administrativo sancionador en los que resulte, de la nulidad de la norma aplicada, una reducción de la pena o sanción o una exclusión, exención o limitación de la responsabilidad (artículo 40.1 LOTC).

2. *Normas procesales*

Se contienen en la propia Ley Orgánica del Tribunal Constitucional.

Sólo pueden aplicarse supletoriamente la LO del Poder Judicial y la Ley de Enjuiciamiento Civil a los concretos aspectos a los que la LOTC remite a dichas normas (artículo 80 LOTC) y siempre que no contradiga lo dispuesto en la propia Ley y sus principios inspiradores (artículo 114/2006):

— comparecencia en juicio.

— recusación y abstención.

— publicidad y forma de los actos.

— comunicaciones y actos de auxilio jurisdiccional.

— días y horas hábiles.

— cómputo de plazos.

— deliberación y votación.

— caducidad, renuncia y desistimiento.

— lengua oficial.

— policía de estrados.

Hay aspectos de funcionamiento del Tribunal, con trascendencia procesal, que se recogen en Reglamentos. Así: la inhabilidad del mes de agosto para la interposición del recurso de amparo se contempla en el Acuerdo de 15/06/1982 (reformado por acuerdos de 17/06/1999 y 18/01/2001); el horario de apertura del Registro General en el Acuerdo de 18/01/2001; la asistencia jurídica gratuita en los procesos de amparo constitucional en el Acuerdo de 18/06/1996 y las normas sobre tramitación de los recursos de amparo a que se refiere la LO 5/1985, del Régimen Electoral General en el Acuerdo de 20/01/2000.

3. *¿Pueden plantearse cuestiones de jurisdicción o competencia?*

No puede plantearse ante el TC cuestión de jurisdicción o de competencia, pero el Tribunal puede apreciar su carencia tanto de oficio como a instancia de parte (artículo 4.1 LOTC).

4. *¿Qué medidas puede adoptar el TC para salvaguardar su jurisdicción?*

La LOTC prevé que puede adoptar cuantas medidas estime necesarias, incluso puede declarar la nulidad de los actos o resoluciones que la menoscaben, previa audiencia del Ministerio Fiscal y del órgano autor del acto (artículo 4, apartados 1 y 3).

Al igual que puede declarar la nulidad de aquellas resoluciones que en ejecución de las dictadas por el TC las contravengan (artículo 92 LOTC).

5. *¿Puede suspenderse un procedimiento constitucional?*

El Tribunal Constitucional puede suspender el procedimiento hasta la resolución de un proceso penal pendiente ante un juzgado o Tribunal de este orden (artículo 91 LOTC).

6. *¿Puede plantearse la nulidad de actuaciones en un procedimiento constitucional?*

No se contempla en la LOTC la posibilidad de plantear un incidente de nulidad de actuaciones ni hay una remisión en esta materia a la LOPJ u otra norma procesal, por lo que no es posible plantear la misma.

Así lo ha señalado el Tribunal, por ejemplo, en providencia de 7 de abril de 2005, en recurso 3595/2003, en la que no se admite la solicitud de nulidad de actuaciones contra una resolución de inadmisión del recurso.

7. *¿Puede solicitarse la aclaración de las resoluciones?*

La Ley sólo prevé la posibilidad de solicitar aclaración de la sentencia, en el plazo de dos días desde su notificación (artículo 93.1 LOTC).

El Tribunal Constitucional en su auto 432/2004 señaló que es de aplicación el artículo 267 LOPJ.

En el auto 668/1985 el Tribunal, amplió, por esta vía, el pronunciamiento de la sentencia al haberse olvidado declarar la nulidad de las sentencias que vulneraban el derecho que se amparó.

No obstante no debe descartarse solicitarla respecto a autos y providencias; pues en alguna ocasión ha aclarado, a instancia de parte, una providencia de inadmisión, eliminando párrafos que no tenían relación con el asunto que se resolvía (resolución de fecha 11/11/2004, en recurso n.º 1498/2003).

8. *¿Caben recursos contra las resoluciones del Tribunal?*

Contra las sentencias del TC no cabe recurso alguno (artículo 93.1 LOTC) ante órgano nacional, sin perjuicio de los que se puedan promover ante Tribunales internacionales (Nota: Ver apartado «valor de cosa juzgada» en el punto II.1).

Contra las providencias y autos sólo procede, cuando no esté excluido el recurso, el de súplica (artículo 93.2 LOTC), que no tiene efecto suspensivo. Se debe interponer en los tres días siguientes a la notificación de la resolución.

Contra la resolución de inadmisión sólo cabe recurso de súplica, estando únicamente legitimado para formularlo el Ministerio Fiscal (artículo 50.Tres LOTC).

9. *Gratuidad del procedimiento, costas y sanciones*

El procedimiento es gratuito (artículo 95.1 LOTC).

El Tribunal puede imponer las costas que se deriven del proceso a las partes que hayan mantenido posiciones infundadas, si apreciare temeridad o mala fe (artículo 95.2 LOTC).

Si el Tribunal estima que se formuló un recurso de inconstitucionalidad o de amparo con temeridad o abuso de derecho puede imponer una sanción pecuniaria de 600 a 3.000 euros (artículo 95.3 LOTC).

También puede el Tribunal imponer multas del mismo importe a cualquier persona —este o no investida de poder público— que incumpla los requerimientos del Tribunal dentro de los plazos señalados, reiterándolas hasta el cumplimiento, sin perjuicio de otras responsabilidades que pudieran derivarse del incumplimiento (artículo 95.4 LOTC).

III. RECURSO DE AMPARO

En la última reforma de la Ley Orgánica del Tribunal Constitucional, llevada a cabo por la Ley Orgánica 6/2007, de 24 de mayo, publicada en el *BOE* n.º 125, de 25 de mayo de 2007, se han introducido nuevas exigencias que deben tenerse en consideración a la hora de preparar los recursos de amparo.

La finalidad de la reforma, según se contempla en la Exposición de Motivos, es «llevar a cabo una nueva configuración que resulte más eficaz y eficiente para cumplir los objetivos constitucionalmente previstos para esta institución». Aunque la impresión inicial es que el objetivo es reducir el número de asuntos que tiene que resolver el Tribunal Constitucional y simplificar los trámites de inadmisión de los presentados que carezcan de «especial trascendencia constitucional».

1. Derechos y libertades susceptibles de amparo

Los reconocidos en los artículos 14 a 29 de la Constitución y —antes— el derecho a la objeción de conciencia como causa de exención del servicio militar obligatorio, previsto en el artículo 30 (servicio que inicialmente quedó en suspenso el 31/12/2001, RD 247/2001, y posteriormente, en la Ley Orgánica 5/2005, de 17 de noviembre, de la Defensa Nacional, quedó derogada la LO 13/1991 que lo regulaba).

Tales derechos, con las precisiones contenidas en el texto constitucional y la interpretación dada por el TC, son los contemplados en la tabla siguiente

DERECHOS Y LIBERTADES SUSCEPTIBLES DE AMPARO
— Igualdad ante la ley (art. 14).
— Vida (art. 15).
— Integridad física y moral (art. 15).
— Libertad ideológica, religiosa y de culto de los individuos y las comunidades (art. 156).
— Derecho a no ser obligado a declarar sobre su ideología, religión o creencias (art. 16).
— Libertad y seguridad personal (art. 17).
— Honor, intimidad personal y familiar y a la propia imagen (art. 18.1).
— Inviolabilidad del domicilio (art. 18.2).
— Secreto de las comunicaciones (art. 18.3).
— Elección libre de residencia y libre circulación por el territorio nacional (art. 19, pf. 1).
— Entrar y salir libremente de España en los términos que la ley establezca (art. 19, pf. 2).

— Expresar y difundir libremente los pensamientos, ideas y opiniones mediante la palabra, el escrito o cualquier otro medio de reproducción (art. 20.1).

— A la producción y creación literaria, artística, científica y técnica (art. 20.1).

— Libertad de cátedra (art. 20.1).

— Comunicar o recibir libremente información veraz por cualquier medio de difusión. Y a la cláusula de conciencia y al secreto profesional, en los términos que regule la Ley (art. 20.1).

— Reunión pacífica y sin armas (art. 21.1).

— Asociación (art. 22.1).

— Participar en los asuntos públicos (art. 23.1).

— Acceder en condiciones de igualdad a las funciones y cargos públicos (art. 23.2).

— Tutela judicial efectiva de los jueces y tribunales en el ejercicio de derechos e intereses legítimos sin que pueda producirse indefensión (art. 24.1).

— Juez ordinario predeterminado por la ley (art. 24.2).

— Defensa y asistencia letrada (art. 24.2).

— Ser informado de la acusación (art. 24.2).

— Proceso sin dilaciones indebidas (art. 24.2).

— Proceso con todas las garantías (art. 24.2).

— Utilizar los medios de prueba pertinentes para la defensa (art. 24.2).

— No declarar contra sí mismo y a no declararse culpable (art. 24.2).

— Presunción de inocencia (art. 24.2).

— No obligación de declarar sobre hechos presuntamente delictivos por razón de parentesco o de secreto profesional, en los términos que establezca la ley (art. 24.2).

— Principio de legalidad sancionatoria: derecho a no ser condenado o sancionado por acciones u omisiones que en el momento de producirse no constituyan delito, falta o infracción administrativa, según la legislación vigente en aquel momento (art. 25.1).

— Derecho a que las penas y medidas de seguridad estén orientadas hacia la reeducación y reinserción social *(Nota: El TC, en STC 112/96 y 2/1997, entre otras, ha considerado que se trata de un principio más que de un derecho propiamente dicho)* y a que no consistan en trabajos forzados (art. 25.2).

— Prohibición de los Tribunales de Honor en el ámbito de la Administración Civil y de las organizaciones profesionales (art. 26).

— Derecho a la educación (art. 27.1).

— Libertad de enseñanza (art. 27.1).

— Derecho que asiste a los padres para que sus hijos reciban formación religiosa y moral que esté de acuerdo con sus propias convicciones (art. 27.3).

— Derecho a recibir una enseñanza básica gratuita (art. 27.4).

— Libertad de creación de centros docentes (art. 27.6).

— Derecho a sindicarse libremente (art. 28.1).

— Derecho a la huelga de los trabajadores (art. 28.2).

— Derecho de petición individual y colectiva (art. 29).

2. *Protección que ofrece el recurso de amparo*

El recurso protege frente a las violaciones de los mencionados derechos y libertades originadas por disposiciones, actos jurídicos, omisiones o simple vía de hecho de los poderes públicos del Estado, las Comunidades Autónomas y demás entes públicos de carácter territorial, corporativo o institucional, así como de sus funcionarios o sus agentes (artículo 41.2 LOTC).

3. *Actos susceptibles de amparo, requisitos formales que deben cumplirse y legitimados para interponerlo*

La LOTC distingue, en los artículos 42 a 44, entre:

ACTOS SUSCEPTIBLES DE AMPARO	REQUISITOS FORMALES	LEGITIMACIÓN
Decisiones o actos sin valor de Ley, emanados de las Cortes o de cualquiera de sus órganos, o de las Asambleas legislativas de las Comunidades autónomas, o de sus órganos (*artículo 42).*	1. Deben ser firmes, con arreglo a las normas internas de las Cámaras o Asambleas. 2. Plazo: 3 meses, desde su firmeza.	1. Persona directamente afectada. 2. Defensor del Pueblo. 3. Ministerio Fiscal.3
Disposiciones, actos jurídicos, omisiones o simple vía de hecho del Gobierno o de sus autoridades o funcionarios, o de los órganos ejecutivos colegiados de las Comunidades autónomas o de sus autoridades o funcionarios o agentes (*artículo 43).*	1. Resolución firme. 2. Agotamiento previo de la vía judicial. 3. Plazo: 20 días siguientes a la notificación de la resolución recaída en el previo proceso judicial.	1. Quienes hayan sido parte en el proceso judicial correspondiente. 2. Defensor del Pueblo. 3. Ministerio Fiscal.
Actos y omisiones de un órgano judicial *(artículo 44).*	1. Agotamiento de "todos los medios de impugnación previstos por las normas procesales para el caso concreto dentro de la vía judicial". 2. Violación imputable de modo inmediato y directo a una acción u omisión del órgano judicial. 3. Que se haya denunciado formalmente en el proceso, si hubo oportunidad, la vulneración del derecho constitucional tan pronto como, una vez conocida, hubiere lugar para ello. 4. Plazo: 30 días a partir de la notificación de la resolución recaída en el proceso judicial.	1. Quienes hayan sido parte en el proceso judicial correspondiente. 2. Defensor del Pueblo. 3. Ministerio Fiscal.

Legitimación. La Constitución, en su artículo 162.1.b), señala que están legitimados para interponer el recurso de amparo «Toda persona natural o jurídica que invoque un interés legítimo, así como el Defensor del Pueblo y el Ministerio Fiscal».

La LOTC antes de la reforma del año 2007 decía (artículo 41.2) «protege a los ciudadanos». Aunque la redacción del artículo no planteaba problemas, el hecho de suprimir las palabras «a los ciudadanos» elimina cualquier duda y permite la protección de todos aquellos que puedan ser parte en procesos ante los tribunales (ver artículo 6.1 de la Ley de Enjuiciamiento Civil) como, por ejemplo, las entidades sin personalidad jurídica a las que la ley reconozca capacidad.

La doctrina reiterada por el TC es que la **legitimación activa** se sustenta fundamentalmente «en la posesión de un interés legítimo, categoría más amplia que la de derecho subjetivo y la de interés directo y, por tanto, la legitimación se concede a toda persona cuyo círculo jurídico pueda resultar afectado por la violación de un derecho fundamental aunque la violación no se haya producido directamente en su contra» (Sentencias 58/2000, de 28 de febrero, y 53/2008, de 14 de abril).

Con carácter general, el recurso de amparo habilita a la defensa de un derecho fundamental por quien es su titular, pues la acción es, en principio, de carácter personalísimo y no puede ser ejercida por persona diferente a la de su originario titular. Así en el supuesto contemplado en la citada sentencia 53/2008 (inadmisión de un recurso contencioso-administrativo para impugnar un cambio de horario), el Tribunal ha considerado que el fallecimiento del recurrente provoca la desaparición sobrevenida del objeto por no ostentar sus herederos un interés legítimo.

Pero, con base en el citado artículo de la Constitución, el TC ha considerado que puede concurrir una determinada situación jurídico-material que legitime a otras personas; por ejemplo: cuando quienes instan el recurso son entidades asociativas y organizaciones representativas de intereses colectivos, cuando se trata de supuestos de sucesión procesal o en determinadas situaciones de vinculación familiar (ver sentencia TC 233/2005).

Legitimación de una entidad pública. La sentencia del Pleno del TC 175/2001, señaló el carácter extraordinario del recuso de amparo constitucional cuando su actor es un sujeto público, indicando en qué ámbitos procesales puede tener legitimación. Y, la sentencia 19/2008, dice: «la eventual vulneración del artículo 24.1 CE en su dimensión de derecho a obtener una resolución judicial razonable, motivada y fundada en derecho, no constituye uno de los supuestos excepcionales...».

Sí se considera que tienen legitimación cuando han sufrido indefensión en el proceso, por ejemplo por la indebida ejecución de una sentencia firme (STC 11/2008).

4. Pretensiones que pueden hacerse valer

Las dirigidas a restablecer o preservar los derechos y libertades antes mencionados, que pueden concretarse partiendo del contenido que han tener los pronunciamientos de las sentencias de amparo, que son exclusivamente los establecidos en el artículo 55.1 LOTC:

a) Declaración de nulidad de la decisión, acto o resolución que hayan impedido el pleno ejercicio de los derechos y libertades protegidos, con determinación en su caso de la extensión de sus efectos.

b) Reconocimiento del derecho o libertad pública, de conformidad con su contenido constitucionalmente declarado.

c) Restablecimiento del recurrente en la integridad de su derecho o libertad con la adopción de las medidas apropiadas, en su caso, para su conservación.

Ya en el auto 98/1981 se señaló que debe «entenderse, que quedan al margen de dicho recurso, las pretensiones que no se dirijan a conseguir tales finalidades, porque planteen temas ajenos al contenido del mismo por exceso, y conducentes a declaraciones diversas, tratando de convertir al Tribunal Constitucional en una tercera instancia...».

Falta de concreción de la pretensión. Se considera un defecto subsanable. Pero si no se subsana, el defecto deviene obstativo. Así lo consideró el TC en el auto 580/1984, por no haberse subsanado el defecto puesto de manifiesto de necesidad de «mayor precisión al «suplico» de la demanda en cuanto al amparo que se solicita para preservar o restablecer el derecho que se considera vulnerado», ya que no puede confundirse la pretensión con lo que sería propiamente la fundamentación jurídica del recurso.

5. *Personas que pueden comparecer sin ser demandantes (art. 47 LOTC)*

* Las personas favorecidas por la decisión, el acto o hecho en razón del cual se formule el recurso, que ostenten un interés legítimo en la decisión, pueden comparecer con el carácter de demandadas o de coadyuvantes.

* Las personas perjudicadas por la decisión, acto o hecho en razón del cuál se formule el recurso, cuando el mismo se formule por el Ministerio Fiscal o el Defensor del Pueblo, pueden comparecer con el carácter de codemandantes o de coadyuvantes.

* La STC 220/2004 ha señalado que quienes no interpusieron en plazo la demanda de amparo o aquellos cuya demanda no fue admitida si comparecen no pueden pedir la reparación o la preservación de sus propios derechos fundamentales, independientes del recurso de amparo admitido, que es el que acota el objeto del proceso. El papel de los restantes comparecientes queda reducido, pues, a formular alegaciones y a que se les notifiquen las resoluciones que recaigan en el proceso, que tiene por objeto, exclusivamente, las pretensiones deducidas por quien lo interpuso en tiempo y forma.

* El Ministerio Fiscal interviene en todos los procesos.

6. *¿Es preciso utilizar los servicios de Abogado y Procurador?*

Las personas físicas y jurídicas, para comparecer en los procesos constitucionales, deben (artículo 81.1 LOTC) conferir la representación a un Procurador y actuar bajo la dirección de Abogado, que debe estar incorporado en calidad de ejerciente a cualquiera de los Colegios de Abogados de España (no pueden actuar quienes hayan sido Magistrados o Letrados del TC).

Excepción: pueden comparecer por sí mismos, para defender derechos o intereses propios, quienes tengan título de Licenciado en Derecho, aunque no ejerzan la profesión de Procurador o de Abogado.

7. *Lugar de la presentación de la demanda y otros escritos*

Los escritos que se dirigen al Tribunal Constitucional, aunque no lo dice expresamente la LOTC, deben presentarse en el Registro del Tribunal, ubicado en la calle Domenico Scarlatti, 6, que está abierto de lunes a viernes, de 9:30 a 15:00 horas; sin perjuicio de que, cuando esté reglamentariamente desarrollado, puedan presentarse por medios electrónicos, informativos o telemáticos. Es factible su remisión por otros medios, pero salvo casos excepcionalísimos (ver STC 35/2003, de 25 de febrero) la fecha que se tiene en consideración es la de entrada en el Registro.

El artículo 85 LOTC, en la redacción dada por la LO 6/2007, señala que las demandas de amparo también podrán presentarse «en la oficina o servicio de registro central de los tribunales civiles de cualquier localidad», pero condicionado a que se trate de demanda presentada el día hábil siguiente al de vencimiento del plazo de interposición de conformidad con lo establecido en el artículo 135 de la Ley de Enjuiciamiento Civil.

Hasta ahora los escritos y las demandas que se presentaban el último día del plazo, en las horas en que no estaba abierto el Registro del Tribunal Constitucional, se registraban en el Juzgado de Guardia de Madrid; con la reforma no parece que los escritos de iniciación puedan presentarse el día de finalización del plazo en dicho órgano pues, como ha quedado indicado, deberán presentarse en el registro de los tribunales civiles. En cuanto al resto de escritos, si no resulta viable hacer uso de la facultad prevista en el artículo 135 de la Ley de Enjuiciamiento Civil (ver análisis en apartado III.12), no debería haber inconveniente para su presentación, fuera de las horas de registro, en el citado Juzgado de Guardia.

En situaciones excepcionales el Tribunal Constitucional ha considerado plenamente eficaz la remisión de escritos al propio Tribunal por correo (STC 36/2003, de 25 de febrero. Ver más adelante en el punto III.12 al analizar el plazo para formalizar el recurso).

8. Contenido de la demanda de amparo

El recurso de amparo se inicia mediante demanda (ver modelo 1). La Ley Orgánica fija cuál debe ser el contenido de la demanda (ver cuadro adjunto) y qué documentación debe acompañarse a la misma.

El TC ha señalado (ver por todas la STC 13/2008, de 31 de enero) que «es en la demanda de amparo donde queda fijado el objeto procesal, definiendo y delimitando la pretensión, pues en ella ha de individualizarse el acto o la disposición cuya nulidad se pretende, con indicación de la razón para pedirla o *causa petendi*».Y en la STC 158/2000, señaló que el objeto del recurso de amparo se concreta en la demanda y que esa acotación del objeto ha de resultar de la lectura conjunta del encabezamiento y el suplico del escrito rector del proceso (STC 23/1999).

En el auto 39/2005 se indica que, en aplicación de lo dispuesto en el artículo 49 LOTC, sobre el recurrente recae la carga procesal de proporcionar las alegaciones de hecho y su justificación documental, así como su fundamentación jurídica.

En algunos casos de inconcreción en las alegaciones y el suplico el TC, con aplicación del principio *favor actionis*, ha considerado que dichos defectos de imprecisión técnica debían, en cuanto lo permita el contenido de la demanda y la documentación acompañada, superarse y admitir la demanda (STC 172/1991).

En cuanto a las resoluciones que se impugnan, la doctrina del TC ha señalado que cuando se impugna en amparo una resolución judicial confirmatoria de otras, que han sido lógica y cronológicamente presupuesto de aquélla, han de entenderse también recurridas las precedentes resoluciones confirmadas (Sentencias TC 64 y 211/2005).

CONTENIDO DE LA DEMANDA (artículo 49.1 LOTC)	
Dice la Ley Orgánica que se expondrá:	**Recomendación**
	— En el encabezamiento, tras la designación del representante procesal del actor, de los datos personales de éste y de su abogado, es necesario recoger un apartado en el que se señale las resoluciones que son objeto del recurso. — Dejar apuntado, en su caso, que por otrosí se va a solicitar la suspensión de la resolución correspondiente.
1. Hechos que la fundamentan (expuestos con claridad y concisión)	— Exposición de forma cronológica. — Numerar los hechos. — Ponerles título. — Dejar claro el momento en que se produjo la vulneración de derechos fundamentales. — Señalar los remedios procesales utilizados para remediar la vulneración.
2. Cita de los preceptos constitucionales que se estiman infringidos	Hacer dos apartados: — Preceptos constitucionales que se estiman infringidos (señalar los preceptos y órgano/s o resolución/es que la vulneraron).

CONTENIDO DE LA DEMANDA (artículo 49.1 LOTC)	
Dice la Ley Orgánica que se expondrá:	**Recomendación**
	Nota: Aunque conviene ser precisos el TC ha señalado que no se exige tanto que la invocación se haga mediante la concreta identificación del precepto constitucional, ni siquiera mencionando su *nomen iuris*, cuanto que se acote suficientemente el contenido del derecho constitucional violado (STC 79/2002, de 8 de abril). — Fundamentos jurídicos en que se basa la demanda de amparo (desarrollar los motivos, y en la medida de lo posible citar brevemente la jurisprudencia del Tribunal Constitucional o del TEDH que pueda resultar aplicable).
3. Fijar con precisión el amparo que se solicita. *Vid.* artículo 85.1. «... se fijará con claridad y precisión lo que se pida».	— *Puede realizarse un apartado de la demanda: resultará de interés cuando sea necesario explicar por qué se solicitan consecuencias concretas de la concesión del amparo.* — En otro caso puede ser suficiente fijarlo en el suplico. — En cualquier caso tiene que tratarse de una o varias de las posibilidades de pronunciamiento previstas en el artículo 55.1 de la LOTC: • Declaración de nulidad de la decisión, acto o resolución que hayan impedido el pleno ejercicio de los derechos y libertades protegidos, con determinación en su caso de la extensión de sus efectos. • Reconocimiento del derecho o libertad pública, de conformidad con su contenido constitucionalmente declarado. • Restablecimiento del recurrente en la integridad de su derecho o libertad con la adopción de las medidas apropiadas, en su caso, para su conservación.
4. Justificar la especial trascendencia constitucional del recurso. *[Nota 1. «... que se apreciará atendiendo a su importancia para la interpretación de la Constitución, para su aplicación o para su general eficacia, y para la determinación del contenido y alcance de los derechos fundamentales» (Art. 50.1. b)* *Nota 2. Introducido por la Ley Orgánica 6/2007].*	Lo más oportuno es destacar cuál es el interés que presenta nuestro caso y por qué se diferencia de los demás, buscando encuadrar dicho interés en los criterios contemplados en el artículo 50.1.b).
	Recoger un apartado sobre: «Cumplimiento de los presupuestos procesales exigidos para la admisión del recurso».
	SUSPENSIÓN. Solicitar por otrosí, señalando la resolución o el efecto concreto sobre el que se solicita la suspensión y fundamentando el perjuicio que se produce.
	PRUEBA. Solicitar por otrosí, fundamentando la necesidad de la misma (ver artículo 89 LOTC).

En el auto 30/2008, de 28 de enero, el Tribunal Constitucional critica el planteamiento formal de la demanda de amparo en cuanto que *«no se acompaña de un desarrollo mínimamente estructurado de las vulneraciones alegadas, de tal modo que no se deslinda entre unas y otras ni se identifica con claridad cuáles son los concretos aspectos que constituyen el respectivo sustrato de cada una de las lesiones constitucionales que denuncia. A mayor abundamiento el actor dirige sus criticas de forma indiscriminada hacia las resoluciones del Juzgado y del Tribunal...»*. Sirva pues de consejo: diferenciar cada una de las vulneraciones, con indicación del órgano y resolución en que se produjo la infracción y con su correspondiente fundamentación.

9. *De la «especial trascendencia constitucional»*

La novedad más importante de la reforma de la Ley Orgánica del Tribunal Constitucional llevada a cabo por la Ley Orgánica 6/2007, de 24 de mayo, es la introducción como requisito, en el artículo 49.1 de la LOTC, de la necesidad de justificar en el recurso la especial trascendencia constitucional del mismo, pues únicamente se admitirán a trámite (artículo 50.1 de la Ley) aquellos recursos cuyo contenido «justifique una decisión sobre el fondo por parte del Tribunal Constitucional, que se apreciará atendiendo a su importancia para la interpretación de la Constitución, para su aplicación o para su general eficacia, y para la determinación del contenido y alcance de los derechos fundamentales».

Ya no será suficiente que se haya producido una infracción de preceptos constitucionales; ahora, además de acreditar dicha vulneración, deberemos contemplar en nuestros recursos por qué la resolución de nuestro asunto tiene especial trascendencia constitucional, partiendo de los criterios que, según el mencionado artículo 50, deben ser apreciados por el Tribunal (en este sentido los autos del Tribunal Constitucional números 188/08 y 289/08).

No es posible dar una guía de cuando un asunto tiene importancia para la interpretación de la Constitución o para la determinación del contenido y alcance de los derechos fundamentales pues hasta ahora en la jurisprudencia constitucional cuando se hablaba de «trascendencia constitucional» (en muy contadas ocasiones precedida por la palabra especial) o de «especial relevancia constitucional» se hacía referencia exclusivamente a los derechos y no a estos nuevos criterios que se introducen. Salvo que el Tribunal Constitucional comience a realizar alguna indicación en resoluciones que dicte en los asuntos que se encuentra pendientes de decisión, tardaremos en conocer cómo interpreta el Tribunal dichos criterios pues habrá que esperar a que se resuelvan mediante sentencia recursos de amparo formulados con posterioridad a la reforma, dado que las resoluciones de inadmisión —y esta es otra de las novedades introducida— se limitarán a especificar, sin mayor fundamentación, el requisito incumplido.

Debemos pues olvidar el sistema que seguíamos hasta ahora en el que justificábamos la existencia de la infracción, la trascendencia o relevancia constitucional del derecho y, generalmente, apoyábamos lo anterior en jurisprudencia del Tribunal en casos iguales o similares. Tras esta reforma podría resultar que el Tribunal Constitucional considerase que un asunto sobre el que se ha resuelto reiteradamente y sobre el que ya hay doctrina, que debe ser aplicada por los tribunales, no tiene por qué ser objeto de un nuevo pronunciamiento, aunque la vulneración pudiera resultar patente.

Lo más oportuno es destacar cuál es el interés que presenta nuestro caso y por qué se diferencia de los demás, buscando encuadrar dicho interés en el criterio de importancia para la aplicación de la Constitución o para su general eficacia.

Este nuevo requisito va a ser uno de los nuevos elementos de la Ley que más disuada la formulación de recursos de amparo.

10. *Documentación que debe acompañar a la demanda*

El recurrente debe aportar al Tribunal los elementos de convicción que permiten corroborar sus afirmaciones. Es preceptivo acompañar las resoluciones recaídas en el procedimiento administrativo y/o judicial pero también puede resultar preciso acompañar los escritos o recursos donde pueda cotejarse su invocación, sobre todo cuando las resoluciones impugnadas no contienen referencia alguna a los derechos fundamentales invocados (Ver auto TC 331/1997).

DOCUMENTACIÓN QUE DEBE ACOMPAÑARSE	
Dice la Ley Orgánica que se acompañará:	**Recomendación**
a) Documento que acredite la representación del solicitante de amparo.	— Acompañar el poder. — O solicitar el apoderamiento *apud acta*. — Cuando la designación de profesionales ha sido de oficio el documento figura ya en el Tribunal, salvo que se esté continuando con la representación realizada para el asunto del que trae causa, en cuyo caso conviene aportar la designación de aquel asunto.
b) La copia, traslado o certificación de la resolución recaída en el procedimiento judicial o administrativo.	— En el caso de resoluciones judiciales es conveniente aportar testimonio; en ocasiones el Tribunal la requiere. — En otras ocasiones se limita a solicitar que se justifique la fecha de notificación de la última resolución judicial mediante certificación del Secretario del órgano judicial correspondiente
c) Copias literales de la demanda y de los documentos presentados, tantas como partes en el proceso previo y una más para el Ministerio Fiscal.	— Es un defecto subsanable.
	— Es conveniente aportar con la demanda aquellos escritos de la parte que se entiendan necesarios para justificar la vulneración o en los que se compruebe que ya se había alegado la vulneración o se había intentado remediar. Es frecuente que se solicite para resolver sobre la admisión
	— Otros documentos que puedan servir como prueba de la vulneración.

11. *Proposición de prueba*

De acuerdo con lo previsto en el artículo 89.1 de su Ley Orgánica, el Tribunal Constitucional, de oficio o a instancia de parte, puede acordar la práctica de prueba cuando lo estimare necesario y resolver libremente sobre la forma y el tiempo de su realización, sin que en ningún caso haya de exceder de treinta días.

No se contiene en la norma una limitación en cuanto al momento y forma de proponerla, por lo que su admisión dependerá exclusivamente de que el Tribunal la estime necesaria para resolver sobre la admisión o no de la demanda, sobre la estimación o no del amparo solicitado o para la resolución de algún incidente.

Tampoco se contiene norma sobre cómo proponerla, sobre si basta con solicitar el recibimiento a prueba o si hay que designar los medios concretos. Lo habitual es proponer el medio concreto de prueba indicando su finalidad pero el Tribunal, en su auto 786/1994, entendió que era suficiente solicitar el recibimiento a prueba con indicación de los extremos que debían ser objeto de la misma y acordó recibir a prueba el procedimiento por un plazo de treinta días.

En el auto 195/1990, el Tribunal consideró que «de acuerdo con el principio de relevancia procesal, el recibimiento a prueba sólo procede cuando no hay acuerdo entre las partes sobre la concurrencia de determinados hechos». Y en el auto 467/1984, señaló que «la prueba, tanto en los procesos ordinarios como en los constitucionales, debe versar sobre hechos, por lo que no es pertinente pretender probar normas, usos o convenciones del derecho constitucional o parlamentario de otros países».

Tampoco señala la Ley Orgánica cuáles pueden ser los medios de prueba, ni es aplicable supletoriamente otra norma por falta de remisión en el artículo 80, por lo que en principio puede resultar admisible cualquier medio de prueba. El medio más habitual es la prueba documental y, en alguna ocasión, la testifical. Respecto a la prueba testifical, en el auto 467/1984, el Tribunal indicó que para que se pueda enjuiciar su admisibilidad, es necesario concretar los hechos sobre los que haya de versar el testimonio.

12. Requisitos para la admisión de la demanda

La admisión se acordará, en todo o en parte, por providencia, «solamente cuando concurran los siguientes requisitos» previstos en el artículo 50.1 LOTC (ver cuadro).

REQUISITOS PARA LA ADMISIÓN
Uno. Que la demanda cumpla con lo dispuesto en los artículos 41 a 46 y 49 de la LOTC.
i. Que la demanda se deduzca respecto de derechos o libertades susceptibles de amparo constitucional (ver cuadro de derechos y libertades, en apartado III.1).
ii. Que se formule contra las decisiones, actos, omisiones y resoluciones previstos en la LOTC (ver cuadro de actos en apartado III.3).
iii. Por quienes ostentan legitimación (ver cuadro de legitimación en apartado III.3).
iv. Cumpliendo los demás requisitos previstos, para cada caso, en los citados artículos: plazo, agotamiento vía previa, denuncia de la vulneración, etc. (ver cuadro de requisitos apartado III.3).
v. Formulación de demanda con el contenido y documentación prevista en el artículo 49 (ver contenido de la demanda en apartado III.8 y documentación en el III.10)
Dos. Que el contenido del recurso justifique una decisión sobre el fondo por parte del Tribunal en razón de su especial trascendencia constitucional (ver apartado III.9).

Una de las novedades que introdujo la reforma realizada por la LO 6/2007, es que para la admisión a trámite del recurso se exige la unanimidad de los miembros de la Sección mientras que antes se exigía unanimidad para la inadmisión. Si se obtiene la opinión favorable de la mayoría de la Sección (3 miembros) pero no la unanimidad se traslada la decisión a la Sala (6 miembros) para su resolución.

La inadmisión se realiza por providencia (artículo 50.3 LOTC), en la que se indica el requisito incumplido, frente a la que sólo puede recurrir en súplica el Ministerio Fiscal. El recurso se resuelve por auto y no es impugnable (Nota: El Tribunal Europeo de Derechos Humanos en su decisión de admisibilidad parcial de 31/05/05, en la demanda 36777/03, asunto Mikel Iribarren *v.* España, considera que el hecho de que sólo el Ministerio Fiscal pueda recurrir la decisión de inadmisión no vulnera el principio contradictorio, dado que tal posibilidad está concebida atendiendo a la tarea de defensa de la legalidad que tiene atribuida el Ministerio Fiscal).

Examen de los requisitos de admisibilidad. El TC ha señalado (STC 97/2004) que deben de ser examinados teniendo en cuenta como marco temporal de referencia el momento en que fue interpuesta.

Defectos subsanables. Si los defectos son subsanables deben ponerse de manifiesto al interesado por la Secretaría y deberán subsanarse en un plazo de 10 días (artículos 50.4 en relación al 49.4 LOTC). Si no se subsana el defecto en dicho plazo se inadmite la demanda de amparo, mediante providencia, sin posibilidad de recurso.

Defectos insubsanables. No resultan sanados porque la demanda haya sido inicialmente admitida. La comprobación de los presupuestos procesales para la viabilidad de la acción puede siempre abordarse en la Sentencia, de oficio o a instancia de parte (Ver STC 129/2004).

Agotamiento de la vía judicial. En los casos previstos en los artículos 43 y 44 de la LOTC (*ver apartado III.3*) es preciso que esté agotada la vía judicial, por lo que sería contrario al carácter subsidiario del recurso de amparo que:

a) no se hayan utilizado todos los recursos posibles, o

b) no se hayan agotado, es decir se formule demanda de amparo antes de que se resuelvan los recursos interpuestos en la vía judicial ordinaria («No son admisibles, por tanto, los recursos de amparo formulados simultáneamente con algún recurso en los Tribunales ordinarios»: STC 25/2008, FJ 3) (Ver STC 188/06 y 11/2008 sobre la solicitud de aclaración).

En casos concretos el Tribunal ha admitido el recurso de amparo contra resoluciones interlocutorias cuando la infracción ha sido de derechos fundamentales de carácter material, distintos de los contenidos en el artículo 24 de la Constitución. En la STC 235/2006, se señalan los siguientes casos: infracción del derecho al Juez legal, al Juez ordinario frente a la jurisdicción militar, frente a las peticiones de *habeas corpus* o el derecho a la libertad.

¿Cuándo está agotada la vía judicial? Para dar respuesta a esta cuestión no es suficiente comprobar en la legislación procesal de la jurisdicción correspondiente la inexistencia de recursos ordinarios o extraordinarios contra la resolución que consideramos vulnera derechos constitucionalmente protegidos sino que debemos acudir también a la regulación de la nulidad en la Ley Orgánica del Poder Judicial, en concreto al artículo 241.1 de la citada norma, que ha sido objeto de una trascendente modificación en la disposición final primera de la Ley Orgánica 6/2007.

Hasta la nueva reforma del artículo 241 de la Ley Orgánica del Poder Judicial únicamente era necesario formular un incidente de nulidad de actuaciones contra la última resolución dictada —cuando la misma no fuese susceptible de otro recurso— en aquellos casos en los que se hubieran producido en dicha resolución: a) defectos de forma que hubieran causado indefensión y no hubiera sido posible denunciarlos antes de recaer sentencia o resolución que ponga fin al proceso o b) incongruencia del fallo (cualquier clase de incongruencia: omisiva, *ultra petita*). Numerosas resoluciones del Tribunal Constitucional han señalado que estas cuestiones no pueden ser abordadas por el Tribunal *per saltum,* por lo que es necesario su planteamiento ante el órgano judicial que dictó la correspondiente resolución para dar al mismo la posibilidad de corregir la vulneración (STC 166/2005). Así como que no es preciso promover dicho incidente de nulidad, por no tener encaje en la figura de la incongruencia, cuando la sentencia razona jurídicamente acerca de la pretensión aunque sea para concluir que no pueden entrar a conocerla (STC 158/2005, FJ 2.º).

La nueva redacción del apartado 1 del artículo 241 de la Ley Orgánica del Poder Judicial (modificación introducida en la LO 6/2007) es del siguiente tenor:

«No se admitirán con carácter general incidentes de nulidad de actuaciones. Sin embargo, excepcionalmente, quienes sean parte legítima o hubieran debido serlo podrán pedir por escrito que se declare la nulidad de actuaciones fundada en cualquier vulneración de un derecho fundamental de los referidos en el artículo 53.2 de la Constitución, siempre que no haya podido denunciarse antes de recaer la resolución que ponga fin al proceso y siempre que dicha resolución no sea susceptible de recurso ordinario ni extraordinario».

Lo anterior nos lleva a que en aquellos casos en que la infracción contra la que deseamos solicitar la protección constitucional, por haberse vulnerado un derecho fundamental o una libertad pública, se ha producido en una resolución que no puede ser objeto de ningún otro recurso va a ser necesario formular frente a la misma un incidente de nulidad de actuaciones para que pueda entenderse agotada la vía judicial previa a la formulación de un recurso de amparo.

Yendo a lo práctico, pondremos unos ejemplos simples de cuándo es necesario y cuándo no acudir al incidente de nulidad de actuaciones:

Caso 1. Consideramos que se ha vulnerado el derecho a la presunción de inocencia en el juicio y, en la segunda instancia, donde hemos alegado tal vulneración, simplemente no se nos da la razón; en este caso al no haberse producido una nueva vulneración no sería preciso formular el incidente de nulidad de actuaciones.

Sería similar el caso en que la infracción se hubiera producido en la vía administrativa y, alegada la vulneración de derechos fundamentales en vía judicial, no se nos hubiera dado la razón —sin nuevas vulneraciones— por los tribunales.

Caso 2. En la última instancia (por ejemplo, en la resolución por la Audiencia Provincial de un recurso de apelación contra sentencia dictada por un Juzgado de lo Penal, en el que alegábamos la infracción de varios artículos del Código Penal) se dicta una resolución que entendemos vulnera el derecho a la tutela judicial efectiva por manifiesta carencia de motivación o por incongruencia; va a ser preciso acudir a la nulidad de actuaciones antes de acudir al Tribunal Constitucional.

Caso 3. Hemos alegado en un recurso la vulneración en primera instancia de un derecho (por ejemplo, derecho a la igualdad, a la prueba, etc.) y, en la segunda instancia se produce una nueva vulneración (por ejemplo, del derecho de defensa o del derecho a la tutela judicial efectiva) que no es posible reparar antes de dictarse resolución definitiva; aquí habría que plantear, antes de acudir al Tribunal Constitucional, la nulidad únicamente respecto a las nuevas infracciones pues respecto a los otros derechos ya habríamos tenido la oportunidad de alegarlo en el recurso y se consideraría agotada la vía judicial.

Denuncia formal en el proceso de la vulneración. Es igualmente necesario, en los supuestos en que las violaciones de derechos y libertades sean imputables a un acto u omisión de un órgano judicial, que se haya invocado formalmente en el proceso el derecho constitucional vulnerado. Este requisito tiene la doble finalidad de que los órganos judiciales tengan la oportunidad de pronunciarse sobre la eventual vulneración y reestablecer, en su caso, el derecho constitucional en sede jurisdiccional ordinaria; y, por otra, preservar el carácter subsidiario de la jurisdicción constitucional de amparo. El cumplimiento de este requisito no exige que en el proceso judicial se haga una mención concreta y numérica del precepto constitucional en el que se reconozca el derecho vulnerado o la mención de su *nomen iuris*, siendo suficiente que se someta el hecho fundamentador de la vulneración al análisis de los órganos judiciales, dándoles la oportunidad de pronunciarse (STC 25/2005) (Ver también STC 196/2006).

Momento de invocación: El momento no puede quedar a la libre voluntad de la parte sino que el momento procesal oportuno «es el inmediatamente posterior a aquél en que se produzca la pretendida lesión, sin perjuicio de reiterarla en la posterior cadena de recursos» (STC 211/2007, de 8 de octubre, que recoge la doctrina del Tribunal sobre este presupuesto procesal). La invocación tardía en el proceso judicial supone un incumplimiento de este requisito (STC 190/2006).

El Tribunal, en sentencia 250/2007, ha señalado que el hecho de no haberse planteado en el recurso de casación para la unificación de doctrina la vulneración de derechos fundamentales, acaecida con anterioridad a la formulación de este recurso, no implica el incumplimiento del requisito de invocación previa dada la específica finalidad del citado recurso.

Plazo. El plazo para formular demanda de amparo, en los casos previstos en el artículo 44 de la LOTC, es decir cuando la violación tenga su origen en un acto u omisión de un órgano judicial, se ha incrementado, tras la reforma introducida por la Ley Orgánica 6/2007, en diez días, por lo que ahora es de 30 días.

Sin embargo se mantiene el plazo de 20 días para aquellos asuntos previstos en el artículo 43 de la LOTC, cuando la vulneración de derechos o libertades esté originado por disposiciones, actos jurídicos, omisiones o simple vía de hecho del Gobierno o de sus autoridades o funcionarios, o de los órganos ejecutivos colegiados de las comunidades autónomas o de sus autoridades o funcionarios o agentes. Esta diferencia no tiene explicación alguna.

¿Qué ocurrirá en aquellos casos en que se pretende formular un recurso de amparo mixto, con violaciones contempladas unas en el artículo 43 y otras en el artículo 44 de la LOTC? Es el caso en que se produce, por ejemplo, una vulneración en un procedimiento sancionador de tráfico o penitenciario y otra diferente en el proceso judicial subsiguiente; casos en los que se exige dar una respuesta diferenciada a ambas quejas (STC 236/2002). El plazo en estos supuestos debe entenderse que es el de 30 días del artículo 44 LOTC, por ser interpretación más favorable, ya que de otra manera, si se considera que son los 20 días del artículo 43 LOTC, se limitaría sin fundamento legal el plazo para alegar las vulneraciones del artículo 44; aunque no hay ninguna resolución que avale todavía esta u otra opinión. Lo que parece evidente es que no se admitirá la formulación de dos recursos, uno en un plazo y otro en otro, o la ampliación del mismo, pues ni parece ajustado al espíritu de la norma ni es probable que el Tribunal Constitucional lo admita pues en los contados asuntos en los que ha permitido una ampliación de la demanda lo ha sido porque no suponía una variación del derecho fundamental invocado y condicionado a que se tratase de hechos sobrevenidos a la presentación de la demanda (STC 120/2005).

Sobre días y horas hábiles y cómputo de plazos se aplica supletoriamente la LOPJ y la Ley de Enjuiciamiento Civil.

Se excluyen del plazo los inhábiles, considerándose como tales los del mes de agosto (Acuerdo TC 15/06/1982, modificado por acuerdo TC 17/06/1999 y 18/01/2001). Se sigue el calendario del municipio de Madrid (STC 281/2000).

El día inicial del plazo es el siguiente al de la notificación de la resolución judicial o al de conocimiento suficiente o fehaciente de la resolución que pone fin a la vía judicial previa. Debe tenerse en cuenta, en los recursos que se promuevan contra resoluciones judiciales dictadas en procesos penales que «la notificación al Procurador (...) surte plenos efectos respecto del plazo de veinte días que establece el artículo 44.2 LOTC para interponer el recurso de amparo, con independencia de la existencia o no de notificación personal al interesado y del momento en que ésta se produzca» (STC 204/2005, en idéntico sentido la 197/2007).

El plazo de interposición del recurso de amparo es perentorio, de caducidad, improrrogable y de imposible suspensión, sin posibilidad de excepción ni ampliación (STC 56/1993 y 171/2006).

La utilización de recursos inexistentes o remedios procesales manifiestamente improcedentes contra una resolución judicial firme no suspende el plazo (STC 17/2008). Si bien el concepto de recurso manifiestamente improcedente debe limitarse a los casos en que tal improcedencia derive de manera terminante, clara e inequívoca del propio texto legal, sin dudas que hayan de resolverse con criterios interpretativos de alguna dificultad y cuando «de las circunstancias del caso se colija que el recurrente obra en la creencia de que hace lo correcto y, por consiguiente, actúa sin ánimo dilatorio» (STC 149/2005, 54/2007 y 25/2008; y 188/2006 sobre la solicitud de aclaración).

El Tribunal ha dado validez, en situaciones excepcionales, a la remisión de escritos por correo (incluso ordinario), a pesar de llegar fuera de plazo al Registro General del propio Tribunal. Así en la sentencia 35/2003, de 25 de febrero, señaló que «este Tribunal ha exceptuado en ocasiones anteriores supuestos como el presente en los que el demandante reside en una localidad lejana a la en que tiene su sede este Tribunal, y además no cuenta de asistencia letrada y representación procesal, en el sentido de considerar que en tales casos el día final del cómputo del plazo puede ser el de remisión por correo y no el de recepción en el Registro del Tribunal Constitucional».

Aplicación del artículo 135 de la Ley de Enjuiciamiento Civil. La aplicación del precepto contenido en el artículo 135 de la Ley de Enjuiciamiento Civil, que permite presentar escritos hasta las 15 horas del día hábil siguiente al del vencimiento del plazo, es aplicable en todas las jurisdicciones (así lo ha avalado el Tribunal Constitucional en numerosas resoluciones) pero no lo era a los procesos ante el Tribunal Constitucional (ver ATC 138/2001 y STC 230/2006).

Tras la reforma de la LOTC se prevé expresamente, en su artículo 85, la aplicación del artículo 135 de la norma procesal civil, pero con la siguientes limitaciones:

a) sólo es aplicable al recurso de amparo, consiguientemente no lo es para otros asuntos sobre los que tiene competencia el Tribunal;
b) sólo puede hacerse uso de esta facultad en los escritos de iniciación, es decir al presentar la demanda.

Cosa juzgada. Aunque expresamente no se recoge la excepción de cosa juzgada como motivo de inadmisibilidad, el Tribunal la ha estimado en alguna resolución (Auto 48/1981) señalando que, en cualquier caso, también concurría el supuesto de haber desestimado en el fondo asunto sustancialmente igual.

13. Admisión de la demanda

La demanda puede ser admitida por la Sección directamente o tras el incidente de subsanación. Ya quedó señalado en el apartado anterior que también puede ser admitida por la Sala, en aquellos casos en que la mayoría de la Sección opina que debe admitirse pero no se obtiene la unanimidad de sus miembros.

Admitida la demanda se solicita al órgano, a la autoridad o al Juez o Tribunal que conoció del procedimiento precedente para que remita las actuaciones o testimonio de las mismas y emplace a los que fueron parte en el procedimiento para que puedan comparecer en el plazo de 10 días (artículo 51.1 LOTC)

Nota: La solicitud de información, de la remisión de expedientes, informes y documentos al órgano administrativo o judicial, por la vía prevista en el artículo 88.1 LOTC no implica un reconocimiento, en los términos establecidos por el artículo 51, de que el recurso de amparo haya sido admitido a trámite. No existe ninguna limitación temporal para su utilización, por lo que el TC puede hacer uso de este instrumento, concediendo plazo a las partes para alegaciones, para resolver sobre la admisión.

14. Suspensión y otras medidas cautelares

Carácter excepcional de la suspensión. El artículo 56 LOTC (redacción de la LO 6/2007) prevé, con carácter excepcional, la posibilidad de suspender, total o parcialmente, de oficio o a instancia del recurrente, los efectos del acto administrativo o resolución judicial por razón del cual se solicitó el amparo cuando dicha ejecución pudiera ocasionar un perjuicio que haría perder al amparo su finalidad.

El Tribunal ha señalado que la regla general debe ser la improcedencia de la suspensión (auto 83/2001, de 23 de abril) y únicamente resulta pertinente cuando la ejecución cause un perjuicio irreparable de los derechos fundamentales invocados en el proceso constitucional, «debiendo entenderse por irreparable aquel que provoque que el restablecimiento del recurrente en los derechos fundamentales cuya vulneración denuncia sea tardío e impida definitivamente que la restauración sea efectiva (auto 58/2002, de 8 de abril)».

Y en el auto del TC n.º 33/2008, de 31 de enero, se indica: «... este Tribunal ha establecido el criterio de que la ejecución de las resoluciones judiciales cuyos efectos son fundamentalmente patrimoniales o de contenido económico, ni causa un perjuicio irreparable al obligado al pago, ni puede hacer perder al amparo su finalidad, al ser posible la restitución íntegra de lo ejecutado...».

Otras medidas cautelares. Además de la suspensión también puede adoptarse cualquier medida cautelar o resolución provisional previstas en el ordenamiento jurídico. Un ejemplo, que recogemos más adelante en el apartado de supuestos, es la anotación preventiva de la demanda de amparo en el Registro de la Propiedad.

No deben ocasionar perturbación grave. La suspensión o las medidas no deben ocasionar perturbación grave a un interés constitucionalmente protegido, ni a los derechos fundamentales o libertades de otra persona.

Situaciones en las que puede exigirse fianza o caución. Cuando pueda producirse la perturbación de los derechos de un tercero el Tribunal puede condicionar la adopción de la suspensión o las medidas cautelares a la constitución de fianza para responder de los daños y perjuicios que puedan producirse. La fijación y determinación de la fianza puede delegarse en el órgano jurisdiccional de instancia.

Pero también puede el Tribunal condicionar la denegación, en este caso a la constitución de caución por aquel que solicite su denegación por entender que le produce dicha perturbación.

¿Cuándo se puede solicitar? Se puede solicitar en cualquier momento antes de resolverse el recurso.

Lo habitual es solicitarlo en la demanda y que no se abra la pieza hasta que se haya resuelto sobre la admisión del recurso. El incidente se sustancia con audiencia de las partes y del Ministerio Fiscal (plazo común de tres días). También puede el Tribunal solicitar informe de la autoridad responsable de la ejecución.

En alguna ocasión de excepcional urgencia el Tribunal ha resuelto sobre la suspensión con carácter provisional y, con posterioridad, ha confirmado su decisión en la pieza incidental. Aunque lo legalmente previsto en «supuestos de urgencia excepcional» es que la adopción de la suspensión o de otras medidas se efectúe en la resolución de admisión a trámite. En este caso la decisión sobre la adopción de la suspensión puede ser impugnada en el plazo de cinco días.

Supuestos. La mayoría de las solicitudes de suspensión están relacionadas con la suspensión de la ejecución de penas privativas de libertad (ver en el modelo de demanda), de sanciones penitenciarias y de resoluciones relacionadas con subastas de inmuebles o desalojos de la vivienda habitual.

En el auto 154/2002 el Tribunal deniega una suspensión del acto judicial que acordaba el desalojo del inmueble, por no constituir vivienda habitual, pero, considerando que la transmisión de la vivienda a un tercero podría suponer perjuicios para el demandante de amparo, acordó de oficio la anotación preventiva de la demanda de amparo en el Registro de la Propiedad, siempre que consintiera el recurrente de amparo al que beneficia la medida. El encargado de practicar las actuaciones procesales para llevar a efecto la medida, según señaló el TC, sería el correspondiente órgano judicial. Idéntica medida se adoptó en el auto 230/2007, de 7 de mayo, en un caso en el que no resultaba ya posible la suspensión de la adjudicación de un bien adjudicado en subasta ni de su inscripción en el Registro de la Propiedad por haberse llevado a cabo ambas actuaciones, con la finalidad de anunciar «registralmente frente a terceros la pendencia del proceso constitucional con sus eventuales consecuencias sobre los derechos inscritos».

Otros supuestos:

— Suspensión de sentencia que revoca sentencia absolutoria y acuerda la celebración de nuevo juicio por considerar que su ejecución vendría a someter a quien ha sido absuelto a un nuevo juicio en el que podría ser condenado, lo que permite la equiparación con supuestos en que media condena penal (autos 103/2001, 103 y 277/2001).

— Suspensión de la pena de privación del derecho a conducir vehículos de motor: cuando el demandante es un conductor profesional (auto 242/2000), o un repartidor (auto 361/2003) o por la ausencia de transporte público para acudir al trabajo (auto 53/1999).

— Suspensión de la pena de inhabilitación especial para el derecho de sufragio pasivo durante el tiempo de la condena (auto 327/2005).

— Suspensión de la ejecución de la resolución que acuerda la extradición (auto 344/2005) o se acuerda la entrega en virtud de orden europea de detención y entrega (auto 314/2005).

— Penas privativas de libertad no superiores a cinco años (autos 269/1998 y 130/2005). En el auto 30/2005 se deniega por exceder dicho límite la pena que queda por cumplir.

— «Suspensión especial». En el auto 110/1996, de 29 de abril, el Tribunal denominó así el acuerdo por el que se decretó la suspensión de una resolución judicial de un proceso penal en cuanto a sus efectos en un proceso civil que se tramitaba en otro Juzgado. Se trataba de un auto de archivo de un procedimiento penal cuya existencia había dado lugar a la suspensión de un procedimiento hipotecario y el Tribunal acuerda que se mantenga dicha suspensión.

Modificación de las resoluciones. La resolución sobre suspensión o su denegación puede ser modificada en virtud de circunstancias sobrevenidas o que no pudieron ser conocidas al tiempo de sustanciarse el incidente.

En el citado auto 33/2008, el Tribunal, en un supuesto en el que se solicitó la suspensión de la responsabilidad personal subsidiaria en caso de impago de multa señala: «(...) no procede en el momento actual, su suspensión, al tratarse de una eventualidad incierta que depende de que la multa no llegase efectivamente a ser pagada, y en cualquier caso de una eventualidad futura que, en caso de sobrevenir, podría dar lugar a una nueva solicitud de suspensión y a la posibilidad de modificación de la medida cautelar...».

Indemnización por perjuicios causados. Si como consecuencia de la suspensión o de su denegación se producen daños, las peticiones de indemnización deberán presentarse dentro del plazo de un año a partir de la publicación de la sentencia y se resolverán por los Jueces o Tribunales cuyas resoluciones se solicitó quedaran en suspenso.

15. Ampliación de la demanda

Con carácter general no es factible introducir alteraciones en posteriores alegaciones, cuya *ratio* es completar y reforzar la fundamentación del recurso mas no ampliarlo o variarlo sustancialmente (STC 42/2008, 10 de marzo). Sin embargo en un momento cercano a la demanda, en el que todavía no sea preciso tomar en consideración la necesidad de preservar las garantías procesales de las otras partes, podría aceptarse la ampliación siempre que no suponga una variación del derecho fundamental invocado y que se trate de hechos sobrevenidos a la presentación de la demanda, íntimamente conexos a los anteriores, y no susceptibles de una nueva demanda y posterior petición de acumulación (STC 120/2005).

Debe tenerse en cuenta que el artículo 41.3 LOTC limita el objeto del proceso a las pretensiones dirigidas a restablecer o preservar los derechos o libertades por razón de los cuales se formuló el recurso.

Ni siquiera el Ministerio Fiscal puede incluir nuevo contenido al objeto del recurso de amparo ya definido en la demanda (STC 20/2008).

No obstante, el artículo 84 LOTC prevé que el Tribunal, en cualquier tiempo anterior a la decisión, pueda comunicar, otorgando un plazo máximo de 10 días para alegaciones, la eventual existencia de otros motivos distintos de los alegados, con relevancia para acordar sobre la admisión o inadmisión y, en su caso, sobre la estimación o desestimación. Así lo recuerda el Tribunal Constitucional en la citada sentencia 42/2008 (FJ 2.º), al señalar: «*(...) no corresponde a este Tribunal reconstruir de oficio las demandas de amparo, suplir los razonamientos de las partes, ni suscitar la eventual existencia de motivos relevantes para el amparo fuera de la vía prevista en el artículo 84 LOTC*».

16. Aportación de documentos con posterioridad a la demanda

El TC ha aceptado, atendiendo al legítimo interés de la defensa de las partes en el proceso, la aportación de documentos con posterioridad a la demanda, por aplicación analógica de la Ley de Enjuiciamiento Civil (aunque no este prevista la aplicación supletoria de esta norma para este caso en el artículo 80 de la LOTC).

Sobre su aportación una vez concluida la fase procesal de formulación de alegaciones y antes de que se hubiese señalado para deliberación y fallo, el Tribunal ha cambiado su criterio tras la entrada en vigor de la Ley 1/2000, de Enjuiciamiento Civil. Así antes, con aplicación del artículo 506 de la antigua norma, permitía la aportación de documentos de fecha posterior (auto 288/1984); ahora (auto 116/2002), en aplicación del artículo 271 de la nueva Ley, se considera que la regla general es la inadmisibilidad de cualquier documento presentado después de las alegaciones, exceptuando de dicha regla las Sentencias o resoluciones judiciales o administrativas dictadas o notificadas con posterioridad al momento de formular las conclusiones, siempre que pudieran resultar condicionantes o decisivas para resolver el recurso.

17. Acumulación de recursos

Pueden acumularse los procesos con objetos conexos que justifiquen la unidad de tramitación y decisión (artículo 83 LOTC).

La acumulación no necesita de identidad de acto lesivo y tampoco que los impugnados en los distintos procesos guarden entre sí relaciones de confirmación o ejecución, sólo se requiere la conexidad de objetos y que la misma justifique la unidad de tramitación y decisión. El auto 68/1983 el Tribunal señaló que «si por objeto del proceso entendemos la pretensión será menester para la acumulación conexión entre, al menos, algún elemento de la pretensión que justifique esa unidad de tratamiento procesal».

La acumulación puede realizarse de oficio o a instancia de parte, en cualquier momento y previa audiencia, por un plazo máximo de 10 días, de los comparecidos.

18. Trámite de alegaciones y, en su caso, vista

Una vez que se reciben las actuaciones del órgano o autoridad de quien dimane la decisión sometida al amparo del Tribunal Constitucional, el Tribunal da vista de las mismas, por un plazo común de 20 días al demandante, a los personados, al Ministerio Fiscal y al Abogado del Estado si está interesada la Administración Pública, para presentar alegaciones (artículo 52.1 LOTC) (*Nota: aunque la LOTC dice «plazo común que no podrá exceder de 20 días», lo normal es conceder el plazo máximo*).

Y presentadas las alegaciones o transcurrido el plazo para realizarlas la Sala puede: señalar fecha para deliberación y fallo, acordar la celebración de vista (artículos 52.2 y 85.3 LOTC) o deferir la resolución a una de las Secciones cuando para la resolución del recurso sea aplicable la doctrina consolidada del Tribunal.

La celebración de vista es un supuesto excepcionalísimo.

19. Terminación por desaparición sobrevenida del objeto del proceso

No se contempla expresamente en la LOTC esta forma de terminación del proceso, pero es admitida por el TC, en los casos en los que, en el procedimiento que dio origen al recurso, los propios órganos administrativos o judiciales han reparado las lesiones invocadas, o cuando la reparación se ha producido por desaparición de la causa o acto que inició el procedimiento de amparo (STC 13/2005), o cuando se ha producido el fallecimiento del recurrente y los herederos no tienen un interés legítimo en el objeto del proceso (STC 53/2008, de 14 de abril); en estos casos se considera que la demanda deja de tener objeto.

En ocasiones, a pesar de haber desaparecido formalmente el acto lesivo el Tribunal ha considerado que el recurso no había perdido su objeto. Por ejemplo, en los casos que se ve afectada la libertad personal el Tribunal ha establecido que la puesta en libertad del demandante de amparo no priva de objeto a este recurso (STC 167/2005, FJ 2.º). Y en aquellos casos en que se producen dilaciones indebidas, si las mismas subsistían al interponerse la demanda de amparo, el Tribunal podrá entrar a conocer de la vulneración aunque la inactividad del órgano judicial haya cesado ya (STC 153/2005, FJ 2.º); ya que en estos casos se ha entendido que no podía considerarse reparada la vulneración por una actuación tardía (STC 198/1999), y que la declaración del Tribunal puede tener eficacia práctica, desde el momento en que, en su caso, constituiría el presupuesto de un eventual derecho a la indemnización de daños y perjuicios por el anormal funcionamiento de la Administración de Justicia (STC 99/1998).

20. Resolución del recurso por sentencia

La sentencia debe dictarse por la Sala (6 magistrados) o por una de las Secciones (3 magistrados), si la Sala le ha deferido la resolución por ser aplicable doctrina consolidada del Tribunal, en un plazo de 10 días a partir del día señalado para la vista o deliberación.

El fallo de la sentencia, al resolver sobre el fondo, otorga el amparo o lo deniega (artículo 53). También es posible que no llegue a entrar sobre el fondo porque entienda que concurría una causa de inadmisibilidad que se constituye en este momento en causa de desestimación.

Los pronunciamientos de la sentencia son los recogidos en el apartado «Pretensiones que pueden hacerse valer» (apartado III.4).

A la hora de resolver sobre las diferentes vulneraciones alegadas la doctrina del Tribunal da prioridad a las quejas de las que pudiera derivarse la retroacción de actuaciones y, dentro de éstas, a las que, al determinar la retroacción a momentos anteriores, hacen innecesario pronunciamiento sobre las restantes (STC 43/2007, de 26 de febrero).

Aunque cuando concurren vulneraciones de garantías procesales y derechos fundamentales por un órgano de la Administración (por ejemplo, en procedimientos sancionadores) y otras atribuidas a los órganos judiciales, el Tribunal ha entendido que un orden lógico impone analizar en primer término las infracciones cometidas por la Administración (STC 66/2007, de 27 de marzo). Así, en la sentencia 40/2008, de 10 de marzo (FJ3) ha señalado que «*... en los recursos de amparo mixtos la comisión de una lesión constitucional en el transcurso del proceso judicial no impide que el acto administrativo siga siendo el verdadero objeto del recurso de amparo...*».

Si el recurso de amparo debiera ser estimado porque la Ley aplicada lesione derechos fundamentales o libertades públicas la Sala o, en su caso, la Sección elevará la cuestión al Pleno con suspensión del plazo para dictar sentencia (artículo 55.2 LOTC). Esta disposición ha sido objeto de la reforma del año 2007, ya que con anterioridad el recurso podía ser estimado por considerar que la Ley aplicada vulneraba tales derechos y libertades y, con posterioridad, la Sala elevaba la cuestión al Pleno, que podía decretar la inconstitucionalidad de la Ley. Así ocurrió, por ejemplo, en la Sentencia 47/2000, en que se elevó autocuestión de inconstitucionalidad de los artículos 503 y 504 de la Ley de Enjuiciamiento Criminal, sobre la regulación de la prisión provisional.

21. Publicación de la sentencia

Las sentencias se publican en el *Boletín Oficial del Estado* (se publica en un suplemento), dentro de los 30 días siguientes a la fecha del fallo y el Tribunal puede disponer que se publiquen a través de otros medios (por ejemplo, se publican en su página web), adoptando, en su caso, las medidas pertinentes para la protección de los derechos reconocidos en el artículo 18.4 de la Constitución (artículo 86, puntos 2 y 3, LOTC).

Sobre la publicidad que supone que aparezcan los nombres de los interesados en sus resoluciones el Tribunal se ha pronunciado en su sentencia 114/2006. En el caso planteado se solicitaba al Tribunal Constitucional que en la sentencia que se dictara, así como la que se publicara en la página web del Tribunal y en el *BOE* electrónico, únicamente aparecieran las iniciales de los recurrentes. El Tribunal señala que «la publicidad que así debe ser garantizada en la de la resolución judicial en su integridad, incluyendo, por lo común, la completa identificación de quienes hayan sido parte en el proceso constitucional respectivo...» (FJ 6.º), y siguiendo lo ya dicho en la sentencia 68/2005 indica que «quien participa por decisión propia en un procedimiento público... no puede invocar su derecho fundamental a la intimidad personal ni a la garantía frente al uso de la informática (art. 18.1 y 4 CE) por el mero hecho de que los actos del procedimiento en los que deba figurar su nombre sean, por mandato de la Constitución o con apoyo en ella, objeto de publicación oficial o de la publicidad y accesibilidad que la trascendencia del propio procedimiento en cada caso demande...».

Excepcionalmente, como señala la citada sentencia 114/2006, el Tribunal ha mostrado cuidado en no incluir en sus resoluciones ningún dato personal que no resulte estrictamente necesario para formular su razonamiento y «ha procedido a omitir la identificación de determinadas personas que aparecían mencionadas en sus resoluciones, bien atendiendo a la garantía del anonimato de las víctimas y perjudicados en casos especiales bien atendiendo el específico deber de tutela de menores...». En el mismo sentido respecto a los datos de un menor, la STC 183/08.

22. *Ejecución de la sentencia*

El artículo 92 LOTC prevé que el Tribunal disponga en la sentencia, en la resolución, o en actos posteriores, quién ha de ejecutarla y resolver las incidencias de la ejecución.

El Tribunal Constitucional, en su sentencia 37/2007, de 12 de febrero, señaló que «en algunas ocasiones el cumplimiento por el órgano judicial de una Sentencia de este Tribunal puede requerir una interpretación del alcance de ésta a fin de dar un cabal cumplimiento a lo resuelto y adoptar, en consecuencia, las medidas pertinentes para hacer efectivo el derecho fundamental reconocido. Pero tal consideración y aplicación por el órgano judicial no puede llevar, sin embargo, como es claro, ni a contrariar lo establecido en la Sentencia del Tribunal Constitucional, ni a dictar resoluciones que menoscaben la eficacia de la situación jurídica subjetiva en ella declarada».

En el auto TC 79/2002, el Tribunal entendió que esta era la vía adecuada para resolver una queja de inejecución de una sentencia por un órgano judicial. En el caso objeto del citado auto el Tribunal consideraba que la sentencia dictada obligaba al órgano judicial a dictar una nueva resolución conforme con el artículo 24.1 de la Constitución: libre de errores patentes y manifiestos; y al no hacerlo así debía entenderse que no se había ejecutado adecuadamente la sentencia y se anulaba la resolución judicial. De no haberse aceptado así se hubiera obligado a formular un nuevo recurso de amparo, cuya resolución se hubiera dilatado posiblemente años.

Para dar solución a problemas como el anterior, en la reforma introducida por la LO 6/2007, se añadió un segundo párrafo al artículo 92 LOTC que dice: «Podrá también declarar la nulidad de cualesquiera resoluciones que contravengan las dictadas en el ejercicio de su jurisdicción, con ocasión de la ejecución de éstas, previa audiencia del Ministerio Fiscal y del órgano que la dictó».

23. *¿Es posible la «jura de cuentas»?*

En la LOTC no hay mención alguna a la «jura de cuentas» ni siquiera cuando se señalan aquellos aspectos a los que se aplica supletoriamente la Ley de Enjuiciamiento Civil, por lo que no resulta posible la misma.

El auto del TC n.º 198/1998, de 28 de septiembre, señala que «el que este Tribunal no pueda conocer del procedimiento de "jura de cuentas" no atenta contra el art. 24.1 CE, pues, aunque la LOTC no permita la utilización de dicho expeditivo procedimiento en esta sede constitucional, la actora sí dispone de la efectiva posibilidad de acudir al órgano del Poder Judicial que resulte objetiva y territorialmente competente según las reglas establecidas al efecto en la LOPJ y en la Ley de Enjuiciamiento Civil, para interponer ante el mismo su pretensión, la cual será enjuiciada a través del procedimiento que legalmente corresponda» (Nota: A través del procedimiento monitorio —si la reclamación no supera los 30.000 euros— o, directamente, en el declarativo que corresponda por razón de la cuantía).

IV. LA CUESTIÓN DE INCONSTITUCIONALIDAD

1. *¿Qué es una cuestión de inconstitucionalidad?*

Es un procedimiento encaminado a obtener una resolución del Tribunal Constitucional sobre la posible inconstitucionalidad de una norma con rango de Ley que debe aplicarse a un caso concreto y de cuya validez dependa el fallo. Constituye el cauce para que los órganos jurisdiccionales puedan conciliar la doble obligación de actuar sometidos a la Ley y a la Constitución y, de este modo, evitar que la aplicación de una norma legal pueda entrañar que se dicte una resolución judicial contraria a la Norma fundamental por no ser conforme con ésta la norma legal aplicada (STC 337/1994)

Se encuentra regulada en los artículos 35 a 37 de la LOTC.

2. *¿Quién y en qué casos se puede plantear la cuestión?*

Sólo los jueces y tribunales pueden plantear una cuestión de inconstitucionalidad. Las partes pueden proponer ante el órgano juzgador que se plantee la cuestión.

Únicamente puede plantearse cuando el órgano judicial considere que la norma aplicable al caso puede ser contraria a la Constitución. Las dudas que planteen las partes de un procedimiento sobre la constitucionalidad no vinculan al juez.

Es posible plantear una cuestión que afecte a una **disposición de ley preconstitucional**. El TC ha señalado que los vicios afectantes a la legalidad preconstitucional pueden dar lugar bien al planteamiento de la cuestión de inconstitucionalidad bien a la inaplicación al caso concreto (STC 169/1993), por entenderse derogada la norma de conformidad con lo previsto en el punto 3 de la disposición derogatoria de la Constitución.

3. *¿En qué momento procesal se plantea la cuestión?*

Sólo puede plantearse una vez concluso el procedimiento y dentro del plazo para dictar sentencia o resolución que proceda.

Puede plantearse en cualquier instancia o grado en tanto la sentencia no sea firme. En vía de recurso puede plantearse aunque el órgano del que proceda la sentencia recurrida haya desestimado plantear la cuestión.

4. *¿Cómo se plantea la cuestión?*

El tribunal que considera que la norma puede ser inconstitucional da traslado a las partes y al Ministerio Fiscal para que, en un plazo de 10 días, presenten alegaciones sobre la pertinencia de plantear la cuestión de inconstitucionalidad o sobre el fondo de la misma. El tribunal resuelve en los tres días siguiente mediante auto, que no es recurrible.

Si la resolución acuerda plantear la cuestión el órgano judicial en su comunicación al Tribunal Constitucional debe:

a) Concretar la Ley o norma con fuerza de Ley cuya constitucionalidad se cuestiona.

b) Concretar el precepto constitucional que se suponga infringido.

c) Especificar o justificar en qué medida la decisión del procedimiento depende de la validez de la norma en cuestión (juicio de relevancia).

Al elevar la cuestión se debe acompañar testimonio de los autos principales y de las alegaciones de las partes y del Ministerio Fiscal, si las hubieran realizado.

5. *¿Qué consecuencias tiene el planteamiento de la cuestión?*

El planteamiento de la cuestión origina la suspensión provisional de las actuaciones en el proceso judicial hasta que el Tribunal Constitucional se pronuncie sobre la admisión de la misma. Y una vez admitida el proceso continuará suspendido hasta la resolución definitiva (artículo 35.3 LOTC).

6. *Tramitación ante el Tribunal Constitucional*

El Tribunal Constitucional puede inadmitir la cuestión, mediante auto motivado, cuando falten las condiciones procesales mencionadas o la cuestión suscitada sea manifiestamente infundada. Sólo precisa audiencia del Ministerio Fiscal.

Si la admite a trámite, el Tribunal acuerda la publicación de la admisión en el *BOE* para que quienes sean parte en el procedimiento puedan personarse ante el mismo, en los 15 días siguientes a la publicación, y formular alegaciones (nuevo plazo de 15 días). Y da traslado al Congreso, al Senado, al Fiscal General del Estado y al Gobierno —a través del Ministerio de Justicia— y, caso de afectar a una Ley u otra disposición normativa con fuerza de Ley dictada por una Comunidad Autónoma, a los órganos legislativos y ejecutivo de la misma, que podrán personarse y realizar alegaciones en un plazo de 15 días.

Derogación de la norma cuestionada. El hecho de que la norma cuya constitucionalidad se cuestiona sea derogada no implica que se extinga el objeto de la cuestión, a diferencia con lo que ocurre en el caso de impugnación directa (recurso de inconstitucionalidad) porque la resolución que se adopte puede condicionar la decisión judicial en un proceso pendiente, con un problema vivo (STC 254/2004).

Pérdida de competencia del órgano judicial que planteó la cuestión. En este caso el TC considera (auto TC 501/1989) que la cuestión se extingue pues, aun cuando el enjuiciamiento constitucional de la norma continuaría siendo posible, ya no se trataría de un juicio de constitucionalidad en concreto, al que se refiere el artículo 163 de la Constitución, sino de una inconstitucionalidad en abstracto, desligada del caso de aplicación, lo que es improcedente en una cuestión de inconstitucionalidad.

7. *La sentencia y sus efectos*

La sentencia se dictará en los 15 días siguientes de la finalización del plazo de alegaciones. El plazo puede ampliarse hasta los 30 días mediante resolución motivada.

Contenido de la sentencia. La sentencia que declare la inconstitucionalidad también declarará la nulidad de los preceptos impugnados así como la de aquellos otros de la misma Ley, disposición o acto con fuerza de Ley a los que debe extenderse por conexión o consecuencia (artículo 39.1 LOTC). Puede también declararse inconstitucional otra norma que haya venido a sustituir a la anterior mediante su reproducción literal en otro texto normativo posterior (STC 194/2000, aunque se trataba de un recurso de inconstitucionalidad vale como ejemplo).

La declaración de inconstitucionalidad puede fundarse en la infracción de cualquier precepto constitucional, aunque no haya sido invocado en el curso del proceso.

Comunicación de la sentencia. Las sentencias se comunican al órgano competente para la decisión del proceso y éste la notifica a las partes (artículo 38.3 LOTC).

Valor de cosa juzgada. La sentencia dictada en cualquier proceso constitucional tiene valor de cosa juzgada a partir del día siguiente de su publicación en el Boletín Oficial del Estado y no cabe recurso alguna contra ella (artículo 164 de la Constitución).

Efectos

A) Particulares: el juez o tribunal que planteó la cuestión queda vinculado desde que conozca la sentencia y las partes desde que sean notificadas.

B) Frente a todos. La sentencia dictada en un procedimiento de inconstitucionalidad tiene plenos efectos frente a todos (artículo 164 Constitución), es decir, vincula a todos los poderes públicos y produce efectos generales (artículo 38.1 LOTC). Y la jurisprudencia de los tribunales deberá entenderse corregida por la doctrina derivada de los autos y sentencias que resuelvan los procesos constitucionales (artículo 40.2 LOTC).

Si la sentencia es desestimatoria impedirá el planteamiento posterior de la cuestión fundada en la misma infracción de idéntico precepto constitucional (artículo 38.2 LOTC).

8. Procesos que pueden revisarse como consecuencia de la declaración de inconstitucionalidad de una norma (artículo 40.1 LOTC)

En principio podrían revisarse todos los procedimientos en los que se hubiese aplicado la disposición declarada inconstitucional siempre que no hayan acabado mediante sentencia con fuerza de cosa juzgada. Por lo que las partes podrán alegar la inconstitucionalidad de la norma en el momento procesal en que se encuentren; así, por ejemplo, si están pendientes de formalizar recurso puede recogerse en el mismo recurso o si el proceso se encuentra pendiente de dictar sentencia en la instancia correspondiente será conveniente presentar un escrito de alegaciones al respecto.

También, aunque exista sentencia con fuerza de cosa juzgada, en los procedimientos penales o contencioso-administrativos referentes a procedimiento sancionador en los que, como consecuencia de la norma aplicada, resulte una reducción de la pena o sanción o una exclusión, exención o limitación de la responsabilidad.

V. FORMULARIOS

MODELO 1
DEMANDA, CON OTROSÍES DE SUSPENSIÓN Y PRUEBA AL TRIBUNAL CONSTITUCIONAL

DON/DOÑA ..., Procurador/a de los Tribunales, colegiado/a número ..., en nombre y representación de don/doña ..., según escritura de poder que acompaño, asistido por el abogado/a don/doña ..., colegiado/a número ... del Ilustre Colegio de Abogados de ..., ante la Sala, como mejor proceda en Derecho, comparezco y DIGO:

Que con base en lo dispuesto en el artículo 44 *(ó 43 o ambos si es un recurso mixto)* de la Ley Orgánica del Tribunal Constitucional, mediante el presente escrito interpongo, en nombre de mi mandante, **RECURSO DE AMPARO CONSTITUCIONAL** contra:

1. (*Nota: Indicar el acto o la resolución judicial)*

2. (*Idem)*

Y por medio de otrosí se solicita la suspensión de la ejecución de .. (*indicar la resolución cuya suspensión se solicita)*

Siguiendo la sistemática de la Ley Orgánica 2/1979, de 3 de octubre, del Tribunal Constitucional, reformada por la Ley Orgánica 6/2007, de 24 de mayo, expongo a continuación, siguiendo el siguiente orden:

I. HECHOS

II. PRECEPTO/S CONSTITUCIONAL/ES VULNERADO/S Y SU FUNDAMENTACIÓN

III. ESPECIAL TRASCENDENCIA CONSTITUCIONAL DEL RECURSO

IV. CUMPLIMIENTO DE LOS PRESUPUESTOS PROCESALES

I. HECHOS

PRIMERO. (...)

SEGUNDO. (...)

(Nota: Recoger de una forma clara y ordenada los antecedentes, momento en que se produjo la infracción del derecho constitucional, remedios procesales utilizados en su caso para denunciar la infracción e intentar obtener su corrección, etc.)

II. PRECEPTO CONSTITUCIONAL QUE SE ESTIMA INFRINGIDO Y FUNDAMENTO DE LA VULNERACIÓN

A) Precepto constitucional infringido.

El derecho constitucional (o libertad pública) que se estima vulnerado es ..., contemplado en el artículo ..., punto ..., de la Constitución Española.

Este derecho ha sido infringido por ...

B) Fundamento de la vulneración.

(Nota: Recoger la argumentación de las correspondientes infracciones, complementada con la jurisprudencia del Tribunal Constitucional o de otros Tribunales internacionales).

III. ESPECIAL TRASCENDENCIA CONSTITUCIONAL DEL RECURSO

La especial trascendencia constitucional del recurso radico en que nos encontramos...

(Nota: Recoger la argumentación de por qué el caso concreto tiene especial trascendencia atendiendo, en la medida de lo posible, a los criterios contemplados en el artículo 50.1.b) de la LOTC : importancia para la interpretación de la Constitución, para su aplicación o para su general eficacia, y para la determinación del criterio del contenido y alcance de los derechos fundamentales).

IV. CUMPLIMIENTO DE LOS PRESUPUESTOS PROCESALES EXIGIDOS PARA LA ADMISIÓN DEL RECURSO

Establecidos los hechos/antecedentes, preceptos constitucionales que se estiman infringidos, fundamentos jurídicos y amparo que se solicita, paso a examinar el cumplimiento de los presupuestos procesales exigidos para su admisión.

1. El derecho que se entiende vulnerado es de los que pueden tener protección a través del recurso de amparo, según lo dispuesto en el artículo 53, punto 2, de la Constitución y en el artículo 41.1 de la Ley Orgánica del Tribunal Constitucional.

2. Mi representado se halla legitimado para esta petición por tener interés en el proceso judicial anterior, habiéndose personado en forma en el mismo, y le concede tal legitimación el artículo 46.1.b) de la Ley Orgánica de este Tribunal.

3. Esta parte ha acreditado que se cumplen todos los requisitos exigidos por el artículo 44 (*o 43 o ambos*) de la Ley Orgánica del Tribunal Constitucional.

(Nota: Manifestar, cuando proceda, que se ha agotado la vía judicial precedente con la correspondiente formulación del incidente de nulidad de actuaciones)

4. El recurso de amparo se presenta dentro del plazo de treinta días (*o 20 si es un recurso que únicamente se formula con base en el artículo 43 LOTC*) que concede la Ley Orgánica del Tribunal Constitucional.

5. Se ha dado cumplimiento a lo dispuesto en los artículos 49.1 y 85.1 de la Ley Orgánica del Tribunal Constitucional, al haber expuesto con la debida claridad los hechos de esta reclamación y su justificación jurídica, haberse concretado qué derecho se considera violado y establecida claramente la pretensión formulada en este recurso.

6. Se adjuntas los documentos y copias exigidas en el artículo 49 de la Ley Orgánica del Tribunal Constitucional.

7. Se cumple lo ordenado en el artículo 81 de la repetida Ley Orgánica, pues el recurrente está representado por Procurador/a y es defendida por Abogado/a, cuyos datos figuran en el encabezamiento y firman al pie del presente.

En virtud de lo anterior,

AL TRIBUNAL CONSTITUCIONAL SUPLICO: Que teniendo por presentado este escrito y los documentos que se adjuntan, en tiempo y forma, se sirva admitirlo, tenerme por comparecido/a y parte en representación de don/doña...; y tenga por formulada DEMANDA DE AMPARO; y, en su día, tras la práctica de los trámites legales establecidos, se sirva finalmente dictar sentencia por la que se otorgue al recurrente el amparo del Tribunal y

1. Declare que se ha vulnerado por ... el derecho a ..., reconociendo tal derecho.

2. Y para restablecerle en su derecho anule la/s resolución/es dictada/s por ... en las actuaciones ... y acuerde...

OTROSÍ DIGO: Que, con base en el artículo 56.1 de la Ley Orgánica del Tribunal Constitucional, interesa a esta parte que se acuerde la **SUSPENSIÓN** de la ejecución de.. (o acuerde la medida cautelar de...), con base en los siguientes argumentos:

(Nota: Justificar por qué motivo el recurso podría perder su finalidad si no se adopta la medida cautelar o la suspensión de la ejecución y por qué no ocasiona grave perturbación a un interés constitucionalmente protegido ni a los derechos de un tercero, o de perturbarlos proponer la constitución de fianza.

(EJEMPLO. Suspensión pena privativa de libertad)

PRIMERO. Una vez firme la sentencia de la Audiencia Provincial de ... se procederá a la ejecución de la condena. El cumplimiento de la pena privativa de libertad de ...años de prisión, de la cual se debe descontar el tiempo que permaneció en prisión provisional, con anterioridad a la resolución del presente recurso, supondrá un grave perjuicio para el señor ..., que difícilmente podría restablecerse en el caso de prosperar el recurso, lo que frustraría la finalidad del mismo.

SEGUNDO. Este Tribunal ha entendido en reiteradas ocasiones, destacamos por todos el auto 130/2005, de 4 de abril de 2005, que el cumplimiento de la pena privativa de libertad y de las accesorias es «el supuesto paradigmático de pérdida de la finalidad del amparo en el eventual caso de que éste sea concedido, pues, como resulta, evidente, el tiempo durante el que se ha sido privado de ella no puede luego recuperarse». La ejecución de la pena privativa de libertad puede hacer perder la finalidad del amparo solicitado mientras que de la suspensión no se deriva una perturbación grave de los intereses generales pues con ella tan sólo se produce una demora en la ejecución de las mencionadas penas.

Este Tribunal generalmente acepta la suspensión de penas no superiores a cinco años (autos 269/1998 y 130/2005), por entender que no son penas de excesiva duración.

En virtud de todo ello,

AL TRIBUNAL CONSTITUCIONAL SUPLICO: Que, teniendo por hechas las anteriores manifestaciones, se sirva, de manera urgente, abrir la pieza separada de suspensión (o de medidas cautelares), y tras la práctica de los trámites legales, atendiendo a los fundamentos expuestos dicte resolución acordando la suspensión de la ejecución de la resolución dictada por … (la medida cautelar consistente en ...) , procediendo a comunicarlo a ....

SEGUNDO OTROSÍ DIGO: Que, conforme a lo previsto en el artículo 89 de la Ley Orgánica del Tribunal Constitucional, se solicita el recibimiento a prueba, proponiéndose la siguiente: (...)

Necesidad de la prueba: Con la prueba que se propone se pretende acreditar...

(Nota: Es muy poco frecuente que se solicite el recibimiento a prueba y todavía menos que se acceda a ello)

SUPLICO AL TRIBUNAL CONSTITUCIONAL: Acuerde, por el motivo expresado, el recibimiento a prueba y proceda a la práctica de las propuestas.

Lugar, fecha y firmas.

MODELO 2. ESCRITO ALEGACIONES UNA VEZ ADMITIDA LA DEMANDA

Recurso de amparo ..../2008

Sala ... Sección ...

AL TRIBUNAL CONSTITUCIONAL

DON/DOÑA ..., Procurador/a de los Tribunales, colegiado/a número ..., en nombre y representación de don/doña ..., que consta autos, ante la Sala, como mejor proceda en Derecho, DIGO:

Que por resolución de 9 de noviembre de 2008, notificada el 21 del mismo mes, se acuerda conceder a esta parte un plazo de veinte días para que en dicho término presente alegaciones de conformidad con lo dispuesto en el artículo 52.1 de la Ley Orgánica del Tribunal Constitucional.

Por medio del presente escrito, dentro del plazo otorgado, procedo a realizar las siguientes

A L E G A C I O N E S

Nos ratificamos íntegramente en las alegaciones recogidas en el escrito de demanda.

En las actuaciones remitidas por el órgano judicial ... puede observarse, como señalábamos en la demanda de amparo, que ... Lo anterior supone una evidente vulneración del derecho a... de mi representado, de conformidad con la doctrina de este Tribunal citada en la demanda.

Y la especial trascendencia constitucional de la resolución del presente caso, expuesta en nuestra demanda de amparo y ya valorada por este Tribunal al admitir a trámite la misma, queda patente y reafirmada en cuanto que ...

En su virtud,

SUPLICO A LA SALA: Que, recibido el presente escrito de alegaciones, tras la tramitación oportuna ser sirva conceder el amparo solicitado por esta representación.

Lugar y fecha.

Letrada/o doña/don ... Procurador/a don/doña

Cdo./a. n.º ..... del Colegio de ... Cdo./a. n.º ....

VI. JURISPRUDENCIA BÁSICA SOBRE EL DERECHO A LA TUTELA JUDICIAL EFECTIVA

En este anexo se recogen aquéllas sentencias más recientes cuya característica común principal es que compendian la doctrina anterior sobre cada una de las garantías que el Tribunal Constitucional ha entendido comprendidas en el derecho a la tutela judicial efectiva.

Los derechos y garantías tratados son los siguientes:

A. Aspectos generales.
   1. Garantías del derecho a la tutela judicial efectiva.
   2. Derecho a un juicio justo.

B. Acceso a la jurisdicción.
   1. Derecho de acceso al proceso.
      a. Principio *pro actione*.
      b. Opción entre vías judiciales posibles.
      c. Relación entre el derecho a la asistencia jurídica gratuita y el derecho de acceso a la jurisdicción.
      d. Aplicación de las normas que regulan los requisitos procesales evitando excesos formalistas.
      e. Falta de acreditación de la representación procesal.
   2. Derecho de acceso a los recursos legalmente previstos.
      a. Admisión de recursos.
      b. Derecho al recurso penal.

C. Exigencia de respuesta.
   1. Deber de congruencia.
   2. Ausencia de respuesta.
   3. Falta de respuesta v. respuesta tácita.

D. Exigencia de motivación de las resoluciones judiciales.
   1. Derecho a obtener una resolución fundada en Derecho.
   2. Necesidad de exteriorización de los rasgos más esenciales del razonamiento.
   3. Motivación como garantía del derecho de defensa.
   4. Motivación que por su arbitrariedad o irrazonabilidad resulta inexistente.
   5. Irrazonable elección de la norma aplicable.
   6. Error material patente.
   7. Discrecionalidad no es arbitrariedad.
   8. Canon reforzado de motivación por conexión a otros derechos fundamentales.
   9. Motivación de actos administrativos.
   10. Interpretación de las normas procesales.

E. Derecho a un sistema de garantías que evite la indefensión.
   1. Garantía del adecuado ejercicio del derecho de defensa.
   2. Garantía frente a la indefensión.

3. Los órganos judiciales deben velar para evitar la indefensión.
4. Indefensión producida por reforma peyorativa.
5. Idoneidad de las citaciones judiciales.

F. Inmodificabilidad de las resoluciones judiciales firmes.
1. Doctrina general.
2. Alcance del auto de aclaración.

G. Derecho a la ejecución de las resoluciones judiciales.

H. Garantía de indemnidad.

A. Aspectos generales

1. GARANTÍAS DEL DERECHO A LA TUTELA JUDICIAL EFECTIVA. STC 33/2008, de 25 de febrero, FJ 2.°.

«2. La reiterada doctrina de este Tribunal (entre otras muchas, STC 221/2005, de 12 de septiembre, FJ 2) viene declarando que "el derecho a la tutela judicial efectiva comprende el de obtener una resolución fundada en Derecho sobre el fondo de las cuestiones planteadas, sea o no favorable a las pretensiones formuladas, si concurren todos los requisitos para ello". De ahí que sea también respetuosa con este derecho fundamental una resolución judicial de inadmisión o de desestimación por algún motivo formal, cuando concurra alguna causa de inadmisibilidad y así lo acuerde el Juez o Tribunal en aplicación razonada de la misma (SSTC 71/2002, de 8 de abril, FJ 1; 59/2003, de 24 de marzo, FJ 2; 114/2004, de 12 de julio, FJ 3; 79/2005, de 4 de abril, FJ 2; 221/2005 entre otras muchas).»

STC 96/2005, de 18 de abril, FJ 5.°. «... Es doctrina de este Tribunal que el derecho a la tutela judicial efectiva se satisface, en esencia, con una respuesta jurídicamente fundada, motivada y razonable de los órganos jurisdiccionales a las pretensiones de quien acude ante ellos para la defensa de sus intereses. Cabe, en consecuencia, constatar la vulneración de este derecho fundamental cuando se priva a su titular del acceso a la jurisdicción; cuando, personado ante ella, no obtiene respuesta; cuando, obteniendo respuesta, ésta carece de fundamento jurídico o dicho fundamento resulta arbitrario; o cuando, obteniendo respuesta jurídicamente fundada, el fallo judicial no se cumple...».

2. DERECHO A UN JUICIO JUSTO. STC 123/2005, de 12 de mayo, FJ 3.°. «Este Tribunal ha reiterado que el conjunto de derechos establecidos en el art. 24 CE no se agota en el mero respeto de las garantías allí enumeradas, establecidas de forma evidente a favor del procesado, sino que incorpora, además, el interés público en un juicio justo, garantizado en el art. 6 del Convenio Europeo de Derechos Humanos, que es un instrumento hermenéutico insoslayable para la interpretación de los derechos fundamentales de nuestra Constitución...».

B. Acceso a la jurisdicción

1. Derecho de acceso al proceso

a) PRINCIPIO *PRO ACTIONE*. STC 203/2004, de 16 de noviembre, FJ 2.°. «(...) En el presente caso, debemos partir de la consideración de que nos encontramos ante un problema de acceso a la jurisdicción, ámbito en el que, como este Tribunal viene señalando desde su STC 37/1995, de 7 de febrero

(RCL 1995\37) (F. 5), el control constitucional sobre las decisiones de inadmisión o que determinan una falta de pronunciamiento sobre el fondo ha de verificarse de forma especialmente rigurosa, dada la mayor intensidad con que opera en dicho ámbito el principio *pro actione* (SSTC 36/1997, de 25 de febrero, F. 3; 145/1998, de 30 de junio, F. 2; 35/1999, de 22 de marzo, F. 4; 158/2000, de 12 de junio, F. 5; 16/2001, de 29 de enero, F. 4), quedando los órganos judiciales compelidos a interpretar las normas aplicables, no sólo de manera razonable y razonada, sin sombra de arbitrariedad ni error notorio, sino en sentido amplio y no restrictivo, con interdicción de aquellas decisiones de inadmisión que, por su rigorismo, por su formalismo excesivo, o por cualquier otra razón, se revelen desfavorables para la efectividad del derecho a la tutela judicial efectiva o resulten desproporcionadas entre los fines que se pretenden preservar y la consecuencia de cierre del proceso (por todas, SSTC 37/1995, de 7 de febrero, F. 5; 88/1997, de 5 de mayo, F. 2; 252/2000, de 30 de octubre, F. 2; 188/2003, de 27 de octubre, F. 4; y 3/2004, de 14 de enero, F. 3).

Conviene, no obstante, recordar también que, como este Tribunal viene señalando, el principio *pro actione* no debe entenderse —aunque así pudiera sugerirlo su ambigua denominación— como la forzosa selección de la interpretación más favorable a la admisión o a la resolución del problema de fondo de entre todas las posibles (SSTC 88/1997, de 5 de mayo, F. 2; 207/1998, de 26 de octubre, F. 3; 63/1999, de 26 de abril, F. 2; 3/2001, de 15 de enero, F. 5), ya que esta exigencia llevaría al Tribunal Constitucional a entrar en cuestiones de legalidad procesal que corresponden a los Tribunales ordinarios (SSTC 207/1998, de 26 de octubre, F. 3; 63/1999, de 26 de abril, F. 2; y 78/1999, de 26 de abril, F. 2)».

b) OPCIÓN ENTRE VÍAS JUDICIALES POSIBLES. STC 236/2006, de 17 de julio. «... el artículo 24.1 CE integra el derecho a optar por la vía judicial que se considere más oportuna para la defensa de los derechos e intereses legítimos».

c) RELACIÓN ENTRE EL DERECHO A LA ASISTENCIA JURÍDICA GRATUITA Y EL DERECHO DE ACCESO A LA JURISDICCIÓN. STC 10/2008, de 21 de enero. «2. La jurisprudencia constitucional ha destacado reiteradamente la relación existente entre el derecho a la asistencia jurídica gratuita de quien carece de recursos económicos para litigar (art. 119 CE) y el derecho a la tutela judicial efectiva (art. 24.1 CE). Así, aquel derecho tiene un carácter instrumental respecto del derecho de acceso a la jurisdicción, ya que su objetivo directo es permitir que aquella persona que no tenga los medios económicos suficientes actúe en el proceso para ejercitar pretensiones o bien combatir las contrarias, esto es, trata de asegurar que nadie quede procesalmente indefenso por estar falto de recursos para litigar. Así, aunque este derecho se haya considerado como prestacional y de configuración legal, lo que implica que la determinación de su contenido y específicas condiciones de ejercicio sean atribución del legislador, es de subrayar que la libertad de configuración del legislador que deriva del art. 119 CE no es absoluta, pues también en dicho precepto se afirma expresamente que en todo caso la justicia será gratuita para quien acredite la insuficiencia de recursos para litigar. Estamos, pues, ante un contenido constitucional indisponible para el legislador que obliga a reconocer ineludiblemente el derecho a la gratuidad de la justicia a las personas que justifiquen la carencia de los medios necesarios para pleitear (SSTC 117/1998, de 2 de junio, FJ 3; 183/2001, de 17 de septiembre, FJ 2; 180/2003, de 13 de octubre, FJ 2, y 127/2005, de 23 de mayo, FJ 3), y ello porque se satisfacen así no sólo el interés particular, sino también los intereses generales de la justicia, quedando preservados los principios de contradicción e igualdad procesal, facilitando al propio tiempo al órgano judicial la adopción de una decisión ajustada a Derecho (SSTC 97/2001, de 5 de abril, FJ 5, y 187/2004, de 2 de noviembre, FJ 3).

De otro lado, e incidiendo en la relación entre el derecho a la asistencia jurídica gratuita y el derecho de acceso a la jurisdicción —núcleo esencial de la queja de la demandante, en tanto le era exigible la postulación para formular oposición a la ejecución seguida en su contra—, ha de indicarse que si se denegara la gratuidad de la justicia a quien cumple los requisitos legalmente previstos y pretende formular sus pretensiones u oponerse a las contrarias en la vía procesal, se estaría quebrantando al propio tiempo su derecho de acceso a la justicia, por lo que es plenamente aplicable el principio *pro actione*, que se opone a toda interpretación de los requisitos de procedibilidad que carezca de motivación o sea arbitraria, irrazonable o incursa en error patente, imponiendo asimismo la prohibición de las decisiones de inadmisión que por su rigorismo, por su formalismo excesivo o por cualquier otra causa muestren una palpable desproporción entre los fines que aquellos motivos protegen y los intereses que sacrifican (SSTC 144/2001, de 18 de junio, FJ 2, y 180/2003, de 13 de octubre, FJ 4)».

d) APLICACIÓN DE LAS NORMAS QUE REGULAN LOS REQUISITOS PROCESALES EVITANDO EXCESOS FORMALISTAS.

Proscripción de los rigorismos excesivos. STC 33/2008, de 25 de febrero, FJ 2.º.

«a) En el acceso a la jurisdicción, se proscribe no sólo la arbitrariedad, irrazonabilidad o el error patente, sino también "aquellas decisiones de inadmisión —o de no pronunciamiento sobre el fondo— que por su rigorismo, por su formalismo excesivo o por cualquier otra razón revelen una clara desproporción entre los fines que aquellas causas de inadmisión —o no pronunciamiento sobre el fondo— preservan y los intereses que sacrifican (entre otras muchas, SSTC 27/2003, de 10 de febrero, FJ 4; 3/2004, 14 de enero, FJ 3; 79/2005, de 2 de abril, FJ 2)" (STC 133/2005, de 21 de mayo, FJ 2).»

Debe tenerse presente el fin perseguido por el legislador con los obstáculos procesales y ponderar los defectos. STC 107/2005, de 9 de mayo, FJ 4.º.

«(...) hemos declarado también que, con la finalidad de lograr la máxima efectividad del derecho a la tutela judicial, los Jueces y Tribunales están constitucionalmente obligados a aplicar las normas que regulan los requisitos y presupuestos procesales teniendo siempre presente el fin perseguido por el legislador al establecerlos y evitando cualquier exceso formalista que los convierta en obstáculos procesales impeditivos de la tutela judicial efectiva que garantiza el art. 24.1 CE; todo ello sin perjuicio de que tampoco resulte admisible que el criterio antiformalista conduzca a prescindir de los requisitos establecidos por las leyes que ordenan el proceso y los recursos, en garantía de los derechos de todas las partes (SSTC 17/1985, de 9 de febrero; 157/1989, de 5 de octubre; 64/1992, de 29 de abril).

En este sentido, señalamos en la STC 187/2004, de 2 de noviembre, FJ 2, que los órganos jurisdiccionales integrantes del Poder Judicial han de llevar a cabo una adecuada ponderación de los defectos que adviertan en los actos procesales de las partes, guardando en sus decisiones la debida proporcionalidad entre la irregularidad cometida y la sanción que debe acarrear, y procurando, siempre que ello sea posible, la subsanación del defecto o irregularidad a fin de favorecer la conservación de la eficacia de los actos procesales y del proceso como instrumento para alcanzar la efectividad de la tutela judicial. Y añadimos que "[e]n dicha ponderación debe atenderse a la entidad del defecto y a su incidencia en la consecución de la finalidad perseguida por la norma infringida, así como a su trascendencia para las garantías procesales de las demás partes del proceso". E igualmente debe atenderse a la voluntad y grado de diligencia procesal apreciada en la parte en orden al cumplimiento del requisito procesal omitido o irregularmente observado (SSTC 41/1992, de 30 de marzo; 64/1992, de 29 de abril; 331/1994, de 19 de diciembre; y 145/1998, de 30 de junio), dado que, como de manera constante hemos venido reiterando, corresponde a las partes intervinientes actuar con la debida diligencia, sin que pueda alegar indefensión quien se coloca a sí mismo en tal situación o quien no hubiera quedado indefenso de haber actuado con la diligencia razonablemente exigible (por todas, SSTC 211/1989, de 19 de diciembre, FJ 2; 235/1993, de 12 de julio, FJ 2; y 172/2000, de 26 de junio, FJ 2).»

e) FALTA DE ACREDITACIÓN DE LA REPRESENTACIÓN PROCESAL.

STC 14/2008, de 31 de enero, FJ 3.º. «Conforme a esta doctrina constitucional, que comienza por subrayar, en expresión ya normalizada, que "la falta de acreditación de la representación procesal es subsanable, si el defecto se reduce a esa mera formalidad y siempre que tal subsanación sea posible, de modo que en tales supuestos el órgano judicial debe conferir a las partes la posibilidad de subsanación antes de impedirles el acceso al proceso o al recurso legalmente previsto", este Tribunal ha declarado que la infracción por los órganos judiciales de las reglas procesales carece no obstante de relevancia constitucional cuando el propio interesado ha contribuido decisivamente, con su impericia o negligencia, a causar la situación de indefensión que denuncia. Por esta razón en esa misma jurisprudencia está también dicho que no hay vulneración del derecho a la tutela judicial efectiva que garantiza el art. 24.1 CE cuando el propio interesado, ignorando o despreciando las posibilidades de subsanación a su alcance, no hizo lo necesario para defender sus derechos e intereses, "cooperando con ello, al menoscabo de su posición procesal" (STC 287/2005, de 7 de noviembre; FJ 2)».

STC 217/2005, de 12 de septiembre, FJ 2.º. «... este Tribunal ha estimado que no resulta contraria al derecho a la tutela judicial efectiva la interpretación judicial de que no resulta subsanable, no ya la falta de acreditación o insuficiencia de la representación procesal, sino la carencia absoluta de la misma ante la inexistencia del apoderamiento mediante el que se confiere...».

2. Derecho de acceso a los recursos legalmente previstos

a) ADMISIÓN DE RECURSOS.

STC 33/2008, de 25 de febrero, FJ 2.º. «... en el acceso al recurso, salvo en materia penal, operan en esta jurisdicción constitucional los tres primeros criterios, pero no el último: "La decisión sobre la admisión de los recursos o no y la verificación de la concurrencia de los requisitos materiales y procesales a que están sujetos constituye una cuestión de mera legalidad ordinaria que corresponde exclusivamente a los Jueces y Tribunales, en el ejercicio de la potestad jurisdiccional que les atribuye el art. 117.3 CE (STC 71/2002, de 8 de abril, FJ 3). Son los Jueces y Tribunales, por lo tanto, a quienes corresponde determinar cuáles son los requisitos y presupuestos que la ley exige para el acceso a los recursos que establece, así como la verificación y control de su concurrencia en cada caso (STC 230/2001, de 26 de noviembre, FJ 2). En el mismo sentido, en la STC 258/2000, de 30 de octubre (FJ 2), con cita de innumerables decisiones anteriores, afirmamos que este Tribunal Constitucional "no puede entrar a enjuiciar la corrección jurídica de las resoluciones judiciales que interpretan y aplican las reglas procesales que regulan el acceso a los recursos, ya que ni es una última instancia judicial ni nuestra jurisdicción se extiende al control del acierto de las decisiones adoptadas por los jueces en ejercicio de su competencia exclusiva sobre selección, interpretación y aplicación de las normas procesales *ex* art. 117 CE en lo que respecta al acceso a los recursos previstos en las leyes". Por ello, cuando se alega el derecho de acceso a los recursos, el control constitucional de esas resoluciones judiciales es meramente externo y debe limitarse a comprobar si tienen motivación y si han incurrido en error material patente, en arbitrariedad o en manifiesta irrazonabilidad lógica, evitando toda ponderación acerca de la corrección jurídica de las mismas" (STC 253/2007, de 17 de diciembre, FJ 3)».

STC 246/2007, de 10 de diciembre, FJ 3.º. «Desde la STC 37/1995, de 7 de febrero, dictada por el Pleno de este Tribunal, hemos venido manteniendo de modo constante que, así como el acceso a la jurisdicción es un elemento esencial del contenido del derecho a la tutela judicial efectiva que consagra el art. 24.1 CE, el sistema de recursos frente a las diferentes resoluciones judiciales ha de incorporarse al mencionado derecho en la concreta configuración que reciba en cada una de las leyes de enjuiciamiento que regulan los distintos órdenes jurisdiccionales, salvo en lo relativo a las sentencias penales condenatorias, en razón de la existencia de un derecho del condenado a la revisión del fallo condenatorio y la pena por un Tribunal superior, incorporado a las garantías constitucionales del proceso justo (por todas, SSTC 70/2002, de 3 de abril, FJ 7; 123/2005, de 12 de mayo, FJ 6; 116/2006, de 24 de abril, FJ 5). Como consecuencia de lo anterior, el principio hermenéutico *pro actione* no opera con igual intensidad en la fase inicial del proceso, para acceder al sistema judicial, que en las sucesivas, conseguida que fue una primera respuesta judicial a la pretensión que "es la sustancia medular de la tutela y su contenido esencial, sin importar que sea única o múltiple, según regulen las normas procesales el sistema de recursos". De modo que esa diferencia entre el acceso a la jurisdicción y el acceso a los recursos se proyecta en la función de control que corresponde a este Tribunal respecto de las resoluciones judiciales que incidan en uno u otro ámbito» (SSTC 37/1995, de 7 de febrero, FJ 5; 119/1998, de 4 de junio, FJ 1; 71/2002, de 8 de abril, FJ 3; 225/2003, de 15 de diciembre, FJ 2; 256/2006, de 11 de septiembre, FJ 5; 51/2007, de 12 de marzo, FJ 4, entre otras muchas).

«Como lógico corolario de la mencionada doctrina hemos afirmado que no es posible imponer, en los casos en los que existe ya un pronunciamiento en la instancia, una concreta interpretación de la norma procesal que permita el acceso al recurso. La decisión sobre su admisión o no y la verificación de la concurrencia de los requisitos materiales y procesales a que está sujeto constituye una cuestión de mera legalidad ordinaria que corresponde exclusivamente a los Jueces y Tribunales, en el ejercicio de la potestad jurisdiccional que les atribuye el art. 117.3 CE, sin que este Tribunal pueda intervenir, salvo que la interpretación o aplicación de la norma que se adopte sea arbitraria, manifiestamente infundada o producto de un error patente (entre otras muchas, SSTC 119/1998, de 4 de junio, FJ 2; 71/2002, de 8 de abril, FJ 3; 221/2005, de 12 de septiembre, FJ 2; 265/2005, de 24 de octubre, FJ 2; 339/2006, de 11 de diciembre, FJ 2; 51/2007, de 12 de marzo, FJ 4). Un respeto a las decisiones de los Jueces y Tribunales adoptadas en este ámbito de la interpretación y de la aplicación de la legalidad ordinaria que debe ser, si cabe, aún más escrupuloso cuando la resolución que se enjuicia es del Tribunal Supremo, a quien está conferida la función de interpretar la ley ordinaria, también evidentemente la procesal, con el valor complementario del ordenamiento que le atribuye el art. 1.6 del

Código civil, y en un recurso, como el de casación, que es extraordinario y está sometido en su admisión a rigurosos requisitos, incluso de naturaleza formal (SSTC 119/1998, de 4 de junio, FJ 2; 230/2001, de 26 de noviembre, FJ 2; 309/2005, de 12 de diciembre, FJ 2; 339/2006, de 11 de diciembre, FJ 2).»

b) DERECHO AL RECURSO PENAL. STC 217/2005, de 12 de septiembre, FJ 3.º. «... cuando se trata del acceso a un recurso penal de quien resultó condenado en la primera instancia judicial, es más rigurosa la vinculación constitucional del Juez *ex* art. 24.1 CE en la interpretación de todas las normas de Derecho procesal penal de nuestro Ordenamiento (SSTC 69/1985, de 6 de mayo, FJ 2; 221/2000, de 18 de septiembre, FJ 3; y 130/2001, de 4 de junio, FJ 2), "siendo de aplicación el principio de interpretación *pro actione* en virtud de la exigencia constitucional de doble instancia a favor del reo, entendido como la interdicción de aquellas decisiones o actuaciones judiciales determinantes de la privación de esta garantía esencial que por su rigorismo, por su formalismo excesivo o por cualquier otra razón revelen una clara desproporción entre los fines que tratan de preservar y los intereses que significan" (SSTC 130/2001, de 4 de junio, FJ 2, y 11/2003, de 27 de enero, FJ 3). En otros términos, porque el derecho del condenado en un proceso penal a que la condena sea revisada por un tribunal superior, en virtud del art. 10.2 CE y del art. 14.5 del Pacto Internacional de derechos civiles y políticos, constituye una garantía específica de tal tipo de proceso».

C. Exigencia de respuesta

Nota previa. La exigencia de respuesta es una de las garantías del derecho a la tutela judicial efectiva, como ha señalado reiteradamente la jurisprudencia constitucional, si bien, su ausencia (incongruencia omisiva), si se produce en la última resolución judicial debe hacerse valer previamente ante el propio órgano judicial por medio del incidente de nulidad (ver artículo 241 LOPJ, reformado por LO 6/2007).

1. DEBER DE CONGRUENCIA. STC 44/2008, de 10 de marzo, FJ 2.º. «(...) b) Dentro de la incongruencia hemos venido distinguiendo, de una lado, la incongruencia omisiva o *ex silentio*, que se produce cuando el órgano judicial deja sin contestar alguna de las pretensiones sometidas a su consideración por las partes, siempre que no quepa interpretar razonablemente el silencio judicial como una desestimación tácita cuya motivación pueda inducirse del conjunto de los razonamientos contenidos en la resolución, y sin que sea necesaria, para la satisfacción del derecho a la tutela judicial efectiva, una contestación explícita y pormenorizada a todas y cada una de las alegaciones que se aducen por las partes como fundamento de su pretensión, pudiendo bastar, en atención a las circunstancias particulares concurrentes, con una respuesta global o genérica, aunque se omita respecto de alegaciones concretas no sustanciales».

Nota: El interés de esta resolución radica en que recoge una síntesis de la doctrina constitucional sobre el deber de congruencia, así como de la necesidad de distinguir entre la respuesta a las pretensiones de las partes y las meras alegaciones o argumentaciones aportadas en defensa de las mismas. También resulta de interés por su recopilación jurisprudencia sobre la congruencia la **STC 40/2006**, *de 13 de febrero.*

2. AUSENCIA DE RESPUESTA. STC 40/2008, de 10 de marzo, FJ 5.º. «(...) la Sentencia recurrida en amparo —que ofrece una redacción estereotipada— no contiene una respuesta expresa a la pretensión subsidiaria. Tampoco puede encontrarse en ella una respuesta por remisión a la propia resolución administrativa, ni una respuesta tácita más allá de la mera desestimación del recurso contencioso-administrativo. Por ello, en este extremo puede apreciarse que la Sentencia incurre en incongruencia omisiva lesiva del derecho a la tutela judicial efectiva».

3. FALTA DE RESPUESTA V. RESPUESTA TÁCITA. STC 180/2007, de 10 de septiembre, FJ 3.º. «... la falta de respuesta no debe hacerse equivaler a la falta de respuesta expresa, pues los requisitos constitucionales mínimos de la tutela judicial pueden satisfacerse con una respuesta tácita, que se produce cuando del conjunto de los razonamientos contenidos en la resolución pueda deducirse razonablemente no sólo que el órgano judicial ha valorado la pretensión deducida sino, además, los motivos fundamentadores de la respuesta tácita (por todas, STC 67/2007, de 27 de marzo, FJ 2). Por último, también ha puesto de relieve este Tribunal que es constitucionalmente admisible que en las resoluciones por las que se resuelven recursos se produzca una motivación por remisión a los razonamientos de la resolución impugnada (por todas, STC 223/2003, de 15 de diciembre, FJ 4)».

D. Exigencia de motivación de las resoluciones judiciales

1. DERECHO A OBTENER UNA RESOLUCIÓN FUNDADA EN DERECHO.

Regla general. STC 149/2005, de 6 de junio, FJ 3.º. «(...) el derecho a obtener una resolución fundada en Derecho, favorable o adversa, es garantía frente a la arbitrariedad e irrazonabilidad de los poderes públicos (SSTC 112/1996, de 24 de junio, FJ 2; 87/2000, de 27 de marzo, FJ 6). Ello implica, en primer lugar, que la resolución ha de estar motivada, es decir, contener los elementos y razones de juicio que permitan conocer cuáles han sido los criterios jurídicos que fundamentan la decisión (SSTC 58/1997, de 18 de marzo, FJ 2; 25/2000, de 31 de enero, FJ 2); y en segundo lugar, que la motivación debe contener una fundamentación en Derecho (STC 147/1999, de 4 de agosto, FJ 3). Este último aspecto no incluye un pretendido derecho al acierto judicial en la selección, interpretación y aplicación de las disposiciones legales, salvo que con ellas se afecte al contenido de otros derechos fundamentales distintos al de tutela judicial efectiva (SSTC 256/2000, de 30 de octubre, FJ 2; 82/2001, de 26 de marzo, FJ 2), no pudiendo concebirse el recurso de amparo como un cauce idóneo para corregir posibles errores en la selección, interpretación y aplicación de las normas del Ordenamiento jurídico al caso, so pena de desvirtuar su naturaleza (STC 226/2000, de 2 de octubre, FJ 3). Sin embargo, el Derecho sí conlleva la garantía de que el fundamento de la decisión sea la aplicación no arbitraria de las normas que se consideren adecuadas al caso, pues tanto si la aplicación de la legalidad es fruto de un error patente, como si fuere arbitraria, manifiestamente irrazonada o irrazonable no podría considerarse fundada en Derecho, dado que la aplicación de la legalidad sería tan sólo una mera apariencia (SSTC 147/1999, de 4 de agosto, FJ 3; 25/2000, de 31 de enero, FJ 2; 87/2000,de 27 de marzo, FJ 3; 82/2001, de 26 de marzo, FJ 2; 221/2001, de 31 de octubre, FJ 6)" (55/2003, de 24 de marzo, FJ 6). En resumen, no nos corresponde "revisar la interpretación y aplicación que de la legalidad ordinaria hayan podido efectuar los Jueces o Tribunales en el ejercicio de la función jurisdiccional que les compete en virtud del art. 117.3 CE (STC 54/1996, de 28 de marzo, FJ 3; 70/2002, de 3 de abril, FJ 6)" (STC 136/2003, de 30 de junio, FJ 2), sino controlar que la motivación judicial no resulte "irrazonable, arbitraria o incursa en error manifiesto (por todas, SSTC 174/1985, de 17 de diciembre; 63/1993, de 1 de marzo; 244/1994, de 15 de septiembre; 81/1998, de 2 de abril; 57/2002, de 11 de marzo; y 213/2002, de 11 de noviembre)" (STC 110/2003, de 16 de junio, FJ 3)».

Excepción. STC 19/2008, de 31 de enero, FJ 4.º «... la misma no puede ser objeto de amparo por ser la recurrente una entidad pública que carece de legitimación en casos como el enjuiciado. En efecto, la eventual vulneración del artículo 24.1 CE en su dimensión de derecho a obtener una resolución judicial razonable, motivada y fundada en Derecho, no constituye uno de los supuestos excepcionales enumerados en el fundamento jurídico octavo de l STC 175/2001, de 26 de julio...» (Nota: La STC 175/2001 es una sentencia del Pleno).

2. NECESIDAD DE EXTERIORIZACIÓN DE LOS RASGOS MÁS ESENCIALES DEL RAZONAMIENTO. STC 57/2007, de 12 de marzo. «(...) 2. Forma parte del derecho a la tutela judicial efectiva el derecho a que las resoluciones judiciales estén motivadas, pues, en primer lugar, tal motivación constituye la vía natural para conocer las razones de la decisión judicial, lo que forma parte ya de la tutela del implicado en el asunto resuelto y, en segundo lugar, permite su defensa y, en su caso, el ulterior control jurisdiccional de la resolución. La exigencia de motivación de las Sentencias "está directamente relacionada con los principios de un Estado de Derecho" (art. 1.1 CE) y con el carácter vinculante que para Jueces y Magistrados tiene la Ley, a cuyo imperio están sometidos en el ejercicio de su potestad jurisdiccional (art. 117 CE, párrafos 1 y 3; SSTC 24/1990, de 15 de febrero, FJ 4; 35/2002, de 11 de febrero, FJ 3). Por ello, hemos dicho que la existencia de una motivación adecuada y suficiente, en función de las cuestiones que se susciten en cada caso concreto, constituye una garantía esencial para el justiciable, ya que la exteriorización de los rasgos más esenciales del razonamiento que han llevado a los órganos judiciales a adoptar su decisión —haciendo explícito que ésta corresponde a una determinada interpretación y aplicación de la ley—, permite apreciar su racionalidad, además de facilitar el control de la actividad jurisdiccional por los Tribunales superiores, y, consecuentemente, mejorar las posibilidades de defensa por parte de los ciudadanos de sus derechos mediante el empleo de los recursos que en cada supuesto litigioso procedan (STC 209/1993, de 28 de junio, FJ 1)».

Nota: También es de interés la **STC 164/2005**, *de 20 de junio, FJ 2.º y 3.º, que citamos en anteriores ediciones de este Prontuario.*

3. MOTIVACIÓN COMO GARANTÍA DEL DERECHO DE DEFENSA. STC 302/2006, de 23 de octubre. «A este respecto conviene recordar, en primer lugar, los rasgos fundamentales de la doctrina consolidada de este Tribunal en relación con la exigencia de motivación de las resoluciones judiciales como contenido del derecho fundamental a la tutela judicial efectiva proclamado en el art. 24.1 CE. Sirviéndonos a este fin de la precisa síntesis contenida en la STC 314/2005, de 12 de diciembre, FJ 4, cabe subrayar que: "a) El requisito de la motivación de las resoluciones judiciales halla su fundamento en la necesidad de conocer el proceso lógico—jurídico que conduce al fallo, y de controlar la aplicación del Derecho realizada por los órganos judiciales a través de los oportunos recursos, a la vez que permite contrastar la razonabilidad de las resoluciones judiciales. Actúa, en definitiva, para permitir el más completo ejercicio del derecho de defensa por parte de los justiciables, quienes pueden conocer así los criterios jurídicos en los que se fundamenta la decisión judicial, y actúa también como elemento preventivo de la arbitrariedad en el ejercicio de la jurisdicción; b) El deber de motivación de las resoluciones judiciales no autoriza a exigir un razonamiento jurídico exhaustivo y pormenorizado de todos los aspectos y perspectivas que las partes puedan tener de la cuestión que se decide o, lo que es lo mismo, no existe un derecho del justiciable a una determinada extensión de la motivación judicial (SSTC 14/1991, 175/1992, 105/1997, 224/1997), sino que deben considerarse suficientemente motivadas aquellas resoluciones judiciales que contengan, en primer lugar, los elementos y razones de juicio que permitan conocer cuáles han sido los criterios jurídicos esenciales fundamentadores de la decisión, es decir, la *ratio decidendi* que ha determinado aquélla (STC 165/1999, de 27 de septiembre), y, en segundo lugar, una fundamentación en Derecho (SSTC 147/1999, de 4 de agosto, y 173/2003, de 29 de septiembre); c) La suficiencia de la motivación no puede ser apreciada apriorísticamente con criterios generales, sino que requiere examinar el caso concreto para ver si, a la vista de las circunstancias concurrentes, se ha cumplido o no este requisito de las resoluciones judiciales" (por todas, SSTC 2/1997, de 13 de enero, FJ 3; 139/2000, de 29 de mayo, FJ 4.º)».

4. MOTIVACIÓN QUE POR SU ARBITRARIEDAD O IRRAZONABILIDAD RESULTA INEXISTENTE.

STC 256/2000, de 30 de octubre. «(...) En relación con la interpretación y aplicación de normas legales sin afectación de los contenidos típicos del art. 24.1 CE (tales como el acceso a la jurisdicción o, con distinta intensidad, el derecho a los recursos) o de otros derechos fundamentales, hemos precisado en la STC 214/1999, de 29 de noviembre (FJ 4), que "tan sólo podrá considerarse que la resolución judicial impugnada vulnera el derecho a la tutela judicial efectiva cuando el razonamiento que la funda incurra en tal grado de arbitrariedad, irrazonabilidad o error que, por su evidencia y contenido, sean tan manifiestos y graves que para cualquier observador resulte patente que la resolución de hecho carece de toda motivación o razonamiento". Y ello, según prosigue la Sentencia citada, porque si bien "es cierto que, en puridad lógica, no es lo mismo ausencia de motivación y razonamiento que motivación y razonamiento que por su grado de arbitrariedad o irrazonabilidad debe tenerse por inexistente;... también es cierto que este Tribunal incurriría en exceso de formalismo si admitiese como decisiones motivadas y razonadas aquellas que, a primera vista y sin necesidad de mayor esfuerzo intelectual y argumental, se comprueba que parten de premisas inexistentes o patentemente erróneas o siguen un desarrollo argumental que incurre en quiebras lógicas de tal magnitud que las conclusiones alcanzadas no pueden considerarse basadas en ninguna de las razones aducidas"».

STC 118/2006, 24 de abril. «En concreto, este Tribunal ha dicho que una resolución judicial puede tacharse de arbitraria cuando, aun constatada la existencia formal de una argumentación, la misma no es expresión de la administración de justicia sino simple apariencia de la misma por ser fruto de un mero voluntarismo judicial o expresar un proceso deductivo irracional o absurdo (SSTC 148/1994, de 12 de mayo, FJ 4; 244/1994, de 15 de septiembre, FJ 2; 54/1997, de 17 de marzo, FJ 3; y 160/1997, de 2 de octubre, FJ 7). Y en cuanto al vicio de irrazonabilidad susceptible de tutela a través del recurso de amparo, hemos afirmado que "la validez de un razonamiento desde el plano puramente lógico es independiente de la verdad o falsedad de sus premisas y de su conclusión pues, en lógica, la noción fundamental es la coherencia y no la verdad de hecho, al no ocuparse esta rama del pensamiento de verdades materiales, sino de las relaciones formales existentes entre ellas. Ahora bien, dado que es imposible construir el Derecho como un sistema lógico puro este Tribunal ha unido a la exigencia de coherencia formal del razonamiento la exigencia de que el mismo, desde la perspectiva jurídica, no pueda ser tachado de irrazonable. A tal efecto, es preciso señalar, como lo ha hecho este Tribunal, que no pueden considerarse razonadas ni motivadas aquellas resoluciones judiciales que, a primera vista y sin necesidad de mayor esfuerzo intelectual y argumental, se comprueba que parten de premisas inexistentes o patentemente erróneas o siguen un desarrollo argumental que incurre en quiebras lógicas de tal magnitud que las conclusiones alcanzadas no pueden considerarse basadas en ninguna de las razones aducidas" (STC 164/2002, de 17 de septiembre, FJ 4)» (Ver también **STC 218/2006**, de 3 de julio).

5. IRRAZONABLE ELECCIÓN DE LA NORMA APLICABLE. Sentencia 43/2008, de 10 de marzo, FJ 4.°. En tal sentido este Tribunal tiene declarado que se vulnera el derecho a la tutela judicial efectiva cuando se aplica una norma derogada que resulta decisiva para el fallo, lo que «convierte en irrazonable la elección de la norma aplicable, de tal manera que no puede afirmarse que estemos ante una decisión fundada capaz de satisfacer el derecho a la tutela judicial efectiva consagrado en el art. 24.1 CE» (STC 203/1994, de 11 de julio, FJ 3). Y es que, como recuerda la STC 99/2000, de 10 de abril, FJ 6, «el derecho de tutela judicial efectiva exige que las resoluciones judiciales al decidir los litigios sean fundadas en Derecho, y ese fundamento desaparece cuando con total evidencia se omite la consideración de la norma aplicable, y se decide mediante la aplicación de normas que han perdido su vigencia». Doctrina que se reitera por la STC 144/2003, de 14 de julio, FJ 2, y por la STC 308/2006, de 23 de octubre, FJ 7.

6. ERROR MATERIAL PATENTE.

STC 21/2008, de 31 de enero, FJ 2.°. «... Conforme a nuestra jurisprudencia, un error de los órganos judiciales sobre las bases fácticas que han servido para fundamentar su decisión es susceptible de producir una vulneración del derecho a la tutela judicial efectiva, si bien no cabe otorgar relevancia constitucional a toda inexactitud o equivocación, sino que para que se produzca aquella lesión es necesario que concurran determinados requisitos. En concreto, que se trate de un error patente en la determinación y selección del material de hecho o del presupuesto sobre el que se asienta su decisión, produciendo efectos negativos en la esfera jurídica del ciudadano, siempre que se trate de un error que sea inmediatamente verificable de forma incontrovertible a partir de las actuaciones judiciales, y que sea determinante de la decisión adoptada, constituyendo el soporte único o básico (*ratio decidendi*) de la resolución, de forma que no pueda saberse cuál hubiera sido el criterio del órgano judicial de no haber incurrido en dicho error (por todas, entre otras muchas, SSTC 245/2005, de 10 de octubre, FJ 4; 6/2006, de 16 de enero, FJ 4; 150/2006, de 22 de mayo, FJ 2; 180/2007, de 10 de septiembre, FJ 2)».

STC 180/2007, de 10 de septiembre, FJ 4.°. «... dicho error, que es meramente de cita, carece de relevancia constitucional, ya que no ha tenido ninguna incidencia sobre el fallo...».

7. DISCRECIONALIDAD NO ES ARBITRARIEDAD. STC163/2002, de 30 de octubre. «(...) En primer lugar, la facultad legalmente atribuida a un órgano judicial para que adopte con carácter discrecional una decisión en un sentido o en otro no constituye por sí misma justificación suficiente de la decisión finalmente adoptada, sino que, por el contrario, el ejercicio de dicha facultad viene condicionada estrechamente a la exigencia de que tal resolución esté motivada, pues sólo así puede procederse a un control posterior de la misma en evitación de toda posible arbitrariedad que, por los demás, vendría prohibida por el artículo 9.3 de la Constitución (SSTC 224/1992, de 14 de diciembre, 115/1997, de 16 de junio, 25/2000, de 31 de enero, y 264/2000, de 13 de noviembre)».

8. CANON REFORZADO DE MOTIVACIÓN.

Cuando el derecho a la tutela judicial está conectado o vinculado a otro derecho fundamental. STC 34/2008, de 25 de febrero, FJ 3 (Supuesto: archivo de asunto en el que se denuncia maltrato durante la detención; derecho conectado: a no padecer torturas ni tratos inhumanos o degradantes).

«En efecto, constituye doctrina consolidada de este Tribunal la que señala que las exigencias del derecho a la tutela judicial efectiva son distintas y más estrictas, "reforzadas" (por todas, SSTC 63/2001, de 17 de marzo, FJ 7; 164/2003, de 29 de septiembre, FJ 5; 63/2005, de 14 de marzo, FJ 3; 224/2007, de 22 de octubre, FJ 3), cuando, a pesar de que la decisión judicial no verse directamente sobre la preservación o los límites de un derecho fundamental, uno de estos derechos, distinto al de la propia tutela judicial, esté implicado (STC 11/2004, de 9 de febrero, FJ 2), esté vinculado (STC 180/2005, de 4 de julio, FJ 7), conectado (SSTC 25/2000, de 31 de enero, FJ 2; 11/2004, de 9 de febrero, FJ 2; 71 /2004, de 19 de abril, FJ 4), o en juego (SSTC 63/2001, de 17 de marzo, FJ 7; 115/2003, de 16 de junio, FJ 3), o quede afectado (STC 186/2003, de 27 de octubre, FJ 5; 192/2003, de 27 de octubre, FJ 3) por tal decisión. Tal cosa sucederá, significativamente para los efectos del presente caso de demanda de protección penal del derecho a no padecer torturas ni tratos inhumanos o degradantes, cuando "la tutela judicial efectiva se impetra para la defensa de un derecho sustantivo fundamental" (entre otras, SSTC 84/2001, de 26 de marzo, FJ 3; 203/2002, de 28 de octubre, FJ 3; 51/2003, de 17 de marzo, FJ 4; 142/2004, de 13 de septiembre, FJ 3; 74/2005, de 4 de abril, FJ 2). Estamos en estos casos ante decisiones judiciales "especialmente cualificadas en función del derecho material sobre el que recaen, sin que a este Tribunal, garante último de los derechos fundamentales a través del recurso de amparo, pueda resultarle indiferente aquella cualificación cuando se impugnan ante él este tipo de resoluciones, pues no sólo se encuentra en juego el derecho a la tutela judicial efectiva, sino que puede producirse un efecto derivado o reflejo sobre la reparación del derecho fundamental cuya invocación sostenía la pretensión ante el órgano judicial, con independencia de que la declaración de la lesión sea sólo una de las hipótesis posibles" (SSTC 84/2001, de 26 de marzo, FJ 3; 112/2004, de 12 de julio, FJ 4; 28/2005, de 14 de febrero, FJ 3; 196/2005, de 18 de julio, FJ 3).»

Nota: Ver también **STC 25/2008**, de 11 de febrero, FJ 6.º, en el que el derecho vinculado es la inviolabilidad del domicilio).

Cuando el derecho se conecta con el derecho a la libertad personal. STC 108/2005, de 9 de mayo, FJ 2.º y 3.º

«Este Tribunal ha establecido un canon más riguroso cuando, tratándose de Sentencias penales condenatorias, el derecho a la tutela judicial efectiva se conecta, directa o indirectamente, con el derecho a la libertad personal (por todas, SSTC 43/1997, de 10 de marzo, FJ 6; 81/1997, de 22 de abril, FJ 4; 116/1998, de 2 de junio, FJ 4; 5/2000, de 17 de enero, FJ 2; 108/2001, de 23 de abril, FJ 3). También hemos afirmado que, en este tipo de Sentencias, el deber de motivación incluye la obligación de fundamentar los hechos y la calificación jurídica así como la pena finalmente impuesta, si bien hemos precisado que, en relación con este último extremo, "nuestro control se ciñe a examinar si la extensión de la pena impuesta resulta o no manifiestamente irrazonable o arbitraria", siendo en principio "el margen de arbitrio judicial del que, en cada caso, goce el Juez para imponer la pena que corresponda al delito cometido, la medida de la motivación constitucionalmente exigible". De manera que nuestro control ha de ceñirse "a determinar si, en el caso concreto, y a la vista de los datos que los hechos probados relatan, la motivación acerca del *quantum* de la pena impuesta resulta o no manifiestamente irrazonable o arbitraria" (por todas: SSTC 47/1998, de 2 de marzo, FJ 6, y 108/2001, de 23 de abril, FJ 3).»

Nota: *Sobre el canon reforzado de motivación resulta también de interés la* **Sentencia 57/2007** *de 12 de marzo, sobre la motivación de las resoluciones que conceden o deniegan la suspensión de la ejecución de la condena. Y la* **sentencia 21/2008**, *de 31 de enero, sobre fijación de la pena.*

9. MOTIVACIÓN DE ACTOS ADMINISTRATIVOS. STC 7/1998, de 13 de enero, FJ 6.º. «Frente a la regla general, conforme a la cual el deber de motivación de los actos administrativos es un mandato derivado de normas que se mueven en el ámbito de lo que venimos denominando legalidad ordinaria, en determinados supuestos excepcionales, tal deber alcanza una dimensión constitucional que lo hace fiscalizable a través del recurso de amparo constitucional. Así ocurre cuando se trate de actos que limiten o restrinjan el ejercicio de derechos fundamentales (SSTC 36/1982, 66/1995 o 126/1997, entre otras)...»

10. INTERPRETACIÓN DE LAS NORMAS PROCESALES. STC 192/2005, de 18 de junio, FJ 3.º. «Es reiterada doctrina constitucional que la interpretación de las normas procesales y su aplicación al caso concreto compete, en principio, a los órganos judiciales en el ejercicio de la función jurisdiccional que les es propia ex art. 117.3 CE, no siendo función de este Tribunal Constitucional examinar la interpretación de la legalidad hecha por los órganos judiciales, salvo que, por manifiestamente arbitraria, claramente errónea, o por no satisfacer las exigencias de proporcionalidad inherentes a la restricción de todo derecho fundamental, implique por sí misma lesiones específicas de las garantías sustanciales del procedimiento, constitucionalizadas en el art. 24 CE».

E. Derecho a un sistema de garantías que evite la indefensión

1. GARANTÍA DEL ADECUADO EJERCICIO DEL DERECHO DE DEFENSA. STC 130/2001, de 4 de junio, FJ 2.º. «El derecho a la tutela judicial efectiva reconocido en el artículo 24.1 CE implica, entre sus múltiples manifestaciones, no sólo el derecho de acceso al proceso y a los recursos legalmente previstos, sino también un ajustado sistema de garantías para las partes, entre las que se encuentra el adecuado ejercicio del derecho de defensa, para que puedan hacer valer en el proceso sus derechos e intereses legítimos».

2. GARANTÍA FRENTE A LA INDEFENSIÓN. STC 164/2005, de 20 de junio, FJ 3.º. «... con arreglo a consolidada doctrina de este Tribunal "para que pueda estimarse una indefensión con relevancia constitucional, que sitúe al interesado al margen de toda posibilidad de alegar y defender en el proceso sus derechos, no basta con una vulneración meramente formal, sino que es necesario que de esa infracción formal se derive un efecto material de indefensión, con real menoscabo del derecho de defensa y con el consiguiente perjuicio real y efectivo para los intereses del afectado" (STC 185/2003, de 27 de octubre, FJ 4 y las que cita), pues "no toda infracción de normas procesales se convierte por sí sola en indefensión jurídico—constitucional y por ende en violación de lo ordenado por el art. 24 de la Constitución, ya que la calificación de la indefensión con relevancia jurídico—constitucional o con repercusión o trascendencia en el orden constitucional ha de llevarse a cabo con la introducción de factores diferentes del mero respeto —o, a la inversa, de la infracción de las normas procesales y del rigor formal del enjuiciamiento—"(STC 37/2003, FJ 5, entre otras)».

3. LOS ÓRGANOS JUDICIALES DEBEN VELAR POR EVITAR LA INDEFENSIÓN. STC 217/2005, de 12 de septiembre, FJ 3.º. «En efecto, conforme a la doctrina de este Tribunal, recordada en la STC 13/2000, de 17 de enero (FJ 2), "los órganos judiciales han de velar por evitar la indefensión del justiciable en el proceso penal, especialmente en los casos en que la dirección y representación se realiza mediante la designación de oficio, no bastando para tutelar el derecho de defensa la designación de los correspondientes profesionales, sino que la realización efectiva del derecho de defensa, requiere, como ha puesto de manifiesto el Tribunal Europeo de Derechos Humanos en sus Sentencias de 9 de octubre de 1979 (caso *Airrey*), 13 de mayo de 1990 (caso ártico) y 25 de abril de 1983 (caso *Pakelli*), proporcionar asistencia letrada real y operativa"».

4. INDEFENSIÓN PRODUCIDA POR REFORMA PEYORATIVA. STC 41/2008, de 10 de marzo, FJ 2.º. «2. Conviene recordar que, en un cuerpo de doctrina ya bien consolidado, este Tribunal ha ido delimitando el concepto de reforma peyorativa al referirlo a una incongruencia que lesiona el derecho a la tutela judicial efectiva. Así, en la reciente STC 204/2007, de 24 de septiembre, FJ 3, con cita de las SSTC 50/2007, de 12 de marzo, y 87/2006, de 27 de marzo, recogíamos la doctrina sentada al respecto, recordando que: "En la STC 310/2005, de 12 de diciembre, FJ 2, la denominada reforma peyorativa tiene lugar cuando la parte recurrente, en virtud de su propio recurso, ve empeorada o agravada la situación jurídica creada o declarada en la resolución impugnada, de modo que lo obtenido con la decisión judicial que resuelve el recurso es un efecto contrario al perseguido por el recurrente, que era, precisamente, eliminar o aminorar el gravamen sufrido con la resolución objeto de impugnación (SSTC 9/1998, de 13 de enero, FJ 2; 232/2001, de 10 de diciembre, FJ 5)... Desde las primeras resoluciones de este Tribunal hemos afirmado que la prohibición de la reforma peyorativa, aunque no esté expresamente enunciada en el art. 24 CE, tiene una dimensión constitucional, pues representa un principio procesal que forma parte del derecho a la tutela judicial efectiva a través del régimen de garantías legales de los recursos, que deriva, en todo caso, de la prohibición constitucional de indefensión (entre otras, SSTC 54/1985, de 18 de abril, FJ 7; o 28/2003, de 10 de febrero, FJ 3). Es, además, una proyección de la congruencia en el segundo o posterior grado jurisdiccional, que impide al órgano judicial *ad quem* exceder los límites en que esté planteado el recurso, acordando una agravación de la Sentencia impugnada que tenga origen exclusivo en la propia interposición de éste (STC 17/2000, de 31 de enero, FJ 4) pues, de admitirse que los órganos judiciales pueden modificar de oficio en perjuicio del recurrente la resolución por él impugnada, se introduciría un elemento disuasorio para el ejercicio del derecho a los recursos legalmente establecidos en la ley, incompatible con la tutela judicial efectiva que vienen obligados a prestar los órganos judiciales (SSTC 114/2001, de 7 de mayo, FJ 4; 28/2003, de 10 de febrero, FJ 3). Así pues, la reforma peyorativa sólo adquiere relevancia constitucional en tanto se manifiesta como forma de incongruencia determinante de una situación de indefensión (entre otras, SSTC 15/1987, de 11 de febrero, FJ 3; o 241/2000, de 16 de octubre, FJ 3). En tal sentido, hemos advertido, no obstante, que no cualquier empeoramiento de la situación inicial del recurrente es contrario al derecho a la tutela judicial efectiva del art. 24.1 CE, sino sólo aquél que resulte del propio recurso del recurrente, sin mediación de pretensión impugnatoria de la otra parte, y con excepción del daño que derive 'de la aplicación de normas de orden público, cuya recta aplicación es siempre deber del Juez, con independencia de que sea o no pedida por las partes' (SSTC 15/1987, de 11 de febrero, FJ 3; 40/1990, de 12 de marzo, FJ 1; 153/1990, de 15 de octubre, FJ 4; y 241/2000, de 16 de octubre, FJ 2)"».

5. IDONEIDAD DE LAS CITACIONES JUDICIALES. STC 94/2005, de 18 de abril, FJ 2.º y 4.º. «La razón que se encuentra en el origen de tal lesión del derecho a la tutela judicial efectiva deviene de la forma de citación realizada al recurrente para que asistiera al juicio de faltas al que debía acudir en calidad de acusado. La cuestión que se plantea, pues, versa sobre un acto de comunicación judicial a una parte del proceso, acto esencia toda vez que estaba dirigido a garantizar la presencia del acusado en el juicio de faltas...». «4. En efecto, además de que la citación telefónica no esté prevista en la Ley de enjuiciamiento criminal como medio de comunicación procesal en los preceptos que regulan ésta (art. 175 en relación con el art. 166), respecto de tal forma de comunicar la doctrina de este Tribunal no se plantea su eventual imperfección (como no es inhabitual que ocurra en los supuestos de notificación, citación o emplazamiento mediante Oficial o Agente judicial, o mediante correo o telegrama, cuando —como no es infrecuente— los mismos dan pie a discutir la recepción o no de lo notificado por el destinatario en atención a si la dirección en la que tiene lugar la comunicación fue correcta o incorrecta o si fue recibida por persona idónea o no en atención a su relación o proximidad con quien es objeto de citación o notificación, etc.), sino que afirma su inidoneidad en sí misma considerada para lograr el fin que se persigue con las comunicaciones procesales, a saber: la constancia o acreditación de que el sujeto a quien se pretende comunicar la decisión judicial tenga conocimiento de lo que se ha procedido hasta ese momento y de lo que se va a proceder a continuación, en orden a que adopte las medidas que estime más convenientes para la defensa de sus intereses en sede jurisdiccional».

F. Inmodificabilidad de las resoluciones judiciales firmes

1. DOCTRINA GENERAL. STC 17/2008, de 31 de enero, FJ 3.º

«... hemos declarado que una de la proyecciones del derecho a la tutela judicial efectiva reconocido en el art. 24.1 CE consiste en el derecho a que las resoluciones judiciales alcancen la eficacia querida por el ordenamiento, lo que significa tanto el derecho a que las resoluciones judiciales se ejecuten en sus propios términos como el respecto a su firmeza y a la intangibilidad de las situaciones jurídicas en ellas declaradas, sin perjuicio, naturalmente, de su revisión o modificación a través de los cauces extraordinarios legalmente reconocidos. En otro caso, es decir, si se desconociera el efecto de la cosa juzgada material se privaría de eficacia a lo que se decidió con firmeza en el proceso, lesionándose así la paz y seguridad jurídica de quien se vio protegido judicialmente por una sentencia dictada en un proceso anterior entre las mismas partes (entre otras, SSTC 159/1987, de 26 de octubre, FJ 2; 135/1994, de 9 de mayo, FJ 2; 198/1994, de 4 de julio, FJ 3; 59/1996, de 15 de abril, FJ 2; 43/1998, de 24 de febrero, FJ 3; 53/2000, de 28 de febrero, FJ 6; 55/2000, de 28 de febrero, FJ 4; 207/2000, de 24 de julio, FJ 2; 309/2000, de 18 de diciembre, FJ 3; y 151/2001, de 2 de julio, FJ 3).»

2. ALCANCE DEL AUTO DE ACLARACIÓN. STC 103/1998, de 18 de mayo, FJ 4.º

«El Auto de aclaración, en los términos que está redactado, modifica sustancialmente la Sentencia de la Sala, en contra del recurrente, al aumentar la sanción de suspensión de empleo y sueldo de tres meses a un año. El excepcional cauce arbitrado en el art. 267.1 LOPJ y 363 LEC permite que los órganos judiciales aclaren algún concepto oscuro, suplan cualquier omisión judicial que contengan o bien corrijan algún error material, pero no puede ser utilizado para modificar el sentido de la fundamentación ni el fallo de sus resoluciones, incluso en la hipótesis de que con posterioridad entendieran que la decisión judicial no se ajusta a la legalidad (SSTC 14/1984, 119/1988, 203/1989, 27/1992, 19/1995). La inmutabilidad de las resoluciones judiciales, que forma parte del contenido del derecho a la tutela judicial efectiva del art. 24.1 CE, veda a los Jueces y Tribunales modificar sus resoluciones en atención a una nueva o incluso más acertada calificación jurídica, pues ello implicaría una revisión de las resoluciones judiciales realizada al margen del sistema de recursos, y sustituir una Sentencia firme por otra de signo contrario, lo que ocasionaría una gravísima inseguridad jurídica (SSTC 16/1991, 231/1991, 142/1992, 16/1993, 22/1993, 352/1993, 380/1993, 23/1994, 57/1995, 106/1995 y 208/1996)».

G. Derecho a la ejecución de las resoluciones judiciales

STC 11/2008, de 21 de enero, FJ 6.º. «Hemos declarado reiteradamente que el derecho a la ejecución de las resoluciones judiciales forma parte del derecho a la tutela judicial efectiva, ya que, en caso contrario, las decisiones judiciales y los derechos que en ellas se reconocen no serían más que meras declaraciones de intenciones, sin alcance práctico ni efectividad alguna, y por tanto no estaría garantizada la efectividad de la tutela judicial. Ahora bien, el alcance del control a efectuar por parte de este Tribunal del cumplimiento de la potestad jurisdiccional de hacer ejecutar lo juzgado (art. 117.3 CE) no es ilimitado, pues también hemos advertido que a los órganos judiciales corresponde, en el ejercicio de la función jurisdiccional que constitucionalmente les resulta conferida, la interpretación de los términos del fallo y la del alcance que quepa atribuir a la cosa juzgada, así como la decisión de si aquél ha sido ejecutado o no correctamente y la adopción de las medidas oportunas para asegurar (cuando así resulte procedente) su ejecución, apreciaciones todas ellas que únicamente resultan revisables en sede constitucional cuando han incurrido en incongruencia, arbitrariedad, carecen de razonabilidad o evidencian la dejación por parte del órgano judicial de su obligación de hacer ejecutar lo juzgado. Así pues el control que este Tribunal puede realizar sobre el modo en que los Jueces y Tribunales ejercen esta potestad se limita a comprobar si las correspondientes decisiones adoptadas por ellos al efecto se toman o no de forma razonablemente coherente con el contenido de la resolución que se ejecuta, y sólo cuando sean incongruentes, arbitrarias, irrazonables o incurran en error patente resultarán lesivas del derecho declarado en el art. 24.1 CE.

Por tanto en el recurso de amparo no puede debatirse de nuevo el contenido de la Sentencia que se ejecuta, ni la interpretación y consecuencia de su fallo (tarea ésta de exclusiva competencia de los órganos jurisdiccionales). Nuestro control es sólo de tipo negativo, y se ciñe al examen de la razonabilidad de la interpretación que los titulares de la potestad de ejecución realicen del fallo en el marco de la legalidad ordinaria. Lo que nos corresponde es garantizar que, en aras precisamente de la efectividad del derecho a la tutela judicial efectiva, los Jueces y Tribunales no lleven a cabo interpretaciones de los fallos que, por alterarlos o apartarse de ellos, incurran en arbitrariedad, incongruencia, irrazonabilidad o error (SSTC 116/2003, de 16 de junio, FJ 3;140/2003, de 14 de julio, FJ 6; 223/2004, de 29 de noviembre, FJ 6; STC 96/2005, de 18 de abril, FJ 5, entre otras). El marco en el que debe operar el canon constitucional de control del ajuste de la actividad jurisdiccional de ejecución al fallo se integra pues, por el propio fallo (interpretado de acuerdo con la fundamentación y con el resto de los extremos del pleito) y por lo posteriormente resuelto para ejecutarlo. Y lo que hemos de verificar es si hubo o no un apartamiento irrazonable, arbitrario o erróneo en relación con el significado y con el alcance de los pronunciamientos de la parte dispositiva de la resolución que se ejecuta (SSTC 116/2003, de 16 de junio, FJ 3; 83/2001, de 26 de marzo, FJ 4; y 146/2002, de 15 de julio, FJ 3; entre otras).

Ahora bien, el ejercicio de nuestro control sobre si las resoluciones de ejecución se han apartado o no del fallo de cuya ejecución se trata no debe limitarse de forma literal o restrictiva al texto del mismo. En este sentido hemos señalado que, para determinar si los Autos de ejecución se han apartado del significado y alcance de los pronunciamientos de la Sentencia de la que traen causa, "es necesario partir del examen de tales pronunciamientos que, plasmados en el fallo o parte dispositiva, son consecuencia de la fundamentación jurídica de dicha resolución judicial, en una línea secuencial que une las alegaciones y pretensiones de la parte actora, con la fundamentación jurídica y argumentación que funda la Sentencia, para desembocar en el fallo y concretos pronunciamientos en ésta contenidos. La función jurisdiccional de decir el Derecho, presupuesto necesario de la ejecución, no permite una consideración aislada de cada uno de dichos momentos y actos procesales, sino que requiere su valoración unitaria o global, pues ésta es la que permite extraer, con mayor grado de certeza, el genuino alcance y significación de las determinaciones del órgano jurisdiccional y de los efectos jurídicos, de naturaleza formal o material, que deben producir aquéllas" (STC 240/1998, de 15 de diciembre, FJ 3, posteriormente reproducida por las SSTC 83/2001, de 26 de marzo, FJ 4, y 121/2007, de 21 de mayo, FJ 1, entre otras)».

H. Garantía de indemnidad

STC 171/2005, de 20 de junio, FJ 3.º. «Como reiterábamos muy recientemente en la STC 38/2005, de 28 de febrero (FJ 3), la vulneración del derecho a la tutela judicial efectiva no sólo se produce por irregularidades acaecidas dentro del proceso que ocasionen privación de garantías procesales, sino que tal derecho puede verse lesionado igualmente cuando su ejercicio, o la realización por el trabajador de actos preparatorios o previos necesarios para el ejercicio de una acción judicial, produzca como consecuencia una conducta de represalia por parte del empresario. Por tal razón, hemos dicho que el derecho consagrado en el art. 24.1 CE no sólo se satisface mediante la actuación de los Jueces y Tribunales, sino también a través de la garantía de indemnidad, lo cual significa que del ejercicio de la acción judicial o de los actos preparatorios o previos al mismo no pueden seguirse consecuencias perjudiciales en el ámbito de las relaciones públicas o privadas para la persona que los protagoniza (entre las más recientes, recogiendo anterior doctrina, SSTC 5/2003, de 20 de enero, FJ 7; 55/2004, de 19 de abril, FJ 2; 87/2004, de 10 de mayo, FJ 2)».

VII. PERSPECTIVA CONSTITUCIONAL SOBRE LA INSTRUCCIÓN DE RECURSOS ERRÓNEA EN LAS RESOLUCIONES JUDICIALES

Toda resolución judicial, en cumplimiento del artículo 248.4 de la Ley Orgánica del Poder Judicial y 208.4 de la Ley de Enjuiciamiento Civil, al ser notificada a las partes, debe indicar si es firme o si cabe algún recurso contra ella, con expresión, en este último caso, del recurso que proceda, del órgano ante el que debe interponerse y del plazo para recurrir. Es lo que se denomina «instrucción de recursos».

El Tribunal Constitucional en varias sentencias ha valorado el efecto que produce la errónea instrucción de recursos en las resoluciones judiciales o la falta de indicación del recurso procedente. En su jurisprudencia reciente han vuelto a estudiar las consecuencias de la indicación o advertencia errónea de recursos, no sólo de cara al acceso al recurso de amparo sino también a los recursos ordinarios e incluso a la jurisdicción.

La instrucción de recursos, contemplada en los citados artículos de la LOPJ y de la LEC, no integra el contenido decisorio de la resolución notificada, es una simple información al interesado que corresponde a quienes tengan encomendada la realización del acto de comunicación o notificación de la resolución —así lo ha señalado el Tribunal Constitucional, entre otras, en la Sentencia 267/1994—; indicación que no está obligado a seguir si entiende que el recurso o el plazo señalado en la notificación para su preparación, interposición o formalización es erróneo.

Es evidente que los errores de los órganos judiciales no deben producir efectos negativos en la esfera del ciudadano, pero también es cierto que, al menos hasta ahora, el Tribunal Constitucional consideraba que tales errores carecían de relevancia cuando el error fuese también imputable a la negligencia de la parte, debiendo tenerse en cuenta si se ha acudido al proceso con abogado o no y, consiguientemente, existía la posibilidad de advertir el error en que se había incurrido al realizar la instrucción de los recursos. Las sentencias que estudiamos en el presente artículo y se recogen en el cuadro adjunto matizan esta doctrina.

Hay que diferenciar los siguientes errores en la notificación de resoluciones: A) Omisión de la instrucción de recursos en la notificación; B) Indicación errónea de recursos: se señala que cabe recurso cuando legalmente la resolución es irrecurrible o se indica un recurso o plazo diferente del que procede, y C) Se recoge en la instrucción que no cabe recurso.

A) OMISIÓN DE LA INDICACIÓN DE RECURSOS

En el primero de los casos, cuando se omite la instrucción de recursos, al ser un hecho fácilmente detectable, el Tribunal Constitucional considera que «debe producir normalmente la puesta en marcha de los mecanismos ordinarios para que sea suplida por la propia diligencia procesal de la parte, especialmente si tiene asistencia letrada» (Sentencia del Pleno del TC n.º 241/2006, de 20 de julio, FJ 3.º).

B) ERRÓNEA INDICACIÓN DE RECURSOS

Ya en la sentencia 107/1987, el Tribunal Constitucional señalaba que a la instrucción o información errónea de recursos debe dársele un mayor alcance que a la simple omisión, «en cuanto que es susceptible de inducir a un error a la parte litigante, error que hay que considerar como excusable, dada la autoridad que necesariamente debe merecer la decisión judicial».

1) Como causa de la interposición extemporánea de la demanda de amparo.

En ocasiones se contempla en la instrucción de recursos que cabe un determinado recurso cuando lo cierto es que ya no cabe recurso ordinario alguno y está transcurriendo el plazo hábil para formular recurso de amparo. En la sentencia señalada en el apartado anterior se contempla que esta indicación errónea en la notificación de la resolución carece de relevancia cuando el error es también imputable a la negligencia de la parte, que debe apreciarse atendiendo a si había intervenido en el procedimiento sin especiales conocimientos y sin asistencia letrada o si había estado asistida de profesionales capaces de percibir el error.

El Tribunal Constitucional, en las sentencias 241/2006 (del Pleno) y 256/2006, matiza su doctrina y considera que la parte, dada la autoridad inherente a la decisión judicial, aun estando asistida por expertos en la materia, podría entender que las indicaciones fuesen ciertas y actuar en consecuencia con las instrucciones recibidas (Ver cuadro resumen de jurisprudencia). Por lo que el hecho de seguir dicha instrucción e interponer un recurso manifiestamente improcedente —cuando no cabía recurso ordinario y, consiguientemente, estaba transcurriendo el plazo hábil para el recurso de amparo— no supondría un incumplimiento del requisito temporal de formulación de la demanda de amparo en el plazo de 20 días previsto en la Ley Orgánica del Tribunal Constitucional. Es decir que volvería a contarse el plazo desde la inadmisión por el órgano «a quo» del recurso formulado erróneamente por atender a la instrucción contenida en la resolución combatida.

2) Como causa de la interposición de un recurso distinto del procedente.

En la sentencia citada, n.º 256/2006, de 11 de septiembre, el Tribunal Constitucional estudia un caso en el que el órgano judicial instruye de que contra la resolución dictada cabe recurso de reposición y la parte, asistida de letrado, formula dicho recurso. El Juzgado inadmite el recurso por entender que el recurso que cabía era el de apelación y para evitar la indefensión da nuevo plazo para prepararlo; pero la Audiencia Provincial lo desestima por haberse preparado extemporáneamente y no sentirse vinculada por el nuevo plazo otorgado por el Juzgado.

La conclusión a la que llega el Tribunal Constitucional es que se vulneró el derecho de la tutela judicial efectiva del recurrente, en su vertiente de acceso de los recursos, ya que la Audiencia, pese a la asistencia letrada del recurrente, debía haber concedido relevancia al error sufrido por el Juzgado al extender la diligencia de instrucción de recursos; teniendo en consideración que «la instrucción acerca de la procedencia de un determinado recurso no constituye un dato que deba llamar especialmente la atención, ni incluso a aquél que posea conocimientos jurídicos».

Consiguientemente, a juicio del Tribunal Constitucional, no existe negligencia alguna cuando se siguen las indicaciones de la instrucción de recursos, pues el error, en cuanto inducido por tales indicaciones, es excusable. Insistimos, incluso cuando la parte está asistida por letrado.

Antes de continuar debemos dejar constancia que tras la reforma del artículo 44.1.a de la LOTC y del 241.1 de la LOPJ, llevada a cabo por la Ley Orgánica 6/2007, de 24 de mayo, en un supuesto como el analizado en que la vulneración del derecho fundamental se ha cometido por la Audiencia Provincial, no cabiendo otro recurso contra su resolución, será preciso, antes de acudir al Tribunal Constitucional, plantear un incidente de nulidad de actuaciones ante la propia Audiencia, para entender agotados los medios de impugnación previstos en las normas procesales dentro de la vía judicial.

3) La indicación errónea sobre el plazo para la interposición del recurso.

Es extrapolable, a mi juicio, la opinión del Tribunal Constitucional, sobre el error en la instrucción del recurso procedente, al error en la notificación sobre el plazo de interposición del recurso.

A tal conclusión puede llegarse partiendo de la fundamentación contenida en la sentencia 274/2006, de 25 de septiembre, donde tras señalar que la doctrina sobre los errores en la instrucción de recursos es trasladable a las resoluciones administrativas, se analiza un caso en que la Administración dio indicación expresa de un plazo de dos meses para acudir a la vía contencioso—administrativa en lugar del plazo de diez días que procedía, al tratarse de una resolución administrativa dictada al resolverse sobre una intimación del administrado para que cesara una vía de hecho. El Tribunal Constitucional consideró que la decisión de inadmisión del Tribunal Superior de Justicia no era compatible con el derecho a la tutela judicial efectiva y que, acreditado el error en el plazo señalado en la instrucción de recursos, no resultaba razonable exigir a los recurrentes que salvaran por sí mismos la errónea indicación, por lo que concede el amparo constitucional.

C) ERRÓNEA INSTRUCCIÓN DE LA INEXISTENCIA DE RECURSO

Cuál debe ser la consecuencia de seguir la instrucción contenida en la resolución notificada de que no cabe recurso alguno es algo que no queda del todo claro en la doctrina del Tribunal Constitucional. En la citada sentencia 256/2006 se señala: «un aspecto que cobra especial relevancia es que el error del órgano judicial no versó sobre la inexistencia de recurso alguno contra la resolución dictada». De aquí podría concluirse que el Tribunal considera que en estos casos es preciso un plus de diligencia de las partes. Pues los casos en los que se plantee este problema serán aquellos en los que, tras la errónea indicación del órgano judicial de que no cabe recurso alguno, la resolución notificada deviene firme y cuando se acude, en su caso, al Tribunal Constitucional alegando una vulneración de un derecho fundamental —distinto del derecho de acceso a los recursos— el recurrente se puede encontrar enfrentado a la alegación de una causa de inadmisibilidad por no haber agotado la vía judicial prevista en las normas procesales.

Es evidente que, en situaciones como la reflejada, el Tribunal Constitucional difícilmente entrará a conocer de la vulneración concreta que se alegue en la demanda de amparo, por falta de agotamiento de la vía judicial; pero no debería descartarse que, advertida la falta de concurrencia del citado requisito en fase de admisión, pudiese entenderse que hubo una falta de tutela del órgano judicial y se retrotrajeran las actuaciones al momento de plantearse el recurso que resultaba procedente. En cualquier caso, la jurisprudencia existente difícilmente permite llegar a la solución apuntada en cuanto la misma conllevaría una ampliación del objeto de la demanda de amparo; pero ello no debe llevarnos a descartar proponer dicha solución, sin perjuicio del ejercicio de otras acciones que pudieran proceder por los daños producidos por la errónea instrucción de recursos.

Finalmente, debe tenerse en cuenta que el hecho de que se señale que no caben recursos no implica que no existan otros medios de impugnación como puede ser la solicitud de nulidad de actuaciones, cuyo planteamiento se erige, tras la reforma que introdujo la Ley Orgánica 6/2007, de 24 de mayo, en requisito necesario para entender agotada la vía judicial precedente al recurso de amparo cuando la vulneración provenga de una resolución que no sea susceptible de recurso ordinario ni extraordinario (artículos 44.1.a LOTC y 241.1 LOPJ, antes mencionados).

SENTENCIAS SOBRE LAS CONSECUENCIAS DE LA ERRÓNEA INSTRUCCIÓN DE RECURSOS	
Sentencia del Tribunal Constitucional	**Fundamentación**
Sentencia del Pleno n.º 241/2006, de 20 de julio. Fundamento jurídico 3.º, pf. 3.º.	«Es conveniente en aras de una mayor objetivación y claridad respecto al cumplimiento y a la constatación de los requisitos procesales para promover el recurso de amparo constitucional avanzar un paso más en la línea doctrinal sentada por la citada STC 38/2006, de 13 de febrero, en el sentido de declarar, sin perjuicio de reiterar que la instrucción de recursos (art. 248.4 LOPJ) no forma parte del *decisum* de la resolución judicial (SSTC 128/1998, de 16 de junio, FJ 6; 152/2006, de 22 de mayo, FJ 4, por todas), que no puede considerarse como manifiestamente improcedente a los efectos de determinar la extemporaneidad del recurso de amparo la interposición por el demandante de amparo, cuente o no con asistencia letrada, de recursos o remedios procesales objetiva y manifiestamente improcedentes cuando la misma sea consecuencia de una errónea indicación consignada en la instrucción de recursos a que se refiere el art. 248.4 LOPJ. No puede dejar de insistirse al respecto, como ya en resoluciones anteriores hemos tenido ocasión de poner de manifiesto, que la instrucción o información errónea acerca de los recursos facilitada por los órganos judiciales, dada la *auctoritas* que corresponde a quien la hizo constar (STC 26/19991, de 11 de febrero, FJ 1), es susceptible de inducir a un error a la parte litigante, que hay que considerar en todo caso como excusable "dada la autoridad que necesariamente ha de merecer la decisión judicial" (SSTC 79/2004, de 5 de mayo, FJ 2; 244/2005, de 10 de octubre, FJ 3), pues "si la oficina judicial ha ofrecido indicaciones equivocadas sobre los recursos utilizables... el interesado, aun estando asistido por expertos en la materia, podría entender por la autoridad inherente a la decisión judicial, que tales indicaciones fueran ciertas y obrar en consecuencia" (*ibidem*). De este modo, a los efectos que nos ocupan, no es razonable exigir a la parte que contravenga o salve por sí misma la instrucción o información de recursos consignada en la resolución judicial, aunque ésta pueda resultar o resulte errónea, dada la delicada disyuntiva en la que en caso contrario se le sitúa como consecuencia de la necesidad de cumplir simultáneamente las dos exigencias de agotar la vía judicial previa [arts. 43.2 y 44.1 a) LOTC] y de interponer el recurso de amparo dentro de los veinte días siguientes a la notificación de la resolución recaída en el proceso judicial (arts. 43.2 y 44.2 LOTC).»
Sentencia n.º 256/2006, de 11 de septiembre. Fundamento jurídico 6.º, último párrafo.	«No se puede, por tanto, en todo caso, imputar a negligencia de la parte su pasividad cuando la misma es resultado de un error del órgano judicial pues, como declarábamos en la STC 5/2001, de 15 de enero, FJ 2, "si la oficina judicial hubiera ofrecido indicaciones equivocadas sobre los recursos utilizables o hubiera declarado firme, expresamente, la resolución, y, por tanto, inimpugnable, en tal caso, el interesado, aun estando asistido por expertos en la materia, podría entender por la autoridad inherente a la decisión judicial, que tales indicaciones fueren ciertas y obrar en consecuencia, inducido así a error que, por tanto, sería excusable" (STC 102/1987) y no podría serle imputado porque "los errores de los órganos judiciales no deben producir efectos negativos en la esfera del ciudadano (SSTC 93/1983 y 172/1985)" (STC 67/1994, de 28 de febrero, FJ 3).»

SENTENCIAS SOBRE LAS CONSECUENCIAS DE LA ERRÓNEA INSTRUCCIÓN DE RECURSOS	
Sentencia del Tribunal Constitucional	**Fundamentación**
Sentencian.º 256/2006, de 11 de septiembre. Fundamento jurídico 7.º, párrafos 3.º a 5.º.	«Como hemos dicho en la STC 43/1995, de 13 de febrero, FJ 2, en un supuesto muy similar al que hoy nos ocupa, serán las circunstancias concretas que concurren en el supuesto planteado las que deberán analizarse para determinar si, partiendo de aquella indicación errónea judicial, la parte pudo razonablemente salvar la equivocación y actuar correctamente desde la perspectiva procesal o, por el contrario, aquel error era insalvable y a él no contribuyó su propia negligencia, de forma que merezca el amparo. Constatada la equivocación del juzgador y la efectiva asistencia letrada de la parte recurrente, es preciso recordar que, en el caso que estamos examinando, un aspecto que cobra especial relevancia es que el error del órgano judicial no versó sobre la inexistencia de recurso alguno contra la resolución dictada, sino en la instrucción de que contra la misma era procedente la interposición de un determinado recurso, el recurso de reposición. Como razonamos en el STC 43/1995, FJ 3, ya citada, la instrucción acerca de la procedencia de un determinado recurso no constituye dato que deba llamar especialmente la atención, ni incluso a aquél que posea conocimientos jurídicos.»
Sentencia n.º 274/2006, de 25 de septiembre. Fundamento jurídico 2.º, último párrafo.	«Es más, recientemente, el Pleno de este Tribunal, si bien en referencia a la indicación de recursos en las resoluciones judiciales a los efectos del correcto agotamiento de la vía judicial previa al amparo, pero **en una doctrina perfectamente extrapolable a otros efectos a las resoluciones judiciales** (STC 256/2006, de 11 de septiembre, FJ 6) **y a las administrativas**, ha hecho especial incidencia en que no resulta razonable exigir a la parte que contravenga o salve por sí misma la instrucción o información de recursos consignada, aunque ésta pueda resultar o resulte errónea (STC 241/2006, de 20 de julio, FJ 3).»

INTERNACIONAL

AUTORA

Flora Calvo Babío
Abogada

INTERNACIONAL
PROCEDIMIENTOS CIVILES CON ELEMENTO EXTRANJERO

Flora Calvo Babío
Abogada

3. **Ley aplicable**
4. **Reconocimiento de las resoluciones extranjeras en el ámbito patrimonial**
5. **Ejecución directa de determinadas resoluciones: el título ejecutivo europeo**
6. **Regulación material de determinadas cuestiones: el monitorio europeo y el proceso europeo de escasa cuantía**

IV. ASPECTOS COMUNES A LOS PROCEDIMIENTOS DE FAMILIA Y PATRIMONIALES

1. **La justicia gratuita en los procedimientos transfronterizos**
   A. Alcance del derecho de asistencia jurídica en los litigios transfronterizos de la Unión Europea.
   B. Regulación general, por parte de la Ley 1/1996 reformada, de la Asistencia Jurídica Gratuita en los litigios transfronterizos de la Unión Europea.
   C. Solicitud de Asistencia Jurídica Gratuita para un procedimiento que se tramita en España.
   D. Solicitudes de Asistencia Jurídica Gratuita que residentes legales en España quieren llevar a cabo en otros países miembros.
2. **Las notificaciones en los procedimientos transfronterizos**
   A. Las notificaciones transfronterizas en el Derecho interno.
   B. Las notificaciones cuando se aplique el Convenio de La Haya de 1965.
   C. La notificación en aplicación de la Convención Interamericana de 1975.
   D. El Reglamento 1348/2000.
3. **La práctica de prueba en los procedimientos transfronterizos**
   A. Sistema en defecto de Convenio.
   B. Convenio de La Haya de 1954.
   C. Convenio de La Haya de 1970, sobre la obtención de prueba en el extranjero.
   D. El Reglamento 1206/2001.

I. INTRODUCCIÓN

1. *Definición de las relaciones privadas internacionales*

Son aquellas relaciones jurídicas entre personas privadas en las que existe un elemento extranjero, generalmente localizado en la nacionalidad o residencia de alguna de las partes, pero que también puede referirse al lugar de desempeño del contenido de un contrato, lugar de celebración del mismo, etc.

Cuando surge un procedimiento con un elemento extranjero nos encontramos ante un supuesto de Derecho internacional privado, es decir, al que afectan numerosas especialidades, que no puede ser tratado como si fuese un asunto puramente interno.

> ***Ejemplo:*** *Una empresa española con sede en España vende un cargamento de naranjas a una empresa francesa con sede en Francia. Cuando se entregan las naranjas la empresa francesa considera que están en mal estado y demanda por incumplimiento contractual a la empresa española ante los Tribunales españoles.*
>
> Ante esta situación, los Tribunales españoles tendrán que determinar, previamente a conocer del asunto, si tienen competencia judicial internacional, y, si es así, cuál es la Ley aplicable al fondo del asunto (la española, la francesa o cualquier otra Ley elegida por las partes).

Igualmente, si no fueron los Tribunales españoles los que conocieron del asunto y la demanda se interpuso en Francia, habría que determinar si la sentencia que se dictó en el país vecino puede ser reconocida en España o no.

Los supuestos de Derecho internacional privado pueden surgir en un procedimiento judicial, pero no únicamente. Así, en materia de estatuto personal (capacidad, filiación, relaciones familiares, etc.) estas cuestiones se producen sin necesidad de que exista conflicto (Ley aplicable al nombre, Ley aplicable a la filiación o a la adopción, etc.).

2. *Clasificación de los procedimientos internacionales*

Debido a sus especiales características, y a su diferente tratamiento, los procedimientos se pueden clasificar en: a) aquellos que afectan al ámbito de la familia y los menores, y b) aquellos que afectan a cuestiones patrimoniales.

Aparte de estos dos bloques que sufren un tratamiento diferente, existen tres grandes cuestiones que afectan a ambos, como son: las referidas a las notificaciones, la práctica de prueba y la justicia gratuita en el ámbito transfronterizo.

3. *Origen de las normas existentes y su utilización*

Uno de los principales problemas que surgen con el tratamiento de un procedimiento internacional es la profusión de normas que existen y su utilización y, sin embargo, se trata de una cuestión de vital importancia que debe dominar el Letrado Director del asunto, puesto que es susceptible de inclinar la suerte de un procedimiento hacia un lado o el otro.

Si deseamos iniciar un procedimiento internacional, las cuestiones que se nos plantean son las de cuál es la norma aplicable a la determinación de la competencia judicial internacional, la Ley aplicable (española o extranjera) al fondo del asunto y, en sede de reconocimiento, las condiciones de reconocimiento en España de resoluciones dictadas en el extranjero.

España es miembro de más de 80 convenios e instrumentos internacionales que se refieren a los cuatro sectores del Derecho internacional privado: competencia, Ley aplicable, reconocimiento y cooperación. Entre estos instrumentos tienen especial relevancia los reglamentos comunitarios, que se elaboran y modifican de una manera muy ágil por los organismos comunitarios, y que se ocupan de cuestiones como la competencia judicial internacional y el reconocimiento de resoluciones en materia civil y familiar o las notificaciones y práctica de prueba transfronterizas entre otras.

El problema que se plantea es que ahora ciertas cuestiones pueden ser reguladas por diferentes normas, por lo que es preciso conocer qué criterios deben utilizarse para determinar la concreta norma aplicable. La cuestión no es baladí porque la diferencia entre aplicar una norma u otra puede ser el que se reconozca o no una sentencia o que los Tribunales españoles tengan competencia judicial internacional o no.

Ejemplo: *Se pretende reconocer en España una sentencia de divorcio que proviene de Francia dictada en septiembre de 2005. Existen diversas vías para llevar a cabo esta operación, contenidas en las siguientes normas:*

** Reglamento (CE) 2201/2003, del Consejo, de 27 de noviembre de 2003, relativo a la competencia, el reconocimiento y la ejecución de las resoluciones judiciales en materia matrimonial y de responsabilidad parental por el que se deroga el Reglamento (CE) núm.1347/2000* (DOUE *núm. L 338,de 23 de diciembre de 2003).*

** Convenio sobre reconocimiento de decisiones judiciales y arbitrales y actas auténticas en materia civil o mercantil entre España y Francia, hecho en París el 28 de mayo de 1969* (BOE *núm. 63, de 14 de marzo de 1970).*

** Arts. 952 a 958 LEC de 1881, todavía vigentes hasta que se promulgue la Ley de cooperación jurídica internacional.*

Cada una de estas normas posee un sistema diferente de reconocimiento en el que la sentencia extranjera pasará más o menos controles:

* El sistema más gravoso es el recogido en la LEC, en el que la sentencia tendrá que pasar muchos controles (comprobación de que las sentencias españolas del mismo tipo se reconozcan en el país de origen de la sentencia que se pretende reconocer, competencia del Juez de origen, firmeza de la resolución, o que no exista en España un procedimiento abierto entre las mismas partes con el mismo objeto o causa, entre otras).

* En el Convenio hispano-francés las condiciones de reconocimiento son similares aunque algo más ligeras, ya que, por ejemplo, se permite el reconocimiento cuando exista en el Estado en el que se quiere reconocer un procedimiento abierto (entre las mismas partes, con el mismo objeto y causa) posteriormente a la sentencia cuyo reconocimiento se solicita.

* Por último, el Reglamento 2201/2003, establece un reconocimiento directo del divorcio ante el Registro Civil, en el que las causas de oposición son tasadas y concretas y muy restringidas.

Como se puede verificar, la rapidez en el reconocimiento de la resolución y los controles que debe pasar la misma varía mucho según la vía escogida. Así, si se reconoce por la LEC o el Convenio dicho reconocimiento será judicial, ante el Juzgado de Primera Instancia y puede durar, si no hay oposición, entre seis meses y un año. En cambio, si se reconoce a través del Reglamento el divorcio se reconocerá e inscribirá casi automáticamente ante el Registro Civil y durará aproximadamente unos dos meses.

Pero, ¿cómo se sabe cuál es la norma que debemos aplicar? En primer lugar es preciso averiguar si se trata de la Ley interna o de una norma internacional (Convenio o Reglamento), y en segundo lugar, determinar entre las normas internacionales cuál se aplica. La respuesta a la primera cuestión es sencilla, numerosas normas en nuestro ordenamiento (art. 96 CE; art. 3 LEC 1/2000; arts. 951 LEC 1881 o art. 21 LOPJ) proclaman la aplicación preferente de los Tratados internacionales sobre la Ley interna, con lo que en el supuesto del ejemplo no se aplicará la LEC para el reconocimiento. La respuesta a la segunda cuestión reviste una mayor complejidad: si existen varios instrumentos internacionales, ¿cuál ha de escogerse? La prevalencia de una norma internacional sobre otra viene indicada, generalmente, a través de unas disposiciones que se encuentran habitualmente al final de los Convenios y que se llaman cláusulas de compatibilidad. En el ejemplo anteriormente puesto, el Reglamento 2201/2003 establece, en una de estas cláusulas, su prevalencia sobre cualquier Convenio suscrito entre los Estados miembros y que se refiera a la misma materia (art. 59 R 2201/2003 «... *el presente Reglamento sustituirá para los Estados miembros a los Convenios existentes en el momento de la entrada en vigor del mismo celebrados entre dos o más Estados miembros relativos a materias que en él se regulan*»). Por lo tanto, la sentencia de divorcio proveniente de Francia se reconocería por el Reglamento.

En ocasiones la determinación de la norma internacional no es tan sencilla por la inexistencia de cláusulas de compatibilidad o porque éstas sean contradictorias; en ese caso, el Juez debe decidir la norma que se debe aplicar en atención a criterios como los de escoger aquella que propicie el reconocimiento (eficacia máxima) o preferir una norma con especialidad material (que se ocupe de la adopción

o de los alimentos) a una más general (que se ocupe del reconocimiento de las resoluciones en materia civil o mercantil).

II. LOS PROCEDIMIENTOS EN MATERIA DE FAMILIA

1. Introducción

En un mundo cada vez más globalizado las relaciones personales entre sujetos que poseen diferentes nacionalidades o residen en Estados diferentes del de su nacionalidad se han incrementado en los últimos tiempos en una progresión geométrica; ello genera numerosos supuestos de Derecho internacional privado, conflictivos o no que no pueden ser tratados de la misma forma de la que se trata un supuesto interno, y que van desde una crisis matrimonial (nulidad, separación o divorcio), una solicitud de medidas de guarda sobre unos menores, hasta un procedimiento de adopción o de alimentos, por ejemplo.

En este apartado, tratando colateralmente otras cuestiones, se va a indicar que pasos básicos debe dar un Abogado cuando se enfrenta a un procedimiento familiar con elemento extranjero que se tramita en España o bien, tramitado en el extranjero, cuyo reconocimiento se pretende.

Es preciso tener en cuenta que en estos procesos habrá dos cuestiones previas: la determinación de la competencia judicial internacional o no del Juez español, cuestión que debe dilucidarse con anterioridad a fijar la competencia territorial, e, igualmente, la determinación de si la Ley aplicable es la española o es una Ley extranjera. Finalmente, si el procedimiento no se tramita en España, es preciso enumerar los pasos que se deben dar para poder proceder al reconocimiento de la sentencia.

2. *Determinación de la competencia judicial internacional: utilización del Reglamento 2201/2003*

La competencia judicial internacional en cuestiones de familia había estado regulada en España desde el año 1985 únicamente por el art. 22 LOPJ, al no existir en este ámbito Convenio Internacional alguno. Las reglas contenidas en este artículo eran normas atributivas de competencia, puesto que tan solo determinaban cuándo los Tribunales españoles eran competentes para conocer del asunto y cuándo no.

El panorama cambió radicalmente el 1 de marzo de 2001, fecha en la que entró en vigor el *Reglamento (CE) núm. 1347/2000 del Consejo, relativo a la competencia, el reconocimiento y la ejecución de resoluciones judiciales en materia matrimonial y de responsabilidad parental sobre los hijos comunes*. Este Reglamento fijaba unas normas de competencia judicial internacional en las materias expresadas, comunes a los Estados miembros de la UE, con excepción de Dinamarca, país al que no se le aplican los reglamentos en Derecho internacional privado que se elaboran en virtud del Título IV del Tratado CE; puesto que en el protocolo anejo a su incorporación en la UE, este Estado manifestó que no participaba en las medidas correspondientes al Título IV, excepto para determinar cuáles serían los terceros países cuyos nacionales deberán hallarse en posesión de un visado para atravesar las fronteras exteriores de los Estados miembros, así como las relativas a la implantación de un visado uniforme. Recientemente, Dinamarca ha concluido dos acuerdos con la UE, ambos de 19 de octubre, que entraron en vigor el 1 de julio de 2007, por los que se aplicarán en este país los Reglamentos 44/2001, de competencia y reconocimiento en materia patrimonial y el 1348/2000 en materia de notificaciones, pero sigue sin adherirse al resto. Aunque el reglamento 1347/2000 supuso un gran avance sobre el sistema anterior, adolecía de dos graves fallos: que se ocupaba solo de los matrimonios y de las cuestiones referidas a la responsabilidad parental de los hijos comunes, olvidando a las parejas de hecho con hijos y a las crisis de matrimonio en cuyo hogar conviviesen hijos no comunes. Tales fueron los motivos de que durase muy poco tiempo y que fuese sustituido recientemente por el *Reglamento (CE) 2201/2003, del Consejo, de 27 de noviembre de 2003, relativo a la competencia, el reconocimiento y la ejecución de las resoluciones judiciales en materia matrimonial y de responsabilidad parental* por el que se deroga el *Reglamento (CE) núm. 1347/2000* (DOUE *núm. L 338, de 23 de diciembre de 2003).*

El nuevo Reglamento sigue regulando las crisis de manera idéntica al anterior pero modifica prácticamente todo lo que se refiere a la protección de los menores en la crisis de pareja (ya no de matrimonio) e incluso en otras circunstancias como las referidas a la protección del menor en determinados casos de desamparo (acogimiento). El Reglamento distingue tres tipos de situaciones: A) las crisis matrimoniales; B) los procedimientos en los que se pretende obtener una medida sobre un menor (en solitario o dentro de una crisis matrimonial); C) los casos de sustracción internacional de menores. Este apartado se va a ocupar únicamente de las dos primeras letras reservando la tercera para el capítulo destinado a la sustracción.

A) La competencia judicial internacional en materia de nulidad, separación y divorcio

Cuando se pretende interponer una demanda de crisis matrimonial (nulidad, separación o divorcio), es preciso determinar, como cuestión previa, si los Juzgados y Tribunales españoles en su conjunto tienen competencia judicial internacional o no. Existiendo instrumento internacional (el Reglamento 2201/2003), la primera operación que será necesario llevar a cabo es la determinación de si se aplica el reglamento al supuesto o no, para ello necesitamos comprobar si se dan sus cuatro ámbitos de aplicación: material, temporal, territorial y espacial:

- El primer ámbito se produce (en materia únicamente de crisis) cuando nos encontramos ante una nulidad, una separación o un divorcio (art. 1).
- El segundo, cuando la demanda se haya interpuesto tras el 1 de marzo de 2005, fecha en la que este Reglamento se comenzó a aplicar (art. 72).
- El tercero se producirá cuando el procedimiento lo conozcan los Tribunales situados en el territorio de algún Estado miembro de la UE con la excepción de Dinamarca.
- El cuarto y más complejo es el ámbito espacial, el Reglamento se aplicará cuando, según el artículo 6, se produzcan algunos de los criterios de competencia de los arts. 3, 4 y 5 del mismo y el Tribunal o Tribunales competentes serán el o el de los Estados miembros que se señalan en el mismo:

— ***Criterios de competencia en materia de nulidad separación y divorcio**: art. 3.1*

Este artículo establece que: en materia de divorcio, separación judicial y nulidad matrimonial, la competencia recaerá en los órganos jurisdiccionales del Estado miembro:

a) En cuyo territorio se encuentre:

— la residencia habitual de los cónyuges, o

— el último lugar de residencia habitual de los cónyuges, siempre que uno de ellos aún resida allí, o

— la residencia habitual del demandado, o

— en caso de demanda conjunta, la residencia habitual de uno de los cónyuges, o

— la residencia habitual del demandante si ha residido allí durante al menos un año inmediatamente antes de la presentación de la demanda, o

— la residencia habitual del demandante en caso de que haya residido allí al menos los seis meses inmediatamente anteriores a la presentación de la demanda y de que sea nacional del Estado miembro en cuestión o, en el caso del Reino Unido e Irlanda, tenga allí su domicilio.

b) De la nacionalidad de ambos cónyuges o, en el caso del Reino Unido y de Irlanda, tenga allí su domicilio.

— ***Demanda reconvencional**: art. 4.*

El órgano jurisdiccional ante el que se sustancien los procedimientos con arreglo al art. 3 también será competente para examinar la demanda reconvencional, en la medida en que ésta entre en el ámbito de aplicación del presente Reglamento.

— ***Conversión de la separación judicial en divorcio**: art. 5.*

Sin perjuicio de lo dispuesto en el art. 3, el órgano jurisdiccional del Estado miembro que hubiere dictado una resolución sobre separación judicial será asimismo competente para la conversión de dicha resolución en divorcio, si la ley de dicho Estado miembro lo prevé.

Una vez que se conoce que el Reglamento es de aplicación, si la demanda se pretende interponer en España es necesario saber si los Tribunales españoles son competentes para conocer del supuesto o no. Si no lo son en virtud del Reglamento no cabe acudir a la LOPJ debido a la primacía del Derecho comunitario sobre el interno y de la aplicación preferente de los Tratados internacionales sobre la Ley interna.

Sólo se podrá aplicar el art. 22 LOPJ para determinar la competencia en los escasos supuestos no contemplados en el Reglamento y que sí están recogidos en el art. 22.3 LOPJ, y que son:

Cuando el demandante sea español y tenga su residencia habitual en España. Es decir, este artículo sólo se aplicará en virtud de la competencia residual del Reglamento (art. 7) cuando el demandante español no lleve residiendo 6 meses en España en el momento de interponer la demanda y siempre que de los arts. 3, 4 y 5 del Reglamento, otro Estado miembro del mismo no resulte competente. Es preciso tener en cuenta que como límite a la utilización de las normas internas de competencia, el apartado 2 de este art. 7 establece que todo nacional de un Estado miembro que tenga su residencia en el territorio de otro Estado miembro podrá, al igual que los nacionales de este último, invocar en dicho Estado las normas sobre competencia que sean aplicables en el mismo contra una parte demandada que no tenga su residencia habitual en el territorio de un Estado miembro o, en lo que respecta al Reino Unido e Irlanda, no tenga su «*domicile*» en el territorio de uno de estos Estados. Igualmente, es preciso tener en cuenta que, según el artículo 6, un cónyuge que tenga su residencia habitual en el territorio de un Estado miembro o bien, sea nacional de un Estado miembro o en el caso del Reino Unido y de Irlanda, tenga su *domicile* en el territorio de uno de estos dos Estados miembros, sólo podrá ser requerido ante los órganos jurisdiccionales de otro Estado miembro en virtud de los artículos 3, 4 y 5.

Cuando las partes se sometan expresa o tácitamente a la jurisdicción de los Tribunales españoles. En este caso y, ante el silencio del Reglamento 2201/2003, se admitirá este criterio de competencia únicamente cuando de los arts. 3, 4 y 5 del Reglamento no resulte que otro Estado miembro pueda ser competente.

Ejemplo número 1: *Matrimonio de argentinos residentes ambos en España, la mujer quiere plantear demanda contenciosa de separación en nuestro país en junio de 2005. ¿Son competentes los Tribunales españoles para conocer del mismo?*

Solución: Lo primero que hay que dilucidar es si se aplica el Regl. 2201/2003, y para ello es preciso determinar si se dan sus ámbitos de aplicación. Se da el material (se trata de un divorcio), el temporal (la demanda se interpuso tras el 1 de marzo de 2005), el territorial (la demanda se plantea ante los Tribunales de un Estado miembro, y el espacial (el demandado, no nacional comunitario reside en un Estado miembro, art. 6). Una vez que sabemos que se aplica el Reglamento hay que verificar si los Tribunales españoles serían competentes. En el presente supuesto lo son, porque el Estado miembro en el que residen los cónyuges es España [art. 3.1.a)].

Ejemplo número 2: *Matrimonio entre francés y marroquí que residen en Francia. El matrimonio se separa de hecho y el marido instala su residencia en España y a los 7 meses interpone aquí demanda de divorcio contenciosa de divorcio. ¿Son competentes los Tribunales españoles para conocer del asunto?*

Solución: Llevaríamos a cabo la misma operación realizada anteriormente. En este supuesto se aplica el Regl. 2201/2003, puesto que se cumplen todos sus ámbitos de aplicación, pero no serían competentes los Tribunales españoles porque el demandante es extranjero y no lleva viviendo al menos un año en España. Serían competentes únicamente los Tribunales franceses al ser el lugar de la última residencia habitual de los cónyuges y residir uno de ellos allí.

Ejemplo número 3: *Matrimonio entre un español y una brasileña que residen en Río de Janeiro; surgida la crisis, el español se muda a España y a los tres meses interpone en este país demanda de nulidad contra su esposa. ¿Son competentes los Tribunales españoles?*

Solución: Verificamos en este caso que no se aplica el Regl. 2201/2003 porque no se da su ámbito espacial, la demandada, que no es nacional comunitaria, no reside en un Estado miembro y el demandante, nacional español, no lleva viviendo 6 meses en España. Se aplicaría, entonces, el art. 22 LOPJ, que otorga competencia a los Tribunales españoles si el demandante es español y reside en España, independientemente de cuánto tiempo lleve residiendo siempre que se considere suficiente para estimar que hay ya una residencia habitual. No se daría la excepción apuntada del art. 7.2 del Reglamento, puesto que la mujer no tiene la nacionalidad de un Estado miembro de la UE.

Es posible que dos o más Tribunales de un Estado miembro puedan ser competentes para conocer del supuesto; en ese caso, la competencia será del Tribunal ante el que se interpuso la primera demanda en el tiempo; el Tribunal ante el que se hubiere presentado la segunda demanda suspenderá de oficio el procedimiento, hasta que el primer órgano jurisdiccional se declare competente, momento en el que (el segundo Tribunal) se inhibirá (art. 19).

B) Competencia judicial internacional en materia de responsabilidad parental

Como en el supuesto de crisis matrimoniales, el Reglamento 2201/2003 se aplicará preferentemente a la Ley interna si se dan sus tres ámbitos de aplicación: el temporal, que coincide con lo expuesto en materia de crisis, el espacial, concretado en la aplicación del Reglamento cuando el menor tenga su residencia y, en algunos casos, se encuentre en un Estado miembro, o incluso en un tercer Estado. En cuanto al material, la novedad de este Reglamento frente al anterior es que define lo que significa responsabilidad parental, concepto desconocido en Derecho español y en otros Estados miembros. El Reglamento se va a aplicar a la atribución, el ejercicio, la delegación, la restricción o la finalización de la responsabilidad parental [art. 1.1.b)].

— **Las materias consideradas responsabilidad parental son**: a) el derecho de visita y custodia; b) la tutela, curatela y otras instituciones análogas; c) la designación y las funciones de toda persona u organismo encargado de ocuparse de la persona o de los bienes del menor, de representarlo o de prestarle asistencia; d) el acogimiento del menor en una familia o en un establecimiento; e) las medidas de protección del menor ligadas a la administración, conservación o disposición de sus bienes (art. 1.2).

— **Las materias excluidas son las siguientes**: a) la determinación e impugnación de la filiación; b) las resoluciones sobre adopción: medidas que la preparan, anulación y revocación; c) el nombre y apellidos del menor; d) la emancipación; e) las obligaciones de alimentos; f) los fideicomisos y las sucesiones, y g) las medidas adoptadas a consecuencia de infracciones penales cometidas por los menores (art. 1.3).

Si el Reglamento se aplica porque el menor resida o se encuentre en un Estado miembro de la UE (salvo en Dinamarca), es preciso determinar cuál va a ser el Tribunal competente para conocer de las medidas que se quieran adoptar en su favor. La regla general es que tendrán competencia los Tribunales del Estado *miembro en el que resida el menor (art. 8).*

Pero esta regla general tiene una serie de excepciones:

a) ***En caso de procedimiento sobre derechos de visita***. Siempre que el menor cambie legalmente de residencia de un Estado miembro a otro y adquiera una nueva residencia habitual en este último, los órganos jurisdiccionales del Estado miembro anterior seguirán siendo competentes, como excepción al art. 8, durante los tres meses siguientes al cambio de residencia para modificar una resolución judicial sobre un derecho de visita dictada en dicho Estado miembro antes de que el menor se hubiese cambiado de residencia si el titular del derecho de visita con arreglo a la resolución judicial sobre el derecho de visita continúa residiendo habitualmente en el Estado miembro de la anterior residencia habitual del menor, siempre que esta persona no haya aceptado la competencia de los Tribunales de la nueva residencia del menor (art. 9).

b) ***En caso de un procedimiento de responsabilidad parental vinculado a uno de crisis matrimonial.*** Cuando el hijo no resida en el Estado miembro en el que se está tramitando la crisis se tienen que dar tres condiciones para que se pueda conocer la cuestión de responsabilidad parental en una demanda de nulidad separación o divorcio:

b1) que al menos uno de los cónyuges ejerza la responsabilidad paren-tal sobre el hijo;

b2) que la competencia de dichos órganos judiciales haya sido aceptada *expresamente o de otra forma inequívoca por los cónyuges o por* los titulares de la responsabilidad parental en el momento de someter el asunto ante el órgano jurisdiccional,

b3) y responda al interés superior del hijo (art. 12.1).

c) ***Caso de un procedimiento de responsabilidad parental no tramitado en medio de una crisis***, los órganos jurisdiccionales de un Estado miembro tendrán competencia:

c1) cuando el menor esté estrechamente vinculado a ese Estado miembro, en especial por el hecho de que uno de los titulares de la responsabilidad parental tenga en él su residencia habitual o porque el menor es nacional de dicho Estado miembro, y

c2) cuando su competencia haya sido aceptada expresamente o de cualquier otra forma inequívoca por todas las partes en el procedimiento en el momento de presentar el asunto ante el órgano jurisdiccional y la competencia responda al interés superior del menor (art. 12.2).

Según el apartado 4 del artículo 12, para los supuestos mencionados en las letras b) y c) es importante tener en cuenta que cuando el menor tenga su residencia habitual en el territorio de un tercer Estado, que no sea parte del Convenio de La Haya de 19 de octubre de 1996 relativo a la competencia, la ley aplicable, el reconocimiento, la ejecución y la cooperación en materia de responsabilidad parental y de medidas de protección de los niños, se presumirá que la competencia basada en este artículo es en beneficio del menor, en especial cuando un procedimiento resulte imposible en el tercer Estado de que se trate. Ello quiere decir que la sumisión a la jurisdicción de un Estado miembro en esas condiciones es posible aún cuando el menor no resida ni en un Estado miembro de la UE y ni tampoco en uno que sea parte del Convenio de La Haya mencionado.

d) *Competencia basada en la presencia del menor*. Cuando no pueda determinarse la residencia habitual del menor y no pueda determinarse la competencia sobre la base del art. 12, serán competentes los órganos jurisdiccionales del Estado miembro en el que esté presente el menor (esta regla se aplicará también a los menores refugiados o internacional-mente desplazados a causa de disturbios en su país) (art. 13).

Sólo en los casos en los que el menor no resida en un Estado miembro y los titulares de la responsabilidad parental no se hayan sometido a la jurisdicción de uno de estos Estados, cabría utilizar la LOPJ para determinar si los Tribunales españoles son competentes o no. Esto ocurre solo cuando el demandante sea español o resida habitualmente en España y el niño, se reitera, resida en un Estado no miembro.

> ***Ejemplo número 1:*** *Español casado con italiana que tienen dos hijos y residen en Italia. En marzo de 2005 obtienen una sentencia de separación en la que se otorga a la madre la guarda y custodia de los hijos. El marido se traslada a España en mayo de ese mismo año y, en noviembre de 2005, interpone una demanda de divorcio ante los Tribunales españoles en la que solicita, además, determinadas modificaciones en el derecho de visitas con respecto a sus hijos. Su esposa contesta a la demanda aceptando las condiciones del divorcio y discrepando en cuanto a la modificación de las visitas. ¿Son competentes los Tribunales españoles para conocer de la demanda?*
>
> **Solución:** Como en los supuestos de crisis matrimoniales, lo primero que es necesario determinar es si se aplica el Regl. 2201/2003. Dándose el ámbito material (derecho de visitas sobre un menor), el temporal (demanda de divorcio más solicitud de medidas presentada en noviembre de 2005), territorial y el espacial (Tribunales españoles competentes para conocer de la crisis en virtud del art. 3 y menores residiendo en un Estado miembro) se aplica. La cuestión es si los Tribunales españoles son competentes para conocer y en este concreto supuesto, cuando el niño no reside en España; la respuesta es afirmativa, porque aunque ambos progenitores discrepan acerca de la medida, ninguno ha impugnado la competencia del Juez español, cumpliéndose las condiciones de su art. 12.

> ***Ejemplo número 2:*** *Pareja de hecho de ecuatorianos residentes en España, tienen un hijo que reside en Ecuador con su abuela materna. La madre interpone ante los Tribunales españoles procedimiento por el que solicita que se le otorgue la guarda y custodia del menor, el padre no se persona en el procedimiento. ¿Son competentes los Tribunales españoles para conocer del asunto?*
>
> **Solución:** En este caso, el Regl. 2201/2003 no se aplica porque el menor no reside en un Estado miembro y porque el demandado (el padre) no se ha aceptado la competencia del juez español no dándose el supuesto del artículo 12.3. Para determinar la competencia se aplicaría entonces el art. 22 LOPJ (que establece que serán competentes los Tribunales españoles en materia de filiación y de relaciones paterno-filiales, cuando el hijo tenga su residencia habitual en España al tiempo de la demanda o el demandante sea español o resida habitualmente en España), en este caso, los Tribunales españoles serían competentes porque el demandante reside en España.

3. *Determinación de la Competencia Judicial internacional en los supuestos no cubiertos por el Reglamento*

En materia de protección de menores existen ciertos aspectos que no están cubiertos por el Reglamento, bien porque no se da su ámbito material, bien porque no se da su ámbito espacial. Aparte de los ya indicados en el apartado anterior para determinar la Competencia Judicial internacional de los Tribunales españoles en el resto de existen las siguientes normas:

— Convenio sobre competencia de la autoridades y la ley aplicable en materia de protección de menores, hecho en La Haya, el 5 de octubre de 1961 (*BOE* núm. 199, de 20 de agosto de 1987). Estados Parte: Alemania, Austria, China (región administrativa especial de Macao), España, Francia, Italia, Letonia, Lituania, Luxemburgo, Países Bajos, Polonia, Portugal, Suiza y Turquía.

Este Convenio establece de forma genérica en su art. 1 (aunque después contempla determinadas excepciones) que las autoridades tanto judiciales como administrativas, del Estado de Residencia habitual de un menor, serán competentes para adoptar medidas encaminadas a proteger su persona o sus bienes.

— Ley 54/2007, de 28 de diciembre, de Adopción internacional *(BOE* núm. 312, 29-XII-2007) establece en su artículo 14 que*: «1. Con carácter general, los Juzgados y Tribunales españoles serán competentes para la constitución de la adopción en los siguientes casos: a) cuando el adoptando sea español o tenga su residencia habitual en España; b) Cuando el adoptante sea español o tenga su residencia habitual en España. 2.-La nacionalidad española y la residencia habitual se apreciarán, en todo caso, en el momento de la presentación de la solicitud de adopción a la Entidad Pública competente».*

— Art. 22.3 LOPJ, establece que los Tribunales españoles serán competentes en materia de filiación o de relaciones paterno-filiales, cuando el hijo tenga su residencia habitual en España al tiempo de la demanda o el demandante sea español o resida habitualmente en España.

4. Ley aplicable

Una vez que se ha determinado la competencia judicial internacional de los Tribunales españoles en su conjunto y se sabe cuál tiene competencia territorial, la siguiente cuestión es la de averiguar si se debe aplicar al asunto la Ley española o una Ley extranjera. La necesidad de la determinación de la ley aplicable, como se ha expresado anteriormente, puede suscitarse dentro de un procedimiento judicial, pero, igualmente puede surgir fuera de éstos, por ejemplo, a la hora de hacer una inscripción registral de nacimiento o de determinar la ley aplicable a una declaración de herederos. España tiene suscritos muy pocos convenios de Derecho aplicable en materia de familia, por lo que estas cuestiones se regulan principalmente por nuestras normas de conflicto internas contenidas principalmente en los artículos 8 a 12, 49, 50 y 107 CC Las principales normas tanto internas como internacionales en el ámbito familiar son las siguientes:

A) Al estatuto personal

Dentro de la denominación estatuto personal se encuentran cuestiones como la Ley aplicable a la capacidad y consentimiento nupcial, la Ley aplicable al nombre y al cambio de nombre y la Ley aplicable a la filiación, a la adopción y a la tutelas y demás figuras de protección del incapaz.

— ***Ley aplicable al nombre.*** En materia de nombre existen tres Convenios internacionales:

- *Convenio relativo a la Ley aplicable a los nombres y apellidos, hecho en Munich, el 5 de septiembre de 1980 (BOE* núm. 303, de 19 de diciembre de 1989). Estados parte: España, Italia, Países Bajos y Portugal.

  Este Convenio establece en su art. 1 que los nombres y apellidos de una persona se determinarán por la Ley del Estado del cual dicha persona sea nacional. Solo a este efecto, las situaciones de que dependan los nombres y apellidos se apreciarán según la Ley de dicho Estado. En caso de cambio de Ley nacional, se aplicará la Ley del Estado de la nueva nacionalidad.

  Este Convenio tiene la particularidad de que es *erga omnes,* tal y como se explica en su art. 2: «*La Ley indicada en el presente Convenio se aplicará incluso aunque se trate de la Ley de un Estado no contratante».* La consecuencia de esta cláusula es que la Ley designada por este Convenio se aplicará siempre como si de una norma de conflicto interna se tratase.

- *Convenio relativo a los cambios de apellidos y de nombres, hecho en Estambul el 4 de septiembre de 1958 (BOE* núm. 15, de 18 de enero de 1977). Estados parte: Alemania, Austria, España, Francia, Italia, Luxemburgo, Países Bajos, Portugal y Turquía.

  Se trata de un Convenio que sólo se aplica entre Estados contratantes y que se refiere a los cambios de apellidos y de nombres concedidos por la autoridad pública competente, con exclusión de aquellos que resultaren de una modificación del estado de las personas o de la rectificación de un error (art. 1). Este Convenio establece que las autoridades del Estado de la nacionalidad del sujeto serán las únicas para conceder el cambio de nombre y apellidos (art. 2) y que estas resoluciones serán ejecutivas de pleno derecho en el territorio de cada uno de los Estados contratantes (art. 3).

- Convenio relativo a la expedición de certificados de diversidad de apellidos, concluido en La Haya, el 8 de septiembre de 1982 *(BOE* núm. 139, de 10 de junio de 1988). Estados parte: España, Francia, Italia y Países Bajos.

  Este Convenio lo único que permite es que se emitan certificados entre los Estados miembros por los que se haga constar que los diversos apellidos que en él figuran, designan, según las legislaciones diferentes, a una persona.

  En ausencia de Convenio internacional, si se tuviese que gestionar, por ejemplo, un cambio de nombre, la Ley aplicable sería la Ley designada por el artículo 9.1 CC: La Ley personal correspondiente a las personas físicas es la determinada por su nacionalidad. Dicha Ley regirá la capacidad y el estado civil, los derechos y deberes de la familia y la sucesión por causa de muerte.

— ***Ley aplicable a la capacidad, al consentimiento nupcial y a la forma del matrimonio***. Existe en este ámbito un Convenio internacional:

- *La Convención relativa al consentimiento para el matrimonio, edad mínima para contraer matrimonio y registro de los mismos, hecha en Nueva York, el 10 de diciembre de 1962 (BOE núm. 128, de 29 de mayo de 1969).* Estados parte: Alemania, Antigua y Barbuda, Argentina, Austria, Azerbaiyán, Bangladesh, Barbados, Benín, Bosnia-Herzegovina, Brasil, Burkina Faso, Costa de Marfil, Croacia, Cuba, Chile, China (región administrativa especial de Hong Kong), Chipre, Dinamarca, Eslovaquia, España, Estados Unidos de América, Fiji, Filipinas, Finlandia, Francia, Gran Bretaña, Grecia, Guatemala, Guinea, Holanda, Hungría, Islandia, Israel, Italia, Jordania, Kirguizistán, Mali, México, Mongolia, Nigeria, Noruega, Nueva Zelanda, Polonia, República Checa, República Dominicana, Antigua República Yugoslava de Macedonia, Rumania, Samoa, San Vicente y Granadinas, Sri Lanka, Sudáfrica, Suecia, Trinidad y Tobago, Túnez y Venezuela, Yemen, Yugoslavia y Zimbawe.

  En este Convenio se prevé que no podrá contraerse legalmente matrimonio sin el pleno y libre consentimiento de ambos contrayentes, expresado por éstos en persona, después de la debida publicidad, ante la autoridad competente para formalizar el matrimonio y testigos, de acuerdo con la Ley (art. 1).

Para las demás cuestiones no existe una norma de conflicto específica por lo que se aplicará la genérica contenida en el art. 9.1 CC para la capacidad y el consentimiento: *«La Ley personal correspondiente a las personas físicas es la determinada por su nacionalidad. Dicha Ley regirá la capacidad y el estado civil, los derechos y deberes de familia y la sucesión por causa de muerte».* Es decir, que a la capacidad y al consentimiento se le aplicará la Ley nacional del contrayente salvo que dicha Ley vaya contra el Orden Público español (por ejemplo, cuando permita el matrimonio a menores de 14 años, impida el matrimonio con un contrayente de otra religión o permita que el consentimiento lo preste el progenitor del contrayente contra la voluntad de éste).

En cuanto a la forma válida para contraer un matrimonio en España, ésta se determina por los arts. 49 y 50 CC, que establecen que en España podrá contraer matrimonio válidamente en cuanto a la forma un español y un extranjero por la forma civil o religiosa permitidas para los españoles y dos extranjeros con arreglo a la forma permitida por la Ley personal de cualquiera de ellos o con arreglo, igualmente, a la Ley española.

— ***Ley aplicable a los regímenes económico-matrimoniales.*** Ante la ausencia de convenios internacionales, aquí se vuelve a determinar nuevamente la Ley aplicable a través del Código Civil y, concretamente, a través de los arts. 9.2 y 9.3. Estos artículos distinguen entre Ley aplicable a los efectos del matrimonio (personales y patrimoniales) y los acuerdos económicos entre los cónyuges.

  - Ley aplicable a los efectos del matrimonio. El art. 9.2 CC establece que: *«Los efectos del matrimonio se regirán por la Ley personal de las partes al tiempo de contraerlo; en defecto de esta Ley, por la Ley personal o de la residencia habitual de cualquiera de ellos, elegida por ambos en documento auténtico otorgado antes de la celebración del matrimonio; a falta de esta elección, por la Ley de la residencia habitual común inmediatamente posterior a la celebración y, a falta de dicha residencia, por la del lugar de celebración del matrimonio.*
  - Ley aplicable al régimen económico matrimonial pactado. El artículo 9.3 CC establece que: *«Los pactos o capitulaciones por los que se estipule, modifique o sustituya el régimen económico del matrimonio, serán válidos cuando sean conformes, bien a la Ley que rija los efectos del matrimonio, bien a la Ley de la nacionalidad o de la residencia habitual de cualquiera de las partes al tiempo del otorgamiento».*

— ***Ley aplicable a la filiación y a las cuestiones paterno-filiales.*** La Ley aplicable a la filiación y a las relaciones paterno-filiales se regulará por la Ley nacional del hijo, salvo que esta Ley no estuviese determinada, entonces se aplicaría la Ley de su residencia habitual (art. 9.4 CC).

— ***Ley aplicable a la adopción.*** En líneas generales el artículo 18 de la Ley de Adopción internacional establece literalmente que: *La adopción constituida por la autoridad competente española se regirá por lo dispuesto en la ley material española en los siguientes casos: a) Cuando el adoptando tenga su residencia habitual en España en el momento de constitución de la adopción. b) Cuando el adoptando haya sido o vaya a ser trasladado a España con la finalidad de establecer su residencia habitual en España.* El artículo 19 prevé como excepción a la regla general enunciada en el artículo 18 que la ley aplicable a la capacidad del adoptando y los consentimientos necesarios de todos los sujetos intervinientes en la adopción, se regirán por la ley nacional del adoptando y no por la ley sustantiva española cuando el adoptando tuviera su residencia habitual fuera de España en el momento de la constitución de la adopción o si el adoptando no adquiere, en virtud de la adopción, la nacionalidad española, aunque resida en España. Se precisa en este artículo que la aplicación de la ley nacional del adoptando procederá, únicamente, cuando la autoridad española competente estime que con ello se facilita la validez de la adopción en el país correspondiente a la nacionalidad del adoptando y no se aplicará cuando el adoptando sea apátrida (obviamente) o tenga la nacionalidad indeterminada. Igualmente, y como se prevé en el artículo 20, la autoridad española que constituya podrá exigir, además, los consentimientos, audiencias o autorizaciones requeridas por la ley nacional o por la ley del a residencia habitual del adoptante o del adoptando, siempre que: ello repercuta en el interés del adoptando, considerando que tal interés radica en que esta aplicación facilite la validez de la adopción en otros países conectados con el supuesto y que dicha ley sea invocada por el adoptante o el Ministerio Fiscal. En el artículo 21 de la ley se prevé el supuesto de la ley aplicable cuando el adoptando no tenga su residencia habitual en España ni vaya a ser trasladado a España con la finalidad de establecer su residencia habitual en este país; dicha ley será la del país al que ha sido o vaya a ser trasladado el adoptando con la finalidad de establecer su residencia habitual en dicho país o, en defecto del criterio anterior, por la ley del país de la residencia habitual del adoptando. Del mismo modo, en este precepto se prevé que la autoridad española competente para la constitución de la adopción podrá tener en cuenta los requisitos de capacidad del adoptando y los consentimientos necesarios de todos los sujetos intervinientes en la adopción, previstos en la ley nacional del adoptando en el caso de que dicha autoridad considere que la observancia de tales requisitos facilita la validez de la adopción en el país correspondiente a la nacionalidad del adoptando, y los consentimientos, audiencias o autorizaciones requeridas por la ley nacional o por la ley de la residencia habitual del adoptante o del adoptando en el caso de que dicha autoridad considere que la observancia de tales requisitos facilita la validez de la adopción en el país correspondiente a la nacionalidad del adoptando. Finalmente, el artículo 22 de la ley, prevé que la ley aplicable a la conversión, nulidad o revisión de la adopción será la misma que para la constitución de la adopción.

— ***Ley aplicable a la tutela y a las demás instituciones de protección del incapaz***. La determinación de la Ley aplicable se hará bien a través del Convenio sobre competencia de las autoridades y la ley aplicable en materia de protección de menores de 1961 (ya mencionado en el apartado de competencia judicial internacional), o a través del art. 9.6 CC cuando este Convenio no sea aplicable. Si se aplica el Convenio, la determinación de la ley del fondo se hará genéricamente por el art. 2 que establece que las autoridades competentes de acuerdo con el art. 1 adoptarán las medias previstas en su ley interna. Por el contrario, en nuestra norma de conflicto interna, la Ley aplicable será la Ley nacional del incapaz, aunque a las formalidades de constitución se les aplicará, en todo caso, la Ley española (art. 9.6 CC, párrafo primero). Es importante tener en cuenta que la Ley española será aplicable a las medidas de carácter protector y educativo respecto de los menores o incapaces abandonados que se hallen en territorio español (art. 9.6 CC, párrafo segundo).

B) A las crisis matrimoniales

La Ley aplicable a la nulidad, separación y divorcio, en ausencia de instrumento internacional al respecto, se determina por el art. 107 CC modificado por la LO 11/2003, de 29 de septiembre, de medidas concretas en materia de seguridad ciudadana, violencia doméstica e integración social de los extranjeros que establece:

1. La nulidad del matrimonio y sus efectos se determinarán de conformidad con la Ley aplicable a su celebración.

2. La separación y el divorcio se regirán por la Ley nacional común de los cónyuges en el momento de la presentación de la demanda; a falta de nacionalidad común, por la Ley de la residencia habitual común del matrimonio en dicho momento y, en defecto de ésta por la Ley de la última residencia habitual común del matrimonio si uno de los cónyuges aún reside en dicho Estado.

En todo caso, se aplicará la Ley española cuando uno de los cónyuges sea español o resida habitualmente en España:

a) Si no resultara aplicable ninguna de las Leyes anteriormente mencionadas.

b) Si en la demanda presentada ante el Tribunal español la separación o el divorcio se pide por ambos cónyuges o por uno con el consentimiento del otro.

c) Si las Leyes indicadas en el párrafo primero de este apartado no reconocieran la separación o el divorcio o lo hicieran de forma discriminatoria o contraria al orden público.

Cuestiones a tener en cuenta: Si la demanda se presenta de mutuo acuerdo se aplica la Ley española preceptivamente por la excepción b) del art. 107.2. Si ambas partes desean que se aplique su Ley nacional común, por ejemplo, habrá que fingir un contencioso y reconducirlo a mutuo acuerdo, porque este artículo solo habla de mutuo acuerdo en el momento de interponer la demanda.

Igualmente, no parece que sea posible la aplicación de una Ley nacional común que discrimine a uno de los cónyuges (*v. gr.*, en los ordenamientos islámicos a la mujer), a pesar de que sea el cónyuge supuestamente discriminado el que invoque esa norma. Ello podría suceder cuando una mujer marroquí quiere que se aplique su derecho para tener alguna posibilidad de que su sentencia de divorcio española se reconozca en Marruecos.

Consejo: A pesar de las excepciones del art. 107.2, se debe intentar aplicar el Derecho extranjero designado por el art. 107.1 si ello beneficia al cliente, argumentando en la demanda el motivo por el cual se solicita de dicha aplicación. Ello puede ser muy importante si la sentencia va a tratar de ser reconocida en un país en el que se va a proceder un control de ley aplicada como es Marruecos. En este Estado, el artículo 1 de la Moudawanna (el Código de Familia) establece que dicha normativa es de aplicación imperativa para los musulmanes. Si se excluye su aplicación por nuestros tribunales por motivo de orden público, será prácticamente imposible que la sentencia española pueda reconocerse en Marruecos. La vinculación de la ley aplicable con el futuro reconocimiento de las sentencias ha sido introducida como concepto novedoso por nuestro legislador en la Ley de Adopción internacional 54/2007, que en su artículo 21, como se ha mencionado anteriormente permite, como opción, la aplicación (o más bien «toma de consideración») de determinadas leyes extranjeras si ello facilita, según criterio judicial, la validez de la adopción en otros países conectados con el supuesto y sólo en la medida en que ello sea así.

C) Problemas que plantea la aplicación de un Derecho extranjero

En materia de derecho aplicable es preciso tener en cuenta dos cuestiones extremadamente importantes: la imperatividad de la norma de conflicto y la necesaria actuación de las partes.

Las normas de derecho aplicable se denominan también normas de conflicto y son de aplicación imperativa por el órgano judicial competente y ello en virtud del art. 12.6 CC, que establece: «*Los Tribunales y autoridades aplicarán de oficio las normas de conflicto del Derecho español*».

El Derecho extranjero para que se pueda aplicar por nuestros Tribunales es preciso que sea probado, la LEC establece qué alcance debe tener la prueba del Derecho extranjero en su art. 281.2: «*También será objeto de prueba (...) el Derecho extranjero (...). El Derecho extranjero deberá ser probado en lo que respecta a su contenido y vigencia, pudiendo valerse el Tribunal de cuantos medios de averiguación estime necesarios para su aplicación*».

La carga de la prueba, según el art. 282 recae sobre la parte que la alegue, aunque: «*el Tribunal podrá acordar, de oficio, que se practiquen pruebas o que se aporten documentos, dictámenes u otros medios e instrumentos probatorios cuando así lo establezca la ley*».

Hasta aquí lo que dice nuestra Ley, pero, ¿qué sucede si la parte no alega o prueba el Derecho extranjero o lo hace de forma insuficiente? La norma no ofrece la respuesta y las soluciones jurisprudenciales son las siguientes:

- Aplicación de oficio del Derecho español, ésta es la línea seguida por las SSTS de *25 de enero y 9 de febrero de 1999, 5 de junio y 13 de diciembre de 2000 y 17 de julio de 2001, 5 de marzo de 2002 y 4 de noviembre de 2004*, y confirmada por la *STC 155/2001*.
- Aplicación de oficio del Derecho extranjero, es la solución alcanzada por la *STC 10/2000*.
- Desestimación de la demanda, ésta es la solución mantenida por la *SAP de Barcelona de 15 de septiembre de 1998, SAP de Alicante de 27 de noviembre de 1998 y SAP de Girona de 19 de mayo de 2000*, y, desde el año 2001, por la Sala 4.ª (Social) del Tribunal Supremo *(SSTS de 16 de marzo de 1999, 22 y 25 de marzo de 2001)*, aunque en una reciente *Sentencia de 4 de noviembre de 2004*, esta Sala de lo Social del Tribunal Supremo se une a la línea de la Sala 1.ª y proceden a la aplicación de oficio del Derecho español. En cualquier caso, ésta es la línea que siguen muchos Juzgados de Primera Instancia y alguna Sección de la Audiencia Provincial.

Actuación del Abogado. El Abogado debe alegar el Derecho extranjero siempre que sea de aplicación imperativa por la norma de conflicto, si no corre el peligro de ver la demanda desestimada. Si no lo consigue probar o no lo consigue probar suficientemente, debe solicitar ayuda del órgano judicial invocando los arts. 281 y 282 LEC. El Juez, en general, puede decidir con discrecionalidad si ayuda o no a la parte a llevar a cabo esa prueba del Derecho extranjero. Existe un Convenio internacional que facilita la prueba y que puede invocar el Juez para ello es el *Convenio europeo acerca de la información sobre el Derecho extranjero, hecho en Londres el 7 de junio de 1968 (BOE núm. 240 de 7 de octubre de 1974)* Estados parte: Albania, Alemania, Austria, Azerbaiyán, Bélgica, Bielorrusia, Costa Rica, Chipre, Dinamarca, Eslovaquia, Eslovenia, España, Estonia, ExRepública Yugoslava de Macedonia, Finlandia, Francia, Georgia, Grecia, Hungría, Islandia, Italia, Letonia, Liechtenstein, Lituania, Luxemburgo, Malta, México, Montenegro, Noruega, Países Bajos, Polonia, Portugal, Reino Unido de la Gran Bretaña e Irlanda del Norte, República Checa, República de Moldova, Rumania, Rusia, Serbia, Suecia, Suiza, Turquía y Ucrania. Igualmente, el poder judicial cuenta con un Centro de Documentación Jurídica, el CENDOJ, al que puede acudir el juez, en el que se encuentran recopiladas y actualizadas numerosas leyes extranjeras. A pesar de la libertad que tienen los tribunales a la hora de colaborar con las partes en la prueba de la vigencia y el contenido del Derecho extranjero, el Tribunal Constitucional en la STC 10/2000 ha establecido que existe obligación del juez de probar el Derecho extranjero cuando las partes demuestran haber actuado con la debida diligencia y les ha resultado imposible hacerlo.

5. *Reconocimiento y/o ejecución de las resoluciones extranjeras*

A) Cuestiones generales

En ocasiones, si el procedimiento se ha tramitado en un país extranjero, puede ser necesario reconocer y ejecutar una resolución en España. Para verificar si es posible reconocer la resolución, es preciso en primer lugar, determinar la norma interna o internacional, aplicable y, una vez localizada, comprobar si la concreta resolución cumple los requisitos necesarios para su reconocimiento y/o ejecución.

En lo que se refiere a las resoluciones en materia de familia hay que distinguir las situaciones a las que se aplica el Reglamento comunitario 2201/2003; las situaciones a las que se le aplica algún Convenio de reconocimiento y el reconocimiento de las resoluciones provenientes de un Estado con el que no exista convenio

B) Resoluciones en materia de crisis matrimoniales o responsabilidad parental provenientes de un Estado de la UE

Si las resoluciones son de nulidad, separación y divorcio o de responsabilidad parental (entendida ésta las materias incluidas en el art. 1 del mismo) y provienen de un Estado miembro de la UE (excluida Dinamarca e incluidos los 12 últimos Estados que se han incorporado), el reconocimiento y/o ejecución se hará por el Reglamento 2201/2003.

a) El reconocimiento de las resoluciones contempladas en el Reglamento se lleva a cabo con arreglo a los siguientes parámetros:

Las resoluciones dictadas en un Estado miembro serán reconocidas en los demás Estados miembros sin necesidad de recurrir a procedimiento alguno (art. 21.1).

Las actualizaciones registrales con motivo de una resolución de nulidad, separación o divorcio firmes provenientes de otro Estado miembro se harán directamente ante el Registro competente (art. 21.2).

- Los únicos motivos por los que se puede denegar el reconocimiento de las resoluciones son los recogidos en los arts. 22 y 23. Son motivos tasados y concretos, si no se da alguno de ellos la resolución se reconocerá necesariamente.
- Motivos de denegación de una resolución de nulidad, separación o divorcio (art. 22):
  - — Si el reconocimiento fuere manifiestamente contrario al orden público del Estado miembro requerido.
  - — Si se dictó en rebeldía del demandado cuando éste no fue debidamente notificado.
  - — Si la resolución es incompatible con otra dictada en un litigio entre las mismas partes en el Estado miembro requerido.
  - — Si la resolución fuere incompatible con otra dictada con anterioridad en otro Estado miembro o en un Estado no miembro entre las mismas partes, siempre que la primera reuniese las condiciones para ser reconocida.
- Motivos de denegación de una resolución de responsabilidad parental (art. 23):
  - — Si el reconocimiento fuere manifiestamente contrario con el orden público, es siempre teniendo en cuenta el interés superior del niño.
  - — Si se hubieren dictado, excepto en casos de urgencia, sin haber *dado la posibilidad de audiencia al menor vulnerando los principios esenciales de procedimiento del Estado miembro requerido.*

— Si se dictó en rebeldía por defecto de notificación.

— Si no se dio audiencia a una persona menoscabando su responsabilidad parental.

— Si la resolución fuere inconciliable con otra dictada posteriormente en relación con la responsabilidad parental en el Estado miembro requerido.

— Si la resolución fuere inconciliable con otra dictada posteriormente en relación con la responsabilidad parental en otro Estado miembro o en el Estado no miembro de residencia habitual del menor, siempre y cuando la resolución dictada con posterioridad reúna las condiciones necesarias para su reconocimiento en el Estado miembro requerido.

Es preciso tener muy en cuenta que no se puede proceder, en ningún caso, ni a una revisión de fondo ni al control de competencia judicial internacional del Juez de origen (arts. 24 y 26).

> ***Ejemplo:*** *Se solicita en enero de 2007 el reconocimiento ante el Registro Civil de Burgos del divorcio, pronunciado en Francia en noviembre de 2006, de un matrimonio entre una española y un francés, contraído en Burgos e inscrito en su Registro Civil. Es la española la que solicita el reconocimiento y la inscripción del divorcio. El encargado del Registro examina el expediente y comprueba que se han aportado todos los documentos debidamente traducidos y el certificado preceptivo debidamente cumplimentado por la autoridad de origen. Si todo está correcto, el encargado procede a inscribir el divorcio inaudita parte, es decir, sin oír al otro cónyuge.*

b) Solicitud de declaración de ejecutoriedad de las resoluciones sobre responsabilidad parental. Las resoluciones de este tipo que fueren ejecutivas en el Estado miembro requerido y hubiesen sido notificadas o trasladadas se ejecutarán en otro Estado miembro cuando, a instancias de cualquier parte interesada, se hayan declarado ejecutivas en este último Estado (art. 28.1).

En cuanto a la competencia territorial, en España se podrá presentar la solicitud de ejecutividad ante el Juzgado de primera instancia del lugar de residencia habitual de la persona contra la que se solicite la ejecución o por el lugar de residencia habitual del menor o menores a quienes se refiera la solicitud. Si ninguno de estos lugares se encuentra en España, será competente el Juzgado del lugar de ejecución (art. 29).

La solicitud de ejecutividad se presentará como si de una solicitud interna se tratase (art. 30). Esta fase del procedimiento se sustancia *inaudita parte*, es decir, no podrán presentar alegaciones ni el menor, ni la persona contra la que se solicite la ejecución. La solicitud solo podrá ser denegada por alguno de los motivos previstos en los arts. 22 y 23, lo que implica que la resolución nunca podrá ser objeto de una revisión en cuanto al fondo (art. 31).

c) Recursos. Tanto la decisión que acuerde o deniegue el reconocimiento de una resolución (art. 21.3) como aquella decisión que acuerde o deniegue su ejecutividad podrán ser recurridas (art. 33). El recurso será el de apelación pero teniendo *en cuenta las especialidades contempladas en el Reglamento.*

Plazo para interponer el recurso. A diferencia de lo que ocurre con nuestro recurso de apelación, el plazo previsto en el reglamento para interponer el recurso es de un mes a partir de la notificación de la decisión, salvo que la parte contra la que se solicitare el reconocimiento o ejecución no resida en el Estado miembro del reconocimiento, porque entonces sería de dos meses (art. 33).

Recurso de casación. Ante la resolución del recurso de apelación, en España cabe recurso de casación ante el Tribunal Supremo, únicamente por las causas establecidas en el Reglamento (art. 34).

d) Ejecución parcial. Otro de los extremos importantes referentes al Reglamento que hay que mencionar es que dentro de él siempre cabe la ejecución parcial de la sentencia si ésta se hubiese pronunciado sobre varias pretensiones contenidas en la demanda.

e) Documentos necesarios para solicitar el reconocimiento o ejecución u oponerse a los mismos. En aplicación de este Reglamento es esencial conocer qué documentos son necesarios para obtener el reconocimiento y que requisitos deben cumplir dichos documentos (art. 37):

- Copia de la resolución que se pretende reconocer o ejecutar que reúna los requisitos necesarios para determinar su autenticidad.
- Certificado del Reglamento que se acompaña al mismo en sus anexos (existe uno diferente según se trate de crisis matrimoniales o de responsabilidad parental).
- Además, en el caso de las resoluciones dictadas en rebeldía, la parte que solicite el reconocimiento o la expedición de una declaración de ejecutoriedad deberá presentar: a) el original o una copia auténtica del documento que acredite la notificación o traslado del escrito de demanda o documento equivalente a la parte rebelde, o bien b) de cualquier documento que acredite de forma inequívoca que el demandado ha aceptado la resolución.

> ***Lo que debe tener en cuenta el Abogado***. Los formularios que deben acompañar la resolución son normalizados, lo que quiere decir que no necesitan ser traducidos. Aunque al Juez español le llegue un formulario en noruego no tiene más que cotejarlo con el que está en su idioma (cada mención está numerada) para saber qué dice.

f) Ausencia de documentos. Si no se presentan estos documentos, el Juez o Encargado del Registro podrá fijar un plazo para la presentación de los mismos, aceptar documentos equivalentes o dispensar de ellos si considerase que dispone de la suficiente información (art. 38).

> ***Lo que debe tener en cuenta el Abogado.*** *Los Juzgados suelen ser mucho más flexibles ante la ausencia de documentos que el Registro, este último exige todos los documentos antes referidos, y si falta alguno, no proceden al reconocimiento y correlativa modificación registral, debiéndose presentar nuevamente la solicitud solo cuando se hayan obtenido todos los documentos preceptivos.*

g) Traducción. Los documentos que no se encuentren en el idioma del Estado requerido deben ser traducidos si están redactados en un idioma diferente del oficial u oficiales en dicho Estado, si así lo requiere el Juez o el Registro (art. 38.2).

> ***Lo que debe tener en cuenta el Abogado.*** En el Juzgado siempre se exige la traducción; en el Registro, depende si el encargado entiende o no el idioma. En ocasiones no se exige la traducción si la resolución está en portugués, francés, italiano o inglés, solicitándose si está en otros idiomas. En los juzgados se suele exigir que la traducción sea jurada.

h) Legalización. No se exigirá legalización ni formalidad análoga alguna (apostilla) para los documentos que es preciso aportar para solicitar el reconocimiento y/o la ejecución (art. 52).

i) Ejecución directa de las resoluciones que acuerdan la restitución de un menor o unos derechos de visita. La gran novedad del Reglamento es que permite la ejecución directa de determinadas resoluciones. Ello está recogido en los arts. 40 a 45 del Reglamento. Las resoluciones que tienen este efecto son las siguientes:

El derecho de visita, concedido en virtud de una resolución judicial ejecutiva dictada en un Estado miembro, será reconocido y tendrá fuerza ejecutiva en otro Estado miembro sin que se requiera ninguna declaración que le reconozca fuerza ejecutiva y sin que quepa impugnar su reconocimiento si la resolución ha sido certificada en el Estado miembro de origen de conformidad con lo establecido en el reglamento.

La restitución de un menor, concedida en virtud de una resolución judicial ejecutiva dictada en un Estado miembro, será reconocida y tendrá fuerza ejecutiva en los demás Estados miembros sin necesidad de declaración de ejecución y sin que pueda impugnarse su reconocimiento si ha sido certificada en el Estado miembro de origen con arreglo a lo establecido en el reglamento.

El procedimiento por el que se solicita la ejecución será el interno de cada uno de los Estados miembros.

C) Provenientes de un Estado con el que existe Convenio

Si la sentencia proviene de un Estado no miembro de la UE pero con el que se halla vigente un Convenio de reconocimiento, se aplicará éste para reconocer las sentencias extranjeras en materia de nulidad, separación, divorcio o responsabilidad parental. Los Convenios más importantes en este ámbito son los bilaterales, entre los existentes hallamos algunos que se han firmado con Estados parte de la UE, con lo que no se aplicarían y otros que excluyen de su ámbito material de aplicación las cuestiones familiares, con lo cual para materia de familia se aplican los convenios bilaterales vigentes con los siguientes países: Suiza, Colombia, Checoslovaquia, China, Bulgaria, Rusia, Marruecos y Túnez.

Si la sentencia proviene de un Estado miembro y lo que se pretende reconocer es una filiación, una adopción o una resolución que liquide el régimen económico matrimonial, no se aplicaría a tal reconocimiento el Reglamento, debiendo entonces aplicarse los Convenios bilaterales vigentes con Francia, Italia, Alemania y Austria.

Cada uno de los Convenios bilaterales posee sus propias reglas de reconocimiento, que establecen las condiciones del mismo, muchos de ellos regulan parcialmente el procedimiento de reconocimiento que se tendrá que completar con nuestras normas procesales internas. En todos ellos, en la actualidad, el órgano competente para reconocer será el Juzgado de Primera Instancia territorialmente competente.

Aparte de estos Convenios bilaterales, existen otros Convenios multilaterales que se ocupan del reconocimiento de resoluciones en materia de familia (excluidos los alimentos que se tratarán en el apartado de cuestiones patrimoniales). Son dos ya mencionados: el Convenio de La Haya de 1961 sobre protección de menores y el Convenio de La Haya de 1993 sobre protección de menores y cooperación en materia de adopción internacional.

D) Provenientes de un Estado sin Convenio

Si la sentencia proviene de un Estado con el que España no ha suscrito Convenio internacional alguno, se podrá reconocer si cumple los requisitos mínimos necesarios establecidos por la Ley española.

a) Normas que regulan el reconocimiento. En ausencia de Convenio, las normas que regulan el reconocimiento de las sentencias extranjeras están contenidas en los arts. 951 a 958 LEC de 1881, que quedaron vigentes mientras no se elabore la prometida y pendiente Ley de cooperación jurídica internacional.

b) Regímenes de reconocimiento. En estos artículos existen dos regímenes de reconocimiento:

- Régimen de reciprocidad: Se establece por el art. 952 LEC que las sentencias extranjeras tendrán en España la misma fuerza que en ella se diere a las ejecutorias dictadas en España, y en el art. 953 se dice que si la ejecutoria procede de una nación en que por jurisprudencia no se dé cumplimiento a las dictadas por los Tribunales españoles, no tendrá fuerza en España.

> ***Observación:*** *La realidad es que este régimen está prácticamente en desuso, la reciprocidad negativa porque tiene que ser probada de un modo fehaciente por la parte a la que le interese y debe referirse al mismo tipo de sentencias (por ejemplo, si no se reconocen en Marruecos las sentencias españolas de filiación ello no es motivo para que por reciprocidad negativa no se reconozcan en España las sentencias de incumplimiento contractual); e, igualmente, debe ocurrir en el momento actual, no impide el reconocimiento que dicha conducta haya ocurrido en el pasado pero ahora ya no ocurra. En cuanto a la reciprocidad positiva, es un régimen más gravoso que el de condiciones, puesto que no permite aligerar las condiciones mínimas de reconocimiento recogidas en el art. 954 LEC y sí agravarlas si en el país de origen se exigen mayores requisitos para reconocer las sentencias españolas.*

- Régimen de condiciones: Es el régimen que se utiliza habitualmente para proceder o no al reconocimiento por el órgano judicial encargado de reconocer (anteriormente el Tribunal Supremo y, en la actualidad, el Juzgado de Primera Instancia). Las condiciones son tanto las establecidas en el artículo 954 LEC como las desarrolladas por numerosa jurisprudencia del Tribunal Supremo, y son las siguientes:

  — Que la carta ejecutoria reúne los requisitos necesarios para ser reconocida en España (art. 954.4) (AATS de 28 de enero de 1985 y 30 de noviembre de 1978, entre otros), que son: a) que en el otorgamiento o confección del documento se hayan observado los requisitos que se exijan en el país donde se hayan otorgado para que el documento haga prueba plena en juicio; b) que el documento contenga la legalización o la apostilla y los demás requisitos necesarios para su autenticidad en España (art. 323 LEC 1/2000). Dentro de este requisito es necesario que la sentencia esté legalizada o apostillada, si el Estado de donde proviene la resolución (como buena parte de los del mundo) es miembro del Convenio suprimiendo la exigencia de la legalización de los documentos públicos extranjeros, hecho en La Haya el 5 de octubre de 1961 *(BOE* núm. 229, de 25 de septiembre de 1978).

  — Que la sentencia sea firme, es decir, que sobre la misma no quepa ya recurso alguno.

  — Que la sentencia ha sido dictada por un Tribunal competente, es decir, que el Juez que conoció lo haya hecho en virtud de una proximidad razonable del supuesto con el foro y que en materia de nulidad, separación y divorcio se suele considerar que es cuando ambos cónyuges poseían la residencia habitual en el Estado en el que se dictó la sentencia o el demandante tuviese la nacionalidad de tal Estado sumada a su residencia habitual allí o, finalmente, cuando ambos cónyuges tuviesen la nacionalidad de dicho Estado, cualquiera que fuese su residencia, siempre que promoviesen la demanda de mutuo acuerdo o uno con el consentimiento del otro (aunque no se descarta que se pueda apreciar como próximo algún otro supuesto, *ATS de 24 de diciembre de 1996, ATS de 10 de febrero de 1998, ATS de 20 de enero de 1998*, entre otros).

— Que la sentencia se ha dictado como consecuencia de una acción personal (954.1), es decir, privada.

— Que se han respetado todos los derechos de defensa del demandado (art. 954.2) (*STC núm. 256/1988, de 22 de diciembre, y STC núm. 46/1986, de 21 de abril*, entre otras), lo que implica especialmente que el demandado haya sido emplazado en tiempo y forma, con arreglo a lo establecido por las Leyes procesales del Estado cuyo Tribunal ha conocido y que estuvo adecuadamente representado en el juicio.

— Que el contenido de la sentencia cuyo exequátur se pretende no vulnera los principios fundamentales de nuestro ordenamiento jurídico (art. 954.4) (una sentencia de *talaq* islámico, es decir, de repudio por parte de un marido de su mujer sin que la mujer, a su vez tenga esa posibilidad de repudio, no sería reconocida en España porque vulnera el principio constitucional recogido en el art. 14 CE).

— Que la sentencia extranjera cuyo exequátur se pretende no es inconciliable con ninguna sentencia anterior dictada por órganos jurisdiccionales españoles ni con ninguna sentencia extranjera ya reconocida en España. Para que se pueda efectuar el reconocimiento tampoco puede existir ningún proceso pendiente ante Tribunales españoles que pueda desembocar en una sentencia inconciliable con la sentencia extranjera cuyo exequátur se insta, tal y como requiere la jurisprudencia del TS (*ATS 5 de julio de 1967, ATS de 11 julio de 1988, ATS de 7 de abril de 1998 y ATS de 28 de abril de 1998*).

— Si la sentencia está en un idioma extranjero, es preciso que se traduzca (art. 956). La traducción puede ser privada salvo que el órgano jurisdiccional exija que sea jurada.

c) Procedimiento de reconocimiento. Tras la reforma llevada a cabo por la Ley 62/2003, de 30 de diciembre, de medidas fiscales, administrativas y del orden social (*BOE* 31 de diciembre de 2003), el procedimiento para presentar una solicitud de reconocimiento de una sentencia extranjera es el siguiente:

- *Órgano competente.* Serán los Juzgados de Primera Instancia del domicilio o lugar de residencia de la parte frente a la que se solicita el reconocimiento o ejecución, o del domicilio o lugar de residencia de la persona a quien se refieren los efectos de aquéllas; subsidiariamente, la competencia territorial se determinará por el lugar de ejecución o donde aquellas sentencias y resoluciones deban producir sus efectos (art. 955).
- *Plazos.* La parte contra la que se solicita el reconocimiento deberá ser citada para ser oída y tendrá 30 días para personarse (art. 957), y una vez personada, 9 días para oponerse al reconocimiento (art. 956). Si, debidamente citada, la parte no se persona, el Tribunal proseguirá en el conocimiento de los autos, aunque no haya comparecido el citado (art. 957).
- *Intervención del Ministerio Fiscal.* La intervención del Ministerio Fiscal es preceptiva y será oído, igualmente, en el plazo de 9 días.
- *Decisión.* Tras haber oído a la parte contra la que se ejecuta (si se ha personado en el procedimiento) y al Ministerio Fiscal, el Tribunal declarará si debe o no darse cumplimiento a dicha ejecutoria (art. 956).
- *Recurso.* Contra este auto no habrá ulterior recurso.

Lo que debe tener en cuenta el Abogado: La reforma del art. 955 LEC trasladó la competencia para conocer de los exequátur del Tribunal Supremo a los Juzgados de Primera Instancia; sin embargo, el procedimiento no se adaptó a este traslado; así cabe la paradoja de que la decisión que otorga el reconocimiento de una sentencia proveniente de un Estado miembro de la UE puede ser recurrida, incluso en casación, mientras que las sentencias que provengan de terceros Estados (*v. gr.,* Burundi, Argentina, etc.) se reconocerán si así lo dispone el Juzgado de Primera Instancia sin que quepa recurso ulterior alguno. En cualquier caso, la mayor parte de los Juzgados españoles están permitiendo que el Auto que deniegue el reconocimiento de una sentencia extranjera sea recurrible en apelación.

Ejemplo núm. 1: *Se solicita en octubre de 2005 el reconocimiento en España de una sentencia italiana en la que se acuerda una modificación de medidas con respecto a un menor de mayo de 2005. Las medidas que inicialmente se tomaron fueron determinadas en la sentencia de divorcio que se dictó igualmente en Italia Todas las partes fueron debidamente citadas y se personaron en el procedimiento. Existe en España una sentencia que modifica estas medidas de 30 de junio de 2005. ¿Se podría reconocer la sentencia extranjera en España? ¿Cuál sería el cauce?*

Solución: La primera operación que es preciso llevar a cabo es la de determinar el instrumento que se va aplicar al reconocimiento; aquí está claro que es el Reglamento 2201/2003, porque la sentencia entra dentro de su ámbito material y temporal y proviene de un Estado miembro, por lo que igualmente se da su ámbito espacial. Una vez que conocemos que se aplica el Reglamento es preciso verificar si la sentencia cumple las condiciones para ser reconocida o no. En el supuesto del ejemplo cumple todas las condiciones excepto la contemplada en el art. 23 e), que establece que la resolución no será reconocida si fuere inconciliable con otra dictada *posteriormente* en relación con la responsabilidad parental en el Estado miembro requerido. Al no cumplirse esta condición, la sentencia que acuerda una modificación de medidas **no será** reconocida en España.

Ejemplo núm. 2: *Se pretende reconocer en España en junio de 2005 una sentencia de divorcio entre un español y una argentina, dictada en Argentina en abril de 2005. El demandado, debidamente notificado de la demanda se personó en el procedimiento. El matrimonio estaba inscrito en el Registro Civil de Madrid. ¿Se reconocería la sentencia? ¿Cuál sería el procedimiento de reconocimiento si ninguna de las partes tiene su residencia en España?*

Solución. Como entre España y Argentina no existe convenio de reconocimiento en materia matrimonial se tendría que reconocer la sentencia a través de las disposiciones recogidas en la LOPJ y la LEC y, concretamente, en su art. 954. Si se cumplen todos los requisitos la sentencia se reconocería ante el Juzgado de Primera Instancia de Madrid y después dicha sentencia sería inscrita, de oficio, en el Registro Civil de Madrid.

6. La sustracción internacional de menores

— Definición de la sustracción internacional de menores. *La sustracción internacional de menores en el ámbito civil se encuentra claramente definida en el art. 3 del Convenio sobre los aspectos civiles de la sustracción internacional de menores, hecho en La Haya el 25 de octubre de 1980* (BOE *núm. 202, de 24 de agosto de 1987).*

En dicho artículo se expresa que sustracción internacional es: *El traslado ilícito o la retención ilícita de un menor a un o en un país que no es el de su residencia habitual vulnerando: Un derecho de custodia atribuido, separada o conjuntamente, a una persona, a una institución o a cualquier otro organismo, con arreglo al Derecho vigente en el Estado en el que el menor tenía su residencia habitual inmediatamente antes de su traslado o retención (este derecho puede resultar: bien de una atribución de pleno derecho, bien de una decisión judicial o administrativa o de un acuerdo vigente según el Derecho de dicho Estado), cuando este derecho se ejercía de forma efectiva, separada o conjuntamente, en el momento del traslado o retención, o se habría ejercido de no haberse producido dicho traslado o retención.*

Los supuestos de sustracción internacional de menores se han incrementado últimamente de forma espectacular llegando a contabilizarse más de 200 casos al año.

Para lograr la restitución de un menor que ha sido trasladado ilícitamente a otro país diferente de aquel en el que tenía su residencia habitual es necesario que existan convenios de cooperación, puesto que si no existe convenio las vías de comisión rogatoria, exequátur de sentencia española en el extranjero; o la incoación de un procedimiento interno en el país en el que el menor se encuentra tras haber sido sustraído, se han revelado ineficaces.

A) Convenios e instrumentos que regulan la materia:

- ***Convenio de La Haya de 1980, sobre aspectos civiles de la sustracción internacional de menores*** (BOE *núm. 202, de 24 de agosto de 1987, corr. errores* BOE *núm. 155, de 30 de junio de 1989, y* BOE *núm. 2 de 24 de enero de 1996*)

  *Estados parte: Alemania, Argentina, Australia, Austria, Bahamas, Bélgica, Belic*e, Bielorrusia, Bosnia-Herzegovina, Brasil, Bulgaria, Burkina Faso, Canadá, Chile, China, Chipre, Colombia, Costa Rica, Croacia, Dinamarca, Ecuador, El Salvador, Eslovaquia, España, Estados Unidos de América, Estonia, Antigua República Yugoslava de Macedonia, Fiji, Finlandia, Francia Georgia, Isla Montserrat y Bermuda, Grecia, Guatemala, Honduras, Hungría, Irlanda, Islandia, Israel, Italia, Letonia, Lituania, Luxemburgo, Malta, Mauricio, México, Moldavia, Mónaco, Nicaragua, Noruega, Nueva Zelanda, Panamá, Países Bajos, Paraguay, Perú, Polonia, Portugal, Reino *Unido, República Checa, República Dominicana, Rumania, San Cristóbal y Nieves, Serbia y Montenegro, Sri Lanka, Sudáfrica, Suecia, Suiza, Tailandia, Trinidad y Tobago, Turkmenistán, Turquía, Uruguay, Uzbekistán, Venezuela y Zimbawe.*

- ***Convenio europeo relativo al reconocimiento y ejecución de decisiones en materia de custodia de menores, así como el restablecimiento de dicha custodia***, hecho en Luxemburgo el 20 de mayo 1980 (*BOE núm. 210, de 1 de septiembre de 1984*). Estados parte: Alemania, Austria, Bélgica, Bulgaria, Chipre, Dinamarca, Eslovaquia, Eslovenia, España, Estonia, ExRepública Yugoslava de Macedonia, Finlandia, Francia, Grecia, Hungría, Irlanda, Islandia, Italia, Letonia, Liechtenstein, Lituania, Luxemburgo, Malta, Montenegro, Noruega, Países Bajos, Polonia, Portugal, Reino Unido de Gran Bretaña e Irlanda del Norte, República Checa, República de Moldova, Rumania, Serbia, Suecia, Suiza y Turquía.

- ***Convenio entre el Reino de España y el Reino de Marruecos sobre asistencia judicial, reconocimiento y ejecución de resoluciones judiciales en materia de derecho de custodia y derecho de visita y devolución de menores,*** hecho en Madrid el 30 de mayo de 1997 (BOE *núm. 150, de 24 de junio de 1997*).

- ***Reglamento (CE) 2201/2003 del Consejo, de 27 de noviembre de 2003, relativo a la competencia, el reconocimiento y la ejecución de las resoluciones judiciales en materia matrimonial y de responsabilidad parental*** *por el que se deroga el Reglamento (CE) núm. 1347/2000* (DOUE *núm. L 338, de 23 de diciembre de 2003).*

Los instrumentos más efectivos son el Convenio de La Haya de 1980 y el Reglamento comunitario que, en materia de sustracción, asume el Convenio pero modifica algunos aspectos de su aplicación entre los Estados miembros.

B) Convenio de La Haya de 1980, sobre aspectos civiles de la sustracción internacional de menores

Se refiere a los supuestos de sustracción —ya mencionados anteriormente— de menores de 16 años (art. 4) que se produzcan entre Estados miembros y en los que se atraviesen fronteras (art. 1).

Es un Convenio que funciona esencialmente aunque no exclusivamente a través de autoridades centrales (AC) que deben colaborar entre sí para conseguir la devolución inmediata de los menores indebidamente sustraídos.

En España, la AC (designada por RD 1474/2000, de 4 de agosto, por el que se desarrolla la estructura orgánica del Ministerio de Justicia) es la Subdirección General de Política Legislativa y Cooperación Jurídica Internacional, que se ubica en la C/ San Bernardo, 62, de Madrid.

El funcionamiento del Convenio desde el punto de vista de las autoridades centrales es el siguiente:

a) Cuando el menor con residencia en España es trasladado ilícitamente a otro país parte del Convenio

1. Primer paso. La AC deberá comprobar previamente: que se trata de un traslado ilícito (vulneración de un derecho legal de guarda o de visitas o, igualmente de una situación de guarda admitida por las partes —art. 3—); que el menor no ha cumplido los 16 años (art. 4); que el menor tenía su residencia habitual en España antes del traslado (art. 3).

2. Segundo paso. Se procede a la traducción de los documentos al inglés o al francés por parte de la AC sin coste para los solicitantes.

3. Tercer paso. Justicia gratuita (art. 26). En España, el proceso, tanto en el caso de sustracción de España hacia otros países como viceversa, es gratuito, sin que se entre a comprobar los recursos de los solicitantes. Hay algunos países que han hecho una reserva al Convenio y o no la conceden o lo hacen de forma restringida en esos supuestos; si el requirente necesita justicia gratuita, la AC debe enviar al Estado requerido documentación suplementaria en la que figuren los ingresos del solicitante para, si éstos no llegan al umbral fijado en dicho país, designarles un Abogado de oficio o pro bono.

4. Cuarto paso. Se remite el expediente, debidamente traducido, por la AC española a la AC del país en el que se encuentra el menor y se ofrece la colaboración española para hacer el seguimiento del expediente. A partir de ese momento, y obviando la labor de seguimiento finaliza el papel encomendado por El Convenio a la Autoridad Central.

b) Cuando un menor con residencia en un país del Convenio es trasladado ilícitamente a España

1. Primer paso. Una vez recibida la solicitud y tras comprobar que la documentación está completa, se envía una petición a la Interpol para que proceda a localizar al menor o verificar que se encuentra en la dirección que aparece en la solicitud.

2. Segundo paso. La Interpol envía la información a la policía nacional o a la guardia civil que comprobará la dirección o efectuará las pesquisas necesarias para dar con el paradero del menor. Una vez que ha localizado al menor, la Interpol no tiene potestad para detener al progenitor sustractor; lo único que puede y debe hacer es comunicar el domicilio en que se encuentra el menor lo antes posible para continuar con el procedimiento.

3. Tercer paso. Una vez que se localiza al menor, se envía la demanda al Abogado del Estado de la provincia donde ha sido localizado el menor para que presente demanda de retorno o de derecho de visita ante el Juzgado de Primera Instancia del domicilio en el que se encuentre el menor. Con la intervención del Abogado del Estado existía un problema puesto que ellos tienen el foro de la territorialidad (es decir, tienen derecho a presentar las demandas en la capital de provincia del lugar en el que se encuentre el menor). Sin embargo, en estos supuestos se ha hecho una excepción, puesto que, debido a lo dramático de los casos y a la urgencia y necesidad de los mismos se emitió en su día una circular interna por la que se pedía a los Abogados del Estado que no apelasen si se les denegaba el foro territorial.

4. Cuarto paso. Justicia gratuita. Como en el supuesto de sustracción hacia otros países, el procedimiento de restitución en España es gratuito para el solicitante sin que se tengan en consideración sus ingresos económicos. La asistencia jurídica se va a prestar al solicitante por parte de funcionarios públicos pertenecientes al Cuerpo de Abogados del Estado, que representarán los intereses de la autoridad central española en cada caso, interés que coincide, lógicamente, con el de los solicitantes.

5. Quinto paso. Inicio del procedimiento ante los Tribunales españoles. Se trata de un procedimiento de urgencia tal y como se prevé en el Convenio, regulado en los arts. 1901 y ss. de la LEC de 1881, que han quedado vigentes hasta que no se elabore la Ley de cooperación jurídica internacional. La restitución sólo se producirá de forma inmediata si la solicitud se presenta antes de que haya transcurrido un año desde el traslado ilícito (art. 12). Una de las obligaciones de la AC (art. 7) es garantizar la restitución inmediata del menor o facilitar una solución amigable.

Observaciones. *En España aunque haya transcurrido más de un año desde que se produjo el traslado o retención ilícitos y los niños estén integrados en su entorno, se producirá la restitución inmediata si el retraso se debe a causas no imputables al padre que reclama la restitución. En ocasiones los retrasos (debidos a la lentitud de algunos órganos jurisdiccionales) pueden ser de varios años.*

6. Sexto paso. Desarrollo de la fase judicial del proceso de restitución.

- Las actuaciones se practicarán con intervención del Ministerio Fiscal y los interesados podrán actuar bajo la dirección del Abogado (art. 1902).
- La tramitación del procedimiento tendrá carácter preferente y deberá realizarse en el plazo de seis semanas desde la fecha en se hubiere solicitado ante el Juez la restitución del menor (art. 1902).
- A petición de quien promueva el procedimiento o del Ministerio Fiscal, el Juez podrá adoptar cualquier medida provisional de custodia del menor que estime pertinente (art. 1903).
- Promovido el expediente, el Juez dictará en el plazo de veinticuatro horas resolución en la que se requerirá a la persona que ha sustraído o retiene al menor, con los apercibimientos legales, para que en la fecha que se determine, que no podrá exceder de los tres días siguientes, comparezca en el

juzgado con el menor y manifieste: a) si accede voluntariamente a la restitución del menor a la persona institución y organismo que es titular del derecho de custodia; b) si se opone a la restitución por existir alguna de las causas establecidas en el correspondiente convenio cuyo texto se acompañará al requerimiento.

- Si la solicitud de restitución se solicita por el Convenio de La Haya de 1980 las causas establecidas para la no restitución son las siguientes:
  - — No debe haber transcurrido un plazo superior a un año desde que se produjo la sustracción (art. 12). Si ha transcurrido más de ese año, la restitución no es automática si se verifica que el menor está integrado en su nuevo medio.
  - — No se restituirá si se demuestra por el sustractor que la persona, institución u organismo, que se hubiera hecho cargo de la persona del menor no ejercía de modo efectivo el derecho de custodia en el momento en que fue trasladado o retenido, o había consentido o posteriormente aceptado el traslado o retención (art. 13).
  - — No se restituirá igualmente si se demuestra por el sustractor que existe un grave riesgo de que la restitución del menor lo exponga a un peligro físico o psíquico o de cualquier otra manera ponga al menor en una situación intolerable (art. 13).
  - — Por último, la autoridad judicial o administrativa podrá asimismo negarse a ordenar la restitución si comprueba que el propio menor se opone a su restitución, cuando haya alcanzado una edad y un grado de madurez en que resulta apropiado tener en cuenta sus opiniones (art. 13).
- En la comparecencia se oirá al solicitante y al Ministerio Fiscal y, en su caso, y separadamente, al menor sobre su restitución. El Juez resolverá por auto dentro de los dos días siguientes a contar desde la fecha de la comparecencia, si procede o no a la restitución, teniendo en cuenta el interés del menor (art. 1905 LEC).
- En la comparecencia el sustractor puede acceder a la devolución o se puede oponer (únicamente basándose en las causas enumeradas anteriormente, porque el resto de las alegaciones, que entrarían ya en el fondo de la cuestión, no serán tenidas en cuenta) (arts. 1906 y 1907).
- Celebrada la comparecencia y, en su caso, practicadas las pruebas pertinentes dentro de los seis días posteriores, el Juez dictará auto dentro de los tres días siguientes, resolviendo, en interés del menor y en los términos del convenio, si procede o no su restitución. Contra dicho auto solo cabrá recurso de apelación en un solo efecto, que deberá resolverse en el plazo improrrogable de veinte días (art. 1908 LEC).

7. Séptimo paso. Intento de mediación. Una vez iniciado el procedimiento judicial se intenta, a través de la mediación, que el sustractor devuelva al menor voluntariamente, a través de un acuerdo amigable.

El art. 1904 de la LEC prevé el logro de un acuerdo voluntario para restituir al menor en vía judicial.

8. Octavo paso. El proceso para lograr el retorno o establecer un régimen de visitas termina con la resolución del Juez de Primera Instancia, que puede ser:

Denegatoria de la devolución del menor (solo por las causas tasadas en los arts. 12 y 13 del Convenio de La Haya ya reproducidas o las recogidas en otros Convenios internacionales vigentes con España):

Que acuerda la restitución. Esta fase está coordinada por la Autoridad Central. Si el sustractor no quiere devolver al menor voluntariamente, hay que solicitar la ejecución de la sentencia, pudiéndose procesar al sustractor penalmente por desobediencia a la autoridad.

Si la sentencia acuerda unas visitas, el cómo y cuándo se realizan las visitas y si debería estar presente una tercera persona, son extremos que requieren la intervención de la Autoridad Central.

9. Noveno paso. Para garantizar el bienestar del niño y el reencuentro no traumático con el padre no sustractor es necesario que intervengan los servicios sociales de la administración.

10. Décimo paso. Apelación de la resolución. La resolución se puede apelar a un solo efecto (art. 1908 LEC), pero, en ese caso, el solicitante tiene derecho a que la Audiencia se pronuncie sobre el fondo aunque el menor ya haya vuelto al país del que fue sustraído (STC 120/2002, de 20 de mayo).

Normalmente, por el Abogado del Estado se solicita que el menor regrese a su país y se fija día y hora para el regreso. En la resolución se indica quien se va a hacer cargo del menor para su retorno.

C) Reglamento 2201/2003

El Reglamento denominado de Bruselas II bis modifica parcialmente la aplicación del Convenio de La Haya de 1980 entre los Estados miembros, a fin de agilizar los retornos de los menores a los lugares en los que residían previamente al traslado o retención ilícitos.

La modificación se traduce en las siguientes notas esenciales:

Primera: (art. 10) El Estado en el que el menor tenía su residencia habitual anteriormente a su traslado o retención ilícita mantiene la competencia para conocer del fondo del asunto, salvo que se den una serie de circunstancias que produzcan el efecto de que el traslado se haya convertido en lícito, y que son:

- Que la persona institución u organismo que tenga el derecho de custodia haya dado su conformidad al traslado o retención.
- Que haya transcurrido un año desde el traslado del menor, a su nuevo medio, que lleve al menos residiendo un año allí, que la persona o entidad que tenga derecho de custodia, tenga (o debiera haber tenido) conocimientos del paradero del menor y que en ese período de un año y que se cumpla alguna de las condiciones siguientes:
  — Que en el plazo de un año desde que el titular del derecho de custodia haya tenido o hubiera debido tener conocimiento del paradero del menor no se haya presentado ninguna demanda de restitución ante las autoridades competentes del Estado en el que se haya trasladado o retenido ilícitamente al menor.
  — Que se haya desistido de una demanda de restitución presentada por ese motivo, sin que se haya presentado una nueva en el plazo de un año.
  — Que se haya archivado la demanda de restitución en el órgano judicial del país en el que el menor tenía su residencia habitual anteriormente a su traslado o retención ilícitas.
  — Que los órganos del Estado miembro en el que el menor tenía su residencia hayan dictado una resolución sobre la custodia que no implique la restitución del menor.

Segunda: (art. 11) Si se pone en funcionamiento el Convenio de La Haya de 1980 entre los Estados miembros (puesta en funcionamiento que es compatible con el art. 10), se debe tener en cuenta lo siguiente:

- Se procurará en la medida de lo posible que se restituya inmediatamente al menor al lugar en el que tenía su residencia habitual anteriormente a su traslado o retención ilícitos (art. 11.1).
- En caso de que deban aplicarse los motivos de no restitución contenidos en los arts. 12 y 13 del CH80, se velará para que se dé posibilidad de audiencia al menor durante el proceso, siempre que lo aconseje su edad y grado de madurez (art. 11.2).
- El órgano judicial ante el que se sustancie el proceso de restitución utilizará los procedimientos más expeditivos que prevea la legislación nacional para que el procedimiento se substancie lo más rápido posible, sin que el procedimiento pueda durar más de seis semanas (art. 11.3).
- Los órganos judiciales del Estado de destino no podrán denegar la restitución basándose en el art. 13 b del Convenio de La Haya de 1980, si se demuestra que en el país de la residencia habitual anterior del menor se han adoptado las medidas adecuadas para garantizar la protección del menor tras su restitución (art. 11.4).
- Los órganos jurisdiccionales no podrán denegar la restitución de un menor sin que se haya dado posibilidad de audiencia a la persona que solicitó la restitución (art. 11.5).
- En el caso en que el órgano jurisdiccional del Estado miembro al que se haya trasladado al menor dicte una resolución de no restitución deberá trasladar la misma con todos los documentos pertinentes al órgano judicial del Estado en el que el menor tenía su residencia habitual en el plazo de un mes (art. 11.6).
- Las partes tendrán 3 meses a partir de que se les comunique la resolución de denegación de la restitución para solicitar su revocación ante los órganos judiciales del Estado Miembro en el que el menor tenga su residencia habitual antes del traslado o retención ilícitas, para que dicho órgano jurisdiccional examine la custodia del menor, ello si no estuviese conociendo ya de la custodia, porque entonces se trasladará a dicho órgano judicial. Si el órgano judicial no recibiera reclamación en el plazo de tres meses, declarará archivado el asunto (art. 11.7).
- Aun cuando se haya dictado resolución de no restitución con arreglo a lo dispuesto en el art. 13 del Convenio de La Haya de 1980 cualquier resolución judicial posterior que ordene la restitución del menor, dictada por un órgano jurisdiccional competente en virtud del presente Reglamento, será ejecutiva de acuerdo con la sección 4 del capítulo III, con el fin de garantizar la restitución del menor.

Tercera. Ejecución directa de las resoluciones que acuerdan la restitución de un menor. Cualquier resolución de restitución dictada por el órgano judicial del Estado en el que residía el menor que cumpla con una serie de requisitos se ejecutará directamente en el Estado en el que el menor ha sido trasladado **aunque exista una resolución en dicho Estado que acuerde la no restitución** (arts. 40 y 42).

7. *Consejos para redactar demandas de familia con elemento internacional*

A) Demanda tramitada ante los Tribunales españoles

En todas las demandas con elemento extranjero en materia de familia que se interpongan ante los Tribunales españoles es preciso tener en cuenta determinados extremos:

- *Hechos*. Es preciso indicar siempre la nacionalidad de las partes y su residencia habitual, tanto en el pasado como en la actualidad. Igualmente, es necesario mencionar, en su caso, en que Registro Civil se encuentra inscrito el matrimonio.
- *Fundamentos de Derecho*. En los fundamentos de Derecho de la demanda es preciso tener en cuenta que debemos reseñar dos cuestiones previas, la competencia judicial internacional de los Jueces y Tribunales españoles en su conjunto y la Ley aplicable a la demanda. Por ello se debe iniciar el primero de los fundamentos con esta mención (Competencia Judicial internacional) si se trata de un divorcio, con responsabilidad parental y solicitud de alimentos, se tendrá que redactar un subapartado con cada una de estas cuestiones razonando la competencia judicial internacional del Juez español en todos los aspectos. En materia de Derecho aplicable, antes de entrar en los aspectos jurídico-materiales de los fundamentos de Derecho, es preciso mencionar si, con arreglo a la norma de conflicto aplicable, la demanda se fundamenta en Derecho español o se aplica un Derecho extranjero. Se debe tener en cuenta que la Ley aplicable a la crisis también se va a aplicar a las cuestiones de responsabilidad parental (guarda y custodia y visitas), pero no necesariamente a los alimentos, como verificaremos cuando consideremos las cuestiones patrimoniales.
- *Documentos que se aportan*. Se debe ser cuidadoso con los documentos que se tienen que aportar, tanto si se aplican los reglamentos comunitarios como si la competencia se determina por la LOPJ. En el caso de que **no** se apliquen los reglamentos, o algún convenio que no lo prevea, es preciso que los documentos estén apostillados o, en su caso, legalizados. En el marco de los reglamentos comunitarios y algunos otros convenios se suprime la necesidad de legalización o formalidades análogas.

B) Solicitud de reconocimiento y/o ejecución de una resolución dictada en el extranjero

En la solicitud se debe hacer mención escuetamente a las circunstancias de las partes que dieron lugar a que se dictase la sentencia. Si al reconocimiento se le aplican los Reglamentos comunitarios la sentencia debe ir acompañada de los preceptivos formularios, debe aportarse traducida y no necesita legalización. En los supuestos en los que no se apliquen los reglamentos se estará a lo que establezcan los Convenios aplicables especialmente en materia de traducción y legalización; en el supuesto de que no se aplique instrumento internacional alguno, los documentos que acompañen a la solicitud de reconocimiento y/o ejecución deberán ir debidamente traducidos y apostillados o legalizados.

III. LOS PROCEDIMIENTOS EN MATERIA PATRIMONIAL

1. *Casuística y dificultades que plantean este tipo de procedimientos*

Los procedimientos patrimoniales con elemento extranjero son muy diversos y van desde aquellos conectados con materia de familia como las reclamaciones internacionales de alimentos, las sucesiones, aquellos derivados de obligaciones contractuales o los causados con motivo de accidentes o por haberse incurrido en responsabilidad extracontractual. En este tipo de procedimientos se producen, igualmente, problemas de competencia judicial internacional, ley aplicable y reconocimiento, existiendo muchos más convenios en este sector que el anteriormente analizado de las relaciones de familia.

La primera dificultad ante la que se va a enfrentar el operador jurídico es la de saber cuando el supuesto es internacional. En el plano patrimonial y exceptuando las situaciones patrimoniales de familia, la nacionalidad de los sujetos o las empresas no va a tener importancia, la nota de internacionalidad la va a dar la residencia de las partes o su sede social, el lugar de celebración del contrato, lugar de entrega de las mercancías, lugar en el que ocurrió el accidente, etc. La segunda dificultad va a ser asomarse al entramado de normas existentes y averiguar cuáles son de aplicación y por qué motivo.

2. *Determinación de la competencia judicial internacional*

La determinación de la competencia judicial internacional se puede hacer a través de estas tres normas:

- Reglamento (CE) núm. 44/2001 del Consejo, de 22 de diciembre de 2000, relativo a la competencia judicial, el reconocimiento y la ejecución de resoluciones judiciales en materia civil y mercantil *(DOCE* núm. L 012, de 16 de enero de 2001; corr. errores, *DOCE* núm. L 307, de 24 de noviembre; *DOCE* núm. 176, de 5 de julio de 2002; modif. *DOCE* núm. L 225, de 22 de agosto de 2002; modif. *DOUE* núm. L 236, de 23 de septiembre de 2003) Estados en los que se aplica: Alemania, Austria, Bélgica, Chipre, España, Eslovenia, Estonia, Finlandia, Francia, Grecia, Holanda, Hungría, Italia, Irlanda, Letonia, Lituania, Luxemburgo, Malta, Polonia, Portugal, Reino Unido, República Checa, República Eslovaca y Suecia. A Dinamarca se le aplica también en virtud del *Acuerdo entre la Comunidad Europea y el Reino de Dinamarca relativo a la competencia judicial, el reconocimiento y la ejecución de las resoluciones en materia civil y mercantil, hecho en Bruselas el 19 de octubre de 2005,* que entró en vigor el 1 de julio de 2007 *(DOUE núm. L. 94 de 4-4-2007).*
- Convenio relativo a la competencia judicial, el reconocimiento y la ejecución de resoluciones judiciales en materia civil y mercantil, hecho en Lugano el 16 de septiembre de 1988 *(BOE* núm. 251, de 20 de octubre de 1994; corr. errores BOE núm. 8, de 10 de enero de 1995) Estados parte: Alemania, Austria, Bélgica, Dinamarca, España, Finlandia, Francia, Grecia, Holanda, Italia, Irlanda, Luxemburgo, Polonia, Portugal, Reino Unido y Suecia.
- Art. 22 LOPJ.

Los tres instrumentos internacionales mencionados son prácticamente idénticos, pero no exactamente iguales y, debido a sus diferencias, es preciso determinar en cada caso cuál se debe usar.

En primer lugar, en los supuestos en los que se puedan utilizar los instrumentos no se aplicará la Ley interna (art. 22 LOPJ) para determinar la competencia judicial internacional de los Tribunales españoles, ello en virtud del art. 96 CE y del art. 21 LOPJ.

El Reglamento se aplica al Convenio de Lugano entre los Estados miembros. Si no se aplica el Reglamento, se verifica si se aplica el Convenio de Bruselas, si no el de Lugano, y si no se aplica éste, se determina la competencia judicial internacional de los Tribunales españoles por la LOPJ.

El Reglamento y los Convenios se aplicarán cuando se den sus ámbitos de aplicación: temporal (cada uno el suyo); material (civil patrimonial y mercantil), territorial (se da cuando se presentan las demandas ante los Tribunales de algún Estado miembro y espacial. Este último ámbito es el más complejo; basta con decir que, salvo los supuestos de competencias exclusivas o sumisión (expresa o tácita), los instrumentos se aplicarán para determinar la competencia del Juez que conoce, cuando el demandado esté domiciliado en un Estado miembro. En estos casos, el demandante podrá interponer la demanda, bien ante los Tribunales del Estado en el que tenga su residencia habitual el demandado o, si así se lo permite alguno de los denominados «foros de ataque» contenidos en el art. 5 de todos los instrumentos mencionados, demandar ante los Tribunales de otro Estado miembro.

Ejemplo número 1: *Empresario con residencia en España vende un cargamento de naranjas a una empresa con sede en Francia. Cuando las naranjas llegan al lugar en el que tienen que ser entregadas (París) la empresa francesa verifica que están en mal estado y decide demandar al empresario español. ¿Qué norma sería aplicable? ¿Ante qué Tribunales puede hacerlo?*

Solución: El demandado tiene su residencia en España, y por lo tanto se aplica el Reglamento 44/2001 para determinar la competencia. El demandante podrá elegir entre demandar en España (en virtud del art. 2 del Reglamento: «1. *Salvo lo dispuesto en el presente Reglamento, las personas domiciliadas en un Estado miembro estarán sometidas, sea cual fuere su nacionalidad, a los órganos jurisdiccionales de dicho Estado. 2. A las personas que no tuvieren la nacionalidad del Estado miembro en que estén domiciliadas les serán de aplicación las reglas de competencia judicial que se aplicaren a los nacionales*». O bien en Francia (lugar de entrega de la mercancía) en virtud del «foro de ataque» contenido en el art. 5.1 del Reglamento [art. 5: «*Las personas domiciliadas en un Estado miembro podrán ser demandadas en otro Estado miembro: 1) a) en materia contractual, ante el Tribunal del lugar en el que hubiere sido o debiere ser cumplida la obligación que sirviere de base a la demanda; b) a los efectos de la presente disposición, y salvo pacto en contrario, dicho lugar será: cuando se tratare de una compraventa de mercaderías, el lugar del Estado miembro en el que, según el contrato, hubieren sido o debieren ser entregadas las mercancías*»].

Ejemplo número 2: *Suizo con residencia en Berna (Suiza) debe alimentos a su hijo de nacionalidad Suiza que reside en España. ¿Dónde puede reclamarle este hijo alimentos a su padre y cuál sería la Ley aplicable a dicha reclamación?*

Solución. Teniendo el padre (es decir, el deudor de alimentos) su residencia en Suiza, que es un Estado al que no se le aplica el Reglamento 44/2001 pero sí es parte del Convenio de Lugano de 1988, se aplicaría este último para determinar la competencia. El acreedor de alimentos podría elegir entre demandar en el domicilio de su padre ante los Tribunales suizos según se lo permite el artículo 2 del Convenio, o, en virtud de un foro de ataque contenido en el art. 5.2 del Convenio ante los Tribunales españoles (art. 5.2: *Las personas domiciliadas en un Estado contratante podrán ser demandadas en otro Estado contratante: 2. en materia de alimentos, ante el Tribunal del lugar del domicilio o de la residencia habitual del acreedor de alimentos*).

En los supuestos en los que no se aplicasen los instrumentos mencionados para determinar la competencia, tal determinación de la competencia judicial internacional de los Tribunales españoles se haría por el art. 22 de la LOPJ.

Ejemplo número 3: *Empresa española con sede en Brasil, compra un cargamento de maderas nobles a una empresa argentina con sede en Argentina. El contrato se firmó en España con arreglo a las disposiciones de la Ley española y la entrega de la mercancía se pactó en Barcelona. Ante el incumplimiento de la empresa argentina, que no entregó las maderas, la empresa española interpone demanda ante los Tribunales españoles, ¿son competentes?*

Solución: Ninguna de las empresas tiene su sede en un Estado parte del Reglamento o del Convenio de Lugano, por lo que no se aplica ninguno de ellos. Se aplica el art. 22 LOPJ y en su virtud serían competentes para conocer de la demanda los Tribunales españoles [(art. 22.3: *En el orden civil los Juzgados y Tribunales españoles serán competentes: 3. (...) en materia de obligaciones contractuales cuando éstas hayan nacido o deban cumplirse en España)]*, porque el contrato se firmó en España y la mercancía se debía haber entregado en España.

3. *Ley aplicable*

En el ámbito patrimonial existen numerosos convenios internacionales de Ley aplicable que prevalecen en su ámbito de aplicación sobre las normas de conflicto contenidas en los arts. 8 a 12 del Código Civil.

Entre estos convenios conviene destacar tres, referidos a la Ley aplicable en materia de contratos, accidentes de circulación por carretera y responsabilidad por productos. En ellos existe una característica común, son Convenios *erga omnes*, término que en materia de Ley aplicable significa que se aplican siempre aunque la Ley designada por la norma de conflicto, sea la Ley de un Estado no contratante. Así, en materia de obligaciones contractuales, por ejemplo, nunca se aplicará el art. 10.5 CC, sino que siempre se aplicará el Convenio de Roma de 1980 sobre Ley aplicable a las obligaciones contractuales.

- *Convenio sobre la Ley aplicable en materia de accidentes de circulación en carretera, hecho en La Haya, el 4 de mayo de 1971* (BOE *núm. 264, de 4 de noviembre de 1987; corr. errores* BOE *núm. 307, de 24 de diciembre). Estados parte: Austria, Bélgica, Bielorrusia, Bosnia-Herzegovina, Croacia, Eslovaquia, Eslovenia, España, Antigua República Yugoslava de Macedonia, Francia, Letonia, Lituania, Luxemburgo, Países Bajos, Polonia, República Checa, Serbia y Montenegro y Suiza.*

  Este convenio establece una serie de normas de conflicto que pretenden que el accidente quede regido por la Ley más vinculada y no necesariamente por la Ley del lugar en el que dicho accidente ha tenido lugar. Así, si en un accidente en Suiza están implicados dos vehículos españoles, la Ley aplicable será la de la matrícula común, es decir, la española y no la Suiza, que es la Ley del lugar en el que ha ocurrido el accidente.

- *Convenio sobre Ley aplicable a la responsabilidad por productos, hecho en La Haya, el 2 de octubre de 1973* (BOE *núm. 21, de 25 de enero de 1989). Estados parte: Croacia, Eslovenia, España, Antigua República Yugoslava de Macedonia, Finlandia, Francia, Luxemburgo, Noruega, Países Bajos y Serbia y Montenegro.*

  Este convenio matiza la determinación de la Ley aplicable al daño en una reclamación por responsabilidad extracontractual producida por productos. La norma de conflicto interna española (art. 10.9) siempre determina como Ley aplicable la del lugar en la que se produjo el daño, pero en este Convenio para que se pueda aplicar esta Ley tiene que coincidir con: Estado en el que resida la persona directamente perjudicada; o Estado en el que se encuentre el establecimiento principal de la persona a quien se le imputa la responsabilidad, o el Estado en cuyo territorio el producto haya sido adquirido por la persona directamente perjudicada. Aparte, en este convenio se establece la posibilidad de que el perjudicado pueda elegir otra Ley como aplicable (que le pueda beneficiar) si se dan determinadas circunstancias contenidas en el art. 5 del Convenio.

- *Convenio sobre Ley aplicable a las obligaciones contractuales, hecho en Roma, el 19 de junio de 1980 y protocolos de interpretación* (BOE *núm. 171, de 19 de julio de 1993; corr. errores* BOE *núm. 189, de 9 de agosto de 1993). Estados parte: Alemania, Austria, Bélgica, Dinamarca, España, Finlandia, Francia, Gran Bretaña, Grecia, Irlanda, Italia, Luxemburgo, Países Bajos, Portugal y Suecia.*

En este Convenio se da a las partes libertad para elegir la Ley (nacional) aplicable al contrato (art. 3) elección que el Juez que conozca eventualmente del procedimiento estará obligado a respetar. También fija este convenio cuál es la Ley (nacional) aplicable, si las partes no han elegido Ley (art. 4); dicha Ley es la que presenta los vínculos más estrechos con el contrato, estableciéndose una serie de presunciones que indican cuál puede ser tal Ley.

Existe también en el sector un Convenio internacional que contiene normas materiales y que se ocupa concretamente de la compra-venta internacional de mercancías.

Convención de las Naciones Unidas sobre los contratos de compraventa internacional de mercaderías, hecha en Viena el 11 de abril de 1980 (BOE *núm.* 26 de 30 de enero de 1991. *corr. errores* BOE núm. 282, de 22 de noviembre de 1996). **Estados Parte:** Alemania, Argentina, Australia, Austria, Bélgica, Bielorrusia, Bosnia-Herzegovina, Bulgaria, Burundi, Canadá, Colombia, Corea, Croacia, Cuba, Chile, China, Dinamarca, Ecuador, Egipto, Eslovaquia, Eslovenia, España, Estados Unidos de América, Estonia, Finlandia, Francia, Georgia, Ghana, Grecia, Guinea, Hungría, Irak, Islandia, Israel, Italia, Kirguizistán, Lesotho, Letonia, Lituania, Luxemburgo, Mauritania, México, Moldavia, Mongolia, Noruega, Nueva Zelanda, Países Bajos, Perú, Polonia, República Checa, Rumania, Federación de Rusia, San Vicente y Granadinas, Singapur, Siria, Suecia, Suiza, Ucrania, Uganda, Uruguay, Uzbekistán, Yugoslavia y Zambia.

4. Reconocimiento de las resoluciones extranjeras en el ámbito patrimonial

En materia de reconocimiento de resoluciones extranjeras en este ámbito, nos encontramos nuevamente con una mayor proliferación de instrumentos internacionales que en el ámbito de la familia. En primer lugar tendríamos el Reglamento 44/2001 y los Convenios de Bruselas y de Lugano, a los que ya nos referimos en materia de competencia; en segundo lugar, si no se aplica ninguno de estos instrumentos se aplicarían los Convenios bilaterales que España tiene suscritos con algunos Estados; por último, si la sentencia proviene de un Estado que no ha suscrito ningún Convenio con España, se aplicaría el régimen autónomo arts. 951 a 958 LEC, tal y como hemos visto en materia de familia para verificar si la sentencia se puede reconocer o no.

Se va a analizar muy brevemente a continuación cómo se articula el sistema de reconocimiento cuando se aplica el sistema Bruselas-Lugano. En el caso de que lo que se pretenda es el reconocimiento y/o ejecución de una sentencia que provenga de un Estado parte de los tres instrumentos (Reglamento, Convenio de Bruselas o Convenio de Lugano), tal y como se ha explicado en el ámbito de la competencia judicial internacional, prevalece el Reglamento sobre los Convenios y el Convenio de Bruselas (para el supuesto de reconocimiento de sentencias danesas) sobre el de Lugano. El procedimiento de reconocimiento y las condiciones que se tienen que dar para que se produzca son prácticamente idénticas en todos los instrumentos. A continuación se va referir, someramente dicho procedimiento y las condiciones, teniendo en cuenta que el articulado al que se hace alusión es el del Reglamento.

a) Órgano ante el que se presenta el reconocimiento y/o la ejecución. Las resoluciones que se pretendan reconocer y/o ejecutar se presentarán ante el Juzgado de Primera Instancia competente del Estado miembro en el que se quieran dar efecto sin que se requiera ningún procedimiento especial (art. 33 del Reglamento); dicho Juzgado en España será el del domicilio de la parte contra la que se solicitare la ejecución o el del lugar de ejecución (aunque el Reglamento habla de competencia territorial cuando se refiere a la ejecución, dicha competencia es aplicable igualmente a las cuestiones del reconocimiento).

b) Motivos por los que las resoluciones no se reconocerán. Las resoluciones se van a reconocer casi siempre, únicamente no se reconocerán cuando se den los siguientes motivos:

- Si el reconocimiento fuese manifiestamente contrario al orden público del Estado miembro requerido (art. 34.1).
- Cuando se dictaren en rebeldía del demandado, si no hubiere entregado al mismo la cédula de emplazamiento o documento equivalente de forma tal y con tiempo suficiente para que pudiera defenderse, a menos que no hubiere recurrido contra dicha resolución cuando hubiera podido hacerlo (art. 34.2).
- Cuando la resolución fuere inconciliable con una resolución dictada entre las mismas partes en el Estado miembro requerido (art. 34.3).
- Cuando la resolución fuere inconciliable con una resolución dictada con anterioridad en otro Estado miembro o en un Estado tercero entre las mismas partes en un litigio que tuviere el mismo objeto y la misma causa, cuando esta última resolución reuniese las condiciones necesarias para su reconocimiento en el Estado miembro requerido (art. 34.4).
- No se reconocerán tampoco aquellas resoluciones que hubiesen desconocido las reglas de competencia del Reglamento en materia de seguros, de consumidores y de contratos individuales de trabajo (art. 35). Fuera de estos casos está prohibida la fiscalización de la competencia de los Tribunales de los Estados miembros en sede de reconocimiento.

Lo que se refiere a los recursos que se pueden interponer, la documentación que hay que aportar, la traducción y la ausencia de legalización, las reglas son prácticamente idénticas en los tres instrumentos y coinciden casi en su totalidad con lo ya relatado a propósito del Reglamento 2201/2003.

5. *Ejecución directa de determinadas resoluciones: el título ejecutivo europeo*

Al igual que se había verificado en materia de familia, en el ámbito patrimonial se comienza a plasmar en la práctica la tendencia ya apuntada hace años del reconocimiento mutuo de resoluciones entre los Estados miembros, de modo que una resolución que se dicte, *v. gr.*, en Alemania, pueda ejecutarse en España directamente como si de una resolución española se tratase. Por el momento se ha dado un paso importante con el siguiente Reglamento:

- *Reglamento (CE) núm. 805/2004 del Parlamento Europeo y del Consejo, de 21 de abril de 2004, por el que se crea un título ejecutivo europeo para créditos no impugnados* (DOUE *núm. 143, de 30 de abril de 2004).*Este Reglamento es aplicable desde el día 21 de octubre de 2005 (art. 33).

Este Reglamento tiene como finalidad crear un título ejecutivo para créditos no impugnados, que permita, mediante fijación de normas mínimas, la libre circulación en todos los Estados miembros de resoluciones, transacciones judiciales y documentos públicos con fuerza ejecutiva, sin que deba llevarse a cabo ningún procedimiento intermedio en el Estado miembro de ejecución para el reconocimiento y ejecución (art. 1).

El Reglamento se va a aplicar en materia civil y mercantil con exclusión de la materia fiscal, aduanera y administrativa; también estarán excluidas las siguientes materias: a) el estado y la capacidad de las personas físicas, los regímenes económicos matrimoniales, los testamentos y las sucesiones; b) la quiebra, los procedimientos de liquidación de empresas o de otras personas jurídicas insolventes, los convenios entre quebrado y acreedores y demás procedimientos análogos; c) la seguridad social, y d) el arbitraje (art. 2).

Según el Reglamento, se considerará como no impugnado un crédito (art. 3) si:

- el deudor ha manifestado expresamente su acuerdo sobre el mismo, mediante su admisión o mediante transacción aprobada por un órgano jurisdiccional o celebrada en el curso de un procedimiento judicial ante un órgano jurisdiccional; o bien
- el deudor no ha comparecido ni ha sido representado en la vista relativa a dicho crédito en el transcurso del procedimiento judicial, siempre que dicho comportamiento equivalga a una aceptación tácita del crédito o de los hechos alegados por el acreedor de acuerdo con la legislación del Estado miembro de origen; o bien
- el deudor lo ha aceptado expresamente en un documento pública con fuerza ejecutiva.

6. *Regulación material de determinadas cuestiones: el monitorio europeo y el proceso europeo de escasa cuantía*

Aparte de los instrumentos en cuestiones clásicas de internacional privado. La UE ha decidido, en determinadas materias, unificar los procedimientos judiciales entre los Estados miembros. Para ello ha elaborado dos reglamentos en los crea sendos procedimientos que, en la mayoría de los casos, ya existen en los Estados miembros y no los sustituyen si no que se adhieren al sistema como una opción más para el justiciable. De hecho, el artículo 1.2 del Reglamento 1896/2006 (monitorio europeo) establece que: *«El presente Reglamento no obstará para que un demandante reclame un crédito, según la definición del artículo 4, mediante el recurso a otro proceso establecido con arreglo al Derecho de un Estado miembro o con arreglo al Derecho comunitario»; y en el artículo 1 del Reglamento 861/2007 (reclamaciones de escasa cuantía) se indica que: «Los litigantes podrán recurrir al proceso europeo de escasa cuantía como alternativa a los procesos previstos por la legislación de los Estados miembros».* Estos dos reglamentos, además, suprimen el exequátur, de modo que las resoluciones que, en virtud de ellos se dicten en un Estado miembro, serán directamente operativas en el Resto de los Estados (art. 15 del Reglamento 861/2007 y art. 19 del Reglamento 1896/2006).

En primer lugar se encontraría el *Reglamento (CE) núm. 1896/2006 del Parlamento Europeo y del Consejo, de 12 de diciembre de 2006, por el que se establece un proceso monitorio europeo* (DOUE *núm. L 399, de 30 de diciembre de 2006)*, que será aplicable a partir del 12 de diciembre de 2008 (art.33). El Reglamento tiene como objeto art. 1.1: «*a) simplificar, acelerar y reducir los costes de litigación en asuntos transfronterizos relativos a créditos pecuniarios no impugnados, mediante el establecimiento de un proceso monitorio europeo, y b) permitir la libre circulación de requerimientos europeos de pago a través de todos los Estados miembros, mediante el establecimiento de normas mínimas cuya observancia haga innecesario un proceso intermedio en el Estado miembro de ejecución con anterioridad al reconocimiento y a la ejecución»*. El Reglamento establece un procedimiento por el cual el acreedor solicita al juez que requiera al deudor el pago de una deuda de importe determinado, vencida y exigible (art. 4). A la solicitud (que se cumplimenta con un formulario normalizado) se debe de aportar por el demandante información de la deuda y los medios de prueba que se acreditan (art. 7). Si el juez estima la petición, requiere al deudor para el pago, el proceso monitorio finaliza y el demandante deberá acudir al proceso civil ordinario (ya nacional) que corresponda (art. 17). Si el deudor no se opone, el requerimiento se declara ejecutivo automáticamente en todos los Estados miembros de la UE, salvo en Dinamarca, y pudiendo oponerse a dicha ejecución el deudor tan sólo por causas excepcionales (art. 19).

En segundo lugar se halla el *Reglamento (CE) núm. 861/2007 del Parlamento Europeo y del Consejo de 11 de julio de 2007, por el que se establece un proceso europeo de escasa cuantía* (DOUE *L 199/1, de 31 de julio de 2007),* que será aplicable a partir del 1 de enero de 2009 (art. 29). El objeto de este Reglamento es (art. 1) «*... establecer un proceso europeo para demandas de escasa cuantía (...) con el fin de simplificar y acelerar los litigios de escasa cuantía en asuntos transfronterizos y reducir los costes (...). El Presente Reglamento elimina, asimismo, los procedimientos intermedios necesarios para el reconocimiento y la ejecución en otros Estados miembros de una sentencia dictada en un Estado miembro en el proceso europeo de escasa cuantía*». Este procedimiento se podrá tramitar directamente por el interesado, sin necesidad de abogado, procurador o similar (art. 10) y está dotado de numerosos formularios normalizados que se presentan directamente por el interesado ante el órgano jurisdiccional competente o enviándolo por correo postal o por cualquier otro medio de comunicación (fax, correo electrónico, etc.) admitido por el Estado miembro en el que se inicie el proceso (art. 4). El procedimiento será normalmente escrito (art. 5) y la documentación se aportará en la lengua o una de las lenguas de procedimiento del órgano jurisdiccional.

IV. ASPECTOS COMUNES A LOS PROCEDIMIENTOS DE FAMILIA Y PATRIMONIALES

1. *La justicia gratuita en los procedimientos transfronterizos*

Los litigios transfronterizos son aquellos en los que las partes litigantes residen en Estados diferentes.

La normativa interna española (LO 1/1996, de Asistencia Jurídica Gratuita) nada establecía acerca del Derecho que pudiese serle concedido a un extranjero no comunitario residente en el extranjero para litigar en España. Ante esta laguna, la tramitación de las solicitudes en tales circunstancias dependía hasta ahora, bien del órgano administrativo que conociese del asunto en primera instancia o del judicial en última instancia, o bien de lo que estableciesen los Convenios existentes al respecto que eran los siguientes:

- *Convenio relativo al procedimiento civil, hecho en La Haya el 1 de marzo de 1954* (BOE *núm. 297, de 13 de diciembre de 1961). Estados parte: Alemania, Argentina, Armenia, Austria, Bélgica, Bielorrusia, Bosnia-Herzegovina, China (Macao), Chipre, Croacia, Dinamarca, Egipto, Eslovaquia, Eslovenia, España, Finlandia, Francia, Hungría, Israel, Italia, Japón, Kirguizistán, Letonia, Líbano, Lituania, Luxemburgo, Marruecos, Moldavia, Noruega, Países Bajos, Polonia, Portugal, República Checa, antigua República Yugoslava de Macedonia, Rumania, Federación de Rusia, Serbia y Montenegro, Suecia, Suiza, Surinam, Turquía, Ucrania, Uzbekistán, Vaticano y Yugoslavia.*

  En este Convenio se establece que el derecho de justicia gratuita también se reconocerá a aquellos que no residan en el país en el que pretenden solicitar la justicia gratuita (siempre que se trate de nacionales de un Estado miembro y residan en otro Estado miembro), fijándose la vía consular para la transmisión de las solicitudes.

- *Acuerdo europeo de 27 de enero de 1977, sobre transmisión de solicitudes de Asistencia Jurídica Gratuita* (DOCE *núm. 305, de 21 de diciembre de 2001). Estados parte: Albania, Austria, Azerbaiyán, Bélgica, Bulgaria, Dina-*

marca, España, Estonia, Finlandia, Francia, Grecia, Holanda, Irlanda, Italia, Letonia, Lituania, Luxemburgo, Noruega, Polonia, Portugal, Reino Unido, República Checa, República de Macedonia, Suecia, Suiza y Turquía.

El Acuerdo establece que, independientemente de la nacionalidad de los interesados, cualquier persona que tenga su residencia habitual en el territorio de una de las Partes Contratantes y que desee solicitar asistencia judicial en materia civil, mercantil o administrativa en el territorio de la otra parte contratante, podrá presentar la solicitud en el Estado de su residencia habitual; encargándose este Estado de transmitir la solicitud al otro Estado. Las solicitudes se transmitirán a través de las autoridades centrales (transmisoras y receptoras) designadas por cada uno de los Estados miembros, que, en el caso de España es, en ambos sentidos de transmisión y recepción, la Subsecretaría de Justicia del Ministerio de Justicia.

- *Convenio tendente a facilitar el acceso internacional a la justicia, hecho en La Haya el 25 de octubre de 1980* (BOE *núm. 77, de 30 de marzo de 1988; corr. de errores, BOE núm. 86, de 11 de abril de 1989). Estados parte: Bielorrusia, Bosnia-Herzegovina, Bulgaria, Chipre, Croacia, Eslovaquia, Eslovenia, España, Estonia, Finlandia, Francia, Letonia, Lituania, Luxemburgo, Países Bajos, Polonia, República Checa, Antigua República Yugoslava de Macedonia, Rumania, Suecia, Suiza y Yugoslavia.*

  En este Convenio se establece que tanto los nacionales de un Estado contratante como las personas que tengan su residencia habitual en un Estado contratante, tendrán derecho a disfrutar de asistencia judicial en materia civil y comercial en cada uno de los Estados contratantes en las mismas condiciones que si ellos mismos fuesen nacionales de ese Estado y residiesen en él habitualmente. Igualmente, el derecho a la justicia gratuita se extenderá al asesoramiento jurídico a condición de que el requirente esté presente en el Estado en el que se pide la consulta. En lo que se refiere a la tramitación de las solicitudes, la misma se realiza a través de autoridades centrales, del mismo modo que en el Acuerdo de 1977 descrito en el apartado anterior, siendo también en España la autoridad expedidora y receptora, igualmente, la Subsecretaría de Justicia del Ministerio de Justicia; la novedad de este Convenio es que establece un formulario oficial para transmitir las solicitudes entre Estados miembros, con lo que es mucho más sencillo para los interesados conocer que documentos le son requeridos.

En el año 2003 se promulgó la Directiva 2202/8/CE del Consejo, de 27 de enero de 2003, destinada a mejorar el acceso a la justicia en los litigios transfronterizos mediante el establecimiento de reglas mínimas comunes relativas a la justicia gratuita para dichos litigios. Dicha Directiva ha sido transpuesta recientemente en España a través de la Ley 16/2005, de 18 julio, por la que se modifica la Ley 1/1996, de 10 de enero, de Asistencia Jurídica Gratuita, para regular las especialidades de los litigios transfronterizos civiles y mercantiles en la Unión Europea. Esta Ley, fiel al mandato de la Directiva, añade un capítulo (el VIII) a la Ley 1/1996, de Asistencia Jurídica Gratuita, por el que regula de una forma muy detallada, como ninguna otra norma lo había hecho anteriormente, el alcance del derecho, los destinatarios y el procedimiento de tramitación. Para esta Ley son litigios transfronterizos, de acuerdo con la definición ofrecida por la Directiva 2003/8/CE, aquellos en los que la parte que solicita la justicia transfronteriza está domiciliada o reside habitualmente en un Estado miembro distinto de aquel otro Estado miembro en el que se halle el Tribunal competente para su conocimiento en el que deba ejecutarse la resolución (art. 47.1).

A) Alcance del derecho de asistencia jurídica en los litigios transfronterizos de la Unión Europea

a) Personas que tienen derecho (art. 46.1): Exclusivamente las personas físicas que sean ciudadanos de la Unión Europea que residan en algún Estado miembro de la Unión o nacionales de terceros países que residan legalmente en uno de los Estados miembros. A estos efectos, Dinamarca no se considera Estado miembro de la Unión Europea. Se entiende, a la luz de lo dispuesto por la Directiva, y del art. 47.1 anteriormente mencionado, que este capítulo no se va a aplicar si el nacional comunitario que la solicita reside en un Estado no miembro de la Unión Europea (sin que ello impida que dicha persona pueda obtener igualmente justicia gratuita en España de forma directa presentando la solicitud ante el Colegio de Abogados competente).

b) Procedimientos en los que se concede (art. 46.2):

— Litigios en materia civil y mercantil.

— Procedimientos extrajudiciales en materia civil y mercantil cuando la Ley los imponga a las partes o el Juzgado o Tribunal remita a éstas a dichos procedimientos.

— Litigios transfronterizos en materia de contrato individual de trabajo.

— Solicitud de reconocimiento y ejecución de sentencias dictadas por los Tribunales de otros Estados miembros de la Unión en los que un ciuda-dano de la Unión o residente legal hubiese obtenido el beneficio de justicia gratuita en materia civil, mercantil o laboral.

— La solicitud de ejecución de documentos públicos con fuerza ejecutiva.

c) Determinación del domicilio de las partes (art. 47.2 y 3). La determinación del Estado miembro en el que está domiciliada una parte del litigio transfronterizo se hará con arreglo a lo que expresa el art. 59 del Reglamento (CE) núm. 44/2001 del Consejo, de 22 de diciembre de 2000, relativo a la competencia judicial, el reconocimiento y la ejecución de resoluciones judiciales en materia civil y mercantil.

El momento para considerar cuál es la residencia de la parte solicitante será el del día en el que se interpuso la demanda.

B) Regulación general, por parte de la Ley 1/1996 reformada, de la Asistencia Jurídica Gratuita en los litigios transfronterizos en la Unión Europea

a) Autoridades expedidoras y receptoras de las solicitudes (art. 48). Serán autoridades expedidoras y receptoras de las solicitudes de asistencia jurídica gratuita que se envíen o reciban en España los Colegios de Abogados *(para conocer cuáles son las entidades en los demás países es necesario consultar el Atlas judicial europeo).*

b) Requisitos para el reconocimiento del derecho (art. 49). Quien solicite asistencia jurídica gratuita habrá de residir o estar domiciliado en un Estado miembro de la Unión Europea distinto de España. Los límites económicos establecidos en esta Ley no impedirán que el solicitante que los supere pueda obtener el beneficio, si prueba, él personalmente, que no puede hacer frente a los gastos procesales debido a las diferencias en el coste de la vida entre el Estado miembro de su residencia o domicilio y España. En tal caso, se tendrá en cuenta el cumplimiento por el solicitante de los criterios de carácter económico aplicables en el Estado miembro de su domicilio o residencia habitual para conceder la justicia gratuita.

c) Contenido material del derecho de justicia gratuita (art. 50). El derecho de asistencia jurídica gratuita reconocido al amparo de esta sección comprende, además de todas las prestaciones habituales en materia civil y mercantil recogidas en la Ley, las siguientes:

— Los servicios de interpretación.

— La traducción de los documentos presentados por el beneficiario a instancias del Juzgado o Tribunal o de la autoridad competente y que sean necesarios para resolver el asunto.

— Los gastos de desplazamiento que corran por cuenta del solicitante, cuando las normas aplicables o el Juzgado o Tribunal decida que no existen otros medios satisfactorios de tomar declaración. Al objeto de considerar si es necesaria la asistencia personal del solicitante, de un testigo o de un perito los Juzgados y Tribunales tendrán en cuenta lo previsto en el Reglamento (CE) núm. 1206/2001 del Consejo, de 28 de mayo de 2001, relativo a la cooperación entre los órganos jurisdiccionales de los Estados miembros en el ámbito de la obtención de pruebas en materia civil o mercantil, así como, en su caso, de otros convenios o normas aplicables (ello, en todo caso, no es competencia de los Colegios, sino que corresponde decidirlo al Juzgado).

— La defensa y representación gratuitas por Abogado y Procurador en el procedimiento judicial cuando, no siendo legalmente preceptiva la intervención de estos profesionales, sea expresamente requerida por el Juzgado o Tribunal mediante Auto motivado en vista de la complejidad del asunto o para garantizar la igualdad de las partes en el proceso.

Los documentos remitidos por las autoridades expedidoras competentes (Colegios de Abogados) estarán exentos de legalización y de cualquier otra formalidad *equivalente.*

C) Solicitud de Asistencia Jurídica Gratuita para un procedimiento que se tramita en España

La solicitud del derecho (art. 51) se tramita de la siguiente manera:

a) Presentación de las solicitudes. Las solicitudes de asistencia jurídica gratuita que provengan de otro Estado miembro de la Unión Europea para un litigio transfronterizo se presentarán ante el Colegio de Abogados del lugar donde se halle el Juzgado o Tribunal que haya de conocer del proceso principal para el que aquélla se solicita o ante el que se solicite el reconocimiento o ejecución de una resolución.

b) Modelo de solicitud. Las solicitudes se cumplimentarán en el modelo oficial establecido al efecto. Dicho modelo fue establecido por la *Decisión de la Comisión de 9 de noviembre de 2004 por la que se establece un formulario para la solicitud de asistencia jurídica gratuita con arreglo a la Directiva 2003/8/CE del Consejo destinada a mejorar el acceso a la justicia en los litigios transfronterizos mediante el establecimiento de reglas mínimas comunes relativas a la justicia gratuita para dichos litigios (DOUE* L 365/27, de 10 de diciembre de 2004).

Las solicitudes se podrán presentar:

- Bien directamente por el interesado (en el país que no es el de su residencia en el que desea litigar) a través del formulario de solicitud normalizado mencionado en el apartado anterior.
- Bien a través de la autoridad expedidora competente del Estado miembro en el que el solicitante tenga su residencia habitual o su domicilio. En este supuesto, la autoridad expedidora competente deberá también utilizar el formulario previsto.

Las solicitudes tendrán que ir acompañadas de los documentos en los que se funde la pretensión.

c) Justicia gratuita para solicitar el reconocimiento y la ejecución de resoluciones judiciales (art. 51.5). En los casos en los que haya de tener lugar en España el reconocimiento o ejecución de una resolución dictada por el Juzgado o Tribunal de otro Estado miembro de la Unión Europea en el que se hubiera obtenido el beneficio de la justicia gratuita, el derecho a la asistencia jurídica gratuita se instará *mediante solicitud que acredite el reconocimiento del derecho en ese Estado y el cumplimiento de los requisitos del art. 49.*

d) Justicia gratuita para solicitar la ejecución en España de documentos públicos con fuerza ejecutiva. Se podrá conceder dicha justicia gratuita cuando el solicitante acredite el cumplimiento, igualmente, de los requisitos del art. 49.

D) Solicitudes de Asistencia Jurídica Gratuita que residentes legales en España quieren llevar a cabo en otros países miembros

a) Derechos de los solicitantes (art. 52). Las personas físicas que tengan su residencia habitual o su domicilio en España que pretendan beneficiarse de asistencia jurídica gratuita en otro Estado miembro de la Unión Europea para un litigio transfronterizo podrá acceder en España a los siguientes derechos:

Asistencia de los servicios de orientación jurídica del Colegio de Abogados correspondiente a la residencia o domicilio del solicitante hasta que se presente la solicitud de justicia gratuita en el Estado miembro en el que se halle el Tribunal. Esta asistencia incluirá el asesoramiento al solicitante para que la solicitud vaya acompañada de toda la documentación acreditativa que sea necesaria para que pueda resolverse sobre ella *(para ello es necesario conocer previamente que se necesita. Dicha información se puede extraer ya del Atlas judicial europeo aunque con respecto a algunos países se encuentra todavía algo incompleta).*

Traducción de la solicitud y de la documentación acreditativa necesaria que deba presentarse a las autoridades de dicho Estado miembro. La documentación a la que se refiere este apartado comprende únicamente todos aquellos comprobantes que acrediten el nivel económico del solicitante.

b) Tramitación (art. 53):

— Los derechos contemplados en el art. 52 podrán solicitarse ante el Colegio de Abogados que corresponda a la residencia habitual o domicilio del solicitante; *lo que no implica, en el caso de las traducciones de los documentos acreditativos de los derechos, que deban realizarlas los Colegios de Abogados, ni que desde luego, deban correr con los costes correspondientes. Debería ser la Administración quien facilite el listado de las personas que van a llevar a cabo dichas traducciones y corra con todos los costes.*

— Si el Colegio de Abogados estimara que la petición carece de modo manifiesto de fundamento o no entra dentro del ámbito de aplicación de este Capítulo, se lo notificará al solicitante en el plazo de cinco días y trasladará la solicitud a la Comisión de Asistencia Jurídica Gratuita para que decida de manera definitiva sobre la negativa a remitir la solicitud.

— La información sobre cuáles son en cada país: las entidades receptoras de las solicitudes, vías de transmisión de dichas solicitudes, documentos necesarios e idiomas admitidos se encuentra, todavía de forma parcial en la página web del Atlas judicial europeo.

c) Denegación del derecho (art. 54)

Cuando la autoridad competente de otro Estado miembro deniegue la solicitud de justicia gratuita realizada desde España con ejercicio de los derechos del artículo 52, se exigirá, si concurren las circunstancias previstas en el art. 19, el reintegro de los gastos correspondientes a las traducciones.

2. *Las notificaciones en los procedimientos transfronterizos*

En los procedimientos transfronterizos, es decir, en aquellos procedimientos judiciales en los que las partes residen en Estados diferentes, dos de las mayores dificultades que se pueden producir son las cuestiones referidas a las notificaciones y a la práctica de prueba transfronteriza.

En materia de notificaciones existen cuatro sistemas que es preciso describir someramente:

A) Las notificaciones transfronterizas en el derecho interno

El Derecho autónomo español está constituido por un conjunto de disposiciones ubicadas en la Ley Orgánica del Poder Judicial (arts. 276-278) y la Ley 1/2000, de 7 de enero, de Enjuiciamiento Civil (arts. 3 y 177). Según esta normativa, las peticiones de cooperación dirigidas a autoridades extranjeras (asistencia activa) serán elevadas al Ministerio de Justicia, el cual las hará llegar a las autoridades competentes del Estado requerido, si no existe tratado internacional, o por vía consular o diplomática (art. 276 LOPJ). El instrumento utilizado para solicitar la cooperación judicial internacional es la Comisión Rogatoria.

Los Tribunales españoles están obligados a prestar auxilio a las autoridades extranjeras que lo soliciten (asistencia pasiva) en defecto de tratados y convenios en razón de reciprocidad, que corresponderá determinarla al Gobierno a través del Ministerio de Justicia, salvo que concurran algunas de las causas de denegación del auxilio a las que hace referencia el art. 278 LOPJ y que se enumerarán más adelante.

A tenor de este precepto, para que una petición de notificación procedente del extranjero sea admitida en nuestro país, es necesario que:

- exista reciprocidad o que ésta sea ofrecida por la autoridad extranjera (art. 278.I LOPJ);
- una vez comprobada la existencia de reciprocidad o de su ofrecimiento, el paso siguiente será controlar que la petición de notificación proceda de una autoridad judicial extranjera en el ejercicio de su función jurisdiccional (art. 277 LOPJ);
- y que la comunicación contenga la solicitud de cooperación reúna los requisitos de autenticidad suficiente y se halle redactada en castellano (art. 278.I.1 LOPJ);
- admitida a trámite la petición, los Juzgados y Tribunales españoles solo podrán denegar la cooperación solicitada en los casos previstos taxativamente en el art. 278.I LOPJ.

Las peticiones de cooperación judicial jurisdiccional (Comisiones Rogatorias) serán elevadas por conducto del Presidente del Tribunal Supremo, del TSJ o de la Audiencia al Ministerio de Justicia, el cual las hará llegar a las autoridades competentes del Estado requerido por la vía consular o diplomática en ausencia de Tratados internacionales.

El procedimiento consiste en que la delegación diplomática acreditada del gobierno de un país, portando una comisión o encargo de un Juez o Tribunal de su propio Estado, interesa del Gobierno del país en que ejerce sus funciones, que traslade a su propia autoridad judicial la comisión, para que sean practicadas las diligencias interesadas, acompañando al «ruego» el compromiso de hacer lo propio y dar el mismo trato en futuros encargos de signo inverso (STS de 24 de julio de 1990, R 6460).

Como se puede verificar, el trámite para llevar a cabo la notificación en ausencia de Convenio internacional es largo y farragoso, y su lentitud provoca que en numerosos ocasiones no se pueda efectuar en un tiempo razonable. El resultado es que, o bien no se pueda tramitar el procedimiento, o bien que se tramite en ausencia del demandado, lo que puede producirle indefensión.

B) Las notificaciones cuando se aplique el Convenio de La Haya de 1965

Convenio relativo a la notificación o traslado en el extranjero de documentos judiciales y extrajudiciales en materia civil o comercial, hecho en La Haya, el 15 de noviembre de 1965 (BOE *núm. 203, de 25 de agosto de 1987; corr. errores* BOE *núm. 88, de 13 de abril de 1989).* Estados parte: Alemania, Antigua y Barbuda, Argentina, Bahamas, Barbados, Bélgica, Bielorrusia, Botswana, Bulgaria, Canadá, Canadá (Quebec), Corea, China (incluidas las regiones administrativas de Hong Kong y Macao), Chipre, Dinamarca, Egipto, Eslovaquia, Eslovenia, España, Estados Unidos de América, Estonia, Finlandia, Francia, Gran Bretaña, Grecia, Irlanda, Israel, Italia, Japón, Letonia, Lituania, Luxemburgo, Malawi, México, Noruega y los Países Bajos, Pakistán, Polonia, Portugal, República Checa, República de Corea, Rumania, Rusia, Seychelles, Sri Lanka, Suecia, Suiza, Turquía, Ucrania y Venezuela.

La finalidad de este Convenio, como se expresa en el preámbulo del mismo, es crear los medios necesarios para que los documentos judiciales y extrajudiciales (en materia civil y mercantil), que deban ser objeto de notificación o traslado en el extranjero, sean conocidos por sus destinatarios en el momento oportuno. Es decir, se pretende asegurar y acelerar el proceso de notificación, garantizar los derechos de defensa del demandado, y que el procedimiento siga su curso aun cuando la notificación resulte imposible.

Este Convenio sólo se va a aplicar cuando la dirección de la persona a la que se va a notificar sea conocida, con lo que este cauce simplificado no sirve para la notificación a personas con paradero desconocido.

a) Funcionamiento habitual del Convenio

- Todos los Estados miembros de este Convenio han de designar una autoridad central, que será la encargada de recibir las solicitudes de notificación en su territorio provenientes de otros Estados contratantes y enviarla al órgano, administrativo o judicial, que proceda. En España es la Subdirección General de cooperación jurídica internacional.
- Si, por el contrario, se pretende solicitar una notificación en otro Estado miembro utilizando el cauce del Convenio será indistintamente la autoridad, el funcionario ministerial o judicial competente quien se dirigirá a la autoridad central del Estado requerido, a través de un formulario que se adjunta en el propio Convenio (art. 3 CH) en el que debe constar un resumen del acto a notificar.

b) Otras vías de notificación a través del Convenio

El Convenio prevé que se pueda notificar válidamente, salvo que el Estado de destino se oponga, por otras vías de las que la más utilizada es la vía postal [art. 10.a) CH], transmitiendo directamente los documentos a la persona que se encuentre en el extranjero. Hay tres países que se han opuesto a esta vía: Alemania, Luxemburgo y Noruega, mientras que España la permite si se hace a través de correo certificado con acuse de recibo. Cada Estado contratante tiene además la facultad de utilizar la vía consular para remitir, a los fines de notificación o traslado, los documentos judiciales a las autoridades de otro Estado contratante que éste haya designado (art. 9).

C) La notificación en aplicación de la Convención Interamericana de 1975

Convención Interamericana sobre Exhortos o Cartas Rogatorias, hecha en Panamá, el 30 de enero de 1975 (BOE *núm. 195 de 15 de agosto de 1987). Estados parte: Argentina, Brasil, Colombia, Costa Rica, Chile, Ecuador, El Salvador, España, Estados Unidos, Guatemala, Honduras, México, Panamá, Paraguay, Perú, Uruguay y Venezuela.*

Esta Convención está claramente inspirada en el Convenio de La Haya de 1965, aunque, existen entre ambos instrumentos una serie de diferencias:

Autoridades competentes para transmitir. A diferencia del CH80 que establecía un cauce habitual de transmisión de las solicitudes y unos cauces subsidiarios pero admitidos, la Convención establece que los exhortos o cartas rogatorias podrán ser transmitidas al órgano requerido por las propias partes interesadas, por vía judicial, por intermedio de los funcionarios consulares o agentes diplomáticos o por la autoridad central de Estado requirente o requerido según el caso (art. 4 Convención).

El idioma que se debe utilizar preceptivamente para toda la documentación es el del Estado requerido (art. 5 b), mientras que en el CH80 se permitía que fuese el inglés o el francés.

- Es precisa la legalización de los documentos salvo que la transmisión de los mismos se haga por vía diplomática o consular o por autoridad central (art. 5.a) a diferencia del CH que no exige la legalización de los mismos.
- No contiene formulario anexo aunque si se expresa cuál es el contenido preceptivo de la solicitud (art. 8).
- Los gastos correrán a costa de los interesados, aunque éstos pueden beneficiarse del beneficio de pobreza si así se lo conceden las Leyes del Estado requerido (art. 12).

D) El Reglamento 1393/2007

Reglamento (CE) núm. 1393/2007 del Parlamento Europeo y del Consejo, de 13 de noviembre de 2007, relativo a la notificación y al traslado de los Estados miembros de documentos judiciales y extrajudiciales en materia civil o mercantil («notificación y traslado de documentos») y por el que se deroga el Reglamento (CE) núm. 1348/2000 del Consejo Estados parte: Alemania, Austria, Bélgica, Chipre, Eslovaquia, Eslovenia, España, Estonia, Finlandia, Francia, Gran Bretaña, Grecia, Irlanda, Hungría, Italia, Letonia, Lituania, Luxemburgo, Malta, Países Bajos, Polonia, Portugal, República Checa y Suecia. Este reglamento, de conformidad con los artículos 1 y 2 del Protocolo sobre la posición de Dinamarca anejo al Tratado de la UE y al Tratado constitutivo de la Comunidad Europea, Dinamarca no participa en la adopción del presente Reglamento y, por tanto, no está vinculada por el mismo y sujeta a su aplicación (considerando 29). Este Reglamento se aplicará a partir del 13 de noviembre de 2008 (art. 26). A Dinamarca, en cambio, si se le aplica desde el 1 de julio de 2007 el próximamente derogado Reglamento 1348/2000, en virtud de un Acuerdo entre la Comunidad Europea y el Reino de Dinamarca relativo a la notificación y al traslado de documentos judiciales y extrajudiciales en materia civil y mercantil, hecho en Bruselas el 19 de octubre de 2005.

Este Reglamento, como lo hacía su predecesor, establece un sistema principal de notificación directa entre los organismos que solicitan la notificación y los que la van a llevar a cabo. Contiene también una serie de formularios normalizados que van a facilitar en gran manera la transmisión de las solicitudes y que estarán disponibles en todos los idiomas oficiales (principales) de los Estados miembros y prevé que ninguno de los documentos que se transmiten necesiten ningún tipo de legalización o formalidad análoga.

Funcionamiento del Reglamento:

a) Organismos encargados de transmitir y recibir las notificaciones

- Cada Estado miembro designará a los funcionarios públicos, autoridades u otras personas competentes para transmitir los documentos judiciales o extrajudiciales que deban ser notificados o trasladados en otro Estado miembro (OT), que en España según declaración efectuada al art. 2 los OT serán los Secretarios Judiciales de los distintos Juzgados y Tribunales (art. 2.1).

- Cada Estado miembro designará a los funcionarios públicos, autoridades u otras personas competentes para recibir los documentos judiciales o extrajudiciales que procedan de otro Estado miembro. Son los organismos receptores (OR), los Secretarios Judiciales de los Juzgados Decanos de cada partido judicial, quienes, tras la recepción de la solicitud de notificación, la enviarán al SCNE para que sea este servicio el que proceda a efectuar la notificación (art. 2.2).
- Cada Estado miembro designará una autoridad central, que ya no tramitará las solicitudes y será la encargada de: a) facilitar la información a los OT; b) de buscar soluciones a cualquier otra dificultad que suscite la transmisión de documentos a efectos de notificación y traslado (art. 3); c) cursar, en casos excepcionales y, a petición de un organismo transmisor, una solicitud de notificación o traslado al organismo receptor competente. En España, como viene siendo habitual en este tipo de Convenios, esta autoridad es la Subdirección de Cooperación Jurídica Internacional, perteneciente al Ministerio de Justicia.

b) Transmisión de los documentos

La transmisión de los documentos entre los OT y los OR podrá realizarse por cualquier medio adecuado, siempre que el contenido del documento recibido sea fiel y conforme al del documento expedido y que todas las indicaciones que contengan sean legibles sin dificultad y la transmisión deberá ir acompañada con el preceptivo formulario, teniendo en cuenta que, cuando el OT desee que se le devuelva una copia del documento acompañado del correspondiente certificado, deberá enviar el documento por duplicado (art. 4).

c) Traducción de los documentos

No se exige que el que solicita la transmisión del documento lo traduzca al idioma oficial del Estado destinatario de la transmisión, pero si no lo hace, el OT tendrá la obligación de informar al requirente que el destinatario puede negarse a aceptar el documento si está redactado en una lengua distinta de las siguientes: a) la lengua oficial del Estado miembro requerido, o la lengua oficial o una de las lenguas oficiales del lugar en el que deba efectuarse la notificación o el traslado si existen varias lenguas oficiales en dicho Estado miembro, o b) una lengua del Estado miembro de transmisión que el destinatario entienda (art. 5).

Igualmente, el OR tiene la obligación de notificar al destinatario su posibilidad de negarse a aceptar la notificación si los documentos se encuentran redactados en una lengua diferente de las enumeradas más arriba (arts. 5 a 8).

d) Recepción de los documentos por un organismo receptor

Otra de las previsiones del reglamento que tratan de asegurar que la correcta recepción y tramitación de las solicitudes, es que el OR debe enviar al OR un acuse de recibo utilizando el formulario pertinente en el plazo máximo de 7 días (operación que, por el momento no se suele llevar a cabo con eficacia). En el caso de no poder llevarse a cabo la notificación ha de comunicarse a la OT el motivo *(art. 6)*.

e) Notificación o traslado de documentos

La notificación se llevará a cabo según las formas establecidas en el Estado requerido o según la forma particular solicitada por el organismo transmisor, siempre que ésta no sea incompatible con el Derecho interno de ese Estado miembro. El plazo para efectuar la notificación es de un mes, pasado el cual se lo comunicará al OT y realizará todas las diligencias necesarias para efectuar la notificación o el traslado del documento, a menos que el organismo transmisor indique otra cosa, cuando la notificación o traslado parezcan ser posibles en un plazo razonable (art. 7). El reglamento permite igualmente que la notificación se realice por vía consular o diplomática, bien como medio excepcional de comunicación con los organismos receptores de otros Estados miembros (art. 12), bien para notificar directamente a las personas que residan en otro Estado miembro (art. 13). El reglamento contempla la posibilidad de notificar por la vía postal mediante carta certificada con acuse de recibo o equivalente (art. 14). España no permite que se utilice la vía directa (postal) en las notificaciones con Gibraltar, sino que exige que toda notificación al peñón se haga vía Londres. Por último, se permite la posibilidad de efectuar una notificación de forma directa por medio de los agentes judiciales, funcionarios u otras personas competentes del Estado miembro requerido, cuando tal notificación o traslado directos estén permitidos conforme al Derecho interno de ese Estado miembro (art. 15).

f) Negativa a aceptar un documento

El destinatario debe ser informado por el organismo receptor de que se puede negar a aceptar el documento o bien devolverlo al organismo receptor en el plazo de una semana si no está traducido o acompañado de una traducción a una lengua que el destinatario entienda o bien, a una de las lenguas oficiales del lugar del Estado miembro requerido en el que se deba realizar la notificación. Cuando el organismo receptor reciba la información de que el destinatario se niega a aceptar el documento, informará inmediatamente de ello al organismo transmisor por medio del certificado previsto y devolverá la solicitud y los documentos cuya traducción se requiere. Si el destinatario se hubiere negado a aceptar el documento indebidamente traducido, podrá subsanarse la notificación o traslado del documento mediante la notificación o traslado al destinatario del documento acompañado de una traducción en una lengua de las anteriormente enunciadas. En ese caso, la fecha de la notificación o traslado del documento, será la fecha en que el documento acompañado de la traducción haya sido notificado o trasladado de conformidad con el Derecho interno del Estado miembro requerido. No obstante, cuando, de acuerdo, con el Derecho interno de un Estado miembro, un documento deba notificarse o trasladarse dentro de un plazo determinado, la fecha a tener en cuenta será la fecha de la notificación o traslado del documento inicial (art. 8).

g) Incomparecencia del demandado (art. 19)

Si tras la transmisión del documento a través de los canales descritos no comparece el demandado, se aguardará a proveer a que:

— el documento se ha transmitido a través de la forma regulada en el Derecho interno del Estado miembro requerido, o que

— el documento ha sido entregado efectivamente al demandado o a su residencia según otro procedimiento previsto en el Reglamento

— y que en cualquier caso la notificación se le ha entregado en un idioma que el destinatario entendía y con tiempo suficiente para defenderse.

Todo Estado miembro puede establecer (como así lo ha hecho España) que sus Jueces podrán proveer aunque no hayan recibido la certeza de que se ha producido la notificación si:

— el documento ha sido remitido según alguno de los modos previstos en el Reglamento;

— ha transcurrido, desde la fecha de envío del documento, un plazo que el Juez apreciará en cada caso particular y que será, al menos, de seis meses, y

— a pesar de las diligencias oportunas ante las autoridades competentes o entidades del Estado miembro requerido, no se ha podido obtener certificación alguna.

Esto no impedirá que, en caso de urgencia, el juez ordene cualesquiera medidas provisionales o cautelares.

Si el demandado es condenado en estas últimas circunstancias, el Juez puede eximirle de la preclusión resultante de la expiración de los plazos del recurso si reúne las siguientes condiciones:

— el demandado, sin mediar culpa de su parte no tuvo conocimiento en tiempo oportuno de dicho documento para defenderse o de la resolución para interponer el recurso, y

— las alegaciones del demandado aparecen provistas, en principio, de algún fundamento.

3. *La práctica de prueba en los procedimientos transfronterizos*

La solicitud de práctica de prueba transfronteriza se produce cuando un Juez que está tramitando un procedimiento, por ejemplo en España, solicita a otro Juez, por ejemplo de Francia, que tome declaración a un testigo que reside en dicho país. Esta solicitud, si no media Convenio internacional que disponga otra cosa, se atiende por el Juez requerido en virtud de la cortesía internacional y dicho Juez no tiene ninguna obligación de atenderla. Al igual que ocurría con las notificaciones, la ineficacia y la lentitud de los canales tradicionales y la necesidad de una fluida práctica para agilizar los pleitos entre países, ha propiciado que, también en este sector, se hayan suscrito Tratados internacionales que consigan una mayor fluidez en este sentido. Así los principales Convenios existentes, de los que forman parte numerosos países, son los siguientes:

— Convenio de La Haya de 1954, sobre procedimiento civil.

— Convenio de La Haya de 1970, relativo a la obtención de pruebas en el extranjero en materia civil o mercantil.

— Reglamento (CE) número 1206/2001, sobre la obtención de pruebas en materia civil y mercantil.

Existen cuatros sistemas de obtención de prueba en el extranjero:

A) Sistema en defecto de Convenio

En defecto de Convenio internacional aplicable la solicitud de práctica de prueba en otro país se hará a través de comisión rogatoria tal y como se ha explicado en materia de notificaciones aplicando los arts. 276 a 278 LOPJ y el art. 177 LEC.

B) Convenio de La Haya de 1954

- *Convenio relativo al procedimiento civil, hecho en La Haya el 1 de marzo de 1954 (BOE núm. 297, de 13 de diciembre de 1961).* Estados parte: Alemania, Argentina, Armenia, Austria, Bélgica, Bielorrusia, Bosnia-Herzegovina, China (Macao), Chipre, Croacia, Dinamarca, Egipto, Eslovaquia, Eslovenia, España, Finlandia, Francia, Hungría, Israel, Italia, Japón, Kirguizistán, Letonia, Líbano, Lituania, Luxemburgo, Marruecos, Moldavia, Noruega, Países Bajos, Polonia, Portugal, República Checa, Antigua República Yugoslava de Macedonia, Rumania, Federación de Rusia, Serbia y Montenegro, Suecia, Suiza, Surinam, Turquía, Ucrania, Uzbekistán, Vaticano y Yugoslavia.

Tal cual se verificó en materia de notificaciones este Convenio prevé que la transmisión de la solicitud de práctica de prueba se lleve a cabo por vía consular.

C) Convenio de La Haya de 1970, sobre la obtención de prueba en el extranjero

Convenio relativo a la obtención de pruebas en el extranjero en materia civil o mercantil, hecho en La Haya, el 18 de marzo de 1970 (BOE núm. 203, de 25 de agosto de 1987). Estados parte: Alemania, Argentina, Australia, Barbados, Bielorrusia, Bulgaria, China, Chipre, Dinamarca, Eslovaquia, Eslovenia, España, Estados Unidos de América, Finlandia, Francia, Gran Bretaña, Israel, Italia, Kuwait, Letonia, Lituania, Luxemburgo, México, Mónaco, Noruega, Países Bajos, Polonia, Portugal, República de Bialarús, República Checa, Rumania, Rusia, Seychelles, Singapur, Sri Lanka, Sudáfrica, Suecia, Suiza, Ucrania y Venezuela.

El funcionamiento del Convenio es el siguiente:

Cada Estado designará una autoridad central encargada de recibir las comisiones rogatorias expedidas por una autoridad judicial de otro Estado contratante y de remitirlas a la autoridad competente para su ejecución (art. 2). En España es la Subdirección de Cooperación Jurídica Internacional.

En este Convenio no adjunta ningún formulario pero sí establece una serie de requisitos que deben contener la solicitud para que la autoridad requerida pueda practicar la prueba que se solicita (art. 3), y que son: autoridad requirente y requerida; identidad y dirección de las partes; naturaleza y objeto de la instancia con exposición escueta de los hechos y de las pruebas que hayan de practicarse.

La Comisión rogatoria deberá estar redactada en la lengua de la autoridad requerida o ir acompañada de una traducción (salvo que algún Estado haya manifestado que pueda ir en inglés o francés). En España sólo se admiten las solicitudes que vayan redactadas en castellano o debidamente traducidas a esta lengua (art. 4).

Una vez que la solicitud ha llegado a la autoridad central requirente, ésta notifica su petición a la autoridad central requerida que la remite al órgano judicial competente para que la tramite y éste la devuelve cumplimentada una vez que se ha realizado la prueba (art. 13).

A la práctica de la prueba, si el Estado así lo declara, podrán asistir miembros del personal judicial de la autoridad requirente de otro Estado contratante.

La práctica de la prueba se realiza según las Leyes del país requerido. No obstante, la autoridad requirente puede solicitar que se aplique un procedimiento especial excepto si este procedimiento es incompatible con la Ley del Estado requerido o por dificultades prácticas (art. 9).

Contempla un sistema de notificación de obtención de prueba por los funcionarios diplomáticos o consulares. Los funcionarios diplomáticos o consulares de un Estado contratante podrán, en el territorio de otro Estado contratante y dentro de la circunscripción en la que realicen sus funciones, proceder, sin compulsión, a la obtención de pruebas de nacionales de un Estado que dicho funcionario represente y que se refieran a un procedimiento incoado ante un Tribunal de dicho Estado (art. 15). En España se permite también que la prueba pueda ser practicada sin necesidad de autorización previa de la autoridad española a sujetos que residan en el Estado del que depende el diplomático o cónsul (art. 16).

D) El Reglamento 1206/2001

- Reglamento CE número 1206/2001, de 28 de mayo de 2001, relativo a la cooperación entre los órganos jurisdiccionales de los Estados miembros en el ámbito de la obtención de pruebas en materia civil o mercantil *(DOCE* núm. L174, de 27 de junio de 2001). Estados parte: Alemania, Austria, Bélgica, Chipre, Eslovaquia, Eslovenia, España, Estonia, Finlandia, Francia, Gran Bretaña, Grecia, Irlanda, Hungría, Italia, Letonia, Lituania, *Luxemburgo, Malta, Países Bajos, Polonia, Portugal, República Checa y Suecia.*

Este Reglamento será de aplicación en materia civil o mercantil cuando un órgano jurisdiccional de un Estado miembro, de conformidad con su ordenamiento jurídico interno, solicite: a) la práctica de diligencias de obtención de pruebas al órgano jurisdiccional competente de otro Estado miembro, o b) la realización de diligencias de obtención de pruebas directamente en otro Estado miembro; siempre que se refieran a una causa incoada o que se prevea incoar (art. 1).

Cuestiones generales del Reglamento:

a) Autoridades designadas:

- En este Reglamento se establece una comunicación directa (art. 2) entre el órgano requirente y el órgano requerido.
- Igualmente establece que cada Estado deberá designar una autoridad central que tendrá las mismas funciones que las referidas en el Reglamento de notificaciones.

b) Notificación de la solicitud

- La solicitud tendrá que estar cumplimentada en el formulario anexo al Reglamento y en dicho formulario se indica que deberán figurar preceptivamente datos como:
  - — el órgano requirente y el órgano requerido;
  - — el nombre de las partes y de sus representantes;
  - — tipo de causa judicial acompañada de una exposición sucinta de los hechos;
  - — la descripción de las diligencias de obtención de pruebas solicitadas;
  - — y si se trata de una solicitud dirigida a tomar declaración a una persona: los datos de ésta, las preguntas, el derecho a no prestar declaración según el Estado del requirente; juramento o promesa de decir verdad;
  - — documentos u otros objetos que deban examinarse.
- No se requerirá la legalización ni de la solicitud ni de los documentos adjuntos (art. 4.2).
- La solicitud se deberá transmitir en el idioma o idiomas oficiales del Estado requerido o en aquellos por él admitidos (art. 5).
- Los medios de transmisión serán aquellos admitidos por el Estado miembro requerido prefiriéndose la vía más rápida dentro de las seguras, teniendo en cuenta las declaraciones que se han efectuado, es aconsejable hacerlo por correo certificado internacional con acuse de recibo aun cuando el contenido se puede anticipar por fax.
- Gastos. El art. 18 del Reglamento señala como regla general el que la ejecución de una solicitud no genera derecho de abono de tasas o gastos, si bien es una previsión específica para el supuesto en el que las pruebas las vaya a obtener el órgano requerido (art. 10).

Plazo de ejecución. El Reglamento contiene una norma general que es la de la «mayor brevedad posible», siendo el plazo máximo el de 90 días a contar desde la recepción de la solicitud (art. 10.1). Si hubiere sido necesario el verificar alguna subsanación (antes analizada), el plazo se computa desde subsanación (art. 9).

Formas de proceder a realizar la práctica de una prueba transfronteriza en el marco del Reglamento. El Reglamento contiene otra novedad notable (aparte de la referida a la comunicación directa entre las autoridades) que es la posibilidad de que la autoridad judicial requirente practique ella misma la prueba en el territorio del Estado requerido.

Vamos a analizar ambas posibilidades:

Práctica de prueba por parte de las autoridades requeridas. El órgano requirente envía la solicitud de práctica de prueba al requerido que está obligado a ejecutar la solicitud lo antes posible y siempre con un límite que no debe superar los 90 días. El órgano del Estado requerido aplicará a la práctica de prueba su Ley procesal interna. El órgano requirente podrá solicitar al órgano jurisdiccional requerido que utilice los medios técnicos de comunicación en la realización de la obtención de pruebas, en particular la videoconferencia y la teleconferencia. En el caso de que así lo prevea el Derecho del Estado miembro del órgano jurisdiccional requirente, las partes y, en su caso, sus representantes, tendrán derecho a estar presentes cuando el órgano jurisdiccional requerido realice las diligencias de obtención de pruebas (arts. 10 y 11).

Obtención directa de pruebas por el órgano jurisdiccional requirente. Si un órgano jurisdiccional solicita obtener pruebas directamente en otro Estado miembro, presentará la solicitud al órgano central o a la autoridad competente de dicho Estado. Es importante tener en cuenta que únicamente podrá efectuarse la obtención directa de pruebas en caso de que pueda llevarse a cabo de forma voluntaria, sin necesidad de aplicar medidas coercitivas. Si existen medios técnicos en los juzgados implicados las pruebas como testificales o confesiones judiciales se podrían practicar a través de medios tecnológicos como la videoconferencia o la teleconferencia, sin precisar el desplazamiento de la autoridad requirente. Las pruebas se van a practicar con arreglo a las disposiciones procesales del Estado requirente, siempre que no vayan en contradicción con los principios esenciales del Estado requerido.